全国高等农林院校"十二五"规划教材

# 树 木 学

## （南方本）

（第3版）

祁承经　汤庚国　主编

中国林业出版社

**图书在版编目（CIP）数据**

树木学：南方本/祁承经，汤庚国主编. —3 版. 北京：中国林业出版社，2014.12（2024.12 重印）
全国高等农林院校"十二五"规划教材
ISBN 978-7-5038-7813-8

Ⅰ.①树… Ⅱ.①祁… ②汤… Ⅲ.①树木学—高等学校—教材 Ⅳ.①S68

中国版本图书馆 CIP 数据核字（2014）第 302740 号

审图号：GS 京（2023）1174 号

**中国林业出版社·教育出版分社**

策划编辑：牛玉莲　肖基浒
责任编辑：牛玉莲
电　　话：(010) 83143555

| | |
|---|---|
| 出版发行 | 中国林业出版社（100009　北京市西城区德内大街刘海胡同 7 号）<br>E-mail:jiaocaipublic@163.com　电话:(010)83143500<br>http://www.forestry.gov.cn/lycb.html |
| 经　销 | 新华书店 |
| 印　刷 | 中农印务有限公司 |
| 版　次 | 1994 年 9 月第 1 版(共印 8 次)<br>2005 年 2 月第 2 版(共印 10 次)<br>2015 年 1 月第 3 版 |
| 印　次 | 2024 年 12 月第 11 次印刷 |
| 开　本 | 850mm×1168mm　1/16 |
| 印　张 | 41.75 |
| 字　数 | 989 千字 |
| 定　价 | 96.00 元 |

未经许可，不得以任何方式复制或抄袭本书之部分或全部内容。

**版权所有　侵权必究**

# DENDROLOGY

(TEXTBOOK FOR SOUTHERN CHINA)
THIRD EDITION
QI CHENGJING & TANG GENGGUO EDITOR IN CHIEF

CHINA FORESTRY PUBLISHING HOUSE

# DENDROLOGY

(TEXTBOOK FOR SOUTHERN CHINA)

Zhuo Zhaoxu

CHENGDUO & TANGCHANGLIN CO-EDITOR ASSIST

CHINA FORESTRY PUBLISHING HOUSE

# 第3版主持单位、编委会组成

**主持单位：**
中南林业科技大学

**主　　编：**
祁承经（中南林业科技大学）
汤庚国（南京林业大学）

**副 主 编：**
喻勋林（中南林业科技大学）
王贤荣（南京林业大学）
冯志坚（华南农业大学）
李根有（浙江农林大学）

**编　　委：**（按拼音排序）
陈世品（福建农林大学）
陈小红（四川农业大学）
刘济民（贵州大学）
裘利洪（江西农业大学）
孙居文（山东农业大学）
王雷宏（安徽农业大学）
庄雪影（华南农业大学）

# 第3版编写分工

**中南林业科技大学：**

  祁承经——总论、木兰科、樟科、壳斗科，全书文稿及图的统稿（修改和审定）

  喻勋林——八角科、水青树科、大风子科、天料木科、番木瓜科、椴树科、杜英科、山茱萸科、八角枫科、绣球花科；协助主编完成全书文稿及图的统稿

  李家湘——安息香科、伯乐树科

  徐永福——卫矛科、山榄科、山矾科、木犀科、杨梅科；协助主编完成全书文稿及图的统稿

  谢晓菲——树木形态图的修饰和整理

**南京林业大学：**

  汤庚国——竹亚科、中国森林树种分布

  王贤荣——松科、杉科、柏科、三尖杉科、罗汉松科

  陈　昕——苏铁科、银杏科、南洋杉科、红豆杉科

  陈　林——五加科、黄杨科

  伊贤贵——蔷薇科

  李雪霞——杨柳科

  徐晓岗——榆科

**华南农业大学：**

  冯志坚——桑科、梧桐科、大戟科、楝科；负责福建农林大学稿件的初审

  李镇魁——番荔枝科、阳桃科、海桑科、石榴科、桃金娘科

  庄雪影——含羞草科、苏木科、蝶形花科

  秦新生——野牡丹科、使君子科、红树科、藤黄科、棕榈科

  黄久香——夹竹桃科、五桠果科、龙脑香科

**浙江农林大学：**

  李根有——忍冬科、山龙眼科、金缕梅科

  马丹丹——领春木科、小檗科

金水虎——冬青科、柿树科、厚壳树科

　　闫道良——海桐花科、金丝桃科

　　夏国华——山梅花科、鼠刺科

**福建农林大学：**

　　陈世品——木麻黄科、沉香科、山茶科、五列木科、金莲木科

　　郑世群——葡萄科、肉实树科、紫葳科、马鞭草科、玄参科

**贵州大学：**

　　刘济明——木棉科、锦葵科、芸香科、苦木科、橄榄科、无患子科、七叶树科、漆树科、清风藤科、千屈菜科、省沽油科

**江西农业大学：**

　　裘利洪——猕猴桃科、虎皮楠科、槭树科、胡桃科、杜鹃花科、越橘科、紫金牛科、茜草科

**四川农业大学：**

　　陈小洪——连香树科、蓝果树科、桦木科、榛科、四数木科

**安徽农业大学：**

　　王雷宏——马桑科、蜡梅科、鼠李科、胡颓子科

**山东农业大学：**

　　孙居文——悬铃木科、杜仲科

# 第 2 版主持单位、编委会组成

**主持单位：**
中南林学院

**主　　编：**
祁承经（中南林学院）
汤庚国（南京林业大学）

**副 主 编：**
冯志坚（华南农业大学）
樊国盛（西南林学院）

**编　　委：**
郑清芳（福建农林大学）
陈龙清（华中农业大学）
林亲众（中南林学院）
刘济明（贵州大学）
裘利洪（江西农业大学）

# 第1版主持单位、编委会组成

**主持单位：**
中南林学院

**主　编：**
祁承经（中南林学院）

**副主编：**
朱政德（南京林学院）
李秉滔（华南农业大学）

**编　委：**
陈志远（华中农业大学）
张若蕙（浙江林学院）
施兴华（江西农业大学）
郑清芳（福建林学院）
蓝开敏（贵州农学院）
李乡旺（西南林学院）
林亲众（中南林学院）

# 第 3 版 编写说明

1. 本书首版由西南林学院徐永椿教授发起，并获得原林业部教材办公室（1987）3 号文件批准列入出版计划，后由祁承经（主编）、朱政德（副主编）、李秉滔（副主编）组织有关农林院校协作编写，于 1994 由中国林业出版社出版，经 3 次修改、多次印刷发行沿用至今。

2. 由于形势发展，2000 年前后全国林学专业改革课程设置计划，树木学授课学时大为精简，为适应形势需要，本书第 2 版（2005 年）对教材篇幅作了较大的精简。进入 21 世纪以来，中国经济和国民收入迅猛增长，科学教育事业同步加快发展，森林树种在经济建设、人民生活、生态环境、城市园林、自然保护多领域得到日益广泛和深入的利用，有关树种的科学资料和信息大量集聚，林业建设和人民生活对树木学的要求日益深广，客观上需要一本包容量更大的当代树木学教材以适应经济发展需求。鉴于此，中国林业出版社于 2011 年 11 月 25 ~ 27 日在湖南长沙主持召开了《树木学》（南方本）第 3 版编写工作会议，成立了第 3 版编委会及制订了编写计划，经两年的努力终成此书以飨读者。

3. 本书结构分为三篇：第一篇总论，第二篇树种各论，第三篇中国森林树种分布概要。在编写上，力求做到兼顾树木学基本原理和树种基本知识两方面。在树种的区域性上，本书主要面向我国南方，即秦岭—淮河以南的亚热带、热带地区；同时也尽量编入我国北方地区的主要树种。在树种的选取上，主要侧重于林业生产上的重要树种，以及天然林和人工林的主要树种。在形态描述上，重视突出重点特征；在树种用途的论述上，注意兼顾经济和生态两方面。对重要树种包含了其生物学和生态学特性的论述。第二篇共论述树种计 109 科 446 属，正编种 856 种，附种 118 种，共 974 种（含种下等级）。同时，本书力求图文并茂，共编入树种形态图 883 幅，禾本科形态图 4 幅，树种和森林分布图 17 幅；第一篇总论中的插图单独编号，未记入上述图数统计中。本书植物分类系统：裸子植物系采用《中国植物志》第七卷系统；被子植物采用哈钦松系统（1959）编排。

4. 为节省篇幅，在树种分布的论述上采用了人们所熟悉的大地域或地区名称（非行政区），如东北——黑龙江、辽宁、吉林；华北——河北、山东、河南、山西至内蒙古东部；西北——内蒙古西部、甘肃、陕西、宁夏、青海、新疆；西南——云南、贵州、四川或含西藏（南部）；华南——广东、广西、福建，有时包括海南；华中——湖南、湖北，有时含四川及贵州东部、陕西及甘肃南部；华东——江苏、江西、浙江、安徽；台湾单列；内蒙古、西藏有时单列。

5. 本书第二篇树种各论中的形态描述中，凡标注有下划线"～～～"符号的文字，为其重点特征。

6. 本书的树种形态图大部分来自《湖南树木志》，其余多引用或仿自《中国植物志》及英文版《中国植物志》有关卷册、《中国树木志》《高等植物》《云南树木图志》等书，在此谨向上述专著的绘图师和作者表示感谢。

7. 本书中列举的树种高度和胸径数字，一般指生长记录的最大值，一般省去"达"字。

8. 本书具有一定的广度和深度，不仅可用作高等农林院校有关专业的本科教材，也可以用于有关专业的研究生教材。同时，对于农、林、生物、生态、地理、旅游、园林、环保、医药卫生部门的专业人员也具有参考价值。

9. 由于本书涉及学术面广，参编作者众多，统稿时间紧促，加上主编的水平有限，书中定有欠妥以至错误之处，敬请各位专家和读者不吝批评指正。

祁承经<br>
2013 年 11 月

# 目 录

第 3 版编写说明

## 第 1 篇　总论 ……………………………………………………………… (1)

1.1　树木学的概念及研究对象 ………………………………………… (1)
1.2　树木分类学概要 ……………………………………………………… (2)
1.3　树木分布区 …………………………………………………………… (10)
1.4　树木的特性 …………………………………………………………… (14)
1.5　树木学的发展与展望 ………………………………………………… (20)

## 第 2 篇　树种各论 ……………………………………………………… (28)

**裸子植物 GYMNOSPERMAE** ………………………………………… (28)

1. 苏铁科 CYCADACEAE ……………………………………………… (28)
2. 银杏科 GINKGOACEAE ……………………………………………… (29)
3. 南洋杉科 ARAUCARIACEAE ………………………………………… (30)
4. 松科 PINACEAE ……………………………………………………… (31)
5. 杉科 TAXODIACEAE ………………………………………………… (56)
6. 柏科 CUPRESSACEAE ……………………………………………… (62)
7. 罗汉松科 PODOCARPACEAE ……………………………………… (69)
8. 三尖杉科 CEPHALOTAXACEAE …………………………………… (73)
9. 红豆杉科 TAXACEAE ………………………………………………… (74)

**被子植物 ANGIOSPERMAE** …………………………………………… (80)

双子叶植物 DICOTYLEDONEAE ……………………………………… (80)

10. 木兰科 MAGNOLIACEAE …………………………………………… (80)
11. 八角科 ILLICIACEAE ………………………………………………… (97)
12. 领春木科 EUPTELEACEAE ………………………………………… (99)
13. 连香树科 CERCIDIPHYLLACEAE ………………………………… (100)
14. 番荔枝科 ANNONACEAE …………………………………………… (101)

15. 樟科 LAURACEAE ……………………………………………………… (107)
16. 五桠果科 DILLENICEAE ……………………………………………… (133)
17. 马桑科 CORIARIACEAE ……………………………………………… (134)
18. 蔷薇科 ROSACEAE …………………………………………………… (135)
  Ⅰ. 绣线菊亚科 Spiraeoideae ……………………………………… (137)
  Ⅱ. 苹果亚科 Maloideae …………………………………………… (139)
  Ⅲ. 蔷薇亚科 Rosoideae …………………………………………… (152)
  Ⅳ. 李亚科 Prunoideae ……………………………………………… (155)
19. 蜡梅科 CALYCANTHACEAE ………………………………………… (164)
20. 苏木科 CAESALPINIACEAE ………………………………………… (167)
21. 含羞草科 MIMOSACEAE ……………………………………………… (183)
22. 蝶形花科 PAPILIONACEAE …………………………………………… (193)
23. 山梅花科 PHILADELPHYACEAE …………………………………… (211)
24. 绣球花科 HYDRANGEACEAE ………………………………………… (213)
25. 鼠刺科 ESCALLONIACEAE …………………………………………… (216)
26. 安息香科 STYRACACEAE …………………………………………… (217)
27. 山矾科 SYMPLOCACEAE …………………………………………… (224)
28. 山茱萸科 CORNACEAE ……………………………………………… (228)
29. 八角枫科 ALANGIACEAE …………………………………………… (234)
30. 蓝果树科 NYSSACEAE ……………………………………………… (236)
31. 五加科 ARALIACEAE ………………………………………………… (238)
32. 忍冬科 CAPRIFOLIACEAE …………………………………………… (246)
33. 水青树科 TETRACENTRACEAE ……………………………………… (252)
34. 金缕梅科 HAMAMELIDACEAE ……………………………………… (253)
35. 悬铃木科 PLATANACEAE …………………………………………… (261)
36. 黄杨科 BUXACEAE …………………………………………………… (262)
37. 虎皮楠科 DAPHNIPHYLLACEAE …………………………………… (263)
38. 杨柳科 SALICACEAE ………………………………………………… (265)
39. 杨梅科 MYRICACEAE ………………………………………………… (273)
40. 桦木科 BETULACEAE ………………………………………………… (274)
41. 榛科 CORYLACEAE …………………………………………………… (279)
42. 壳斗科(山毛榉科) FAGACEAE ……………………………………… (284)
43. 胡桃科 JUGLANDACEAE …………………………………………… (314)
44. 木麻黄科 CASUARINACEAE ………………………………………… (321)
45. 榆科 ULMACEAE ……………………………………………………… (322)
46. 桑科 MORACEAE ……………………………………………………… (331)
47. 杜仲科 EUCOMMIACEAE …………………………………………… (341)
48. 大风子科 FLACOURTIACEAE ……………………………………… (342)

49. 天料木科 SAMYDACEAE ········································· (346)
50. 沉香科 AQUILARIACEAE ······································· (347)
51. 山龙眼科 PROTEACEAE ········································ (348)
52. 海桐花科 PITTOSPORACEAE ··································· (351)
53. 四数木科 TETRAMELACEAE ··································· (353)
54. 番木瓜科 CARICACEAE ········································ (354)
55. 椴树科 TILIACEAE ············································· (355)
56. 杜英科 ELAEOCARPACEAE ···································· (359)
57. 梧桐科 STERCULIACEAE ······································· (364)
58. 木棉科 BOMBACACEAE ········································ (369)
59. 锦葵科 MALVACEAE ············································ (372)
60. 大戟科 EUPHORBIACEAE ······································ (374)
61. 山茶科 THEACEAE ·············································· (389)
62. 五列木科 PENTAPHYLACACEAE ································ (403)
63. 猕猴桃科 ACTINIDIAECAE ····································· (404)
64. 金莲木科 OCHNACEAE ········································· (406)
65. 龙脑香科 DIPTEROCARPACEAE ································ (406)
66. 杜鹃科 ERICACEAE ············································· (411)
67. 越橘科 VACCINIACEAE ········································· (419)
68. 山竹子科 CLUSIACEAE(GUTTIFERAE) ······················· (421)
69. 金丝桃科 HYPERICACEAE ····································· (424)
70. 桃金娘科 MYRTACEAE ········································· (426)
71. 野牡丹科 MELASTOMATACEAE ································ (436)
72. 红树科 RHIZOPHORACEAE ····································· (439)
73. 海桑科 SONNERATIACEAE ····································· (444)
74. 石榴科 PUNICACEAE ············································ (445)
75. 使君子科 COMBRETACEAE ···································· (446)
76. 冬青科 AQUIFOLIACEAE ······································· (449)
77. 卫矛科 CELASTRACEAE ········································ (455)
78. 胡颓子科 ELAEAGNACEAE ····································· (460)
79. 鼠李科 RHAMNACEAE ·········································· (462)
80. 葡萄科 VITACEAE ·············································· (467)
81. 紫金牛科 MYRSINACEAE ······································ (471)
82. 蜡烛果科 AEGICERATACEAE ··································· (474)
83. 柿树科 EBENACEAE ············································· (475)
84. 山榄科 SAPOTACEAE ··········································· (479)
85. 肉实树科 SARCOSPERMATACEAE ······························ (484)
86. 芸香科 RUTACEAE ·············································· (484)

- 87. 苦木科 SIMAROUBACEAE ······ (494)
- 88. 橄榄科 BURSERACEAE ······ (496)
- 89. 阳桃科 AVERRHOACEAE ······ (497)
- 90. 楝科 MELIACEAE ······ (498)
- 91. 无患子科 SAPINDACEAE ······ (506)
- 92. 漆树科 ANACARDIACEAE ······ (513)
- 93. 槭树科 ACERACEAE ······ (521)
- 94. 七叶树科 HIPPOCASTANACEAE ······ (527)
- 95. 伯乐树科 BRETSCHNEIDERACEAE ······ (528)
- 96. 清风藤科 SABIACEAE ······ (529)
- 97. 省沽油科 STAPHYLEACEAE ······ (531)
- 98. 木犀科 OLEACEAE ······ (534)
- 99. 夹竹桃科 APOCYNACEAE ······ (542)
- 100. 茜草科 RUBIACEAE ······ (547)
- 101. 紫葳科 BIGNONIACEAE ······ (553)
- 102. 厚壳树科 EHRETIACEAE ······ (559)
- 103. 马鞭草科 VERBENACEAE ······ (560)
- 104. 小檗科 BERBERIDACEAE ······ (565)
- 105. 千屈菜科 LYTHRACEAE ······ (567)
- 106. 玄参科 SCROPHULARIACEAE ······ (570)

- 单子叶植物 MONOCOTYLEDONES ······ (572)
- 107. 棕榈科 PALMAE(ARECACEAE) ······ (573)
- 108. 禾本科 POACEAE(GRAMINEAE) ······ (583)
- 109. 竹亚科 BAMBUSOIDEAE ······ (584)

## 第3篇 中国森林树种分布概要 ······ (610)

## 参考文献 ······ (623)

## 中名索引 ······ (625)
## 学名索引 ······ (636)

# 第 1 篇 总 论

## 1.1 树木学的概念及研究对象

树木学(dendrology)是研究树木的形态识别及分类、地理分布、生物学和生态学特性，以及其资源利用的学科。词源来自希腊文 dendro(树木)和 logos (学理)。按北美树木学教科书第一版的定义是："研究木本植物的鉴定和分类，包括地理分布和林学(silvical)特性。"同书第九版认为，树木学的意义在于："对所有林业和环境科学的学生来说，树木名称鉴定、识别特征、习性、分布、生境的知识和了解都是最基本的"(Hardin et al., 2001)。总之，树木学主要是为林业院校开设，它是林学专业重要的专业基础课，同时也可以作为园林、生物、地理、自然保护和环境保护等专业的大学生和研究生作为专业基础课开设。它与林木栽培学、树木遗传育种学、森林生态学、植物群落学、保护生物学及木材学等学科的关系极为密切。树木学与园林树木学可视为姊妹学科，只是各有侧重而已。由于树木学教材具有地区性和实用性，它一般载入某地区较多的森林树种，如北美树木学(第九版)(Hardin et al., 2001)编入了北美洲温带树种总数 750 种中的 270 种(占 1/3 以上)。因此，该书也可以作为北美树木手册为公众使用。但从发展上看，树木学教材不应写成树木志，地区树种鉴定的问题应由地区树木志来解决。作为教材应构建一套完整的原理、方法、知识、资料、数据、图片和文献系统。树木学的概念和研究对象并非是一成不变的，它将随时代的演变而发展。今天人类已认识到可持续发展的重要性，对绿色世界的追求和呼声日益高涨。首先，居民城市化是世界潮流，城市化带来住宅装修工程的高潮，对多种硬木需求的高涨促进了阔叶用材树种的栽培和发展，教材需要载入的用材树种越来越多。其次，各种生态工程(如天然林保护工程、石漠化治理工程、沿海防护林工程、湿地恢复工程等)的发展，促使树木学研究对象日益繁复多样。其三，城市园林绿化的发展，追求回归自然及生态园林,进而产生了城市林业,大量的山地野生树种不断引入和融入城市园林,促使树木学与园林树木学二者逐渐趋同。其四,由于人类对自然开发过度,许多树种濒临灭绝,濒危树种的保护生物学意义日显重要,濒危树种日益成为教材的新篇章。其五,由于世界经济的一体化,国际间树种信息交流和交叉引种日益频繁,大量国外树种涌入国内。综上种种都促进了树木学的领域不断拓宽并向纵深发展,故而树木学的概念和研究对象也不断地广延和深化。

中国幅员辽阔,地跨寒温带、温带、亚热带及热带,地形复杂,树种资源丰富,有9000余种,其中乔木2800余种(任宪威,1997);或木本植物11 405种(方精云 等,2009);经济树木1000余种(郑万钧,1983)。本书所指的中国南方系传统的地理概念,即秦岭—淮河以南,西至川西山地(大相岭、邛崃山),东界台湾。地域覆盖:华中(湖北、湖南);华东(江苏、浙江、江西、安徽);华南(广东、广西、福建、海南);西南(四川、贵州、云南、西藏南部)及台湾。地属亚热带及热带,系我国树种资源富集之地,约有6000种,其中中国特有、稀有及古老类群尤其丰富。本书编入树种(包括附属种)共约1000种,接近树种总数的1/6,相当于中国亚热带和热带的代表树种。

从学科范围来看,树木学不再是一门单纯的树木分类学,它已发展为一门综合性的学科(祁承经,1994)。包括内涵和外延两部分,其内涵应是树木的分类、分布与特性;其外延主要是树木的利用与推广。其原理涉及多门学科,关系最密切的学科有植物分类学、植物地理学、植物生态学、植物资源学。下面拟就前3个专题,论述其与木本植物有关的基本理论和基本知识,也以此作为本书第二篇——树种各论及第三篇——中国森林树种地理分布的原理和基础。因限于篇幅,植物资源学的论述从略。

## 1.2 树木分类学概要

### 1.2.1 概述

树木的识别和鉴定是树木学教学的核心内容,有必要在卷首论述有关植物分类学的系统、基本原理与方法的基本知识。在人类历史的长河中,植物分类学(plant taxonomy)开化独早,人类为了生存,从远古蒙昧时期起就不断向自然界索取植物,也就不断积累植物学知识。由于生产和科学技术的落后,在一段漫长的时期,植物学主要是在本草学上滞留,分类系统是以习性和用途为依据的人为应用系统。1596年我国明朝李时珍的巨著《本草纲目》属于此类系统中集大成之作,此书记载植物1195种,曾被译成7国文字传扬于世(陈家瑞,1978),说明当时我国植物学水平居世界领先地位,但它终究与近代植物分类学无缘。近代植物分类学的发端乃借助于西欧航海业兴起,特别是18世纪产业革命促进了交通、工业和科技的发展。科学家跋涉世界各大洲的深山老林,调查采集植物,数以亿计的植物标本集中于欧美发达国家。据统计,现收藏于世界各标本室的标本已达2.5亿份(至1969);《邱园索引》自1753年以来已收录植物种名近100万种(包括重复名称)(Stace,1986,中译本);植物园栽培的活植物至少有35 000种,约占世界植物总数的15%

(Primack，1996，中译本)。这些标本和活植物为研究植物多样性及建立各式样的植物分类系统提供了直接的信息基础。植物分类学的工作内容、工作程序和工作成果可归纳论述如下：

(1) 调查和采集标本

一般是对某地区进行多次野外调查，对产地植物进行全面和系统的采集，包括干标本、液浸标本、种子和根茎繁殖体、照片等。这是一项极其艰苦的工作，对偏远林区的考察需冒生命危险。对初学者来说，野外调查是极其重要的一课，可以培养学生的学习爱好和热情。

(2) 鉴定

一般是对采集的植物进行分类和鉴定，即通过查阅专业图书，如树木志、植物志、专类志鉴定出采集的植物为何科、何属、何种。查阅人必须善于选择到针对性的文献，熟悉植物形态术语，才能使用检索表查出植物的名称。另一个办法是去标本室查对相近的标本，以求得答案。数码时代的到来，初学者可以将拍摄的分类特征明显的数码照片，在网络上进行交流，初步确定种类范围，再进行仔细查对。

(3) 命名

一般是给予某未曾记载的植物一新名称，即新类群的发表。其次还包括某已记载过植物名称和等级的变动、改组。新类群的发表一般应根据《国际植物命名法规》进行，对所研究的植物给予合法名称(legitimate name)，并予以合格(valid)发表。

(4) 描述

根据植物形态学术语，对某分类群(taxon)的特征依序进行描述，要求严格和规范。对新分类群的描述必须用拉丁文写作；但近期对此规条有所修改，即自 2012 年 1 月 1 日起可用英文描述。

(5) 分类整理

一是将要研究的植物按既定的系统，分别归类到所属的等级中；二是将某既定的系统进行校正或修改。

(6) 植物志(Flora)或树木志(Woody Flora)

对某地区(面积大小不一)的全部种类，按某分类系统进行全面系统的描述，通常附图。此工作是长期研究的历史性总结，其使用的持续价值至少以世纪计。

(7) 植物区系(flora)或木本植物区系(woody flora)研究

系对某地区全部植物综合进行植物地理学的研究，包括该地植物区系的起源、分化、演变和历史，以及与其他地区植物区系的关系，特有植物类群。也就是对该地区植物区系的发展历史与地理分布性质进行综合的理论研究。

(8) 专论

对某类群植物进行综合及深入的研究，它既是专科或专属志也是对该类群起源、演化、内部成员亲缘关系的深入研究。近代专论是汇集多学科成果的研究，特别是物种生物学、细胞学、种群生物学、分子生物学和繁育生物学的研究成果。

## 1.2.2　分类系统

如上所述，当今对植物多样性的收集已取得辉煌的成果，全世界已收藏2.5亿份标本，收藏标本在 300 万份以上的大型标本馆有 9 座，世界各国建立的植物园共计 1000 余座。现一般确认世界种子植物总数为 25 万种，在热带、亚热带木本植物约占种子植物总数的一半。面对如此浩瀚的植物界，如果没有一套严密的分类系统，那将无法分辨。纵观植物科学发展历史，人类自文化启蒙时代起，中外先知者就有初步的植物分类系统问世。欧洲文艺复兴后，林奈(Carolus Linnaeus，1707—1778)完成了一套以雄蕊和雌蕊为分类依据的性系统，他以远超前人的成就确立了作为植物分类学奠基人的地位。达尔文进化论(1859)发表以后，在"演化"(evolution)思想的指导下，各派植物分类系统纷纷问世，相继持续了约 100 年的兴旺时期，至今不衰，且不断深入，迄今已发表有数十个有花植物分类系统(路安民，1981)，应用最广的为恩格勒(A. W. Engler，1844—1930)系统和哈钦松系统(Hutchinson，1926—1934，1959，1973)，许多国家的大标本馆、植物志的编排系根据这两个系统。近代备受推崇的是塔赫他间(Takhtajan)系统(1969，1980，1987)及克朗奎斯特(Cronquist)系统(1968，1978，1981，1983)(王文采，1984b)。此外，佐恩(R. F. Thorne)系统(1958，1968，1983)和达格瑞(R. Dahgren)系统(1975，1980，1983)也享有颇高的评价(路安民等，1978；路安民，1981)。吴征镒等(1998)继我国植物分类学大师胡先骕的多元分类系统后，提出《被子植物八纲系统的新方案》，进而(2002)提出"多系—多期—多域"新分类系统。

本书采用的哈钦松(J. Hutchinson)系统发表于《有花植物科志》，先后发行 3 版(1925—1934，1959，1973)(王文采，1984a)。全系统(1959)共分 411 科，其中木本分支含 246 科。本教材的树种各论中的被子植物部分按哈钦松系统编排，主要是考虑该系统中木本植物自成一体，即构成一独立的演化树干及分支体系，各木本目演化关系一目了然，分支谱系安排大致合理。本系统认为被子植物起源于已灭绝的裸子植物的本内苏铁(Bennettites)，其两性孢子叶球演化出被子植物的花，属真花起源学派。双子叶的木本分支以木兰类(Magnoliales)为原始类型，演化骨干(枢纽)类群为五桠果目、蔷薇目、红木目、山茶目等。各合瓣花目被列为演化的顶点，但出自不同的支系，在他的 1926—1934 系统中合瓣花类被划为一独立的后生花被纲 Metachlamydeae。多数专家认为哈钦松系统以植物习性(木本和草本)作为系统的第一原则，将一系列亲缘极其相近的类群，如五加目—伞形目，马鞭草目—唇形目人为地分道扬镳，置于天各一方的位置是一根本性的错误。本篇后附的双子叶植物科检索表，旨在对本书双子叶植物(阔叶树)各类群提出一纲目概要，即各科的归类和它们之间的区别。学生可能在本课程结业以后才能理解和运用。应该指出，有的科实际上是许多复合性类群的归并，包括了各式各样的类群，如金缕梅科、蔷薇科、大戟科，只有采取多元检索才能适用于它们。

### 1.2.3 分类学的依据

当代树木分类学除以形态学为依据外，还从其他多种学科获得资料用作分类的依据或参考。

(1) 形态学(morphology)

一般指茎、叶、花、果、种子的外部形态。花器官特征对于科以上等级的分类更为重要，特别是雌蕊(心皮、子房、胎座)、雄蕊的特征更为重要，这也就是林奈重视性器官的道理。但是有些科的花很小，不易观察，此为初学者的难点。有些科的特征也体现在果实和苞片上，如壳斗科、桦木科、桑科、椴树科等。营养器官，如树皮、枝条、皮孔、芽、刺、叶、叶痕、毛被等特征，对于在野外识别树木很有用处。

（2）解剖学（anatomy）

解剖学是研究植物体内部的形态特征，通常是属于微观形态。如木质部有无导管是用以区别裸子植物和被子植物的根据，而无导管的被子植物，如水青树、连香树则被认为是被子植物的原始类型。松属针叶的维管束数目、树脂管位置和数目常用于松属种类的鉴定。乳汁管的存在是大戟科、桑科、夹竹桃科的特征。栎属与青冈属的分合问题争论已久，专家根据二属的木材解剖研究，认为青冈属仍应归并于栎属（何天相，1981）。

（3）电子显微镜技术（electronmicroscopy）

电子显微镜和光学显微镜已广泛用于种子、果实、花粉粒、叶表面含表皮、气孔、毛被，以显示微观特征。扫描电镜（SEM）可显示视野不同深度的影像，多用以研究上述对象；透视电镜（TEM）可用于显示筛板分子质体。研究者对两个近缘科——木通科和大血藤科种子电镜扫描的结果表明：两科种皮纹饰区别很大；同时发现木通科的猫儿屎属 *Decaisnea* 和串果藤属 *Sinofranchetia* 的种皮特殊，而木通属 *Akebia*、八月瓜属 *Holboellia* 和野木瓜属 *Stauntonia* 的种皮为条纹纹饰，表明前二属分类地位孤立（夏泉 等，1989）。另外，陈之瑞等（1991）对桦木科叶表皮的研究表明：桦木族（含桤木属）为原始性状，而榛族为进化性状，其中又以鹅耳枥属 *Carpinus* 最为进化。

（4）孢粉学（palynology）

由于电镜扫描奏效，而且花粉可以在干标本上取得，故孢粉分类研究的成果丰硕。花粉性状包括花粉粒形状及大小、花粉壁形态、极性、对称性等。一般认为被子植物中单沟花粉是原始的，三沟花粉是进化的。金缕梅科被认为是被子植物进化中的枢纽科，该科花粉多为三沟、无孔、有颗状沟膜、壁为网纹雕纹；而金缕梅科一方面与某些原始具离生心皮的类群类似，另一方面又被认为是柔荑花序类群的起源，但柔荑花序类花粉具孔、不具沟膜、壁无网纹，故二者无明显的亲缘。金缕梅科与原始类群——云叶科、昆栏树科、悬铃木科的花粉近似，肯定有亲缘关系（张金淡 等，1975）。

（5）细胞学（cytology）

染色体性状用于分类称为细胞分类学（cytotaxonomy）；染色体不仅是遗传物质的载体，它还调节基因的活动和基因重组的频率，控制能育性（洪德元，1990）。据统计，现全部种子植物中，有15%~20%的种的染色体数目已经查明或核实。染色体基数为 x，单倍体为 $n=x$，2 倍体为 $2n=2x$，4 倍体为 $2n=4x$，6 倍体为 $2n=6x$。被子植物单倍体染色体变幅为 $n=2$ 到 $n=132$。多数为 $n=7$ 和 $n=12$，Raven 认为原始被子植物为 $n=7$。染色体形态和组型（karyotype）分析包含下列内容：①染色体的长度，一般用相对长度；②着丝点的位置，两臂长度的比率；副缢痕的位置及存在与否；随体的有无和形状。组型可用模式图和公式来表示。牡丹属 *Paeonia* 原置于毛茛科，后发现该科各属 $x=6~10$, 13，而牡丹属为 $x=5$，终于成立单型的牡丹科（Street，1978；Samuel，1979）。还有丝兰属 *Yucca* 原置于百合科，后发现其染色体为 $x=30$，与 $x=15$ 的龙舌兰科亲近，而转置于龙舌兰科（洪德元，1990）。

(6) 物种生物学(biosystematics)

物种生物学亦译为生物系统学，学科研究内容主要是利用生物学各分支学科的手段综合研究物种问题，一般不涉及种上等级(洪德元，1990)。学科主要研究内容为细胞学和繁育生物学，目的在于弄清物种的遗传与变异、物种形成的机理。树种变异、多态性及多样性是树木学研究的重要内容，因此该学科是树木学的重要基础。据研究(Harlow & Harrar, 2001)，变异产生的原因一般可分为内因和外因，现综述如下。

内因有：①表型(phenotypic)可塑性。即生态表相变异，系指同基因型(genotype)由于环境条件的变化而引起可视特征上(phenotype)的变化。②发育阶段的变异。一般指树木由幼年至老年发育阶段不同而引起的外形上变化。如许多复叶树木的幼苗阶段为单叶。③突变(mutational)。如发生在某些松柏类的矮化基因产生矮化类型；又如无毛桃(蜜桃)在东亚自发地产生。还有脐橙，在果顶端具有第二个未发育的果，产生于突变。还有皂荚由于突变产生无刺的变异。④染色体。树木染色体数量的变化会产生形态的变化：一类是非整倍体(aneuploid)，如美国枫香 *Liquidambar styraciflua* 为 $n = 11$、12、13；另一类是多倍体，在被子植物中多倍体达 $50\% \sim 70\%$，如四倍体的渐尖玉兰 *Magnolia acuminata* 为 $2n = 76$、六倍体的洋玉兰 $2n = 114$(木兰科 $x = 19$)。非整倍体和多倍体有时在形态上有异常的特征，但有时在形态上看不出来(Hardin *et al.*, 2001)。⑤非适应性。即某一形态变化的出现与环境条件无关，可能是受到某单基因的控制，如洋玉兰会出现叶下面仅具微毛的类型。⑥生态型(ecotype)。系在形态上或生理上确定的类型或种群，它产生于生态条件的选择，在遗传上它适生于自身要求的生境。同一种内的生态型可相互交配，但是其后代则自行选择各自的生境。许多广布树种演化出适应各种生境的生态型。林业上，对树木不同地理种源的研究，也就是选择适宜的生态型，以确保种子采自最适宜的地区并获得成功。⑦渐变(cline)。系指由于地理或生态梯度，如温度、降水和光周期的连续变化导致产生相连锁的性状梯度变化，而不是间断的生态型变化。如专家发现白松在北美随海拔增加其针叶长度变短和气孔数减少，同时油脂管数增加。⑧无融合生殖(apomixis)。是一种特殊的机理，即以无性过程代替有性繁殖，它会导致产生种群内和种群间特殊的类型。真正的无融合生殖是无性种子(agamospermy)，如柑橘、桤木、花楸、悬钩子、唐棣和山楂。无性种子最能保存遗传的一致性。最理想的是种间杂交和无性种子相结合，此导致产生各式各样的亲本特征的组合，各不相同而又各自均匀一致，此类型称为无融合生殖复合体。⑨物种形成的机理。由于空间和繁殖上的障碍，某生态型、渐变类型和自花授粉植物会发生遗传上的隔离，这也就是物种形成的初步模式。如果这种隔离到一定的阶段，分异的种群有可能被命名为变种、亚种或种。如亚利桑那悬铃木具 $5 \sim 7$ 裂的叶；而加利福尼亚悬铃木具 $3 \sim 5$ 裂的叶，即把它们看作 2 个独立的种，但也有的专家认为是 *Platanus racemosa* 的 2 个变种。

外因有：①杂交。在自然界当 2 个近缘种接近而在空间上和繁殖上无隔离的情况有可能发生杂交，杂交种 $F_1$ 一般具有双亲的中间性状，如在长沙岳麓山苦槠与钩栲产生一株天然中间型的杂交种，壳斗不育，被命名为苦槠钩锥 *Castanopsis kuchugouxaui*。②种质渗入(introgressive)。在杂交种反复与亲本之一或二者反交的情况下，树种杂交会超越 $F_1$ 产生种质渗入种群，即某一种的基因可穿过障碍进入另一种内完成杂种繁育。它不仅形成了中间型的种群，而且在遗传上拓宽了亲本种的变异幅度。诸如刺柏属、松属、杨属、栎属和椴属均产生有种质渗入(Hardin et al., 2001)。

(7) 植物化学(phytochemistry)

植物化学成分用于植物分类称为化学分类学(chemosystematics)，因为亲缘关系相近的类群必然有类似的化学成分和化学产物；反过来又可以根据植物的化学成分和产物来检验类群分类的合理性。学过分类学的人会意识到某些科可能具有特定的化学物质，如五加科、五味子科、防己科多药用植物；八角科、大戟科、马钱科多有毒植物；樟科、芸香科多产香精油。专家按分子质量将对植物分类有意义的成分分为：小分子类——生物碱、氨基酸、氰葡萄苷、芥子油葡萄苷、色素(花色苷、甜菜拉因)、酚类(黄酮类化合物)、萜烯类化合物；大分子类——蛋白质、DNA、RNA、细胞色素及铁氧化还原蛋白等(Samuel & Luchsinger, 1979)。一些科常含有特定的生物碱，如罂粟科常含鸦片碱在内的异喹啉生物碱；豆科常含羽扇豆碱；茄科含独特的莨菪类衍生物。植物化学家根据生物碱类别研究，论证了三尖杉科的分类及三尖杉属各种间的关系。结果表明：三尖杉属含特有的粗榧碱和刺桐类生物碱，而与之近缘的红豆杉科则含紫杉类生物碱，从而认为三尖杉属从红豆杉科分出成立为科是有根据的。同时根据本属各种所含生物碱来看，认为粗榧、三尖杉和篦子三尖杉是古老类型，以中国西南为起源中心，向东南、南辐射产生出后生的种类(汪小全 等，2000)。蛋白质分类学包括血清学(serology)、电泳(electophoresis)及氨基酸排序(amino-acid sequencing)。专家用聚丙烯酰凝胶板电泳杨属 Populus 各种及种下单位的同工过氧化酶，结果表明过氧化酶随各个种的形态变化而发生分化，以致可根据酶谱来鉴定出种、变种，甚至无性系(胡志昂，1981)。

(8) 分子系统学(molecular systematics)

根据植物 DNA 序列上的差异，来测定类群间的亲缘关系。测定的关键是要针对某一特定的类群选择相应合适的分子片段。因为不同部位的植物基因组进化速率不同，同基因组内，不同位置的序列变异速度也不同。这些序列在进化速率上的差异为不同的类群提供了多种选择的来源。①核基因组(nDNA)。其中 18S 序列对于被子植物科及科以上的阶元适用，可用于探讨被子植物或种子植物的系统发育分支间的关系，也可以用于亚科或属间关系的重建。ITS 序列区既有核苷酸序列的高变异性，又有长度上的保守性，适用属间或种间的系统发育研究。同时弄清被子植物中多数科属 ITS 序列种间差异值为 1.2%~10.2%，属间为 9.6%~28.8%，这些数值是适用于系统发育研究的。同时，也很适用于一些古老的木本属。②叶绿体基因组。基因较小且包含大量的 DNA 序列；差异明显，便于比较；同时，编码区和非编码区序列进化速率相差较大，适用于各种类群。其中，cpDNA编码基因(如 matK、ndhF、atpB 等)被广泛用于不同科、目乃至全部被子植物中。适用于此研究的基因有：16s rRNA、23s rRNA、psbA、psbB、psbC、rbcL、atpB 等。rbcL 是植物分子系统学研究中应用最普遍的基因之一。此外，matK 基因位于叶绿体 trnK 基因的内含子中，能有效地用于科、属等级。cpDNA 非编码区序列的测定在植物各阶元的系统研究中应用更为广泛，其内含子 rpl16 适用低分类阶元或晚出的类群的系统发育研究(田欣 等，2002)。例如，九子母属 Dobinea 是一个东亚特有属(2 种，产于中国西南地区)，其系统位置长期存在争议，曾被归入漆树科、无患子科和九子母科。对相关科大量属种 rbcL 和 ITS 序列数据比较表明，九子母属应归于漆树科(潘跃芝 等，2008)。

Wen Jun *et al.*(2008)用叶绿体 chloroplast *ndh*F 和核糖体 ribosomal ITS 序列论证李属 *Prunus*(广义 s.l.)的系统发育,并评判这个属的分类处理。*ndh*F 数据组与 ITS 数据不同处在于：*ndh*F 数据组主张李属 *Prunus*(s.l)应分为两类：一类包括桂樱亚属 *Laurocerasus*(含臀果木属 *Pygeum*),稠李亚属 *Padus* 及臭樱属 *Maddenia*；另一类包括桃亚属 *Amygdalus*、樱亚属 *Cerasus* 和李亚属 *Prunus*。而 ITS 数据则主张将桃亚属、李亚属以及李亚属的 Microcersus 组归为一类,而将桂樱亚属、稠李亚属和臭樱属归为一类。但二数据组研究的共同结果是：不主张将 *Prunus*(s.l.)分为若干亚属；臀果木属系一多源属；不主张将稠李属与桂樱属分开。分子研究证明,稠李属—桂樱属—臭樱属—臀果木属类群团存在高度动态和复杂生物地理关系,分类很难一刀切。原本清晰的李属 *Prunus*(s.l.)各亚属的分类,经分子生物学研究反而使问题越来越复杂。

陈亚琼(2008)利用分子系统学研究结合化石证据来分析壳斗科的系统演化,方法是通过(a) 6 个 DNA 片段联合；(b) *mat*K 和 ITS 联合序列；(c) *mat*K 和 *rbc*L 的联合序列；(d) RPB2 编码序列等 4 个分子系统关系的一致性再建壳斗形态性状的演化规律。研究结果支持壳斗来源于二歧聚伞花序最外侧小枝的假说。壳斗是单系起源；水青冈属的 2 果 4 裂瓣壳斗是最早分化的壳斗类型,三棱栎 *Trigonobalanus* 壳斗是较晚分化的类型；并支持具有内裂瓣的金鳞果属 *Chrysolepis* 壳斗可能与其他横切面为圆形的壳斗有较近的共同祖先。同时证实了壳斗演化的规律是从"开裂"演化为"裂瓣融合"、逐步简化；支持开裂壳斗、坚果三角形、较小、具棱或狭翅是原始特征,融合壳斗、坚果圆形、较大、不具棱为次生特征。

## 1.2.4 植物分类的等级与命名

等级又名阶层(hierachy),构成分类系统的层次,基本等级有 6 个：门、纲、目、科、属、种。有时还有辅助等级：亚门、亚纲、亚目、亚科、亚属、组、亚种。最常用等级是科、属、种。现以月季为例说明如下：

| | |
|---|---|
| 界(Regnum, Kingdom) | 植物界(Regnum vegetabile) |
| 门(Divisio, Phylum) | 种子植物门(Spermatophyta) |
| 亚门(Subdivisio, Subphylum) | 被子植物亚门(Angiospermae) |
| 纲(Clasis, Class) | 双子叶植物纲(Dicotyledoneae) |
| 目(Ordo, Order) | 蔷薇目(Rosales) |
| 科(Famili, Family) | 蔷薇科(Rosaceae) |
| 属(Genus, Genus) | 蔷薇属(*Rosa*) |
| 种(Species, Species) | 月季(*Rosa chinensis* Jacq.) |

(1) 种(Species)

种的概念和定种的标准是个极其复杂的问题。根据以形态学为基础的分类标准来看给种定义为："种是分类学的基本单位,它是由一群形态类似的个体所组成,来自共同的祖先,并繁衍出类似的后代。"分类上所谓的"好种",指该种具有易于与相近种区别的特征,即具有种连续系列中的间断和隔离,这种隔离可能是地理—生态上的,也可能是细胞遗传物质上的差异——基因交流上的障碍。由于细胞学的进展,种的定义又加上了遗传学的内容，即认为同种个体间可正常地交配并繁育出正常的后代，而不同种个体间交配则产生出不正常的后代，这就是生物学种的概念（Turrill，1964；Benson，1962；Stuessy，1990）。

根据林奈的双命名法，一个完整的种名由三部分构成，即属名＋种加词＋命名人（常缩写），如银杉学名为 *Cathaya argyrophylla* Chun et Kuang。*Cathaya* 系银杉属属名，意为"契丹"——中国北部一古老民族的名称，系拉丁文名词（地名拉丁化）、单数、阴性、主格。*argyrophylla* 为种加词，意义为银叶的，它与属名同性、同数、同格。Chun et Kuang 系命名人——陈焕镛与匡可任，二人均为中国著名植物学家。杂交种命名为将×加在杂交种种加词的前面，或者采用其母本与父本的名称连接起来，如中东杨学名是 *Populus* × *berolinensis* Dipp. 或采用 *Populus laurifolia* Ledeb. × *P. nigra* var. *italica*（Moench.）Koehne，亦可用 *Populus laurifolia* × *nigra* var. *italica*；北京杨 *Populus* × *beijingensis* W. Y. Hsu 或采用 *Populus nigra* L. var. *italica*（Moench.）Koehne × *P. cathayana* Rehd. ＝ *P. nigra* var. *itlica* × *cathayana*。种下等级单位常采用的有亚种（subspecies）、变种（variety）、变型（form）以及栽培变种（或变型）。

**亚种（subspecies，subsp.）** 一般用于在形态上有较大的变异且占据有不同分布区的变异类型。如分类学家一度曾将朴树 *Celtis sinensis* Pers. 作为四蕊朴 *Celtis tetrandra* Roxb 的亚种，其学名改为 *C. tetrandra* Roxb subsp. *sinensis*（Pers）Y. C. Tang。

**变种（variety，var.）** 系使用最广的种下等级，一般用于不同的生态分化，而在形态上有异常特征的变异居群。如叶培忠发现檵木 *Loropetalum chinense*（R. Br.）Oliv. 有一红花红叶的变种——红檵木，其拉丁学名应写为 *Loropetalum chinense*（R. Br.）Oliv. var. *rubrum* Yieh。同时，按国际植物命名法规定，当一种植物产生一变种时，其原种应自降级为一原变种 *Loropetalum chinense*（R. Br.）Oliv. var. *chinense* 与 var. *rubrum* 相对称。

**变型（form，f.）** 用于种内变异较小但很稳定的类群，如软荚红豆 *Ormosia semicastrata* Hance 有一个苍叶红豆 *O. semicastrata* Hance f. *pallida* How 变型。

**栽培变种（品种）** 根据《国际栽培植物命名法规（I. C. N. C. P）》（第七版）规定[Brickel（中译本），2006]，自1959年1月1日起发表的新品种加词必须是现代语言中的一个词或几个词，中国用汉语拼音即可，如桂花品种'笑靥'的学名应该写作：*Osmanthus fragrans* 'Xiaoye'，而 *Osmanthus fragrans* "Xiaoye"、*Osmanthus fragrans* cv. Xiaoye 或者 *Osmanthus fragrsns* var. Xiaoye 都是不正确的书写方法，而且'Xiaoye'用正体，不用斜体。又如杉木有一栽培变种灰叶杉，过去命名为 *Cunninghamia lanceolata* cv. Glauca，按新规定应正名为灰叶杉 *Cunninghamia lanceolata* 'Glauca'。

(2) 属（Genera）

形态特征相似且具有密切关系的种集合为属，属较种具有更大的稳定性，同时它又是亲缘上很自然的类群等级，一般来讲，属的分类范围和名称很少变动，甚至从古相传其名称一直保留至今，如松属 *Pinus*、杨属 *Populus*、柳属 *Salix*、榆属 *Ulmus*、桑属 *Morus*、栎属 *Quercus* 等。也就是说，古人很早就有了"属"的概念，同时将同属的种加上形容词加以区别：如杨树类有大叶杨、毛白杨、青杨、山杨、小叶杨等。对于初学分类的人来讲，掌握属的概念和特征是很重要的第一步，认识了属再辨别为何种就是比较容易的事了。

(3) 科（Families）

科是有亲缘关系的属的总和，或者说将一些特征类似的属归并为科。与属相比，科这个等级不如属那样严密,有些科的特征比较容易掌握,所包括的属是自然的,如壳斗科、蝶形花科、杨柳科、槭树科等。科的命名一般是以该科某模式属的属名再加词尾-aceae而成。如蔷薇科的科名取用蔷薇属 *Rosa*,加-aceae而成 Rosaceae。

### 1.2.5 检索表

植物检索表是鉴定植物的索引,各种植物志和树木志的科、属、种描述之前常编排有相应的检索表,学生和读者可依据已编成的检索表,对欲鉴定的植物依序逐条查索,直至最后查出植物所属的科、属、种。常用的检索表一般采用两歧—定距式,两歧是指表内的每一项皆由相对立的两条组成,定距是指凡相同的序号皆排在位置相等的距离上,即每一序号排在一定的层次上,下一序号其层次也就退后一位。在检索时,先查对1-1,再查对2-2,进而查对3-3,直至最终。如检索表的第一项是讲子叶,而学生持有的植物是双子叶时,那就应该在双子叶条目下继续查对第二项。如果第二项是以叶型为对象时,则按单叶或复叶的条目继续查对,直至得到答案为止。现举一抽象而通用的实例说明如下:

1. 双子叶植物。
  2. 单叶。
    3. 羽状叶脉 ································································· A 种
    3. 掌状叶脉 ································································· B 种
  2. 复叶。
    4. 小叶 3~5 ································································ C 种
    4. 小叶 7~9 ································································ D 种
1. 单子叶植物。
  5. 子房下位。
    6. 中轴胎座 ································································ E 种
    6. 侧膜胎座 ································································ F 种
  5. 子房上位 ································································· G 种

## 1.3 树木分布区

树木分布区的研究属于植物地理学的一部分,它主要是研究树木在地球表面分布区形成和演变的规律。分类学与分布学两者关系极为密切,分类问题经常与分布问题搅和在一起,许多相关种的分类问题实质上是地理分布上的概念。

### 1.3.1 概述

树木分布区是树木本身生物学和生态学特性、繁殖和散布特性与地理环境条件长期相互作用而形成的。种的形成和演化过程与分布区的扩散过程二者几乎是同步进行。每一个分类群或植物种对气候、土壤、生物条件有一定的要求,在它适当的空间界限内才能正常地生长、发育、开花、结实、繁育后代。当不利的生态条件超过了这个种的可忍耐的生态幅度时，这个有障碍的空间就成了这个种分布上不可逾越的界限。这些障碍因素可以分为地形、气候、土壤、生物4个方面。地形障碍是最明显的，如海洋、山脉的阻截。海洋是最大的分布屏障，一般10km，尤其是数百公里距离的水面是大多数种所不能超越的障碍。降水量与蒸发量也是影响植物分布的重要界限，如我国森林区与森林草原区的分界指标为年降水量500mm、年干燥度1.0；草原区与荒漠区分界指标为年降水量250mm、年干燥度4.0。以上界限实际上也是许多树种分布区的分界线。生物学上的障碍不如气候、土壤影响范围大，但形成分布上的因果关系可能更复杂，如在一片森林群落中，林下植物和伴生树种对群落中的建群种和优势种在分布上的依赖；寄生植物（桑寄生科、檀香科）对寄主植物（栎栲类、枫香等）的分布依赖，这些都会成为那些植物分布的限制因子。从植物界发展的历史看，现有植物分布区的形成不仅是近期地理条件所决定的，而且也是与植物界的发展史分不开的。因此，植物分布区的形成还要考虑历史演变因素才能求得答案。

## 1.3.2 分布区的类型

（1）天然分布与栽培分布

天然分布是指树种靠种群个体自身的繁殖和散布而形成的分布区。栽培分布区一般是由人为引种栽培而形成的，由于这些树种具有某种经济价值而扩大栽培，如我国引种了许多原产于北美的树种，如湿地松 *Pinus elliotii*、火炬松 *P. taeda*、池杉 *Taxodium ascendens*、洋玉兰 *Magnolia grandiflora*、北美鹅掌楸 *Liriodendron tulipifera*、美国山核桃 *Carya illinoensis* 等，这就扩大了它们的分布范围；同样，原产我国的很多树种，被引种世界各地，如特产我国的活化石植物水杉 *Metasequoia glyptostroboides*，被引种超过50个国家。

（2）连续分布与间断分布

连续分布区是指某分类群（科、属、种）的分布基本上是完整的，由封闭的分布界限构成连续的分布区。就种的连续分布来说，它的分布区范围内个体间的距离是正常的，未超出其自然散布可能的范围。繁殖和散布力旺盛的广布种常形成连续分布区，如马尾松、油茶、苦槠、毛竹等。间断分布区（disjunctive area）是指某分类群（科、属、种）具有分散成两片以上呈分散状的分布区。一般认为间断分布是由于地壳运动、气候变化、冰川的发生和大陆漂移所造成的。

（3）水平分布与垂直分布

在宏观上，植被水平分布系指地球植被按纬度和经度梯级呈现出植被带变化系列，如从赤道向极地依序出现：热带雨林带（或季雨林）→亚热带常绿阔叶林带→温带落叶阔叶林带→温带针阔叶混交林带→寒温带针叶林带→极地灌丛草甸带→极地苔原带→永冻土带。中、大山体由于海拔高度升高形成与纬向相对应的植被垂直分布带谱（图Ⅰ），我国西藏林芝地区、云南丽江玉龙山、台湾玉山山地均出现完整的从热带或亚热带森林到高山草甸的垂直分布带。其次，具体到某一树种的水平分布与垂直分布，系指该树种在地球表面按纬度、经度所占的分布范围，如马尾松的水平分布区为北起秦岭、伏牛山南麓，南抵广东、广西的南部，东界东南沿海和台湾，西达四川大相岭、贵州中部及云南东南部。垂直分布指树种在山地由低至高所处的位置，也可以讲是山地植物垂直分布带所处的位置。如杉木在东南山地垂直分布于海拔1000m以下，而在西南山地可分布至2000m。

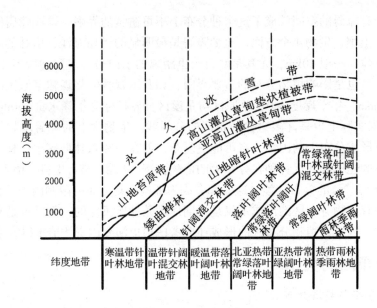

**图 I　植被纬向分布带及相对应的植被垂直分布带**

## 1.3.3　分布区的研究

（1）特有分布区（endemic area）

在分布范围上有广域性和狭域性的分布之分，最大的广域性分布即所谓世界广布，泛热带广布、温带广布、洲广布等。这一般是指种以上等级的分布，世界广布种是极少的，几乎没有木本植物。另一类狭域性的分布，大多数的种都局限分布于某一地区，这就是特有分布，但一般将"特有"（endemic）一词专用于那些典型的、地区性很强的分类群（科、属、种），如中国特有科：珙桐科 Davidiaceae、杜仲科、伯乐树科；海南岛特有属：海南椴属 Hainania、琼棕属 Chuniophoenix、山铜材属 Chunia、保亭花属 Wenchengia、乐东藤属 Chunechites；台湾特有属：华参属 Sinopanax、台茜属 Hayataella；大别山特有种：大别山五针松 Pinus dabeshanensis；湖南衡山特有种：绒毛皂荚 Gleditsia japonica var. velutina；舟山群岛特有种：普陀鹅耳枥 Carpinus putoensis。岛屿和山地由于地形的隔离常产生许多特有种，同时隔离的历史越长，特有比率越高，如大洋洲特有种占当地种总数的 75%，新西兰占 72%，夏威夷占 60%，马达加斯加占 66%，我国台湾占 42.9%、海南占 40%。特有种可分为两类，一类是古特有（paleoendemic），另一类是新特有（neoendemic）。

（2）残遗分布区（relic area）

残遗分布与残遗种（relic）二者是一个事物的两面，残遗种是指那些起源古老，而且分类谱系上处于孤独位置的类群，一般地讲多具有单型（monotypic）的特征。如水杉属 Metasequoia 有化石植物 12 种，在白垩纪至第三纪曾广布于我国东北、日本、欧洲和北美，最北可分布至北极圈的格陵兰，但自从第四纪遭寒冷的冰川气候袭击后，它们的同类多被灭绝，而残存种水杉 Metasequoia glyptostroboides 则退缩在湖北、湖南、四川三省边陲狭小"避难所"里，免遭浩劫而幸存至今（图Ⅱ）。它被发现于 1946 年，为一典型"活化石"（living fossil）植物。另外还有一类是气候残遗分布种。在老第三纪地球气候相当温暖，亚热带界限位至 N50°或更北，一些热带科分布到高纬度地区，第三纪中生代以后气候变冷，这些热带科多数成员大量南迁，但是它们中的个别成员，在气候变冷以后仍然顽强地在原地保存了下来，它们属于气候残遗分布种，如黄檗 Phellodendron amurense（芸香科）分布至俄罗斯远东地区；柿树（柿树科）分布至辽宁；香椿（楝科）分布至华北；栾树（无患子科）分布至辽宁。这些热带残留分子成了第三纪亚热带的见证。

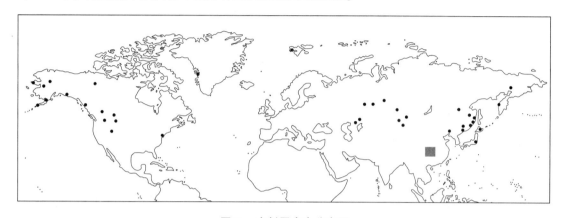

**图Ⅱ 水杉属古今分布图**
1. 现代残遗分布区　2. 第三纪化石分布

（3）替代分布区（vicariant area）

替代分布通常是指两类似的类群由于分布上的间断，各自占有分离的分布区域。典型事例常是指两个在亲缘上有关的两个种，称为地理替代种，它们可能来源于一个占有连续分布区的种，后来由于分布上的隔离，导致分道扬镳而形成。另一种概念是将同属的几个种占据各自不同的分布区，这也视为替代分布。典型的例子是指两个种的替代种（种对），如我国东南与西南产的同属相近种组成的种对典型例子：青冈栎 Cyclobalanopsis glauca—滇青冈 C. glaucoides；马尾松 Pinus mas-

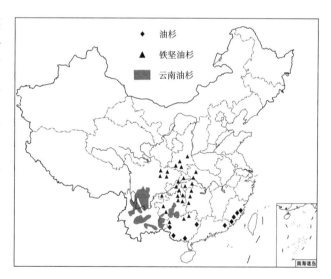

**图Ⅲ 油杉属 3 种替代分布图**（间断分布）

soniana—云南松 P. yunnanensis；江南桤木 Alnus trabeculosa—旱冬瓜 Alnus nepalensis；铁坚油杉 Keteleeria davidiana—云南油杉 K. evelyniana（图Ⅲ）。更小范围的垂直分布上（低山—中山）的替代种，例如：枫香 Liquidambar formosana—缺萼枫香 L. acalycina；青冈栎—多脉青冈 Cyclobalanopsis multinervis；枳椇 Hovenia acerba—毛果枳椇 H. trichocarpa。

## 1.4 树木的特性

树木特性包括生物学特性和生态学特性，其基本原理涉及植物生态学和植物生理学，它是树种遗传学特性在一定条件下生长过程中的生理反应与性状表现，树木的特性还包括林学特性，主要指树木的繁殖、造林、材积生长过程、病虫害及抗性、天然更新等多方面的特性，鉴于学科的分工，本书一般不论述林学特性（如树种栽培技术）。

### 1.4.1 生物学特性

树木的生长发育规律（个体发育）及生长周期的各个阶段的性状表现称为树木的生物学特性，它包括树木由种子萌发，经苗木、幼树，逐渐发育到开花结果，直到最后衰老死亡整个生命过程的发展规律。如有的树种萌芽能力强，砍伐后可通过根蘖或茎蘖萌芽产生新株，有的树种则不能，前者可采用萌芽更新和头木作业经营，而后者只能采用种子更新。又如有的树种发育迟、寿命长，而另一类树种发育早、寿命短。树种生物学特性可按生长发育过程和阶段分述如下：

种子期——种子的品质、休眠、储藏及萌芽条件、子叶与胚在萌芽过程中的表现等。

苗木期——苗木形态及生长过程中的变化、耐阴性、适应性、地上与地下部分的生长过程。

营养生长期——树木生长快慢及生态条件、材积生长过程（高度、直径、材积）、寿命。

发育期——开花条件、初花和初果期、盛果期、生长衰老期、授粉与受精的特性和条件、胚囊的发育、果实与种子的成熟过程等。

繁殖——无性繁殖方式和能力、种子传播方式和能力等。

树木物候学是树木生物学特性的研究内容之一，它是研究自然界树木的季节性现象同环境的周期性变化之间的相互关系的科学，也就是随季节变化树种有序地发生生命变化的表现。树木对一年四季变化的反应是很确切和敏感的，什么季节（温度、湿度）会有什么生命表现都是有规律的，简称物候期，一年内树木物候期的变化项目，即观测项目一般可概括为以下内容：萌芽前的状态；芽膨胀开放；展叶（发叶、盛叶）；枝伸长至终止；开花（始花、盛花、花落）；结果（幼果、果熟、果落）；落叶（叶变色、凋落）；冬芽形成过程、冬态（参考表Ⅰ）。物候观测资料应选择固定地点、固定的典型树木、定时记录，同时还要长期坚持记录，至少要5年的资料才有科学意义。物候期资料对于了解树木的生物学特性、适时掌握林业生产和技术措施很有参考价值，如植树季节应确定在树芽萌动之前最适宜；配置花木应注意树木的花期，将不同花期的树种种植于一园，以收四季花香之效。应该指出，物候期在温带地区变化较明显，且季节性较强，但是在热带地区物候学的研究更复杂，有的树木一年内不断开花又不停地结果。

表 I 树木物候观察记录整理表

| 物候期\树种 | 树液始流动期 | 萌芽期 | | | | 展叶期 | | | 开花期 | | | | | 果实发育期 | | | | | 新梢生长期 | | | | | | 秋叶变色与脱落期 | | | | | 冬芽形成期 |
|---|---|---|---|---|---|---|---|---|---|---|---|---|---|---|---|---|---|---|---|---|---|---|---|---|---|---|---|---|---|---|
| | | 花芽膨大始期 | 花芽开放始期 | 叶芽膨大始期 | 叶芽开放始期 | 展叶始期 | 展叶盛期 | 新叶变绿期 | 开花始期 | 开花盛期 | 开花末期 | 最佳展花起止日 | 二次开花期 | 幼果出现期 | 果实成熟期 | 果实开始脱落期 | 果实落毕期 | 可供观果起止日 | 新梢始长期 | 新梢始成期 | 二次梢始长期 | 二次梢始成期 | 三次梢始长期 | 三次梢始成期 | 秋叶始变色期 | 秋叶全变色期 | 落叶始期 | 落叶末期 | 可供观秋色叶期 | 冬芽形成期 |
| | | | | | | | | | | | | | | | | | | | | | | | | | | | | | | |

## 1.4.2 生态学特性

任何树种都是生存在地球上的某一空间,它们不能离开环境条件而生存,对树木生长发育有影响的环境条件称为生态因素。各种树木在其系统发育过程中形成了对特定生态因素的适应生态学特性,也是树木生态学研究的内容。生态因素大体可分为气候、土壤、地形、生物四类,现分别论述如下(参考云南大学生物系,1980;李博,2000;杨允菲,祝廷成,2011)。

**1. 气候因素**

(1)光

生态学家根据树种耐阴性的差别分为:阳性树木(heliophilus woody plants)或名为阳生木、喜光树木;耐阴树木(shade woody plants);阴性树木(sciophilus woody plants)或阴生树木。鉴别树种耐阴性一般是根据比较观察和林业实践而得出,如根据树冠形态、叶外表和内部结构、寿命长短、生境的光照条件、树种在森林群落层片中的位置、天然更新条件和林冠下更新能力等对树种耐阴性进行排序。有的生态学家通过实验,根据树木光合作用所需的适宜烛光标准,或通过遮阴实验,用全光的百分数标准来对树种耐阴性进行排序;或根据光补偿点(light compensation point)的高低来决定,阳性树种光补偿点高,阴性树种光补偿点低。但由于树种耐阴性的研究是极为复杂的,室内孤立的条件而难测出自然界的复杂情况,故现有对树种耐阴性的评定仍是通过实际观察比较而得出的看法。一般公认的喜光树种有落叶松属 *Larix*、松属 *Pinus*(二针松类)、桦木属、杨属 *Populus*、柳属 *Salix*、桉属、泡桐属 *Pailownia*、山槐属 *Albizzia*、金合欢属 *Acacia*。阴性树种有红豆杉属 *Taxus*、穗花杉属 *Amentotaxus*、冷杉属 *Abies*、铁杉属 *Tsuga*、八角属 *Illicium*、楠木属 *Phoebe*、润楠属 *Machilus*、桃叶珊瑚属 *Aucuba*、茵芋属 *Skimmia*、紫金牛属 *Ardisia*。中等耐阴树种有槭树属 *Acer*、椴树属 *Tilia*、水青冈属 *Fagus*、鹅耳枥属 *Carpinus*、苦槠 *Castanopsis sclerophylla*、木荷 *Schima superba*、樟树 *Cinnamomum camphora*、福建柏 *Fokienia hodginsii*、杉木 *Cunninghamia lanceolata*。常年生长于林下地被层的植物是最耐阴的。

(2)温度

温度对树木分布是主导因素,植物地理学家洪堡德于19世纪初期就发表了沿地球等温线构成的植物——气候带。树种一般适生于某一个气候带范围内,如超越气候带限定的温度幅度则不能正常生活。按最新的中国气候区划方案(表Ⅱ,图Ⅳ),将中国区划为如下气候带，其热量和有关气候因子指标数值列于其中。本书编入树种对热量的属性，可根据其分布区确定该树种属何气候带，从而了解树种对热量的大致需求，并以"中亚热带树种"、"南亚热带树种"表明其热量属性。

表Ⅱ 中国气候带分带及其划分的指标体系（郑景云 等，2010）

| 指标 | 主要指标 | 辅助指标 | | 参考指标 | |
|---|---|---|---|---|---|
| 温度带 | 日平均气温稳定≥10℃的日数（d） | 1月平均 | 7月平均 | 日平均气温稳定≥10℃期间的积温（℃） | 年极端最低气温平均值（℃） |
| 寒温带 | <100 | <-30 | | <1600 | <-44 |
| 中温带 | 100~170 | -30 至 12~-6 | | 1600 至 3200~3400 | -44~-25 |
| 暖温带 | 170~220 | -12 至 -6~0 | | 1200~3400 至 4500~4800 | -25~-10 |
| 北亚热带 | 220~240 | 0~4 | | 4500~4800 至 5100~5300 | -14~-10 至 -6~-4 |
| 中亚热带 | 240~285 | 4~10 | | 5100~5300 至 6400~6500（云贵 4000~5000） | -6~-4 至 0（云贵 -4~0） |
| 南亚热带 | 285~365 | 10~15（云南，9~10 至 13~15） | | 6400~6500 至 8000（云南 5000~7500） | 0~5 |
| 边缘热带 | 365 | 15~18（云南 >13~15） | | 8000~9000（云南 7500~8000） | 5~8 |
| 中热带 | 365 | 18~24 | | 9000~10 000 | 58~20 |
| 赤道热带 | 365 | >24 | | >10 000 | 8>20 |
| 高原亚寒带 | <50 | -18 至 -10~-12 | | <11 | |
| 高原温带 | 50~180 | -10~-12 至 0 | 11~18 | | |
| 高原亚热带 | 50~350 | >0 | 18~24 | | |

（3）水分（大气降水）

水分对树木的生存与分布有重要的意义，我国年降水量与空气湿度一般由东向西递减。自然地理学家以年降水量500mm和干燥度$K=1.0$为湿润区和干旱区的分界线；东部湿润区以森林为主，西部干旱区以草原和荒漠为主。在东南亚热带地区只有常年湿润的地区才会出现以龙脑香科为标志的热带雨林，但随着雨量减少，依次出现季雨林、稀树林、稀树草原等，所以大气降水对森林和树种的分布有着密切的关系。水气（雾）对于森林和树种的分布也有很重要的意义，许多高山树种，如杜鹃花、冷杉、云杉要求生长在终年潮湿的环境。美国生态学家认为，北美西部太平洋海岸多雾的环境是巨杉 Sequoiadendron giganteum 林和红杉 Sequoia sempervirens 林存在的重要条件。

土壤水分与树木的生长关系更为密切，生态学家根据树木对水分要求的差别，分为湿生、中生、旱生三大类型。①湿生树种：适生于排水条件不良或土壤含水量经常饱和的生境，根系不发达，因通气条件不良，有的种类树干基部常膨大，同时具有膝状根、呼吸根和支柱根，如水松 Glyptostrobus pensilis、池杉 Taxodium ascendens、桤木属 Alnus、枫杨

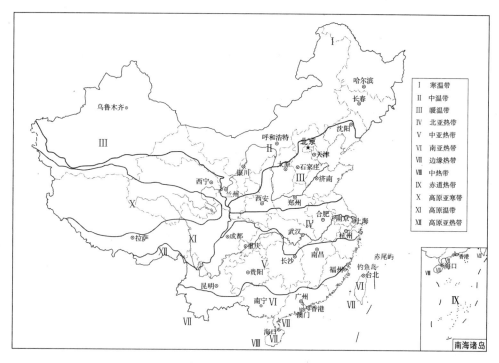

图Ⅳ 中国气候带区划图(郑景云 等，2010)

*Pterocarya stenoptera*、垂柳 *Salix babylonica*、水团花属 *Adina*。②旱生树种及耐旱树种：旱生树种系指具有典型旱生结构和生理特性的树木，一般是沙漠或沙滩地生长的植物，如木麻黄 *Casuarina equisetifolia*、柽柳 *Tamarix chinensis*、沙冬青 *Ammopiptanthus mongolicus*、梭梭 *Haloxylon ammodendron* 等能在干旱和水分缺乏的土壤条件下生长的树种，旱生树种常具有发达的根系，植物体常具有深根系、发达的角质层、毛茸及栓皮或具肉茎、气孔深陷等性状。耐旱树种是指那些在森林气候条件下耐干旱的树种，如油松 *Pinus tabulaeformis*、马尾松、黑松 *Pinus thunbergii*、侧柏 *Platycladus orientalis*、柏木 *Cupressus funebris*、栓皮栎 *Quercus variabilis*、乌冈栎 *Quercus phillyraeoides*、刺槐 *Robinia pseudoacacia*、酸枣 *Ziziphus jujuba* var. *spinosa*。③中生树种：系处于上述二者之间的大多数树种，常生长于湿润而排水良好的土壤。如枫香、南酸枣 *Choerospondias axillaris*、槭树 *Acer* spp.、椴树 *Tilia tuan*、杨树 *Populus* spp.、鹅耳枥、楝树 *Melia azedarach*、朴树 *Celtis sinensis* 等。中生树种还可以细分为中偏湿和中偏旱类型。

(4) 空气

森林对二氧化碳、氧在自然界的循环与平衡起着重要作用。由于全球性的森林面积减少，导致二氧化碳浓度增加，已成为危及人类生活的隐患。随着现代工业的发展，空气中各种有毒物质含量不断增加，对人类威胁大的有粉尘、二氧化硫及酸雨、氟、一氧化碳、二氧化氮以及汞、镉、铬、砷、锰、硒等。生态保护与抗污性的生物防治是城市生态的热门研究课题，有毒气体和物质可以伤害和毁灭植物，但植物也可以在一定范围内具有吸毒、吸尘、转化、还原有毒物质和净化大气的能力，这就是抗污性的生物防治。实践证明在工矿区大量种植抗污性树木，可以减低有毒物质的浓度，改善大气环境。对烟尘、二氧化硫抗性强的树种有臭椿 Ailanthus altissima、女贞 Ligustrum lucidum、构树 Broussonetia papyrifera、刺槐、桑树 Morus alba、夹竹桃 Nerium indicum、二球悬铃木 Platanus acerifolia、榕树 Ficus microcarpa、海桐 Pittosporum tobira；抗性中等的有五角槭 Acer mono、木槿 Hibiscus syriacus、黄连木 Pistacia chinensis、葡萄 Vitis vinifera；抗性弱的有雪松 Cedrus deodara、油松、泡桐、苹果 Malus pumila、香椿 Toona sinensis、金钱松 Pseudolarix amabilis、枫杨。对有毒物质侵染反应最敏感的树木可以作为监测种，如能监测二氧化硫的有枫杨、竹柏 Nageia nagi、梧桐 Firmiana simplex、木棉 Bombax malabaricum、安息香 Styrax japonicus 等。

风也是重要的生态因素。风可以调节森林内的温度和湿度，加强蒸腾，促进树木传播花粉和种子；大风也会折断树木，甚至造成风倒木。抗风性强的树种又可以用来营造防风林和农田防护林，如栎类、松类、侧柏、棕榈类、木麻黄、台湾相思 Acacia confusa 等。

**2. 土壤因素**

土壤具有不同的物理性质、化学性质、有机质含量、微生物及肥力质量。树种对土壤亦有不同的选择和适应。土壤质地是物理性质的主要性状，一般分为砂土、壤土和黏土三类。多数树种适生于质地适中（不黏也不太疏松）、土壤温度、空气、水分状况良好的壤土。黏重、板结的土壤为多数树种所忌。砂土过于干燥瘠薄，亦不适宜树木生长。热带海岸沙地树种常具有小型叶、硬叶、多刺或蔓生能力强等特点，如木麻黄、露兜树 Pandanus forecps、变叶裸实 Gymnosporia diversifolia、厚藤 Ipomoea forecps、仙人掌 Opuntia dillenii。荒漠沙生植物常具有特殊的适应力，如骆驼刺属 Alhagi 的根可伸进地下数米的深处以吸取地下水；沙柳 Salix cheilophylla 具广阔的根幅可大面积地吸收地表的雨露；沙冬青的枝叶逢旱则枯，遇雨则绿，巧妙地避害趋利。

土壤酸碱度（pH 4.0~8.5）是土壤化学性质（养分状态与微生物环境）的综合反应。在酸性花岗岩或砂页岩发育的红黄壤酸性土上，杜鹃花科、越橘科、山茶科、金缕梅科、松类（马尾松为主）分布普遍；而在碳酸盐类基岩发育的中性土壤上，柏科、芸香科、大戟科、无患子科、榆科、马桑科、小檗科、马钱科、鼠李科植物分布较多。根据树木对酸碱度适应性的差别，一般可分为酸性土树种、钙质土（中性土）树种、碱性土树种。现举例如下：

| 酸性土（pH 4.0~6.5）树种 | 钙质土（pH 6.5~7.5）树种 | 盐碱土（pH 7.5~8.5）树种 |
| --- | --- | --- |
| 马尾松、桤木 Alnus cremastogyne、桃金娘 Rhodomyrtus tomentosa、柃木 Eurya spp.、杜鹃花 Rhododendron simsii、茶树 Camellia sinensis、木荷 Schima superba、杨梅 Myrica rubra、桉树 Eucalytus spp. | 柏木、圆叶乌桕 Sapium rotundifolium、南天竹 Nandina domestica、青檀 Pteroceltis tatarinowii、花椒 Zanthoxylum bungeanum、枇杷 Eriobotrya japonica、蚬木 Excentrodendron tonkinense、黄连木 | 椰子 Cocos nucifera、桐花树 Parmentiera cerifera、海桑 Sonneratia caseolaris、红树 Rhizophora apiculata、梭梭柴 Haloxylon ammodendron、白刺 Nitraria tangutorum、柽柳 Tamarix chinensis |

土壤肥力质量主要表现在土层厚度、有机质和腐殖质含量等方面，实际上也应包括土壤物理性质和无机养分含量等综合性状。由于竞争力的优劣，通常由一些耐阴的树种占据肥沃的生境，这些树种常称为肥土树种，如白蜡树属 Fraxinus、槭树属、水青冈属 Fagus、冷杉属 Abies、红豆杉属 Taxus、臭牡丹属 Clerodendron、紫金牛属 Ardisia 和楠木属 Phoebe。另一类可生长在干燥瘠薄土壤的树种，被称为瘠土树种，如马尾松、油茶、余甘子 Phyl-

*lanthus emblica*、刺槐、胡枝子 *Lespedeza bicolor*、荆条 *Vitex negundo* var. *heterophylla*、枸骨冬青 *Ilex cornuta*、台湾相思。瘠土树种多具有根瘤和菌根真菌。

**3. 地形因素**

山脉走向、地表起伏、垂直高差、坡向坡度的变化对光、热、水分和养分进行重新组合和分配，从而影响树木生长。中国是多山之国，青藏高原构成世界的屋脊，自西向东由高山转变为中山，进而下降为低山丘陵，再夷为东部滨海平原，明显地将大陆大地形分为三大阶梯(图Ⅴ)。青藏高原以海拔8844.43m的珠穆朗玛峰为主的一系列高山构成第一阶梯(海拔5000m左右)；昆仑山和祁连山以北，横断山脉以东，地势剧降到海拔1000～2000m间，为第二阶梯；大兴安岭、太行山、巫山、雪峰山一线以东，海拔降为1000m以下，为第三阶梯；再进而没入海洋构成浅海大陆架。此地形大格局构成我国地区政治、经济、文化基本分异；也是我国植被、植物区系地理(植物分布)、农林业区划的重要基础。大地形是指山脉分布、大地貌类型(平原、丘陵、高原、山地等)的格局等，可在大范围内影响树木的分布。不同的山脉、河流(水系)对植被和植物区系的分异具有重大的影响，秦岭为长江水系和黄河水系的分水岭(图Ⅵ)，也是我国1月平均气温0℃、年降水量750mm、亚热带与温带的分界线、常绿阔叶林与落叶阔叶林区的分界线。南岭是长江和珠江水系的分界线(图Ⅵ)，大体上是年平均气温18℃、中亚热带与南亚热带、华中—华东植物区系与华南植物区系的分界线。

就小地形而言，在一个山头范围内，山脊、山坡、山麓或山谷的树种分布也不相同。在长江中下游山地，阳坡常生长喜光耐干燥的树种，如马尾松、山槐、栓皮栎、枫香等；阴坡常聚生喜阴湿的毛竹 *Phyllostachys edulis*、杉木、樟、楠、栲、椆类。

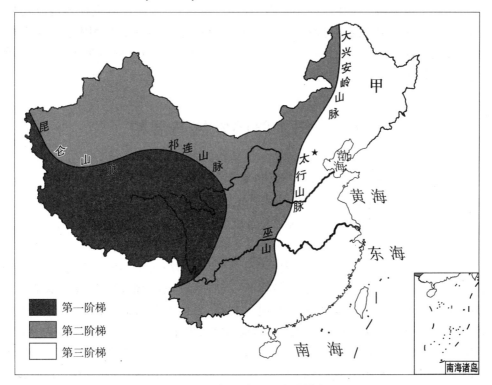

图Ⅴ 中国地形三大阶梯

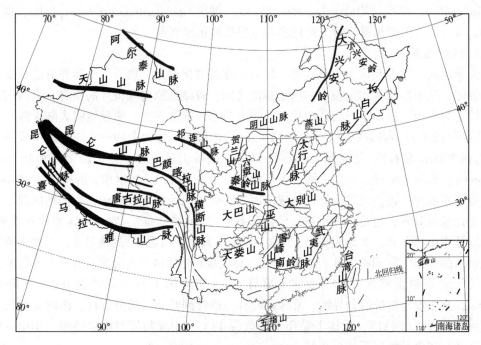

**图Ⅵ 中国主要山系示意图**

**4. 生物因素**

树木生长不仅依存于物理环境条件，也依附于生物环境，如植物群落、伴生树种，同时与层间植物、地被物、寄生、附生、腐生植物（生物）、真菌各微生物等构成复杂的关系，如果离开了这些生物区系树种就生长不良。如许多阔叶树种，如檫木、海南天料木营造纯林难成功，而适宜营造混交林，这也就是它们需要一种特定的生物环境或群落条件。又如金钱松的树根部有共生性的菌根，如果缺乏这种菌根，它就会生长不良。

## 1.5 树木学的发展与展望

林业教育始于欧洲，树木学课程大约设置于18世纪初期。中国树木学教学起始较欧洲为晚，1915年钱崇澍在江苏农校开设树木分类学；陈焕镛于1919年在南京金陵大学和东南大学讲授树木分类学（任宪威，1997），这二位首开历史先河，可称是中国树木学的创建人。陈焕镛《中国经济树木》（英文）（1921）与钟心煊《中国木本植物名录》（1924）为我国树木学早期开创性的著作。陈嵘《中国树木分类学》（1937）可谓当时的鼎盛之作，亦作为树木学教材使用，令前后多代林业院校学生受益。稍后有刘慎谔《中国木本植物图志》（1931—1936）、周汉藩《河北习见树木图说》（1934）。1949年以后，树木学专著出版进入一个新的历史时期，成果辉煌。有南京林学院主编《树木学》上下册（1962—1964），此书出版在《中国植物志》之前，为上乘之作；李惠林《台湾树木志》（英文，1963）、《海南经济树木》（1964），北京林学院（火树华）主编《树木学》（1980，1988），刘棠瑞、廖日京《树木学》上下册(1980)，祁承经主编《树木学》(南方本)(1994)，任宪威主编《树木学》(北方本)(1997)。郑万钧主编《中国树木志》1~4卷(1983—2004)为集大成之作。此外，地方树木志还有：魏志贤主编《山东树木志》(1964)，周以良主编《黑龙江树木志》(1987)，徐永椿主编《云南树木图志》1~3卷(1989—1991)，祁承经、林亲众《湖南树木志》(2000)。

现今树木学正处于总结调查资料、编著各类树木志、研究区系地理并逐步向多学科综合研究树木的转变阶段，也就是传统科学向现代科学的转变阶段。根据北美的研究动态，自20世纪60年代以来，树木学的研究方向和内容包括传统的和近代的两方面，但以近代学科手段为主，可能侧重在种内的遗传性与变异性的研究。如商品树种遗传性质的改良；树木生命史和繁育生物学研究；树木种内和地理种源的研究；适应发射(adaptive radiation)的研究；杂交和种质渗入；遗传学择优和结构；森林片段化的遗传效应；稀有树种的保护生物学。70年代以后，越来越多地采用SEM、类黄酮层析、异源酶电泳、种子蛋白质放射免疫测定法(radiommundossay)及RNA和DNA分析等新技术研究树木的物种生物学特性。现阶段特别重视使用DNA序列新技术研究种内和种间的变异性；生态生命史和繁殖策略；科、属、种在表相上、系统发育上和谱系分支上的关系；物种种群生物学和种群动态；以及物种形成的机能和演化，这就是现代树木学(modern dendrology)的研究方向。展望树木学学科之革新，应是既要维护传统树木学，又要发展以树木分子生物学为象征的近代生物科学，现代树木学家任重道远，惟寄厚望于后人也。

## 附：本书双子叶木本植物(阔叶树)科检索表(典型类群)

1. 离生心皮雌蕊，心皮多数至1枚 ………………………………… I. **离生心皮雌蕊类**(见另表)
1. 合生心皮雌蕊。如心皮离生，具长毛的小坚果聚为头状果序者(悬铃木科)属此项。
  2. 花瓣离生或单花被，或无花被。
    3. 花小，单性(稀两性)，无花瓣或单花被，花冠不显著，一般组成柔荑花序 ……………………………………………………………… II. **无花瓣或无花被(柔荑花序)类**(见另表)
    3. 花两性，有花萼花瓣，或花萼发育为花冠，非柔荑花序。
      4. 无花瓣，萼片结合为筒状花冠，雄蕊贴生于花冠内。
        5. 植物体被银白色或褐色星状毛或盾状鳞片 ……………… **胡颓子科 Elaeagnaceae**
        5. 无上述特征。
          6. 萼深裂，裂片4，长且反卷，与4雄蕊对生 ……………… **山龙眼科 Proteaceae**
          6. 萼浅裂，萼筒状，雄蕊贴生于萼筒喉部或上部。
            7. 果开裂；雌蕊心皮2以上，无花盘 ……………… **沉香科 Aqeuilariaaceae**
            7. 果不裂；雌蕊心皮2，呈单心皮状，有花盘 ……………… **瑞香科 Thymeliaceae**
      4. 花具花萼与花瓣(花冠)，多为两性、整齐花。
        8. 子房为侧膜胎座。
          9. 花4(6~8)数 ……………………………………………… **四数木科 Datiscaceae**
          9. 花不为严格的4数。
            10. 叶常有锯齿；有花瓣或无花瓣。
              11. 花两性；果小型 ……………………………………… **天料木科 Samydaceae**
              11. 花单性；果硕大 ……………… **大风子科 Flaucordiaceae**(马旦果属 *Gynocardia*)

10. 叶全缘；花整齐 5 数，花瓣 5 ·················································· 海桐花科 Pittosporaceae
8. 子房为中轴胎座。
　　12. 植物体有白色乳汁，叶柄常具腺体；3 心皮雌蕊；3 室蒴果，常裂为分果爿，每室胚珠
　　　　1(~2) ························································· 大戟科 Euphorbiaceae（典型特征类群）
　　12. 植物体无白色乳汁。
　　　　13. 子房上位，如为下位时，花序一般不为头状或伞形花序。
　　　　　　14. 雄蕊离生。
　　　　　　　　15. 花具显著发育的萼筒或花托，无花盘。
　　　　　　　　　　16. 萼筒或花托果期增大。（金莲木目 Ochnales）
　　　　　　　　　　　　17. 花托在果时增大，花药室顶孔开裂 ··················· 金莲木科 Ochnaceae
　　　　　　　　　　　　17. 萼片在果期增长为翅，花药药隔伸长 ········· 龙脑香科 Dipterocarpaceae
　　　　　　　　　　16. 萼筒或花托果期正常发育。
　　　　　　　　　　　　18. 5 心皮蒴果 ····························· 蔷薇科 Rosaceae（白鹃梅属 Exochorda）
　　　　　　　　　　　　18. 2 心皮蒴果。
　　　　　　　　　　　　　　19. 具托叶，叶缘无腺齿；多为头状花序 ·········· 金缕梅科 Hamamelidaceae
　　　　　　　　　　　　　　19. 无托叶，叶缘有腺齿；总状花序 ········ 鼠刺科 Escalloniaceae（鼠刺属 Itea）
　　　　　　　　15. 花具显著发育的花盘，如花盘不明显，核果具 2~6 分核者属此项（冬青科 Aquifoliaceae），大型 5 棱角浆果者属此项（阳桃科 Averrhoaceae）
　　　　　　　　　　····················································································· III. 有花盘类（见另表）
　　　　　　14. 雄蕊多数，花丝多少合生，或结合为多束或为单体，个别科具雄蕊 5，与花瓣合生，花药室为顶孔开裂。（五列木科 Pentaphylacaceae）
　　　　　　　　20. 叶对生。
　　　　　　　　　　21. 蒴果开裂 ········································································· 金丝桃科 Hypericaceae
　　　　　　　　　　21. 多为肉质果 ··············································································· 藤黄科 Guttiferae
　　　　　　　　20. 叶互生。
　　　　　　　　　　22. 雄蕊花丝下部合生为筒状，或结合为多束，花药 2(1) 室。
　　　　　　　　　　　　23. 雄蕊花丝下部合生为筒状，花被覆瓦状排列，无托叶。（山茶目 Theales）
　　　　　　　　　　　　　　24. 子房每室具胚珠多数至 2，花药室纵裂。
　　　　　　　　　　　　　　　　25. 花萼下有苞片；多为蒴果 ································· 山茶科 Theaceae
　　　　　　　　　　　　　　　　25. 花萼下无苞片；浆果 ······································ 猕猴桃科 Actinidiaceae
　　　　　　　　　　　　　　24. 子房 5 室，每室 2 胚珠，花药室为顶孔开裂 ······ 五列木科 Pentaphylacaceae
　　　　　　　　　　　　23. 雄蕊花丝结合为多个束体，萼片镊合状排列，有托叶。（椴树目 Tiliales）
　　　　　　　　　　　　　　26. 花药 2 室，花小型。
　　　　　　　　　　　　　　　　27. 花瓣不裂，花药无芒；植物体有黏液组织 ········· 椴树科 Tiliaceae
　　　　　　　　　　　　　　　　27. 花瓣撕裂或细齿裂；植物体无黏液组织 ·········· 杜英科 Elaecarpaceae
　　　　　　　　　　　　　　26. 花药 1 室，花大型；种子包于丝状绵毛中 ············ 木棉科 Bombacaceae
　　　　　　　　　　22. 雄蕊花丝合生为单体，花药 1 室，花萼下有副萼 ··········· 锦葵科 Malvaceae
　　　　13. 子房下位 ·························································································· IV. 下位子房类（见另表）
2. 花瓣合生为各种花冠，至少在基部结合，雄蕊一般为 2 轮至多数。个别类群为离瓣花，但其花药为顶孔开裂者属此项 ··································································· V. 合瓣花类（见另表）

## I. 离生心皮雌蕊类

1. 离生多心皮雌蕊。
  2. 花被片同形。
    3. 常为聚合蓇葖果。(木兰目 Magnoliales)
      4. 叶全缘。
        5. 植物体花托突起，伸长为长轴；花各部螺旋状排列 ·················· 木兰科 Magnoliaceae
        5. 花托平，花各部轮状排列 ·················· 八角科 Illiciaceae
      4. 叶有锯齿。
        6. 两性花；聚合翅果 ·················· 领春木科 Eupteleaceae
        6. 单性花，雌雄异株；聚合蓇葖果 ·················· 连香树科 Cercidiphyllaceae
    3. 常为聚合肉质果 ·················· 番荔枝科 Annonaceae
  2. 花被分化为花萼与花瓣。
    7. 花无明显的萼筒；果下有大型花被片包被。
      8. 叶互生，具多数平行直出的侧脉；雄蕊多数，心皮多少靠合 ·················· 五桠果科 Delleniaceae
      8. 叶对生；雄蕊10，心皮全离生 ·················· 马桑科 Coriariaceae
    7. 具明显的萼筒。
      9. 叶对生，无托叶；内轮雄蕊败育 ·················· 蜡梅科 Calycanthaceae
      9. 叶互生，有托叶；雄蕊全部发育 ··················
      ·················· 蔷薇科 Rosaceae(绣线菊亚科 Spiraeoideae，蔷薇亚科 Rosoideae)
1. 单心皮雌蕊。
  10. 花被瓣同形。
    11. 植物体内含芳香油细胞。
      12. 植物体无液汁；雄蕊离生，种子无胚乳 ·················· 樟科 Lauraceae
      12. 植物体具红色或黄色液汁；雄蕊连合为柱状；种子有假种皮且具嚼烂状胚乳 ··················
      ·················· 肉豆蔻科 Myristicaceae
    11. 植物体无芳香油细胞，内皮常为黄色 ·················· 小檗科 Berberidaceae(小檗属 Berbris)
  10. 花被分化为花萼与花瓣。
    13. 肉质核果 ·················· 蔷薇科 Rosaceae(李亚科 Pruroideae)
    13. 荚果。
      14. 花冠整齐 ·················· 含羞草科 Mimosaceae
      14. 花冠不整齐。
        15. 假蝶形花冠 ·················· 苏木科 Caesalpiniaceae
        15. 蝶形花冠 ·················· 蝶形花科 Papilionaceae

## II. 无花瓣或无花被(柔荑花序)类

1. 雌蕊一般为2以上的合生心皮。
  2. 雄蕊多数 ·················· 大风子科 Flacoutiaceae(除马旦果属 Gynocardia 以外各属)
  2. 雄蕊数一般为1轮(±5)。

3. 花有花盘或腺体，或有鳞片状花瓣；或叶柄顶端有小腺体；如为蒴果，常分离为多个分果爿 …………………………………………………………………………………… 大戟科 Euphorbiaceae (非典型类群)
3. 不具备上述特征。
    4. 肉质核果。
        5. 核果圆球形，单生叶腋(果序仅1枚雌花结果) ………………………… 杨梅科 Myricaceae
        5. 核果长椭圆形，排为总状果序(花序) ……………………… 交让木科 Daphniphyllaceae
    4. 蒴果(常2~4裂)，坚果或其他类型。
        6. 侧膜胎座。
            7. 叶对生，无托叶；蒴果3裂 ………………………… 黄杨科 Buxaceae (黄杨属 *Buxus*)
            7. 叶互生，有托叶；蒴果2裂 ……………………………………… 杨柳科 Salicaceae
        6. 非侧膜胎座。
            8. 羽状复叶 ………………………………………………………… 胡桃科 Juglandaceae
            8. 单叶互生。
                9. 花着生于发育的果苞(总苞)中，子房2~3(~6)室。(壳斗目 Fagales)
                    10. 果苞发育为木质或骨质的壳斗；3(~6)心皮雌蕊 ……………… 壳斗科 Fagaceae
                    10. 果苞纸质、革质或荷叶状或囊状；2心皮雌蕊。
                        11. 果苞纸质、革质，小坚果有翅 ………………………… 桦木科 Betulaceae
                      11. 果苞叶状、钟状或囊状，坚果无翅 …………………… 榛科 Corylaceae
                9. 花不具上述特征。2心皮雌蕊，子房1室1(2)胚珠，雄蕊与萼片对生。(荨麻目 Urticales)
                  12. 植物体无丝状胶质；单花被4裂。
                      13. 果为单花发育；植物体无乳汁 ……………………………… 榆科 Ulmaceae
                    13. 聚花果(花序发育为一复合果)；植物体有乳汁 ……………… 桑科 Moraceae
                12. 植物体有丝状胶质，无花被 …………………………………… 杜仲科 Eucommiaceae
1. 雌花具单心皮雌蕊，或离生心皮3~8，聚合为头状花序。
    14. 心皮离生，无花瓣；叶柄下芽，托叶鞘状；小坚果基部具丛生长柔毛 ……… 悬铃木科 Platanaceae
    14. 单心皮雌蕊，无花被；小枝绿色，叶退化为鳞片状或鞘状 …………… 木麻黄科 Casuarinaceae

## III. 有花盘类

1. 单叶。
    2. 单叶互生。
        3. 核果分离为4~6分核；花萼和柱头宿存于果 ………………………… 冬青科 Aquifoliaceae
        3. 果不具分核。
            4. 雄蕊与花瓣互生；种子常具假种皮 …………………………………… 卫矛科 Celastraceae
            4. 雄蕊与花瓣对生。
                5. 常有枝刺，无卷须；花序腋生；不为浆果 ………………………… 鼠李科 Rhamnaceae
                5. 常有卷须，无枝刺；花序与叶对生；浆果 …………………………… 葡萄科 Vitaceae
    2. 单叶对生。
        6. 蒴果，种子具艳色假种皮 ……………………………………………… 卫矛科 Celastraceae
        6. 翅果，种子不具假种皮 ………………………………………………… 槭树科 Aceraceae
1. 复叶。

7. 雄蕊花丝结合为筒 ································································································· 楝科 Meliaceae
7. 雄蕊花丝分离。
  8. 复叶对生。
    9. 羽状复叶。
      10. 叶具透明油点；蒴果 ··································································· 芸香科 Rutaceae
      10. 叶无透明油点 ····················································· 省沽油科 Staphyleaceae
    9. 掌状复叶，小叶多为 7 ································································ 七叶树科 Hippocastanaceae
  8. 复叶互生。
    11. 叶具透明油点 ·································································································
      ············ 芸香科 Rutaceae(橘属 *Citrus*，黄皮属 *Clausena*，金橘属 *Fortunella*，枳属 *Poncirus*)
    11. 叶无透明油点。
      12. 大型 5 棱角浆果；花瓣螺旋状排列，子房每室多胚珠 ············ 阳桃科 Averrhoaceae
      12. 非大型 5 棱角浆果；花瓣非螺旋状排列，子房每室具 1~2 胚珠。
        13. 花盘极微小；小叶具小托叶 ················ 省沽油科 Staphyleaceae(银鹊树属 *Tapiscia*)
        13. 花盘明显；小叶不具小托叶。
          14. 花具外生花盘(雄蕊生于花盘内方)。
            15. 子房每室常 1 胚珠，花萼小，3 心皮雌蕊，常仅 1 心皮发育，2 败育小；果常附生于
              发育果之侧 ····································································· 无患子科 Sapindaceae
            15. 子房每室常 2 胚珠，果下花萼钟状 ·································· 钟萼木科 Bretschneideraceae
          14. 花具内生花盘(雄蕊生于花盘外方)。
            16. 子房每室具 1 胚珠。
              17. 雌蕊靠合，果时分离为分核果或分翅果；树皮常有苦味 ············
                ············ 苦木科 Simaroubaceae（臭椿属 *Ailanthus*，苦木属 *Picrasma*）
              17. 雌蕊紧密结合；果常 1 室；少数属为单叶 ················· 漆树科 Anacardiaceae
            16. 子房每室具 2 胚珠。
              18. 有树脂；果为大型核果 ··································· 橄榄科 Burseraceae
              18. 无树脂；核果小，圆球形 ····························· 清风藤科 Sabiaceae

## Ⅳ. 下位子房类

1. 雌蕊花柱 2~5，分离或上部分离，常不为伞形或头状花序。
  2. 萼筒发育为肉质果 ························································ 蔷薇科 Rosaceae(苹果亚科 Maloideae)
  2. 蒴果。
    3. 总状花序，圆锥花序 ·························································· 山梅花科 Philadelphaceae
    3. 聚伞花序再组成伞房状，花序周边常有不孕性放射花 ············ 绣球花科 Hydrangeaceae
1. 雌蕊花柱常合为单 1，伞形或头状花序，或再集生为各式花序。
  4. 叶对生；雄蕊多数，下部有时结合，或减至 2 轮(2 倍于花瓣数)，在高级类群中药隔多呈异态演化。
    (桃金娘目 Myrtales)
    5. 叶为羽状脉，花药纵裂。
      6. 中轴胎座。
        7. 叶具透明油腺点，萼片覆瓦状排列 ···································· 桃金娘科 Myrtaceae

　　　　7. 叶无透明油腺点，或在叶缘有之，萼片镊合状排列。
　　　　　　8. 子房室不为叠生。
　　　　　　　　9. 叶有托叶 ………………………………………………………… 红树科 Rhizophoraceae
　　　　　　　　9. 叶无托叶 ………………………………………………………… 海桑科 Sonneratiaceae
　　　　　　8. 子房室叠生为 2 列，上部为侧膜胎座 ………………………… 石榴科 Prunicaceae
　　　　6. 胚珠悬垂于子房室的顶端 ……………………………………………… 使君子科 Combretaceae
　　　　5. 叶常为弧曲的掌状脉；花药顶开裂 …………………………………… 野牡丹科 Melastomaceae
　4. 叶互生；雄蕊常 1(~2) 轮。（五加目 Araliales）
　　　　10. 无托叶。
　　　　　　11. 花盘不明显，花瓣镊合状排列。
　　　　　　　　12. 聚伞花序，花瓣显著，初时黏合为管状，后裂开反卷；叶常缺裂，形态多变 …………
　　　　　　　　　　………………………………………………………………… 八角枫科 Alangiaceae
　　　　　　　　12. 多为头状花序，花形小，花瓣不显著，无以上性状 ……… 山茱萸科 Cornaceae
　　　　　　11. 花盘肉质，垫状，花瓣覆瓦状排列 ………………………………… 珙桐科 Nyssaceae
　　　　10. 有托叶，伞形花序 ……………………………………………………… 五加科 Araliaceae

## V. 合瓣花类

1. 花瓣仅基部结合，花冠辐状。
　　2. 子房半下位至下位，如为上位则植物体常具星状毛或腺鳞；中轴胎座；叶无腺体。（安息香目 Styrales）
　　　　3. 植物体常具星状毛或腺鳞；雄蕊 2(~1) 轮 ……………………………… 安息香科 Styraceae
　　　　3. 植物体无星状毛或腺鳞；雄蕊多数 ……………………………………… 山矾科 Symplocaceae
　　2. 子房上位，基底胎座或特立中央胎座。（紫金牛目 Myrsinales）
　　　　4. 新月状弯曲蒴果；花药具横格；种子无胚乳 ……………………………… 蜡烛果科 Aegicerataceae
　　　　4. 浆果；花药无横格；种子无胚乳 ………………………………………… 紫金牛科 Myrsinaceae
1. 花瓣大部分结合为钟状、筒状、漏斗状、唇状花冠，雄蕊 1~2 枚。
　　5. 叶互生（对生，具羽状整齐侧脉者属此项）；花冠钟状。
　　　　6. 花药室顶孔开裂。（杜鹃花目 Ericales）
　　　　　　7. 花瓣离生，花粉粒单 1 ………………………………………………… 山柳科 Clethraceae
　　　　　　7. 花瓣合生，花粉粒复合为四分体。
　　　　　　　　8. 子房上位；蒴果 ………………………………………………… 杜鹃花科 Ericaceae
　　　　　　　　8. 子房下位；浆果或核果 ………………………………………… 越橘科 Vacciniaceae
　　　　6. 花药室纵裂。
　　　　　　9. 植物体常被粗毛；非肉质核果或小坚果 ……………………………… 厚壳树科 Ehretiaceae
　　　　　　9. 植物体不被粗毛；浆果或含肉质果。（柿树目 Ebenales）
　　　　　　　　10. 植物体无乳汁；花单性或杂性 ………………………………… 柿树科 Ebenaceae
　　　　　　　　10. 植物体具乳汁；花两性。
　　　　　　　　　　11. 叶互生；花单生或簇生叶腋，子房 5 室 ……………… 山榄科 Sapotaceae
　　　　　　　　　　11. 叶对生；花为总状圆锥花序，子房 1~2 室 ……………… 肉实科 Sarcospermaceae
　　5. 叶对生或轮生；花冠结合程度更高，裂片位于中部以上。
　　　　12. 种子常具绵毛；花粉粒颗粒状或黏合为块 ……………………………… 夹竹桃科 Apocaceae

12. 不具上述特征。
　　13. 子房下位；多为核果 ·················································· 忍冬科 Caprifoliaceae
　　13. 子房上位。
　　　　14. 花常为 2~4 数；花冠整齐，辐射对称。
　　　　　　15. 无托叶 ····················································· 木犀科 Oleaceae
　　　　　　15. 托叶生叶柄间或叶柄内 ····································· 茜草科 Rubiaceae
　　　　14. 花常左右对称。
　　　　　　16. 多为大型多回复叶，稀单叶，2 裂蒴果 ···················· 紫葳科 Bignoliaceae
　　　　　　16. 叶为单叶。
　　　　　　　　17. 子房 2~5 室，每室 2 胚珠 ··························· 马鞭草科 Verbenaceae
　　　　　　　　17. 子房 2 室，每室胚珠多数 ····························· 玄参科 Scrophulariaceae

# 第 2 篇

## 树种各论

## 裸子植物 GYMNOSPERMAE

乔木或灌木，稀藤本。叶针形、鳞形、条形，常称为针叶树。球花，单性，大孢子叶或珠鳞（非封闭式）内着生胚珠，胚珠裸露。种子具胚和胚乳，子叶1至多数。木质部具管胞，无导管（少数例外）。

原始裸子植物出现于古生代泥盆纪，在石炭纪、二叠纪形成全球空前繁茂的森林，构成巨大的煤层。至中生代三叠纪、侏罗纪古老裸子植物陆续灭绝，新生代第三纪不断演化出新生的种类，经第四纪冰期浩劫后，其新生类群仍然具有强大的生命力，仍占有现今北半球森林的主体地位，但作为全球植被的统治者地位已让位于被子植物。现存裸子植物15科79属850种；我国产10科34属250余种。多为林业经营的主要树种，也为木材、纤维及造纸、树脂、园林、水土保持和生态保护的重要资源。

### 1. 苏铁科 CYCADACEAE

常绿木本。茎干圆柱形，不分枝或少分枝。叶二型：营养叶大，羽状深裂，集生于茎端；鳞叶小，互生于主干上，密被毡毛。雌雄异株，雄球花直立，单生茎端，小孢子叶扁平鳞状或盾状，螺旋状排列，下面生多个小孢子囊，小孢子萌发时产生2个有纤毛的游动精子；大孢子叶球生于茎端羽状叶和鳞叶之间，上部羽状分裂或近于不分裂，两侧具2~10胚珠。种子核果状，具3层种皮，外种皮肉质，中种皮木质，常具2棱，稀3棱，内种皮膜质，在种子成熟时破裂；胚乳丰富；子叶2，不出土。

1属约60种；分布东非(包括马达加斯加)、东南亚、澳大利亚北部、太平洋岛屿；我国16种(特有种8)，产华南和西南。广义苏铁科11属240种(包括蕨铁科Stangeriaceae和泽米铁科Zamiaceae)。

### 苏铁属 *Cycas* L.

特征与分布同科。

**苏铁 *Cycas revoluta* Thunb.** 图1

乔木，高3(8)m，树干常不分枝。叶羽状，长0.5~2m，厚革质而坚硬，基部两侧有刺，裂片条形，10~20cm×4~7cm，边缘反卷，先端刺尖。雄球花圆柱形，长30~60cm，小孢子叶木质，密被黄褐色绒毛，下面着生多数药囊；雌球花略呈扁球形，大孢子叶宽卵形，长14~22cm，先端羽状分裂，羽片12~18对，密生黄褐色绒毛，胚珠2~6，生于大孢子叶柄的两侧，有绒毛。种子卵形而微扁，红褐色或橘红色。花期5~7月，种子9~10月成熟。

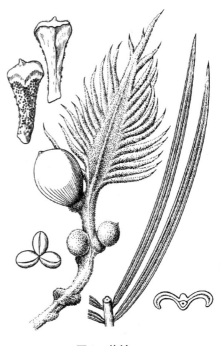

图1 苏铁

产我国东南沿海和日本，野生植株已稀见。长江以南地区广为栽培，为本属最耐寒树种，在中亚热带北部地区宜包扎枝顶嫩叶以安全越冬。喜光，耐干瘠，生长慢，少病虫害，寿命可达200年。树形独特，叶刚劲常青，为优美的观赏树种。

## 2. 银杏科 GINKGOACEAE

落叶乔木。具长枝和短枝，鳞芽。叶扇形，有长柄，在长枝上螺旋状排列，短枝上簇生。雌雄异株，球花生于短枝顶端叶腋或苞腋；雄球花具梗，柔荑花序状，雄蕊多数，螺旋状着生，花药2；雌球花具长柄，柄端2叉，稀不分叉或3~5叉，叉端生1盘状珠座，各具1直立胚珠。种子核果状，具长梗，下垂，胚乳丰富；子叶2，不出土。

本科树种发生于古生代石炭纪末期，至中生代三叠纪、侏罗纪种类繁盛，新生代第四纪冰期后仅孑遗1属1种，为我国特产。珍贵用材和观赏树种。种子可供食用及药用。

### 银杏属 *Ginkgo* L.

仅1种，形态特征同科。

**银杏 *Ginkgo biloba* L.** 图2

高40m，胸径4m。树皮灰褐色，深纵裂。幼年及壮年树冠圆锥形，老则广卵形。枝近轮生，斜展；1年生枝淡褐黄色，老枝灰色，短枝密被叶痕。叶扇形，有长柄，顶端宽5~8cm，基部楔形；长枝上叶端常2裂，短枝上叶端波状，常不裂。种子核果状，具长梗，下垂，椭圆形，长2.5~3.5cm，熟时黄色或橙黄色，外被白粉；外种皮肉质，中种皮骨质，具2~3纵脊，内种皮膜质；胚乳肉质味甘微苦。花期3~4月，种子9~10月

图2 银杏

成熟。

中生代孑遗稀有树种。我国特产，栽培区甚广，北起沈阳，南迄广州，西至云南、四川，东达沿海；多见于村边屋侧、庭院及寺庙中，仅浙江天目山有似野生状态的树木。朝鲜、日本及欧洲、北美各国庭院均有栽培。中亚热带至温带树种，分布区年平均气温 $10 \sim 18°C$，可耐 $-20°C$ 低温；喜光，宜湿润且排水良好的深厚砂质壤土，以中性或微酸性土最适宜；深根性，萌芽力强，生长中速；实生苗20年后才开始结果，但可持续至百年结实不衰，寿命长，千年古树保存尚多。木材密度 $0.53 g \cdot cm^{-3}$，淡黄色、轻软、细致、富弹性，不裂不翘；种子可食，但多食易中毒，药用有润肺、止咳之效；叶提取物GBE重要活性物质为内脂类和黄酮类化合物，现已制成各种药物和针剂能扩张血管，为现今时尚保健药。树姿雄伟，叶形奇特，秋叶金黄，系世界五大行道树之一。

## 3. 南洋杉科 ARAUCARIACEAE

常绿乔木，皮层具树脂。叶螺旋状着生或交互对生，基部下延。雌雄异株或同株，雄球花圆柱形，单生或簇生于叶腋或枝顶，雄蕊多数，螺旋状着生，各具悬垂丝状花药4~20；雌球花单生枝顶，由多数螺旋状排列的苞鳞组成，珠鳞不发育或与苞鳞腹面合生仅先端分离，胚珠1，倒生。球果直立，2~3年成熟，熟时苞鳞脱落，能育苞鳞具1种子。

2属40种；分布南半球热带和亚热带。我国引入栽培2属4种。

### 南洋杉属 *Araucaria* Juss.

枝轮生或近轮生。叶螺旋状互生，鳞形、钻形、披针形或卵状三角形。雌雄异株，稀同株；苞鳞与珠鳞合生，仅先端分离。球果直立，苞鳞宽大，木质扁平，先端具三角状或尾状尖头，反曲或向上弯曲。种子无翅或两侧有与苞鳞合生的翅。子叶2，稀4，出土或不出土。

18种，分布南美洲、大洋洲及太平洋诸岛。我国引入3种，在广州、福州、厦门及台湾各地栽培，生长良好。

**南洋杉** *Araucaria heterophylla* ( Salisb. ) Franco 图3

原产地高60~70m，胸径1m以上。树皮粗糙，灰

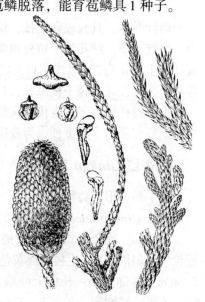

图3 南洋杉

褐色；树冠窄圆锥形或塔形，枝整齐轮生，树皮片状剥落。顶枝幼叶长 6~12mm，线形或镰形，尖而非刺，两侧非压扁，横断面近四棱形，密集排列，与枝呈 <45°角；老叶鳞形，4~8mm×3~6mm，下面无棱脊，球果 8~12cm×6~10cm。苞鳞先端有长尾状反曲的尖头。种子椭圆形，两侧具结合而生的膜质翅。

原产澳大利亚西南太平洋诺福克岛（S 29°02′，E167°57′）。属亚热带气候，宜引种于极端低温不低于 –5℃地区种植，华南地区广为栽培，江西南部地区可露天种植，长江流域及以北地区盆栽室内越冬。宜肥沃湿润土壤，喜光，速生。树干端直（或因趋光偏斜），枝轮生如盘，全株整齐光绿，为世界著名庭园树种，亦为室内观叶树种。木材轻软。

[附] 昆士兰南洋杉 *Araucaria cunninghamii* Aiton ex A. Cunn. 与南洋杉的区别：树冠圆锥形，树皮层片状剥落。幼叶钻形，具短刺，两侧压扁，与枝成 45°~90°角；老叶钻形，长 6~10mm，幼叶老叶腹背两面均具棱脊。球果近球形，6~10cm×5~7cm，苞鳞具三角状上弯尖头。

原产澳大利亚昆士兰北部、新南威尔士至新几内亚岛。我国华南引种栽培，但不及南洋杉普遍。热带干旱雨林树种，适宜于极端低温 –1℃以上地区种植。据 Liu Haisang 和 Liu Ciquan 研究上两种学名长期被相互误用，本书按两学者的研究结论将上述两种的学名互易。

## 4. 松科 PINACEAE

常绿或落叶乔木，稀灌木。叶条形、锥形或针形，螺旋状排列，或在短枝上簇生，或成束着生于退化短枝顶端。雌雄同株；雄球花具多数螺旋状排列的雄蕊，每雄蕊具 2 花药；雌球花具多数螺旋状排列的珠鳞和苞鳞，苞鳞与珠鳞（种鳞）分离，每珠鳞具 2 倒生胚珠。球果成熟时种鳞张开，稀不张开；每发育种鳞具 2 种子。种子具翅，稀无翅。

10 属 230 余种，多产北半球。我国 10 属 108 种，分布几遍全国，在东北、西南等高山地带组成大面积森林。为用材、木纤维、松脂、松节油等重要资源，有些属、种亦为重要的园林绿化观赏树种。

1. 仅具长枝，无短枝；叶条形扁平或具 4 棱，螺旋状散生。
   2. 叶中脉隆起 ································································· **1. 油杉属 *Keteleeria***
   2. 叶中脉凹下。
      3. 球果成熟后种鳞自中轴脱落，球果腋生，直立 ························ **2. 冷杉属 *Abies***
      3. 球果成熟后种鳞宿存。
         4. 球果顶生，通常下垂，稀直立。
            5. 叶枕微隆起或不明显；叶扁平，仅下面有气孔线。
               6. 球果较大；苞鳞伸出种鳞之外，先端 3 裂；小枝无叶枕或微有枕 ··············································································· **3. 黄杉属 *Pseudotsuga***
               6. 球果较小；苞鳞不露出，稀微露出，先端不裂或 2 裂；小枝有隆起或微隆起的叶枕 ················································································ **4. 铁杉属 *Tsuga***
            5. 小枝有显著隆起的叶枕；叶四棱状或扁棱状条形，四面有气孔线，或条形扁平，仅上面有气孔线 ································································· **5. 云杉属 *Picea***

4. 球果腋生，初直立后下垂，苞鳞短，不露出；叶在节间上端排列紧密，似簇生状 ……………………………………………………………………………… 6. 银杉属 *Cathaya*

1. 具长枝和短枝；叶条形扁平或针形，在长枝上散生，在短枝上簇生，或成束着生。
   7. 具长枝和发达的短枝；叶条形扁平或针形，在长枝上散生，在短枝上簇生。
      8. 叶扁平条形，柔软，落叶性；球果当年成熟。
         9. 雄球花单生于短枝顶端；种鳞革质，宿存；芽鳞先端钝；叶较窄，宽 2mm 以内 …………………………………………………………………… 7. 落叶松属 *Larix*
         9. 雄球花簇生于短枝顶端；种鳞木质，脱落；芽鳞先端尖；叶较宽，宽 2~4mm …………………………………………………………………… 8. 金钱松属 *Pseudolarix*
      8. 叶针形，坚硬；常绿性；球果翌年成熟，成熟时种鳞自中轴脱落 ………… 9. 雪松属 *Cedrus*
   7. 具长枝和不发达的短枝；叶针形，成束着生；常绿性；球果翌年成熟，种鳞宿存，背面上方具鳞盾和鳞脊 …………………………………………………………………… 10. 松属 *Pinus*

## 1. 油杉属 *Keteleeria* Carr.

常绿乔木。叶条形，螺旋状排列，两面中脉隆起，叶内两侧各有一边生树脂道。雄球花簇生枝顶，雌球花单生枝顶。球果当年成熟，直立；种鳞木质，宿存；苞鳞短于种鳞，不露出，或微露出，先端 3 裂。种子大，三角状卵形，种翅宽长，厚膜质，种子连翅与种鳞近等长；子叶 2~4，发芽时不出土。

5 种 6 变种。我国有 5 种 4 变种，产秦岭以南温暖山区。各种现存母树数量日稀，结实量小，极难自然扩大分布范围，资源呈渐危状态。人工林生长较快，一般为零星种植，无规模经营，宜保护母树，并扩大造林。

1. 叶较窄长，达 6.5cm，上面常有 4~20 条气孔线 ………………………… 1. 云南油杉 *K. evelyniana*
1. 叶较短，长 1.2~4(5)cm，上面无气孔线或沿中脉两侧各有 1~5 条气孔线。
   2. 种鳞宽圆形或斜方形，一般宽大于长，上部边缘微向内曲。
      3. 叶先端钝，无凹缺；种鳞圆形或宽圆形，上部圆或截圆形，间或微凹 ………… 2. 油杉 *K. fortunei*
      3. 叶先端微凹或微钝；种鳞近斜方形或斜方状卵形，上部渐窄 ……………………………………………………………………… 3. 江南油杉 *K. fortune* var. *cyclolepis*
   2. 种鳞卵形或近菱形，长与宽近相等，上部圆或窄而反曲，边缘向外反曲 ……………………………………………………………………… 4. 铁坚油杉 *K. davidiana*

### 1. 云南油杉 *Keteleeria evelyniana* Sweet 图 4；分布图 1

高 20m，胸径 60cm；树皮灰褐色，不规则纵裂。1 年生枝干红褐色或淡紫褐色，多少有毛，2~3 年生枝淡黄褐色；冬芽球形或卵圆形。叶长条形，2~6.5cm×2~4mm，先端微凹或钝，尖或突尖，上面中脉两侧各有 4~20 条气孔线。球果圆柱形，长 11~20mm；种鳞宽卵形或斜方状宽卵形，上部圆，边缘外曲，背部露出部分被短毛。球果 10 月成熟。产云南、贵州、广西、广东、湖南、浙江、福建；常散生于海拔 300~1400m 山地。

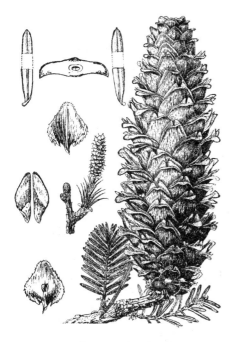

图4 云南油杉

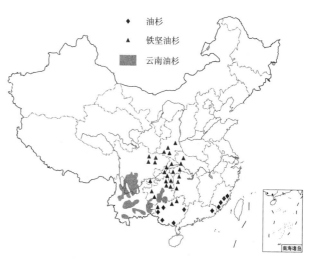

分布图1 油杉、铁坚油杉、云南油杉分布图

## 2. 油杉 *Keteleeria fortunei* (Murr.) Carr.
图5;分布图1

高30m,胸径1m;树皮暗灰色,纵裂;枝开展;树冠塔形。1年生枝干橘红色或淡粉红色,2~3年生枝淡黄灰色或淡黄褐色。叶条形,1.2~3cm×2~4mm,先端圆或钝,幼树或萌芽枝叶尖,叶长1.5~4cm,先端具刺尖头,上面无气孔线,下面中脉两侧各有12~17条气孔线。球果圆柱形,6~18cm×5~5.6cm;种鳞宽圆形或扇形,上部边缘内曲。花期3~4月,球果10月成熟。

产浙江、福建、广东、广西;海拔1200m。南亚热带至中亚热带南部树种,适宜温暖气候。喜光,适酸性黄红壤,生长较快。

## 3. 江南油杉 *Keteleeria fortunei* (Murr.) Carr. var. *cyclolepis* (Flous) Silba 图6

高20m,胸径60cm;树皮灰褐色,不规则纵裂;1年生枝干呈红褐色或淡紫褐色,2~3年生枝淡褐黄色;冬芽圆球形或卵圆形。叶条形,1.5~4cm×2~4cm,先端圆钝或微凹,稀微急尖,下面色较浅,沿中脉两侧每边有气孔线10~20条。球果圆柱形或椭圆

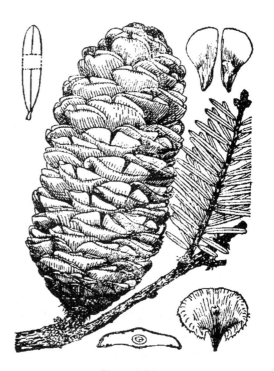

图5 油杉

状圆柱形,长7~15cm,中部的种鳞常呈斜方形或斜方状圆形,上部圆或微窄,边缘微向内曲,稀微向外曲,鳞背露出部分近无毛,种子10月成熟。

产云南东南部、贵州、广西西北部及东部、广东北部、湖南南部、江西西南部、浙江西南部;海拔340~1400m;常生于山地阳坡,与马尾松、杉木混生,生长较快。

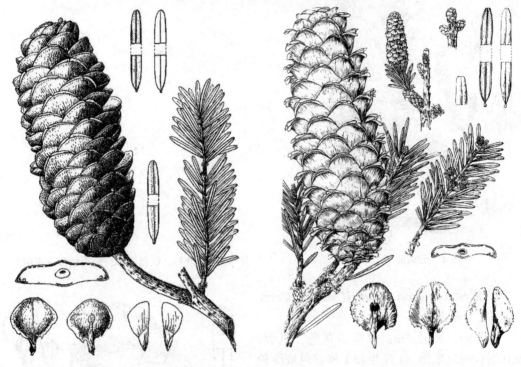

图6 江南油杉　　　　　　　　　图7 铁坚油杉

**4. 铁坚油杉**(铁坚杉)*Keteleeria davidiana*( Bertr. ) Beissn　图7;分布图1

高50m,胸径2.5m;树皮暗深灰色,纵裂;树冠宽圆形。幼枝淡灰黄色,老枝灰色至淡褐色。冬芽卵圆形,先端尖。叶条形,2~5cm×3~4mm,先端圆钝或微凹,幼树或萌芽枝之叶具刺状尖头,上面无气孔线,下面有气孔线,微被白粉。球果圆柱形,8~21cm×3.5~6cm;中部种鳞卵形或近斜方状卵形,边缘反曲,有细齿。花期4月,种子10月成熟。

产秦岭、大巴山以南,东至东南,西至西南各地,武陵山为集中产地;散生于海拔500~1300m山地半阴坡。喜光,耐侧荫,宜温暖湿润气候,酸性或石灰性土壤均能生长。干形端直,树冠塔形,枝叶浓绿,为优良园林和行道树种。经引种栽培表现显示,城市低平地种植生长迅速,绿化效果优良,无论孤植、行植、群植各具风姿。

[附]**4a. 黄枝油杉** *Keteleeria davidiana* ( Bertr. ) Beissn. var. *calcarea* ( Cheng & L. K. Fu ) Silba　与铁坚油杉的主要区别:1年生枝黄色;冬芽球形;中部的种鳞斜方状圆形,种鳞背面露出部分密被短毛。产广西西北部、湖南西南部及贵州南部,丘陵种。耐干瘠,常生于石灰岩丘陵,与黄连木、光皮树、朴树等混生;在砂岩立地与马尾松、枫香混生。为产区石灰岩荒山造林树种以及优良庭院树种。

## 2. 冷杉属 *Abies* Mill.

常绿乔木。小枝基部有宿存芽鳞和圆形叶痕。叶条形，螺旋状排列，上面中脉凹下，稀微隆起，树脂道2(4)，中生或边生。雄球花与雌球花均单生叶腋。球果直立；种鳞木质，熟时自中轴脱落；苞鳞露出或不露出。种子上部具宽长的翅；子叶4~10，发芽时出土。

约50种，产亚洲、欧洲、北美洲、中美洲及非洲北部高山地区。我国有22种，产东北、华北、西北、西南、江南山地(散生)及台湾高山地带(分布图2)。耐寒、宜冷湿气候、极耐阴、生长慢、寿命长、森林稳定性强。常与云杉属在极地和高山地带形成广域的暗针叶林(泰加森林)，为寒温带地带性森林群落。材轻软、不耐腐；树皮含树脂，可提制冷杉胶，为光学仪器的黏合剂。树干附生苔藓，林地凋落物层及腐殖质层深厚，涵养水分及营养物功能强，为高山水源涵养林维护树种、天然林恢复与更新的目标树种，森林生态服务价值大于经济价值。对现存天然林主要是养护，不宜采取强度皆伐，对过熟老树适当择伐。森林更新策略主要是采取天然更新。

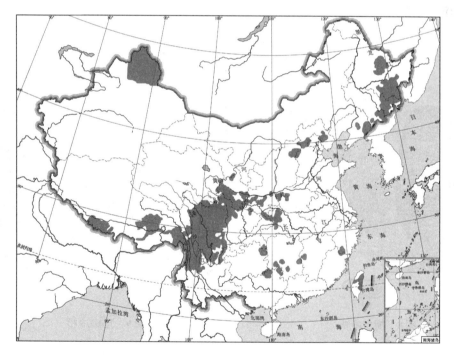

**分布图2　冷杉植物在中国的分布示意图**(向小果 等，2006)
注：重叠越多，颜色越深，表明该处冷杉种类分布越多

1. 叶内树脂道中生，至少球果之叶的树脂道中生，叶缘不反卷。
　2. 4年生以上小枝枝皮裂成不规则鳞片脱落；叶先端尖或钝；球果成熟时黑色 ························· **1. 鳞皮冷杉 A. squamata**
　2. 4年生以上小枝枝皮不裂成鳞状薄片；叶先端凹缺；球果成熟时紫黑色 ······ **2. 巴山冷杉 A. fargesii**
1. 叶内树脂道边生，叶缘向下反卷。

3. 1年生小枝无毛，红褐色，叶缘显著向下反卷，横切面两端钝 ………… **3. 苍山冷杉 A. delavayi**
3. 1年生小枝叶枕之间的凹槽内疏生短毛，叶横切面两端钝圆。
　　4. 球果成熟时暗黑色或淡蓝黑色 ……………………………………… **4. 冷杉 A. fabri**
　　4. 球果成熟时淡黄褐色、淡褐色或微带绿色 ……… **5. 资源冷杉 A. beshanzuensis var. ziyuanensis**

**1. 鳞皮冷杉 Abies squamata Mast.**　　图8

高40m，胸径1m；幼树树皮及大树的4~6年生枝皮裂成不规则的薄鳞片脱落，红色内皮，大树之皮则裂成规则的方形块片固着于树干上；1年生枝褐色，有密毛或近无毛，稀无毛；冬芽有树脂。叶1.5~3cm×2mm，先端尖或钝；横切面有2个中生树脂道（幼树之叶树脂道近边生）。球果短圆柱形或长卵圆形，5~8cm×2.5~3.5cm，熟时黑色；中部种鳞近肾形，苞鳞露出或微露出。

产四川、青海、西藏等地；海拔3500~4000m。常成大面积纯林，或与川西云杉、红杉等组成混交林。亚热带西部高山树种。木材蓄积量较多，较其他冷杉耐旱，为我国冷杉属中抗旱性最强的树种。木材耐腐力较强。

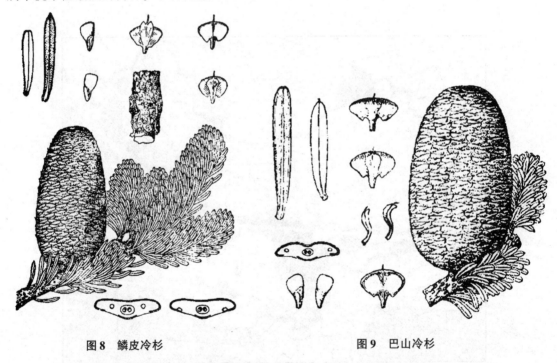

图8　鳞皮冷杉　　　　　　　　　　图9　巴山冷杉

**2. 巴山冷杉 Abies fargesii Franch.**　　图9

高40m；树皮暗灰色或暗灰褐色，块状开裂。小枝红褐色或带紫色，凹槽内常有毛，或无毛；冬芽无树脂。叶2~3cm×2~4mm，先端凹缺，叶缘不反卷，下面有2条白色气孔带，叶内树脂道中生。球果卵状圆柱形，5~8cm×3~4cm，黑紫色或红褐色；中部种鳞肾形或扇状肾形，苞鳞露出，上部宽大，边缘有不规则缺齿，先端为突尖。

产陕西西南部、甘肃南部、四川（大巴山）、河南和湖北西部；海拔2500~3700m。北亚热带高山树种。为秦岭、大巴山、神农架高山的更新及造林树种。木材坚实耐用。

**3. 苍山冷杉 Abies delavayi** Franch. 图 10

高 25m，胸径 1m；树皮粗糙，纵裂，灰褐色。小枝无毛，1 年生枝红褐色或褐色，2~3 年生枝暗褐色、褐色或暗灰褐色；冬芽有树脂。叶 1.5~2(0.8~3.2)cm×1.7~2.5mm，先端凹缺，有 2 个边生树脂道。球果圆柱形或卵状圆柱形，熟时黑色，被白粉，长 6~11cm，种鳞扇状四方形，苞鳞露出，先端有凸尖的长尖头，通常向外反曲，种子常较种翅为长。花期 5 月，球果 10 月成熟。

产云南西北及西藏东南部；海拔 3300~4000m。亚热带西部高山树种，多成纯林。木材淡黄白色，质轻软、细密。树皮可提栲胶。可作分布区内的森林更新树种。

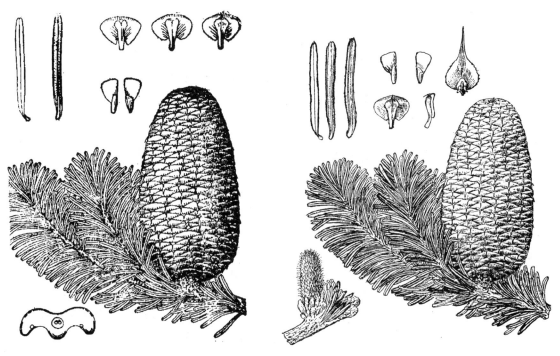

图 10　苍山冷杉　　　　　　图 11　冷杉

**4. 冷杉 Abies fabri** (Mast.) Craib. 图 11

高 40m，胸径 1m；树皮灰色或深灰色，裂成不规则薄片固着于树干，内皮淡红色。1 年生枝淡褐黄色。叶 1.5~3cm×2~2.5mm，边缘反卷或微反卷，树脂道边生。球果卵状圆柱形或短圆柱形，熟时暗黑色或蓝黑色，微有白粉，长 6~11cm；种鳞扇状四边形，或倒三角状楔形，下部耳形；苞鳞露出或微露出，先端突尖，常外曲。花期 4 月下旬，球果 10 月成熟。

产四川西部；海拔 2000~4000m。亚热带西部高山树种，组成大面积纯林或混交林。适生于气候温凉湿润以及富含腐殖质的酸性棕色森林土。木材白色或淡黄白色，微带红色，纹理直，易加工。皮层分泌胶液可提取冷杉胶。

[附] **4a. 日本冷杉 Aies firma** Sieb. et Zucc.　与冷杉的区别：果枝之叶树脂道中生或边生；1 年生枝淡灰黄色，无毛或凹槽内有毛；球果熟前黄绿色；苞鳞先端具三角状尖头。原产日本。我国大连、青岛、江西庐山及南方城市公园、园林风景区有栽培。从现有

栽培表现来看，本种是冷杉属中最能适生于中低山生境栽培的种。据庐山植物园栽培记录，人工栽培53年，树高23m，胸径84cm；成片种植的46年实验林，平均树高16m，胸径42cm；25年生树木开始结实。

**5. 资源冷杉** *Abies beshanzuensis* M. H. Wu var. *ziyuanensis* (Fu et S. L. Mo) Fu et Li

图 12

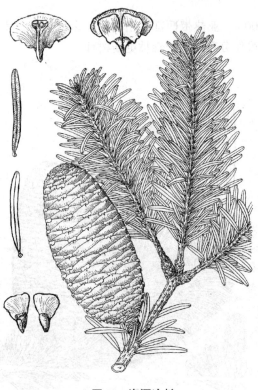

高30m，胸径90cm；树皮灰黄色，裂成不规则薄片状脱落。1年生枝淡褐黄色，老枝灰黑色；叶2~4.8cm×3~3.5mm，先端凹缺，边缘反曲，树脂道边生。球果长椭圆状圆柱形，长8~11cm×4~4.5cm，熟时淡黄褐色，近种鳞边缘带绿色；种鳞扇形四边形；苞鳞稍短于种鳞，微外露，近方圆形，先端反曲；种子倒三角形，远较种翅短。花期5月，球果11月成熟。

产广西资源和湖南城步、新宁、东安、道县、炎陵等地；海拔1700~2000m；生于阔叶混交林中，与亮叶水青冈、褐叶青冈、多脉青冈等混生。宜温凉气候及由花岗岩发育的山地土壤。国家二级保护植物。资源稀少，应扩大栽培，增加种源。

[附]5a. **百山祖冷杉** *Abies beshanzuensis* M. H. Wu  与资源冷杉的主要区别：球果成熟后绿褐色或深褐色，圆柱状或椭圆状；冬芽圆锥形。产浙江庆元，极濒危，仅存3株大树。

图 12 资源冷杉

## 3. 黄杉属 *Pseudotsuga* Carr.

常绿乔木。小枝具微隆起的叶枕。叶条形，上面中脉凹下，树脂道2个，边生。雄球花单生叶腋；雌球花单生枝顶，珠鳞小，苞鳞显著，直伸或向后反曲。球果下垂；种鳞木质，熟时张开；苞鳞露出，先端3裂；种子连翅较种鳞为短；子叶6~8(12)，发芽时出土。

约6种，分布亚洲东部及北美洲。我国5种，分布长江以南，至西南、台湾。木材淡黄色，质坚韧，纹理细致，有弹性，耐久用，系为针叶树中优质木材。但本属中国种资源稀有，均为濒危状态，目前重要的任务不是开发利用，而是保护和扩大种群规模。北美黄杉(花旗松)*Pseudotsuga menziesii* 为北美太平洋沿海山地重要用材树种，资源丰富，林相壮观，森林老立木一般高60~70(100)m，胸径1~2(6)m，为国际木材市场名材；亦有多种园林观赏品种。

**黄杉 *Pseudotsuga sinensis* Dode**（华东黄杉 *Pseudotsuga gaussenii* Flous.） 图13

高50m，胸径1m；幼树树皮浅灰色，老则灰色或深灰色，裂成不规则厚块片。1年生枝淡黄色或淡黄灰色。叶2~2.5cm×1.5~2mm，先端凹缺。球果卵形或椭圆状卵形，5.5~8cm×3.5~4.5cm；种鳞近扇形或扇状斜方形，上部宽圆或微窄，基部斜形，两侧有凹缺，露出部分密生褐色毛；苞鳞露出部分向后反曲；种子三角状卵圆形，种翅长于种子。花期4月，球果10~11月成熟。

产云南、贵州、四川东部、湖北和湖南西部、华东（分布区种群或可视为华东黄杉）；海拔800~2800m。幼树稍耐阴，喜温凉湿润气候，对土壤要求不严，常在山脊薄层黄壤形成小片纯林，或散生阔叶林中。木材黄褐色，细致，硬度适中，为优质木材。树形优美，可栽培供观赏。种源濒危，国家保护植物。

图13 黄杉

## 4. 铁杉属 *Tsuga* Carr.

常绿乔木。小枝具隆起或微隆起的叶枕，基部有宿存芽鳞。叶条形，上面中脉凹下、平或微隆起，树脂道1，内生。雄球花单生叶腋；雌球花单生枝顶。球果直立或下垂；种鳞薄木质，熟时张开，不脱落；苞鳞小，不露出，稀较长而露出；种子上端有翅，腹面有油点；子叶3~6，发芽时出土。

约10种，分布亚洲东部及北美洲。我国4种4变种，产秦岭及长江以南各地，以西南地区较多，在植被垂直分布上为中山海拔带，处于高山针叶林带与阔叶林带之间，在立地较优的生境常与阔叶树混生。耐阴性强，喜凉润多雨的酸性土环境，生长慢。材质坚韧细致，纹理直而均匀，耐水湿，硬度大，故名"铁杉"。树冠枝叶稠密、林下腐殖质厚，截留雨水与涵养水分功能强，为优良水源涵养林树种、天然林保护和恢复工程的目标树种。

1. 叶辐射状伸展，两面有气孔线，中脉在上面平出；球果直立；苞鳞长，先端露出；花粉有气囊 ······················································· **1. 长苞铁杉 *T. longibracteata***
1. 叶排成不规则两列，仅下面有气孔线，中脉在上面凹下；球果下垂；苞鳞小，不露出；花粉无明显气囊 ······················································· **2. 铁杉 *T. chinensis***

**1. 长苞铁杉 *Tsuga longibracteata* Cheng** 图14：1~6；分布图3

高40m，胸径1m以上；树皮暗灰色，纵裂。1年生枝干淡褐色或红褐色，无毛。叶条形，辐射状排列，1.1~2.4cm×1~2.5mm，先端尖或微钝，中脉在上面平或近基部微

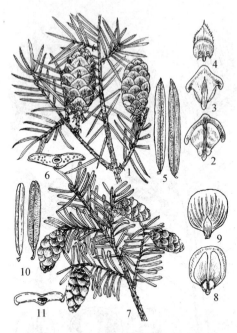

凹，两面均有气孔线。球果直立，圆柱形，2~5.8cm×1.2~2.5cm；种鳞近斜方形，先端圆或宽圆，中上部两侧有凹缺或成耳形；苞鳞长匙形，上部宽，先端尖，微露出；种子三角状扁卵圆形。花期3月下旬至4月中旬，球果10月成熟。

主产南岭，贵州东北、湖南、广东和广西北部、江西南部、福建西部；海拔800~2000m。中亚热带南部中山树种。宜温暖湿润的气候和酸性红黄壤、山地黄棕壤。对立地条件要求不严，在山脊陡坡可形成纯林，在山谷土壤深厚、肥沃的立地条件下，可长成巨树，且形成针阔混交林。木材淡褐色，微红，纹理直，稍粗，较硬，耐水湿，可作各种用材。

**2. 铁杉 *Tsuga chinensis* ( Franch. ) Pritz.** ［南方铁杉 *T. chinensis* var. *tchekiangensis* ( Flous ) Cheng et Fu］ 图14：7~11

高50m，胸径1.6m；树皮暗灰褐色，纵裂成块状脱落；树冠塔形。1年生枝淡黄色或淡黄灰色，凹槽内有短毛。叶在枝上排成2列，条形，1.2~2.7cm×2~2.5mm，先端凹缺，全缘，幼树之叶缘有锯齿，下面有白色调气孔。球果下垂，形小，卵形，1.5~2.7cm×1.2~1.6cm；种鳞五边状卵形或近圆形，边缘微内曲；苞鳞小，不露出；种子连翅长7~9mm。花期4月，球果10月成熟。

图14 1~6.长苞铁杉 7~11.铁杉

产秦岭以南，南至南岭，西达四川、贵州；海拔1200~3300m。耐阴，生长慢，常形成纯林，在南岭与亮叶水青冈、多脉青冈、华南桦等混生。宜气候温凉湿润，空气相对湿度大，酸性、排水良好的山地厚腐殖质黄棕壤的生境。为川西等地森林采伐后的重要更新树种。材质优良。

［附］**云南铁杉 *Tsuga dumosa* ( D. Don ) Eichl.** 分布图3 与铁杉的区别：叶先端尖或钝，稀微凹，通常中上部边缘有锯齿，下面有白粉带；种鳞质地薄，上部边缘微外曲。产西藏南部、云南、四川等地；喜马拉雅山地区亦产。

分布图3 长苞铁杉、云南铁杉分布图

## 5. 银杉属 *Cathaya* Chun et Kuang

常绿乔木。小枝具微隆起的叶枕。叶条形或微弯，螺旋状排列或辐射伸展，在节间上端排列紧密，中脉凹下，在下面隆起，两侧各有 1 条粉白色气孔带；树脂道 2，边生。雄球花单生于 2~4 年生枝叶腋，雌球花单生于当年生枝叶腋。球果翌年成熟，宿存多年，种鳞木质，苞鳞小，不露出，种子连翅较种鳞为短。子叶 3(4、5)，发芽时出土。

仅 1 种，我国特有。

**银杉** *Cathaya argyrophylla* Chun et Kuang　图 15

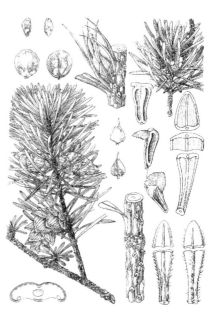

高 20m，胸径 80cm 以上；树皮暗灰色，老时裂成不规则薄片。1 年生枝黄褐色，初密被灰黄色短柔毛，2 年生枝淡黄色。叶 4~6cm×2.5~3mm，先端钝，基部渐窄，下面粉白色气孔带使树冠呈现银色；边缘反卷，幼时具睫毛。球果卵圆形，3~5cm×1.5~3cm，熟时褐色或暗褐色；种鳞背面密微透明的短毛；种子斜倒卵圆形，长 5~6mm，翅长 1~1.5cm。

我国特有种，亦称活化石植物。散生于广西、四川、湖南、贵州；海拔 400~1000m。喜光，在与阔叶树的竞争中常迫生于悬岩之顶和山脊上。木材浅黄褐色，心材红褐色，有光泽，结构细至中，均匀。资源濒危，种源稀少，天然更新状况不佳，母树少结实、难成苗，且无性繁殖困难，故本种被喻为植物界之熊猫。国家一级保护植物，应严加保护，并扩大繁殖。

图 15　银杉

## 6. 云杉属 *Picea* Dietr.

常绿乔木。小枝有显著隆起的木钉状叶枕，粗糙，基部具宿存芽鳞。叶四棱条形或扁棱状条形，或条形扁平，四面有气孔线或仅上面中脉两侧有气孔线；叶内树脂道常 2，边生，稀无。雄球花单生叶腋，稀单生枝顶；雌球花单生枝顶。球果下垂；种鳞宿存；苞鳞小，不露出；种子上端有膜质长翅；子叶 5~9，发芽时出土。

约 35 种，分布北半球。我国 18 种，产东北、华北、西北、西南及台湾高山地带，另引进栽培 2 种。常组成大面积纯林或与冷杉等形成混交林；与冷杉属、落叶松属共同组成极地树线以南寒温带或高山地带性针叶林，亦称北方针叶林，或称泰加森林。木材较冷杉优，纹理细致，结构紧密，有弹性；树皮含单宁。园林观赏树种，常作圣诞树。天然林保护工程的保存树种。繁殖主要靠天然更新。

1. 叶横切面四方形、菱形或近扁平，四面有气孔线，间或下面无气孔线。
　　2. 叶四面气孔线条数相等或近相等，或下面的气孔线较上面的少，横切面方形或菱形，高宽相等或宽大于高。
    3. 1年生枝淡黄色或灰褐色，略有毛；小枝基部宿存的芽鳞略向外反曲 ············· **1. 云杉 *P. asperata***
    3. 1年生枝淡黄灰色或灰色，无毛；小枝基部宿存的芽鳞不反曲或仅顶端芽鳞微反曲 ················
    ································································································ **2. 青杆 *P. wilsonii***
  2. 叶上面的气孔线至少比下面多1倍，间或下面无气孔线，横切面菱形或近扁平，宽常大于高 ······
  ·························································································· **3. 川西云杉 *P. balfouriana***
1. 叶横切面扁平，下面无气孔线，上面有2条白粉气孔带 ·································· **4. 麦吊云杉 *P. brachytyla***

### 1. 云杉 *Picea asperata* Mast. 图16；分布图4

高45m，胸径1m；树皮淡灰褐色或褐灰色，裂成不规则鳞状块片脱落。1年生枝淡黄色或灰褐色，疏生或密生毛，小枝基部宿存的芽鳞略向外反曲；芽圆锥形，有树脂。叶条状四棱形，长1~2cm，先端尖，横切面菱形，上面5~8条、下面4~6条气孔线。球果圆柱状长圆形或圆柱形，成熟前绿色，长6~10cm；种鳞倒卵形，先端圆或宽斜形，紧密，或呈钝三角形，较松；种子倒卵圆形。球果9~10月成熟。

产甘肃、陕西、四川；海拔2400~3600m。幼龄稍耐阴，喜凉润气候，耐干燥、寒冷，适生于土层深厚、排水良好的酸性棕色森林土，在林缘空地天然更新良好。寿命长达400年以上。根系浅，天然林生长慢，采伐林龄一般为100年以上；人工林30~40年为一轮伐期。木材黄白色，轻软细致，弹性好，易加工；树皮供提栲胶；树干可取松脂；各部位可提取芳香油。

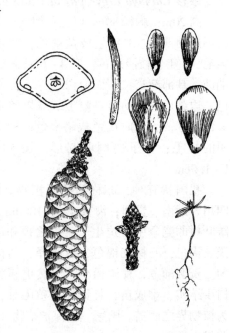

**图16 云杉**

### 2. 青杆 *Picea wilsonii* Mast. 图17；分布图4

高50m，胸径1.3m；树皮淡黄灰色或暗灰色，浅裂成不规则鳞状块片脱落。1年生枝淡黄绿色或淡黄灰色，无毛或疏被短毛，小枝基部宿存的芽鳞不反曲或仅顶端芽鳞微反曲。芽卵形，无树脂。叶钻状四棱形，0.8~1.3cm×1~2mm，先端尖，横切面四棱形或扁菱形，四面各有气孔线4~6条。球果熟时由绿转黄色，卵状圆柱形或椭圆状长卵形，顶端钝圆，5~8cm×5~4cm；种鳞倒卵形，上部圆形或有急尖头，或呈钝三角状，背面无明显的条纹。种子倒卵圆形，具翅。球果10月成熟。

产内蒙古、河北、山西、陕西、湖北、甘肃、四川；海拔1000~3000m。温带中高山树种，常组成纯林或与白杆、白桦、黑桦等针阔叶树混生成林。耐干冷，在气候温凉、湿润、土层深厚、排水良好的微酸性棕色森林土或灰化棕壤上生长良好，淡栗钙土上也可生长。天然林木生长缓慢。为当地天然林保护工程保存树种。

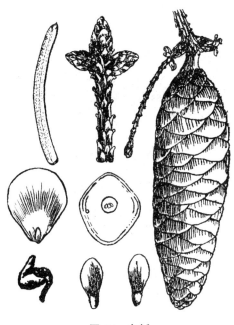

图17 青杆

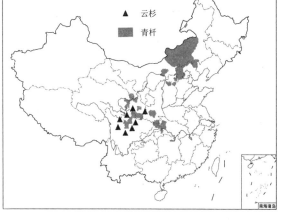

分布图4 云杉、青杆分布图

**3. 川西云杉 *Picea balfouriana* Rehd. et Wils.** 图18

高40m，胸径1m；树皮深灰色，深裂成不规则的厚块片；树冠塔形；1年生枝通常较粗，有密毛，2～3年生枝黄灰色；冬芽圆锥形；卵状圆锥形、卵状球形或圆球形，微有树脂，芽鳞褐色，排列紧密；小枝基部宿存芽鳞的先端不反卷，或微开展。叶棱状条形或扁四棱形，直或微弯，0.6～1.5cm×1～1.5mm，先端尖或钝尖，叶下面每边常有3～4条完整或不完整的气孔线；球果卵状矩圆形或圆柱形，成熟前种鳞红褐色或黑紫色，常较小，长4～9cm。花期4～5月，球果9～10月成熟。

产四川西部和西南部、青海南部、西藏东部；海拔3000～4100m。温带西部高山树种。产区气候干冷、棕色森林土，多组成大片单纯林，或与其他针叶树组成混交林。木材性质及用途同云杉。

**4. 麦吊云杉 *Picea brachytyla*(Fr.) Pritz.** 图19

高30m，胸径1m；树皮灰褐色，裂成不规则鳞状块片；小枝细长下垂，1年生枝淡黄色或淡褐黄色，老枝褐黄色，渐呈灰色；芽常为圆锥形或卵状圆锥形。叶条形扁平，1～2.2cm×1～1.5mm，先端尖或微尖，上面有白色气孔线，下面无。球果长圆形或圆柱形，成熟前绿色，熟时褐色或微带紫色，6～12cm×2.5～3.8cm；种鳞倒卵形或斜方状倒卵形，上部圆或三角状。花期4～5月，球果9～10月成熟。

产河南西部、湖北西北部、四川西北部及甘肃白龙江流域；海拔1500～2600m。北亚热带中高山树种，宜温和湿润的气候和深厚、排水良好的酸性山地棕色森林土和褐色土。

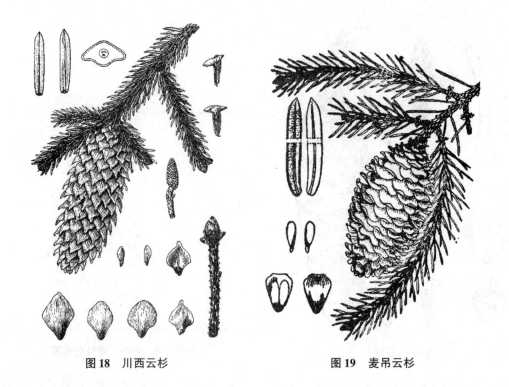

图18　川西云杉　　　　图19　麦吊云杉

### 7. 落叶松属 *Larix* Mill.

落叶乔木。小枝下垂或不下垂，具长枝和短枝。叶在短枝上簇生，倒披针状窄条形或条形，柔软，上面平或中脉隆起。雌雄球花分别单生于短枝顶端。球果直立；种鳞革质，宿存；苞鳞不露出或微露出，或长而显著露出；种子有膜质长翅；子叶 6~8，发芽时出土。

约15种，分布北半球的亚洲、欧洲及北美洲的寒温带、温带和亚热带高山地区。我国11种3变种，产东北、华北、西北、西南等地，另引进2种。常组成浩瀚壮观的纯林，或在优质立地与其他针阔叶树混生，为寒温带干瘠地地带性森林群落，亦称明亮针叶林；喜光性强，耐严寒，可生长于森林的极线地带；浅根系，生长较快。材质佳，为优良用材树种。因森林位于极地陡峭山地，生态系统脆弱，一旦破坏会导致灾难性的后果，故其天然林生态意义大于经济价值。天然林保护工程的保护树种。另提倡人工营造落叶松林作为商品用材林经营。

1. 小枝下垂；球果圆柱形或卵状圆柱形，苞鳞较种鳞为长显著露出。
  2. 雌球花与球果的苞鳞显著向后反折或向后弯曲，球果长 5~11cm。
    3. 雌球花与球果的苞鳞显著向后反曲；球果苞鳞倒卵状披针形或卵状披针形，最宽处为 5~7mm；短枝近平滑，芽鳞痕仅留裂基 ·················· **1. 西藏红杉 *L. griffithiana***
    3. 雌球花与球果的苞鳞斜上开展并向后弯曲；球果苞鳞披针形，最宽处为 3.5~4.5mm；短枝宿存环状芽鳞痕 ·················· **1a. 怒江红杉 *L. speciosa***
  2. 雌球花与球果的苞鳞直伸或微反曲，球果长 3~5cm ·················· **2. 红杉 *L. potaninii***

1. 小枝不下垂；球果卵圆形或长卵圆形；苞鳞较种鳞为短，不露出或球果基部的苞鳞微露出。
   4. 种鳞上部边缘显著外曲，背面光滑；1年生长枝色浅淡，不为红褐色，无白粉 ················································· **3. 落叶松 L. gmelini**
   4. 种鳞上部边缘不外曲或微外曲，背面有褐色细小疣状突起和短粗毛；1年生长枝红褐色，有白粉 ················································· **4. 日本落叶松 L. kaempferi**

### 1. 西藏红杉 *Larix griffithiana* ( Lindl. et Gord. ) Hort. ex Carr.　图20

高20m；树皮灰褐色或暗褐色，深纵裂，树冠圆锥形；1年生长枝红褐色、淡褐色或淡黄褐色；叶倒披针状窄条形，2.5~5.5cm×1~1.8mm，上面仅中脉的基部隆起。球果熟时淡褐黄色或褐色，圆柱形或椭圆状圆柱形，5~11cm×2.2~3cm；中部种鳞倒卵状四方形，长宽近相等，先端平截或微凹，边缘有细缺齿，背面有短柔毛；苞鳞较种鳞为长，披针形或倒卵状披针形，显著地向后反折或反曲，先端具中肋延长的急尖头。花期4~5月，球果10月成熟。

产我国西藏南部及东部；尼泊尔、印度、不丹亦产；海拔3000~4100m。亚热带高山树种，常与乔松、云南铁杉、西藏云杉等混生，或成小面积纯林。木材软硬适中，心材淡褐红色，耐久用；树皮可提取栲胶。

[附]1a. **怒江红杉 *Larix speciosa* Cheng et Law**　与西藏红杉的区别：雌球花与球果的苞鳞斜上开展并向后弯曲；球果苞鳞披针形，最宽处为3.5~4.5mm；短枝宿存环状芽鳞痕。产云南西北部及西藏东南部；缅甸北部亦产；海拔2600~4000m。木材的性质和用途与红杉略同。产区造林树种。

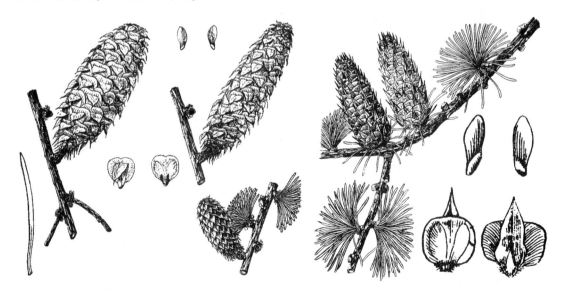

图20　西藏红杉　　　　　　图21　红杉

### 2. 红杉 *Larix potaninii* Batal.　图21；分布图5

高50m，胸径1m；树皮灰色或灰褐色，粗糙纵裂；树冠圆锥形。1年生枝红褐色或淡紫褐色，稀淡黄褐色，小枝下垂。叶倒披针形状窄条形，1.2~3.5cm×1~1.5mm，先端渐尖，上面中脉隆起。球果长圆形或圆柱形，3~5cm×1.5~2.5cm，紫褐色；种鳞正方形或长圆方形，先端平，稀微凹，背部有小疣状突起和短毛；苞鳞矩圆状披针形，具细长尖头，显著露出。花期4~5月，球果10月成熟。

产甘肃南部、四川西部、云南西北部；海拔2500~4100m。北、中亚热带高山树种。边材淡黄色，心材红褐色，轻软，密度为$0.45\text{g}\cdot\text{cm}^{-3}$，纹理直，结构细，耐水湿。天然林生长缓慢，如高山严峻条件生长的250年生天然林立木平均树高14~15m，平均胸径38~40cm；海拔下移的林分生长加快；人工林生长速度可相当天然林生长的3倍以上。

**3. 落叶松 *Larix gmelini*(Rupr.)Rupr.** 图22；分布图5

高30m；树皮暗灰色或灰褐色，纵裂成鳞状块片脱落；1年生枝淡黄色，基部常有长毛。叶倒披针状条形，1.5~3cm×1mm，先端钝尖，上面平。球果小，卵圆形，熟时上端种鳞张开，黄褐色或紫褐色，1.2~3cm×1~2cm；种鳞三角状卵形，先端平，微圆或微凹；背面光滑无毛，苞鳞先端长尖，不露出。花期5~6月，球果9月成熟。

产东北大兴安岭、小兴安岭；海拔300~1700m。寒温带干瘠山地树种，最喜光，耐严寒，产区冰冻期长达半年，低温极值达-47.5℃，年降水量300~500mm；耐干旱瘠薄；大兴安岭针叶林主要树种，组成大面积纯林。据森林资源清查数据，落叶松林(可能含其他落叶松种类)占我国森林面积5.83%、占森林蓄积量7.15%。木材坚硬，纹理直，结构粗，力学强度高，耐腐朽。

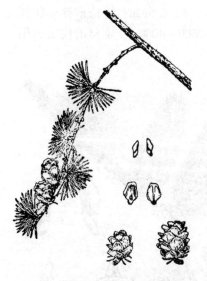

图22 落叶松

分布图5 红杉、落叶松分布图

**4. 日本落叶松 *Larix kaempferi*(Lamb.)Carr.** 图23

高35m，胸径1m；树皮暗灰褐色，不规则块状脱落。1年生枝紫褐色，有白粉，幼时被褐色毛。叶倒披针状条形，2~3cm×1mm，先端钝尖或钝，上面平或拱圆。球果广卵圆形或圆柱状卵形，2~3.5cm×1.8~2.8cm，熟时黄褐色；种鳞卵状长方形或卵状方形，紧密，背部常有褐色腺毛、小疣状突起和短粗毛，边缘波状，显著外曲；苞鳞不露出。球果10月成熟。

原产日本。我国东北、河北、山东、河南、江西(庐山植物园)、湖北、湖南、四川有引种。适生于海拔 800~1500m、年平均气温 2.5~12℃、年降水量 500~1000mm 山地种植，要求立地阴湿、土壤肥沃湿润。木材坚韧，耐腐力强。本种系冷杉属中唯一能适应中低海拔山地生长的种类。

### 8. 金钱松属 Pseudolarix Gord.

落叶乔木。具长枝与短枝。冬芽卵形，芽鳞长尖。叶在长枝上螺旋状簇生，短枝上簇生，条形，柔软，较落叶松属的叶长而宽。雄球花有柄，数个簇生短枝顶端；雌球花单生短枝顶端。球果直立；种鳞木质，熟后脱落；苞鳞短小，不露出；种子上部具翅，种子连翅几与种鳞等长；子叶 4~6，发芽时出土。

1 种，我国特产。

**金钱松 Pseudolarix amabilis ( Neldon ) Rehd.**
图 24

高 40m，胸径 1.5m，树干通直；树皮灰褐色，鳞状开裂；大枝平展；树冠宽塔形。1 年生枝淡红褐色或淡红黄色，无毛。叶 2~5.5cm×1.5~4mm，先端钝尖或尖，绿色，秋后呈金黄色。球果 6~7.5cm×4~5cm，熟时淡红褐色或褐色；种子白色。花期 4~5 月，球果 10~11 月成熟。

产华中、华东各省，西至四川；海拔 100~2000m。现天然林木已稀见（湖南中部丘陵区仍有天然种群分布），多系人工种植。喜光，喜温暖湿润气候条件和深厚、肥沃、排水良好的酸性土壤，不耐干旱瘠薄，不易积水的低洼地；喜光，深根性，枝条坚韧，较抗雪压，生长中速。木材黄褐色，纹理直，硬度适中，结构稍粗，较脆，供材用。树姿优美，秋后轮列针叶呈金黄色，美观，为世界著名的庭院观赏树种。根部具菌根，种植时需移带母树土壤，可促进生长。

### 9. 雪松属 Cedrus Trew

常绿乔木。具长枝与短枝，基部宿存芽鳞。叶在长枝上螺旋状簇生，短枝上簇生，针形，坚硬。球花单生枝顶，直立。球果翌年、稀第三年成熟，直立；种鳞木质，熟时与苞鳞及种子一起脱落；苞鳞短小，不露出；种子三角形，种翅上部宽大，膜质；子叶 9~10，

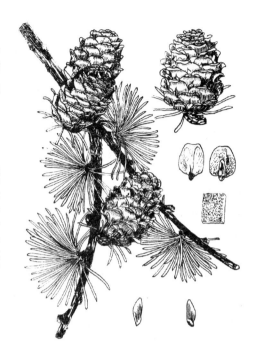

图 23 日本落叶松

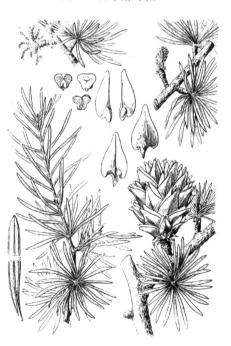

图 24 金钱松

发芽时出土。

4种，分布北非、西亚等地。我国1种，引入栽培1种。

**雪松 *Cedrus deodora* ( Roxb. ) G. Don** 图 25

原产地高75m，胸径4.3m；树皮深灰色；树冠塔形。1年生枝淡黄色，密生短绒毛。针叶长2.5~5cm，横切面三棱形。球果卵圆形、宽椭圆形或近球形，7~12cm×5~9cm，熟前淡绿色，微被白粉，熟时褐色或栗褐色；种鳞顶端宽圆，背部密生短绒毛。花期10~11月，球果翌年10月成熟。

原产喜马拉雅山西部；海拔1200~3300m。长江中、下游各大城市广为栽培，北至辽宁南部，南迄华南北部，西抵云南、贵州，以长江流域城镇为主要栽培区。较喜光，宜温和、凉润气候，抗寒性较强，已渐适应江南低平地湿热气候；耐干旱瘠薄，不耐水涝，浅根性，抗风性和抗烟害能力弱。较速生。树姿雄伟挺拔，大枝轮展低垂，针叶翠绿略带银粉，绿化效果佳，与金钱松、南洋杉、北美红杉、日本金松名列世界五大庭院树种，亦为现今江南城市绿化之第一针叶树。种子育苗繁殖。

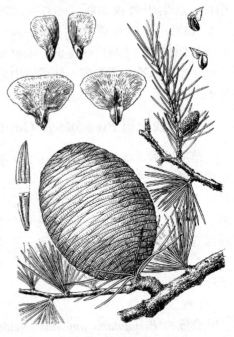

图 25　雪松

## 10. 松属 *Pinus* L.

常绿乔木，稀灌木。冬芽显著。叶二型：初生叶螺旋状着生，幼苗期扁平条形，后逐渐退化成膜质鳞片状，基部下延或不下延；次生叶针形，常2针、3针或5针一束，生于不发育短枝顶端，每束针叶基部具叶鞘，叶鞘脱落或宿存；针叶具2~10中生或边生、稀内生的树脂道。雄球花生于新枝下部，多数集生成穗状花序状；雌球花1~4生于新枝近顶端。球果2年成熟；种鳞木质，宿存，上面分化为鳞盾与鳞脐；发育种鳞具2种子；种子上部具翅或无翅；子叶3~18，发芽时出土。

约110种，广布于北半球，北自北极圈，南至北非、中美、中南半岛至苏门答腊赤道以南地区，为世界上木材和松脂生产的主要资源。我国23种，分布几遍全国，为各地森林组成及造林的主要树种，另引入栽培16种。优良用材、木纤维及松脂等，为产区重要的森林更新、造林及观赏树种。

1. 叶鞘和鳞叶早落，鳞叶不下延，叶内具1维管束。
  2. 种鳞的鳞脐顶生，无刺；针叶常5针一束。
    3. 种子无刺或具极短的翅。
      4. 小枝有密毛；球果成熟时种鳞不张开或略张开，种子无翅脊，藏于鳞片内 ………………………………………………………………………………………… **1. 红松 *P. koraiensis***
      4. 小枝无毛；种子有棱脊或短翅，球果成熟时种鳞张开，种子脱落。

5. 针叶较粗短，8~15mm×1~1.5mm；球果长10~20cm，种子无翅或上部边缘有棱脊 ········
······················································································· **2. 华山松** *P. armandii*
　　5. 针叶细长，10~18mm×1mm以下；球果长5~8.5cm，种子顶端具极短的翅 ···············
······················································································· **2a. 海南五针松** *P. fenzeliana*
　3. 种子具结合的长翅 ··························································· **3. 华南五针松** *P. kwangtungensis*
2. 种鳞的鳞脐背生；针叶3针一束；叶内树脂道边生，腹面1个中生或缺 ····· **4. 白皮松** *P. bungeana*
1. 叶鞘和鳞叶宿存，鳞叶下延，叶内具2维管束。
　6. 针叶2针一束，间有3针一束。
　　7. 叶内树脂道边生。
　　　8. 针叶粗硬，径1~1.5mm；鳞盾肥厚隆起，鳞脐有短刺。
　　　　9. 球果熟时色深，栗褐色或深褐色，有光泽，基部歪斜；小枝黄褐色，有光泽 ···········
······················································································· **5. 高山松** *P. densata*
　　　　9. 球果熟时色浅，淡黄色或淡褐黄色，无光泽，基部不歪斜 ····· **6. 油松** *P. tabulaeformis*
　　　8. 针叶细柔，径1mm或不足1mm；鳞盾平或仅微隆起，鳞脐通常无刺 ···············
······················································································· **7. 马尾松** *P. massoniana*
　　7. 叶内树脂道中生。
　　　10. 冬芽褐色、红褐色或栗褐色；针叶长7~10(13)cm；球果卵圆形，长3~5cm，几无梗 ······
······················································································· **8. 黄山松** *P. taiwanensis*
　　　10. 冬芽银白色；针叶粗硬；球果长4~6cm ························· **9. 黑松** *P. thunbergii*
　6. 针叶3针一束，稀3针、2针并存。
　　11. 针叶细柔，径1mm左右；1年生枝粗壮，淡红褐色；球果圆锥状卵形，长6~9cm ··········
······················································································· **10. 云南松** *P. yunnanensis*
　　11. 针叶较粗，径1mm以上。
　　　12. 针叶3针一束，径约1.5mm；树脂道通常2，中生 ················ **11. 火炬松** *P. taeda*
　　　12. 针叶3针和2针并存，径约2mm；树脂道内生 ················ **12. 湿地松** *P. elliottii*

**1. 红松** *Pinus koraiensis* Sieb. et Zucc.　　图26

高50m，胸径1m；大树树皮灰褐色或灰色，纵裂成不规则鳞状块片脱落，内皮红褐色；树冠圆锥形。1年生枝密被红褐柔毛；冬芽淡红褐色。针叶5针一束，长6~12cm，粗硬，树脂道3，中生。球果圆锥状卵形，9~14cm×6~8cm；熟后种鳞不张开或微张，种鳞先端渐窄，尖头钝，外曲，鳞盾黄褐色或微带灰绿色，有皱纹，鳞脐顶生，不显著；种子无翅，长1.2~1.6cm。球果翌年9~10月成熟。

产东北长白山(海拔400~1800m)及小兴安岭(海拔150~700m)；俄罗斯、朝鲜亦产。幼时稍耐阴，成年后喜光；适生于温凉湿润气候、深厚肥沃、排水良好、酸性山地棕色森林土；天然林生长慢，人工种植30~35年可成材利用。边材淡黄褐色，心材淡褐红色或褐色，质地较细致，纹理直，易加工，耐用，为上等用材；种子为美味坚果，为我国松子的主要来源。原系我国东北林区主要森林资源，经半个世纪的开发，天然资源已基本砍伐殆尽，现已转为天然更新及人工造林。

图 26 红松

图 27 华山松

**2. 华山松 Pinus armandii Franch.** 图 27

高 35m，胸径 1m；幼树树皮灰绿色或淡灰色，平滑，老则灰色，裂成方形或长方形厚块片固着于树干上。1 年生枝绿色或灰绿色，无毛，微被白粉；冬芽褐色。针叶 5 针一束，长 8~15cm，树脂道 3，背面 2 个边生，腹面 1 个中生。球果圆锥状长卵形，10~20cm×5~8cm；种鳞近斜方状倒卵形，熟时张开，鳞盾斜方形或三角状斜方形，先端钝圆或钝尖，微外曲或不反曲，鳞脐顶生，不显著；种子无翅或两侧及顶端具棱脊。球果翌年 9~10 月成熟。

产华北、西北、西南、湖北西部及湖南（安化）；海拔 1000~3300m（西南），形成纯林或混交林。温带至亚热带西部中山树种。在秦岭以北与油松（低山）组成垂直带谱，在西南与云南松（低山）组成垂直带谱；人工栽培面积较大。喜光、喜温凉湿润气候，产区年平均气温 5~15℃，年降水量 600~1500mm，宜深厚疏松、湿润、排水良好的微酸性森林棕壤，在钙质土上也能生长，不耐水涝和盐碱；浅根性，侧根发达。生长中速偏慢，材积成熟龄为 40 年以上，主伐龄为 40~50 年。边材淡黄色，心材淡红褐色，纹理直，结构略粗，质轻软，易加工，耐腐性较差；木材纤维含量高，为优良造纸和纤维加工原料；种子可食，为松子的主要来源。

**[附] 2a. 海南五针松 Pinus fenzeliana Hand.-Mazz.** 与华山松的区别：针叶细长，10~18cm×0.5~0.7cm；球果长 5~8.5cm，种子顶端具极短的翅。产海南、广西、贵州及湖南（通道）；海拔 500~1600m。喜光，耐干旱、贫瘠的土壤。可作建筑等用材，也可提取树脂。

**3. 华南五针松 Pinus kwangtungensis Chun et Tsiang** 图 28；分布图 6

高 30m，胸径 1.5m；树皮褐色，幼树平滑，老则裂成不规则的鳞状块片。1 年生枝无毛，干后淡褐色。冬芽茶褐色，微被树脂。针叶 5 针一束，较粗短，3.5~7cm×1~

1.5mm，有细齿，树脂道2~3，背面2个边生，腹面1个中生或缺。球果圆柱状长圆形或圆柱状卵形，4~9(17)cm×3~6(7)cm，熟时淡红褐色，微被树脂；梗长0.7~2cm；种鳞鳞盾菱形，微内曲或直伸，鳞脐顶生。种子椭圆形或倒卵形，长8~12mm，具翅。花期4~5月，球果翌年10月成熟。

产南岭山脉的湖南南部、贵州、广西、广东及海南；海拔700~2000m。不耐阴，宜温暖潮湿气候，耐干旱瘠薄，常在陡峭山岭石岩壁缝成林，林相壮丽。木材淡黄色、细致，重量和硬度适中，为优良用材。昔在湖南莽山和粤北南岭林区有大量资源，木材为林区采伐之首选，现已残存无几，人工造林生长较速。国家保护植物。

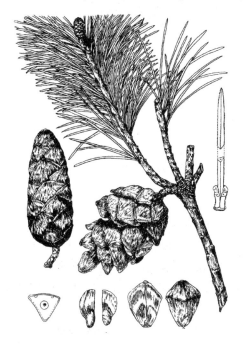

图28 华南五针松

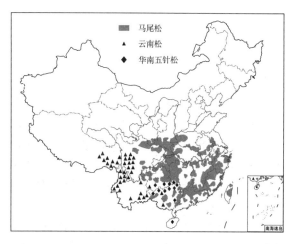

分布图6 马尾松、云南松、华南五针松分布图

**4. 白皮松 *Pinus bungeana* Zucc. ex Endl.** 图29

高30m，胸径3m；大树树皮不规则薄片状脱落，外皮淡褐色或灰白色，内皮淡黄绿色或淡白色。1年生枝灰绿色，无毛。冬芽红褐色。叶3针一束，粗硬，5~10cm×1.5~2mm，基部叶鞘脱落；树脂道4~7，边生，或边生与中生并存。球果卵圆形或圆锥状卵圆形，5~7cm×4~6cm；鳞盾具横脊，鳞脐有短刺；种子上部具短翅。球果翌年10~11月成熟。

产黄河流域，南至四川、湖北。辽宁南部、河北、北京、山东广为栽培。喜光，适生于干冷气候，能耐-30℃低温，在肥沃深厚的钙质土或酸性黄土上生长良好，不耐湿热气候，对二氧化碳及烟尘的抗性较强，深根性，生长较慢。木材纹理直或斜，质脆弱，花纹美丽，供材用。树姿优美，树皮纯白光洁，为名贵的观赏树种。

图 29　白皮松

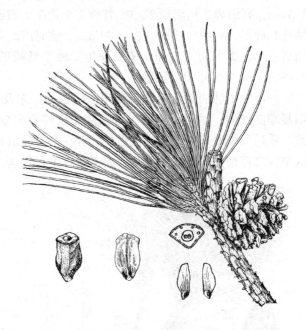

图 30　高山松

**5. 高山松** *Pinus densata* **Mast.**　图 30

高 30m，胸径 1.3m；干下部树皮暗灰褐色，深裂成块状，上部树皮红褐色，薄片脱落。1 年生枝粗壮，黄褐色，有光泽。针叶粗硬，2 针一束，间或 3 针一束，长 6~15cm，径约 1.2mm，树脂道 3~7(10)，边生。球果卵形，5~6cm×4~5cm，熟时色深，栗褐色或深褐色，有光泽，基部歪斜；鳞盾肥厚隆起，横脊显著，鳞脊突起，有刺；种翅淡紫色。球果翌年 10 月成熟。

产西南地区高山地带，北至青海南部，西至西藏东部；生于海拔 (2000) 2600~3600m 地带，组成大面积纯林或与其他树种形成混交林。极喜光，耐干旱瘠薄，在酸性和中性土上均能生长，为产区重要用材与水土保持树种。木材较坚韧，质较细，富含松脂。

**6. 油松** *Pinus tabulaeformis* **Carr.**　图 31

高 25m，胸径 1m 以上；树皮深灰褐色或褐灰色，不规则鳞状深裂，上部树皮红褐色。1 年生枝淡黄色或淡褐红色，幼时微被白粉，无毛；冬芽红褐色。针叶 2 针一束，长 10~15cm，径约 1.5mm，粗硬，树脂道 5~8 或更多，边生。球果卵圆形或圆卵形，熟时色浅，淡黄色或淡褐黄色，无光泽，基部不斜歪，长 4~9cm，径与长相近，熟时暗褐色；鳞盾肥厚，横脊显著，鳞脐突起，有刺；种子连翅长 1.5~1.8cm。球果翌年 9~10 月成熟。

北界辽宁、内蒙古、青海、宁夏，南迄秦岭、伏牛山，主产华北、西北；海拔 100~2600m。中温带及暖温带低山树种。喜光，适干冷气候，产区极端低温 -25℃，年降水量 400~750mm；在酸性、中性、钙质土上均能生长，极耐干瘠，石质荒山亦能生长，不耐水涝和盐碱。木材纹理直，富松脂，坚硬耐用；树干可采割松脂。

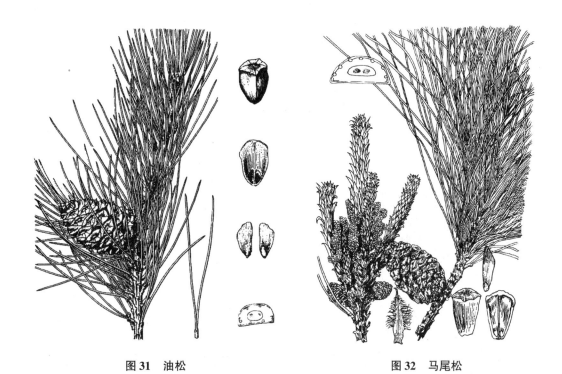

图31 油松　　　图32 马尾松

**7. 马尾松 *Pinus massoniana* Lamb.**　图32；分布图6

高40m，胸径1m；树皮红褐色，下部灰褐色，裂成不规则鳞状块片；幼树树冠圆锥形，老则广圆形；枝条每年生长一轮。1年生枝淡黄褐色，无白粉；冬芽褐色。针叶2针一束，长12～20cm，径≤1mm，细柔，树脂道边生。球果卵圆形或圆锥状卵形，4～7cm×2.5～4cm，熟时栗褐色；鳞盾微隆起或平，微具横脊，鳞脐微凹，通常无刺；种子连翅长2～2.7cm。花期4～5月，球果翌年10～12月成熟。

产秦岭、淮河流域以南，东起沿海低山丘陵，西至川西大相岭东坡，南达华南南部，台湾有少量分布；海拔1000（孤山）～1500m（重山）以下。亚热带低山丘陵先锋树种。喜光，喜温暖湿润气候，产区年平均气温13～22℃，年降水量800mm以上，能耐短时-20℃低温，喜生于酸性土（pH4.5～6.5）的山地，中性石灰岩土（湖南西北）亦生长；耐干旱瘠薄，不耐水涝及盐碱土，为长江流域以南广袤酸性土荒山荒地的先锋树种。繁殖途径有天然飞籽成林、飞机播种、1年生苗或容器苗种植等。提倡与阔叶树（栎类、栲类、木荷、樟楠类）混种为混交林。速生，苗期生长较慢，人工林材积旺盛生长期为30～40年，速生林主伐期为30年生左右，培养大材的主伐期为40年生左右。树干及根部可培养茯苓，树干可供采割松脂。马尾松林为我国江南森林资源最大的林种，森林面积占全国总量7.74%，蓄积量占全国总量4.4%。

**8. 黄山松 *Pinus taiwanensis* Hayata**　图33

高30m，胸径80cm；树皮深灰褐色或灰褐色，裂成不规则鳞状块片；大树树冠广伞形。1年生枝淡黄褐色或暗红褐色，无白粉；冬芽深褐色。针叶2针一束，稍粗硬，长5～13（多为7～10）cm，径≤1.5mm，树脂道3～7(9)，中生。球果卵圆形或圆卵形，3～5cm×3～4cm，熟时褐色，有短刺；种子连翅长1.4～1.8cm。花期4～5月，球果翌年10月成熟。

产台湾、华东、湖南东部及湖北东部、河南南部；海拔 600~1800m，在产区与马尾松形成垂直替代分布。喜光，适生于中亚热带凉润的中山气候，在土层深厚、排水良好的酸性黄壤上生长良好，亦耐干旱瘠薄，抗风，常巍然挺立于光秃岩山，在安徽黄山、江西三清山花岗石陡峭石壁上构成奇松怪石特异景观。为长江中下游地区海拔 700m 以上荒山的重要造林树种。材质较马尾松为佳，富松脂，耐久用；可采割松脂。

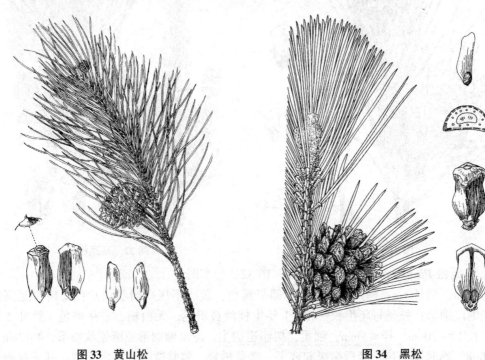

图 33　黄山松　　　　　　　　　　　图 34　黑松

**9. 黑松** *Pinus thunbergii* **Parl.**　　图 34

高 30m，胸径 2m；幼树树皮暗灰色，老则灰黑色，粗厚，裂成块片脱落；冬芽银白色；树冠宽圆锥状或伞形。针叶 2 针一束，刚硬，暗绿色，6~12cm×1.5~2mm，树脂道 6~11 个，中生。球果圆锥状卵圆形或卵圆形，4~6cm×3~4cm，鳞盾微肥厚，横脊显著，鳞脐微凹，有短刺；花期 4~5 月，种子第二年 10 月成熟。

原产日本及朝鲜南部海岸地区。我国大连、山东沿海地带和蒙山山区以及武汉、南京、上海、杭州、长沙等地栽培，为庭园观赏树种或作盆景树，南岭山脉山顶常见有飞播中幼林。木材富树脂，较坚韧，结构较细，纹理直，耐久用；亦可提取树脂；极耐干瘠，光秃裸地亦可生长，可为裸坡、荒地水土保持树种。

**10. 云南松** *Pinus yunnanensis* **Franch.**　　图 35；分布图 6

高 30m，胸径 1m；树皮褐灰色，不规则鳞片状脱落。大枝稍下垂，1 年生枝粗壮，淡红褐色；冬芽红褐色，粗大。针叶通常 3 针一束，稀 2 针一束，长 10~30cm，径略大于 1mm，微下垂，树脂道 4~5，边生或中生。球果圆锥状卵形，5~11cm×3.5~7cm，熟时褐色或栗褐色；鳞盾肥厚隆起，有横脊，鳞脐微凹或微隆起，有短刺；种子连翅长 1.6~2cm。球果翌年 10 月成熟。

产云南、四川西部、广西西部、贵州西部、西藏；海拔 600~2100m。中亚热带西部树种，与马尾松分布区形成东西相替代；组成大面积纯林或与其他树种组成混交林。喜光，适印度洋季风性气候：冬春干旱无严寒，夏秋多雨无酷热，干湿季分明。产区年平均气温 12.5~17℃，极端最低气温 -7℃，年降水量 900~1300mm；在酸性山地红壤、红棕壤、黄壤、紫色土、棕色森林土及石灰岩土壤上均能生长；深根性，耐干旱瘠薄，不耐水涝和盐碱土。用途同马尾松，为我国西南重要的用材树种。

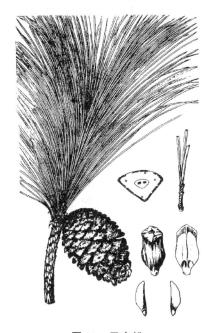

图 35 云南松

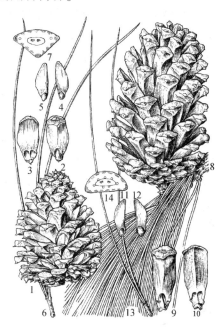

图 36 1~7. 火炬松 8~14. 湿地松

**11. 火炬松 *Pinus taeda* L.** 图 36：1~7

原产地高 54m，胸径 2m；树皮暗灰色或黄褐色，裂成鳞状块片脱落。枝条每年生长数轮，小枝黄褐色或淡红褐色，幼时微被白粉；冬芽褐色。针叶粗长，3 针一束，稀 2 针并存，长 12~25cm，径约 1.5mm，树脂道通常 2，中生。球果大，卵状长圆形或圆锥状卵形，长 7.5~15(20)cm，熟时暗红褐色；鳞盾沿横脊显著隆起，鳞脐延伸成尖刺；种子卵圆形，翅长 2.5cm。

原产北美东南部。我国长江流域以南引种栽培，北至河南，南达华南，常植于海拔 500m 以下低山丘陵。喜光，原产地年平均气温 13~22℃，1 月平均气温 4~13℃，低温极值为 -20℃，年降水量 1000~1500mm；适生于中性或酸性黄褐土、黄壤、红壤，耐瘠薄、忌水湿，荒山瘠地生长表现较好。我国自 20 世纪 30 年代即有引种，干形好，生长迅速，年树高生长约 1m、年胸径生长约 2cm；抗松毛虫能力较强。木材纹理粗，为建筑、木纤维材，亦为优质高产采脂树种。

**12. 湿地松 *Pinus elliottii* Engelm.** 图 36：8~14

原产地高 40m，胸径 1m；树皮灰褐色或暗红褐色，纵裂成鳞状大块片剥落。枝条每年生长 2 至数轮，小枝粗壮，橙褐色，后变为褐色或灰色；冬芽红褐色。针叶粗长，2 针、3 针一束并存，长 18~25(30)cm，径约 2mm，树脂道 2~9(11)，多内生。球果圆锥状卵形，6.5~13cm×3~5cm；鳞盾近斜方形，肥厚，有锐横脊，鳞脐疣状，有短尖刺；种子卵圆形，翅长0.8~3.3cm。

原产北美东南部（主产佐治亚州）亚热带低海拔潮湿地带。我国长江以南各地广为引种造林。原产地气候相当于中国中亚热带，年平均气温15.5~21℃，年降水量1300~1460mm，夏季炎热，冬季低温极值-17℃；喜光，耐水湿，亦耐干瘠，适生酸性红壤，亦适宜中性黄褐土；我国在南部丘陵红壤地、低洼沼泽地，以及华东沿海海岸造林，前期生长表现较佳，但后期生长不及本地的马尾松。叶坚硬，对松毛虫抗性较强。木材结构粗，较硬重，密度$0.53g \cdot cm^{-3}$；树脂含量丰富，为优良采脂树种。

## 5. 杉科 TAXODIACEAE

乔木，树干端直；树皮富长纤维，裂成长条状脱落。叶螺旋状排列，散生，稀交互对生，披针形、锥形、鳞形或条形，通常下延。雌雄同株，雄球花的雄蕊和雌球花的珠鳞螺旋状排列，稀交互对生；雄蕊具2~9花药，花粉无气囊；珠鳞与苞鳞合生，或仅顶端分离，或苞鳞发育而珠鳞退化，每珠鳞具2~9倒生或直立胚珠。球果成熟时种鳞（或发育的苞鳞）张开，发育的种鳞或苞鳞具2~9种子；子叶2~9。

9属12种，主产北温带。我国5属5种，引入栽培3属4种，主产长江流域以南温暖地区。多为用材树种。

1. 叶和种鳞均为螺旋状排列。
    2. 常绿性。
        3. 球果的种鳞或苞鳞扁平。
            4. 球果的苞鳞扁平，种鳞退化 ·················································· 1. 杉木属 *Cunninghamia*
            4. 球果的种鳞扁平，苞鳞退化 ·················································· 2. 台湾杉属 *Taiwania*
        3. 球果的种鳞钝形，木质。
            5. 叶钻形；球果近于无柄，直立；种鳞上部有3~7裂齿 ············ 3. 柳杉属 *Cryptomeria*
            5. 叶条形；球果有柄，下垂；种鳞无裂齿，顶部有横凹槽 ········ 4. 北美红杉属 *Sequoia*
    2. 落叶或半常绿性。
        6. 半常绿性；具条形叶的侧枝冬季脱落，具鳞形叶的小枝不脱落；种鳞扁平，先端有6~10裂齿，每种鳞有2种子，种子下端有长翅 ·············································· 5. 水松属 *Glyptostrobus*
        6. 落叶性或半常绿；侧生小枝冬季与叶一起脱落，叶条形或锥形；种鳞盾形，每种鳞有5~9种子，种子扁平，周围有翅 ································································ 6. 落羽杉属 *Taxodium*
1. 叶和种鳞均对生；叶条形，排成2列，侧生小枝冬季与叶脱落；球果的种鳞盾形，木质，每种鳞有5~9种子，种子扁平，周围有窄翅 ····································· 7. 水杉属 *Metasequoia*

### 1. 杉木属 *Cunninghamia* R. Br.

常绿乔木。叶螺旋状排列，侧生于枝叶基部扭转成二列，两面均有气孔线。雄球花多数，簇生枝顶，每雄蕊具3花药；雌球花单生或2~3簇生枝顶，花时苞鳞大，宿存；珠鳞小，不显露。球果近球形或圆卵形，果时苞鳞革质，扁平，先端尖，边缘有锯齿；每种鳞具3种子；种子扁平具窄翅，子叶2，出土。

1种1变种，产我国秦岭、长江流域以南至华南、西南及台湾；越南亦产。

**杉木 Cunninghamia lanceolata (Lamb.) Hook.** 图37；分布图7

高30m，胸径2.5~3m；大树树冠圆锥形；树皮灰褐色，长条片状剥落。大枝平展，小枝近轮生；叶披针形，2~6cm×3~5mm。球果2.5~5cm×3~4cm；苞鳞棕黄色，三角状卵形；种子扁平具翅。花期4月，球果10月成熟。

产淮河、秦岭以南，东起沿海，西至四川大渡河流域，南至广东和广西中部，西至云南东南部和中部；垂直分布东部在海拔700m以下，西部在海拔1800m以下，云南在海拔2600m以下。多为人工林，栽培历史悠久，栽培面积大，森林面积占全国森林总面积7.24%，蓄积量占全国总量5.49%。最适于温暖多雨、风小、雾大、全年相对湿度80%以上的气候，以酸性基岩发育的、土层深厚肥沃、疏松湿润酸性黄壤生长最好。我国中亚热带的山区、静风谷地、阴坡、山间平地或山脚地形是杉木生长的最好环境。速生，一般25~30年可成材利用，一般木材产量为300~400$m^3 \cdot hm^{-2}$；22年杉木林乔木层生物量为146.455$t \cdot hm^{-2}$，平均净生产量6.657$t \cdot hm^{-2} \cdot a^{-1}$（蔡学林，1997）。材质优良，纹理直，质轻软细密，干后不翘不裂，易加工，耐腐朽，有香气，白蚁不蛀，为我国南方首要的商品用材。

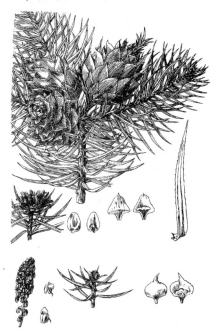

图37 杉木

## 2. 台湾杉属 *Taiwania* Hayata

常绿乔木。大枝平展，小枝细长下垂。大树之叶鳞状锥形，密集排列，微内弯，横切面三角形或四棱形，幼树或萌芽枝之叶镰状锥形，较长，两侧扁平。雄球花多数，簇生枝顶，雌球花单生枝顶，直立。球果小，椭圆形或矩圆状柱形，种鳞宿存，每种鳞具2种子，无苞鳞；种子矩圆状卵形，扁平，两侧有窄翅，子叶2。

1种，产我国南部及缅甸北部。

**台湾杉 *Taiwania cryptomerioides* Hayata** [秃杉 *T. flousiana* Gaussen] 图38；分布图7

高60m，胸径3m；树冠广圆形。大树叶锥形，长2~5(6)mm，直或向内弯曲（形似柳杉，但叶较硬而开展），幼树及萌芽枝之叶长达2cm。球果卵状球形或矩圆状柱形，种鳞15~30；种子长椭圆形或长椭圆状倒卵形，连翅长约6mm，宽4.5mm。球果10~11月成熟。

产台湾、福建、湖北、贵州、云南，生于阴湿沟谷地；缅甸北部亦产。边材深褐色，心材紫红褐色。资源濒危，国家一级保护植物。

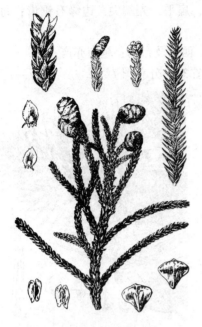

图38 台湾杉

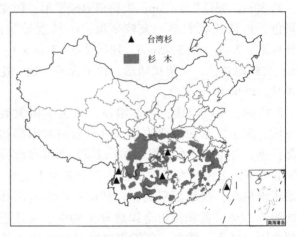

分布图7 杉木、台湾杉分布图

## 3. 柳杉属 Cryptomeria D. Don

常绿乔木。叶螺旋状排列，近5列，锥形。雄球花单生小枝上部叶腋，并近枝顶集生；雌球花单生枝顶。苞鳞与珠鳞合生先端分离，胚珠2~5。球果近球形；种鳞盾形；木质，宿存，顶端具3~6尖齿，背部具三角状苞鳞；种子不规则扁椭圆形，边缘具窄翅，子叶2~3，出土。

1种1变种，产我国和日本。

**柳杉** *Cryptomeria japonica* ( L. f. ) D. Don var. *sinensis* Miquel 图39：1~5

高40m，胸径2m以上；树皮红棕色；小枝细长下垂。叶长1~1.5cm，微内弯，幼树及萌芽枝之叶长2~4cm。球果径1.2~2cm，种鳞20左右，上部具短三角形裂齿4~5(7)，齿长2~4mm；苞鳞尖头长3~5mm；发育种鳞具2种子。花期4月，球果当年10~11月成熟。

产长江以南，西至西南，南至华南北部；海拔1000~1400m，西部海拔可达2000~2400m。天然林木少见，现南方各地栽培。较喜光，产区年平均气温14~19℃、1月平均气温0℃以上、年平均降水量1000mm以上，尤宜空气湿度大，云雾多，夏季较凉爽的海洋性气候或山区生境生长良好。枝条柔软，

图39 1~5.柳杉 6~10.日本柳杉

富弹性，抗风性、抗雪压能力较杉木强；浅根性，无明显主根，侧根发达；材质轻软，纹理直，供材用。20 世纪为消灭荒山，在南方山地种植较多，目前看来，成片的柳杉林由于郁闭度太大，林下生物多样性程度极低，水土流失严重，成为"绿色沙漠"，且其侵占能力强，应停止柳杉的人工种植，已有的成片柳杉林，可逐步改造为阔叶林。

[附] 日本柳杉 *Cryptomeria japonica* ( L. f. ) D. Don  图 39：6～10  与柳杉相似，但其叶直伸，通常不内弯；球果种鳞 20～30，发育种鳞具 2～5 种子。原产日本，第二次世界大战后为日本重要造林树种（现已不再人工种植）。我国山东青岛、长江以南山地常引种栽培。木材同柳杉。

## 4. 北美红杉属 *Sequoia* Endl.

常绿大乔木；冬芽尖，鳞片多数，覆瓦状排列。叶二型，螺旋状着生，鳞状叶贴生或微开展，上面有气孔线；条形叶基部扭转形成 2 列，无柄，下面有 2 条白色气孔带。雌雄同株，雄球花单生枝顶或叶腋，有短梗，雄蕊多数，螺旋状排列；雌球花生于短枝顶端，下有多数螺旋状着生的鳞状叶，珠鳞 15～20，每珠鳞有 3～7 直立胚珠。球果下垂，当年成熟；卵状椭圆形或卵圆形；种鳞木质，盾形，发育种鳞有 2～5 种子；种子两侧有翅；子叶 2。

仅 1 种，产美国。我国引入栽培。

**北美红杉** *Sequoia sempervirens* ( D. Don ) Endl.  图 40

原产地高 110m，胸径 8m；树皮红褐色，纵裂，厚达 15～25cm；枝条水平开展，树冠圆锥形。主枝之叶卵状矩圆形，长约 6mm；侧枝之叶条形，长约 8～20mm，先端急尖，基部扭转裂成 2 列，无柄，上面深绿或亮绿色，下面有 2 条白粉气孔带，中脉明显。雄球花卵形，长 1.5～2mm。球果卵状椭圆形或卵圆形，2～2.5cm×1.2～1.5cm，淡红褐色；种鳞盾形，顶部有凹槽，中央有一小尖头；种子椭圆状矩圆形，长约 1.5mm，淡褐色，两侧有翅。

原产美国加利福尼亚州海岸。产区距海岸线最宽处为 60km，海拔 300（1000）m 以下，天然林分布范围约 $60 \times 10^4 hm^2$。太平洋的湿雾是红杉林生存的重要条件；年平均气温 10～

**图 40** 北美红杉

16℃，极端低温 -9℃，极端高温 38℃；年降水量 650～3000mm，为冬雨型。幼树耐阴，可在林下更新，生长快，萌芽性强，寿命长，最老的伐木年轮为 2267 环（年）。我国上海、杭州、南京、云南、贵州和四川（都江堰）引种栽培，以昆明、贵阳、舟山、都江堰引种较成功。

## 5. 水松属 *Glyptostrobus* Endl.

半常绿乔木。叶螺旋状排列,异型,具鳞叶的小枝冬季宿存;幼树1年生小枝或萌芽枝生叶为扁平条形,排成2列;另一类为大树1年生短枝上的叶,为条状锥形,后二类叶于秋季与小枝一同脱落。球花单生于鳞叶小枝顶端,雌球花具珠鳞20~22。种鳞倒卵形,木质,上部边缘具6~10尖齿,尖头外曲,苞鳞与种鳞几合生,每种鳞具2种子;种子椭圆形,微扁,下部有翅,子叶4~5,出土。

1种,为我国特产,主产华南。

**水松** *Glyptostrobus pensilis* (Staunt.) Koch 图41

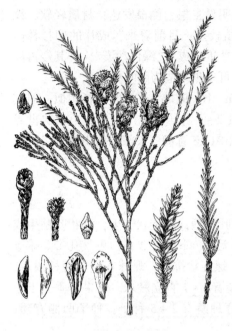

**图41 水松**

高25m,胸径1m,生于池塘泥沼地其树干基部膨大具圆棱,具膝状呼吸根;树皮褐色或淡灰褐色。鳞叶长约2mm;叶条形,1~3cm×1.5~4mm,下面中脉两侧有气孔带;条状锥形叶长4~11mm。球果倒卵圆梨形,2~2.5cm×1.3~1.5cm。种子连翅长0.9~1.4cm,花期1~2月,球果秋后成熟。

产广东、福建、四川、江西和湖南南部(资兴、永兴),野生资源已日益稀少;生于低湿地和水沼地。长江流域偶有栽培。最喜光,喜温暖湿润气候,不耐低温,耐水湿,对土壤的适应性较广,在泥沼地、河溪冲积土可聚生成林。根系发达,栽于河边、堤旁,作防风固堤用。树姿优美,可植于水榭、池塘,景观别具一格。

## 6. 落羽杉属 *Taxodium* Rich.

落叶或半常绿乔木。叶螺旋状排列,条形叶在侧枝上扭转成2列,冬季与侧生小枝一起脱落,锥形叶在主枝上宿存。雄球花多数,雄球花排成总状或圆锥状花序,生于枝顶,雌球花单生去年生枝顶,珠鳞与苞鳞几合生,螺旋状排列,胚珠2。球果球形或卵状球形;种鳞木质,盾形,顶端具三角状突起的苞鳞尖头;每种鳞有2种子;种子为不规则三角形,具锐脊状厚翅,子叶4~9,出土。

3种,原产北美及墨西哥。我国均引种,供庭园观赏或低平湿地或沼泽地造林。

**1. 落羽杉** *Taxodium distichum* (L.) Rich. 图42:1~3

在原产地高50m,胸径2m,干基部常膨大,具膝状呼吸根;树皮棕色。侧生小枝2列。叶条形,长1~1.5cm,排成2列,羽状。球果径约2.5cm,具短梗,熟时淡褐黄色,被白粉;种子褐色,长1.2~1.8cm,花期3月,球果10月成熟。

原产北美东南部;生于亚热带排水不良的沼泽地。我国长江以南各地引种栽植,尤以长江水网地带、冲积平原、湖区最多。树姿优美,干基部周围生膝状根,供观赏。

**2. 池杉** *Taxodium distichum* (L.) Rich. var. *imbricatum* (Nutt.) Croom. [*Taxodium ascendens* Brongn.] 图42：4~5

落叶乔木，在原产地高25m；胸径2m；与落羽杉的区别：树冠窄，尖塔形，在池沼地干基部膨大，常具膝状呼吸根；大枝向上伸展。叶不排成2列，锥形，长4~10mm，紧贴前伸。球果圆球形或长圆球形，2~2cm×1.8~3cm，熟时褐黄色，有短梗；种子红褐色，长1.3~1.8cm×0.5~1.1cm。球果10月成熟。

原产北美东南部沼泽地区。对气温适应性很广，年平均气温12~20℃、极端低温-20℃、极端高温38℃的地域范围均可生长。长江中下游低平地为适生区，尤以江汉平原至洞庭湖水网地种植最多，干瘠红壤丘岗地亦可种植。干形优于落羽杉，可作行道树，或园林、池塘水边造景。

图42 1~3. 落羽杉 4~5. 池杉

### 7. 水杉属 *Metasequoia* Miki ex Hu et Cheng

落叶乔木。小枝对生或近对生。叶条形，扁平，交互对生，羽状2列，冬季与侧生小枝一起脱落。雄球花单生叶腋或枝顶，具短梗，或多数组成总状或圆锥状花序；雌球花单生去年生枝顶，珠鳞与苞鳞几合生，11~14对，胚珠5~9。球果近圆球形，下垂，具长梗，当年成熟；种鳞交互对生，木质，盾形，顶端扁菱形，有凹槽，宿存；发育种鳞有5~9种子；种子倒卵形，扁平，周围有窄翅，先端凹缺；子叶2，出土。

仅存1种，产我国四川、湖北及湖南，现各地均有栽培。

**水杉** *Metasequoia glyptostroboides* Hu et Cheng
图43

高40m，胸径2.5m，干基部膨大；树皮灰褐色。大枝斜展，小枝下垂，1年生枝淡褐色。叶1~3.5cm×1.5~2cm。球果深褐色，长1.8~2.5cm×1.6~2.5cm。花期2月下旬，球果11月成熟。

图43 水杉

我国特有珍稀树种。天然古树幸存于湖北利川(1948年有关论文发表)、重庆石柱、湖南龙山。现国内外广为栽培。喜光，栽培区年平均气温12~20℃，年降水量800~1400mm，可耐-25℃低温；适宜于肥沃深厚、湿润的砂壤土和冲积土；速生，可作为长江中下游冲积平原、水网地、湖区防护林和用材林经营，又为优美的园林树。材质轻软，适用于各种用材及造纸。天然水杉植株为国家一级保护植物。

# 6. 柏科 CUPRESSACEAE

常绿乔木或灌木。叶交互对生或3~4轮生，细小鳞形或刺形，或二者兼有，基部下延或有关节。球花雌雄同株或异株，雄蕊及珠鳞均交互对生或3枚轮生；苞鳞与珠鳞合生，仅尖头分离，胚珠直立。球果小，种鳞革质、木质或肉质结合；子叶2，稀5~6。

19属125种，广布于南北半球。我国8属46种，其中引入栽培13种。多为用材及园林树种。

1. 种鳞木质或近革质，熟时张开，种子常有翅，稀无翅。
　2. 种鳞扁平或鳞背隆起，但不为盾形，球果当年成熟。
　　3. 鳞叶小，长1~2mm，鳞叶小枝直立，两面同色，同形；种鳞4对，背部具1尖头，种子无翅 …………………………………………………………………………………… **1. 侧柏属** *Platycladus*
　　3. 鳞叶较大，长2~4mm，鳞叶小枝平展，两面同形；种鳞3对，顶端下方有短尖头，种子上部具2不等的翅 …………………………………………………………………… **2. 翠柏属** *Calocedrus*
　2. 种鳞盾形，木质，球果当年或翌年成熟。
　　4. 鳞叶大，两侧鳞叶长4~6(10)mm，中间叶与侧叶并生成节 ………… **3. 福建柏属** *Fokienia*
　　4. 鳞叶细小，长2mm以内，中间叶与侧叶交叉互生。
　　　5. 鳞叶小枝下垂或直立，横断面圆形；球果翌年成熟 ………………… **4. 柏木属** *Cupressus*
　　　5. 鳞叶小枝呈水平开展，横断面扁平；球果当年成熟 …………… **5. 扁柏属** *Chamaecyparis*
1. 种鳞肉质，熟时不张开或微张开，具1~2无翅种子。
　6. 全为刺叶或全为鳞叶，或二者兼有，刺叶基部无关节，下延；冬芽不显著，球花单生枝顶 ……… ………………………………………………………………………………………… **6. 圆柏属** *Sabina*
　6. 全为刺叶，基部有关节，不下延；冬芽显著，球花单生叶腋 …………… **7. 刺柏属** *Juniperus*

## 1. 侧柏属 *Platycladus* Spach

乔木。鳞叶小枝直展侧立，扁平，两面均为绿色，鳞叶小，背面有腺点。雌雄同株，球花单生枝顶；雄球花具6对雄蕊，雌球花具4对珠鳞。球果当年成熟；种鳞4对，木质，扁平，背部顶端的下方具一弯曲的钩状尖头，中部2对种鳞各具1~2种子；种子长卵形，无翅，子叶2，出土。

1种，产我国北部及西南部。栽培几遍全国。

**侧柏** *Platycladus orientalis* (L.) Franco  图44

高20m，胸径1m；树皮淡灰褐色，条片状纵裂。鳞叶长1~3mm，先端微钝。球果卵圆球形，种鳞长 1.5~2cm，成熟时褐色；种子长 4~6mm。花期 3~4 月，球果 9~10 月成熟。

产内蒙古、东北以南，经华北向南达广东和广西北部，西部自陕西、甘肃以南至西南，主产华北、西北，南方仅为园林种植。温带干冷至暖湿生境树种，产区年平均气温 8~16℃，极端低温至 -30℃，年降水量 300~1000mm。喜光，耐干瘠，在钙质土上生长良好，亦适酸性土；华北、西北石质荒山、黄土高原低地、沙荒地及轻碱地均可种植。木材结构细，材质略重，密度 $0.58g \cdot cm^{-3}$，易加工，不翘不裂，有香气，耐水湿亦耐腐朽，供材用；木屑、枝叶磨粉后可作香料。

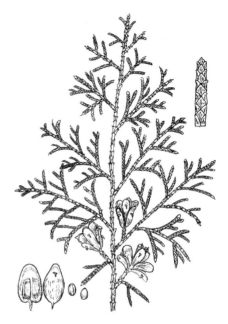

图 44 侧柏

## 2. 翠柏属 *Calocedrus* Kurz.

常绿乔木；生鳞叶的小枝直展、扁平，排成一平面，两面异形。鳞叶二型，交叉对生，4 叶（前后左右）排成明显的节，中央的鳞叶扁平，两侧的鳞叶对折，瓦覆于中央之叶的侧边及下部。雌雄同株，球花单生枝顶，雄球花具 6~8 对交叉对生的雄蕊，每雄蕊具 2~5 下垂花药；雌球花具 3 对交叉对生的珠鳞，珠鳞具 2 胚珠。球果种鳞 3 对、扁平木质、外部顶端有短尖头，熟时张开，中间 1 对各具 2 粒种子，最上面 1 对合生，不具种子；种子上部具一长一短之翅；子叶 2，发芽时出土。

2 种，分布我国及北美。我国 1 种。

**翠柏 *Calocedrus macrolepis* Kurz.** 图 45：1~3

高 35m，胸径 2m；树皮红褐色、灰褐色。鳞叶枝扁平，水平开展，两面异形，鳞叶长 3~4mm，下面有白粉。球果矩圆形或长卵状圆柱形，长 1~2cm，熟时红褐色；种鳞 3 对；种子近卵圆形或椭圆形，微扁，长约 6mm，暗褐色，上部有 2 个大小不等的膜质翅，长翅连同种子几与中部种鳞等长。

图 45 1~3. 翠柏 4~7. 福建柏

产云南（海拔 1000~2000m）、贵州、广西、海南；越南、泰国及缅甸北部亦产。生长缓慢，寿命可达 200~300 年。边材淡黄褐色，心材黄褐色，纹理直，结构细。树姿优美，叶色苍翠，多栽于公园、绿地作观赏。

## 3. 福建柏属 *Fokienia* Henry et Thomas

乔木。鳞叶小枝扁平，平展。鳞叶扁宽，中央叶与左右侧叶紧贴生于枝，4 叶并生成节，中央叶较小，两侧之叶较大，鳞叶下面有白色气孔带。雌雄同株，球花单生枝顶；雌球花具6~8对珠鳞，每珠鳞具2胚珠。球果翌年成熟，近球形；种鳞木质，盾形，顶端中央微凹，有一凸起的小尖头，熟时张开，种鳞具2种子；种子卵形，上部具大小不等的翅，子叶2，出土。

1种，主产我国中南、华南至西南部。越南北部亦产。

**福建柏** *Fokienia hodginsii* (Dunn) Henry et Thomas　　图45：4~7

高20m，胸径80cm；树皮紫褐色，浅纵裂。鳞叶长4~7mm，幼树及萌芽之叶可长达10mm，先端尖或钝尖。球果径2~2.5cm，熟时褐色；种子长约4mm。花期3~4月，球果10~11月成熟。

产浙江、江西、湖南、华南及西南（南岭山脉中山为主）；海拔600~1800m。湖南都庞岭分布有大面积混交林及纯林，与长苞铁杉、甜槠栲、马蹄荷、深山含笑等混生；幼树耐阴，适山地温暖多雨潮湿气候，宜富腐殖质层酸性黄棕壤；母树林下可天然更新。生长中速，30年天然林，树高12.9m，胸径29.2cm；14年人工林，树高8.1m，胸径18.3cm。木材黄褐色，略轻，密度0.45g·cm$^{-3}$，细致有弹性，芳香耐久。大枝平展，树姿优美，鳞叶扁宽浓绿，现已引入园林种植，但是在干燥低平地种植效果不理想。

## 4. 柏木属 *Cupressus* L.

乔木，稀灌木。鳞叶小枝四棱形或圆柱形，不呈水平面开展，稀扁平，鳞叶小，幼苗及萌芽枝上具刺叶。雌雄同株，球花单生枝顶；雄球花具多数雄蕊，雌球花具4~8对珠鳞。球果翌年成熟，球形或近球形；种鳞木质，盾形，背部具一尖头，成熟时张开，每种鳞具5至多数种子；种子长圆形或矩圆状倒卵形，微扁，有棱脊，两侧具窄翅，子叶2~5。

约17种，分布北美、东亚、喜马拉雅山和地中海等温暖地带。我国产5种，引入栽培4种。

1. 鳞叶小枝圆形或四棱形，不排成平面；球果径1.6~3cm，每种鳞具多数种子 ·························································· **1. 干香柏** *C. duclousiana*
1. 鳞叶小枝扁平，排成平面，下垂；球果径0.8~1.2cm，每种鳞具5~6种子 ······ **2. 柏木** *C. funebris*

**1. 干香柏** *Cupressus duclousiana* Hickel　　图46；分布图8

高25m，胸径80cm；干端直；树皮灰褐色；枝密集；树冠近球形或广圆形；小枝细圆，不下垂。鳞叶不排成平面，长约1.5mm，先端微钝，蓝绿色，微被白粉。球果球形，径1.6~3cm，种鳞4~5对，熟时暗褐色或紫褐色，被白粉，顶部中央有短尖头，发育种鳞具多数种子；种子长3~4.5mm，褐色或紫褐色。

产云南中部及西北部、四川西南及贵州；海拔1400~3000m；生于疏林或散生于干热稀疏林中。中亚热带西部树种。喜光，适生于我国西南季风地区，干湿季明显、冬春干旱而无严寒，夏秋多雨而无酷热的气候条件；可生于酸性土壤及石灰性土壤，尤以石灰性土壤生长良好。西南地区石灰岩低山可选用造林。木材重量和强度逊于柏木，但纹理直，结

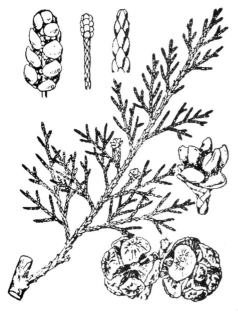

图46 干香柏

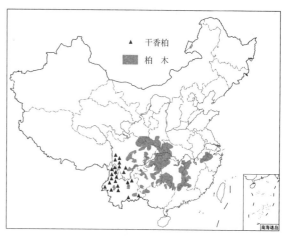

分布图8 干香柏、柏木分布图

构细,不翘裂且易加工。

**2. 柏木 Cupressus funebris Endl.** 图47;分布图8

高35m,胸径2m;树皮淡褐灰色。鳞叶小枝扁平,排成一平面,下垂,两面绿色。鳞叶长1~1.5mm,先端锐尖,中部之叶的背部有腺点,两侧之叶背部有棱脊。球果球形,径0.8~1.2cm,熟时暗褐色,种鳞4对,顶端为不规则的五边形或近方形,发育种鳞具5~6种子;种子近圆形。花期3~5月,球果翌年5~6月成熟。

产秦岭、大巴山、大别山以南,西至四川、云南,南达华南北部,以四川、贵州、湖南西部、湖北西部为中心产区;海拔1000~2000m以下。北亚热带及中亚热带西部树种。喜光,产区年平均气温13~19℃,年降水量1000m以上;中性、微酸性及钙质土上均能生长,尤宜于钙质土壤;耐干旱瘠薄,为石灰岩、紫色砂页岩荒山造林先锋树种。木材有香气,纹理直,结构细,坚韧耐腐,用途同干香柏且较其略优;枝叶、根部皆可提取柏干油,为出口物资。树姿优美,可栽作庭园观赏,似更适于陵墓地种植,昔日成都武侯祠曾有"丞相祠堂何处寻,锦州城外柏森森"之景。

图47 柏木

### 5. 扁柏属 *Chamaecyparis* Spach

乔木。鳞叶小枝通常扁平，排成一平面，水平开展，稀为刺叶。雌雄同株，球花单生枝顶；雌球花具3~6对珠鳞，胚珠1~5。球果当年成熟，球形，稀长圆形；种鳞木质，盾形，发育种鳞各具1~5种子；种子卵圆形，微扁，有棱角，两侧具窄翅，子叶2，出土。

6种，分布北美、日本和中国。我国2种，产台湾，引种栽培3种。

1. 鳞叶先端钝；球果球形，径8~10mm，种鳞4对 ·········································· 1. 日本扁柏 *C. obtusa*
1. 鳞叶先端尖；种鳞5~6对。
　　2. 球果圆球形，径约6mm ····························································· 1a. 日本花柏 *C. pisifera*
　　2. 球果长圆形或长圆状卵形，长10~12mm ···································· 2. 红桧 *C. formosensis*

**1. 日本扁柏 *Chamaecyparis obtusa*( Sieb. et Zucc. ) Endl.**　　图48

在原产地高40m，胸径1.5m；树冠尖塔形。鳞叶肥厚，长1~1.5mm，先端钝，下面被白粉或微被白粉。球果球形，径8~10mm，红褐色，种鳞4对，顶部五边形或四方形，平或中央微凹，凹中有小尖头；种子长2.5~3mm。花期4月，球果10~11月成熟。

原产日本。我国南方城市公园、风景区及台湾等地引种栽培。较耐阴，喜温暖湿润气候，稍耐干燥，适生于年平均气温10℃左右的地区（能耐-20℃低温），浅根性，要求较湿润、排水良好和较肥沃的土壤。木材较轻软，有光泽，芳香，供材用。树姿优美，为名贵的观赏树种。

图48　日本扁柏

图49　红桧

[附]1a. 日本花柏 *Chamaecyparis pisifera* (Sieb. et Zucc.) Endl.　与日本扁柏的主要区别：鳞叶先端锐尖，球果球形，径约6mm，种鳞5对。原产日本。我国南北城市风景区多有种植。

**2. 红桧 *Chamaecyparis formosensis* Matsum.**　图49

高57m，胸径6.5m；树皮红褐色。鳞叶小枝下面有白粉。鳞叶长1~2mm，先端锐尖，背面有腺点和纵脊。球果长圆形或长圆状卵圆形，10~20mm×6~9mm；种鳞5~6对，顶部有少数条纹，中央微凹，有小尖头；种子长约2mm，红褐色。

产台湾中央山脉、阿里山等地；海拔1050~2000m。喜光，产区为气候温和湿润、年降水量1500mm的酸性黄壤地带。为亚洲最大的树木，被誉为东亚第一神木。边材淡红黄色，心材淡黄褐色，较轻软，易加工，芳香，供材用。为台湾组成大面积森林的重要树种。

## 6. 圆柏属 *Sabina* Mill.

乔木、灌木或匍匐灌木。小枝及其分枝不排成一平面。叶刺形或鳞形，或同树上兼二型，刺叶常3枚轮生，下延，基部无关节，鳞叶小，交互对生，背部有腺点。多雌雄异株，或同株，球花单生枝顶；雌球花具2~4对珠鳞，胚珠1~3。球果通常翌年成熟，稀当年或第三年成熟；种鳞合生，肉质，不开裂，背部有苞鳞小尖头；种子无翅，坚硬骨质，子叶2~6。

50种，分布北半球高山地带，北至北极圈，南至热带高山。我国17种，引入栽培2种。本属多数种极耐寒冷和干旱，常在高山、极地、树木线地带等严酷条件下聚生成林。

1. 叶全为刺叶，长5~10mm，下面拱凸，具纵脊；球果具1种子 ·················· **1. 高山柏 *S. squamata***
1. 叶全为鳞叶，或兼有鳞叶或刺叶，或幼龄植株全为刺叶。
　2. 鳞叶先端锐尖，刺叶交互对生；生鳞叶小枝细，四棱形；球果具1~2种子 ···············
　···················································································· **2. 北美圆柏 *S. virginiana***
　2. 鳞叶先端钝或钝尖；生鳞叶小枝圆柱形或微呈四棱形；球果具2~3种子 ········ **3. 圆柏 *S. chinensis***

**1. 高山柏 *Sabina squamata* (Buch.-Hamilt) Ant.**　图50

灌木，高3m，或匍匐状，或为小乔木，高5~10m，稀达16m或更高，胸径1m；树皮褐灰色；小枝直或弧状弯曲，下垂或直伸。叶全为刺形，3叶轮生，披针形或窄披针形，5~10mm×1~1.3mm，先端具刺状尖头，上面微凹，具白粉带，下面拱凸，具钝纵脊。球果卵圆形或近球形，熟时黑色或蓝黑色，无白粉，内有1种子。

产西南各地、陕西、甘肃南部、福建、安徽及台湾；缅甸北部亦产；海拔1600~4000m；生于高山地带，多出现于石灰岩山地的顶部。

**2. 北美圆柏(铅笔柏) *Sabina virginiana* (L.) Ant.**　图51

在原产地高30m；树皮红褐色，裂成长条片；树冠圆锥形或柱状圆锥形。鳞叶和刺叶并存，生鳞叶小枝细，四棱形；鳞叶长1.5mm，先端急尖或渐尖，刺叶长5mm，交互对生。雌雄异株。球果当年成熟，近圆球形或卵圆形，长5~6mm，蓝绿色；种子1~2，卵圆形。

原产北美。我国华东、华中地区引种栽培作观赏树。在立地较优的地区生长良好，较当地圆柏生长迅速。材质优良，边材黄白色，心材淡红褐色，纹理美，有香气，易加工，耐腐性强。树姿优美，可供观赏。

图50 高山柏

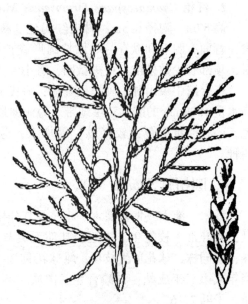

图51 北美圆柏

### 3. 圆柏 Sabina chinensis ( L. ) Ant.　图52

高20m，胸径3.5m；树皮灰褐色，裂成长条片。鳞叶小枝近圆形或近四棱形，鳞叶尖或微尖，上面近中部具微凹的腺体，刺叶长6~12mm，3叶交互轮生，下面稍凹，有2条白粉带。球果近球形，径6~8mm，熟时暗褐色，被白粉，翌年成熟；有2~3种子。11月球果成熟。

产华北各省、长江流域至广东和广西北部、西南各地；朝鲜、日本亦产；垂直分布为北方500m海拔以下，南方至海拔1000m山地。喜光，喜温凉气候，耐干旱瘠薄，在酸性、中性、钙质土上均能生长。华北湿润山地造林树种，亦为南方石灰岩和紫色岩山丘造林树种，通常种植为园林观赏树或行道树。木材有香气，坚韧致密，纹理斜，耐腐朽。

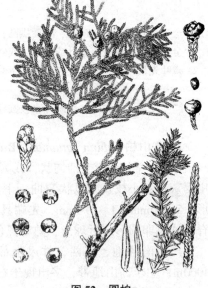

图52 圆柏

### 7. 刺柏属 *Juniperus* L.

乔木或灌木。冬芽显著。叶刺形3枚轮生，基部有关节，不下延，披针形或近条形。雌雄异株或同株；球花单生叶腋；雌球花具3对珠鳞，胚珠3，生于珠鳞之间。球果2~3年成熟，近球形；种鳞合生，肉质，不开裂或仅顶端张开，背部有苞鳞小尖头；种子3，有棱脊及树脂槽。子叶2~6。

10余种，分布亚洲、欧洲及北美。我国3种，引入栽培1种。

**刺柏** *Juniperus formosana* Hayata 图53

高12m；树皮褐色；树冠窄塔形或窄圆锥形。小枝下垂。叶条形或条状披针形，1.2~2cm×1~2mm，先端渐尖，具锐尖头，上面中脉两侧各有1条较绿色边缘宽的白粉带，在先端汇合。球果近球形，长6~10mm，径6~9mm，熟时淡红色或深红褐色，被白粉。

产全国大部分地区。喜光，喜温暖湿润气候，常生于干旱瘠薄生境，如岩山、丹霞地貌红砂岩及水土流失的荒坡。木材纹理直，结构细致，芳香，耐水湿，供材用。

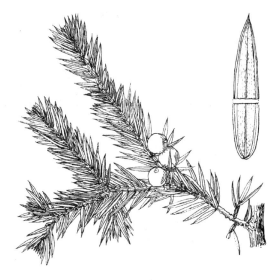

图53 刺柏

# 7. 罗汉松科 PODOCARPACEAE

常绿乔木或灌木。叶螺旋状排列，稀对生，线形、鳞形或披针形，全缘。球花单生，雌雄异株，稀同株，雄球花具多数雄蕊，各具2花药；雌球花由多数或少数苞片所组成，仅顶端苞片的腋部着生1胚珠，胚珠为囊状或杯状套被所包，稀无套被。种子核果状或坚果状，全部或部分为肉质或干薄的假种皮所包；苞片与球花轴愈合成肉质或干的种托；子叶2。

18属180余种，分布热带、亚热带及温带地区，主产南半球。我国4属12种，产长江以南。

1. 杯状鳞被与珠鳞分离；种子横卧，仅基部为杯状肉质或干的假种皮所包，种托非肉质 ·················
  ······················································· **1. 陆均松属** *Dacrydium*
1. 鳞被与珠鳞合生；种子直立，全部为肉质假种皮所包，生于肉质或干的种托上。
  2. 叶二型；小枝末端的叶锥状条形，排成羽状2列，生于老枝上的叶鳞片状；种子生于枝顶或近枝顶，无柄 ···························································· **2. 鸡毛松属** *Dacrycarpus*
  2. 叶同型，有背腹之分；种子有柄。
    3. 叶无明显的中脉，具多数平行细脉，对生或近对生；种子生于不肥厚的种托上 ···············
      ······················································· **3. 竹柏属** *Nageia*
    3. 具明显的中脉，螺旋状排列，稀近对生；种子生于肉质种托上 ········· **4. 罗汉松属** *Podocarpus*

## 1. 陆均松属 *Dacrydium* Sol. ex Lamb.

乔木或灌木。叶锥形、鳞形、条形或披针形，螺旋状排列。雄球花穗状，1~3生于近枝顶的叶腋；雌球花生于枝顶或近枝顶，单生或成穗状，于最上部的苞腋内着生1倒生胚珠，杯状鳞被与珠鳞分离。种子横卧，坚果状，仅基部为杯状肉质或干的假种皮所包；苞片不发育成肉质种托。

21种，分布热带地区，多产南半球。我国仅1种，产海南。

**陆均松 *Dacrydium pectinatum* de Laubenf.** 图54

图54 陆均松

乔木，高30m，胸径1.5m；幼树树皮灰白色或淡褐色，老则灰褐色或红褐色，浅裂；小枝下垂，绿色。幼树、萌芽枝或营养枝之叶镰状锥形，长1.5~2cm，老树及果枝之叶较短，锥形或鳞形，长3~5mm，上弯。种子卵圆形，横卧于杯状假种皮上，栗色，假种皮熟时红色或暗红色，无梗。花期3月，种子10~11月成熟。

产海南中部和南部；越南、柬埔寨、泰国亦产；海拔700~1700m；水平分布范围为北纬18°25'~19°15'。热带中山雨林标志树种。产区年平均气温20℃以上，1月平均气温12℃，年降水量2500mm；分布区年平均气温20℃以上，月平均最低温度约12℃，年降水量约2500mm，多云雾，湿度较大；耐阴，花岗岩山地黄壤和砖红壤，与菌根菌共生，抗风力强。50年天然林树高约18m，胸径20cm。木材棕褐带黄色，结构细致，纹理通直，质稍硬而重，具韧性，干燥后不开裂变形，花纹美观，极耐腐朽。树姿优美，叶色翠绿，可供庭院观赏。为海南高山中上部森林更新和荒山造林树种。其生态意义大于经济价值。

## 2. 鸡毛松属 *Dacrycarpus* (Endl.) de Laubenf.

乔木或灌木。叶两面有气孔线，树脂道1；成熟枝叶小型鳞片状，螺旋状排列，三角形，贴生于枝上；幼树及萌生枝叶线形，对生，羽状排列。雌雄异株，稀同株；雄球花顶生或侧生，花粉具2气囊；雌球花单生或对生枝顶，仅1个发育。种子单生枝顶，无柄；种托肉质，具瘤。

9种，广布于热带亚洲至新西兰。我国仅1种。

**鸡毛松 *Dacrycarpus imbricatus* (Bl.) de Laubenf.** [*Podocarpus imbricatus* Bl.] 图55

乔木，高30m，胸径2m；枝条开展或下垂；小枝密生，纤细，下垂或向上伸展。叶二型，下延生长；鳞片状叶长2~3mm，先端内曲；条形叶，羽状2列，长6~12mm，两面有气孔线，先端微弯。雄球花穗状，长约1cm。种子卵圆形，生于肉质种托上，成熟时肉质假种皮红色。根部与多种真菌共生结瘤。花期4月，种子10月成熟。

产海南（吊罗山、五指山、尖峰岭、霸王岭）、广西（融水、金秀）、云南（西畴、麻栗坡、马关、屏边、金平和勐腊）；东南亚亦产；海拔400~1100m；分布范围从赤道分别延伸至南、北亚热带。海南低山雨林标志树种，与海南蒲桃、橄榄、海南栲等混生；在广西大苗山散生于以红锥和栲树为建群种的沟谷季雨常绿阔叶林中。木材黄色,结构细密,光泽美丽,耐腐,为优质良材,因被强度采伐,资源渐危,具重要生态意义,应保护扩大资源。

### 3. 竹柏属 *Nageia* Gaertn.

乔木。叶对生或近对生,长椭圆形至宽椭圆形,具多数纵列细脉,无主脉,树脂道多数。雌雄异株,稀同株;雄球花穗状,腋生,单生或分枝状,或数个簇生于总梗上,花粉具2气囊;雌球花1~2生于叶腋,胚珠倒生。种子核果状,种托稍厚于种柄,或有时呈肉质。

约5种,广布于东南亚、印度东北部、新圭亚那、新喀里多尼亚和新不列颠等西太平洋岛上。我国产3种。

**竹柏** *Nageia nagi* (Thunb.) Kuntze [*Podocarpus nagi* (Thunb.) Zoll. et Mor. ex Zoll.] 图56

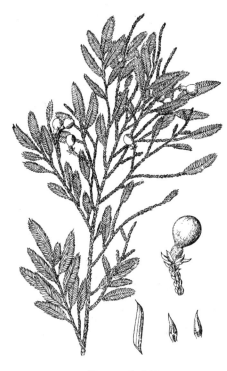

图55 鸡毛松

高20m,胸径50cm;树皮近平滑,红褐色或暗红色,裂成小块薄片脱落;树冠广圆锥形。叶长卵形、卵状披针形或披针状椭圆形,对生或近对生,3.5~9cm×1.5~2.5cm,先端渐尖,基部楔形或宽楔形,具多数平行细脉,无中脉。雄球花腋生,常呈分枝状。种子球形,径1.2~1.5cm,熟时暗紫色,有白粉,柄长7~13mm,苞片不发育成肉质种托,外种皮骨质。花期3~4月,种子10月成熟。

产南岭山地、华南、四川;日本亦产;海拔1000m以下。南亚热带树种,北至南岭山地。耐阴,适暖热潮湿、多雨气候和肥厚土壤,常生于山谷溪边。树形端直,形态特异(属裸子植物但叶扁宽似阔叶树),宜栽于庭院观赏或为行道树。

### 4. 罗汉松属 *Podocarpus* L'Her. ex Persoon

乔木,稀灌木。叶螺旋状排列或近对生,线形、披针形或窄椭圆形,具明显主脉,下面有气孔线,树脂道多数。雌雄异株;雄球花单生或簇生,花粉具2气囊;雌球花腋生,常单个稀多个生于梗端或顶部,基部有数枚苞片,苞腋有1~2胚珠,包在肉质鳞被中。种子坚果状或核果状,成熟时通常绿色,为肉质假种皮所包,生于红色肉质种托上。

图56 竹柏

约100种，主要分布在南半球，东南亚及北美亦产。我国产7种。本属材质优良，也可作园林绿化用材。

1. 叶条形，先端突尖或钝尖 ……………………………………………… **1. 罗汉松 *P. macrophyllus***
1. 叶条状披针形，长渐尖 ………………………………………………… **2. 百日青 *P. neriifolius***

**1. 罗汉松 *Podocarpus macrophyllus*(Thunb.) D. Don**　　图57

高20m，胸径60cm或更粗；树皮灰色或灰褐色，浅纵裂，成薄片脱落。叶条形，7~12cm×7~10mm，先端突尖或钝尖，基部楔形，中脉明显隆起。种子单生叶腋，熟时假种皮紫褐色，有白粉，种托肉质，短柱状，红色或紫红色，种柄长1~1.5cm。花期4~5月，种子8~9月成熟。

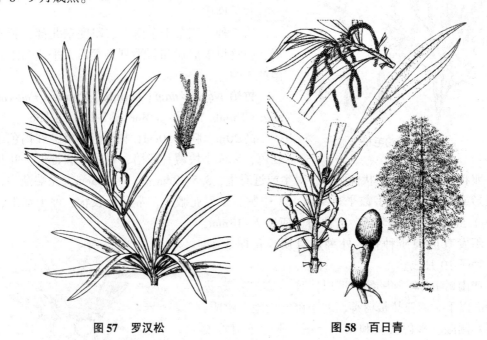

图57　罗汉松　　　　　　　图58　百日青

产长江流域以南至华南、西南；日本亦产；海拔1000m以下。木材质地优良。树冠圆满，枝叶密集浓绿，老树格外古老苍劲，近期农村罗汉松古木大树多被挖取植于城镇，此对农村生态景观有极大的破坏，也是一种掠夺性的生态占有。

**2. 百日青 *Podocarpus neriifolius* D. Don**　　图58

高25m，胸径50cm；树皮灰褐色，浅纵裂。叶披针形，革质，7~15mm×9~13mm，先端渐长尖，基部楔形，中脉明显。雄球花穗状，较长，单生或簇生叶腋；雌球花单生叶腋，轴端苞腋具1~2胚珠。种子卵状球形，熟时假种皮紫红色，生于橙红色肉质种托上。花期5月，种子翌年10~11月成熟。

产浙江、江西、湖南南部、华南至西南；中南半岛亦产；海拔500~1200m。高级用材。树姿优美，可供观赏。

## 8. 三尖杉科 CEPHALOTAXACEAE

常绿乔木或灌木。小枝对生，呈三叉分枝，基部有宿存芽鳞。叶螺旋状排列成2列，条形，下面具2条白粉气孔带。球花雌雄异株，稀同株，雄球花6~9集生成头状，有总柄，腋生，花粉无气囊；雌球花具长柄，生于小枝基部的苞腋，稀生枝顶，柄上部有数对交互对生的苞片，每苞片腋部生2胚珠，胚珠生于珠托上。种子全部包于由珠托发育而成的肉质种皮内，常数个生于梗端，翌年成熟，子叶2。

1属，东亚特有。

### 三尖杉属 *Cephalotaxus* Sieb. et Zucc.

形态特征与科同。约10种。我国6种，产秦岭以南。植物体含多种生物碱，对癌细胞生长有抑制作用。

1. 乔木或小乔木，叶排列较疏，叶彼此间有间隔，叶下表面有明显角质突起。
   2. 叶条状披针形，略镰弯，长5~10cm，长渐尖 ················· **1. 三尖杉** *C. fortunei*
   2. 叶条形直伸，长1.5~5cm，先端突尖或渐突尖。
      3. 叶长2~3(4)cm，质地厚，雄球花序梗长3mm，种子长1.8~2.5cm ······ **1a. 粗榧** *C. sinensis*
      3. 叶长3~4.5cm，质地薄，雄球花序梗长4~7mm，种子长3~4cm ······ **2. 海南粗榧** *C. hainanensis*
1. 常为灌木状，叶排列密集，叶缘彼此靠接，叶下表面无明显角质突起 ········ **1b. 篦子三尖杉** *C. oliveri*

**1. 三尖杉** *Cephalotaxus fortunei* Hook. f. 图59

乔木或小乔木状，高20m，胸径40cm；树皮紫色，平滑。小枝平展稍下垂。叶条状披针形，微镰弯，5~10(12)cm×0.4~0.7cm，先端渐长尖，基部楔形至宽楔形，下面有2条白粉气孔带，中脉在上面隆起。种子4~8生总梗上，椭圆状卵球形或椭圆球形，长3.5~4.5cm，成熟时假种皮紫色或红紫色，顶端有小尖头。花期4月，种子8~10月成熟。

产秦岭、大别山以南至华南北部，西至西南；海拔1000~3000m（西南）以下。北、中亚热带树种。宜温暖湿润气候及阴湿生境，甚耐阴，常生于林下或阴森沟谷溪边。木材黄褐色，材质致密，坚实，有弹性；叶、枝、种子、根可提取多种生物碱，对治疗淋巴肉瘤有一定疗效。

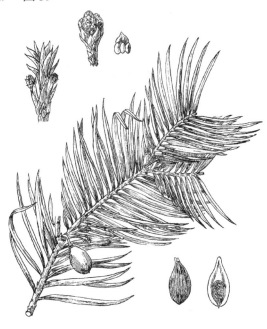

图59 三尖杉

**[附]1a. 粗榧 *Cephalotaxus sinensis*(Rehd. et Wils.) Li**　图60　常为小乔木。叶直条形，突尖，2~5cm×0.3cm，质地较厚。种子2~5生于总梗上端，卵圆球形或近球形，顶端有尖头。产区略同三尖杉；海拔700~2200m；生于林下及阴湿沟谷。为著名抗癌药物。

**[附]1b. 篦子三尖杉 *Cephalotaxus oliveri* Mast.**　灌木。叶密集排列，条形，质硬，平展2列，1.7~5cm×0.3~0.5cm，下面具2条宽白粉气孔带。种子顶端有小凸尖，具长梗。花期3~4月，种子8~10月成熟。产长江以南至华南、西南；越南亦产；海拔300~1800m。叶、枝、种子、根可提取多种植物碱，可治疗白血病及淋巴肉瘤等。国家重点保护野生植物。

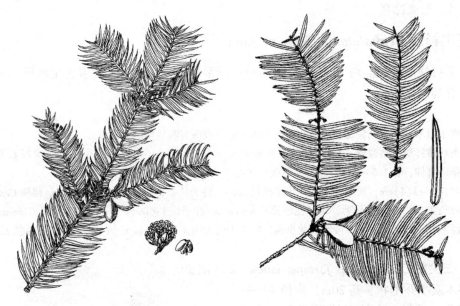

图60　粗榧　　　　　　　图61　海南粗榧

**2. 海南粗榧 *Cephalotaxus hainanensis* Li**　图61

高25m，胸径1m；树皮浅褐色或褐色，间或黄褐色或红紫色，平滑而薄。叶排成2列，条形，2~4cm×0.25~0.35cm，质地较薄，先端突尖，下面有2条白色气孔带。种子微扁，倒卵状椭圆形或倒卵圆形，顶端有小尖头，成熟时假种皮红色。种子8~9月成熟。

产海南、广东、广西、云南、西藏；散生于林中。边缘热带树种。耐阴性较强，宜暖热湿润气候，适生于深厚肥沃的山地黄壤。木材坚实；枝叶、种子及树皮含有多种生物碱，对恶性淋巴肉瘤、急性粒细胞白血病等疗效显著，为著名抗癌药物。

## 9. 红豆杉科 TAXACEAE

常绿乔木或灌木。叶螺旋状排列或交互对生。雌雄异株，稀同株；雄球花单生叶腋或苞腋，或成穗状球花序集生枝顶，雄蕊多数，花药3~9；雌球花单生或成对生于叶腋或苞腋，基部具多数苞片，胚珠1，直立，生于球花轴顶端或侧生短轴顶端的苞腋，基部具盘状或漏斗状珠托。种子核果状或坚果状，全部或部分为肉质假种皮所包。

5属23种,主产北半球,仅澳洲红豆杉(*Austrotaxus* R. H. Compton)1属1种产南半球。我国4属(1属特有)12种(5种特有,1种引进)。

1. 叶上面中脉明显,雌球花单生于叶腋或苞腋,种子生于杯状或囊状假种皮中,上部或顶端露出。
   2. 叶螺旋状排列;雄球花单生叶腋,不组成穗状球花序;假种皮杯状。
      3. 假种皮红色;小枝不规则互生;叶下面有2条淡黄色或淡绿色气孔带 ……… **1. 红豆杉属** *Taxus*
      3. 假种皮白色;小枝近对生或近轮生;叶下面有2条白色气孔带 ……… **2. 白豆杉属** *Pseudotaxus*
   2. 叶交互对生;雄球花多数,组成穗状球花序;假种皮囊状 ……… **3. 穗花杉属** *Amentotaxus*
1. 叶上面中脉不明显或微明显;雌球花成对生于叶腋,雄球花单生叶腋;种子全包于肉质假种皮中 ……… **4. 榧树属** *Torreya*

## 1. 红豆杉属 *Taxus* L.

乔木或灌木,小枝不规则互生。叶条形,螺旋状着生,基部扭转成2列,上面中脉隆起,下面有2条淡黄色或淡灰绿色气孔带。雌雄异株,球花单生叶腋;雄球花球形,有梗,雄蕊6~14,花药4~9;雌球花近无梗,珠托圆盘状。种子坚果状,当年成熟,生于杯状肉质红色假种皮中;子叶2,出土。

11种,分布北半球。我国5种。植物体含紫杉醇(taxol)为抗癌有效成分,已用于临床药剂;木材为优质硬木,资源珍贵稀有,本属全部种皆列为濒危植物,天然植株均已列为禁伐木,唯有大量种植人工林,开辟新的资源途径,以缓解市场大量需求之急。

1. 叶条形至披针形,略镰弯,叶质薄而软 ……… **1. 西藏红豆杉** *T. wallichiana*
1. 叶条形,叶质厚而硬。
   2. 叶常镰形,长2~3.5cm,下面中脉与气孔带不同色,中脉无乳突或散生乳突,或散生于靠近气孔带1至数行;边缘反卷 ……… **2. 南方红豆杉** *T. wallichiana* var. *mairei*
   2. 叶直出,1.5~2.2cm,下面中脉具均匀乳点,与气孔带同色,边缘不反卷(活体) ……… **3. 红豆杉** *T. wallichiana* var. *chinensis*

**1. 西藏红豆杉** *Taxus wallichiana* Zucc. [*T. yunnanensis* W. C. Cheng & L. K. Fu] 图62:1~4

常绿乔木,高30m,胸径1.3m;树皮红褐色,条片剥落或鳞片剥落。叶呈60°~90°生小枝上,镰状条形至披针形,质地薄软,1.5~3.5(4.7)mm×2~4(5)mm,小枝下方叶愈下愈小;上面密具乳突,下面中脉两侧各有1条淡黄色气孔带,中脉与气孔带均密生均匀角质乳突。雄球花腋生2年生小枝,长约5mm,具8~14雄蕊,各具5~6花药;雌球花生2年生枝顶。种子卵形,微扁平,5~8mm×3.5~5mm,有钝脊,杯状假种皮红色。花期9~4月,种子成熟期8~12月。

产四川和云南西部、西藏东南部;印度、不丹、缅甸、越南亦产;海拔2000~3500m;生于山溪边、竹林、阔叶混交林中。南亚热带、热带中山树种。较耐阴,天然林生长慢,寿命长,适温凉气温、湿润生境、肥沃富腐殖质土壤。用途同南方红豆杉。

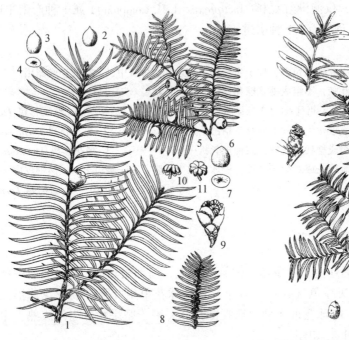

图62　1~4. 西藏红豆杉　5~11. 红豆杉　　　图63　南方红豆杉

**2. 南方红豆杉 Taxus wallichiana Zucc. var. *mairei*（Lemee et H. Léve.）L. K. Fu & Nan Li**［*T. mairei*（Lemee et Levl.）S. Y. Hu ex Liu；*T. chinensis*（Pilger）var. *mairei*（Lemee et Levl.）Cheng et L. K. Fu］　图63

最大生长记录为高30m，胸径278cm（浙江省松阳县玉岩镇）。与原种的区别：叶条形，常镰状，2~3.5cm×2.5~4mm，质地厚，中脉与气孔带不同色，中脉无乳突或散生乳突，或散生于靠近气孔带1至数行；边缘反卷。

产长江以南，南至华南北部，东迄台湾，西界四川、贵州、云南；越南、缅甸、老挝亦产；海拔300~1200m，西南至3000m；生于山溪边、竹林、阔叶混交林中。中亚热带山地树种。习性同西藏红豆杉，天然植株生长慢，体内含紫杉醇，为有效抗癌药物，以树皮、根皮含量较多，仅为 $2.94 \times 10^{-4}\%$ 、 $3.11 \times 10^{-4}\%$ ，大致3kg树皮能提1g紫杉醇，其价值远高于黄金，且有价无货，由于利益的驱动，20世纪90年代红豆杉天然资源受到了极大的破坏。自20世纪末以来人工林种植渐多。木材红褐色，色泽美丽，纹理细致，强度中等，气干密度 $0.71 \mathrm{g \cdot cm^{-3}}$ ，属上等用材；民间视为神木，认为红豆杉一枝桠相当千楸、万梓、八百杉，虽属夸大之词，但足以表达其崇拜心理。树姿苍劲、枝叶浓荫，可植为荫木或植于庭院中心供观赏，更显气势巍峨。

**3. 红豆杉 Taxus wallichiana Zucc. var. *chinensis*（Pilger）Florin**［*T. chinensis*（Pilger）Rehd.］　图62：5~11

与原种区别：叶条形，直出或微镰状，1.5~2.2cm×0.3cm，质厚，中脉与气孔带同色，下面中脉密生均匀乳突，边缘不反卷（活体）。

产山西、陕西和甘肃南部，河南东北部、湖北西部、湖南西北部、广西北部，西至四川、云南东部、安徽南部、浙江和福建；越南北部亦产；海拔1100~2500m（西南）以下。

暖温带至北亚热带树种。习性和用途同南方红豆杉种。

## 2. 白豆杉属 *Pseudotaxus* Cheng

常绿灌木；枝常轮生；小枝近对生或近轮生，基部有宿存的芽鳞。叶条形，螺旋状着生，基部扭转成2列，直或微弯，先端凸尖，基部近圆形，下延生长，两面中脉隆起，下面有2条白色气孔带。雌雄异株，球花单生叶腋，无梗；雄球花圆球形，基部有4对交叉对生的苞片，雄蕊6~12；雌球花基部有7对交叉对生的苞片，花轴顶端的苞腋有1直立胚珠着生于圆盘状珠托上，受精后珠托发育成肉质、杯状、白色的假种皮。种子坚果状，当年成熟，生于杯状假种皮中，卵圆形，微扁，上部露出。

1种，为我国特有珍稀树种。

**白豆杉 *Pseudotaxus chienii* (Cheng) Cheng** 图64

高7m，胸径20cm；树皮灰褐色，裂成条片状脱落。1年生枝淡褐黄色或黄绿色。叶1.5~2.6cm×2.5~4.5mm，先端凸尖，基部近圆形。种子卵圆形，顶端有凸起的小尖头，基部有宿存的苞片。花期3月下旬至5月，种子10月成熟。

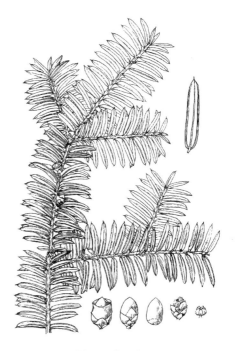

图64 白豆杉

产浙江、江西、广西、湖南；散生于海拔800~1800m山地。喜多云雾潮湿环境，常见于山顶危壁石缝中。木材纹理均匀，结构细致。树形优美，肉质白色假种皮别致可观，为优美的庭园树种。

## 3. 穗花杉属 *Amentotaxus* Pilger

小乔木或灌木。小枝对生或近对生，水平开展；冬芽四棱状卵圆形。叶交互对生，排成2列，厚革质，下面中脉侧有2条白色或淡褐色气孔带。雌雄异株，雄球花排成穗状花序，2~4穗(1~6)集生于枝顶的苞腋；雌球花单生新枝之苞腋或叶腋，梗较长，胚珠1，直立，着生于花轴顶端的苞腋，为一漏斗状珠托所托，基部有6~10对交叉对生的苞片。种子型大，有长柄，下垂，当年成熟，除顶端尖头露出外，几乎全为鲜红色肉质假种皮所包。

3种，散见于我国长江以南及台湾南部。仅云南穗花杉 *Amentotaxus yunnanensis* Li 分布至越南北部。本属分类地位独特，资源珍稀濒危，均应列为保护植物。

**穗花杉 *Amentotaxus argotaenia* (Hance) Pilger** 图65

高7m；树皮灰褐色或淡红褐色，裂成片状脱落；1年生枝绿色。叶条状披针形，3~11cm×6~11mm，有极短的叶柄，边缘微向下曲，下面白色气孔带与绿色边带等宽或较窄。雄球花2(1~3)穗集生，长5~6.5cm。种子椭圆形，长2~2.5cm，柄长1.3cm。花期

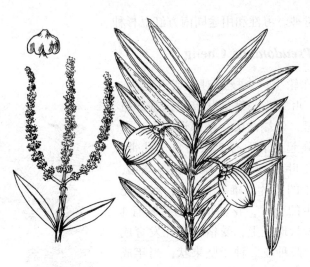

图 65　穗花杉

4月，种子10月成熟。

产秦岭以南，南至华南北部，东至华东，西至贵州、四川；海拔300~1100m；常散生或小片生于湿溪谷两旁或林下。极耐阴。北、中亚热带树种。木材材质细密。种子熟时假种皮红色、下垂、极美观，可作庭园树，但迄今尚无引种记录，亟待引种栽培，供公众观赏。

### 4. 榧树属 *Torreya* Arn.

乔木。小枝近对生或近轮生，芽鳞交互对生，不缩存。叶交叉对生或近对生，基部扭转成2列，条形或条状披针形，坚硬，先端有刺状尖头，上面微隆起，中脉不明显或微明显，下面有2条浅褐色或白色气孔带。雌雄异株；雄球花单生叶腋，雄蕊4~8轮，每轮4，花药4；雌球花双生于叶腋，雌球花具2对交叉对生的苞片和1侧生的苞片，胚珠1，生于漏斗状珠托上。种子翌年成熟，核果状，全包于肉质假种皮中，子叶不出土。

7种，分布北半球；我国产4种（全属为国家重点保护植物），另引入栽培1种，日本1种，北美2种。

1. 叶长1~3cm，直伸。
　　2. 种子的胚乳周围向内微皱 ·················································· 1. 榧树 *T. grandis*
　　2. 种子的胚乳周围向内深皱 ················································ 1a. 巴山榧树 *T. fargesii*
1. 叶长3.6~9cm，微弯呈镰状 ···················································· 2. 长叶榧 *T. jackii*

### 1. 榧树 *Torreya grandis* Fort. ex Lindl.　图66

高25m，胸径55cm；树皮淡黄灰色或灰褐色，不规则纵裂；1年生枝绿色。叶条形，1.1~2.5cm×2.5~3.5mm，先端凸尖或刺状尖头，中脉不明显，上面2条纵槽，下面淡绿色，气孔带常与中脉带等宽，绿色边带与气孔带等宽或稍宽。种子近球形，2~4cm×1.5~2.5cm，熟时假种皮淡紫褐色，有白粉，顶端微凸，基部具宿存的苞片，胚乳微皱。

花期 4 月，种子翌年 10 月成熟。

产华东，西至湖南、贵州；海拔 300~1200m。中亚热带东部树种。幼树耐阴，生长较慢，寿命长，结果期可达百年。适温暖湿润气候，中等肥沃湿润土壤。木材黄白色，致密而富弹性，耐久用，属上等用材；种子为名贵干果，亦可榨取食用油，在浙江诸暨及东阳等地栽培历史悠久。树冠整齐如塔，大枝平展，枝叶碧绿浓荫，为优良荫木及园林树木，又可作果树经营。

[附]**1a. 巴山榧树 *Torreya fargesii* Franch.**　　与榧树的区别：高 3~4m；叶长 1.5~3cm，直而不弯，先端有微凸起的刺状短尖头，上面 2 条纵凹槽常不达中上部；种子肉壁平滑，胚乳周围向内深皱。产陕西、湖北西部、湖南、四川东部和东北部以及西部峨眉山；海拔 1000~1800m；散生于针阔叶林中。

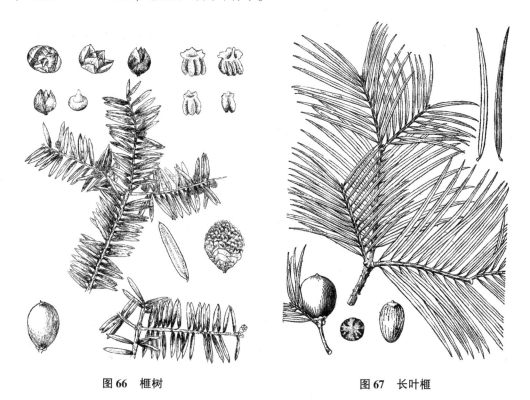

图 66　榧树　　　　　　　　图 67　长叶榧

## 2. 长叶榧 *Torreya jackii* Chun　　图 67

高 12m，胸径 20cm；树皮灰色或深灰色，裂成不规则的薄片脱落；小枝平展或下垂，1 年生枝绿色。叶排成 2 列，质硬，条状披针形，上部多向上方微弯，镰状，3.5~9cm×3~4mm，先端有渐尖的刺状尖头，基部渐窄，楔形，有短柄，上面光绿色，有 2 条浅槽及不明显的中脉，下面淡黄绿色，中脉微隆起，气孔带灰白色。种子倒卵圆形，肉质假种皮被白粉，长 2~3cm，顶端有小凸尖，基部有宿存苞片，胚乳自周围向内深皱。

产浙江南部和西部、福建（泰宁、邵武、浦城）、江西（资溪、靖安）、湖北（保康）。杭州有栽培。木材边材黄色，具檀香气味，耐腐蚀、耐水湿。树形美观，四季常绿，可作行道树、庭园树种，但种植尚不普遍。资源珍稀。

# 被子植物 ANGIOSPERMAE

乔木、灌木、藤本或草本；木质部常具导管和管胞，稀无导管，韧皮部具筛管和伴胞。叶为网状脉或平行脉。具典型的花，完全花由花萼、花瓣、雄蕊、雌蕊构成，雌蕊由1至多数离生或合生心皮构成，胚珠生于子房中，经双受精作用，子房发育成果实；种子有胚乳或无，子叶2或1。

最早的被子植物发生于中生代侏罗纪，自白垩纪至第三纪，繁衍更盛，至今成为植物界分化程度最高、结构最复杂、适应性最强、分布最广、经济价值最大的高等植物类群。

被子植物共约25万种，隶属于411科（哈钦松，1959）。我国有251科2900余属，约3万种，其中木本植物约8000种，乔木约2000种，重要的经济树种1000种以上，包括用材、橡胶、栲胶、油料、紫胶、淀粉、药用、果树、绿化美化环境等树种，在经济建设中具有重大的价值。被子植物主要根据子叶的数目可分为双子叶植物和单子叶植物两大类。

# 双子叶植物 DICOTYLEDONEAE

茎内维管束成环状排列，具形成层，木本植物的茎具增粗生长，形成年轮；叶具网状脉；花部通常4~5基数；种子具2子叶。

344科约20万种。我国204科约2万种，木本植物约8000种。

## 10. 木兰科 MAGNOLIACEAE

常绿或落叶，乔木或灌木。顶芽大，由大型托叶包被，托叶脱落后在小枝上留有环状托叶痕。单叶，互生，全缘，稀缺裂，羽状脉。花大，单生，常两性；花被、雄蕊、雌蕊均分离，自下而上依次着生于柱状花托上；花被片2至数轮，每轮3；雄蕊多数，花丝短，花药长条形，纵裂，雌蕊群具多数单心皮雌蕊，花柱短，柱头反曲。聚合蓇葖果，稀为聚合翅果；种子常悬垂于丝状珠柄上，胚小，胚乳富油质。

15属250种，分布亚洲和美洲热带至温带。我国11属90余种，主产长江以南，华南至西南最多，为组成亚热带常绿阔叶林的主要树种。宜酸性红黄壤。干形端直，花大而美，为用材、美化绿化及药用树种，现引种栽培日益广泛。本科为被子植物中最古老原始的类群，真花学派认为被子植物起源于古老的木兰类群。克朗奎斯特系统（1981）将整个被子植物归于木兰纲 Magnoliosida。专家认为木兰科起源于早白垩纪，甚至更早，由于木兰科原始类型出现在热带亚洲（包括中国西南），据此推测其起源地在中国西南地区，并由此向外辐射。

1. 叶全缘；聚合蓇葖果。
   2. 花顶生，雌蕊群无柄或具短柄（雌雄蕊群之间无间隔）。
      3. 幼叶在芽内对折，叶柄具托叶痕；花两性。
         4. 每心皮具 4 胚珠或更多；聚合果常为球形或卵球形·················· 1. 木莲属 Manglietia
         4. 每心皮具 2 胚珠；聚合果常为圆柱形 ····························· 2. 木兰属 Magnolia
      3. 幼叶在芽内平贴，叶柄内无托叶痕；雄花与两性花并存 ············ 3. 拟单性木兰属 Parakmeria
   2. 花腋生，雌蕊群具显著的柄（雌雄蕊群之间具长的柄状间隔）。
      5. 心皮全部发育；聚合果硕大，蓇葖合生，果成熟后果瓣厚木质 ······ 4. 观光木属 Tsoongiodendron
      5. 心皮部分不发育，聚合果弯弓穗状，蓇葖疏散，果瓣较薄 ················ 5. 含笑属 Michelia
1. 叶缘具分裂裂片；聚合翅果································································· 6. 鹅掌楸属 Liriodendron

## 1. 木莲属 Manglietia Bl.

常绿（稀落叶）乔木；树皮常不裂。叶柄内侧有托叶痕；顶芽大。幼叶在芽内对折，叶革质，叶形多窄长。花两性，单生枝顶，花被片 9，雌蕊群无柄，每心皮具胚珠 4 至更多。聚合蓇葖果近球形，蓇葖全部发育，背缝开裂，顶端具喙；种子红色或褐色。

30 余种，分布亚洲热带及亚热带。我国 22 种，产长江以南，为常绿阔叶林的重要组成树种，亦为天然林保护工程的保存树种。干形端直，材质轻软细致，树冠浓绿。种子繁殖易，宜随采随播，不宜久藏；根系发达，栽植易成活；萌芽力强。本属树种现已大量引入城市园林种植，但国产木兰科常绿种类在庭园栽培时寿命一般不超过 40 年，适宜山地森林生境，更适宜群植为混交林。

1. 聚合果球形，蓇葖成熟时沿背缝线和腹缝线开裂 ······························ 1. 香木莲 M. aromatica
1. 聚合果椭圆形或卵圆形，蓇葖成熟时一般沿背缝线开裂。
   2. 叶长 20~50cm，侧脉 20~22 对 ············································· 2. 大叶木莲 M. dandyi
   2. 叶长 20cm 以下，侧脉 15 对以下。
      3. 花梗及果总梗长 4~7cm，纤细下弯；聚合果下垂 ······················ 3. 桂南木莲 M. chingii
      3. 花梗及果总梗短粗；聚合果直立。
         4. 外轮花被片红色；聚合果圆柱形 ······································ 4. 红花木莲 M. insignis
         4. 花被片白色；聚合果卵球形或椭圆形。
            5. 托叶痕占叶柄 1/4~1/3。
               6. 叶革质，干后两面网脉不明显；花梗有毛 ···················· 5. 木莲 M. fordiana
               6. 叶薄革质，干后两面叶网脉明显可见；花梗无毛 ··············· 6. 海南木莲 M. hainanensis
            5. 托叶痕微小近无 ····················································· 7. 灰木莲 M. blumei

### 1. 香木莲 *Manglietia aromatica* Dandy   图 68

高 35m；除芽被白色柔毛外余无毛，各部揉碎有芳香。叶薄革质，倒披针状长圆形或倒披针形，15~20cm×6~7cm，先端短渐尖或渐尖，1/3 以下渐窄至基部稍下延，侧脉 12~16 对；叶柄长 1.5~2.5cm，托叶痕长至叶柄 1/3。花（果）梗粗壮，1~1.5cm×0.8cm；花被片 11~12，白色，长 7~11cm，雄蕊多至 100。聚合果近球形，红色，径 7~

8cm，蓇葖基部着生于果轴上，背腹开裂。花期5~6月，果期9~10月。

产云南东南部、广西西南部及贵州；海拔900~1600m。边缘热带树种。耐阴，适生石灰岩山地。全体含芳香油，可提香精，资源珍稀濒危，已列为国家保护植物。

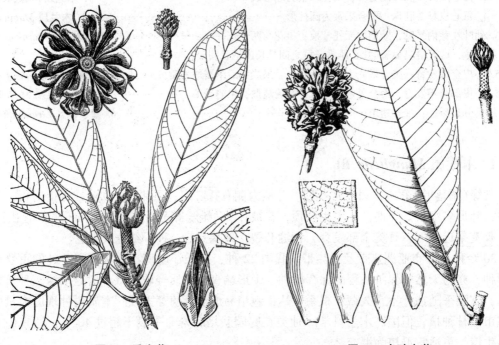

图68 香木莲　　　图69 大叶木莲

**2. 大叶木莲** *Manglietia dandyi*( Gagnep. ) Dandy [*M. megaphylla* Hu et Cheng]　　图69

乔木，高30~40m，胸径80~100cm；小枝、叶柄、托叶、果柄、佛焰苞状苞片均密被锈褐色长绒毛。叶常5~6集生于枝端，倒卵形，短尖，2/3以下渐狭，基部楔形，25~50cm×10~20cm，下面密被锈褐色长绒毛，侧脉20~22对，网脉稀疏；叶柄长2~3cm；托叶痕为叶柄长的1/3~2/3。花梗粗壮，长3.5~4cm；花被片厚肉质，3轮，9~10片，外轮3片长4.5~5cm；雌蕊群卵圆形，长2~2.5cm，心皮60~75；长约1.5cm。聚合果卵球形，8~14cm×7~12cm，大如菠萝，红褐色，蓇葖长2.5~3cm，沿背缝及腹缝开裂；果梗粗壮，长1~3cm。花期4月，果期10月。

产广西（靖西）、云南（西畴）；越南亦产；海拔450~1500m。边缘热带树种，稍耐阴，生石灰岩地区非石灰土生境，与截果柯、红椎、杯状栲等混生。木材淡黄色，纹理直，结构细，气干密度0.54g·$cm^{-3}$。国家保护植物。

**3. 桂南木莲**（南方木莲）*Manglietia chingii* Dandy　　图70

高20m；芽、幼枝疏被红褐色平伏短毛。叶革质，倒披针形，长15~20cm，短渐尖，基部楔形，上下两面光绿无毛，下面稍有白粉，侧脉11~13对；叶柄长2~3cm。花被片9~11，外轮3片绿色，长4~5cm，中轮3片长5~5.5cm；花(果)梗纤细弯垂，长4~7cm。聚合果卵圆形，长4~5cm。花期5~6月，果期9~11月。

产广东、广西、湖南、贵州、云南；越南北部亦产；海拔700~1300m；生于湿润山

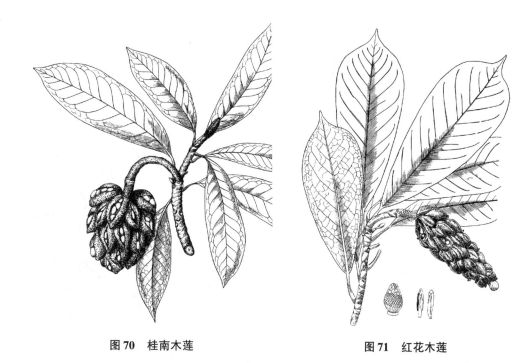

图70 桂南木莲　　　　　　　　图71 红花木莲

坡或沟谷常绿阔叶混交林中。中亚热带至边缘热带中山树种。

**4. 红花木莲 Manglietia insignis ( Wall. ) Bl.**　　图71

高30m。叶革质，长圆形或倒披针形，长10~25cm，先端尾状骤尖，基部渐窄，下面中脉被毛，侧脉12~20对；叶柄长2~3.5cm，托叶痕长至叶柄1/3。花梗短粗；花被片9~12，长5~7cm，外轮3片红色或紫红色。聚合果卵状长圆柱形，红紫色，长7~12cm；蓇葖背缝开裂。花期5~6月，果期8~9月。

产湖南西南部、广西、云南、四川西南部及西藏东南部；尼泊尔、印度、缅甸北部亦产；海拔600~1800m。花美丽，习性略同木莲。天然资源珍稀，已列入国家植物红皮书渐危树种。

**5. 木莲 Manglietia fordiana Oliv.**　　图72

高20m；芽及幼枝被红褐色短柔毛。叶革质，窄倒卵形或窄椭圆形，长12~16cm，短尖，基部楔形，下面苍灰色，稍被毛，上下两面网脉隐晦；叶柄长1~3cm，托叶痕长至叶柄1/4。花纯白，径7~9cm，花被片9，长4~5cm；雄蕊群红色；雌蕊群具心皮25~30；心皮具1mm的喙，胚珠8~10；花梗长0.6~1.1cm，有褐色短柔毛。聚合果卵球形或椭圆形，红色，长3~5cm，背缝开裂。花期5月，果期10月。本种与海南木莲极相似，但叶质地比较厚，干后两面叶脉不明显，花柄有褐色毛，心皮有长约1mm的喙。

产长江以南多数省区；海拔1200m以下。中亚热带山地树种。较耐阴，适温凉湿润生境，常生于沟谷林中，与青冈、栲、石栎类、木荷等混生。木材黄白色，轻软细致，纹理雅致，为细木工材。生长中速，树干直，绿叶稠密，花大洁白，树形美，现已广为种植于城市园林，但散植于低平干燥地则生长欠佳。

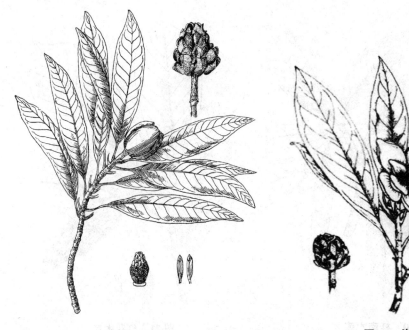

图72 木莲

图73 海南木莲

### 6. 海南木莲 Manglietia hainanensis Dandy  图73

高20m。本种与木莲极相似，但叶薄革质，干后两面叶脉明显可见，花梗无毛，心皮无喙。或视为木莲之变种。

产海南；海拔300～1200m。边缘热带树种。稍耐阴，适肥沃湿润、排水良好酸性土壤。木材结构细，色泽与纹理美观雅致，为海南优质名材。

### 7. 灰木莲 Manglietia blumei Prantl [M. glauca Bl.]  图74

高25m，胸径1m。小枝具平伏短毛。叶薄革质，倒卵形或长椭圆形，长10～20cm，下面被平伏毛，侧脉10～12对；叶柄被平伏毛。托叶痕极短。花梗长1.5cm；花洁白，大而清香似白玉兰花；花被片9，长6～7cm，雄蕊长6mm；雌蕊群圆柱形，长1.7mm，心皮具胚珠8～10。聚合果卵球形，径5～6cm。花期2～4月，果期9～10月。

原产越南、印度尼西亚爪哇。华南各地引种栽培，生长良好。热带树种。稍耐阴，适肥沃湿润土壤。木材细致、轻软（密度0.40～0.45g·cm$^{-3}$）、纹理雅致、易加工。速生，10年前即进入速生期，在适宜生境地年高生长达1～2m，年胸径生长1.5～3cm。

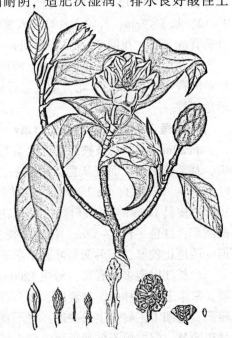

图74 灰木莲

## 2. 木兰属 *Magnolia* L.

落叶，稀常绿，乔木或灌木。幼叶在芽内对折；枝节与叶柄内侧常具托叶痕。叶膜质或纸质，少为革质，叶形多宽阔。花两性，单生枝顶；花被片9~21，每轮3(5)，有时外轮花被片萼片状；雌蕊群无柄，每心皮常为2胚珠。聚合蓇葖果，整齐或不整齐，后者常偏斜弯曲，蓇葖革质或木质，背缝开裂；种子1~2，外种皮橙红或鲜红色，丝垂于蓇葖之外。

约90种，分布东南亚、北美至中美。我国约31种。用材、观赏及药用树种。

1. 聚合果整正、直出，蓇葖果全部发育，两侧略扁，尖头常有明显的喙。
   2. 叶常绿。
      3. 老叶下面仅被白粉，托叶痕几达叶柄顶端 ············································· **1. 山玉兰 *M. delavayi***
      3. 老叶下面密被锈褐色毛，叶柄无托叶痕 ·········································· **2. 荷花玉兰 *M. grandiflora***
   2. 落叶。
      4. 叶大，近革质，长22~45cm；果梗短粗，聚合果直立。
         5. 叶先端骤短尖 ················································································ **3. 厚朴 *M. officinalis***
         5. 叶先端凹 ······································· **3a. 凹叶厚朴 *M. officinalis* subsp. *biloba***
      4. 叶小，膜质，长15cm以下；果梗弯弓，聚合果下垂。
         6. 叶宽倒卵形(近圆)，托叶痕为叶柄1/2；蓇葖果上部疏离 ············ **4. 天女木兰 *M. sieboldii***
         6. 叶长圆状卵形，托叶痕长为叶柄1/6~1/3；蓇葖果全部结合 ······ **5. 黄山木兰 *M. cylindrical***
1. 聚合果常弯曲、不整正，蓇葖果部分不育，形浑圆，无明显的喙。
   7. 各轮花被片同形等大，花先叶开放；叶先端宽圆，骤短尖。
      8. 花被片9，白色 ························································································ **6. 玉兰 *M. denudata***
      8. 花被片12，玫瑰红色，内轮色较淡 ··············································· **7. 武当木兰 *M. sprengeri***
   7. 各轮花被片不等大、萼状；叶先端不为骤短尖。
      9. 灌木；花叶同放或花稍后开放，花紫色或紫红色 ······················· **8. 紫玉兰 *M. liliflora***
      9. 乔木；花先叶开放 ····························································· **6a. 二乔木兰 *M. soulangeana***

**1. 山玉兰 *Magnolia delavayi* Franch.** 图75

常绿乔木，高12m。叶厚革质，卵形或卵状椭圆形，15~25(30)cm×10~14cm，两端圆钝，上面有光泽，老叶下面被白粉，侧脉11~6对，两面极明显；叶柄长5~7cm，托叶痕几达顶端。花白色，芳香，径15~20cm，花被片9。聚合果卵状圆柱形，长10~15(20)cm，整齐，蓇葖具喙。花期4~6月，果期8~10月。

产云南、贵州、四川；海拔1500~2800m；生山地阔叶林中。叶阔而浓绿，花大而芳香，为产区内重要的园林树种。

**2. 荷花玉兰**(洋玉兰、广玉兰)***Magnolia grandiflora* L.** 图76

常绿乔木，原产地高30m。小枝、叶柄、叶下面密被锈褐色短绒毛。叶厚革质，椭圆形或长圆状椭圆形，10~20cm×5~9cm，先端钝圆，上面深绿色而有光泽，叶缘略反卷；叶柄长2~4cm，无托叶痕。花大，白色，芳香，径15~20cm，花被片12，厚肉质。聚合果短圆柱形，长7~10cm，密被灰褐色绒毛，整齐，蓇葖具长喙。花期5~6月，果期10月。

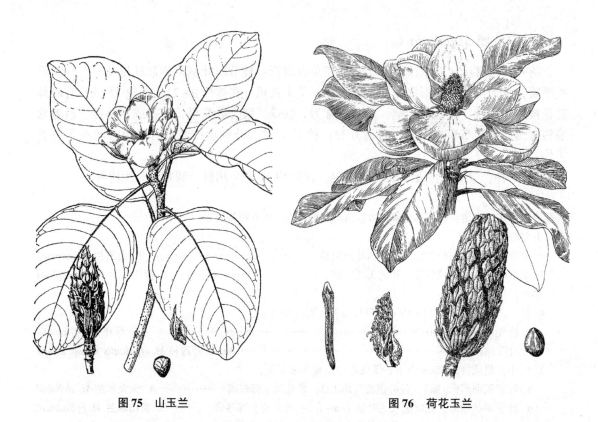

图 75　山玉兰　　　　　　　图 76　荷花玉兰

原产北美东南部。我国长江以南广为引种栽培。对烟尘的抗性强，对土壤要求不严，生长较快，少病虫害，花洁白，形似荷花，叶浓绿光亮，绿化效果佳，为我国长江流域城镇绿带主要树种，种植量极大，已成为城市风光特征之一。

**3. 厚朴** *Magnolia officinalis* **Rehd. et Wils.**　图 77

落叶乔木，高 20m。叶长大，近革质，长圆状倒卵形，常聚生枝顶，22~45cm×9~20cm，先端圆，短突尖，基部楔形，侧脉 20~30 对，极明显，下面被灰色柔毛及白粉；叶柄粗，长 3~4cm，托叶痕长至叶柄 2/3。花大，白色，芳香，径 10~15cm，花被片 9~12(17)，长 8~10cm。聚合果圆柱形或上部较窄，长 9~15cm，整齐，蓇葖果两侧略压扁，具喙。花期 5~6 月，果期 9~10 月。

产秦岭以南多数省区；海拔 500~1400m；野生林木已少见，以四川、湖北西部、贵州东部、湖南西部为主要栽培区。喜光，常栽培于阴湿凉润的山麓和沟谷以及肥厚的酸性黄壤和黄棕壤。全株入药，栽培以取皮药用为主要目的，功能温中益气、燥湿、祛痰。叶大荫广，花洁白，为行道及园林树种。野生植株为国家保护植物。

[附]**3a. 凹叶厚朴** *Magnolia officinalis* **subsp.** *biloba*(**Rehd. et Wils.**) **Law**　图 78　与厚朴的区别：叶先端凹缺，聚合果基部较窄。东南各省栽培者多为本亚种。用途等与厚朴略同。

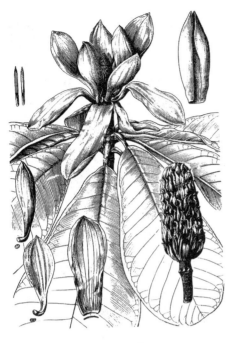
图 77 厚朴

图 78 凹叶厚朴

**4. 天女木兰 *Magnolia sieboldii* K. Koch**　图 79

落叶，高 10m。叶膜质，宽倒卵形或倒卵形，长 9~13cm，先端短突尖，基部稍圆，下面苍白色，沿脉有长绢毛；叶柄长 2~4cm，托叶痕长为叶柄 1/2。花与叶同发；花梗长 4~6.5cm；花白色，芳香，冠杯状，径 7~10cm；花被片 9，长圆倒卵形，长 4~6cm。聚合果长圆形，长 5~7cm，果梗长而弯垂，蓇葖发育整齐，具喙。花期 5~6 月，果期 10 月。

主产华东、华中中山上部，吉林南部、辽宁南部、福建北部、广西、贵州有零星分布；朝鲜、日本亦产；海拔 1200~2000m。北、中亚热带中山树种。适阴湿多雾的生境，常在山顶矮林与石灰花楸、云锦杜鹃、吊灯花等混生，构成典型中山间断分布。

**5. 黄山木兰 *Magnolia cylindrica* Wils.**　图 80

落叶乔木，高 10m。嫩枝、叶柄、叶下面、花梗被淡黄色平伏毛。叶膜质，倒卵状长圆形或倒卵形，长 6~14cm，下面灰绿色；叶柄具狭沟；托叶痕为叶柄长的 1/6~1/3。花先叶开放，花梗长 1.5~3cm；花冠盆状，径 9~11cm；花被片 9，外轮 3 萼片状，中内 2 轮花瓣状，白色，基部略红，倒卵形，长 6.5~10cm，具爪；雄蕊长约 10mm；雌蕊群圆柱状卵圆形，长约 1.2cm。聚合果圆柱形，长 5~7.5cm，下垂，成熟蓇葖排列紧贴，互相结合不弯曲。花期 3~4 月，果期 8~9 月。

产安徽、浙江、江西、福建、湖北西南；海拔 700~1600m。中亚热带中山上部树种。适凉润多雾生境，与米心树、黄山栎、黄山花楸组成山顶矮林。时逢开花季节，黄山游人如潮，是为一景。花蕾代辛夷用。

图79　天女木兰　　　　　图80　黄山木兰

**6. 玉兰**(白玉兰)*Magnolia denudata* **Desr.**　图81

落叶乔木，高25m。叶倒卵形、宽倒卵形或倒卵状长圆形，10~15cm×6~10cm，先端宽圆或平截，具突尖，基部楔形，下面疏被柔毛，侧脉8~10对；叶柄长1~2.5cm。花白色，芳香，先叶开放，径10~15cm，花被片9。聚合果圆柱形，长10~13cm，弯弓，部分果不发育；蓇葖木质，褐色。花期3月，果期8~9月。

产秦岭、大别山以南各地；北京有栽培；海拔1000m以下；生于山坡疏林中，村宅及寺庙侧旁习见。喜光，对土壤要求不严，萌芽性强，生长快。花洁白，早春花开满树，为园林之珍品。花蕾入药代辛夷。

**[附]6a. 二乔木兰** *Magnolia soulangeana* **Soul. -Bod.**　本种是玉兰与紫玉兰的杂交种，树形及叶倒卵形近似玉兰，花先叶开放，浅红色至紫红色近似紫玉兰，花被片大小形状不等（外轮花被片细小），紫色或有时近白色，芳香或无芳香。约有20园艺栽培种。长江以南各城市园林均有栽培。

**7. 武当木兰** *Magnolia sprengeri* **Pampan.**　图82

落叶乔木，高20m。小枝无毛。叶倒卵形，长10~18cm，骤短尖，基部楔形，下面初被平伏细柔毛；叶柄长1~3cm；托叶痕细小。花蕾直立，被淡灰黄色绢毛，先叶开放，芳香，花冠钟形，花被片12，外面玫瑰

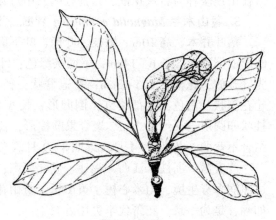

图81　玉兰

红色，倒卵状匙形，长 5～13cm；雄蕊长 10～15mm；雌蕊群圆柱形，长 2～3cm。聚合果圆柱形，长 6～18cm，稍弯弓；蓇葖扁圆形，间有不育蓇葖。花期 3～4 月，果期 8～9 月。

产陕西南部、甘肃南部、河南西南部、湖北西部、湖南西北部、四川东部；海拔 700～2400m。北亚热带树种。喜光，生湿润山地林缘。花蕾代辛夷用；树皮代厚朴用。花大美丽。

图 82　武当木兰

图 83　紫玉兰

### 8. 紫玉兰（辛夷）*Magnolia liliflora* Desr.　图 83

落叶灌木，高 4m，干丛生。小枝紫褐色，皮孔明显。叶椭圆状倒卵形，8～15cm×3～8cm，先端骤尖或渐尖，基部渐窄，侧脉 8～10 对；叶柄长 1～2cm。花蕾被淡黄色绢毛，酷似倒毛笔，花叶同放或稍早于叶先开，花形钟状，径 10～15cm；花梗粗壮；花被片 9，外轮 3 片萼片状，披针形；内 2 轮紫红色，长 7～10cm。聚合果圆柱形，常弯弓，长 7～10cm，间有不育的蓇葖。花期 3～4 月，果期 8～9 月。

秦岭以南、长江流域广为栽培，栽培历史悠久；野生树少见。名贵庭园观赏树，花大紫色，别具风韵。花蕾药名"辛夷"，其功能镇痛，治头痛、鼻炎、疮毒；花浸膏可供配制香皂和化妆品。

### 3. 拟单性木兰属 *Parakmeria* Hu et Cheng

常绿乔木。幼叶在芽内平贴，托叶与叶柄分离。叶全缘，具半透明边缘。花单生枝顶，雄花及两性花异株；雌蕊群具柄，心皮 12～20。聚合果较小，整齐，蓇葖背缝及顶端开裂；种子 2。有的分类学家将本属置于木兰属 *Magnolia* 中。

约 5 种，产我国西南部至东南部。我国特有属，多为保护植物。

乐东拟单性木兰 *Parakmeria lotungensis* (Chun et Tsoong) Law 图84

高30m，胸径1m；各部无毛。小枝竹节状，具明显的托叶痕。叶硬革质，倒卵状椭圆形或窄椭圆形，6~11cm×2.5~3.5cm，先端钝尖，基部楔形，光绿无毛；叶柄长1~2cm。雄花：花被片9~14，外轮淡黄色，内2~3轮白色；两性花与雄花同形。聚合果卵状长圆形，整齐，长3~6cm；具蓇葖10~13。花期4~5月，果期8~9月。

产浙江、江西、湖南、华南至海南；海拔700~1400m。中亚热带至边缘热带山地树种。稍耐阴，适山地及沟谷阴湿生境，肥沃湿润土壤。在中亚热带常混生于甜槠、米槠、木荷林中。较速生。木材淡黄色，气干密度0.7g·cm$^{-3}$（为木兰科中的硬木），切面光滑、硬度大、耐水湿，花纹细致，属优质木材。树干端直，树冠尖耸，树冠浓荫，叶光洁亮绿，生长较速。资源珍稀，虽然分布甚广，但种群规模凋零，母树少，种源困难。

图84 乐东拟单性木兰

### 4. 观光木属 *Tsoongiodendron* Chun

常绿乔木，幼叶在芽中对折。花两性，单生叶腋，芳香；花梗长6mm；花被片9，淡黄色，具红色小斑点；雌蕊群不伸出雄蕊群，具柄，心皮9~13，全部发育，每心皮12~16胚珠，部分心皮相互连合，基部与中轴愈合。蓇葖合生，形成大型近肉质、弯拱聚合果，后木质化，蓇葖果2瓣裂，果瓣块状，自中轴脱落。

我国特有单种属。

观光木 *Tsoongiodendron odorum* Chun 图85

高25m，胸径80cm；幼叶在芽中对折；芽、小枝、叶柄均被锈褐色糙伏毛。叶革质，椭圆形或长椭圆形，10~18cm×4~8cm，骤尖，基部楔形，侧脉10~12对，下面网明显，密被锈褐色柔毛；叶柄长1.2~2.5cm，托叶痕达中部。聚合果硕大，坚重如石，12~16cm×9~11cm。花期4月，果期10~11月。

产江西南部、湖南南部、华南（海南）、云南东南部、贵州；越南北部亦产；海拔300~1000m。南亚热带树种，北至南岭，以南岭山地为中心产区；多生于沟谷常绿阔叶林中，与红钩

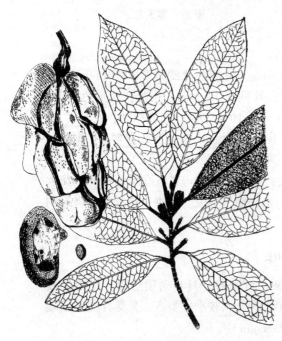

图85 观光木

栲、蕈树、马蹄荷、小花山茉莉等混生。花极香，树形端直，现已引入园林种植，但种植在丘陵区开旷地则生长欠佳。资源濒危，为国家保护植物。

## 5. 含笑属 *Michelia* L.

常绿乔木或灌木；树皮常灰色，平滑不裂。幼叶在芽内对折。叶全缘，叶柄与托叶连生或分离。花两性，单生叶腋；花被片 6~21，近相等；雄蕊花药侧向开裂，雌蕊群具柄，每心皮具 2 至数胚珠。聚合果疏散穗状，常弯弓；蓇葖部分不育，常卵球形，具短喙或无喙，背缝开裂，果瓣具斑状皮孔。

约 50 种，分布亚洲东南部。我国 41 种，产长江流域以南，为常绿阔叶林的重要组成种类，亦为天然林保护工程的目标树种。本属树种多树形端直、生长快、繁殖易、叶质光绿、花硕而芳香，深得公众喜爱，故现已大量引入园林栽培。

1. 托叶与叶柄连生，托叶痕明显或长至叶柄全部。
    2. 叶柄长 1.5~2cm；植物体各部基本无毛或被疏柔毛。
        3. 叶下面被稀疏短柔毛，托叶痕长为叶柄 1/2 以下；花白色 ·············· 1. 白兰 *M. alba*
        3. 叶下面被长绢毛，托叶痕长为叶柄 1/2 以上；花黄色 ·············· 1a. 黄兰 *M. champaca*
    2. 叶柄长 2~5mm；小枝、叶柄、花梗被绒毛。
        4. 雌蕊群及蓇葖无毛，花淡黄色 ·············· 2. 含笑 *M. figo*
        4. 雌蕊群及蓇葖有毛。
            5. 乔木；花淡黄色；聚合果具蓇葖 10 以上 ·············· 2a. 野含笑 *M. skinneriana*
            5. 灌木；花白色；聚合果仅具蓇葖 5~9 ·············· 2b. 云南含笑 *M. yunnanensis*
1. 托叶与叶柄离生，叶柄无托叶痕。
    6. 小枝及叶上下两面无毛。
        7. 花被片 6；芽、小枝、叶下面均无白粉。
            8. 叶薄革质，倒卵形或倒卵状椭圆形；每心皮具 6 胚珠 ·············· 3. 乐昌含笑 *M. chapensis*
            8. 叶厚革质，倒披针形；每心皮具 8~12 胚珠 ·············· 4. 黄心夜合 *M. martinii*
        7. 花被片 9；芽、小枝、叶下面显著被白粉 ·············· 5. 深山含笑 *M. maudiae*
    6. 小枝及叶下面均被毛。
        9. 叶下面被褐色细绢毛或柔毛。
            10. 叶下面网脉呈蜂窝突起。
                11. 叶卵形，最宽处在叶中部以下，叶下面被金褐色绢毛 ·············· 6. 金叶含笑 *M. foveolata*
                11. 叶倒卵形，最宽处在叶中上部，叶下面被灰褐色短柔毛 ·············· 7. 醉香含笑 *M. macclurei*
            10. 叶网脉明显，但不呈蜂窝突起 ·············· 7a. 阔瓣含笑 *M. platypetala*
        9. 叶下面叶脉呈网状凸起，具褐色绒毛 ·············· 8. 苦梓含笑 *M. balansae*

### 1. 白兰 *Michelia alba* DC.  图 86：8~15

高 18m。幼枝、芽、叶近无毛。叶薄革质，长椭圆形或披针状长圆形，长 10~25cm，先端长渐尖，基部楔形，下面近无毛，网脉两面明显；叶柄长 1.5~2cm，托叶痕达叶柄中部。花蕾直立，花冠高盆状，极芳香，白色，花被片 10，披针形，长 3~4cm；雌蕊群有毛。聚合果的蓇葖常不育，或具少数蓇葖。花期 4~9 月，夏季盛开。

原产印度尼西亚，现广植于东南亚。赤道热带至南亚热带树种。稍耐阴，适肥沃湿润土壤，速生。华南地区引种为行道树或园林树种。长江流域有盆栽，在温室越冬。花洁白，清香高雅，花期长，为华南著名的园林树种。花极香，可提取香精。

[附] 1a. 黄兰 *Michelia champaca* L.

图86：1~7　芽、嫩枝、嫩叶和叶柄均被淡黄色的平伏柔毛。叶披针状卵形或披针状长椭圆形，长10~20cm，下面被微柔毛；托叶痕长达叶柄叶部以上。花黄色，极香，花被片15~20，倒披针形，长3~4cm；雌蕊群具毛；雌蕊群柄长约3mm。产西藏南部、云南南部；印度、尼泊尔、缅甸、越南亦产。华南露天栽培；长江流域各地温室越冬。

图86　1~7. 黄兰　8~15. 白兰

2. 含笑 *Michelia figo* (Lour.) Spreng.　图87：7~11

高2~3m；分枝多。芽、嫩枝、叶柄、花梗均密被黄褐色绒毛。叶革质，倒卵状椭圆形或窄椭圆形，4~10cm×1.8~4cm，先端短钝尖，基部楔形，上面有光泽；叶柄长2~4cm，托叶痕达叶柄顶端。花梗细长；花径2.5~4cm，具浓香；花被片6，淡黄色，边缘带紫红，肉质，长1.2~2cm；雌蕊群无毛。聚合果长2~3.5cm，具蓇葖10个左右，无毛，栽培日久者常不结实。花期3~5月，果期7~8月。

产华南，间有野生。耐阴，枝叶稠密，叶浓绿，花芳香。现长江以南各地广为栽培，为园林、绿篱及孤植之幽雅观赏树种。花可提取香精。此花开放时，含蕾不尽开，故称"含笑"。

[附] 2a. 野含笑 *Michelia skinneriana* Dunn　图87：1~6　乔木。叶倒卵状长椭圆形，长5~11cm，长尾状渐尖；托叶痕达叶柄顶端。花梗细长，花淡黄色，芳香；花被片6，质薄；雌蕊群及柄密被褐色毛。聚合果长4~7cm，常因部分心皮不育而弯曲或较短，具细长的总梗。产华南、浙江、江西、湖南。

[附] 2b. 云南含笑 *Michelia yunnanensis* Franch. ex Finet et Gagnep.　图88　灌木，全形似含笑，区别为本种芽、嫩枝、幼叶及叶柄、花梗密被深红色平伏毛。花白色，径4.5~5.5cm，花被片6~12，长3~3.5cm；雌蕊群被红褐色细毛。聚合果具蓇葖5~9，蓇葖被残毛。产云南中部、南部，海拔1100~2300m。花极芳香，可提取香精。

图87　1~6. 野含笑　7~11. 含笑

图88　云南含笑

### 3. 乐昌含笑 *Michelia chapensis* Dandy　图89

高30m，胸径1.2m。叶薄革质，倒卵形或长圆状倒卵形，长6~15cm，骤短尖或短渐尖，基部楔形，翠绿色，两面光洁无毛，侧脉9~12对；叶柄无托叶痕，长1.5~2.5cm。花芳香，花被片6，淡黄色，长约3cm；心皮具6胚珠。聚合果长约10cm，果梗长2cm，蓇葖果卵圆形。花期3~4月，果期8~9月。

产江西、湖南、广东、广西；越南亦产；海拔500~1500m。中亚热带至边缘热带树种。稍耐阴，在山谷阴湿地与栲树、秃瓣杜英、南酸枣等混生成林。树干端直，树冠开展，树冠浓密，较速生，花芳香。木材淡黄色，为优质细木工材。

### 4. 黄心夜合 *Michelia martinii* (H. Lév.) H. Lév.　图90

乔木，高20m，树皮灰色，平滑。芽卵圆形，密被灰黄色或红褐色直长毛。叶革质，倒披针形或倒卵状长椭圆形，长12~18cm，急尖或短尾尖，两面光绿色无毛，上面中脉凹下，侧脉11~17对；叶柄无托叶痕。花梗密被黄褐色绒毛；花淡黄色、芳香，径5~7cm；花被片6~8，倒披针形或倒卵状长圆形，长4~4.5cm；雄蕊长1.3~1.8cm，花丝紫色；雌蕊群长约3cm，心皮具胚珠8~12。聚合果长9~15cm，扭曲；蓇葖倒卵圆形，成熟后腹背两缝线同时开裂。花期2~3月，果期8~9月。

产河南南部、湖北西部、湖南西北部、四川中部和南部、贵州、云南东北部；海拔500~2000m。北亚热带至中亚热带树种。稍耐阴，生于疏林及林缘，叶光洁浓绿。

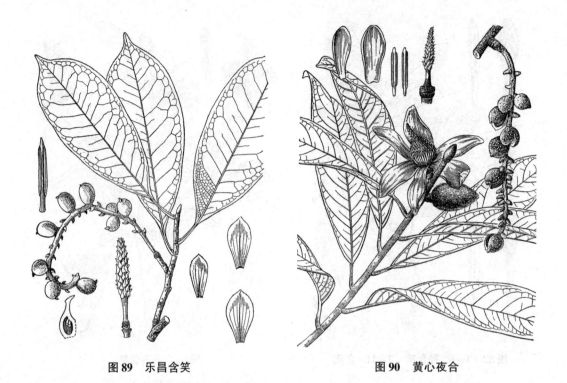

图89 乐昌含笑　　　　　　　　图90 黄心夜合

**5. 深山含笑 Michelia maudiae Dunn**　图91

高20m。全身无毛，以其芽、幼枝、叶下面被白粉为其识别要点，易与本属其他种区别。

产浙江南部、福建、湖南、广东、广西、贵州；海拔600~1500m。南亚热带（中亚热带南部）树种。耐阴，适山地湿润生境，在南岭山地与毛栲、鹿角栲、蕈树、马蹄荷混交成林。木材纹理直，结构细，为细木工材。叶光洁常绿，花纯白美丽，已引入园林栽培。现长江流域城市广为栽培，要求较高的生境条件。

**6. 金叶含笑 Michelia foveolata Merr. ex Dandy**　图92

高35m，胸径1.5m。芽、幼枝、幼叶、叶柄、花梗密被金褐色绢毛。叶厚革质，卵状长圆形或卵状椭圆形，基部圆钝或近心形，常不对称，上面深绿色发亮，下面密被金褐色绢毛，侧脉16~26对，下面网脉呈蜂窝状凹陷；叶柄长1.5~3cm，无托叶痕。花梗粗；花淡黄绿色，径8~10cm，花被片9~12，长5~6cm；雌蕊群柄长1.5~2cm。聚合果长7~20cm，蓇葖果卵圆形。花期3~5月，果期9~10月。

产广东、广西、江西、湖北西部、湖南南部和西部（为灰毛变种），西至云南、贵州；海拔500~1800m。南亚热带至中亚热带树种。中等耐阴，适肥沃湿润生境，在南岭山地中上部，常与华南五针松、金毛石栎、福建柏等混生。木材淡黄色，稍硬重，气干密度0.6g·cm$^{-3}$。树干高大挺拔，生长较速，叶被金色绢毛，花美丽。

图91 深山含笑

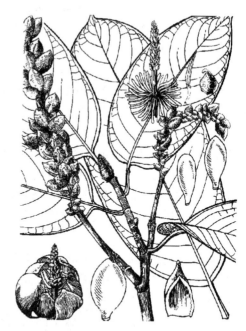

图92 金叶含笑

**7. 醉香含笑**(火力楠)*Michelia macclurei* Dandy   图93

高30m。芽、嫩枝、叶柄、托叶及花梗均被红褐色绢毛。叶革质，倒卵形或倒卵状椭圆形，中部以上最宽，7~13cm×4~6cm，先端短急尖，基部宽楔形，下面被灰色杂有褐色平伏短柔毛，侧脉10~15对，网脉呈蜂窝状在上下两面凸起；叶柄长2.5~4cm，无托叶痕。花白色，径6~8cm，花被片9，花梗粗，长1~1.3cm。聚合果长3~7cm，蓇葖3~10，密集，长圆形，长1~3cm。

图93 醉香含笑

图94 阔瓣含笑

产广东、广西、海南；越南北部亦产；海拔800m以下。原适生于南亚热带湿热气候，现人工栽培已扩大至中亚热带各地。木材细致，芳香，花纹美观。速生，可与杉木、马尾松等混交经营。鲜叶着火温度高达430℃，又为良好防火树种。本种在用材、观赏和生态保护上皆有好评，发展势头方兴未艾。

**[附] 7a. 阔瓣含笑 *Michelia platypetala* Hand.-Mazz.** 图94 与醉香含笑接近，其区别：本种叶长圆形、椭圆状长圆形，最宽处在叶中部或中下部，网脉明显，但不为蜂窝状凸起。聚合果长5~15cm，具蓇葖10~20，排列较松散。产湖南西南部、贵州东部、广西东北部、广东北部；海拔700~1500m。现已广泛种植于城市园林中，生长表现较优，以花期早（3月初）为特色。

**8. 苦梓含笑 *Magnolia balansae* A. DC.** 图95

乔木，高7~10m。芽、嫩枝、叶柄、花蕾及花梗均密被褐色绒毛。叶厚革质，长圆状椭圆形或倒卵状椭圆形，长10~20cm，下面叶脉呈网状凸起，具褐色绒毛，侧脉每边12~15对，末端向上弯拱环结；叶柄无托叶痕。花芳香，花被片6，白色带淡绿色，倒卵状椭圆形，长3.5~3.7cm；雄蕊长10~15mm；雌蕊群卵形。聚合果长7~12cm，蓇葖椭圆卵球形；种子外种皮鲜红色，内种皮褐色。花期4~7月，果期8~10月。

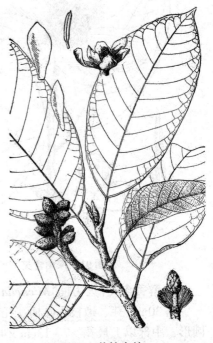

图95 苦梓含笑

产广东东南部至西南部、海南、广西南部、云南东南部；越南亦产；海拔350~1000m。边缘热带树种。较耐阴，生阴湿密林中。心材褐黄色，边材淡黄棕色，纹理直，结构细，花纹美观，为海南珍贵用材。

## 6. 鹅掌楸属 *Liriodendron* L.

落叶乔木。幼叶在芽内对折，向下弯垂。叶倒马褂形，两侧各具1~2裂，先端平截或凹缺；叶柄长，托叶与叶柄离生。花两性，顶生，花被片9~17，每轮3，近相等；雄蕊药室外向开裂；雌蕊群无柄，心皮多数，每心皮2胚珠。聚合果纺锤形，小坚果具翅，熟时散落。

2种。我国和北美各1种，构成典型的洲际间断分布。

**鹅掌楸 *Liriodendron chinense* Sarg.** 图96

高40m，胸径1m。叶长6~14cm，先端缺裂，两侧各具1裂，下面苍白色；叶柄长4~10cm。花冠杯状，花被片9，外轮3片萼片状，内轮6片倒卵形，长3~3.5cm，黄绿色有深黄色条纹；雌蕊群伸出雄蕊群之上。聚合果长7~9cm，小坚果长6mm，翅长2~3cm，翅顶端钝或钝尖。花期5月，果期9~10月。

产陕西、安徽以南，西至四川、云南，南至南岭山地；海拔800~2000m。北亚热带至中亚热带树种。喜光，适温凉湿润生境，排水良好、肥沃深厚土壤，常见于中山次生林、疏林或林缘，呈星散分布，亦组成小片纯林。寿命可达百年以上。生长速，人工栽培林木，25~30年可成材利用。木材为上等家具用材。树干端直，叶形奇特，冠幅广，现已广植于园林。亦为天然林保护工程的目标树种，可在产区中山上部种植为用材林；低平地种植应选择庇荫地，以避免夏季高温和日灼损伤树皮。种子发芽率低是繁殖上的难点。

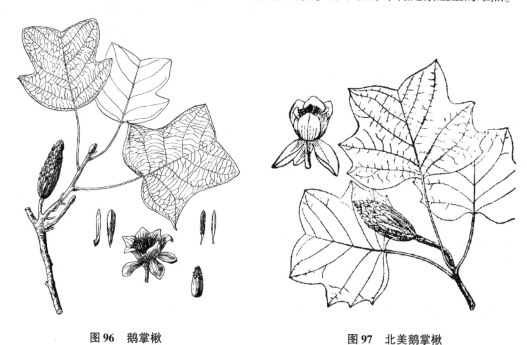

图 96　鹅掌楸　　　　　　　　　　　图 97　北美鹅掌楸

[附]北美鹅掌楸 *Liriodendron tulipifera* L.　　图 97　与鹅掌楸的区别：叶下面无白粉点，侧裂片2对，花被片长4~6cm；雌蕊群不超出花被之上；翅状小坚果先端急尖。产北美东南部。我国青岛、庐山等地有引种。1963年叶培忠教授用鹅掌楸为母本，利用北美洲鹅掌楸花粉授粉，成功培育出杂交鹅掌楸 *Liriodendron chinense* × *L. tulipifera*，表现出生长高大迅速的杂种优势。杂交种兼有叶侧裂为2对或1对的特征(保存父本特征似更多)。

## 11. 八角科 ILLICIACEAE

　　常绿乔木或灌木；各部无毛，具油细胞，有香气。单叶，互生，常簇生枝顶，革质，侧脉羽状，全缘；无托叶。花两性，整齐，单生或2~5簇生；花被片7至多数；雄蕊4~50；心皮5~21，单轮离生，子房1室，胚珠1。聚合蓇葖果，单轮排列；种子有光泽；胚乳丰富，含油。

　　单属科。

### 八角属 *Illicium* L.

　　形态特征与科同。

　　34种，分布东亚和北美。我国约24种，产南部、西南部至东南部。常在山顶形成矮林，为水土保持树种，或为香料，或为有毒植物；花多红色，既可观花，亦可观叶。

1. 花红色，花被片圆形至卵圆形；叶上面中脉下凹。
    2. 蓇葖 7~8，顶端喙钝圆，无尖头 ·················································· 1. 八角 *I. verum*
    2. 蓇葖 10~14，顶端喙尖内弯，尖头长 3~7mm ························ 2. 披针叶八角 *I. lanceolatum*
1. 花淡黄色，花被片狭舌形；叶上面中脉凸起 ································· 3. 假地枫皮 *I. jiadifengpi*

### 1. 八角 *Illicium verum* Hook. f.　图 98

高 25m。叶常 3~6 簇生枝顶呈轮生状，革质或厚革质，倒卵状椭圆形或椭圆形，5~15cm×2~5cm，先端钝尖或短渐尖，侧脉 4~6 对，在两面不明显；叶柄长 0.8~2cm。花蕾球形；花梗长 1.5~4cm；花被片 7~12，红色，心皮 7~9。聚合果平展，径 3.5~4cm，蓇葖 7~8，顶端喙钝圆，无尖头。花期 3~5 月及 8~10 月，果期 9~10 月及翌年 3~4 月。

产华东南部、华南、西南；越南亦产；海拔 60~2100m；生山地湿润常绿阔叶林中。现以广西南部为栽培中心，生长良好。南亚热带树种。喜冬暖夏凉的山地气候，要求土壤深厚、排水良好，腐殖质丰富，疏松酸性砂质壤土，幼树耐阴，浅根性。8~10 年进入结果期，盛果期可持续至 60~70 年，经济寿命可达百年。著名的经济树种，果为调味香料，也供药用，有祛风理气、和胃调中的功能；果皮、种子、叶含芳香油（称八角油或茴香油），是制化妆品、酿酒和食品工业的重要原料，也是生产雌性激素己烷雌酚的原料。木材红褐色，结构细，纹理直，质轻软，有香气，供细木工、家具等用。

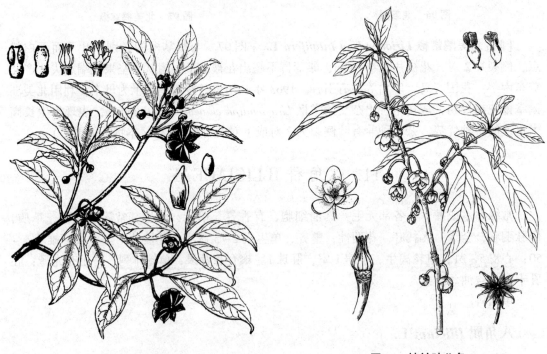

**图 98　八角**　　　　　　　　　　　**图 99　披针叶八角**

**2. 披针叶八角**（莽草）*Illicium lanceolatum* A. C. Smith 图99

高5~15m。叶常簇生枝顶，革质，披针形或倒披针形，6~15cm×1.5~4.5cm，先端尾尖或渐尖，基部窄楔形或渐窄，上面中脉下凹，侧脉在两面不明显；叶柄长8~15mm。花单生或2~3花，红色至深红色；花梗长2~5cm；花被片10~15；心皮10~14。聚合果径3.4~4cm，蓇葖10~14，长1.4~2.1cm，顶端喙尖内弯，长3~7mm。花期4~6月，果期9~10月。

产华中、华东；海拔300~1000m；生山沟、溪边、洞旁及林下。叶、果可提取芳香油，作香料原料；果有剧毒，不可误食。树姿美，花红色，叶浓绿，对二氧化硫等有害气体有一定的抗性，可作城市园林绿化树种。

**3. 假地枫皮** *Illicium jiadifengpi* B. N. Chang 图100

高8~20m。叶常3~5簇生枝顶，革质，长椭圆形或椭圆形，7~16cm×2~4.5cm，先端尾尖或渐尖，基部渐窄；上面中脉凸起；叶柄长1.5~3.5cm。花单生，淡黄色；花梗长2~3cm；花被片23~55，薄肉质，窄舌形；心皮12~14。聚合果径3~4cm，蓇葖12~14，长1.5~1.9cm，先端喙细尖，尖头长3~5mm。花期3~5月，果期8~10月。

产华中、华南、华东；海拔350~2200m；生于山地沟谷、山脊或山坡湿润阔叶林中。根皮和茎皮入药，有小毒，外用治风湿骨痛、跌打损伤。应推广种植。

图100 假地枫皮

## 12. 领春木科 EUPTELEACEAE

落叶灌木或乔木。枝有长枝、短枝之分，散生椭圆形皮孔，基部具多数环状芽鳞痕；无顶芽，侧芽鳞多数，为鞘状叶柄基部包被。单叶互生，边缘有锯齿，羽状脉，叶柄长；无托叶。花小，先叶开放，两性，6~12朵簇生于叶腋；具花梗；无花被；雄蕊多数，1轮，花丝条形，药隔凸出；心皮多数，离生，1轮，子房1室，倒生胚珠1~3。聚合翅果，小果大刀状；种子小而扁平，椭圆形。

仅1属，分布东亚及印度、不丹。

**领春木属** *Euptelea* Sieb. et Zucc.

形态特征同科。

2种，1种产我国及印度、不丹，另1种产日本。

**领春木** *Euptelea pleiosperma* J. D. Hook. & Thomson 图 101

高 4~15m；树皮紫黑色或棕灰色。小枝无毛，紫黑色或灰色；芽卵形，芽鳞深褐色，有光泽。叶纸质，通常卵形或近圆形，长 5~16cm，边缘中上部疏生不整齐锯齿，无毛或下面脉上被平伏毛，脉腋具簇生毛，侧脉 6~11 对；叶柄长 2~6cm。花簇生，先叶开放；雄蕊 6~18，花药红色，比花丝长；子房偏斜，具长柄。翅果大刀形；种子卵形，紫黑色。花期 4~5 月，果期 7~10 月。

产华北、华中、华东、西北及西南；印度、不丹亦产；海拔 700~3600m；生于沟谷溪边林中或林缘。中性偏喜光树种。喜湿润凉爽气候，常居林冠下层。系第三纪古老孑遗植物，典型的东亚特有种，具原始性状，又属寡种科，对于研究古植物区系、古地理气候以及被子植物的系统演化具有重要的学术价值。

图 101 领春木

## 13. 连香树科 CERCIDIPHYLLACEAE

落叶乔木；枝分长枝和短枝。叶掌状脉，托叶早落。花单性，雌雄异株，先叶开放，均生于短枝上；花无花被，苞片 4；雄花单生或簇生，近无梗，雄蕊(1)7~13，花丝细长，花药条形，红色，顶端具短尖附属物；雌花 4~8 簇生，具短梗，离生心皮 2~6(8)，子房上位，1 室，胚珠多数。聚合蓇葖果具宿存花柱；种子扁平，一端有翅。

单属科，仅 1 属。

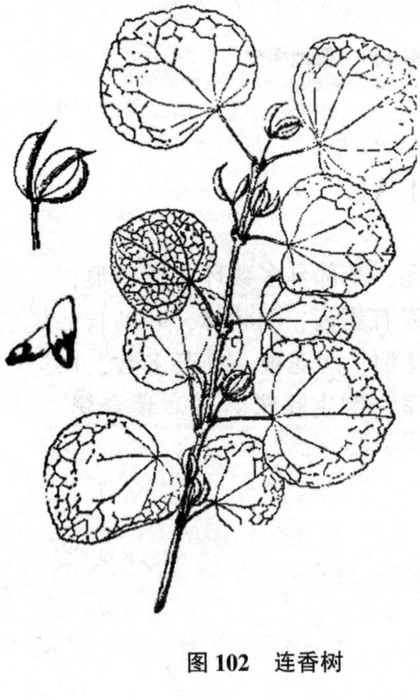

### 连香树属 *Cercidiphyllum* Sieb. et Zucc.

形态特征同科。

2 种，产东亚，我国 1 种。

**连香树** *Cercidiphyllum japonicum* Sieb. et Zucc. 图 102

高 40m；树皮灰色或棕灰色，呈片状剥落。短枝上叶近圆形或心形，长枝上呈椭圆形或三角形，4~7cm×3.5~6cm，先端圆钝或急尖，基部心形或截形，边缘有圆钝锯齿，齿端具黄色腺体，两面无毛，掌状脉 5~7；叶柄长 1~2.5cm，紫红色。蓇葖果褐色或黑色，有宿存花柱；种子数粒，扁平，先端有透明翅。花期 4~5 月，

图 102 连香树

果期 9~10 月。

产山西、河南、陕西、甘肃以南，至长江中下游山地；日本亦产；海拔 650~2700m；生于山谷林缘或落叶常绿混交林中空旷地。暖温带南部至中亚热带中山树种。喜光，宜温凉湿润气候。木材淡褐色，纹理通直，结构细致，质地坚硬。叶含麦芽醇，是香料工业重要的香味增强剂。树形优美，新叶带紫色，秋季转黄色或猩红色，可作园林绿化树种。第三纪孑遗植物，稀有濒危，国家保护植物。

## 14. 番荔枝科 ANNONACEAE

乔木、灌木或木质藤本，体内具油细胞；叶和木质部常有香气。单叶，互生，全缘，羽状脉；无托叶。花两性，稀单性，辐射对称，单生、簇生、圆锥或聚伞花序；萼片 3，常与花瓣相似；花瓣 6，2(1) 轮，每轮 3；花托通常隆起，雄蕊多数，螺旋状排列，药室 2，花丝短而厚，药隔凸起或截形；心皮 1 至多数，离生，胚珠 1 至多数。多心皮发育为聚合浆果或聚合蓇葖果，常呈辐状开展；种子常有假种皮，胚乳丰富，皱褶状，胚微小。

约 129 属 2300 种，分布热带及亚热带地区，主要分布东半球。我国 24 属 120 种，主产西南至台湾。多生于热带低海拔潮湿森林中，是热带植物区系的主要科，为用材、水果、纤维、芳香油、药用、观赏等树种。

1. 花瓣 6，排成 2 轮，每轮 3 片，内外 2 轮或内轮覆瓦状排列 ················· **1. 紫玉盘属** *Uvaria*
1. 花瓣 6，排成 2 轮，稀 3 片仅有 1 轮，全部为镊合状排列。
  2. 外轮花瓣比内轮花瓣小，与萼片相似，不易区别 ················· **2. 野独活属** *Miliusa*
  2. 外轮花瓣与内轮花瓣等大或较内轮大，少数外轮比内轮小的则为单性花，与萼片有明显的区别，有时内轮花瓣退化或全部消失而仅存外轮花瓣 3 片 1 轮。
    3. 成熟心皮合生成一肉质的聚合浆果 ················· **3. 番荔枝属** *Annona*
    3. 成熟心皮离生。
      4. 攀缘灌木 ················· **4. 瓜馥木属** *Fissistigma*
      4. 乔木或直立灌木。
        5. 内轮花瓣基部有爪或柄，上部内弯而边缘黏合呈帽状体或圆球状 ··· **5. 银钩花属** *Mitrephora*
        5. 内轮花瓣基部无爪，上部张开或边缘靠合呈三棱形。
          6. 药隔顶端截形或宽三角形，几乎将药室隐藏。
            7. 胚珠多枚，侧生 ················· **6. 蕉木属** *Chieniodendron*
            7. 胚珠 1~2，基生或近基生 ················· **7. 暗罗属** *Polyalthia*
          6. 药隔顶端尖 ················· **8. 藤春属** *Alphonsea*

### 1. 紫玉盘属 *Uvaria* L.

木质藤本或攀缘灌木，稀小乔木。常被星状毛。叶具整齐羽状脉；叶柄粗壮。花两性，单生或多朵集成密伞花序或短总状花序；萼片 3，镊合状排列；花瓣 6，2 轮，每轮 3，覆瓦状排列；花托凹陷，被毛；雄蕊多数，药隔扩大呈多角形或卵状长圆形，药隔顶端圆或截形；心皮多数，稀少数（国外种），每心皮有胚珠多枚，稀 2~3。成熟心皮浆果状，通常具柄。

约150种，分布热带及亚热带地区。我国产8种，分布西南和华南。多为药用植物和纤维植物。花大而鲜艳，优良观赏植物。

**紫玉盘** *Uvaria macrophylla* Roxb. 图103

直立或攀缘灌木，长18m。全株各部幼体被星状毛。叶革质，长倒卵形或长椭圆形，9~30cm×3~15cm，顶端急尖或钝，基部近圆形或浅心形，侧脉9~22对。花暗紫红色或浅红褐色，径2~3.8cm，1~2朵与叶对生；花梗长0.5~4cm；萼片阔卵形，长和宽4~5cm；内外轮花瓣卵圆形，长1.2~2cm；心皮长圆形或线形，柱头马蹄形，顶端2裂且内卷。果球形或卵圆形，1~3cm×1~1.5cm，暗紫褐色，顶端有短尖头。种子圆球形，径6.5~7.5mm。花期3~8月，果期7月至翌年3月。

产云南、广西、广东、香港、海南和台湾；越南、斯里兰卡、菲律宾和老挝等亦产；海拔200~1500m；生于灌木丛中或山地疏林中。热带至南亚热带树种。茎皮纤维坚韧，可编制绳索、麻袋；根药用可治风湿、跌打；叶药用可止痛消肿；花大，紫红色，可作庭园观赏植物。

图103 紫玉盘

## 2. 野独活属 *Miliusa* Lesch. ex DC.

乔木或灌木。叶互生，羽状脉。花两性或单性（国外种），绿色或红色，单生、簇生或集成聚伞花序；萼片3，小，镊合状排列；花瓣6，2轮，镊合状排列，外轮花瓣较小，萼片状，内轮花瓣甚大，卵状长圆形，顶端常反曲，初时边缘黏合，后分开，基部囊状，有短爪；花托圆柱状凸起；雄蕊多数，药隔顶端急尖或有小尖头；心皮多数，每心皮1胚珠至多数，1或2排，柱头顶端通常全缘。果球形或圆柱形。种子1至多颗。

约38种，分布亚洲热带及亚热带地区。我国产7种，分布西南和华南各地。

**囊瓣木** *Miliusa horsfieldii* (Benn.) Pierre [*Saccopetalum prolificum* (Chun et How) Tsiang] 图104

常绿乔木，高25m；树皮淡黄褐色；全株各部密被长柔毛或柔毛。叶纸质，椭圆形至长圆形，4~13cm×2~4cm，侧脉10~14对。花暗红色，长2cm，单生叶腋，下弯；外轮花瓣披针形，长

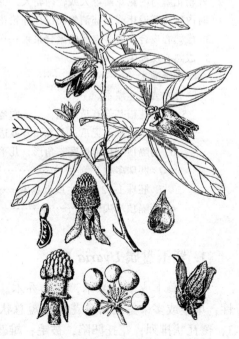

图104 囊瓣木

7mm，内轮卵状披针形，长2cm，有1条明显的中肋，基部囊状；心皮15～30。果卵形或近球形，径2cm，熟时暗红色。花期3～4月，果期7～8月。

产海南；生于海拔500m以下；生于半常绿季雨林和雨林中。边缘热带到中热带树种。耐阴，喜庇荫和热湿环境，在深厚肥沃的酸性砂壤土上生长良好。干直，纹理直，结构细，坚硬不裂，材质优良。国家保护植物。

### 3. 番荔枝属 Annona L.

乔木或灌木，被单毛或星状毛。叶互生，革质，羽状脉。花单生或集生、腋生或与叶对生；萼片3，镊合状排列；花瓣3，1轮，内轮常退化呈鳞片状或缺失，镊合状排列；雄蕊多数，药隔膨大，顶端截形，花丝肉质；心皮多数，通常合生，胚珠1，直立，基生。聚合浆果大，肉质，外果皮平滑或具刺。

137种，分布美洲和非洲热带地区，亚洲热带地区有栽培。我国引入栽培7种。为著名的热带果树。

**番荔枝 Annona squamosa L.** 图105

落叶小乔木，高5m，多分枝。叶纸质，椭圆状披针形或长圆形，6～18cm×2～8cm，下面苍白绿色，被微毛至无毛，侧脉8～15对，上面平伏，下面凸起。花单生或几朵聚生，青黄色；花蕾披针形；外轮花瓣厚而肉质，内轮的退化呈鳞片状。聚合浆果球形或心状圆锥形，径5～10cm，黄绿色，外被白粉霜，成熟时小果微相连。花期5～6月，果期6～11月。

原产热带美洲。现广植于热带地区。浙江、台湾、云南、华南有栽培。果可食，含丰富维生素C，为优良热带果树。树形整齐，叶淡绿，花青黄色，果硕大奇特，常栽植为园林树种。

[附] **牛心果 Annona glabra L.** 与番荔枝的区别：常绿乔木，高12m。侧脉两面凸起。内轮花瓣外面黄白色或浅绿色，内面基部红色。果牛心状，平滑无毛，初时绿色，成熟时淡黄色。原产热带美洲。云南、浙江、福建、台湾、广西、广东和海南等地栽培。木材黄褐色，较轻。果可食。

图105 番荔枝

### 4. 瓜馥木属 Fissistigma Griff.

攀缘灌木。单叶互生，侧脉羽状，平行伸展至叶缘。花两性，单生或多朵组成密伞花序、团伞花序或圆锥花序；萼片3，被毛；花瓣6，2轮，镊合状排列，外轮的稍大于内轮，外轮花瓣扁平三角形或外面扁平而内面凸起，内轮的上部呈三角形，下部较宽而内凹；雄蕊多数，药隔卵形或三角形；心皮多数，分离，通常被毛，柱头顶端2裂或全缘，

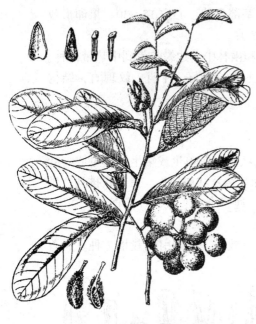

图106 瓜馥木

每心皮有胚珠1~14，侧生。聚合果呈辐状展开，果球形或长圆形，被短柔毛或绒毛，有柄。

75种，广布热带非洲、大洋洲和亚洲热带和亚热带地区。我国22种，产东南、华南和西南。

**瓜馥木** *Fissistigma oldhamii* (Hemsl.) Merr. 图106

攀缘灌木，长8m。小枝被黄褐色柔毛。叶革质，倒卵状椭圆形或长圆形，6~15cm×2~5cm，顶端圆或微凹，下面被短柔毛，老渐几无毛，侧脉6~20对，下面明显凸起。花1~3组成密伞花序；总花梗长2.5cm；萼片阔三角形；外轮花瓣卵状长圆形，长2.1cm，内轮花瓣略小于外轮；雄蕊长圆形，药隔稍偏斜三角形；心皮被绢质长毛，柱头顶端2裂，每心皮有胚珠10，2排。果圆球形，径约1.8cm，密被黄棕色绒毛。花期4~9月，果期7月至翌年2月。

产云南、湖南、浙江、江西、福建、台湾、广西、广东和海南；越南亦产；海拔300~1500m；生于疏林或灌木丛中。花可提制瓜馥木花油或浸膏，用作调制化妆品和皂用香精的原料；根药用，治跌打损伤和关节炎等。

## 5. 银钩花属 *Mitrephora* (Bl.) Hook. f. et Thoms.

乔木。叶互生，羽状脉。花两性，稀单性，单生或数朵集成总状花序，腋生或与叶对生；萼片3，圆形或宽卵形；花瓣6，2轮，镊合状排列，外轮花瓣大于内轮花瓣，薄膜质，有脉纹，内轮花瓣箭头形或铁铲形，基部有长爪；雄蕊多数，药室外向，离生，药隔顶端截形；心皮多数，每心皮有胚珠4至多枚，2排。成熟心皮卵圆形、球形或长椭圆形。

约40种，分布亚洲热带和亚热带至大洋洲。我国4种，产西南和华南。多为用材树种。

**银钩花** *Mitrephora thorelii* Pierre  图107

乔木，高25m，胸径50cm。树皮略有甜味，灰黑色，韧皮部赭色。小枝、叶下面、叶柄、总花梗、花梗、萼片、花瓣两面、果和果柄均密被锈色或褐色柔毛或绒毛。叶近革质，卵形或长椭圆形，7~15cm×3.5~10.5cm，

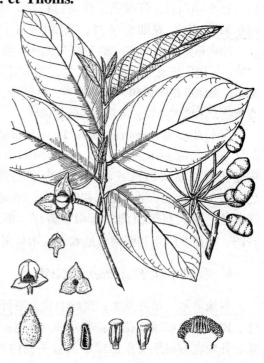

图107 银钩花

下面沿中脉密被毛，侧脉每边8~14对，在上面凹陷。花淡黄色，径1~1.5cm，单生或数朵组成总状花序；外轮花瓣卵形，长约为萼片的3倍，内轮花瓣菱形，下部渐狭成爪，边缘黏合成一帽状体；每心皮有胚珠8~10，2排。果卵形或近球形，成熟时有环纹，1.6~2cm×1.4~1.6cm，果柄长为果的2~3倍。花期3~4月，果期5~8月。

产云南、广西和海南；柬埔寨、老挝、泰国和越南等亦产；海拔300~800m；生于密林中。木材坚硬，干燥后少开裂，不变形。

## 6. 蕉木属 *Chieniodendron* Tsiang et P. T. Li

乔木。叶互生，羽状脉。花两性，1~2朵腋生或腋外生，具短梗，基部有小苞片；萼片3，基部合生；花瓣6片，2轮，镊合状排列，内外轮近等长，但内轮较窄，内凹呈瓢状，肉质，干后革质；雄蕊多数，药隔扩大，顶端截形或近截形；心皮2~12，被长柔毛，每心皮有胚珠10，2排，柱头卵形。成熟心皮椭圆形、圆柱形或倒卵形，被锈色微绒毛，种子之间有时有缢纹；种子多数，2排。

约4种，分布我国及马来西亚和印度尼西亚。我国产1种。

**蕉木** *Chieniodendron hainanense* (Merr.) Tsiang et P. T. Li  图108

常绿乔木，高16m，胸径50cm。全株均被锈色柔毛。叶薄纸质，长圆形或长圆状披针形，6~10cm×2~3.5cm，仅叶脉被柔毛；中脉上面凹陷，侧脉6~10对。花黄绿色，径约1.5cm，1~2腋生或腋外生；花梗长6mm；外轮花瓣长卵圆形，长14~17mm，内轮花瓣略短而厚；心皮长圆形，密被长柔毛，柱头棒状，基部缢缩。果圆柱形或倒卵形，2~5cm×2~2.5cm，外果皮有凸起纵脊，种子之间有缢缩。种子斜四方形，长16mm。花期4~12月，果期8月至翌年3月。

产广西和海南；海拔300~600m；生于山谷水旁密林中。木材坚硬。

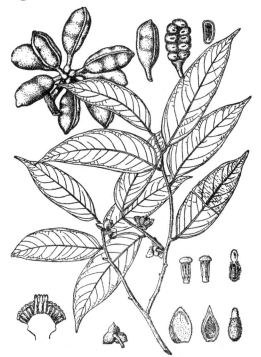

图108 蕉木

## 7. 暗罗属 *Polyalthia* Bl.

乔木或灌木。叶互生，羽状脉。花两性，稀单性，腋生或与叶对生、单生或集生，有时生于老干上；萼片3，镊合状或近覆瓦状排列；花瓣6，2轮，镊合状排列，内外轮近等大；雄蕊多数，楔形，药室外向，药隔顶端截形或近圆形；心皮多数，分离，胚珠1~2，基生或近基生。聚合浆果，小果球形、长圆形或卵形，具小果梗和总果梗。

100种，分布东半球热带及亚热带地区。我国18种，产西南、华南及台湾。

**细基丸** *Polyalthia cerasoides* ( Roxb. ) Bedd.　　图 109

乔木，高 20m，胸径 40cm；树皮暗灰黑色，粗糙。小枝密被褐色长柔毛，老枝无毛，具皮孔。叶纸质，长圆形、披针形或椭圆形，6~19cm×2.5~6cm，下面被柔毛。花单生叶腋，绿色，径 1~2cm；花瓣长卵形，长 8~9mm，内外轮近等长或内轮稍短，厚，被微毛；心皮长圆形，被柔毛。小果球形或卵形，径 6mm；小果梗长 1.5~2cm。花期 3~5 月，果期 4~10 月。

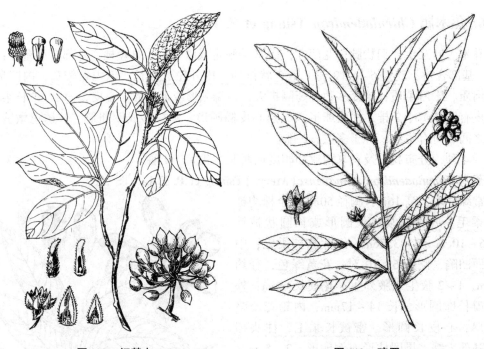

**图 109　细基丸**　　　　　　**图 110　暗罗**

产广东、广西、云南；东南亚地区亦产；海拔 800m 以下。耐干热气候，喜光，耐旱，耐火，萌芽性强，迹地天然更新良好。木材淡黄色，纹理不直，结构细，坚重。

[附] **暗罗** *Polyalthia suberosa* ( Roxb. ) Thw.　　图 110　灌木或小乔木。小枝、叶柄、花梗、萼片外面、花瓣外面、心皮、果和果柄均被微柔毛或柔毛。叶长椭圆形或倒卵状长圆形，5~11cm×2~4cm。花淡黄色，1~2 朵与叶对生；外轮花瓣与萼片同形，但较长，内轮花瓣长于外轮花瓣约 1~2 倍；每心皮基生胚珠 1。产广西、广东和海南；东南亚国家亦产。

## 8. 藤春属 *Alphonsea* Hook. f. et Thoms.

乔木。叶互生，羽状脉，有叶柄。花单生或几朵组成丛生花序，与叶对生或腋上生；萼片 3，小，镊合状排列；花瓣 6，2 轮，每轮 3，镊合状排列，彼此等大或内轮的稍小，但均比萼片大，通常基部囊状而内弯；花托圆柱状或半球状凸起；雄蕊多数，药室外向，毗连，药隔顶端短尖而延伸于药室外；心皮 1 或 3~8，具胚珠 4~24，2 排，花柱长圆形或压缩，柱头球形或近球形。成熟心皮球形或近球形。

约 30 种，分布亚洲热带和亚热带地区。我国 6 种，产云南、贵州、广西和广东。

**毛叶藤春 *Alphonsea mollis* Dunn** 图 111：12

常绿乔木，高 20m。干通直，树皮暗灰褐色，有不明显的纵棱，韧皮部赭色，纤维坚韧；枝条多，幼枝密被绒毛，老渐无毛。叶纸质，椭圆形或卵状长圆形，6~12cm×2.5~4.5cm，顶端短渐尖且有钝头，下面被长柔毛，侧脉 10 对，纤细，两面明显。花黄白色，单生或双生；外轮花瓣顶端外弯，外面被绒毛，内轮花瓣比外轮稍短；心皮 3，被绒毛，花柱压缩。果熟时黄色，卵形或椭圆形，长 2~4cm，被黄褐色绒毛，内有种子数颗。花期 3~5 月，果期 6~8 月。

产云南、广西、广东和海南；海拔 600~1000m；生于山地常绿林中。木材坚硬，结构致密均匀。果熟时可食。

**[附] 藤春 *Alphonsea monogyna* Merr. et Chun** 图 111：1~11 与毛叶藤春的区别：叶两面无毛，干后苍白色，花具 1 心皮，果近球形，密被污色短粗毛，有不明显的瘤状凸起。

图 111　1~11. 藤春　12. 毛叶藤春

产云南、广西和广东；越南亦产；海拔 400~1200m。材质坚硬。花芳香，可提取芳香油。

## 15. 樟科 LAURACEAE

乔木或灌木(除无根藤属)；具油细胞，各部有香气。小枝黄绿色。单叶互生，稀对生或轮生，全缘，极少分裂；无托叶。花小，黄绿色，两性或单性，聚伞花序为基本单元，或再聚成各种花序；有苞片或聚为总苞；花被基部常连合为花被筒，裂片 6(稀 4)，2 轮；雄蕊 3~12，每轮 3，花丝基部具 2 粒状腺体或无，最内轮雄蕊常退化，花药 4 或 2 瓣裂；子房上位，稀下位，1 室，1 胚珠。浆果或核果，常具宿存花被筒(果托)；种子无胚乳。

45 属 2000 余种，主要分布热带和亚热带。我国 24 属 400 余种，主产长江以南。系用材、芳香油、油脂、药用、园林绿化树种；乔木种类多为良木，在民间四大名材——樟、梓、楠、椆中，樟科占了两席；同时也是组成常绿阔叶林的重要区系成分。

1. 花两性，多为圆锥花序，不具总苞，稀总状花序，具花苞。
　2. 花药 4 室。
　　3. 果期时花被形成花被筒(果托)；脉腋常具腺窝 ………………………………… **1. 樟属 *Cinnamomum***
　　3. 果期时花被不形成花被筒(果托)；脉腋无腺窝。
　　　4. 果期时花被裂片宿存于果下。
　　　　5. 宿存花被裂片质硬，直立，紧贴于果下；核果椭圆形，高大于径 …………… **2. 楠属 *Phoebe***
　　　　5. 宿存花被裂片质薄，水平开展；核果常为圆球形 …………………………… **3. 润楠属 *Machilus***

4. 果期花被裂片不宿存于果下。
  6. 土著植物；果椭圆形，中小型，果径 <2cm ·················· **4. 油丹属 *Alseodaphne***
  6. 引入栽培种；果梨形，大型肉质，果径 >8cm ·················· **5. 鳄梨属 *Persa***
2. 花药 2 室；果全部包被于囊状花被筒中，或花被筒不宿存。
  7. 果时无宿存花被筒；芽常具 2 对生芽鳞 ·················· **6. 琼楠属 *Beilschmeidia***
  7. 果藏于花被筒中；芽常为裸芽 ·················· **7. 厚壳桂属 *Cryptocarya***
1. 单性花，多为伞形花序，具总苞。
  8. 花各部 3 数，花被裂片 6。
   9. 叶常具 2~3 浅裂；总苞苞片早落，总状花序 ·················· **8. 檫木属 *Sassafras***
   9. 叶常不分裂；总苞苞片迟落。
    10. 花药 4 室 ·················· **9. 木姜子属 *Litsea***
    10. 花药 2 室 ·················· **10. 山胡椒属 *Lindera***
  8. 花各部 2 数，花被裂片 4 ·················· **11. 新木姜子属 *Neolitsea***

## 1. 樟属 *Cinnamomum* Trew

  常绿乔木或灌木；树皮常有香气。叶互生，偶近对生，三出脉和离基三出脉，或羽状脉，羽状脉类下面脉腋常有腺窝，上面相应呈泡状隆起。花两性；圆锥花序，常生枝顶部叶腋；花被筒杯状，裂片 6，花后脱落或残留；能育雄蕊 9，花药 4 室，第 1、2 轮雄蕊花药内向，第三轮花丝有 2 腺体，花药外向，最内轮为矢形不育雄蕊；雌蕊瓶状。浆果，果托（花被筒）杯状，裂片波状残存或脱落。

  250 种，分布亚洲热带、亚热带及太平洋岛屿。我国 50 种，主产长江以南，为常绿阔叶林主要组成种，亦为天然林保护工程的目标树种。多优质木材。

1. 芽鳞多数紧密贴生；叶互生，羽状脉，偶为近离基三出脉，脉腋有腺窝；果托无宿存花被裂片，果球形或卵球形。
  2. 叶下面 1 对侧脉强劲，为离基三出脉，侧脉及支脉脉腋具腺窝 ·················· **1. 樟树 *C. camphora***
  2. 叶为羽状脉，侧脉脉腋具腺窝或不明显。
   3. 叶两面明显有毛或在成熟时仅下面有毛。
    4. 花序光滑无毛；花被片内面具白色绢毛；叶初时被细柔毛，很快上面光滑无毛，下面有绢毛 ··················  **2. 猴樟 *C. bodinieri***
    4. 花序密被毛；小枝、叶上面和花序密被白色绢毛 ·················· **2a. 银木 *C. septentrionale***
   3. 成熟叶两面无毛。
    5. 叶干时下面呈黄褐色；花序长 3~5cm，具 5~7 花；果托漏斗形，果椭圆形 ·················· **3. 沉水樟 *C. micranthum***
    5. 叶干时下面不呈黄色；圆锥花序具多花；果梗由下向上增粗，或为号筒形，果卵球形。
     6. 叶先端不为镰形；花序长 5~12cm，花稀疏。
      7. 叶侧脉脉腋腺窝不明显 ·················· **4. 黄樟 *C. parthenoxylon***
      7. 叶侧脉脉腋具明显腺窝，呈泡状隆起 ·················· **5. 云南樟 *C. glanduliferum***
     6. 叶卵圆形，先端镰形；花序长 10~20cm，密集多花 ·················· **4a. 油樟 *C. longepaniculatum***
1. 芽鳞少数，较松散；叶近对生，偶互生，明显三出脉，脉腋无腺窝；果托托缘常残存花被裂片，果椭圆形。
8. 小枝、叶下面、叶柄及花序轴密被浅黄色至银色绒毛或柔毛。
   9. 小枝粗，四棱形；叶厚革质，叶大，长 8~16cm 或更大；果托缘具齿裂或缺齿裂隙 ············································································································· **6. 肉桂** *C. cassia*
   9. 小枝细；叶形细小，通常长 4~8cm；果托缘具波状齿裂············ **7. 香桂** *C. subavenium*
8. 小枝、叶下面、叶柄及花序轴无毛或微被细绢毛。
   10. 果托缘平截或波状，无齿。
      11. 叶两面无毛 ························································································ **8. 天竺桂** *C. japonicum*
      11. 叶下面常被细绢毛；花果梗细长，长 0.6~2cm；叶基部下延至叶柄 ······ **8a. 川桂** *C. wilsonii*
   10. 果托缘具 6 齿裂 ··························································································· **9. 阴香** *C. burmanii*

**1. 樟树**(香樟) *Cinnamomum camphora* ( L. ) Presl　图 112

高 28m，胸径 5m；树皮黄褐色，纵裂。小枝光绿无毛。叶互生，近革质，卵形或卵状椭圆形，7~12cm×3~5.5cm，先端尖，基部楔形或圆，边缘波状，光绿，下面微有白粉，离基三出脉，脉腋有腺窝；叶柄长 2~3cm。花序长 4~7cm；花黄绿色，径 6mm。果圆球形，径 6~8mm，熟时紫黑色；果托杯状，果梗不增粗。花期 4~5 月，果期 10~11 月。

产长江以南各地，以东南地区及台湾最盛；海拔 500m 以下平丘习见。中亚热带树种。不甚耐寒(至 -7℃)，稍耐阴，宜温暖多雨气候和肥沃深厚酸性至中性红壤；但在贫瘠的红壤荒地也能种植成功；萌芽性强，寿命长，数百年的古木巨树并不鲜见，如江西安福县一株古树，高 28m，胸围达 21.5m。木材黄褐色，心材色深黄带红，芳香，有光泽，耐腐，细致，纹理美丽，密度 0.58g·cm$^{-3}$；根、茎、叶可提取

图 112　樟树

樟脑及樟油；种子含油脂 65%。树形整齐，孤立木树冠开展，枝叶浓绿，江南城市园林广为种植；对大樟树移植技术日益成熟，数以万计的农村天然大樟树已被移植于城市中；樟树愈伤力极强，截枝的主干经萌芽能再生，历数年又重现一片欣欣向荣的新绿。危害樟树的昆虫种类确有不少，但真正成灾的较为鲜见，可见樟树实属一种近理想的荫木和园林树。天然植株为国家保护植物。

**2. 猴樟** *Cinnamomum bodinieri* Levl.　图 113：1~7

高 18m，胸径 60cm；树皮褐色，开裂。小枝无毛。叶互生，薄革质，卵状椭圆形或卵形，9~16cm×3~9cm，短渐尖或尾尖，叶基楔形至稍圆，下面被绢毛，有白粉，侧脉 4~7 对，常弧曲斜上，脉腋有腺窝。花序长 9~13cm；花被裂片内面被绢毛。果球形，径 7~8mm；果托碟形；果梗长 6cm，由下至上渐粗，近号筒形。

产湖北和湖南西部、四川东部、贵州至云南；海拔 300~1500m；生于湿润石灰岩山地或酸性基岩。稍耐阴。天然更新好，能萌芽更新，生长较快。用途略同樟树。植株全体各部可提取芳香油。

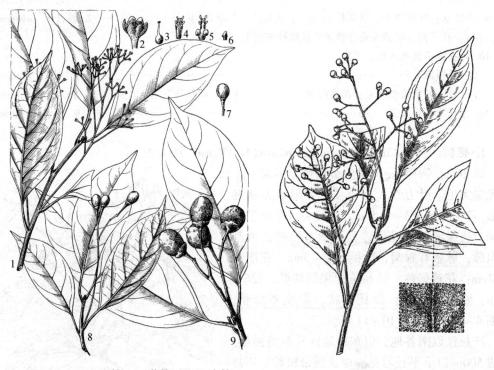

图 113　1~7. 猴樟　8. 黄樟　9. 沉水樟　　　　图 114　银木

**[附]2a. 银木 *Cinnamomum septentrionale* Hand. -Mazz.**　图 114　与本属其他种的区别：芽、幼枝、叶柄、叶下面、花序总梗及分枝、花被片及花被筒均被白色绢毛。叶椭圆形或倒卵椭圆形，10~15cm×5~7cm，基部楔形，下面灰白色。果卵球形，径 8mm，果托先端膨大为盘形。产四川、湖北西部、甘肃南部及陕西南部。生长较同地樟树快，并较樟树耐寒，现东南各地广为引种栽培，生长表现优良。宜为行道树、荫木。材质上乘。

**3. 沉水樟 *Cinnamomum micranthum*(Hayata) Hayata**　图 113：9

高 20(34)m，胸径 80(180)cm；树皮黑褐色，纵裂。叶互生，薄革质，椭圆状长圆形，7~12cm×4~6.5cm，短渐尖，基宽楔形或圆，两面无毛，干时黄绿色，下面黄褐色，侧脉 4~5 对，脉腋有腺窝。圆锥花序长 3~5cm，少花(5~7)；花小，长 4mm。果椭圆形，较大，1.8~2.5cm×1.5~2cm，果托漏斗形，杯状，边缘波状。花期 7~9 月，果期翌年 10 月。本种野外鉴别特征是：树皮坚硬，内皮褐色，树干砍倒后有多量水分流出。

产江西、湖南、福建、广西、广东、台湾；海拔 300~1000m。中亚热带至南亚热带北部树种。稍耐阴，宜温暖湿润气候，不耐寒冻，在酸性基岩与石灰岩土壤上均可生长。萌芽性强，根系深，寿命长，在福建建瓯万木林自然保护区内，保存有自明代建文元年(1399 年)以来就加以封禁保护的 600 年左右的沉水樟古树群，至今仍然生长正常。在繁殖生物学上本种存在严重缺陷是花期长达 3 个月，果实延至翌年秋季成熟，果实成熟前大量落果，种子空壳率高，结实量低，发芽率低。天然林木生长高耸挺直，枝下高长，树冠开展，颇具速生树之表型。人工栽培生长更快，在福建莘口林场的杉木与沉水樟混交林中，本种 31 年生立木生长量为 15.7m/21.2cm；江西吉安林业科学研究所采用扦插苗种植，19 年生植株生长量为 12m/35cm，而同年种植的樟树生长量仅为 7.5m/24cm。本种的优良品质已为林业界所共识，推广的主要难点可能由于种源稀少，扦插繁殖技术未能普及。

**4. 黄樟** *Cinnamomum parthenoxylon* ( Jack. ) Ness    图 113：8

高 25m；树皮暗灰色，深纵裂，内皮红色。叶薄革质，互生，卵状椭圆形，7～13cm×3～6cm，短渐尖，基楔形或稍宽，干时黄绿色，下面有时粉白，侧脉 4～5 对，弧状，近平行，脉腋有腺窝。花序长 4～8cm，花黄绿色，径 6mm，裂片内部被毛。果球形，径 7～8mm；果托碟形；果梗长 1cm，向上逐渐膨大，似号筒形。

产长江以南多数省区；海拔 1000m 或 1500m（云南）以下，但在低丘地则为樟树所代。稍耐阴，在山坡、山麓、酸性基岩土上与栲、椆、木荷、杜英、蕈树混生。萌芽性强，生长快。木材代樟树。黄樟油为名贵香精，供食品、化妆品、香皂用。

**[附]4a. 油樟** *Cinnamomum longepaniculatum* ( Gamble ) N. Chao ex H. W. Li    图 115

叶卵形或椭圆形，6～12cm×3.5～6.5cm，先端骤短渐尖至长渐尖，常呈镰形，脉腋在上面呈泡状隆起，下面有小腺窝。花序长 10～20cm，多分枝，多花聚集。果球形，径 8mm；果托顶端盘状增大。产四川（宜宾为名产地）、陕南、鄂西。干及枝叶均含芳香油，油的主要成分为桉叶油素、芳樟醇及樟脑等，用于化妆、食品、医药及化工业；果核可榨取工业油脂。

**5. 云南樟** *Cinnamomum glanduliferum* ( Wall. ) Ness    图 116

高 20m；树皮灰褐色，纵裂，内皮红褐。顶芽卵球形，密被绢毛，小枝具棱，无毛。

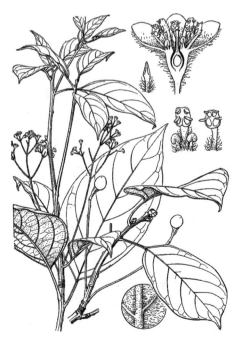

图 115　油樟

图 116　云南樟

叶革质，椭圆形或卵状椭圆形，7～15cm×4～6.5cm，急尖或短渐尖，基部楔形至圆形，鲜时光绿色，干时黄绿色，下面无毛，侧脉4～5对，最下面1对有时弧曲斜上，脉腋有明显的腺窝，上面呈泡状隆起。花序长5～10cm；花长3mm，淡黄色。果球形，径1cm；果托碟状，边缘波状；果梗长1cm，由下至上增粗似号筒形。花期3～5月，果期7～9月。

产云南、四川、贵州、西藏；东南亚地区亦产；海拔1500～2500m。稍耐阴，喜温，与滇青冈、元江栲、山玉兰等组成常绿阔叶林。生长快，萌芽性强。材质略同樟树。叶可提取樟脑及樟油；种子含油30%。

**6. 肉桂 *Cinnamomum cassia* Presl**　图117

栽培树高5～10m；树皮厚，灰褐色。幼枝四棱形，芽、小枝、叶柄及花序轴密被灰黄色短绒毛。叶厚革质，近对生或枝梢叶互生，长圆形或窄椭圆形，8～16cm×4～6cm或更大，短尖具钝头，上面光绿，下面疏被黄色柔毛，三出脉自叶基5～10mm处发出，强劲，在上面凹陷，下面突起，第二级脉呈波状横行；叶柄粗。花序大，长7～17cm；花白色，长5mm，花被裂片两面被毛。果椭圆形，10mm×0.7mm；果托浅杯状，托缘波状齿裂。花期5～6月，果期翌年2～3月。

原产广西，现为中心产区。华南各地均有栽培。苗期耐阴，喜南亚热带温热气候，产区年平均气温20～22.5℃，1月平均气温7～16℃，最低温度-2.5℃，年降水量1500～2500mm。宜酸性基岩发育的肥沃疏松红黄壤。寿命百余年，苗期生长慢；萌芽力强，一般实施矮林作业，能萌芽更新10多次，造林5年后，平均每公顷每年可采剥桂皮600～750kg。树皮、枝、叶、花、果、根均药用，主用树皮即"桂皮"，功能温中、散寒、活血、祛瘀、健胃、散风湿；各部又可提取桂油，桂醛占80%～90%，桂皮、桂油为我国特产，占世界产量80%，为重要出口产品。木材淡黄色。叶大光绿，可为观叶树盆栽于室内。

**图117　肉桂**

**图118　香桂**

**7. 香桂 *Cinnamomum subavenium* Miq.** 图 118

高 20m，胸径 50cm；树皮平滑。小枝、芽、叶柄、叶下面、花总梗、花梗均密被淡黄色平伏绢柔毛。叶近对生或互生，革质，披针形至椭圆形，4～11cm×2～4cm，先端长渐尖至尾尖，上面光绿，下面黄绿，三出脉在离基 1～4mm 处生出，侧脉斜伸至近叶顶，在上面微凹陷，下面凸起。花序长 6～9cm；花淡黄色，长 4mm，花被裂片两面有柔毛。果椭圆形，长 7mm；果托杯状，托缘全缘。花期 6～7 月，果期 8～10 月。

产长江以南各地，西至四川、云南、西藏；东南亚地区亦产；海拔 1000m 或 2500m（西南）以下。耐阴，喜温暖湿润，宜肥沃土壤，在衡山山谷、山麓与甜槠、水青冈、栓皮木姜子等混生。材质优良。树皮可提取香油，主含桂醛，用于制牙膏及化妆品；叶提取香油称桂叶油，用于食品工业，有杀菌防腐之效；树皮又可作药用和食用"桂皮"。

**8. 天竺桂 *Cinnamomum japonicum* Sieb.** [*C. chekiangense* Nakai] 图 119

高 15m；全株无毛。叶近对生，卵状长圆形，7～10cm×3～3.5cm，长渐尖，上面光绿，下面淡绿，离基三出脉。花序腋生，长 3～5cm，花梗长约 6mm，花长约 5mm。果长圆形，长 7mm×5mm；果托浅杯形，顶部松离，托缘全缘或具波状浅齿。本种识别要点是花序轴及分枝无毛。花期 4～5 月，果期 7～9 月。

产华东及台湾，西至湖南、湖北；朝鲜、日本亦产；海拔 1000m 以下。中亚热带树种。稍耐阴，适中等肥沃湿润排水良好土壤，宜庇荫立地或群植，强日照暴晒易导致树皮爆裂。较速生，树干圆满，枝叶繁茂，四季常青，为一清雅的园林荫木或行道树，可作樟树之替代品，以增进树种多样性，但抗逆性逊于樟树；树皮及叶入药，具温中散寒、理气止痛之效，用于治疗胃痛、腹痛、风湿关节痛等，外用治跌打损伤。木材同肉桂。叶光洁浓绿，可作为观叶树种植。

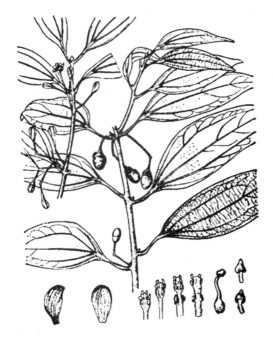

**图 119　天竺桂**

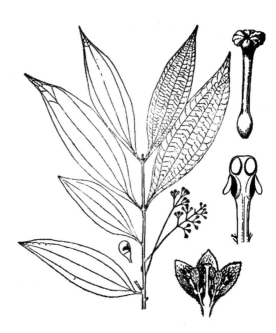

**图 120　川桂**

[附]8a. 川桂 *Cinnamomum wilsonii* Gamble　图120　叶卵形或卵状椭圆形，基部截形下延至柄，下面有白色丝状毛，后渐脱落。花序长4~8cm，花梗丝状，长0.6~2cm；花长6mm，花被裂片内外有绢毛。果卵形，果托杯状，托缘平截或微齿裂。产河南南部、陕西南部、四川、贵州、湖北西部、湖南西部，南至华南北部；海拔500~2300m（西部）。树皮为肉桂替用品。

**9. 阴香** *Cinnamomum burmanii* ( C. G. et Th. Nees) Bl.　图121

图121　阴香

高20m，胸径80cm；栽培种为小乔木状，树皮光滑。小枝长成无毛。叶革质，近对生，卵形或披针状椭圆形，形小，5~10cm×2~4.5cm，渐尖至尾尖，常钝头，两面光绿无毛，离基三出脉，叶上面常有虫瘿体。花序长3~5cm，花少数，疏散，花序轴、分支、花被片均密被灰白柔毛，花长5mm，花被裂片内外被柔毛。果长卵形，8mm×5mm；果托杯状，杯缘宿存齿状的裂片。

产华南（海拔1000m以下）、西南（海拔2100m以下）；东南亚地区亦产。季雨林树种。耐阴，喜温热多雨气候。在海南山地与青果榕、荔枝、细子龙等混生。木材红褐色，纹理直，花纹美，细致，耐朽。各部分可提芳香油，用于食品及化妆品；根、树皮、叶均药用，皮可温中、散寒、祛湿。树冠浓荫，叶光绿，为优良园林树和行道树，广东园林习见，栽培植株树形及叶片均较小。

## 2. 楠属 *Phoebe* Nees

常绿乔木。叶狭长，互生，羽状脉。花两性，圆锥花序，花被裂片6；雄蕊性状略同樟属；子房卵球形，柱头膨大。浆果卵形或椭圆形，花被裂片宿存，包被果实基部，质坚硬，直立且紧贴，稀松散。

94种，分布亚洲、美洲热带和亚热带。我国34种，产长江以南，为常绿阔叶林重要组成成分，亦为天然林保护工程的保存树种。自古以来被视为名贵木材，古代宫殿栋梁多取自此类。

1. 幼枝、芽、叶下面、花序总梗密被黄褐色绒毛。
　2. 叶侧脉9~13对；果卵形，长1cm。
　　3. 叶倒卵形，最宽部位在叶上部 ·············································· **1. 紫楠 *P. sheareri***
　　3. 叶倒卵状椭圆形，最宽部位在叶中上部 ················ **1a. 浙江楠 *P. chekiangensis***
　2. 叶侧脉23~34对；果椭圆形，长3.5~3.8cm ················ **2. 大果楠 *P. macrocarpa***
1. 各部仅被柔毛。
　4. 侧脉连支脉、网脉在下面明显突起，脉上柔毛更明显 ············ **3. 闽楠 *P. bournei***
　4. 叶下面密被短柔毛，网脉被毛覆盖，几不可见 ························ **3a. 桢楠 *P. zhenan***

**1. 紫楠** *Phoebe sheareri* ( Hemsl. ) Gamble  图 122

高 20m，胸径 60cm；树皮灰褐色，纵裂。芽、幼枝、叶下面、花序总梗及花梗密被黄褐色绒毛。叶革质，倒卵形或倒卵状披针形，8~22cm×3~8cm，最宽部位在叶上部，突渐尖或短尾尖，下部渐窄为楔形，叶脉在上面凹下，下面突起为网格状，有时被白粉，侧脉 9~13 对。花序长 7~15cm，上部分枝，花被裂片两面被毛。果卵圆形，长 1cm，宿存花被片较松散；种子单胚性，两侧对称。花期 4~5 月，果期 9~10 月。

产长江以南各地，南至华南北部；海拔 800~1200m 以下；常生于湿润山地沟谷、深厚土壤。中亚热带树种。耐阴，生长较慢，萌芽性强。木材淡黄褐色，纹理直，细致，强度中，耐腐，为金丝楠木之一，属名贵木材。木屑、叶、果含芳香油。树干通直，枝叶稠密，四季常青，为优良庭园绿化树种。

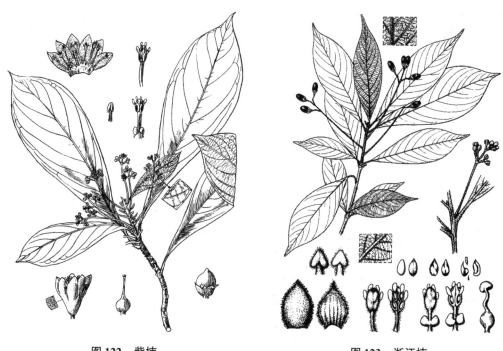

图 122　紫楠　　　　　图 123　浙江楠

[附]**1a. 浙江楠** *Phoebe chekiangensis* C. B. Shang　图 123　与紫楠的区别：叶倒卵状椭圆形或倒卵状披针形，最宽部位在叶中上部；果较大，长 1.2~1.5cm，花被片紧包果实基部；种子具多胚，子叶不等大。产华东各省。用途同紫楠。国家保护植物。

**2. 大果楠** *Phoebe macrocarpa* C. Y. Wu　图 124

高 20m；树皮黑褐色。小枝粗，密被黄褐色绒毛。叶大，倒披针形，18~30cm×4~8cm，渐尖，下部渐窄下延，下面疏被黄褐色短柔毛，脉上被短硬毛，侧脉 23~34 对，近平行，两面明显；叶柄长 1~2cm。花序长 10~20cm，总梗、花梗及花被裂片密被黄褐色短硬毛。果椭圆形，长 3.5~3.8cm，宿存花被片紧贴。花期 4~5 月，果期 10~12 月。

产云南东南；越南亦产；海拔 800~1200m。深根性，喜潮湿、深厚土壤。生长较速，25 年生天然林木，高 21.3m，胸径 45.5cm，单株材积 1.4m$^3$。木材黄色，美观，较轻。

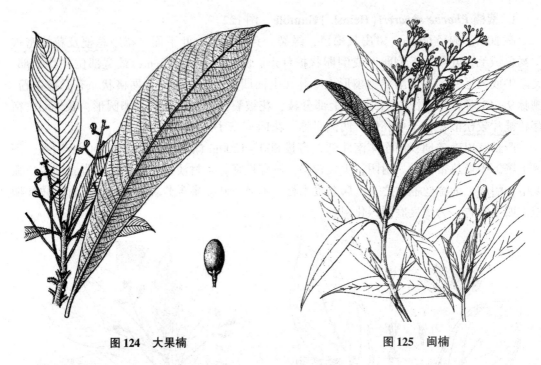

图124 大果楠　　　　　　图125 闽楠

### 3. 闽楠 Phoebe bournei (Hemsl.) Yang　图125

高40m，胸径1.5m；树皮灰白色，块状剥落。叶革质，倒披针形或披针形，渐尖，下部渐窄至楔形，7~14cm×2~4cm，下面被灰白色柔毛，侧脉11~13对，在上面微凹陷，连支脉、网脉在下面明显突起，脉上柔毛更明显。花序长4~8cm，花长5mm，花被裂片内外有毛。果椭圆形，熟时蓝黑，1.3cm×0.6~0.7cm，花被裂片质硬，紧贴。花期4~5月，果期10~11月。

产长江以南的东南各省、贵州东部、广东、广西；海拔1000m以下。中亚热带树种。耐阴，生温暖湿润气候及山麓肥厚腐殖质酸性至中性土壤，天然林木已少见，现各地引种为人工林，生长速度可为天然林木的1倍以上，30年左右可成材利用，但30年后材积生长仍然保持生长优势。农村宅院常有保育楠木古树的习俗，参天巨树并不鲜见。木材黄褐色，芳香、耐腐、细致，花纹美丽；古代常用于宫殿柱木及贵族殡葬的棺木。干直、树冠尖削（老树开展）、枝叶雅致清秀，亦适于庭园种植。国家保护植物。

[附] 3a. 桢楠 Phoebe zhennan S. Lee et F. N. Wei　图126；分布图9　与闽楠近似，区别为：小枝有毛，叶下面密被短柔毛，将网脉覆盖，网脉不明显，花序最下分枝较长，长2.5~4cm。花期4~5月，果期9~10月。产四川、湖北、贵州、湖南龙山。成都平原为主产区，生长习性略同闽楠。天然林木生长慢，60~70年进入生长高值期，60~100年间生长的材积占立木总材积的90%；寿命长，积数百年成为参天巨树；人工栽培立木数量成熟期为50年左右。木材声誉在闽楠之上，古代所指的金丝楠木主要是本种。明清王室宫殿及寺庙多取之用于栋梁及雕刻陈列珍品，如北京十三陵长陵陵恩殿60根楠木立柱；又如北京太庙享殿（距今460年以上）中的68根大柱及主要梁枋均为金丝楠木，被视为永垂万世之国宝，可见桢楠价值之巨大。国家保护植物。

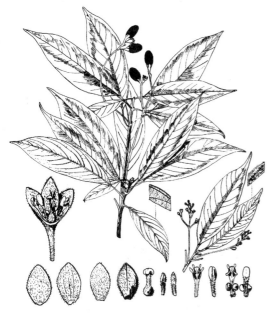

图 126　桢楠

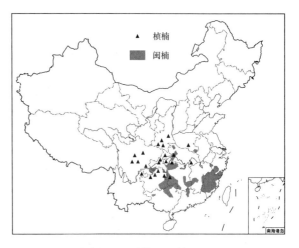

分布图 9　桢楠、闽楠分布图

### 3. 润楠属 *Machilus* Nees

常绿乔木，稀灌木。顶芽(冬芽)大，芽鳞多数，脱落后在枝条基部留下密集的环痕。叶互生，常集生枝顶，多为倒卵形至倒披针形，侧脉羽状。花两性，圆锥花序，雄蕊排列同楠属。核果近球形，花被裂片宿存果下，稀脱落，裂片伸展或反曲，果熟时果梗增粗，常呈鲜红色。

100 种，分布亚洲热带、亚热带。我国 70 种，产长江以南，为组成常绿阔叶林的重要成分，亦为天然林保护工程的目标树种。木材为优质用材；有的树种木材薄片浸入水中可浸出黏胶汁。

1. 花(果)序近顶生或生于新枝的上部。
    2. 果椭圆形，侧脉弯弓；花被裂片常不宿存 ·········································· **1. 华润楠** *M. chinensis*
    2. 果球形，侧脉密而较劲直；花被裂片常宿存 ······································· **2. 红楠** *M. thunbergii*
1. 花(果)序生新枝下部。
    3. 果球形或近球形(高径近相等)；网脉不甚突起或平伏。
        4. 叶披针形或窄长圆形，最宽处近中部，长渐尖，侧脉在上面不明显，干后变黑色 ··········
        ················································································································ **3. 刨花楠** *M. pauhoi*
        4. 叶倒卵形或长圆状倒卵形，最宽处在上部，短渐尖，侧脉多对，整齐羽状，明显，叶干后不变黑。
            5. 顶芽大，2.5cm×2cm；叶大，20~30cm×3.5~7cm，侧脉 16~20(24)对，幼时下面密被绢毛······
            ················································································································ **4. 薄叶润楠** *M. leptophylla*
            5. 顶芽不如上种大；叶较小，10~18cm×3~4cm，侧脉 12~15(17)对 ························
            ············································································································ **4a. 宜昌润楠** *M. ichangensis*

3. 果卵球形(高大于径)，先端具小尖头；网脉在两面突起如蜂窝状 ……… **5. 滇润楠 M. yunnanensis**

**1. 华润楠 Machilus chinensis ( Champ. ex Benth. ) Hemsl.** 图127

高25m，胸径50cm；树皮灰褐色，薄片状剥落。叶革质，倒卵状长圆形，5~10cm×2~4cm，先端钝或短尖，基楔形，干时黄褐色，下面无毛，侧脉8对，弯弓细弱，网脉两面突起呈蜂窝状。花序2~4集生于枝顶的侧位，长3~4cm，上部着花6~10，花被裂片两面有毛。果球形，径0.8~1cm，花被裂片常不宿存。花期7~11月，果期11月至翌年2月。

产广东、广西、海南；越南亦产；海拔100~900m。略耐阴，要求中等湿润肥沃土壤，在广东鼎湖山与华南栲、木荷、厚壳桂等混生。生长较快。木材较轻软，细致，纹理直，耐腐。

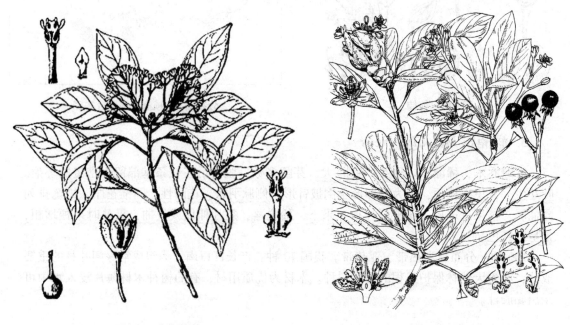

图127 华润楠    图128 红楠

**2. 红楠 Machilus thunbergii Sieb. et Zucc.** 图128

高25m，胸径1m；树皮黄褐色，粗糙。幼枝光绿而带紫红色。叶硬革质，倒卵形，4.5~9cm×2~4cm，先端短突尖，头钝，边缘微向下反卷，两面光绿无毛，下面被白粉。侧脉7~12对，细弱，密而直出；叶柄长0.8~2cm。花序生枝顶的腋部，长6~11cm，在上部分枝。果扁球形，径0.8~1cm，熟时黑紫色，花被裂片常宿存；果梗鲜红色。花期3~4月，果期8月。

产长江以南东南各省，北至山东青岛，南至华南北部；日本、朝鲜亦产；海拔600~1200m。耐阴，喜湿，常生于山地沟谷肥厚湿润的酸性土壤，与甜槠、木荷、黄樟、猴欢喜、钩栗等混生，为常绿阔叶林的优势种，有时为小片纯林。生长中速，萌芽性强。木材淡黄，心材色深带褐，纹理细致，强度适中；叶可提芳香油，种子含油65%，可用作制皂及润滑油。叶光洁浓绿，果梗鲜红可爱，极具观赏性。

### 3. 刨花楠 *Machilus pauhoi* Kanehira  图 129

高 30m，胸径 80cm；树皮灰褐色，纵裂。顶芽椭圆形，鳞片红褐色，密被棕红色丝状毛；小枝干后呈黑色。叶革质，窄长圆形、披针形或倒卵状披针形，7~15cm×2~4cm，先端长渐尖，下面淡绿白色，被贴伏细柔毛，干后多少变黑，侧脉 12~17 对，连网脉均细弱，在上面不明显，连中脉在下面突起。花序生枝条下部，长 6~14cm，上部分枝着花；花被裂片窄长披针形，两面有柔毛。果球形，径 1~1.2cm，熟时黑色。

产长江以南东南各省；海拔 300~1200m；生于山坡及沟谷，与甜槠、木荷、冬桃等混生成为小片纯林。耐阴，林下天然更新良好，能萌芽更新。心材红褐色，细致，轻软，强度中。木材刨花浸泡水中后可浸出黏液，用于粉墙石灰的掺合剂或造纸及选矿；树皮含树脂 12.4%、橡胶 0.69%；种子含油率 50%，供制皂及制蜡烛用。

图 129 刨花楠    图 130 薄叶润楠

### 4. 薄叶润楠 *Machilus leptophylla* Hand.-Mazz.  图 130

高 30m；树皮灰褐色，老时剥落。顶芽大，2.5cm×2cm，鳞片被绢毛。叶坚纸质，常集生枝顶，倒卵状长圆形，20~30cm×3.5~7cm，短渐尖，下部渐窄，幼叶下面密被银白色绢柔毛，长成叶下面粉白色，微被柔毛，中脉下陷，侧脉 16~20(24) 对，整齐，弧曲。花序生小枝基部，长 8~13cm，微被柔毛。果球形，径 1cm，熟时由红转黑，果序梗鲜红。

产长江以南的东南各省；海拔 300~1200m。中亚热带至南亚热带树种。耐阴，常生于山地阴湿沟谷和肥沃湿润酸性黄壤，与钩栗、大叶桂樱、猴欢喜、短柄青冈等混生。生长快，天然更新良好，能萌生。心材红褐色，结构细，强度适中，耐腐。树形优美，枝叶浓密，叶大而暗绿，可引种为园林荫木或行道树。

### [附]4a. 宜昌润楠 *Machilus ichangensis* Rehd. et Wils.  图 131  与薄叶润楠的区别：

顶芽较小。叶纸质，长圆状倒披针形或长圆披针形，较狭小，10~18cm×3~4cm，侧脉 12~15(17) 对，幼叶下面不密被银白色绢柔毛。产四川东部、陕西南部、甘肃南部、湖北

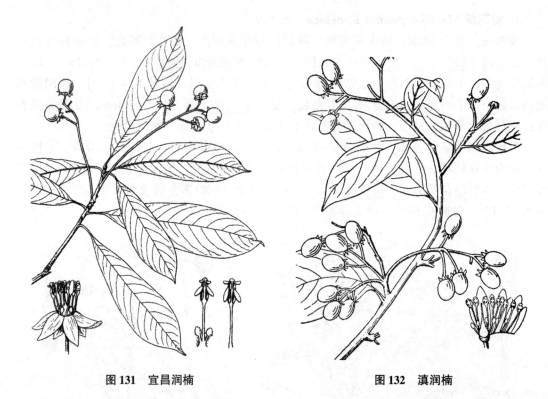

图 131　宜昌润楠　　　　　　　图 132　滇润楠

西部、湖南西部。习性近似薄叶润楠。

**5. 滇润楠** *Machilus yunnanensis* Lec.　图 132

高 30m，胸径 80cm。小枝无毛。叶革质，倒卵形或倒卵状椭圆形，7~10cm×3~4cm，短渐尖，钝头，基楔形，两面无毛，边缘略内卷，侧脉 7~9 对，网脉在两面突起如蜂窝状；叶柄长 1~2cm。圆锥花序，生小枝下部，花少数或为总状花序状，长 3~7cm，无毛；花被裂片内面有柔毛。果椭圆形，1.4cm×1cm，先端具小尖头，熟时蓝黑色，被白粉，宿存花被裂片反折。

产云南北部及四川南部；生于海拔 1650~2000m 山地常绿阔叶林中。喜肥沃湿润土壤。木材黄褐而带红，有光泽，材质优良。叶含芳香油 0.75%，果含芳香油 0.38%；树皮和叶研粉作熏香的调合剂。

## 4. 油丹属 *Alseodaphne* Ness

常绿乔木。叶互生，常集生枝顶，羽状脉。花两性，圆锥花序或总状花序，花被筒深裂，裂片 6，雄蕊性状与排列基本同樟属；子房部分陷入花被筒中。果卵球形，黑色，有光泽，被白粉，果梗增粗为肉质，常具疣点。

50 余种，分布热带亚洲。我国 9 种，产海南、云南。生于山地雨林。

1. 叶长 6~12cm，先端钝圆；果球形，果梗增粗为肉质 ················· **1. 油丹** *A. hainenensis*
1. 叶长 12~24cm，先端突短尖；果长圆形，果梗上端膨大 ············· **2. 毛叶油丹** *A. andersonii*

**1. 油丹 *Alseodaphne hainanensis* Merr.** 图 133

高 28m；树皮薄片剥落。叶革质，长圆形，6~12cm×1.5~3.5cm，先端钝圆，两面无毛，侧脉 13~17 对，连细脉在两面呈蜂窝状。花序长 3~8cm，花被裂片无毛。果球形，径 1.5~2.5cm；果梗肉质增粗为棒状，长 1~2cm，有皱纹。花期 7 月，果期 10 月至翌年 2 月。

产海南；海拔 700~1700m。中热带树种。幼树耐阴，宜热湿、多雨、多雾的山地雨林及常绿林生境，与陆均松、海南紫荆、亮叶盆架树混生。海南吊罗山天然林木，43 年生树高 11.7m，胸径 19.5cm。木材黄褐色，纹理直，美观细致，较坚重，韧性佳，含油脂，芳香耐久，为海南名材之一。

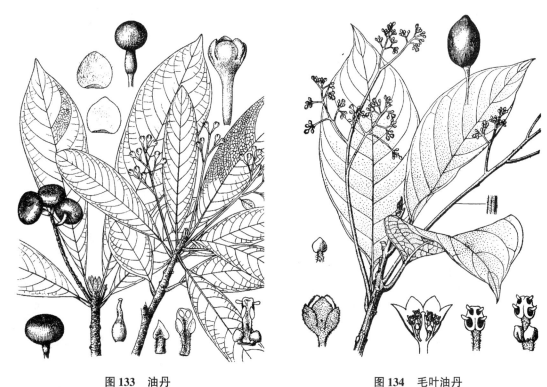

图 133　油丹　　　　　　　　　　图 134　毛叶油丹

**2. 毛叶油丹 *Alseodaphne andersonii* (King ex Hook. f.) Kosterm.** 图 134

高 33m。幼枝被锈色柔毛。叶近革质，椭圆形，12~13cm×6~12cm，先端短突尖，幼叶下面被锈色微柔毛，中脉在上面凹陷，侧脉 9~11 对，连中脉在下面明显突起，细脉在两面突起为蜂窝状；叶柄长 4~5.5cm。花序长 20~35cm，末端分枝具 5~6 花，总梗、花枝及花梗均密被锈色柔毛；花被裂片长 2mm，密被柔毛。果长圆形，5cm×2.8cm，熟时紫黑色，果梗长 1cm，上端膨大。花期 7 月，果期翌年 3 月。

产云南南部和西藏东南部；东南亚地区亦产；海拔 1000~1900m；生于热带山地雨林及山顶常绿阔叶林中。宜高温、潮湿气候。在云南勐海 1200m 林中，85 年生树高 32.6m，胸径 61.5cm。木材红色，结构细致，为高级用材。为天然林保护工程的保存树种。

## 5. 鳄梨属 *Persea* Mill.

常绿乔灌木。叶羽状脉。聚伞圆锥花序，有苞片和小苞片。花两性，花被筒短，裂片6；能育雄蕊9，3轮，第三轮雄蕊基部具腺体，花药4室，第一、二轮雄蕊内向，第三轮雄蕊外向或上1对侧向，最内轮退化雄蕊3；子房卵形。核果肉质，球形或梨形。果梗多少膨大或肉质或圆筒形。本属与 *Alseodaphne* 及 *Machilus* 有密切亲缘关系，并与其中某些种的特征有相似之处，Kostermans 将 *Machilus* 归并入 *Persa* 中。从中暗示出东南亚热带与美洲热带的植物地理存在亲缘关系；亦显示出上述类群的古老性，即它们在古北大陆与古南大陆分离以前即已经产生。

约50种，主产北美洲和南美洲。少数种分布至东南亚，1种引入中国。

**鳄梨**(牛油果) *Persea americana* Mill. 图135

常绿乔木，高10m；树皮纵裂。小枝、叶下面、花序轴及分枝、花梗及花被片均密被黄褐色柔毛。叶革质，窄椭圆形或椭圆形，8~20cm × 5~12cm，先端短尖，下面密被黄褐色柔毛，上面稀疏，侧脉5~7对；叶柄长2~5cm。花序长8~14cm，花黄绿色，长5~6mm。果黄绿或红褐色，梨形或卵球形，硕大，长8~18cm，中果皮肉质可食。花期2~3月，果期8~9月。

热带果树，原产中美洲，以美国南部、危地马拉、墨西哥及古巴栽培最多。中国广东(汕头)、海南、福建、云南、广西、浙江、四川(西昌)及台湾有少量栽培，引入中国较多的是墨西哥系，该系原产热带高原。鳄梨根浅，枝条脆弱，不能耐强风。种子繁殖，也可用芽接及高空压条方法。果肉含多种维生素、多种矿质元素、食用植物纤维，不饱和脂肪酸含量高达80%，为高能低糖水果，深受青睐。果仁含油量8%~29%，可食，亦可作高级化妆品、机械润滑和医药。目前因栽培品系、栽培技术及成本价格等因素，还未形成规模经营并投入市场。

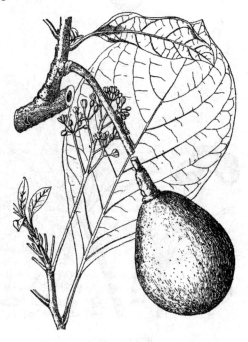

图135 鳄梨

## 6. 琼楠属 *Beilschmiedia* Nees

常绿乔木。顶芽明显，芽鳞常为2。叶对生或近对生，羽状脉，网脉清晰或突起。花两性，花序短，腋生，圆锥花序、总状花序或簇生；花被筒短，裂片6；雄蕊花药2室，其他性状和排列同樟属。果椭圆形、倒卵形或近球形；果梗增粗或不增粗，花被裂片脱落。

200余种，分布全球热带(泛热带)。我国38种，产华南、西南及台湾。为优质用材。

1. 顶芽、幼枝被黄褐色绒毛 ·························································· 1. 网脉琼楠 B. tsangii
1. 顶芽长尖，无毛，干后呈黑色；小枝无毛 ································· 2. 广东琼楠 B. fordii

### 1. 网脉琼楠 *Beilschmiedia tsangii* Mer. 图 136

高 25m。顶芽、幼枝被黄褐色绒毛。叶互生或近对生，革质，椭圆形或长圆形，6~12cm×1.5~4.5cm；成熟叶两面无毛，侧脉 7~9 对，网脉在两面呈蜂窝状突起；叶柄有毛。花序长 3~5cm，总梗及花梗被柔毛。果椭圆形，长 1.5~2cm，紫黑色，具小瘤点；果梗短而微粗。花期 6~8 月，果期 7~12 月。

产湖南（汝城）、云南、华南至海南、台湾；越南亦产。木材细致，纹直，较轻软。

图 136 网脉琼楠　　　　图 137 广东琼楠

### 2. 广东琼楠 *Beilschmiedia fordii* Dunn 图 137

高 30m，胸径达 1m；树皮灰绿色，平滑或块状剥落。顶芽长尖，无毛，干后呈黑色；小枝无毛。叶对生，薄革质，长圆形或披针状长圆形，8~13cm×3~4.5cm，两面光绿，干后黄褐色，网脉清晰。花序长 1~3cm，花小而密，花梗长约 4mm，花被裂片长 2mm，无毛。果椭圆形，长 1.5~2cm，常有瘤状小凸点，熟时紫黑。花期 6 月，果期 11 月。

产江西、湖南南部、四川、华南各地；越南亦产；海拔 300~1000m。南亚热带树种。耐阴，喜温暖潮湿气候和肥沃酸性土壤。在湖南莽山低山沟谷林中，与红勾栲、白桂木、小花山茉莉混生。木材红褐色，纹理直，结构细，强度中等，不耐腐。叶枝浓绿而光洁，干形整齐，可引为庭园种植。

## 7. 厚壳桂属 *Cryptocarya* R. Br.

常绿乔木或灌木。芽鳞少数，叶状。羽状脉，稀离基三出脉。圆锥花序短，花两性，形小，花被筒陀螺形或卵形，花后顶部缢缩；花被裂片 6，早落；雄蕊花药 2 室，性状与排列与樟属近似；子房包藏于花被筒中。果为核果状，椭圆形或球形，全包于囊状花被筒中，花被筒肉质或稍硬，外部有纵棱或平滑。

200~250种，分布世界热带至亚热带南部。我国19种，产华南及西南。

1. 果圆球形；叶离基三出脉 ········································· **1. 厚壳桂 *C. chinensis***
1. 果窄椭圆形；叶羽状脉 ········································· **2. 黄果厚壳桂 *C. concinna***

### 1. 厚壳桂 *Cryptocarya chinensis* (Hance) Hemsl.　　图138

高20m；树皮灰褐色，粗糙。幼枝有灰棕色毛。叶互生或对生，革质，长圆形，7~11cm×3.5~5.5cm，渐尖，基宽楔形，幼叶两面被灰棕色细绒毛，后脱净，下面苍白色，离基三出脉，中脉在上面下陷，网脉两面明显。圆锥花序腋生及顶生，长2~4cm，被黄色细绒毛；花被裂片长2mm。果球形，径9~12mm，熟时黑色，有纵棱12~15。

产湖南南部至华南、海南、台湾；海拔300~1100m。耐阴，喜温暖潮湿气候，生于季雨林和常绿阔叶林，在南岭山地常绿阔叶林中常与琼楠构成亚乔木层。木材淡棕红，纹理直，细致，质较重而硬，易加工，不耐腐。

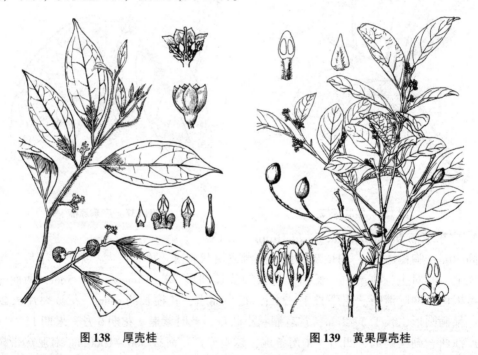

图138　厚壳桂　　　　　图139　黄果厚壳桂

### 2. 黄果厚壳桂 *Cryptocarya concinna* Hance　　图139

高18m。叶纸质，椭圆形，5~10cm×2~3cm，先端突尖或短尖，上面光绿，下面绿带灰白色，长成叶两面无毛，侧脉羽状4~7对。花序腋生或顶生，长4~8cm，总梗及花梗有毛，花长约3.5mm。果窄椭圆形，成熟时黑色或蓝黑色，1.5~2cm×0.6~0.7cm，纵棱12，成熟时不明显。花期3~5月，果期6~12月。

产华南、湖南南部、贵州、江西南部、台湾；越南亦产；海拔600m以下。南亚热带树种，北至南岭山地。耐阴喜湿，在南岭低山沟谷与毛栲、钩栲、薯树、马蹄荷混生，为珠江水源林。木材纹理交错，结构细致均匀，材质硬且韧，很重，易于加工，不易折裂，耐水湿，但稍易患虫蛀。叶上常生虫瘿，亦称"生虫树"。

## 8. 檫木属 *Sassafras* Trew

落叶乔木。顶芽大，鳞片多数。叶互生且集生枝顶，羽状脉或离基三出脉，2~3缺裂或不裂。花单性异株或发育不全的两性花；总状花序顶生，具总苞，苞片早落；花被裂片6，2轮，脱落；雄花的能育雄蕊9，第3轮雄蕊具腺体，花药4、3或2室；雌花具退化雄蕊6或12，子房近无柄。浆果，近球形，果托盘状；果梗长，肉质增粗。

3种。2种产我国（其中1种产台湾）；1种[北美檫木（*S. albidum*）]产美国东南部。

**檫木** *Sassafras tzumu* (Hemsl.) Hemsl. 图140

高35m，胸径2.5m，幼树皮平滑，黄绿色；老树皮灰褐色，纵裂。叶卵形或倒卵形，长9~16cm×5~8cm，两端尖，2~3裂或全缘，无毛，离基三出脉，落叶时呈黄色或红色；叶柄长3~6cm。雄花中具退化雌蕊，雌花中具退化雄蕊；花梗和花被裂片密被棕褐色毛。果近球形，径8mm，熟时由红转为蓝黑，果托盘状；果梗长2cm，号筒状由下至上增粗。花期3~4月初，果期6~8月。

产长江以南，南至南岭山地南坡，西至四川、贵州、云南；东部海拔200~1600m；西部海拔1000~1800m。不耐阴，宜温暖、多雨、肥厚湿润酸性红黄壤。在常绿槠栲、木荷及楠木林或次生林中均常见其散生林木。速生，干直，树冠开展，人工林10年生，一般高8~10m，胸径10~15cm；但在丘陵区干瘠荒坡造林，生长缓慢；纯林种植，林下透光，林地干燥，生长

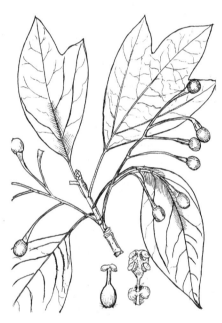

图140 檫木

多表现不佳。现常与杉木带状混交种植；亦可与青冈、闽楠混交种植。木材淡黄，坚硬，细致，纹理美观，耐腐。种子含油20%，用于油漆。树形挺拔，冠开展，叶形奇特且秋时红艳，宜植为行道树。

## 9. 木姜子属 *Litsea* Lam.

常绿或落叶，小乔木或灌木。叶互生，稀对生或轮生，侧脉羽状。花单性，雌雄异株；伞形花序或再组成圆锥花序，有总苞，苞片4~6，交互对生，花时着生花序下；花被裂片6，雄花具雄蕊9或12，稀更多；花药4室，全部内向；雌花具退化雄蕊。浆果；果托杯状或盘状。

200种，分布亚洲和美洲热带至亚热带。我国74种，产秦岭、大别山、淮河以南。木材属小径材；果、枝叶可提取芳香油。

1. 伞形花序单生或簇生。
　　2. 落叶树。
　　　　3. 叶披针形，干后呈黑色 ·················································· 1. 山苍子 L. cubeba
　　　　3. 叶多为倒长卵形，干后不呈黑色 ····································· 1a. 木姜子 L. pungens
　　2. 常绿树。
　　　　4. 叶倒披针形；果托杯状，边缘波状齿裂 ·························· 2. 黄丹木姜子 L. elongata
　　　　4. 叶椭圆形；果托碟状。
　　　　　　5. 叶长 6~11cm，先端尖；果托有宿存的花被裂片 ········ 3. 毛豹皮樟 L. coreana var. lanuginosa
　　　　　　5. 叶长 3~5.5cm，先端圆；果托无宿存的花被裂片 ······ 3a. 豹皮樟 L. rotundifolia var. oblongifolia
1. 伞形花序再集合为圆锥或总状，花序总梗长 3~7cm ······················· 4. 潺槁木姜子 L. glutinosa

**1. 山苍子**（山鸡椒）***Litsea cubeba*（Lour.）Pers.** 图 141

落叶小乔木，高 10m，胸径 18cm；幼树树皮光绿，老树灰褐。枝、叶、花揉碎有香气，干后呈黑色；芽尖长，无毛；枝细，光绿。叶纸质，披针形或窄长圆形，4~10cm×1.2~2.4cm，渐尖，两面无毛，下面粉绿色，侧脉 6~9 对，纤细。总苞具 1~3 花序，苞片 4，总花梗长 6~8mm，每花序具 4~6 花，先叶开，雄花花多而簇生；雌花花较稀而小。果球形，径 6mm，熟时由红转黑；果梗长 4mm。

产长江以南，南至华南北部，西至西南各地，东至台湾；东部生于海拔 300~1300m，西部生于海拔 2400m 以下。喜光，喜湿润，在山地荒坡，采伐迹地形成丛林，鸟传播，种子休眠期长，生长快，寿命约 20 年，衰老快，萌芽性、适应性强，但干燥丘陵岗地则少见。果、叶可提取芳香油，商品名为山苍子油，油中含柠檬醛 70%，用于食品、化妆品、医疗及化工，为我国重要出口香精；种仁含油脂 61.8%，工业用油。

**[附]1a. 木姜子 *Litsea pungens* Hemsl.** 图 142 落叶小乔木。叶披针形或倒披针形，最宽处多位于中上部，基部楔形，下面灰白色，长成叶下无毛，干后不变黑色。伞形花序具花 8~12。果球形，径 7~10mm，熟时蓝黑色。产华北及西北南部以南，至华南北部及西南至西藏。习性和用途同山苍子。

**2. 黄丹木姜子 *Litsea elongata*（Wall. ex Nees）Benth. et Hook. f.** 图 143

常绿，通常为小乔木，亦可长成中乔木，高 18m，胸径 40cm；树皮黄褐色，不裂。芽及小枝密被灰褐色绒毛。叶革质，长圆形或长圆状倒披针形，8~18cm×3~5cm，渐尖或钝尖，下面被短柔毛，脉上毛更密，羽状脉，侧脉 10~18 对，连中脉及网脉在下面突起成蜂窝状；叶柄有灰色绒毛。伞形花序单生，总花梗长 3~5mm，有绒毛，每花序有花 4~5；花梗及花被裂片有毛。果长圆形，1.2cm×0.8cm；果托杯状，边缘波状浅裂；果梗长 3mm，有纤毛。

产长江以南，南至华南北部，西至云南、西藏；海拔 2000m 以下。耐阴，萌芽性强，常生于阴湿山地沟谷密林中，组成亚乔木层或下木层。边材黄褐，心材紫褐，纹理致密，芳香，强度中等。

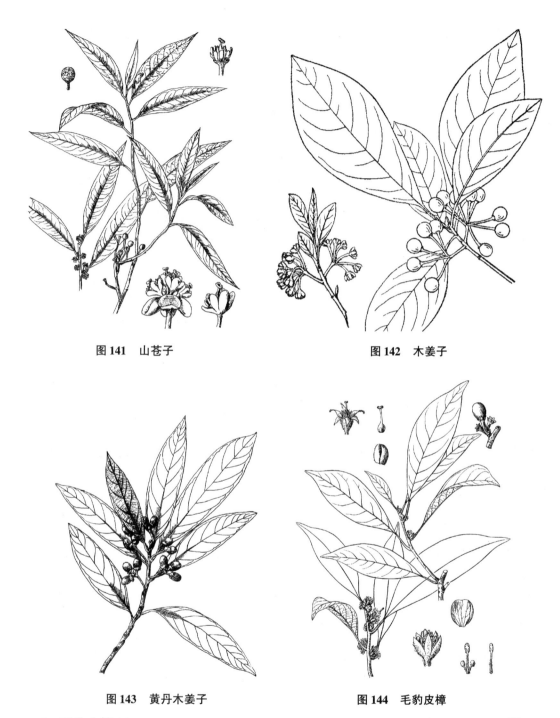

图 141 山苍子　　　　图 142 木姜子

图 143 黄丹木姜子　　　　图 144 毛豹皮樟

**3. 毛豹皮樟** *Litsea coreana* Levl. var. *lanuginosa* (Migo) Yang et P. H. Huang　　图 144

常绿中、小乔木，高 16m，胸径 60cm；树皮灰绿色，鳞块状剥落。芽和幼枝密被灰褐色卷曲柔毛。叶革质，椭圆形或卵状椭圆形，6~11cm×3~4.5cm，先端渐尖至突尖，下面灰白色，被灰黄色柔毛，侧脉 7~10 对；叶柄短，有毛。伞形花序近无梗，簇生叶腋，苞片 4，近圆形，有柔毛，每花序具 3~4 花；花梗及花被裂片被柔毛。果球形，径

7mm；果托碟状具宿存花被裂片；果梗短粗，长5mm。花期9月，果期为翌年6月。

产长江以南，南至华南北部，西至四川、云南；海拔1000m或2300m（西部）以下。耐阴，为较耐寒的常绿树，常生于肥沃湿润的密林中，与青冈栎、冬青、樟叶槭、厚皮香等混生。木材坚实。树皮具美丽的斑块，可引为庭园树。叶片可为饮料服用。

[附] 3a. 豺皮樟 *Litsea rotundifolia* (Nees) Hemsl. var. *oblongifolia* (Nees) Allen 全形（树皮）近似毛豹皮樟，但叶小，长3~5.5cm，先端圆；叶柄长仅4mm；果梗极短，簇生，无宿存的花被裂片。产南岭地区至华南、台湾；越南亦产。

**4. 潺槁木姜子 *Litsea glutinosa* (Lour.) C. B. Rob.** 图145

常绿小乔木，高12m，树皮灰褐色，内皮有黏质；顶芽及幼枝有灰黄色绒毛。叶革质，倒卵形或倒卵状椭圆形，6~15cm×5~10cm，上下两端略圆或钝，幼叶两面被柔毛，老叶下面疏被毛，羽状侧脉6~12对；叶柄有毛。伞形花序常聚合为圆锥花序，总梗3~7cm，连花序梗均有灰黄绒毛；雄花花丝长，有柔毛。果球形，径7mm；果梗长6mm，先端膨大。花期6月，果期10月。

产华南、云南；越南、菲律宾、印度亦产；海拔500~1900m。不耐阴，常见于荒坡、灌丛及疏林中。生长速，能萌生。木材黄褐，硬度适中。树皮和木材含胶质，可作黏合剂。

图145 潺槁木姜子

## 10. 山胡椒属 *Lindera* Thunb.

常绿或落叶，灌木或乔木。叶互生，全缘，稀3裂，羽状脉或三出脉。花单性，雌雄异株，伞形花序，常密集簇生于总苞中，总苞腋生，具4苞片；花被裂片6，花后脱落；雄花有发育雄蕊9，3轮，花药2室，全部内向。浆果，果托盘状或浅杯状，果梗上端微膨大。

100种，分布亚洲、北美温带及亚热带。我国50种，主产长江以南，北至辽东半岛。为我国南部山地灌丛和次生林习见种，或组成下木层，其分布面积之广超过樟科之中乔木属。果、枝、叶含芳香油；种子含油脂，为工业用油。木材可供农具、细木工、薪炭用。

1. 叶羽状脉。
  2. 叶长13cm以上，干后黑色；果椭圆形，果托杯状·················· **1. 黑壳楠 *L. megaphylla***
  2. 叶长10cm以下，干后不为黑色；果球形，果托碟状。
    3. 叶椭圆形，多少宽圆，最宽处位于中部，基部略圆；果红色。
      4. 常绿；中脉及侧脉在上面凹下·················· **2. 香叶树 *L. communis***
      4. 落叶；中脉及侧脉在上面平凸·················· **2a. 山橿 *L. reflexa***

3. 叶倒卵椭圆形或倒披针形，最宽处位于中上部，基部楔形或略楔形；果黑色或红色。
  5. 叶倒卵椭圆形；果成熟黑色 ················································· 3. 山胡椒 L. glauca
  5. 叶倒披针形；果成熟红色 ············································· 3a. 红果钓樟 L. erythrocarpa
1. 叶三出脉。
  6. 叶不裂，短尾尖 ······················································· 4. 乌药 L. aggregata
  6. 叶 3 裂 ······························································· 5. 三桠乌药 L. obtusiloba

**1. 黑壳楠 Lindera megaphylla Hemsl.** 图 146

常绿乔木，高 25m，胸径 80cm，树皮灰黑色，不裂。枝粗、芽大。叶革质，常集生枝顶，倒卵状长圆形或倒卵状披针形，13~22cm×4~7cm，渐尖或突尖，基楔形，下面灰白色，无毛，干后两面呈黑色，侧脉 15~20 对；叶柄长 1.5~3cm。伞形花序对生于叶腋，雄花序总梗长 1~1.5cm，雌花序总梗长 6mm，具多花。果椭圆形，长 1.8cm，熟时黑色；果托杯状。

产秦岭以南，南至华南北部，西至西南各地。耐阴，稍耐寒，喜肥厚土壤，常生山坡及溪谷边，酸性基岩及石灰岩发育的土壤均宜。干直，生长中速，树冠开展，为优良四旁绿化树种。木材黄褐色，纹理直，结构细致，强度与重量适中。为天然林保护工程的目标树种。

**2. 香叶树 Lindera communis Hemsl.** 图 147

图 146 黑壳楠

常绿灌木或乔木，高 25m，胸径 40cm；树皮褐色。小枝被灰色短柔毛，有时脱净。叶互生，革质，椭圆形或卵形，4~9cm×2~4cm，先端突尖，基部楔形或宽圆，下面被黄褐色短柔毛，有时脱净，侧脉 5~7 对，连中脉在上面凹下；叶柄短，长 5~7mm，有毛。伞形花序 1~2 生叶腋，每花序具 5~8 花，总花梗及花梗均极短，被柔毛。果近球形，长约 1cm，熟时红色，果托碟形；果梗长 6~10mm。花期 3~4 月，果期 9~10 月。

产秦岭以南，西至贵州、云南，南至华南北部；海拔 600~1400m。在南岭地区村边及肥厚土壤上可长成乔木，但在较劣的立地则为灌木状。

[附]**2a. 山橿 Lindera reflexa Hemsl.** 图 148　落叶灌木。小枝黄绿色，略呈"之"形弯曲。叶纸质，宽卵圆形或宽卵形，9~12cm×5.5~8cm，基部略圆，长成叶下面无毛，绿白色，侧脉 6~8 对。伞形花序生叶芽两侧，花序梗及花梗极短（约 5mm）。果球形，熟时红色，果托碟形，果梗长 1.5cm。产秦岭、大别山以南，至华南北部，西至云南、贵州。江南中低山灌丛习见。

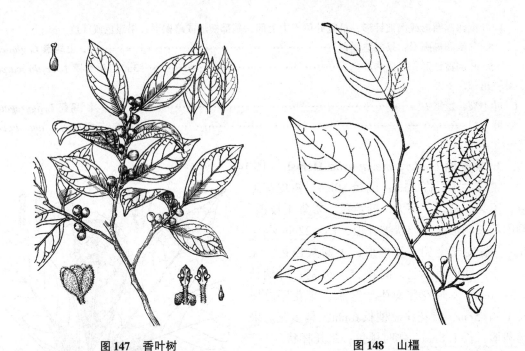

图147　香叶树　　　　　　　　图148　山橿

**3. 山胡椒** *Lindera glauca* ( Sieb. et Zucc. ) Bl.　　图149

落叶小乔木，或灌木状；树皮灰白，平滑。小枝灰白色，常呈"之"形弯曲。叶厚纸质，倒卵椭圆形，5～9cm×3～5cm，基部略楔形，下面被灰黄色柔毛，叶缘波状，侧脉5～6对，弯弓状；叶柄长2mm，有毛；冬季叶枯而不落呈橘红色（假死柴）。伞形花序腋生，总梗长约2mm，具3～8花，花被裂片有柔毛。果球形，熟时由红转黑，径7mm；果梗长1.5～1.7cm。花期3～4月，果期7～8月。

图149　山胡椒　　　　　　　　图150　红果钓樟

产山东、秦岭北坡及淮河以南，南至华南北部，西至西南，东至台湾；中南半岛、日本、朝鲜亦产；海拔700~1700m以下。喜光，稍耐寒，耐干旱瘠薄土壤，萌芽性强，山地荒坡灌草丛中习见。冬季叶片干枯在枝上呈棕褐色而迟迟不落，别具一格，故有"假死柴"之称。

[附]**3a. 红果钓樟 *Lindera erythrocarpa* Makino** 图150 高5m或灌木状。叶倒披针形，长9~12cm，下面被毛，基部渐窄楔形下延至柄；叶柄长约7mm。伞形花序总梗长5mm，具花15~17。果球形，径8mm，熟时红色，果梗长约1.6mm。产陕西南部、河南南部、安徽以南，南至华南北部，东达台湾；朝鲜、日本亦产。江南中低山习见灌木。

**4. 乌药 *Lindera aggregata*(Sims) Kosterm.** 图151

常绿灌木，高1.5~5m；根有纺锤状或结节状膨大。小枝黄绿色，老枝无毛。叶互生，薄革质，卵圆形或椭圆形，3~5cm×1.5~4cm，长渐尖或尾尖，基部圆，上面亮绿，下面苍白色，密被灰黄色柔毛，在老叶上疏落，三出脉；叶柄长3~7mm。伞形花序，无总梗，6~8簇生于短枝上，每花序具7花，花梗长4mm。果椭圆形，9mm×6mm。花期3~4月，果期6~9月。

产秦岭以南，南至华南北部，东至台湾；越南、菲律宾亦产；海拔100~1000m。不耐阴，对土壤要求不严，荒坡瘠地均可生长。根药用，治气逆腹胀、积食、寒疝、脚气、便频；叶药用，能温中、理气、止痛；种子含油率56%；根、叶、果可提取芳香油。

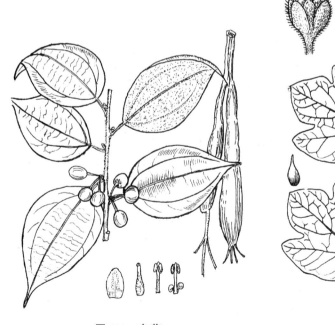

图151 乌药

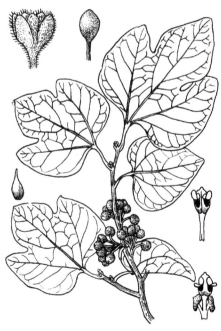

图152 三桠乌药

**5. 三桠乌药 *Lindera obtusiloba* Bl.** 图152

落叶小乔木，高8m。小枝黄绿，无毛。叶纸质，近圆形，常3叉裂，间有全缘，6~10cm×5~10cm，基圆或心形，三出脉，下面灰绿，被棕黄色毛或脱净；叶柄长1.5~2.5cm，有柔毛。伞形花序无总梗，5~6花序聚生，每花序具花5；花被裂片有毛。果近球形，径 6mm，熟时由红转黑；果梗长 2~2.5cm。

为国产樟科中分布最广的种，北起辽宁、山东，西起秦岭北坡以南，南至华中、华东，西至云南、西藏；日本、朝鲜亦产；海拔 500~1900m。喜湿润温凉气候，在华中、华东多见于山顶矮林中，与锦带花、云锦杜鹃、吊钟花、枹栎等混生。春叶紫红，秋叶黄金，为优美景观植物。

## 11. 新木姜子属 *Neolitsea* Merr.

常绿小乔木或灌木。叶互生，常集生枝顶或轮生，三出脉，稀羽状脉。花单性，雌雄异株；伞形花序单生或簇生总苞内，苞片交互对生，宿存，每花序有花 5；花被片 4，2 轮，雄花具发育雄蕊 6，3 轮，花药 4 室，内向，第三轮花丝基部具腺体，雌花有退化雄蕊 6，雌蕊具盾状柱头。果多为椭圆形；果托盘状或杯状；果梗顶部略增粗。

85 种，分布亚洲热带至亚热带。我国 45 种 8 变种，产长江以南，在南岭以南多小乔木或亚乔木，在常绿阔叶林或季雨林中组成亚乔木层；在南岭以北常为林下灌木。

1. 叶略簇集于枝顶，三出脉。
   2. 叶近基部三出脉，长 8~12cm，叶柄长 2cm 以下；果梗长约 6mm。
      3. 下面密被金黄色绢毛 ·················································· **1. 新木姜子** *N. aurata*
      3. 叶下面淡绿无毛或微被毛，有白粉 ·············· **1a. 云和新木姜子** *N. aurata* var. *paraciculata*
   2. 叶离基三出脉，长 10~18cm，下面粉绿无毛，叶柄长 2~3cm；果梗长约 1cm ···············
      ································································································ **2. 鸭公树** *N. chuii*
1. 叶簇集枝顶呈轮生状，羽状脉 ····································· **3. 簇叶新木姜子** *N. confertifolia*

### 1. 新木姜子 *Neolitsea aurata* (Hayata) Koidz. 图 153

高 12m 或灌木状；树皮灰褐色不裂。幼枝有锈色短柔毛。叶常集生枝顶为轮生状，近基部三出脉，长圆状椭圆形，长 8~12cm，下面密被金黄色绢毛，边缘波状；叶柄长 2cm 以下。果椭圆形，长 8mm；果托浅盘形；果梗长 6mm。花期 2~3 月，果期 9 月。

产南岭山地以南，东至台湾，西至西南各省区；日本亦产；海拔 500~1500m。耐阴，喜湿，常生于山地沟谷、水边、阔叶林下木层中，在疏林中长成小乔木。叶具金色绢毛，光彩夺目，可作为观叶植物植于盆中供观赏；幼叶可作书签；根、茎皮可治胃胀痛。

[附] **1a. 云和新木姜子** *Neolitsea aurata* (Hayata) Koidz. var. *paraciculata* (Nakai) Yang

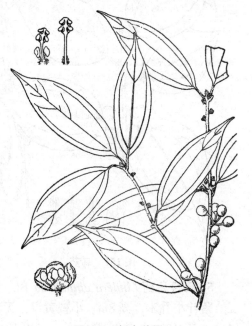

图 153 新木姜子

et P. H. Huang　常绿灌木。全形近似新木姜子，叶下面淡绿无毛或微被毛，有白粉。产华中、华东至南岭山地，常生于林下。

**2. 鸭公树** *Neolitsea chuii* Merr.　图 154

高 18m；树皮绿褐色，不裂。枝黄绿无毛。叶常聚生枝顶，离基三出脉，长圆形或长圆状椭圆形，长 10~18cm，上面光绿，下面粉绿无毛，侧脉 3~5 对，出自上部，边缘不为波状；叶柄长 2~3cm。果椭圆形，长 1cm，果梗长约 1cm。花期 9~10 月，果期 12 月。

产华南、云南东南，北至南岭山地；海拔 300~1000m。幼年耐阴，喜肥厚土壤，适应性较强，常生于次生林和疏林中。生长快。木材灰褐色，纹理直，细致，芳香。

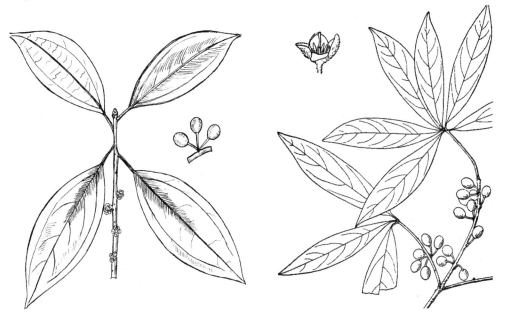

图 154　鸭公树　　　　　　图 155　簇叶新木姜子

**3. 簇叶新木姜子** *Neolitsea confertifolia* (Hemsl.) Merr.　图 155

小乔木，高 8m。枝轮生。叶簇集枝顶呈轮生状，长圆形或披针形，长 6~12cm，长成叶两面光绿无毛，羽状脉，侧脉 4~6 对。伞形花序 3~5 簇生，花序梗短几近无。果卵圆形或卵形，径 5~6mm，灰蓝黑色，果托盘形；果梗长 5mm。

产秦岭、大别山以南，南至华南北部，西达四川、贵州；海拔 400~2000m。叶轮生如盘，光洁青绿，宜开发为观叶树，盆栽供观赏。

# 16. 五桠果科 DILLENICEAE

乔木、灌木、藤本，稀草本。单叶，互生，稀对生，侧脉直伸而密；托叶翼状与叶柄合生或无。花两性或单性；萼片 4~5，覆瓦状排列，宿存；花瓣 3~5，覆瓦状排列；雄蕊多数，稀少数，离生或连合成束；花药纵裂或孔裂；心皮多数，分离或多少合生。聚合浆果、聚合蓇葖果或蓇葖果；种子常有假种皮，胚乳丰富。

10 属 500 余种，分布热带和亚热带地区。我国 2 属 5 种，产华南及西南。

### 五桠果属 *Dillenia* L.

乔木，稀灌木，常绿或稀落叶。单叶，互生，大型，侧脉羽状，直而密，常伸至叶缘形成芒状锯齿。花单生、簇生或成总状花序，苞片小或无；萼片5，花瓣5；雄蕊多数，排成2轮，内轮直立、内向，外轮弯曲、外向，或有时不育；心皮4~20，着生于隆起的花托上，离生或部分结合。聚合浆果球形，常为宿存的肥厚萼片包被；种子有或无假种皮。

65种，分布热带亚洲。我国3种，产华南和西南。

**五桠果** *Dillenia indica* L. 图156

常绿乔木，高30m；树皮红褐色，裂成大块状剥落。嫩枝被毛。叶革质，长圆形或倒卵状长圆形，15~40cm×7~14cm，先端短尖，基部宽楔形，边缘有锯齿，侧脉20~70对，在两面突起，下面脉上有毛；叶柄长5~7cm，具窄翅。花单生近枝顶叶腋；花梗粗壮，被毛；萼片肥厚，近圆形，长4~6cm；花瓣白色，倒卵形，长7~9cm；雄蕊完全发育，花药孔裂；心皮16~20；胚珠多数。果球形，径10~15cm；种子扁，边缘有毛。花期3~5月，果期秋冬季。

产云南及广西南部，华南地区有栽培；东南亚国家亦产；海拔150~1000m；常见于低山沟谷热带雨林中。中热带至边缘热带树种。喜光，宜暖热、潮湿环境，生育适温为23~32℃。寒冷地区需温室栽培或盆栽，多在幼龄作观赏。木材纹理美观，质重。根、树皮有收敛、解毒的功能，用于治疗痢疾；种子含油23%；果可食；花大，艳丽，已引入园林种植；抗风力强，为海岸热带地区的优良行道树。

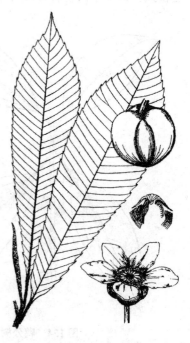

图156 五桠果

## 17. 马桑科 CORIARIACEAE

灌木或多年生亚灌木状草本。小枝具棱角。单叶，对生或轮生，全缘，无托叶。花两性或单性；萼片5，小，覆瓦状排列；花瓣5，比萼片小，里面龙骨状，肉质，宿存，花后增大而包于果外；雄蕊10，花药大，伸出，2室，纵裂；心皮5~10，分离，子房上位，每心皮具1倒生胚珠，花柱顶生，柱头外弯。浆果状瘦果，成熟时红色至黑色；种子无胚乳，胚直立。

1属约15种，分布地中海地区、新西兰、中南美洲、日本和中国。中国有3种，产西北、西南及台湾。

**马桑属 Coriaria L.**

单属科，形态特征与分布同科。

**马桑 *Coriaria nepalensis* Wall.** [*C. sinica* Maxim.] 图 157

灌木，高 1.5～2.5m。分枝水平开展，小枝四棱形或成四狭翅。叶椭圆形或阔椭圆形，2.5～8cm×1.5～4cm，全缘，基出 3 脉，弧形伸至顶端，在上面微凹；叶柄长 2～3mm。总状花序生于 2 年生的枝条上；雄花序先叶开放，长 1.5～2.5cm；花梗长约 1mm；萼片长 1.5～2mm；花瓣极小；雄蕊长 3～3.5mm；不育雌蕊存在；两性花或雌花序与叶同出，长 4～6mm；花瓣肉质龙骨状；心皮 5，花柱柱头上部外弯，紫红色，具多数小疣体。果球形，果期花瓣肉质增大包于果外，成熟时由红色变紫黑色，径 4～6mm；种子卵状长圆形。

产华北、西北以南，华中至西南（西藏）；印度、尼泊尔亦产；海拔 200～2000m（西部至 3000m）。南温带至中亚热带南部树种。根具固氮根瘤菌，适石灰岩及紫色土生境，极耐干旱瘠薄土壤，常在贫瘠山坡、石漠化山地形成大面积丛林。茎皮、根皮及叶含单宁；种子含油率 20%，供油漆和制皂用；全株含马桑碱，有毒，可作土农药；全株含 N 1.896%，P 0.19%，K 0.89%，可为农家绿肥；石灰岩荒地治理先锋树种；湖南紫色页岩地种植马桑亦获得迅速绿化的效果。

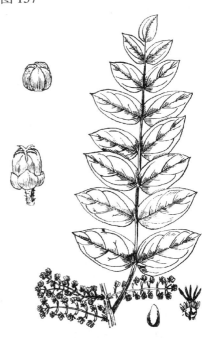

**图 157 马桑**

# 18. 蔷薇科 ROSACEAE

落叶或常绿，草本、灌木、乔木或藤本；多具刺。单叶或复叶，互生（鸡麻属对生）；有托叶，稀无。花两性，稀单性，整齐；萼筒（花托）显著，扁平、凸起或内陷，边缘着生萼片、花瓣与雄蕊；萼片和花瓣 5(4)；雄蕊 5 至多数，花丝分离；心皮 1 至多数，离生至合生，有时与萼筒结合，子房上位、周位或下位。蓇葖果、瘦果、核果、梨果、稀蒴果；单果或多心皮集成聚合果；种子常无胚乳。

124 属 3300 余种，广布全球，主产北温带。我国 51 属 1000 余种，全国各地均产，南岭以南较少。系温带经济植物大科，食用、药用及观赏植物丰富。著名果品众多，如苹果、梨、桃、李、梅、杏等；金樱子、木瓜、枇杷等可入药；月季、玫瑰可提取芳香油；多产优质硬木；观赏花卉众多，品种丰富，在园林中占重要位置。生物多样性丰富，根据花结构与果实类型，常分为 4 个亚科。

1. 无托叶，或稀有；子房上位；蓇葖果或蒴果 ………………………………（Ⅰ. 绣线菊亚科 Spiraeoideae）
　　2. 叶有锯齿，或稀全缘；花径小于 1.5cm，花序伞形、伞房、圆锥状；蓇葖果 …… **1. 绣线菊属** *Spiraea*
　　2. 叶全缘，或稀有锯齿；花径大于 2cm，总状花序；蒴果，种子有翅………… **2. 白鹃梅属** *Exochorda*
1. 有托叶；梨果、瘦果或核果。
　　3. 子房下位、半下位、稀上位；心皮 2~5；梨果或浆果状 …………………（Ⅱ. 苹果亚科 Maloideae）
　　　　4. 心皮成熟时坚硬骨质，果内有 1~5 小核。
　　　　　　5. 叶全缘；枝无 ………………………………………………………… **3. 栒子属** *Cotoneaster*
　　　　　　5. 叶有锯齿或分裂；枝有刺。
　　　　　　　　6. 常绿灌木；心皮 5，每室 2 胚珠 ……………………………… **4. 火棘属** *Pyracantha*
　　　　　　　　6. 落叶灌木或小乔木；心皮 1~5，每室 1 胚珠 ………………… **5. 山楂属** *Crataegus*
　　　　4. 心皮成熟时革质或纸质；梨果 1~5 室，每室 1~2 种子。
　　　　　　7. 复伞房或圆锥花序，花多数。
　　　　　　　　8. 单叶；常绿，稀落叶。
　　　　　　　　　　9. 心皮部分离生；子房半下位，落叶种的总花梗及花梗常被疣点 ……… **6. 石楠属** *Photinia*
　　　　　　　　　　9. 心皮合生；子房下位。
　　　　　　　　　　　　10. 果期萼片宿存；花序圆锥状稀总状；心皮 3~5；叶侧脉直出；果较大，常黄色 ……
　　　　　　　　　　　　　　………………………………………………………… **7. 枇杷属** *Eriobotrya*
　　　　　　　　　　　　10. 果期萼片脱落；花序总状稀圆锥状；心皮 2(3)；叶侧脉弯曲；果较小，黑色
　　　　　　　　　　　　　　………………………………………………………… **8. 石斑木属** *Raphiolepis*
　　　　　　　　8. 单叶或羽状复叶，落叶性；总花梗和花梗无疣点 ……………… **9. 花楸属** *Sorbus*
　　　　　　7. 伞形或总状花序，有时花单生。
　　　　　　　　11. 子房每室具 1~2 胚珠。
　　　　　　　　　　12. 花药红色或紫红色；花柱离生；果有石细胞 ………………… **10. 梨属** *Pyrus*
　　　　　　　　　　12. 花药黄色；花柱基部合生；果内常无石细胞 ……………… **11. 苹果属** *Malus*
　　　　　　　　11. 每室具胚珠多数；萼筒无毛；花单生或簇生…………………… **12. 木瓜属** *Chaenomeles*
　　3. 子房上位。
　　　　13. 单心皮雌蕊多数，瘦果或核果，常形成聚合果 ………………………（Ⅲ. 蔷薇亚科 Rosoideae）
　　　　　　14. 萼筒凹入为坛状与杯状，颈部缢缩，形成蔷薇瘦果；复叶；常有刺 ……… **13. 蔷薇属** *Rosa*
　　　　　　14. 萼筒基部扁平或凸起。
　　　　　　　　15. 萼筒基部扁平，花黄色；枝绿色；聚合瘦果 …………………… **14. 棣棠花属** *Kerria*
　　　　　　　　15. 萼筒凸起为头状或圆锥体；聚合核果 ………………………… **15. 悬钩子属** *Rubus*
　　　　13. 单心皮雌蕊；核果 ………………………………………………………（Ⅳ. 李亚科 Prunoideae）
　　　　　　16. 花瓣和萼片均为常态，各 5。
　　　　　　　　17. 芽内幼叶多为席卷式，少数对折；果有沟，外被毛或蜡粉。
　　　　　　　　　　18. 芽 3 个并生，两侧为花芽，中间为叶芽，具顶芽；花常无梗；子房和果实被柔毛，果核
　　　　　　　　　　　　具孔穴 ……………………………………………………… **16. 桃属** *Amygdalus*
　　　　　　　　　　18. 芽单生，顶芽缺；果核光滑或有不明显孔穴。
　　　　　　　　　　　　19. 花无梗，先叶开花 ……………………………………… **17. 杏属** *Armeniaca*
　　　　　　　　　　　　19. 花有梗，花叶同放；果被蜡粉 ………………………… **18. 李属** *Prunus*
　　　　　　　　17. 芽内幼叶为对折式；果无沟，常无毛，无蜡粉。
　　　　　　　　　　20. 花单生或组成短总状花序或伞房花序，基部有苞片 ……… **19. 樱属** *Cerasus*
　　　　　　　　　　20. 花小，组成长条的总状花序，苞片小，不明显。

21. 落叶；花序顶生，花序下方常有叶 ················································ **20. 稠李属 *Padus***
21. 叶常绿；花序腋生，花序下方无叶 ··········································· **21. 桂樱属 *Laurocerasus***
16. 花瓣和萼片均细小，常不易分清，10~12(15) ································ **22. 臀果木属 *Pygeum***

## Ⅰ. 绣线菊亚科 Spiraeoideae

灌木，稀草本。单叶，稀复叶，互生；无托叶。心皮1~5(12)，离生或基部合生；子房上位。蓇葖果，稀蒴果。22属。我国8属。染色体基数 X = 8(9)。

### 1. 绣线菊属 *Spiraea* L.

落叶灌木。单叶，互生，叶边缘有锯齿、缺刻或分裂。花序伞形、伞房状；花小密集成簇团；萼筒浅杯状；雄蕊15~16；心皮5(3~8)，离生。蓇葖果。

100余种，分布温带至亚热带。我国产50余种。树形小，花簇集为团状，叶细致秀丽，为优美的庭园观赏花灌木。

1. 伞形花序，生于2年生短枝上，具总梗，基部常有叶片；花白色。
  2. 叶、花序、蓇葖果均有毛 ···································································· **1. 中国绣线菊 *S. chinensis***
  2. 叶、花序、蓇葖果均无毛 ···································································· **2. 麻叶绣线菊 *S. cantoniensis***
1. 复伞房花序生于当年生枝顶上；花粉红色 ·············· **3. 尖叶粉花绣线菊 *S. japonica* var. *acuminata***

#### 1. 中华绣线菊 *Spiraea chinensis* Maxim. 图158

高3m。小枝拱曲，红褐色，被黄色绒毛，老枝无毛。叶菱状卵形或倒卵形，长2.5~4cm，先端急尖或圆钝，粗缺齿，或不明显3裂，上面被柔毛，网脉凹下，下面密被黄色绒毛，网脉突起；叶柄长0.4~1cm，被柔毛。伞形花序具花16~25；花梗长0.5~1cm，被柔毛；花径3~4mm；花瓣白色；雄蕊22~25。蓇葖果被柔毛，宿萼直立。花期3~6月，果期6~10月。

产华北、华中、华东、西南及华南；海拔500~2040m；生于山坡、山谷、溪边、杂木林内、林缘、灌丛中或路旁，亦多有栽培。优良观赏花灌木。

#### 2. 麻叶绣线菊 *Spiraea cantoniensis* Lour. 图159

高1.5m。枝细拱曲。叶菱状披针形至菱状长圆形，长3~5cm，先端急尖，近中部以上有缺刻状锯齿；叶柄长4~7mm；叶各部无毛。伞形花序，花叶同放，花梗8~4mm，花白色，花径5~8mm；萼筒钟状，外面无毛；萼片三角形；花瓣近圆形或倒卵形；雄蕊20~28，几与花瓣等长；子房近无毛，花柱短于雄蕊。蓇葖果无毛，宿萼直立。花期4~5月，果期7~9月。

产浙江、江西、华南；日本亦产；各地常见栽培。花序密集洁白，观赏性高。常见栽培品种有重瓣麻叶绣线菊 *S. cantoniensis* var. *lanceata*。

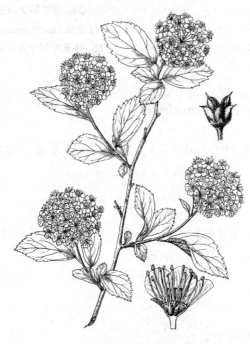

图 158　中华绣线菊

图 159　麻叶绣线菊

**3. 尖叶粉花绣线菊** *Spiraea japonica* **L. f. var.** *acuminata* **Franch.**　图 160

高 1.5m。枝条细长。芽卵形。叶长卵形至披针形，先端渐尖，长 3.8～8cm，边缘具尖锐重锯齿，下面沿叶脉被短柔毛；叶柄长 1～3mm。复伞房花序生于直立新枝顶端，径 10～18cm，花密集；花径 4～7mm；梗长 4～6mm；萼片三角形；花瓣卵形或圆形，粉红色。果半开张，萼片常直立。花期 6～7 月，果期 8～9 月。

原种粉花绣线菊 *S. japonica* 种下变异极强，有 6 变种。本变种产我国西北、华中、西南、华南地区；海拔 950～4000m；生于山坡疏林地、山谷及河沟旁。花色粉红，花序大而顶生，具很高观赏价值。

图 160　尖叶粉花绣线菊

## 2. 白鹃梅属 *Exochorda* Lindl.

落叶灌木。单叶，互生。顶生总状花序，花大型白色；萼筒宽钟状；花瓣宽倒卵形，有爪；雄蕊 15～30，着生在花盘边缘；心皮 5，合生。蒴果具 5 脊室，种子扁平有翅。

4种，产亚洲中部到东部。我国3种。花大，白色，美丽春花灌木，可供园林观赏。

**白鹃梅** *Exochorda racemosa* (Lindl.) Rehd.　图161

高5m。枝条细弱开展，无毛。叶椭圆形，长3~6cm，顶端圆钝或有短尖，全缘或中部以上有浅钝锯齿，两面无毛；托叶线形，小而早落。花白色，径2~4cm，6~10花排成总状花序，花瓣基部有短爪；雄蕊15~20，3~4个一束着生于花盘边缘，与花瓣对生。蒴果宽倒圆锥形，长1cm。花期3~4月，果期8月。

产河南、江西、江苏、浙江；海拔250~500m；生于山坡灌丛或路旁。喜光，耐旱，稍耐阴。花开时洁白如雪，姿态清秀美丽，为优良观花灌木。

图161　白鹃梅

## Ⅱ. 苹果亚科 Maloideae

灌木或乔木。单叶或复叶，有托叶。心皮1~5，萼筒凹陷，子房下位，半下位，2~5室，每室2胚珠。梨果。20属。我国16属。染色体基数X=17。

### 3. 栒子属 *Cotoneaster* B. Ehrhart

落叶、常绿或半常绿灌木（稀小乔木）。单叶互生，全缘。聚伞花序有花数朵至多朵，有时单生；萼筒钟状、筒状或陀螺状；花瓣白色、粉红至红色；雄蕊约20；心皮成熟时骨质。梨果小型，红、褐红至紫黑色，萼片宿存，内含1~5小核。

90余种，分布亚洲（除日本外）、欧洲及北非洲温带。我国50多种；主产西部及西南部。温带树种，或生亚热带中高山地带，多为丛生至匍匐散生灌木，形成山顶灌丛，夏季开密集小花，秋季红色至紫黑色果实累累，观赏价值高，园林中用于绿篱及木本地被。

**平枝栒子** *Cotoneaster horizontalis* Decne.　图162

落叶或半常绿匍匐灌木，高0.5m。枝水平开展，排成2列，小枝褐色。叶片近圆形或宽椭圆形，长0.5~1.5(2)cm；叶柄短1~3mm。花无柄，1~2朵，径5~7mm；萼筒钟状，花瓣直立，粉红色。果径4~6mm，红色近球形。花期5~6月，果期8~10月。

图162　平枝栒子

产西南、西北及湖北、湖南；海拔2000~4000m（西南）；东部生于中山山顶岩石荒坡及灌丛。耐寒、耐旱。枝条平展，常见作为庭院观赏灌木，用于园林基础种植或园林石山配置。

## 4. 火棘属 *Pyracantha* Roem.

常绿灌木或小乔木，具枝刺。单叶，互生，有锯齿，稀全缘。复伞房花序；萼筒杯状，雄蕊15~20，花药黄色；心皮5，每室2胚珠。梨果形小，萼片宿存，心皮成熟硬骨质，小核5。

10种，分布亚洲东部至欧洲南部。我国7种。

**火棘** *Pyracantha fortuneana* (Maxim.) Li 图163

高3m，具枝刺。幼枝被锈色毛，后脱落。叶倒卵形或倒卵状长圆形，长1.5~6cm，先端圆或微凹，基部楔形，锯齿圆钝，近基部全缘，无毛。复伞房花序，近无毛；花径1cm，白色。果径5mm，熟时橘红色或深红色。花期3~5月，果期8~11月。

图163 火棘

产秦岭以南，南至南岭，西至四川和云南，东达沿海地区；东部海拔1000m以下，西部海拔2800m以下。喜光，极耐干旱瘠薄。春季花色洁白，秋冬红果累累，长时间垂挂不落，具很高观赏价值，可作绿刺篱。果含淀粉和糖，可食用或作饲料；药用治消化不良、肠炎、小儿疳积、妇女崩漏。

## 5. 山楂属 *Crataegus* L.

落叶，稀半常绿，灌木或乔木；具枝刺。单叶，互生，有锯齿，常有缺裂；托叶显著。伞房或伞形花序；雄蕊5~25；心皮1~5，每室胚珠2，常1发育。梨果，萼片宿存，心皮成熟硬骨质，1~5小核。

1000余种，广布于北半球，北美洲最盛。我国18种。本属植物可供栽培观赏，宜作绿篱；果可食，富含维生素和糖分，亦可入药。

**1. 野山楂** *Crataegus cuneata* Sieb. et Zucc. 图164

高15m（常灌木状），多具细刺，长5~8mm。叶宽倒卵形或倒卵状长圆形，长2~6cm，基部楔形，下延连叶柄，顶端常3~7浅裂；托叶大，镰刀状，边缘有齿。伞房花序有花5~7，花梗被柔毛；花白色，径1.5cm；萼筒钟状，与萼片等长，被柔毛；梨果红色或黄色，径1~1.5cm，萼片宿存，小核4~5。花期5~6月，果期9~11月。

广布秦岭、淮河以南，西至四川、云南；日本亦产；海拔250~2000m；生于荒坡或山地灌丛瘠薄之地。

图 164　野山楂

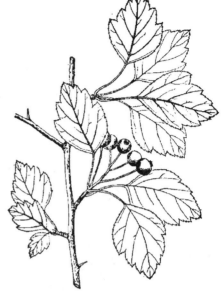

图 165　湖北山楂

**2. 湖北山楂 *Crataegus hupehensis* Sarg.**　图 165

与野山楂的区别：高 3~5m，枝条开展；刺少或无，长约 1.5cm；叶基部宽楔形或近圆形，边缘有圆钝锯齿，上半部具 2~4 对浅裂片；托叶披针形，早落。花梗无毛；花径 1cm；萼筒无毛；梨果深红色，径 2.5cm，有斑点。花期 5~6 月，果期 8~9 月。

产华中、华东、华南、西南及华北；海拔 500~2000m；生于山坡、山谷杂木灌木丛中。果可食或作山楂糕及酿酒。

## 6. 石楠属 *Photinia* Lindl.

常绿或落叶，乔木或灌木；落叶种花(果)序梗具疣点。单叶具锯齿。伞房、复伞房或伞形花序；雄蕊 20；心皮 2(3~5)，成熟革质或纸质，部分离生；花柱离生或基部合生；子房半下位，2~5 室，每室 2 胚珠。梨果小，上部与萼筒分离，萼片宿存。

60 种，分布亚洲东南部。我国 40 余种，产秦岭至黄河以南。材质坚重，为优质硬木；亦为园林绿化树木。

1. 常绿；果序梗及果梗无疣点。
  2. 叶柄长 2~4cm；叶长椭圆形或倒卵状长椭圆形；无枝刺 ·················· **1. 石楠 *P. serratifolia***
  2. 叶柄长 0.8~1.5cm；叶倒披针形或长圆形；具枝刺。
    3. 叶下面光绿，无黑色腺点 ················· **2. 椤木石楠 *P. davidisonia***
    3. 叶下面密被黑色腺点 ················· **2a. 桃叶石楠 *P. prunifolia***
1. 落叶；果序梗及果梗具疣点；花序有花 10 以上 ················· **3. 中华石楠 *P. beauverdiana***

**1. 石楠 *Photinia serratifolia*(Desf.) Kalkman**[*P. serrulata* Lindl.]　图 166

常绿小乔木，高 10m。小枝无毛，顶芽红色。叶长椭圆形或倒卵状椭圆形，长 9~22cm，先端渐尖，基部圆或宽楔形，细锯齿或幼树具刺状锯齿，无毛；叶柄长 2~4cm。复伞房花序，无毛；花白色。果近球形，径 5~6mm，红色。花期 5 月，果期 10 月。

产长江以南各地，南至华南北部；印度、印度尼西亚、日本、菲律宾亦产；海拔 700m 以下。北、中亚热带树种。耐阴，要求温暖湿润气候，在深厚肥沃土壤生长良好，不宜干瘠地，石灰岩石缝常见有野生林木。木材坚重，密度 $0.98g \cdot cm^{-3}$，耐久，色泽美丽。树形整齐，春秋叶橙、紫、黄、红，五彩缤纷，为优美园林树。

图 166　石楠　　　　　　图 167　椤木石楠

红叶石楠 *Photinia* × *fraseri* 系 *P. glabra* × *P. serrtifolia* 的杂交种，植株矮化为灌木，干枝梢部的叶血红色，为园林一绝，现各地种植甚广。

**2. 椤木石楠 *Photinia davidisoniae* Rehd. et Wils.**　图 167

常绿乔木，高 20m，常具明显枝刺。幼枝疏被柔毛，顶芽绿色。叶倒披针形或长圆形，长 5~15cm，先端急尖，基部楔形；叶柄长 0.8~1.5cm。复伞房花序，被平伏柔毛。果球形或卵形，熟时黑色。花期 5 月，果期 9~10 月。

产秦岭以南，南至华南南部，东至沿海，西达四川、云南；海拔平地至 1000m（云南）。北、中亚热带树种。稍耐阴，喜温暖，宜肥沃深厚土壤，常生于平原、低丘农村风景林中或住宅旁。木材黄褐色，坚重，密度 $0.98g \cdot cm^{-3}$，有光泽，耐久。

[附]**2a. 桃叶石楠 *Photinia prunifolia*(Hook. et Arn.) Lindl.**　各部无毛。叶长圆形或长圆状披针形，下面密被黑色腺点。果椭圆形，红色。产华中及华东南部，至华南及西南。用途略同椤木石楠。

**3. 中华石楠** *Photinia beauverdiana* Schneid.　图 168

落叶乔木，高16m。小枝无毛。叶长圆形或倒卵状长圆形，纸质，长5~10cm，先端突渐尖，基部圆或楔形，具疏腺齿，侧脉9~14对，微凹陷，网脉明显。复伞房花序，花序梗及花梗密被疣点。果卵形，紫红色，径6mm。花期5月，果期8月。

产秦岭以南，南至华南北部，西至四川、云南；海拔1500m以下；习见于次生林中。可种植为行道树。

## 7. 枇杷属 *Eriobotrya* Lindl.

常绿乔木或灌木。单叶，有锯齿，羽状侧脉直出。圆锥花序顶生，常被绒毛；雄蕊20~40；心皮成熟革质或纸质；花柱2~5，基部合生，常有毛。子房下位，2~5室，每室2胚珠。梨果肉质或干燥，内果皮膜质；种子大，1至多数。

30种，分布亚热带至暖温带。我国13种，产南部。

图 168　中华石楠

**枇杷** *Eriobotrya japonica* (Thunb.) Lindl.　图 169

高12m。小枝、叶下面、花序密被锈色或灰棕色绒毛。叶革质，披针形、倒披针形或卵圆状长圆形，长10~30cm，先端渐尖或急尖，基部楔形或下延至叶柄，具疏锯齿，上面多皱。梨果球形，径2~5cm，黄色或橘黄色。花期10~12月，果期翌年5~6月。

图 169　枇杷

图 170　大花枇杷

产甘肃南部、秦岭以南，南达华南北部，西至四川、云南；日本、东南亚地区亦产；东部在海拔900m以下，西部达海拔2500m。湖北西部、四川东部石灰岩山地有野生枇杷。常为栽培植株。北、中亚热带树种。稍耐阴，喜温暖湿润，稍耐寒，宜肥厚石灰性或酸性土。为著名果树，栽培品种甚多，依果色分为红沙、白沙两大类，尤以白沙枇杷为佳，果味甘甜多汁；叶、花、果、种仁及根可药用，主治咳嗽。木材坚韧、细致。

[附] **大花枇杷** *Eriobotrya cavaleriei* (Lévl.) Rehd. 图170 高4~6m。小枝无毛。叶片集生枝顶，长圆形、长圆披针形或长圆倒披针形，边缘具疏生内曲浅锐锯齿，近基部全缘，下面近无毛；叶柄无毛。花白色，径1.5~2.5cm。梨果椭圆或近球形，径1~1.5cm，橘红色。产西南、华中、华南等地；越南北部亦产；海拔500~2000m；生于常绿阔叶林中。果味酸甜，可生食，亦可酿酒。树形优美，可作庭园观赏树种。

## 8. 石斑木属 *Raphiolepis* Lindl.

常绿灌木或小乔木。单叶互生，革质，具短柄。直立总状花序、伞房花序或圆锥花序；萼筒钟状至筒状；花瓣有短爪；雄蕊15~20；子房下位，2室，每室有2直立胚珠，花柱2或3，离生或基部合生。梨果近球形，核果状；萼片脱落后顶端有一圆环或浅窝；种子1~2，近球形，种皮薄，子叶肥厚。

本属约有15种，分布亚洲东部。我国产7种。栽培供观赏用；木材坚韧。

**石斑木**(车轮梅) *Rhaphiolepis indica* (L.) Lindl. 图171

高4m。幼枝有毛，后无毛。叶片薄革质，集生于枝顶、卵形、长圆形、稀倒卵形或长披针形，长4~8cm，先端圆钝、急尖、渐尖或长尾尖，边缘具细钝疏齿，无毛或疏被绒毛，叶下面网脉明显。顶生圆锥花序或总状花序，花梗被锈色绒毛，花白色或淡红色，花径1~1.3cm；萼筒筒状。果球形，紫黑色，径约5mm；果梗短粗。花期4月，果期7~8月。

产秦岭淮河以南，华东、华中、华南至西南及台湾；日本、老挝、越南、柬埔寨、泰国和印度尼西亚亦产；海拔150~1600m；生于山坡、路边或溪边灌木林中。现已引入庭院栽培观赏。木材带红色，质重坚韧。

[附] **厚叶石斑木** *Rhaphiolepis umbellata* (Thunb.) **Makino** 与石斑木的区别：枝粗壮岔开。叶片厚革质，长椭圆形或倒卵形，长(2)4~10cm，先端圆钝至稍锐尖，基部楔形，全缘或有疏生钝锯齿，边缘稍向下方反卷。圆锥花序顶生，密生褐色柔毛。果球形，径7~10mm，黑紫色带白霜，顶端有萼片脱落残痕。产浙江、云南及台湾；日本亦产；海拔2000m以下。耐干瘠，生于荒坡及石山。用途略同石斑木。

**图171 石斑木**

## 9. 花楸属 Sorbus L.

落叶乔木或灌木。单叶或奇数羽状复叶，侧脉直达齿尖，常具重锯齿。复伞房花序，顶生，总梗及花梗无疣点；萼筒钟状或杯状；雄蕊 15~25；子房下位或半下位，2~5 室，每室 2 胚珠。梨果小，内果皮软骨质，每室 1~2 种子，果皮常有斑状皮孔。

80 余种，分布北半球。我国 50 种。秋叶黄、橙、红艳，果实（红）累累，为美丽观赏树木。木材坚实，为优质用材。

1. 单叶；果时萼片脱落。
　　2. 叶下面淡绿色，近无毛。
　　　　3. 侧脉 10~18 对 ················································ **1. 美脉花楸** *S. caloneura*
　　　　3. 侧脉 6~10 对 ················································ **1a. 水榆花楸** *S. alnifolia*
　　2. 叶下面、叶柄、花序均密被白色绒毛 ··············· **2. 石灰花楸** *S. folgneri*
1. 奇数羽状复叶；果时萼片宿存闭合。
　　4. 托叶条状披针形，全缘；果白色或微红 ············ **3. 湖北花楸** *S. hupehensis*
　　4. 托叶半圆形，边缘羽状深裂；果红色 ··············· **4. 黄山花楸** *S. amabilis*

### 1. 美脉花楸 *Sorbus caloneura* (Stapf) Rehd.　　图 172

高 15m。小枝及芽无毛。单叶，长椭圆形或长椭圆状倒卵形，长 8~12cm，先端渐尖，茎部宽楔形或圆，具圆钝锯齿，下面近无毛，侧脉明显，10~18 对，直达齿尖；叶柄长 1~2cm。复伞房花序，总梗及花梗疏被黄色柔毛；萼筒被柔毛；花瓣白色，宽卵形；雄花 20；花柱 4~5，下部连合。果近球形，径约 1cm，褐色，皮孔显著，4~5 室；萼片脱落。花期 4 月，果期 8~10 月。

**图 172　美脉花楸**

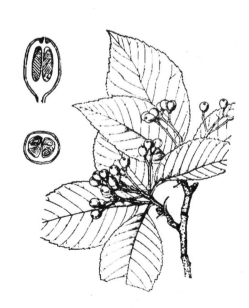

**图 173　石灰花楸**

产长江中游以南,南至华南北部,西达西南;越南北部亦产;海拔500~2500m。中亚热带山地树种。宜湿润生境,生于河谷、溪边、常绿落叶混交林中。花洁白簇集,繁茂如锦,宜引入园林种植供观赏,或植为行道树。

[附]1a. **水榆花楸** *Sorbus alnifolia* (Sieb. et Zucc.) K. Koch　与美脉花楸的区别:叶卵形或椭圆状卵形,长5~10cm,侧脉6~10对。果椭圆形或卵形,径0.7~1cm,红色或黄色,皮孔不显著,2室。产辽宁、华北、华东、华中及西北南部。

**2. 石灰花楸**(石灰树)*Sorbus folgneri* (Schneid.) Rehd.　图173

高15m。小枝黑褐色,长成无毛。单叶,卵形至椭圆形,长5~8cm,具不整齐细锯齿,叶下面密被白色绒毛,侧脉7~9对,直出;叶柄被白色绒毛。复伞房花序,花梗被白色绒毛;花白色,径7~10mm;花柱2~3,基部合生。梨果椭圆形,径7mm,红色,有少数斑点,2~3室,萼片脱落后残留圆孔。

产甘肃、陕西以南,南至广东北部、广西北部,西至四川、云南;海拔300~2000m。北、中亚热带树种。喜光,耐干旱瘠薄,适应性强,萌芽力强;生于荒坡、灌丛、次生林及山顶,生于山谷湿润地可长成乔木。材质坚韧、耐久。

**3. 湖北花楸** *Sorbus hupehensis* Schneid.　图174

落叶乔木,高10m。奇数羽状复叶,连叶柄长10~15cm;小叶9~17,长圆状披针形或卵状披针形,长3~5cm,宽1~1.8cm,具尖锯齿,近基部1/3~1/2几全缘,下面沿中脉被白色绒毛。复伞房花序;花白色,径5~7mm。果球形,径5~8mm,白色,微带红,萼片宿存且闭合。花期5~7月,果期8~9月。

产青海、甘肃、陕西以南,南至湖北,西达西南,东界安徽、山东;海拔1000~3500m;生于沟谷、山地密林中。羽叶扶疏、花洁白繁茂,为优美观赏树,宜引入园林种植,或植为行道树。

**图174　湖北花楸**

**图175　黄山花楸**

### 4. 黄山花楸 *Sorbus amabilis* Cheng ex Yü  图 175

高达 10m。小枝粗壮，黑灰色，具皮孔，老时近无毛。奇数羽状复叶，连叶柄长 13～17.5cm；小叶(4)5～6 对，长圆形或长圆披针形，长 4～6.5cm，基部两侧不等，边缘自基部或 1/3 以上部分有粗锐锯齿(每侧 9～14)，各部老时无毛。复伞房花序大型顶生，花白色，径 7～8mm；萼筒钟状，花柱 3～4。果球形，径 6～7mm，红色，具宿存闭合萼片。花期 5 月，果期 9～10 月。

产安徽、浙江，狭域分布种，以黄山、大别山为中心产地；海拔 900～2000m；生于杂木林中。树形优美，花序洁白大型，为黄山景区重要风景树种，尤以秋冬红叶红果观赏最佳，宜引入园林种植，或植为行道树。

## 10. 梨属 *Pyrus* L.

落叶或半常绿乔木，常有枝刺。冬芽显著，芽鳞多数紧贴。单叶，幼叶在芽内席卷。伞形或总状花序。萼筒钟状或壶状；雄蕊 15～20，花药红色至紫红色；花柱 2～5，离生，子房下位，2～5 室。梨果，外果皮多皮孔，中果皮肉质，含石细胞，内果皮软骨质，每室 2 种子。

25 种，分布欧亚大陆，北非亦有。我国 14 种，全国各地均产。优良果树或作砧木。美丽庭院观赏树种。木材致密，为上等雕刻、工艺品用材。

1. 梨果大，径大于 2cm；叶缘锯齿尖锐，齿端刺毛状。
   2. 叶基部圆形或近心形；果熟时褐色 ·················································· 1. 沙梨 *P. pyrifolia*
   2. 叶基部宽楔形；果熟时绿黄色 ······················································ 2. 白梨 *P. bretschneideri*
1. 梨果小，径 1cm 左右；叶缘锯齿圆钝 ·················································· 3. 豆梨 *P. calleryana*

### 1. 沙梨 *Pyrus pyrifolia* ( Burm. f. ) Nakai  图 176：4～5

落叶乔木，高 15m。枝紫褐色。叶卵状椭圆形或卵形，长 7～12cm，先端长尖，基部圆形或近心形，具刺毛尖锯齿，紧贴上缘，两面无毛；叶柄长 1.5～2cm。花序有花 6～9；花白色，径 2.5～3.5cm；雄蕊 20；花柱 5(4)。果近球形，褐色，有斑点，萼片脱落；种子卵形，深褐色。花期 4 月，果期 8～9 月。

产长江以南，南至华南北部，西至西南；海拔 100～1500m。少有野生，习见栽培果树。适生于南方温暖多雨气候。果酸甜，石细胞较多。木材同豆梨。叶、果入药，能健胃、消食、止咳。

### 2. 白梨 *Pyrus bretschneideri* Rehd.  图 177

落叶乔木，高 5～8m；树皮呈小方块状开裂。叶卵形或椭圆状卵形，长 5～15cm，先端短尾尖，基部宽楔形，具细尖锯齿，齿端刺毛状，弯曲向上，幼时两面有绒毛；叶柄长 2.5～7cm。花序具花 6～10；花白色，径 2～3.5cm；雄蕊 20；花柱 4～5。果卵形或卵球形，长 2.5～3cm，黄色，4～5 室，萼片脱落。花期 4 月，果期 8～9 月。

产东北南部、华北、西北及黄淮平原，各地有栽培。喜温带气候，耐干冷，日温差大有利于果实品质优良，宜砂质土，对肥力要求不严。为我国销量最大的果树之一，著名品

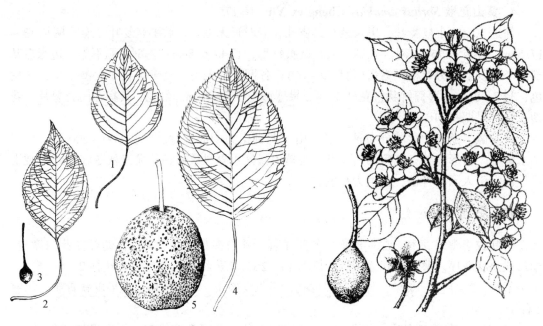

图 176　1~3. 豆梨　4~5. 沙梨　　　　图 177　白梨

种有河北的鸭梨、蜜梨、雪花梨、秋白梨，山东的茌平梨、鹅梨，山西的黄梨、油梨等。果为鲜果，或加工成罐头、梨膏食用。重要蜜源植物。木材硬重。叶、果入药，能健胃、消食、止咳。

**3. 豆梨** *Pyrus calleryana* Decne.　　图 176：1~3

落叶小乔木，高 10m；有枝刺。叶卵圆形或长卵形，长 4~8cm，先端渐尖，基部圆形至宽楔形，边缘有锐锯齿，齿尖无刺毛，两面无毛；叶柄长 2~4cm。花序有花 6~12；花白色，径 2~2.5cm；花柱 2(3)。果球形，径约 1cm，暗褐色，有斑点，萼片脱落，2(3) 室；果梗长 2.5~3cm。花期 4 月，果期 8~9 月。

产华中、华东至华南海拔 1800m 以下；常生于山坡疏林、林缘、沟谷阔叶林中。果可食用、酿酒及加工饮料。根、叶、果均可入药，有健胃、消食、止咳作用。可作沙梨的砧木。

## 11. 苹果属 *Malus* Mill.

落叶乔木或灌木。冬芽卵形，常较梨属小。单叶，幼叶席卷或对折。花序多为伞形；雄蕊 15~50，花药黄色；花柱 3~5，基部合生，子房下位，3~5 室，每室 2 胚珠。梨果外皮光洁，无皮孔，果肉无石细胞或甚少，内果皮软骨质，3~5 室，每室 1~2 种子。

35 种，分布北温带。我国 20 余种，产南北各地，多为著名果树或观赏树种，或为重要砧木。世界各地广泛栽培。

1. 叶不裂，在芽内席卷状。
　2. 果时萼片脱落，果径 1.5cm 以下；花柱 3~5。
　　3. 叶缘具细尖锯齿；萼片顶端尖 ………………………………………… **1. 湖北海棠** *M. hupehensis*

3. 叶边缘锯齿细钝；萼片先端钝 ·················································· **1a. 垂丝海棠** *M. halliana*
2. 果时萼片宿存，果径 2cm 以上；花柱 5 ······························· **2. 苹果** *M. pumila*
1. 叶常有缺裂，在芽内对折状。
  4. 叶 3~5 羽状浅裂，下面密被绒毛；果顶端有浅洼，果心不分离 ········ **3. 滇池海棠** *M. yunnanensis*
  4. 叶不羽状浅裂，下面初有柔毛，后无毛；果顶端嘴状突起，果心分离 ····· **4. 台湾林檎** *M. doumeri*

**1. 湖北海棠** *Malus hupehensis* (Pamp.) Rehd.　图 178

高 8m。叶在芽内席卷状，卵形或椭圆状卵形，长 5~10cm，先端渐尖，基部宽楔形，边缘具不规则细尖锯齿，幼时被柔毛；叶柄长 1~3cm。伞形花序有花 4~6；花梗长 3~5cm；花白色至粉红色，径 3.5~4cm；萼筒绿色稍紫红，萼片顶端尖，与萼筒等长或短；花柱 3(4)，基部有长绒毛。果近球形，径 1cm，黄绿而微呈红色，萼片脱落；果梗长。花期 4~5 月，果期 8~9 月。

产山东、山西、甘肃、陕西、河南以南，南至华南北部，西至四川、云南；海拔 1500~2900m（西南）以下。暖温带至中亚热带树种。适应性强，生于山坡次生林及灌丛中。叶可代茶，味微苦；花繁而果艳，为园林观赏树，亦可作苹果的砧木。

**[附]1a. 垂丝海棠** *Malus halliana* **Koehne**　与湖北海棠的区别：叶边缘锯齿细钝。伞房花序，有花 4~6，花梗下垂，花粉红色，径 3~3.5cm；萼筒紫红色，萼片先端钝；花柱 4~5。果梨形，径 6~8mm，萼片脱落；果梗长 2~5cm。花期 3~4 月，果期 9~10 月。产陕西、长江中下游地区，西至四川、云南；海拔 1200m 以下。各地园林广为栽培。花繁如锦，色泽艳丽，花梗细长下垂，为著名庭院观赏花木，亦作盆栽。

图 178　湖北海棠

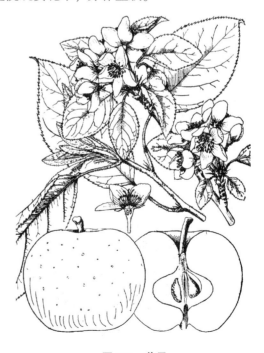

图 179　苹果

**2. 苹果** *Malus pumila* **Mill.**　图 179

高 15m，常整形为矮树；树冠球形。幼枝、芽、花萼、花梗等密被绒毛。叶在芽内席卷状，椭圆形，长 4.5~10cm，先端急尖，基部宽楔形或圆形，具钝锯齿，幼叶两面被灰白色毛，后上面脱落；叶柄长 1.5~3cm，有柔毛。伞房花序，有花 3~7，花白色或粉红色，径 3~4cm；雄蕊 20，花柱 5。果扁球形，径 3cm 以上，萼洼下陷，萼片宿存。花期 5 月，果期 7~10 月。

原产欧洲、亚洲中部，为温带重要的果树。我国适宜栽培区为东北南部、西北、华北及西南高地，以山东、辽东半岛产量最大，品质最优。栽培品种达 1000 余种，著名品种多属于晚熟型。喜光，较耐寒，宜较干冷的温带气候，忌湿热，要求土壤肥沃湿润、排水良好。嫁接繁殖，3~5 年即开始结果，盛果期达 30 年或更长。果大，味美，营养丰富，耐储藏，被誉为"果中之王"，栽培经济效益高，生食或加工为果脯和果酱食用，系我国北方最重要的经济果树。

**3. 滇池海棠** *Malus yunnanensis* ( Franch. ) **Schneid.**　图 180

高 10m。幼枝、叶下面、叶柄及花序密被绒毛。叶在芽内对折状，多为椭圆形，长 6~12cm，具尖锐锯齿，3~5 羽状浅裂；叶柄长 2~3.5cm。伞形总状花序，有花 8~12；萼筒及萼片密被毛；雄蕊 20~25；花柱 5。果球形，径 1~1.5cm，红色，有白点，萼片宿存；果梗长 2~3cm。花期 5 月，果期 8~9 月。

产四川、云南、湖南；海拔 1600~3800m；生于阔叶林中或山溪边。入秋叶果红色，已引入园林种植，又为苹果繁殖的砧木。

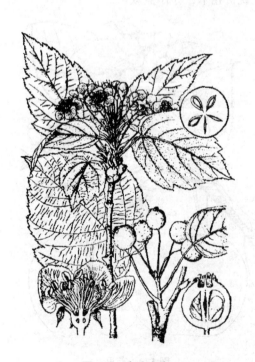

**图 180　滇池海棠**

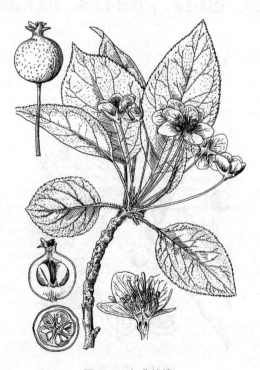

**图 181　尖嘴林檎**

### 4. 台湾林檎(尖嘴林檎) *Malus doumeri* (Bios) Chev.　图181

高20m, 幼树干基有刺。冬芽尖卵形, 红紫色。叶在芽内对折状, 椭圆形至卵状椭圆形, 长5~10cm, 锯齿钝尖, 幼叶红色, 两面有毛, 长成无毛; 叶柄长1.5~3.0cm。花序近伞形, 有花5~7; 花梗长3~5cm, 被绒毛; 花白色至紫白色, 径2.5~3cm; 萼筒及萼片外面被绒毛; 雄蕊30; 花柱5。果球形, 径1.5~2.5cm, 宿萼缢缩为颈状或尖嘴状, 萼片反折, 果心分离。花期5月, 果期8~9月。

产华东南部、华南、湖南南部、贵州、云南、台湾; 海拔300~2400m; 生于常绿阔叶林、次生疏林中及沟谷溪边。果大, 生食带涩味, 制果脯及酿酒。嫩叶可代茶。干端直, 生长快, 木材为优质硬木。

## 12. 木瓜属 *Chaenomeles* Lindl.

落叶或半常绿, 灌木或小乔木; 有刺或无刺。单叶, 托叶常宽大。花单生或簇生, 花梗短或近无; 萼筒长筒状, 肥厚, 萼片大; 雄蕊极多; 子房5室, 每室胚珠多数, 排成2列。梨果大, 萼片脱落; 种子褐色, 种皮革质。

5种, 分布亚洲东部。多供药用。

### 1. 木瓜 *Chaenomeles sinensis* (Thouin) Koehne　图182

高10m; 树皮片状剥落。枝无刺, 有棘状短枝, 幼枝有柔毛。叶椭圆状卵形或椭圆状长圆形, 长5~8cm, 具芒状锯齿, 幼时下面密被黄白色绒毛; 托叶小, 卵状披针形, 膜质。花单生叶腋, 径2.5~3cm, 淡粉红色; 花梗粗; 花柱3~5。果大型, 长椭圆形, 10~15cm×6~7cm, 黄色, 芳香, 果皮木质。花期4月, 果期9~10月。

图182　木瓜　　　　　　　　图183　皱皮木瓜

产山东、秦岭及淮河以南，南至华南。一般栽培于园圃中，宜肥沃湿润土壤，忌积水和盐碱土。花红，果硕大，优良庭园观赏树。果供药用，浸酒治风湿骨痛、支气管炎、镇咳、活血，亦可制成蜜饯。木材淡红至暗红色，致密，纹理美丽。

**2. 皱皮木瓜**（贴梗海棠）*Chaenomeles speciosa*（Sweet）Nakai 图183

与木瓜的区别：高2m，有枝刺。小枝无毛。叶卵形或椭圆形，长3～9cm，具尖锯齿，下面无毛；托叶大，半圆形，革质。花先叶或同时开放，3～5朵簇生于2年生枝上，红色、粉红色或白色，因品种而异，径3～5cm；花柱5。果球形或卵球形，4～5.5cm×3～4cm，黄色或黄绿色。

产地同木瓜；缅甸亦产。为重要的园林观赏树种，亦可植为绿篱。果供药用，性能略同木瓜。

## Ⅲ. 蔷薇亚科 Rosoideae

灌木或草本。复叶，稀单叶，有托叶。萼筒（花托）坛状（凹陷）或隆起为头状；离生心皮多数，稀少数，子房上位，每子房有胚珠1～2；雄蕊多数。聚合瘦果或小核果集成聚合果，果托肉质或干硬。染色体基数 X = 8（7、9）。

34属。我国19属，其中木本6属。

### 13. 蔷薇属 *Rosa* L.

落叶或常绿灌木，直立或攀缘，常有刺。奇数羽状复叶，稀单叶；托叶显著，常与叶柄连合。萼筒壶状或坛状，单雌蕊多数着生于凹陷的萼筒中，每子房1胚珠；雄蕊多数。聚合瘦果包藏于肉质果托内，称"蔷薇果"。

250种，广泛分布北半球温带及亚热带。我国80余种，南北均产。本属为世界著名观赏花木，庭园普遍栽培，品种众多。花香宜人、许多种可提炼芳香油。果实可食，富含维生素C。花、叶、根均为常见中草药，各有疗效。

1. 小叶3～5；托叶全缘或具腺齿；花柱分离，长为雄蕊之半 ……………………… **1. 月季** *R. chinensis*
1. 小叶5～9；托叶羽裂；花柱靠合成柱状，与雄蕊近等长 ……………………… **2. 野蔷薇** *R. multiflora*

**1. 月季** *Rosa chinensis* Jacq. 图184

高1.5m；茎直立，具钩刺或无刺。小叶3～5（7），宽卵形或卵状长圆形，长2.5～6cm，先端渐尖，具尖齿，两面无毛；托叶全缘或具腺齿，贴生于叶柄上，顶端分离为耳状。花单生或数朵集生，红色、粉红色，很少白色，径4～5cm，常为重瓣，微香；萼筒倒圆锥形，萼片尾状长尖，边缘常有羽状裂片；花柱分离，伸出萼筒口外，与雄蕊等长，有毛。果卵球形或梨形，长1～2cm，萼片脱落，黄红色。花期4～9月。本种与玫瑰 *R. rugosa* 的区别是后者叶表面皱，背面有柔毛和腺体；萼筒半圆形，萼片远比未展开的花瓣长。

原产我国，国内除极寒极旱地区外均有栽培，国外亦广为引种栽培，并培育出许多优美品种，花大而芳香，花期长，色泽各异，适应性强，繁殖易，我国自古即有栽培的习俗，为著名花木，或植于花坛，或作盆栽、瓶花均宜。花可提香精，用作化妆品和食品工业。花药用可通经、消肿；叶可治跌打损伤。现代月季品种众多，来自中国的亲本还有香水月季 R. odorata、野蔷薇、光叶蔷薇 R. wichuriana、玫瑰等。

图 184　月季　　　　　　　图 185　野蔷薇

**2. 野蔷薇 *Rosa multiflora* Thunb.**　　图 185

与月季的区别：落叶蔓性灌木；常有皮刺。复叶长 5~10cm，小叶 5~9，倒卵状长圆形至卵形，长 2~5cm，具尖齿，下面有柔毛；托叶篦齿状，贴生于叶柄上。伞房或圆锥花序，多花，基部有篦齿状的小苞片；花白色，单瓣，径 1.5~3cm，花柱靠合成束，比雄蕊稍长，无毛。聚合果近球形，径 6~8mm，外皮平滑，萼片脱落，暗红色。花期 5~7 月。

产山东、江苏、河南、陕西以南至华南北部；日本、朝鲜亦产。适应性强，耐干瘠、烧垦，荒山、灌丛、石灰岩荒地习见。栽培品种甚多，其花艳丽，为著名花木和花篱。鲜花含芳香油；花供药用，可清热、顺气、和胃；根药用可活血通络。生根及萌芽性强，可植于路坡，护坡保土。常见变种及园林栽培类群有：粉团蔷薇 var. *cathayensis*，花粉红色或玫瑰红色；荷花蔷薇 f. *carnea*，花粉红色，重瓣，多花簇生；七姊妹 f. *platyphylla*，花深红，重瓣，叶较大。

## 14. 棣棠花属 *Kerria* DC.

落叶灌木，小枝细长。单叶，互生，具重锯齿。托叶早落；花单生于侧枝顶端，黄色大型；萼筒短，碟形；雄蕊多数；花盘环状；雌蕊由单心皮组成，心皮 5~8，离生，各有胚珠 1；瘦果侧扁，无毛，外包宿存萼片。

1种，产我国，日本亦产。

**棣棠花 Kerria japonica (L.) DC.** 图186

高2m。小枝绿色，老时无毛。叶卵形至卵状披针形，2~10cm×1.5~4cm，顶端渐尖，基部圆形或微心形，边缘有锐重锯齿，下面沿叶脉及脉间有短柔毛；花金黄色，径3~4.5cm；萼片卵状三角形或椭圆形，边缘有极细锯齿；花柱与雄蕊等长。瘦果黑色，扁球形。花期4~5月，果期7~8月。

产甘肃、陕西、河南、山东以南，至华中、华东、西南等；日本亦产；海拔200~3000m；生于山坡灌丛。我国南北各地庭园普遍栽培，青枝、绿叶、黄花极具观赏价值。园林中常见变型为重瓣棣棠花 f. *plentiflora*。

## 15. 悬钩子属 Rubus L.

落叶，稀常绿，灌木或多年生匍匐草本；茎直立或蔓生，常具有皮刺或刺毛。单叶或羽状或掌状复叶，有锯齿或缺裂；托叶明显。花两性，稀单性异株，花序各式或单生，白色或红色；萼筒短，萼片宿存；雄蕊多数；单心皮雌蕊多数，生于凸起头状花托。核果多数，集生成浆果状聚合果。

700余种，全球广布，主产北温带。我国184种，南北均产，种类多，分布广，生长旺盛，资源丰富，多数种果实可食，营养丰富。果实酸甜，含糖量与苹果、梨、柑橘相似，富含多种维生素、氨基酸和矿物质，并含有抗衰老物质及抗癌成分，尤其SOD（超氧化物歧化酶）含量高于现有任何栽培及野生水果，在医药、化妆品、保健方面具有很高的开发价值。许多种(枝条红色)可供庭园观赏，蔓生类可作为公路护坡及水土保持植物。

**图186 棣棠花**

1. 托叶与叶柄离生；叶宽卵形，具3~5波状浅裂；圆锥花序 ………………… 1. 高粱泡 *R. lambertianus*
1. 托叶与叶柄合生；叶近圆形，常5深裂；花单生 ………………… 2. 掌叶覆盆子 *R. chingii*

**1. 高粱泡 Rubus lambertianus Ser.** 图187

半落叶藤状灌木，高3m；茎有弯钩刺。单叶，宽卵形，长5~10cm，长渐尖，基部心形，两面有柔毛，具3~5波状浅裂，有细齿；叶柄长2~4cm，有小刺；托叶线形。圆锥花序，顶生或近顶生；花白色，径8mm；花梗、萼筒、萼片均有毛，花瓣倒卵形，短于萼片；雄蕊多数，稍短于花瓣；雌蕊15~20。聚合果球形，径6~8mm；小核果熟时红色。花期7~8月，果期9~11月。

产长江以南，西至云南、贵州，南至华南，东至台湾；日本亦产；海拔1000m以下。宜阴凉湿润生境，生村旁宅边空地、溪边、山谷、林缘、灌丛。果酸甜可食，亦可酿酒。根叶供药用，可清热散瘀、止血。

图187 高粱泡

图188 掌叶覆盆子

**2. 掌叶覆盆子 *Rubus chingii* Hu** 图188

落叶灌木，高2～3m。幼枝有少数倒刺。单叶互生，近圆形，直径5～9cm，掌状5深裂，少有3或7裂，中裂片菱状卵形，基部近心形，边缘有重锯齿，两面脉上有白色短柔毛。花单生于短枝顶端或叶腋，白色，径2.5～4cm；花柄长2～3.5cm；萼片两面有短柔毛。聚合果球形，红色，下垂，径1.5～2cm；小核果密生灰白色柔毛。花期3～4月，果期5～6月。

产华东及广西，日本亦产；常见于低海拔山坡林边或灌木丛中。果实称覆盆子，味甜，可生食，制糖，酿酒，并可做滋补药。

## Ⅳ. 李亚科 Prunoideae

乔木或灌木。单叶，有托叶。花单生，伞形或总状花序；萼筒多样，雄蕊10至多数，生萼筒边缘；单心皮雌蕊，子房上位，1室，胚珠2，垂悬。核果。染色体基数 X=8。

10属，主要分布北半球。我国9属。许多为著名水果、干果及油料植物；优良园林观赏树种众多，全世界庭园广泛栽培。

### 16. 桃属 *Amygdalus* L.

落叶乔木或灌木。腋芽3(2)个并生，两侧为花芽，中为叶芽，幼叶在芽中对折。叶柄和叶缘(锯齿)常有腺体。花常单生稀双生，无梗，稀长梗；子房上位，常具柔毛。核果，外被毛，成熟时果肉多汁不开裂或干燥开裂，腹部有明显的缝合线，核表面具沟纹和孔穴。

40种，分布亚洲中部至地中海地区。我国12种，主产西部和西北部。

### 桃 *Amygdalus percica* L.　图189

高8m。小枝绿色，阳处变红色，常有桃胶。叶卵状披针形或长圆状披针形，长8~12cm，长渐尖，具单锯齿较钝；叶柄有时具腺体。花单生，梗极短，先叶开放，花粉红色，稀白色，径2.5~3.5cm。核果卵球形，径5~7(12)cm，腹缝明显，果肉白色至红色；核大，表面具深沟纹或呈蜂窝状。花期3~4月，果期6~9月。

原产我国，全国除极寒冷干旱地区外，南北均产，能耐-20℃的低温，生长期宜温暖多雨；对土壤不苛求，酸性土、轻碱性土均可，但栽培于石灰性土壤上果品质更优；一般选择向阳、缓坡、排水好的砂质土种植，忌积水。嫁接繁殖，2~3年开始结果，5年后盛果，高产盛果期10~15年。我国栽培历史约有3000年以上，著名品种有油桃、蟠桃、寿星桃、水蜜桃、黄肉桃等；果甜，肉多，水汁丰富，不耐储藏，上市季节短。观赏品种有碧桃、绯桃、千瓣白桃、紫叶桃等。桃仁含苦仁苷，可治咳嗽、高血压等。中国民间历来视桃木为良材，材理致密，花纹美丽，宜为木梳及美工用材。

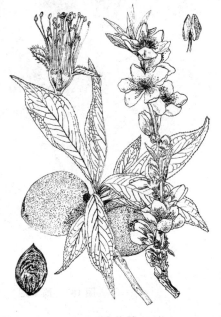

图189　桃

### 17. 杏属 *Armeniaca* Mill.

落叶乔木，稀灌木。叶芽和花芽并生，无顶芽，2~3簇生于叶腋；幼叶在芽内席卷状。花常单生，稀2，先叶开放，近无梗或具短梗；心皮1，子房具毛，1室，2胚珠。核果，有明显纵沟，外被柔毛，果肉质多汁；核扁平，光滑或粗糙，罕有孔穴。

8种，分布东亚至中亚和高加索。我国7种，主产黄河流域。

1. 1年生枝条浅褐色至红褐色；叶宽卵形或圆卵形，先端突尖 ·················· **1. 杏** *A. vulgaris*
1. 1年生枝条绿色；叶卵形或椭圆形，先端尾尖 ·························· **2. 梅** *A. mume*

### 1. 杏 *Armeniaca vulgaris* Lam.　图190

高15m。小枝淡褐色或红色。叶宽卵形或圆卵形，长5~9cm，先端突尖，基部圆形或近心形，具圆钝锯齿，下面脉腋有柔毛；叶柄长2~4cm。花单生，先叶开放，粉红色或微红，径2~3cm；萼筒狭钟形，萼片花后反折；雄蕊25~45；子房有毛。果球形，径2.5~3cm，黄白色至黄红色，果肉多汁；核平滑；种子扁圆形，味苦或甜。花期4月，果期6~7月。

主产秦岭、淮河以北，北至东北，新疆伊犁一带有野生纯林，南部仅于园林有栽培，华北和西北为栽培中心。喜光，耐寒抗旱，能耐-30℃低温，沙地、轻盐碱地亦可种植，但肥沃湿润地种植可获高产。嫁接繁殖自第四年起始果，6年进入盛果期，经营寿命一般达50年。果生食或制果干和果脯；种仁食用为保健食品，或药用，有润肺止咳、平喘之效。根系发达,为防风固沙、水土保持树种。北方农村习见为风景树,自古即有"牧童遥指杏花村"之说。

图190 杏　　　　　　　　　　图191 梅

**2. 梅 *Armeniaca mume* Sieb.**　图191

高8m。小枝光绿无毛。叶卵形或椭圆形,长4~8cm,先端尾尖,基部宽楔形或圆形,具尖锯齿,长成叶两面无毛;叶柄长1~2cm。花单生,近无梗,白色、淡红或紫红色,径2~2.5cm,有浓香;子房密被毛。果近球形,径2~3cm,黄色或绿白色,被柔毛,味酸少汁,果肉不易与核分离;核卵圆形,有蜂窝状点纹。花期1~3月,果期5~7月。

原产华中至西南山区,现长江流域为中心产区,南至广州,北至北京均有栽培。喜光,宜温暖湿润气候,对土壤要求不严,繁殖容易。我国栽培历史达3000余年,栽培品种分果梅和梅花两大类,均选育了许多品种,我国学者陈俊愉获得"梅花品种国际登录权威",记录梅花品种11个品种群约400个品种。果供生食或加工为蜜饯;经熏制成乌梅可入药,有止咳、止泻、生津、止渴之效。梅花临冬或早春开放,不畏寒冷,与松、竹齐誉为"岁寒三友",古人多植之以自勉,亦适于盆栽。迄今我国春节前后赏梅,已成为一例行的文化节,武汉专辟大型梅园,花开时节游客观梅如潮。

## 18. 李属 *Prunus* L.

落叶乔木或灌木。顶芽缺,腋芽单生,幼叶在芽内席卷状或对折状。花单生或2~3簇生,有花梗。单心皮雄蕊,子房上位,1室,2胚珠。核果,有沟,无毛,常被蜡粉;核扁,常平滑,稀有沟或皱纹。

30余种,分布北温带。我国7种。多为果树和园林观赏树种,园林常见樱桃李

P. cerasifera 的变型紫叶李 f. atropurpurea。

**李 Prunus salicina Lindl.** 图 192

高 12m，具枝刺。小枝红褐色。叶长圆状倒卵形或椭圆状倒卵形，具细钝重锯齿，下面脉腋有毛；花常 3 朵簇生，花径 1.5~2cm，白色。核果卵球形，径 2~3.5cm，黄色或红色，梗洼深陷，有深沟，外被蜡质果粉；核卵形具有皱纹，黏核，稀离核。花期 3 月，果期 6~7 月。

产长江流域和西北地区，南北各地栽培，北起黑龙江，南至海南，西至云南、西藏，以华东为中心产区。优良品种有牛心李、红心李、大黄李等。适应性强，对土壤要求不严，生长快，结实早，产量高，寿命短，繁殖易。果酸甜，生食或加工成蜜饯。花洁白而繁茂，为美丽的园林树。核仁供药用，能活血、祛痰、利水等。

图 192 李

## 19. 樱属 Cerasus Mill.

落叶乔木或灌木。树皮常具横生皮孔。腋芽单生或 3 芽并生，中间为叶芽，幼叶在芽中对折。叶柄先端或叶基部有 1~3 个明显腺体；托叶和锯齿常有腺体。伞形、伞房或总状花序，或 1~2 生叶腋，有花梗，花序总梗及分枝基部常有苞片，其边缘常有腺体；萼筒钟状或管状；雄蕊 15~50；单心皮雌蕊，子房上位，核果无沟，常无毛无蜡粉，肉质多汁，红色或黑色；核平滑或微具纹。

150 余种，分布北温带，亚洲、欧洲及北美洲均有记录，中国、日本及朝鲜为分布中心。我国超过 50 种，主产西部、西南、华中及东南地区。日本全境 26 种。本属为世界著名观赏花木，品种众多，庭园普遍栽培并成专类园。果酸甜可食，具很高营养价值。我国樱属植物资源丰富，引种及培育等利用程度较低，开发利用潜力大。

1. 萼片反折。
 2. 花序上苞片褐色，边缘腺体不明显，果时脱落；伞房花序具 3~6 花 ········ **1. 樱桃 C. pseudocerasus**
 2. 花序上有大型绿色苞片，边缘有明显腺体，果时宿存；伞形花序具 1~3 花 ···························· **2. 迎春樱 C. discoidea**
1. 萼片直立或展开。
 3. 花梗及萼筒有毛 ·································· **3. 东京樱花 C. yedoensis**
 3. 花梗及萼筒无毛。
  4. 叶边缘尖锐锯齿芒状，花叶同放。
   5. 花常为白色，单花瓣（主要为野生植物）················· **4. 山樱花 C. serrulata**
   5. 花常为红色，重花瓣（栽培植物）················ **4a. 日本晚樱 C. serrulata var. lanesiana**
  4. 叶边缘锯齿不为芒状，花先叶开放，花红色；果熟时红色 ········· **5. 钟花樱 C. campanulata**

**1. 樱桃** *Cerasus pseudocerasus* ( Lindl. ) G. Don.　　图 193

高 8m。叶卵形或椭圆状卵形，长 5~15cm，先端渐尖或尾状渐尖，具尖锐重锯齿，下面被疏柔毛。花先叶开放，伞房状花序具花 3~6；花梗有疏柔毛，萼筒钟状，有短柔毛，萼片花后反卷；花白色或略粉色，径 1.5~2.5cm，花瓣先端下凹或 2 裂；花柱无毛。果球形，径 1cm，红色，果梗有纤毛。花期 3~4 月，果期 5~6 月。

产黄河流域至长江流域；海拔 300~600m；生于山坡疏林、林缘、溪边、村边。较耐寒，对土壤要求不严，宜栽植于山麓疏松、肥厚的砂壤土。我国有 2000 余年的樱桃栽培史，至今全国栽培广泛。近年引种境外樱桃，主要为欧洲甜樱桃 *C. avium*、欧洲酸樱桃 *C. vulgaris*。果酸甜可口，亦可酿酒，果含蛋白质、糖、磷、维生素 C 等；果核供药用，能清热透疹；叶含黄酮苷，能除痰、平喘、透疹。花白果红，为美丽的观赏树。木材坚实，花纹美丽。

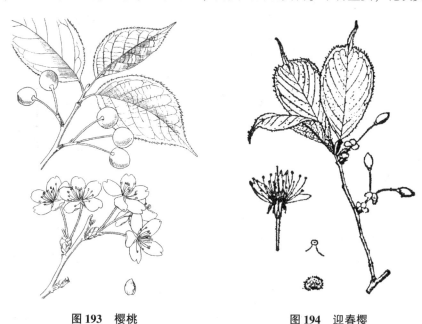

图 193　樱桃　　　　图 194　迎春樱

**2. 迎春樱** *Cerasus discoidea* Yü et Li　　图 194

高 3~8m。叶倒卵状长圆形或长椭圆形，长 4~8cm，先端骤尾尖或尾尖，边有缺刻状急尖锯齿，齿端有盘状腺体，两面被疏毛。花先叶开放，伞形花序有花 2(1~3)，苞片绿色、近圆形，边有小盘状腺体；花梗被疏柔毛；萼筒管形钟状，被疏柔毛，萼片长圆形，反折。花瓣粉红色，先端 2 裂；花柱无毛。核果红色，径 1cm；核表面略有棱纹。花期 3 月，果期 5 月。

产安徽、浙江、江西；海拔 200~1100m；生于山谷林中或溪边灌丛中，为长江下游开花较早的中国原生种樱花。抗性强，花粉红密集，为优良园林观赏树种。

**3. 东京樱花**（日本樱花）*Cerasus yedoensis* ( Matsum. ) Yu et Li　　图 195

高 16m。叶椭圆状卵形或倒卵形，长 5~12cm，先端渐尖或突尾尖，基部圆形，具尖锐单锯齿或重锯齿，齿尖略芒状，下面沿脉有疏柔毛；叶柄被密毛。花序伞形总状，有花 3~6 朵，先叶开放；萼筒管状，被疏柔毛；萼片三角长卵形，直立开张；花粉红色或白色，径 3~3.5cm；花梗长 2cm，被短柔毛；花柱有毛。果近球形，黑色。花期 3~4 月，果期 5 月。

我国各大城市公园及风景区均有栽培。原产日本，由大岛樱 *C. speciosa* 与江户彼岸樱 *C. spachiana* f. *ascendens* 杂交而来，为日本国花，全世界广泛引种。本种花先叶开放，花白略粉，花开花落绚烂缤纷，群体景观效果佳，为著名早春观花树种。

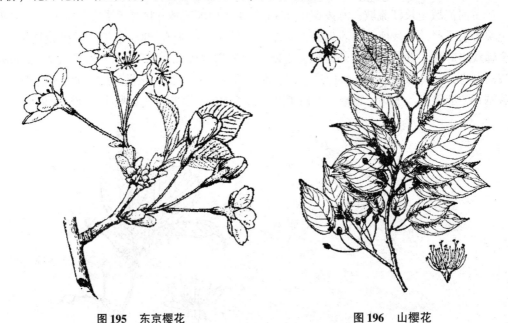

图 195　东京樱花　　　　　　　　　图 196　山樱花

### 4. 山樱花 *Cerasus serrulata* ( Lindl. ) G. Don ex London 　图 196

高 15m。叶卵状椭圆形或倒卵椭圆形，长 5~9cm，先端渐尖，边有渐尖单锯齿及重锯齿芒状，两面无毛。花序伞房总状或近伞形，有花 2~5，花叶同放；总梗长 5~10mm，无毛；花梗长 1.5~2.5cm，无毛或被极稀疏柔毛；萼筒管状，无毛，先端扩大，萼片三角披针形，直立开张；花瓣白色，稀粉红色，先端下凹；花柱无毛。核果球形或卵球形，紫黑色，径 8~10mm。花期 3~5 月，果期 5~7 月。

产华东、华中地区，西至贵州，北至河北、黑龙江；日本、朝鲜亦产；海拔 500~2000m；生于山谷疏林中或栽培。

[附]4a. 日本晚樱 *Cerasus serrulata* ( Lindl. ) G. Don var. *lanesiana* ( Carr. ) Makino 图 197

高 10m。叶椭圆形，长 6~12cm，尾尖，边缘具渐尖重锯齿，齿端长芒状。3~7 花聚成有梗的伞房总状花序，下垂，常红色；萼筒钟状，花梗及萼筒无毛，萼片直立或平展，全缘；花多重瓣芳香。

本种分布广，变异大，尤其高山居群变异明显，常见变种毛山樱 *C. serrulata* var. *pubescens* 花梗、叶有明显被毛。原种及变种与其他种类杂交培育出众多园艺品种，花色纷杂，白、红、黄均有；叶色有黄绿、红褐及紫红色；花瓣有单瓣、复瓣及重瓣，每年 4~5 月盛开，满树繁花，蔚为壮观。我国各大城市公园有栽培。常见品种有普贤象

被子植物 ANGIOSPERMAE ·161·

图 197　日本晚樱　　　　　　　图 198　钟花樱

*C. serrulata* var. *lannesiana* 'Albo-rosea' 花重瓣，白色；红普贤 *C. serrulata* var. *lannesiana* 'Fugenzo' 花重瓣，粉红色。

**5. 钟花樱**（福建山樱花）*Cerasus campanulata*（Maxim.）Yü et Li　　图 198

高 15m；树皮黑褐色。叶片卵形、卵状椭圆形或倒卵状椭圆形，长 4~7cm，先端渐尖，边缘有急尖锯齿，叶无毛或疏被毛。伞形花序，有花 2~4，先叶开放；花梗无毛或稀被极短柔毛；萼筒钟状，无毛，萼片长圆形，直立开张；花瓣深红色至粉色，顶端下凹稀全缘；花柱无毛。核果卵球形，长 1cm；果梗 1.5~2.5cm，先端稍膨大并有宿存萼片。花期 2~3 月，果期 4~5 月。

产华东、华南及台湾；日本、越南亦产；海拔 100~600m；生于山谷疏林中及林缘。幼叶红色，早春红花，颜色鲜艳，观赏佳，为近年兴起的观赏配植的国产樱属植物。

## 20. 稠李属 *Padus* Mill.

落叶乔木或灌木。叶在芽中呈对折状。单叶，互生，有锯齿或全缘；叶柄顶端常具 2 腺体或于叶基部具腺体。花小，多数聚成总状花序，顶生于当年小枝；萼筒钟状；花瓣白色，先端常为啮齿状；雄蕊 10 至多数；单心皮雌蕊，子房上位，1 室，2 胚珠。核果卵球形，无纵沟，中果皮骨质；种子 1。

20 余种，分布北温带。我国 14 种，南北均产，长江流域、陕西及甘肃南部较集中。供用材及观赏。

**灰叶稠李** *Padus grayana*（Maxim.）Schneid.　　图 199

高 16m。老枝黑褐色。叶卵状长圆形或长圆形，长 4~10cm，先端长渐尖或尾尖，基部圆或近心形，具尖锯齿或缺刻状，上面灰绿色。花序长 8~10cm，基部有 2~4 叶，具多数花；花白色，径 7~8mm；花瓣上部 2/3 为啮齿状；雄蕊 20~32。花柱长，常伸出花瓣与雄蕊外。核果卵球形，径 5~6mm，黑褐色，萼片脱落，核光滑。花期 4~5 月，果期 8~9 月。

产长江以南，南至南岭，西至云南、四川，东至华东各省；日本亦产；海拔1000～3720m；生于落叶阔叶林中。中亚热带中山树种。稍耐阴，适凉润气候。木材致密、坚实、花纹美丽。

[附] 橉木（橉木稠李）*Padus buergeriana* (Miq.) Yu et Lu 与灰叶稠李的区别：叶椭圆形或长圆椭圆形，两面无毛；总状花序，基部无叶；雄蕊10；果时萼片宿存。产秦岭、大别山以南，至华南北部，西达四川、贵州；海拔1000～2800m（四川、贵州）以下；生于低中山阔叶林或疏林。系本属最常见种。

## 21. 桂樱属 *Laurocerasus* Tourn. ex Duh.

常绿乔木或灌木，稀落叶。叶互生，全缘或有锯齿，叶基部或边缘或叶柄上常有2枚腺体。花常两性，有时雄蕊退化成雄花；总状花序生于叶腋，基部无叶，下部苞片先端3浅裂；花瓣白色；雄蕊10～50，2轮；

图199 灰叶稠李

心皮1，1室，2胚珠。核果干燥；核骨质，外面平滑或皱。种子1。

80种，分布热带、亚热带至温带。我国13种，主产南部。我国常绿阔叶林组成树种。

1. 叶长11～19cm，叶柄粗壮具腺体 ·················································· 1. **大叶桂樱** *L. zippeliana*
1. 叶长5～10cm，叶片基部两侧有腺体。
   2. 叶缘无针状锐锯齿，下面散生黑色小腺点 ································· 2. **腺叶桂樱** *L. phaeosticta*
   2. 叶中部以上或近顶端常具针状锐锯齿，叶下面光绿色 ··············· 3. **刺叶桂樱** *L. spinulosa*

### 1. 大叶桂樱 *Laurocerasus zippeliana* (Miq.) Yu et Lu 图200

高18m；树皮红褐色，光洁或呈片块剥落。叶革质，宽卵形至椭圆状长圆形，长10～19cm，具粗锯齿，齿顶有黑色硬腺体，两面无毛；叶柄粗壮，长1～2cm，有1对扁平基腺。总状花序单生或2～4个簇生于叶腋，长2～6cm，被短柔毛；花梗短，花径5～9mm；萼筒钟形；花瓣近圆形，长约为萼片的2倍，白色。果实长圆形，长1.8～2.4cm，黑褐色，无毛。花期7～10月，果期冬季。

产秦岭以南，至华中、华东、华南及西南；日本和越南北部亦产；海拔600～2400m；常见于低山沟谷、农村村舍旁，耐阴，宜肥沃深厚土壤。材质优良。叶大而光绿，现已引入园林种植供观赏或为荫木。

### 2. 腺叶桂樱 *Laurocerasus phaeosticta* (Hance) Schneid. 图201

高14m；树皮暗灰色不裂。叶亚革质，狭椭圆形或长圆形，6～12cm×2～4cm，先端尾尖，基部边缘具2腺体，上面光绿，下面散生黑色腺斑，边缘全缘，侧脉6～9对；叶柄长4～8mm。花序单生叶腋，长4～6cm，花径4～6mm，花梗长13～6mm，萼筒杯状，花瓣白色，长2～3.5mm，雄蕊20～35。核果近球形，黑色，径8～10mm。花期4～5月，果期7～9月。

图 200　大叶桂樱

图 201　腺叶桂樱

产长江以南，南至华南及西南(含西藏)；印度、缅甸北部、孟加拉国、泰国和越南亦产；海拔 1000~2500m(西南)以下；生于阴湿沟谷、常绿阔叶林下或林中。中亚热带至热带树种。耐阴，林下更新良好。木材坚实，为优质硬木。全株光绿，枝叶稠密，可引入园林为荫木及曲径小道的行道树，也可盆栽为观叶树。

**3. 刺叶桂樱** *Laurocerasus spinulosa*( Sieb. et Zucc. ) Schneid.　图 202

与腺叶桂樱的区别：叶长圆形或倒卵状长圆形，长 5~10cm，先端渐尖至尾尖，两面光绿，无黑色腺斑，边缘波状全缘或近先端具针状锐锯齿，近基部沿叶缘或叶边具 1 或 2 对基腺。总状花序单生于叶腋，长 5~10cm；萼筒钟形或杯形；雌蕊有时败育。核果椭圆形，长 8~11mm，黑褐色，无毛；核光滑。花期 9~10 月，果期 11~3 月。

产长江以南，南至华南及西南；日本和菲律宾亦产；海拔 300~1200m；生于山谷、沟边常绿阔叶林中或林下及林缘。中亚热带至南亚热带树种。耐阴，宜阴湿生境。叶光绿，花时洁白密集，观赏效果佳，可引入园林种植。

图 202　刺叶桂樱

## 22. 臀果木属 *Pygeum* Gaertn.

常绿乔木或灌木。单叶互生，全缘；叶基部常有1对扁平或凹陷腺体。总状花序腋生；单一或分枝或簇生；花两性或单性，稀杂性异株；萼筒钟状，果时脱落，仅存环形基部；花被片小，5~10(15)，萼瓣不易分清且同数或缺；雄蕊10~30(85)；心皮1，1室，胚珠2。核果，干燥革质，横向长椭圆形或兼有其他各种形状；种子1。

40余种，主要分布热带，南非、东南亚至南太平洋岛屿。我国6种，主产华南至西南。

**臀果木**(臀形果) *Pygeum topengii* Merr.　图203

图203　臀果木

高25m。小枝暗褐色，具皮孔。叶卵状椭圆形或椭圆形，长6~12cm，先端短渐尖而钝，基部略歪斜，全缘，基部两侧叶缘具腺体；叶柄被褐色柔毛；总状花序有花10余朵，单生或2至数个簇生于叶腋，花梗和花萼均密被褐色柔毛；花径2~3mm；萼筒倒圆锥形；花被片10~12。核果臀形，深褐色；种子被细短柔毛。花期6~9月，果期冬季。

产湖南南部(江永、道县)、湖南西北部(永顺)、江西南部(安远)、华南及西南；海拔100~1600m；生于村庄风景林、山谷、溪旁。南亚热带季风常绿阔叶林树种。可引种为园林树木及行道树种植。果实含多种化学成分具有抗肿瘤、抗生育、镇痛、抗炎、抑菌、抗血栓、抗凝等活性。

# 19. 蜡梅科 CALYCANTHACEAE

落叶或常绿灌木，二歧分枝。有油胞。单叶对生，羽状脉，全缘或偶有齿，无托叶。花两性，单生，芳香；花被片多数，15~27，花萼与花瓣无区分；雄蕊多数，螺旋状着生于花托上部，2轮；花药纵裂，花丝短；心皮6~14，离生于坛状花托内，子房1室，胚珠1~2。聚合瘦果；瘦果具1种子，无胚乳，子叶螺旋状卷曲。

2属9种，分布亚热带。中国2属7种(特有种)，主产长江以南。

1. 鳞芽露出；花单生叶腋，径1~3cm，花被片纯黄色，或内花被片具紫褐色斑纹，雄蕊4~7 ·········································································· **1. 蜡梅属** *Chimonanthus*
1. 芽藏匿于叶柄基部(中国种)；花单生枝顶，径4~7cm，花被片红褐色或黄色，具红色边晕或紫红色斑纹，雄蕊10~30 ····················································· **2. 夏蜡梅属** *Calycanthus*

## 1. 蜡梅属 *Chimonanthus* Lindl.

常绿或落叶灌木。冬芽具覆瓦状鳞片。叶革质或纸质。花腋生，芳香，花托杯状，花被片 15~27，黄色或淡黄色；雄蕊 4~7，退化雄蕊少数至多数；心皮 5~15。聚合果坛状，瘦果长圆形至肾形。花期 10 月至翌年 2 月，果期 5~6 月。

中国特产，6 种 3 变种，是我国中部、北部冬春主要的观花树种。

1. 叶卵形至披针形，常绿；花径 7~10mm，花被片外面被微毛，内部花被片的基部无爪，花丝比花药短。
    2. 叶卵状披针形，下面无毛 ·················································· **1. 山蜡梅** *C. nitens*
    2. 叶线状披针形或长圆状披针形，下面被短柔毛 ················ **1a. 柳叶蜡梅** *C. salicifolius*
1. 叶椭圆形至宽椭圆形或卵圆形，落叶；花径 2~4cm；花被片外面无毛，内部花被片的基部有爪，花丝比花药长或等长 ·················································· **2. 蜡梅** *C. praecox*

**1. 山蜡梅 Chimonanthus nitens Oliv.** 图 204

常绿灌木，高 1~3m。叶纸质至近革质，卵形至卵状披针形，2~13cm×1.5~5.5cm，叶面略粗糙，有光泽，基部有不明显的腺毛，下面无毛，叶脉在下面凸起，网脉不明显。花小，径 7~10mm，黄色或淡黄色；花被片长圆形或卵形，3~15cm×2.5~10cm，外面被短柔毛；雄蕊长 2mm，花药卵形，比花丝长，退化雄蕊长 1.5mm；心皮长 2mm，基部及花柱基部被疏硬毛。果托坛状，长 2~5cm，口部隘缩，成熟时灰褐色，被短柔毛。花期 11 月至翌年 1 月，果期 4~7 月。

产秦岭（陕西）以南、华中、华东至西南；海拔 1000~2000m（西南）以下；生于山地疏林中或石灰岩山地。花黄色美丽，叶常绿，是良好的园林绿化植物。

[附] **1a. 柳叶蜡梅 Chimonanthus salicifolius Hu** 与山蜡梅的区别：叶线状披针形或长圆状披针形，下面被短柔毛。产湖南东部、安徽、江西、浙江；生于海拔 700m 以下山地丘陵稀疏林内或灌丛中。

图 204 山蜡梅

图 205 蜡梅

### 2. 蜡梅 *Chimonanthus praecox* (L.) Link.　图 205

落叶灌木，高达 4m。叶椭圆形、卵状椭圆形，5~20cm×2~8cm，先端渐尖，基部楔形或圆，近全缘，上面粗糙；叶柄长 4~6mm。花单生叶腋，芳香，径 2~2.5cm；花被片约 16，蜡黄色，无毛，有光泽，外花被片椭圆形，先端圆，内花被片小，椭圆状卵形，先端钝，基部有爪，具有褐色斑纹；雄蕊 5~7；心皮 7~14。果托卵状长椭圆形，长 3~5cm。花期 11 月至翌年 2 月，果期 6 月。

野生植株产陕西秦岭、巴山和湖北神农架；海拔 1100m 以下；生于溪边、山地疏林林缘或灌丛中。河南鄢陵是传统的蜡梅生产基地。暖温带至中亚热带树种。华中、华东、华北南部地区广泛栽培。喜光、耐旱、忌水湿。蜡梅是我国传统名贵花木，冬季（春节前后）观花，先叶开放，色黄如蜡，清香四溢，繁花满枝，形神俊逸，令众多诗人留有佳句名篇。宜行植或群植，也可用于做盆景或插花。

## 2. 夏蜡梅属 *Calycanthus* L.

落叶灌木，小枝二歧分枝。裸芽无芽鳞，藏匿于叶柄基部或露出。叶膜质。花单生枝顶，无香气，明显有梗；花被片 15~30，红褐色至紫褐色或黄白色，被柔毛；雄蕊多数，花丝短，红褐色或白色，被丝状毛，具退化雄蕊。聚合果钟形，基部具渐细的长梗；瘦果暗褐色，长圆形。花期 5~7 月，果期 9~10 月。

3 种，产北美和中国。中国 1 种，为特有种。

**夏蜡梅** *Calycanthus chinensis* (Cheng et S. Y. Chang) P. T. Li [*Sinocalycanthus chinensis* (Cheng et S. Y. Chang) Cheng et S. Y. Chang]　图 206

高 2~3m。小枝对生，叶柄内芽。叶宽卵状椭圆形、倒卵状圆形，11~26cm×8~16cm，先端短尖，基部宽楔形或圆形，两面光绿，全缘或具浅细齿；叶柄长 1.1~1.8cm。花径 4.5~7cm；外花被片 10~14，倒卵形或倒卵状长圆形，长 1.4~3.6cm，白色，具淡紫色边晕；内花被片 7~16，直立，椭圆形，中部以上淡黄色，下部渐白，腹面基部散生淡紫红色细斑纹；雄蕊 16~19；心皮 11~12，离生。果托钟形，近顶端微收缩，长 3~5cm，具残留花柱。花期 5 月中下旬，果期 10 月。

产我国浙江临安（顺溪、大明山）、天台（大雷山）；海拔 600~1000m；生于山地沟边林下或山坡。喜排水良好，但又湿润的砂壤土。在较荫蔽湿润环境，叶色浓绿，生长旺盛，发育良好；在光照直射干燥处，则叶色发黄，生长不良。本种花大而美丽，可供观赏。植物分类地位独特，有科学研究价值。

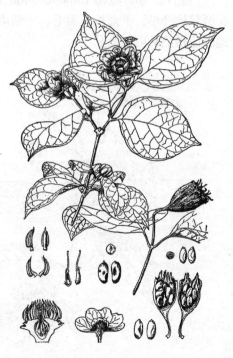

**图 206　夏蜡梅**

## 20. 苏木科 CAESALPINIACEAE

　　乔木或灌木，有时为藤本，稀草本。叶互生，一回或二回羽状复叶，稀单叶；托叶早落或无。花两性。花不整齐，常近两侧对称；萼片 4~5，覆瓦状排列；花瓣 5 或更少，近轴 1 片在内，余覆瓦状排列；雄蕊 10 或较少，分离或部分连合，花药 2 室，纵裂或孔裂；单心皮雌蕊，子房上位，1 室，边缘胎座。荚果，开裂或不裂而呈核果状或翅果状；种子有时具假种皮，子叶肉质或叶状。

　　161 属 2200~2310 种，分布热带、亚热带地区，少数分布至温带。我国栽培的共有 23 属 120 种，其中 7 属 30 种为引种栽培。

1. 羽状复叶。
　2. 枝有刺。
　　3. 花两性；二回羽状复叶 ·············································· **1. 云实属** *Caesalpinia*
　　3. 花杂性；一回羽状复叶，或兼二回羽状复叶 ························ **2. 皂荚属** *Gleditsia*
　2. 枝无刺。
　　4. 二回羽状复叶。
　　　5. 花两性。
　　　　6. 小叶互生；花小型 ·············································· **3. 格木属** *Erythrophleum*
　　　　6. 小叶对生；花大型。
　　　　　7. 萼裂片镊合状排列 ·············································· **4. 凤凰木属** *Delonix*
　　　　　7. 萼裂片覆瓦状排列 ·············································· **5. 顶果木属** *Acrocarpus*
　　　5. 花杂性或单性异株 ·············································· **6. 肥皂荚属** *Gymnocladus*
　　4. 一回羽状复叶。
　　　8. 奇数羽状复叶；小叶互生；无托叶 ·············································· **7. 翅荚木属** *Zenia*
　　　8. 偶数羽状复叶；小叶对生；有托叶。
　　　　9. 花瓣 1。
　　　　　10. 花瓣具长柄，能育雄蕊 7~8 ·············································· **8. 缅茄属** *Afzelia*
　　　　　10. 花瓣无长柄，能育雄蕊 9 ·············································· **9. 油楠属** *Sindora*
　　　　9. 花瓣 3~5。
　　　　　11. 花瓣 3 枚正常发育，2 枚退化呈鳞片状，发育雄蕊 2 或 3。
　　　　　　12. 小叶 3~5 对；发育雄蕊 2；果两侧压扁，开裂 ·············· **10. 仪花属** *Lysidice*
　　　　　　12. 小叶 10~20 对；发育雄蕊 3；果长圆柱形，不裂 ·············· **11. 酸豆属** *Tamarindus*
　　　　　11. 花瓣 5 枚正常发育；叶柄和叶轴常有腺体 ·············································· **12. 决明属** *Cassia*
1. 单叶。
　13. 单叶全缘；花冠为假蝶形，近左右对称 ·············································· **13. 紫荆属** *Cercis*
　13. 单叶 2 裂或沿中脉分成 2 小叶，稀不裂；花冠辐状开展 ·············· **14. 羊蹄甲属** *Bauhinia*

### 1. 云实属 *Caesalpinia* L.

　　乔木、灌木或藤本，常具刺。二回偶数羽状复叶，小叶全缘。总状或圆锥花序，花较大，美丽；萼筒短，裂片5，覆瓦状排列；花瓣5，具爪；雄蕊10，分离，花丝基部较粗，被毛，花药背着。荚果扁平或肿胀，平滑或被刺，革质或木质，开裂或不裂。种子卵圆形至球形，无胚乳。

约100种，分布热带、亚热带地区。我国20种，其中，特有种6种，引种栽培2种，主产西南、华南。

1. 攀缘灌木；小叶两端钝圆；总状花序顶生 ………………………………………… 1. 云实 C. decapetala
1. 小乔木；小叶先端微缺，基部歪斜；圆锥花序顶生或腋生 …………………………… 2. 苏木 C. sappan

### 1. 云实 *Caesalpinia decapetala* ( Roth ) Alston  图207

攀缘灌木，有钩刺；枝、叶、叶轴、花序密被灰色或褐色柔毛。小叶长圆形，长1~2cm，两端钝圆。总状花序顶生，长15~35cm；花梗长2~4cm，顶端具关节，花易落；花瓣黄色，圆形或倒卵形，盛开时反卷，基部具短柄；雄蕊与花瓣近等长，子房无毛。荚果脆革质，长椭圆形，长6~10.5cm，肿胀，腹缝具窄翅，成熟时沿腹缝线开裂，先端具尖喙；种子椭圆形，黑色。花期4~5月，果期9~10月。

产我国黄河流域以南；东南亚、朝鲜、日本亦产；海拔1200m以下。喜光，适应性强，丘陵、平原、石灰岩石缝、河边皆可生长。果壳、茎皮含鞣质，可提制栲胶；种子榨油可制肥皂及润滑油。花色艳丽，可作观花性刺篱。

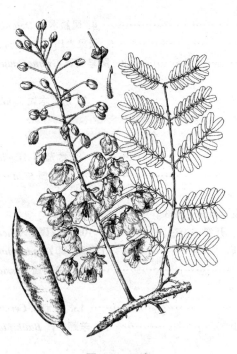

图207 云实

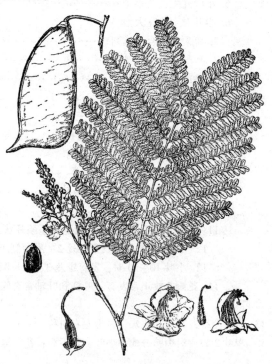

图208 苏木

## 2. 苏木 *Caesalpinia sappan* L.　图 208

小乔木，高 6m；具疏刺，全株多少被细柔毛。羽片 7~13 对，对生，小叶 10~17 对，长圆形至长圆状菱形，长 1~2cm，先端微缺，基部歪斜。圆锥花序顶生或腋生，长约与叶相等；花梗长 15mm，被细柔毛；花瓣黄色，阔倒卵形，最上面一片基部带粉红色，具柄；雄蕊稍伸出。荚果木质，近长圆形至长圆状倒卵形，长约 7cm，稍压扁，先端斜向截平，上角有外弯或上翘的硬喙，不裂；种子 3~4，长圆形，浅褐色。花期 5~10 月，果期 7 月至翌年 3 月。

产云南金沙江河谷（元谋、巧家）和红河河谷；贵州、四川、广西、广东、福建和台湾有栽培；印度、缅甸、越南、马来半岛及斯里兰卡亦产。边材黄色微红，心材赭褐色，纹理斜，结构细，材质坚重，有光泽，干燥后少开裂。心材入药，为清血剂，有祛痰、止痛、活血、散风之功效；从苏木心材中提取一种苏木素，可用于生物制片的染色，效果不亚于巴西苏木素；也可作为檀香人工林的优良伴生树种。

## 2. 皂荚属 *Gleditsia* L.

落叶乔木或灌木，枝干具单生或分枝粗刺。无顶芽，侧芽叠生。一回羽状复叶或兼具二回羽状复叶，小叶互生或近对生，常具锯齿，稀全缘；托叶小，早落。花杂性或单性异株；总状或穗状花序，常腋生；萼钟状，3~5 裂；花瓣 3~5；雄蕊 5~10，花药背着；花柱短，柱头大。荚果带状，劲直、弯曲或扭转，不裂或迟裂；种子 1 至多数，有角质胚乳。

约 16 种，分布美洲、亚洲及热带非洲。我国 6 种，其中特有种 3 种，引种栽培 1 种。

1. 刺基部圆；小叶先端钝，具短尖头，边缘具细锯齿；荚果肥厚，不扭转 ············· **1. 皂荚 *G. sinensis***
1. 刺基部扁；小叶先端圆钝或微缺，全缘或具疏圆齿；荚果扁，扭曲 ················································· **2. 云南皂荚 *G. japonica* var. *delavayi***

### 1. 皂荚 *Gleditsia sinensis* Lam.　图 209

乔木，高 30m，胸径 1.2m；树皮灰褐至灰黑色，粗糙不裂；分枝刺基部圆，长达 10cm。叶常簇生，一回羽状复叶，小叶 3~7(9) 对，卵形、倒卵圆形或长圆状卵形，长 2~10cm，先端钝，具短尖头，具细钝或较粗锯齿，下面网脉明显。总状花序细长，花 4 数，雄花较两性花稍小。荚果长 12~30cm，直或弯曲，果肉稍厚（有的果短小呈柱状弯月形，常无种子，称猪牙皂）；种子多数，长椭圆形，长 10~13mm，亮棕色。花期 4~5 月，果期 10 月。

产黄河流域以南，西至四川、贵州，南至广东、广西；多植于平原丘陵地区。稍喜光，深根性，喜深厚、湿润、肥沃土壤，在石灰质土、微酸性土壤及轻盐碱地上皆可长成大树，稍耐干瘠。寿命长，可达 600~700 年。木材黄褐色，坚硬，难干燥，易开裂，难加工，稍耐腐。果富含皂素，可代肥皂；种子油为高级工业用油。可作村舍绿化树种。

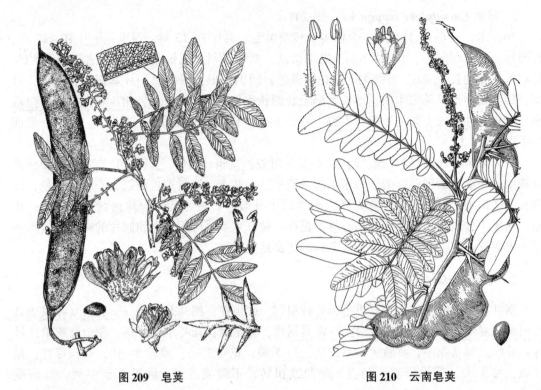

图 209 皂荚　　　　　图 210 云南皂荚

**2. 云南皂荚** *Gleditsia japonica* Miq. var. *delavayi* (Franch.) L. C. Li [*G. delavayi* Franch.] 图 210

乔木，高 18m；分枝刺粗，基部扁。一回羽状复叶，幼树及萌芽枝二回羽状复叶，羽片 2~4 对；小叶 4~9 对，斜卵圆形或长圆形，长 2~6(7)cm，先端圆钝或微缺，疏生圆齿或近全缘。花白色，花梗短。荚果带状，长 30~54cm，质薄，扭曲，或泡状隆起，棕黑色；种子卵形，长约 1cm。花期 6 月，果期 11 月。

产云南北部、贵州西部、四川南部；海拔 1000~2500m。生长快，喜砂壤土。用途同皂荚。常种植为行道树。

### 3. 格木属 *Erythrophleum* Afzel. ex R. Brown

常绿乔木。二回羽状复叶，互生；羽片数对，对生；小叶互生，革质；托叶小，早落。花小，具短梗，密集成穗状花序式总状花序，在枝顶常排成圆锥花序；萼钟状，裂片 5；花瓣 5，近等大；雄蕊 10，分离；子房具柄，胚珠多数，花柱短，柱头小。荚果长而扁平，厚革质，成熟时二瓣裂，种子间有肉质的组织；种子横生，长圆形，有胚乳。

约 15 种，分布热带非洲、东亚热带和亚热带地区及澳大利亚北部。我国产 1 种。

**格木** *Erythrophleum fordii* Oliv. 图 211

大乔木，高可达 30m，胸径 1m；树皮深灰褐色，微纵裂。小枝被锈色毛及密被黄褐色皮孔。二回羽状复叶，羽片 2~3 对；小叶 8~13，卵形或卵状椭圆形，3.5~9cm × 2.5~4cm，全缘，两面光绿且网脉明显。花序穗状，长 13~20cm；花白色，径约 4cm，花瓣长 2mm，被毛；花丝长为花瓣的 2 倍；子房长圆形，密生短柔毛。荚果长带状，长 10~

18cm，黑褐色。种子扁椭圆形，黑褐色，长1.4~1.8cm。花期3~5月，果期10~11月。

产华南、浙江南部和台湾；越南亦产；海拔800m以下。南亚热带至边缘热带树种。较喜光，幼时耐阴，喜温暖湿润气候，分布区年极端温度为-5℃以上，宜深厚肥沃湿润的土壤，生长中速。心材黑褐，有光泽，纹理交错，质坚重，密度0.88g·cm$^{-3}$，耐久，与蚬木、金丝李齐称为广西三大硬木。著名的广西容县"真武阁"全用本种木材架成，全楼无一铁钉，历时400余年，完好无损。树冠浓荫苍翠，又为优良的观赏树。人工林最宜与木荷、马尾松、台湾相思、红锥等混交种植。

### 4. 凤凰木属 Delonix Raf.

落叶乔木。叶大，二回偶数羽状复叶，羽片多对，具托叶；羽片和小叶均对生，小叶细小而密多。伞房状总状花序顶生或腋生；花大，萼5深裂，镊合状排列；花瓣5，边缘波纹状，具长爪，与萼片互生；雄蕊10，离生；子房无柄。荚果长带状，扁平，2瓣裂，果瓣厚而木质；具种子多数，长圆形，横生。

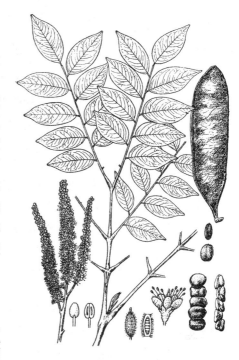

**图 211　格木**

2或3种，分布非洲东部和马达加斯加到热带亚洲地区。我国引入1种。

**凤凰木 Delonix regia ( Hook. ) Raf.**　图212

落叶乔木，高20m，胸径1m；树皮灰褐色，粗糙。小枝稍被毛。叶长20~60cm，羽片10~23对，小叶20~40对，长圆形，3~8mm×2.5~4mm，先端钝圆，基部略偏斜，两面被柔毛；托叶羽裂。总状花序长20~40cm，花大而红艳，径7~10cm；萼管盘状或陀螺状，裂片5，绿色；花瓣5，菱形有爪，鲜红色，具黄色及白色斑纹。荚果扁平，25~60cm×4~5.5cm，黑褐色，具种子20~40；种子长圆形，黄色带有褐斑。花期5~8月，果期8~10月。

原产马达加斯加及热带非洲。现广植于热带地区。喜光，速生，根系发达，不耐寒。树冠宽阔，红花艳丽，绿叶荫浓，为热带地区著名观赏树之一，我国华南、西南至台湾等地引入栽培，常作为行道树或观赏树。木材黄白色，较轻软，

**图 212　凤凰木**

强度弱，易腐朽。为紫胶虫寄主树。

## 5. 顶果木属 Acrocarpus Wight ex Arn.

高大乔木。叶互生，二回偶数羽状复叶；羽片对生；小叶对生。总状花序；花两性；花托钟形；萼片5，覆瓦状排列；花瓣5，比萼片长1倍；雄蕊5，花丝直而远伸出于花冠外，花药背着；子房具长柄；胚珠多数。荚果带状，扁平，具长果颈，沿腹缝线具狭翅；种子多数，倒卵形，扁平，具胚乳。

约2种，分布亚洲的南部和东南部。我国产1种。

**顶果木** *Acrocarpus fraxinifolius* Wight ex Arn. 图213

落叶大乔木，高30m以上。二回羽状复叶，长30~40cm；小叶卵形或卵状长圆形，7~13cm×4~7cm，基部稍偏斜，全缘。花序腋生，长20~25cm；花大而密集，猩红色，直立后下垂；花瓣披针形，长于萼片并与其互生，花托、萼片及花瓣均被黄褐色微柔毛；雄蕊远伸出于花冠外，长为花冠的2倍。荚果扁平，长8~15cm，紫褐色，沿腹缝线具狭翅，翅宽3~5mm；种子14~18，淡褐色。

产广西和云南。东南亚各国亦产；海拔1000~1200m。热带树种，北至边缘热带。喜光，宜湿润而不积水的腐殖质壤土。树干高直，生长快；心材暗红褐色，材质坚实，为优良速生用材树种。木纤维细长而壁薄，系优良纤维原料。

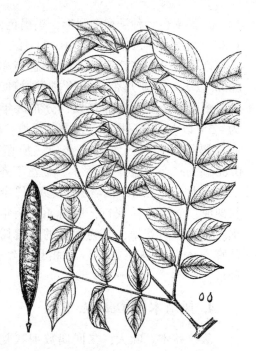

图213 顶果木

## 6. 肥皂荚属 Gymnocladus Lam.

落叶乔木，无刺；小枝粗；无顶芽，柄下芽或近柄芽。二回偶数羽状复叶，互生；羽片近对生，小叶互生，全缘。花单性异株或杂性，顶生圆锥或总状花序；萼管状，4~5裂；花瓣4~5，稍长于萼裂片；雄蕊10，内藏，5长5短，生于花萼筒口，花药背着；子房具2~8胚珠。荚果肥厚肉质，无柄，2瓣裂；种子大，扁平。

3或4种。分布美洲北部和亚洲南部。我国产1种。

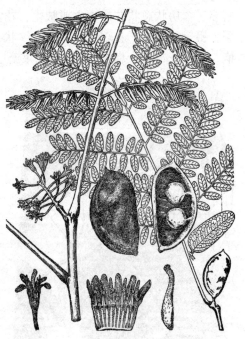

图214 肥皂荚

**肥皂荚 Gymnocladus chinensis Baill.** 图 214

落叶乔木，高 25m，胸径 1m；树皮灰褐色，粗糙。柄下芽叠生。羽片 3~6(10) 对；小叶 10~15 对，长圆形或卵状长圆形，1.5~4cm×0.9~1.5cm，先端圆或钝而微凹，基部歪斜，两面被绢质柔毛；小托叶钻形，宿存。花杂性，淡紫色，总状花序顶生。荚果长圆形，长 7~14cm，厚约 1.5cm，暗褐色；种子 2~4，扁球形，黑色。花期 4~5 月，果期 9~10 月。

产长江以南的华中、华东，西至四川，南至华南；海拔 150~1500m；生疏林、岩边和村旁。北、中亚热带树种。喜光，喜温暖气候及肥沃土壤，生长中速。边材黄褐色，心材暗红褐色，有光泽，纹理直，坚重。果富含皂素，可洗涤丝绸。

## 7. 翅荚木属 Zenia Chun

落叶乔木，无刺。无顶芽，腋芽具少数芽鳞。一回奇数羽状复叶；小叶互生。花两性，近辐射对称，红色，组成顶生的圆锥花序；萼片、花瓣各 5，覆瓦状排列；雄蕊 4(5)，花药基着，花丝短，退化雄蕊不明显；花盘小，深波状分裂，子房具短柄，胚珠 6~9。荚果膜质、扁平，腹缝具宽翅，不裂；种子扁圆形。

1 种，产我国和越南。

**翅荚木**（任豆）**Zenia insignis Chun** 图 215

落叶乔木，高 40m，胸径 1.5m；树皮灰白带褐色，纵裂，呈片状脱落。小叶 9~11，长圆状披针形，长 6~10cm，先端尖或渐尖，下面被白柔毛；小叶柄长 2~3mm。花红色，长约 14mm；萼片长圆形；花瓣稍长于萼片。荚果长圆形或椭圆状长圆形，长 10~15cm，翅宽 6~10mm，红棕色，网纹明显；种子 3~8，扁圆形，径 5~6mm，棕褐色，有光泽。花期 4~6 月，果期 9~11 月。

产湖南西部和南部、广东和广西北部、云南和贵州；越南亦产；海拔 100~950m；生于疏林及次生林中。南亚热带（北）至中亚热带（南）树种。喜光，适生于石灰岩土壤，也可生于酸性红壤和赤红壤上，稍耐干旱瘠薄，但在肥沃湿润土壤生长良好。速生，在苗期即表现生长快速，1 年生苗高达 2m 以上，15 年林木可成林成材。萌芽性强，侧根发达，侧枝生长旺盛，混交或丛植可抑制侧枝徒长。木材淡黄色，纹理清晰，坚实，不变形，耐腐耐湿。木纤维长而韧，为优良造纸原料。可作紫胶虫寄主树。花含蜜量高，是良好的蜜源。树冠开展，羽叶浓荫，为优良荫木和行道树。

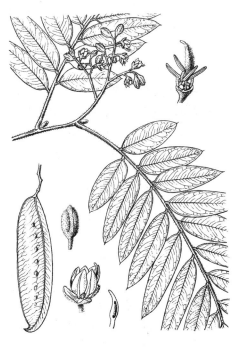

**图 215** 翅荚木

## 8. 缅茄属 Afzelia Smith

乔木。一回偶数羽状复叶，小叶数对。圆锥花序顶生；花两性；萼管状，喉部具一花盘，裂片4；花瓣1，近圆形或肾形；能育雄蕊7~8，花丝伸长，基部多少连合或分离；退化雄蕊2，极小；子房柄与萼管贴生，胚珠数颗。荚果木质，2瓣裂，种子间有隔膜；种子卵形或长圆形，基部具角质假种皮，无胚乳，子叶肉质，多少压扁，胚直立。

约14种，分布非洲和亚洲热带地区。我国引种1种。

**缅茄 Afzelia xylocarpa (Kurz) Craib**　图216

乔木，高40m，胸径90cm；树皮褐色。小叶3~5对，对生，卵形、阔椭圆形至近圆形，4~40cm×3.5~6cm，纸质，先端圆钝或微凹，基部圆而略偏斜。花序各部密被灰黄绿色或灰白色短柔毛；苞片和小苞片宿存；花瓣淡紫色；能育雄蕊7；子房被毛，花柱长而突出。荚果扁长圆形，长11~17cm，黑褐色，木质，坚硬；种子2~5，长圆形，略扁，长约2cm，基部有一角质、种柄状的坚硬角质假种皮。花期4~5月，果期11~12月。

名贵树种，原产缅甸、越南、老挝、泰国和柬埔寨。我国于前清年间由缅甸引进，现在广东、广西和云南南部及海南有种植。树形优雅，绿叶婆娑，是优良的庭园绿化树种。木材质优坚硬，极耐腐，不易受白蚁侵袭。花可泡茶，具有清热解毒之功效；种子坚硬，黑色发亮，可雕刻印章或做其他工艺品；入药治牙痛，去火毒，系

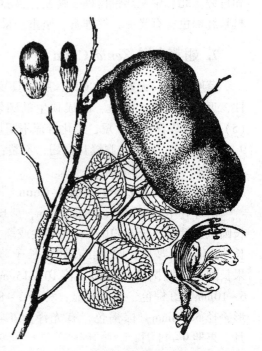

图216　缅茄

传统良药。广东高州市郊西岸村池塘旁，有中国唯一珍贵的缅茄古树，树高20m，胸围8.5m，冠幅33m，虽经420余年沧桑，仍苍翠挺拔，枝繁叶茂。

## 9. 油楠属 Sindora Miq.

乔木。一回偶数羽状复叶，小叶2~10对，革质；托叶状。圆锥花序顶生；萼4裂，外面被软刺毛；花瓣1(2)，长圆形，无爪；雄蕊10，其中9枚偏斜合生，上面1枚分离而无花药；花药个字着生，纵裂；子房具短柄，花柱长，拳卷。荚果大而扁，圆形或长椭圆形，多少偏斜，开裂；果瓣表面常具短刺，稀无刺，具种子1~2。

18~20种，分布亚洲和非洲热带。我国产1种，另引种栽培1种。

**油楠 Sindora glabra Merr. ex de Wit.**　图217

常绿大乔木，高30m，胸径1.2m；树皮灰褐或暗褐色，平滑。小叶(2)3~4对，椭圆形或卵状椭圆形，长5.5~10cm，无毛，侧脉多条，纤细，微明显。花序长15~20cm，密被黄柔毛；萼片被黄毛及软刺；花瓣1，包于其内；发育雄蕊9，雄蕊管长约2mm，两面

被褐色粗伏毛；子房被锈色粗毛。荚果圆形或椭圆形，长 4~8cm，散生硬刺，折断常有胶质渗出；种子 1(2)，半圆形或近圆卵形，长 1.5~2cm，基部有与种子等大或稍大的黄色种柄。花期 4~6 月，果期 8~10 月。

产海南乐东、东方、三亚、陵水、白沙、昌江，海南三大天然林区(尖峰岭、吊罗山、霸王岭)均产；越南亦产；海拔 600m 以下。中热带树种。喜光，在吊罗山沟谷湿润的热带雨林中，常与细子龙、荔枝、厚壳桂、橄榄、乌材等混生；在西南部低山季雨林中与青皮、蝴蝶树、海南油丹、海南暗罗混生；疏林中天然下种更新良好。生长中速。优质硬木，密度 0.68g·cm$^{-3}$，木材浅红褐色，结构细匀，耐腐，径面花纹美观。

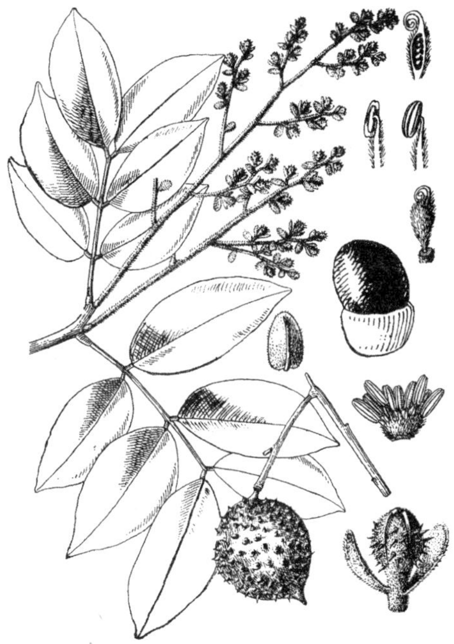

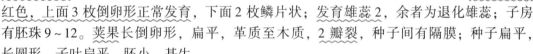

**图 217　油楠**

## 10. 仪花属 *Lysidice* Hance

常绿乔木。叶为一回偶数羽状复叶；小叶对生，3~5 对。圆锥花序；苞片绯红色；萼裂片 4，覆瓦状排列，开花时反曲；花瓣 5，紫红色，上面 3 枚倒卵形正常发育，下面 2 枚鳞片状；发育雄蕊 2，余者为退化雄蕊；子房有胚珠 9~12。荚果长倒卵形，扁平，革质至木质，2 瓣裂，种子间有隔膜；种子扁平，长圆形，子叶扁平，胚小，基生。

约 2 种。我国均产。

**仪花**(广檀木) *Lysidice rhodostegia* Hance
图 218

小乔木，高 2~5m。小叶长椭圆形或卵状披针形，5~16cm × 2~6.5cm，短尾尖，脉与网脉清晰。圆锥花序长 20~40cm，总轴、苞片、小苞片均被短疏柔毛；萼管比萼裂片长 1/3 或过之，萼裂片长圆形，暗紫红色；花瓣紫红色，阔倒卵形；3 枚发育雄蕊显著伸长；子房被毛，有胚珠 6~9，花柱丝状伸长。荚果倒卵状长圆形，长 12~20cm，基部 2 缝线不等长，开裂，果瓣常成螺旋状卷曲；种子 2~7，长圆形，长 2.2~2.5cm，褐红色，边缘不增厚，内面无胶质层。花期 6~8 月，果期 9~11 月。

产广东、广西和云南；越南亦产；生于海拔 500m 以下的山地丛林中。华南地区有少量栽培。韧皮纤维可代麻。花美丽，优良庭园绿化树种。

**图 218　仪花**

### 11. 酸豆属 Tamarindus L.

常绿乔木。一回偶数羽状复叶；托叶小，早落。总状花序顶生；萼筒陀螺形，萼片4；花瓣上部3片发达，下部2片退化为刚毛状或鳞片状；发育雄蕊3，花丝合生至中部成鞘状，退化雄蕊3~5，钻形，花药背着；具花盘；子房具柄，胚珠多数。荚果长圆柱形，外果皮脆壳质，中果皮纤维肉质，内果皮革质；种子间有隔膜，无胚乳。

1种，原产非洲。现在热带地区广为栽培。我国南方有栽培。

**酸豆**（罗望子）*Tamarindus indica* L.　　图219

大乔木，高25m，胸径1.2m；树冠开展；树皮暗灰色，纵裂。小叶10~20对，长圆形，长1~2(3)cm，先端钝圆或微缺，基部稍偏斜，无毛，花瓣黄色，杂以紫红色条纹。荚果长5.3~15cm，肿胀，直或拱弯，不规则缢缩，黄褐色；种子3~14，椭圆形，径约1cm，深褐色，有光泽。花期5~8月，果期12月至翌年5月。

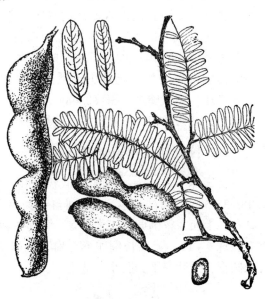

**图219 酸豆**

原产非洲。现在热带地区广泛栽培。我国广东、广西、福建、海南、四川、云南南部和台湾有栽培。适宜高温（≥10℃积温7500℃以上）、日照长（年日照>2200h）、干燥地区（年降水量<1000mm）生长，在西南干热河谷荒坡种植成效极佳，为热带干热瘠地生态保护树种。心材黄褐色，硬重。果肉中含有丰富的还原糖、有机酸、果酸、矿物质、维生素和多种芳香物质及多种色素，可生食或加工为饮料。种子胶系多糖类物质，广泛用于食品、医药、纺织、建筑、黏合剂、造纸及化妆品等行业。枝叶浓密，树姿宏丽，耐旱抗风，寿命长，为优良庭院和行道树种，草坪孤植则更具风韵。

### 12. 决明属 Cassia L.

乔灌木或草本。一回偶数羽状复叶，叶柄和叶轴上常有腺体；小叶对生。花近辐射对称，常黄色，腋生总状花序或顶生圆锥花序；萼筒短，裂片5；花瓣5，近相等或下面2片较大；雄蕊(4)10，常不相等，其中有些花药退化，花药背着或基着，孔裂或纵裂；子房具多数胚珠，花柱内弯。荚果圆柱形或扁平，木质、革质或膜质，2瓣裂或不开裂，种子间有横隔；种子横生或纵生，有胚乳。

约600种，分布全世界热带和亚热带地区，少数分布至温带地区；我国原产10余种，包括引种栽培的20余种，广布于南北各地。

1. 荚果长圆筒形。
   2. 乔木；果圆筒形，形如腊肠，长 30~70cm ·········································· **1. 腊肠树 C. fistula**
   2. 灌木；果直伸或微曲，长 13~17cm ············································· **2. 双荚决明 C. bicapsularis**
1. 荚果带状扁平。
   3. 花序长 40cm；叶柄总轴无腺体 ················································· **3. 铁刀木 C. siamea**
   3. 花序长 8~12cm；叶柄和总轴有腺体 ············································ **4. 黄槐 C. surattensis**

### 1. 腊肠树 *Cassia fistula* L.　图 220

落叶乔木，高可达 15m，胸径 35cm；小枝细。小叶 4~8 对，宽卵形或椭圆状卵形，长 8~15cm，侧脉边网脉明显。花序长 30~50cm，下垂；花黄色，径约 4cm；花梗长 3~5cm；雄蕊 10，3 枚伸出花瓣外，4 枚短而直，另 3 枚不育。果圆筒形，形如腊肠，30~70cm×2~2.5cm，黑褐色，具 3 纵槽，不裂；种子 40 至多数，种间有横隔，卵形，扁平，黄褐色。花期 5~8 月，果期 9~10 月。

原产印度、缅甸、斯里兰卡。我国广东、广西、海南、云南城市有栽培。宜南亚热带至热带气候，不耐霜冻，稍耐干旱，以砂质壤土最佳。心材灰色至砖红色，坚重，有光泽。树皮产红色染料并可提制栲胶。初夏开花，满树金黄，悬垂的花序随风摇曳，花瓣随风如雨而落，所以又名"黄金雨"。秋日果荚长垂如腊肠，为珍奇观赏树。

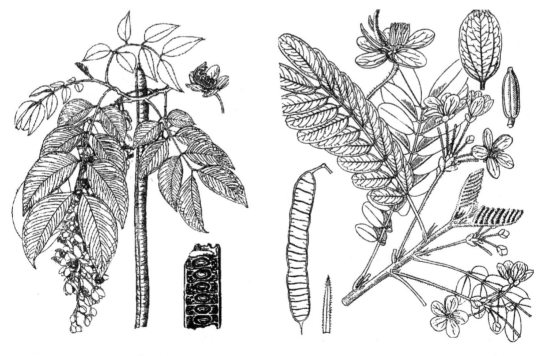

图 220　腊肠树　　　　　　　图 221　双荚决明

### 2. 双荚决明 *Cassia bicapsularis* L. [*Senna bicapsularis* (L.) Roxb.]　图 221

常绿灌木，高可达 6m；多分枝，无毛。小叶 3~4 对，倒圆形或倒卵状长圆形，长 2.5~3.5cm，顶端圆钝，基部渐狭，偏斜，下面粉绿色，最下方的 1 对小叶之间有黑褐色钝头的腺体 1 枚。总状花序生于枝条顶端的叶腋间，常集成伞房花序状，长度与叶相等，花鲜黄色,径约2cm;雄蕊10;荚果圆筒形,直或微曲,长13~17cm,有时双荚并生,缝线狭窄;种子2列。花期10~11月,果期11月至翌年3月。

原产美洲热带地区,现广布热带地区。我国广泛栽培,常作绿篱及观花树种。喜光,根系发达,萌芽能力强,适应性较广,耐寒,耐干旱瘠薄土壤,尤其适应在肥力中等的微酸性或砖红壤中生长,抗风、抗虫害力较强,为我国南方城乡道路和庭院的优良绿化树种,具有广阔的发展前景。开花早,花期长,花色艳丽迷人。

**3. 铁刀木 Cassia siamea Lam.** ［*Senna siamea*（Lam.）H. S. Irwin et Barneby］ 图222:1~3

常绿乔木,高20m;树皮幼时灰白色,老则灰黑色,具细纵裂。小枝具棱。小叶6~11对,椭圆形,长4.5~7.5cm,先端钝而微凹,具短尖,基部圆,下面粉白色;叶轴无腺体。总状花序顶生,花大,雄蕊10,7枚发育,3枚退化;子房无柄。荚果扁平,长(10)15~30cm,边缘加厚,紫褐色,被细毛;种子20~30,较扁,近圆形,黑褐色。花期7~12月,果期1~4月。

原产印度、缅甸、泰国。我国云南、华南地区、台湾有较长栽培历史。喜光或稍耐阴。喜暖热气候,忌霜冻。适生于湿润肥沃、石灰性及中性冲积土,忌积水;颇耐干燥瘠薄土壤。速生,一般50年生树高20m,胸径50cm;心材栗褐或黑褐色,系国际法定红木之一,坚重,密度1.13g·cm$^{-3}$,耐腐。萌芽性极强,枝叶茂密,花期长,抗风力强,为优良的行道树和防护林树种,也可作紫胶虫寄主树。

**图222** 1~3. 铁刀木 4~7. 黄槐

**4. 黄槐 Cassia surattensis N. L. Burm.**
［*Senna surattensis*（N. L. Burm.）H. S. Irwin et Barneby］ 图222:4~7

落叶小乔木,高7m,或呈灌木状;小枝、花序、叶均被毛。小叶7~9对,椭圆形,长2~3.5cm,先端圆,基部稍偏,下面粉白绿色;叶轴下部2~3对小叶间各具1腺体。花序伞房状,腋生,长5~8cm,花瓣鲜黄至深黄色;雄蕊10,全部发育;子房密被黄毛。荚果扁平,带状,长7~11cm,果缘波状,有时缢缩;种子10~12,扁椭圆形。几乎全年开花。

原产印度。我国广东、广西、四川南部、江西南部、福建、台湾等地广泛栽培。喜光,耐半阴,适高温(年极端低温5℃以上),耐旱、耐热,栽培易活,速生;根浅,易风倒。叶入药,为缓泻剂;花期长,花量大,花色艳丽,常作行道树、绿篱或庭园观赏树。

### 13. 紫荆属 *Cercis* L.

落叶乔木或灌木；芽叠生。单叶，全缘，掌状脉，互生；托叶小，早落。花略左右对称，花冠假蝶形，总状花序或簇生于老枝或主干上。萼短钟状，微歪斜，红色，5 齿裂；花瓣 5，上部 1 瓣最小，位于最里面(近轴)；雄蕊 10，分离；子房具短柄。荚果带状，扁平，不裂稀开裂，沿腹缝具窄翅或无；种子 2 至多数，近圆形，扁平，无胚乳。

约 11 种。我国产 5 种，均为特有种；另引种栽培 2 种。

1. 花簇生，无总花梗；荚果长条形，长 4~8cm ················································ 1. 紫荆 *C. chinensis*
1. 花集生为短总状花序，具总花梗；荚果狭长圆形。
   2. 叶两侧对称，心形或心状圆形，基部心形 ········································ 2. 湖北紫荆 *C. glabra*
   2. 叶两侧不对称，菱状卵形，基部偏歪 ············································· 2a. 广西紫荆 *C. chuniana*

**1. 紫荆** *Cercis chinensis* **Bunge**　图 223

灌木，高 2~4m；树皮和小枝灰白色。叶近圆形，长 5~10cm，长宽近相等，先端骤尖，基部心形，无毛或下面微被毛，基脉 5。先叶开花，花 5~8 簇生于老枝或树干上，紫红色、粉红色或白色；花梗长 3~9mm。荚果长条形，长 4~8cm，淡绿色，腹缝具窄翅，两侧缝线对称，网脉明显；种子 2~6，宽长圆形，黑褐色，有光泽。花期 3~4 月，果期 9~10 月。

产黄河流域以南，遍布华北、西北、华中、华东至华南、西南各地，多栽培供观赏。较喜光，喜湿润、肥沃土壤，忌水湿，萌芽性强。用种子、压条或扦插繁殖。为著名观赏树。

**2. 湖北紫荆** *Cercis glabra* **Pamp.** ［*C. yunnanensis* Hu et Cheng］　图 224

乔木，高 16m；树皮和小枝灰黑色。叶心形或心状圆形，5~12cm×4.5~11.5cm，基部浅心形至深心形，幼叶常呈紫红色，基脉(5)7 条。短总状花序长 0.5~1cm，有花数朵至十余朵；花淡紫红色或粉红色，先于叶或与叶同时开放，花梗细长，长 1~2.3cm。荚果狭长圆形，紫红色，长 9~14cm，二缝线不等长，背缝稍长，向外弯拱；果颈长 2~3mm；种子 1~8，近圆形，扁。花期 3~4 月，果期 9~11 月。

图 223　紫荆

产河南、陕西以南，经长江中下游，南至华南北部，西达西南；海拔 600~1900m；生于山地疏林、林中空地和山谷溪边。

**［附］2a. 广西紫荆** *Cercis chuniana* **Metc.**　图 225　乔木或灌木。叶菱状卵形，基部偏歪，两侧不对称，两面常被白粉。总状花序长 3~5cm；花梗长约 1cm。荚果狭长圆形，

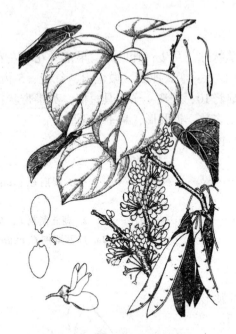

图224 湖北紫荆　　　　　图225 广西紫荆

先端具2~3mm长的细尖喙；果颈长约5mm。产广西、贵州、广东、湖南和江西南部。

## 14. 羊蹄甲属 *Bauhinia* L.

乔木、灌木或藤本；有时具卷须，腋生或与叶对生。单叶，掌状脉，先端凹缺或沿中脉浅裂、深裂或全裂为2小叶，稀不裂。花两性；伞房总状花序或圆锥花序；萼全缘，佛焰苞状，匙形或2~5齿裂；花冠辐状开展，花瓣5，略不等，常具爪；雄蕊10，或退化为5~3，稀1，有时具退化雄蕊，花药丁字着生，纵裂；胚珠多数。荚果条形，扁平，开裂；种子圆形或卵形，常具胚乳。

300种，分布泛热带地区。我国47种，其中，23种为特有种，引种栽培2至多种。主产华南、西南，长江流域为藤本习性。

1. 木质藤本。
　2. 叶卵形或心形，裂片先端常渐尖；基出脉5~7 ················· **1. 龙须藤 *B. championii***
　2. 叶近圆形，裂片先端圆钝；基出脉9~11 ················· **1a. 粉叶羊蹄甲 *B. glauca***
1. 灌木或乔木。
　3. 灌木；发育雄蕊10；叶肾状圆形 ················· **2. 鞍叶羊蹄甲 *B. brachycarpa***
　3. 乔木；发育雄蕊5~3；叶近圆形或卵形。
　　4. 发育雄蕊3~4；叶裂片深达叶片1/3~1/2 ················· **3. 羊蹄甲 *B. purpurea***
　　4. 发育雄蕊5；叶先端浅裂至1/4~1/3。
　　　5. 伞房花序；正常结实。
　　　　6. 花瓣淡红色 ················· **4. 洋紫荆 *B. variegata***
　　　　6. 花瓣白色 ················· **4a. 白花洋紫荆 *B. variegata* var. *candida***

5. 总状花序；常不结实；花瓣紫红色 ·························· **4b. 红花羊蹄甲 B. × blakean**

**1. 龙须藤 Bauhinia championii ( Benth.) Benth.**　图 226

木质藤本，有卷须；嫩枝和花序薄被紧贴的小柔毛。叶卵形或心形，长 3～10cm，先端锐渐尖、圆钝、微凹或 2 裂，基部截形、微凹或心形，基出脉 5～7；叶柄长 1～2.5cm，略被毛。总状花序狭长，腋生，有时与叶对生或数个聚生于枝顶而成复总状花序；萼及花梗被灰褐色短柔毛；花径约 8mm；花梗长 10～15mm；萼片披针形；花瓣白色，具柄，瓣片匙形；能育雄蕊 3，退化雄蕊 2。荚果倒卵状长圆形或带状，扁平，长 7～12cm，无毛；种子 2～5，圆形，扁平。花期 6～10 月，果期 7～12 月。

产长江以南，至华南；印度、越南和印度尼西亚亦产；海拔 1000m 以下；生于灌丛、疏林和密林中。可植于棚架、假山供观赏。

图 226　龙须藤　　　　　　图 227　粉叶羊蹄甲

[附] **1a. 粉叶羊蹄甲 Bauhinia glauca ( Wall. ex Benth.) Benth.**　图 227　木质藤本，与龙须藤的区别：叶近圆形，长 5～7(9)cm，裂片卵形，先端圆钝，基出脉 9～11。伞房花序式的总状花序顶生；花瓣白色，能育雄蕊 3。产华中、华南及西南；印度、中南半岛、印度尼西亚亦产。

**2. 鞍叶羊蹄甲 Bauhinia brachycarpa Wall. ex Benth.**　图 228

灌木，高 3m。小枝具棱，疏被柔毛，后脱落。叶肾状圆形，基部圆或心形，先端 2 裂至 1/3～1/2，裂片先端圆，下面密被白毛，杂有松脂质红棕色丁字毛。花序侧生；萼裂片 2，花瓣白色，雄蕊 5 长 5 短；子房密被长柔毛。荚果条状倒披针形，长 3～7.5cm。

产陕西南部、甘肃南部、湖北西部、西南(至西藏东部)；缅甸、泰国、印度亦产；海拔 300～3900m；生于山地草坡、灌丛、溪边。茎皮含纤维 35%～40%，为造纸及纤维原料。

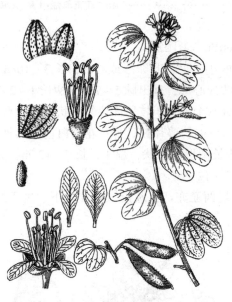

图228 鞍叶羊蹄甲

## 3. 羊蹄甲 *Bauhinia purpurea* L. 图229

常绿小乔木，高7~10m；树皮灰色至褐色，近平滑。叶近心形，长11~14(18)cm，先端2裂至1/3~1/2，裂片先端圆或钝，基部圆或心形，基脉9~11，下面被柔毛或无毛。花序复总状或圆锥状；萼筒2裂至基部；1片先端微缺，1片具3齿；花瓣长4~5cm，淡红色；发育雄蕊3(4)，子房具长柄，被绢毛。荚果带状镰形；种子12~15，近圆形，扁平，深褐色。花期9~11月，果期2~3月。

产云南、华南地区，台湾有栽培；印度、斯里兰卡、中南半岛亦产。耐旱，速生，2年生即可开花，亚热带地区广泛栽培为行道树和庭园树。木材红褐色，坚重，有光泽。花芽可食；叶作饲料，树皮作染料，根皮有剧毒。

## 4. 洋紫荆 *Bauhinia variegata* L. 图230

落叶乔木；树皮暗褐色，近平滑；小枝近无毛。叶近革质，圆心形或宽卵形，长(4)7~10(17)cm，宽略大于长，先端2裂至1/4~1/3，裂片先端圆，基部圆、平截或心形，基脉9~13。伞房总状花序，花少数，大型；萼佛焰苞状，被柔毛及黄色腺体；花瓣长4~5cm，淡红色、淡蓝带红色或暗紫色，杂以红色或黄色斑点；发育雄蕊5；子房具长柄，被毛。荚果长带状，黑褐色，具喙；种子10~15，扁平圆形，径约1cm。花期全年，3月最盛，果期6月。

原产中南半岛、缅甸、泰国和中国云南西部。

图230 洋紫荆

华南和台湾广泛栽培。花大而芳香，为优美观赏树和行道树。树皮含鞣质；木材坚硬。花、嫩叶、幼果可食。根皮入药，治消化不良。

[附]4a. 白花洋紫荆 *Bauhinia variegata* var. *candida* (Aiton) Voigt　为洋紫荆的变种，主要区别点在于花瓣白色。原产云南西双版纳，现在华南地区广泛栽培。

[附]4b. 红花羊蹄甲[洋紫荆(香港植物名录)] *Bauhinia × blakeana* Dunn　叶革质，近圆形，长9~13cm；总状花序或再聚为圆锥状，具多花，花瓣紫红色，连爪长5~8cm，能育雄蕊5，退化雄蕊2~5；常不结果。世界暖热地普遍栽培，花艳丽而繁茂，为香港市花。

## 21. 含羞草科 MIMOSACEAE

乔木或灌木，偶有藤本，极稀草本。二回、稀一回羽状复叶，或退化为叶状柄或鳞片状；叶轴或叶柄上常具腺体。花小，两性，整齐，辐射对称，头状、穗状或总状花序，或再组成复花序；萼管状，齿裂，裂片镊合状排列，花瓣与萼齿同数，镊合状排列，分离或合生成短管；雄蕊5~10或多数，花药小，2室纵裂，顶端常具腺体，花丝细长；单心皮雌蕊，子房上位，1室，边缘胎座，花柱细长，柱头小。荚果；种子有少量胚乳或无胚乳。

76属3240~3300种，分布热带、亚热带地区，少数至温带地区。我国连引入栽培的共有15属68种。主产华南和西南。其中，9属22种为引种栽培。本科植物通常具根瘤菌，耐干旱瘠薄，多为优良荒山造林和水土保持树种，亦为观赏或用材树种；树皮富含鞣质。

1. 羽状复叶退化，叶柄呈叶状 ………………………………………………… **1. 金合欢属** *Acacia*
1. 叶为羽状复叶。
　2. 雄蕊多数，通常在10以上。
　　3. 常绿性。
　　　4. 荚果开裂时旋卷成环状 ………………………………………… **2. 猴耳环属** *Archidendron*
　　　4. 荚果劲直，迟开裂，不旋卷成环状 …………………………… **3. 南洋楹属** *Falcataria*
　　3. 落叶性。
　　　5. 荚果弯曲，种子间有横隔 ……………………………………… **4. 象耳豆属** *Enterolobium*
　　　5. 荚果扁平、劲直，种子间无横隔 ……………………………… **5. 合欢属** *Albizia*
　2. 雄蕊通常10枚或较少。
　　6. 常绿性；小叶对生；荚果开裂后不扭曲或旋转。
　　　7. 穗状花序 ………………………………………………………… **6. 榼藤属** *Entada*
　　　7. 头状花序 ………………………………………………………… **7. 银合欢属** *Leucaena*
　　6. 落叶；小叶互生；荚果开裂后扭曲而旋转 ……………………… **8. 海红豆属** *Adenanthera*

### 1. 金合欢属 *Acacia* Mill.

乔木、灌木或藤本，具皮刺或托叶刺，或无刺。一回羽状复叶，或小叶退化，叶柄成叶状。花黄色，稀白色，头状花序或穗状花序；萼钟状或漏斗状，齿裂；花冠显著，分离或连合；雄蕊多数，花丝分离，长而伸出；胚珠多数。荚果卵形、长圆形或条形，多扁平，稀圆筒形。

1200 余种，广布热带和亚热带地区，以大洋洲和非洲为多。我国 12 种，产长江以南，以华南、西南最盛。引入栽培 20 余种。

1. 羽片小叶退化，叶柄呈叶状，披针形。
   2. 叶状柄长 6~11cm×约 1cm；头状花序；荚果扁平 ·················· **1. 台湾相思** *A. confusa*
   2. 叶状柄长 10~20cm，穗状花序；荚果旋转。
      3. 叶状柄宽 1.5~6cm，镰状披针形或镰状长圆形 ············ **2. 大叶相思** *A. auriculiformis*
      3. 叶状柄宽 4~9cm，矩圆形或镰状椭圆形 ····················· **3. 马占相思** *A. mangium*
1. 二回羽状复叶。
   4. 无刺乔木；头状花序。
      5. 枝、叶被白霜；叶轴上的腺体位于羽片着生处；荚果无毛，被白霜 ············ **4. 银荆** *A. dealbata*
      5. 枝、叶无白霜；叶轴上的腺体位于羽片着生处之间；荚果被短柔毛，无白霜 ···················································································· **4a. 黑荆** *A. mearnsii*
   4. 具刺乔木；穗状花序；荚果顶端有喙尖 ·························· **5. 儿茶** *A. catechu*

### 1. 台湾相思 *Acacia confusa* Merr.　图 231

常绿乔木，高 16m；树皮灰褐色。幼苗具羽状复叶，后小叶退化，叶柄呈叶状，镰状披针形，宽约 1cm，具 3~5(8) 条平行脉，两面无毛。头状花序 1~3，腋生；花瓣淡绿色；雄蕊金黄色，长伸。荚果扁平，长带状，长 4~11cm，干时深褐色；种子 2~8，椭圆形，长 5~7mm。花期 3~10 月，果期 8~12 月。

原产菲律宾、印度尼西亚和中国台湾南部。华南南部至西南南部有栽培。喜暖热气候，不耐寒；喜光；耐干旱瘠薄，亦耐短期涝渍，能在荒坡裸地、沙荒土上生长；深根性，抗风力强，根系发达，具根瘤。速生，萌芽性强，多次砍伐后仍能萌生。心材黑褐色，坚重致密，木材密度 0.9g·cm$^{-3}$，富弹性，耐腐耐冲击。为华南沿海沙地及低山丘陵地区营造防护林、水土保持林、薪炭林及公路绿化树种。

### 2. 大叶相思(耳叶相思) *Acacia auriculiformis* A. Cunn. ex Benth.　图 232

常绿乔木，在原产地高 30m；树皮灰褐色，浅纵裂。小枝具棱，绿色。幼苗具羽状复叶，后为叶状柄，宽 1.5~6cm，镰状披针形或镰状长圆形，具 3~7 平行脉。穗状花序 1~3，长 3.5~8(10)cm；花橙

**图 231　台湾相思**

黄色，萼 5 浅裂，花瓣匙形，长约 2mm。荚果长带状，长 5~8cm，熟时转曲开裂；具种子约 12，黑色，围以折叠的珠柄。花期 8~10 月，果期翌年 3~4 月。

原产澳大利亚北部及新西兰。我国浙江、华南有栽培。宜热带季风气候，耐干旱瘠薄，根瘤菌丰富，7 年生大叶相思林的根瘤生物量为 32.2kg·hm$^{-2}$，改良土壤的潜力大，可在水土流失严重的红壤丘陵地区造林。稍耐阴，浅根性，抗风力较弱，需与其他树种混交以营造防护林。速生，萌芽性强，可作为薪炭林及纸浆原料林树种。木材结构细致，强度较大，易加工。花芳香，为优良蜜源树。可作为热带及南亚热带沿海沙地、低山丘陵地区营造水土保持林、防护林树种。现普遍栽培为城市行道树。

图 232　大叶相思

**3. 马占相思 Acacia mangium Willd.**

常绿乔木，高 25m。小枝具明显的棱。幼苗具羽状复叶，后小叶退化，叶柄呈叶状，短圆形或镰状椭圆形，具 4~6 平行脉，两面无毛，12~20cm×4~9cm。穗状花序 3~5，腋生；花瓣淡黄绿色；雄蕊浅黄色。荚果长带状，长 4~7cm，熟时旋转开裂；具种子 5~12，椭圆形，长 3~5mm。花期 6~7 月，果期 8~12 月。

原产澳大利亚、巴布亚新几内亚和印度尼西亚等地。我国华南地区广泛引种栽培。喜暖热气候，不耐寒；喜光，耐干旱瘠薄，在湿润疏松微酸性或中性壤土或砂壤土上生长最好；根系发达，具根瘤；速生。木材结构细致，强度较大，易加工。

**4. 银荆 Acacia dealbata Link**　图 233

灌木或小乔木，高 15m，树冠开展。嫩枝及叶轴被灰色短绒毛，被白霜。二回羽状复叶，银灰色至淡绿色；腺体位于叶轴着生羽片处；羽片 10~20 对；小叶 26~46 对，密集，线形，2.6~3.5mm×0.4~0.5mm，下面或两面被灰白色短柔毛。头状花序径 6~7mm，再聚成腋生的总状花序或顶生的圆锥花序；花淡黄或橙黄色。荚果长圆形，长 3~8cm，种子间有缢缩，被白霜，红棕色或黑色。花期 4 月，果期 7~8 月。

原产澳大利亚。云南、广西、福建有引种。适于在我国南亚热带、热带地区种植。喜光，耐干瘠，速生，萌芽力强，可经营矮林，供薪炭及纸浆材，亦可种植为荒地水土保持林。浅根性，抗风力弱，植于海滩防风林需与其他树种混交。速生，开花极繁盛，可作蜜源植物或观赏植物。

图233 银荆

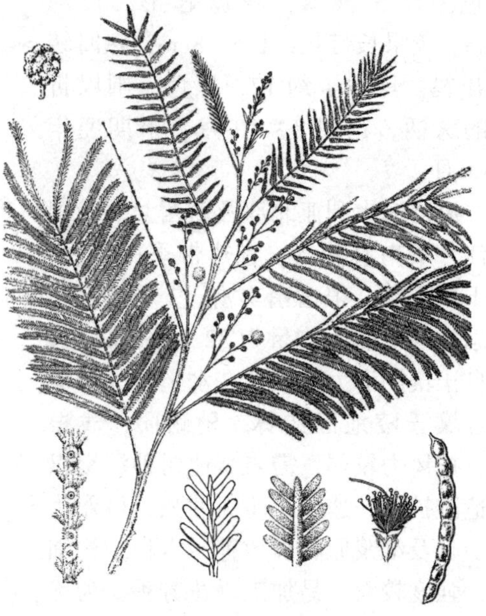

**[附] 4a. 黑荆 Acacia mearnsii De Wild.** 图234 乔木。二回羽状复叶；羽片8~20对；小叶30~40对，密集，线形，2.6~3.5mm×0.8~1mm，下面或两面被短柔毛。头状花序；花淡黄或白色。荚果长筒形，宽4~5mm，种子间不缢缩。原产澳大利亚。华南、西南有引种栽培（极端低温-5℃以上地区）。树皮含单宁44%~48%，纯度81.9%，1t黑荆树皮可鞣制2500张兽皮，故有鞣料之王之称。木材坚硬致密，密度$0.7g \cdot cm^{-3}$。

**5. 儿茶 Acacia catechu ( L. f. ) Willd.** 图235

落叶小乔木，高10m；树皮棕色，常呈条状薄片开裂，但不脱落。小枝被短柔毛。二回羽状复叶，总叶柄近基部及叶轴顶部数对羽片间有腺体；叶轴被长柔毛；羽片10~30对；小叶20~50对，线形，2~6mm×1~1.5mm，被缘毛；托叶下面常有一对扁平、棕色的钩状刺。穗状花序长2.5~10cm，1~4生叶腋；花淡黄或白色。荚果带状，长5~12cm，棕色，开裂，顶端有喙尖，具种子3~10。花期4~8月，果期9月至翌年1月。

原产印度、缅甸和非洲东部。云南、广西、广东、浙江南部及台湾有引种栽培。热带树种。在极端低温-3℃以上可安全越冬，喜光，适较湿润生境。木材坚硬、细致、心

图234 黑荆

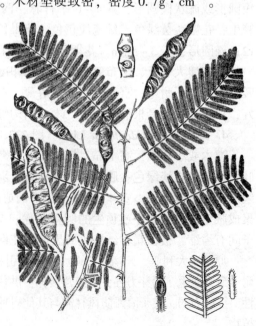

图235 儿茶

材红色。心材碎片煎汁，经浓缩干燥即为儿茶浸膏或儿茶末，有清热、生津、化痰、止血、敛疮、生肌、定痛等功能。从心材中提取的栲胶是工业上鞣革、染料用的优良原料。

## 2. 猴耳环属（围涎树属）*Archidendron* F. Muell.

乔木或灌木。二回偶数羽状复叶。花两性稀单性；头状花序或穗状花序，单生叶腋或簇生枝顶，排成圆锥状；萼钟状或漏斗状，有短齿；花瓣在中部以下合生；雄蕊多数突出，花丝合生成管；胚珠多数，花柱线形，柱头头状。荚果带状、镰形或旋卷。种子悬垂于细长种柄上或珠柄膨大为假种皮。

94种，分布热带地区，主要分布热带美洲。我国4种，产西南至东南，引入2种。

1. 羽叶2~8对；小叶斜菱形，1~7cm×0.7~3cm ·················· **1. 猴耳环 *A. clypearia***
1. 羽叶1~2对；小叶斜卵形或长圆形，5~9cm×2~4.5cm ·········· **2. 亮叶猴耳环 *A. lucidum***

### 1. 猴耳环（围涎树）*Archidendron clypearia* (Jack.) Nielsen [*Pithecellobium clypearia* Benth.；*Abarema clypearia* (Jack.) Benth.] 图236

常绿乔木，高10m。小枝密被黄褐色绒毛。羽片常4~5对；叶轴上及叶柄近基部处有腺体，最下部的羽片有小叶3~6对，最顶部的羽片有小叶10~12对；小叶斜菱形，1~7cm×0.7~3cm，顶部的最大，往下渐小，基部极不对称。花具短梗，数朵聚成小头状花序，再排成顶生和腋生的圆锥花序。荚果旋卷，宽1~1.5cm，边缘在种子间溢缩；具种子4~10，椭圆形或阔椭圆形，黑色，种皮皱缩。花期2~6月，果期4~8月。

分布热带亚洲。我国浙江、福建、台湾、广东、广西、云南亦产。树皮含单宁，可提制栲胶。叶果有特色，可栽培供观赏。

**图236 猴耳环**

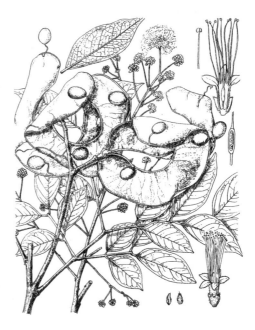

**图237 亮叶猴耳环**

**2. 亮叶猴耳环** *Archidendron lucidum* ( Jack. ) Nielsen [*Pithecellobium lucidum* Benth. ; *Abarema lucidum* ( Jack. ) Kosterm.] 图237

常绿乔木，高可达17m。小枝密被锈褐色柔毛。羽片2~3对，下部羽片具小叶4~6，上部具7~10；叶柄及叶轴基部各具1腺体；小叶斜卵形或长圆形，5~9cm×2~4.5cm。头状花序排成总状或圆锥状。花部密被锈色柔毛，花白色。荚果旋卷呈圆环，形如耳环，宽2~3cm，边缘在种子间缢缩；种子3~9，着生于细长种柄上，椭圆形，长约1.5cm，黑色或暗紫黑色，被白粉。花期4~6月，果期7~11月。

产浙江、江西和湖南南部、华南至西南；印度和越南亦产；海拔180~1200m；生于灌丛、密林、疏林或溪边。边材黄白色，心材黄色。枝、叶入药，可消肿、祛湿。果形如大耳环，种粒如黑珍珠环绕悬垂，颇具玩味，可植为观赏树或行道树。为紫胶虫寄主树。

## 3. 南洋楹属 *Falcataria* ( I. C. Nielsen ) Barneby et J. W. Grimes

常绿乔木。二回羽状复叶；托叶早落；羽片6~20对；小叶多数，近无柄，对生。穗状花序腋生；花萼明显钟状或半球状，5(6)裂。花瓣1/4合生成筒；雄蕊多数；子房和花盘在基部合生。荚果劲直、带状、扁平，沿着腹缝线有窄翅，荚果迟开裂；种皮坚硬，具裂线。

3种，分布澳大利亚（昆士兰）、印度尼西亚（马鲁古群岛）、新几内亚岛和太平洋岛屿。我国引种栽培1种。

**南洋楹** *Falcataria moluccana* ( Miq. ) **Barneby et J. W. Grimes** [*Albizia falcataria* ( L. ) Fosberg] 图238

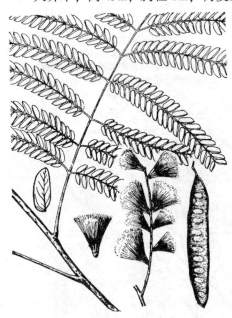

图238　南洋楹

大乔木，高45m，胸径1m；树皮灰青至灰褐色，不裂。嫩枝淡绿色、微具棱，皮孔明显。羽片上部对生，下部有时互生，小叶镰状长条形，1~1.5mm×3~6mm，中脉稍偏于上缘；叶柄具1椭圆形腺体，叶轴上部有2~5圆形腺体；托叶锥形，早落。穗状花序腋生、单生或排成圆锥状；花初白色，后变黄。果条带形，8~13cm×1.4~2cm，开裂；种子10~15，长约7mm。花期4~5月，果期7~9月。

原产马来西亚、印度尼西亚，现广植于亚洲、非洲热带地区。我国华南南部城市、台湾南部有栽培。极喜光。赤道热带树种。引种地需年极端温度-2℃以上，喜高温多湿、静风气候和较肥沃、湿润土壤。极速生，落叶多而易烂，为改良土壤树种；萌芽性强，寿命短(25年)。木材质轻，韧性强，易加工，不翘曲，不耐腐。树皮可提制栲胶，也是培养银耳的优良材料。树冠开展如巨伞，为绝佳的庭园荫木。

### 4. 象耳豆属 *Enterolobium* Mart.

落叶大乔木。二回羽状复叶；羽片及小叶多对；叶柄有腺体。花常两性，5数，无梗，球状头状花序，簇生于叶腋或呈总状花序排列；花冠漏斗形，中部以上具5裂片；雄蕊多数，基部连合成管；子房有胚珠多数。荚果卷曲或弯作肾形，厚而硬，不开裂，中果皮海绵质，后变硬，种子间具隔膜；种子横生，扁平，珠柄丝状。

5种，产热带美洲。我国南部引入栽培有1种。

**象耳豆** *Enterolobium cyclocarpum* (Jacq.) Grieseb. 图239

图239 象耳豆

落叶乔木，高20m。枝广展，嫩枝、嫩叶及花序均被白色疏柔毛，小枝绿色，有明显皮孔。羽片4~9对；总叶柄长约6cm，通常在总叶柄上及最上2对羽片着生处有腺体2~3；小叶12~25对，近无柄，镰状长圆形，8~14mm×3~6mm，先端具小尖头，基部截平，中脉靠近上边缘。头状花序圆球形，有花10余，簇生或呈总状花序；花绿白色。荚果弯曲成耳状，径5~7cm，两端浑圆，熟时黑褐色，肉质不裂，具种子10~20；种子长椭圆形，长约15cm，棕褐色，有光泽。花期4~6月。

原产南美洲及中美洲，现世界热带各国多有引种栽培。我国广东、广西、福建沿海、江西、浙江南部有栽培。速生，枝叶广展浓荫，为优美荫木和行道树。树皮含单宁约15%，供硝皮或洗涤用。成熟的荚果形似象耳可作陈列观赏物或纪念品，亦供洗涤用。

### 5. 合欢属 *Albizia* Durazz.

落叶乔木或灌木。二回羽状复叶；托叶常小，少数托叶大且早落；叶柄和叶轴有腺体；小叶1至多对。头状花序排成圆锥花序腋生或顶生；两性花；花萼钟状或漏斗状，5裂。花冠漏斗形，上部5浅裂。雄蕊多数，花丝细长，基部合生成筒。荚果带状或扁平，开裂，珠柄丝状。

120~140种，分布热带和温带地区。我国16种，其中特有种2种，引种栽培2种。多耐干旱瘠薄，为荒山荒地造林先锋树种。其树冠开展如伞，复叶如羽似鳞，多为优良的观赏树和行道树。

1. 小叶长圆形或长圆状卵形，宽7~16mm，中脉偏于上缘 ········· **1. 山槐** *A. kalkora*
1. 小叶窄长圆形或镰状长圆形，宽1~4mm，中脉紧靠上缘。
   2. 托叶条状披针形；花丝淡红色 ········· **2. 合欢** *A. julibrissin*
   2. 托叶半圆形；花丝黄白或绿白色 ········· **3. 楹树** *A. chinensis*

### 1. 山槐 *Albizia kalkora* (Roxb.) Prain  图 240

落叶乔木，高 15m；树皮灰褐至黑褐色。羽片 2~4(6) 对；小叶 5~14(18) 对，长圆形，1.5~3.8cm×1~1.6cm，先端圆或钝，基部截形，偏斜，中脉偏近上缘，两面被平伏短柔毛；叶柄基部和叶轴顶各具 1 腺体，密被黄色绒毛。头状花序 2 至多数排成伞房状，花丝白色或粉红色，花冠长 6~7mm。荚果带状，7~18cm×5~2.5cm，基部渐窄成长柄状，具种子 5~13；种子椭圆形，长 6~7mm。花期 5~7 月。

产黄河(东部)、秦岭以南，东至台湾，西至云南，南至华南北部；朝鲜、日本亦产。多见低山丘陵，亦适生石灰岩地，在长江流域常与马尾松、黄檀、锥栗混生。极喜光，速生，萌芽力强，耐干旱瘠薄生境，在肥沃湿润土壤上能快速成材。木材纹理直，干燥开裂，耐水湿。树皮含鞣质，可提制栲胶。可作庭园观赏树。

图 240 山槐　　　　　　　　　　　　　图 241 合欢

### 2. 合欢 *Albizia julibrissin* Durazz.  图 241

落叶乔木，高可达 16m，胸径 50cm；树皮褐灰色，不裂或浅纵裂。羽片 4~12 对，各有小叶 10~30 对；小叶镰状长圆形，6~12mm×1~4mm。先端尖，基部平截，中脉紧靠上缘，叶缘及下面中脉被柔毛；叶柄及叶轴顶端各具 1 腺体；托叶条状披针形，早落。头状花序排成伞房状，花冠长 6~10mm，花丝红色。荚果带状，长 8~17cm，先端尖，基部成短柄状，淡黄褐色，具种子 8~14；种子长 7~8mm。花期 6~7 月，果期 9~10 月。

产黄河流域以南各地，西至四川东部、云南东北部，南至华南北部，东至台湾；中南半岛、非洲亦产；海拔 1500m 以下。中温带至南亚热带北缘树种。喜光，喜温暖亦耐寒，对气候和土壤适应性强，宜在排水良好、肥沃土壤生长，亦耐瘠薄土壤及轻度盐碱土，但不耐水涝。树形如伞，树冠平截开展，红花如缨，羽叶扶疏，对二氧化硫、氯气等有毒气体有较强的抗性，宜作庭荫树、行道树。木材耐水湿。

**3. 楹树**（华楹）*Albizia chinensis* ( Osbeck ) Merr. 图242

落叶乔木，高30m，胸径80cm；树皮暗灰色，平滑；小枝被灰黄毛。羽片8~20对，小叶30~60对，窄长圆形，长6~9mm，下面疏被毛，叶轴具2~4腺体；托叶大，半圆形，脱落。头状花序3~6，排成圆锥状；花黄白或绿白色；子房被毛。果带状，长7~15cm，具种子8~15。花期3~5月，果期6~8月。

产华南和西南；南亚至东南亚亦产；海拔600m或1500m（西南）以下。南亚热带至热带树种。生潮湿低地，耐水淹，亦耐干瘠，在土层深厚湿润处生长迅速，10年可成材利用。木材易加工，边材易遭虫害，心材较耐腐。枝叶繁茂，可作行道树、护堤树及茶园遮阴树，又为华南低湿地及荒山造林树种。

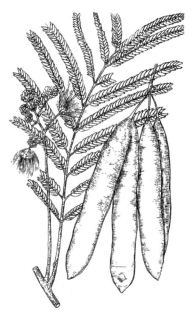

图242 楹树

**6. 榼藤属** *Entada* Adans.

木质藤本、乔木或灌木。二回羽状复叶，顶生的1对羽片常变为卷须；小叶1至多对；托叶刚毛状。穗状花序纤细，单生于上部叶腋或再排成圆锥花序；花小，两性或杂性；花5数；雄蕊10，分离，略突出于花冠之外，花丝丝状；子房具胚珠多数。荚果大而长，木质或革质，扁平，直或弯曲，逐节脱落，每节内1种子；种子大，扁圆形。

约30种，主产热带非洲和美洲。我国产3种。

**榼藤**（眼镜豆）*Entada phaseoloides* ( L. ) Merr. 图243

常绿木质大藤本，茎扭旋。枝无毛。羽片通常2对，顶生1对羽片变为卷须；小叶2~4对，对生，长椭圆形或长倒卵形，3~9cm×1.5~4.5cm，先端钝凹，主脉稍弯曲，主脉两侧的叶面不等大。花序长15~25cm；花细小，白色，密集，略有香味。荚果长达1m，宽8~12cm，弯曲，扁平。种子近圆形，径4~6cm，扁平，暗褐色。花期3~6月，果期8~11月。

产福建、广东、广西、云南、台湾、西藏；东半球热带地区亦产；生于山涧或山坡混交林中，常攀于大乔木上，长达数十米，延伸穿插于多树冠间，构成热带森林之景观。种子大圆，光洁可爱，可做工艺品、纪念物。

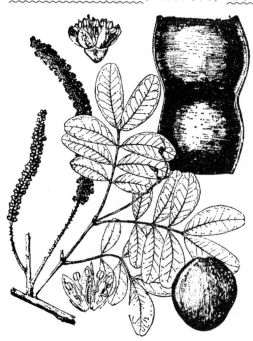

图243 榼藤

## 7. 银合欢属 Leucaena Benth.

常绿乔木或灌木，无刺。二回羽状复叶，叶柄常具腺体，花白色，头状花序单生或簇生叶腋，5 基数，花管钟形，短齿裂；花瓣分离；雄蕊 10，分离，突出，花药顶端无腺体，常被柔毛；子房具柄，花柱线形。荚果薄带状，革质，开裂；种子多数，卵形，扁平。

22 种，分布北美、中美等地。为林地肥力改良树种，我国引入 1 种。

**银合欢 Leucaena leucocephala (Lam.) de Wit** 图 244

图 244 银合欢

小乔木或灌木状。幼枝被柔毛，后脱落。羽片 4~10 对，小叶 8~15 对，条状长圆形，6~13mm × 1.5~3.0mm，中脉偏于上缘。花白色。荚果条带形，长 10~18cm，微被毛；种子 10~25，卵形，长约 7.5mm，褐色。花期 4~7 月，果期 10~11 月。

原产热带美洲，现广布热带地区。我国华南至西南各地多有栽培。喜光，耐干旱瘠薄，可植为下木改良森林土壤；苗期生长快速，主根深，抗风力强。但不耐寒、不耐涝。材质坚硬，唯大材难得。嫩荚和种子可食；树胶可代阿拉伯树胶。由于生长快，生态适应性强，有疯长之虞，在香港被称为不受欢迎的外来入侵植物。

## 8. 海红豆属 Adenanthera L.

乔木，无刺。二回羽状复叶。总状花序穗状，或组成圆锥花序；萼钟状，5 齿裂；花瓣 5，披针形，基部稍合生；雄蕊 10，分离，与花冠等长或稍长，花药卵形，顶端具 1 脱落性腺体；子房无柄，胚珠多数，花柱线形。荚果带状，扭曲，革质，开裂后旋转；种子间具隔膜，种子鲜红色或二色。

12 种，分布大洋洲和亚洲热带。我国产 1 种。

**海红豆（孔雀豆）Adenanthera microsperma Teijsm. et Binnend.** [Adenanthera pavonina var. microsperma (Teijsm. et Binnend.) I. C. Nielsen] 图 245

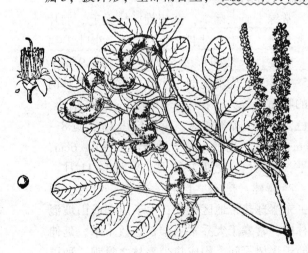

图 245 海红豆

落叶乔木，高可达 30m，胸径 60cm；树皮灰褐色，平滑或细鳞片状开裂。羽片 2~6(12) 对，对生或近对生；小叶 7~18，互生，长圆形或卵形，1.3~3.0cm × 1~1.7cm，两端圆钝，两面被柔毛。花白色或淡黄色，花梗与萼被褐黄色毛。荚果长 10~22cm，黑褐色，开裂后果瓣旋转；种子阔卵形，径 6~7mm，鲜红色。花期 5~7 月，果期 8~10 月。

产华南、西南；分布东南亚地区；海拔 300~1000m；生于山坡、沟沿、溪边林中。台湾有栽培。幼年稍耐阴，长成后喜光。南亚热带至热带树种。喜肥沃深厚湿润疏松砂壤土，在密林中常高出林冠之上，长势旺盛。人工林生长较快，在广州 10 年生，树高 7m，胸径 12cm。木材黄红褐色，有光泽，易加工，边材不耐腐，易虫蛀。种子亦红豆，可作为装饰品。全株有毒。树体高大，枝叶婆娑，为优良庭荫树。

## 22. 蝶形花科 PAPILIONACEAE

乔木、灌木、藤本或草本，有时具刺。叶互生，稀对生，常为一回奇数羽状复叶或掌状复叶，多为 3 小叶，稀单叶；常具托叶。花两性，蝶形花冠，两侧对称；花序各式；萼片 5；花瓣 5，覆瓦状排列，上部 1 枚在外，名旗瓣，两侧 2 枚多少平行，名翼瓣，下部 2 枚在内，名龙骨瓣；雄蕊 10，单体或两体或全部分离；单心皮雌蕊，子房上位，1 室，边缘胎座。荚果开裂或不裂。种子无胚乳或有少量胚乳。

400 属 12 329~12 769 种，广布于全世界，主要分布温带。我国连引种共 129 属 1485 种，其中引种栽培 16 属 82 种，各省均产。多为农(粮食蔬菜)、林、牧、医药重要植物。根部常有根瘤菌共生，可改良土壤并用作绿肥。有些种类供药用或生产纤维、染料、树脂、树胶等工业原料用。

1. 雄蕊花丝分离，稀基部稍连合。
  2. 果扁平，不为串珠状。
    3. 常绿；具顶芽；荚果 2 瓣裂，种皮深红色或黑褐色 ·················· **1. 红豆树属 Ormosia**
    3. 落叶；无顶芽；荚果迟裂，种皮褐色 ·················· **2. 香槐属 Cladrastis**
  2. 果圆筒形，种间缢宿呈串珠状 ·················· **3. 槐属 Sophora**
1. 雄蕊花丝全部或大部分合成为单体或二体。
  4. 叶为三出复叶。
    5. 缠绕藤本 ·················· **4. 葛属 Pueraria**
    5. 灌木或乔木。
      6. 灌木，小枝无皮刺；小叶先端具芒尖 ·················· **5. 胡枝子属 Lespedeza**
      6. 乔木或小乔木，常具皮刺；小叶先端无芒尖 ·················· **6. 刺桐属 Erythrina**
  4. 叶为 5 小叶以上的奇数羽状复叶。
    7. 荚果扁而薄，不开裂。
      8. 花白色、淡绿色或紫色，花药基着；荚果长圆形或舌状，薄而扁 ·········· **7. 黄檀属 Dalbergia**
      8. 花黄色，花药背着；荚果圆形，周围具宽翅 ·················· **8. 紫檀属 Pterocarpa**
    7. 荚果较厚，开裂。
      9. 无托叶 ·················· **9. 水黄皮属 Pongamia**
      9. 托叶早落或宿存，或变成刺。
        10. 托叶退化为刺状 ·················· **10. 刺槐属 Robinia**
        10. 托叶小而早落，不为刺状。

11. 花为 5 瓣的蝶形花冠，总状或圆锥花序。
   12. 落叶藤本；具垂生的总状花序·················· **11.** 紫藤属 *Wisteria*
   12. 常绿藤本、灌木或乔木；多为圆锥花序·············· **12.** 崖豆藤属 *Millettia*
11. 花仅有 1 旗瓣，顶生穗状花序···················· **13.** 紫穗槐属 *Amorpha*

## 1. 红豆树属 *Ormosia* Jacks.

常绿乔木或灌木。裸芽。一回奇数羽状复叶（稀单叶），小叶对生，全缘；无托叶，稀有小托叶。总状或圆锥花序；萼具 5 齿，旗瓣宽圆卵形；花丝分离；花柱内弯或拳卷，柱头侧生。荚果木质、革质或稍肉质；种皮鲜红色或黑褐色。

约 130 种，分布美洲的热带地区、亚洲的东南部和澳大利亚的北部。我国 37 种，其中 34 种为特有种。主产华南、西南，为常绿阔叶林中的伴生树种。多为优良用材树种，材质上乘，易罹砍伐，资源濒危，多种被列为保护植物。

1. 小叶 11~15 ································· **1.** 小叶红豆 *O. microphylla*
1. 小叶 5~9。
  2. 荚果木质，坚硬且厚。
    3. 荚果密被毛；叶下面密被灰黄色绒毛·············· **2.** 木荚红豆 *O. xylocarpa*
    3. 荚果光滑无毛······························ **3.** 海南红豆 *O. pinnata*
  2. 荚果革质或厚革质。
    4. 果具 2~7 种子···························· **4.** 花榈木 *O. henryi*
    4. 果具 1(2) 种子。
      5. 果皮淡黄褐色，种子长 1.5~2cm，种脐长 7~8mm ······ **5.** 红豆树 *O. hosiei*
      5. 果皮黑褐色，种子长 9mm，种脐长 2mm ············ **6.** 软荚红豆 *O. semicastrata*

### 1. 小叶红豆 *Ormosia microphylla* Merr. 图 246

高 10m；树皮灰褐色，不裂。小枝、芽、叶柄和叶轴密被黄褐色柔毛。复叶近对生，长 12~16cm；小叶 11~15，椭圆形，2~4cm×1~1.5cm，下面苍白色，多少贴生短柔毛，侧脉 5~7 对，纤细，细脉网状。花序顶生。荚果近菱形或椭圆形，长 5~6cm，压扁，顶端有小尖头，基部骤窄为梗，果瓣厚革质或木质，黑褐色或黑色，内壁有横隔膜，有种子 3~4；种子长 2.2cm，种皮红色，坚硬，种脐长 3~3.5mm。

产广西、贵州和湖南西南部；生于密林中。心材深紫红色至紫黑色，有紫檀之称，纹理通直，材质坚重，密度 0.82g·cm$^{-3}$，有光泽，系红豆木之上品。

### 2. 木荚红豆 *Ormosia xylocarpa* Merr. et L. Chen 图 247

高 20m，胸径 80cm；树皮灰至暗灰色；小枝、裸芽、叶轴、小叶、花序密均被柔毛。小叶 5~7，长圆形或长圆状倒披针形，长 4~8cm，侧脉约 8 对；小叶柄长 7mm；无托叶。花序顶生，长约 8~14cm。荚果椭圆形或倒卵形，长 5~7cm，厚 1.5cm，厚木质，密被锈色柔毛；种子 1~5，椭圆形或卵状椭圆形，红色，长 1~1.2cm，种脐长 2.5~3mm。花期 7 月，果期 10 月。

产湖南、江西南部、贵州、华南；海拔 300~1200m；生湿润常绿阔叶林中，与木荷、

图246 小叶红豆

图247 木荚红豆

栲树、小红栲等混生。心材红褐色，花纹美丽，坚实，密度 $0.63g \cdot cm^{-3}$。

### 3. 海南红豆 *Ormosia pinnata* ( Lour. ) Merr. 图248

高15m。复叶长16~22cm，小叶7~9，披针形或长圆状披针形，12~15cm×4~5cm，两面无毛。侧脉5~7对。圆锥花序顶生，长20~30cm；花长1.5~2cm，花冠黄白色略带粉红，子房被褐色短柔毛，胚珠4。荚果卵圆形或扁圆筒形，长3~7cm，成熟时黄色，果瓣厚木质，光滑无毛，种子1~4，相互间略缢缩。种子椭圆形，种皮红色。花期7~8月，果实冬季成熟。

产海南、广东、广西和湖南南部；越南和泰国亦产；生于海拔1000m以下的沟谷山坡阔叶林中。心材淡红褐色，边材黄褐色。树形优美，枝叶繁茂，常作为行道树，亦为生态风景林树种。

### 4. 花榈木 *Ormosia henryi* Prain 图249

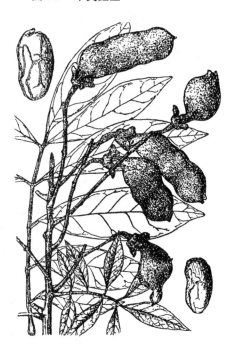
图248 海南红豆

乔木，高13m；小枝、裸芽、叶轴、小叶下面、花序密被灰黄色绒毛。小叶5~9，长圆形、长圆状倒披针形或长圆状卵形，长6~10(17)cm，先端急尖，基部圆或宽楔形；小叶柄长3~6mm；无托叶。圆锥花序，稀总状花序。荚果长圆形，扁平，7~12cm×2~3.5cm，厚革质，无毛；种子2~7，椭圆形，长8~15mm，红色，种脐长2.5~3mm。花期6~7月，果期10~11月。

产我国长江以南各地；越南亦产；生于海拔 1200m 以下的山谷、山坡和溪边阔叶林内，或散生于丘陵红壤中，为红豆树属中分布最广、最常见的种类。材质坚重，结构细，心材橘红色，干后深栗褐色，花纹美丽。可植为用材林、园林或行道树。国家保护植物。本种与花梨木同音混淆，实是误称。

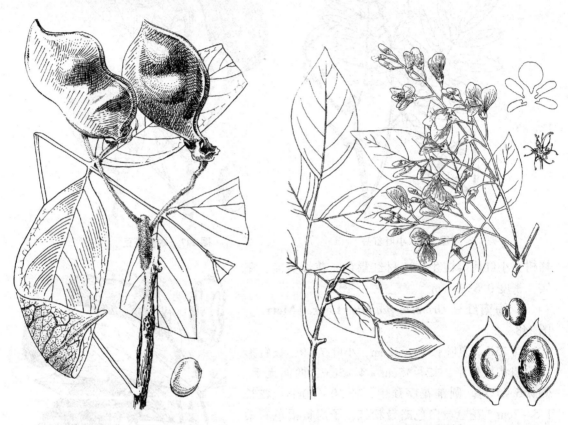

图 249　花榈木　　　　　　　　　　　　图 250　红豆树

**5. 红豆树 *Ormosia hosiei* Hemsl. et Wils.**　　图 250

高 30m，胸径 1m；树皮灰色浅纵裂。嫩枝被毛，后脱落；裸芽。小叶 5~7(9)，卵形、长圆状卵形或倒卵形，5~14cm×2.5~6cm，两面无毛，小叶柄长 7~10mm，近无毛；无托叶。圆锥花序；花冠白色或淡红色；子房无毛。荚果扁卵圆形，长 3.5~5.5cm，厚革质，栗褐色，无毛，顶端喙状；种子 1~2，扁圆形，长 1~1.7cm，深红色，种脐长 7~8mm。花期 4 月，果期 10~11 月。

产秦岭以南的华东、华中、华南、西南；海拔 650m 以下；生于低山、谷地、溪边阔叶林中；村边亦见。幼树耐阴，树龄可达 300 年。主干矮，萌芽性强，可萌芽更新。心材栗褐色，有光泽，质坚重，密度 $0.76\text{g}\cdot\text{cm}^{-3}$，纹理优美，耐腐朽，易切削，易粘胶。古代龙泉宝剑的剑柄和剑鞘即出自此木；种子艳红，为装饰品。古诗中的"红豆生南国，此物最相思"，即指此树。资源稀少，为国家保护植物。

**6. 软荚红豆 *Ormosia semicastrata* Hance**　　图 251

常绿乔木，高可达 12m；树皮褐色。小枝具黄色柔毛。奇数羽状复叶，长 18~25cm；

小叶 3~9(11)，卵状长椭圆形或椭圆形，4~14cm×2~6cm，有时下面有白粉，侧脉 10~11 对，不明显；叶轴、叶柄及小叶柄有灰褐色柔毛，后渐尖脱落，小叶柄长 3~6mm。圆锥花序顶生；总花梗、花梗均密被黄褐色柔毛；花小，长约 7mm；雄蕊 10，5 枚发育，5 枚短小退化而无花药。荚果小，近圆形，稍肿胀，革质，干时黑褐色，长 1.5~2cm，顶端具短喙，具种子 1；种子扁圆形，鲜红色，长 9mm，种脐长 2mm。花期 4~5 月。

产江西南部、福建东南部、广东、海南、广西东部；海拔 240~910m；生于山地、山谷常绿阔叶林中。

## 2. 香槐属 *Cladrastis* Raf.

落叶乔木；芽叠生，包藏于膨大的叶柄内。一回奇数羽状复叶，小叶互生，全缘。圆锥花序顶生，下垂，萼钟状，5 齿裂；花冠白色，稀淡红色，旗瓣圆形；雄蕊 10，分离，药丁字着生。荚果扁平，果皮薄，迟裂。种子 1~6。

图 251　软荚红豆

8 种，分布亚洲的东南部和美洲的东北部。我国产 6 种，其中 5 种为特有种，分布西南至东南部。

**翅荚香槐** *Cladrastis platycarpa* ( Maxim. ) Makino　图 252

落叶乔木，高 16m，胸径 90cm；树皮暗灰色。小枝无毛。小叶 7~9(15)，长圆形或卵状长圆形，长 5~10cm，下面中脉被长柔毛或近无毛，边缘波状；小托叶钻状。花序长 10~30cm；花芳香，花冠白色。荚果带状长圆形，扁平，长 3~7cm，两边具窄翅；种子 1~4，肾状椭圆形，暗绿色。花期 6~7 月，果期 10 月。

产我国长江以南的华中、华东至华南北部、贵州；日本亦产；生于海拔 1200m 以下的山谷林缘。喜光，在酸性、石灰性土壤均能生长。木材黄色，可提取黄色染料；材质坚重致密。花硕大而下垂，白色芳香，秋叶鲜黄，可作行道树。

[附] **香槐** *Cladrastis wilsonii* Takeda　图 253　与翅荚香槐的区别：小叶 9~11，卵形或长圆状卵形，下面苍白色，沿中脉被金黄色疏柔毛，叶缘不为波状；无小托叶。荚果长 5~8cm，具喙尖，两侧无翅，凸平稍增厚。花期 5~7 月，果期 8~9 月。产山西、陕西、河南、安徽以南，南至华南北部及西南；海拔 1000~1500m；多生于中山沟谷杂木林中或次生阔叶林中。可作为庭园荫木及行道树。

图252 翅荚香槐　　　　　　　图253 香槐

## 3. 槐属 Sophora L.

乔木、灌木，稀草本；冬芽小，芽鳞不明显。奇数羽状复叶，小叶对生或近对生；托叶小。总状或圆锥花序，直立；萼宽钟状；旗瓣圆形或长圆状倒卵形；雄蕊10，花丝分离或基部稍连合。荚果近圆筒形，种子间缢缩呈串珠状，果皮肉质或革质，不裂或迟裂。

约70种。广泛分布热带和温带地区。我国21种，其中，9种为特有种，引种栽培1种；南北均产。作用材、药用或水土保持植物。

1. 乔木；叶柄基部膨大，包藏着芽，具托叶和小托叶；圆锥花序 ·················· 1. 槐树 *S. japonica*
1. 小乔木或灌木；叶柄基部不膨大；芽外露；托叶有或无，无小托叶；总状花序。
　　2. 植株具刺；托叶变成刺 ························································ 2. 白刺花 *S. davidii*
　　2. 植株无刺；托叶不变成刺 ················································ 3. 西南槐树 *S. prazeri* var. *mairei*

### 1. 槐树(国槐) *Sophora japonica* L.　　图254

落叶乔木，高可达25m，胸径1.5m；树皮灰黑色，块状深裂；无顶芽，侧芽为叶柄下芽。小叶7~17，长卵形，3~7cm×1.5~3cm，先端尖，基部钝圆或阔楔形，不对称，被平伏毛。花冠白色或淡黄色，长10~11mm。荚果近圆筒形，念珠状缢缩，2.8~8cm×1~1.5cm，黄绿色，肉质，含胶质，不裂；种子1~6，肾形，黑褐色。花期6~8月，果期9~10月。

原产日本、朝鲜和中国。在我国分布广泛，北起东北北部，西北至陕西、甘肃，西迄四川、云南，南达华南，广为栽培，尤以黄土高原、华北平原最常见；东部在海拔750m以下，云南至2600m。适生于冷气候、肥沃湿润的中性土壤，石灰岩山多见。木材黄褐色，较坚重，富弹性，耐水湿。花作黄色染料；花、果入药有收敛、止血之效。花期长，为优良蜜源树。枝叶浓密，耐烟尘，为优良的城市和厂区绿化树种。园艺栽培品种有：①龙爪槐 S. japonica 'Pendula'，枝与小枝均下垂，并向不同方向盘旋，形似龙爪。②黄金槐（金枝槐）S. japonica 'Golden Stem'，茎枝初为绿黄色，秋季转为金黄色。此二者在园林中极常见。

图254 槐树　　　　　　　　　图255 白刺花

**2. 白刺花** *Sophora davidii* ( Franch. ) Skeels
图255

灌木或小乔木，高1~2m。枝多开展，小枝初被毛，后脱净，不育枝末端明显变成刺，有时分叉。小叶11~19，形态多变，多为椭圆状卵形或倒卵状长圆形，长10~15mm，先端圆或微缺，常具芒尖，基部钝圆，下面疏被长柔毛或近无毛；托叶钻状，部分变成刺，宿存。总状花序着生于小枝顶端；花小，长约15mm，较少；花冠白色或淡黄色，有时旗瓣稍带红紫色；雄蕊10，等长。荚果呈非典型的串珠状，稍压扁，长6~8cm，表面散生毛或近无毛，开裂；种子3~5，卵球形，长约4mm，径约3mm。花期3~8月，果期6~10月。

产华北、西北，南至长江流域地区，西达四川、云南、广西、西藏；海拔2500m以下；生于河谷沙丘和山坡路边的灌木丛中。耐旱性强，是优良的护坡及水土保持树种，也可供观赏。

图256 西南槐树

### 3. 西南槐树 Sophora prazeri Prain var. mairei (Pamp.) P. C. Tsoong  图 256

灌木，高 1~3m；幼枝、花序及叶轴被锈色茸毛。小叶 7~15，顶生者最大，向基部者渐小，常为披针状长椭圆形，3~5cm×1~1.5cm，下面密被锈色柔毛；托叶刚毛状，被毛；总状花序侧生或与叶互生，长 5~20cm；花冠白色或淡黄色。荚果串珠状，长 4~10cm，具纤细的果颈和喙，被紧贴的锈毛，果梗长不超过 10mm；种子 2~4；卵球形或椭圆形，两端急尖，深红色或鲜红色，长约 8mm。花果期 4~9 月。

产云南、贵州和广西（部分地区）；缅甸亦产；海拔 2000m 以下；生于山地林中，山坡、山谷河溪边。

### 4. 葛属 Pueraria DC.

缠绕藤本，茎草质或基部木质。3 小叶的羽状复叶；托叶基部着生或盾状着生，有小托叶；小叶大，全缘或波状 3 裂。总状花序或圆锥花序，下垂；花序轴上通常具稍凸起的节；花通常数朵簇生于花序轴的每一节上，花冠伸出于萼外，蓝色或紫色；子房具胚珠多颗。荚果线形，稍扁或圆柱形，2 瓣裂；果瓣薄革质；种子扁，近圆形或长圆形。

约 20 种，分布热带地区和亚洲东部。我国 10 种，其中 3 种为特有种，主要分布西南部、中南部至东南部，长江以北少见。

**葛** *Pueraria montana* (Lour.) Merr. [*P. lobata* (Willd.) Ohwi]  图 257

具块根大藤本，长 8m，基部木质，全体被黄褐色硬毛。三出复叶，小叶常 3 裂，顶叶较大，宽卵形，7~15(19)cm×5~12(18)cm，侧叶偏卵形，较小，两面被硬毛，下面更密；托叶背着，卵状长圆形，与叶柄等长，叶披针形。花序长 15~30cm；2 或 3 花簇生于节上；有苞片和小苞片；花萼被黄褐色硬毛；花冠紫色，旗瓣长 8~18mm；子房被毛。荚果扁平长椭圆形，4~14cm×6~13mm，密被硬毛。花期 7~10 月，果期 10~12 月。

我国除新疆、青海及西藏外，南北各地均产；东南亚至澳大利亚亦产；生于山地草坡、林缘。茎皮纤维供织布和造纸用，古代葛衣、葛巾均为平民服饰，葛纸、葛绳应用亦久；葛粉含有人体需要的氨基酸多种微量元素，常食生津止渴，利大小便、解酒、抗菌解毒、防治冠心病，对咽喉疼痛、口舌生疮、脾胃虚弱泄泻都有一定的功效。葛藤生态适应性强，是一种优良护坡、水土保持植物，也易导致疯长，阻碍植被演替或危害树木生长。

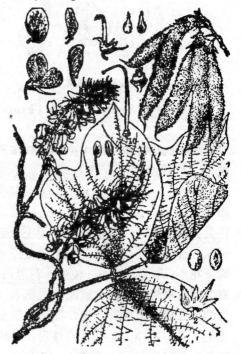

图 257 葛

### 5. 胡枝子属 Lespedeza Michaux.

落叶灌木，稀草本。羽状 3 小叶；托叶钻形，宿存；小叶有芒尖；无小托叶。总状或头状花序；花 2 朵生于苞腋，总梗顶端无关节，花两型：有花冠者不结实或结实，无花冠者均结实；花瓣白色、黄色、红色或紫色；雄蕊 10，二体(9+1)。荚果扁平，卵形或圆形，不裂，果瓣具网纹；种子 1。

约 60 种，分布亚洲东部至印度地区和北美地区，马来西亚到澳大利亚的东北部有引种栽培。我国 25 种，其中 10 种为特有种；广布于全国。喜光，耐旱，多为水土保持树种。茎叶可作饲料，有的可入药。

1. 小叶椭圆形或长圆状椭圆形，先端稍尖，具芒尖 ………………………… 1. 美丽胡枝子 L. formosa
1. 小叶宽卵圆形或宽倒卵形，先端圆或微凹，两面密被黄白色绢毛 ………… 2. 大叶胡枝子 L. davidii

**1. 美丽胡枝子 Lespedeza formosa (Vog.) Koehne** [L. thunbergii (DC.) Thunb. subsp. formosa (Vog.) H. Ohashi]　图 258

直立灌木，高 1~3m。小枝具条棱，有柔毛。小叶椭圆形或长圆状椭圆形，5~6cm × 1~3cm，先端急尖或钝圆，具芒尖，下面灰白色，被白柔毛，侧脉羽状明显。圆锥或总状花序顶生或生枝上部叶腋；萼 5 深裂，裂片长为萼筒的 2~4 倍；花冠红紫色，旗瓣长 1~1.5cm，龙骨瓣在花开时明显长于旗瓣。荚果倒卵形或倒卵状长圆形，长 8mm，表面具网纹和密被柔毛，上部有尖头，萼宿存。花期 7~9 月，果期 8~10 月。

产华北、甘肃、陕西以南，南至华南，西达四川、云南；朝鲜、日本、印度亦产；海拔 500~1500m；生于山坡灌草丛、松林下及林缘。喜光，较耐寒，耐干旱瘠薄，萌芽力强，耐烧垦。叶可作饲料。花期长，为蜜源植物。在荒坡水土流失地生长旺盛，为优良护

图 258　美丽胡枝子

图 259　大叶胡枝子

### 2. 大叶胡枝子 Lespedeza davidii Franch.  图259

直立灌木，高1~3m。枝条稍曲折，有明显的条棱，密被长柔毛。小叶宽卵圆形或宽倒卵形，3.5~7(13)cm×2.5~5(8)cm，先端圆或微凹，基部圆形，全缘，两面密被黄白色绢毛；叶柄长1~4cm；托叶2。总状花序腋生或枝顶形成圆锥花序，花密集；总花梗长4~7cm，密被长柔毛；花红紫色，旗瓣倒卵状长圆形，长10~11mm。荚果卵形，长8~10mm，稍歪斜，先端具短尖，基部圆，表面具网纹和稍密的绢毛。花期7~9月，果期9~10月。

产长江以南，南至华南，西迄四川、贵州；海拔800m以下；生于干旱山坡、马尾松林下或灌丛中。花为蜜源。耐干燥瘠薄土壤，为护坡及水土保持植物。

## 6. 刺桐属 Erythrina L.

乔木或灌木。小枝被皮刺，髓心大，松软，白色。羽状3小叶，叶柄长，小叶全缘；小托叶腺体状。总状花序，花大，花冠红色，旗瓣大；雄蕊10，单体或二体(9+1)。荚果具长柄，条形，种子间收缩呈串珠状。

100种以上，分布热带及亚热带地区。我国产4种，另引种栽培2至多种，多作为木本观花树木。

### 刺桐 Erythrina variegata L. [ E. orientalis ( L. ) Merr. ]  图260

**图260 刺桐**

落叶乔木，高20m；树皮薄，灰色，疏被皮刺。小叶菱卵形或宽卵圆形，侧生小叶菱卵形，长15~20cm，基部平截或宽楔形，两面无毛。总状花序顶生，长10~16cm；具多数密集对生的花；花萼佛焰苞状，长2~3cm；花冠鲜红色，旗瓣长5~6cm，翼瓣和龙骨瓣近相等，短于佛焰苞状的花萼；雄蕊10，单体。荚果串珠状，15~30cm×2~3cm；种子4~12，暗红色。花期3月，果期9月。

原产东南亚至大洋洲海岸；我国华南、云南、四川、重庆、台湾引种栽培。速生，花艳丽，为优美庭园树及行道树。

## 7. 黄檀属 Dalbergia L. f.

乔木、灌木或藤本；无顶芽，腋芽2芽鳞。一回奇数羽状复叶，稀单小叶，小叶互生。聚伞或圆锥花序；萼5齿裂，最下一齿常较长；雄蕊10或9，单体或二体(5+5，稀9+1)；子房具柄。荚果长圆形或带状，薄而扁平，不开裂。

100~120种，分布美洲、非洲和亚洲的热带、亚热带地区。我国29种，其中14种为特有种，引种栽培1种，产西南至东南。木材为优质硬木，多种列入法定红木类，亦为紫胶虫寄主树。

1. 雄蕊10(9)，单体。
   2. 小叶长4cm以下(2~4cm×1.2~2cm) ················································· **1. 黑黄檀 D. fusca**
   2. 小叶长4cm以上(4~14cm×2~8cm)。
      3. 小叶5~7，宽椭圆形，先端钝圆 ················································ **2. 钝叶黄檀 D. obtusifolia**
      3. 小叶9~15，卵形或椭圆形，先端钝尖 ········································ **3. 降香黄檀 D. odorifera**
1. 雄蕊10，成5+5的二体雄蕊。
   4. 小叶较多，13~21；托叶大，叶状；花序密被褐色绒毛、柔毛或丝质柔毛 ······ **2a. 秧青 D. assamica**
   4. 小叶较少，7~15；托叶小，非叶状；花序疏被短柔毛。
      5. 小叶7~11，较阔；荚果较狭 ·················································· **4. 黄檀 D. hupeana**
      5. 小叶13~15，较狭；荚果较阔 ················································ **5. 南岭黄檀 D. balansae**

### 1. 黑黄檀 *Dalbergia fusca* Pierre   图261

高22m，胸径80cm。羽状复叶长10~15cm；小叶11~15，革质，卵形或椭圆形，2~4cm×1.2~2cm，先端圆或凹缺，具凸尖，基部钝圆，下面被伏贴柔毛。圆锥花序长4~5cm；被毛；花萼钟状，萼齿5，不等长，花冠白色，旗瓣阔倒心形，翼瓣椭圆形，龙骨瓣弯拱；雄蕊10或9，单体；子房无毛，具柄，有胚3。荚果长圆形至带状，6~10cm×9~15mm，两端钝，果瓣薄革质，着生种子部位有细网纹，种子1~2；种子肾形，扁平，长约10mm。

产云南南部(思茅、西双版纳)；越南、缅甸亦产；海拔900~1400m。中热带树种。喜光，耐干燥瘠薄土壤，生山坡至山脊，与思茅松、红锥、印度栲、西南木荷混生。为荒山先锋树种。较速生，边材黄褐色，心材褐黑色，坚重，细致，强度和硬度大，气干密度0.99g·cm$^{-3}$，切面光滑，易加工，适用于制多种乐器、美工雕刻、高档家具、工艺品。已列入国际标准的红木中(中国仅有2种)。资源应大力保护并加强繁殖。

图261 黑黄檀

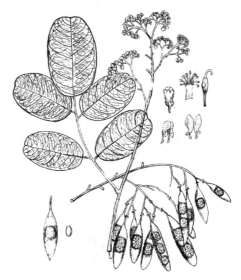

图262 钝叶黄檀

### 2. 钝叶黄檀（牛肋巴）*Dalbergia obtusifolia* Prain  图262

乔木，高可达17m。小叶5~7，宽椭圆形或倒卵状椭圆形，5~13cm×3~8.5cm，先端钝圆或微凹，基部圆，无毛，两面网脉明显。圆锥花序顶生或腋生，花部被淡黄色或锈色柔毛；雄蕊9，单体。荚果4~8cm×1.5cm；种子1~2(3)。花期2月，果期4~5月。

产云南西南部；缅甸、老挝亦产；海拔500~1600m；生于山坡或次生稀树草原中。西南至华南紫胶产地多引入栽培。喜光，喜暖热气候，不耐寒，耐干旱瘠薄，主根发达，萌芽性强，可萌芽更新。速生，幼树年高生长为1~2m。为紫胶虫的优良寄主树，5年后即可放养，10年生单株可产干胶0.75~1kg；紫胶经济价值高，广泛用于食品、医药、印刷、军工等行业，需求量极大。

[附]2a. 秧青 *Dalbergia assamica* Benth.  落叶乔木。小叶13~21，长圆形或长圆状椭圆形，4~6cm×2~3cm，先端钝、圆或凹入，下疏被伏贴短柔毛；托叶大，叶状。圆锥花序长10~15cm；总花梗、花序分枝和花梗均密被黄褐色绒毛；花冠白色，雄蕊二体(5+5)。荚果阔舌状，长圆形至带状，长5~9cm。花期4月。产广西、云南；喜马拉雅山东部亦产；海拔650~1700m；为紫胶虫寄生树，可生产紫胶，且纯度高。

### 3. 降香黄檀（花梨木）*Dalbergia odorifera* T. C. Chen  图263

落叶乔木，高20m，胸径80cm；树皮黄灰色，粗糙。小叶(7)9~13，卵形或椭圆形，4~7cm×1.5~2.5cm，先端钝尖，基部圆或宽楔形，两面无毛。复聚伞花序腋生，长8~10cm，花冠淡黄或乳白色，雄蕊9，单体。荚果舌状长圆形，网纹不显著，4.5~8cm×1.5~1.8cm；种子1(2)。花期3~4月，果期10~11月。

产海南；海拔700m以下；华南主要城市有栽培；生于干旱林、荒坡及瘠地。喜光，天然植株生长慢，人工种植生长较快，广西凭祥大青山树木园棕色石灰土上种植的24年生降香黄檀混交林，优势木平均高16.8m，平均胸径24.1cm。木材棕褐色，芳香且光泽油

图263 降香黄檀

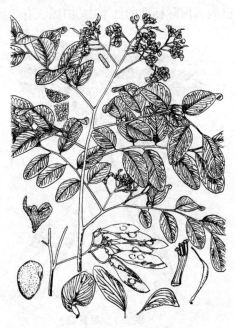

图264 黄檀

润，坚重，密度 0.94g·cm$^{-3}$，属于国产红木。干材及根材心材的蒸馏油为降香油，可作香料工业的定香油，药用可理气止痛，散瘀止血。

**4. 黄檀 *Dalbergia hupeana* Hance** 图264

落叶乔木，高可达20m，胸径40cm；树皮呈窄长条片剥落。小叶7~11，椭圆形或长椭圆形，1.8~5.5cm×1~3cm，先端钝圆或微凹，基部圆，下面被平伏柔毛。圆锥花序顶生或生于小枝上部叶腋，花梗及萼齿被锈色柔毛；花冠淡黄白色；雄蕊二体(5+5)。荚果长圆形，3~7mm×8~14mm；种子1~3。花期5~6月，果期9~10月。

产华东、华中、华南、西南；生于平原、低地至西部海拔1000m。喜光，耐干旱瘠薄，各类土壤皆可生长，为荒山荒地先锋树种，常混生于落叶阔叶林中或成小片纯林。深根性，萌芽性强，发根易萌新条，可萌芽更新。木材纹理斜，结构均匀，坚韧，干燥微裂，耐冲击，富弹性。为紫胶虫寄主树。

**5. 南岭黄檀 *Dalbergia balansae* Prain.** 图265

落叶乔木，高可达15m；树皮灰黑色。小叶13~17，长圆形或倒卵状长圆形，1.8~4.5cm×1~2cm，先端圆或微凹，基部圆或宽楔形，两面被毛。圆锥花序腋生；花冠白色；雄蕊二体(5+5)。荚果椭圆形，5~6(13)cm×1.8~2cm，基部有长约6mm的子房柄，褐色，无毛；种子通常1，稀2~3。花期6~7月，果期11~12月。

产华中、华南、西南和华东；生于海拔900m以下低山丘陵，散生或成片林，以南岭山脉分布最广。喜温暖湿润气候，浅根性，侧根发达。木材黄色，坚硬致密。为紫胶虫寄主树。茎皮纤维可代麻。树形优美，枝叶婆娑，为华南地区优良的庭荫树和行道树。

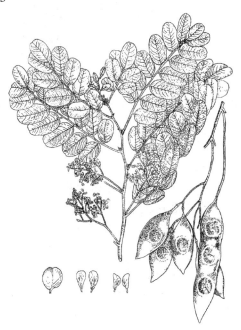

**图265 南岭黄檀**

**8. 紫檀属 *Pterocarpa* Jacq.**

乔木。奇数羽状复叶，托叶早落。小叶互生。总状或圆锥花序，腋生；萼5齿裂；花冠黄色，稀白色或带紫堇色；雄蕊10，单体或二体(9+1或5+5)。荚果圆形或卵形，扁平，不裂，周围呈宽翅状；种子1~2。

约30种，分布泛热带地区(澳大利亚不产)，盛产非洲。我国产1种，引入4种，均为热带优质硬木，商品材称紫檀木、红木。

**紫檀 *Pterocarpa indicus* Willd.** 图266

落叶乔木，高30m，胸径1.5m；具板根；树皮浅褐色，粗糙。小叶7~9，长圆形或长圆状倒卵形，长6.5~11(20)cm，先端渐尖，基部圆形，无毛；托叶早落。圆锥花序，腋生或顶生，花梗及序轴被黄色柔毛；小苞片早落；萼钟状，微弯，萼齿5，有黄色疏柔毛；花冠黄色，蝶形，花瓣边缘皱折；雄蕊单体；子房具短柄，密生黄色柔毛。荚果扁圆

图266 紫檀

形,基部偏斜,扁平,具宽翅,径4~6cm,深褐色,密被黄色柔毛;种子1~2。花期4~5月,果期8~9月。

产海南和云南南部;亚洲热带地区亦产。华南林业研究单位多有栽培。喜光,喜暖热气候,不耐寒,在3~5℃时幼苗遭冻害。心材红棕色,坚硬致密,纹理交错,花纹美丽,易加工。树脂入药,有收敛作用。我国自古视为珍品,明清宫殿多有收藏,常制成精美雕刻工艺品,供陈列欣赏,当时华南多处有巨树可伐,北运至京,以供皇贵享用,现天然资源已接近绝迹。

## 9. 水黄皮属 Pongamia Vent.

乔木。奇数羽状复叶;小叶对生;无小托叶。花组成腋生的总状花序;花萼钟状或杯状,顶端截平;花冠伸出萼外,旗瓣近圆形,基部两侧具耳,在瓣柄上有2枚附属物,翼瓣偏斜,具耳,龙骨瓣镰形,在上部连合;雄蕊10,通常9枚合生成雄蕊管,1枚离生,花药基着;子房有胚珠2。荚果椭圆形或长椭圆形,扁平,果瓣厚革质或近木质;种子1。

仅1种,泛热带地区分布,亚热带地区亦产。我国南部有产。

**水黄皮 Pongamia pinnata(L.) Merr.**　　图267

乔木,高8~15m。羽状复叶长20~25cm;小叶5~7,卵形,阔椭圆形至长椭圆形,5~10cm×4~8cm,全缘;小叶柄长6~8mm。总状花序腋生,长15~20cm,通常2朵花簇生于花序总轴的节上;花梗长5~8mm;花冠白色或粉红色,长12~14mm,各瓣均具柄,旗瓣背面被丝毛,边缘内卷。荚果椭圆形,4~5cm×1.5~2.5cm,略膨胀,不开裂;种子1,肾形。花期5~6月,果期8~10月。

产福建、广东和海南;印度、斯里兰卡、马来西亚、澳大利亚、波利尼西亚亦产;生于溪边、塘边及海边潮汐所及之地。南亚热带至赤道热带树种。喜高温、湿润和阳光充足生境;萌芽力强,耐盐性、抗强风、耐旱性、耐寒性均佳,能抗空气污染。木材纹理致密美丽。种子油可作燃料。全株入药,可作催吐剂和杀虫剂。花密集而繁茂,沿海地

图267 水黄皮

区可作堤岸护林和行道树。

## 10. 刺槐属 *Robinia* L.

落叶乔木或灌木。叶柄下芽，奇数羽状复叶，小叶对生，全缘；托叶刺状，有小托叶。总状花序腋生，下垂。萼5齿裂，微呈2唇形；花冠白色、淡红色或浅蓝紫色；雄蕊二体(9+1)。荚果条形，扁平，腹缝具窄翅，开裂。

4~10种，分布北美及墨西哥。我国引种栽培2种，其中刺槐栽培普遍。

**刺槐**(洋槐)*Robinia pseudoacacia* L.　　图268

落叶乔木，高可达25m，胸径1m；树皮褐色，交叉纵裂。小枝褐色，叶柄基部常有硬质、大小不等的2托叶刺。小叶11~19，卵形或长圆形，长1.5~5.5cm，先端圆或微凹，具芒刺，全缘，无毛。总状花序腋生，长10~25cm；花萼杯状，浅裂；花冠白色，蝶形，旗瓣基部常有黄色斑点，芳香。雄蕊10，二体；子房无毛。荚果扁，长矩圆形，深褐色，长4~10cm；种子3~10，肾形，褐绿色或黑色。花期4~5月，果期9~10月。

原产美国东部。17世纪引入欧洲，19世纪末从欧洲引入我国青岛，后渐扩大栽培，几乎遍及全国。喜光，适应性颇强，有抗旱力。喜湿润肥沃的土壤，耐旱，也适应干冷气候和钙质土；根蘖性强，易繁殖；浅根性，适于山谷或少风沙处造林；速生，在适生地5年可成林，10年可砍伐利用。我国北方和南方均可选为水土保持、公路护坡和荒山造林

图268　刺槐

树种，但在南方寿命较短，少见大树。木材坚韧，有弹性，耐腐。花可食及提制香精，为优良蜜源。农村用作薪材、肥料、饲料；其叶为山羊、猪、兔等所喜食，群众常采摘其叶作青饲料，也可晒干，打成干草粉贮藏备用。

[附]**红花刺槐** *Robinia pseudoacacia* L. 'Decaisneana'　　乔木，为杂交栽培品种。茎、小枝、花梗均密被红色刺毛。花紫红色，2~7朵成稀疏的总状花序。荚果，具腺状刺毛。喜光，耐寒，喜排水良好的土壤。花大色美，呈小乔木状，可作行道树。

## 11. 紫藤属 *Wisteria* Nutt.

落叶藤本；芽鳞3。奇数羽状复叶，托叶早落；小叶对生，全缘；有小托叶。总状花序下垂；萼钟状，具5齿；旗瓣基部耳状，内面有2胼胝体状附属物；雄蕊二体(9+1)；子房具短柄。荚果长条形，迟裂。

约6种，分布北美、东亚。我国产4种，其中3种为特有种，引种栽培1种，多供

观赏。

**紫藤** *Wisteria sinensis* (Sims) Sweet　图269

图269　紫藤

落叶攀缘缠绕性大藤本；树干皮灰白色，有浅纵裂纹；小枝被柔毛。小叶7~13，卵形、长圆形或卵状披针形，长4.5~8cm，先端渐尖，基部圆或宽楔形，幼时两面被平状柔毛，老则近无毛。总状花序，花序长15~30cm，呈下垂状；花冠紫色或紫堇色，长约2.5cm，花梗长1.5~2.5cm。荚果长10~15cm，具喙，木质，密被黄色绒毛，开裂；种子1~5。花期4~5月，果期9~10月。

产东北南部、华北、西北南部至四川、华东、华中、华南；海拔1500m以下；生于溪边石上、阳坡林缘、旷地和灌丛中。对气候和土壤的适应性强，较耐寒，能耐水湿及瘠薄土壤，喜光，较耐阴。鲜花含芳香油。花、种子、茎皮入药，有驱虫、止吐泻及治食物中毒之效；种子含氰化物，有毒。茎皮纤维洁白，可作纺织原料。常栽培于棚架，供观赏。紫穗垂悬，绿叶浓荫，极美丽。

## 12. 崖豆藤属 *Millettia* Wight et Arn.

藤本、灌木或乔木。奇数羽状复叶互生；小叶常对生，5至多数，全缘。圆锥花序大，顶生或腋生，花单生或簇生；小苞片2；花萼阔钟状，萼齿5，上方1齿较小，或为4齿；花冠紫色或多样，旗瓣开放后反折，翼瓣略小，龙骨瓣常镰刀形，前缘多少黏合，基部具爪，瓣柄较长；雄蕊二体(9+1)，对旗瓣1枚有部分或大部分与雄蕊管连合成假单体，花药背着；子房具胚珠4~10。种脐周围常有一圈假种皮。

约200种，分布热带和亚热带的非洲、亚洲和大洋洲。我国有35种11变种。

1. 小叶长9cm以下；荚果长条形，扁平。
    2. 藤本，小叶两面无毛 ·········· 1. 网脉鸡血藤 **M. reticulate**
    2. 乔木，小叶两面有毛 ·········· 2. 绒毛崖豆 **M. velutina**
1. 小叶长10~18cm×3.5~4.5cm；荚果长圆形，肿胀 ·········· 3. 厚果崖豆藤 **M. pachycarpa**

**1. 网脉鸡血藤** *Millettia reticulate* Benth. [*Callerya reticulata* (Benth.) Schot]　图270

木质藤本。小叶7~9，卵状长椭圆形或长圆形，5~6cm×1.5~4cm，两面均无毛，细脉网状，两面均隆起；小托叶针刺状，宿存；托叶锥刺形，基部向下突起成1对短而硬的距；叶腋有多数钻形的芽苞叶，宿存；圆锥花序顶生或近顶生，长 10~20cm，常下垂，花序轴被黄褐色柔毛；花密集，单生于分枝上；花萼阔钟状至杯状；花冠红紫色，旗瓣无毛，卵状长圆形，无胼胝体。荚果长条带形，15cm×1~1.5cm，扁平，瓣裂，光滑无毛；种子 3~6；长圆形。花期 5~11 月。

产长江以南，南至华南、西南；越南亦产；海拔 1000m 以下；生于山地灌丛、空旷地及沟谷。世界各地常有栽培，广泛作园艺观赏用。藤茎皮内有红色圈，有活络破血之效，治妇科闭经、风湿麻痹、跌打损伤。

图 270　网脉鸡血藤

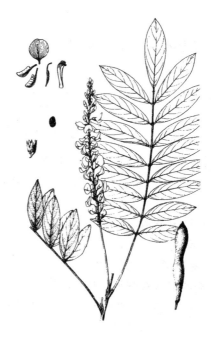
图 271　绒毛崖豆

### 2. 绒毛崖豆 *Millettia velutina* Dunn　图 271

乔木，高 10m；树皮灰褐色，粗糙。小叶 15~19，长圆状披针形或长圆形，4~9cm×1.5~2.5cm，上面被平伏细毛，下面被黄色绢毛，侧脉 7 对，细脉不清晰；小叶柄密被绒毛；小托叶刺毛状，被毛。假总状花序(花 4~5 着生节上)腋生，长 20~25cm，密被黄色绒毛；花序轴上部花渐密，节短，下延；小苞片披针形，微小，贴萼生；花长 1.3~1.6cm；花冠白色至淡紫色。荚果扁平长条形，9~14cm×1.3~1.6cm，果瓣薄，密被黄褐色绒毛，渐脱落，瓣裂；种子 3~5，栗褐色，长圆形，长约 12mm。花期 5 月，果期 7 月。

产湖南(临武、江永)、广东、广西、贵州、云南；海拔 500~1700m；生于山坡或疏林中。

### 3. 厚果崖豆藤 *Millettia pachycarpa* Benth.　图 272

大藤本，长达 15m，幼年直立。嫩枝褐色，密被黄色绒毛，后渐秃净；茎中空。小叶 13~17，长圆状椭圆形至长圆状披针形，10~18cm×3.5~4.5cm，下面被平伏绢毛，侧脉 12~15 对，小叶柄密被毛；托叶阔卵形，贴生鳞芽两侧。总状圆锥花序生于新枝下部，密被褐色绒毛，花 2~5 着生节上；花冠淡紫色。荚果长圆形，肿胀，长 5~23cm，厚约

3cm，密布浅黄色疣状斑点，果瓣木质，甚厚，迟裂；种子1~5，黑褐色，肾形，或挤压呈棋子形。花期4~6月，果期6~11月。

产长江以南，南至华南，西达西南（西藏）；东南亚亦产；海拔2000m以下；生于常绿阔叶林缘、林下。种子和根含鱼藤酮，磨粉可作杀虫药，能防治多种粮棉害虫。茎皮纤维可供利用。

### 13. 紫穗槐属 Amorpha L.

落叶灌木或亚灌木。奇数羽状复叶，小叶对生或近对生，具油腺点。穗状花序顶生，花小密集；萼钟形，5齿裂；花冠仅具旗瓣；雄蕊10，单体。荚果短，圆形、镰形或心月形，不裂，果瓣密布瘤状油腺点；种子1或2。

约15种，分布北美及墨西哥。我国引种栽培1种。

**紫穗槐 Amorpha fruticosa L.** 图273

落叶灌木，高1~4m；丛生、枝叶繁密，直伸，幼时密被柔毛，芽常2~3个叠生。小叶11~25，窄椭圆形或椭圆形，长1~4cm，先端圆或微凹，有芒尖，基部圆或宽楔形，具透明油腺点，幼叶被毛，后渐脱落。总状花序密集顶生或枝端腋生，花轴密生短柔毛，萼钟形，常具油腺点，旗瓣蓝紫色，翼瓣、龙骨瓣均退化。荚果短镰形，长7~9mm，微肿胀，密布瘤状油腺点；种子1。花期5~6月，果期9~10月。

原产北美。我国南北各地广泛种植，以黄河流域干冷地生长较好，并已呈半野生状态。喜光，耐干冷气候、耐热湿、耐旱、耐涝、耐瘠薄、耐轻度盐碱。侧根发达，根系稠密，在流沙和半固定沙地上生长良好。萌芽性强，生长快。枝条可编织筐篓及可作造纸原料；种子可榨油供制油漆、肥皂、甘油及润滑油；花期很长，是北方初夏时节的蜜源植物；叶量大且营养丰富，是很好的绿肥和动物饲料植物。适应性很强，侧根发达，萌芽力强，为改良土壤、固土护坡的优良树种。

图272 厚果崖豆藤

图273 紫穗槐

# 23. 山梅花科 PHILADELPHYACEAE

灌木或亚灌木，稀小乔木。叶对生或轮生，羽状脉或3~5出脉，常有锯齿；无托叶。花两性或杂性异株，总状、圆锥、聚伞或头状花序，顶生，稀单生；萼筒发育，多少与子房结合，稀分离，萼裂片4~5；花瓣4~5，分离；雄蕊4至多数，花丝分离或基部连合，花药2室；子房上位至下位，1~7室，分离，稀基部连合；胚珠多数，稀单生，中轴胎座，稀侧膜胎座。蒴果，室背开裂；种子细小。

7属，约135种，分布欧洲南部至亚洲东部、北美，南至菲律宾、巴布亚新几内亚、夏威夷群岛。我国2属50余种，广布全国。

1. 小枝常中空；叶常被星状毛，羽状脉；花瓣5，雄蕊10，花丝上端常有裂齿 ········ **1. 溲疏属 Deutzia**
1. 小枝具白色髓心；叶无星状毛，3~5出脉；花瓣4，稀5，雄蕊13~90，花丝上无裂齿 ················
   ················································································ **2. 山梅花属 Philadelphus**

## 1. 溲疏属 *Deutzia* Thunb.

落叶灌木，稀半常绿。小枝中空或具疏松髓心。叶对生，羽状脉，常被星状毛。伞房、圆锥、聚伞或总状花序，稀单花，顶生或腋生；花白、粉红或紫色；雄蕊10，2轮，花丝常带状，先端两侧常各具1裂齿；子房下位，花柱3~5，离生。蒴果3~5瓣裂，萼裂片常脱落；种子多数，细小。

60种，分布东亚、喜马拉雅山区及墨西哥。我国50种，各省区均产，以西南部最多。本属植物繁花艳丽，常栽培作观赏。

**四川溲疏 *Deutzia setchuenensis* Franch.**　　图274

高约2m。小枝红褐色，枝皮常片状剥落。叶纸质或膜质，卵形至卵状披针形，2.2~7.5cm×1~2.4cm，两面绿色，被星状毛，具细锯齿；叶柄长2~5mm。伞房状聚伞花序长2~4cm，具花6~20朵；花冠直径1.5~1.8cm；萼筒杯状，被星状毛，萼裂片阔三角形；花瓣卵状长圆形至椭圆形，长8~12mm；外轮雄蕊花丝先端2齿，内轮花丝先端2浅裂；花柱3。蒴果近球形，径4~5mm，萼裂片宿存，略内弯。花期4~7月，果期6~9月。

产华东南部、华中、华南及西南；海拔300~2000m；生于山坡林缘或沟边灌丛中。

**[附]宁波溲疏 *Deutzia ningpoensis* Rehd.**　　图275　　与四川溲疏的区别：叶片下面灰白色；聚伞状圆锥花序长5~14cm；花丝内外轮形状相同；果萼裂片脱落。产华东及湖北、陕西；生于海拔1500m以下的谷地、溪边、山坡疏林下或灌丛中。根、叶可入药。5~6月繁花如雪，十分美丽，为优良观赏植物。

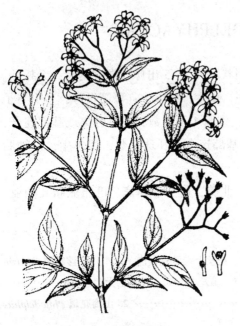

图274 四川溲疏

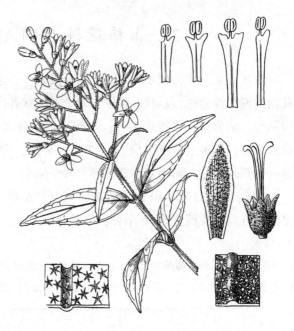

图275 宁波溲疏

## 2. 山梅花属 *Philadelphus* L.

落叶灌木，稀常绿。小枝具白色髓心。叶对生，3～5出脉。总状花序，有时下部分枝呈聚伞状或圆锥状排列，稀单花；花白色，芳香，萼筒倒圆锥形或近钟状，花瓣旋转覆瓦状排列；雄蕊多数，花丝扁平，分离；子房下位或半下位，4(3～5)室；花柱4(3～5)，合生，稀部分或全部离生，柱头多形。蒴果，4(5)瓣裂；种子多数，细小。

约75种，产亚洲、欧洲和北美洲。我国有22种，几产全国，以西南居多。花芳香美丽，为优良观赏植物。

### 绢毛山梅花 *Philadelphus sericanthus* Koehne
图276

高4m。枝皮纵裂，片状脱落。叶纸质，卵状椭圆形或椭圆形，4～11cm×1.5～5cm，具锯齿，齿端具角质小圆点，上面疏被糙伏毛，下面主脉及脉腋具毛；叶脉3～5条，稍离基；叶柄长8～12mm。总状花序具花7～15；花萼被糙粗毛，裂片卵形；花白色，径2.5～3cm，芳香；雄蕊多数；柱头桨形或匙形。蒴果倒卵形。花期5～6月，果期8～9月。

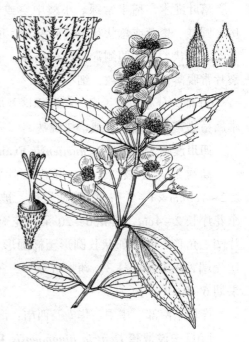

图276 绢毛山梅花

产长江中下游，西至四川和贵州东部、云南东北部；海拔 350~3000m；生于山坡、溪沟林下或灌丛中。花大而美丽，供园林观赏。

## 24. 绣球花科 HYDRANGEACEAE

灌木或乔木，稀草本或藤本。单叶，对生或互生，稀轮生；羽状脉或基出 3~5 脉；无托叶；花两性或杂性异株，有时具不发育放射花；顶生总状花序、伞房花序或圆锥状复聚伞花序；稀单花。萼筒与子房合生，稀分离；花瓣 4~5(8~10)，分离，多为白色；雄蕊 4 至多数；雌蕊 2~5(10) 心皮，子房下位、半下位或上位。蒴果，室背或顶部开裂，稀浆果。种子多数，细小。

17 属约 250 种，主产北温带至亚热带，少数至热带。我国 11 属 120 余种，分布全国各地。多数种类花美色艳，供观赏用；有些种可入药。

1. 灌木或亚灌木，稀木质藤本；不孕花具花瓣状萼裂片 2~5，分离 ·················· **1. 绣球属 Hydrangea**
1. 木质藤本；不孕花具花瓣状萼裂片 1~2 ······························ **2. 钻地风属 Schizophragma**

### 1. 绣球属 Hydrangea L.

常绿或落叶亚灌木、灌木，少数为木质藤本。叶对生，有时 3 片轮生，羽状脉，边缘具齿，稀全缘。聚伞花序排成伞状、伞房状或圆锥状，顶生；花二型，稀一型，不育花常生于花序外侧，具长梗；孕性花形小，具短柄，生于花序内侧，萼筒与子房贴生，顶端 4~5 裂，萼齿小；花瓣 4~5，离生，镊合状排列，极少合生为花盖；雄蕊 10(8~25)，花丝线状；子房部分下位或完全下位，2~5 室，胚珠多数，花柱 2~5，分离或基部合生。蒴果，顶孔开裂；种子多数，细小，具翅或无翅。

约 73 种，分布亚洲东部至东南部、北美洲东南部至中美洲和南美洲西部。我国约 37 种 7 变种，除黑龙江、吉林、新疆、海南外，分布全国各地，尤以西南至东南种类最多。

1. 子房少部分至大部分上位；蒴果顶端突出萼筒之外。
   2. 蒴果仅小部分突出于萼筒；伞房状聚伞花序球形；叶对生 ··············· **1. 绣球花 H. macrophylla**
   2. 蒴果大部分突出于萼筒；聚伞圆锥花序尖塔形；叶 2~3 片对生或轮生 ·········································· **2. 圆锥绣球 H. paniculata**
1. 子房下位；蒴果顶端平截 ···························································· **3. 蜡莲绣球 H. strigosa**

**1. 绣球花 Hydrangea macrophylla** (Thunb.) Seringe   图 277

灌木，高 1~4m，树冠球形。小枝粗壮，无毛。叶倒卵形或宽椭圆形，6~15cm×4~12cm，先端骤尖，具短尖头，基部钝圆或宽楔形，具粗齿，无毛或仅下面中脉上被稀疏卷曲柔毛，脉腋间具少许髯毛，侧脉 6~8 对；叶柄粗，长 1~3.5cm，无毛。伞房状聚伞花序，密集成球形，顶生，多为不育花；不育花萼片 4，宽卵形或近圆形，粉红、淡蓝或白色；孕性花极少，萼筒倒圆锥状；花瓣长圆形，长 3~3.5mm；雄蕊 10 枚，近等长；子房半下位,花柱3。蒴果卵圆形,顶端突出萼筒约1/3。花期6~8月。

产福建、江西、湖南、广东、香港、贵州及四川;日本、朝鲜亦产;海拔380~1700m;生于山谷溪旁或山顶疏林中,常栽培于庭院。性喜阴湿,对二氧化硫等有害气体抗性强。供观赏。

**2. 圆锥绣球 *Hydrangea paniculata* Sieb.**
图278

灌木或小乔木,高1~5m。幼枝疏被柔毛。叶对生或3叶轮生,卵形或椭圆形,5~14cm×2~6.5cm,先端渐尖或急尖,基部圆或宽楔形,边缘具弯锯齿,上面无毛或疏被糙伏毛,下面被紧贴长柔毛,脉上较密,侧脉6~7对;叶柄长1~3cm,被毛。圆锥状聚伞花序尖塔形,长达26cm,序轴及分枝密被柔毛;不育花常具4萼片,白色;孕性花萼筒陀螺状,长约1mm,萼齿三角形,长约1mm;花瓣白色,卵形或披针形,长2.5~3mm;雄蕊不等长;子房半下位,花柱3。蒴果椭圆形,顶端突出部分圆锥形;种子两端具翅。花期7~8月,果期10~11月。

产甘肃、华东、华中、华南、西南等地区;日本亦产;海拔300~2100m;生于山谷、山坡疏林下或山顶灌丛中。先锋灌丛树种。

图277 绣球花

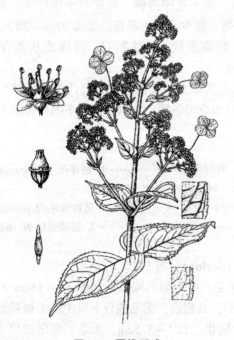

图278 圆锥绣球

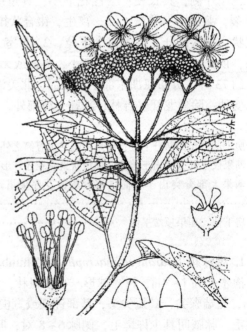

图279 蜡莲绣球

**3. 蜡莲绣球 *Hydrangea strigosa* Rehd.** 图 279

灌木，高 1~3m；小枝、叶柄、叶两面、花序总梗及花梗均被糙伏毛。叶纸质，长圆形或卵状披针形，8~28cm×2~10cm，先端渐尖，基部楔形或钝圆，边缘具小锯齿，干后呈黑褐色，下面密被颗粒状腺体和灰白色糙伏毛，脉上的毛更密，侧脉 7~10 对；叶柄长 1~7cm。大型伞房状聚伞花序，径达 28cm；不育花萼片白色或淡紫红色；孕性花淡紫红色，萼筒钟状，长约 2mm；花瓣长卵形，长 2~2.5mm；雄蕊不等长；子房下位，花柱 2。蒴果坛状，不连花柱长 4.5~5mm，顶端截平；种子两端具翅。花期 7~8 月，果期 11~12 月。

产安徽、浙江、福建、江西、河南、湖北、湖南、广东北部、广西北部、贵州、云南北部、四川、陕西南部及甘肃南部；海拔 500~1800m；生于山谷密林、山坡路旁疏林或灌丛中。

## 2. 钻地风属 *Schizophragma* Sieb. et Zucc.

落叶木质藤本，平卧、蔓生或借气生根攀缘。叶对生，全缘或略有小锯齿；具长柄。伞房状聚伞花序，顶生；花二型，稀一型，不育花有大型萼片 1(2)，花瓣状，白色；孕性花小，萼筒与子房贴生，萼齿三角形，宿存；花瓣分离，镊合状排列；雄蕊 10，分离；子房近下位，4~5 室，胚珠多数，着生于中轴胎座上；花柱 1，柱头大，头状，4~5 裂。蒴果倒圆锥形或陀螺状，具棱，顶端圆锥形，成熟时棱间自基部向上开裂；种子多数，纺锤状，两端具狭长翅。

约 10 种，主产中国和日本。我国有 9 种 2 变种，分布东部、东南部至西南部。

**钻地风 *Schizophragma integrifolium* Oliv.**
图 280

小枝褐色，无毛。叶纸质，椭圆形、长椭圆形或阔卵形，8~20cm×3.5~12.5cm，先端渐尖或急尖，基部圆形或浅心形，全缘或上部疏生具硬尖小齿，侧脉 7~9 对；叶柄长 2~9cm，无毛。

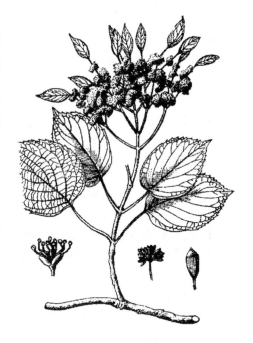

图 280 钻地风

伞房状聚伞花序密被褐色紧贴短柔毛；不育花萼片单 1 或偶 2~3，长卵形，黄白色；孕性花黄绿色，萼筒陀螺状。蒴果陀螺状，6.5~8mm，顶端短圆锥形；种子褐色，长 3~4mm。花期 6~7 月，果期 10~11 月。

产江苏南部、安徽、浙江、福建、江西、河南、湖北、湖南、广东北部、广西、贵州、云南及四川等地；海拔 200~2000m；生于山谷、山坡林中，常攀缘于岩石或乔木上。

## 25. 鼠刺科 ESCALLONIACEAE

乔木或灌木。单叶互生，稀对生或轮生，叶缘常具腺齿。花两性，稀雌雄异株或杂性，辐射对称，总状或圆锥花序，花小而多数；萼4~5裂，宿存；花瓣离生，4~5，雄蕊4~5，着生于花盘上；子房上位或半下位，1~6室，胚珠多数，中轴胎座或侧膜胎座。蒴果或浆果；种子富含胚乳。

10属约130种，主要分布南半球。我国2属16种，产西南部至台湾。

### 鼠刺属 *Itea* L.

常绿或落叶，灌木或小乔木。单叶互生，具腺齿或刺状齿，稀圆齿状或全缘；羽状脉。花两性或杂性，花白色，辐射对称；总状花序；萼筒杯状，与子房基部合生，顶端5裂；花瓣5；雄蕊5，与花瓣互生，花丝钻形；子房2~3室，花柱单一，两侧有纵沟，或有时中部分离。蒴果长圆形或狭圆锥形，通常2瓣裂，具宿存花柱和萼裂片；种子多数，纺锤形。

27种，主要分布东南亚至中国和日本，仅1种产北美。我国15种，产西南、东南至南部。

1. 总状花序顶生，下垂，远长于叶，子房半下位，雄蕊短于花瓣；叶具刺状细锯齿 ………………………………………………………………………… **1. 滇鼠刺 *I. yunnanensis***
1. 总状花序腋生，直立。
  2. 花序短于叶；叶缘上部具不明显圆齿，呈波状或近全缘 …………… **2. 鼠刺 *I. chinensis***
  2. 花序长于叶；叶缘具细密小齿 …………………………………… **2a. 矩叶鼠刺 *I. oblonga***

**1. 滇鼠刺 *Itea yunnanensis* Franch.**　　图281

灌木或小乔木，高1~10m。叶薄革质，卵形或椭圆形，5~10cm×2.5~5cm，具刺状细锯齿，两面无毛；叶柄长5~15mm。总状花序顶生，长达20cm，下垂；花序轴及花梗被短柔毛；花常3朵簇生；花瓣条状披针形；雄蕊短于花瓣，花丝无毛；子房半下位，心皮2，紧贴，花柱单一，有纵沟。蒴果锥状，长5~6mm。花期5~6月，果期7~12月。

产云南、四川、西藏、贵州和广西；海拔1100~3000m；生于针阔混交林、阔叶林下或河边、岩缝中。白色花序串串下垂，优美可爱，可作园林观赏。

**2. 鼠刺 *Itea chinensis* Hook. et Arn.**　　图282：1~2

灌木或小乔木，高4~10m。叶薄革质，倒卵形或卵状椭圆形，5~15cm×3~6cm，边缘上部具不明显圆齿或近全缘，两面无毛；叶柄长1~2cm。总状花序腋生，通常短于叶，直立，单生或稀2~3束生；花2~3簇生；花瓣披针形，雄蕊稍长于花瓣，花丝有微毛；子房上位，密被长柔毛。蒴果长圆状披针形，长6~9mm。花期3~5月，果期5~12月。

产长江以南，至华南、西南(西藏南部)；印度东部、不丹、越南和老挝亦产；海拔140~2400m；常见于山地、山谷、溪边、阔叶林和杉木林下及灌丛。可引入园林作绿篱种植。

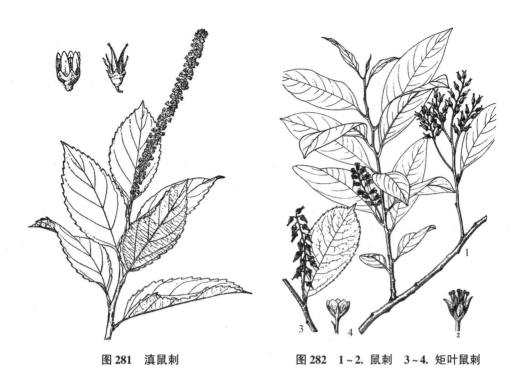

图281 滇鼠刺　　　图282　1~2. 鼠刺　3~4. 矩叶鼠刺

[附]**2a. 矩叶鼠刺** *Itea oblonga* Hand. -Mazz.　图282：3~4　与鼠刺的区别：叶长圆形，边缘具细密小齿；花序通常长于叶。产长江以南，至华南及西南；海拔350~1650m；生于山谷、山坡、溪边、林下及灌丛。民间用根作滋补强壮药；花可治咳嗽及喉干。

# 26. 安息香科 STYRACACEAE

乔木或灌木，植物体常被星状毛或鳞片状毛。单叶互生，侧脉羽状，无托叶。总状、聚伞或圆锥花序，稀单花或数花簇生；花两性，辐射对称；花萼4~5齿裂；花瓣基部合生，裂片4~5，稀6~8；雄蕊常为花冠裂片数的2倍，稀4倍或同数，花药2室，内向纵裂，花丝部分或大部分合生或管状，稀离生；子房上位、半下位或下位(子房位置为分属的重要特征)，2~5室或有时基部3~5室而上部1室，每室胚珠1至多数，中轴胎座。核果或蒴果，萼宿存；种子有翅或无。

11属180种，主要分布美洲温带和热带，亚洲和地中海。我国10属54种，主产长江流域及其以南地区，部分速生落叶乔木种类为我国南方山地常见先锋树种。

1. 果实与宿萼分离或仅基部稍合生，子房上位。
    2. 子房上位；核果；种子1~2，无翅 ································ **1. 安息香属** *Styrax*
    2. 子房近上位；蒴果；种子多数，两端具翅 ················· **2. 赤杨叶属** *Alniphyllum*
1. 果实大部分或一部分与宿萼合生，子房下位。
    3. 花4数；果具2~4宽翅 ································ **3. 银钟花属** *Halesia*
    3. 花5数；果平滑或具棱或棱状微翅。

  4. 鳞芽；先花后叶；果皮木质。
   5. 花单生或成对；子房2/3下位；果稍具棱或脊 ·················· **4. 陀螺果属 Melliodendron**
   5. 圆锥或总状花序；子房下位；果具明显的5~10棱 ·············· **5. 木瓜红属 Rehderodendron**
  4. 裸芽；先叶后花；果皮脆壳质 ····································· **6. 白辛树属 Pterostyrax**

## 1. 安息香属(野茉莉属)*Styrax* L.

  乔木或灌木；植物体常被星状毛；芽叠生。叶侧脉羽状，第三级脉近平行。总状、圆锥或聚伞花序，极少为单花或数花聚生；花萼杯状、钟状或倒圆锥状，与子房分裂或稍合生，顶端5齿裂；花冠5(4~7)深裂；雄蕊10(8~13)，近等长，花丝基部连合并贴生于冠管上，稀离生；子房上位，上部1室，下部3室，花柱钻形，柱头3浅裂或头状。核果肉质或干燥，不开裂或不规则3瓣开裂；与宿存花萼分离或稍合生；种子1~2，种皮坚硬。

  130种，分布东亚、美洲南部和北部、地中海。我国31种，主产长江流域以南。属群落伴生种或在次生林中为亚优势种。系园林绿化、药用、材用、香料、油料等资源型植物。

1. 顶生总状花(果)序；叶柄长5mm以上。
 2. 花序梗、花梗及花萼密被灰色或黄褐色星状绒毛；种子密被瘤状突起或平滑。
  3. 落叶乔木；叶下面被灰色至粉绿色星状绒毛或近无毛。
   4. 叶下面密被星状绒毛；花梗长5~10mm ··················· **1. 越南安息香 *S. tonkinensis***
   4. 长成叶下面仅主脉和侧脉交汇处被白色星状长毛；花梗长1.5~1.8cm ················
    ······················································································· **2. 芬芳安息香 *S. odoratissimus***
  3. 常绿乔木；下面密被黄褐色至锈褐色星状绒毛 ·············· **3. 栓叶安息香 *S. suberifolius***
 2. 花序梗、花梗和花萼均无毛；种子有深皱纹 ····························· **4. 野茉莉 *S. japonicus***
1. 顶生总状花(果)序，下侧方叶腋兼有2~3花(果)簇生；叶柄长1~3mm ··········· **5. 赛山梅 *S. confusus***

### 1. 越南安息香(白花树)*Styrax tonkinensis* ( Pierre ) Craib. ex Hartw.    图283

  落叶乔木，高30m，胸径70cm；树冠开展。幼枝被褐色星状绒毛。叶纸质至薄革质，椭圆形、椭圆状卵形至卵形，7~18cm×5~10cm，近全缘，下面被灰色至粉绿色星状绒毛，侧脉5~6对；叶柄长8~15mm，密被褐色星状毛。圆锥或总状花序，长4~10cm；花序梗和花梗密被黄褐色星状短柔毛；花梗长5~10mm；花白色，长1.2~2.5cm。果球形，径1~1.2cm，密被灰色星状绒毛；种子有瘤状突起和星状毛。花期4~6月，果期8~10月。

  产江西和湖南南部、华南至西南；越南北部亦产；海拔100~2000m。南亚热带至北热带树种，北界达南岭地区，生于阳光充足的山坡或沟谷林中，有时成片状生长。速生，喜光，喜温暖，宜肥沃湿润土壤。在南岭湿润山地林缘或采伐迹地可飞子成林。树干通直，速生。木材结构致密、材质松软。树脂称"安息香"，是医药上的贵重药材，并可制造高级香料；种子油称"白花油"，供药用。宜选为产区的用材林(先锋树种)及园林树种。

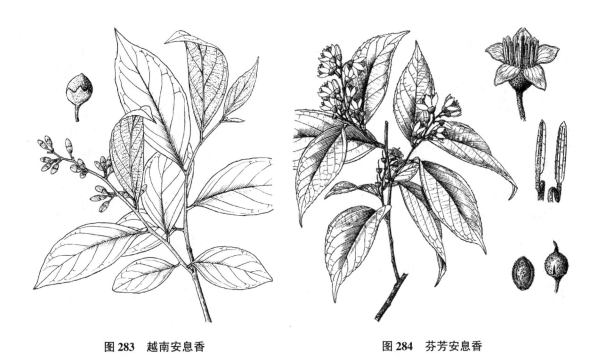

图283 越南安息香　　　　图284 芬芳安息香

**2. 芬芳安息香**(郁香野茉莉)*Styrax odoratissimus* **Champ.**　　图284

落叶小乔木，高10m，胸径20cm。叶薄革质或纸质，卵形或卵状椭圆形，6~15cm×3~8cm，先端渐尖或急尖，嫩时两面叶脉有星状毛，长成叶上面仅叶脉疏被毛，下面仅主脉和侧脉交汇处被白色星状长柔毛；叶柄长5~10mm，被毛。总状或圆锥花序顶生，长5~8cm；花序梗、花梗密被黄色星状绒毛；花梗长1.5~1.8cm；花白色，长1.2~1.5cm。果实近球形，径8~10mm，顶端具弯喙，被灰色或黄褐色星状毛；种子表面有鳞片状毛和瘤状突起。花期5月，果期8月。

产华东、华中、华南及贵州；海拔600~1600m；生于阴湿山谷、山坡疏林中。木材坚硬。花繁而芳香，可引作园林观赏。

**3. 栓叶安息香**(红皮树)*Styrax suberifolius* **Hook. et Arn.**　　图285

常绿乔木，高20m，胸径40cm。树干内皮紫红色，嫩枝被锈褐色星状绒毛。叶革质，长椭圆形至椭圆状披针形，5~15cm×2~5cm，先端渐尖，常稍弯，全缘，下面密被黄褐色至锈褐色星状绒毛，侧脉5~10对，下陷；叶柄长1~1.5cm，被毛。总状或圆锥花序，长6~12cm；花序、花梗、花萼均被灰褐色至锈色星状绒毛。果卵状球形，径1~1.8cm，密被灰色至褐色星状鳞片，3瓣裂开；宿萼包果实近一半；种子无毛。花期3~5月，果期9~11月。

产长江以南各地；越南亦产；海拔100~3000m；生于山地、丘陵常绿阔叶林中。耐干旱瘠薄，酸性基岩或石灰岩均能适应。木材坚硬。

图 285 栓叶安息香

图 286 野茉莉

### 4. 野茉莉(安息香) *Styrax japonica* Sieb. et Zucc. 图 286

落叶灌木或小乔木，高 4~8m，稀达 10m。叶纸质或薄革质，长 4~10cm，先端急尖或钝渐尖，基部宽楔形，近全缘或上部有疏锯齿，下面被疏星状毛；叶柄长 5~10mm。总状花序顶生，有时下部腋生，长 5~8cm；花序梗、花梗与花萼均无毛；花白色，花梗纤细，长 2.5~3.5cm，开花时下垂。果卵形，8~14mm×8~10mm，密被灰色星状绒毛，顶端有短尖头；种子有深皱纹。花期 4~7月，果期 9~11月。

产秦岭、黄河以南各地，尤以低山丘陵为多；日本、朝鲜亦产；海拔 50~1800m；生于阳坡、林缘及灌丛。喜光树种，生长迅速，喜酸性、疏松肥沃、土层深厚的土壤。

### 5. 赛山梅 *Styrax confusus* Hemsl. 图 287

落叶小乔木，高 2~8m。嫩枝密被黄褐色星状短柔毛。叶革质或近革质，4~14cm×2.5~7cm，顶端急尖或钝渐尖，基部圆形或宽楔形，边缘有细锯齿；长成叶仅叶脉上有毛，侧脉每边 5~7 条，两面均明显隆起；叶柄长 1~

图 287 赛山梅

3mm。3~18花的总状花序顶生，长4~10cm，另有2~3花聚生小枝侧部叶腋；花序梗和花梗均密被灰黄色星状柔毛；花白色，长1.3~2.2cm；花梗长1~1.5cm。果实近球形或倒卵形，径8~15mm，外面密被灰黄色星状绒毛和星状长柔毛；宿存花萼密被灰黄色星状绒毛；种子平滑或具深皱纹。花期4~6月，果期9~11月。

产长江以南各地；海拔100~1700m；生于丘陵或山地疏林、次生林、林缘或灌丛中；以向阳、土壤湿润立地生长良好，可天然更新。

## 2. 赤杨叶属 *Alniphyllum* Matsum.

落叶乔木；裸芽叠生。总状或圆锥花序；花两性，花梗长，花梗与花萼之间有关节；萼杯状，5齿裂；花冠钟状，5深裂；雄蕊10，5长5短，相间排列，花丝宽扁，下部合生成短管，基部与花冠管贴生；子房近上位，5室，每室8~10胚珠。蒴果长圆形，室背纵裂成5果瓣；种子多数，两端具不规则的膜质翅。

3种，分布中国南部、越南、印度。

**赤杨叶**（冬瓜木、拟赤杨）*Alniphyllum fortunei*（Hemsl.）Makino   图288

高25m，胸径80cm；干通直。叶膜质或纸质，椭圆形或宽椭圆形，8~20cm×5~10cm，先端急尖或渐尖，边缘疏生锯齿，老叶下面被稀疏星状绒毛，有时下面具白粉；叶柄长1~2cm。花序长10~20cm；花梗长4~8mm；花序轴、花梗、花萼均被星状短绒毛；花白色或粉红色，长1.5~2cm。果长1~2.5cm；种子连翅长4~7mm。

产长江以南，南至华南、西南；印度、越南和缅甸亦产；海拔2000m以下；生于阳坡疏林、林缘或采伐迹地。喜光，适应性强，寿命短，速生，天然更新易，萌芽力强，为荒山迹地森林演替中的先锋树种、山地次生林优势树种。木材材质轻软，易加工，伐倒木易腐。亦为培养白木耳的优良树种。

图288 赤杨叶

## 3. 银钟花属 *Halesia* Ellis ex L.

落叶灌木或小乔木；鳞芽。花簇生于2年生枝叶腋；花梗细长，与萼之间具关节；萼管与子房贴生。核果肉质或干燥，顶端4小齿；花4数，花冠钟状，裂片4；雄蕊8~16，花丝基部有时合生；子房下位，2~4室，每室胚珠4。核果长椭圆形，肉质或干燥，具2~4宽纵翅，顶端冠以宿存花柱和萼齿。

5种，分布我国和北美洲。我国1种。

**银钟花** *Halesia macgregorii* Chun   图289

高24m。叶纸质，椭圆形、长椭圆形或卵状椭圆形，6~12cm×3~4.5cm，先端尖或尾尖，侧脉10~24对，纤细，网脉细密，两面隆起，叶脉常呈紫红色；叶柄长10~

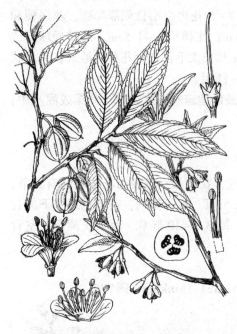

图289 银钟花

15mm。数花簇生；花白色，花梗纤细，长5~8mm，下垂。果长2.5~4cm×2~3cm，具4翅，干时呈褐红色。花期4月，果期7~10月。

产浙江、江西、湖南、贵州、华南；海拔700~1800m。中亚热带至南亚热带中山树种。散生于阴湿山坡、山谷混交林上层、林缘及次生林中，不多见。叶脉紫红，果形奇特，可引入园林栽培。

## 4. 陀螺果属 *Melliodendron* Hand.-Mazz.

落叶乔木；冬芽具鳞片。叶缘有细锯齿。花1~2生于去年生枝叶腋，花叶同放；萼管2/3与子房合生，顶端5小齿；花冠钟形，深裂达基部；雄蕊10，近等长，花丝基部合生成管并贴生于极短的冠管上；子房2/3下位，不完全5室。大型核果，木质，坚硬；种子椭圆形、扁平。

1种。特产我国南部。

**陀螺果**（鸦头梨）*Melliodendron xylocarpum* Hand.-Mazz. 图290

高25m。小枝红褐色；芽被柔毛。叶纸质，卵状披针形、椭圆形至长椭圆形，10~20cm×4~8cm，干后上面带黑色，侧脉7~9对；叶柄长3~10mm。花白色，花冠裂片长圆形，长2~3cm；花梗长2cm。果倒卵形、倒圆锥形或倒卵状梨形，长4~7cm，最宽处3~4cm，密被灰黄色星状绒毛，具5~10棱脊；种子椭圆形、扁平。花期4~5月，果期8~10月。

产长江以南，南至华南北部、西南；海拔500~1700m；生于中山山谷水边、林缘和疏林中。中亚热带中山树种。喜光，速生，星散分布，在混交林中居上层。木材轻软，不耐腐。花色美丽，果形奇特，树形美观，已有少量引入园林栽培。

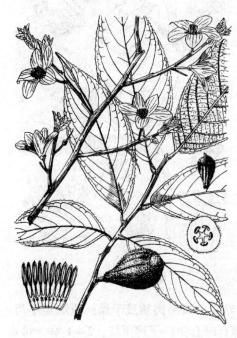

图290 陀螺果

## 5. 木瓜红属 *Rehderodendron* Hu

本属与陀螺果属相近，其区别为：本属的花序为圆锥或总状花序，由数花至10余花组成；雄蕊10，5长5短；子房下位；核果长筒形，软木质，外皮薄，中果皮为疏松纤维质，内果皮木质，具明显的5~10棱。

5种，产我国西南、华南；缅甸和越南亦产。

**广东木瓜红 Rehderodendron kwangtungense Chun** 图291

落叶乔木，高20m。小枝褐色或红褐色；冬芽红褐色，鳞芽。叶纸质，椭圆形或长圆状椭圆形，9~17cm×4~8cm，边缘具疏齿，侧脉7~11对，细脉在两面隆起，呈淡红色，两面无毛；叶柄长1~1.5cm，带红色。总状花序长5~7cm，具花6~8；花序轴、花梗、花萼均被灰黄色星状短柔毛；花白色，花梗长1cm。果5~8cm×2.5~4cm，熟时褐色，具5~10棱，软木质；种子长圆状线形，棕色，长2~3.5cm。花期4~5月，果期8~10月。

产湖南、广东、广西、贵州、云南；海拔100~1400m；生于湿润天然阔叶林中、林缘和次生林中。南岭至南亚热带山地树种。喜光，速生，星散分布，在混交林中居上层。木材轻软。花先叶开放，大而艳丽，果形似木瓜，可引种为园林或行道树。

图291 广东木瓜红

## 6. 白辛树属 *Pterostyrax* Sieb. et Zucc.

落叶乔木或灌木；冬芽裸露。伞房状圆锥花序(灯台状)顶生或腋生；花后于叶开放；花梗与花萼之间有关节；花萼钟状，具5脉，萼管与子房全部贴生；花冠5深裂至近基部；雄蕊10，5长5短或近等长，花丝下部合生成管；子房近下位，3(4~5)室，每室4胚珠。核果干燥，不开裂，有翅或棱，外果皮脆壳质，内果皮近木质；种子1~2。

约4种，分布中国、日本和缅甸。我国2种。

**1. 白辛树 *Pterostyrax psilophyllus* Diels ex Perk.** 图292：5~11

高25m。嫩枝被星状毛。叶坚纸质，长椭圆形、倒卵形或倒卵状长圆形，7~16cm×5~9cm，边缘具细锯齿，近顶部有时具粗齿或3裂，下面灰白色，与叶柄密被灰色星状绒毛，

图292 1~4. 小叶白辛树 5~11. 白辛树

侧脉 6~11 对；叶柄长 1~2cm。大型圆锥花序长 20cm，花极多数且排列整齐；花序轴、花梗、花萼均密被黄棕色星状绒毛。果近纺锤形，中部以下渐窄成柄，连喙长 2.5cm，喙长 1~1.3cm，具 5~10 棱，密被灰黄色舒展的绢质长硬毛。花期 4~5 月，果期 8~10 月。

产湖北、湖南、广西及西南各地；海拔 600~2500m；生于湿润山谷林缘或山涧溪边。中亚热带中部中山树种。喜光，速生，萌芽性强，可作为低湿地造林或护堤树种；木材轻软，加工易。

**2. 小叶白辛树** *Pterostyrax corymbosus* **Sieb. et Zucc.**　　图 292：1~4

与白辛树的区别：叶顶部不分裂，下面淡绿色，被稀疏星状柔毛；花序短小，长 3~8cm；果短小，长 1.2~2.2cm，喙长 2~4mm，具窄 5 翅，密被星状绒毛。花期 3~4 月，果期 6~9 月。

产华东、湖南、广东；日本亦产；海拔 400~1600m；生于山区溪边及山坡低凹而湿润生境。产亚热带东部低山树种。

# 27. 山矾科 SYMPLOCACEAE

灌木或乔木，多常绿。单叶，互生，侧脉羽状，常弯弓网结；无托叶。花序常为穗状、总状、圆锥或团伞花序；花两性，整齐；萼杯状，常 5 裂，宿存；花冠白色，常 5 深裂至基部；雄蕊多数，花丝基部连合并生于冠筒上；子房下位或半下位，3(2~5) 室，每室胚珠 2~4，花柱单 1。核果，顶端具宿存花萼裂片，1~5 室，每室 1 种子。

1 属约 300 种，主要分布亚洲、美洲、大洋洲的热带和亚热带。我国 79 种。为常绿阔叶林区系重要组成成分，常居亚乔木层；木材为中小径材；花小而繁茂，为蜜源植物；果核含油脂。

### 山矾属 *Symplocos* Jacq.

形态特征同科。主产我国东南部至西南部。为亚热带常绿阔叶林植物区系重要成分，组成亚乔木层，为我国南方林地最常见的树木，一般为小径材。种子油供工业用或制肥皂；花期长且繁茂，为优良蜜源植物；少数种开始引入园林，常绿厚叶种类可开发为观叶植物。

1. 中脉在上面突起；小枝具棱。
　2. 小枝具突起的锐棱；叶厚革质；穗状花序长于叶柄 ·················· **1. 棱角山矾** *S. tetragona*
　2. 小枝具线条状的棱；穗状花序等于或短于叶柄。
　　3. 穗状花序缩短呈团伞状，短于叶柄 ································· **2. 四川山矾** *S. setchuensis*
　　3. 穗状花序，等于或稍短于叶柄 ····································· **3. 对萼山矾** *S. phyllocalyx*
1. 中脉在上面凹陷或平坦；小枝无棱。
　4. 落叶；圆锥花序，子房 2 室；果卵球形。
　　5. 叶下面被疏柔毛，叶柄长 1cm 左右 ································· **4. 白檀** *S. paniculata*
　　5. 叶下面密被皱曲柔毛，叶柄长 3mm ································ **4a. 华白檀** *S. chinensis*
　4. 常绿；总状、穗状或团伞花序；子房 3 室。
　　6. 总状花序；果坛状；叶先端尾状渐尖 ································ **5. 山矾** *S. sumuntia*

6. 穗状或团伞花序。
   7. 叶革质；枝叶无毛 ·················································· **6. 黄牛奶树** *S. laurina*
   7. 叶膜质；幼枝被黄褐色柔毛 ·································· **7. 光叶山矾** *S. lancifolia*

**1. 棱角山矾** *Symplocos tetragona* **Chen ex Y. F. Wu**   图293

常绿，高8m。小枝黄绿色，具突起的锐条棱。叶厚革质，两面黄绿色，长圆形或狭椭圆形，11~25cm×3~5cm，先端突尖，基部楔形，具粗浅齿，侧脉9~13对，在下面明显凸起；叶柄扁宽，长约1cm。穗状花序被毛，基部1~3分枝，长约6cm，长于叶柄；花白色；花冠5深裂至基部，雄蕊40~50，花丝基部联生成5体。果椭圆形，长10~12mm。花期4~9月，果期9~10月。

产湖南、江西、浙江；海拔1000m以下，多见于丘陵红壤中。树形优美，四季青翠，适应性强，为优良观枝叶园林绿化树种。

图293 棱角山矾    图294 四川山矾

**2. 四川山矾**（波缘山矾）*Symplocos setchuensis* **Brand**[*S. sinuata* Brand]   图294

常绿，高8m。嫩枝黄绿色，无毛，具条棱。叶革质，长椭圆形或卵状长椭圆形，7~13cm×2~5cm，先端长渐尖或短尖，两面无毛，中脉两面突起，侧脉6~8对。叶柄长1~1.5cm。穗状花序缩短呈团伞状，短于叶柄；花冠白色，5深裂；雄蕊花丝基部连合成5体；子房被长柔毛。核果卵圆形或长圆形，长6~12mm，核骨质，分开为3分核。花期3~4月，果期5~6月。

产长江以南至华南、西南、台湾；海拔1800m以下；生于山地阔叶林或村边风景林中。可引种作园林绿化树种。种子油用于制肥皂。

**3. 对萼山矾**(茶条果)*Symplocos phyllocalyx* C. B. Clarke [*S. ernesti* Dunn]　图295

常绿，高10m。小枝粗壮，黄绿色，无毛，稍具棱。叶厚革质，椭圆形或长圆状倒卵形，6~9(13)cm×2~4cm，先端急尖或短渐尖，基部楔形，具波状浅锯齿；中脉两面突起，侧脉每边8~12对；叶柄长8~15mm。密集穗状花序与叶柄等长或稍短，长8~15mm；花序轴被短柔毛；花冠5深裂；雄蕊不连成5体。核果椭圆形，长10~15mm，核骨质，不分开为3分核。花期3~4月，果期6~8月。

分布长江以南至华南、西南；印度、不丹亦产；海拔1000m(西南2600m)以下；生于村边风景林或山地阔叶林中。茎皮纤维代麻用或造纸。种子油供制肥皂。

图295　对萼山矾　　图296　1~5. 白檀　6~9. 华山檀

**4. 白檀** *Symplocos paniculata* (Thunb.) Miq.　图296：1~5

落叶，高1~5m。幼枝、叶下面、花序轴被疏柔毛。叶纸质或膜质，卵状椭圆形或倒卵状椭圆形，3~7cm×2~3cm，先端急尖，基部圆，具细锯齿，中脉凹陷，侧脉4~7对；叶柄长5~15mm。圆锥花序长4~7cm；花白色，花冠5深裂至基部。果蓝色，卵球形，稍偏斜，长6~8mm。花期3~4月，果期6~11月。

产东北南部、华北、长江以南至华南、西南及台湾；朝鲜和日本亦产；海拔700m以下。木材作细工及建筑用。种子油作油漆及肥皂用。

[附]**4a. 华山檀** *Symplocos chinensis* (Lour.) Druce　图296：6~9　落叶灌木。与白檀的区别：嫩枝、叶柄、叶下面密被灰黄色皱曲柔毛。叶纸质，椭圆形或倒卵形，叶柄极短(2~3mm)近无。花序轴、苞片、萼外面均密被灰黄色皱曲柔毛。产长江以南，至华南、西南；东部海拔500m以下；生于丘岗地荒坡灌丛或马尾松林下。叶研成末，治烧伤烫伤及外伤出血。种子油制肥皂。

**5. 山矾** *Symplocos sumuntia* Buch.-Ham. ex D. Don [*S. caudata* Wall.]　图297

常绿，高8m。幼枝褐色，无棱。叶薄革质，卵形、狭倒卵形或倒披针状椭圆形，4~

8cm×1.5~3cm，先端尾尖，具浅锯齿或波状齿，中脉凹陷，侧脉4~6对，两面无毛；叶柄长8~10mm。总状花序长2.5~4cm，被开展柔毛；花白色，花冠5深裂至基部。果卵状坛形，长7~10mm。花期2~4月，果期6~7月。

产长江以南至华南、西南；分布印度、尼泊尔；海拔50~1500m；生于村边风景林及常绿阔叶林中。花芳香，有山桂花之称，为优良蜜源植物。

图297 山矾

图298 黄牛奶树

**6. 黄牛奶树** *Symplocos laurina* ( Retz. ) Wall.

图298

常绿，高12m。嫩枝无毛，芽被褐色柔毛。叶革质，干后黄绿色，狭长圆形或倒卵状长圆形，8~14cm×2~5cm，先端急尖或渐尖，具细锯齿，中脉凹陷。穗状花序长3~6cm，基部常分枝为复穗状；花序被毛；苞片和小苞片边缘具腺点。核果球形，径4~6mm。花期8~12月，果期翌年3~6月。

产长江中下游南部以南，至华南；中南半岛、印度亦产；海拔300~2600m；生于常绿阔叶林中，组成亚乔木层。种子油作润滑油或制肥皂；树皮药用，散寒清热。

**7. 光叶山矾** *Symplocos lancifolia* Sieb. et Zucc.

图299

常绿，高5m。芽、嫩枝、嫩叶、花序均被黄褐色柔毛。叶薄革质，干后红褐色，卵形至宽披针

图299 光叶山矾

形，3~7cm×1.5~3cm，先端尾状渐尖，基部稍圆，具疏浅齿，中脉在上面平坦；叶柄长5mm。穗状花序长1.5~4cm；花冠淡黄色，5深裂几达基部。核果球形，径约4mm。花期3~11月，果期6~12月。

产长江以南至华南、西南；日本亦产；海拔1500m以下；生于疏林、林缘及灌丛中。叶可代茶饮。

# 28. 山茱萸科 CORNACEAE

落叶乔木或灌木，稀常绿或草本。单叶，对生或互生，无托叶。花两性，稀单性异株，排成圆锥、聚伞、伞形或头状花序，具苞片或总苞片；花萼管状，与子房合生，先端3~5齿裂或不裂；花瓣3~5，雄蕊3~5；花盘内生；子房下位，2(1~4)室，每室具1下垂倒生胚珠。核果或浆果状核果；种子1~5，具胚乳。

16属110种，分布北温带至亚热带及热带亚洲。我国9属60种。

1. 叶互生。
  2. 伞形或密伞花序生叶上面中脉或幼枝上；浆果状核果卵圆形或长圆形 ············ 1. 青荚叶属 *Helwingia*
  2. 伞房状聚伞花序顶生；核果球形 ························································ 2. 灯台树属 *Botrocaryum*
1. 叶对生。
  3. 伞房状或圆锥状聚伞花序，花序无总苞片 ················································ 3. 梾木属 *Swida*
  3. 伞形或头状花序，花序有总苞片。
    4. 花序伞形，总苞鳞片状，浅黄色，长8mm；核果单生 ·················· 4. 山茱萸属 *Macrocarpim*
    4. 花序头状，总苞大型，白色，长3~4cm；核果合生为聚合果 ······ 5. 四照花属 *Dendrobenthamia*

## 1. 青荚叶属 *Helwingia* Willd.

落叶或常绿灌木，稀小乔木。叶互生，边缘有腺状锯齿；托叶2，早落。花小，3~5数，绿色或紫绿色，单性，雌雄异株；雄花4~20呈伞形或密伞花序，生于叶上面中脉上或幼枝上部及苞叶上；雌花1~4呈伞形花序，生于叶上面中脉上，稀生于叶柄上。浆果状核果卵圆形或长圆形，幼时绿色，后为红色，熟后黑色，具分核1~5。

约5种，分布亚洲东部。我国5种，除西北及东北外，其余各省区均产。常生于海拔800~3300m亚热带常绿阔叶林下至亚高山针叶林下，性喜阴湿。本属植物花果生于叶上面中脉上，极为奇特，可引入园林栽培，供观赏。

1. 落叶灌木；叶纸质，卵形、卵圆形或宽椭圆形，侧脉上面微下凹 ·················· 1. 青荚叶 *H. japonica*
1. 常绿小乔木或灌木；叶革质，倒卵状长圆形或长圆形，侧脉上面不显著
  ······························································································ 2. 峨眉青荚叶 *H. omeiensis*

### 1. 青荚叶 *Helwingia japonica*(Thunb.)Dietr. 图300

落叶灌木，高1~2m。幼枝绿色，无毛，叶痕显著。叶纸质，卵形、卵圆形或宽椭圆

形, 3.5~9(18)cm×2~6cm, 先端渐尖或尾状渐尖, 基部阔楔形或近圆形, 边缘具刺状细锯齿, 两面无毛, 中脉及侧脉在上面微下凹, 下面微突出; 叶柄长1~5cm, 无毛; 托叶线状分裂。花淡绿色, 3~5数; 雄花4~12呈伞形或密伞花序; 雌花1~3生于叶上面中脉近中部, 花梗长1~5mm。浆果近球形, 熟时黑色, 具3~5分核。花期4~5月, 果期8~9月。

产黄河流域以南各省区; 日本、缅甸北部、印度北部亦产; 常生于海拔3300m以下阴湿林下。叶与果入药, 有清热、解毒、活血、消肿的疗效。

图300 青荚叶　　　　　　图301 峨眉青荚叶

**2. 峨眉青荚叶** *Helwingia omeiensis* ( Fang ) Hara et Kurosawa ex Hara　　图301

常绿小乔木或灌木, 高3~8m。幼枝绿色。叶革质, 倒卵状长圆形或长圆形, 9~15cm×3~5cm, 先端急尖或渐尖, 具1~1.5cm尖尾, 基部楔形, 边缘近基部1/3以上具腺状锯齿, 叶脉在叶上面不显, 下面微显; 叶柄长1~5cm; 托叶2枚, 线状披针形或钻形。雄花常5~20(30)呈密伞或伞形花序; 花紫白色, 3~5数; 雌花1~6呈伞形花序, 小花梗长2~4mm, 花绿色。浆果长椭圆形, 长9mm, 熟时黑色, 常具3~5分核。花期3~4月, 果期7~8月。

产湖北、湖南、广西北部、四川、贵州及云南; 常生于海拔600~1700m林中。

## 2. 灯台树属 *Botrocaryum* ( Koehne ) Pojark.

落叶乔木。叶互生, 全缘。伞房状聚伞花序, 顶生, 无花瓣状总苞片; 花小, 两性; 花萼管状, 顶端4齿裂; 花瓣4, 白色, 长圆披针形; 雄蕊4, 生花盘外侧; 花柱圆柱形, 柱头小, 头状, 子房下位, 2室。核果球形, 种子2; 核骨质, 顶端有1方形孔穴。

图302 灯台树

2种，分布东亚及北美亚热带及北温带。我国1种。

**灯台树 Botrocaryum comtroversum (Hemsl.) Pojak.** [*Cornus controversa* Hemsl.] 图302

落叶乔木，高20m。树皮光滑，暗灰色。叶纸质，宽卵形，稀长圆状卵形，长6~13cm，先端突渐尖，基部楔形或圆形，上面无毛，下面浅灰绿色，密被毛，侧脉6~7对，弯弓；叶柄长2~6.5cm，无毛。伞房状聚伞花序顶生，宽大。核果近球形，熟时蓝黑色，无毛；果核顶端有1近方形小孔。花期5~6月，果期7~9月。

产辽宁、甘肃、陕西及华东、华中、华南和西南地区；朝鲜、日本、印度、尼泊尔亦产；生于海拔400~1800m（西南可达2500m）混交林中。喜湿润环境，生长快，次生林中习见。种子含油22.9%，可榨油。树冠开展如伞，花序开展如灯台，花繁茂，可植为行道树或观赏树。

### 3. 梾木属 *Swida*(*Cornus*) L.

落叶乔木或灌木，稀常绿。叶对生，全缘，卵圆形或椭圆形，下面常被毛，侧脉整齐、弧弯。聚伞花序再集成伞房状或圆锥状，顶生；无总苞片；花小，两性；花萼管状，顶端4齿裂；花瓣4，白色，镊合状排列；雄蕊4，生垫状花盘外侧，花药丁字着生；子房下位，2室。核果近球形；核骨质，具2种子。

42种，多分布北温带至北亚热带，少数生于热带山区。我国25种，除新疆外，其余各地皆产，以西南地区种类最多。

1. 灌木；叶较小，长4~7cm，侧脉2~3对 ·············· 1. 小梾木 *S. paucinervis*
1. 乔木；叶较大，常长于7cm，侧脉3~8对。
  2. 花柱圆柱形；叶下面密被乳点及毛，侧脉3~4对 ·········· 2. 光皮梾木 *S. wilsoniana*
  2. 花柱棍棒形；叶下面无乳点，密被平伏毛，侧脉4~5对 ············ 3. 毛梾 *S. walteri*

**1. 小梾木 *Swida paucinervis* (Hance) Sojak.** [*Cornus quinguenervis* Franch.] 图303

落叶灌木，高1~4m。幼枝对生，略4棱，被灰色柔毛，老枝无毛。叶纸质，披针形或椭圆状披针形，4~9cm×1~2.3cm，先端钝尖或渐尖，基部楔形，全缘，两面近同色，散生短柔毛或近无毛，侧脉常2~3对，几近平行斜伸；叶柄长0.3~1.5cm，黄绿色，被短柔毛。伞房状聚伞花序顶生，长5~7cm，总花梗长1.5~4cm，密被灰白色短柔毛。核果圆球形，径5mm，熟时黑色；核近球形，骨质，有6条不明显肋纹。花期6~7月，果期10~11月。

图 303 小梾木

图 304 光皮梾木

产陕西、甘肃南部、江苏、福建、湖北、湖南、华南及西南；生于海拔 50~2500m 溪沟水边灌丛中。可作庭园观赏。

**2. 光皮梾木**（光皮树）*Swida wilsoniana*（**Wanger.**）**Sojak.** [*Cornus wilsoniana* Wanger.] 图 304

落叶乔木，高 18m。树皮灰绿色，片状剥落。叶对生，椭圆形或卵状椭圆形，长 6~12cm，先端渐尖，基部楔形或宽楔形，上面疏被平伏毛，下面密被乳点及毛，侧脉 3~4 对，弯弓；叶柄长 0.8~2cm，无毛。花白色，花柱圆柱形。果球形，紫黑色至黑色，径 6~7mm。花期 5 月，果期 10 月。

产秦岭至淮河流域以南、华中、华南；生于海拔 300~1000m 山地林中。喜光，天然分布石灰岩山地，与青冈栎、青檀、黄连木等混生，但在酸性土山地亦生长良好，在土壤深厚、湿润、肥沃地方生长快速。苗期生长较快，6~8 年开始结实，寿命长达 200 年。木材坚硬，纹理美观。果肉及种仁出油率达 30%，可食用及制生物柴油。树形美观，供观赏。为产区石灰岩山地造林树种，天然林保护和恢复工程的重点树种。

**3. 毛梾** *Swida walteri*（**Wanger.**）**Sojak.** [*Cornus walteri* Wanger.] 图 305

落叶乔木，高 15（30）m。叶对生，椭圆形或长椭圆形，长 4~12cm，先端渐尖，基部楔形，上面疏被平伏毛，下面密被平伏毛，侧脉

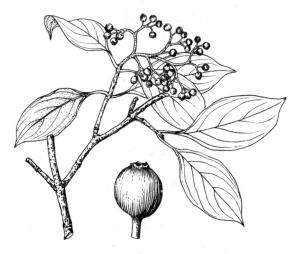

图 305 毛梾

4~5对，弯弓；叶柄长0.8~3.5cm，无毛。花白色，有香气；花柱棍棒状。果球形，径6~8mm，黑色，近无毛。花期5月，果期9~10月。

产辽宁和秦岭、黄河流域以南，南至华中、华东及西南；生于海拔300~1800m（西南2600~3300m）山地阳坡或半阳坡。喜光，喜深厚肥沃土壤，亦能耐干旱瘠薄，深根性，根系发达，萌芽性强。在适宜土壤生长快，6~7年生树胸径达10cm，寿命长至300余年。木材为优良硬木。果含油31%~41%，为食用及工业用油。为产区荒山造林和天然林保护的保留树种。

## 4. 山茱萸属 *Macrocarpium* (Spach) Nakai

落叶乔木或灌木。叶对生，全缘。花小，两性。伞形花序，有总花梗；总苞苞片4，外轮2片大于内轮；萼4齿裂；花瓣4，黄色，镊合状排列；雄蕊4；花盘垫状，花柱短柱形，柱头平截，子房2室。核果单生，长椭圆形。

5种，分布欧洲中南部、东亚及北美。我国2种。

山茱萸 *Macrocarpium officinalis* (Wanger.) Hutch. 图306

乔木，高10m。树皮黄褐色，剥落。叶卵状椭圆形，稀卵状披针形，长5~12cm，先端渐尖，基部宽楔形或稍圆，上面疏被平伏毛，下面被白色平伏毛，脉腋被淡褐色簇生毛，侧脉6~8对，叶柄长0.6~1.2cm。伞形花序具花15~35，总苞苞片黄绿色，椭圆形；萼裂片宽三角形，无毛；花瓣舌状披针形；花梗细，长0.5~1cm，密被柔毛。果椭圆形，长1.2~1.7cm，红色至紫红色。花期3~4月，果期8~10月。

产华北、秦岭以南至华中、华东地区；生于海拔400~1500m的阴湿溪边、林缘、林内。喜肥沃、湿润土壤，在干燥瘠薄地生长不良。果肉供药用（中药名"枣皮"），为收敛

图306 山茱萸

性补血剂及强壮剂，可健胃、补肝肾，治贫血、腰痛、神经及心脏衰弱等症。秦岭山地（如河南栾川）有较多栽培，江南山地偶见栽培。

## 5. 四照花属 *Dendrobenthamia* Hutch.

小乔木或灌木，常绿或落叶。叶对生，侧脉整齐弧弯。头状花序，顶生，具4个白色花瓣状总苞片；花两性；萼筒状，顶端4裂，花瓣4，倒卵形，分离；雄蕊4；花盘环状或垫状；子房2室，每室1胚珠，花柱粗，柱头平截。核果长圆形，多数集合成球形肉质的聚花果。

10种，分布东亚。我国8种。多数木材坚硬，可作家具或雕刻。果甜可食或酿酒。4

枚苞片大而白色，宿存期长，可供观赏。

1. 落叶；叶纸质，卵形或卵状椭圆形，下面粉绿色，被柔毛 ········· **1. 四照花** *D. japonica* var. *chinensis*
1. 常绿；叶革质至厚革质。
　　2. 叶下面无毛，仅有褐色毛被残点；果序球形·············· **2. 香港四照花** *D. hongkongensis*
　　2. 叶下面密被白色粗毛；果序扁球形 ························· **3. 头状四照花** *D. capitata*

### 1. 四照花 *Dendrobenthamia japonica* ( A. P. DC. ) Fang var. *chinensis* ( Osb. ) Fang
图 307

落叶小乔木。叶纸质，卵形或卵状椭圆形，长 5.5~12cm，先端渐尖，具尖尾，基部宽楔形或圆，常全缘，下面淡绿色，被白色贴生短柔毛，脉腋具黄色绢状毛，侧脉 4~5 对；叶柄长 5~10mm，被短柔毛。头状花序球形，顶生，花多数；总苞片 4，白色，卵形或卵状披针形，先端渐尖，无毛；总花梗纤细，被白色贴生短柔毛。果序球形，熟时红色，被白色细毛；总果梗纤细，长 5~10cm，近无毛。花期 4~5 月，果期 9~10 月。

产内蒙古、山西、陕西、甘肃以南至南岭北坡及西南；生于海拔 600~2200m 山地阔叶林中，次生阔叶林中习见。果味甜，可生食，但忌多食，又可作为酿酒原料。

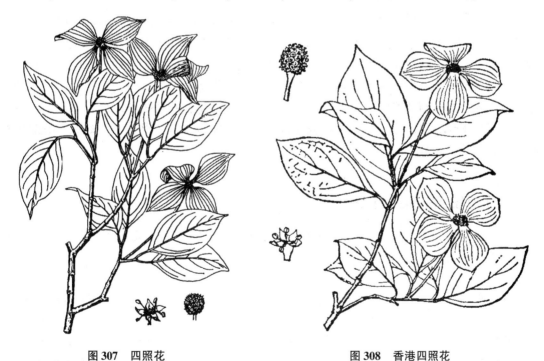

图 307 四照花　　　　　　图 308 香港四照花

### 2. 香港四照花 *Dendrobenthamia hongkongensis* ( Hemsl. ) Hutch.　　图 308

常绿乔木，高 5~15m。叶革质，椭圆形、长椭圆形或倒卵状椭圆形，长 6~12cm，老叶下面无毛或散生褐色毛被残点，侧脉 3~4 对；叶柄长 0.8~1.2cm，被毛。总苞片宽椭圆形至倒卵状宽椭圆形，长 3~4cm，先端圆，基部楔形。果序球形，径约 2.5cm，被白色细毛，熟时红色。花期 5~6 月，果期 10~11 月。

产华南、西南、湖南及江西南部；生于海拔350~1700m山地阔叶林中。果可食及酿酒。

**3. 头状四照花 Dendrobenthamia capilata (Wall.) Hutch.** 图309

常绿乔木，高20m。叶近革质，椭圆形或椭圆状卵形，长5.5~10cm，先端突渐尖或渐尖，基部楔形，下面密被毛，侧脉4~5对，弯弓上升；叶柄长1~1.4cm，密被短毛。花序具花100余朵。果序扁球形，径约2~3.8cm，紫红色，被白色细毛；果序梗粗壮，长4~6(8)cm，幼时被粗毛，后渐疏或无。花期5~6月，果期9~10月。

产长江中下游各地，西至西南；印度、尼泊尔亦产。果可食及酿酒。

图309 头状四照花

# 29. 八角枫科 ALANGIACEAE

落叶乔木或灌木，稀藤状；小枝圆柱形，有时略呈"之"字形。单叶，互生，全缘或掌状分裂，基部两侧常不对称，羽状脉或3~7掌状脉；无托叶。聚伞状花序腋生，小花梗常具节；苞片早落。花两性，淡白色或淡黄色；花萼小，萼管与子房合生，顶端4~10齿裂或近截形；花瓣4~10，条形，花开后花瓣上部常向外反卷；雄蕊与花瓣同数而互生，或为花瓣的2~4倍；花药线形，2室，纵裂；花盘肉质；子房下位，1(2)室，柱头头状或棒状，不分裂或2~4裂；胚珠1。核果，顶端具宿存的萼齿和花盘；种子1。

本科仅有1属。

## 八角枫属 *Alangium* Lam.

属特征与科同。30余种，分布亚洲、大洋洲和非洲的热带和亚热带地区。我国有9种，主产长江流域以南地区。

1. 叶下面被黄褐色丝状绒毛；雄蕊药隔有毛 ············································ **1. 毛八角枫 *A. kurzii***
1. 叶下面常无毛；雄蕊药隔无毛。
   2. 每花序具3~5花，花瓣长2.5~3.5cm；果长8~12mm ················ **2. 瓜木 *A. platanifolium***
   2. 每花序具多花，花瓣常长1~1.5cm；果长5~7mm ·················· **3. 八角枫 *A. chinense***

**1. 毛八角枫 *Alangium kurzii* Craib** 图310

落叶乔木，稀灌木，高5~20m。当年生枝紫绿色，有淡黄色绒毛和短柔毛；老枝深褐色，无毛。叶纸质，近圆形或阔卵形，先端长渐尖，基部心形，稀近圆形或倾斜，两侧不对称，全缘，长12~14cm，下面淡绿色，被黄褐色丝状绒毛，掌状脉3~5；叶柄长

2.5~4cm，被毛。聚伞花序具5~7花，总花梗长3~5cm；花瓣6~8，条形，长2~2.5cm，初白色，后变淡黄色；雄蕊药隔有长柔毛。核果椭圆形，长1.2~1.5cm。花期5~6月，果期8~9月。

产华东、华南、贵州；东南亚亦产；生海拔800m以上山地阔叶林中。

图310 毛八角枫

图311 瓜木

**2. 瓜木** *Alangium platanifolium* ( Siebold & Zuccarini ) Harms　　图311

落叶灌木或小乔木，高5~7m。小枝常稍弯曲，略呈"之"字形。叶纸质，近圆形，稀宽卵形或倒卵形，先端钝尖，基部近于心形或圆形，11~13(18)cm×8~11(18)cm，不分裂或分裂，分裂叶的裂片钝尖、锐尖至尾状锐尖，边缘波状或具钝锯齿，两面无毛或下面沿脉有柔毛，掌状脉3~5，侧脉5~7对；叶柄长3.5~10cm，近无毛。聚伞花序生叶腋，长3~3.5cm，常具3~5花，总花梗长1.2~2cm；花梗长1.5~2cm，无毛；花瓣6~7，条形，长2.5~3.5cm，初为白色，后变黄色；雄蕊药隔无毛。核果长卵圆形，长8~12mm。花期3~7月，果期7~9月。

产东北中部至长江流域广大地区；朝鲜和日本亦产；海拔2000m以下；生于向阳山坡或疏林中。木材轻软，适宜作胶合板及纸浆材料。

**3. 八角枫** *Alangium chinense* ( Lour. ) Harms　　图312

落叶灌木或乔木，高2~5(15)m。小枝略呈

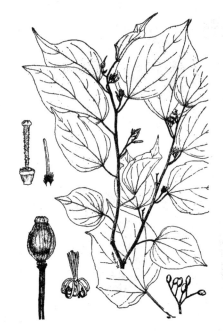

图312 八角枫

"之"字形。叶纸质,近圆形或椭圆形,13~19(26)cm×9~15(22)cm,不分裂或3~7(9)裂,裂片短尖或钝尖,基部两侧常不对称,一侧微向下扩展,另一侧向上倾斜,两面无毛或下面脉腋有丛状毛,掌状脉3~5(7),侧脉3~5对;叶柄长2.5~3.5cm。聚伞花序腋生,长3~4cm,具7~30或更多;总花梗长1~1.5cm,常分节;花瓣6~8,条形,长1~1.5cm,初为白色,后变黄色;雄蕊药隔无毛。核果卵圆形,长约5~7mm。花期5~7月,果期7~11月。

产秦岭、淮河流域以南;东南亚及非洲东部亦产;海拔1800m以下;生于山地或疏林中。根入药,支根称"白金条",须根称"白龙须",治风湿、跌打损伤、外伤止血等。

## 30. 蓝果树科 NYSSACEAE

落叶乔木,稀灌木。单叶,互生,无托叶。头状花序或伞形花序;花单性或杂性,异株或同株;花小,花萼5齿裂或不明显;花瓣5,覆瓦状排列;雄蕊常为花瓣的2倍或较少,2轮;花盘肉质,垫状;子房下位,(1)6~10室,每室有1下垂的倒生胚珠,花柱钻形。核果或翅果,(1)3~5室,每室1种子。

3属12种,分布亚洲和美洲。我国3属9种,产秦岭、淮河流域以南各地。

1. 翅果,常多数聚成头状果序 ·········································· 1. 喜树属 *Camptotheca*
1. 核果,单生或数个簇生。
  2. 核果小,长1~2cm,常几个簇生;子房1~2室;花下有小苞片 ··········· 2. 蓝果树属 *Nyssa*
  2. 核果大,长3~4cm,常单生;子房6~10室;花下有大型白色苞片 ············ 3. 珙桐属 *Davidia*

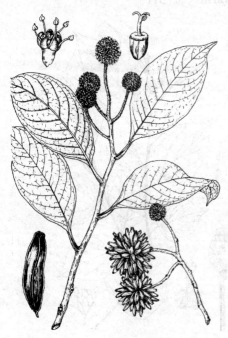

图313 喜树

### 1. 喜树属 *Camptotheca* Decne.

雌雄花均为头状花序;花杂性同株;萼5齿裂;花瓣5,卵形;雄蕊10,不等长,着生于花盘外缘,排成2轮,花药4室;子房1室,花柱上部常分为2枝。果序头状,翅果长圆形,顶端平截,花盘宿存。

1种,我国特产。

喜树 *Camptotheca acuminata* Decne. 图313

高30m。小枝髓心片状分隔。叶纸质,长圆状卵形或椭圆形,12~28cm×6~12cm,全缘,上面亮绿色,下面淡绿色,疏被柔毛,脉上更密;叶柄长1.5~3cm。头状花序径约1.5~3cm,常数个组成总状式的复花序,顶生花序具雌花,腋生花序具雄花。果序圆形辐状,径5~7cm,翅果长筒形,长2~2.5cm,顶端具宿存的花盘,两侧具窄翅。花期5~7月,果期9~11月。

产长江流域以南各地,南至华南;海拔1000m以下。

北亚热带至南亚热带树种。喜光,萌芽性强;喜温暖湿润气候;宜湿润冲积土、平地砂壤土、河滩沙土;速生,在江湖堤岸及水渠埂道生长快,一般年高生长量为1~1.5m,年胸径生长量为1~2cm。干形端直,木材轻软,不耐腐,易加工。果实、根、树皮、枝、叶含有抗肿瘤作用的生物碱——喜树碱,对肿瘤细胞有杀伤作用,主要用于治疗消化道癌。宜四旁和行道树种植。为国家保护植物。

## 2. 蓝果树属 *Nyssa* Gronov. ex L.

乔木或灌木。花杂性,异株,成头状、伞形或总状花序;雄花花托盘状、杯状或扁平,雌花或两性花花托较长,成管状、壶状或钟状;花萼细小,裂片5~10;花瓣5~8;雄蕊在雄花中与花瓣同数或为其2倍,花丝细长,在两性花和雌花中雄蕊与花瓣同数或不发育;子房下位,1室,稀2室。核果,顶端有宿存的花萼和花盘。

10种,产亚洲和美洲。我国7种。

**蓝果树** *Nyssa sinensis* Oliv.  图314

乔木,高30m,胸径1m。小枝髓心充实。芽鳞多数,淡紫绿色。叶椭圆形或椭圆状卵形,长8~16cm,先端渐尖或突渐尖,全缘;幼叶及萌芽枝的叶具粗短齿,下面疏被微柔毛;树冠常间有红叶;叶柄长1~2.5cm。花序伞形或短总状,总梗及小花梗密被毛;雄花序着生于老枝上,雌花序着生于新枝上。核果长圆状椭圆形或长倒卵形,长1~1.5cm,熟时深蓝色,常3~4个簇生;果梗长3~4mm,总梗长3~5cm;种皮坚硬,有5~7沟纹。花期4月,果期9月。

产长江流域以南,南至华南北部,西南;海拔300~1700m;常生于山谷或溪边混交林中。北亚热带至南亚热带(北)树

**图314** 蓝果树

种。喜光,喜温暖湿润气候,较耐干旱瘠薄。木材淡黄色,结构细匀,材质轻软适中。秋天红叶,可为风景林和行道树。

## 3. 珙桐属 *Davidia* Baill.

落叶乔木。头状花序顶生,具长的总花梗,花序下有大型白色的花瓣状苞片2(3)枚,花杂性;雄花:无花被,常围绕于球形头状花序的周围,雄蕊1~7,着生于花托上;雌花或两性花:常仅1朵生于头状花序的顶端,有时不发育,花被很小,钻形,子房下位,与花托合生,6~10室,两性花具短雄蕊。大型核果,仅3~5室发育,每室1种子。

1种,特产我国,系第三纪孑遗植物,在研究古植物区系和系统发育等方面都有重要的科学价值;因形态特殊,亦有的分类专家将本属自成为单型的珙桐科 Davidiaceae。

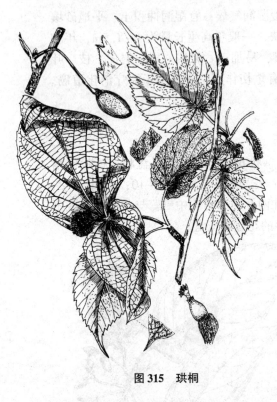

图 315 珙桐

**珙桐 *Davidia involucrata* Baill.**〔光叶珙桐 *D. involucrata* Baill. var. *vilmoriniana* (Dode) Wange.〕图 315

高 20m，胸径 1m。树皮深灰色，薄片状脱落。叶纸质，常密集于幼枝顶端，宽卵形或近圆形，9～15cm×7～12cm，基部心形，边缘有粗锯齿，下面密被淡黄色丝状粗毛或被疏毛至无毛；叶柄长 4～5(7)cm。头状花序球形，径约 2cm，叶状苞片 7～15cm×3～5cm；初淡绿色，后变乳白色。果长卵圆形，3～4cm×1～2cm，紫绿色具黄色斑点，外果皮薄，中果皮肉质，内果皮骨质具沟纹；种子 3～5；果梗粗壮，圆柱形。花期 4～5 月，果期 10 月。

产湖北和湖南西部、四川、重庆、贵州、云南北部；欧洲北美早期引种栽培；海拔 900～2200m；生于常绿、落叶阔叶混交林中。中亚热带中山树种。喜凉润气候，宜潮湿、多云雾山地，要求疏松多腐殖质土壤。木材纹理细密，质地轻而坚韧。本种花序下的白色大苞片显著夺目，极似展翅群鸽栖于树上，因此有"中国鸽子树"之美称，是驰名中外的珍贵观赏树种，可栽培于海拔 600m 以上的森林公园、庭园供观赏，低地生长不良。种子繁殖，但本种常隔年或隔数年结果，播下的种子于翌年发芽，且幼苗生长慢，在干旱高温季节不易保存。为国家保护植物。

## 31. 五加科 ARALIACEAE

乔木、灌木或藤本，稀草本；植物体常具星状毛，有时具皮刺。单叶、掌状或羽状复叶，互生，托叶常与叶柄基部合生成鞘状，稀无托叶。花两性、杂性或单性异株，花序伞形、稀总状或头状，或再组成复花序；花萼 5 齿裂或不裂；花瓣 5，稀 3～10，镊合状或覆瓦状排列，分离或有时结合成帽盖状；雄蕊与花瓣同数，或为其倍数；子房下位，2～15 室，每室 1 胚珠，倒生。浆果或核果；种子常扁，有胚乳。

80 属 900 余种，广布南北两半球的热带至温带。我国 21 属约 170 种，除新疆外，各地均产。不少种类是名贵药材，如人参、三七、刺五加等；有的可供观赏。

1. 藤本植物或攀缘灌木。
   2. 掌状复叶，小叶 3～5；植物体常具刺 ································· **1. 五加属 *Eleutherococcus***
   2. 单叶，常有裂片或裂齿；茎借气生根攀缘 ································· **2. 常春藤属 *Hedera***
1. 直立植物，稀蔓生状灌木。
   3. 单叶，掌状分裂或掌状复叶。
      4. 单叶或掌状分裂；植物体有刺或无刺。

5. 落叶乔木；植物体具刺；叶 5~7 裂 ·················· 3. 刺楸属 *Kalopanax*
5. 常绿乔木或灌木；植物体无刺。
    6. 单叶全缘或 2~3 裂 ·················· 4. 树参属 *Dendropanax*
    6. 单叶掌状深裂 ·················· 5. 八角金盘属 *Fatsia*
4. 掌状复叶；植物体常无刺。
    7. 常绿乔木或灌木。
        8. 小叶全缘，稀疏生锯齿，托叶和叶柄基部合生成鞘状；花梗无关节 ··················
            ·················· 6. 鹅掌柴属 *Schefflera*
        8. 小叶疏生钝齿或锯齿，托叶和叶柄基部合生或不存在；花梗有关节 ··················
            ·················· 7. 大参属 *Macropanax*
    7. 落叶乔木或灌木。
        9. 小叶 3~9；伞房状圆锥花序 ·················· 8. 人参木属 *Chengiopanax*
        9. 小叶 3~5；伞形花序单生或数个簇生成复伞形花序，或组成伞房状 ··················
            ·················· 9. 吴茱萸五加属 *Gamblea*
3. 羽状复叶。
    10. 植物体无刺；小叶全缘；花梗无关节；子房 2 室 ·················· 10. 幌伞枫属 *Heteropanax*
    10. 植物体常有刺；小叶有锯齿；花梗有关节；子房常 5 室 ·················· 11. 楤木属 *Aralia*

## 1. 五加属 *Eleutherococcus* Maxim.

落叶灌木，稀乔木，直立或蔓生。常具刺，稀无刺。掌状复叶或三小叶，小叶柄长不及 1cm，无托叶。花两性，伞形或头状花序再组成复花序；花梗无关节；萼筒具 4~5 小齿；花瓣 5(4)，镊合状排列；雄蕊与花瓣同数，子房 2~5 室，花柱宿存。种子 2~5；胚乳均匀。

35 种，分布亚洲。我国 20 种。多为药用，少数为用材树种。

**细柱五加** *Eleutherococcus nodiflorus* (Dunn) S. Y. Hu [*E. gracilistylus* S. Y. Hu] 图 316

灌木，高可达 3m，有时蔓生状。小枝细，疏生扁钩刺，无毛。小叶 5 (3~4)，倒卵形或倒披针形，长 3~8cm，先端尖或短渐尖，基部楔形，锯齿细钝，下面脉腋簇生毛，沿脉被疏刚毛，侧脉 4~5 对；叶柄长 3~8cm。伞形花序腋生，单生或 2~3 个簇生；花黄绿色；子房 2 室，花柱 2，纤细，分离。果扁球形，宿存花柱反曲。花期 4~7 月，果期 6~10 月。

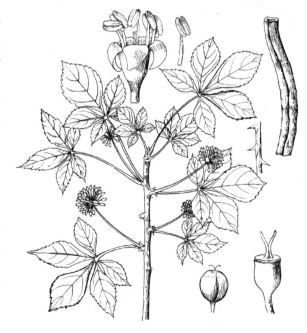

**图 316** 细柱五加

产黄河流域以南，西至四川、云南；东南部在海拔1000m以下，西部可达海拔3000m；生于林内、灌丛或林缘。为名贵中药，根皮称"五加皮"，可制五加皮酒，祛风湿、强壮筋骨。嫩叶可作蔬菜。

## 2. 常春藤属 *Hedera* L.

常绿攀缘灌木，有气生根。单叶，在不育枝上常有裂片或裂齿，在花枝上常不分裂；叶柄细长；无托叶。伞形花序顶生，或组成顶生短圆锥花序；苞片小；花梗无关节；花瓣5，雄蕊5，子房5室，花柱合生成短柱状。果实球形。种子卵圆形。

5种，分布亚洲、欧洲和非洲北部。我国有2变种。

**常春藤** *Hedera nepalensis* K. Koch var. *sinensis* (Tobler) Rehd. [*Hedera sinensis* (Tobler) Hand. -Mazz.]
图317

常绿攀缘藤本；茎长3~20m，有气生根。叶革质，不育枝上三角状卵形或三角状长圆形，5~12cm×3~10cm，全缘或3裂；花枝上的叶椭圆状卵形至椭圆状披针形，略歪斜而带菱形，5~16cm×1.5~10.5cm，全缘或有1~3浅裂；叶柄细长，长2~9cm。伞形花序成圆锥花序；花淡黄白色或淡绿白色，芳香；花柱全部合生成柱状。果实球形，红色或黄色。花期9~11月，果期翌年3~5月。

产秦岭以南，南至华南、西南；越南亦产。宜阴湿生境，常攀缘于林下或林缘树木、岩石和房屋墙壁上，庭园中也常栽培。

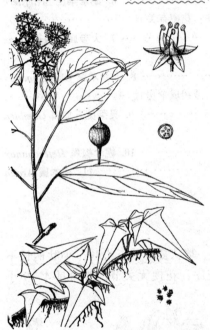

图317 常春藤

## 3. 刺楸属 *Kalopanax* Miq.

落叶乔木；树干及枝上具鼓钉状刺。单叶，掌状分裂。花两性，伞形花序再组成圆锥花序，顶生；花萼5齿裂；花瓣5；子房2室，花柱1，顶端2裂。浆果近球形；种子2，侧扁，胚乳均一。

仅1种。分布亚洲东部。

**刺楸** *Kalopanax septemlobus* (Thunb.) Koidz. 图318

高30m，胸径1m。树皮灰黑褐色，纵裂。小枝粗，具扁皮刺。叶近圆形，径9~25cm，5~7掌状分裂，裂片宽三角状卵形或长圆状卵形，基部心形或圆形，边缘有细锯齿，无毛或幼时被柔毛；叶柄细，长8~30cm。伞形花序径约1.5cm；花小，白色或淡绿色。浆果蓝黑色，径约5mm。花期7~8月，果期9~10月。

产东北南部以南，除高寒和干旱区域外，全国南北各地均产；日本、朝鲜亦产；海拔1200m以下；常见于村边次生林中，与枫香、小叶栎、翅荚香槐等混生。喜湿润肥沃的酸性或中性土壤，适应性强，在阳坡、干旱瘠薄的条件亦能生长。树干端直，少分枝，速生，适于用材林经营；木材致密，纹理细，有光泽，易加工。树皮及根皮可药用。

## 4. 树参属 Dendropanax Miq.

常绿灌木或乔木，无刺。单叶，全缘或2~3裂，常具半透明腺点。花两性或杂性，伞形花序单生或者成复伞形花序；萼筒全缘或具5小齿；花瓣5，镊合状排列；雄蕊5；子房2~5室。核果，胚乳均匀。

80种，分布热带美洲和东亚。我国16种，产南方各地。

**树参** *Dendropanax dentiger* (Harms) Merr. 图319

小乔木，高8m。叶椭圆形，稀倒卵状椭圆形，革质，长6~16cm，先端尖或渐尖，基部楔形或圆形，不裂或2~3裂（幼树叶常缺裂），全缘或具不明显细齿，3出脉，网脉两面隆起，密被红色半透明腺点；叶柄长约1cm。伞形花序单生或2~5簇生；花柱5，基部合生，顶端分离。果长圆状球形，具5纵棱。花期8~9月，果期10~12月。

产长江以南，南至华南北部，西至西南地区；越南、老挝等国亦产；海拔1000~1800m（西部）以下。中亚热带至边缘热带树种。在分布区北缘常为林下灌木，南岭以南则为小乔木，宜阴湿生境，生于沟谷溪边、常绿阔叶林中或林下。根及树皮祛风除湿，舒筋活络，壮筋骨，用于跌打骨伤及风湿病。叶浓密青翠且多异形，可盆栽为观叶植物。

图318 刺楸

## 5. 八角金盘属 Fatsia Decne. et Planch.

灌木或小乔木。单叶，掌状分裂，边缘具锯齿，托叶不明显。花两性或杂性，聚生为伞形花序，再组成顶生圆锥花序；花梗无关节；萼筒全缘或有5小齿；花瓣5，在花芽中镊合状排列；雄蕊5；子房5或10室；花柱5或10，离生；花盘隆起。果实卵形。

图319 树参

2种，一种分布日本，广泛栽培，另一种系我国台湾特产。

**八角金盘** *Fatsia japonica* ( Thunb. ) Decne. et Planch.　图320

常绿灌木，高5m，常呈丛生状。幼嫩枝叶多易脱落性的褐色毛。单叶互生，近圆形，宽12~30cm，掌状7~11深裂，边缘具浅齿，革质，表面深绿色而有光泽；叶柄长，基部膨大；无托叶。花小，乳白色；球状伞形花序聚生成顶生圆锥状复花序。果球形，熟时紫黑色。花期10~11月，果期2~5月。

原产日本。长江以南城市栽培，我国北方常温室盆栽观赏。耐阴，宜阴凉湿润生境，常作林下灌木栽植，最宜城市立交桥下作绿篱种植。叶大而浓绿，叶多分裂，为观叶树种，有银边'Albo-marginata'、金斑'Aureo-variegata'、银斑'Variegata'、金网'Aureo-reticulata'（叶脉黄色）等栽培变种。

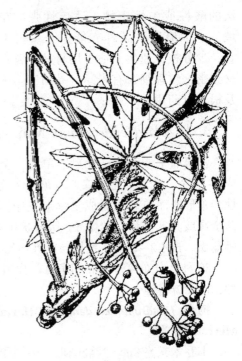

图320　八角金盘

### 6. 鹅掌柴属 *Schefflera* Forst.

乔木或灌木，有时为藤本。枝无刺。掌状复叶，具长柄；小叶全缘，小叶柄长1cm以上；托叶和叶柄基部合生。花序伞形、头状、穗状或总状再组成圆锥花序；花梗无关节；花萼全缘或具齿；花瓣、雄蕊各为5~11；子房5(4~11)室。浆果；每室1种子。

200余种，分布热带及亚热带。我国38种，主产西南地区。

**鹅掌柴**（鸭脚木）*Schefflera heptaphylla* ( L. ) D. G. Frodin　图321

乔木，高15m。小枝粗壮，幼树密被星状短柔毛，后渐变疏。小叶6~10，椭圆形、长圆状椭圆形，长7~17cm，全缘；幼时之小叶具锯齿或羽裂，初被星状毛；叶柄细，长15~30cm。伞形花序具花10~15，再组成顶生圆锥花序，被短柔毛；花白色，芳香。果球形，径4~6mm，花柱粗短。花期11~12月，果期12月至翌年1月。

产西南、华南、台湾及湖南、江西、浙江南部；日本、印度、越南亦产。喜光，稍耐瘠薄；速生，

图321　鹅掌柴

20年生高达15m；常与枫香、木荷、山乌桕等组成次生林。木材轻软，纹理致密。南方冬季优良的蜜源树种。树干整齐，复叶如掌，叶常青光绿，常盆栽为观叶植物。

[附] 穗序鹅掌柴 *Schefflera delavayi*(Franch.) Harms ex Diels 与鹅掌柴的区别：高3~8m。小枝粗壮，幼时密生黄棕色星状绒毛。小叶4~7，纸质至薄革质，椭圆状长圆形，叶形变化大，长6~20cm，下面密生灰白色或黄棕色星状绒毛，老时变稀，边缘全缘或疏生不规则的牙齿；叶柄长4~16(70)cm。大圆锥花序长40cm以上，分枝穗状；花白色。果实球形，紫黑色。产长江以南，至华南、西南；越南亦产；海拔600~3100m；喜光，生林中空地或采伐迹地。

## 7. 大参属 *Macropanax* Miq.

常绿乔木或小乔木，无刺。掌状复叶，托叶和叶柄基部合生或不存在。花杂性，聚生为伞形花序，再组成顶生圆锥花序；花梗有关节；萼筒边缘通常有5小齿；花瓣5，在花芽中镊合状排列；雄蕊与花瓣同数；子房2室，稀3室，花柱合生成柱状，稀先端离生。果实球形或卵球形。种子扁平，胚乳嚼烂状。

约6~7种，分布亚洲南部和东部。我国有6种。

**短梗大参** *Macropanax rosthornii* (Harms) C. Y. Wu ex G. Hoo　图322

常绿灌木或小乔木，高2~9m。小叶3~7，纸质，倒卵状披针形，6~18cm×1.2~3.5cm，先端短渐尖或长渐尖，尖头长1~3cm，基部楔形，两面无毛，边缘疏生钝齿或锯齿，齿有小尖头；叶柄长2~20cm或更长。伞形花序有花5~10，再组成顶生圆锥花序，长15~20cm，主轴和分枝无毛；花白色，花柱合生成柱状，先端2浅裂。果实卵球形。花期7~9月，果期10~12月。

产甘肃(文县)以南，南至华南北部(乐昌)、西达四川、贵州、云南；海拔500~1300m；生于疏林、林缘和灌丛。可引入园林林下栽培观赏。

图322　短梗大参

## 8. 人参木属 *Chengiopanax* Shang et J. Y. Huang

落叶乔木，无刺。掌状复叶互生，小叶3~9，具细齿；托叶小，与叶柄合生。花两性；伞形花序组成伞房状圆锥花序，序轴短；花梗无关节；花萼具5小齿；花瓣5，镊合状排列；雄蕊5，子房2室，花柱2，成柱状。果扁球形，浆果状。种子2，胚乳均匀。

2种，中国、日本各产1种。

**人参木(华人参木)** *Chengiopanax fargesii*(Franch.) Shang et J. Y. Huang [中华五加

Acanthopanax sinensis Hoo] 图323

高25m。小枝、叶及花序幼时密被锈色星状柔毛，后脱落。小叶5~7(9)，椭圆形或披针形，长4.5~13cm，近无毛，疏生细齿，侧脉6~8对；叶柄长3~7cm或稍长，小叶柄长0.2~1cm。伞房状圆锥花序顶生，总花梗长10~20cm；分枝末端伞形花序具8~20花。花梗长3~6mm；花瓣白色。果扁球形，径4~6mm。花期9月，果期11~12月。

产湖南西北及西南部、湖北北部、重庆；生于海拔800~2000m的山谷、山坡林缘及林中。喜光，速生。木材轻软、易加工，为优良用材树种。

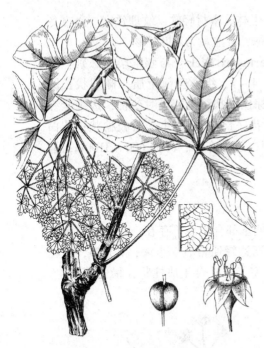

图323 人参木

### 9. 吴茱萸五加属 Gamblea C. B. Clarke

落叶灌木或乔木，无刺。掌状复叶，小叶3~5。花两性；伞形花序单生或再组成复伞形、伞房花序，常着生短枝顶端。花梗无关节；萼近全缘或具4(5)小齿；花瓣4(5)，镊合状排列；雄蕊4(5)；子房2~4(5)室，花柱2~4，常中下部连合，上部离生，反曲。浆果状核果。种子2~4；胚乳均匀。

约5种，产喜马拉雅及亚洲东部地区。我国3种。

**吴茱萸叶五加** *Gamblea ciliata* Clarke var. *evodiaefolia* (Franch.) Shang, Lowry et Frodin 图324

高10m。小叶3，纸质，椭圆形、长圆状披针形，长6~12cm，全缘或具细齿，齿端具刺毛，下面近无毛，侧脉6~8对；叶柄长5~10cm，小叶无柄或具短柄。花序梗长2~8cm；花梗长1~2cm，无毛；萼近全缘；花瓣绿色，长约2mm；雄蕊4，与花瓣等长；子房2(4)室；花柱2(4)。果近球形，径5~7mm。花期5~6月，果期8~10月。

产秦岭以南，至西南、华南北部；海拔1800m以下，西部上达3300m。北、中亚热带树种。宜温凉湿润生境，生于潮湿山谷、山坡林缘或林中。根皮有祛风湿、强筋骨、去瘀血功效。秋叶金黄，可供观赏。

图324 吴茱萸叶五加

## 10. 幌伞枫属 *Heteropanax* Seem.

常绿灌木或乔木，无刺。3~5回羽状复叶。花杂性，伞形花序再组成大型总状或圆锥状，雄花常为腋生花序，两性花顶生；苞片及小苞片宿存；花梗无关节；子房2室，花柱2，分离。果侧扁；种子扁。胚乳嚼烂状。

5种，分布亚洲南部及东南部。我国均产。可供观赏及药用，少数为用材树种。

**幌伞枫** *Heteropanax fragrans* (Roxb.) Seem. 图325

乔木，高30m。树皮灰棕色，无刺。大型羽状复叶，长达1m，小叶纸质，对生，椭圆形，5.5~13cm，全缘，无毛，侧脉6~10对。大型顶生圆锥花序长30~40cm，密被锈色星状绒毛，后脱落；花淡黄白色，芳香。果扁，长约7mm，径3~5mm。花期10~12月，果期翌年2~3月。

产湖南和江西南部、云南、华南（至海南）；印度、缅甸、印度尼西亚亦产；海拔1400m以下。南亚热带至赤道热带树种。宜温热湿润生境，生于常绿阔叶林林下及热带雨林中。树冠如伞，羽叶常绿，是优美的庭园观赏树种，又可盆栽为观叶植物。

图325 幌伞枫

## 11. 楤木属 *Aralia* L.

落叶灌木、小乔木或多年生草本。小枝粗壮，常具刺，若为草本则无刺。2~3回羽状复叶；托叶与叶柄基部合生，顶端离生。花杂性，伞形或头状花序再组成圆锥状；花梗具关节；萼齿5，花瓣5，覆瓦状排列；雄蕊5；子房5室，花柱5，分离或基部合生。果球形，具5(4)棱；种子扁，胚乳均匀。

40种，分布亚洲及北美。我国28种。多为药用植物，部分种类的嫩叶可作蔬菜。

**楤木** *Aralia chinensis* L. 图326

小乔木，高8m，常呈灌木状；茎具粗短刺。

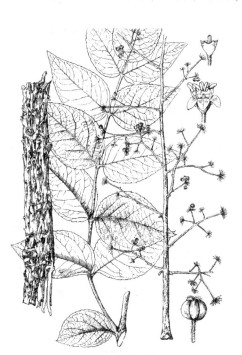

图326 楤木

小枝密被黄棕色绒毛。大型 2~3 回羽状复叶，长达 1m，小叶卵形或长卵形，长 5~12cm，先端渐尖或短渐尖，基部圆，具锯齿，上面被疏糙毛，下面被黄色或灰色柔毛。伞形花序组成圆锥状，长达 60cm；花黄绿色。果球形，黑色，具 5 棱。花期 7~8 月，果期 9~10 月。

产河北、山西、陕西以南，西至四川、云南西北等地；东部地区多见于平原、丘陵、低山，西部生于海拔 2700m 以下灌丛中。喜光，适应性强，凡荒山荒地、火烧迹地、林中空地均习见。嫩芽可作蔬菜。

## 32. 忍冬科 CAPRIFOLIACEAE

灌木或木质藤本，稀为小乔木和多年生草本。单叶，稀羽状复叶，对生，稀轮生；羽状脉，极少为三出或掌状脉；托叶无、甚小或特化为腺体。花两性，常排成聚伞或圆锥花序，稀双花或多花簇生；苞片和小苞片存在或缺；花萼 4~5 裂；花冠 4~5 裂，整齐或二唇形；雄蕊与花冠裂片同数而互生；子房下位。浆果、核果，稀为蒴果。

13 属约 500 种，主产北温带和热带高海拔山地，以东亚与北美东部最多。我国 12 属 200 余种，南北各地均产，但以中南和西南为盛。多为药用植物；茎皮纤维可供造纸；种子可榨油，供制润滑油或肥皂等；许多种类花、果艳丽，为著名园林观赏植物。

1. 奇数羽状复叶；花药外向 ················································· **1. 接骨木属** *Sambucus*
1. 单叶；花药内向。
  2. 果实上有 2 枚宿存、增大的翅状小苞片 ································· **2. 双盾木属** *Dipelta*
  2. 果实上无上述翅状小苞片。
    3. 核果或浆果，球形或近球形，不裂。
      4. 花辐射对称，多数组成各式花序；花柱极短；核果，种子 1 枚 ······ **3. 荚蒾属** *Viburnum*
      4. 花多为两侧对称且呈二唇形，总花梗上常具双花；花柱细长；浆果，种子多枚 ················································································ **4. 忍冬属** *Lonicera*
    3. 蒴果，圆柱形，2 裂 ······················································ **5. 锦带花属** *Weigela*

### 1. 接骨木属 *Sambucus* L.

落叶乔木或灌木，稀多年生高大草本；茎干常有皮孔，髓部发达。奇数羽状复叶对生；托叶状或退化成腺体。由小聚伞花序集成顶生的复伞形状或圆锥状花序；花小，白色或黄白色，整齐，萼筒短，萼齿 5；花冠辐状，5 裂；雄蕊 5，花丝短，花药外向；子房 3~5 室，花柱短或几无，柱头 2~3 裂。浆果状核果，具 3~5 核；种子三棱形或椭圆形。20 余种，广布北半球温带和亚热带地区。我国 4~5 种。

**接骨木** *Sambucus williamsii* Hance　　图 327

落叶灌木至小乔木，高达 6m。老枝具明显的长椭圆形皮孔。羽状复叶有小叶 2~3(5) 对，侧生小叶卵圆形、狭椭圆形至长圆状倒披针形，5~15cm×1~7cm，边缘具不整齐锯

图 327 接骨木

齿，叶揉碎有臭味。花冠蕾时带粉红色，开后白色或淡黄色；子房 3 室。果实红色，近球形，径 3~5mm；核 2~3。花期 4~5 月，果期 9~10 月。

除青藏高寒地、荒漠地外，全国各地均产；朝鲜、日本亦产；海拔 500~1600m；生于村边、山地林缘、空旷地或灌丛中。喜光，也耐阴，较耐寒，喜肥沃疏松的砂壤土或冲积土。枝繁叶茂，红果艳丽，优良的园林观赏和引鸟树种。

## 2. 双盾木属 *Dipelta* Maxim.

落叶灌木或小乔木。鳞芽。单叶对生，全缘或顶端具不明显的浅波状齿牙，脉上和边缘微被柔毛，具短柄；无托叶。花单生叶腋或 4~6 朵组成带叶的伞房状聚伞花序；苞片 2，小苞片 4，不等大，交互对生，较大 2 枚紧贴萼筒；萼筒长柱形，萼 5 裂；花冠筒状钟形，稍二唇形；雄蕊 4，2 强，内藏；子房 4 室，仅 2 室各具 1 能育胚珠。核果肉质，顶端具宿存萼裂片外有 2 枚宿存并增大的膜质翅状小苞片。

我国特有属，共 3 种，产西南、西北、华中及广西东部。

**双盾木 *Dipelta floribunda* Maxim.** 图 328

高达 6m；树皮剥落。叶卵状披针形或卵形，4~10cm×1.5~6cm，顶端尖至长渐尖，基部楔形或钝圆，下面灰白色，侧脉 3~4 对，与中脉均被白色柔毛；叶柄长 6~14mm。聚伞花序簇生于侧生短枝顶端叶腋，花梗纤细，长约 1cm；萼齿 5 裂至基部；花冠白或粉红色，长 3~4cm，喉部橘黄色。果具棱及 2 枚盾形小苞片。花期 4~7 月，果期 8~9 月。

产陕西、甘肃、湖北、湖南、广西、四川及贵州；海拔 650~2200m；生于阔叶林下或灌丛中。花美丽，果形奇特，供园林观赏。

## 3. 荚蒾属 *Viburnum* L.

落叶或常绿，灌木或小乔木。单叶对生，稀 3 叶轮生；具柄。花小，整齐；由小聚伞花序聚成顶生或侧生的伞形式、圆锥式或伞房式复花序，稀紧

图 328 双盾木

缩成簇状，有时具白色大型的不孕边花或全由大型不孕花组成；萼 5 齿裂，花冠白色，稀淡红色，5 裂；雄蕊 5，与花冠裂片互生；子房 1 室，花柱粗短。核果；种子 1。

约 200 种，分布温带和亚热带地区，以亚洲和南美洲较多。我国有 74 种，广布全国，主产西南部。多为优良的观花、观果树种，尤以具有大型不孕花的种类最为美丽；核果艳丽，鸟类啄食传播。

1. 落叶或半常绿灌木；叶片纸质。
　　2. 花序无大型不孕花；鳞芽，侧脉 6~8 对，直达齿端；叶基部有腺体·············· 1. 荚蒾 *V. dilatatum*
　　2. 花序外围具大型不孕花；裸芽，侧脉 5~6 对，不达齿端；叶基部无腺体 ··············
　　　　··················································································· 2. 琼花 *V. macrocephalum* f. *keteleeri*
1. 常绿灌木至小乔木；叶片革质。
　　3. 叶面平滑；幼枝、芽、叶背、叶柄、花序无毛或近无毛；圆锥花序 ······ 3. 珊瑚树 *V. odoratissimum*
　　3. 叶面极皱；幼枝、芽、叶背、叶柄、花序均密被厚绒毛；复伞状聚伞花序 ··············
　　　　··················································································· 4. 皱叶荚蒾 *V. rhytidophyllum*

**1. 荚蒾 *Viburnum dilatatum* Thunb.**　　图 329

落叶灌木，高 3m。鳞芽。幼枝、芽、叶柄、花序及花萼均被开展的粗毛或星状毛。叶干后不变黑，卵圆形至宽倒卵形，3~13cm×2~11cm，基部圆钝至微心形，缘有波状尖牙齿，两面有毛，下面有黄色至几无色的透明腺点，侧脉 6~8 对，直出，近基部两侧有少数腺体；叶柄长 1~3cm，无托叶。复伞状聚伞花序，一级分枝 5 条。果近球形，红色，长 7~8mm。花期 5~6 月，果期 9~11 月。

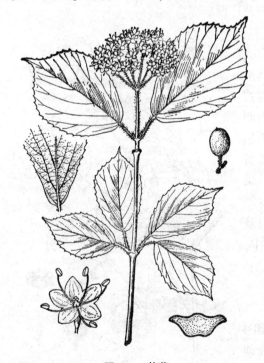

图 329　荚蒾

图 330　琼花

产黄河、秦岭以南至华南、台湾；日本、朝鲜亦产；海拔 100~1000m；生于山地疏林下或灌丛中。茎干韧皮纤维可制人造棉。为优良的园林观果与引鸟树种。

**2. 琼花**(八仙花) *Viburnum macrocephalum* Fort. f. *keteleeri* (Carr.) Rehd. 图 330

落叶或半常绿灌木，高达 4m；裸芽。芽、幼枝、叶柄及花序均密被灰白色或黄白色簇状短毛，后渐变无毛。叶纸质，卵形、椭圆形或卵状长圆形，5~11cm×2~4cm，顶端钝或稍尖，基部圆或微心形，缘有小齿，侧脉 5~6 对，近缘处相互网结，连同中脉在上面略凹陷；叶柄长 10~15mm。花序周围具白色大型不孕花；可孕花小，白色，辐状。果椭圆形，熟时由红变黑。花期 4 月，果期 9~10 月。

产江苏、安徽、浙江、江西、湖北及湖南；生于丘陵、山坡林下或灌丛中，尤喜生于石灰岩山地。历史名花，园林中常有栽培。

[附]**木绣球** *Viburnum macrocephalum* Fort. 与琼花的区别：花序全部由大型不孕花组成球形，花白色或蓝色间其他色彩。花期 4~6 月，不结实。为著名的园林观赏树种，我国南北各地常有栽培。

**3. 珊瑚树** *Viburnum odoratissimum* Ker.-Gawl. 图 331：1~3

常绿小乔木，高达 10m。鳞芽。叶革质，通常椭圆形至长圆形，长 7~20cm，先端短尖，具钝头，基部宽楔形，全缘或上部有浅波状齿，上面亮绿色，两面无毛或下面脉腋有簇毛及趾蹼状凹孔，侧脉 5~6 对，弧形，近缘处网结；叶柄长 1~3cm。顶生圆锥花序；花白色，具芳香，花冠筒长约 2mm。果实卵圆形，先红后黑，长约 8mm。花期 4~5 月，果期 7~9 月。

产福建、湖南、广东、海南和广西；印度、缅甸、泰国和越南亦产；海拔 200~1300m；生于山地密林、溪边涧蔽荫处、向阳疏林或灌丛中。南方各地常栽培，丛植或孤植均佳，又为优良的防火树种。木材纹理致密。

[附]**日本珊瑚树** *Viburnum odoratissimum* Ker.-Gawl. var. *awabuki* (K. Koch.) Zabel ex Runpl. 图 331：4~6 与珊瑚树的区别：叶缘

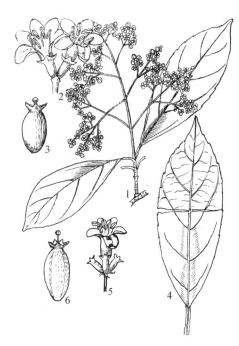

图 331  1~3. 珊瑚树  4~6. 日本珊瑚树

具较规则的浅波状齿，侧脉 6~8 对；花冠筒长 3.5~4mm。花期 5~6 月，果期 9~11 月。产浙江(舟山)和台湾；日本及韩国亦产。性状及用途同珊瑚树，长江以南城市广为栽培为绿篱或绿墙。生根和萌芽能力极强，对有毒气体抗性强，栽植极易成活，因此比珊瑚树栽培更广泛。

**4. 皱叶荚蒾**(枇杷叶荚蒾) *Viburnum rhytidophyllum* Hemsl. 图 332

常绿灌木或小乔木，高达 4m。幼枝、芽、叶下面、叶柄及花序均被厚绒毛。叶革质，卵状矩圆形至卵状披针形，长 8~25cm，顶端稍尖或略钝，基部圆形或微心形，全缘或有不明显小齿，上面各级脉深陷，侧脉6~12对，近缘处相互网结。花序第一级辐射枝通常7条；花冠白色。果实先红后黑，宽椭圆形，长6~8mm。花期4~5月，果期9~10月。

产陕西、湖北、四川及贵州；海拔800~2400m；生于山地林下或灌丛中。枝叶浓密，花洁果艳，为极好的观赏植物，欧洲园林中常见栽培。

### 4. 忍冬属 Lonicera L.

灌木或木质藤本，稀小乔木。单叶对生，全缘，稀波状或浅裂。花常2朵并生于叶腋，或3~6朵1至数轮排列于枝顶成头状，如为后者则花序下方通常有1~2对合生之叶；花萼5裂；花冠5裂，常呈二唇形，少为近辐射对称；雄蕊5；子房2~3室。浆果红色、蓝黑色或黑色，2果并生、合生或多个集生为头状。

图332 皱叶荚蒾

约200种，分布温带及亚热带地区。我国有98种，全国广布，但以西南部种类最多。本属有许多药用植物和观赏植物，果实为鸟类吸食传播。

1. 缠绕木质藤本；花冠长3~5cm。
　　2. 半常绿；幼枝密被开展糙毛及腺毛；叶背无腺体 ………………………………… **1. 忍冬** L. japonica
　　2. 落叶；幼枝密被弯曲短柔毛；叶背有橙黄至橘红色蘑菇状腺体 ………… **2. 菰腺忍冬** L. hypoglauca
1. 直立大灌木；花冠长1~2cm ………………………………………………………… **3. 金银忍冬** L. maackii

### 1. 忍冬（金银花）Lonicera japonica Thunb. 图333

半常绿藤本。茎中空，幼枝密被黄褐色糙毛，后脱落。叶纸质，卵形至长卵形，长3~8cm，幼叶两面被毛，后脱落；叶柄长4~8mm。双花并生叶腋，总花梗长1~4cm；苞片叶状，长2~3cm；花冠唇形，初白后变黄，长3~5cm，具清香；花丝和花柱伸出花冠外。浆果球形，长6~7mm，蓝黑色。花期4~6月，果期10~11月。

全国除西北、东北和海南等高寒干旱地区外均产；日本、朝鲜亦产；生于海拔1500m以下的疏林中、林缘、灌丛、岩隙、路边。各地常有栽培。北美有野生。全株入药，以花蕾为佳，有清热解毒、消炎抗菌、利尿除火之效；花含芳香油，可提制用于化妆品之香精；生性强健，枝叶茂密，花清香，黄白相映，可作篱垣、花架等垂直绿化，老桩可制盆景。

### 2. 菰腺忍冬（红腺忍冬）Lonicera hypoglauca Miq. 图334

落叶藤本。幼枝、叶柄、叶下面和上面中脉及总花梗均密被弯曲的淡黄褐色短柔毛，

图 333 忍冬

图 334 菰腺忍冬

有时混生糙毛。叶纸质,卵形至卵状矩圆形,长 6~11cm,顶端渐尖或尖,基部圆形或微心形,下面有时粉绿色,有橙黄至橘红色蘑菇状腺体;叶柄长 5~12mm。双花并生或多朵集生于侧生短枝上,或于小枝顶集合成总状。花冠白色或带红晕,后变黄色,长 3.5~4cm。浆果近圆形,熟时黑色,径约 7~8mm。花期 4~6 月,果期 10~11 月。

产华东、华中、华南及西南各地;日本亦产;生于海拔 50~1500m 的灌丛或疏林中。花蕾供药用,作"金银花"入药。可作垂直绿化观赏。

**3. 金银忍冬** *Lonicera maackii*( Rupr. ) Maxim.
图 335

落叶灌木,高达 5m。鳞芽。幼枝、叶两面脉上、叶柄等均被短柔毛和微腺毛。叶纸质,形状多变,常为卵状椭圆形至卵状披针形,长 5~8cm,先端渐尖或长渐尖,基部宽楔形至圆形;叶柄长 2~8mm。双花生于幼枝叶腋,总花梗长 1~2mm。花冠先白后黄,芳香,长 1~2cm。浆果暗红色,球形,半透明,径 5~6mm。花期 4~6 月,果期 8~10 月。

广布于全国大部分地区;朝鲜、日本和俄罗斯远东地区亦产;多生于海拔 1800m 以下的林中、林缘或溪边灌丛中。生性强健,喜光、耐寒、耐旱。茎皮可制人造棉;花可提取芳香油;花朵黄白相

图 335 金银忍冬

间，果实晶莹红艳，为极好的观赏与引鸟树种。

### 5. 锦带花属 Weigela Thunb.

落叶灌木或小乔木。鳞芽。幼枝略方形，常具2列毛。单叶对生；具锯齿；无托叶。花单生或由2~6花组成聚伞花序，顶生或腋生于侧生短枝上；萼筒长圆柱形，萼檐5裂；花较大，花冠钟状漏斗形，5裂；雄蕊5，内藏；子房2室，胚珠多数，花柱细长，柱头头状，常伸出花冠筒外。蒴果圆柱状，2瓣裂；种子小而多，有棱角或狭翅。

12种，分布东亚及北美；我国产2种，另园林引入栽培2种。

**水马桑**（半边月）*Weigela japonica* Thunb. var. *sinica*（Rehd.）Bailey  图336

图336 水马桑

灌木，高达5m。叶长卵形至卵状椭圆形，稀倒卵形，5~15cm×3~8cm，顶端渐尖至长渐尖，基部阔楔形至圆形，两面有糙毛；叶柄长8~12mm。聚伞花序具花1~3；花萼5裂至基部；花冠钟形，白色或淡红色，花开后逐渐变红色，漏斗状钟形，长2.5~3.5cm。蒴果长1.5~2cm，顶端有短柄状喙；种子具狭翅。花期5~6月，果期8~9月。

产长江以南，南至华南，西迄四川、贵州；海拔500~1800m；生于中山至山顶灌丛或溪沟边。花艳丽，夏季开放，为优良的观花树种和蜜源植物。

## 33. 水青树科 TETRACENTRACEAE

落叶乔木；全体无毛。单叶，生短枝顶端，基出掌状脉。花小，两性，下垂穗状花序；萼片4，无花瓣；雄蕊4，与萼片对生；心皮4，沿腹缝合生，花柱4。蒴果4深裂，宿存花柱基生下弯；种子小。木质部无导管，为原始性被子植物。

仅1属1种，分布中国、尼泊尔、缅甸、越南。

### 水青树属 *Tetracendron* Oliv.

形态特征与科同。

1种，分布我国中部及西南各地。尼泊尔、缅甸及越南亦产。

**水青树** *Tetracendron sinense* Oliv.  图337

高40m；全体无毛。短枝具明显环形叶痕。叶卵状心形，长7~15cm，先端渐尖，基部心形，具腺齿，下面稍被白粉霜，基出脉5~7，网脉在两面细致且明显，叶柄长2~3.5cm，基部与托叶合生。花序生短枝顶端，长6~15cm；花淡黄色；萼片卵圆形，长1~1.5mm。果黄褐色，4深裂，长3~4mm；种子线形，长2~3mm。花期6~7月，果期8~10月。

产甘肃、陕西、华中至西南；尼泊尔、缅甸南部及越南北部亦产；生于海拔1100~3000m溪边、沟谷、林缘。耐阴，喜水湿环境，生境空气湿度大，树干密布苔藓。树干端直，树形幽雅，叶形特异，可植为观赏树。为国家保护植物。

## 34. 金缕梅科 HAMAMELIDACEAE

乔木或灌木，常有星状毛。单叶互生，掌状或羽状脉；托叶线形或苞片状，稀缺。头状、穗状或总状花序，两性或单性同株，稀异株，有时杂性；萼筒发育并多少与子房合生，萼片4~5；花瓣与萼片同数，或缺，稀无花被；雄蕊4~5或更多，花药2室，直裂或瓣裂，药隔突出；子房半下位或下位，稀上位，心皮2，2室，花柱2，中轴胎座，每室胚珠1至数枚。蒴果，常室间或室背4瓣裂，外果皮木质或革质，内果皮角质或骨质；种子常为多角形，扁平或有窄翅，具明显的种脐。

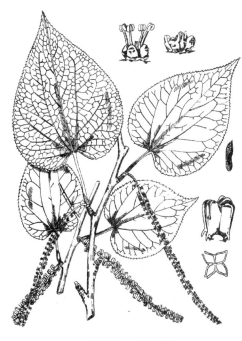

图337 水青树

30属140余种，除欧洲外，其他各大洲均产。我国有18属74种，主产南部各地。本科系一古老且多歧分异的科，已分为多个亚科，甚至可独立为科等级；本科固有特征：2心皮雌蕊、2花柱、子房2室，与萼筒多少结合仍是非常稳定的。现代植物分类主流学派一般认为"柔荑花序"类群由原始风媒倾向的"金缕梅类"演化而来。

1. 叶掌状或三出脉。
    2. 落叶；托叶线形，不包被芽体；小枝无环状托叶痕。
        3. 叶片不裂；掌状脉；花的各部分为5数，每花序仅具2花 ················· **1. 双花木属** *Disanthus*
        3. 叶片3裂；通常为三出脉；雌花序头状 ················· **2. 枫香属** *Liquidambar*
    2. 常绿；托叶宽阔，包被芽体；小枝有环状托叶痕。
        4. 头状花序；带托叶之芽呈椭圆形，扁平 ················· **3. 马蹄荷属** *Exbucklandia*
        4. 肉质穗状花序；带托叶之芽呈长尖圆锥状或扁平而近圆形 ················· **4. 壳菜果属** *Mytilaria*
1. 叶羽状脉（有时基部1对脉稍强）。
    5. 花（果）序为头状花（果）序或近之。
        6. 叶常绿；花（果）序密集为一体（聚花果），球形或近球形。
            7. 花序高度密集形同一花，花瓣红色 ················· **5. 红花荷属** *Rhodoleia*
            7. 花序头状，但未形同一花，无花瓣 ················· **6. 蕈树属** *Altingia*
        6. 花（果）序为松散头状花（果）序或短穗状花（果）序，花瓣长条形。
            8. 常绿或半常绿树；花开于有叶枝上；叶为整齐羽状脉 ················· **7. 檵木属** *Loroperalum*
            8. 落叶树；花开于叶前；叶下一对侧脉强劲，具第二级侧脉 ················· **8. 金缕梅属** *Hamamelis*

5. 花序为总状花序或短穗状花序。
    9. 叶下 1 对侧脉强劲, 具第二级侧脉; 子房半下位; 果下部与萼筒结合 …… **9. 蜡瓣花属** *Corylopsis*
    9. 叶侧脉羽状整齐; 子房上位; 萼片宿存于果下 ………………………… **10. 蚊母树属** *Distylium*

## 1. 双花木属 Disanthus Maxim.

落叶灌木。叶心形或宽卵圆形, 具长柄, 掌状脉; 托叶线形, 早落。头状花序腋生, 具 2 朵无柄而对生的花; 花两性, 下位, 5 数, 苞片 1, 小苞片 2; 萼筒短杯状, 裂片 5, 花时反卷; 花瓣 5, 窄带状或线状披针形; 雄蕊 5, 花丝短, 花药内向, 2 瓣裂开; 退化雄蕊 5, 卵形, 细小; 子房上位, 2 室; 每室胚珠 5~6; 花柱 2, 粗短。蒴果木质, 室间裂开为 2 片, 内果皮骨质, 与外果皮分离。种子长椭圆形, 不等大。

1 种 1 变种, 我国产 1 变种, 原变种分布日本南部山地。

**长柄双花木** *Disanthus cercidifolius* Maxim. subsp. *longipes* ( H. T. Chang ) K. Y. Pan [ *D. cercidifolius* Maxim. var. *longipes* H. T. Chang ] 图 338

高 4m; 多分枝, 小枝曲折。叶宽卵圆形, 5~8cm×6~9cm, 先端钝圆, 基部心形, 全缘, 下面常被白粉, 掌状脉 5~7; 叶柄长 3~5cm。花序梗长 8~15mm; 花萼裂片 5; 花瓣 5, 红色, 线状披针形, 先端常卷曲, 长约 7mm。蒴果倒卵圆形, 长 1.2~1.6cm, 先端近平截; 种子长 4~5mm, 黑色, 有光泽。花期 10~12 月, 果期翌年 9~10 月。

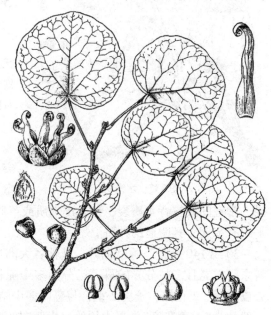

图 338 长柄双花木

产浙江、江西、湖南; 海拔 450~1500m; 生于山脊、山坡林中或沟谷旁灌丛中。冬季开花, 小枝曲折, 叶形优美, 入秋变色, 可供园林观赏或作盆景材料。为国家保护植物。

## 2. 枫香属 Liquidambar L.

落叶乔木。叶掌状分裂, 掌状脉, 有长柄; 托叶线形, 早落。花单性同株, 无花瓣; 雄花多数, 由头状或穗状花序再排成总状花序; 雄头状花序具苞片 4, 无萼片和花瓣, 雄蕊多而密集; 雌花多数, 聚生成圆球形头状花序, 苞片 1; 萼筒与子房合生; 萼裂片针状, 宿存或缺; 子房半下位, 2 室, 花柱 2; 胚珠多数。果序圆球形, 有宿存刺状花柱或萼齿或缺; 种子多数, 有窄翅。

5 种, 分布美洲和亚洲。我国产 2 种 1 变种。

**枫香** *Liquidambar formosana* Hance 图339

落叶乔木，高35m，胸径1m。树皮灰褐色，方块状开裂；芽鳞多数，棕黑色，有光泽。叶阔卵形，8~12cm×10~14cm，掌状3裂，中裂片较长，先端尾状渐尖，两侧裂片平展，基部心形，边缘有锯齿，掌状脉3~5，在两面均显著，网脉明显可见；叶柄长达11cm。雌花序有花20~40，雌蕊花柱细长，周围绕以刺状宿存的萼齿。果序圆球形，径3~4cm；种子多数，褐色，能育种子具短翅。花期3月，果期10月。

产秦岭、淮河以南，北起河南、江苏，东到台湾，西迄四川、云南、西藏，南达海南；越南北部、老挝及韩国亦产；海拔600m以下，海南达1000m，云南达1660m。北亚热带至边缘热带树种。喜光，速生，寿命长，可成大材，各地村边常有古树；宜肥沃湿润土壤；天然传播更新力强，常与锥栗、紫弹朴、黄檀、小叶栎等混交为次生林。木材红褐色或浅红褐色，纹理交错，结构细，易加工，易翘裂，经干燥处理后耐腐。树脂可作香料和药用。秋叶红艳，为著名的秋色叶树种。

图339 枫香

### 3. 马蹄荷属 *Exbucklandia* R. W. Brown

常绿乔木。小枝粗壮，节膨大，有明显的环状托叶痕。叶互生，厚革质，阔卵圆形，全缘或掌状浅裂，掌状脉；托叶2，大而对合，椭圆形，包着芽体，早落；叶柄长。头状花序腋生，有花7~16。花两性或杂性同株；萼筒与子房合生，萼齿不明显或呈瘤状突起；花瓣2~5，线形或无花瓣；雄蕊10~14；子房半下位，藏于肉质头状花序内，2室，上半部分离，花柱2；每室胚珠6~8。头状果序有蒴果7~16；蒴果木质，每室有种子2~6。

4种，分布马来西亚、印度尼西亚和我国南部地区。我国3种，产华南至西南。

**大果马蹄荷** *Exbucklandia tonkinensis* (Lecomte) Steenis 图340

高30m。叶阔卵圆形或卵形，8~13cm×5~9cm，基部楔形，全缘或幼树叶掌状3浅裂，掌状脉3~5；叶柄长3~5cm；托叶长2~4cm。头状花序有花7~9，花序梗长1.5cm。头状果序长3~4cm，有果7~9；果卵圆形，长1~1.5cm，表面有小瘤状突起；种子6，

图340 大果马蹄荷

下部2粒具翅，长8~10mm。花期4~8月，果期9~11月。

产福建、江西、湖南、广东、海南、广西、云南；越南北部亦产；海拔500~1700m；生于沟谷常绿阔叶林中，与毛椿、红椎、木荷、深山含笑等混生。南亚热带至边缘热带树种，北至南岭。喜温暖湿润气候和湿润肥沃土壤，稍耐阴。生长较快，木材淡粉红色，年轮明显，纹理交错，结构细，坚重，干燥后易开裂。耐火能力强，为优良的防火树种。叶大质厚，光亮浓绿，优良的园林绿化树种，也可盆栽为观叶植物。

[附] 马蹄荷 *Exbucklandia populnea* (R. Br.) R. W. Brown　与大果马蹄荷的主要区别：叶基部心形，稀为圆形；蒴果较小，长7~9mm，表面光滑。产贵州、广西、云南、西藏；缅甸、泰国及印度亦产；海拔500~2600m。

## 4. 壳菜果属 *Mytilaria* Lec.

常绿乔木；小枝有环状托叶痕。叶具长柄，掌状脉；托叶1，包住芽体呈长锥形，早落。花两性，螺旋状紧密排列于具柄的肉质穗状花序上；萼筒与子房合生，藏于花序内，萼齿5~6；花瓣5，条形；雄蕊10~13，着生于环状萼筒的内缘，花丝粗短，花药4室；子房下位，2室，花柱2，极短，每室具胚珠2~6，中轴胎座。蒴果椭圆状卵形，2瓣裂开，外果皮松脆，内果皮木质。种子椭圆形。

仅1种，产华南、西南。中南半岛亦产。

**壳菜果**（米老排）*Mytilaria laoensis* H. Lecomte　图341

常绿乔木，高30m。小枝粗壮无毛，节有环痕。叶厚革质，阔卵圆形，全缘或3浅裂，幼树及萌生枝上叶盾形，10~13cm×7~10cm，基部心形，掌状脉5，在上下两面明显，网脉不明显；叶柄长7~10cm。花序顶生或腋生；花瓣长8~10mm，白色。蒴果长1.5~2cm，黄褐色；种子长1~1.2cm，褐色，有光泽。花期6~7月，果期10~11月。

图341　壳菜果

产云南、广西、广东，江西南部有栽培；老挝及越南北部亦产；海拔250~1800m。南亚热带至边缘热带树种。较喜光，幼苗耐阴。喜生于肥沃湿润、排水良好、酸性砂壤至轻黏土的山地，忌积水，不宜石灰土及黏重土壤。速生，为华南优良速生用材树种，现已扩大至中亚热带南部地区栽培。木材红褐色，有光泽，纹理略交错，结构细，稍硬重，易加工，耐腐。叶光洁浓绿，形姿优美，为优良的园林树种，也是很好的盆栽观叶植物。

## 5. 红花荷属 *Rhodoleia* Champ. ex Hook. f.

常绿乔木或灌木。革质叶不裂，羽状脉或不明显的三出脉，无托叶，具长柄，全缘，下面常粉白色。头状花序腋生，常弯垂，有花5～8，总苞片覆瓦状排列，整个花序形似一朵大花，具花序梗。花两性；萼筒极短，萼齿不明显；花瓣2～6，生于头状花序的外侧，匙形至倒披针形，红色；雄蕊4～10，约与花瓣等长或稍短，花药2室，纵裂；子房半下位，花柱2；每室具胚珠12～18。蒴果上半部裂为4片，果皮较薄；种子扁平。

9种，分布东亚、东南亚。我国有6种，主产华南至西南。

**红花荷**（红苞木）*Rhodoleia championii* Hook. f. 图342

常绿乔木，高30m。叶卵形至椭圆形，7～15cm×3.5～6.5cm，基部阔楔形，下部1对侧脉较强而呈三出脉状，上面亮绿色，下面灰白色，侧脉6～9对，网脉不明显；叶柄长3～5.5cm。头状花序长3～4cm，花序梗长2～3cm。果序具5果；果卵圆形，长1.2cm，无宿存花柱；种子黄褐色。花期2～4月，果期8～10月。

产广东、海南、香港、广西、贵州；越南、缅甸、马来西亚、印度尼西亚亦产；海拔1000m以下；多生于山地季雨林、常绿阔叶林中。边缘热带至赤道热带树种。木材红褐色或黄褐色，耐腐。花序大，花期早，花色艳，为极好的园林观赏树和行道树。

图342 红花荷

## 6. 蕈树属 *Altingia* Noronha

常绿乔木。鳞芽。叶革质，不裂，羽状脉；托叶细小早落或无。花单性同株，无花瓣；雄花排成头状或短穗状花序，常再组成总状花序，每个头状花序有苞片1～4；每花雄蕊多数，花丝极短；雌花5～30排成头状花序，总苞片3～4，具长花序梗；萼筒与子房合生，萼齿完全消失或为瘤状突起；子房下位，胚珠多数。头状果序近球形，蒴果藏于果序内，花柱脱落；种子多数，多角形或略有翅。

12种，分布中国及中南半岛、印度、马来西亚、印度尼西亚。我国8种，主产西南、华南各地。

**蕈树**（阿丁枫）*Altingia chinensis* (Champ.) Oliv. 图343

高20m。嫩枝无毛。叶革质至厚革质，倒卵状长圆形，7～13cm×4.5cm，边缘有

图343 蕈树

钝锯齿，先端短急尖，侧脉6~8对，两面均凸起，网脉明显，上下两面光绿无毛；叶柄长约1cm。雌花序具花15~26朵。果序近球形，径1.7~2.8cm。

产南岭以南，至华南、西南；越南北部亦产；海拔500~1200m。中亚热带南部至边缘热带树种，常与栲、青冈、润楠、木莲类混生组成常绿阔叶林。较喜光，幼苗稍耐阴。心材红褐色，有光泽，坚重，稍耐腐，可供建筑、车船、工具柄及家具等用；用其种植香菇产量较高；木材含挥发油，可蒸制蕈香油。

[附] 细柄蕈树 Altingia gracilipes Hemsl. 与蕈树的区别：叶卵状披针形，4~7cm×1.5~2.5cm，先端长尾状渐尖，全缘，侧脉5~6对，在上面不明显，网脉不显著；叶柄长2~3cm，纤细。雌花具花5~6。果序倒圆锥形，径1.5~2cm。产浙江南部、福建、广东、海南；海拔300~700m。习性与用途略同蕈树。

### 7. 檵木属 Loropetalum R. Br.

常绿或半常绿灌木至小乔木。叶羽状脉，具短柄；托叶膜质。花两性，3~8朵组成松散的头状或短穗状花序；萼筒倒锥形，萼齿4，卵形，脱落；花瓣4，条形，白色或红色，在花芽时向内卷曲；雄蕊4，花丝极短，退化雄蕊4，鳞片状；子房半下位，2室，每室胚珠1，花柱2。蒴果木质，卵圆形，被星状毛，上半部2片裂开，每片再2浅裂。种子长卵形，黑色，有光泽。

4种，分布亚洲东部的亚热带地区。我国产3种1变种。

**檵木** Loropetalum chinense (R. Br.) Oliv. 图344

高8m，但常为灌木。小枝有星状毛。叶小，卵形，2~5cm×1.5~2.5cm，下面被星状毛，先端锐尖，基部钝，偏斜，侧脉约5对；叶柄长2~5mm。花白色。蒴果卵圆形，7~8mm×6~7mm；种子长4~5mm。花期3~5月，果期8~10月。

产长江以南，南至华南，西达西南；日本、印度亦产；海拔800m以下；常生于低山次生林、马尾松林林下。中亚热带至南亚热带树种。喜光，适应性强，萌芽力强，喜酸性土壤。材质坚重。枝密叶小，树干苍劲，花繁洁白，可供园林观赏，也是江南地区重要的盆景材料。

[附] 红花檵木 Loropetalum chinense (R. Br.) Oliv. var. rubrum Yieh 与檵木的区别：叶片多呈暗红色，花红色。原产湖南，现国内外园林中多有种植。常修剪成球形，适于布置色块，制作盆景，为优良观叶观花植物。

**图344 檵木**

## 8. 金缕梅属 *Hamamelis* Gronov. ex L.

落叶灌木或小乔木。嫩枝有绒毛。芽裸露，有绒毛。叶羽状脉，最下 1 对侧脉通常有第二级分支侧脉；托叶早落。头状或短穗状花序；花两性，4 数；萼齿 4，被星毛；花瓣 4，在花芽时皱褶；雄蕊 4，花药 2 室；退化雄蕊 4；子房近于上位或半下位，2 室；每室胚珠 1。蒴果木质，上半部 2 片裂开，每片 2 浅裂；内果皮骨质；种子长椭圆形，种皮角质，发亮；胚乳肉质。

6 种，中国 2 种，北美及日本各有 2 种。

**金缕梅** *Hamamelis mollis* Oliv.　图 345

高 8m。嫩枝有星状绒毛；芽有灰黄色绒毛。叶纸质或薄革质，阔倒卵圆形，8~15cm×6~10cm，先端短急尖，基部不等偏心形，下面密生灰色星状绒毛，侧脉 6~8 对，边缘有波状钝齿；叶柄长 6~10mm，被绒毛。花序腋生，有花数朵，无花梗；萼筒短，与子房合生，萼齿宿存，均被星状绒毛；花瓣带状，长约 1.5cm，黄白色；雄蕊花丝长 2mm。蒴果卵圆形，长 1.2cm，密被黄褐色星状绒毛，萼筒长约为蒴果 1/3；种子椭圆形，长约 8mm，黑色发亮。花期 4 月。

产四川、湖北、安徽、浙江、江西、湖南及广西；海拔 700~1500m；生于疏林、山地灌丛中。花形奇特，美丽芳香，早春先叶开放，黄色细长花瓣如金缕，缀满枝头，宜植于园林绿地观赏。

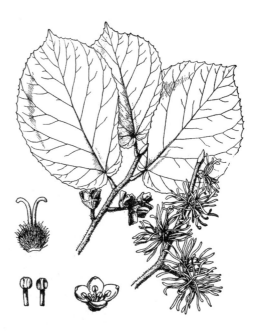

图 345　金缕梅

## 9. 蜡瓣花属 *Corylopsis* Sieb. et Zucc.

落叶或半常绿，灌木或小乔木。混合芽有多数总苞状鳞片。叶基部心形或圆形，不对称，有锯齿，羽状脉直达叶缘，最下 1 对侧脉有分支脉；托叶状，早落。花两性，下垂总状花序，各部 5 数；萼筒与子房合生或稍分离；花瓣匙形或倒卵形，有柄，黄色；子房常半下位，2 室，每室胚珠 1。蒴果木质，卵圆形，具宿存花柱；每室 1 种子。

29 种，主要分布东亚。我国产 20 种 6 变种，主产长江流域及其南部各地。本属的多数种类含有矮茶素，可治慢性支气管炎。园林中常栽培作观赏用。

**大果蜡瓣花**(瑞木) *Corylopsis multiflora* Hance　图 346

落叶或半常绿，灌木或小乔木。叶倒卵形或倒卵状椭圆形，7~15cm×4~8cm，先端锐尖或渐尖，基部心形，近对称，下面有粉白色蜡被，侧脉 7~9 对，有锯齿；托叶被绒毛。总状花序长 2~4cm；萼筒与子房无毛；花瓣倒披针形，白色或微黄。蒴果长 1.2~2cm，无毛。花期 4~5 月，果期 7~9 月。

产长江以南、台湾；海拔550~1500m；生于山地混交林、灌丛中。花叶同发，颇为优美，可供园林观赏。材质坚重、结构细致。

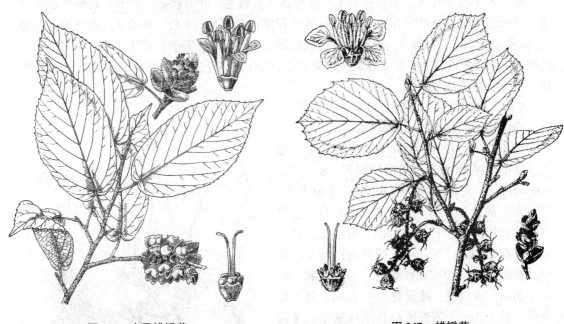

图346　大果蜡瓣花　　　　　　　图347　蜡瓣花

[附]蜡瓣花 *Corylopsis sinensis* Hemsl.　图347　与大果蜡瓣花的区别：植株落叶；芽被褐色毛；叶先端急尖或略钝，基部歪斜，下面无灰白色蜡被；托叶无毛。花黄色，花瓣匙形；退化雄蕊不分裂。蒴果短于1cm，有毛。产长江以南，至华南及西南；海拔1800m以下。习性和用途略同大果蜡瓣花。

## 10. 蚊母树属 *Distylium* Sieb. et Zucc.

常绿灌木或小乔木。幼枝及芽常有星状绒毛或垢鳞；裸芽。叶革质，羽状脉，全缘或偶有小齿，具短柄，常有虫瘿；托叶披针形，早落。短穗状花序腋生；花单性或杂性；萼筒极短，萼齿2~6或缺，不等长；无花瓣；雄蕊4~8，花丝不等长；雄花无退化雌蕊；子房上位，外面被星状绒毛，2室，花柱2，每室胚珠1。蒴果木质，上半部2瓣开裂，每瓣再2浅裂，基部无宿存的萼筒；种子亮褐色。

18种，分布东亚和印度、马来西亚。我国12种3变种，产长江以南各地。

**蚊母树 *Distylium racemosum* Sieb. et Zucc.**　图348

常绿乔木，高16m。叶椭圆形或倒卵状椭圆形，3~6cm×2.5~3.5cm，先端钝圆，全缘，两面无毛，侧脉5~6对，有虫瘿。花序长约2cm；雄花和两性花同序，两性花位于花序顶端；雄蕊5~6，花药红色，卵形。蒴果卵球形，顶端尖，长1~1.2cm，外被褐色星状绒毛。花期3~5月，果期7~9月。

产福建、台湾、广东、海南，长江流域地区有栽培；朝鲜、日本亦产；海拔150~800m；生于低山丘陵常绿阔叶林中。材质坚硬，纹理通直，结构细致。果及树皮可提取栲

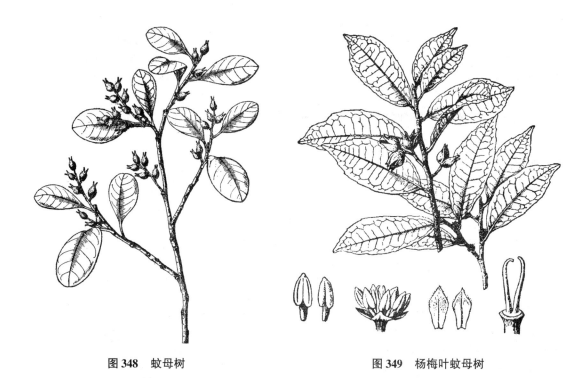

图 348 蚊母树　　　　　图 349 杨梅叶蚊母树

胶。园林常种植为绿篱、绿墙，但叶生虫瘿，影响美观。

[附] **杨梅叶蚊母树** *Distylium myricoides* **Hemsl.**　图349　与蚊母树的区别：叶长圆形或倒披针形，5~11cm×2~4cm，长为宽的3~4倍，先端尖；叶缘上半部有数个小齿突；花杂性同株。产长江以南各地；海拔300~800m；散生于山地常绿阔叶林、竹林或灌丛中。可供园林观赏。

## 35. 悬铃木科 PLATANACEAE

落叶乔木；树皮片状剥落。幼枝和叶被星状毛；顶芽缺，侧芽为柄下芽，芽鳞1。单叶互生，掌状分裂，掌状脉；托叶圆领状，早落。花单性同株，球形头状花序，下垂；花被细微不显，萼片3~8；花瓣3~8；雄花有3~8个雄蕊；雌花有3~8离生心皮，子房上位，1室。复合果（果序）球形，由许多圆锥形小坚果组成，小果基部周围有褐色长毛，花柱宿存，种子1。

1属8~11种，分布北美至中美、欧洲东南部、亚洲西南部至印度，1种发现于越南和老挝（为本科原始类型）。我国引入栽培3种。

### 悬铃木属 *Platanus* L.

形态特征与分布同科。树体高大、树冠开展、耐修剪整形、扦插繁殖易成活，极速生，为世界温带第一行道树种。

1. 果序具复合果 1~2；叶中裂长宽近相等或更宽。
　2. 托叶长 1~1.5cm；叶 5 裂；果序枝具 2 球（复合果）·················· 1. 二球悬铃木 *P. acerifolia*
　2. 托叶喇叭形，长 2~3cm；叶 3 裂；果序枝具 1 球（复合果）·········· 1a. 一球悬铃木 *P. occidentalis*
1. 果序具 3(5) 球（复合果）；叶中裂长大于宽；托叶短于 1cm ············ 1b. 三球悬铃木 *P. orientalis*

**1. 二球悬铃木**（英国梧桐）*Platanus acerifolia*（Aiton）Willd. [*P. hispanica* Muenchh.] 图 350

高 35m。树皮灰白色，片状剥落，内皮平滑，淡绿白色。叶三角状宽卵形，3~5 掌状裂，叶缘有不规则大尖齿，中裂片三角形，长宽近相等，叶基心形或截形；托叶长 1~1.5cm。果序总梗常具 2 球（复合果），偶单球或 3 球，径约 2.5cm；宿存花柱刺状。花期 4~5 月，果期 9~10 月。

本种为三球悬铃木与一球悬铃木的杂交种，现广植于世界各地。我国沈阳以南至华南北部、西南有栽培，以长江流域为主。亚热带至南温带树种。宜温暖湿润气候，有一定耐寒性，喜光；对土壤的适应能力强，极耐土壤板结；对烟尘、臭氧、苯酚、硫化氢等有毒气体抗性较强，对二氧化硫、氟化氢抗性中等。生长迅速，寿命长，深根性，萌芽力强，耐重剪，移植易成活。树冠广展浓荫，为世界著名的行道树及庭荫树种，有"行道树之王"之称；但其嫩枝叶柔毛及花果基部毛于春季在空中大量飞扬，被

**图 350　二球悬铃木**

人畜吸入呼吸道易引起炎症，因此许多城市更换悬铃木。近年来，已有科技人员着手培育无果或少果品种以解决春季落果落毛给城市带来的污染问题。

[附]1a. **一球悬铃木**（美国梧桐）*Platanus occidentalis* L.　本种与二球悬铃木的主要区别：叶 3~5 浅裂，中裂片宽大于长；托叶喇叭形，长 2~3cm。果序总梗具 1(2) 球，无刺毛状宿存花柱。原产北美洲；我国中部、北部有少量栽培。

[附]1b. **三球悬铃木**（法国梧桐）*Platanus orientalis* L.　本种与二球悬铃木的主要区别：叶 5~7 深裂，中裂片长大于宽；托叶小，短于 1cm。果序总梗具 3(5) 球，有刺毛状宿存花柱。原产欧洲东南部及亚洲西部；我国西北及山东、河南等地有栽培。

# 36. 黄杨科 BUXACEAE

常绿灌木或小乔木。单叶，对生或互生，全缘或有齿牙，羽状脉或三出脉；无托叶。花小，单性，雌雄同株或异株；总状花序或密集的穗状花序；有苞片，无花瓣；雄花：萼

片4，雄蕊4，与萼片对生，花药大，2室，花丝多少扁宽；雌花：萼片6，雌蕊3(2)心皮组成，花柱3(2)，常分离，宿存，子房上位，3(2)室，每室2胚珠。蒴果或肉质核果状；种子黑色。

4属100种，分布热带或温带。我国3属27种，主产秦岭以南。

### 黄杨属 *Buxus* L.

灌木或小乔木。小枝四棱形。叶常小型，对生，革质或薄革质，全缘，羽状脉；叶柄短。花小，常密集簇生为团；雌花生花序顶端，雄花多数生花序下方或四周。蒴果球形或卵球形，沿室背开裂为3片；种子长圆形，光黑色。

70种，分布亚洲、欧洲、热带非洲。我国17种，主产南部。木材供雕刻。植株叶小而绿密，可植为绿篱，或盆栽供陈列。

**黄杨** *Buxus microphylla* Sieb. et Zucc. subsp. *sinica* ( Rehd. et Wils. ) Hatus.　　图351

灌木或小乔木，高1~6m。小枝四棱形，全面被短柔毛或外方相对两侧面无毛。叶革质，阔椭圆形或长圆形，1.5~3.5cm×0.8~2cm，先端圆或钝，常凹缺，上面光亮，侧脉密集；叶柄长1~2mm。头状花序腋生，花密集，花序轴长3~4mm，被毛；雄花10；雌花花柱粗扁，柱头倒心形，下延达花柱中部。果近球形，长6~8(10)mm，宿存花柱长2~3mm。花期3月，果期5~6月。

产陕西、甘肃、山东以南，南达华南，西至西南；海拔1200~2600m；生于山谷溪边、林下。耐阴，生长慢，寿命长。木材细致，为优良雕刻及工艺品用材。枝叶稠密，叶光洁常绿，耐修剪，多植为绿篱。

图351　黄杨

[附] **大叶黄杨** *Buxus megistophylla* H. Lévl. 与黄杨的区别：小枝光滑、无毛；叶卵形、椭圆状或长圆状披针形至披针形，4~8cm×1.5~3cm，先端渐尖，顶钝或锐，基部楔形或急尖；叶柄长2~3mm。产长江流域以南地区；海拔500~1400m；生于山谷、河岸及林下。习性和用途同黄杨。

## 37. 虎皮楠科 DAPHNIPHYLLACEAE

常绿乔木或灌木，小枝髓心片状分隔。叶互生，全缘；无托叶。总状花序腋生，花小，雌雄异株；花萼有或无；无花瓣；雄蕊5~18，花丝短；子房上位，2室，每室2胚珠。核果椭圆形，花柱宿存；种子1，胚乳丰富，胚小。

1属30种，分布亚洲东南部。我国10种，产长江以南地区。

## 虎皮楠属 *Daphniphyllum* Bl.

形态特征与科同。

1. 花具萼；叶长 8~15cm，侧脉 7~12 对 ················································· 1. 虎皮楠 *D. oldhamii*
1. 花无萼；叶长 15~20cm，侧脉达 16~19 对 ········································· 2. 交让木 *D. macropodum*

**1. 虎皮楠 *Daphniphyllum oldhamii*( Hemsl. ) Rosenth.**　图 352

高 15m。叶多簇生枝顶，椭圆状倒卵形，长 8~15cm，先端渐尖或短渐尖，基部楔形，下面常有白粉，侧脉 7~12 对；叶柄长 1~4.5cm。雄花序长 3~6cm；雌花序长 4~5cm，萼早落；柱头反曲或卷曲。果椭圆状球形，0.6~1.4cm×0.5~0.8cm，蓝黑色。

产长江以南，东至华东、台湾，南至华南，西至西南；日本亦产；海拔 200~2300m；生于山谷溪边常绿阔叶林中。中亚热带至南亚热带山地树种。较耐阴，宜温凉湿润生境。叶厚而光绿，适作园林及行道树，或作防火树种。

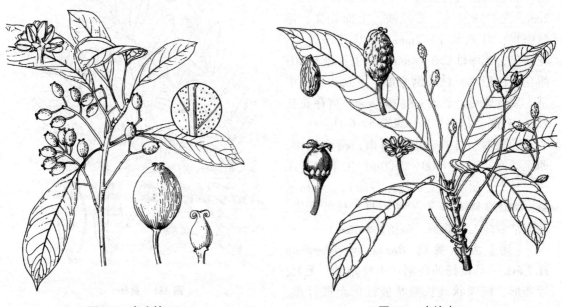

图 352　虎皮楠　　　　　　　　　　图 353　交让木

**2. 交让木 *Daphniphyllum macropodum* Miq.**　图 353

高 20m。叶长圆形或倒卵状长圆形，长 15~20cm，下面无白粉或微有白粉，中脉粗，基部带红色，侧脉 16~19 对；叶柄带红色，长 2.5~6cm。花序长 4~8cm，无花萼；雌花几无花柱，柱头 2 裂，反曲。果椭圆形，长约 1cm，熟时红黑色，微被白粉。

产长江以南，至华南、西南；日本、朝鲜亦产；海拔 600~2000m；生于中山湿润常绿阔叶林中。中亚热带至南亚热带山地树种。耐阴，宜温凉湿润生境。叶大而浓绿，可引种为园林及行道树，亦可作防火树种。盆栽作为观叶树也佳。

## 38. 杨柳科 SALICACEAE

落叶乔木或灌木。鳞芽。单叶互生；具托叶。花单性，雌雄异株；柔荑花序，无花被，苞片显著；每苞腋1花；花具一杯状花盘或1~2(3~5)腺体；雄蕊2至多数，花丝离生或合生；雌蕊由2~4(5)心皮合成，子房1室，侧膜胎座，胚珠(3)4至多数，花柱1或甚短，柱头2~4裂。蒴果，2~4瓣裂，种子基部围有白色丝状长毛，无胚乳或有少量胚乳。

3属620余种，分布寒温带、温带及亚热带。我国3属320余种，各地均产，多速生，常为防护林、用材林及水土保持树种。

**杨属与柳属特征比较**

| 比较特征 | 杨属 *Populus* | 柳属 *Salix* |
| --- | --- | --- |
| 树形 | 乔木，树干通常端直。主枝较侧枝生长势强 | 乔木，大灌木或匍匐、垫状小灌木。主枝与侧枝生长几近似 |
| 枝 | 枝较粗壮，萌枝髓心五角形，分长短枝 | 枝较纤细，髓心近圆形 |
| 芽 | 具顶芽，芽鳞多数 | 无顶芽，芽鳞1 |
| 叶 | 叶常宽大，叶柄较长 | 叶常窄长，叶柄短 |
| 花序 | 雌雄花序均下垂 | 雌雄花序直立或斜展 |
| 花 | 苞片有条裂；花盘杯状雄蕊4~40，生花盘内，花丝较短，披散状，花药暗红色，花柱V形开展 | 苞片全缘，无花盘，有腺体1~2(位于花序轴与花丝之间者为腹腺，近苞片者为背腺)；雄蕊2~14，花丝长而直，花药黄色，花柱直立或略偏 |
| 果 | 2~4瓣裂，种子多数，基部具长丝柔毛 | 2瓣裂，种子多数，基部具长丝柔毛 |

### 1. 杨属 *Populus* L.

形态特征见上对比表。

100余种，分布欧洲、北美洲和亚洲。我国60余种，主产华北、西北和西南地区。木材轻软细致，为建筑板料、火柴杆、造纸等用材；叶可作野生动物及家畜饲料；芽脂可作黄褐色染料。喜光，速生，萌芽力强，一般用扦插、埋条、埋根及嫁接繁殖；天然(下种)更新能力强，为我国长江以北地区，特别是干寒地区重要造林树种。胡杨 *P. euphratica* 可生长于荒漠地区的沙漠和盐碱地，在戈壁滩形成沙漠中之绿洲，其耐寒力、耐旱力、耐盐碱力可达到树木的极限。

1. 苞片边缘具长毛；果2瓣裂。
　　2. 芽被毛，无黏质；小枝、幼叶被毡毛；叶缘具缺刻状或深波状齿 ················ **1. 毛白杨 *P. tomentosa***
　　2. 芽无毛，具黏质；小枝、幼叶无毛或被柔毛；叶柄侧扁。
　　　　3. 叶近圆形，缘具浅波状齿；叶柄无腺体或具不明显腺体 ················ **2. 山杨 *P. davidiana***
　　　　3. 叶近卵形，缘具圆锯齿；叶柄顶端有2明显腺体 ················ **3. 响叶杨 *P. adenopoda***
1. 苞片边缘无缘毛；果2~4瓣裂。
　　4. 叶缘无半透明边。

5. 小枝、叶下面及果均被毛；果3瓣裂 ························· 4. 大叶杨 P. lasiocarpa
5. 小枝、叶下面及果均无毛。
　6. 叶菱状卵形或菱状椭圆形；果2～3瓣裂 ················· 5. 小叶杨 P. simonii
　6. 叶卵形或长卵形；果3～4瓣裂。
　　7. 叶先端长渐尖，基部宽；老枝红褐色 ··············· 6. 滇杨 P. yunnanensis
　　7. 叶先端短渐尖，基部近心形或圆形；老枝黄褐色 ······ 6a. 川杨 P. szechuanica
4. 叶缘半透明，叶三角形或三角状卵形 ······················ 7. 加杨 P. ×canadensis

**1. 毛白杨 *Populus tomentosa* Carr.**　　图354

高30m，胸径1m。树皮灰白色，有菱形皮孔，老树黑灰色，纵裂。小枝初被毡毛；芽无黏质。叶卵形或三角状卵形，7～15cm×6～13cm，基部浅心形或近截形，边缘具有深波状齿或缺刻。下面密被毡毛，成年后逐渐脱落；叶柄上部略侧扁，稍短于叶，通常有腺体。苞片边缘具长毛。果序长达14cm，果圆锥形或卵形，无毛，2瓣裂。花期3～4月，果期4～5月。

产辽宁、内蒙古、陕西、甘肃以南，至淮河、长江(南京)；海拔500(1500)m以下的平原与低地；以黄河流域中下游为中心产区。暖温带平原树种。喜光，宜年平均气温7～14℃，年降水量500～800mm的气候区域，喜光，耐干瘠，但在肥沃湿润的中性砂壤土种植可获速生。木材白色，重量和强度中等，气干密度$0.48g \cdot cm^{-3}$，易加工。树形高大挺拔，为华北平原重要造林树种，宜混植及农村四旁种植，又耐烟尘，为城市工矿区良好绿化树种。

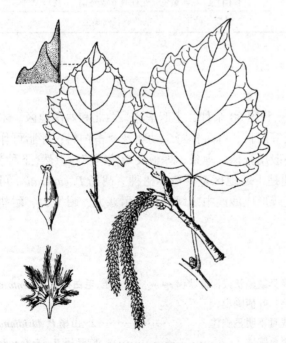
图354　毛白杨

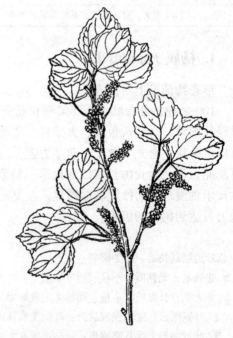
图355　山杨

**2. 山杨 *Populus davidiana* Dode** 图 355

高 25m，胸径 60cm。树皮灰绿色或灰白色，老时黑褐色，粗糙。小枝无毛。芽无毛，微被黏质。叶卵状近圆形，2~4(7)cm×1.5~3.5(6.5)cm，基部宽楔形或圆形，边缘具有浅波状齿，无毛，萌枝叶下面有柔毛；叶柄侧扁，长 1.5~5.5cm，无毛，腺体有时不显著。苞片边缘具长毛。果序长达 12cm；果卵状圆锥形，无毛，2 瓣裂，有短梗。花期 3~4 月，果期 4~5 月。

产东北、华北、西北，南至长江北岸，西至西南地区；俄罗斯、朝鲜亦产；海拔 1200~3800m；生于山坡、山脊、荒地或迹地。中温带至暖温带树种。极喜光，耐寒冷、瘠薄，对土壤适应性较强，常于原生林破坏后形成小面积次生纯林。一般 20 年生树高约 12m。木材富弹性。萌发枝条用于编筐箩；幼枝、叶可作为草食动物饲料。

**3. 响叶杨 *Populus adenopoda* Maxim.** 图 356

高 30m，胸径 50cm。树皮灰白色，老时深灰色，纵裂。幼枝被毛，老枝无毛；芽无毛，有黏质。叶卵形或卵状圆形，5~15cm×4~7cm，先端长渐尖，基部截形或圆形，边缘具整齐圆锯齿，下面初被柔毛，后渐脱落；叶柄侧扁，长 2~12cm，顶端有 2 显著腺体。花序轴有毛，序长不超过 10cm；苞片边缘具长柔毛。果序长达 25cm；果卵状长椭圆形，无毛，2 瓣裂，有短梗。花期 3~4 月，果期 4~5 月。

产秦岭、淮河以南至华中、华东南部，西达西南地区；海拔 300~1000m，西南达 2500m；生于低山山坡空旷地、次生林、林缘及采伐迹地。喜光，适温凉湿润气候，不耐严寒，根蘖性强，飞籽天然更新良好，可形成小片纯林；或与光皮桦、枫香、锥栗等形成次生混交林。速生，一般 20 年生林木高 15m、胸径 25cm。木材白色，心材微带红色，干燥后易开裂，宜作字画雕版用材。

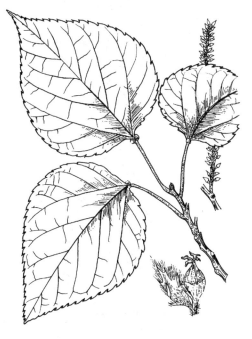

图 356 响叶杨

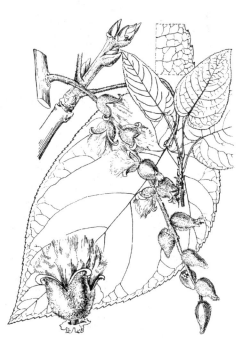

图 357 大叶杨

### 4. 大叶杨 Populus lasiocarpa Oliv. 图357

高20m，胸径50cm。树皮暗灰色，纵裂。芽具黏质；小枝有棱脊，初疏被柔毛或绒毛，微具黏质。叶卵形，10~15cm×6~12cm，先端渐尖，基部深心形，与叶柄连接处常有腺点，边缘具圆腺齿，下面被柔毛，沿脉较密；叶柄圆柱形，长6~12cm，被柔毛。上面有槽。花序轴被柔毛；苞片边缘无缘毛。果序长达24cm；果卵形或卵状球形，密被灰白色绒毛，3瓣裂。花期4~5月，果期5~6月。

产陕西、湘西北、鄂西、西北至西南地区；海拔1300~2800m；生于次生林或灌丛中，也常见纯林。喜湿润温凉气候，不耐干旱。木材白色，轻软，结构细。

### 5. 小叶杨 Populus simonii Carr. 图358

高20m，胸径50cm。树皮灰绿色老时暗灰色，沟裂。芽、小枝、叶下面及果均无毛；萌枝及幼树小枝有棱脊。叶菱状卵形或菱状椭圆形，3~12cm×2~8cm，基部截形，有细锯齿；叶柄圆柱形，长2~4cm，无毛。花序轴无毛；苞片边缘无缘毛。果序长达15cm；果通常2(3)瓣裂，无毛。花期3~5月，果期4~6月。

产东北(黑龙江以南)、华北、西北(新疆、青海和内蒙古以南)，南至江苏、安徽和湖北北部，西达西藏；海拔1000~2500m(西南)以下；生于次生阔叶林中及沟谷溪旁。中温带至北亚热带树种。喜光，适应性强，对气温适应幅度广，适宜产区年平均气温为10~15℃，年降水量400~700mm；能耐40℃的高温和-36℃的低温；对土壤不苛求，但以湿润肥沃的河滩土及冲积土生长最宜，一般15年左右可成材利用。木材性质和用途同毛白杨；萌芽力强，扦插易成活，根系发达抗风力强，可作防风沙、护堤及湿地生态林及绿化荒山树种。

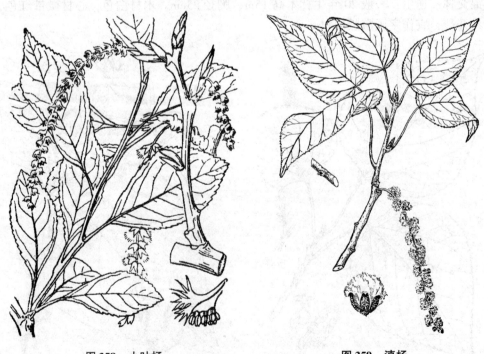

图358 小叶杨　　　　　　　　　图359 滇杨

### 6. 滇杨 *Populus yunnanensis* Dode  图 359

高 26m，胸径 60cm。树皮灰褐色，老时黑褐色，深纵裂。芽、小枝、叶下面及果均无毛；小枝有棱脊，红褐色或淡绿褐色；芽有丰富的黄褐色黏质。叶卵形或卵状椭圆形，4~16(26)cm×2~12(22)cm，先端长渐尖或渐尖，基部圆形至楔形，边缘具有腺圆锯齿，基部第二对侧脉通常在叶片中部以下伸达边缘；叶柄圆柱形，粗壮，长 2~9(12)cm，常带红色。苞片边缘无缘毛。果序长达 15cm；果 3~4 瓣裂。在滇中，花期 4 月上旬，4 月中旬为展叶盛期，果期 4~5 月，11 月下旬至翌年 1 月叶变黄至落净。

产四川、云南；海拔 1300~3300m；生于溪谷地或疏林中。喜温凉湿润气候，较耐干旱，产区年平均气温 8~18℃，年降水量 600~1300mm；在适生立地，20 年生树高 25m、胸径 35cm。木材微带褐色，结构略粗。芽质黏性强，溶水力低，为优良黄褐色染料；可作防护林或行道树；萌发力强，亦可作为薪炭林经营。

[附] 6a. 川杨 *Populus szechuanica* Schneid.  高 40m，胸径 50cm。与滇杨的区别：叶先端短渐尖，基部近心形或圆形；老枝黄褐色。产陕西、甘肃、四川、云南；海拔 1100~4600m；生于次生阔叶林中。

### 7. 加杨(欧美杨) *Populus* × *canadensis* Moench  图 360

高 30m，胸径 1m。树皮灰绿或褐灰色，纵裂。小枝常具棱，无毛或微被短柔毛；芽大，富黏质。叶三角形或三角状卵形，叶缘半透明，长 7~10cm，萌枝叶较大，长 10~20cm，先端渐尖，基部截形或宽楔形，具 1~2 腺体或缺，圆钝锯齿，初具缘毛，后全部或部分脱落；叶柄侧扁而长，带红色。果序长达 27cm；苞片边缘无缘毛。果卵圆形，2~3 瓣裂。花期 4 月，果期 5~6 月。

本种为美洲黑杨 *P. deltoides* 和黑杨 *P. nigra* 的杂交种，广植于欧、亚、美各洲。自 19 世纪中叶引入我国，自辽宁、内蒙古、新疆以南，南至长江流域(湖南中部)、西至西南地区均有栽培。喜光、喜湿润，耐瘠薄，耐涝，微耐碱；生长快，一般年高生长 2~3m，12 年生植株，树高 21.5m，胸径 34.2cm；扦插易成活，适应性强。木材质软而轻，是优良的人造纤维工业、造纸工业和胶合板工业原料及箱板、家具用材。本种的人工杂交种很多，品系繁杂，先后从国外引入的也很多。其生长较好、种植较多者有：健杨'Robusta'、沙兰杨'Sacrau79'、波兰 15A 杨'Polska15A'、意大利 214 杨'I-214'等。

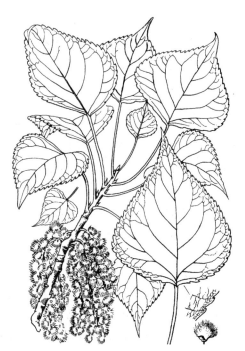

**图 360** 加杨

## 2. 柳属 Salix L.

520 余种，主要分布北温带，寒带次之，亚热带与南半球较少，大洋洲无野生种。我国 260 余种，各地均产。木材轻软，多为小板料、小型用具和薪炭用材；木材烧炭可作火药原料；枝条用于编织筐、箩、箱、帽等用具；叶可饲养蚕或喂家畜；花为早春蜜源；又为堤岸、湖滩、沼泽地防护林树种；亦用于园林绿化种植。无性繁殖易成活，有"无心插柳柳成荫"之说。

1. 子房柄较长，果柄更长。
  2. 叶全缘，下面具平伏短柔毛或无毛；雌雄花序无花序梗；子房密被毛 ············ 1. 皂柳 S. wallichiana
  2. 叶缘具腺锯齿，下面无毛；雌雄花序有花序梗；雌花腹腺马蹄形；子房无毛。
    3. 苞片两面有柔毛；子房卵形 ············································· 2. 云南柳 S. cavaleriei
    3. 苞片两面基部有毛；子房狭卵形至披针形 ······················· 3. 南川柳 S. rosthornii
1. 子房无柄或短，果柄也极短。
  4. 枝条下垂 ································································································· 4. 垂柳 S. babylonica
  4. 枝条直立或开展。
    5. 成年叶下面无毛；叶长 5～10cm ·············································· 5. 旱柳 S. matsudana
    5. 成年叶下面有绢状毛；叶长 2～3.5(5.5)cm ························· 6. 银叶柳 S. chienii

### 1. 皂柳 Salix wallichiana Anderss. 图 361

灌木或乔木。小枝红褐色、黑褐色或绿褐色，初有毛后无毛。叶披针形，卵状长圆形，4～8(10)cm×1～2.5(3)cm，先端急尖至渐尖，上面初有丝毛，下面有平伏短柔毛或无毛，全缘。花序先叶开放或近同时开放，无花序梗；苞片两面有白色长毛；雄花序长 1.5～2.5(3)cm；雄蕊 2，花丝无毛或基部有疏柔毛；腺体 1；雌花序长 2.5～4cm，果序可伸长至 12cm；子房狭圆锥形，密被短柔毛，子房柄受粉后逐渐伸长。蒴果开裂，果瓣向外反卷。花期 4～5 月，果期 5 月。

产华北、西北、华中及西南各地；生于山谷溪流旁、林缘或山坡。喜光，宜水湿生境。

### 2. 云南柳 Salix cavaleriei Lévl. 图 362

乔木，高 25m。小枝红褐色。叶宽披针形或狭卵状椭圆形，3～11cm×1.5～4cm，渐尖至长渐尖，老叶两面光滑，边缘具腺锯齿。花与叶同时开放，有长花序梗，花序轴、苞片被柔毛；雄花序长 3～6cm，雄蕊 6～8(12)，花丝无毛，腺体 2；雌花序长 2～4cm，子房卵形，无毛，有长柄，腹腺宽，包子房柄，背腺

图 361 皂柳

常2~3裂。蒴果卵形。花期3~4月，果期4~5月。

产云南、贵州和四川；海拔1100~2500m；生于河边、林缘湿润处。喜光，耐水湿，在气候湿润凉爽的地区生长良好。可种植为护堤防浪林，又可配置为园林风景树及行道树。

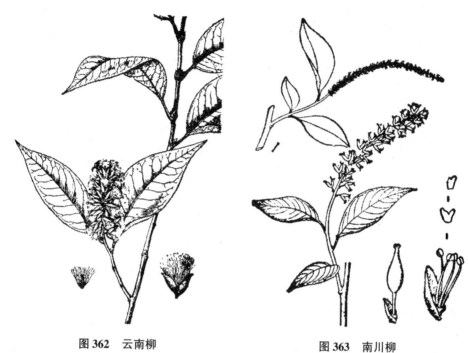

图362 云南柳　　　　　　　　　图363 南川柳

**3. 南川柳** *Salix rosthornii* **Seem.**　　图363

乔木或灌木。幼枝有毛，后无毛。叶披针形、椭圆状披针形或长圆形，4~7cm×1.5~2.5cm，先端渐尖，两面无毛，边缘有整齐的腺锯齿；花与叶同时开放；花序梗长1~2cm，有3(6)小叶；雄花序长3.5~6cm，苞片基部有柔毛，雄蕊3~6，基部有短柔毛；具腹腺和背腺，常结合成多裂的盘状；雌花序长3~4cm，子房狭卵形，无毛，有长柄；腺体2，腹腺大，常抱柄，背腺有时不发育。蒴果卵形。花期3~4月，果期5月。

产西南、华中、华东各地；生于平原、丘陵及低山水湿地。

**4. 垂柳** *Salix babylonica* **L.**　　图364

乔木，高18m，胸径50cm；树皮灰褐色至灰黑色，不规则纵裂。小枝淡黄褐色，细长下垂；芽有柔毛。叶狭披针形，9~16cm×0.5~1.5(2.0)cm，边缘具腺锯齿，两面初有微柔毛。花序轴被柔毛；雄花序长1.5~2(3)cm，苞片外面被毛，雄蕊2，花丝离生，基部有毛，具腹、背腺；雌花序长2~3(5)cm，子房无毛，无柄，仅具1腹腺。花期2~3月，果期3~4月。

产东北南部以南，至黄河、长江流域，其他各地多栽培。欧洲、美洲、亚洲各国均有引种。气候适应性强，从哈尔滨至云南西双版纳均能生长；耐水淹，可在淹没中生长不定根。速生，萌芽力强，实生植株寿命50~70年。木材性质及用途同旱柳。为优美园林绿化树种，亦植为固堤防浪林、湖滩沼泽地生态保护林。

图364 垂柳

图365 旱柳

**5. 旱柳** *Salix matsudana* Koidz. 图365

乔木，高20m。小枝淡黄色，直立或斜展。叶披针形，5~10cm×1~1.5cm，边缘具腺锯齿，初被丝状柔毛，后脱落；花序与叶同时开放；雄花序长1.5~2.2(3)cm，苞片多少被毛；雄蕊2，花丝离生，基部有长毛，具腹、背腺，腹腺远大于背腺；雌花序长2cm，子房无毛，近无柄，腺体2。花期3~4月，果期4~5月。

产东北、华北、西北及江苏、浙江等地；湖北、湖南有栽培。中温带至暖温带低平地常见树种，喜光，耐干旱，耐寒冷也稍耐湿热；平原、湖沼地、河滩生长良好。寿命50~70年，萌芽力强，生长快，一般15~20年可成材利用。生态工程用于固堤、河滩湿沼地造林；又为常见园林及风景树，栽培品种有馒头柳、绦柳、龙须柳等。

**6. 银叶柳** *Salix chienii* Cheng 图366

灌木或小乔木，高12m。树干通常弯曲；小枝带绿色，有绒毛，后紫褐色，近无毛。叶长椭圆形、披针形或倒披针形，2~3.5(5.5)cm×1.1(1.3)cm，幼叶两面有毛，后上面无毛或有疏毛，

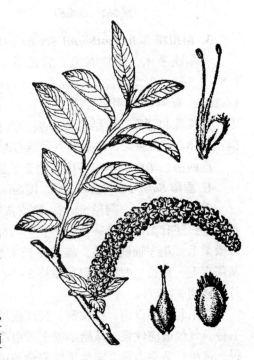

图366 银叶柳

下面苍白色，有绢状毛，边缘具细腺锯齿。花序与叶同时开放或稍先叶开放；雄花序长 1.5~2cm；苞片两面有长柔毛，雄蕊 2，花丝基部合生，有毛；腺体 2；雌花序长 1.2~1.8cm；子房无毛，无柄；腺体 1，腹生。蒴果卵状长圆形。花期 4 月，果期 5 月。

产浙江、江西、江苏、安徽、湖北、湖南；海拔 500~600m 以下；生于溪流两岸的灌木丛中。木材性质略同垂柳。

## 39. 杨梅科 MYRICACEAE

乔木或灌木，芳香，植物体被圆形树脂腺体。单叶，互生，常集生枝顶。花单性，雌雄异株或同株，柔荑花序；花无花被；雄花序生于去年生枝叶腋或新枝基部；雌花序腋生；雌雄同序者基部为雄花；雄花雄蕊 4~8，花丝短，花药纵裂；雌花常具 2~4 小苞片，2 心皮雌蕊，1 室，1 胚珠，花柱极短。核果，肉质或干燥，外被乳头状突起。

2 属 50 余种，我国产 1 属。

### 杨梅属 *Myrica* L.

特征基本同科。50 种。我国 4 种，产长江以南及西南各地。

**杨梅 *Myrica rubra* Sieb. et Zucc.** 图 367

常绿乔木，高达 15m，胸径达 60cm；树皮灰色，老时浅纵裂。小枝粗壮，无毛，幼嫩时被圆形盾状腺体。叶革质，长圆状倒卵形或长圆状倒披针形，长 6~16cm，先端钝尖

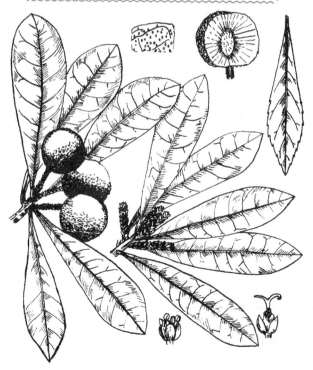

图 367　杨梅

或钝圆，基部窄楔形，两面无毛，下面疏被黄色树脂腺体，全缘或中部以上具疏锯齿；叶柄长 2~10mm。雄花序长 1~3cm，雌花序长 5~15mm。核果球形，肉质，外表面被乳头状突起，径 1~1.5cm，深红色或紫红色，稀白色。花期 3~4 月，果期 6~7 月。

产长江以南，东至台湾，南至华南，西至西南；日本、朝鲜、菲律宾亦产；海拔 200~1200m。中亚热带至南亚热带树种。成年树喜光，根具菌根，耐干旱瘠薄条件，宜排水良好的酸性土壤生长，常见于林缘、山脊；寿命可达 200 年；种子或嫁接繁殖。果味酸甜，可生食，不耐贮藏，宜加工为蜜饯和制果酱、果汁、罐头，又可酿酒。枝叶浓密，树姿优美，果色鲜艳，供观赏。栽培历史悠久，以浙江栽培最多，分为白种、红种、粉红种及乌种四大品系。

[附] 毛杨梅 *Myrica esculenta* Buch.-Ham. 与杨梅的区别：小枝、叶柄及叶片中脉基部密被毡毛；每果序上具数个核果，核果椭圆形，红色，外表面被乳头状突起。花期 9~10 月，果实翌年 3~4 月成熟。产西南至广东、广西、湖南西南部；中南半岛亦产。用途同杨梅。亦可作紫胶虫寄主树。

## 40. 桦木科 BETULACEAE

落叶乔木或灌木。无顶芽。单叶，互生，常有锯齿，羽状脉；托叶早落。花单性，雌雄同株，柔荑花序（小聚伞花序再组合为圆锥花序）；雄花花序下垂，每苞片内有 3 花，单花被 4 片，雄蕊 2 或 4；雌花花序球果状或穗状，每苞片内有 2~3 花，无花被，子房上位 2 室，花柱 2。果期雌花苞片发育成果苞，果苞木质或革质，3~5 裂，每果苞内有 2~3 具翅小坚果，小坚果具 1 种子。

2 属约 100 种，主要分布北温带。我国 2 属约 40 种，全国均产，常为天然次生林的优势树种。

**桤木属与桦木属特征比较**

| 比较特征 | 桤木属 *Alnus* | 桦木属 *Betula* |
| --- | --- | --- |
| 树皮 | 平滑或鳞状开裂 | 光滑，常薄纸质分层剥落 |
| 冬芽 | 常具柄，芽鳞 2 | 无柄，芽鳞 3~6 |
| 叶缘 | 多具单锯齿 | 多具重锯齿 |
| 雄蕊 | 雄花雄蕊 4，药室不分离 | 雄花雄蕊 2，药室分离 |
| 果序 | 球果状 | 穗状或圆柱状 |
| 果苞 | 木质 5 裂，宿存 | 革质 3 裂，果熟后脱落 |
| 每果苞内小坚果数 | 2 | 3 |

### 1. 桤木属 *Alnus* Mill.

形态特征见上对比表。

40 余种，分布亚洲、非洲、欧洲及北美洲。我国 11 种，除西北地区外，全国均产。

根系发达，多数种根部与固氮菌共生，可固定空气中的游离氮，能增加土壤肥力，是良好的荒山造林和土壤改良树种。

1. 果序单生，果序梗较长，4~8cm ·················································· 1. 桤木 A. cremastogyne
1. 果序2枚至多枚总状或圆锥状排列，果序梗通常较短或几无梗，长不超过2cm。
　　2. 果序多数，呈圆锥状排列；叶全缘或具不明显的细齿 ··············· 2. 尼泊尔桤木 A. nepalensis
　　2. 果序1~4枚，呈总状排列；叶缘常具明显的锯齿 ··················· 3. 江南桤木 A. trabeculosa

**1. 桤木 Alnus cremastogyne Burk.** 图368

高40m。树皮灰色，平滑，干端直，树冠开展。叶倒卵形至椭圆形，4~14cm×2.5~8cm，具稀疏不明显钝齿，上面疏生腺点，幼时被疏柔毛，下面密生腺点，几无毛，侧脉8~10对；叶柄长1~2cm。果序单生，小球果状，长1~3.5cm；果序梗长4~8cm，细柔下垂；小坚果球果状卵形，膜质翅宽为果的1/2。花期2~3月，果期8~11月。

主产四川、贵州、陕西、甘肃，我国中部普遍栽培；海拔500~3000m。北亚热带至中亚热带树种，喜光，极速生。在适宜条件下，年高生长量达2m，胸径年生长量达2~5cm。喜温暖气候和深厚湿润、肥沃土壤，对酸性、中性和微碱性土均能适应；多生于溪边及河滩低湿地，在干瘠荒山荒地也能生长，常组成纯林或与松、杉、柏混生；根系发达，结实量大，在荒山和荒滩地常能飞籽成林。木材纹理直、结构细、耐水湿。为产区速生用材树种，又为护岸固堤、改良土壤、固堤防浪的优良树种。

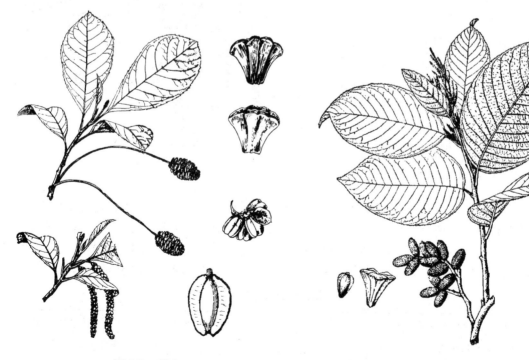

图368　桤木　　　　　　　　　图369　尼泊尔桤木

**2. 尼泊尔桤木**(旱冬瓜)*Alnus nepalensis* D. Don　图369

高20m。叶倒卵形至倒卵状椭圆形，4~16cm×2.5~10cm，渐尖，基部楔形或近圆形，全缘或具疏细齿，上面无毛，下面密被腺点，脉腋具簇毛，侧脉8~16对；叶柄长1~2.5cm。果序多数，呈圆锥状排列；果序长圆球形，长约2cm；果序梗极短，长仅2~3mm；小坚果矩圆形，膜质翅宽为果的1/2。花期9~10月，果期11~12月。

产西藏、云南、四川、贵州和广西西部；喜马拉雅地区亦产；海拔500~3600m；生于山地、沟谷、河岸阶地。喜光，宜温湿气候，能耐干旱瘠薄，在阳坡及湿润山谷，聚成小片纯林或与松类混生。木材纹理直，有光泽；树叶为优质绿肥，能改良土壤，增加肥力。为产区荒山造林优良树种。

**3. 江南桤木** *Alnus trabeculosa* Hand.-Mazz.　图370

高20m。叶倒卵状长圆形或椭圆形，4~16cm×2.5~7cm，锐尖或尾尖，基部圆形或浅心形，具不整齐锯齿，下面被腺点，有时脉腋具簇毛，侧脉6~13对；叶柄长2~3cm。果序2~4，呈总状排列，果序梗长1~2cm；小球果状果序长圆形，长1.5~2.5cm；小坚果宽卵形，具厚纸质果翅，翅宽约为果的1/4。花期2~3月，果期9~11月。

产河南南部以南及长江以南各地；日本亦产；生于海拔200~1000m的山谷、河溪边林中。喜光，耐湿，可在沟谷湿地沼泽地聚生为单优群落。木材纹理细、质轻软、耐水湿。为长江中下游以南地区护堤及低湿地生态保护的造林树种。

图370　江南桤木

## 2. 桦木属 *Betula* L.

约60种，主要分布北半球寒温带、温带，少数种分布至北极圈及亚热带中山上部。我国约32种，主要分布东北、华北、西南及南方中山地区。天然更新力强，常在采伐迹地或森林破坏后的荒山荒地上飞籽形成纯林，或与松、栎、杨等树种混交为次生林。木材坚硬、纹理直、结构细，为建筑、家具、地板等良材；树皮可提取桦皮焦油和栲胶。

**几种桦树特征比较**

| 比较特征 | 光皮桦 *B. luminifera* | 西南桦 *B. alnoides* | 白桦 *B. platyphylla* | 红桦 *B. albosinensis* |
|---|---|---|---|---|
| 树皮 | 红褐色和暗黄灰色，光滑不裂 | 红褐色，鳞片状开裂 | 灰白色，成层剥裂 | 淡红褐色或紫红色，成层剥裂 |

(续)

| 比较特征 | 光皮桦 B. luminifera | 西南桦 B. alnoides | 白桦 B. platyphylla | 红桦 B. albosinensis |
| --- | --- | --- | --- | --- |
| 小枝 | 密被淡黄色短柔毛 | 密被白色长柔毛 | 无毛 | 无毛 |
| 叶形和叶缘 | 长卵形至卵形；边缘具不规则刺毛状重锯齿 | 披针形或卵状披针形；边缘具内弯的刺毛状重锯齿 | 三角状卵形或三角状棱形；边缘具不规则重锯齿或单齿 | 卵形或卵状矩圆形；边缘具不规则重锯齿 |
| 果序 | 常单生，长圆柱形，长3~9cm，序梗长1~2cm | (2)3~5排成总状，长5~10cm，序梗长2~3mm | 单生，圆柱形，长2~5cm，序梗细，长1~2.5cm | 单生，或同时具有2~4枚排成总状，长3~4cm，序梗纤细，长约1cm |
| 果苞 | 长2~3mm，侧裂片小，长为中裂片的1/3~1/4 | 长约3mm，侧裂片不明显，呈耳突状 | 长5~7mm，明显3裂，侧裂片大，有时大于中裂片 | 长4~7mm，侧裂片长为中裂片的1/3 |
| 小坚果 | 倒卵形，长约2mm，果翅宽为小坚果的1.2倍 | 倒卵形，长1.5~3mm，果翅为小坚果的2倍 | 狭长圆形，长1.5~3mm，果翅与果等或较果稍宽 | 卵形，长2~3mm，果翅宽为小坚果的1/2 |

**1. 光皮桦 Betula luminifera H. Winkl.** 图371

高25m。叶长卵形至卵形，4.5~10cm×2.5~6cm，渐尖至尾尖，基部圆至宽楔形，上面幼时密被短柔毛，下面密生红褐色腺点，侧脉12~14对；叶柄长1~2cm，密被短柔毛及腺点。花期3~4月，果期5~6月。

产秦岭以南，南至华南北部；海拔500~2500m；生于阳坡次生混交林中。北亚热带至中亚热带树种。喜温暖湿润气候及肥沃酸性砂壤土，耐干旱瘠薄，天然更新力强，山坡空旷地、迹地更新良好。木材细致坚韧，切面光滑，不翘不裂；树皮、嫩枝含芳香油，供化妆品、食品香料用。生长快、材质优、病虫害少，在南方中山可作造林树种，营造纯林或与杉木等营造混交林。

[附]**1a. 香桦 Betula insignis Franch.** 与光皮桦形态相似，但本种叶缘具不规则的细密锯齿；果序梗极短，果苞侧裂片长为中裂片的1/2以上，果翅极狭。产四川、贵州、湖北、湖南；生于海拔1400~3400m的山坡、山顶阔叶林中。用途与光皮桦略同。

**2. 西南桦 Betula alnoides Buch.-Ham. ex D. Don** 图372

高30m。叶披针形或卵状披针形，4~12cm×3~6cm，渐长尖，基部楔形或圆形，下面脉上疏被长柔毛，脉腋具簇毛，侧脉10~13对；叶柄长1~3cm，被柔毛及腺点。花期11~12月，果期翌年3~4月。

产湖北西部、四川、广西、福建、海南(尖峰岭)、云南南部；越南、缅甸、印度、尼泊尔、泰国亦产；海拔700~2100m。中亚热带西部至热带中山树种。喜暖热气候，耐干旱瘠薄，生于山坡次生林中，在深厚、湿润、排水良好的地方生长迅速，树高年生长达1.5~2m。木材不易变形且花纹和色泽美观。

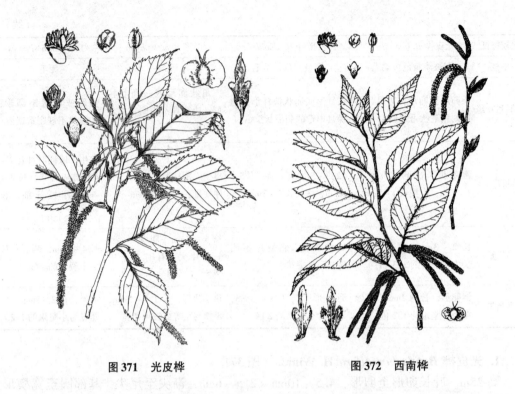

图371 光皮桦　　　　图372 西南桦

**3. 白桦 Betula platyphylla Suk.**　图373

高27m。叶三角状卵形或三角状菱形，3~9cm×2~7.5cm，先端锐尖、渐尖至尾状渐尖，基部平截或宽楔形；叶柄细瘦，长1~2.5cm，无毛。花期5~6月，果期8~9月。

产东北、华北、西北、西南中山；俄罗斯、蒙古、朝鲜半岛、日本亦产；在大、小兴安岭和长白山生于海拔1000m以下，常与红松、落叶松、山杨、蒙古栎等混生，或成纯林，为东北林区主要阔叶树种之一；在华北和黄土高原山区分布海拔1300~2000m，西南山地多分布在1000~4100m的山坡或林中，为落叶阔叶林及针阔混交林中常见树种。喜光、耐寒，适应性强，潮湿或干燥气候下均能生长；天然更新良好，为采伐迹地或火烧迹地更新的先锋树种。木材白色、纹理直、结构细、易腐朽。

**4. 红桦 Betula albosinensis Burk.**　图374

高30m。叶卵形或卵状矩圆形，3~8cm×2~5cm，先端渐尖，基部圆形或微心形，较少宽楔形，侧脉10~14对；叶柄长5~15cm，疏被长柔毛或无毛。花期5~6月，果期8~9月。

产华北、西北、湖北、西南；海拔1000~3400m。喜光，树冠宽大，喜湿润空气，常生于山坡杂木林中，自然更新好，病虫害少，生长速度中等。木材淡红或淡红褐色、坚硬。树皮作帽子或包装用。

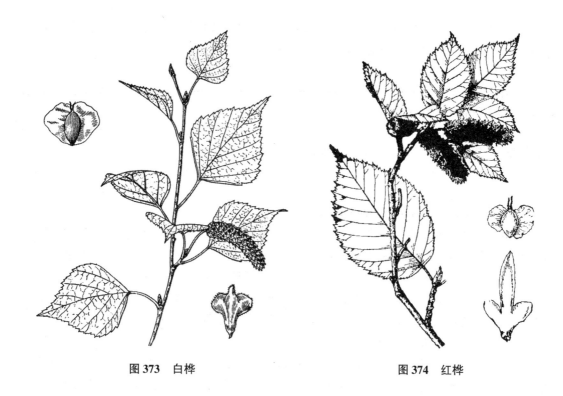

图 373　白桦　　　　　　　　　图 374　红桦

## 41. 榛科 CORYLACEAE

落叶乔木或灌木。无顶芽。单叶互生，具锯齿，侧脉羽状直伸至叶缘，三级脉与侧脉垂直；托叶常早落。花单性同株；雄花排成柔荑花序；每苞片内有 1 雄花，无花被；雄蕊 3~14；雌花排成总状或头状花序；苞片含 1 枚苞片和 2 枚小苞片，在发育过程中近愈合；苞片内有 2 雌花，有单花被，花被与子房贴生、顶端有不规则的浅裂；子房下位，花柱 2。坚果成熟时，由苞片发育增大而成的果苞所包被。

4 属 70 余种，主要分布北温带和亚热带，中美洲亦产。我国 4 属 49 种，多为温带及亚热带山地顶极群落树种。

1. 果序簇生呈头状 ·················································································· **1. 榛属 Corylus**
1. 果序为总状
　2. 果苞叶状，革质或纸质，扁平，三裂或二裂，不完全包裹小坚果 ············ **2. 鹅耳枥属 Carpinus**
　2. 果苞囊状，膜质，完全包裹小坚果 ························································· **3. 铁木属 Ostrya**

### 1. 榛属 *Corylus* L.

叶缘具重锯齿或浅裂。雄花序单生或 2~8 排成总状，雄花无花被，具雄蕊 4~8；雌花序头状，雌花花被顶端具 4~8 不规则的小齿。果苞荷叶状、囊状，先端分裂，有时硬化成针刺状；坚果球形，大部或全部为果苞所包。

约20种，分布亚洲、欧洲及北美；我国9种，南北各地均产。材质优良，供细木工、建筑、家具等用；坚果富含油脂、蛋白质和淀粉及维生素，味美可食。

1. 果苞管状，较果长2倍 ········································································· 1. 华榛 C. chinensis
1. 果苞钟状，与果近等长或稍长于果，但长不超过果的1倍。
　2. 小枝、叶柄、叶下面、果苞均密被黄色绒毛；叶柄粗短，长7~12mm ······ 2. 滇榛 C. yunnanensis
　2. 小枝、叶柄、叶下面、果苞均无毛或疏被毛；叶柄细长，长1~3cm ······················································· 3. 川榛 C. heterophylla var. sutchenensis

### 1. 华榛 Corylus chinensis Franch. 图375

高40m。树皮灰褐色，纵裂。叶宽椭圆形至卵形，8~18cm×6~12cm，突渐尖或短尾尖，基部心形，不对称，不规则重锯齿，下面沿脉被长柔毛，侧脉7~11对；叶柄长1~2.5cm。雄花序长2~5cm；苞鳞三角形，锐尖，顶端具1枚易脱落的刺状腺体。果2~6簇生成头状，2~6cm×1~2.5cm；果苞管状，于果的上部缢缩，较果长2倍，外面具纵肋，疏被长柔毛及刺状腺体，上部深裂为数个披针形的裂片，裂片又分叉。坚果球形，长1~2cm。花期4~5月，果期9~10月。

产西南至华中；海拔800~3400m。中亚热带树种，喜温暖湿润气候及深厚、中性至酸性土壤，生于溪沟边、山坡常绿阔叶林或落叶阔叶林中。速生，25~30年可成材利用；萌蘖性强。木材暗红褐色、有光泽、结构细、质坚韧。种子含油率达50%，味美可食。

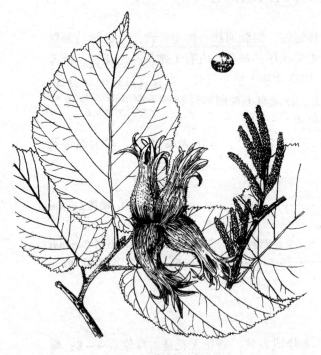

图375　华榛

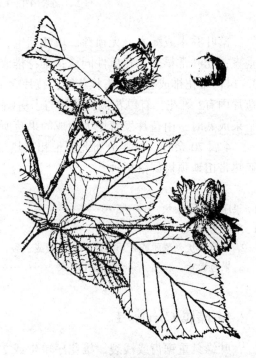

图376　滇榛

**2. 滇榛** *Corylus yunnanensis* A. Camus.　　图 376

高 7m。树皮暗灰色。小枝褐色，密被黄色绒毛和刺状腺体。叶近圆形或宽卵形，4～12cm×3～9cm，突尖或尾尖，基部心形，具不规则锯齿，下面密被绒毛，侧脉 5～7 对；叶柄粗壮，长 7～12mm，密被绒毛，幼时密生刺状腺体。雄花序 2～3 排成总状，下垂，长 2.5～3.5cm，苞鳞背面密被短柔毛。果单生或 2～3 簇生成头状，果苞钟状，外面密被黄色绒毛和刺状腺体，通常与果等长或较果短，上部浅裂，裂片三角形，边缘具疏齿。坚果球形，长 1.5～2cm，密被绒毛。花期 3～4 月，果期 8～9 月。

产云南中部、西部及西北部和四川西部及西南部、贵州西部；海拔 1700～3700m；生于山坡林中。生态习性与用途和华榛略同。

**3. 川榛** *Corylus heterophylla* Fisch. var. *sutchenensis* Franch.　　图 377

高 9m，常呈灌木状。树皮浅灰色。叶椭圆状倒卵形，4～15cm×2.5～10cm，尾尖，基部心形，下面近无毛，具不规则重锯齿，侧脉 8～10 对；叶柄纤细，长 1～3cm。果单生或 2～6 簇生呈头状；果苞钟状，外面具细条棱，密被短柔毛兼有疏生的长柔毛，密生刺状腺体较果稍长，上部浅裂，裂片三角形，边缘具疏齿；坚果近球形，长 7～15mm。花期 3～4 月，果期 10～11 月。

产华北、西北南部以南，南至长江中下游，西达四川、贵州；海拔 700～2500m；生于灌丛或疏林中。暖温带至中亚热带中山树种。种仁可食用或榨油；木材坚硬致密。嫩叶可作饲料。

[附] **3a. 榛** *Corylus heterophylla* Fisch. ex Trautv.　叶顶端凹缺或截形，中央具三角状突尖。产东北、华北。果仁含脂肪、淀粉、其他碳水化合物。此外，还含有多种维生素和微量元素。榛子含油脂量仅次于核桃，其脂肪多由不饱和脂肪酸组成，是健身益寿的佳品。果仁也是糖果、糕点的重要辅料。

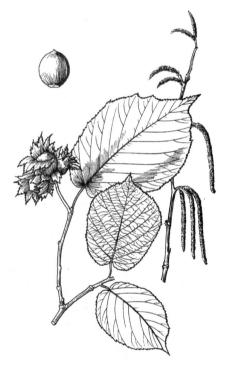

图 377　川榛

## 2. 鹅耳枥属 *Carpinus* L.

叶缘具重锯齿或单锯齿。雄花序生于上一年的枝条上，雄花无花被，具 3～13 雄蕊；雌花序生于枝顶或侧枝叶腋，雌花花被与子房贴生，顶端 6～10 齿裂；果苞叶状或 3 裂为耳裂状，具脉纹；小坚果卵形，着生于果苞基部，具条纹。春季花叶同放，秋季果熟。

50 余种，分布北温带及亚热带地区。我国 30 余种，南北各地均产。喜钙，常生于石质山地。木材坚硬，供细木工、家具、建筑、车辆及室内装饰用材；种子油可制皂及润滑油；可植为行道树或园林绿化观赏。

### 几种鹅耳枥特征比较

| 比较特征 | 川黔千金榆 C. fangiana | 雷公鹅耳枥 C. viminea | 云贵鹅耳枥 C. pubescens | 多脉鹅耳枥 C. polyneura |
|---|---|---|---|---|
| 叶缘 | 具不规则的刺毛状重锯齿 | 具规则或不规则的重锯齿 | 具规则的密细重锯齿 | 具刺毛状重锯齿 |
| 侧脉对数 | 24~34 对 | 12~15 对 | 12~14 对 | 16~20 对 |
| 果序长度 | 15~45cm | 5~15cm | 5~7cm | 3~6cm |
| 果苞 | 在果序轴上排列紧密；果苞的两侧近对称，中脉位于正中；基部具耳突，无裂片 | 在果序轴上排列疏散；果苞的两侧不对称，中脉偏于内缘；基部两侧均具裂片 | 排列疏散；果苞中脉偏于内缘；外侧无裂片，内侧基部微内折或具耳突 | 排列疏散；果苞的两侧不对称，中脉偏于内缘；外侧的基部无裂片，内侧基部边缘微内折 |
| 小坚果 | 矩圆形，无毛 | 宽卵圆形，无毛 | 宽卵圆形，密被短柔毛 | 卵圆形，被或疏或密的短柔毛 |

### 1. 川黔千金榆 *Carpinus fangiana* Hu  图378

高 20m。树皮褐灰色。小枝无毛。叶长卵形、卵状披针形或长椭圆形，10~27cm×3~8cm，渐尖，基部心形至宽楔形，具不规则刺毛状重锯齿，两面沿脉有长柔毛，侧脉 24~34 对；叶柄粗壮，长约 1.5cm，无毛。花期 4 月，果期 8 月。

产西南、湖南、广西；海拔 800~2000m；生于山坡林中。

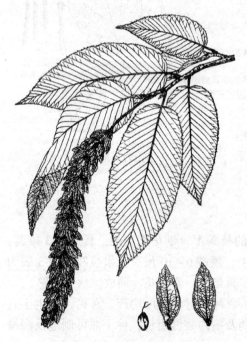

图378  川黔千金榆

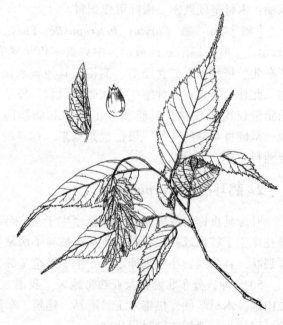

图379  雷公鹅耳枥

## 2. 雷公鹅耳枥 *Carpinus viminea* Wall.　图379

高20m。树皮黑灰色，平滑。小枝无毛，叶椭圆形或卵状椭圆形，6~11cm×3~5cm，尾状渐尖，基部圆形或心形，具规则或不规则的重锯齿，上面无毛，下面沿脉被疏毛；叶柄长1~3cm，有时被毛。花期3~4月，果期9月。

产秦岭、淮河以南，南至华南北部、西南；尼泊尔、缅甸、越南、印度亦产；海拔400~2000（西南2900）m；生于山坡次生林中。萌芽力强，天然更新良好，为天然林保护工程的保存树种。

## 3. 云贵鹅耳枥 *Carpinus pubescens* Burk.　图380

高10m。树皮棕灰色。叶长椭圆形、矩圆状披针形、卵状披针形，少有椭圆形，5~8cm×2~3.5cm，渐尖，基部圆楔形、近圆形、微心形，边缘具规则的密细重锯齿，侧脉12~14对；叶柄长4~15mm，疏被短柔毛或无毛。

产云南东南部、贵州、重庆南川、湖南西部、陕西太白山；越南北部亦产；海拔450~1500m；生于山谷或山坡林中，也生于山顶或石山坡的灌木林中。

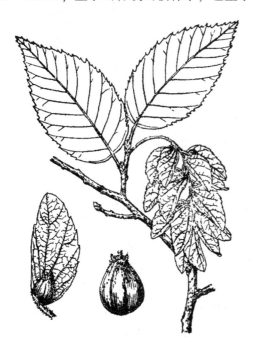

图380　云贵鹅耳枥

图381　多脉鹅耳枥

## 4. 多脉鹅耳枥 *Carpinus polyneura* Franch.　图381

高15m。树皮灰色。叶长椭圆形、披针形、卵状披针形至狭披针形或狭矩圆形，4~8cm×1.5~2.5cm，顶端长渐尖至尾状，基部圆楔形，边缘具刺毛状重锯齿，下面沿脉疏被长柔毛或短柔毛外，脉腋间具簇生的髯毛，侧脉16~20对；叶柄长5~10mm。

产陕西、四川、贵州、湖北、湖南、广东、福建、江西、浙江；海拔900~1600m；生于中山林中。

### 3. 铁木属 Ostrya Scop.

叶缘具不规则的重锯齿，雄花序呈柔荑花序状，雄花无花被，具3~14雄蕊；雌花聚为总状花序，花被与子房贴生。果序穗状，果苞呈囊状，膜质，具网脉，被毛；小坚果卵圆形，完全为果苞所包。

7种，分于亚洲东部、欧洲、北美洲及中美洲。我国5种。本属木材材质致密，极重硬，有光泽，常用于家具、建筑、造船、桥梁和机械制造。

**多脉铁木 Ostrya multinervis Rehd.** 图382

高16m。小枝紫褐色，具条棱，密生皮孔。叶长卵形至卵状披针形，4.5~12cm×2.5~4.5cm，顶端渐尖至尾尖，基部近心形或近圆形，边缘具不规则锐齿，上面疏被长柔毛，下面密被短柔毛。叶脉上面微陷，下面隆起，侧脉18~20对；叶柄较短，长4~7mm。果多数，聚成密集、直立的总状果序；果苞椭圆形，膜质，长1~1.5cm，急尖或短骤尖，基部圆形，具网脉；小坚果狭卵圆形，长6~7mm，径约3mm，淡褐色，平滑。

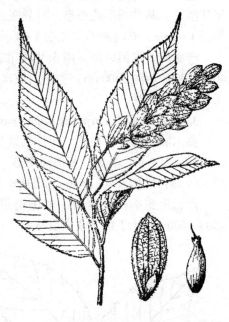

图382 多脉铁木

产湖北、湖南、浙江、江苏、四川东南部及贵州；海拔650~1200m；生于常绿落叶阔叶混交林中。

## 42. 壳斗科(山毛榉科) FAGACEAE

常绿或落叶，乔木。单叶，互生，侧脉羽状，直出；托叶早落。花单性，雌雄同株，花被片4~6；雄花柔荑花序下垂或直立，雄蕊4~12；雌花1~3(7)生于总苞(系多数苞片的聚合体)内，再聚为穗状花或单生于雄花序下方，子房下位，3(6)室，每室2胚珠，花柱与子房室同数。总苞在果时硬化形成壳斗，小苞片各式：鳞状、条状、针刺状或瘤状，每壳斗具1~3(7)坚果；种子1，无胚乳，子叶肉质。染色体基数 X = 12。

7属900余种，主产北温带，广布全球(除非洲外)，以热带亚洲为分布多度中心(分布图10)。我国7属约320种，南北均产。多数树种主干直、深根系、寿命长、萌芽力强、有一定耐阴性，在生态系统中常居林冠上层，形成稳定持久的森林顶极群落。世界温带、亚热带至热带山地天然林的建群种；碳储存及水土保持力强，为水源涵养林及生态恢复工程目标树种；木材材质坚重，为优良硬木，商品材称橡木、槠木、柯锥木(粤语)；壳斗及树皮为鞣料(单宁)提取资源，用于皮革制造工业；坚果富含淀粉。坚果的天然更新与鼠类的取食、搬运和贮藏行为密切相关。

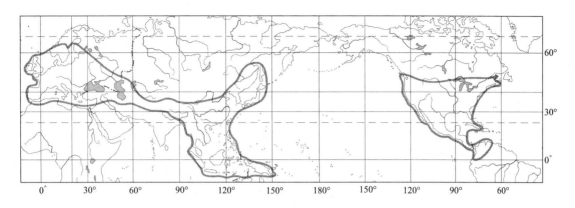

分布图 10　壳斗科植物地理分布示意图(引自李建强)

1. 雄花序头状，下垂；坚果卵状三角形；子叶出土；落叶 ················································ **1. 水青冈属 Fagus**
1. 雄花序穗状或圆锥状，直立或下垂；坚果不为卵状三角形(稀三棱形)；子叶不出土。
　2. 雄花序直立。
　　3. 落叶；枝无顶芽；子房6室 ······················································································· **2. 栗属 Castanea**
　　3. 常绿；枝有顶芽，子房3室。
　　　4. 壳斗球形，全包坚果，稀为杯形或碗形，内有果1~3，发育果基部无败育的果；小苞片刺状，稀为鳞片形；叶常二列互生 ········································································ **3. 栲属 Castanopsis**
　　　4. 壳斗常为杯状或碗状，包果下半部，稀为坛形包果大部，内具1果，发育果基部常附有2不育的果；小苞片鳞片形，紧贴于壳斗壁上，无刺；叶非二列互生 ············· **4. 石栎属 Lithocarpus**
　2. 雄花序下垂。
　　5. 壳斗不瓣裂；坚果无脊棱。
　　　6. 壳斗苞片组成同心环带，坚果的顶部通常有环圈；常绿 ·············· **5. 青冈属 Cyclobalanopsis**
　　　6. 壳斗苞片覆瓦状排列，紧贴或张开；落叶稀常绿 ································ **6. 栎属 Quercus**
　　5. 壳斗3~5瓣裂；坚果具3脊棱 ··················································· **7. 三棱栎属 Trigonobalanus**

## 1. 水青冈属(山毛榉属) *Fagus* L.

落叶乔木。叶缘具锯齿或波状；托叶膜质，线形，早落。花先叶开放；雄花聚为具长梗、下垂的头状花序，苞片2~5，花被4~7裂，雄蕊6~12；雌花2生于总苞内，总苞具梗，生于叶腋，子房3室，花柱3。壳斗4裂，被刺形、窄匙形、线形、钻形或瘤状苞片，每壳斗内常具2坚果；坚果卵状三角形。

11种，分布北半球温带及亚热带山地。我国6种。常组成落叶阔叶混交林或与常绿阔叶树混交。为用材及水源涵养林树种；天然林保护工程的保存树种；木材多开发为木地板材，资源受到严重的破坏，亟待保护。

1. 壳斗(果)总梗长2~7cm；成熟叶下面多少被柔毛。
　2. 叶侧脉不连成环形边脉 ····························································· **1. 水青冈 *F. longipetiolata***
　2. 叶侧脉弯弓相连成环形边脉 ······················································ **1a. 米心水青冈 *F. engleriana***

1. 壳斗(果)总梗长 2cm 以下；成熟叶除脉上外光滑无毛。
    3. 壳斗鳞片平贴，顶部钻尖，侧脉 10~13 对 ························· **2. 光叶水青冈 F. lucida**
    3. 壳斗鳞片细线状，弯钩，侧脉 5~9 对 ························· **2a. 台湾水青冈 F. hayatae**

**1. 水青冈 Fagus longipetiolata Seem.**　图 383：1~4

乔木，高 25m。树干直，分枝高；树皮粗糙。叶薄革质，卵形或卵状披针形，7~14cm×3~6cm，基部略偏斜，边缘具疏锯齿，叶下面多少被柔毛，侧脉 9~14 对；叶柄长 1~2.5cm。壳斗长 1.8~3cm，密被褐色绒毛，苞片钻形，长 4~7mm，下弯或呈 S 形；总梗长 2~7cm，弯斜或下垂；坚果棱脊顶端有细小翼状突出体，被毛。花期 4~5 月，果期 8~9 月。

产秦岭以南各地区；海拔 800~2600m。北、中亚热带树种；生于平缓山坡落叶或常绿阔叶混交林中。稍耐阴，适生于腐殖质深厚的山地黄壤。木材淡褐色至红褐色，为优良硬木，但资源已近枯竭，应列为保护树种。

**[附]1a. 米心水青冈 Fagus engleriana Seem.**　图 383：5~9　与水青冈的区别：叶侧脉弯弓相连成环形边脉；壳斗基下部苞片为窄条形及线形，顶部的苞片刺形。产秦岭以南至华中、华东；海拔 1000~2000m，西南可达 2600m。

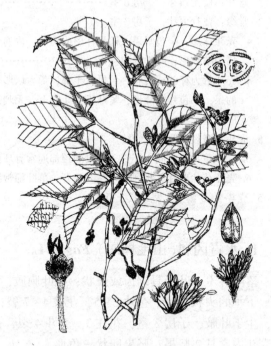

图 383　1~4. 水青冈　5~9. 米心水青冈　　　图 384　光叶水青冈

**2. 光叶水青冈(亮叶水青冈)Fagus lucida Rehd. et Wils**　图 384

乔木，高 23m；分枝低垂。叶菱形或卵状披针形，5~8.5cm×2~4.5cm，具波状钝齿或全缘，叶下面除脉上有柔毛外，其余无毛，侧脉 10~13 对；叶柄长 4~12mm。壳斗长 1.2~1.8cm，壳斗鳞片平贴，顶部钻尖；梗短粗；每壳斗有 2(3)坚果；坚果棱脊顶端有细小、三角形突起的翼状体。花期 4 月，果期 8 月。

产华中、四川、贵州、江西、浙江、华南北部；海拔 800~2500m。北、中亚热带树种。常与多脉青冈、曼青冈、巴东栎等形成混交林，在山顶形成纯林（顶极群落）。较耐阴，生长慢，少病虫害，耐山火，寿命长，组成的群落稳定性强，能持续数百年不衰，林下多箭竹和苔藓，截留和储存水分力强，为重要的水源涵养林。用途与水青冈略同。

[附]2a. 台湾水青冈 *Fagus hayatae* Palib. [*F. pashanica* Yang] 与光叶水青冈的区别：壳斗鳞片细线状，弯钩，侧脉 5~9 对，新生嫩叶背面沿中脉及侧脉两侧有红褐色、细丝状的鳞秕。产台湾、浙江、湖北西部、湖南西北部、四川东北部；海拔 1300~2300m，资源稀少。

## 2. 栗属 *Castanea* Mill.

落叶。小枝无顶芽；芽钝圆，芽鳞 3~4。叶缘有锯齿，侧脉直达齿端。雌雄花序直立，腋生，雌雄花同序（雌花生于花序下方）或异序，花被 6 裂；雄花：雄蕊 10~20，有退化雌蕊；雌花：每总苞内具 1~3(7) 花，子房 6 室，花柱 6。壳斗密被针刺，每壳斗内具 1~3(7) 坚果。

12 种，分布北半球温带及亚热带。我国 3 种。果甜，多为干果果树。

1. 每壳斗具坚果 2~3(7)，果径大于高或几相等；叶下面被短柔毛或腺鳞；雌雄花同序。
    2. 叶下面被灰白或灰黄色短柔毛；果径 1.6~3cm ·············· **1. 板栗** *C. mollissima*
    2. 叶下面被腺鳞；果径 1.5cm 以下 ·············· **2. 茅栗** *C. sequinii*
1. 每壳斗具坚果 1，果高大于径；叶光洁；雄雌花异序 ·············· **3. 锥栗** *C. henryi*

### 1. 板栗 *Castanea mollissima* Bl. 图 385

高 15m，胸径 1m。树皮灰褐色，深纵裂。叶长椭圆形，长 9~16cm，有锯齿，齿端具芒尖，下面密被灰白至灰黄色短柔毛，侧脉 10~18 对。花序长 10~20cm；雌花生于基部，2~3(5) 花生于总苞内。壳斗连刺（以下壳斗径大小均包括刺长度）径 4~6.5cm，密被灰白色星状毛，刺长而密，壳斗有坚果 2~3；坚果扁圆形，径 1.6~3cm，暗褐色，顶部有绒毛。花期 4~6 月，果期 9~10 月。

产区遍布全国，北自吉林集安，南至广州，除沙漠、高寒地区外均有栽培；海拔 1000m 以下，西部达海拔 2800m。世界温带国家多引种栽培，为暖温带至中亚热带树种。喜光，耐寒（-25℃），耐旱，对土壤要求不严。如作为果树经营，仍需要足够的水肥。中心产区为山东、河北及黄河流域至长江流域山地。栗果被誉为"干果之王"，味甜且富含 B 族维生素，为保健益寿之佳品。栽培品种多，北方产的果小且含糖分高（20%），南方产的果大，但含糖分低（10%~15%）。嫁接苗 3 年生可结果，果龄长达 50 年以上。实生苗果龄更长。材质优良，气干容重 $0.67g \cdot cm^{-3}$，为硬木用材。

### 2. 茅栗 *Castanea sequinii* Dode 图 386

灌木或小乔木。幼枝被短柔毛。叶长椭圆形或倒卵状长椭圆形，长 6~14cm，下面被黄褐色腺鳞，侧脉 12~17 对；叶柄长 6~10mm，有短毛。雌花生于花序基部。壳斗近球形，直径 3~5cm，壳斗常具 3(5~7) 坚果；坚果扁球形，径 1~1.5cm。花期 5 月，果期 9~10 月。

产秦岭以南各地；海拔 2000m 以下；生于丘陵、山地灌丛或疏林中。适应性强，能耐

图 385 板栗

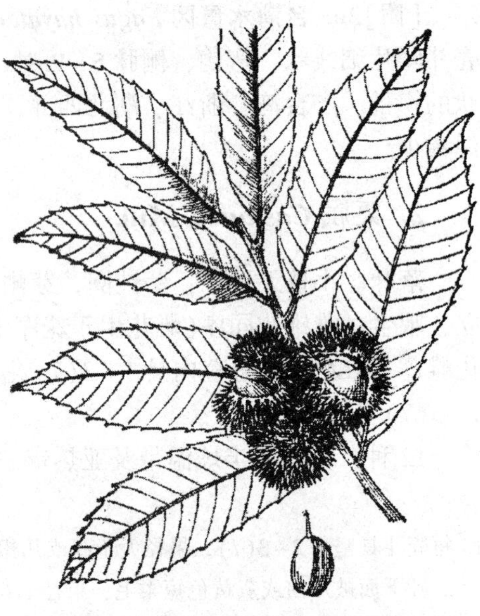

干旱瘠薄土壤。种仁含淀粉 60%~70%，味甜，供食用或酿酒；木材一般用作薪炭材，为荒山水土保持树种。

**3. 锥栗** *Castanea henryi* (Skan) Rehd. et Wils. 图 387

乔木，高 30m，胸径 1m。幼枝无毛。叶披针形或卵状披针形，长 12~18(23)cm，先端尾尖或长渐尖，边缘有芒状锯齿，两面无毛，侧脉 13~16 对；叶柄长 1~1.5cm。雌雄花异序，雌花序生于上部叶腋。壳斗近球形，径 2.5~3.5cm，每壳斗具 1 坚果；坚果卵球形，径 1.5~2cm，具尖头，被黄棕色绒毛。花期 5~7 月，果期 9~10 月。

产秦岭以南各地；东部海拔 1000m 以下，西部达 2000m。常与光皮桦、响叶杨、白栎等混生为次生阔叶林。木材坚硬，耐水湿，为优良硬木用材；果甜，富含人体需要的多种氨基酸和微量元素，近年逐渐成为上市绿色果品；树干通直、树冠尖削、

图 386 茅栗

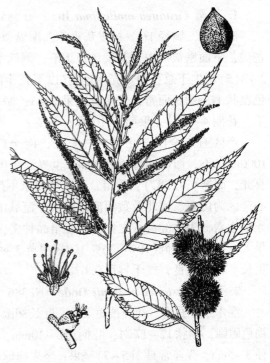

图 387 锥栗

生长迅速，种植 25~30 年可成材，为优良的用材树种。

### 3. 栲属(锥属) *Castanopsis* (D. Don) Spach

常绿乔木。顶芽显著，芽鳞多数、紧贴。叶二列互生，边缘有锯齿或全缘。花序直立，花被 5~7 裂，雌花单生或 3(7) 生总苞内，多单独组成花序，子房 3 室，花柱 3。壳斗开裂，稀不开裂，全包坚果，稀杯状，包坚果一部分，具刺状、鳞片状或针头形苞片，壳斗内具坚果 1~3；坚果果脐圆，常翌年成熟。

120 种，主要分布亚洲热带和亚热带地区。我国 60 余种，主产长江以南，许多种类为南方常绿阔叶林的建群种。天然林保护工程的目标树种。用材；坚果为重要的淀粉资源，有的可食；壳斗含鞣质，可提取栲胶。

1. 壳斗外壁无针刺，小苞片鳞片状或具疣突。
   2. 叶较大，长 15~35cm，最宽处位于中上部；壳斗壁质脆，成熟时爆裂。
      3. 壳斗通常全包或包围坚果大部分，坚果较大，高 1.5~2.2，径 1~1.8cm …… **1. 黧蒴栲** *C. fissa*
      3. 壳斗杯状，包围坚果 1/2(1/3)，坚果较小，高 0.6~1.5cm，径 0.8~1cm …………………………………………………………………………………… **1a. 杯状栲** *C. calathiformis*
   2. 叶较小，长不及 15cm，最宽处位于中下部；壳斗壁革质，成熟时瓣裂。
      4. 叶中部以上具粗齿，侧脉劲直；壳斗径 1.5cm 左右 ………… **2. 苦槠** *C. sclerophylla*
      4. 叶全缘，偶上部具疏齿，侧脉细，近边缘处弯弓；壳斗径 1cm 左右 ………… **3. 米槠** *C. carlesii*
1. 壳斗外壁被各种类型的刺。
   5. 壳斗刺密布壳斗壁面，非环状排列，壁面不露出，壳斗具 1 坚果。
      6. 叶全缘，偶上部有疏齿；壳斗具 1 果。
         7. 长成枝叶无毛，仅叶下面被红褐色或褐黄色蜡鳞层，或光绿色。
            8. 全体光洁无毛、无蜡鳞；叶两面光绿；壳斗整齐 4 瓣裂 ………… **4. 青钩栲** *C. kawakamii*
            8. 叶下面被红褐色或褐黄色蜡鳞层。
               9. 叶卵形、卵状披针形，先端长渐尖；壳斗径 2.5~4cm ………… **5. 红锥** *C. hystrix*
               9. 叶椭圆形或长圆形，先端短尖；壳斗径 4~6cm ………… **5a. 华南栲** *C. conccina*
         7. 芽、幼枝、叶下面及叶柄、花序轴均密被红褐色粗长毛；叶基部心形或近耳形 …………………………………………………………………………………… **6. 毛栲** *C. fordii*
      6. 叶有锯齿。
         10. 叶椭圆形，长 15~25cm，短尖，下面被红褐色蜡鳞层，叶先端有锯齿 …… **7. 钩栲** *C. tibetana*
         10. 叶披针形，长 7~18cm，长渐尖，两面光绿(1 果) ………… **7a. 桂林栲** *C. chinensis*
   5. 壳斗刺束生、聚为环状排列，壳斗面壁可见。
      11. 壳斗具 1 坚果。
         12. 叶非椭圆形，全缘，偶有疏齿。
            13. 叶卵形，先端长尾尖，两面光绿或下面银白色 ………… **8. 甜槠** *C. eyrei*
            13. 叶长圆状披针形，先端长渐尖，下面被红褐色粉末状蜡鳞 ………… **9. 栲树** *C. fargesii*
         12. 叶椭圆形，中部以上具波状齿 ………… **10. 高山栲** *C. delavayi*
      11. 壳斗具 3(1) 坚果。
         14. 叶长圆状披针形，先端有锯齿，下面被褐黄色蜡鳞层 ………… **9a. 罗浮栲** *C. fabri*
         14. 叶卵状椭圆形，全缘，两面光绿。

15. 壳斗不裂，具鹿角状粗大刺，刺异形，长达 15mm ·················· **11. 鹿角锥** *C. lamontii*
15. 壳斗开裂，刺较纤细，刺同形，长达 7mm ·················· **11a. 元江锥** *C. orthacantha*

**1. 黧蒴锥** *Castanopsis fissa* ( Champ. ex Benth. ) Rehd. et Wils.　　图 388

高 20m，胸径 50cm。树皮灰褐色。芽、幼枝、幼叶下面及壳斗被红褐色粉状蜡鳞层及黄褐色柔毛，后渐落。叶厚纸质，长椭圆形或倒卵状长椭圆形，长 16~25cm，有钝锯齿或波状齿，下面被灰黄或灰白色蜡鳞层，侧脉 16~20 对，基部楔形下延。果序长 7~15cm；壳斗球形或椭圆形，全包坚果，偶有仅包大部分，径 1.2~2cm，壁薄，成熟时爆裂，小苞片三角形具疣突，基部连生成 4~6 同心环，具 1 坚果；坚果栗褐色，卵球形径 1~1.8cm，果脐小于坚果基部。花期 4~5 月，果期 10~11 月。

产华南、西南、浙江、湖南及江西南部；越南、老挝亦产；海拔 1000m 以下。南亚热带树种。喜光，适应性强，对土壤要求不严，常形成天然纯林。速生，一般 10 年生林木高 12~14m，胸径 18~25cm；萌芽性强，一般在农户村边作薪炭林经营，7~8 年轮伐一次；木材轻软，不耐腐。果炒熟可食。

[附]**1a. 杯状锥** *Castanopsis calathiformis* ( Skan ) Rehd. et Wils.　　与黧蒴锥近似，但本种幼叶下面无柔毛。壳斗杯状，包坚果 1/2(2/3)，高 0.6~1.5cm；坚果较小，径 0.8~1cm。产云南南部及西藏东南部；东南亚地区亦产；生于海拔 600~2400m。习性及用途均同黧蒴锥。

**2. 苦槠** *Castanopsis sclerophylla* ( Lindl. ) Schott.　　图 389

高 15m，胸径 50cm。树皮暗褐色，浅纵裂。叶革质，长椭圆形或卵状椭圆形，长 7~15cm，

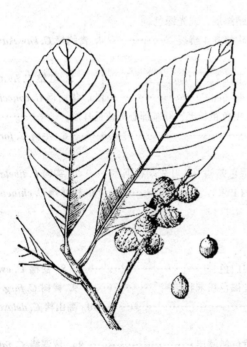

图 388　黧蒴锥

图 389　苦槠

短渐尖或尾尖，边缘中部以上有粗锐齿，下面无毛，银灰色，侧脉 10~14 对。壳斗深杯状，全包或包坚果大部分，径 1.2~1.5cm，小苞片鳞片状，具瘤状突起且连成圆环；壳斗壁瓣裂，坚果 1，近球形，径 1~1.4cm，果脐径 7~9mm。花期 4~5 月，果期 9~11 月。

产秦岭以南，华东为中心产区，西界为湖南西部和湖北西部，南达华南北部；海拔 500(1000) m 以下的丘陵、低山区。北、中亚热带树种，中等耐阴，适中等肥沃湿润的立地条件。生长较速，萌芽力强，低山丘陵村庄林习见，常与青冈、石栎、冬青、山矾等组成常绿阔叶林，或与马尾松混生。木材淡红褐色，质软，强度中；种仁含淀粉，苦槠豆腐为地方特产。

**3. 米槠**（小红栲）*Castanopsis carlesii*( Hemsl. )**Hayata**　　图 390

高 30m，胸径 80cm。树皮灰色，不裂至浅纵裂。小枝无毛。叶薄革质，卵形至卵状披针形，5~11cm×1.5~3cm，先端尾尖或渐尖，全缘或中部以上具锯齿，下面幼时被易脱落的红棕色或黄棕色蜡鳞层，后为灰白色，侧脉 9~12 对。果序长 5~10cm；壳斗小，近球形，径 0.9~1.4cm，小苞片鳞片状，具疣突，偶有针刺，呈环列，壳斗壁瓣裂，具 1 坚果。花期 4~6 月，果期翌年 9~11 月。

产华东、华中、华南，西至四川、贵州；海拔 1000m 以下；生于山地常绿阔叶林中。中亚热带至南亚热带树种，南岭为中心产地。稍耐阴，生长较快，天然更新良好。天然林木的树高和直径生长速生期，20 年生左右，为同类之速生者。种仁含淀粉 60%，为优质淀粉，具有酶解率较高、透明度低、凝沉稳定性较强、冻融稳定性较好的特性。

**4. 青钩栲**（吊皮栲）*Castanopsis kawakamii* **Hayata**　　图 391

高 30m，胸径 2.5m。树皮浅纵裂，老树皮翘裂成长条状；枝叶无毛。叶革质，卵状披针形或长椭圆形，长 6~13cm，长渐尖，基部近圆形，全缘，偶上部具 1~3 浅齿，两面

**图 390　米槠**

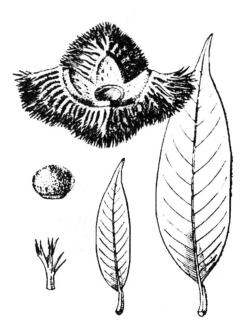

**图 391　青钩栲**

光绿，侧脉7~13对。雄花序圆锥状或穗状。壳斗球形，径6~8cm，密被刺，刺长2~3cm，4瓣裂，1坚果，基部合生为刺轴；坚果扁圆锥形，径1.7~2cm，密被黄棕色绒毛，果脐约占坚果面近1/2。花期3~4月，果期翌年8~10月。

产华南、台湾、江西南部；海拔200~1000m。南亚热带树种。较耐阴，萌芽力强，适生于腐殖质丰富的酸性红黄壤；组成山地常绿阔叶林优势种。木材褐色，纹理美丽，密度为$0.74g·cm^{-3}$，系栲柯类最优的硬木之一，耐腐；坚果可食。因材质优良，福建等地已进行人工造林。青钩栲天然林保护区建立于福建三明市面积万余亩的亚热带雨林中，资源珍稀，已列为国家保护植物。

**5. 红锥**（刺栲）*Castanopsis hystrix* A. DC. 图392

高30m，胸径1m。树皮暗褐色，薄块状脱落。幼枝密被短柔毛，后无毛。叶小，卵形、卵状披针形，长5~12cm，先端长渐尖，全缘或上部疏生锯齿，下面被黄棕色、红棕色或银灰色蜡鳞层。花序轴被毛。果序长达15cm；壳斗小，球形，径2.5~4cm，4瓣裂，刺长6~13mm，基部合生，刺轴密生满布，壳斗内具坚果1；坚果宽圆锥形，径0.8~1.5cm，无毛，果脐与坚果基部等大或稍大。花期4~5月，果期翌年9~10月。

产南岭以南，至华南、西南；海拔1000m以下，西部海拔1900m以下。南亚热带至边缘热带树种，华南农家风水林习见。中等耐阴，宜中等肥厚湿润酸性黄红壤，萌芽力强，天然更新旺盛；速生，广西大面积人工林8~12年生蓄积量达$156m^3·hm^{-2}$，种植15~20年可成材利用。木材红褐色，纹理直，坚韧而较重，木材密度$0.73g·cm^{-3}$，已列为商品材；树皮和壳斗含鞣质10%~15%；果可食。

**[附]5a. 华南栲** *Castanopsis concinna* (Champ. ex Benth.) A. Dc. 图393 与红锥极相似，主要区别：本种叶为椭圆形或长圆形，短尖，全缘（未见有齿），稍背卷，叶下面被

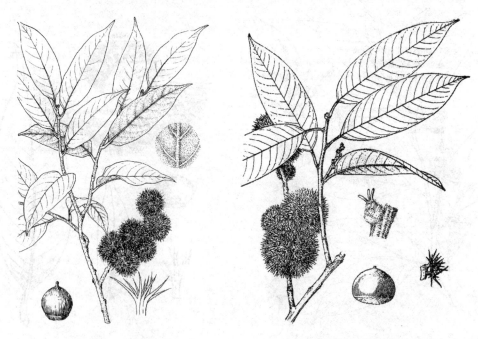

图392 红锥　　　　　图393 华南栲

易脱落粉末状红褐色蜡鳞层；壳斗较大，径5~6cm。产广东、广西。

**6. 毛椎**(南岭椎)*Castanopsis fordii* Hance 图394

高30m，胸径1m。芽、幼枝、叶柄及叶下面、花序轴均密被红褐色粗长毛。叶长圆形至披针状长圆形，基部心形或近耳形，全缘，中脉凹陷，侧脉14~18对；叶柄极短（≤5mm）。壳斗径5~6cm，4瓣裂，细刺密生，刺长1.5~2cm，内具1果；坚果扁卵球形，径1.5~2cm，密被毛，果脐占果面1/3。

产华南、贵州东南部，北至浙江南部、江西南部及湖南南部；海拔1000m以下。南亚热带树种。甚耐阴，喜湿润生境，常在山谷溪边与马蹄荷、厚壳桂、蕈树、垂果木莲等聚生成林。木材淡黄色，为中等优质硬木。南岭山地生态保护重要树种。

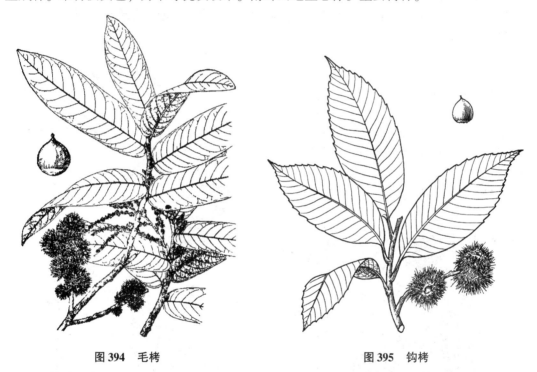

图394 毛椎　　　　　　　图395 钩椎

**7. 钩椎**(钩栗)*Castanopsis tibetana* Hance 图395

高30m，胸径1.5m。老树皮剥裂。叶大，革质，椭圆形或长椭圆形，15~25cm×5~10cm，边缘中部以上疏具粗齿，下面初被红褐色、后为银灰色蜡鳞层，侧脉13~18对；叶柄长1.5~3cm。果序长10~20cm，无毛；壳斗球形，径6~8cm，4瓣裂，壳斗壁厚3~4mm，刺长1.5~2.5cm，基部合生成刺轴，密生，全包壳斗，每壳斗内具1坚果；坚果宽圆锥形，径2~2.8cm，被毛，果脐与坚果基部等大。花期4~5月，果期翌年9~10月。

产长江以南，南达华南北部，西至四川、云南，生于海拔1500m以下。中亚热带树种。耐阴，生长慢，寿命长，适生湿润肥厚土壤。在山谷、溪涧边形成纯林，或与猴欢喜、润楠类、含笑类混生。木材密度$0.59g \cdot cm^{-3}$，红褐色，色泽美观。

[附]**7a. 桂林椎** *Castanopsis chinensis* (Spreng.) Hance　叶披针形，长7~18cm，长渐尖，1/3以上的叶缘有锐齿，两面光绿，网脉明显。壳斗圆球形，径2.5~3.5cm，整齐3~4瓣开裂，刺长6~12mm，在下部或近中部合生成刺束，几将壳斗外壁完全遮蔽，1坚

果,径1~1.3cm,无毛。产华南、西南。华南农村风景林习见。

**8. 甜槠** *Castanopsis eyrei* ( Champ. ) Tutch.　图396

高20m,胸径50cm。树皮褐色,常纵扭裂;枝叶无毛。叶革质,卵形、卵状披针形,长5~13cm,先端长渐尖或尾尖,基部不对称,全缘或近顶端疏生浅齿,两面光绿或下面薄被银白色蜡鳞层,侧脉8~14对。壳斗宽卵形,径2~3cm,刺长0.5~1cm,基部或中部以下合生为刺轴,连生成刺环,不规则开裂;坚果1,宽圆锥形,径1~1.4cm,无毛。花期4~5月,果期翌年9~11月。

产长江以南各地(云南、海南除外),海拔300~1700m。中亚热带山地最常见的常绿阔叶林组成树种。中等耐阴,适应性强,天然更新力强,常形成纯林或与木荷、樟楠、含笑类混生。木材淡黄,常扭曲;种仁可食或酿酒。中亚热带山地生态维护树种,其生态效益远大于经济利益。

图396　甜槠　　　　　　　　　　　　图397　栲树

**9. 栲树** *Castanopsis fargesii* Franch.　图397

高30m,胸径80cm。树皮浅灰色,不裂或浅裂。芽、幼枝及叶下面被红褐色粉末状蜡鳞。叶长椭圆状披针形,长8~13cm,渐长尖,全缘或偶有1~3钝锯齿,侧脉纤细,12~14对。果序长12~18cm;壳斗球形,径1.5~3cm,刺长0.6~1.6cm,基部合生成束,聚为轮环,外壳可见,不规则开裂,具1坚果;坚果卵球形,径0.8~1.2cm。果期10~11月。

产长江以南,主产中亚热带,南至华南,西达西南,东至台湾。阴性树种,生山谷阴坡,有时形成纯林,系南方分布广、资源量大的栲类。为生态恢复工程和生态保护重要树种。立木多空心,木材不耐腐,经干燥处理后利用。中亚热带低山丘陵植被恢复的优良树种。

**[附]9a. 罗浮栲** *Castanopsis fabri* Hance 较栲树叶稍长，长8~19cm，边缘上部疏生锯齿，下面被褐黄色蜡鳞，壳斗刺束生为4~6环，刺长0.5~1cm；每壳斗具3(1)果，果脐大于果底部。分布区与栲树相近，但更偏南，以南岭为分布中心；中南半岛亦产。

**10. 高山栲** *Castanopsis delavayi* Franch. 图398

高25m。树皮暗灰色或灰褐色，纵裂；枝叶无毛。叶倒卵形、椭圆状卵形或倒卵状椭圆形，5~13cm×3.5~9cm，先端钝或短尖，中部以上疏生锯齿或波状齿，下面被黄棕色蜡鳞层，后为银灰色，侧脉6~10对。果序长10~15cm；壳斗小，宽卵形或近球形，径1.5~2cm，2瓣裂，刺长3~6mm，基部合生成刺轴，并排成连续的4~6环，疏生，每壳斗具1坚果；坚果宽卵形，径0.8~1.5cm，果脐小。果期9~11月。

产云南中部、四川、贵州、广西；东南亚亦产；海拔1600~2700(3200)m；适生于滇中高原气候，常与云南松、云南油杉、滇青冈、黄毛青冈混生。木材黄褐或褐色，材质坚韧，强度大；种仁可食用或酿酒。为滇中高原优良用材树种。

**11. 鹿角栲**(红勾栲)*Castanopsis lamontii* Hance 图399：1~5

乔木，高25m，胸径1m。树皮粗糙，网状交互纵裂；芽大，枝、叶无毛。叶椭圆形、卵形或长圆形，12~30cm×4~10cm，短尖或长渐尖，基部圆，略歪斜，全缘，偶有疏齿，侧脉10~11对，光绿，下面略呈灰色；叶柄长1.5~3cm。果序长10~20cm，序轴粗壮，壳斗径4~6cm，壁厚，不开裂，刺粗壮且差异大，长达15mm，合生呈鹿角状，并聚为4~6波状环；壳斗具3果，坚果阔卵圆形，径1.5~2.5cm，密被棕色绒毛，果脐与坚果基部等大。花期4~5月，果期翌年9~11月。

图398 高山栲

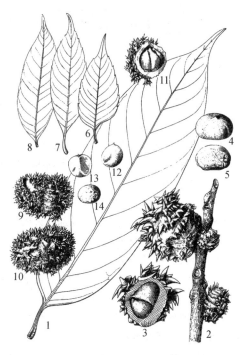

图399 1~5.鹿角栲 6~14.元江栲

产华南、贵州、云南东南部，北至湖南和江西南部（南岭）；越南北部亦产；海拔 500~1000m（西南 2500m）。耐阴，林缘林窗更新，常与蕈树、木荷、马蹄荷形成稳定常绿阔叶林，为产区恢复生态工程目标树种。

**[附]11a. 元江栲 *Castanopsis orthacantha* Franch.** 图 399：6~14 叶卵状椭圆形，10~18cm×3~6cm，中部以下最宽，两面光绿；叶柄长<1cm。壳斗径 3~3.5cm，刺长 5~7mm，刺束聚为 4~6 环，壳斗具 3(1)果；坚果圆锥形，径 1~1.5cm。主产云南，延至四川、贵州毗邻地。

## 4. 石栎属（柯属）*Lithocarpus* Bl.

常绿乔木。小枝常具棱脊，有顶芽，芽鳞松散。叶多异态，全缘，稀有齿，非二列。花序直立；雄花序单生或多个排成圆锥状，花被 6 裂，雄花 3 至数朵簇聚，密生于花序轴上，雄蕊 12(8~15)，退化雌蕊细小；雌花单生于总苞内，常 3 总苞簇生于雌花序，或生于两性花序基部或中段，子房 3 室，花柱 3。每壳斗具 1 果，仅包坚果一部分至全部，小苞片鳞形、钻形、无刺；果脐凸起、平坦或凹下，多数种坚果翌年成熟。

300 种，主要分布亚洲东南部及东部。我国 90 种，产秦岭以南各地，为热带、亚热带常绿阔叶林主要树种。天然林保护工程的保育树种。木材为优质硬木，商品材称椆木，以红椆为上品；树皮及壳斗可提取栲胶；有些种的种仁可食或酿酒。

1. 壳斗(果)陀螺形、坛形、钵形，全包坚果或包被大部分。
  2. 壳斗壁木质或厚壳质，果脐凸起。
    3. 壳斗陀螺形，壳斗(果)壁厚，木质，与果结合为一体，极难剥离；叶有锯齿。
      4. 枝叶无毛，侧脉 9~15 对 ·················· **1. 烟斗石栎 *L. corneus***
      4. 枝、叶下面密被毛，侧脉 16~35 对。
        5. 叶侧脉 25~35 对，壳斗(果)硕大，径 3.5~5cm ·················· **1a. 紫玉盘石栎 *L. uvarifolius***
        5. 叶侧脉 16~25 对。壳斗(果)径 2.5~3.5cm ·················· **1b. 密脉石栎 *L. fordinan***
    3. 壳斗坛形或钵形，壳斗(果)壁较薄，脆壳质，壳斗壁与果可剥离。
      6. 小枝、叶下面、叶柄及花序轴无毛 ·················· **2. 包石栎 *L. cleistocarpus***
      6. 小枝、叶下面、叶柄及花序轴密被柔毛。
        7. 小枝、叶下面、叶柄及花序轴密被灰黄色柔毛 ·················· **2a. 滇石栎 *L. dealbatus***
        7. 芽、小枝、幼叶、花序轴密被黄褐色柔毛及粉状鳞秕 ·················· **3. 金毛石栎 *L. chrysocomus***
  2. 壳斗壁脆壳质，易裂，果脐凹下。
    8. 枝叶无毛；壳斗全包坚果，顶部乳头状上突，全形呈壶形 ·················· **4. 厚斗石栎 *L. elizabethae***
    8. 枝叶有毛；壳斗坛形或钵形，果圆球形或扁圆球形，上部露出。
      9. 叶狭长椭圆形，最宽处在中部或中下部 ·················· **4a. 榄叶石栎 *L. oleifolius***
      9. 叶狭长椭圆形，或近倒披针形，最宽处在中部或中上部 ·················· **4b. 圆锥石栎 *L. paniculatus***
1. 壳斗碗形、杯形或碟形，仅包被坚果下部或基部。
  10. 小枝密被灰黄色短柔毛；坚果长椭圆形 ·················· **5. 石栎 *L. glaber***
  10. 小枝无毛；坚果不为长椭圆形；叶光绿无毛。
    11. 壳斗碟形；果圆锥形仅基部生壳斗上，果序长 20~30cm，2~6 集生枝顶 ·················· **6. 木姜叶石栎 *L. litseifolius***

11. 壳斗碗形、杯形；果序性状不同于上条。
　　12. 叶基部楔形，下延至叶柄 ················································· **7. 硬斗石栎** *L. hancei*
　　12. 叶基部不下延。
　　　　13. 叶形多态，常为长椭圆形，叶侧脉平或突起 ························· **8. 东南石栎** *L. harlandii*
　　　　13. 叶披针形，叶侧脉凹下 ························································ **8a. 绵石栎** *L. henryi*

**1. 烟斗石栎** *Lithocarpus corneus* (Lour.) Rehd.　　图 400：9~14

高 15m，胸径 30cm。小枝初被柔毛后脱落。叶长椭圆形至倒卵状披针形，长 6~18cm，短尾尖，基部两侧略不对称，两面光绿，下面被半透明腺鳞，具疏锯齿，中脉、侧脉常下凹，侧脉 9~15 对。总苞 3 或 5 簇生花序基部。壳斗 3 个聚生或单 1，陀螺形，包坚果 1/2~4/5，径 2.5~4(5.5)cm，高 2~3(4)cm，壁木质，与果结合为一体；苞片三角形或菱形连成雅致网纹；坚果大，顶平截微隆，果脐凸起。花期 4~6 月，果期翌年 9~12 月。

产华南、西南、湖南南部、台湾；越南、老挝亦产；海拔 600~1000m 以下；生于山地常绿阔叶林中。南亚热带至边缘热带树种。偏阳性。木材淡黄或白色(白橱)，硬度和重量中等；种仁煮熟后可食；果形如烟斗，可作工艺品观赏。生态保护工程目标树种。

[附]**1a. 紫玉盘石栎** *Lithocarpus uvarifolius* (Hance) Rehd.　　图 400：1~4　与烟斗石栎的区别：小枝、叶柄、叶下面脉上及花序轴均密被褐色长柔毛。叶倒卵状椭圆形，骤尖，长 10~20cm，侧脉 25~35 对；壳斗(果)陀螺形，硕大，径 3.5~5cm。产华南、湖南

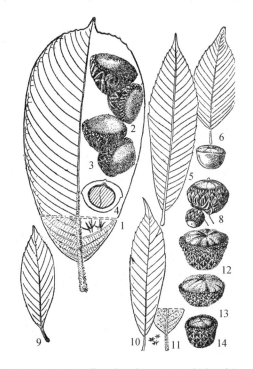

图 400　1~4. 紫玉盘石栎　5~8. 密脉石栎
　　　　9~14. 烟斗石栎

图 401　包石栎

南部(汝城)。

[附]1b. 密脉石栎 *Lithocarpus fordinan* ( Hemsl. ) Chun　图400：5～8　小枝、叶柄、叶下面脉上及花序轴均密被黄灰色长柔毛及星状毛。叶长椭圆形，长10～25cm，侧脉16～25对。壳斗(果)陀螺形，径2.5～3.5cm。产云南、广西、贵州及湖南南部。

**2. 包石栎** *Lithocarpus cleistocarpus* ( Seem. ) **Rehd. et Wils.**　图401

高20m。树皮暗褐黑色，不裂；小枝无毛。叶厚革质，形态和大小多变，常为卵状椭圆形或长椭圆形，长9～20cm，全缘，下面被苍灰色蜡鳞层，侧脉9～13对。壳斗3或5簇生，陀螺形或宽钵形，径1.5～3cm，全包坚果或包坚果大部分，但壳斗壁与果可剥离；坚果形同壳斗，顶部平或圆形，果脐凸起，占果面1/2～3/4。花期7～9月，果期翌年8～10月。

产长江以南，西至四川、云南，南至华南北部；海拔1000～2400m。中亚热带中山树种。甚耐阴，宜山地湿润多雾气候，在中山上部与多脉青冈、光叶水青冈、交让木组成稳定森林群落。木材坚重；种仁可食。为山顶水源涵养林重要树种，应重点保护。

[附]2a. 滇石栎 *Lithocarpus dealbatus* ( Hook f. & Thoms. ex Miq. ) Rehd.　图402　与上种的区别：小枝、叶下面、叶柄及花序轴密被灰黄色柔毛。产四川、贵州、云南；印度、缅甸、老挝、越南亦产；海拔1200～2800m。中亚热带至边缘热带树种。在云南中部与栎、栲和石栎类组成混交林，或与云南松混生，有时组成纯林。

**3. 金毛石栎**(金毛柯) *Lithocarpus chrysocomus* **Chun et Tsiang**　图403

**图402　滇石栎**　　　　　　　　　　**图403　金毛石栎**

高20m。芽、小枝、幼叶、花序轴密被黄褐色柔毛及粉状鳞秕。叶厚革质，卵形或长椭圆形，长8～15cm，尾尖，全缘，下面褐黄色鳞秕，后脱落为褐黄色蜡鳞层，使树冠呈褐黄色，在绿色林海中最易辨别。壳斗3个簇生，壳斗包果2/3以上，坛形或钵形，径2～2.5cm，小苞片鳞片状，三角形，被黄褐色鳞秕；果近球形，果脐凸，占果面1/3。花期6～8月，果期翌年9～11月。

产华南及湖南（莽山）；海拔600～1800m。南亚热带至南岭中山树种，常与华南五针松、福建柏、金叶含笑等混生。较耐阴，对土壤要求不严。木材黄褐色，坚重，为南岭山地特产优质硬木，但资源已枯竭；果为山地猴群重要食物。林地凋落物丰富，为珠江水源涵养林重要树种。

**4. 厚斗石栎**（贵州石栎）*Lithocarpus elizabethae*（Tutch.）Rehd. 图404：4～7

高15m。树皮暗褐色。叶厚纸质，狭长椭圆形或披针形，长12～17cm，渐尖，基部楔形下延，全缘，侧脉每边13～16对，纤细，两面光绿无毛无鳞秕，下面略带苍灰色。雄花序穗状再排成圆锥花序；雌花序2～4穗聚生于枝顶部；3雌花簇集。果序长12～14cm；壳斗顶部乳头状上突，全形呈壶形，高1.5～2.5cm（高≥径），全包坚果；壁厚2～4mm，小苞片鳞状三角形，平贴；果扁圆或圆球形，栗褐色，果脐凹陷。花期7～9月，果期翌年8～11月。

图404　1～3. 榄叶石栎　4～7. 厚斗石栎　8～12. 圆锥石栎

产华南、云南东南部、贵州西南部、湖南南部；海拔1000～2000m（西南）以下。木材褐黄色（黄稠类），为优质硬木。

**[附] 4a. 榄叶石栎** *Lithocarpus oleifolius* A. Camus　图404：1～3　与厚斗石栎的区别：幼枝、幼叶、叶柄及花序轴均密被褐黄色长柔毛。叶狭长椭圆形，最宽处在中部或中下部，下面被柔毛及蜡鳞。壳斗坛形，径3～3.5cm，包果3/4，果壳壁厚2mm。产华南、湖南南部、贵州南部。

**[附] 4b. 圆锥石栎** *Lithocarpus paniculatus* Hand.-Mazz.　图404：8～12　与上2种的区别：幼枝、幼叶、叶柄及花序轴均密被短柔毛。叶狭长椭圆形，或近倒披针形，最宽处在中部或中上部。壳斗坛形，或顶部稍乳突，包果2/3以上，果壳壁厚2mm。产华南、湖南西南部及江西南部。

**5. 石栎** *Lithocarpus glaber*（Thunb.）Nakai　图405

高15m。树皮暗灰色，不裂。小枝密被灰黄色短柔毛。叶长椭圆形或倒卵状椭圆形，长6～14cm，突尖，基部楔形，全缘或近先端有少数浅齿，下面被银白色或灰白色鳞秕。花序单生或排成圆锥状，雌花生于两性花序下部。壳斗碟、杯状，高0.5～1cm，包坚果

图405 石栎

基部；果长椭圆形，高 1.5~2.5cm，光褐色，顶端被白粉，果脐凹下。花期 9~10 月，果期翌年 9~10 月。

产长江以南，华东、华中至华南；日本亦产；海拔 700m 以下。中亚热带至南亚热带树种。幼树耐阴，要求中等肥沃湿润的立地条件；萌芽性强，生长中速，组成纯林或混交林，常与苦槠、青冈栎、枫香、马尾松混生；天然更新好，系产区低丘地常绿阔叶林重要树种，为湖南中部红壤丘冈、村边风景林的建群种。木材属红椆类，坚硬、光滑；种仁可食或供饲料；适于与马尾松混交造林。

**6. 木姜叶石栎**（木姜叶柯）*Lithocarpus litseifolius*(Hance) Chun 图406

乔木，高 20m。树皮暗褐黑色，不裂。枝、叶无毛。叶薄革质，形多变态，多为椭圆形，长 8~18cm，渐尖或短突尖，基部楔形，全缘，侧脉纤细，8~11 对，弯弓，中脉及侧脉干后呈红褐色。雄花序排成圆锥花序，雌花序常多穗聚生于枝顶；果序长 18~30cm；壳斗 3 个聚生，浅碟状；小苞片鳞状三角形，紧贴，或基部的连生成圆环；坚果圆锥形或近圆球形，径 1.5~2cm，果脐深凹。花期 5~9 月，果期翌年 6~10 月。

产秦岭以南，横断山脉以东的广域地区；缅甸东北部、老挝、越南北部亦产；海拔 300~2000m（西南）。亚热带至边缘热带树种。较喜光，适生中等湿润土壤，天然更新力强，常与甜槠、木荷、黄樟等混生，常为次优势种。木材灰黄色，为白椆类，硬度和重量中等；嫩叶有甜味，山区居民用其叶作茶叶代品，通称甜茶。

**7. 硬斗石栎** *Lithocarpus hancei*( Benth. ) Rehd. 图407

高 20m。树皮暗褐色，不规则浅纵裂。叶革质，多异态，常为长椭圆形，长 7~14cm，长渐尖或突尖，基部楔形，下延至叶柄，两面光绿无毛无鳞秕；中脉两面凸起，侧脉纤细，12~18 对，网脉明显；叶柄长 0.5~4cm，壳斗浅碟状，高 3~5mm，包坚果基部；坚果圆锥形、扁球形、椭圆球形，无毛，果脐凹下，径约5mm。花期 4~6 月，果期 10~11 月。

产长江以南至海南、台湾；海拔 500~2600m。中亚热带至南亚热带树种。中等耐阴，在山地常绿阔叶林中与栲树、甜槠、木荷等混生，多为伴生种；但在山顶矮林中可成为建群种。

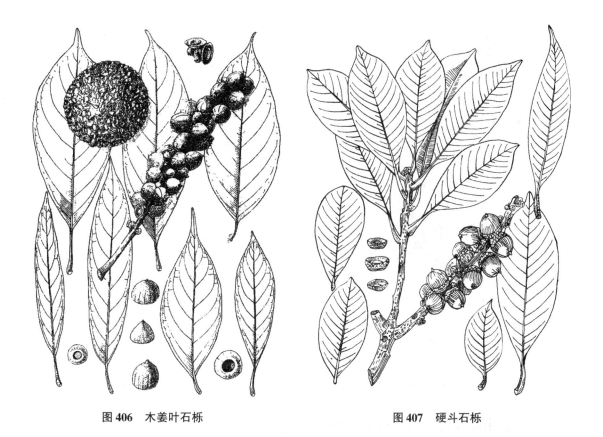

图 406　木姜叶石栎　　　　　　　图 407　硬斗石栎

**8. 东南石栎**(港柯)*Lithocarpus harlandii*(**Hance**)**Rehd.**　　图 408

高 18m。树皮灰褐色或灰白色，不裂。小枝有纵沟槽。叶形多异态，长椭圆形、长椭圆状披针形、宽卵形等，长 8~17cm，全缘或近先端疏生波状齿，两面光绿，网脉清晰，基部不下延。雄花序圆锥状，雌穗状花序单生。果序长 10~15cm；壳斗碗状，包坚果 1/4 以上；果椭圆形，高 1.5~3cm，无毛，微被白粉，果脐凹下。花期 5~6 月，果期翌年 8~10 月。

产长江以南各地，南至海南，西达四川、贵州、云南；生于海拔 350~1500m。中亚热带至边缘热带树种。中等耐阴，适生于酸性中等湿润土壤，常与甜槠、银木荷、红楠、厚皮香等组成常绿阔叶林，一般为群落次优树种。木材属白椆类，硬度和重量中等。生态恢复工程目标树种。

[附]**8a. 绵石栎**(灰柯、长叶石栎)*Lithocarpus henryi* **Rehd. et Wils.**　　图 409　与东南石栎常混淆，主要区别：本种叶常为披针形，长 12~20cm，两面不同色，下面被淡灰色蜡鳞层，侧脉 11~15 对，在上面凹下。雌雄花序单生，不分枝；果序长达 20cm；果圆锥形，顶端突尖。产陕西、湖北、湖南、四川、贵州；生于海拔 700~2100m。常在中山上部形成混交林，与巴东栎、城口青冈、椴树等混生。木材坚实。

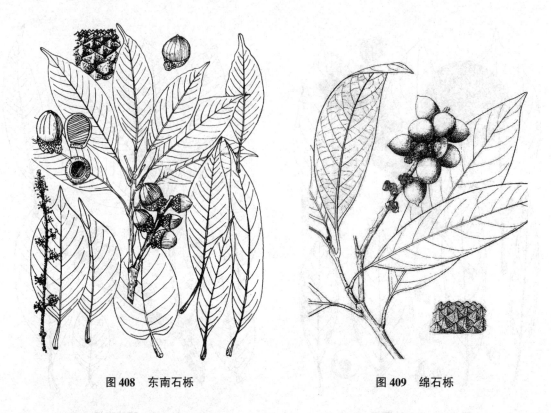

图408 东南石栎　　　　　图409 绵石栎

## 5. 青冈属(椆属) *Cyclobalanopsis* Oerst.

常绿乔木。树皮常平滑不裂；有顶芽，芽鳞多数，紧贴。花被5~6深裂；雄花聚为下垂的柔荑花序，簇生新枝基部，雄蕊与花被裂片同数，退化雌蕊细小；雌花序直立，顶生，雌花单生于总苞内，子房3室。壳斗杯状、碟状、钵状，苞片鳞片状，愈合成同心环带，坚果常露出壳斗外；坚果顶部有柱座，多数种果实当年成熟。

150种，分布亚洲热带及亚热带。我国70余种，产秦岭及淮河流域以南各地，常绿阔叶林主要成分。天然林保护工程的保存树种。本属木材大多坚重，耐腐，商品材分为"红椆"和"白椆"两类，优质硬木；树皮及壳斗含单宁，可提取栲胶；种子含淀粉，可为饲料及酿酒。

1. 壳斗坛形或钵形，果大半部坐于壳斗中。
　　2. 叶长24~27cm，全缘，偶先端有浅齿；壳斗高3~4cm，具10~13环带 …… **1. 饭甑青冈 *C. fleuryi***
　　2. 叶较小，长6~13cm，中部以上有疏锯齿；壳斗高2~3cm，具7~8环带 ……………………………………………………………………………………………… **1a. 毛果青冈 *C. pachyloma***
1. 壳斗杯形或碗形，果大半部或上半部露出壳斗外。
　　3. 叶上面中脉平凸。
　　　　4. 叶上下两面光绿无毛、无蜡粉。
　　　　　　5. 叶长椭圆形，全缘，偶先端有疏齿。
　　　　　　　　6. 叶长12~25cm；叶柄长3~4cm ……………………………………… **2. 大叶青冈 *C. jenseniana***

6. 叶长 7~12cm，基部下延至叶柄；叶柄长 5~8mm ················· **3.** 云山青冈 *C. sessilifolia*
  5. 叶卵状披针形，边缘自基部起 1/3 以上有细锯齿，叶下部青绿色 ······························
  ·············································································· **4.** 小叶青冈 *C. myrsinaefolia*
 4. 叶下面有绒毛、单毛，或被蜡粉、蜡鳞等。
  7. 植物体各部无绒毛，仅被平伏稀疏单毛及粉末状蜡鳞。
   8. 叶长 8~13cm，侧脉 9~13 对；壳斗高 0.6~0.8cm，环带不裂。
    9. 叶下面被灰白色 ························································· **5.** 青冈 *C. glauca*
    9. 叶下面被霜白色粉状蜡鳞。
     10. 叶仅先端有尖细齿；果当年成熟 ················· **4a.** 细叶青冈 *C. gracilis*
     10. 叶基部 1/3 以上有粗齿；果翌年成熟 ············· **5a.** 多脉青冈 *C. multinervia*
   8. 叶长 15~20cm，侧脉 16~22 对；壳斗高 1~1.2cm，环带齿裂 ······ **5b.** 曼青冈 *C. oxydon*
  7. 幼枝、芽、叶柄及叶被黄褐色绒毛。
   11. 叶先端具数个细锯齿；壳斗盘形或碟形 ························· **6.** 福建青冈 *C. chungii*
   11. 叶基部以上有锯齿；壳斗杯形或碗形 ··························· **7.** 赤皮青冈 *C. gilva*
 3. 叶上面中脉凹下，枝叶被绒毛或脱落 ··································· **8.** 滇青冈 *C. glaucoides*

**1. 饭甑青冈** *Cyclobalanopsis fleuryi* ( Hick. et A. Camus) Chun  图 410

乔木，高 25m。幼枝、幼叶、叶柄、壳斗内外、果均被黄色绒毛。叶大，长椭圆形或卵状长圆形，24~27cm×5~9cm，全缘或近顶端有波状浅齿，长成叶无毛，下面粉白色，侧脉 10~12 对；叶柄长 2~6cm，幼时有黄棕色绒毛。壳斗高钵形，包坚果 2/3 以上，径 2.5~4cm 或更大，高 3~4cm，具 10~13 环带；坚果柱状长椭圆形，径 2~2.5cm，果脐凸起。花期 3~4 月，果期 10~12 月。

产华南、贵州、云南、江西及湖南南部；越南北部亦产；海拔 500~1500m。南亚热带至边缘热带树种。较耐阴，适生中等肥沃湿润土壤，常与毛梾、华南梾、琼楠、厚壳桂混生为稳定常绿阔叶林。为生态保护林组成树种。

图 410 饭甑青冈

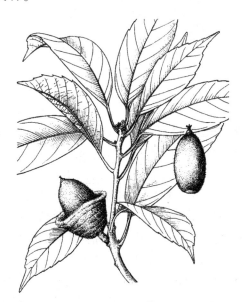

图 411 毛果青冈

[附]1a. 毛果青冈 *Cyclobalanopsis pachyloma*(Seem.) Schott.　　图411　壳斗高钵形，果2/3坐于壳斗中，与饭甑青冈类似，其区别：叶较小，披针状长椭圆形，长6～13cm，基部楔形，边缘中部以上有疏锯齿。壳斗较小(高2～3cm)，具7～8环带。产华南、江西南部、湖南南部。

**2. 大叶青冈 *Cyclobalanopsis jenseniana*(Hand.-Mazz.) Cheng et T. Hong**　　图412

高30m。树皮暗灰色。叶大，薄革质，长椭圆形或倒卵状长椭圆形，长12～25cm，尾尖或渐尖，基部宽圆，全缘，两面光绿无毛，侧脉12～17对，连网脉在两面明显；叶柄长3～4cm。果序长3～7cm。壳斗杯形，具鳞片环6～8，无毛，包坚果1/3～1/2；坚果卵圆形或倒卵圆形，高1.7～2.2cm。花期4～6月，果期翌年10～11月。

产长江以南，南至华南，西迄云南、贵州；海拔300～1700m。中亚热带至南亚热带树种。耐阴，宜湿润肥沃土壤，与钩栲、润楠、猴欢喜等混交，作为次优势种形成稳定常绿阔叶林。生态保护林保存树种。木材用途同青冈。

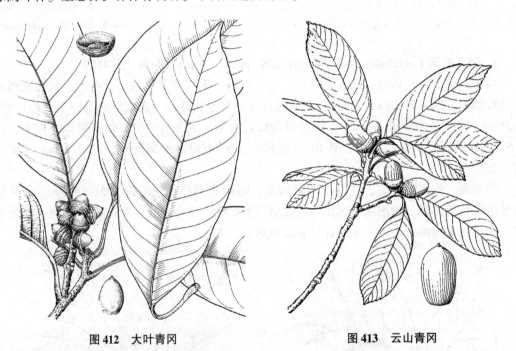

图412　大叶青冈　　　　　　　　　　图413　云山青冈

**3. 云山青冈(短柄青冈) *Cyclobalanopsis sessilifolia*(Bl.) Scott.**　　图413

高25m，树冠浓密。叶长椭圆形，长7～14cm，短钝尖，基部楔形下延至叶柄，上下两面光绿，叶缘背卷；叶柄长5～8mm。壳斗杯状，高5～10mm，密被灰褐色柔毛，具5～7环带，包果约1/3；坚果椭圆状圆柱形，高1.8～2.3cm；果脐微凸。果期10～11月。

产长江中下游以南，南至华南北部，西界四川、贵州。中亚热带树种。甚耐阴，常伴生于钩栲、栲树、红楠、紫楠为优势的群落中。叶光洁，树冠枝叶繁茂，可引入园林种植为庭院荫木，亦为优良观叶树种。

**4. 小叶青冈(青㭎) *Cyclobalanopsis myrsinaefolia*(Bl.) Oerst.**　　图414

高20m。枝叶无毛。叶卵状披针形或椭圆状披针形，长6～11cm，长渐尖，两面光绿无毛，下面苍白色，干后变青黑色，除基部全缘，边缘自基部起 1/3 以上具细锯齿，侧脉 9~11 对；叶柄无毛。壳斗碗形，包坚果 1/3~1/2，鳞片连成 6~9 环带，环带全缘，被灰白色柔毛；坚果卵球形，高 1.4~2.5cm，无毛；果脐平。花期 6 月，果期 10 月。

产秦岭、大别山以南，南至华南，西迄西南，东抵台湾；越南、老挝、日本亦产；海拔 200~2500m（西南）。北亚热带至边缘热带树种。甚耐阴，适生于肥沃湿润土壤，组成常绿阔叶林次优树种。木材属红椆类，坚重耐腐。系本属中分布广、最常见的椆木，在生态保护上具重要意义。

[附]4a. **细叶青冈** *Cyclobalanopsis gracilis*( Rehd. et Wils) Cheng et T. Hong  与小叶青冈在形态和名称上混淆，与青冈和小叶青冈的区别：本种叶更小，卵状披针形，长 5~9cm，边缘 1/3 上部有细齿，侧脉纤细，9~13 对，下面被平伏柔毛，兼灰白色蜡粉；壳斗外的环带有裂齿。产秦岭以南，南至华南北部，东迄沿海，西界四川、贵州。

**图 414** 小叶青冈     **图 415** 青冈

5. **青冈**（青冈栎）*Cyclobalanopsis glauca*( Thunb. ) Oerst.     图 415

高 20m。小枝无毛。叶长椭圆形或倒卵状椭圆形，长 6~13cm，中部以上具疏锯齿，下面被平伏白色单毛，兼灰白色蜡粉，侧脉 9~13 对。果序长 1.5~3cm；壳斗碗形，包坚果 1/3~1/2，高 6~8mm，具 5~6 环带；坚果卵形或椭圆形，高 1~1.6cm，无毛；果脐凸起。花期 3~4 月，果期 10 月。

产区很广，北起陕西、甘肃、河南南部，东至台湾，西迄西藏、云南东南，南至华南；朝鲜、日本、印度亦产；海拔 1000（东部）~2600m（西南）以下。为壳斗科常绿种分布最北者。北亚热带至中亚热带树种，南亚热带多见于石灰岩山地。中等耐阴，生态幅度广，在酸性基岩上与石栎、细叶青冈、苦槠混生；在石灰岩上为建群种与圆叶乌桕、青檀、朴树混生。生长中速，萌芽力强，天然更新旺盛。木材灰红褐色，硬重，密度$0.89g \cdot cm^{-3}$。在生态保护及植被恢复上有重要意义。

[附]5a. 多脉青冈 *Cyclobalanopsis multinervia* Cheng et T. Hong　与青冈极近似，主要区别：叶缘1/3以上有粗锐锯齿，叶下面被伏贴柔毛及霜白色粉末状蜡鳞；果翌年10~11月成熟。产华中、华东及福建，南至南岭北部；海拔700~1900m，常与青冈栎形成垂直替代分布。

[附]5b. 曼青冈 *Cyclobalanopsis oxydon*(Miq.)Oerst.　图416　与上2种的区别：本种的叶、壳斗(果)均较大，叶长椭圆形，长15~20cm，边缘基部以上有粗锯齿，侧脉16~22对，劲直，下面有平伏柔毛及霜白色粉末状蜡鳞。壳斗碗状，高1~1.2cm，环带齿裂；坚果高1.5~2cm。产四川、贵州、云南、西藏，东至湖北西部、湖南西北部；海拔800~2000m。

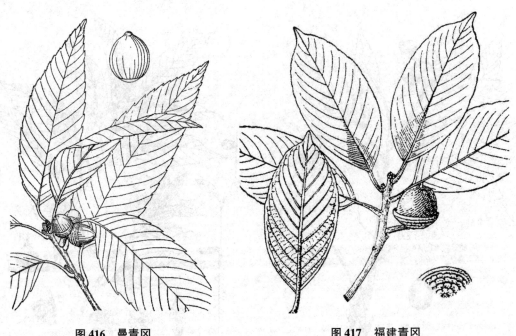

图416　曼青冈　　　　　　　　　图417　福建青冈

**6. 福建青冈**(南岭青冈) *Cyclobalanopsis chungii*(Metc.)Hsu et H. W. Jen　图417

高15m，径50cm。幼枝、芽、叶柄被黄褐色绒毛。叶卵状椭圆形，长6~10cm，短突尖，先端疏生浅齿，侧脉11~14对，中脉及支脉在下面突起，密被黄褐色短绒毛；叶柄长0.8~1.5cm。果序具少数果；壳斗碟形或盘形，平展，高0.5~0.7cm，径1.5~2.4cm，具6~7环带，密被黄褐色短绒毛；果扁球形，径1.4~1.6cm；果脐平凸。

产华南、湖南、江西；海拔200~800m。南亚热带偏北地带树种。不甚耐阴，对土壤肥力及温度要求不严，生长较慢。木材红褐色，坚重耐腐，密度为$0.90g \cdot cm^{-3}$，系我国壳斗科木材之上品。天然资源枯竭，亟待人工种植。

**7. 赤皮青冈**(红稠) *Cyclobalanopsis gilva*(Bl.)Oerst.　图418

高30m，胸径1m。树皮暗褐色。小枝、叶柄、叶下面、花序轴、苞片、壳斗壁密被黄褐色或灰黄色星状绒毛。叶倒披针形或倒卵状长椭圆形，6～12cm×2～3.5cm，先端渐尖，基部楔形，中部以上具芒状锯齿，侧脉 11～18 对；叶柄长 1～1.5cm。雌花序长约 1cm，有花 2。壳斗碗形，高 6～8mm，具 6～7 环带，环带全缘；果卵状椭圆形，高 1.5～2cm，顶端被微柔毛。

产台湾、华东地区、广东、湖南、贵州；日本亦产；生于海拔 200～1500m。干直，能长成大材，木材红褐色，坚韧，色泽艳丽，系本属中的上乘木材，商品材称红椆。

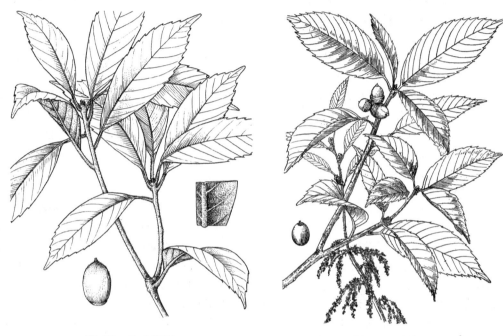

图 418　赤皮青冈　　　　　　　　图 419　滇青冈

### 8. 滇青冈 *Cyclobalanopsis glaucoides* Schot.　　图 419

高 20m。幼枝、幼叶、花序轴及幼果被绒毛，后渐脱落。叶长椭圆形或倒卵状披针形，长 5～12cm，基部尖楔，中部以上具尖齿，上面中脉凹下，下面被单毛及霜白色蜡粉；叶柄长 0.5～2cm。壳斗碗形，高 6～8mm，被黄色绒毛，具 6～8 环带；果椭圆形，高 1～1.5cm，果脐微凸。花期 5 月，果期 10 月。

产西南，西至西藏，东达广西西北；海拔 1200～3000m。云南高原（西部中亚热带）特征树种。偏喜光，耐干燥瘠薄土壤，常与云南松、云南油杉混生。木材同青冈；种仁供食用或酿酒。

## 6. 栎属 *Quercus* L.

落叶或常绿乔木，稀灌木。雄花为下垂柔荑花序与青冈属近似（广义的栎属包括青冈属），区别为：本属多为落叶树；壳斗小苞片鳞片状、线形或锥形，覆瓦状排列（非环列），紧贴、开展或反曲；雌蕊柱头面大、斜展，为风媒花典型特征。

300 种，分布亚洲、欧洲、美洲。我国 60 种，南北各地均产，其中常绿硬叶种类主产西南高山地区，为高山栎林主要树种；其他落叶栎类多为秦岭以北落叶阔叶林建群种，亦为世界北温带落叶阔叶林建群种，较常绿椆栲类喜光、耐干燥瘠土，适宜荒山、石质山地造林；天然更新也易于成林。商品材称"橡木"，为当今建材市场热销之上品板料。

1. 落叶乔木（冬季落叶或枯而不落）；叶纸质或厚纸质。
　　2. 叶缘具芒状锯齿；壳斗小苞片锥形伸长；果实翌年成熟[麻栎组 Sect. Aegilops]。
　　　　3. 老叶下面无毛，树皮木栓层不发达。
　　　　　　4. 壳斗苞片钻形，反曲，果径1.5～2cm；叶长8～19cm ········· **1. 麻栎** *Q. acutissima*
　　　　　　4. 壳斗中下部苞片长三角形，上部苞片线形，直伸或微反曲；果径<1.5cm；叶长7～12cm ········· **1a. 小叶栎** *Q. chenii*
　　　　3. 老叶下面密被灰白色星状毛；树皮木栓层发达 ········· **2. 栓皮栎** *Q. variabilis*
　　2. 叶缘具粗锯齿、波状粗裂齿；果当年成熟[槲栎组 Sect. Robur]。
　　　　5. 壳斗小苞片为薄片狭披针形，棕色，伸展 ········· **3. 槲树** *Q. dentata*
　　　　5. 壳斗小苞片为鳞片形，贴生壳斗壁上。
　　　　　　6. 壳斗鳞片呈瘤状突起 ········· **2a. 蒙古栎** *Q. mongolica*
　　　　　　6. 壳斗鳞片扁平。
　　　　　　　　7. 小枝无毛。
　　　　　　　　　　8. 叶缘粗裂齿齿头钝；叶柄长1～3cm。
　　　　　　　　　　　　9. 叶柄长1～2cm，壳斗径1.2～1.4cm ········· **4. 槲栎** *Q. aliena*
　　　　　　　　　　　　9. 叶柄长2～3cm，壳斗径1.6～2.2cm ········· **4a. 北京槲栎** *Q. aliena* var. *pekingensis*
　　　　　　　　　　8. 叶缘粗裂齿齿头锐尖 ········· **4b. 锐齿槲栎** *Q. aliena* var. *acutiserrata*
　　　　　　　　7. 小枝密被灰白色或灰褐色绒毛；叶柄长3～5mm ········· **5. 白栎** *Q. fabri*
1. 常绿或半常绿乔木或灌木；叶革质或厚革质，叶形多变异，幼叶被黄褐色绒毛后渐脱落。
　　10. 叶中脉自基部至顶端呈直线延伸，边缘无刺齿[巴东栎组 Sect. Englerianae]。
　　　　11. 叶长圆形或长卵形，长6～16cm，先端长渐尖；叶柄长1～2cm ········· **6. 巴东栎** *Q. engleriana*
　　　　11. 叶倒卵椭圆形，长2～6cm，先端短尖；叶柄长3～5mm。
　　　　　　12. 老叶光亮无毛；坚果高1.5～1.8cm ········· **7. 乌冈栎** *Q. phillyraeoides*
　　　　　　12. 老叶下面密被黄褐色绒毛；坚果高1cm ········· **8. 岩栎** *Q. acrodonta*
　　10. 中脉呈"之"字形曲折，叶全缘或具刺齿，先端圆[高山栎组 Sect. Suber]。
　　　　13. 叶下面被黄棕色毛或粉状鳞秕 ········· **9. 川滇高山栎** *Q. aquifolioides*
　　　　13. 叶下面除中脉下部外，均无毛，中脉侧脉下陷 ········· **9a. 刺叶栎** *Q. spinosa*

**1. 麻栎** *Quercus acutissima* Carr.　　图420：1

　　落叶乔木，高30m。树皮暗褐色，深纵裂。叶长椭圆状披针形，长8～19cm，先端渐尖，具芒状锯齿，老叶两面无毛或仅脉腋有毛，侧脉13～18对，直达齿端；叶柄长1～3(5)cm。雄花序长6～12cm，雌花序有1～3花。壳斗杯状，果径1.5～2cm，包坚果约1/2，苞片锥形，伸长反曲，被灰白色绒毛；坚果卵球形或椭圆球形，高1.7～2.2cm，顶端圆形，果脐隆起。花期3～4月，果期翌年9～10月。

　　产辽宁、山西、甘肃、陕西以南，东界沿海，西至四川、云南，南达华南；海拔1200m或2500m（西部）以下。对气温适应幅度很广，最适宜地区为暖温带至北亚热带；耐干寒，亦耐湿热，喜光，酸性土或石灰岩土均宜；萌芽力强，深根性，抗风，为荒山瘠地造林先锋树种，但在肥沃土壤才能快速成材。木材坚重，密度0.86g·cm$^{-3}$，有弹性、耐腐；叶可饲柞蚕；木屑培养香菇；树皮和壳斗为鞣质原料。麻栎生长中速，薪炭林采伐期为 8~10 年；中小径用材林成熟期为 25~30 年；大径材林为 40~60 年。

[附]**1a. 小叶栎** *Quercus chenii* **Nakai**　图420：4　叶披针形，7~12cm×2~3cm，渐尖，老叶两面无毛。壳斗杯状，包坚果约 1/3，高约 8mm，上部小苞片线形，直伸或微反曲，长约 5mm，中下部小苞片为鳞片状紧贴；坚果椭圆形，径 1.3~1.5cm。产湖北、湖南东部至华东；海拔 500m 以下。低丘次生林、村边风景林习见。用途略同麻栎。

**2. 栓皮栎** *Quercus variabilis* **Bl.**　图420：2~3

本种和麻栎接近，不同点在于：本种树皮木栓层发达，老叶下面密被灰白色星状毛；壳斗包坚果约 2/3。花期 3~4 月，果期翌年 9~10 月。

产地、生态习性与麻栎相似。木材为优质硬木；木栓层发达，栓皮用作隔音、绝缘器材、瓶塞、浮木；种仁做饲料及酿酒；壳斗可提栲胶或制活性炭。

图420　1. 麻栎　2~3. 栓皮栎　4. 小叶栎　　　　　图421　槲树

**3. 槲树**（柞栎）*Quercus dentata* **Thunb.**　图421

高 25m。小枝有灰褐色绒毛。叶倒卵形，长 10~25cm，钝尖，基部近耳形，边缘有 5~10 波状大裂齿（与侧脉同数），下面被星状毛；叶柄长 2~5mm。壳斗杯形，包果 1/2~2/3，小苞片为薄片狭披针形，长 1cm，伸长反曲，棕色；果卵球形，高 1.6~2.2cm。花期 4 月，果期 10 月。

主产华北、西北，北起东北南部，南界南岭北缘，西迄四川、云南；海拔 2500m 以下。暖温带树种，秦岭以南为散生状。喜光，抗逆性强，耐干旱瘠薄土壤，常与油松、侧柏、辽东栎等组成次生林。可用于暖温带地区荒山造林。木材气干密度 $0.80g \cdot cm^{-3}$，坚实耐腐，为优良橡木。

[附]**3a. 蒙古栎** *Quercus mongolica* **Finch.**　高 30m。枝叶无毛。叶倒卵形，叶下面无

毛，边缘具7~11对圆钝粗齿；叶柄长2~5mm。壳斗杯形，包果1/2~2/3，小苞片鳞状紧贴，三角形，背部呈瘤状突起，密被毛；果长卵圆形，高2~2.2cm。产东北、华北；朝鲜、俄罗斯、日本亦产；海拔2000m以下。寒温带至中温带树种。喜光，耐干瘠，为大、小兴安岭等产区次生林优势树种，常与落叶松、杨、桦混生。

**4. 槲栎 Quercus aliena Bl.** 图422：1~4

落叶乔木，高20m。小枝粗，常具槽沟，无毛。叶长椭圆状倒卵形或倒卵形，长10~20(30)cm，先端微钝，基部楔形或圆形，具波状10~15对粗钝齿（与侧脉同数），齿头钝，下面密被灰白色细绒毛；叶柄长1~2cm，无毛。壳斗杯形，径1.2~1.4cm，包坚果约1/2，苞片鳞片状紧贴，卵状披针形，被灰白色短柔毛；坚果椭圆状卵球形，高1.7~2.5cm，果脐略凸起。花期4月，果期10月。

产秦岭、淮河以南，至华中山地，南至华南北部，西至四川、云南；海拔300~2400m；主产北亚热带，中亚热带多为散生。喜光，耐瘠薄，阳坡、荒山或次生林习见。用途略同麻栎。

[附]**4a. 锐齿槲栎 Quercus aliena Bl. var. acutiserrata Maxim.** 图422：10~13 与原变种的主要区别：叶缘粗锯齿齿头尖锐，弯钩。分布略同槲栎，以秦巴山地为中心产地，为地带森林的建群种，它在森林群落的优势度超过槲栎。

[附]**4b. 北京槲栎 Quercus aliena Bl. var. pekingensis Schott.** 图422：5~9 与槲栎的区别：叶柄长2~3cm，壳斗径1.6~2.2cm；与锐齿槲栎的区别：叶粗齿的齿头钝。产华北、陕西、山西。

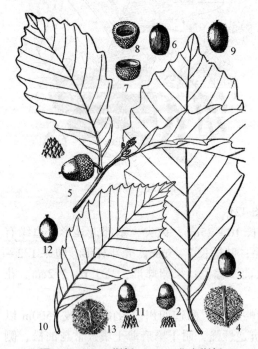

图422　1~4. 槲栎　5~9. 北京槲栎
10~13. 锐齿槲栎

图423　白栎

### 5. 白栎 *Quercus fabri* Hance　图 423

高 5~20m。小枝密被灰白色或灰褐色绒毛。叶倒卵形或椭圆状倒卵形，长 7~1.5cm，先端钝，基部楔形，具 8~12 波状粗钝齿，长成叶下面被灰黄色星状绒毛，侧脉 8~12 对；叶柄长 3~5mm，被毛。壳斗杯形，包坚果约 1/3，小苞片鳞片状，卵状披针形，紧贴；坚果长椭圆形或卵状长椭圆形，高 1.7~2cm。

主产长江中下游地区，南至华南，西迄西南；海拔 1000m 或 1900m（西部）以下。北、中亚热带树种。喜光，耐瘠薄，萌芽力极强，耐山火和樵采，在荒坡形成大面积灌丛。优良薪炭材。由于分布面积大，在维护荒山、荒地生态系统和水土保持上具有重大意义，而且只要封禁山林，白栎灌丛逐年可恢复成乔木林。

### 6. 巴东栎 *Quercus engleriana* Seemen　图 424

半常绿，高 15m。幼枝被灰黄色绒毛，后渐脱落。叶形及大小多变，长圆形、卵形或卵状披针形，长 6~16cm，长渐尖，全缘或中部以上具锯齿，幼叶面密被黄棕色绒毛，老时无毛或仅脉腋有簇生毛，侧脉 10~13 对；叶柄长 1~2cm。果序长 2~4cm；壳斗深杯形，包坚果 1/3~1/2，小苞片鳞片状，贴生，卵状披针形；果狭卵形，高 1~2cm，果脐圆。

产秦岭、大别山以南，南至南岭，西至云南、西藏；印度亦产；海拔 700~2500m。北、中亚热带中山树种。适于温凉湿润生境，与光叶水青冈、曼青冈、香桦等混生成林。木材气干密度 $0.722g·cm^{-3}$，为优质硬木。

图 424　巴东栎

图 425　乌冈栎

### 7. 乌冈栎 *Quercus phillyraeoides* A. Gray　图 425

常绿小乔木，高 10m（在严酷生境长成灌木）。小枝初被绒毛，后脱落。叶革质，倒卵形或窄椭圆形，长 2~6cm，大小变异甚大，渐短尖或钝，基部圆或近心形，中部以上具疏锯齿，初时上下两面密被灰黄色绒毛，很快脱净变为两面光绿，中脉不曲折，侧脉纤细；叶柄长 3~5mm。壳斗杯形，包坚果 1/3~1/2，苞片鳞片状，三角形，紧贴，长约

1mm，被柔毛；果卵状椭圆形，高1.5~1.8cm，果脐圆。果期10月。

产秦岭、大别山以南，南至华南北部，西至西南；日本亦产；海拔500~2500m（西部）。极耐干旱瘠薄，抗风，抗山火，常在山顶、山脊、陡坡聚生为丛林。木材极坚实、硬重，不易加工，为优质木炭材（不提倡用于木炭）。本种在张家界森林公园及武陵山脉于悬崖绝壁严酷生境形成丛林，实为生态保护上之一绝，其环保价值无与伦比。

**8. 岩栎** *Quercus acrodonta* **Seemen**　　图426

常绿，高15m，胸径1m，有时灌木状。幼枝、幼叶、叶柄及花序轴均密被灰黄色绒毛。叶椭圆形且多变态，长2~6cm，短渐尖，基部圆或近心形，中部以上有疏细锯齿，老叶下面密被灰黄色星状绒毛；叶柄长3~5mm。壳斗杯形，包坚果1/2，高5~8mm；小苞片鳞片状椭圆形，贴生壁上，外被灰白色绒毛；坚果长椭圆形，高0.8~1cm。花期3~4月，果期9~10月。

产秦巴山地（陕西、甘肃）、大别山（河南）、湖北西部、湖南西部至西南地区；海拔300~2300m。北亚热带树种，中亚热带多见于石灰岩山地。喜光，耐干旱瘠薄，抗逆性强，在湖南沅陵县借母溪数千亩石灰岩石山上蔚然成林，为石山森林建群种，与乌冈栎、巴东栎混生，它为石漠化劣地恢复生态工程提供了模式。

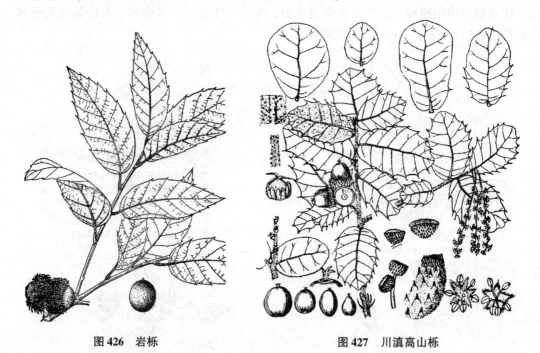

图426　岩栎　　　　　　　图427　川滇高山栎

**9. 川滇高山栎** *Quercus aquifolioides* **Rehd. et Wils.**　　图427

常绿，高20m，或呈灌木状。幼枝、幼叶被黄棕色星状绒毛。叶厚革质，椭圆形或倒卵形，长2.5~7cm，老树叶先端圆形，全缘，幼树之叶有刺锯齿，老叶下面被黄棕色薄星状毛或粉状鳞秕，中脉呈"Z"形曲折，侧脉6~8对；叶柄长2~5mm，或近无柄。果序长不及3cm，壳斗浅杯形，包坚果基部，高5~6mm；小苞片鳞片状，卵状长椭圆形，钝头，顶端常与壳斗壁分离；坚果卵形或长卵形，高1.2~2cm，无毛。花期5~6月，果期

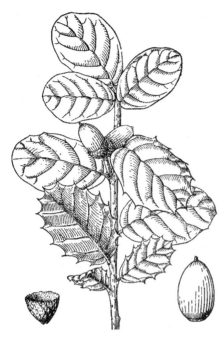

图 428  刺叶栎

9~10月。

产四川、贵州、云南、西藏；海拔2000~4500m。本种系西南高山地区组成硬叶常绿阔叶栎林的主要树种，数量多，分布广，常与高山松及其他高山栎类树种混生。云贵高原高山硬叶栎林在生态保护及涵养水源上具有不可代替的重大功能，一旦破坏，难以恢复，应绝对禁伐。

[附]9a. 刺叶栎 *Quercus spinosa* David  图 428

高5~15m。叶椭圆形或多态，长3~7cm，先端圆钝，全缘或具刺齿，中脉呈"Z"形曲折，侧脉常分叉，二者在上面下陷呈皱褶，老叶下面仅中脉下段被灰黄色星状绒毛；叶柄短近无。壳斗杯形，包坚果基部；卵球形，高1.5~2cm。产秦岭以南至南岭以北，西至西南，东界福建、台湾；海拔1000~3500m(西南)或700~1800m(华中)。极耐严酷逆境，常生于山顶危壁上，巍然挺立。本种是高山栎类中唯一分布至东部(中国地形第三阶梯)的种。

## 7. 三棱栎属 Trigonobalanus Forman

常绿乔木。单叶互生或3叶轮生。花雌雄异序或同序，同序时雌花位于花序的下部；花被6裂；雄花3~7簇生于花序轴上，具1基生苞片和2侧生苞片，雄蕊6，花药大(如栎属)；雌花单生或3~7朵簇生于花序轴上，具苞片3~5，退化雄蕊6，子房3室，每室有胚珠2，花柱3。壳斗包坚果基部，3~5裂，近轴一裂片常退化，外壁被横向排列的鳞片；每壳斗有果1~3；坚果三棱形。

3种，分布南美洲和亚洲。轮叶三棱栎 *T. verticillata* 分布马来西亚和印度尼西亚，高大三棱栎 *T. excelsa* 分布南美洲赤道附近的哥伦比亚，三棱栎 *T. doichangensis* 分布泰国中部以北至我国云南南部。我国有1种。

三棱栎 *Trigonobalanus doichangensis* (A. Camus) Forman  图 429

常绿，高21m。幼枝、幼叶、花序轴被锈色柔毛，老枝密被灰白色皮孔。叶互生，革质、椭圆形或卵状椭圆形，长7~12.5cm，钝尖或凹缺，基部楔形并下延至叶柄，全缘，侧脉8~11对，幼叶两面密被锈色星状毛，不久即脱落；叶柄长5~

图 429  三棱栎

12mm。雌花序穗状，长8～10cm。壳斗包坚果1～3，外壁有横列鳞片，密被锈色颗粒状毛，3～5瓣裂；果宽卵形，明显具3翅，高与径4～5mm，顶端有宿存花被裂片和花柱，被锈色绒毛。花期11月，果期翌年3月。

产云南澜沧、孟连、西盟；海拔1000～1600m；生于常绿阔叶林中。木材纹理通直，材质坚硬，气干密度$0.92g \cdot cm^{-3}$。本种于1980年在中国境内发现，资源珍稀，已列为国家保护植物。

## 43. 胡桃科 JUGLANDACEAE

落叶乔木，稀常绿；植物体具芳香油脂，各部有腺鳞；裸芽或鳞芽。奇数或稀偶数一回羽状复叶，互生；无托叶。花单性，雌雄同株；柔荑花序，雌雄花各有1苞片和2小苞片；花被小，1～4裂或无花被；雄花具雄蕊3至多数，花丝短；雌花花萼与子房合生，顶端4裂；子房下位，1室或基部2～4室，胚珠1，基生。果为核果状，外果皮由苞片和花被衍生而成，或为坚果；种子1，无胚乳；子叶肉质，含油脂。

9属66种，主要分布北温带和亚热带。我国7属27种，并引入数种。南北均产。为用材、油料、鞣料、纤维树种。

1. 小枝髓心充实。
    2. 雄花序为下垂柔荑花序；核果状或坚果，无翅。
        3. 雌花及雄花的苞片3裂；雌花序下垂；坚果具3裂的翅状苞片⋯⋯⋯⋯ **1. 黄杞属** *Engelhardtia*
        3. 雌花及雄花的苞片不分裂；雌花序直立；核果，无翅。
            4. 外果皮厚木质，果6～9瓣裂，果核顶端喙状；小叶全缘⋯⋯⋯⋯⋯ **2. 喙核桃属** *Annamocarya*
            4. 外果皮薄革质，果4瓣裂，果核顶端不为喙状；小叶具锯齿⋯⋯⋯⋯⋯ **3. 山核桃属** *Carya*
    2. 雄花序和两性花聚生为复合花序束，顶生；坚果扁平，具窄翅⋯⋯⋯⋯⋯ **4. 化香属** *Platycarya*
1. 小枝髓心片状分隔。
    5. 核果状，无翅；鳞芽⋯⋯⋯⋯⋯⋯⋯⋯⋯⋯⋯⋯⋯⋯⋯⋯⋯⋯⋯⋯⋯ **5. 核桃属** *Juglans*
    5. 有翅坚果。
        6. 果两侧具翅；雄花序单生叶腋 ⋯⋯⋯⋯⋯⋯⋯⋯⋯⋯⋯⋯⋯⋯⋯⋯ **6. 枫杨属** *Pterocarya*
        6. 果具圆盘状翅；雄花序2～4集生叶腋短梗上⋯⋯⋯⋯⋯⋯⋯⋯⋯⋯ **7. 青钱柳属** *Cyclocarya*

### 1. 黄杞属 *Engelhardtia* Lesch. ex Bl.

常绿或半常绿乔木。裸芽有柄，枝髓充实。偶数羽状复叶，小叶全缘，稀有齿。雄柔荑花序集生，下垂，雄蕊4～12；雌柔荑花序单生，下垂，花萼4裂。坚果球形，下部与苞片愈合，苞片膜质翅状，3裂，中裂片较长，脉纹明显。

15种，主要分布亚洲热带和亚热带及中美洲。我国8种，产长江以南，组成常绿阔叶林或次生林。

**黄杞** *Engelhardtia roxburghiana* Lindl. ex Wall.　图430

高18m。树皮灰褐色，深纵裂，内皮黄色；全体无毛，常被黄色腺鳞；裸芽叠生。复

图 430 黄杞

叶长 12~25cm，小叶 3~5 对，近对生，长椭圆形，革质，长 6~14cm，全缘，两面有光泽。雌花序 1 与雄花序数条组成圆锥花序束，花疏散，下垂。果序长 15~25cm，坚果径 4mm，苞片 3 裂，着生果基部，连坚果密被黄色腺鳞，中裂片长 3~5cm。花期 5~6 月，果期 8~9 月。

产华中和华东南部、华南、西南、台湾；东南亚地区亦产；生于海拔 1800m 以下。中亚热带至南亚热带树种。喜光，适应性强，常与枫香、山乌桕、鳖蕨栲组成次生林。木材结构细致，硬度适中。常绿阔叶林伴生种。

[附] 少叶黄杞 *Engelhardtia fenzlii* Merr. 与黄杞的区别：小枝灰白色；小叶 2~4，侧脉 5~7；果苞较小，中间裂片常 2~3.5cm。产福建、广东、广西、湖南、江西。有的专家将本种归并至上种。

## 2. 喙核桃属 *Annamocarya* A. Chev.

落叶乔木。小枝充实；鳞芽。叶互生，奇数羽状复叶，小叶全缘。雌雄同株。雄性柔荑花序 5~9 成 1 束，下垂，生于当年生小枝叶腋。雄花具 1 苞片及 2 小苞片，无花被片，雄蕊 5~15；雌穗状花序直立，顶生于当年生小枝，花少数，苞片及小苞片愈合形成壶状总苞，顶端 6~9 尖裂；子房下位，贴生于总苞内壁，花柱膨大，近球形，柱头 2 裂。果为核果状，外果皮厚，干后木质，6~9 瓣裂；核骨质，平滑，先端具长喙。

仅 1 种；产中国西南部及越南。

喙核桃 *Annamocarya sinensis* (Dode) Leroy 图 431

高约 10~40m。幼枝粗壮，显著具棱。奇数羽状复叶长 30~40cm；小叶 7~9(11)，近革质，全缘，长椭圆形至长椭圆状披针形，长 12~18cm，先端渐尖，基部楔形或钝，生于叶轴下部小叶较小，长 6~9cm，基部偏斜；小叶柄长 10~15mm。雄柔荑花序长 13~15cm，具多花。雌花

图 431 喙核桃

序直立，顶生，具3~5雌花。果实近球形，长6~8cm，径5~6cm，外面密被黄褐色皮孔，4~9瓣裂；果核卵球形，径4~5cm，顶端具鸟喙状尖头。花期4~5月，果期9~10月。

产湖南西南部、贵州南部、广西、云南东南部；越南亦产；生低海拔山谷疏林中。南亚热带树种。材质优良，为工业及器具用材。国家重点保护植物。

### 3. 山核桃属 *Carya* Nutt.

落叶乔木。裸芽或鳞芽；枝髓实心。奇数羽状复叶，小叶有锯齿。雄花序3条成束，雄花具1大苞片及2小苞片，雄蕊3~10(15)；雌花1~10集成短穗状花序，直立，生枝顶，雌花具1大苞片及3小苞片，愈合为壶状总苞，顶端4裂。果核果状，外果皮木质，熟时4瓣裂，内果皮骨质，平滑或微皱，具纵棱；子叶富含油脂，不出土。

约17种，分布北美和东亚。我国4种，引入1种。

1. 裸芽；小叶5~7；果及果核倒卵形、卵形或近球形。
    2. 叶柄近无毛；果核卵球形或倒卵形 ················· **1. 山核桃** *C. cathayensis*
    2. 叶柄密被柔毛；果核扁球形 ··················· **2. 云南山核桃** *C. tonkinensis*
1. 鳞芽，芽鳞镊合状排列；小叶11~17；果及果核长圆状至长椭圆形 ······ **3. 美国山核桃** *C. illinoinensis*

**1. 山核桃** *Carya cathayensis* Sarg. 图432

高30m。树皮灰白色，平滑。裸芽；芽、幼枝、叶下面、果皮均密被褐黄色腺鳞。复叶长15~30cm；小叶5~7，椭圆状披针形或倒卵状披针形，长7.5~22cm，先端渐尖，锯齿细尖，几无柄；叶柄无毛。雄花序长8~12cm，雄蕊5~7；雌花1~3生于枝顶。果卵球形或倒卵形，长2.5~2.8cm，具4纵脊，熟时4瓣裂；果核与果同形，微皱，顶端具小凸尖，长2.0~2.5cm，壳较厚，约1mm。花期4~5月，果期9月。

产浙江、安徽、江西、贵州南部；散生于海拔200~1200m阔叶林中。亚热带树种。喜温暖湿润气候，适生山谷肥厚土壤，石灰土更为适宜。为著名木本油料和干果树种，核果出油率25%~32%，为优良的食用油；果仁香酥，为地方特产点心；心材红褐色、边材黄白色或淡黄褐色，纹理直、质坚韧、耐腐；也可作为行道树和风景树。

**2. 云南山核桃** *Carya tonkinensis* Lecomt. 图433

高15m。树皮深灰色，平滑。裸芽被锈褐色腺鳞。复叶长15~25cm；小叶5~7，椭

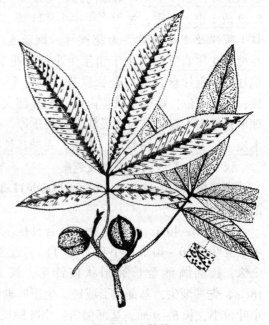

图432 山核桃

圆状披针形或倒卵状披针形，长7~15cm，长渐尖，下面疏被橙黄色腺鳞，沿叶脉有毛；叶柄密被柔毛。雄花序长12~15cm，花序梗长3~5cm，雄花具雄蕊5~6。果近球形，径2.5~3cm，外被柔毛及橙黄色腺鳞；4瓣裂；果核扁球形，径约2.8cm，顶端凸尖。花期4~5月，果期9月。

产广西、云南；越南和印度亦产；生于海拔1300~2200m山地林中。木材坚硬，为优质用材；果壳及隔膜较厚，仁小。

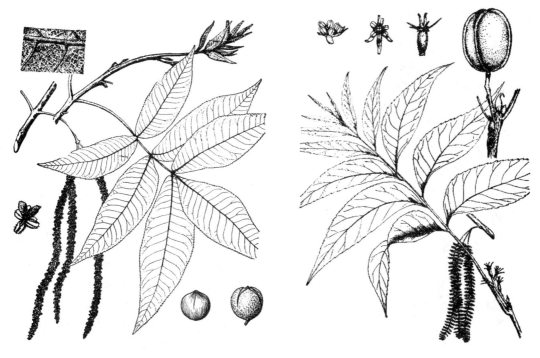

图433 云南山核桃　　　　　　　图434 美国山核桃

### 3. 美国山核桃 *Carya illinoensis* (Wangenh.) K. Koch.　　图434

高50m。树皮灰色，深纵裂。鳞芽，芽鳞镊合状排列。羽状复叶长25~35cm；小叶11~17，长圆状披针形，近镰状，长7~18cm，先端渐尖，基部偏斜，边缘具锯齿，下面脉腋有丛毛。雄柔荑花序3条1束，几无总梗，长8~14cm。果实3~10集生，长圆形，长4.4~5.7cm，具4纵棱，黄绿色，被黄色腺鳞；外果皮4瓣裂，革质；果核长卵形或长圆形，平滑，灰褐色，有暗褐色斑点，顶端有黑色条纹；壳较薄，种仁大。花期5月，果期9~11月。

原产北美洲。1900年左右引入我国，现北至北京，南至海南均有栽培。喜温暖湿润气候，最适宜生长在年平均气温15~20℃、7月平均气温25~30℃、1月平均气温5~10℃、年降水量1000~2000mm地区。适生于砂壤土和冲积土，喜光，耐水湿，不耐干旱瘠薄。种仁含油脂，可食，为重要干果和木本油料树种；木材坚韧，富弹性，不易翘裂。树干通直，树形优美，根深叶茂，可作庭院绿化及河岸防护林树种。

### 4. 化香属 *Platycarya* Sieb. et Zucc.

落叶乔木。裸芽；枝髓实心。奇数羽状复叶，小叶有锯齿。雄花序及两性花序组成复合花序束，直立着生枝顶，雌花序生于下部，或生花序束中央；雄花具苞片，小苞片及花被缺，雄蕊8；雌花由多数苞片组成穗状，苞片腋部具1雌花，小苞片2，无花被，子房1室，花柱2裂。果序球果状，直立，苞片木质宿存，密集成覆瓦状排列；果为小坚果状，扁平，两侧具由小苞片发育而来的狭翅。

2种，分布东亚。我国均产。

**化香** *Platycarya strobilacea* Sieb. et Zucc. 图435

高15m。树皮灰褐色，纵裂。小叶7～15(19)，对生，无柄，卵状至长圆状披针形，长5～16cm，先端渐长尖，基部偏斜，边缘有细尖重锯齿，下面仅沿中脉或脉腋有毛。果序球果状，常椭圆状圆柱形，长3～5cm，果苞披针形，先端刺尖；小坚果连翅近圆形或倒卵状圆形，径3～6mm，黄褐色。花期5～6月，果期7～8月。

分布极广，产山东、秦岭、大别山、淮河以南，南迄华南北部，西至西南；朝鲜、日本亦产；生于海拔100～1500m。温带至亚热带树种。喜光，耐干旱瘠薄，速生，萌芽性强，荒山、迹地与白栎、茅栗、黄檀、山槐等形成次生林或灌丛。酸性土、钙质土均可生长。材质较粗松；各部富含单宁，为重要栲胶树种。

图435 化香

### 5. 核桃属 *Juglans* L.

落叶乔木。枝髓片状分隔；鳞芽。奇数羽状复叶。雄花花序为下垂柔荑花序，单生，雄花具1苞片及2小苞片，花被片3，雄蕊8～40；雌花穗状花序，苞片及小苞片合生成壶状总苞，花后宿存并增大，花被4，子房下位，柱头2，广展。核果状，形大，外果皮(苞片结合)肉质；果核不完全2～4室，内果皮骨质，有不规则刻纹及纵脊；子叶不出土。

18种，分布欧洲、亚洲、美洲温带至亚热带。我国5种。多为用材、油料和干果树种。

1. 小枝无毛；小叶全缘，叶下面除脉腋外无毛；果无毛 ·············· 1. 核桃 *J. regia*
1. 小枝有毛；小叶有锯齿，叶下面密被柔毛及腺毛；果密被毛 ·············· 2. 野核桃 *J. cathayensis*

**1. 核桃**(胡桃) *Juglans regia* L. 图436

高30m。树皮灰色，老树纵裂。小枝无毛。小叶5～9(13)，椭圆形或椭圆状卵形，长4.5～12.5cm，先端钝圆或微尖，全缘(幼树小叶具不整齐锯齿)，两面无毛，侧脉11～14

对。雄花序长13~16cm，下垂；雌花1~3集生枝顶，总苞具白色腺毛，柱头淡黄绿色，平展。果球形，幼时被毛，熟时无毛，径4~6cm；果核具2纵脊及皱状刻纹，顶端具尖头。花期4~5月，果期9~10月。

原产中亚至欧洲，我国新疆伊犁地区有野生林，世界温带国家均有栽培。我国已有2000多年的栽培历史，现栽培几遍全国，以华北、西北至云南为主要产区。温带树种。喜凉爽气候，宜肥厚、疏松、排水好的微酸性至石灰性土壤；深根性，能萌芽，寿命长，二三百年大树仍结实旺盛。为著名干果，果含多种营养物质，为滋补强身食品，久服红颜乌发、健体延年，以核大、仁实、壳薄、油丰者为上品；木材红褐色，心材色深，材质坚韧致密，色泽美观，属上等用材；果壳可制活性炭；树冠广展，枝繁叶茂，可作园林绿化树和行道树。

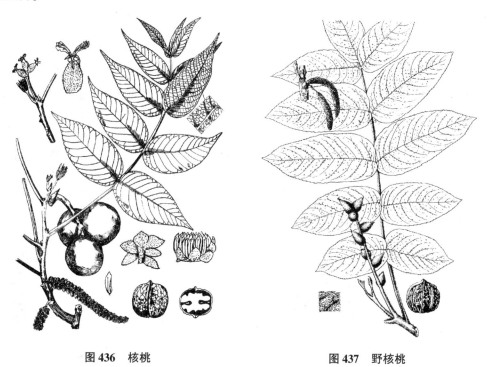

图436 核桃　　　　　　　　　　图437 野核桃

### 2. 野核桃 *Juglans cathayensis* Dode　　图437

高25m。树皮灰褐色，浅纵裂。小枝有柔毛、腺毛和星状毛。复叶长30~50cm，小叶9~17，卵状长圆形，长8~15cm，先端渐尖，基部圆或近心形，有细锯齿，两面密生星状毛，下面并密被短柔毛，侧脉11~17对。雄花序长20~25cm；雌花序长8~15cm，具5~10花，密生红色腺毛。果序具果6~10；果卵球形，长3~5cm，外果皮密被腺毛，核顶端尖，内果皮有6~8纵脊，具刺状突起的皱肋及深凹窝，壳厚，仁小。花期4~5月，果期8~10月。

产山西、陕西、甘肃、河南以南，华中至华南北部，西至西南；海拔600~2000m，常生山谷阔叶林及疏林中。温带至亚热带树种。喜湿润肥厚土壤。种仁含油65%。木材同核桃。

### 6. 枫杨属 *Pterocarya* Kunth

落叶乔木。裸芽或鳞芽，具柄；小枝髓心片状分隔。奇数，稀偶数羽状复叶。雌雄花序下垂，雄花序单生于新枝基部或去年生枝叶腋，雄花无柄，花被片1~4，雄蕊6~18，基部具1苞片及2小苞片；雌花序单生于新枝上部或枝顶，雌花无柄，贴生于苞腋，具2小苞片，花被4裂。果序长，下垂；坚果两侧具2片由小苞片发育而成的翅。种子1，子叶出土。

9种，产北温带。我国7种，多喜水湿。

1. 叶轴具窄翅，小叶10~28；果翅斜展 ·········································· 1. 枫杨 *P. stenoptera*
1. 叶轴无翅，小叶5~11(13)；果翅平展 ·········································· 2. 湖北枫杨 *P. hupehensis*

**1. 枫杨 *Pterocarya stenoptera* C. DC.**　　图438

高30m，胸径1m。幼树皮平滑，老时灰色至深灰色，深纵裂。裸芽，密被锈褐色腺鳞。偶数复叶长10~20cm，叶柄及叶轴被毛，叶轴具窄翅，小叶10~28，纸质，长圆形至长圆状披针形，长4~11cm，先端短尖或钝，基部偏斜，具细锯齿，两面有细小腺鳞，下面脉腋具簇生毛。雄花序生于去年生枝叶腋。果序长20~45cm；坚果具2斜展之翅，翅长圆形至椭圆状披针形，长1~2cm。花期4~5月，果期8~9月。

分布广，北起山东、河南、山西、辽宁、河北、陕西以南，南迄华南，西达西藏，东抵台湾；朝鲜亦产；垂直分布东部海拔500m以下，西部1000m以上。温带至亚热带树种。喜光，耐湿，适生于山谷溪旁、河流两岸；速生，萌芽力强，可作园林、行道树及固堤防护林树种。

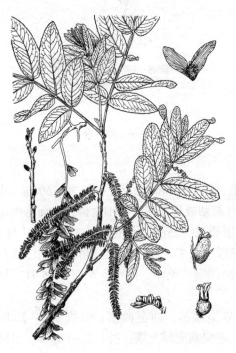

图438　枫杨

图439　湖北枫杨

**2. 湖北枫杨** *Pterocarya hupehensis* Skan　　图 439

高 25m，胸径 80cm。树皮黑褐色，纵裂。裸芽被锈褐色腺鳞。复叶长 20~25cm，叶轴无翅，小叶 5~11(13)，长椭圆形或卵状椭圆形，长 5~13cm，长渐尖，具锯齿，下面疏被腺鳞，脉腋簇生锈褐色星状毛。果序长至 30~45cm；果具 2 平展之翅，翅半圆形，长 1~1.5cm。花期 5~6 月，果期 8~9 月。

产秦岭、大别山以南、华中、贵州、四川；海拔 700~2000m；生于沟谷、溪边湿润地带疏林中。温带至北亚热带树种。喜光，耐水湿，可作护堤固岸林造林树种，亦可作行道树。

## 7. 青钱柳属 *Cyclocarya* Iljinsk.

落叶乔木。裸芽；枝具片状髓。奇数羽状复叶，叶轴无翅，小叶具锯齿。雌雄花均成下垂柔荑花序；雄花序 2~4 集生去年生枝叶腋；雄花具 2 小苞片及 2 花被片，雄蕊 20~30；雌花序单生枝顶，雌花具 2 小苞片及 4 花被片，子房 1 室，柱头 2 裂。坚果具圆盘状翅。

1 种，我国特产。

**青钱柳** *Cyclocarya paliurus* (Batal.) Iljinsk.　　图 440

高 20m，胸径 80cm。裸芽被褐色腺鳞。叶轴被白色弯曲毛及褐色腺鳞；小叶 7~9(13)，椭圆形或长椭圆状披针形，长 3~14cm，先端渐尖，基部偏斜，具细锯齿，两面均被腺鳞。坚果扁球形，果翅圆盘形，径 2.5~6cm，顶端具宿存花柱及花被片。花期 5~6 月，果期 9 月。

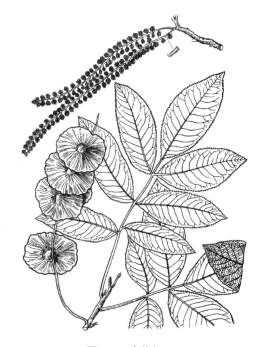

图 440　青钱柳

产长江以南，南至华南，东达台湾，西至西南；生于海拔 400~2500m。亚热带树种。散生于阔叶林中。木材细致；树皮可作栲胶及造纸原料；嫩叶可代茶；叶含多糖、氨基酸、黄酮类，有降血糖、降血脂作用，现已开发为降糖茶新药；果形如串钱，迎风摇曳，可作园林绿化树种。

# 44. 木麻黄科 CASUARINACEAE

常绿乔木或灌木。小枝细长具节，有脊槽，绿色。叶退化为鳞片状，4 至多枚轮生，基部连成鞘状。花单性，同株或异株，无被；雄花成顶生柔荑花序，每花有 2 苞片及 2 小苞片，雄蕊 1，花药 2 室；雌花为头状花序，生于短侧枝顶端，每花有 1 苞片及 2 小苞片，子房上位，1 室，2 胚珠。果序近球形，宿存苞片木质，开裂；小坚果扁平，顶端具翅；种子 1。

1 属 65 种，主产大洋洲。我国引入 9 种，栽培于华南至东南沿海。

### 木麻黄属 Casuarina Adans.

形态特征与科同。

**木麻黄 Casuarina equisetifolia Forst.** 图441

高40m，胸径70m。树皮暗褐色，纵裂。枝红褐色；小枝纤细下垂，灰绿色，径0.8mm，长8~15(27)cm，节间长4~9mm，每节有鳞叶7(6~8)，节部易折断。果序椭球形，1.5~2.5cm×1.5cm；苞片宽卵形，钝尖，外被短柔毛；小坚果倒卵形，连翅长4~7mm。花期4~6月，果期7~11月。

原产澳大利亚及太平洋岛屿。我国浙江南部以南沿海、至华南(海南)、台湾普遍栽培。喜光，喜暖热，产区≥10℃年积温7000℃以上，忌霜雪，耐干旱，耐盐碱土，抗风沙，为热带和南亚热带海岸防风固沙的优良树种。

[附] **粗枝木麻黄 Casuarina glauca Sieb. ex Spreng.** 与木麻黄的区别：小枝径1.3~1.7mm，长18~45(100)cm，节间长10~18mm，每节有鳞叶12~16，节部难折断。我国华南海岸种植。

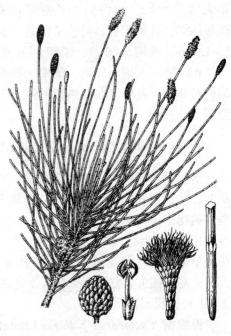

图441 木麻黄

## 45. 榆科 ULMACEAE

乔木或灌木。小枝细，无顶芽。单叶，互生，2列，有锯齿，稀全缘；托叶早落。花小，两性、杂性或单性；萼片4~8裂，分离或基部稍连合；无花瓣；雄蕊4~8与萼片对生；子房上位，1~2室，柱头2裂，羽状，胚珠1，在室顶倒垂。翅果、核果或坚果；种子1，通常无胚乳，胚直立或弯曲或扭旋，子叶出土萌发。

16属230种，广布于全世界热带、亚热带及温带地区。我国8属约60种，南北均产。引入栽培3种。

1. 羽状脉；冬芽先端不紧贴小枝。
   2. 花两性；翅果，果核扁，周围具膜质薄翅 ························ **1. 榆属 Ulmus**
   2. 花单性或杂性；坚果或核果，无翅
      3. 落叶；叶缘具桃形单锯齿；花杂性同株；坚果，上部偏斜 ········ **2. 榉属 Zelkova**
      3. 常绿；叶全缘或中上部具浅锯齿；花雌雄异株；核果 ············ **3. 白颜树属 Gironniera**
1. 三出脉，冬芽先端常紧贴小枝。
   4. 坚果周围具木质翅，侧脉上弯，不伸达齿尖 ···················· **4. 青檀属 Pteroceltis**
   4. 核果。
      5. 侧脉直，先端达齿尖，叶上面被硬毛，粗糙；花单性 ············ **5. 糙叶树属 Aphananthe**

5. 侧脉弧曲，不达叶缘，叶上面无毛或被毛；花杂性或单性。

　　6. 叶具细锯齿；花被宿存；果较小，果径 1.5~4mm，具短梗 ························ **6. 山黄麻属** *Trema*

　　6. 叶自中上部具锯齿或近全缘；花被脱落；果较大，果径 5~15mm，具长梗 ······ **7. 朴树属** *Celtis*

## 1. 榆属 *Ulmus* L.

落叶或常绿乔木，稀灌木状，枝有时具木栓翅。叶基部常偏歪，边缘具重锯齿或单锯齿，羽状脉。花两性，总状聚伞花序、短聚伞花序或簇生。萼 4~8 裂。翅果扁平，翅膜质，稀稍厚，顶端具宿存柱头及 V 形缺口。

40 余种，主要分布北半球温带，向南可分布到喜马拉雅地区、中南半岛，墨西哥也有分布。我国 25 种，南北均产；另引入 3 种。喜光，耐旱喜钙，多生于石灰岩山地。木材坚韧，为优质硬木；树皮富含纤维及淀粉；种子易丧失发芽力，果实成熟应采集即播，种子成苗率高，苗木根系发达，种植易成活。

1. 花春季开放；花序或花簇生于去年生枝叶腋。
　　2. 叶下面无毛或仅脉上、脉腋被毛；枝无木栓翅；果核位于翅果近中央。
　　　　3. 叶最宽处在中部以下，侧脉 9~15 对 ························· **1. 白榆** *U. pumila*
　　　　3. 叶最宽处在中部以下，或兼有中上部者，侧脉 12~26 对。
　　　　　　4. 叶先端短尖或长渐尖，具单锯齿 ······················ **2. 杭州榆** *U. changii*
　　　　　　4. 叶先端骤长尾尖，具重锯齿 ······················ **2a. 兴山榆** *U. bergmanniana*
　　2. 叶下面密被柔毛；枝有木栓翅；果核位于翅果偏上部 ·············· **3. 多脉榆** *U. castneifolia*
1. 花秋季开放；簇生于当年生枝叶腋 ························· **4. 榔榆** *U. pavifolia*

### 1. 白榆（榆树）*Ulmus pumila* L.　　图 442

落叶乔木，高 25m，胸径 1m，在干瘠地长成灌木状；树皮暗灰色，不规则深纵裂、粗糙。叶椭圆状卵形、长卵形，2~8cm×1.2~3.5cm，渐尖或长渐尖，基部偏斜或近对称，长成叶两面无毛，具重锯齿或单锯齿，侧脉 9~15 对；叶柄长 4~10mm。花先叶开放，在去年生枝的叶腋成簇生状。翅果近圆形，稀倒卵状圆形，长 1.2~2cm，果核位于翅果的中部，成熟黄白色，宿存花被 4 浅裂，果梗长 1~2mm。花果期 3~6 月。

产东北、华北、西北及西南各地，主产华北及淮北平原，华东地区常有栽培；朝鲜、俄罗斯、蒙古亦产；海拔 1000~2500m 以下；多见于平原低地。温带树种。喜光，对气温和土壤的适应幅度甚广，在极端低温至 -40℃ 的寒地、年降水量 200mm 和相对湿度 50% 的荒漠地，甚至轻碱土均能生长；耐干瘠，在肥沃湿润土壤上能快速成材。心材暗灰褐色，纹理直，结构略粗，花纹美丽，坚实，易翘

**图 442**　白榆

曲。树皮内含淀粉及黏性物，磨成粉掺和面粉中可食用；枝皮纤维坚韧，可制绳索、麻袋或造纸；树冠开展，寿命长(400年)，华北农村多植为荫木，村庄多以榆槐命名。

**2. 杭州榆 *Ulmus changii* Cheng**　图443

落叶，高20m。树皮灰色，平滑不裂。当年生枝紫褐色或栗褐色，长成后无毛。叶倒卵状椭圆形、菱状倒卵形或卵形，3~9(11)cm×2~4cm，先端短尖或长渐尖，基部圆、微心形或楔形，单锯齿，上面有光泽，萌芽枝叶上面粗糙，下面无毛，侧脉12~24对。花簇生呈聚伞花序状或短总状；萼钟形，4~5浅裂。翅果长圆形至近圆形，长1.5~2.7cm，果核位于果中央，两面被短毛。花期3月，果期4月。

产华中、华东；海拔200~800m；生于山坡、山谷、溪边阔叶林中。在四川可达海拔1500m。习性和用途参考榆树。

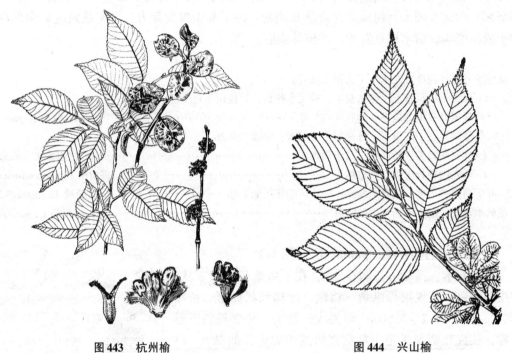

图443　杭州榆　　　　　图444　兴山榆

**[附]2a. 兴山榆 *Ulmus bergmanniana* Schneid.**　图444　高26m，胸径90cm。树皮纵裂，粗糙。与杭州榆的区别：叶倒卵状椭圆形或卵形，长6~16cm，先端骤尾尖，基部常偏斜，边缘具重锯齿，上面幼时密被硬毛，脱落后接触仍有糙感，侧脉17~26对；叶柄长0.3~1cm。翅果长1.2~1.8cm，果核近翅果中央。产秦岭、大别山以南，至华东、华中，西至四川、云南；海拔1500~2600m。习性和用途参考榆树。

**3. 多脉榆 *Ulmus castaneifolia* Hemsl.**　图445

落叶，高22m。树皮厚灰色至黑灰色，纵裂，木栓层发达。枝常具木栓翅。冬芽鳞片深褐色，外被褐色毛。叶长椭圆形、椭圆形或长圆状卵形，7~15cm×3~6cm，先端长渐尖或短尾尖，基部偏斜，较大的一侧常覆盖着叶柄，重锯齿，上面幼时密被短硬毛，后脱落稍粗糙，下面密被长柔毛，脉腋簇生毛，侧脉20~35对。簇状聚伞花序，生去年生枝叶腋。翅果长圆状倒卵形，长 1.5~3.3cm，果核靠近缺口，有毛。花期 3 月，果期 4 月。

产长江以南，南至华南北部，西至四川、贵州、云南；海拔 500~1600m；生于山坡、山谷阔叶林中。适生于排水良好的酸性黄壤及砂壤土。木材坚韧，结构较粗。

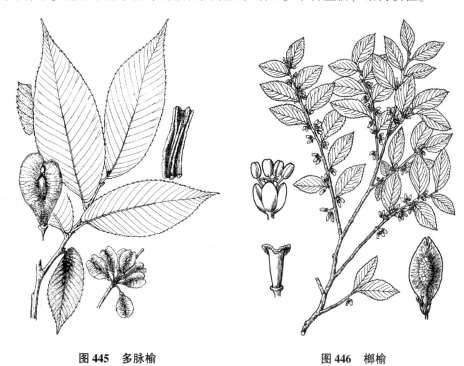

图 445　多脉榆　　　　　　　　图 446　榔榆

**4. 榔榆 *Ulmus parvifolia* Jacq.**　　图 446

半常绿；高 20m，胸径 60cm。树皮灰褐色，不规则鳞状剥落，露出红褐色或绿褐色内皮。小枝红褐色，被柔毛。叶窄椭圆形或卵形，1.5~5.5cm×1~3cm，先端短尖或略钝，基部偏斜，单锯齿，幼树及萌芽枝之叶为重锯齿，上面无毛有光泽，下面幼时被毛；叶柄长 2~6mm。花秋季开放，簇生于当年生枝叶腋；花萼 4 裂至基部或近基部。翅果椭圆形或卵形，长 0.9~1.2cm。花期 9 月，果期 10 月。

产华北、陕西以南，南至华南北部，西达四川、贵州，东迄台湾；朝鲜、日本亦产；海拔 1200m 以下；生于平原、丘陵、溪边、低山常绿阔叶林及次生林中。村边风景林习见，与石栎、南酸枣、小叶栎、刺楸等混生。喜光，适应性强，耐干旱瘠薄，适生山坡、平原及溪边，酸性、中性、钙质土多种生境。习性和用途参考榆树。

## 2. 榉属 *Zelkova* Spach

落叶乔木，单锯齿近桃形，羽状脉。花单性，稀杂性，同株；雄花簇生于新枝下部叶腋，雌花或两性花单生或 2~4 簇生于新枝上部叶腋；萼片 4~5；雄蕊 4~5；柱头歪生。坚果，上部歪斜，无翅。

10 种，分布高加索至东亚。我国 3 种，产中部、西南至台湾。木材坚韧耐腐，为优良用材树种。

1. 小枝灰色，与叶下面均密被柔毛；叶缘具钝尖锯齿 ································ 1. 榉树 Z. schneideriana
1. 小枝紫褐色，与叶下面近无毛；叶缘具锐尖锯齿 ································ 2. 光叶榉 Z. serrata

**1. 榉树 Zelkova schneideriana Hand. -Mazz.** 图 447：3~5

高 30m，胸径 1m。树皮褐色。小枝灰色，密被灰色柔毛。叶卵形、椭圆状卵形，大小变化甚大，3.6~10(12)cm×1.3~3.5(5)cm，先端渐尖，基部宽楔形或近圆形，下面密被淡灰柔毛，锯齿钝尖，侧脉 8~14 对，伸至齿尖；叶柄长 1~4mm，密被毛。坚果偏卵形，径 2.5~4mm，有网肋。花期 3~4 月，果期 10~11 月。

产秦岭、淮河以南，南至华南北部，西达贵州、云南；东部海拔 700m 以下，常散生于低丘平坡地，多见于村边疏林中。喜光，宜温暖湿润气候及肥沃的酸性、中性、钙质土，深根性。木材浅紫红色（血榉），纹理美丽、有光泽、细致、强韧硬重，密度 $0.80g\cdot cm^{-3}$，耐水湿，属上等用材。因木材特优，易罹砍伐，现已列为国家保护植物。

图 447　1~2. 光叶榉　3~5. 榉树

**2. 光叶榉 Zelkova serrata ( Thunb. ) Makino** 图 447：1~2

高 30m。树皮褐色，片块剥落。小枝紫褐色或棕褐色。叶卵形、椭圆状卵形或卵状披针形，长 3~6cm；萌芽枝之叶长可达 12cm，先端尖或渐尖，基部近心形，锯齿尖锐，下面光绿无毛，网脉明显，侧脉 8~14 对；叶柄长 2~5mm。果歪卵形，径约 4mm，有网肋。花期 4 月，果期 10 月。与榉树的区别是小枝紫褐色或棕褐色，叶下面无毛或沿脉疏生柔毛，锯齿尖锐。

产辽宁、山东、河南、甘肃以南，南至长江流域，西达四川、云南；朝鲜、日本亦产；欧美各国多有引种；海拔 700m 以下。中等喜光，在湖南西北部生于石灰岩山地，与黑壳楠、猴樟、光皮树、黄连木等混生。用途同榉树，木材色泽和重量稍逊于榉树。

### 3. 白颜树属 Gironniera Gaud.

常绿乔木或灌木。叶全缘或中部以上有浅锯齿，羽状脉，托叶大，早落。花单性，雌雄异株，聚伞花序或分枝的总状花序腋生，或雌花单生叶腋；花萼 4~5 裂；雄蕊 4~5。核果近球形，微扁。

约 6 种，分布印度、马来西亚等热带地区。我国 1 种，产华南、西南。

**白颜树 Gironniera subaequalis Planch.** 图 448

高 20m。小枝具有托叶痕及粗长毛。叶椭圆形、椭圆状卵形，长 8~18cm，先端突渐尖，基部楔形或近圆形，侧脉约10对，仅叶背脉上疏生平伏长毛；叶柄长5~15mm，有毛。核果卵球形，长8~10mm，果梗长1~6mm。

产华南及云南；越南、缅甸、印度亦产；海拔900m以下。南亚热带至边缘热带树种，生于潮湿常绿季雨林中，与华栲、木荷、厚壳桂等混生。木材轻软，易传音，宜作木鼓等乐器；茎皮纤维供造纸用。可作为南方生态恢复工程与低质森林改造目标树种。

### 4. 青檀属 Pteroceltis Maxim.

落叶乔木。叶基部以上有单锯齿，三出脉，侧脉上弯不伸达齿尖。花单性，同株，雄花簇生叶腋，花萼5裂，雄蕊5，花药顶端有长毛；雌花单生叶腋，子房侧向压扁。坚果，周围具宽翅，先端有凹缺，无毛。

1种，我国特产。

**青檀 Pteroceltis tatarinowii Maxim.** 图449

乔木，高20m。树干通常凸凹不圆，树皮淡灰色，裂成薄的长块片脱落，内皮淡灰绿色。叶卵形、椭圆状卵形或三角状卵形，5~9(13)cm×3~4.7cm，先端渐尖或突尖，基部宽楔形或近圆形，稍歪斜，上面无毛或有短硬毛，下面脉腋簇生毛，2/3以上叶缘有齿；叶柄长1~1.5cm。果核近球形，翅近方形或近圆形；果梗长1.5~2cm。花期4月，果期7~8月。

产辽宁(蛇岛)以南至华南及西南；常生于石灰岩山地，也能生长于花岗岩山溪；在湖南石灰岩低山与青冈栎、黄连木、灰岩润楠、朴树、桂花等混生为岩山阔叶林。喜钙树种。喜光，耐干旱瘠薄，萌芽性强。木材坚硬，密度0.73g·cm$^{-3}$，纹理致密；树皮纤维为制作字画用宣纸的原料。

图448 白颜树

图449 青檀

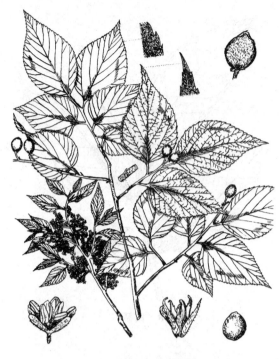

图450 糙叶树

## 5. 糙叶树属 Aphananthe Planch.

落叶或半常绿乔木或灌木状。叶基部以上有锯齿或全缘，三出脉，基侧脉直出达叶缘齿端。花单性同株；雄花伞房花序生于新枝基部叶腋；雌花单生于新枝上部叶腋；花萼5(4)裂；雄蕊5(4)。核果，具宿存的花萼及花柱。

约5种，分布东亚和澳大利亚。我国2种，产西南至台湾。

**糙叶树** *Aphananthe aspera* ( Thunb. ) **Planch.** 图450

落叶乔木，高25m，胸径1m。小枝被平伏硬毛，后脱落。叶卵形或椭圆状卵形，4~14.5cm×1.8~4.0(7.5)cm，基脉三出，连侧脉6~10对伸达齿尖，上下两面有平伏硬毛；叶柄长5~17mm。果近球形，径8~13mm，黑色，密被平伏硬毛。花期4~5月，果期10月。

产长江以南，南至华南北部，西至四川、云南，东至台湾；朝鲜、日本、越南亦产；生于海拔1000m以下。喜光，宜肥厚土壤，常散生于阔叶林中。木材淡灰黄色，纹理直且细致，坚实，密度$0.64g \cdot cm^{-3}$；树皮含纤维质34%，为较好的造纸原料。树种生长速度快，树形高大挺拔，枝叶茂密，是良好的四旁绿化和园林景观树种。

## 6. 山麻黄属 Trema Lour.

小乔木或大灌木。叶互生，具细锯齿，多为基出三脉。花单性或杂性，多花密集成聚伞花序而成对生于叶腋。核果小，卵圆形或近球形；具宿存花被片及柱头；果柄极短。

约15种，产热带及亚热带。我国6种和1变种，产长江以南至华南及西南。

**光叶山黄麻** *Trema cannabina* **Lour.** 图451：1~4

灌木或小乔木。小枝纤细，初被毛后脱落。叶近膜质，卵形或卵状长圆形，4~9cm×1.5~4cm，尾状渐尖或渐尖，基部圆或浅心形，具锯

图451　1~4. 光叶山黄麻　5~9. 山油麻

齿，叶两面绿色近无毛，三出脉，侧脉2(3)对；叶柄长4~8mm，被贴生短柔毛。雌花序常生于花枝的上部叶腋，雄聚伞花序生于花枝的下部叶腋，一般长不过叶柄，或雌雄同序。核果近球形，微压扁，径2~3mm，熟时橘红色，花被宿存。花期3~6月，果期9~10月。

产浙江、江西、湖南南部、华南和四川；东南亚、日本和大洋洲广布；海拔600m以下；南亚热带至热带树种。喜光，空旷地先锋树种，生于林缘及采伐迹地。天然更新传播力极强，速生，可短期覆盖地面，但快速被后续植被替代。

[附] 山油麻 *Trema cannabina* Lour. var. *dielsiana* ( Hand. -Mazz. ) C. J. Chen 图 451：5~9 与光叶山黄麻的区别：小枝紫红色，后渐变棕色，密被斜伸的粗毛。叶薄纸质，上面被糙毛，粗糙，下面密被柔毛，在脉上有粗毛；叶柄被伸展的粗毛。雄聚伞花序长过叶柄；雄花被片卵形，外面被细糙毛和多少明显的紫色斑点。产长江以南，南至华南，西达四川、贵州。中亚热带至南亚热带树种。习性及用途同光叶山黄麻。

## 7. 朴树属 *Celtis* L.

常绿或落叶乔木，稀灌木；枝髓片状分隔。叶通常中部以上有锯齿或全缘，三出脉，侧脉弧曲向上，不伸达齿尖。花杂性同株；雄花生于新枝下部，两性花单生或2~3聚生于新枝上部叶腋。核果近球形或卵球形，单生或2~3生于叶腋，花萼及花柱脱落。

70种，分布北温带和热带地区。我国20种，产南北各地。本属多数种类的木材可供建筑及家具等用，树皮纤维可代麻制绳、织袋，或为造纸原料；种子油可制肥皂或润滑油。

1. 果径小于1cm；叶一般长不及8cm。
　2. 果成熟时橙色、黄色或红色。
　　3. 果梗与叶柄近等长；网脉不下陷·················································· 1. 朴树 *C. sinensis*
　　3. 果梗长于叶柄1~2倍；网脉下陷 ················································ 2. 紫弹朴 *C. biondii*
　2. 果成熟时黑色 ································································································ 3. 黑弹朴 *C. bungeana*
1. 果径1~1.7cm；叶一般长于8cm。
　4. 1年生枝及叶下面密被短柔毛 ················································ 4. 珊瑚朴 *C. julianae*
　4. 1年生枝及叶下面无毛，或仅脉腋具簇生毛 ······················· 4a. 西川朴 *C. vandervoetiana*

**1. 朴树 *Celtis sinensis* Pers.** 图 452

高20m。树皮灰褐色，粗糙不裂。小枝密被柔毛。叶阔卵形、卵状长椭圆形，长3.5~9cm，先端急尖，基部圆形偏斜，中部以上有疏浅锯齿，下面叶脉及脉腋疏被毛，网脉隆起；叶柄长3~10mm。果单生或2~3并生叶腋，近球形，径4~7mm，成熟时橙黄色；果梗与叶柄近等长，果核有凹点及棱脊。花期3~4月，果期9~10月。

产秦岭、大别山以南，南至华南，西达西南，东迄台湾；日本、朝鲜、中南半岛亦产；海拔500(西部1000)m以下。亚热带树种。稍耐阴，适生于较深厚土壤、中等湿润生境。天然传播及更新力强，路边、草坡及马尾松林下处处可见实生幼苗。生长较速，为次生林优势树种。木材稍重而硬，密度$0.61g \cdot cm^{-3}$；寿命长，冠幅大，抗性强，为亚热带很有推广价值的庭园树种。

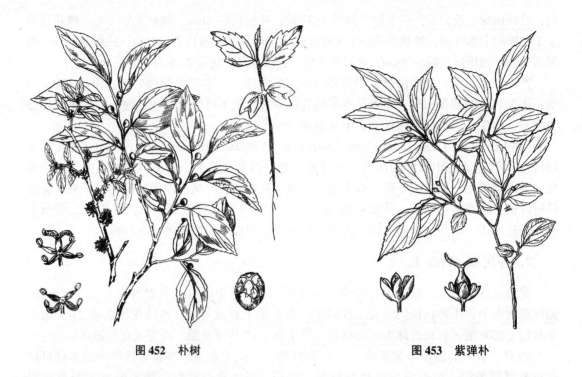

图452 朴树　　　　　　　　　图453 紫弹朴

**2. 紫弹朴 *Celtis biondii* Pamp.**　　图453

高18m。小枝红褐色，密被锈色毛。叶卵形或卵状椭圆形，2.5~8cm×2~3.5cm，先端渐尖，基部宽楔形，稍偏斜，中部以上有疏齿，稀全缘，下面脉腋有毛，网脉凹陷；叶柄长3~8mm。果序单生叶腋，常具2(1~3)果，果近球形，径约4~6mm，成熟橙红色；果梗长1~1.8(2)cm，长于叶柄的2倍；总梗长约2~5mm；核具4肋，表面具显著蜂窝状细网纹及凹陷。花期4~5月，果期9~10月。

产秦岭、大别山以南，南至华南，东界华东，西达西南；朝鲜、日本亦产；海拔300~1500m；生于阴湿山地，与枫香、翅荚香槐、小叶栎等混生为次生林。天然传播更新力强。天然次生林生态恢复目标树种。

**3. 黑弹朴 *Celtis bungeana* Bl.**　　图454

落叶乔木，高达10m。枝无毛。叶卵形，4~8cm×2~5cm，中上部疏生不规则浅齿，有时一侧近全缘，无毛；萌发枝上的叶形变异较大，先端尾尖且具糙毛；叶柄长0.5~1.5cm。果单生叶腋，稀一总梗上具2果，果梗长1~2.5cm。果近球形，径6~8mm，成熟时黑色；果核肋不明显，近平滑或稍具孔状凹陷。花期4~5月，果期10~11月。

产辽宁、华北、西北(新疆除外)，南至长江流域各地，西至西藏；朝鲜亦产；海拔150~2300m；生于山坡、灌丛、林缘。华北见于低山，南方见于中山阔叶林中。在华北常与榆、槭、椴、鹅耳枥组成混交林。木材纹理致密。

**4. 珊瑚朴 *Celtis julianae* Schneid.**　　图455：1~2

高30m，胸径1m。小枝、叶下面及叶柄密被褐黄色绒毛。叶卵圆形或卵状椭圆形，6.5~10(12)cm×3.5~7cm，先端短渐尖或突短尖，基部甚偏斜，中部以上有钝锯齿，上

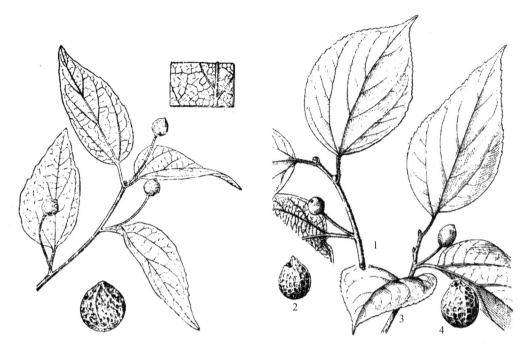

图454 黑弹朴　　　图455 1~2. 珊瑚朴　3~4. 西川朴

面稍粗糙；叶柄长0.5~1.5cm。果单生叶腋，卵球形，径1~1.5cm，成熟时橙黄色；果梗长1.5~2.5cm，密被绒毛；果核顶部具长2mm的尖头，有2肋，表面呈不明显的网纹及凹陷。

产甘肃、陕西、河南南部以南，南至华南北部，西达四川、贵州；海拔900~1300m（西部）以下。北、中亚热带低平地树种。喜光而稍耐阴，耐干旱，抗风，抗烟尘及有害气体能力较强。对土壤要求不严，在微酸性、中性、钙质土均可生长，常生于石灰岩低山，较速生。茎皮纤维供人造棉原料。其自然实生变异金叶珊瑚朴，可作园林观赏树种。

[附]4a. 西川朴 *Celtis vandervoetiana* Schneid.　　图455：3~4　与珊瑚朴的区别：1年生枝、叶柄及果柄无毛。叶卵状椭圆形或卵状长圆形，8~13cm×4.5~7cm，基部近圆，稍不对称，2/3以上具锯齿，两面无毛；叶柄长1~2cm。果单生叶腋，球形或球状椭圆形，无毛，径1.5~1.7cm，成熟时黄色；果梗长1.7~3.5cm；果核具4纵肋及网孔状凹陷。产长江以南，南至华南北部及西南；海拔600~1400m。中亚热带中山树种。

# 46. 桑科 MORACEAE

乔木、灌木或木质藤本，稀草本；韧皮纤维发达；植物体常有乳汁，托叶发育，常留环痕。单叶，叶形多变异，互生，全缘或有锯齿或缺裂；托叶早落。花小，单性，花序发育，头状花序或隐头花序、柔荑花序；花单被，花萼4裂，花瓣缺；雄花：雄蕊与萼片同数且与其对生，花丝在蕾中内折或直伸；雌花：雌蕊2心皮，子房上位至下位，1~2室，每室1胚珠，垂悬。聚花果或隐花果（花序发育成复果），小果为瘦果或核果。

40属1400种，分布热带和亚热带地区，少数分布在温带。我国11属165种，主产长江流域以南各地。本科为热带亚热带森林组成树种，构成热带森林重要区系成分。经济用途甚广，为蚕丝、水果、造纸、木材、药品、生态景观等重要资源，石灰岩山地多见。

1. 花生于花序轴外部，不为隐头花序。
  2. 雌花单生或数朵聚生 ················································· **1. 见血封喉属** *Antiaris*
  2. 雌花组成各种花序。
    3. 雌花与雄花均为穗状花序，聚花果圆柱状 ························· **2. 桑属** *Morus*
    3. 雌花为头状花序。
      4. 雄花为柔荑花序 ·················································· **3. 构属** *Broussonetia*
      4. 雄花为头状花序 ·················································· **4. 桂木属** *Artocarpus*
1. 隐头花序，花生于凹陷壶形花托内；小枝有环状托叶痕 ············ **5. 榕属** *Ficus*

## 1. 见血封喉属 *Antiaris* Lesch.

常绿乔木。叶互生，排成2列，羽状脉；托叶小，早落。花单性同株，雄花：头状花序肉质，腋生，基部有覆瓦状排列的苞片，萼片4(3)，匙形，雄蕊3~8；雌花：单生，无花被；子房外被多数苞片。果肉质，具宿存苞片；种皮坚硬，无胚乳。

4种，分布热带非洲、印度、马来半岛地区。我国1种。

**见血封喉**(箭毒木) *Antiaris toxicarea* Lesch.　图456

高40m，具大板根。枝条具托叶环痕。叶长圆形或椭圆状长圆形，5~19cm×2.5~6cm，先端渐尖，基部圆形或心形，略偏斜，全缘或有粗锯齿，侧脉9~12对，两面被粗糙毛；叶柄长5~8mm，被长粗毛。果梨形，长约1.8cm，紫色或紫红色，肉质。花期2~3月，果期6~7月。

产广东、广西、云南南部、海南；东南亚亦产；海拔1000m以下；生于山地常绿季雨林中。热带广布树种。较喜光，宜高温高湿的热带雨林或季雨林气候，酸性砖红壤或石灰土均可生长。树皮、枝条及叶的乳汁中均含多种强心苷，这些苷类对动物有毒害作用，会引起人畜中毒而死亡。古代其树液常被用于制作毒箭猎野兽。在药理上，对人体心脏有值得研究的价值。

**图456　箭毒木**

## 2. 桑属 Morus L.

落叶乔木或灌木。芽鳞3~6。叶有锯齿或有缺裂，3~5出掌状脉；托叶小，早落。花雌雄同株或异株；雌雄花均为柔荑花序；雄花：萼4裂，雄蕊4，在蕾中内折，退化雄蕊陀螺形；雌花：萼4裂，聚花果卵形或圆柱形，小果为瘦果，外被肉质花萼。

12种，分布北温带。我国9种，各地均产。

1. 叶缘锯齿无芒尖；雌花无花柱。
   2. 叶下面仅脉腋有短柔毛；柱头内侧具乳头状突起 ················· **1. 桑树 M. alba**
   2. 叶片背面有毛；柱头内侧明显有毛 ································· **2. 华桑 M. cathayana**
1. 叶缘锯齿具芒尖；雌花花柱较长 ····································· **3. 蒙桑 M. mongolica**

### 1. 桑树 Morus alba L.    图457

乔木，高15m。叶厚纸质，卵形或宽卵形，5~20cm×4~8cm，有粗钝锯齿，不裂或有缺裂，下面脉腋簇生毛；叶柄长1~2.5cm。雄花序下垂，长2~3.5cm，密被白色柔毛；雌花序长1~2cm，被毛，总花梗长5~10cm，花被片倒卵形，顶端圆钝，外面和边缘被毛，两侧紧抱子房，无花柱，柱头2裂，内面有乳头状突起。聚花果卵状椭圆形，长1~2.5cm，成熟时红色或暗紫色。花期4~5月，果期5~6月。

全国除荒漠、高寒地外，各地栽培或偶野生；朝鲜、日本、蒙古、欧洲亦产。喜光，对气候、土壤适应性强。深根性，根系发达，萌芽性强，且耐修剪。用种子、扦插、嫁接、分根繁殖，亦可萌芽更新。木材淡黄色，坚韧致密，密度$0.71g \cdot cm^{-3}$，弹性好，自古即为制弓良材；叶饲蚕；果味酸甜，可生食、酿酒和制果酱等；根、茎皮、枝、叶、果均可入药，有清肺热、祛风湿、补肝肾之效。

图457 桑树

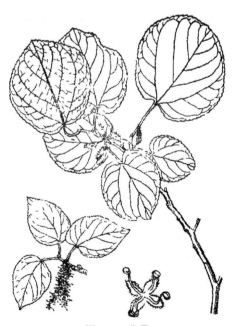

图458 华桑

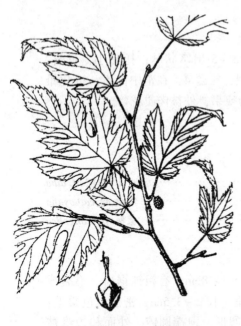

图459 蒙桑

### 2. 华桑 *Morus cathayana* Hemsl. 图458

小乔木或为灌木状。树皮灰白色，平滑；小枝皮孔明显。叶厚纸质，广卵形或近圆形，8~20cm×6~13cm，基部心形或截形，略偏斜，边缘具疏浅锯齿或钝锯齿，有时分裂，上面粗糙，疏生短伏毛，下面密被白色柔毛；叶柄长2~5cm，粗壮，被柔毛；托叶披针形。雄花序长35cm，外面被毛，雄蕊4，退化雌蕊小；雌花序长1~3cm，雌花花柱短，柱头2裂。聚花果圆筒形，长2~3cm，成熟时白色、红色或紫黑色。花期4~5月，果期5~6月。

产华北、华中、华东；朝鲜、日本亦产；海拔900~1300m；常生于石灰岩山丘，与青檀、朴树、黄连木等混生。材质如桑树，但不宜养蚕；树皮纤维可造高级纸；石灰岩山地造林树种。

### 3. 蒙桑 *Morus mongolica* (Bur.) Schneid. 图459

小乔木或灌木。树皮灰褐色，纵裂。叶长椭圆状卵形，8~15cm×5~8cm，尾尖，基部心形，边缘具三角形单锯齿，稀为重锯齿，齿尖有长刺芒，两面无毛；叶柄长2.5~3.5cm。雄花序长3cm，雄花花被暗黄色，外面及边缘被长柔毛；雌花序短圆柱状，长1~1.5cm，总花梗纤细，长1~1.5cm。雌花花柱伸长，柱头2裂。聚花果长1.5cm，成熟时红色至紫黑色。花期3~4月，果期4~5月。

产东北、华北、华中和西南；蒙古、朝鲜亦产；海拔800~1500m；常生于石灰岩山地次生林中。韧皮纤维系高级造纸原料，脱胶后可作纺织原料；根皮可入药。

## 3. 构属 *Broussonetia* L'Herit. ex Vent.

落叶乔木、灌木或蔓生藤状灌木。芽鳞2~3。叶不裂或有缺裂，有锯齿，三出脉。花雌雄同株或异株；雄花：柔荑花序或头状花序，萼片4，雄蕊4，花丝在蕾中内折，中央有不育雄蕊；雌花：头状花序，花萼筒状，膜质，有3~4齿，花柱侧生，细长如丝，柱头2，一长一短。聚花果球形，肉质，由橙红色小核果组成。

8种，分布东亚。我国5种，产西南至东南部。

**构树** *Broussonetia papyrifera* (L.) L' Herit. ex Vent. 图460

乔木，高16m，胸径60cm。小枝粗壮，密被灰色绒毛，茎皮纤维丰富。叶互生，常在枝端对生，宽卵形，7~18cm×4~10cm，先端渐尖，基部圆或近心形，不裂或2~3裂，上面有糙伏毛，下面被软

图460 构树

柔毛；叶柄长 2.5~8cm，密被毛；托叶三角形，膜质，大而早落。雌雄异株，雄花序为柔荑花序，雌花序为头状花序。聚花果球形，径约 3cm，橙红色。花期 5 月，果期 8~9 月。

产华北以南，南至华南、西南、台湾；越南、日本、印度亦产。适应性强，极耐干旱瘠薄，荒坡、砂石地以至墙壁、瓦屋顶均见生长，但多生长在石灰岩山地，为喜钙树种。速生，萌芽性强，极易繁殖，荒地先锋树种。茎皮纤维丰富，可供制造纸及绳索用。

## 4. 桂木属 *Artocarpus* J. R. et G. Forster

乔木，有乳汁。枝常有明显环状托叶痕。叶互生，羽状脉，全缘或有缺裂；托叶大而抱茎或小而不抱茎或生于叶柄内。单性同株，花生于一肉质的花序轴上；雄花：花序长圆形，萼 2~4 裂，雄蕊 1，花丝在蕾中直伸；雌花：花序球形，萼筒形，下部埋藏于花序轴内，顶端收缩而 3~4 齿裂，花柱伸出。瘦果的外果皮膜质或薄革质，藏于肉质的萼和花序轴内，萼齿为齿形或瘤状。

50 种，分布印度、马来半岛至我国。我国 12 种，产西南、华南至台湾。为果树或用材树种。

1. 下面有白色短柔毛；聚花果径 3~4cm；小枝无托叶环痕 ·················· **1. 白桂木 A. hypargyreus**
1. 下面无毛；聚花果径 25~50cm；小枝有托叶环痕 ·················· **2. 木波罗 A. heterophyllus**

**1. 白桂木 *Artopcarpus hypargyraea* Hance** 图 461

常绿乔木，高 16m。幼枝、叶柄有锈色短柔毛；枝无托叶环痕。叶椭圆形或倒卵状长圆形，7~15cm×5~8cm，渐尖，基部楔形，革质，全缘或波状缺齿，上面无毛，有光泽，下面网脉突起，有白色短绒毛；萌芽枝之叶长 30cm，具羽裂及波状缺齿，下面网脉突起。聚花果近球形，径 3~4cm，浅黄色至橙红色，外被褐色短柔毛；果柄长 3.5~6.5cm。花期 6 月，果期 7 月。

产湖南南部(南岭)以南至华南、西南；海拔 600m 以下；生于低山常绿阔叶林中，石灰岩山地亦见。南亚热带树种。果可生食或作调味料；木材坚硬，纹理通直。

**2. 木波罗**(菠萝蜜)***Artocarpus heterophyllus* Lam.** 图 462

常绿乔木，高 8~15m，有白色乳汁。小枝有环状托叶痕。叶椭圆形或倒卵形，长 7~15cm，先端突短钝尖，基部楔形，厚革质，全缘，不裂或幼树上叶 3 裂，无毛；叶柄长 1~2.5cm。聚花果生于树干或主枝上，圆柱形或长圆形，25~

**图 461 白桂木**

60cm×25~50cm，重可达20kg，外皮有六角形的瘤状突起。花期2~3月，果期7~8月。

原产印度和马来西亚一带，现广植于热带各地。我国华南至海南、云南南部、台湾均有栽培。南亚热带以南适宜栽培，喜光，要求高温多湿气候，以肥沃、潮湿、深厚的土壤为佳。本种果形大，结实量大，单个重5~25kg，肉质花萼香甜可食，但有异味，含糖类、蛋白质、脂肪油、矿物质和维生素，服用能加强体内纤维蛋白的水解作用，从而改善局部血液、体液循环，消炎消肿，对脑血栓及其他血栓疾病有一定的辅助治疗作用；种子富含淀粉，可炒熟食用；木材黄色，硬度适中。华南地区常作行道树和四旁种植。

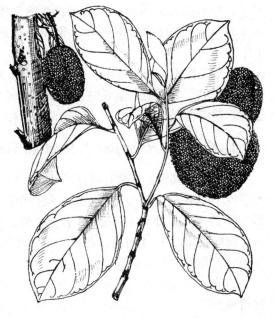

图462　木波罗

## 5. 榕属 Ficus L.

乔木、灌木或攀缘藤本（包括绞杀藤本），常有乳汁和气根。叶互生，稀对生，全缘或缺裂，边脉常连结为环状；托叶包被幼芽，脱落后在枝上留下环状托叶痕。花小，单性；隐头花序（多数小花生于壶形中空的花托内），雌雄同株的花托生有雄花、虫瘿花和雌花；雌雄异株的雄株花托生有雄花及虫瘿花，雌株花托只有雌花；花萼2~6裂或缺，雄花具雄蕊1~3；虫瘿花形同雌花，但子房内藏居一膜翅目昆虫的幼蛹。隐花果（榕果）肉质，生叶腋或老茎上；瘦果小，骨质。

约1000种，分布热带和亚热带地区。我国120余种，产秦岭以南各地，南方尤盛，但北中亚热带常见灌木和藤本，乔木仅见于南亚热带以南，或中西部山间盆地（如涪陵、重庆）。本属多数种类的茎枝韧皮纤维可作麻袋编织材料的代用品；有些种类的果可食；一些种类具药用价值；许多榕属种类是庭园绿化植物。

1. 直立木本。
  2. 叶全缘，无毛，革质或薄革质；常绿，稀落叶。
    3. 叶先端长尾尖；隐花果无梗 …………………………………………………… **1. 菩提树 F. religiosa**
    3. 叶先端非尾尖。
      4. 叶长15cm以上，托叶红色，长12cm以上，侧脉多而平行，近水平伸出 …………………
        ……………………………………………………………………………… **2. 印度橡胶榕 F. elastica**
      4. 叶一般长不及15cm，托叶非红色，长不及10cm，侧脉非水平伸出。
        5. 叶最下面1对侧脉显著或较显著，三出脉或近三出脉。
          6. 叶厚革质，最下面1对侧脉显著，三出脉 ………………………… **3. 高山榕 F. altissima**
          6. 叶纸质或薄革质，最下面1对侧脉较显著，近三出脉实为羽状脉。
            7. 叶柄长3~7cm；隐花果（榕果）梗长3~4mm ……… **5a. 笔管榕 F. superba var. japonica**

7. 叶柄长 5~10mm；隐花果（榕果）无梗 ·············· **4. 榕树 F. microcarpa**
 5. 叶最下面 1 对侧脉较弱，典型羽状脉。
  8. 叶窄卵状披针形，基部多少为心形；托叶披针状卵形，长达 10cm ······ **5. 黄葛树 F. virens**
  8. 叶狭椭圆形，基部非心形；托叶披针形，长 1cm ·············· **6. 雅榕 F. concinna**
 2. 叶掌状 3~5 裂，有毛及乳头状突起；落叶 ·············· **7. 无花果 F. carica**
1. 攀缘状藤本；叶异形；匍匐茎节上生不定根 ·············· **8. 薜荔 F. pumila**

### 1. 菩提树 *Ficus religiosa* L.   图 463

大乔木，原产地高 35m。冠幅广展。叶革质，三角状卵形，9~17cm×8~12cm，两面光绿，先端骤尖延伸为尾状，尾长 2~5cm，基部宽截形至浅心形，全缘或为波状，基出脉 3，侧脉 5~7 对；叶柄与叶片等长或长于叶片。隐头花序球形至扁球形，径 1~1.5cm，成熟时红色；基生苞片 3；总梗长约 4~9mm；雄花，瘿花和雌花生于同一隐花果内壁；雄花生于近口部，雄蕊 1；雌花花被 3~4 裂，雌花无柄，花被片 4，宽披针形，子房光滑，球形。花期 3~4 月，果期 5~6 月。

原产东南亚、喜马拉雅地区；广东、广西、云南多有栽培。树冠广展，叶光绿雅致，"滴水尖"为热带雨林的特征，宜种植为庭园风景树、荫木和行道树。菩提树的宗教文化底蕴深邃，传说佛教的创始人释迦牟尼在菩提树下悟道成佛，才得名为菩提树。"菩提"一词为古印度语（即梵文）Bodhi 的音译，意思是觉悟、智慧，用以指人在沉睡中经点悟猛醒，豁然智开，达到超凡脱俗的境界。

### 2. 印度橡胶榕 *Ficus elastica* Roxb. ex Hornem.   图 464

常绿大乔木，在原产地高 45m。气根发达，各部无毛，有丰富白色乳汁。小枝粗壮；

图 463　菩提树

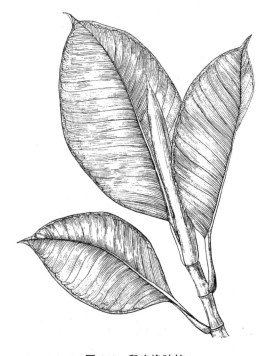

图 464　印度橡胶榕

顶芽长尖，外被淡红色托叶，长达14cm。叶厚革质，长圆形或椭圆形，15～30cm×5～11cm，先端短急尖，基部圆形或宽楔形，全缘，上面亮绿色，羽状脉，中脉粗，侧脉密而纤细，平行，近边缘处连接成一边脉；叶柄粗壮，长2～7.5cm。隐头花序成对腋生，径约5～8mm，无梗；雄花、瘿花、雌花生于同一花序内。隐花果熟时黄色。花期5～6月，果期9～11月。

原产印度、马来西亚等地。我国华南南部至海南、云南有栽培，可成大树；长江流域及北方各大城市盆栽，在温室越冬。树干白色，乳汁丰富，可提制硬性橡胶；叶大，光洁亮绿，托叶长而淡红色，为优美观叶树，室内盆栽也别具风格。

**3. 高山榕 Ficus altissima Bl.**　　图465

常绿大乔木，高30m，胸径1.8m。气根发达，乳汁丰富；顶芽被毛。叶厚革质，卵形或卵状椭圆形，8～21cm×4～12cm，先端钝，基部圆，基出脉3条，侧脉约4～6对，在近边缘处网结，无毛；叶柄长2.8～5.5cm。隐头花序成对腋生，球形，径1～1.8cm，无毛，无梗，幼时为具灰色柔毛的帽状苞片包围；雄花、瘿花、雌花生于同一花序内。隐花果熟时红色或淡红色。

产华南南部至海南、云南，北至江西南部；东南亚地区亦产；海拔1200m以下；生山地雨林或疏林中。具气根，果生于干上，树冠广展，华南村边多见，为优美的荫木，城市公园亦多有种植；树可寄养紫胶虫。

图465　高山榕

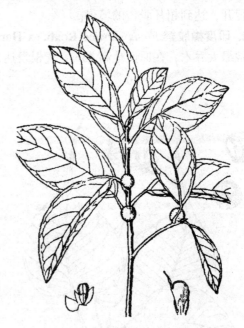

图466　榕树

**4. 榕树 Ficus microcarpa L. f.**　　图466

常绿大乔木，高15～25m。树冠庞大，气根发达，各部无毛，有丰富白色乳汁。叶革质，倒卵形或椭圆状卵形，4～8cm×2～4cm，先端钝尖，基部楔形，全缘，基出3脉近似羽状排列，侧脉5～7对，沿叶缘整齐网结，干时两面网脉不凸起；叶柄长5～10mm。隐头花序单生或成对生叶腋或已落叶的小枝上,球形或扁球形,径5~10mm;雄花、瘿花、雌花生于同一花序内;瘿花与雌花相似。隐花果无梗,熟时黄色或红色。花期5~6月。

产华南、西南、台湾。北至江西南部、浙江南部;印度、东南亚至澳大利亚亦产;海拔500m(西部1000m)以下;生于山麓或村边,常作行道树或蔽荫树。南亚热带至热带树种。耐寒至极端低温-5℃,适宜高温、潮湿、多雨气候,适酸性湿润土壤;根系浅,常露出地表,大干气根低垂,又可入土成支柱干,独木成林构成热带森林特殊的景观;为华南最常见的庭荫树和行道树。

**5. 黄葛树**(绿黄葛树)*Ficus virens* Ait. [*F. virens* Aiton var. *sublanceolata* (Miq.) Corner] 图467

落叶或半落叶乔木,有板根或支柱根。叶窄卵状披针形,10~20cm×4~7cm,先端渐尖,基部钝圆或宽楔形至浅心形,全缘,干后表面无光泽,侧脉7~10对,下面突起,网脉稍明显;叶柄长2~5cm;托叶披针状卵形,长达10cm。隐头花序单生或成对腋生或簇生于已落叶枝叶腋,基生苞片3,宿存。雄花、瘿花、雌花生于同一榕果内。隐花果球形,内间生刚毛,无梗,径7~12mm,成熟时紫红色,瘦果表面有皱纹。花期5~8月。

产我国华南、西南至西藏东南部、台湾,北达陕南、湖北西部、江西南部;海拔300~2700m;多生于村边、溪边。南亚热带或准南亚热带至热带树种。常栽培作行道树和景观树。

**[附]5a. 笔管榕** *Ficus superba* Miq. var. *japonica* Miq. 图468 高25m。与黄葛树的区别:叶长圆形或长圆状卵形,6~15cm×2~7.5cm,先端短钝尖,侧脉5~10对(最下一对为三出状);托叶长2cm;叶柄长3~7cm。隐头花序生于已落叶的小枝上;隐花果梗长3~4mm,扁球形,径5~8mm,熟时紫黑色。产华南至西南,北至浙江南部;东南亚广布。行道树和荫木。

**图467 黄葛树**

**图468 笔管榕**

**6. 雅榕**(小叶榕)*Ficus concinna* Miq.　图469

常绿乔木，高15~20m，具少量的气根。叶狭椭圆形或椭圆形，5~8cm×1.5~4cm，全缘，先端短尖，两面无毛，基侧脉短弱，侧脉4~8对，网脉在表面明显；叶柄短，长约1~2cm；托叶披针形，长约1cm。隐头花序成对腋生或3~4个簇生于无叶小枝叶腋，球形，径4~5mm。隐花果球形，无总梗或不超过5mm，径5~8mm，顶端有脐状突起，基部具3苞片，熟时蓝紫色，有散生的黄色斑点。花期3~6月。

产广东、广西、贵州、云南、浙江、江西等地；印度、不丹、中南半岛各国、马来西亚、菲律宾、北加里曼丹岛亦产；通常生于海拔900~1600m密林中或村寨附近。行道树和荫木。

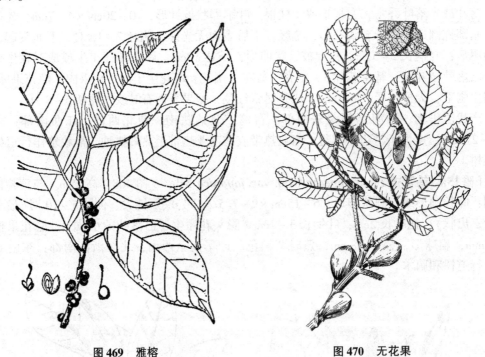

图469　雅榕　　　　　　　图470　无花果

**7. 无花果** *Ficus carica* L.　图470

落叶灌木至小乔木，高3~10m。多分枝，小枝粗壮。叶卵圆形、宽卵形，10~20cm×9~12cm，掌状3~5裂，有不规则圆锯齿，上面粗糙，下面密生细小乳头状突起及黄褐色短柔毛，基部浅心形，掌状脉，侧脉5~7对；叶柄长4~14cm。隐头花序单生叶腋，梗长0.5~2cm；雄花和瘿花同生于一花序内；雌花生于另一花序内；雄花萼片3~4，雄蕊2(3~5)；雌花萼片4~6，披针形，花柱侧生或近顶生。隐花果梨形，长3~5cm，熟时紫红色或黄色。果期7~8月。

原产地中海沿岸。我国各地栽培，适应性强。隐花果味甜可食，可作蜜饯及酿酒，内含葡萄糖及胃液素，有助消化、清热、润肠功效，又可药用；亦作庭园观赏。

**8. 薛荔** *Ficus pumila* L.　图471

攀缘或匍匐灌木，幼时以匍匐茎上的不定根附生于树上或石壁上，成长后茎呈直立茎，无不定根。叶二型，匍匐茎上的叶卵状心形，长约2.5cm，几无柄；直立枝上的叶革质，卵状椭圆形，5～10cm×2～3.5cm，全缘，下面被黄褐色柔毛，侧脉3～4对，在上面下陷，下面凸起，网脉明显如蜂窝状。叶柄长5～10mm。隐头花序单生叶腋，瘿花梨形，顶部截平，雌花近球形，4～8cm×3～5cm，基部收窄为柄，<u>隐花果成熟黄绿色或微红</u>；总梗粗短；小瘦果近球形，有黏液。花果期5～8月。

产长江以南，至西南、华南；日本、越南亦产；海拔800m以下；<u>生于旷野树上或村边残墙破壁上或石灰岩山坡上</u>。不定根发达，攀缘及生存适应能力强，四季常绿，可作垂直绿化，用于攀缘岩坡、墙垣，以护坡保土；成熟小瘦果（凉粉籽）富果胶，可制凉粉，供食用。

## 47. 杜仲科 EUCOMMIACEAE

图471 薜荔

落叶乔木；<u>植物体内有弹性胶丝</u>。小枝髓心片状分隔，无顶芽。<u>单叶互生，羽状脉，无托叶。花单性异株，无花被</u>；雄花簇生于苞腋内，具短柄，雄蕊4～10，花药条形，花丝极短；雌花单生于苞腋，子房上位，<u>2心皮，1室，2胚珠，仅1枚发育</u>。翅果扁平，长椭圆形，周围有翅，顶端微凹。

1属1种，特产我国长江流域至西南。

### 杜仲属 *Eucommia* Oliv.

形态特征同科。中国特有属。仅1特有种。

**杜仲 *Eucommia ulmoides* Oliv.** 图472

高20m。树干端直。<u>枝、叶、树皮、果实内均有白色弹性胶丝</u>。叶椭圆形至椭圆状卵形，6～18cm×3～7.5cm，先端渐尖，基部圆形或宽楔形，<u>两面网脉明显</u>，有锯齿。翅果长3～4cm，无毛，熟时棕褐色。花期3～4月，果期8～10月。

产秦岭、淮河以南至南岭以北，东至华东，西至云贵高原，栽培区已扩展到北京及沈阳等地，以华中为中心分布区；海拔300～1300m，西部可达海拔2500m。北亚热带至中亚热带树种。宜温暖湿润气候；能耐－20℃的低温；喜光，宜肥沃湿润酸性、中性土壤。深根性，萌

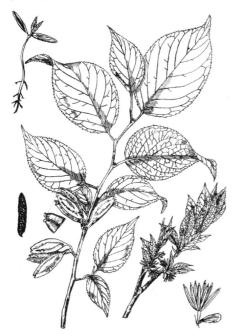

图472 杜仲

芽力强，生长中速。播种或萌芽更新。树皮及叶可入药，已开发为强壮保健中成药；叶可制为茶剂，具补肝肾、强筋骨、安胎、降血压、延缓衰老的作用，还具有抗癌功效，能增强免疫功能；杜仲胶有高度绝缘性、耐水性、耐潮湿、高度黏着性、热塑性及抗酸和抗碱性，为海底电缆及电工绝缘材料。由于开发利用过度，杜仲的天然资源已近绝迹，一般营造人工林利用，或建立专业林场经营，现已列为国家保护植物。

## 48. 大风子科 FLACOURTIACEAE

乔木或灌木；有时具刺。单叶，互生，羽状脉或掌状脉。花序多样，有时生于老茎上；花辐射对称，两性或单性，稀杂性；花梗常具节；萼片3~6，常宿存；花瓣3~8，早落或无花瓣；花瓣基部或花托上常具鳞片状附属物；具花盘或腺体；雄蕊1至多数，花药2室；子房上位，稀半下位，1室，稀2~9室，侧膜胎座，每一胎座1至多数胚珠。肉质浆果、浆果状蒴果或核果；种子1至多数，有时具翅，胚乳丰富。

约87属900余种，主要分布热带和亚热带，极少数延伸至温带。我国12属42种，主产西南、华南，尤以云南最多，少数延伸至秦岭南坡和淮河以南，另引进2属3种。

1. 花下位(子房上位)，两性或单性。
  2. 双被花，具花瓣。
    3. 萼片4~5，离生；无老茎生花现象 ………………………………………………… 1. 大风子属 *Hydnocarpus*
    3. 萼片3~5，结合成杯状；有老茎生花现象 ……………………………………… 2. 马蛋果属 *Gynocardia*
  2. 单被花，无花瓣。
    4. 浆果；种子无翅。
      5. 总状或聚伞花序，或极短的圆锥状；叶柄无腺体；植株常具刺 ………………… 3. 柞木属 *Xylosma*
      5. 花序组成大型圆锥花序；叶柄有明显的腺体；全株无刺 ……………………… 4. 山桐子属 *Idesia*
    4. 纺锤状开裂蒴果；种子具翅。
      6. 花单性同株；种子周围具翅；叶掌状脉3~5 ………………………………… 5. 山拐枣属 *Poliothyrsis*
      6. 花单性异株，或杂性花；种子一端具翅；叶基出脉3 …………………… 6. 山羊角树属 *Carrierea*
1. 花周位(子房半下位)，两性；叶具透明腺点；无花瓣；蒴果2瓣裂 ……………… 7. 脚骨脆属 *Casearia*

### 1. 大风子属 *Hydnocarpus* Gaertn.

常绿乔木。叶革质，全缘或具微锯齿，羽状脉，具短柄；托叶早落。花单性，雌雄异株；萼片4~5，花后反折；花瓣4~5，基部具鳞片；雄花具雄蕊5至多数；雌花退化雄蕊5至多数，子房上位，1室；侧膜胎座。浆果状蒴果，硕大，球形或卵形，外果皮常木质，柱头在顶部多少宿存，种子具棱。

45种，主要分布东南亚至马来西亚。我国4种，另引进1种，主产华南，生于低海拔常绿阔叶林中。

**海南大风子 *Hydnocarpus hainanensis*(Merr.) Sleum.** 图473

常绿乔木，高15m。小枝无毛。叶长圆形，革质，长9~18cm，先端渐尖，基部楔形或微钝，多少偏斜，边缘具波状圆齿或疏锯齿，侧脉7~8对，两面凸起，在边缘网结。花序腋生或顶生；萼片4，膜质，边缘具睫毛；花瓣4；鳞片4，肉质，流苏状，顶部被毛。雄花具雄蕊10~12，被柔毛，花药长圆形；雌花具退化雄蕊15，子房被红棕色毛，柱头3。果球形，径4~5cm，被绒毛；种子约20粒，卵形。花期4~5月，果期6~10月。

产广西、海南、云南东南部；越南北部亦产；海拔100~1000m；生于沟谷雨林和季雨林中。南亚热带树种。木材结构致密，材质坚硬而重，耐磨、耐腐，是海南的优良名材。树形优美，为当地优美庭园绿化树种。

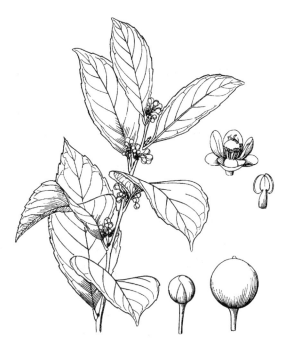

图473　海南大风子

### 2. 马蛋果属 *Gynocardia* R. Br.

常绿乔木。单叶互生，革质，边全缘；具短柄。花单性，雌雄异株；多花簇生老茎上，少数生于叶腋；花萼杯状，檐部近平截或具5齿；花瓣5，基部有1鳞片；雄花具雄蕊多数；雌花具退化雄蕊10~15，被绒毛；子房具5花柱，胚珠多数，生于侧膜胎座上。浆果近球形，果皮厚硬，粗糙；种子多数，胚乳油质。

本属仅1种。

**马蛋果** *Gynocardia odorata* R. Br.　图474

高达30m；全株无毛。树皮棕褐色，不裂。叶革质，长圆椭圆形，长13~20cm，先端突尖，基部楔形，边全缘，侧脉4~8对，网脉平行；叶柄长1~3cm。花单性，雌雄异株；单花或数花簇生叶腋或老茎上；花黄色，芳香，径3~4cm。浆果近球形，径7~12cm；果皮木质化，厚硬，表面粗糙；种子多数，倒卵形，长约2.4cm。花期12月至翌年2月，果期6~9月。

产云南东南部及西藏东南部；印度、缅甸亦产；海拔1000~1100m；生于潮湿山谷疏林中。广东及香港有栽培。木材坚实，结构细；花香果美可供园林栽培观赏；果味甜可食。

图474　马蛋果

### 3. 柞木属 *Xylosma* G. Forst.

常绿乔木或灌木，枝条或树干上常具腋生刺。叶互生，羽状脉；叶柄短，无托叶。总状或聚伞花

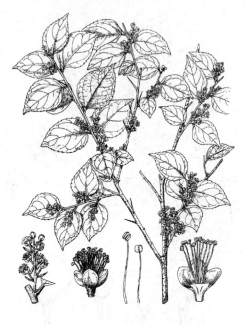

图475 柞木

序腋生，短而少花。花单性，有时杂性；花梗具关节；萼片4~6，覆瓦状排列，边缘常具睫毛；无花瓣，花盘由4~8个腺体组成；雄花雄蕊多数，花丝离生；雌花子房上位，1室，具2侧膜胎座，花柱单生。浆果；种子多数。

100种，分布热带和亚热带地区。我国3种，产秦岭、淮河以南。

**柞木** *Xylosma congestum* (Lour.) Merr.　图475

高12m，胸径80cm。幼枝具腋生刺，无毛。叶宽卵形、卵形至椭圆状卵形，4~8cm×2.5~4cm，渐尖，基部稍圆，侧脉4~5；叶柄0.4~1cm，无毛。雌雄异株，总状花序腋生，长1~2cm，被柔毛，花梗极短；萼片4~6，淡黄色或黄绿色，卵圆形；柱头2裂。果熟时黑色，球形，径3~4mm，顶端具宿存花柱；种子2~3。花期5~7月，果期9~10月。

产秦岭至淮河以南及华南、西南地区；朝鲜、日本亦产；常生于低山、平地疏林，村边习见。温带至亚热带树种。木材坚硬，结构细密。常绿树种，树形优美，繁殖和大树移植易成活，易修剪造型，供庭园美化和观赏等用。

## 4. 山桐子属 *Idesia* Maxim.

落叶乔木。叶具掌状脉；叶柄或叶基有2腺体；叶柄长。圆锥花序顶生或上部腋生，大型；花单性；雌雄异株；萼片5(3~6)，被绒毛，脱落；无花瓣，雄花雄蕊多数，着生小花盘上，退化子房不明显；雌花具多数退化雄蕊，子房上位，侧膜胎座5(3~6)，胚珠多数，花柱5。浆果；种子多数，红棕色。

1种，分布中国和日本。

**山桐子** *Idesia polycarpa* Maxim.　图476

高15m。树皮平滑，灰白色。叶宽卵形、卵状三角形或卵状心形，7~16cm×5~14cm，叶缘疏生锯齿，顶端锐尖至短渐尖，基部常为心形，下面粉白色，掌状脉5~7，脉腋密生柔毛；叶柄几与叶片近等长，顶端或近中部具2(6)瘤状腺体。圆锥花序长10~20cm，下垂；花黄绿色。果球形，径5~8mm，红色；种子多数。花期5~6月，果期9~10月。

产秦岭至淮河以南各地；日本、朝鲜亦产；海拔100~2500m；生于向阳山坡或林缘。温带至亚热带树种。喜光，速生，常与枫香、山槐、赤

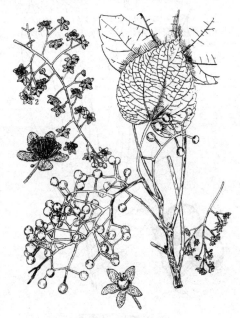

图476 山桐子

杨叶等组成次生林。木材黄褐色或黄白色，边心材不明显，纹理直，结构细，易干燥，不耐腐；树形美观，秋天红果累累，可作行道树和庭园绿化树木。

### 5. 山拐枣属 Poliothyrsis Oliv.

落叶乔木。单叶，互生，边缘有浅钝齿，基出脉3~5；叶柄长。花单性同序；圆锥花序顶生，稀腋生；雌花生花序顶端，雄花生花序下部；萼片5；无花瓣；雄花具多数雄蕊，短而分离，有退化子房；雌花具多数退化雄蕊，子房1室，胚珠多数，花柱3个，柱头2裂。蒴果3~4瓣裂，被毛；种子多数，周围有翅。

1种，特产中国秦岭以南各地。

**山拐枣 Poliothyrsis sinensis Oliv.** 图477

高20m。叶厚纸质，卵形至卵状披针形，长8~18cm，先端长渐尖，基部圆形或心形，边缘具钝齿，下面沿脉被灰黄色柔毛，掌状脉3~5；叶柄长2~6cm，初被疏长毛，果熟后近无毛。圆锥花序顶生或腋生，长8~15cm，总花梗、花梗及萼片密被细绒毛。蒴果纺锤形，长20.8~3.2cm，果瓣木质，密被灰色毡毛，3瓣裂；种子多数，周围有翅。花期6~7月，果期9~10月。

图477 山拐枣

产秦岭以南、东南至西南各地；海拔400~1500m；生于山地或丘陵常绿或落叶阔叶林中。温带至亚热带树种。木材坚硬，结构细密，材质优良。中国特有树种，野生资源渐稀，应注意保护。

### 6. 山羊角树属 Carrierea Franch.

落叶乔木。单叶，互生，边缘有钝锯齿，基出脉3；叶柄长。花单性，雌雄异株，或杂性，组成顶生总状或圆锥花序；花梗基部具2叶状苞片；花萼5，长而反卷；无花瓣；雄花雄蕊多数，花药2室；雌花子房倒卵形，被毛，侧膜胎座3~4，胚珠多数，花柱3~4，反折。蒴果，羊角状披针形，被绒毛；种子多数，一端具翅。

2种，分布亚洲东南部。我国均产。

**山羊角树 Carrierea calycina Franch.** 图478

高16m；幼枝粗壮，具白色皮孔和叶痕，

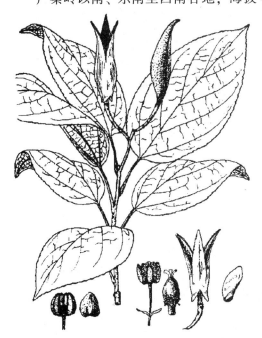

图478 山羊角树

无毛。叶薄革质，长圆形，长 9~14cm，先端突尖，基部圆形或浅心形，边缘具波状粗锯齿，齿尖有腺体，下面沿脉疏被绒毛，基出脉 3；叶柄长 3~8cm，幼时有毛，老时无毛。圆锥花序具 3~5(10) 花；花白色，花梗长 1~3cm，具叶状苞片 2，长圆形，对生。蒴果略呈羊角状，稍弯曲，两端尖，长 3~5cm，被棕色绒毛，3 瓣裂开，果瓣木质，坚硬；果梗粗壮，有关节，长 2~3cm；种子多数，上端有翅。花期 5~6 月，果期 7~10 月。

产湖北、湖南、广东北部、广西西部、贵州、云南东南部、四川；海拔 900~2500m；散生于山地林中。温带至亚热带树种。树干通直，材质细密。果形奇特，形似羊角，供庭院或园林观赏。

### 7. 脚骨脆属 *Casearia* Jacq.

小乔木或灌木。单叶，互生，常排成 2 列，全缘或具齿，羽状脉，常有透明腺点和腺条。花小，两性，稀单性，团伞花序，稀为单生；花梗基部以上有关节，具数个鳞片状苞片；周位花；萼片 4~5，宿存；无花瓣；雄蕊 5~12，基部与退化雄蕊合成短管；子房半下位，1 室，侧膜胎座 2~4，胚珠多数至少数。蒴果，长圆形，4 瓣裂，稀 2 瓣裂；种子少数或多数，具有色假种皮，胚乳丰富，肉质；子叶扁平而折叠。

160 余种，主要分布美洲、非洲、亚洲和澳大利亚的热带和亚热带地区及太平洋岛屿。我国 8 种，主产云南、海南和广东。

**嘉赐木** *Casearia glomerata* Roxb.　图 479

乔木或灌木，高 4~10m。幼枝被毛，老枝无毛。叶薄革质，长椭圆形，长 9~12cm，有黄色、透明的腺点和腺条，先端短渐尖，基部钝圆而稍偏斜，边缘浅波状或有钝齿，幼时被毛，后脱落无毛，侧脉 7~9 对，弯拱上升；叶柄长 1~1.2cm，近无毛；托叶小，早落。花两性，黄绿色，多花簇生成团伞花序，腋生；花梗长 5~8mm，雄蕊 9~10；子房无毛，侧膜胎座 2。蒴果椭圆形，长 1~1.2cm，2 瓣裂；果梗有毛。种子多数，长约 4mm。花期 8~10 月，果期 11 月至翌年 2 月。

产福建南部、广东、香港、海南、广西、云南、西藏；印度、越南亦产；海拔 400m 以下；生于山地疏林中。南亚热带树种。木材优良。树形优美，供庭园栽培观赏。

**图 479　嘉赐木**

## 49. 天料木科 SAMYDACEAE

乔木或灌木。单叶，互生，常有透明的腺点或腺条，托叶小或缺。花小，两性，辐射对称；萼片下部合生，宿存；花瓣与萼片同数，稀较多或缺；雄蕊定数或多数，退化雄蕊常存在；子房无柄，上位或半下位，1室，室近顶部具3~5个侧膜胎座；胚珠少数至多数；果不开裂或在胎座间裂开。

约17属400余种，主产热带地区，少数产亚热带地区。我国2属20余种，产西南、华南和台湾、福建、湖南等地。其中有些种类木材优良，有些种类具有很高观赏价值。

### 天料木属 *Homalium* Jacq.

乔木或灌木。叶羽状脉。花两性；总状、圆锥花序或数朵簇生于花序轴上；花梗具关节；萼管陀螺形，萼片5~8，线形或倒卵状匙形，宿存；花瓣与萼片同数；雄蕊花丝条形；子房半下位，1室，侧膜胎座2~6，花柱2，条形，离生。蒴果，革质，顶部2~5裂；种子少数，具棱。

约200种，产世界热带和亚热带地区。我国13种，主产华南、西南地区，少见于南岭及华东。

**红花天料木** *Homalium hainanense* Gagnep.　　图480

常绿乔木，高40m，胸径1m。小枝无毛。叶长圆形或椭圆状长圆形，革质，6~9cm×2.5~4cm，边缘浅波状或全缘，侧脉6~8对，下面连中脉凸起，近叶缘处网结；叶柄长8~10mm。总状花序腋生，长6~10cm；花3~4朵簇生于花序轴上；花梗长1.5~2mm；萼裂片条状披针形，边缘具睫毛；花瓣宽匙形，花丝长1.1~1.3mm，鲜时外面粉红色，两面均被短柔毛；花柱5~6。

产华南各地；越南亦产；海拔1000m以下，生于低山至中山雨林中。宜北热带山地气候，产地年平均气温22~24℃，年降水量1500~2500mm，极端低温15℃以上，成年树喜光，萌芽力强，能持续萌生几代，故又名"母生"；干形好，生长快，材质优，为海南特级用材，现华南地区（广州、南宁）引种栽培，云南南部地区有引种，经验表明营造纯林的成效不甚好；材质优，心材红褐色，与荔枝木齐名，红木家具用材和造船用材。

**[附] 天料木** *Homalium cochinchinensis* (Lour.) Druce

与红花天料木的区别：落叶或常绿乔木，或灌木状。小枝密被微柔毛。花序梗较细长而直伸，花瓣外面白色或近白色，结果时长达3mm以上；花丝中部以下被长柔毛。产湖南、江西、福建、台湾、广东、海南、广西；越南亦产；生海拔400~1200m山地阔叶林中。木材优良，为广东、广西、海南的名贵用材树种。

图480　红花天料木

## 50. 沉香科 AQUILARIACEAE

乔木。单叶，互生，叶脉羽状，无托叶。花两性或单性异株，伞形花序，花簇生或圆锥状，腋生或顶生，无苞片。萼筒发育，钟状或管状，5裂，裂片开展。花瓣5，细小为鳞片状，生于萼筒喉部，有时 2 裂，基部合生成环。雄蕊 10 或 5，生于花瓣下部，花丝短，花药 2 室。子房 2 室，每室具 1 下垂胚珠，花柱极短或无，柱头大。蒴果室背开裂。

6 属 44 种，产热带非洲、亚洲东部热带和南亚热带至新喀里多尼亚岛。我国 1 属。

### 沉香属 *Aquilaria* Lam.

常绿乔木。叶全缘，有光泽。花两性，伞形花序，稀花单生。萼筒钟状，裂片 5；鳞片状花瓣 5，全缘或 2 浅裂为 10，被绒毛；雄蕊 10，花丝极短或无；子房被毛。蒴果，两侧扁，果皮革质或木质。种子卵形或椭圆形，基部具尾状附属体。

约 15 种，产亚洲东部热带、马来半岛、印度。我国 1 种。

**土沉香** *Aquilaria sinensis* (Lour.) Glig 图 481

高 28m，胸径 90cm。树皮暗灰色，薄片状剥落。叶革质，卵形或卵状长圆形，5～9cm×2.8～6cm，先端具短尖头；叶柄被毛。花芳香，黄绿色；花梗密被黄灰色短柔毛；萼筒浅钟状，长 5～6mm，两面均密被短柔毛；花瓣 10，着生于花萼筒喉部，密被毛；子房密被灰白色毛。蒴果卵球形，径 2cm，密被黄色短柔毛，花萼宿存；种子褐色，卵球形，基部具有附属体，附属体长约 1.5～2cm。花期 3～5 月，果期 6～8 月。

图 481　土沉香

产华南（海南）、台湾；越南、泰国亦产；海拔 1000m 以下。热带至南亚热带树种。耐阴，生于土层深厚、富含腐殖质的湿润疏松砂壤。"沉香"系老树干或树根受伤感染菌类在木质部集聚形成的棕黑色芳香树脂，为胃病特效药，亦可作香料；木材芳香，轻软；枝皮纤维供制高级纸及人造棉原料；种子含油率 56.6%，供工业用。

## 51. 山龙眼科 PROTEACEAE

乔木、灌木，稀草本。单叶互生，稀对生或轮生；常革质，全缘或分裂；无托叶。花两性，稀单性，排成总状花序或各式；花 4 基数，萼片花瓣状，镊合状排列；雄蕊 4，与萼片对生，花丝常贴生于萼片上，花药 2 室；雌蕊 1，有柄或无柄，基部有腺体或花盘，子房上位，1 心皮，1 室，胚珠 1 至多数，花柱单一。果各式；种子扁平，常有翅，无胚乳。

约 80 属 1700 种；主产大洋洲和非洲南部，亚洲和北美洲亦产。我国有 4 属（其中 2 属为引种）25 种 2 变种，分布西南部、南部和东南部各地。

1. 叶二次羽状分裂；子房有柄；蓇葖果；种子盘状，边缘具翅（栽培） ·················· 1. 银桦属 Grevillea
1. 叶不分裂或具多裂至羽状分裂；子房无柄；坚果或核果；种子球形或半球形，无翅。
　2. 叶不分裂；花两性；坚果 ······················································ 2. 山龙眼属 Helicia
　2. 叶全缘或具多裂至羽状分裂；花单性异株；核果 ······················· 3. 假山龙眼属 Heliciopsis

## 1. 银桦属 Grevillea R. Br.

乔木或灌木。单叶互生；不分裂或二回羽状深裂。花两性，两侧对称；总状花序，通常再集成圆锥花序，顶生或腋生；花萼管纤弱，常弯曲，裂片4，条形或条状匙形，开放后向外反卷；雄蕊无花丝，藏于花被裂片的凹陷处；子房有柄，胚珠2。蓇葖果通常偏斜；种子2或1，圆形或长圆形，具翅。

约200种，主要分布大洋洲。我国常见栽培1种，优良观赏树种。

**银桦** *Grevillea robusta* A. Cunn. ex R. Br. 图482

**图482　银桦**

常绿乔木，高40m，胸径1m。树皮具不规则浅纵裂；幼枝、芽及叶柄密被锈色粗毛。叶二回羽状深裂，裂片5~13对，近披针形，边缘加厚，上面深绿色，下面密被银灰色绢毛。总状花序1至数个集生于无叶短枝上，长7~15cm，花橙黄色，偏向于一侧。果卵状长圆形，长约1.5cm，熟时棕褐色，顶端具长而弯曲的宿存花柱；种子2。花期3~5月，果期6~8月。

原产澳大利亚东部；我国华南、西南（昆明）、四川（可至平武）及浙江和江西南部有栽培。喜光，喜温暖气候，不耐-5℃以下低温，不耐积水；在深厚肥沃，通透排水，pH5.5~6.5的砂壤土中生长最好。树干通直，速生，树姿优美，花色艳丽，对有毒气体及烟尘的抗性较强，常作行道树和园景树；木材淡红或深红色，具光泽、富弹性，为优良家具材；花富蜜汁，为优良的蜜源植物。

## 2. 山龙眼属 Helicia Lour.

乔木或灌木。叶互生，稀近对生或轮生，不分裂，全缘或具齿，羽状脉。花两性，辐射对称，常为总状花序，腋生，稀近顶生；花萼筒蕾时细长、直立，裂片4，花后分离，外卷；雄蕊4，花丝短或无，下位腺体4，分生或贴生成环；子房无柄，花柱细长，顶端棒状，柱头顶生。坚果球形或椭圆形；种子1或2，近球形或半球形，无翅。

97种，分布亚洲东南部和大洋洲；我国20种，分布西南、中南及华东。

**小果山龙眼**(红叶树) *Helicia cochinchinensis* Lour.　　图 483

乔木，高 20m；树冠常间有红叶。叶薄革质或纸质，长圆形、倒卵状椭圆形，5～12(15)cm×2.5～4(5)cm，顶端短渐尖，尖头或钝，全缘或上半部叶缘具疏生浅锯齿，侧脉 6～7 对；叶柄长 0.5～1.5cm。总状花序，腋生，长 8～14cm；花梗常双生；苞片三角形，花被管长 10～12mm，白色或淡黄色；腺体 4，有时连生呈 4 深裂的花盘。果椭圆状，长 1～1.5cm，蓝黑色或黑色。花期 6～10 月，果期 11 月至翌年 3 月。

产长江以南，至华南、西南、台湾；越南北部、日本亦产；海拔 20～800(1300)m；生于丘陵或低山湿润常绿阔叶林中。木材坚韧，密度 0.63g·cm$^{-3}$，灰白色。

[附] **网脉山龙眼** *Helicia reticulata* W. T. Wang　图 484　高 3～10m。叶长圆形、卵状长圆形、倒卵形或倒披针形，边缘疏生锯齿或细齿，全部叶脉在两面均隆起，网脉明显。花白色或淡黄色。雌蕊柱头棒形。果椭圆形，长约 1.8cm，顶端具短尖。产华南、云南、贵州、湖南及江西南部；海拔 300～2000m；生于山地湿润常绿阔叶林或灌丛中。木材坚韧，淡黄色；种子富含淀粉，经煮熟、漂浸去涩后可供食用；蜜源植物。

图 483　小果山龙眼

图 484　网脉山龙眼

## 3. 假山龙眼属 *Heliciopsis* Sleum.

乔木，雌雄异株。叶互生，全缘或多裂至羽状分裂。总状花序腋生；花单性，辐射对称；花萼管蕾时直立，细长，顶部棒状或椭圆状，开花时萼裂片分离，外卷；花丝几无或极短；腺体 4，离生或紧靠；子房无柄，花柱细长，柱头顶生或偏于一侧，胚珠 2；雄花具不育雌蕊。核果。种子 1～2，球形或半球形，种皮膜质，无翅。

约 10 种，东南亚、南亚多国均产。我国 3 种，分布云南、广西、广东、海南。

**痄腮树** *Heliciopsis terminalis* Sleum.　图485

常绿乔木，高5~10m。叶二型：全缘叶披针状或长圆形，顶端渐尖至短渐尖或钝尖，稀微凹，基部楔形或渐狭；分裂叶轮廓近椭圆形，通常3~5裂，有时具3~7对羽状深裂片，侧脉和网脉两面均明显。花序长10~24cm；花白色或淡黄色。果椭圆状，长3~4.5cm，外果皮革质，中果皮肉质，干后无残留纤维，内果皮木质，表面具网纹及小洼。花期3~6月，果期8~11月。

产云南、广西、广东和海南；中南半岛及不丹、印度亦产；海拔1400m以下；生于山谷或山坡热带湿润常绿阔叶林中。根皮和叶有清热解毒功效，但有小毒，可治腮腺炎；叶外用可治皮炎；种子煮熟并经漂浸后可食用。

图485　痄腮树

## 52. 海桐花科 PITTOSPORACEAE

常绿乔木或灌木。叶互生，偶对生，多为革质，全缘，稀有齿或分裂，无托叶。花单生或组成伞形、伞房或圆锥花序，有苞片及小苞片；花通常两性，多为辐射对称，除子房外，花的各轮均为5数；萼片常分离；花瓣分离或连合；雄蕊与萼片对生，花药2室，纵裂或孔裂；子房上位，心皮2~3(5)，通常1室或不完全2~5室，倒生胚珠通常多数，花柱短。蒴果或浆果；种子2至多数，常包于黏质或油质物中，种皮薄，胚乳发达，胚小。

9属约360种，主要分布大洋洲；我国仅1属44种。

### 海桐花属 *Pittosporum* Banks

叶互生，常集生枝顶呈对生或假轮生状，全缘或有波状浅齿或皱褶。花两性，稀杂性，单生或排成伞形、伞房或圆锥花序，顶生或近顶生；萼片通常短小而离生；花瓣分离或基部连合，常向外反卷；雄蕊花药背部着生，内向纵裂；子房侧膜胎座，花柱常宿存。蒴果熟时2~5瓣裂，果瓣木质或革质，内侧常有横条；种子由黏质或油状物包着。

约300种，广布于大洋洲，西南太平洋各岛屿，东南亚及亚洲东部的亚热带。我国有44种8变种。

1. 果3瓣开裂。
    2. 叶先端圆钝，常有微凹；嫩枝被褐色柔毛；花序被毛 ················· **1. 海桐** *P. tobira*
    2. 叶先端渐尖；嫩枝无毛；花序无毛 ································· **1a. 海金子** *P. illicioide*
1. 果裂开为2瓣；嫩枝被灰毛；花序无毛或略有白绒毛 ··············· **2. 菱叶海桐** *P. truncatum*

### 1. 海桐 *Pittosporum tobira* (Thunb.) Ait. 图486

图486 海桐

灌木或小乔木，高达6m。嫩枝被褐色柔毛。叶倒卵形或倒卵状披针形，4～9cm×1.5～4cm，先端圆，常具微凹，基部楔形，下延，全缘，干后反卷；叶柄长1～2cm。花序总梗及花梗密被黄褐色柔毛；花瓣白色，后变黄色，芳香；雄蕊2型，退化雄蕊的花丝较短。蒴果圆球形，3瓣裂开；种子多数，多角形，红色。花期4～6月，果期9～12月。

产江苏、浙江、福建、广东、海南的沿海地区，长江以南普遍栽培；朝鲜、日本亦产；生于沟边林下或海岸岩缝中。树冠圆满，枝叶茂密，叶色亮绿，花具芳香，种子红艳，适应性强，对$SO_2$等有毒气体抗性较强，是江南园林中常用的观赏植物，也可作海岸防护林树种。

[附]1a. 海金子 *Pittosporum illicioides* Makino 图487 与海桐的区别：嫩枝无毛；叶倒卵形至倒披针形，先端渐尖，干后仍发亮，伞形花序有纤细而下弯的长花梗，无毛。蒴果近圆形，常呈三角形，基部有短的子房柄，果片薄，3片裂开，种子8～15。产华中、华东、西南及台湾等地；日本亦产。种子含油，提取油脂可制肥皂；茎皮纤维可制纸。

图487 海金子

图488 菱叶海桐

**2. 菱叶海桐** *Pittosporum truncatum* **Pritz**　图488

灌木，高1~3m。分枝近轮生。叶簇生枝顶，硬革质，倒卵形或菱形，2~8cm×1~4cm，先端短急尖，边缘有时具浅裂，中部以下急狭并下延；叶柄长5~8mm。花单生或数朵组成伞形状，生于枝顶叶腋，花梗纤细，无毛或略有白色绒毛；花瓣淡黄色。蒴果短椭圆形，裂为2瓣，果瓣内有小横格；种子多数，暗红色。花期4月，果期9~10月。

产华中、西南；海拔650~1200m；生于山坡、山谷林下或灌丛中，或石崖地。可引入园林作绿篱栽培。

# 53. 四数木科 TETRAMELACEAE

落叶乔木，通常具板状根。单叶，互生，掌状脉，无托叶。花单性异株；穗状花序或圆锥花序；花4基数，缺花瓣；雄花：花萼4(6~8)，雄蕊与萼片同数且对生；雌花：萼片4(6~8)，花柱与萼裂片对生，插生于萼管喉部边缘，柱头头状或成偏斜状，子房下位，1室，具4(6~8)侧膜胎座；胚珠多数。蒴果，果皮膜质；种子极小。

2属2种，分布中南半岛、马来半岛至伊里安岛。我国1属1种，产云南。

## 四数木属 *Tetrameles* R. Br.

大乔木。叶卵形。花单性异株，先叶开放；雄花：圆锥花序，成簇顶生，下垂；花4~5或更多簇生，萼管极短，裂片4，雄蕊4，插生杯状花托上；雌花：穗状花序；花单生或2~4簇生；具长而明显的萼管，裂片4，花柱4；子房1室，具4侧膜胎座。蒴果卵状，膜质；种子多数，扁平，卵形。

1种，分布亚洲热带。我国1种，产云南。

**四数木** *Tetrameles nudiflora* **R. Br.**　图489

高45m；树干通直；板状根可高达6m。叶心状卵形或近圆形，10~26cm×9~20cm，先端锐尖至渐尖，边缘具粗锯齿，掌状脉5~7；叶柄长3~7(20)cm。雄花序长10~20cm，总梗被淡黄色短柔毛；雌花序长8~20cm，花萼裂片三角形，先端微尖，具3脉，柱头肥厚。蒴果圆球状坛形，长4~5mm，成熟时棕黄色，外面具8~10脉；种子细小。花期3~4月中旬，果期4月下旬至5月上旬。

产云南南部和西南部；东南亚、南亚亦产；海拔500~700m；生于热带季雨林，与嘉榄、油朴、轮叶戟等混生。产地年平均气

**图489　四数木**

温21℃，极端最低温度2℃，年降水量1200~1500mm，全年中11至翌年4月为旱季。木材灰褐色，材质较差，易加工，不耐磨，易受白蚁蛀食。具有特大和特长的板状根，是热带雨林的重要景观之一。

# 54. 番木瓜科 CARICACEAE

小乔木或灌木，具乳汁，常不分枝。叶具长柄，聚生于茎顶；叶片常掌状分裂，少全缘；无托叶；花单性或两性，同株或异株；雄花无柄，组成下垂圆锥花序，花冠管细长，雄蕊10；雌花单生或数朵成伞房花序，花瓣5，侧膜胎座，花柱5；两性花雄蕊5~10；果为肉质浆果。

4属约60种，原产热带美洲和非洲，全球热带地区和南亚热带地区广泛栽培。我国南部及西南部引种栽培1属1种。

### 番木瓜属 *Carica* L.

小乔木或灌木；树干不分枝或有时分枝。叶聚生茎顶端，近盾形，各式锐裂至浅裂或掌状深裂，稀全缘；具长柄。花单性或两性；雄花：花萼细小，5裂；花冠管细长，裂片长圆形或线形；雄蕊10枚，着生花冠喉部；雌花：花萼与雄花相同；花冠5，线状长圆形；子房1室，柱头5。浆果大，肉质；种子多数，外种皮平滑多皱或具刺。

约45种，分布中南美洲、大洋洲、夏威夷群岛、菲律宾群岛、马来半岛、中南半岛、印度及非洲。我国引种栽培1种。

### 番木瓜 *Carica papaya* L. 图490

常绿软木质小乔木，高10m，具乳汁；茎不分枝或损伤处分枝，托叶痕螺旋状排列。叶大，聚生茎顶，近盾形，径达60cm，5~9深裂，每裂片羽状分裂；叶柄中空，长0.6~1m。花单性，常雌雄异株；雄花：无梗，排成下垂圆锥花序，花冠乳黄色，冠管细管状，长1.6~2.5cm，雄蕊10，5长5短；雌花：单生或数朵排成腋生伞房花序，花冠裂片5，分离，乳黄或黄白色，长圆形或披针形，顶端向外反卷。浆果肉质，熟时橙黄或黄色，长球形、倒卵状长球形、梨形或近球形，长10~30cm或更长，果肉柔软多汁，味香甜；种子多数，熟时黑色，外种皮肉质，内种皮木质，具皱纹。花果期全年。

原产热带美洲，广植于世界热带和较温暖亚热带地区。我国福建南部、台湾、广东、海南、广西、云南南部等地广泛栽培。果成熟时

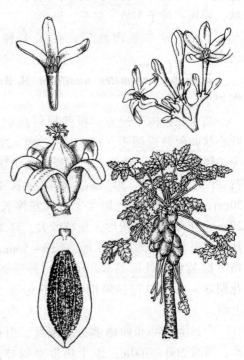

**图490 番木瓜**

可作水果，未成熟果可作蔬菜煮熟食或腌食，可加工成蜜饯、果汁、果酱、果脯及罐头等；种子可榨油；果和叶均可药用。

## 55. 椴树科 TILIACEAE

乔木或灌木，稀草本；常具星状毛；树皮纤维丰富。单叶，互生，稀对生，基出脉；托叶小，早落。聚伞花序；花两性，整齐，稀单性异株；萼片与花瓣各5，萼片镊合状排列；雌雄蕊具柄或缺；雄蕊多数，分离或基部合生成5~10束；子房上位，2~6室或多室，每室1至多数胚珠，中轴胎座，花柱1。核果、蒴果、浆果或翅果；种子具胚乳，子叶扁平。

52属约500种，主要分布热带及亚热带地区。我国13属85种。

1. 叶具锯齿，稀全缘；核果。
    2. 花序梗具贴生大型苞片；花无花盘；花瓣基部无腺体 ·················· **1. 椴树属** *Tilia*
    2. 花序梗无贴生大型苞片；花有花盘；花瓣基部有腺体 ·················· **2. 扁担杆属** *Grewia*
1. 叶全缘；蒴果具5条薄翅，室间开裂 ·················· **3. 蚬木属** *Excentrodendron*

### 1. 椴树属 *Tilia* L.

落叶或常绿乔木；冬芽钝圆，芽鳞少数，无顶芽。单叶，互生，基部常斜心形；叶柄长；花两性，白色或黄色，二歧聚伞花序，花序梗下半部常与带状苞片合生；萼片与花瓣各5；雄蕊基部连合成5束，常具花瓣状退化雄蕊；子房5室，每室2胚珠。果序着生于膜质带状苞片上，核果，稀浆果；种子1~2。

约80种，主要分布亚热带和北温带。我国32种，产亚热带、温带山地阔叶林中，常为阔叶林顶极群落优势种。用材及绿化树种；树皮富纤维，可代麻；花香，花期长，为蜜源植物。世界温带地区广植为行道树。

1. 浆果，干后开裂5片；叶下面密被灰白毛 ·················· **1. 白毛椴** *T. endochrysea*
1. 核果，干后不开裂。
    2. 果具棱或下半部有棱突；叶下面被灰白星状毛 ·················· **2. 粉椴** *T. oliveri*
    2. 果实无棱和棱突。
        3. 叶全缘或上半部有小齿突，侧脉6~7对 ·················· **3. 椴树** *T. tuan*
        3. 叶缘具明显锯齿。
            4. 幼枝和叶下面被星状毛，或仅脉腋具毛丛；苞片有柄；叶卵圆形，侧脉4~5对 ·················· **4. 少脉椴** *T. paucicostata*
            4. 幼枝和叶下面被星状毛；苞片无柄；叶对称宽卵形，侧脉6~8对 ······ **5. 南京椴** *T. miqueliana*

**1. 白毛椴**(浆果椴)*Tilia endochrysea* **Hand. -Mazz.**　　图491

高16m。叶卵形至宽卵形，6~12cm×5.5~9cm，基部斜心形或截形，边缘疏生粗锯齿，下面被灰白色星状毛，侧脉6~7对；叶柄长2.5~5cm。花序自苞片的近基部发出，长8.5~16cm，苞片长7~10cm，具柄；萼片长6~8mm；花瓣黄色，长1~1.2cm。果近球形，浆果状，熟时5片裂开。花期7~8月，果期9~10月。

产安徽、江西、浙江、福建、湖南、广东与广西北部；海拔600~1200m；生山坡、山谷阔叶林中。亚热带树种。宜较好的立地条件生长，生长速度中等；木材纹理直，结构细，易加工。树冠开展如伞状，花繁茂似锦，可作行道树栽培。

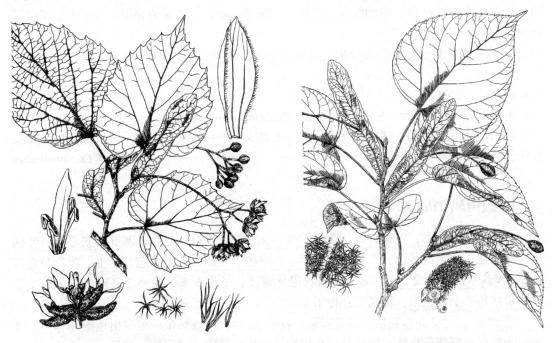

图491　白毛椴　　　　　　　　　　　图492　粉椴

**2. 粉椴**(鄂椴)*Tilia oliveri* **Szyszyl.**　　图492

高12m。嫩枝及芽无毛。叶卵形或宽卵形，7~11cm×7~9.5cm，先端突尖，基部偏心形，边缘具整齐锯齿，齿尖毛刺状，下面密被灰白色星状柔毛，侧脉7~8对；叶柄长3~5cm。花序长6~9cm，具6~15花，花序梗下部3~4.5cm与苞片中部以下合生；苞片窄带状，长6~11cm，有短柄。果椭圆形，径约1cm，被毛，具棱或下半部有棱突。花期7~8月，果期9~10月。

产甘肃南部、陕西至华中、华东，西至四川；海拔500~1500m；生于山地凉润阔叶林中。温带至中热带树种。树皮纤维可代麻用；木材坚韧。

**3. 椴树** *Tilia tuan* **Szyszyl.**　　图493

高20m。树皮灰色，纵裂。叶纸质，斜卵形，7~14cm×3~12cm，先端渐尖，基部一侧圆形或半心形，一侧楔形，全缘或上半部有微齿突，下面被灰白色绒毛，侧脉6~8对；叶柄长3~5cm。花序长4~13cm，花序梗与苞片中部以下合生，苞片窄带状，无柄，长10~16cm，下面被灰色星状毛。果近球形，无棱，径约1cm，外面被星状绒毛与小瘤体，先端有小突尖。花期6~7月，果期9~10月。

产河南西部、湖北西部、湖南、江西、广西、福建和西南；海拔700~1800m；生于中山阔叶林中。亚热带树种。木材质软，白色。

**4. 少脉椴 Tilia paucicostata Maxim.** 图494

高18m。小枝纤细，与芽体均无毛。叶膜质，卵圆形，4~9cm×3.5~8cm，基部斜心形或斜平截，边缘具整齐细锯齿，两面无毛或下面脉腋有毛丛，侧脉4~5对；叶柄长2~4.5cm，纤细无毛。花序长4~8cm，具5~9花，花序梗纤细无毛，下部与苞片中部以下合生；苞片倒披针形，长5~8cm，无毛，具短柄。果倒卵圆形，无条棱，长6~7mm。花期7月，果期8~9月。

产甘肃、宁夏、陕西至华中、西南；生海拔1400m以下阔叶林中。温带至亚热带树种。木材为一般用材，茎皮纤维可代麻；花可提取芳香油。

图493 椴树

图494 少脉椴

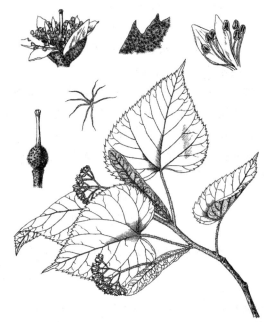

图495 南京椴

**5. 南京椴 Tilia miqueliana Maxim.** 图495

高20m。树皮灰白色；嫩枝被黄褐色星状柔毛。叶卵圆形，9~12cm×7~9.5cm，基部心形，稍偏斜，下面被灰或灰黄色星状柔毛，侧脉6~8对，边缘具整齐锯齿；叶柄长3~4cm，被柔毛。聚伞花序长6~8cm，具3~12花，花序梗被灰色柔毛；花梗长8~

12mm；苞片狭窄倒披针形，长8~12cm，两面被星状柔毛，下部4~6cm与花序柄合生，近无柄。果球形，无棱，被星状柔毛，有小突起。花期7月。

产山东、河南、江苏、浙江、安徽、江西、湖南北部及广东北部；日本亦产；海拔1500m以下；生于山坡阔叶林中或丘陵、岗地疏林内。温带至亚热带树种。木材坚韧；树皮纤维可制人造棉，亦为优良造纸原料。

## 2. 扁担杆属 *Grewia* L.

灌木或小乔木。嫩枝常被星状毛。叶互生，基出脉，有锯齿或浅裂；叶柄短；托叶小，早落。花两性或单性雌雄异株，常3朵组成腋生聚伞花序；苞片早落；花序梗及花梗常被毛；萼片5，分离，外面被毛；花瓣5，比萼片短；腺体常为鳞片状，着生花瓣基部，常有长毛；雌雄蕊柄短，无毛；雄蕊多数，离生；子房2~4室，每室2~8胚珠，花柱1。核果有纵沟，收缩成2~4分核，具假隔膜；种子胚乳丰富，子叶扁平。

约90种，分布东半球热带。我国26种，主产长江流域以南各地。

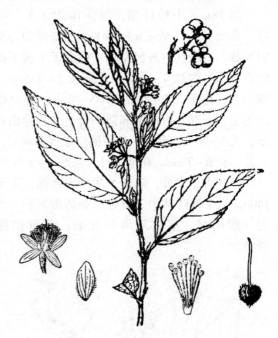

图496 扁担杆

**扁担杆** *Grewia biloba* G. Don 图496

灌木或小乔木，高1~4m，多分枝；嫩枝被星状毛。叶窄菱状卵形、椭圆形或倒卵状椭圆形，长4~9cm，先端锐尖，基部楔形，两面疏被星状毛，基出脉3，两侧脉上行过半，具细锯齿；叶柄长4~8mm，被毛。聚伞花序腋生，具多花，花小；花瓣长1~1.5mm；雌雄蕊柄长0.5mm，被毛。核果橙红色，有2~4分核。花期5~7月，果期8~9月。

产河北、安徽、江苏南部、台湾、江西、湖南、广东、香港、云南及四川；生于低山丘陵灌丛或疏林中。茎皮纤维可作人造棉。

## 3. 蚬木属 *Excentrodendron* H. T. Chang et R. H. Miau

常绿乔木。叶革质，全缘，基出脉3，脉腋具囊状腺体；具长柄。花两性，稀单性；圆锥或总状花序；雄花或两性花5数，稀4数或更多；花瓣4~5；雄蕊20~40，基部略连生，分成5组；子房5室，每室2胚珠；花柱5，极短。蒴果长圆形，5室，有5条薄翅，室间开裂；每室1种子。

4种，分布我国西南部及越南北部。我国全产。

**蚬木** *Excentrodendron tonkinense* (A. Chev.) H. T. Chang et R. H. Miau [*E. hsienmu* (Chun et How) H. T. Chang et R. H. Miau] 图497

高20m，胸径3m。幼枝及顶芽均无毛。叶革质，卵形或椭圆状卵形，8~14cm×5~

8cm，先端渐尖或尾状渐尖，基部圆，上面脉腋有囊状腺体；叶柄先端微膨大，长3.5~6.5cm。圆锥花序长5~9cm，具7~13花；花两性，花梗无节。蒴果长2~3cm，有5条薄翅。花期2~3月，果期6月。

产广西西部、云南东南部；越南亦产；海拔900m以下；常见于石灰岩丘陵、山地阔叶林中，与肥牛树、黄梨木、青冈等混生。幼时耐阴，10年生后喜光，产地年平均气温19~22℃，极端最低气温0℃以上，年降水量1200~1500mm；宜腐殖质丰富的石灰岩土壤生长，生长中速，人工造林，30年胸径25~30cm，为广西南部及西南部山地重要树种。木材芳香，质坚重如石，结构致密，有光泽，微红。濒危，国家保护植物。

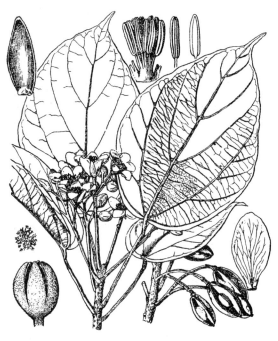

图497 蚬木

## 56. 杜英科 ELAEOCARPACEAE

常绿乔木或灌木。单叶，互生，羽状脉；叶柄先端常微膨大；叶凋落前呈红色，绿叶中常间红叶。花两性，稀杂性；萼片镊合状排列；花瓣4~5，先端常撕裂状，偶全缘；雄蕊多数，分离，生于花盘上或花盘外，花药2室，顶孔开裂，药隔常喙状或芒刺状；子房上位。核果或蒴果。

12属400种，分布热带和亚热带。我国2属51种，产长江以南，为亚热带常绿阔叶林优势种或建群种。

杜英属与猴欢喜属特征比较

| 比较特征 | 杜英属 *Elaeocarpus* | 猴欢喜属 *Sloanea* |
| --- | --- | --- |
| 花序 | 总状花序 | 花单生或数朵腋生 |
| 花 | 花瓣先端撕裂；雄蕊药隔芒状；花盘裂为5~10腺体 | 花瓣先端全缘或齿裂；雄蕊药隔喙状；花盘厚盘状 |
| 果 | 核果，种子不具假种皮 | 蒴果具刺，种子多具淡黄色假种皮 |

### 1. 杜英属 *Elaeocarpus* L.

特征见上对比表。本属中叶柄长者其先端常弯弓且微膨大。果有大小两类，大的形似橄榄，小的形似豆粒。

约200种，分布热带亚洲、西南太平洋和大洋洲。我国38种，产长江以南，华南和西南种类更多。

1. 花大，径 3～4cm；苞片叶状，宿存；花药药隔突出成长达 4mm 芒状刺；核果长 3～4cm ·················································································· **1. 水石榕 E. hainanensis**
1. 花小，径 <1cm；苞片小，脱落；花药顶端无芒状刺。
   2. 叶柄长；花瓣全缘，稀有 2～5 浅齿；核果长 1～2cm。
      3. 叶椭圆形，长 >10cm，先端钝尖；幼枝无毛；核果长 1～1.3cm ············ **2. 日本杜英 E. japonicus**
      3. 叶卵状披针形，长 5～7cm，先端尾尖；幼枝被毛；核果长 <1cm ······ **2a. 中华杜英 E. chinensis**
   2. 叶柄短；花瓣先端撕裂成流苏状；核果大或小。
      4. 核果长 2～4cm，内果皮厚 3～5mm，多沟纹；幼枝及叶下面被褐色茸毛 ························ **3. 褐毛杜英 E. duclouxii**
      4. 核果长 1～2cm，内果皮厚约 1mm，无沟纹；幼枝及叶下面无毛。
         5. 叶倒卵形，长 5～9cm；叶柄长 4～7mm；花瓣有裂片 10～12 条 ············ **4. 山杜英 E. sylvestris**
         5. 叶倒披针形，长 >10cm；叶柄长 1～1.5cm；花瓣有裂片 14～18 条 ···································································· **5. 秃瓣杜英 E. glabripetalus**

### 1. 水石榕 *Elaeocarpus hainanensis* Oliver
图 498

常绿小乔木。小枝无毛。叶革质，常聚生枝顶，窄倒披针形或长圆形，长 7～15cm，先端短尖，尖头钝，基部楔形，密生细锯齿，侧脉 14～16 对；叶柄长 1～2cm。总状花序腋生，具 2～6 花，花径 3～4cm；叶状苞片卵形，宿存；萼片 5，披针形，长 2cm；花瓣白色，倒卵形，长 2cm，先端撕裂；雄蕊多数，药隔突出成长达 4mm 芒状刺。核果纺锤形，长 3～4cm，内果皮骨质，具沟纹；种子 1，长 2cm。花期 6～7 月。

产广东、海南、广西南部及云南南部；越南及泰国亦产；生于丘陵或山谷溪边。南亚热带至北热带树种。树冠宽广，花期长，花冠洁白淡雅，华南常作庭园风景树。

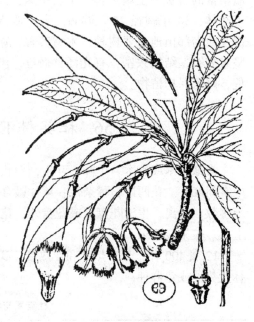

图 498 水石榕

### 2. 日本杜英（薯豆）*Elaeocarpus japonicus* Sieb. et Zucc.    图 499

乔木。小枝无毛。叶革质，卵形或椭圆形，6～12cm×3～6cm，先端钝尖，下面有黑色腺点，侧脉 5～6 对，具疏锯齿；叶柄长 3～6cm。花序长 3～6cm，生于当年枝叶腋内，花梗长 3～4mm，连花序轴均被柔毛；两性花与雄花并存，前者花瓣长 5mm，有毛，先端全缘或具浅齿；雄蕊 15；子房有毛，3 室，花盘环状，10 裂。核果椭圆形，蓝绿色，长 1～1.3mm。花期 4～5 月，果期 7～9 月。

产长江以南，南至海南，西达四川、云南、台湾；日本、越南亦产；海拔 300～1500m；常见于山谷常绿阔叶林亚乔木层或林缘。亚热带树种。木材细致；农家常用伐倒木培养香菇；叶光绿，可种植为行道树及园林树。

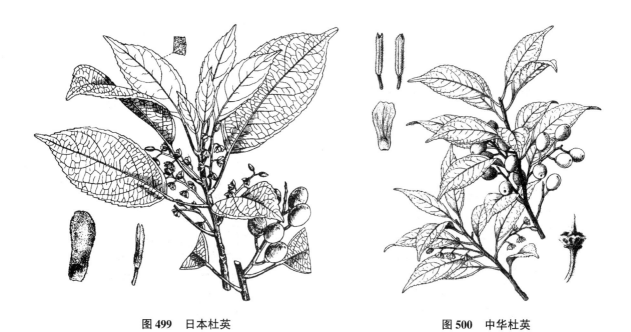

图499 日本杜英　　　　　　　图500 中华杜英

[附]2a. **中华杜英** *Elaeocarpus chinensis* (Gardn. et Chanp.) Hook. f. ex Benth.　图500　与日本杜英的区别：叶卵状披针形，形小，长5~7cm，先端尾尖。雄蕊8~10，花盘5裂，子房2室。核果青绿色，长不及1cm。产长江以南。木材可培养白木耳；作为观赏树种，现已引入园林种植。

3. **褐毛杜英**(冬桃) *Elaeocarpus duclouxii* Gagnep.　图501

乔木，高20m。嫩枝、叶下面、叶柄及花序均被褐色茸毛。叶聚生于枝顶，革质，长圆形，长6~15cm，先端急尖，基部楔形，侧脉8~10对，边缘具小钝齿；叶柄长1~1.5cm。总状花序常生于无叶的老枝上，长4~7cm；花梗长3~4mm；花瓣5，长5~6mm，上半部撕裂成10~12条；雄蕊28~30枚，花药顶端无芒刺；花盘5裂；子房3室，被毛；每室2胚珠。核果椭圆形，长2.5~3cm，无毛，内果皮坚骨质，厚3mm，多沟纹，1室；种子长1.4~1.8cm。花期6~7月，果期翌年4~5月。

产江西、湖南、广东、广西、贵州、四川及云南东南部；海拔700~950m；生于山地常绿林中。亚热带树种。木材轻软；伐倒木可培养香菇；果肉可食，民间俗称"冬桃"或"橄榄"；树形优美，树冠常年兼有红叶，是优良的木本花卉、园林风景树和行道树。

4. **山杜英** *Elaeocarpus sylvestris* (Lour.) Poir.　图502

小乔木，高10m。小枝无毛。叶纸质，倒卵形，长4~8cm，幼树叶长达15cm，无毛，先端钝，基部窄而下延，侧脉5~6对，边缘具波状钝齿；叶柄长1~1.5cm，无毛。总状花序生于枝顶叶腋，长4~6cm；花柄长3~4mm；花瓣倒卵形，上半部撕裂成10~12条；雄蕊13~15，花药有微毛，顶端无毛丛；花盘5裂，分离，被毛；子房2~3室，被毛。核果椭圆形，长1~1.2cm，内果皮薄骨质，有腹缝沟3条。花期4~5月。

产安徽南部、福建、浙江、江西、广东、海南、广西、湖南、贵州、四川及云南南部；越南、老挝、泰国亦产；海拔350~2000m，生于山地常绿林中。亚热带至北热带树

图 501　褐毛杜英

图 502　山杜英

种。木材纹理直，结构细密，质轻软；树皮含鞣质，可提取栲胶；可作庭院及园林观赏树种。

**5. 秃瓣杜英** *Elaeocarpus glabripetalus* **Merr.**　图 503

乔木，高 15m。1 年生枝红褐色，略具条棱，无毛。叶近膜质，倒披针形，8～13cm×3～4cm，钝尖，基部渐窄且下延，具小钝齿，侧脉 6～7 对；叶柄长 4～7mm。花序生无叶老枝上，长 6～9cm，花梗长 5mm；花瓣白色，长 5mm，无毛，先端撕裂成 16～18 条；雄蕊 20～30，花药顶端具毛丛；花盘 5 裂，子房有毛。核果椭圆形，长 1.2～1.5cm。花期 6～7 月，果期 9～10 月。

产浙江、江西、湖南、华南至西南；海拔 800m 以下；常生于沟谷常绿阔叶林中，与栲、楠、青冈类混生。亚热带树种。本种干形单直、分枝整齐，叶光绿，树冠间有红叶，生长快速，适于园林及行道树种植，为当前常用园林树种。

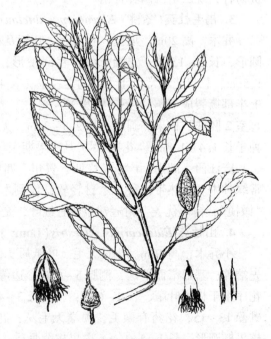

图 503　秃瓣杜英

## 2. 猴欢喜属 *Sloanea* L.

特征见对比表。

120种，分布全球热带和亚热带。我国13种，主产华南和西南。

1. 叶长7~9cm，侧脉5~7对，近全缘；蒴果4~7裂 ·················· **1. 猴欢喜 *S. sinensis***
1. 叶长10~15cm，侧脉7~9对，有钝齿；蒴果4~5裂 ·················· **2. 仿栗 *S. hemsleyana***

**1. 猴欢喜 *Sloanea sinensis*(Hance) Hemsl.** 图504

高20m。树皮淡灰色，不裂。叶薄革质，长圆形或窄倒卵形，6~9(12)cm×3~5cm，先端短尖，基部略圆，常全缘，偶上部具小锯齿，两面无毛，侧脉6~8对；叶柄长1~4cm，无毛。花白色，多朵簇生枝顶叶腋，花梗长3~6cm；花瓣4，长7~9mm，先端齿状撕裂，有缺齿；子房被毛。蒴果球形，径3~5cm，3~7片裂，针刺长1~1.5cm，内果皮紫红色；种子豆粒状，长约1.2cm，具黄色假种皮。花期9~11月，果期翌年6~7月。

产安徽、浙江、江西、湖南、湖北、华南、贵州；越南亦产；海拔500~1200m；生于沟谷常绿阔叶林中。热带至北亚热带树种。喜阴湿生境，常与钩栗、大叶青冈、润楠等混生。树干端直，材质细致，亦可培养香菇；花繁茂，可为蜜源；树形端直，秋果红艳，兼观红叶，生长较快，可开发为园林、行道树种植。

**2. 仿栗 *Sloanea hemsleyana*(Ito) Rehd. et Wils.** 图505

高25m。顶芽有毛。叶常簇生枝顶，薄革质，常窄倒卵形或卵形，10~15(20)cm×

图504 猴欢喜

图505 仿栗

3~7cm，侧脉7~9对，基部窄，有时微心形，两面无毛，边缘具不规则钝齿；叶柄长1~2.5cm。总状花序生于枝顶，花序及花梗被柔毛；蒴果球形，径3~5cm，4~5片裂，针刺长1~2cm，内果皮紫红色或黄褐色；果梗长2.5~6cm；种子亮黑褐色，长约1.5cm，具黄褐色假种皮。

产江西、广西、华中、西南；越南亦产；海拔1000~1400m；生于山谷常绿阔叶林中。热带至北亚热带树种。习性和用途略与猴欢喜同。种子含油脂，出油率约65%，湖南西部民间供食用。

# 57. 梧桐科 STERCULIACEAE

乔木或灌木，稀草本或藤本。幼体常具星状毛；树皮常含有黏液和富有纤维。单叶，偶为掌状复叶，互生；常有托叶，叶柄常两端膨大。花单性、两性或杂性；花序各式；萼3~5裂，镊合状排列；花瓣5或无；雌雄蕊常结合为雌雄柄(androgynophore)；花丝常合生成管状；子房上位，常2~5室，或单心皮，花柱1或与心皮数同。蒴果或蓇葖果，稀浆果或核果；种子有胚乳或无。

68属约1100种，分布热带和亚热带地区，个别种延伸到温带。我国连同引种栽培有21属90种，主产华南和西南地区，以云南为盛。茎皮富含纤维，供织布、造纸和编绳；可可是世界著名的饮料植物；苹婆种子富含蛋白质和脂肪，供食用或药用；梧桐、假苹婆、美丽火桐、银叶树等是优良的庭园观赏树。

1. 蒴果或蓇葖果。
  2. 蓇葖果；花单性或杂性，无花瓣。
    3. 果皮革质或木质，熟时开裂，果瓣不为叶状 ················· 1. 苹婆属 *Sterculia*
    3. 果皮膜质，成熟前早开裂成叶状；种子着生于叶状果皮内缘 ········· 2. 梧桐属 *Firmiana*
  2. 蒴果；花两性，有花瓣；种子上端具翅。
    4. 叶心形，掌状脉5~7条；蒴果室背开裂为5~10果瓣 ············ 3. 火绳树属 *Eriolaena*
    4. 叶非心形，羽状脉；蒴果室背开裂为5果瓣。
      5. 雌雄蕊柄短；果圆筒形或卵形 ······················ 4. 翅子树属 *Pterospermum*
      5. 雌雄蕊柄长；蒴果梨形、倒卵状椭圆形 ················· 5. 梭罗树属 *Reevesia*
1. 核果 ······································· 6. 银叶树属 *Heritiera*

## 1. 苹婆属 *Sterculia* L.

乔木或灌木。单叶或掌状复叶，全缘或有锯齿，稀掌状深裂。圆锥花序腋生，花单性或杂性；萼片5；无花瓣；雄蕊柱与子房柄合生成雌雄蕊；雄花的花药聚生于雌雄蕊柄的顶端，包围退化雌蕊，呈球形；雌花的雌雄蕊柄很短，顶端有轮生不育的花药和发育雌蕊；5心皮，花柱基部合生，柱头5，分离。蓇葖果革质或木质，成熟时开裂，内有种子1或多颗。

150种，分布热带和亚热带地区，主产亚洲热带。我国23种，产南部至西南部，盛产云南。

**1. 苹婆** *Sterculia monosperma* Ventenat [*S. nobilis* Smith]　图506

常绿乔木，高10m。小枝略具星状毛。叶薄革质，阔矩圆形至矩圆状椭圆形，8~25cm×5~15cm，先端钝圆或具突尖，基部圆钝，两面秃净；叶柄长2.5~5cm。圆锥花序顶生或腋生，柔弱而下垂，长8~20cm；花萼钟状，初时乳白色，后转为淡红色，裂片裂至花萼中部，在顶端互相黏合；雄花较多，雌雄蕊柱弯曲，无毛；雌花少数，略大于雄花。蓇葖果厚革质，长圆状卵形，4~8cm×3~4cm，具喙，熟时暗红色。种子1~4，椭圆球形，径2~3cm，暗栗色。花期5月，果期6~7月。

产华南、云南南部、台湾；中南半岛、印度亦产；海拔500m以下。热带树种，北至南亚热带，生于低山密林中。较耐荫蔽，喜生于湿润肥沃的土壤。叶大，可作裹粽材料；新鲜种子煮熟后味如栗子，为优良的干果；树冠浓密，树形优美，果实红色，为优良的庭荫树和行道树。本种现多为人工栽培（天然分布仅见于广西南部）。

**2. 假苹婆** *Sterculia lanceolata* Cav.　图507

小乔木，高10m。与苹婆的区别：幼枝被毛。叶披针形或椭圆状披针形，7~15cm×3.5~8cm，先端钝圆或突尖，下面被疏生星状毛；叶柄长2.5~3.5cm。花序长4~10cm，多分枝；萼片深裂、开展。蓇葖果鲜红色，长卵形或长椭圆形，5~7cm×2~2.5cm，密被短柔毛；种子3~6或更多，黑色，径1~2cm。花期3~4月，果期6~7月。

产华南或西南各地；南亚各国亦产；海拔500m以下；生于山谷或缓坡季风常绿阔叶林中或林缘。茎皮纤维可制麻袋和造纸；种子可食用，也可榨油；树冠浓密，果皮鲜红，华南园林栽植供观赏。

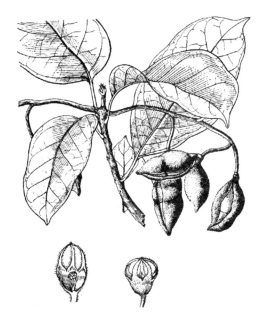

图506　苹婆

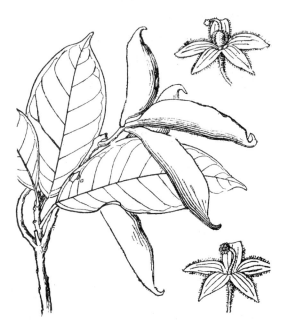

图507　假苹婆

## 2. 梧桐属 *Firmiana* Mars.

乔木或灌木。单叶，掌状 2~5 裂，或全缘。圆锥花序，有时总状；花单性或杂性；萼片 5，深裂；无花瓣；雄花有花药 10~15，集生于雌雄蕊柄的顶端，呈头状；子房 5 室，花柱基部合生，柱头 5，分离。蓇葖果，具柄，果皮膜质，成熟前沿腹缝开裂呈叶状；种子着生于果皮的内缘，圆球形，种皮皱缩。

12 种，分布亚洲及非洲东部。我国 4~5 种，主产华南和西南。

**梧桐 *Firmiana simplex* ( L. ) W. Wight**
图 508

图 508 梧桐

落叶乔木，高 16m，胸径 50cm；主干光洁，分枝高。树皮绿色或灰绿色，常不裂。小枝粗壮，绿色；芽鳞被锈色柔毛。叶心形，径达 30cm，掌状 3~5 裂，裂片全缘，基部心形，基生脉 7；叶柄与叶片等长。圆锥花序，长约 20~50cm；萼片条形，黄绿色，反曲；子房被毛。蓇葖果开裂呈叶状，匙形，6~11cm×1.5~2.5cm，网脉显著；种子 2~4，形如豆粒，径约 7mm。

产黄河流域以南至台湾、海南；日本亦产。喜光、耐旱、喜钙，为石灰岩山地常见树种，但酸性土壤也能生长，忌水湿。木材轻软；树皮纤维可供造纸和编绳等用；种子可食用和榨油；干形优美，生长迅速，为庭园绿化树种；自古有凤凰栖于梧桐之说，以喻其树高雅和吉祥。

## 3. 火绳树属 *Eriolaena* DC.

乔木或灌木。单叶，心形，边缘具锯齿或掌状浅裂，下面具星状毛，掌状脉。花单生或数朵聚生；小苞片 3~5，撕裂状或形小，早落；萼片 5 裂，条形；花瓣 5；花丝连合成筒，顶端分离，花药多数；子房 5~10 室，被柔毛。蒴果木质或近木质，卵形或长卵形，室背开裂；种子上部具翅。

17 种，分布亚洲热带和亚热带地区。我国 5 种，产西南，均为紫胶虫寄主树。

**火绳树 *Eriolaena spectabilis* ( DC. ) Planch. ex Mast.**　图 509

落叶灌木或小乔木，高 3~8m。嫩枝密生星状短柔毛。叶卵形或宽卵形，8~14cm×6~13cm，上面疏生星状柔毛，下面密生灰白色或带褐色星状毛，边缘具不规则浅锯齿，基生脉 5~7；叶柄长 2~5cm，被绒毛。聚伞花序，花数朵，密生绒毛；花梗与花等长或略短。蒴果具瘤状突起和棱脊，果瓣具深沟，顶端钝或具喙。

产西南各地；印度亦产；海拔 500~1300m；生于林中。对立地条件要求不高，喜光、喜温、耐旱、耐瘠薄，萌发力强，生长快，早熟结种多，繁殖力强。耐胶虫力强，为紫胶生产的优良寄主植物之一。

## 4. 翅子树属 *Pterospermum* Schreber

乔木或灌木；被星状绒毛或鳞秕。单叶，革质，分裂或不分裂，两侧不对称，侧脉羽状。花单生或数朵呈聚伞花序，两性；具小苞片；萼片5裂；花瓣5，雄蕊15，每3枚集生1体，退化雄蕊5，线状；子房具短柄，5室，胚珠多数。蒴果多为木质，圆筒形或卵形，室背5瓣裂；种子顶端具膜质长翅，几无胚乳。

40种，分布亚洲热带和亚热带地区。我国9种，产西南、华南、台湾。

**翻白叶树**（异叶翅子树）*Pterospermum heterophyllum* Hance　图510

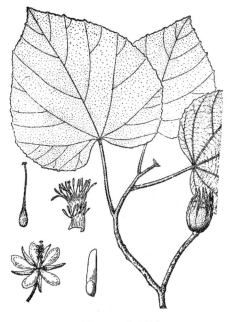

图509　火绳树

乔木，高20m。树皮灰色。叶异型，幼树或萌蘖枝上的叶掌状3~5裂，基部截形或心形，盾状着生，长12cm；老树上的叶为长圆形至卵状长圆形，长7~15cm，先端急尖，基部截形或宽楔形，两型叶下面银白色或黄褐色，密生黄褐色星状毛。花单生或2~4朵成聚伞花序，腋生；花瓣白色。蒴果长圆状卵形，长约6，径2~2.5cm，被黄褐色绒毛。

产华南、云南、湖南南部；海拔500m以下；生酸性岩或石灰岩山地林中。南亚热带树种。喜光，速生，干形直，分枝高。木材红褐色；树皮纤维可织麻袋；可作紫胶虫寄主树；亦可作为用材林种植。

## 5. 梭罗树属 *Reevesia* Lindl.

乔木或灌木。单叶，通常全缘，羽状脉。花两

图510　异叶翅子树

性，聚伞状伞房花序或圆锥花序；花萼钟状或漏斗状，3~5裂；花瓣5，具爪；花丝管长，顶端5裂，每裂片外缘有花药3；子房具柄，5室，每室2胚珠。蒴果木质，5裂；种子1~2，下端具翅。

约18种。我国14种，分布南部、西南部。

**1. 两广梭罗树** *Reevesia thyrsoides* Lindl.　图511

乔木，高14m。幼枝、叶柄均被星状毛。叶革质，长圆形、椭圆形，长5~7cm，先端

急尖，基部圆形，两面无毛；叶柄长1～3cm，两端膨大。花序顶生，密被毛；花密集；萼钟状，长6mm，外被星状柔毛，内仅顶端被毛；花瓣白色，匙形，长1cm。蒴果长圆状梨形，长约3cm，具5棱，被柔毛；种子连翅长约2cm。花期3～4月。

产华南以及贵州；越南、柬埔寨亦产；海拔500～1500m；散生于山坡、谷地林缘或林中。树皮纤维供造纸和制绳索。

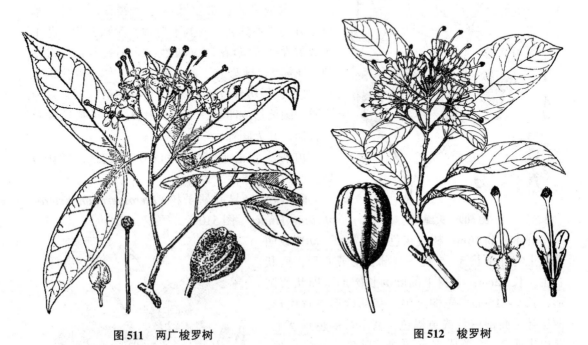

图511　两广梭罗树　　　　　　　　　图512　梭罗树

### 2. 梭罗树 *Reevesia pubescens* Mast.　图512

乔木，高16m。幼枝、叶柄常被星状毛。与两广梭罗树的区别：叶椭圆状卵形、长圆状卵形，长7～12cm，先端渐尖，基部钝形，下面密生星状毛。花序被毛；花梗较花短，长8～11mm；萼倒圆锥形，长8mm；花瓣白色，条状匙形，长1～1.5cm。蒴果梨形，长2.5～3.5cm，具5棱，密生淡褐色柔毛。

产广西、海南、西南；印度、不丹亦产；海拔350～2500m；生于山坡或疏林中。树皮纤维供造纸和制绳索；叶光绿，树冠浓密，花果有观赏性，已引入庭园为荫木及行道树。

### 6. 银叶树属 *Heritiera* Dryand.

常绿乔木，具板状根。单叶或掌状复叶，下面常被鳞秕。花单性，较小；花序腋生，花多数，被柔毛或鳞秕；萼钟状或坛状，4～6浅裂；无花瓣；花药4～15，环列于花丝筒顶端；子房3～5室，每室1胚珠，花柱短，柱头5。果木质或革质，核果状，不裂，具龙骨状突起或翅；种子无胚乳。

30～35种，分布东半球热带地区。我国3种，产广西、云南、海南。为红树林中常见的组成树种，可供海岸造林。

### 蝴蝶树 *Heritiera parvifolia* Merr. 图 513

乔木，高 30m。树皮灰褐色，具明显的板状根。小枝密被锈色鳞秕。叶椭圆状披针形，长 6~8cm×1.5~3cm，先端渐尖，叶面深绿色，下面密生银白色或褐色鳞秕；叶柄长 1~1.5cm。花序腋生，密生锈色星状短柔毛；花白色；萼钟状，5~6 浅裂，两面密生星状短毛；花药 8~10，排列于花丝筒顶端成一环。核果革质，具鱼尾状长翅，翅长 2~4cm，顶端宽约 2cm，密被鳞秕；种子椭圆形。花期 4~6 月，果期 8~10 月。

产海南五指山；海拔 700m 以下山地热带雨林中，常与青梅、细子龙、母生、野荔枝等混生。喜温暖湿润气候，分布区的年平均气温 24~28℃，年降水量 1200~2000mm，土壤为肥沃的中性砖红壤。蝴蝶树幼龄生长缓慢，能耐阴，随着年龄的增长而渐喜光，成年的立木在直射光条件下，才能正常生长发育。木材暗褐色，坚硬。海南山地热带雨林标志树种，已列为国家保护植物。

[附] 银叶树 *Heritiera littoralis* Dryand. 图 514 常绿乔木，小枝幼时被白色鳞秕。叶片椭圆形或卵形，革质，10~20cm×5~10cm，叶下面密被银白色鳞秕，顶端钝尖或钝。花萼钟状，红褐色，长 4~6mm，两面均被星状毛；花药 4~5 在雄蕊柄顶端排成一环。核果木质，坚果状，近椭圆形，光滑，近无翅。产广东、广西和台湾。为热带海岸红树林树种。

图 513 蝴蝶树

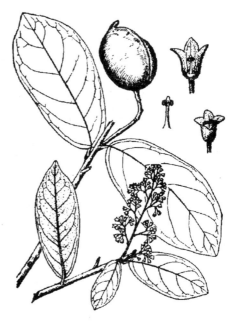

图 514 银叶树

## 58. 木棉科 BOMBACACEAE

乔木，茎枝常具皮刺。掌状复叶或单叶掌状分裂，互生，常有星状毛或鳞片；托叶早落。花两性，大而显著，辐射对称；花萼环状，横端截平或呈不规则的 3~5 裂；花瓣 5

或缺；雄蕊5至多数，花丝分离或连合成管状；子房上位，2~5室，每室有2至多数倒生胚珠，中轴胎座，蒴果，室背开裂或不裂，果皮内壁常有长毛，种子埋于其中。

20余属180种，分布热带，尤其美洲分布甚多。我国1属2种，产云南、贵州、四川、广东、广西、福建、台湾和江西等地。另引入6属10种，栽培于华南至西南地区。

1. 树干通常生圆锥状粗刺；萼具齿，内面无毛 ·················· 1. 木棉属 *Bombax*
1. 树干光滑无刺；萼截平，内面无毛 ·················· 2. 瓜栗属 *Pachira*

## 1. 木棉属 *Bombax* L.

落叶大乔木。掌状复叶。花单生，先叶开放；花萼环状，不规则开裂；花瓣5，雄蕊多数，基部连合成管，排成多轮，最外轮雄蕊集生为5束，花药1室；子房5室。蒴果；种子长不及5mm，藏于绵毛内。

50种；主要分布热带美洲，少数分布亚洲热带、非洲和大洋洲。我国2种，产华南和西南。

1. 树干不膨大，幼树不为绿色；小叶全缘 ·················· 1. 木棉 *B. malabaricum*
1. 成年树树干下部膨大，幼树为绿色（光合作用）；小叶有锯齿 ·················· 2. 美丽异木棉 *B. speciosa*

### 1. 木棉 *Bombax malabaricum* DC. 图515

高25m。树皮灰白色。大枝轮生呈水平伸展；树干基部通常有圆锥状粗刺。叶互生，小叶5~7，具柄，薄革质，长圆形至椭圆状长圆形，10~16cm×4~4.5cm，全缘，两面无毛。花径约10cm，先叶开放，簇生于枝端；花萼杯状，厚革质，长3~4.5cm，5浅裂；花瓣5，红色，长圆形，肉质，长8~10cm；雄蕊多数，3轮；花柱比雄蕊长。蒴果木质，长椭圆形，5瓣裂，果瓣内壁具有绢状绵毛；种子多数，光滑，倒卵形；花期2~3月，果期夏季。

产华南、西南、江西南部及台湾，川西金沙江河谷最盛；东南亚及澳大利亚均产；海拔1400m以下。南亚热带至热带干热河谷、稀树草原树种，亦见于沟谷雨林中；喜光、耐旱、宜干热气候；速生，天然更新良好。著名轻木，纹理直，易加工；蒴果内棉毛纤维可作救生圈填料和垫褥、枕芯等。树姿雄伟挺拔，花大美丽，早春红花如火，常栽为庭园及城市行道树。

**图515 木棉**

## 2. 美丽异木棉(美丽吉贝) *Bombax speciosa* A. St. -Hil. ex Brako [*Ceiba speciosa* St. Hih.]

落叶大乔木，高 10~15(25)m，树干下部膨大。幼树树皮浓绿色，密生圆锥状皮刺，侧枝放射状水平伸展或斜向伸展。掌状复叶有小叶 5~9，小叶椭圆形，长 12~14cm，叶缘有锯齿。花单生，花冠淡紫红色，中心白色；花瓣 5，反卷，花丝合生成雄蕊管，包围花柱。冬季为开花期。蒴果木质，椭圆形，长 16cm；种子豆粒状，环绕棉絮状纤维，种子翌年春季成熟。

原产南美阿根廷、巴拉圭、巴西南部；我国华南、西南南亚热带地区及重庆有栽培。喜光，耐旱热，稍耐寒，耐瘠薄，萌芽强，不须修剪，易移植，幼时生长迅速，在湛江，播种 1 年就可长至 1.5m，4~5 年始花；苗圃种植一般 2 年后胸径可达 8~10cm，树高达 3.0~3.5m 以上。树形奇特，花繁茂艳丽，为绝美的行道树和观赏树。

## 2. 瓜栗属 *Pachira* Aubl.

乔木。叶互生，掌状复叶，小叶 3~9，全缘。花单生叶腋，具梗；苞片 2~3；花萼杯状，宿存；花瓣长圆形或线形，外面常被茸毛；雄蕊多数，基部合生成管，基部以上分离为多束，每束再分离为多数花丝，花药肾形；子房 5 室，每室胚珠多数；花柱伸长，柱头 5 浅裂。果近长圆形，木质或革质，室背开裂为 5 片，内面具长绵毛。种子大，近梯状楔形，无毛，种皮脆壳质，光滑；子叶肉质，内卷。

2 种，分布美洲热带，我国引入 1 种。

### 瓜栗(马拉巴栗) *Pachira aquatica* Aublet 图 516

常绿乔木，树高 8~15m，室内种植常培育成辫状茎。掌状复叶，小叶 5~7，长圆形或倒卵状长圆形，下面被星状绒毛，中间小叶 13~24cm × 4.5~8cm，侧脉 16~20 对，在叶缘环结；叶柄长 11~15cm，具锈褐色星状毛。花单生于枝顶腋部，花大，长达 22.5cm，花瓣条裂，红、白或淡黄色；花瓣黄绿色，窄披针形，长至 15cm，雄蕊管长 13~15cm，花柱长于雄蕊，暗红色。蒴果梨形木质，9~10cm × 4~6cm；每室种子 10~20，长 2~2.5cm。4~5 月开花，9~10 月果熟。

原产墨西哥。近年我国台湾及广东、福建等地已批量生产。喜高温高湿气候，茎能贮存

**图 516 瓜栗**

水分和养分，具有抗逆、耐旱特性，耐阴性强，耐寒力差，幼苗忌霜冻，成年树可耐轻霜及长期 5~6℃ 低温，华南地区可露地越冬，以北地区冬季须移入温室内防寒。喜肥沃疏松、透气保水的砂壤土，喜酸性土，忌碱性土或黏重土壤，较耐水湿，也稍耐旱。以种子繁殖为主。我国引种供庭园观赏，可用于行道树或盆栽。

# 59. 锦葵科 MALVACEAE

草本、灌木或乔木，具星状毛、盾状鳞被及黏液细胞。单叶互生，通常为掌状脉，有时分裂；托叶明显，常早落。花两性；辐射对称；萼片3~5，常有小苞片（副萼）3至多数；花瓣5，分离；雄蕊多数，连合成一管称雄蕊柱，花药1室，花粉粒大而有刺；子房上位，2至多室，常5室，每室有胚珠1至多数，花柱上部分枝或成棒状。蒴果，常分裂为5或较多果瓣，很少为浆果状；种子肾形或倒卵形，有胚乳。

约50属1000余种，主要分布温带和热带地区。除极北部寒冷的地区外，几乎出现于所有地方，越接近热带种数越多。我国16属81种36变种或变型；全国各地均产，主产热带、亚热带。本科以富含纤维而著称，如棉属广泛栽培，其种子上的毛（棉绒）是纺织工业原料；种子含脂肪，榨取的油称棉籽油，供工业用或食用；茎皮纤维供纺织或制绳索；多数种花大而艳丽，是庭园观赏植物。

## 木槿属 *Hibiscus* L.

草本、灌木或乔木。叶互生，不分裂或多少掌状分裂，三出脉或掌状脉，有托叶；花两性，5数，单生叶腋或排成总状花序；萼下小苞片5或多数，分离或于基部合生；萼钟状，稀为浅杯状或管状，5裂，宿存；花瓣5，基部与雄蕊柱合生；雄蕊柱顶端截平或5齿裂；子房5室，每室有胚珠3至多数，花柱5，柱头头状；蒴果，室背开裂；种子肾形，被毛或腺状乳突。

本属约有200种，分布热带与亚热带地区。我国有24种16变种或变型（包括引入栽培种），产全国各地。

1. 雄蕊柱不伸长突出于花冠之上。
  2. 叶分裂，非卵圆形。
    3. 叶基部心形 ·················································· 1. 木芙蓉 *H. mutabilis*
    3. 叶基部楔形 ·················································· 2. 木槿 *H. syriacus*
  2. 叶卵圆形或心脏形，不分裂 ································· 3. 黄槿 *H. tiliaceus*
1. 雄蕊柱长而突出，下垂，长9~10cm ······················ 4. 吊灯扶桑 *H. schizopetalus*

**1. 木芙蓉 *Hibiscus mutabilis* L.** 图517

落叶灌木或小乔木，高2~5m；小枝、叶、花、萼、子房均密被星状毛与直柔毛。单叶互生，叶大，宽卵形或卵圆形，5~7裂，裂片三角形，基部心形，宽10~15cm，边缘具圆钝锯齿，掌状脉7~11。花单生于枝端叶腋；初开时花冠白色或淡红色，后变深红色；小苞片8，密被星状绒毛，基部合生；萼钟形，裂片5，长约2.5cm；雄蕊柱长2.5~3cm，无毛。蒴果扁球形，被黄色刚毛及绒毛，径约2.5cm，开裂为5瓣。花期8~10月，果期11月。

原产中国，北起辽宁，南至福建广西，西迄陕西、四川、云南，东至台湾，多为栽培。日本和东南亚各国均有引种。花大而美丽，开于秋季，为我国重要的园林观赏树种，可丛植于墙边、路旁，也可成片栽于坡地；植于水滨时，波光花影，景色妩媚；种植在铁

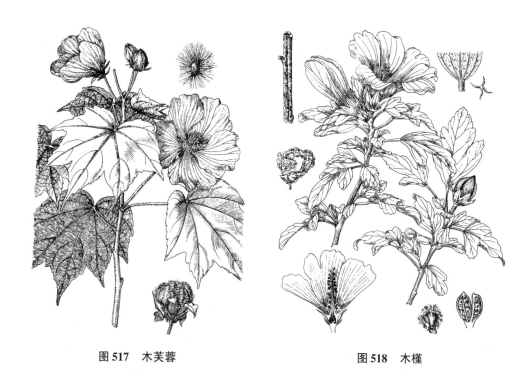

图 517　木芙蓉　　　　　　　图 518　木槿

路、公路、沟渠边，既能护路、护堤，又可美化环境；茎皮供制绳、造纸等用。

**2. 木槿** *Hibiscus syriacus* L.　图 518

落叶灌木或小乔木。在广西南宁以南可终年常绿。株高 3~6m，茎直立，多分枝。单叶互生，叶菱形或三角状卵形，3~10cm×2~4cm，3 主脉，常 3 裂，基部楔形，下面有毛或近无毛，边缘具不整齐圆锯齿；叶柄长 1~2.5cm，被星状绒毛。花单生于枝顶叶腋，花梗长 6~15mm，花萼钟状；花冠钟形，淡紫色，花瓣外面疏被星状长柔毛；雄蕊柱长约 3cm。蒴果卵圆形，径约 12mm，被绒毛，开裂为 5 瓣；种子肾形，灰褐色，背部有白色长柔毛。花期 7~10 月。果期 11 月。

全国多数省区有野生或栽培。适应性强，喜阳光也能耐半阴、耐寒，在华北和西北大部分地区都能露地越冬，对土壤要求不严，较耐瘠薄，能在黏重或碱性土壤中生长，忌干旱。为优良庭园观赏树种，或栽培作绿篱；茎皮纤维供造纸；花可作蔬菜。

**3. 黄槿** *Hibiscus tiliaceus* L.　图 519

常绿大灌木至小乔木，被星状毛。单叶，互生，革质，掌状脉 7~9，下面密被绒毛状星状毛，心脏形或圆形，8~14cm×9~19cm，基部心形，全缘或不明显齿缘，先端锐尖，叶柄长 3~6cm，亦被绒毛状星状毛。花单生叶腋。花冠钟形，花瓣黄色，内面基部暗紫色，倒卵形，长约 4.5cm，外面密被星状柔毛，雄蕊柱长约 3cm。小苞片 7~10；蒴果球形，开裂。

产福建、台湾、广东、海南和广西等地。向阳，耐旱，耐贫瘠。土壤以砂质壤土为佳。抗风力强，耐盐碱，适合海边种植，有防风固沙之效。花叶美丽，常栽培供观赏。

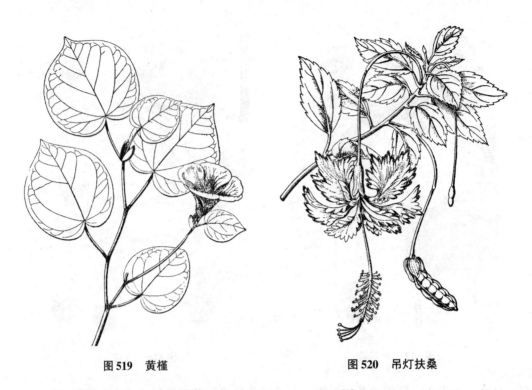

图519 黄槿　　　　图520 吊灯扶桑

**4. 吊灯扶桑** *Hibiscus schizopetalus* ( Mast. ) **Hook. f.**　　图520

常绿灌木，高3m。小枝细瘦，常下垂。叶椭圆形或长圆形，4~7cm×1.5~4cm，边缘具齿，两面均无毛；叶柄长1~2cm，被星状柔毛。花单生于枝端叶腋间，花梗细瘦，下垂，长8~14cm；花萼管状，长约1.5cm，具5浅齿裂，常一边开裂；花瓣5，红色，长约5cm，深细裂作流苏状，向上反曲；雄蕊柱长而突出，下垂，长9~10cm，无毛；花柱分枝5，无毛。蒴果长圆柱形，长约4cm。花期全年。

原产东非热带。华南、台湾和云南南部栽培。为热带各国常见的园林观赏植物。耐修剪，常植为绿篱、花篱或孤植。

# 60. 大戟科 EUPHORBIACEAE

乔木、灌木或草本，常有乳汁。单叶或复叶，互生；叶柄顶端或叶片基部常有腺体；常有托叶。花单性，雌雄同株或异株，成各式花序；萼片3~5裂；花瓣存在或退化为腺体；雄蕊多数至1，分离或合生；子房上位，常3室，每室1~2胚珠，中轴胎座，花柱分离或合生，柱头常3裂或羽裂。蒴果，常从宿存的中央轴柱分离成分果瓣，或为浆果状或核果状；种子常有显著种阜。

313属8100种，广布全球，主要分布热带及亚热带。我国连引入栽培共70多属约460种，产全国各地，主产西南、华南至台湾。多数种类有毒，其花粉会引起花粉病；本科的一些种类为药用、食用(木薯)、橡胶、油料、栲胶及用材等重要经济树种。

1. 单叶。
   2. 叶柄或叶片有腺体。
      3. 雌花有花瓣。
         4. 外果皮肉质；枝条具星状毛；花小于 1cm ················································ **1. 石栗属 *Aleurites***
         4. 果皮壳质；枝条具短柔毛；花长于 1.5cm ················································ **2. 油桐属 *Vernicia***
      3. 雌花无花瓣，稀退化成丝状的花瓣。
         5. 雌花有花盘或腺体。
            6. 植株具水状乳汁；雄蕊 6~10，花托圆柱状，花药 4 瓣裂 ············ **3. 黄桐属 *Endospermum***
            6. 植株不具水状乳汁；雄蕊 10~20，花托不呈圆柱状，花药 2 室 ·········· **4. 巴豆属 *Croton***
         5. 雌花无花盘。
            7. 花药 4 室。
               8. 核果 ································································································ **5. 蝴蝶果属 *Cleidiocarpon***
               8. 蒴果 ································································································ **6. 血桐属 *Macaranga***
            7. 花药 2 室。
               9. 子房 2 室，花柱 2；蒴果呈核果状不规划开裂 ································ **7. 银柴属 *Aporusa***
               9. 子房 3 室，花柱 3；蒴果开裂为 3~4 个分果爿。
                  10. 植株有乳汁；叶柄顶端具 2 腺体 ····················································· **8. 乌桕属 *Sapium***
                  10. 植株无乳汁；叶上面中脉基部两侧有 2 腺体或腺体不明显 ·········· **9. 野桐属 *Mallotus***
   2. 叶柄或叶片无腺体。
      11. 雌花无花瓣。
         12. 核果 ·········································································································· **10. 五月茶属 *Antidesma***
         12. 蒴果。
            13. 雌花具花盘；果皮平滑 ························································································ **11. 叶下珠属 *Phyllanthus***
            13. 雌花无花盘。
               14. 雌花位于雄花基部；果皮具小瘤体或短刺 ································ **12. 肥牛树属 *Cephalomappa***
               14. 雌花位于雄花的顶部，子房 5~10 室；果皮具沟槽 ················ **13. 算盘子属 *Glochidion***
      11. 雌花有花瓣。
         15. 核果 ·········································································································· **14. 土密树属 *Bridelia***
         15. 蒴果 ·········································································································· **15. 麻疯树属 *Jatropha***
1. 三出复叶。
   16. 小叶全缘，叶柄顶端有腺体；子房每室胚珠 1，无花瓣 ··································· **16. 橡胶树属 *Hevea***
   16. 小叶边缘有锯齿，叶柄顶端无腺体；子房每室胚珠 2，有花瓣 ·········· **17. 秋枫属 *Bischofia***

## 1. 石栗属 *Aleurites* J. R. et G. Forst

常绿乔木，嫩枝密被星状柔毛。单叶，互生，全缘或 3~5 裂，叶柄长，顶端具 2 腺体。花单性同株或异株，组成顶生圆锥花序；花萼 2~3 深裂，花瓣 5；雄蕊 8~20，无退化雌蕊；子房 2~8 室，每室胚珠 1；花柱 2 裂。核果，近圆球形或阔卵形，果皮肉质，有种子 1~2。

2 种；分布亚洲和大洋洲热带、亚热带地区。我国产 1 种。

### 石栗 *Aleurites moluccana* ( L. ) Willd.

图 521

图 521　石栗

常绿乔木，高 20m。幼嫩枝叶和花序各部分均被星状柔毛。叶卵形至阔披针形，长 1~18cm，先端渐尖，基部宽楔形、截形或近心形，全缘或 3~5 裂；叶柄长 6~12cm，顶端腺体小。花小，白色，径 8mm；子房 2 室；雄蕊 15~20。核果卵形，长 5~6cm，被星状毛。花期春夏间，果期 10~11 月。

产华南和云南；印度、泰国、越南、马来西亚亦产；常栽培作庭园树和行道树；种子含油 60%；木材灰白色，材质轻软。

### 2. 油桐属 *Vernicia* Lour.

落叶乔木，嫩枝被短柔毛。单叶互生，全缘或 1~4 裂；叶柄顶端有 2 枚腺体。雌雄同株或异株，由聚伞花序再组成伞房状圆锥花序；雄花：花瓣 5，基部爪状；腺体 5；雄蕊 8~12，2 轮，外轮花丝离生，内轮花丝较长且基部合生；雌花：萼片、花瓣与雄花同；子房密被柔毛，3(8)室，每室 1 胚珠，花柱 3~4，各 2 裂。果大，核果状，近球形，顶端有喙尖，不裂，果皮壳质，种子 3；种子无种阜，种皮木质。

3 种；分布亚洲东部地区。我国有 2 种；分布秦岭以南各地。

1. 叶全缘或 3 浅裂，基部腺体无柄；果皮平滑；雌雄同株·················· 1. 油桐 *V. fordii*
1. 叶全缘或 3~5 浅裂，基部腺体有柄；果皮有皱纹；雌雄异株 2 ·············· 2. 木油桐 *V. montana*

### 1. 油桐 *Vernicia fordii* Hemsl.　图 522

高 12m。树皮灰褐色。小枝粗壮。叶卵形或阔卵形，基部截形或心形，长 7~18cm，全缘，稀 3 浅裂，掌状脉 5~7；基部或叶柄顶部具 2 无柄的红色腺体。雌雄同株；花萼 2~3 裂；花径 3~3.5cm，花瓣白色，基部有淡红色斑纹，与叶同时开放。核果球形或扁球形，径 4~6cm，果皮平滑；种子 3~5。花期 4~5 月，果期 10 月。

产秦岭、淮河流域以南各地，以四川、湖南、湖北栽培最为集中，产量占全国半数以上；越南亦产；海拔 1000~2000m（西南）以下。北亚热带至中亚热带树种。喜光，宜温暖气候，在向阳背风缓坡地带以及深厚、肥沃、排水良好的中性或微石灰性或酸性土壤上生长良好；不耐水浸及干瘠。生长快，栽植后 3~4 年开始结果，盛果期可达 20~30 年。种子繁殖。油桐是我国重要的木本油料植物，桐油用于木材防腐，是我国传统的出口商品，全干种仁含油率 52%~64%，为优良干性油，在工业上有广泛用途。

图 522 油桐　　　　　图 523 木油桐

**2. 木油桐**(千年桐) *Vernicia montana* Lour.　　图 523

植株比油桐高大，树龄较长。叶阔卵形，常 3~5 深裂，裂隙底部有腺体；基部或叶柄顶端具 2 枚有柄的杯状腺体。雌雄异株，稀同株。果皮有 3(4) 纵棱和网状皱纹。花期 4~5 月，果期 10 月。

产西南、华南、湖南、浙江和江西。喜温暖气候，耐寒性比油桐差，但抗病性强，寿命比油桐长。其经济价值和桐油次于油桐；春花雪白，树形高大，常植于公路两旁作行道树；种仁含油率 52%~64%，为优良干性油，在工业上有广泛用途；木段为培养木耳的优良段木。

### 3. 黄桐属 *Endospermum* Benth.

乔木或灌木，具水状乳汁。叶全缘，羽状脉，具长柄，近叶柄顶端常具 2 枚腺体。花单性异株，无花瓣；雄花：圆锥花序，萼 3~4 浅裂，雄蕊 6~10，着生于圆锥状凸起的花托上，药室 4 瓣裂；雌花：总状花序，萼 3~5 齿裂，花盘 2~4 齿裂，子房 2~6 室，每室 1 胚珠，花柱极短，合生成盘状。蒴果稍肉质，近球形，分离成 2 个不开裂的分果爿，无中轴；种子具网状皱纹，无种阜。

12 种，分布亚洲东南部至斐济。我国 1 种。

**黄桐** *Endospermum chinense* Benth.　　图 524

乔木，高 35m，胸径 1m。树皮茶褐色。大枝轮生；小枝粗，灰褐色，有明显髓部，叶痕明显呈灰白色。全株被星状绒毛。叶近革质，宽卵形或近圆形，基部阔楔形、钝圆、截平至浅心形，10~18cm×7~14cm，侧脉 5~6 对，先端有时亦有腺体；叶柄长 4~9cm，近顶端具 2 枚黄色大腺体。雄花序长 16~20cm；雌花序长 6~10cm；雄蕊 5~8。果近球形，径约1cm。花期5~7月，果期8~11月。

产广东、广西、海南、云南；越南至印度亦产；海拔600m以下；生于山地常绿林和村边次生林中，喜光、速生。木材轻软，易加工，易遭虫蛀。树形整齐端正，树冠开展，可栽培为荫木和行道树。

## 4. 巴豆属 Croton L.

灌木或乔木，稀草本，通常被星状毛或星状鳞片。叶基部或叶柄顶端两侧具2腺体。花单性同株，顶生或腋生总状或穗状花序；雄花：花萼在花蕾时呈球形，开放时5裂，花瓣5，花盘5裂呈腺体状，雄蕊10~20；雌花：花萼5裂，宿存，花瓣退化为丝状或无花瓣，花盘环状或鳞片状，花药2室；子房3室，每室1胚珠，花柱3，离生，顶部2~4裂。蒴果开裂为3个2瓣裂的分果爿。

750种，分布热带及亚热带。我国20种，产西南部、南部和东南部。

**巴豆 Croton tiglium L.** 图525

常绿或半常绿小乔木，高7m；幼枝叶和果被稀疏星状毛，叶卵形或长卵形，5~15cm×2.5~6cm，先端渐尖，边缘有疏锯齿，三出脉，叶片基部两侧或叶柄顶端具2无柄的腺体；叶柄长2~6cm。花序顶生，长8~14cm，雄花生于上部，雌花位于基部。果卵状或长圆球形，具3棱，2cm×1~1.5cm；种子长圆形。花期3~5月，果期9~11月。

产西南、华南，北至南岭北部；亚洲南部和东南部各国、菲律宾亦产；生于山地疏林中或溪边。种仁含油53%~57%，巴豆油可治疗中风痰厥阻塞、气厥、中恶，亦作强泻剂；种仁含蛋白质18%（含毒蛋白及巴豆毒素），有剧毒；根、叶入药；种子、茎、叶均可杀虫。

## 5. 蝴蝶果属 Cleidiocarpon Airy Shaw

乔木。单叶全缘，羽状脉，叶柄顶端具2细小腺体。花单性，同株，组成圆锥状穗状花序；无花瓣和花盘；雄花：花萼4~5深裂，雄蕊4~5，花丝离生，花药4室，纵裂，退化雌蕊圆柱状；雌花：花萼4~5裂；子房2室，每室1胚珠，花柱3裂，柱头3深裂，裂片顶端再次2~3

图524 黄桐

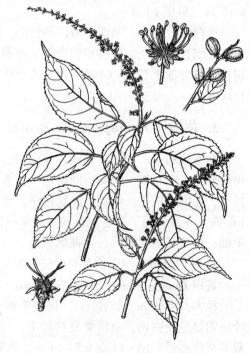

图525 巴豆

羽状开裂。核果近球形,外果皮膜质,有3条脉;1种子,胚乳丰富。

2种,分布缅甸、越南和中国。中国产1种。

**蝴蝶果** *Cleidiocarpon cavaleriei* (Levl.) Airy Shaw　图526

常绿乔木,高30m。树皮黄灰色或褐色。叶椭圆形或长椭圆形,6~17cm×1.55cm,先端渐尖,基部楔形;叶柄两端稍膨大,具2黑色的小腺体。花黄白色。果近球形,长3~4cm,密被星状毛,花萼增大、宿存;具延长的果梗;胚乳厚,子叶似蝴蝶状。花期3~4月,果期8~9月。

产广西南部、贵州南部、云南东南部;越南亦产;海拔300~700m;生于低山丘陵地。产区年平均气温19~22.4℃,1月平均温度11.3~14.8℃;年降水量1000mm以上,但有半年旱季;对土壤要求不严;喜光,能萌芽,速生。结果期为10~70年,盛果期单株产量为50kg以上。种子富含淀粉、蛋白质和油脂,处理后可食用(子叶有微毒),亦为油料;木材纹理直,结构略粗,材质轻。枝叶浓绿,树形美观,常栽作行道树与园林树。国家保护植物。

图526　蝴蝶果

### 6. 血桐属 *Macaranga* Thou.

乔木或灌木。单叶互生,不分裂或分裂,背面具颗粒状腺体,掌状脉或羽状脉,盾状着生或否,近基部具斑状腺体。花小,无花瓣及花盘,单性异株,组成腋生的总状花序或圆锥花序;苞片大,全缘或有齿;雄花开花时萼2~4裂;雄蕊通常多数;雌花:萼杯状、佛焰苞状或不规则分裂;子房1~6室,每室有1胚珠;蒴果分裂为1~5个2裂的分果爿,平滑或具皮刺,常有腺体。种子近球形,种皮脆壳质。

280种以上,分布东半球热带地区。我国有12种,产西南部至台湾,主产华南、西南及台湾。

**血桐** *Macaranga tanarius* (L.) Muell. Arg.　图527

乔木,高10m。小枝粗壮,被白霜,髓部明显,断后有血红色汁液流出。叶近圆形或卵圆形,17~30cm×14~24cm,基部钝圆,盾状着生,全缘或具浅波状小齿,下面密生颗粒状腺体,沿脉被柔

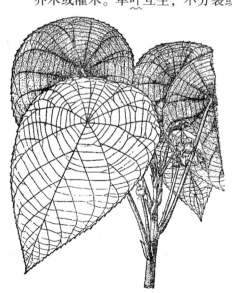

**图527　血桐**

毛，掌状脉9~11，网脉如蜘蛛网式展开；叶柄长14~30cm。雄花序圆锥状，长5~14cm；苞腋具花11；雄花萼片3，雄蕊5~6，药4室。雌花序圆锥状，长5~15cm，苞片叶状，边缘篦齿状条裂；雌花花萼长约2mm；子房2~3室。蒴果具2~3个分果爿，密被颗粒状腺体和数枚长约8mm的软刺。种子近球形，径约5mm。花期4~5月，果期6月。

产台湾、广东（珠江口岛屿）；琉球群岛、东南亚、澳大利亚北部亦产；生于沿海低山灌木林或次生林中。喜光，喜高温湿润气候，抗风，耐盐碱，抗大气污染。树冠圆伞状，树姿壮健，枝叶繁茂，可植于海岸作防风林或园林作绿荫树。

### 7. 银柴属 Aporusa Bl.

乔木或灌木。叶柄顶端通常具有小腺体；托叶2。花单性，雌雄异株；穗状花序单生或数枝簇生；雄花序比雌花序长；具苞片；萼片3~6，无花瓣及花盘；花梗短；雄蕊2，花丝分离，与萼片等长或长过；雌花：萼片3~6，比子房短；子房常2室，每室有胚珠2，花柱通常2，顶端浅2裂而通常呈乳头状或流苏状。蒴果核果状，成熟时呈不规则开裂，内有种子1~2；种子无种阜，胚乳肉质，子叶扁而宽。染色体基数 X=13。

约75种，分布亚洲东南部。我国4种，产华南及西南。

**银柴 Aporusa dioica ( Roxb. ) Muell. Arg.** 图528

图528 银柴

乔木，高9m。叶革质，椭圆形、长椭圆形、倒卵形，6~12cm×3.5~6cm，全缘或具有稀疏的浅锯齿，侧脉每边5~7；叶柄长5~12mm，顶端两侧各具1小腺体；托叶长5mm。雄穗状花序长约2.5cm，雌穗状花序长4~12mm；雄花：萼片通常4，长卵形；雄蕊2~4，长过萼片；雌花：萼片4~6，三角形，边缘有睫毛；子房卵圆形，密被短柔毛。蒴果椭圆状，长1~1.3cm，被短柔毛，果皮近肉质，内有2种子。花果期几乎全年。

产广东、海南、广西、云南；印度、缅甸、越南和马来西亚亦产；海拔1000m以下；生于山地疏林中和林缘或山坡灌木丛中。热带至南亚热带树种。枝叶茂密，四季常绿，抗污染，可作风景林和防火树种。

### 8. 乌桕属 Sapium Jacq.

乔木或灌木，具白色乳汁。单叶全缘，羽状脉；叶柄顶端具2腺体。花单性同序，组成顶生复总状花序；雄花通常3朵成小聚伞花序，生于花序上部；雌花1至数朵生于花序下部；花萼2~3裂；无花瓣；雄蕊2~3，花丝分离；无花盘；子房3室，每室1胚珠。

蒴果，3裂，中轴宿存；种子常有蜡质的假种皮。

100种，主要分布热带。我国10种，产西南部、南部和东部。

**1. 乌桕 Sapium sebiferum (L.) Roxb.**　图529

落叶乔木，高15m。树皮暗灰色。小枝细。叶菱状卵形，长5～9cm，先端尾状长渐尖，基部宽楔形，秋季落叶前常变为红色。花序长5～10cm；花黄绿色。果扁球形，径1.5cm，熟时黑褐色，3裂；种子黑色，外被白蜡，固着于中轴上，经冬不落。花期4～7月，果期10～11月。

产秦岭、淮河流域以南各地；海拔1000m以下，云南可达2000m。喜光，适温暖气候，耐水湿，多生于田边和溪畔，在土层深厚山地生长良好，宜钙质土，在酸性土及轻碱地生长也良好，但不耐干燥瘠薄土壤。种子外被白色蜡质可榨取"皮油"（柏蜡），带蜡种子所榨之油称"木油"，均可供制蜡烛、蜡纸、肥皂等；种仁可榨取黄色干性油，称"柏油"（子油），供制油漆、油墨、机械润滑油等，油有毒；果壳可提碳酸钾，供制钾玻璃；麸饼为优良肥料；木材坚韧致密；秋叶红艳，为水塘堤岸观赏树种，但不宜在鱼塘四周种植。

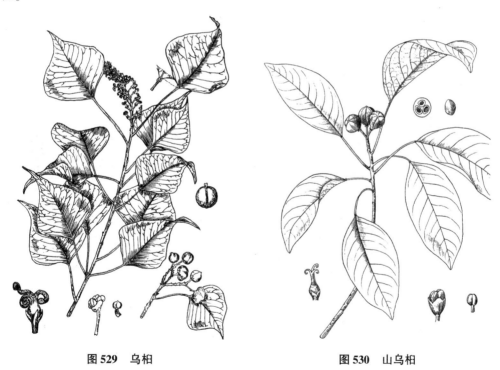

图529　乌桕　　　　　图530　山乌桕

**2. 山乌桕 Sapium discolor (Champ.) Muell.-Arg.**　图530

落叶乔木，高12m。树皮暗褐色。小枝灰褐色，有皮孔。叶长椭圆形，3～10cm×2～5cm，先端尖或钝，下面粉绿色；叶柄长2～7.5cm。花序长4～9cm。果球形，径1～1.5cm；种子近球形，黑色，径3～4mm，外被蜡质。花期4～12月。

产长江以南，至西南、华南；印度尼西亚亦产；海拔500～2500m；生于山坡或山谷疏林中。分布越南生长越旺盛，其适应性和生长势越强。喜光，次生林速生先锋树种。

## 9. 野桐属 *Mallotus* Lour.

灌木或乔木，具星状毛，无乳汁；皮部纤维强韧。单叶，有时盾状着生，下面常有腺点，3~7掌状脉，网脉常呈蜘蛛网状，中脉基部两侧常有2腺体；叶柄长。花单性异株；无花瓣及花盘；雄花：常簇生，花萼3~4裂，雄蕊16以上，无退化雌蕊；雌花：单生，花萼苞片状或3~5裂，子房常3(2,4)室，每室1胚珠。蒴果，2~5裂，再2瓣裂，中轴宿存。

140种，分布东半球热带地区。我国25种，产长江以南各地。喜光，为荒山、迹地、撂荒地先锋树种。

1. 蒴果密生软刺。
  2. 叶基部盾状或稍盾状着生 ································································· 1. 东南野桐 *M. lianus*
  2. 叶基部非盾状着生。
    3. 穗状花序长15~30cm，下垂 ······················································· 2. 白背叶 *M. apelta*
    3. 穗状花序长8~15cm，直立 ······················································· 2a. 野桐 *M. tenuifolius*
1. 蒴果无软刺，被鲜红色腺体 ······························································· 3. 粗糠柴 *M. philippinensis*

### 1. 东南野桐 *Mallotus lianus* Croiz.    图531

小乔木，高10m，有时长成高20m乔木。小枝、叶柄及中脉在新鲜时常呈红褐色。叶纸质、卵形、心形或阔卵形，10~18cm×9~14cm，近全缘，嫩叶两面均被红棕色紧贴星状短绒毛，成长叶下面疏生紫红色颗粒状腺体，基出脉5，近叶柄着生处有褐色斑状腺体2~4；叶柄盾状着生于近叶基部或基生。总状花序或圆锥花序；雄花序长10~18cm，苞腋有雄花3~8；雄花具雄蕊50~80；雌花序长10~25cm；雌花花柱3。蒴果球形，径8~10mm，密被黄色星状毛和腺体，具长约6mm线形的软刺；种子球形，黑色或深褐色，径约5mm。花期8~9月，果期11~12月。

产华南、西南、江西、湖南和浙江；海拔200~1100m。在沟谷林缘或次生林生长旺盛。耐瘠树种，具良好的水土保持效果；茎皮纤维丰富，可用作编织与造纸；种子含油脂。研究表明，与巨尾桉混交构成复层林能明显提高桉树的生长。

图531　东南野桐

### 2. 白背叶 *Mallotus apelta*( Lour. )Muell.-Arg.    图532

灌木或小乔木。小枝、叶柄和花序均被灰白色星状毛。叶具长柄，宽卵形，长和宽4~16cm，全缘或3浅裂，有钝齿，先端渐尖，基部截形或浅心形，上面近无毛，下面被粉白色星状毛，基出脉3。穗状花序长15~30cm；花萼3~6裂，外面密被绒毛；雄蕊50~65；雌花序下垂，子房被软刺及星状毛，果序下垂，果近球形，径7mm，密被软刺和星状毛。花期7~9月，果期8~12月。

产华中南部至华南、西南；越南亦产；生于荒山灌丛、迹地或疏林中。喜光。

[附]**2a. 野桐** *Mallotus tenuifolius* Pax  与白背叶相近，但叶下面被稀疏褐色星状毛，雌花序8~15cm长，果序直立。产秦岭以南，南至华南，西达四川、云南、西藏；尼泊尔、印度、缅甸和不丹亦产；海拔800~1800m；生于林缘和次生林中。

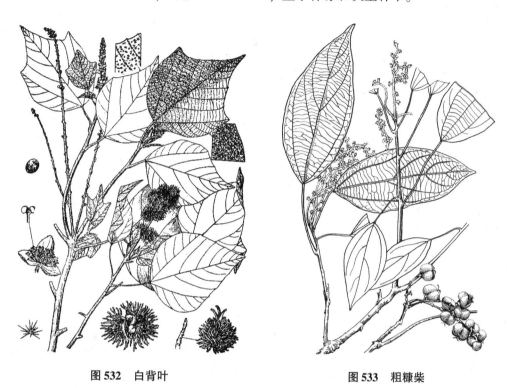

图532 白背叶　　　　图533 粗糠柴

**3. 粗糠柴** *Mallotus philippinensis* (Lam.) Muell.-Arg.　图533

常绿乔木，高15m。小枝、叶柄和花序密被锈褐色星状毛。叶卵形、长圆形至披针形，5~18cm×2~5cm，顶端渐尖，基部楔形至圆，全缘或不明显波状，下面被黄灰色星状毛及红色腺点，基出脉3；叶柄长1~4cm。总状花序长3~8cm；雌雄同株；雄蕊18~32；子房被红色腺点。果球形，径6~8mm，密被鲜红色腺点和星状毛。花期3~4月，果期7~10月。

产长江以南各地；亚洲东南部及澳大利亚亦产；海拔1000m以下；生于山地疏林或阔叶林中。稍耐阴，深根性，耐干旱瘠薄，在石灰岩缝中或酸性土生长。果皮可供红色染料，又可入药及杀虫。

## 10. 五月茶属 *Antidesma* L.

乔木或灌木，无乳汁及腺体。单叶互生，全缘；羽状脉；叶柄短。花小，雌雄异株，组成顶生或腋生的穗状花序或总状花序；花萼杯状，3~5裂，花盘环状或垫状，无花瓣；雄蕊3~5，花药2室；子房比花萼长，1室，室内有2胚珠，花柱2~4，顶端通常2裂。

图534 五月茶

核果，卵球形，干后有网状小窝孔；种子小，胚乳肉质，子叶扁而宽。染色体基数 $X = 11 \sim 13$。

约170种，广布东半球热带及亚热带地区。我国产17种1变种，分布西南、中南及华东。为山地森林中常见树种，组成下木层或亚乔木层。

**五月茶** *Antidesma bunius* (L.) Spreng. 图534

常绿乔木，高10m。小枝有明显皮孔。叶纸质，长椭圆形、倒卵形或长倒卵形，$8 \sim 23 \text{cm} \times 3 \sim 10 \text{cm}$，顶端急尖至圆，有短尖头，上面深绿色，常有光泽，侧脉7~11对；叶柄长3~10mm。雄花序为顶生的穗状花序，长6~17cm；雌花序为顶生的总状花序，长5~18cm。核果近球形或椭圆形，长8~10mm，成熟时红色；果梗长约4mm。染色体基数 $X = 13$。花期3~5月，果期6~11月。

产南岭以南、华南（至海南）、西南（至西藏）；广布于亚洲热带地区直至澳大利亚昆士兰；海拔200~1500m；生于山地疏林中或林下。木材淡棕红色，纹理直至斜，结构细，材质软；果微酸，供食用及制果酱。叶深绿，红果累累，为美丽的观赏树。

## 11. 叶下珠属 *Phyllanthus* L.

灌木或草本，少数为乔木；无乳汁。单叶，互生，通常在侧枝上排成2列（似羽状复叶），全缘；羽状脉；托叶2。花小、单性，雌雄同株或异株，单生、簇生或组成聚伞、团伞、总状或圆锥花序；无花瓣；萼片3~6，离生；花盘通常分裂为与萼片互生的腺体3~6；雄蕊2~6；子房常3室，每室2胚珠。蒴果，呈扁球形，成熟后常开裂3个2裂的分果爿，中轴宿存；种子三棱形。染色体基数 $X = 13$。

约600种，主要分布世界热带及亚热带地区，少数为北温带地区。我国产33种4变种，主要分布长江以南各地。

**余甘子** *Phyllanthus emblica* L. 图535

乔木，高23m，胸径80cm。枝条具纵细条纹，被黄褐色短柔毛。叶纸质至革质，线状长圆形，$8 \sim 20 \text{cm} \times 2 \sim 6 \text{mm}$，基部浅心形而稍偏斜，羽状2列排列，侧脉4~7对；叶柄长0.3~0.7mm；托叶边缘有睫毛。聚伞花序；萼片6；萼片黄色，长1.2~2.5mm；雄蕊3，花盘腺体6，近三角形；雌花：花梗

图535 余甘子

长约 0.5mm；萼片长 1.2~2.5mm；花盘杯状，包藏子房达一半以上，边缘撕裂；子房卵圆形，花柱 3，顶端 2 裂，裂片顶端再 2 裂。蒴果圆球形，径 1~1.5cm，外果皮肉质，绿白色或淡黄白色，内果皮硬壳质，略带红色。花期 4~6 月，果期 7~9 月。

产江西南部以南、华南（至海南）、西南；东南亚亦产；海拔 200~2300m（西南）；生于山地疏林、灌丛、荒地或山沟向阳处，村边风景林习见，现多为人工栽培。热带广布树种。极喜光，耐干热瘠薄环境，萌芽力强，根系发达，可保持水土，为荒山荒地酸性土造林先锋树种；树姿优美，可作庭园风景树，亦可栽培为果树；果实富含维生素 B，供食用，可生津止渴，润肺化痰，镇咳、治喉痛等。初食味酸涩，良久乃甘，故名"余甘子"；木材棕红褐色，坚硬，密度 0.68g·cm$^{-3}$，结构细致，有弹性，耐水湿。

## 12. 肥牛树属 *Cephalomappa* Baill.

乔木。叶互生，羽状脉。花序总状，雌雄同株，无花瓣，花盘缺，团伞状花序密集，雄花位于花序轴顶部或分枝顶部，雌花 1 至数朵生于花序基部；雄花花萼 2~5 浅裂，雄蕊 2~4，花丝基部合生；雌花萼片 5~6，子房 3 室，每室具胚珠 1。蒴果具 3 个分果爿，果皮具小瘤体或短刺；种子近球形，种皮脆壳质，具斑纹；胚乳肉质。

约 5 种，分布马来西亚、印度尼西亚。我国产 1 种，分布广西。

**肥牛树** *Cephalomappa sinensis* (Chun et How) Kosterm. 图 536

乔木，高达 25m。叶革质，长椭圆形或长倒卵形，6~15cm×3~9cm，基部阔楔形，具 2 个细小斑状腺体，叶缘浅波状或疏生细齿，侧脉 5~6 对，网脉明显；叶柄长 3~5mm。花序长 1.5~2.5cm，具 1~3 雌花和由 9~13 雄花排成的团伞花序。蒴果，径 1.5cm，3 个分果爿密生三棱的瘤状刺；种子近球形，径 2mm，具浅褐色斑纹。花期 3~4 月，果期 5~7 月。

产广西西南部和西部；海拔 500m 以下；生于石灰岩山常绿林中。适宜在 pH6.5~8 的湿润、肥沃的黑色或棕色石灰土上生长；在酸性土壤上也能正常生长发育。木材坚重；嫩枝、叶可作牛、马、羊饲料。

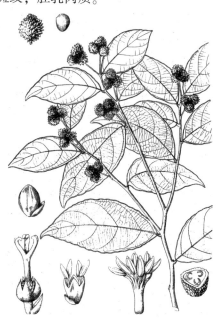

**图 536** 肥牛树

## 13. 算盘子属 *Glochidion* T. R. et G. Forst.

乔木或灌木。单叶互生，排成 2 列，全缘，羽状脉。花单性同株，组成短小的聚伞花序或簇生成花束；雌花束常位于雄花束之上部或雌雄花束分生于不同的小枝叶腋内；无花瓣；萼片 5~6；雄花：雄蕊 3~8，花丝合生呈圆柱状，花药药隔突起呈圆锥状；雌花：子房 3~15 室，每室有胚珠 2，花柱合生。蒴果具多条明显或不明显的纵沟，成熟时开裂为 3~15 个 2 瓣裂的分果爿。

图 537 算盘子

约300种，主要分布热带亚洲至波利尼西亚，少数在热带美洲和非洲。我国产28种2变种，主要分布西南部至台湾。

**算盘子** *Glochidion puberum* (L.) Hutch. 图 537

直立灌木，高5m，多分枝，全株均被短柔毛。叶纸质，长圆形或倒卵状长圆形，3~8cm×1~2.5cm，侧脉5~7对，下面凸起，网脉明显；叶柄长1~3mm。花小，雄花萼片6，长2.5~3.5mm；雄蕊3；雌花子房5~10室，花柱合生呈环状。蒴果扁球状，径8~15mm，有8~10条纵沟，成熟时带红色，顶端具有环状而稍伸长的宿存花柱；种子近肾形，具3棱，长约4mm。花期4~8月，果期7~11月。

产秦岭、淮河以南，南至海南，西迄四川、云南、西藏；海拔300~2200m（西南）；习见于荒坡、溪旁、灌丛或林缘。

## 14. 土蜜树属 *Bridelia* Willd.

乔木或灌木，稀木质藤本。单叶互生，全缘，羽状脉，具叶柄和托叶。花小，单性同株或异株，多朵集成腋生的花束或团伞花序；萼片镊合状排列，果时宿存；花瓣小，鳞片状；花丝基部连合，雌花子房2室，花盘包围子房，每室胚珠2，花柱2。核果或为具肉质外果皮的蒴果，2~1室，每室种子2~1；种子具纵沟纹。染色体基数 X = 13。

约60种，分布东半球热带及亚热带地区。我国产9种，分布东南部、南部和西南部。

**土蜜树** *Bridelia tomentosa* Bl. 图 538

直立灌木或小乔木，高5m。枝条细长，幼枝、叶下面、叶柄、托叶和雌花的萼片外面被柔毛或短柔毛。叶纸质，在小枝上常排成2列，长圆形或倒卵状长圆形，3~9cm×1.5~4cm，侧脉9~12对，与支脉在下面凸起；叶柄长3~5mm。花簇生叶腋；萼片长约1.2mm；花瓣倒卵形，膜质，顶端3~5齿裂。核果近圆球形，径4~7mm，2室；种子褐红色，长卵形，长3.5~4mm，背面稍凸起，有纵条纹。花果期几乎全年。

图 538 土蜜树

产华南、西南；印度尼西亚、马来西亚至澳大利亚均亦产；海拔 100~1500m；生于山地疏林中或平原灌木林中。木材坚韧细密，耐腐朽。

## 15. 麻疯树属 *Jatropha* L.

乔木、灌木、亚灌木或为具根状茎的多年生草本；体内含白色乳汁。叶掌状或羽状分裂。花雌雄同株，稀异株，伞房状聚伞圆锥花序，花序中央为雌花，其余为雄花；萼片 5；花瓣 5，覆瓦状排列；腺体 5，成环状花盘；雄蕊 8~12，子房 2~3 室，每室 1 胚珠，花柱 3，基部合生，不分裂或 2 裂。蒴果；种子有种阜，种皮脆壳质，胚乳肉质，子叶宽且扁。

约 175 种，主产美洲热带、亚热带地区，少数产非洲。我国常见栽培或逸为野生的有 4 种，即麻疯树 *J. curcas*、棉叶麻疯树 *J. gossypifolia*、佛肚树 *J. podagrica* 和珊瑚花 *J. multifida*。现为时尚的能源树种，正在大力发展中。

**麻疯树 *Jatropha curcas* L.**  图 539

灌木或小乔木，高 25m，植株具水状液汁。树皮平滑。小枝绿色，无毛，髓部大。叶纸质，近圆形至卵圆形，7~18cm×6~16cm，短尖，基部心形，全缘或 3~5 浅裂，下面灰绿色，初沿脉被微柔毛，掌状脉 5~7；叶柄长 6~18cm。花序腋生，长 6~10cm，苞片长 4~8mm；萼片 5，基部合生；花瓣长圆形，黄绿色，长约 6mm，合生至中部；腺体 5；雄蕊 10，外轮离生，内轮花丝下部合生；子房 3 室，花柱顶端 2 裂。蒴果椭圆状球形，长 2.5~3cm，熟时黄色；种子椭圆状，长 1.5~2cm，黑色。花期 9~10 月。

原产美洲热带，现广布于全球热带地区。我国福建、台湾、广东、海南、广西、贵州、四川、云南等地有栽培或逸为野生。热带树种。宜年平均气温 18~28℃、极端低温 -3℃ 以上的地区生长，年降水量为 480~2380mm。喜光，极耐干旱瘠薄，云、贵、川干热河谷石质荒裸地也能生长良好，现为麻疯树中心产区。速生、开花结实早、产量高，种仁含油一般为 35%~50%，最高可达 60% 以上。在优良立地一年可开花结实 2~3 次。据贵州研究数据，4~5 年单株种子产量为 2~4kg，盛期(10~20 年)可达 15kg，每公顷麻疯树年产果 9000~12 000kg，可获麻疯油约 2700~4050kg。油用于农村的燃料、工业锅炉燃料。近年的研究表明，已能成功从其种子提取并加工出更加环保的新型生物柴油，有望成为汽油、柴油代用品或补充资源。白色乳汁中含毒蛋白；从麻疯树的

**图 539** 麻疯树

叶、茎皮、根中提取出的麻疯酮类生物碱类成分，能杀虫灭菌，具抗 AIDS、抗糖尿病、抗微生物、抗寄生虫（如疟疾、杀灭钉螺）、抗变态反应及抗肿瘤的作用，因此具有广阔的医药卫生开发前景。

## 16. 橡胶树属 *Hevea* Aubl.

乔木，有乳液。三出复叶；叶柄顶端有腺体，小叶全缘。花小，单性同株及同序，组成圆锥状聚伞花序，雌花生于聚伞花序的中央；无花瓣；花萼 5 深裂或 5 齿裂；雄花：雄蕊 5~10；花丝合生成柱状；花盘成腺体 5 枚或不裂或浅裂；雌花：子房 3 室，每室 1 胚珠，常无花柱，柱头粗壮。蒴果，3 裂，具 3 个 2 裂的分果爿；种子大，常有斑纹，无种阜，胚乳丰富。

20 种，主要分布热带美洲。我国引入栽培 1 种。为生产橡胶的主要原料植物。

**橡 胶 树** *Hevea brasiliensis* (Willd. ex A. Juss.) Muell. -Arg. 图 540

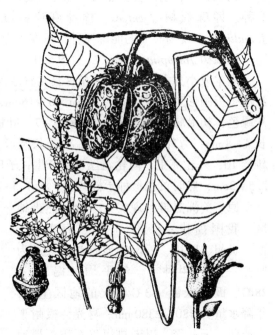

图 540 橡胶树

常绿乔木，高 30m，具丰富白色胶乳。小叶椭圆形或倒卵形，10~30cm×5~12cm；复叶柄长达 18cm，顶端有 2 腺体。圆锥花序腋生，长达 16cm，被灰白色短柔毛；雄花：花萼裂片卵状披针形，长 2mm；雄蕊 10，2 轮；雌花花萼较大。果近球形，长 5cm；种子椭圆形，长达 3cm，黄褐色，有深色斑点和光泽。花期 4~7 月，果期 8~12 月。

原产南美巴西亚马孙河热带雨林地区，现东南亚地区为中心产地。我国广东、广西、福建、云南南部、海南、台湾有栽培。喜湿热气候，年平均气温 25℃ 左右，年降水量 1500~2500mm，不耐寒，5℃ 以下即受冻害。在肥沃湿润、排水良好的深厚酸性砂壤土上生长良好，钙质土及低湿地生长不良。喜光，浅根性，枝较脆弱，易受风害，多选择背风山坡、山谷，原在生长良好的天然林地上种植；在发展橡胶园的历史中，曾毁灭了大面积原生天然林。西双版纳的橡胶园其林下种植茶树，茶树下种植砂仁，形成立体种植模式。橡胶为重要的工业、交通运输业、医疗及日用生活品原料。

## 17. 秋枫属 *Bischofia* Bl.

大乔木。叶互生，三出复叶，叶缘具锯齿，具长柄；托叶膜质，早落。花小，单性异株，稀同株，组成腋生、下垂的圆锥或总状花序；无花瓣及花盘；萼片 5；雄花：雄蕊 5，分离，与萼片对生，花药大，退化雌蕊具短柄；雌花：萼片覆瓦状排列，子房 3~4 室，每室 2 胚珠，花柱 2~4。果浆果状，球形，不分裂，外果皮肉质，内果皮坚纸质。种子

3~6，长圆形，无种阜。

2种，分布亚洲热带和亚热带及太平洋诸岛。我国均产，常作护堤树、行道树和庭院观赏树。

**1. 秋枫 Bischofia javanica Bl.** 图541

常绿或半常绿大乔木，高40m，胸径1.3m。树皮褐红色，光滑。小叶卵形或长椭圆形，7~15cm×4~8cm，基部宽楔形或钝，边缘疏具粗钝锯齿；顶端小叶柄长2~5cm。圆锥花序，雄花序长8~13cm，雌花序长15~27cm；花柱3~4，线形。果球形，径6~13mm。花期4~5月，果期8~10月。

产华南、西南，北至华中南部；亚洲东南部至澳大利亚亦产。南亚热带至热带树种。喜光，喜湿润土壤，耐水湿，常生于平原、山谷疏林湿地或水边。喜光，速生，能萌芽。木材深红褐色，坚硬耐用，耐水湿，少开裂。树冠开展浓荫，为优良荫木及行道树和湿地生态维护树种。

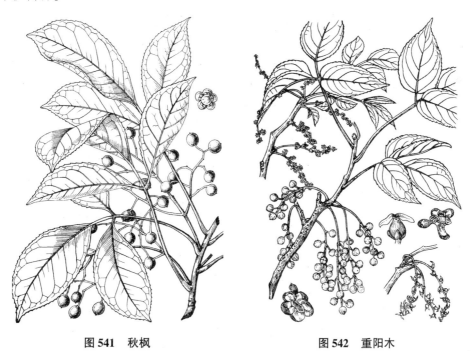

图541 秋枫　　　　　图542 重阳木

**2. 重阳木 Bischofia polycarpa ( Levl. ) Airy Shaw** 图542

与秋枫的区别：落叶乔木。小叶椭圆状卵形或卵形，5~14cm×3~9cm，基部圆或微心形，边缘具细密锯齿。总状花序；花柱2~3。

产秦岭、淮河流域以南至华南北部，长江中下游平原习见。北、中亚热带树种。习性和用途同秋枫。

# 61. 山茶科 THEACEAE

多为常绿木本。单叶，互生，革质，无托叶。花单生或簇生，稀成总状花序；两性，少单性，整齐；苞片 2 至多数，脱落或宿存；萼片 5 至多数，有时与苞片同形，二者逐渐过渡，组成苞被片；花瓣 5 至多数，基部常连合；白色、红色或黄色；雄蕊常多数，花丝分离或基部连合，花药 2 室，纵裂；子房上位，稀半下位，3~5 室，中轴胎座。蒴果、核果或浆果。

36 属 700 种，主要分布热带和亚热带。我国 15 属 500 种，主产长江以南。系油料、观赏、饮料、用材树种，也是组成常绿阔叶林的重要区系成分。多数种适酸性土。木材为硬阔叶材。

1. 花两性，较大，径 2~14cm，雄蕊多轮，花药背着，花丝长；蒴果，稀核果，有或无宿萼。
   2. 萼片多于 5，宿存或脱落；花瓣 5~14；种子无翅。
      3. 蒴果中轴脱落；苞片、萼片及花瓣多于 5 ················· **1. 山茶属 Camellia**
      3. 蒴果中轴宿存；苞片 2，萼片 9~11，花瓣 5，花柱多合生 ········ **2. 石笔木属 Tutcheria**
   2. 萼片 5，宿存；花瓣 5；种子较小，有翅。
      4. 蒴果中轴宿存，顶端圆钝，宿萼不包蒴果。
         5. 蒴果扁球形或球形；种子周围有翅 ··················· **3. 木荷属 Schima**
         5. 蒴果长筒状；种子顶端有翅 ····················· **4. 大头茶属 Polyspora**
      4. 蒴果无中轴，顶端尖，宿萼大，多少包被果实 ············ **5. 紫茎属 Stewartia**
1. 花两性或单性，细小，径小于 2cm，雄蕊 1~2 轮，花药基着，花丝短；浆果或闭果，有宿萼。
   6. 胚珠少数，花丝合生；浆果及种子较大；花单生叶腋；叶多列。
      7. 子房上位 ······························· **6. 厚皮香属 Ternstroemia**
      7. 子房半下位 ····························· **7. 茶梨属 Anneslea**
   6. 胚珠多数，花丝分离；浆果及种子细小；花 1 至数朵腋生；叶 2 列互生于枝上。
      8. 花两性，花药有毛。
         9. 顶芽有毛；子房 3~5 室，胚珠 20~100，柱头不裂；种子长 <1mm ······ **8. 杨桐属 Adinandra**
         9. 顶芽无毛；子房 2~3 室，胚珠 8~16，柱头 2~3 裂；种子长 1~2mm ···· **9. 红淡属 Cleyera**
      8. 花单性，花药无毛 ··························· **10. 柃属 Eurya**

## 1. 山茶属 *Camellia* L.

灌木或小乔木。树皮常光滑。芽鳞多数。叶有锯齿，具短柄。花单生，无梗或具短梗，苞片 2~8，萼片 5 至多数，有时苞片与萼片逐渐过渡组成苞被片；花瓣 5~14，基部稍连生；雄蕊多数，与花瓣基部连生，多轮，外轮雄蕊分离或连合成短管。蒴果背裂，果皮木质或木栓质，中轴与果瓣脱落。种子无翅，胚乳丰富，多油质。

280 种，主产东亚亚热带地区。我国 240 余种，主产南部。本属多为著名的饮料、油料和观赏树种，具有很高的利用价值。

1. 苞片与萼片相似，常多于 10，花开时即脱落；花大，径 5~10cm，无梗。
   2. 花丝分离或基部稍连合；花瓣白色 ······················· **1. 油茶 C. oleifera**
   2. 花丝合生成短管；花瓣红色。
      3. 子房无毛。

4. 苞片及萼片 14~16；果径 4~7cm，每室种子 8；叶长超过 10cm，上面光亮 ……………………………………………………………………………………… **2. 浙江红山茶** *C. chekiangoleosa*
　　4. 苞片及萼片 9~10；果径 3~5cm，每室种子 1~3；叶长小于 10cm，上面较暗 ……………………………………………………………………………………… **3. 山茶** *C. japonica*
  3. 子房被毛。
　　5. 叶缘有锯齿。
　　　6. 叶椭圆形或卵状披针形，具细锯齿；花丝筒长 1.5~2cm；果瓣厚 7mm ……………………………………………………………………………………… **4. 滇山茶** *C. reticulata*
　　　6. 叶披针形或长圆形，具尖锐齿；花丝筒长 1~1.5cm；果瓣厚 3~4mm ……………………………………………………………………………………… **5. 西南红山茶** *C. pitardii*
　　5. 叶全缘 ………………………………………………………………… **6. 杜鹃红山茶** *C. azalea*
1. 苞片与萼片分化明显，苞片脱落或宿存，萼片宿存；花小，径 2~6cm，有梗。
  7. 苞片 5~6，宿存；花金黄色；花柱 3，离生 ……………………… **7. 金花茶** *C. chrysantha*
  7. 苞片 2，早落；花白色；花柱先端 3 裂 ………………………………… **8. 茶** *C. sinensis*

### 1. 油茶 *Camellia oleifera* Abel　图 543

高 4~6m。树皮淡黄褐色，光滑不裂。嫩枝有毛。叶厚革质，椭圆形或卵状椭圆形，边缘有细锯齿，3~10cm×2~4cm，中脉两侧常有透明油点；叶柄有毛。花无梗，顶生或近顶腋生，白色，径 3~8cm；苞片与萼片 8~12，被金黄色丝毛，花后脱落；花瓣 5~7，倒卵形，顶端常 2 裂；雄蕊花丝分离，子房被白色丝毛，花柱 3 裂。蒴果球形、扁圆形、橄榄形，径 2~5cm。种子茶褐色或黑色，三角状，有光泽。花期 10 月至翌年 2 月，果期翌年秋季。

产秦岭、淮河以南，至华南北部，以湖南、江西为主产区；印度、越南亦产；常见于海拔 800m 以下低山丘陵，西南地区可达 2000m。中亚热带树种。产区年平均气温 16~18℃，花期平均气温 12~13℃，年降水量 1000mm 以上。突然的低温或晚霜会造成落花、落果。喜光，对土壤要求不甚严格，但丰产需土层深厚的酸性土，不宜多石砾干燥瘠薄立地。提倡芽苗砧嫁接或扦插繁殖。是我国南方最重要的食用油料树种，种仁含油率 37%~53%，不饱和脂肪酸含量达 90% 以上，油酸含量超过 80%，能降低人体血清中的胆固醇，降低血浆纤维蛋白、血脂，为食用油之上品；果壳、种壳可提制活性炭、栲胶、糠醛、皂素；木材坚硬致密；又宜作防火林带树种。

### 2. 浙江红山茶 *Camellia chekiangoleosa* Hu　图 544

高 7m。叶革质，椭圆形或倒卵状椭圆形，

**图 543　油茶**

8~12cm×2.5~5.5cm，中上部有锯齿，先端短尖或急尖，上面深绿色，光亮，两面无毛。花红色，顶生或腋生单花，径8~12cm，无柄；苞片及萼片14~16，近圆形，外侧有银白色绢毛；花瓣5~7，先端2裂；外轮雄蕊花丝基部连生并和花瓣合生为筒状；子房无毛，花柱先端3~5裂，无毛。蒴果卵球形，径5~7cm，先端有短喙；种子每室3~8，半球形。花期2~4月，果期8~9月。

产浙江、福建、江西、湖南、安徽；海拔600m以上；生于山地疏林或沟边。中亚热带树种。喜湿润、酸性黄壤，生长较油茶慢。萌芽及抗病虫能力强。播种、嫁接或扦插繁殖。种子含油率28%~35%，油供食用及制皂；花色鲜红艳丽，亦为庭园观赏树。

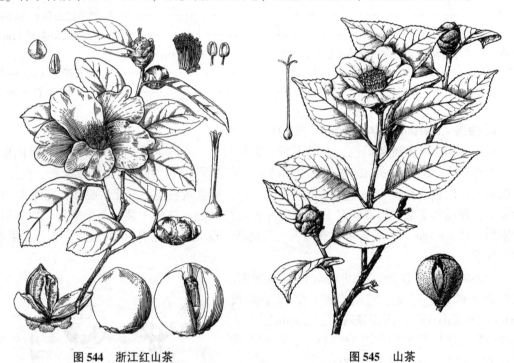

图544　浙江红山茶　　　　　　图545　山茶

### 3. 山茶 Camellia japonica L.　　图545

高13m。枝条黄褐色，无毛。叶革质，椭圆形、卵形至倒卵形，4~10cm×3~5cm，边缘有锯齿，上面深绿色，两面无毛。花常单生或2~3着生于枝梢顶端或叶腋间，通常红色，径6~10cm；苞片和萼片5~10，被茸毛；花瓣5~7（栽培品种多重瓣），先端有凹或缺口，基部连生为管筒；雄蕊多达100；子房无毛，3~4室，柱头3~5裂。蒴果近球形，径2~5cm。每室种子1~3，种子近球形或有棱角，有光泽。花期12月至翌年3月，果期翌年9~10月。

产江苏、山东、浙江、湖北、福建、广东、云南、台湾；日本、朝鲜半岛亦有。我国南方各地广泛栽培。中亚热带树种。稍耐阴，适温暖气候及肥沃酸性土，种子、扦插、嫁接、压条繁殖，优良品种多用扦插繁殖。为我国栽培历史悠久的名贵观赏植物，园艺品种多至5000个以上，花有单瓣和重瓣，色彩有紫红、粉红、大红、白、粉白或红白相间等。

### 4. 滇山茶 *Camellia reticulata* Lindl. 图 546：1~4

高15m。幼枝粗壮，淡棕色，无毛。叶革质，椭圆形或卵状披针形，7.5~12cm×3~6cm，边缘具细锯齿，侧脉和网脉两面突起；叶柄粗壮，长约1cm。花腋生或近顶生，单生或2(3)朵簇生，常浅红至紫红色，径6~10cm；无花梗；苞片和萼片10，外面密被黄色绵毛或绒毛；花瓣5~7(栽培品种为重瓣)，先端凹缺，基部连合；外轮雄蕊花丝下半部合生；子房球形，密被白色绒毛。蒴果球形或扁球形，3室，每室有种子1~2。种子半球形或球形，褐色。花期11月至翌年4月，果期翌年9~10月。

原产云南、贵州西部、四川西南部；海拔1700~2500m。我国南方暖地均有引种。中亚热带西部树种。喜侧方庇荫，宜温暖湿润气候，畏严寒酷暑，宜强酸性土。多以嫁接繁殖。本种树体高大，寿命长，花大，花期长，为名贵花卉，因久经栽培，园艺品种众多；种子含油率约30%，可食用。

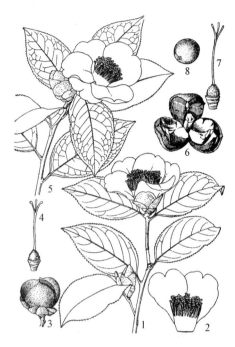

图546　1~4. 滇山茶　5~8. 西南红山茶

### 5. 西南红山茶 *Camellia pitardii* Cohen-Stuart 图 546：5~8

高7m。幼枝无毛。叶革质，披针形或长圆形，8~10(12)cm×2.5~4cm，渐尖或尾尖，有尖锐齿。花顶生，红色，径5~8cm，无梗；苞片与萼片10，内层近圆形，长2cm，有毛；花瓣5~6；雄蕊花丝管长1~1.5cm；子房被长毛，3室，花柱基部有毛，顶端3裂。果扁球形，径3.5~5.5cm，3裂，果瓣厚3~4mm。花期2~5月。

产西南、湖南和广西；海拔1000~2800m；生于沟谷水边和疏林。栽培供观赏；在园艺上作为繁殖本属花木的砧木。

### 6. 杜鹃红山茶 *Camellia azalea* C. F. Wei 图 547

高2.5m。枝条光滑，嫩梢红色。叶常聚生小枝顶端，革质，狭倒卵形或倒披针形，5.5~12cm×2~4cm，先端圆钝，全缘，两面无毛。花单生或2~5聚生于小枝顶端，径8~10cm，鲜红色；苞片和萼片7~11，不分化或渐趋分化；花瓣5~6，几分离，5~6.5cm×1.7~2.4cm，先端深凹，基部渐狭成一短柄；雄蕊4轮，从外至内合生程度渐减至内轮离生；子房无毛，花柱中部以上2~4裂。蒴果卵球形，径约2cm，微具2~3棱。5月中旬始花，盛花期7~9月，持续至翌年2月。

原产广东阳春县，野生数量稀少。珍贵的观赏植物，国内外各地已陆续引种栽培供观赏。宜温暖湿润气候(极端低温高于-5℃地区)，在排水良好、疏松肥沃的砂质土壤上栽培为佳。可扦插繁殖。花期长(四季杜鹃茶)、花大而艳、耐高温、抗逆性强、叶形独特，观赏价值很高。野生树为国家保护植物。

**图547 杜鹃红山茶**

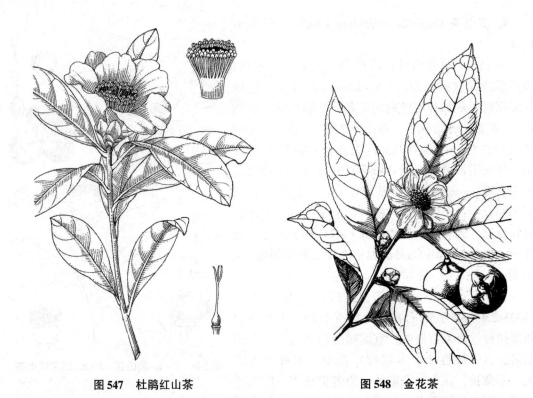

**图548 金花茶**

### 7. 金花茶 Camellia petelotii (Merr.) Sealy [C. chrysantha (Hu) Tuyama; C. nitidissima Chi] 图548

高6m。幼枝无毛。叶长圆形至倒披针形，11~16cm×2.5~4.5cm，具细齿，下面被黑腺点，侧脉在上面凹下。花单生叶腋或近顶生，径4~6cm，金黄色；苞片5~6，散生；萼片5，略被毛；花瓣8~10，基部稍连生，边缘具睫毛。子房无毛，花柱3~4，无毛，分离。果扁三角状球形，径4.5~5cm，每室1~2种子。花期11月至翌年2月，果期翌年10月。

产广西南部，越南亦产；海拔200~400m；生于低山丘陵常绿阔叶林中。边缘热带树种。近年各地有引种。较耐阴，天然更新能力较差。花金黄色，观赏和育种价值极高。资源稀少，应加强保护。

### 8. 茶 Camellia sinensis (L.) O. Kuntze 图549

高7m。嫩枝无毛。叶长圆形或椭圆形，4~12cm×2~5cm，上面光绿，侧脉在上面微凹下，有锯齿。花1~3腋生，白色，径2~4cm；苞片2，早落；萼片5，宿存；花瓣5~

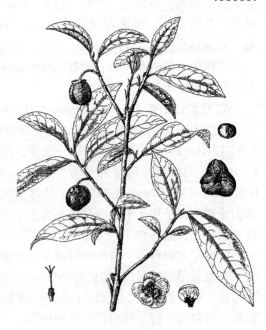

**图549 茶**

6，基部稍连合；雄蕊基部连生；子房密生白色长毛；花柱无毛，先端 3 裂。蒴果扁球形，3 心皮呈"品"形，径 1~2cm，每室有种子 1~2。花期 10 月至翌年 2 月，果期翌年 5~10 月。

原产我国，长江流域及以南广泛栽培，国外亦有引种；海拔 1000m 以下，西部达 2300m；常植于山地丘陵。中亚热带至北亚热带树种。耐阴，喜漫射光、多云雾环境；喜温暖湿润气候，较油茶耐寒，宜酸性土，忌盐碱土、石灰性土，对土壤肥力及质地要求不严，但集约经营需施肥以求丰产。种子、扦插或压条繁殖。饮服能提神、止渴、利尿及抗癌，为世界性饮料。我国是世界上主要产茶国家，有 2000 多年的栽培历史，栽培品种和加工方法极多样，自古远销世界各地。

野生种遍见于长江以南各地的山区，为小乔木状，叶片较大，常超过 10cm，经长期、广泛栽培，毛被及叶型变化很大。

[附] 普洱茶 *Camellia sinensis* var. *assamica* (Mast.) Kitamura 与茶树的区别：通常为乔木，叶片宽大，先端渐尖，下面沿中脉被柔毛，子房先端无毛。产云南、贵州、广西、广东和海南；越南、老挝、泰国和缅甸北部亦产；海拔 100~1500m；生于常绿阔叶林中。

## 2. 石笔木属 *Tutcheria* Dunn

叶常具齿。花单生叶腋，具短梗；苞片 2，早落；萼片 9~11，半宿存；花瓣 5，白色或淡黄色；雄蕊 5~8 轮，花丝基部与花瓣贴生，花药背着；子房 4~6 室，花柱 3~6，几乎全部合生。蒴果球形，木质，3~6 瓣裂，果瓣由基部向上开裂并一度悬垂于中轴上（后脱落），中轴宿存；种子无翅。

21 种，产我国长江以南地区。为常绿阔叶林组成树种，多适生于酸性红黄壤。[*Flora of China* 将本属并入核果茶属 *Pyrenaria* Bl.（Keng in Gard. Bull. Singapore 26：134. 1972），但不开裂的核果茶属的肉质果缺乏中轴。此外，石笔木属的萼片不定数，5~8~10 片，常脱落，而核果茶属的萼片为 5 数，常宿存，每室仅有 1 胚珠。]

**1. 石笔木** *Tutcheria spectabilis* Dunn [*Pyrenaria spectabilis* (Champi.) C. Y. Wu & S. X. Yang] 图 550

高 13m。树皮灰白色，平滑。嫩枝淡黄褐色，无毛。叶厚革质，椭圆形或披针状椭圆形，8~17cm×2.5~7cm，先端稍尾状，有粗浅齿，基部全缘，两面无毛，侧脉上面稍凹下，网脉明显。花单生枝顶叶腋，淡黄白色，径 4~7cm，花梗长 6~8mm，花瓣先端凹

**几种石笔木比较**

| 比较特征 | 石笔木<br>*T. spectabilis* | 小果石笔木<br>*T. microcarpa* | 粗毛石笔木<br>*T. hirta* |
|---|---|---|---|
| 嫩枝 | 略被微毛 | 无毛或初被微毛 | 被褐色粗毛 |
| 叶 | 无毛 | 下面无毛 | 下面被灰褐色柔毛 |
| 花梗长（mm） | 6~8 | 1 | 2~7 |
| 花径（cm） | 5~7 | 1.5~3 | 2.5~4.5 |
| 果径（cm） | 4~7 | 1~1.5 | 1.5~1.8 |

缺。果近球形，径3~7cm，密被金黄色柔毛，室背基部开裂；种子略扁，亮褐色。花期4~7月，果期9~11月。

产福建、广东、广西、云南和湖南南部；海拔300~1200m；生于山地林缘或沟谷溪边。南亚热带至南岭树种，耐阴，在常绿阔叶林中处于亚乔木层。木材坚硬致密。树姿优美，可栽培观赏。

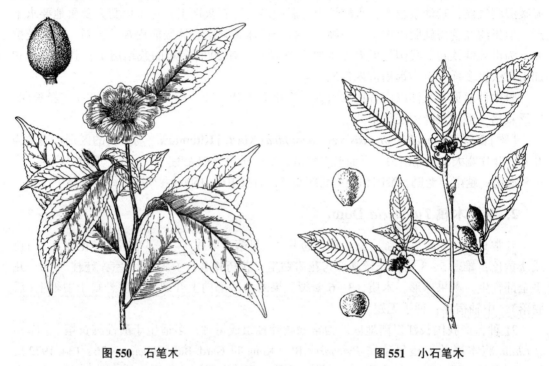

图550　石笔木　　　　　　　　　　　　图551　小石笔木

**2. 小果石笔木 Tutcheria microcarpa Dunn** [*Pyrenaria microcarpa* (Dunn) H. Keng] 图551

高17m。嫩枝无毛或初时有微毛。叶椭圆形至长圆形，4.5~12cm×2~4cm，先端尖锐，侧脉8~9对，在两面均能见，边缘有细锯齿。花细小，白色，径1.5~3cm，花梗短至1mm；花瓣下面被绢毛。蒴果三角状球形，径1~1.5cm，两端略尖。花期6~7月。

产海南、福建、湖南、江西的东部及南部、浙江南部、云南（马关）；海拔1000m以下；生于湿润常绿阔叶林中，常组成亚乔木层。中亚热带南部至南亚热带树种。

[附]**2a 粗毛石笔木 Tutcheria hirta (Hand. -Mazz.) Li** [*Pyrenaria hirta* (Hand. -Mazz.) H. Keng]　与上2种的区别：叶下面被灰褐色柔毛，嫩枝被褐色粗毛。产江西、广东、广西、湖南、湖北、贵州、云南；海拔800m以下；生于山地沟谷林中。

## 3. 木荷属 Schima Reinw.

常绿乔木。芽鳞少数。叶全缘或有锯齿。花单生或成短总状花序；苞片2~7，早落；萼片5，宿存，边缘有纤毛；花瓣5，基部连合，最外层花瓣常凹陷或成兜状；雄蕊花丝贴生于花冠基部，花药基着；子房5(4~6)室，花柱1，顶端5裂。蒴果背裂，中轴宿存；种子扁平，肾形，周围有翅。

30种，分布亚洲热带和亚热带。我国21种，主产长江以南。为优良阔叶材，亚热带常绿阔叶林重要建群树种。

1. 叶有钝齿，下面无毛，绿色 ················································· 1. 木荷 S. superba
1. 叶全缘，下面有毛及灰白色蜡层。
  2. 叶厚革质，毛带银白色；萼片近圆形 ································· 2. 银木荷 S. argentea
  2. 叶薄革质，毛带黄灰色；萼片半圆形 ································· 3. 西南木荷 S. wallichii

**1. 木荷 *Schima superba* Gaertn. et Champ.** 图552

高30m，胸径1.2m。树皮灰褐色，纵裂。冬芽被白色柔毛。叶革质，卵状椭圆形至长圆形，6~15cm×2.5~5cm，短尖或渐尖，有疏钝齿，两面无毛；叶柄长1~2cm。花白色，单朵腋生或成短总状花序；萼片半圆形，边缘有纤毛。果扁球形，径1.5~2cm，熟时5瓣裂，中轴宿存；每室有种子2~6，肾形，扁平，长7mm，周围有翅。花期3~8月，果期9~11月。

产长江以南，南至华南、四川和云南以东；海拔2100m以下。中亚热带树种，常与马尾松或樟、楠、栲、青冈等混生或成小片纯林。喜光，适生于温暖气候和肥沃酸性土壤。种子繁殖或萌芽更新。木材浅黄褐色，坚韧细致，密度$0.62g\cdot cm^{-3}$，耐用，缺陷是纹理交错，板材易翘曲；树皮含毒素，易引起皮肤灼伤。树冠浓密，叶革质，不易着火，为营造防火林带的优良树种，亦为行道树。

**2. 银木荷 *Schima argentea* Pritz. ex Diels** 图553

高30m。幼枝有银白色绒毛。叶厚革质，椭圆形或倒卵形，7~14cm×2~5cm，全缘，

**图552 木荷**

**图553 银木荷**

下面有银白色蜡层及柔毛或后脱落；叶柄长 0.5~2cm。花常 4~6 排成伞形或短总状花序，白色；萼片近圆形，长 2~5mm；花瓣 1 片白色，兜形，其余 4 片下部略带红色，有绢毛。果球形，径约 1.5cm；果梗较细，长 1.5~3cm；种子长 5~6mm，周围有宽翅。花期 7~9 月，果期翌年 2~3 月。

产西南、广西、广东、湖南、江西；海拔 900~3000m；生于山地常绿阔叶林或针阔混交林中。中亚热带至南亚热带树种。幼树耐阴，喜温暖湿润气候和中等肥沃土壤，适应性强。树皮厚，抗山火，宜作防火林带树种；木材细致。

**3. 西南木荷** *Schima wallichii* ( DC. ) Choisy　图 554

高 30m。小枝、叶柄、叶下面均被黄灰色短柔毛。叶薄革质，椭圆形，长 10~17cm，短渐尖，全缘，下面灰白色；叶柄长 1~3cm。花簇生于枝端叶腋，白色或淡红色；萼片半圆形，长 2~3mm，外面密被短丝毛。果球形，径 1.5~2cm；果梗粗短，长 1.3~2.5cm；种子长 8mm。花期 7~8 月，果期翌年 2~3 月。

图 554　西南木荷

产云南、贵州、广西；印度、尼泊尔、中南半岛及印度尼西亚亦产；海拔 700~2600m。西部中亚热带至南亚热带树种，亦分布至热带。稍耐阴，较木荷耐干旱气候。木材坚实耐久。

## 4. 大头茶属 *Polyspora* Ellis

常绿灌木或乔木。芽鳞少数。叶全缘或有锯齿。花单生叶腋或集生枝端；苞片 2~7；萼片 5，向内渐大而似花瓣；花瓣 5，最内部的最大，果时不落；雄蕊花药背着。蒴果室背 3~5 裂，中轴宿存；种子扁，顶端有翅。

40 种，主产亚洲热带和亚热带，北美 1 种。我国 6 种，产长江以南至台湾。

**大头茶** *Polyspora axillaris* ( Roxb. ex Ker Gawl. ) Sweet　图 555

高 9m。树皮黄褐色。叶硬革质，长圆状倒卵形至倒披针形，6~15cm × 2.5~4.5cm，先端圆或钝，基部渐狭，全缘或近顶部有钝齿，两面无毛，侧脉不明显；叶柄粗壮。花乳白色，径 7~13cm；近无梗；

图 555　大头茶

萼片倒心形；花瓣宽倒心形；子房被丝毛，向上渐窄成有5棱的花柱。果长圆状倒卵形，长2.5~3.5cm；种子长1.5~2cm，顶端具翅。花期8月至翌年2月。

产西南至华南、湖南、浙江、台湾；海拔300~3000m；常生于山谷、溪边、林中荒地、中山上部密林或山顶矮林中。木材紫红褐色，细致坚重；叶硬绿浓荫，可作行道树。

[附] 四川大头茶 *Polyspora speciosa* (Kochs) Bartholomew et T. L. Ming [*P. acuminata* (E. Pritz.) H. T. Chang] 与大头茶的区别：顶芽大，紫色；叶柄常带紫色。萼片卵圆形，外面近基部被灰黄色细绢毛，紫褐色；柱头5，略叉开。蒴果圆柱形。产云南、广西、贵州和四川南部；海拔1200~2000m；生于阔叶林或混交林中。

## 5. 紫茎属 *Stewartia* L.

落叶或半常绿灌木或乔木，树皮平滑。叶具锯齿。花白色，单生叶腋或近枝端。苞片1~2；萼片5，宿存；花瓣5，基部合生，外被银灰色柔毛；雄蕊花丝分离或连合，附生花瓣基部；花柱5，分离或连合。蒴果顶端尖，室间开裂，无中轴，宿萼大，常包住或托住果实；种子扁平，亮褐色，常具狭翅。

15种，分布东亚及北美亚热带地区。我国10种，主产长江流域。

**紫茎** *Stewartia sinensis* **Rehd. et Wils.**
图 556

高20m。树皮灰黄色，脱落后呈红褐色，平滑。小枝红褐色；冬芽芽鳞被灰黄色柔毛。叶纸质，卵形或长圆状卵形，4~8cm×2.5~3.5cm，下面被长伏毛，脉腋有簇毛，侧脉在上面凹下；叶柄长1cm，红色。花白色，径3~5cm。果卵圆形，木质，径15~20mm，顶端长喙状，外被黄褐色柔毛，熟时5瓣裂，宿萼包果。花期5~6月，果期9~10月。

产华东、华中至西南东部、广西；海拔1000~2100m。中亚热带中山树种。喜温凉湿润环境，生于中山上部潮湿常有云雾的阔叶林中。树皮平滑，红褐色，美观雅致，可引入园林种植；木材红褐色，硬重细致。

图 556 紫茎

## 6. 厚皮香属 *Ternstroemia* Mutis ex L. f.

常绿亚乔木或灌木；芽鳞多数；全株无毛。叶常集生枝端，全缘。花单生叶腋或无叶小枝，两性、杂性或单性；苞片2；萼片5(7)，基部稍合生，宿存；花瓣5，基部合生；雄蕊2轮，花丝短，基部合生，贴生于花瓣基部，花药基着；柱头1或2~5裂。浆果及种子较大，果常不开裂；种子马蹄状，压扁；胚珠少数，垂直于子房上角。

图557 厚皮香

90种，主产中美、南美、非洲、亚洲泛热带及亚热带地区。我国14种，主产长江以南。

**厚皮香** *Ternstroemia gymnanthera* (Wight et Arn.) Sprague 图557

高15m。树皮灰褐色，平滑。叶集生枝顶，假轮生状，革质，椭圆形至长圆状倒卵形，5.5~9cm×2~3.5cm，全缘，侧脉不明显，上面光亮，下面干时淡红褐色。花淡黄白色；花梗长约1cm。果球形，熟时紫红色，长7~10mm；苞片、萼片均宿存；种子每室1，肉质假种皮红色。花期5~7月，果期8~10月。

主产长江以南至西南；东南亚、南亚北部亦产；海拔200~1400(2800)m。中亚热带树种。稍耐阴，生于山地湿润林中，常组成常绿阔叶林亚乔木层。木材红色，稍硬重，结构细致，少开裂变形，径面有花纹，耐腐；树干端直，叶光洁浓绿，集生如盘，为优美庭园树、行道树和观叶树。

## 7. 茶梨属 *Anneslea* Wall.

常绿乔木。小枝粗；顶芽圆锥形。叶革质，簇生枝顶。花两性，单生或集成假房花序状；苞片2；萼片5，肉质；花瓣5，基部合生；雄蕊30~40，花丝下半部合生；子房半下位，2~3室；花柱顶端3裂。浆果，萼片宿存。种子长圆形，有假种皮。

约6种，分布亚洲热带及亚热带。我国3种1变种，产西南、华南和福建、台湾。

**茶梨** *Anneslea fragrans* Wall. 图558

高15m，全株无毛。叶肥厚革质，簇生小枝顶端，披针形或矩圆状披针形，6~13cm×3.5~5.5cm，近全缘或有不明显波状钝齿；下面疏被黑色腺点。花序由数花至多花而成紧密螺旋状排列，多近顶生；乳白色；花萼肥厚，红色，边缘膜质；花瓣膜质，长约2cm，有短尖头。果近球形，径2cm；种子具红色假种皮。花期3~4月，果

图558 茶梨

期10~12月。

产西南、华南、福建、江西、湖南；缅甸、泰国、老挝、尼泊尔亦产；海拔300~1900m；生于山地湿润常绿阔叶林中。木材浅黄色，细致均匀，切削面光滑；树冠浓密、光洁，中亚热带优良庭园树种。

## 8. 杨桐属 *Adinandra* Jack.

常绿小乔木或灌木；冬芽裸露，常有毛。叶常全缘，2列。花1(2)腋生，花梗常下弯；萼片5，宿存；花瓣5，基部常连合；雄蕊15~60，1~5轮，花丝常连合，着生花冠基部，花药基着，具丝毛；花柱1(3~5)，子房3~5室，每室胚珠20~100。小型浆果，花柱宿存；种子多数，细小，有光泽，有小窝孔。

85种，主产东亚至南亚。我国20种7变种，产长江以南。构成常绿阔叶林小乔木层。

图559 杨桐

**杨桐**(黄瑞木) *Adinandra millettii* (Hook. et Arn.) Benth. et Hook. f. ex Hance  图559

高10m。树皮灰褐色。小枝褐色，无毛；顶芽被灰褐色短伏毛。叶长圆状椭圆形，4.5~9cm×2~3cm，短渐尖或近钝，全缘，下面被短伏毛，或近无毛。单花腋生，白色；花梗长2cm，下弯；子房被毛，花柱1，长而突出，宿存。果球形，熟时黑色，径1cm，疏被毛；种子淡褐色。花期5~7月，果期8~10月。

产华东南部至华南、湖南、贵州；海拔100~1300(1800)m；生于山坡灌丛、山地阳坡林中、林缘和沟谷溪边。喜酸性黄红壤，宜湿润生境。木材黄褐色，纹理直、细致、质重。树冠浓密，叶绿，可为小径行道树。

## 9. 红淡属 *Cleyera* Thunb.

乔木或灌木。顶芽大，长锥形，无毛。叶2列，革质。花两性；萼片5，边缘有纤毛；花瓣5，基部稍连合；雄蕊约25，离生，花药被毛；子房无毛，2~3室，每室8~16胚珠；花柱2~3裂。浆果，花萼和花柱宿存。

约16种，分布亚洲及北美。我国约12种，产西南、东南。

**红淡** *Cleyera japonica* Thunb.  图560

高12m。树皮灰褐色或灰白色。嫩枝褐色，略具2棱；小枝灰褐色，圆柱形。叶革质，长圆形或长圆状椭圆形至椭圆形，6~9cm×2.5~4.5cm；全缘，边缘稍反卷。花1~4腋生；苞片2，早落；花瓣5，白色，倒卵状长圆形；雄蕊花药有丝毛，花丝无毛，药隔顶端有小尖头；子房2室，花柱顶端3裂。果实圆球形，成熟时紫黑色，径8~10mm。花期5~6月，果期10~11月。

图560 红淡

产长江以南各地；朝鲜、日本、缅甸亦产；海拔800～2500m（西部）以下；生于低地常绿阔叶亚乔木层或下木层。中亚热带树种。稍耐阴。日本广植于神社庙宇，视为"榊"木；叶光洁浓绿，可种植为观叶树，同属种厚叶红淡 C. pachyphylla，叶大而厚，应享有更高的观叶效果。

## 10. 柃属 Eurya Thunb.

灌木或小乔木，冬芽裸露。嫩枝圆柱形或具2～4棱。叶2列，有锯齿。花单性异株，1至数朵簇生叶腋；苞片2；萼片5，宿存；花瓣5，基部稍连合；雄花花丝与花冠基部略贴生或分离，花药基着；雌花花柱5～2，宿存。浆果；种子细小，每室2～60，黑褐色，具蜂窝状突起网纹。

130种，分布亚洲热带和亚热带地区、西南太平洋岛屿。我国81种13变种4变型，产秦岭以南，越向南种类越多。常为常绿阔叶林下木层树种或组成灌丛，生于酸性红黄壤。为蜜源植物。

### 1. 格药柃 Eurya muricata Dunn 图561

高6m，全株无毛。嫩枝圆柱形，粗壮无棱；顶芽长锥形。叶革质，长圆状椭圆形或椭圆形，3.5～11.5cm×2～4.3cm，先端渐尖，基部楔形或近阔楔形，边缘具细钝齿，上面中脉凹下。花1～5腋生，白色；雄花花药药室具分隔；雌花花柱长1.5mm。果球形，紫黑色，径4～5mm。花期9～11月，果期翌年6～8月。

图561 格药柃

图562 米碎花

产华东、华中，南至广东北部，西至四川中部和贵州东北部；海拔350~1300m；生于山地林下、林缘或灌丛中。优良的蜜源植物。

**2. 米碎花** *Eurya chinensis* R. Br. 图562

小灌木，高1.5m。与格药柃的区别：嫩枝有2棱，与顶芽均有短柔毛。叶薄革质，倒卵状椭圆形或倒卵形，2~5.5cm×1~2cm，边缘密生细锯齿。花1~4腋生，白色至黄绿色；雄花的雄蕊约15，花药不具分隔；雌花花柱长1.5~2mm。浆果圆球形，径4mm。花期4月，果期7~8月。

产江西、福建、台湾、湖南、广东、广西、贵州等地；海拔700m以下；生于林下、荒山草地、村旁、河岸及灌丛中。可作绿篱栽培，或植于建筑物周围、草坪、池畔。

# 62. 五列木科 PENTAPHYLACACEAE

常绿乔木或灌木。单叶互生，革质，全缘；无托叶。花小，两性，具短柄，簇生或排成总状花序；萼下有宿存小苞片2；萼片和花瓣均5；雄蕊5，花丝中部以下扁平，花药顶孔开裂；子房5室，每室有胚珠2；花柱5裂。蒴果室背开裂，每裂爿的中央有一隔膜；种子顶端有翅。

1属2种，分布东南亚，我国南部及西南部产1种。

## 五列木属 *Pentaphylax* Gardn et Champ.

形态特征与科同。

**五列木** *Pentaphylax euryoides* Gardn et Champ. 图563

高25m。树皮粗糙，灰褐色或灰棕褐色。小枝有突起皮孔和条纹。叶卵形、长卵形至长圆状披针形，先端渐尖或尾尖，具钝头，全缘；叶柄略带红色。总状花序长3~7cm，花梗粗壮；萼片近圆形，先端2裂；花瓣白色，先端圆形或微凹；雄蕊花丝中下部加宽呈花瓣状。蒴果长圆形，径约5mm，果梗极短，成熟后5裂，果皮木质，中轴宿存；种子线状长圆形，红棕色，压扁，表面细皱。花期夏季，果期秋季。

产广东、广西、贵州、海南、湖南、江西和福建；中南半岛至印度尼西亚亦产；海拔500~2000m；生于湿润常绿阔叶林中。热带山地树种，北达南岭山地。喜光，稍耐阴。木材坚硬，纹理通直，结构细匀。叶光洁鲜绿，为清雅观叶树种。

**图563 五列木**

# 63. 猕猴桃科 ACTINIDIAECAE

藤本,常绿或落叶;毛被发达。单叶互生,具锯齿,无托叶。花序单生或腋生聚伞花序,稀单花;花两性、杂性或雌雄异株;萼片5(2~3);花瓣5或更多,覆瓦状排列,分离或基部合生;雄蕊多数;心皮5至多数,子房5至多室,花柱分离或合生,中轴胎座,每室胚珠10至多数。浆果或蒴果;种子多数,细小,具胚乳。

4属370余种,主要分布东亚。我国4属约96种,主产秦岭以南、横断山脉以东地区。

## 猕猴桃属 *Actinidia* Lindl.

木质藤本。枝条髓心多片层状,稀实心。花杂性或雌雄异株,聚伞花序或单生;萼片2~5,花瓣5~12;雄蕊多数,花药2室,黄色或紫黑色;雌蕊多心皮,子房多室,每室胚珠多数,花柱离生,与心皮同数。浆果;种子多数,细小,褐色。

54种以上,分布亚洲热带至温带。我国52种,南北均产。果实可食,富含维生素C,甜酸适度,风味特美,且易加工,鲜果和加工品已进入国内国际市场;有的种可以作药用。

1. 叶下面星状毛较长;花序1回分歧,具花1~3,花序总柄1.5cm以下。
   2. 植物体各部被黄褐色或锈色硬毛;花瓣淡黄色 ·············· **1. 中华猕猴桃 *A. chinensis***
   2. 小枝、芽、叶下面、叶柄、花序、花萼和果实上具白色绵毛;花瓣桃红色 ···················
   ·············································································· **2. 毛花猕猴桃 *A. eriantha***
1. 叶下面星状毛较短;花序3~4回分歧,具花10朵或更多,花序总柄长2.5~8.5cm ···········
   ·············································································· **3. 阔叶猕猴桃 *A. latifolia***

**1. 中华猕猴桃 *Actinidia chinensis* Planch.**　　图564

落叶大藤本。幼枝被灰黄褐色或锈色长硬毛,后脱落;髓白色至淡褐色,片层状。叶倒阔卵形,6~8cm×7~8cm,先端尖或平截具凹缺,边缘具睫状小齿,下面密被灰白色或淡褐色星状毛,侧脉5~8对;叶柄长3~6(10)cm,被灰白色绒毛。花序1回分歧,具1~3花,花序梗长7~15mm;花初白色,后淡黄色。果近球形,长4~4.5cm,密被柔软的茸毛和淡褐色小斑点。花期4~5月,果期9~10月。

产秦岭、大别山以南,南至华南北部,东界华东,西达四川;海拔200~800m;生于阳坡灌丛、次生林及迹地。北、中亚热带树种。宜腐殖质丰富、排水良好的土壤上。著名水果,已广为引种栽培,单果重达200g,含丰富的钙、磷、铁等元素和多种维生素,每百克鲜果肉中含维生素C100~420mg,有的品种甚至可高达960mg,能降低血清胆固醇和甘油三酯水平,对消化道癌症、高血压、心血管疾病具有显著的预防和辅助治疗作用;花艳美,生长势旺,繁殖易,为园林中常见的棚架绿化植物。

图564 中华猕猴桃

图565 毛花猕猴桃

**2. 毛花猕猴桃 Actinidia eriantha Benth.** 图565

落叶大藤本。小枝、叶下面、叶柄、花序、萼片和果实均密被乳白色或污黄色绵毛；髓白色，层片状。叶卵形或宽卵形，8～16cm×6～11cm，先端短尖或渐尖，基部圆形或浅心形，侧脉7～10对，横脉发达；叶柄短粗，长1.5～3cm。花序1回分歧，具1～3花；花径2～3cm，花瓣5，桃红色。果柱状长椭圆形，形似冬瓜，3.5～4.5cm×2.5～3cm，宿存萼片反折。花期5～6月，果期11月。

产浙江南部、湖南南部、江西南部、华南；海拔200～1400m；生于山坡灌丛中和林缘。果可生食，风味好，也可作果酱、果脯及酿酒。花色艳丽，果实奇特，是优良的垂直绿化藤本。

**3. 阔叶猕猴桃 Actinidia latifolia (Gardn. et Champ.) Merr.** 图566

落叶大藤本。小枝无毛，髓白色，层片状。叶宽卵形，8～13cm×5～8.5cm，边缘疏生突尖硬头小齿，下面密被灰色或黄褐色星状短绒毛，侧脉6～7对；叶柄长3～7cm。花序3～4回分歧，具花10以上，花序总柄长2.5～8.5cm；花径1.4～1.6cm；花瓣5～8，淡橙黄色。果暗绿色，圆柱形或卵状圆柱形，3～3.5cm×2～2.5cm，具

图566 阔叶猕猴桃

斑点，无毛或两端被残存绒毛。花期5~6月，果期11~12月。

产长江以南，南至华南；越南、老挝、柬埔寨、马来西亚亦产；海拔450~900m；生于山谷、山沟灌丛和林地中。

## 64. 金莲木科 OCHNACEAE

乔木或灌木。单叶互生，稀羽状复叶，羽状脉；有托叶。花两性，辐射对称，排成顶生或腋生的总状花序或圆锥花序；萼片4~5，分离或基部合生；花瓣4~10，分离；雄蕊5、10或多数，花丝宿存，花药线形，基着，纵裂或顶孔开裂，有时有退化雄蕊；子房全缘或深裂，1~12室；胚珠1至多数；花柱单生，稀顶部分裂。蒴果或成熟心皮完全分离成小核果状环列于花托的周围。

40属600种，分布热带和亚热带地区。我国3属4种。

### 金莲木属 *Ochna* L.

乔木或灌木。单叶，边缘有小齿；托叶2，脱落。花大，黄色，伞房、伞形或圆锥花序；萼片5，宿存；花瓣5~10，脱落；花盘厚，分裂；雄蕊、心皮多数，3轮排列；花药常顶孔开裂。成熟心皮3~10，呈核果状环列于花托的周围。

85种，分布热带亚洲和非洲，少数产热带美洲，我国1种。

**金莲木** *Ochna integerrima* (Lour.) Merr. 图567

落叶灌木或小乔木，高2~7m。小枝有明显的环纹。叶纸质，椭圆形或倒卵状长圆形，7~17cm×2~5cm，边缘有密的小锯齿。花序近伞房状，生于短枝的顶部；花黄色，径3cm，萼片长1~1.4cm，开放时外反，结果时呈暗红色；子房10~12室，柱头盘状5~6浅裂。核果椭圆形，长1~1.2cm。花期3~4月，果期5~6月。

**图567** 金莲木

产广东、广西、海南；东南亚国家多亦产；海拔300~400m；生于山谷石旁和溪边较湿润的空旷之地。花大，果萼红色，为优美观赏树种，南亚热带至热带地区多有栽培。

## 65. 龙脑香科 DIPTEROCARPACEAE

常绿乔木。木质部有树脂，植物体常具星状毛或盾状鳞片。单叶，互生，常全缘，羽状脉；托叶早落。花两性，芳香，辐射对称；萼筒裂片5，宿存，结果时通常2枚或2枚以上增大成翅；花瓣5，旋转状排列，分离或稍合生；雄蕊常多数，药隔延伸；子房上位，

3室，每室2胚珠，中轴胎座。坚果，稀蒴果，常为增大的宿萼所围绕；通常种子1，无胚乳。

17属550种，分布东半球热带地区，主产东南亚，为热带雨林的主要树种。我国5属12种，产云南和广东和广西的南部。多为优良用材树种。其木材纹理细致，坚硬耐用，耐湿力强，可制造船舶、桥梁、家具等。不少种类含树脂和木油，用于喷漆工业及药用。

1. 萼片基部合生呈杯状、钟状或坛状；小枝具环状托叶痕 ·················· **1. 龙脑香属** Dipterocarpus
1. 萼片基部分离，或仅基部稍合生成杯状；小枝常无环状托叶痕。
　2. 萼片覆瓦状排列；药隔附属体芒状。
　　3. 萼片2枚发育成长翅状，或均不发育成翅状；花柱基部明显膨大 ·········· **2. 坡垒属** Hopea
　　3. 萼片发育成3长2短的翅或几相等的翅；花柱基部不膨大。
　　　4. 果翅基部扩大包围果实；雄蕊药室等大 ······························ **3. 娑罗双属** Shorea
　　　4. 果翅基部狭窄不包围果实；雄蕊药室不等大 ······················ **4. 柳安属** Parashorea
　2. 萼片镊合状排列；药隔附属体为短突尖 ······································ **5. 青梅属** Vatica

## 1. 龙脑香属 *Dipterocarpus* Gaertn. f.

大乔木。托叶大，包藏顶芽，脱落后在小枝上留有环状托叶痕。叶革质，侧脉直伸至叶缘，全缘或波状齿；花大，白色或红色；总状花序；花萼基部合生呈钟状、杯状或坛状，5裂；花瓣被短绒毛；雄蕊多数，花药线形，药隔伸长而渐尖；子房3室，每室2胚珠，花柱基部明显膨大。坚果为宿存的萼筒所包被，其中有2萼片增大成长翅；种子与果皮的基部连合，子叶不出土。

70余种，分布印度、中国、马来西亚、印度尼西亚。我国产1种，引入栽培1种（据李锡文等，*Flora of China*）。

**东京龙脑香** *Dipterocarpus retusus* Bl.　　图568

大乔木，高45m。树皮浅剥裂。叶革质，宽卵形，16~28cm×10~15cm，下面被金黄色星状柔毛，侧脉16~19对，全缘或上半部有波状齿；托叶长至15cm。总状花序长8~10cm，具花2~5；在外的2枚萼裂片较长于在内的2裂片；花芳香，花瓣红色，长5~6cm，密被鳞毛；雄蕊(25)30，长5mm，药隔附体芒状。坚果卵形，密被黄灰色短绒毛，宿存2翅状萼片红色，线状披针形，19~23cm×3~4cm，具3~5脉。花期5~6月，果期12月至翌年1月。

产西藏东南部、云南东南部及西部；东南亚各国多亦产；海拔1000m以下；生于潮湿沟谷密林中。喜高温高湿气候和土层肥厚的砂壤土，亦耐瘠薄，石灰岩地亦见。热带雨林标志树种。速生，39年生天然林木，高36.6m，胸径40.5cm；种子繁殖，天然更新好。木材坚

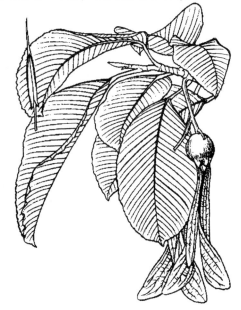

**图568　东京龙脑香**

韧，耐压磨，富含胶性香脂。因生境丧失，资源极稀濒危，为国家保护植物，应绝对禁伐。

## 2. 坡垒属 *Hopea* Roxb

乔木。叶全缘；托叶小，早落或不明显。花具短柄或近无柄，圆锥花序；萼管极短，裂片5，覆瓦状排列；花瓣5，旋转排列；雄蕊15，2轮，药隔顶部附属体钻形或丝状，子房3室，每室2胚珠，花柱短，基部膨大为花柱基。坚果为增大的萼片基部所围绕，其中2枚萼片常特别增大成翅状，稀无翅；具1种子，种子无胚乳，子叶富含淀粉及油脂。

约100种，主要分布印度、马来西亚及中南半岛。我国4种，产云南、华南。为当地名贵用材树种。

1. 花萼被毛；叶面无毛，叶基部稍圆形 ·············· **1. 坡垒 *H. hainanensis***
1. 花萼无毛；叶面被毛，叶基部圆形或楔形 ·············· **2. 狭叶坡垒 *H. chinensis***

### 1. 坡垒 *Hopea hainanensis* Merr. et Chun    图569

常绿乔木，高20m，胸径85cm。小枝和花序密生星状微柔毛。叶近革质，椭圆形或长圆形，8~12cm×5~8cm，侧脉9~12对，下面明显凸起，小脉平行，不明显。圆锥花序顶生或生于上部叶腋内，长3~10cm；花小，偏生于花序分枝的一侧，几无梗。果窄卵形，长1.5cm，为扩大的宿萼所包围，其中2片萼裂片扩大成翅，倒披针形，长7~10cm，有纵脉7~11。花期6~7月，果期11~12月。

特产海南；海拔400~800m。边缘热带树种。产地年平均气温23~26℃，1月平均气温17℃以上，年降水量1600~2400mm；常生于沟谷和溪旁，宜高温、潮湿、静风的生境，适生于砖红壤和赤红壤，常与青皮、野生荔枝、蝴蝶树等组成热带雨林。海南特优材，坚韧耐久，极耐腐，耐浸渍，不受虫蛀。资源极濒危，为国家保护植物。

**图569** 坡垒

**图570** 狭叶坡垒

## 2. 狭叶坡垒 Hopea chinensis ( Merr. ) Hand. -Mazz. ［毛叶坡垒 H. mollissima C. Y. Wu et W. T. Wang］ 图570

乔木，高15~120m，具白色芳香树脂。树皮灰白色或暗褐色。叶革质，长圆形或长圆状披针形，7~26cm×2~8cm，先端渐尖或尾状渐尖，被密毛或星状毛，侧脉8~12对。圆锥花序腋生。果卵圆形，具短尖头，增大的2枚花萼裂片线状披针形、长圆形、披针形或倒披针形，具疏星状毛，纵脉10~13。花期6~7月，果期10~12月。

产云南(屏边、绿春、江城李仙江沿岸)；海拔1000m以下；生于潮湿的林中。心材暗黄色，后转为深灰色，结构细匀，纹理斜行，材质硬重，强韧，耐腐；树脂用于喷漆工业，尤宜于纸板上光。国家保护植物。

## 3. 娑罗双属 Shorea Roxb. ex Gaertn. f.

大乔木，具芳香树脂。叶全缘；托叶较大。聚伞圆锥花序；萼管短，裂至基部，裂片常3枚在外，2枚在内；雄蕊常15(20~60)，花药近椭圆形，药室等大，药隔呈刺芒状尖或钻状，花丝下部膨大；花柱基部不膨大。果开裂为3瓣或坚硬不裂，常具1(2~6)种子；宿存萼裂片常发育为2短3长的翅或不发育的翅，基部扩大包围果实。

194种，广布于东南亚。我国产2种，分布云南西南部和西藏东南部。

**云南娑罗双** *Shorea assamica* Dyer 图571

高50m，胸径1.6m。树干通直圆满，分枝少。树皮在不开裂之前具纵裂白色皮孔，内皮紫红色，内含白色树脂。叶长圆形或椭圆形，6~12cm×3~6cm，侧脉12~19对，下面被绒毛；叶柄长0.7~1.3cm，密被绒毛；托叶长10~25mm，有纵脉4~10。花序长17~28cm；花白色带黄；萼片3长2短；花瓣长圆形，具纵脉11。幼果卵形或椭圆形，长0.7~11.2cm，宿存萼翅长3~10cm，纵脉11~14。花期6~7月，果期11月至翌年1月。

产云南盈江；不丹、尼泊尔、印度北部至中南半岛亦产；海拔600m以下；生于湿润低地和沟谷地带。边缘热带树种。产地年平均气温22.7℃，最冷月平均气温15℃，极端最低气温2℃以上，年降水量2800mm，酸性赤红壤。生长快，寿命长，可培育大材。深根性树种，根部有

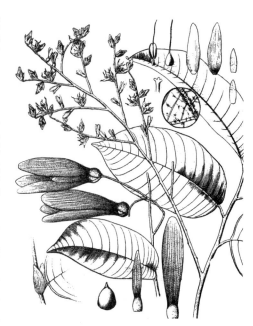

图571 云南娑罗双

较强的萌生力。树干通直高大，材质中等坚重，易加工，边材黄白色，心材黄褐色，材色深，花纹美观。但资源稀有，应禁伐天然林，国家保护植物。

## 4. 柳安属 *Parashorea* Kurz

大乔木，树干通直。托叶条形至戟形，或早落；叶侧脉多数，直伸，近叶缘处弯拱。

图 572 望天树

总状或圆锥花序；萼裂片外面 3 片较大，内面 2 片较小；花瓣 5，脱离时基部分离；雄蕊常 15，花丝短，花药顶短尖，无刺毛，药室不等大；子房小，3 室，分离，无明显花柱基。坚果大，近球形，萼裂片增大为近等长或 3 长 2 短的翅，不包被果实。

14 种，分布东南亚。我国 1 种，产云南、广西。

**望天树** *Parashorea chinensis* Wang Hsie 图 572

高 40~70m，胸径 0.6~1.5m。树冠伞形，树干通直，枝下高 30m 以上，大树有板根。芽裸露，由 1 对托叶包藏。叶革质，长椭圆形、卵状或披针状椭圆形，6~20cm×3~8cm，侧脉 14~19 对，下面被鳞片状毛和细毛；叶柄长 1~3cm；托叶宿存。顶生花序长 5~12cm；花芳香；花瓣黄白色，有 4~10 条细纵纹，外面被鳞片状毛；雄蕊 15，长约 4mm；子房圆锥状卵形。果卵状椭圆形，长 2.2~2.8cm，宿存萼片发育成 5 翅，3 长 2 短，倒披针形或椭圆状披针形，具纵脉 5~7。花期 5~6 月，果期 8~9 月。

产云南勐腊、广西西南部；老挝、越南亦产；海拔 700~1100m。边缘热带树种，生于河谷和沟谷，宜湿润深厚的土壤或石灰岩与砂岩夹层生境。喜光，中度遮阴有利于种子萌发，幼苗耐阴，林冠下天然更新能力强。主干直耸向天，为国产乔木第一高度记录。木材结构较细，材质较重，纹理通直而不易变形，是优良工业用材树种；能分泌树胶，花可提取香料油，利用价值高。稀有，国家保护植物。

### 5. 青梅属 *Vatica* L.

乔木，具白色芳香树脂，枝叶各部常有星状毛。叶全缘，侧脉弧曲，先端不达叶缘；托叶小，早落。圆锥花序顶生或腋生；萼筒极短，5 裂，与子房基部合生，萼片张开时为镊合状；花瓣长于萼片 2~3 倍；雄蕊 15 (10)，花丝不等长，药隔有短凸尖；蒴果革质，3 瓣裂或不裂，有种子 1~2，宿存萼片常全部增大成翅状，长短不等。

约 65 种，分布亚洲南部热带地区。我国 3 种，产海南、广西、云南。

图 573 青梅

**青梅**(青皮) *Vatica mangachampoi* Blanco  图 573

高 20m，胸径 1.2m；植株各部分常被星状毛或绒毛。叶长椭圆形或椭圆形，5~13cm×2~5cm，侧脉 7~10 对，两面均突起，网脉明显；叶柄长 7~15mm。花序长 4~8cm；花白色，具短梗，雄蕊 15，外轮 10，内轮 5，花丝短，不等长，花药 4 室，药隔附属体短而钝。果实球形，径约 8mm，下托以增大的宿存萼片，其中 2 片长的达 4cm，有纵脉 5 条。花期 5~7 月，果期 8~9 月。

产海南；东南亚各国多亦产；海拔 900m 以下。边缘热带至中热带树种。喜光，幼苗期有一定的耐阴性；适应性广，海南从潮湿的雨林、季雨林到海南西部的干旱林，年降水量 1000~2500mm 的广大地区均可生长；在潮湿林中与野生荔枝、蝴蝶树、油楠等混生，在干燥瘠薄地可形成单优群落。种子无休眠性，易丧失发芽率，难以运输和储存；萌发的最适温度为 25~30℃，萌发率可达 96.7%。木材坚韧耐腐，为热带珍贵用材树种。渐危种，国家保护植物。

# 66. 杜鹃科 ERICACEAE

灌木或亚灌木，稀乔木。单叶互生，无托叶。花单生或成总状、圆锥状或伞形花序，顶生或腋生。花两性，辐射对称或稍两侧对称；萼 4~5 裂，宿存；花冠合瓣，钟状、坛状、漏斗状或高脚碟状，常 5(4~8) 裂，裂片覆瓦状排列；雄蕊常为花冠裂片 2 倍，少同数，稀更多；花丝分离，稀略连合；花药 2 室，顶孔开裂，花药背部或顶部常有芒状或距状附属物；花盘盘状，具厚圆齿；子房上位，2 至多室，中轴胎座，每室胚珠多数，花柱 1。蒴果或浆果，稀浆果状蒴果；种子细小，有时具翅。

50 属 1500 种，分布极广，但主要分布南非及中国西南部。我国 14 属 700 余种，全国均产，以西南地区最多。

1. 花大显著；蒴果室间开裂；花药无附属物 ·················· **1. 杜鹃花属** *Rhododendron*
1. 花小；蒴果室背开裂。
　2. 花药背部或顶部有芒状附属物，花丝直伸；叶缘有锯齿。
　　3. 花药顶部的芒直立伸展；伞形或伞房花序；落叶 ·············· **2. 吊钟花属** *Enkianthus*
　　3. 花药背部的芒反折下弯；圆锥花序；常绿 ························· **3. 马醉木属** *Pieris*
　2. 花药无芒状附属物，花丝膝曲状，稀直伸；叶全缘 ················ **4. 珍珠花属** *Lyonia*

## 1. 杜鹃花属 *Rhododendron* L.

常绿或落叶灌木，稀小乔木。无毛或具各式毛被或被鳞片。叶互生，全缘，常集生于小枝顶部。花大、显著；花有梗，常排成顶生伞形花序或短总状花序，稀腋生或单生；花萼 5 裂，稀 6~8 裂，宿存，花后不增大；花冠鲜艳，钟状、筒状或漏斗状，5 裂；雄蕊 5 或 10，稀更多，花药无芒状附属物，顶孔开裂；花盘厚，具圆齿；子房上位，常 5(2~10) 室，每室胚珠多数，密集生于中轴胎座。蒴果，自顶部向下室间开裂为 5 瓣；种子细小，多数，常有窄翅。

约 1000 种，分布欧洲、亚洲、北美洲，2 种分布至北极地区。我国 571 种，几产全国，以西南和湖南最盛。本属多数植物喜酸性土壤，花期多为春季，花色艳丽，为世界著名观赏植物。

1. 花序顶生。
  2. 常绿大乔木；叶长 24~37cm×10~24cm ·················· **1. 大树杜鹃** R. protistum var. giganteum
  2. 常绿或落叶灌木；叶形较小。
    3. 花和新枝叶同出一顶芽；植物体被扁平糙伏毛；花冠红色，雄蕊 7~10。
      4. 叶散生枝上；小枝和叶被红棕色扁平糙伏毛或刚毛 ············ **2. 杜鹃** R. simsii
      4. 叶常 3~5 轮状簇生枝顶，幼叶被贴伏柔毛，老叶近无毛；幼枝仅被柔毛 ··············································· **2a. 满山红** R. mariesii
    3. 花出自顶芽，新枝叶出自侧芽；植物体毛多样，但无糙伏毛；雄蕊 10~14。
      5. 落叶；雄蕊 5；花黄色或金黄色 ··············· **3. 羊踯躅** R. molle
      5. 常绿；雄蕊 10 或多于 10；花粉红色或淡粉红色。
        6. 叶下面被淡棕或淡灰色毛被；花冠 5 裂，内有紫红色斑点，雄蕊 10~12 ··············································· **4. 猴头杜鹃** R. simiarum
        6. 叶下面无毛；花冠 7 裂，内无紫红色斑点，雄蕊 14 ·········· **5. 云锦杜鹃** R. fortunei
1. 花序腋生，常生枝顶叶腋，或生去年生枝下部叶腋。
  7. 植株有鳞片；腋生花序具 2~3 花；蒴果长圆形 ·············· **6. 腋花杜鹃** R. racemosum
  7. 植株无鳞片；花单生于枝顶叶腋；蒴果卵圆形、球形或圆柱形。
    8. 花淡紫、紫色或粉红色，雄蕊 5 ················· **7. 马银花** R. ovatum
    8. 花粉红或白色，雄蕊 10 ·················· **7a. 鹿角杜鹃** R. latoucheae

## 1. 大树杜鹃 *Rhododendron protistum* var. *giganteum* (Forrest ex Tagg) Chamberlain

图 574

常绿大乔木，高 25m。小枝粗壮，被淡灰色毡状毛。叶厚革质，椭圆形、长圆形或倒披针形，24~37cm×10~24cm，先端钝，幼时下面被淡棕黄色毡毛，后逐渐脱落；叶柄长 2~4cm，近无毛。总状伞形花序顶生，约 24 花；花梗长 1.5~3cm，密被绒毛；花萼退化为浅裂的盘，有 8 小齿裂；花冠钟形，蔷薇色带紫色，长 7~8cm，8 裂；雄蕊 16，极不等长；子房 16 室，密被绒毛。蒴果长圆柱形，木质，长 4cm，微弯，有棱，被深褐色绒毛。花期 2~3 月。

产云南西南高黎贡山；海拔 2100~2400m，仅存数十株。幼树耐阴，生长极缓慢。为原始古老类型，有科学研究价值，又为著名的观赏

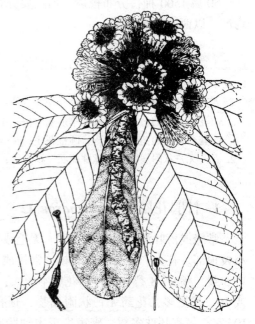

**图 574　大树杜鹃**

植物。国家保护植物。

**2. 杜鹃 *Rhododendron simsii* Planch.**　　图 575

落叶或半常绿灌木，高 1~2.5m。分枝细而多；小枝、叶、叶柄、花梗、花萼、果等密被褐色糙伏毛。叶纸质，二型，春发叶较长，夏发叶较短，卵形或卵状椭圆形，0.8~5cm×0.4~2.5cm，先端尖至渐尖，边缘被细腺毛；叶柄长 2~6mm。花和新枝叶同出一顶芽；伞形总状花序具 2~6 花；花梗长 5~9mm；花冠宽漏斗形，径 4~5cm，红色或深红色，裂片 5，上方 3 裂片内侧有深红色斑点；雄蕊 10；子房 10 室。果卵圆形，长 5~8mm，有宿存花萼。花期 3~5 月，果期 6~8 月。

产长江流域及其以南各地，东至台湾，西达四川、云南；东部习见于低海拔丘陵灌丛中及林下，西部达海拔 2600m。萌芽力强，耐干旱瘠薄，在酸性红壤荒坡生长旺盛。早春开花，万山红遍，蔚为奇观，为优良观赏花木。本种久经栽培，园艺品种颇多。

图 575　杜鹃　　　　　　　　　　　图 576　满山红

[附]**2a. 满山红 *Rhododendron mariesii* Hemsl. et Wils.**　　图 576　与杜鹃的区别：小枝无毛或幼时被绢毛；叶一型，3~5 集生枝顶，叶疏生柔毛，后无毛；花紫红色。产陕西、河北、河南、华东、华南和西南；生于海拔 800~1800m 山地灌丛中。

**3. 羊踯躅 *Rhododendron molle* (Blum) G. Don.**　　图 577

落叶灌木，高 0.5~2m。幼枝密被灰白色柔毛及疏刚毛。叶纸质，长圆形至长圆状披针形，长 5~11cm，先端钝，具短尖头，基部楔形，边缘具睫毛，上面疏被毛，下面密被灰白色柔毛，沿中脉被刚毛；叶柄长 2~6mm，被柔毛和疏刚毛。总状伞形花序顶生，具 5~13 花，先花后叶或花叶同放；花梗长 1~2.5cm，被柔毛及疏刚毛；花萼小，圆齿状；花冠阔漏斗形，长 4.5cm，黄色或金黄色，内有深红色斑点，裂片 5；雄蕊 5，不等长，内藏；花丝中下部被微柔毛；子房密被灰白色柔毛及疏刚毛，花柱长达 6cm，无毛。蒴果圆锥状长圆形，长 2.5~3.5cm，具 5 条纵肋，被微柔毛和疏刚毛。花期 3~5 月，果期 7~8 月。

产河南、华东、华中、华南至西南；生于山地或丘陵灌丛中。有剧毒，羊食后常踯躅而死，可为麻醉药和农药，外用治风湿性关节炎、跌打损伤；本种先花后叶，花色金黄，可引种栽培为庭院观赏植物。

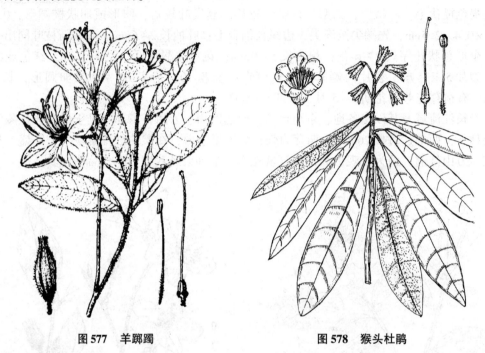

图 577　羊踯躅　　　　　　　图 578　猴头杜鹃

### 4. 猴头杜鹃 *Rhododendron simiarum* Hance　　图 578

常绿小乔木，高 6m。花出自顶芽，新枝叶出自侧芽。叶集生枝顶，厚革质，倒披针形或长圆状倒披针形，5.5~10cm×2~4cm，先端钝或圆，基部窄楔形，下面有淡棕色或淡灰色毛被，边缘反卷；叶柄长 1~3cm，初被毛和腺体，渐脱落。伞形总状花序顶生，具 5~9 花；花梗长 2~4cm；花冠漏斗状钟形，径 3~4cm，粉红色，裂片 5，内侧有紫红色斑点，雄蕊 10~12；子房被星状分枝毛和腺体，花柱基部被腺体。蒴果长圆形，长约 1~1.8cm，被锈色毛。花期 4~5 月，果期 7~9 月。

产江西、湖南、浙江、福建及华南；海拔 1000~1900m；常在山顶危坡形成山顶矮林。天然林保护工程的重点保护对象。

### 5. 云锦杜鹃 *Rhododendron fortunei* Lindl.　　图 579

常绿灌木或小乔木，高 3~9m。花出自顶芽，新枝叶出自侧芽。叶常簇生枝顶，厚革质，长圆形至长圆状披针形，6~18cm×3~8cm，先端钝至近圆形，基部圆形，下面无毛；叶柄长 2~4cm，有稀疏腺体。总状伞形花序具 6~12 花；花梗长 2~3cm；花冠漏斗状钟形，长 4.5~5.5cm，粉红色，外被稀疏腺体，7 裂；雄蕊 14，长 1.8~3cm，花丝无毛；子房密被腺体，花柱长 3cm，被腺体。果长圆状椭圆形，长 2.5~3.5cm。花期 4~5 月，果期 8~10 月。

产安徽、浙江、福建北部、陕西南部、河南西部、湖北、湖南、广东北部、广西、贵州、云南、四川；海拔 620~2000m；生山脊向阳处或林下，有时形成山顶矮林。优良景

图 579 云锦杜鹃

图 580 腋花杜鹃

观树种，花大色艳，观赏价值高。

**6. 腋花杜鹃 *Rhododendron racemosum* Franch.** 图 580

常绿小灌木，高 0.15~2m。幼枝被黑褐色腺鳞。叶革质，有香气，宽倒卵形或长圆状椭圆形，1.5~4cm×0.8~1.8cm，顶端具尖头，边缘反卷，上面密生黑褐色小鳞片，下面常灰白色，密被褐色鳞片，侧脉两面均不明显；叶柄长 2~4mm，被鳞片。花序腋生枝顶或枝上部叶腋，具2~3花；花梗长 0.5~1cm，被鳞片；花萼小，环状或波状浅裂，被鳞片；花冠小，宽漏斗状，长 0.9~1.4cm，粉红色或淡紫红色，中部或中部以下分裂；雄蕊10，伸出花冠外，花丝基部密被柔毛；子房5室，密被鳞片，花柱长于雄蕊。蒴果长圆形，长 0.5~1cm，被鳞片。花期 3~5 月。

产四川西南部、贵州西北部、云南；海拔1500~4300m；生灌丛草地、松—栎林下或冷杉林缘。本种花虽然不大，但花色鲜艳，质地半透明，看起来极其素净雅洁、气质不俗，颇有"小家碧玉"的风范；加之适应性较强，又有着独特的观赏价值，因此在园林上有着广泛的应用前景。

**7. 马银花 *Rhododendron ovatum* ( Lindl. ) Planch. ex Maxim.** 图 581

常绿灌木，高 1~4m。幼枝被腺毛和柔毛。叶近革质，卵形或椭圆状卵形，长 3~5cm，先端短尖，有短尖头，基部近圆形，仅脉上被短柔毛；叶柄长 0.5~1cm，被柔毛。花单生枝顶叶腋，花梗长 1~1.5cm；萼筒短，被腺体；花冠辐状，淡紫色或粉红色，5 深裂，上部裂片有深色斑点，外面无毛，里面有柔毛；雄蕊5；子房有短刚毛，花柱无毛。果卵球形，径约8mm，被短刚毛，宿萼增大包果。花期 4~5 月，果期 7~10 月。

广布于长江流域及其以南各地，东迄台湾，西至四川；习见于海拔 500~1200m 的林缘及灌丛中。花艳丽，可引种栽培供观赏。

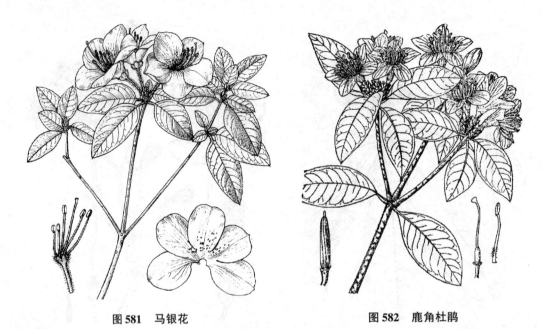

图581 马银花　　　　　　　图582 鹿角杜鹃

**[附]7a. 鹿角杜鹃 *Rhododendron latoucheae* Franch.**　图582　与马银花的区别：小枝细长，无毛，常3枝轮生。叶柄长1.2cm，无毛。花粉红或白色，雄蕊10。蒴果圆柱形，长3.5~4cm。产安徽南部、浙江、江西、福建、湖北、湖南、广东北部、广西、四川东南部和贵州；海拔800~2600m；生于山地疏林及林缘。低海拔种，株型雅致，花大色艳，具有很高观赏价值，适宜引种栽培于庭院及园林。

## 2. 吊钟花属 *Enkianthus* Lour.

落叶或稀常绿灌木，稀小乔木。叶互生，全缘或具锯齿，常聚生枝顶；具叶柄。花先叶开放，伞形或伞房总状花序，稀单花或成对；花梗细长，花开时常下弯，果时直立或下弯；花萼5裂，宿存；花冠钟状或坛状，5浅裂；雄蕊10，分离，花丝短，基部宽，常被毛，花药长圆形，上部药室分离，每室顶端具细短芒，顶孔开裂；子房上位，5室，每室具数胚珠。蒴果具5棱，室背开裂；种子少数，常有翅或角。

12种，分布东亚，自东喜马拉雅经中国至日本。我国7种，产长江流域及其以南各地，西南部种类较多。

**灯笼花 *Enkianthus chinensis* Franch.**　图583

落叶灌木或小乔木，高3~10m。小枝无毛。叶常聚生枝顶，纸质，椭圆形或长圆状椭圆形，长3~5cm，先端锐尖，基部楔形或宽楔形，有钝锯齿，两面无毛；叶柄粗壮，长0.8~1.5cm，无毛。伞房状总状花序，长3~7cm；花梗纤细，长2.5~4cm，无毛；花下垂；花萼5裂，有缘毛；花冠橙黄色，具红色条纹，宽钟形，长0.7~1cm，口部5浅裂；雄蕊10，花药2裂。蒴果卵圆形，下垂，径6~8mm；果柄1~3.5cm。花期5~7月，果期6~10月。

产陕西南部、甘肃东南部、安徽、浙江、江西、福建、湖北西部、湖南、华南、西南；海拔900~3100m；生于山地疏林及灌丛中。本种开花时，花形钟状，花色粉红，小

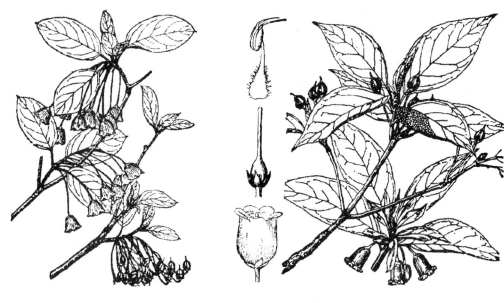

图 583 灯笼花　　　　　　　图 584 齿缘吊钟花

花下垂，极其美观；金秋时节，叶片红色，为优良的观赏植物。

**[附]齿缘吊钟花** *Enkianthus serrulatus* ( Wils. ) Schneid. 图 584 与灯笼花的区别：叶下面沿中脉基部被白色柔毛。伞形花序顶生。花梗长 1~2cm，下垂，结果时直立；花白绿色。花期 4 月，果期 5~10 月。产湖北、湖南、华东、华南、西南；生于海拔 700~1800m 山坡疏林下或灌丛中。

## 3. 马醉木属 *Pieris* D. Don

常绿灌木或小乔木。单叶互生或假轮生；具短叶柄。圆锥或总状花序，顶生或腋生；具苞片及小苞片；花萼 5 裂，常宿存；花冠坛状或筒状坛形，顶端 5 浅裂；雄蕊 10，内藏，花丝基部宽扁，花药背部有 1 对下弯的芒；子房上位，5 室，每室胚珠多数。蒴果近球形，室背开裂，缝线不加厚；种子多数，细小，纺锤形。

7 种，产亚洲东部(尼泊尔、中国、日本、千岛群岛、堪察加半岛和科曼多群岛)、北美东部及西印度群岛。我国 3 种，产东部至西部。

**美丽马醉木** *Pieris formosa* ( Wall. ) D. Don 图 585

高 2~4m。小枝无毛；幼叶常红色。叶革质，披针形或长圆形，稀倒披针形，4~15cm×1.5~3cm，先端渐尖或锐尖，基部宽楔形，边缘具细锯齿，侧脉和网脉在两面明显；叶柄长 1~1.5cm。总状花序簇生枝顶叶腋，或有时为顶生圆锥花序，长 4~10(20)cm，花密集；花梗被柔毛；花冠白色，坛状，外面被柔毛，上部浅 5 裂，裂片先端钝圆。蒴果卵圆形，径约 4mm；种子黄褐色，纺锤形。花期 5~6 月，果期 7~9 月。

产安徽南部、华东、华东、广东北部、广西东北部、西南；越南、缅甸、尼泊尔、不丹、印度亦产；生于海拔 900~2300m 干瘠山地灌丛中或向阳处。温带至南亚热带树种。全株有毒，叶适量煎水外敷，可治疥疮，切忌内服；亦可制农药。

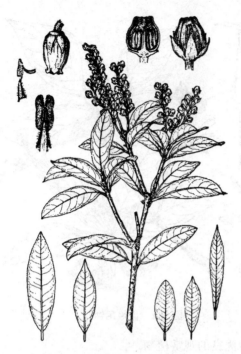

图 585 美丽马醉木

图 586 马醉木

[附] 马醉木 *Pieris japonica* ( Thunb. ) D. Don ex G. Don 图 586 与美丽马醉木的区别：叶全缘或中部以上或顶部有锯齿，侧脉、网脉不明显，在上面平。产安徽、浙江、福建、台湾、江西及湖北东南部；日本亦产；生于海拔 800～1200m 山地灌丛中。叶有毒，可作杀虫剂。

## 4. 珍珠花属 *Lyonia* Nutt.

常绿或落叶灌木，稀小乔木。单叶，互生，全缘；具短叶柄。总状花序顶生或腋生；花小，白色；花萼 4～5(8) 裂，花后宿存，与花梗之间有关节；花冠筒状或坛状，浅 5 裂；雄蕊 10 (8～16)，内藏，花丝膝曲状，与花药连接处具 1 对距状附属物或无，近基部宽扁；具花盘，围绕子房基部；子房上位，4～8 室，中轴胎座，每室胚珠多数。蒴果室背开裂，缝线常增厚；种子细小，多数，种皮膜质。

35 种，分布东亚（巴基斯坦至日本，南至马来半岛）及美洲（大安的列斯群岛、墨西哥至美国东部）。我国 5 种，产东部至西部。

**南烛（珍珠花）** *Lyonia ovalifolia* ( Wall. ) Drude 图 587

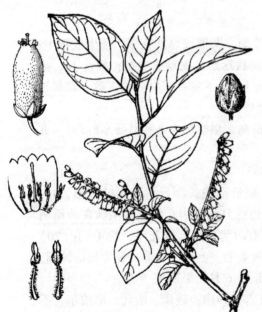

图 587 南烛

高8~16m。冬芽长卵圆形，淡红色。叶革质，卵形或椭圆形，长8~10cm，先端渐尖，基部钝圆或心形，两面无毛或近无毛；叶柄长4~9mm，无毛。总状花序长5~10cm，着生叶腋，近基部有2~3片叶状苞片，花序轴微被柔毛；花梗长0.2~1cm，近无毛；花萼深5裂，裂片长椭圆形，长约2.5mm；花冠圆筒状，长约8mm，外面疏被柔毛，上部浅5裂，裂片向外反折，先端钝圆；雄蕊10，花丝中下部疏被白色长柔毛；子房近球形，无毛。蒴果球形，径4~5mm，无毛；种子短线形，无翅。花期5~6月，果期8~10月。

产陕西南部、甘肃南部、华中、华东、华南及西南；印度、巴基斯坦、孟加拉国、尼泊尔、不丹、泰国、柬埔寨、马来半岛及日本亦产；海拔700~2800m；生于山地疏林及灌丛中。

# 67. 越橘科 VACCINIACEAE

常绿或落叶，灌木或小乔木，常地生，稀附生。单叶，互生，稀假轮生，全缘或具齿；无托叶。花两性，常成总状花序，或1至数花成簇；常具苞片和小苞片；花梗顶端常增粗，与萼筒连接处常具关节；花萼筒与子房合生，檐部5裂，宿存；花冠筒状、坛状或钟状，5浅裂；雄蕊为花冠裂片数2倍；花盘环状，常分裂；子房下位，2~10室；花柱1，柱状或丝状；胚珠多数，稀少数。浆果，稀核果（我国不产），常肉质，稀干燥；种子1至多数，形小，无翅，种皮革质。

约32属1100种，分布全世界，主产热带亚洲和热带美洲山地，少数生于北半球温带山地，极少数生于非洲南部。我国2属约120~130种，主产西南部。本科多数种类浆果可食；一些种类株型矮小，花形雅致，可作盆景观赏植物。

### 越橘属 *Vaccinium* L.

常绿或落叶灌木，稀小乔木；常地生，稀附生。叶柄短，稀近无柄。总状花序；常有苞片和小苞片；花小，5或4数；花梗顶端不增粗或增粗与萼筒间有关节；花萼(4)5裂，稀檐状不裂；花冠坛状、钟状或筒状，5裂，裂片短小，稀4裂或4深裂近基部；雄蕊10(8)，稀4，内藏，稀外露，花丝分离，花药顶部形成2直立的管，管口圆，孔裂或长缝裂，背部有2距或无；子房下位，与萼筒通合生或大部分合生，(4)5室或因假隔膜而成8~10室，每室多数胚珠；花柱露出或略露出花冠。浆果球形，萼片宿存；种子多数，细小。

约450种，分布北半球温带、亚热带，美洲和亚洲的热带山区及南非、马达加斯加岛。我国91种，主产西南、华南。本属一些种类浆果大，味佳，且富含维生素C，具有较高的食用价值。

1. 花序上有苞片，常宿存；花萼、花冠外侧被毛 ·················· **1. 乌饭树** *V. bracteatum*
1. 花序上无苞片；花萼、花冠外侧无毛 ························· **2. 江南越橘** *V. mandarinorum*

**1. 乌饭树** *Vaccinium bracteatum* **Thunb.**　图 588

常绿灌木或小乔木，高 2~6m。分枝多，幼枝被短柔毛或无毛，老枝紫褐色，无毛。叶薄革质，椭圆形、菱状椭圆形至披针状椭圆形，长 4~9cm，先端锐尖或渐尖，基部楔形或宽楔形，边缘有细锯齿，两面无毛，侧脉 5~7 对；叶柄长 2~8mm。总状花序顶生和腋生，长 4~10cm，花多数，花序轴密被短柔毛；苞片叶状，披针形，长 0.5~2cm，边缘有锯齿，常宿存；花梗短，长 1~4mm；萼筒被毛，萼齿短小；花冠白色，筒状，长 5~7mm，外面被柔毛，口部裂片短小，外折；雄蕊内藏。浆果，径 5~8mm，熟时紫黑色，常被短柔毛。花期 6~7 月，果期 8~10 月。

产台湾、华东、华中、华南至西南；朝鲜、日本南部，南至中南半岛诸国、马来半岛、印度尼西亚亦产；海拔 100~1400m；常见于丘陵或山地林下或灌丛中。果味酸甜可食，亦可入药，具强筋益气、固精之效；民间用其叶片制作乌饭。

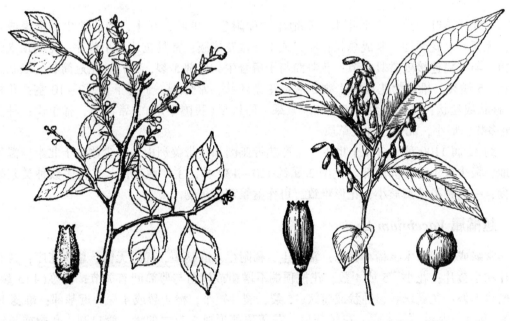

图 588　乌饭树　　　　　　　　图 589　江南越橘

**2. 江南越橘** *Vaccinium mandarinorum* **Diels**　图 589

常绿灌木或小乔木，高 1~4m。幼枝常无毛，老枝紫褐色。叶厚革质，卵形或长圆状披针形，长 3~9cm，先端渐尖，基部楔形至钝圆，边缘有细锯齿，两面无毛；叶柄长 3~8mm，无毛。总状花序生于近枝顶叶腋，长 2.5~7(10)cm，花序轴常无毛；无苞片；花梗纤细，长 4~8mm，无毛或被微毛；萼筒无毛；花冠白色或带淡红色，筒状或筒状坛形，长 6~7mm，外面无毛，裂齿直立或反折；雄蕊内藏。浆果，径 4~6mm，熟时紫黑色，无毛。花期 4~6 月，果期 6~10 月。

产湖北、湖南、华东、华南、西南；海拔 180~1600m；生于山坡灌丛或杂木林中，在云南高原常见于海拔 1800~2900m 的地方。

# 68. 山竹子科 CLUSIACEAE (GUTTIFERAE)

乔木或灌木，常有黄色树脂。小枝常方形或具棱。单叶，对生，全缘，羽状脉；稀有托叶。花两性或单性异株，稀杂性，单生或组成各式花序；萼片和花瓣2~6，稀更多，覆瓦状排列；雄蕊多数，花丝细长，分离或各式合生；子房上位，1至多室，每室1至多数胚珠，花柱长或短或无。浆果或核果，稀蒴果，常具宿存的花萼。

40属1200余种，主要分布热带地区，少数至温带。我国8属95种，分布几遍全国。

1. 叶的侧脉多数，密而平行；花柱细长；种子无假种皮。
  2. 叶侧脉稍曲展斜伸，不明显；花单生；子房2室，2胚珠；蒴果 ················· **1. 铁力木属** *Mesua*
  2. 叶侧脉笔直平行，极明显；花组成各式花序；子房1室，1胚珠；核果 ··· **2. 红厚壳属** *Calophyllum*
1. 叶的侧脉少数，脉距较宽；花柱极短或无；种子具假种皮 ························· **3. 山竹子属** *Garcinia*

## 1. 铁力木属 *Mesua* L.

常绿乔木。叶对生，硬革质，常具透明油腺点，侧脉极多数，平行斜展，不明显。花两性或杂性，形大，单生叶腋；萼片4；花瓣4，覆瓦状排列；雄蕊极多数，分离或基部稍连合；花柱细长，子房2室，每室有2胚珠；花柱线形。蒴果，介于木质和肉质之间，顶端2~4瓣裂，具宿萼；种子1~4。

5种，分布亚洲热带地区。我国1种，产云南及广西。木材极有价值。

**铁力木** *Mesua ferrea* L. 图590

常绿乔木，高逾30m。树干通直，有板根。小枝对生，幼枝四棱形，老时圆柱形。幼叶紫红色，老时暗绿色，披针形，长7~10cm，先端急尖或渐尖，基部楔形，全缘，侧脉密而纤细但不明显，下面被白粉；叶柄长约1cm，被稀疏的柔毛。花两性，金黄色，芳香，直径约5cm。果木质，卵状球形，直径约3cm，顶部细尖，基部有宿存的花萼；种子1~4，近圆形。花期5~6月，果期7~10月。

产云南西双版纳和广西容县等地，为该种分布区的北缘；印度、马来西亚及中南半岛亦产；海拔500~900m。热带树种，生于潮湿密林中，常与高山榕、大叶红光树、长穗桦等混生。生长慢，寿命长。木材暗红色，

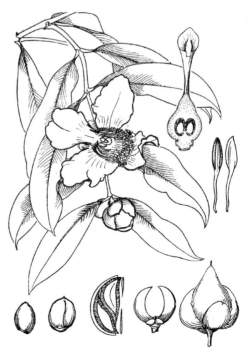

**图590** 铁力木

极坚重，密度 1.08g·cm$^{-3}$，耐腐；种子可榨油，供制肥皂、润滑油及其他工业用。树冠塔形，幽雅，花大，金黄色而有浓郁香气，可作庭园观赏树。

## 2. 红厚壳属 *Calophyllum* L.

乔木或灌木。芽常具锈色毛。叶对生，侧脉平行密集。花杂性，圆锥或总状花序，腋生或顶生；萼片2~4；花瓣通常4(2~8)；雄蕊多数，花丝蜿蜒状，基部合生成数束或分离；子房上位，1室，1胚珠，花柱细长，蜿蜒状，柱头常盾状。核果球形或卵形，外果皮薄；种子无假种皮，子叶肥厚，富含油脂。

约187种，主要分布东半球的热带地区。我国4种，产南部和西南部。

**红厚壳 *Calophyllum inophyllum* L.** 图591

乔木。树皮厚，粗糙，灰白色或暗褐色。多分枝；枝幼时圆柱形，有多数纵条纹。叶薄革质，宽椭圆形至倒卵状椭圆形，8~17cm×4~8cm，先端钝、圆形或微缺，基部盾形，干时中脉在上面凹下，侧脉纤细，极多数而平行直达叶缘。花白色，芳香，径2~2.5cm。果球形，黄色，径约2.5cm。花期在春夏季，果期秋冬季。

产广东、海南、广西及台湾沿海地区；南亚、东南亚及大洋洲亦产。材质坚重致密，密度0.66g·cm$^{-3}$；种仁可榨油，称"海棠油"，精制后可食用，或作润滑油等用，也可药用；树根强固，可作沿海地区的防护林树种。树形美观，花多芳香，亦为庭园观赏树和蜜源植物。

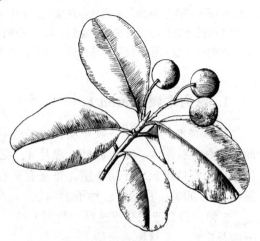

图591 红厚壳

## 3. 山竹子属 *Garcinia* L.

乔木或灌木，通常具黄色的树脂液。叶对生，全缘，侧脉斜伸，脉距较宽。花多单性异株，单生或排成聚伞花序或圆锥花序；萼片和花瓣通常4；雄花：雄蕊多数，分离或合生成1~5束，或合生成一全缘或4裂的雄蕊体，花药纵裂，有时孔裂或周裂，有退化雄蕊；雌花：子房2~12室，每室1胚珠，有退化雄蕊，花柱极短或无，柱头盾状。浆果具革质果皮；种子围以肉瓢状的内果皮(或拟假种皮)，富含油脂。本属一些种类的种子是由内心皮壁细胞无性发育而成，种子无融合生殖是比较普遍的现象，即其后代是其母系的克隆。

450余种，分布东半球热带地区。我国20种，产南部至西南部；另引种栽培3种。其中山竹子 *G. mangostana* 为著名的热带水果，海南和台湾有引种；藤黄 *G. morella* 树脂液为著名药材和绘画颜料。

1. 叶片侧脉5~7对，脉距宽，有托叶；雄蕊合生成4束 ·················· **1. 金丝李 *G. paucinervis***

1. 叶片侧脉 8 对以上，脉距窄，无托叶；雄蕊合生成 4 束或 1 束。
　2. 中国乡土树种，侧脉 10~20 对。
　　3. 侧脉 10~20 对；花瓣长 12~14mm；雄蕊合生成 4 束 ·················· **2. 多花山竹子** *G. multiflora*
　　3. 侧脉 10~18 对；花瓣长 7~9mm；雄蕊合生成 1 束 ·················· **2a. 岭南山竹子** *G. oblongifolia*
　2. 引入栽培树种，侧脉 40~50 对 ·················· **3. 山竹子** *G. mangostana*

**1. 金丝李** *Garcinia paucinervis* Chun et How　　图 592：1~5

常绿乔木，高达 25m，全体无毛。叶长圆形、卵状长圆形，长 8~13cm，先端渐尖，干时上面黄绿色，中脉在下面突起，侧脉 5~7 对，脉距约 2cm；叶柄较粗，长 8~15mm。雄花 4~10 组成聚伞花序，花梗粗壮，长 3~5mm；萼片 4；花瓣长 4mm；雄蕊极多数，花丝极短，合生成 4 束；雌花单生叶腋，大于雄花。果长椭圆形，鲜红色，长约 3cm，顶部有宿存的半球形柱头；种子 1，椭圆形。秋季开花，翌年 3~4 月果熟。

产云南东南部及广西西南部；越南亦产；海拔 700m 以下。边缘热带至南亚热带树种，生于石灰岩山地季雨林中，与蚬木、肥牛树及高山榕等混生，生长于石缝黑土能成大材。因生境条件严酷，生长慢，广西东兰县巴拉村 1 株树冠如伞的巨树，树龄 300 余年，胸径 103cm，高仅 12.4m。材质硬，强度大，耐久性强，为广西（另有蚬木、格木、紫荆木、狭叶坡垒）五大珍贵硬木之一，密度 $0.98\mathrm{g}\cdot\mathrm{cm}^{-3}$。资源珍稀，国家保护植物。

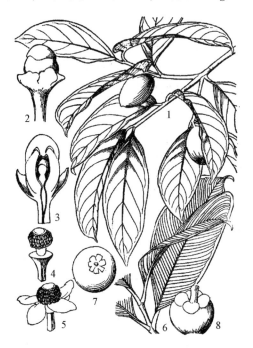

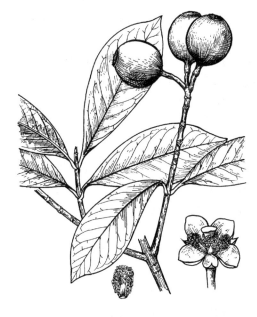

图 592　1~5. 金丝李　6~8. 山竹子　　　　　图 593　多花山竹子

**2. 多花山竹子** *Garcinia multiflora* Champ. ex Benth.　　图 593

常绿乔木，高达 18m，具黄色胶液。叶革质，倒卵状长圆形、长圆形或卵状长圆形，7~20cm×3~6cm，先端钝尖或急尖，全缘，无毛，侧脉 10~20 对；无托叶。雄圆锥花序顶生；长 5~7cm，雄花径 2~3cm，雄蕊多数，连合成 4 束，每束花药 50；雌花序具花 1~

5，退化雄蕊短小。果近球形，径 3~3.5cm，成熟时青黄色，盾状柱头宿存；种子 1~2，椭圆形，长 2.5cm。花期 6~7 月，果期 10~11 月。

产华南、西南、湖南南部、江西南部；东南亚亦产；海拔 1000m；生于沟谷湿地。热带树种，北界达南岭山地。木材坚重；果实可食，酸甜可口。树干端直，树形整齐，叶光绿，花果均有观赏价值，可选为行道树及园林种植，现已有初步繁殖经验。

[附] **2a. 岭南山竹子** *Garcinia oblongifolia* Champ. ex Benth. 图 594 高 15(5)m。与多花山竹子的区别：叶近革质，长圆形，倒卵状长圆形，5~10cm×2~3.5cm，干时边缘反卷，侧脉 10~18 对。花单生或呈伞形状聚伞花序；雄花具多数雄蕊，合生成 1 束；雌花中退化雄蕊合成 4 束；子房 8~10 室。浆果卵球形或圆球形，成熟黄色，径 2~3.5cm。产广东、海南及广西；越南北部亦产。果可食，种子含油量达 60.7%，种仁含油量 70%，可作工业用油。

图 594　岭南山竹子

**3. 山竹子**(莽吉柿)*Garcinia mangostana* L.　图 592：6~8

高 20m。小枝多而密集，具纵棱。叶厚革质，具光泽，椭圆形或椭圆状长圆形，4~25cm×5~10cm，侧脉密集，40~50 对，在边缘内联结；叶柄粗壮，长 2cm。雄花 2~9 簇生枝顶，雄蕊合生成 4 束，退化雌蕊圆锥形；雌花单生或对生于枝顶，径 4.5~5cm，花梗长 1.2cm；子房 6~8 室，几无花柱，柱头 5~6 深裂。果成熟时外果皮紫红色，硬质光滑，种子 6~8，内果皮或拟假种皮瓣状多汁（似橘瓣），白色。海南种植园花期 2~3 月，果期 6~8 月。

原产印度尼西亚及马来群岛，世界热带广为种植；我国海南、广东、广西、福建和云南南部有栽培或试种。赤道热带树种，不耐低温。1919 年我国台湾引种，20 世纪 30~60 年代海南文昌、琼海、万宁、保亭先后引种，并开花结果。保亭从播种至开花结果仅需 9 年，18 年实生单株年产鲜果 18.9~29.4kg，品质优良。果瓣白色半透明，柔软多汁，香甜可口，被誉为"热带果树之后"，果肉富含蛋白质、脂肪、多种维生素及 Ca、P 等多种矿质元素。果含多酚类物质，包括氧杂蒽酮(Xanthone)和单宁酸，具有止痛、抗菌、抗病毒、利尿活性；同时抗突变、兴奋中枢神经系统、利尿、强心、解肝毒、抗炎、抗肿瘤等活性；特别是由于 Xanthones 具有抗氧化、消除氧自由基的活性，对心血管系统具有保健作用；果皮中含有丰富的红色素，可提取供食品及化妆品用。

# 69. 金丝桃科 HYPERICACEAE

草本、灌木，稀乔木。单叶，对生或轮生，全缘，常有透明腺点，无托叶。花两性，辐射对称，单花或聚伞花序，顶生或腋生；萼片5，罕4，分离或合生，覆瓦状排列，常宿存；花瓣4~5，覆瓦状或旋转状排列，宿存或脱落；雄蕊多数，常合生成3~5束；子房上位，1~5室，侧膜或中轴胎座，胚珠多数，花柱3~5，分离或多少合生。蒴果；种子无胚乳。

约10属400多种，主要分布亚洲热带至温带。我国3属约60种，南北各地均产。

1. 草本或灌木；花黄色；蒴果室间开裂；种子无翅 ················ 1. 金丝桃属 Hypericum
1. 灌木或乔木；花白色或红色；蒴果室背开裂；种子有翅 ·········· 2. 黄牛木属 Cratoxylum

### 1. 金丝桃属 Hypericum L.

草本或灌木。叶对生，全缘，常具透明或黑色、红色腺点，具短柄或无柄。花黄色，少至多朵组成聚伞花序，稀单花，顶生或腋生；萼片5；花瓣5，常不对称；雄蕊多数，分离或合生成3~5束而与花瓣对生；子房3~5室，每室胚珠多数；花柱3~5，离生或部分至全部合生。蒴果室间开裂；种子小，表面具雕纹。

约400种，分布温带至热带。我国有50余种，几产全国各地，主产西南部。

**金丝桃 Hypericum monogynum L.** 图595

半常绿小灌木，高达1m，全体光滑无毛。小枝圆柱形，红褐色。叶片长椭圆形至长圆形，3~11cm×1~4cm，基部渐狭而稍抱茎，下面密布透明腺点；几无柄。花单生或组成顶生聚伞花序；萼片卵状长圆形，长约8mm；花瓣宽倒卵形，长2~3.5cm，脱落；雄蕊基部合生为5束；子房5室，花柱顶端5裂。蒴果卵形；种子圆柱形，暗红色。花期5~7月，果期8~11月。

产华东、华中、华南、西南及陕西；日本亦产；海拔1500m以下；生于山地灌丛、空旷地。花艳丽，似桃花，色金黄，是南方庭园中常见的观赏花木，也可作切花材料。

[附] **金丝梅 Hypericum patulum Thunb. ex Murray** 与金丝桃的区别：小枝具2棱；叶片卵形至卵状长圆形；雄蕊明显短于花瓣，花柱5，分离。产华东、华中、西南及台湾、陕西；海拔300~2400m；生于山坡、沟边及路旁。花大美丽，供观赏。

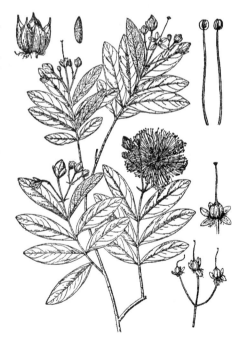

图595 金丝桃

### 2. 黄牛木属 Cratoxylum Bl.

灌木或乔木，常绿或落叶。叶对生，全缘，下面常有白粉或蜡层，具透明细小腺点，无柄或具柄。单花或聚伞花序；萼片5，革质，宿存；花瓣5，红色或白色；雄蕊多数，合生成3束，肉质腺体3，与雄蕊束互生；子房3室，花柱3，分离并叉开，胚珠多数。蒴果坚硬，室背3瓣裂；种子周围或一侧具翅。

约6种，分布亚洲东南部至南部。我国2种1亚种，产广东、广西及云南。

**黄 牛 木** *Cratoxylum cochinchinense* (Lour.) Bl. 图596

落叶灌木至乔木，高2~18m，全体无毛。树干下部有簇生的长枝刺。叶长椭圆形至披针形，长5~10cm，先端渐尖或急尖，基部楔形至钝形，下面常苍白色，中脉在上面凹陷，侧脉在两面均凸起；叶柄长2~3mm。聚伞花序腋生或腋外生，具花1~3，红色；花瓣倒卵形，有脉纹；肉质腺体黄色，顶端增厚反曲。蒴果椭圆形，长8~12mm，棕色，具宿萼；种子一侧有翅。花期4~5月，果期8~10月。

产广东、海南、广西及云南；东南亚地区多亦产；海拔1250m以下；生于丘陵、山地阳坡次生林下或灌丛中。耐旱，萌蘖力强。木材棕红色，材质坚硬，密度0.85g·cm$^{-3}$，纹理精致；嫩叶可代茶，能解暑；幼果可作烹调香料。

图596 黄牛木

# 70. 桃金娘科 MYRTACEAE

常绿木本。单叶对生或互生，常具油腺点，全缘，叶脉在边缘常连成环状边脉，无托叶。萼4~5裂，萼筒发育，与子房合生；花瓣4~5，着生于花盘边缘，或与萼片连成一帽状体；雄蕊多数，花丝分离或连成管状或成簇与花瓣对生，药隔顶端常有1腺体；子房下位或半下位，多室至1室，中轴胎座，胚珠多数。蒴果、浆果、核果或坚果；种子无胚乳，胚直生。

129属4600(3000)种，多分布热带。我国华南和西南地区产8属89种，引入栽培9属126种。大多数种类的枝叶含挥发性的芳香油；部分种类为水果、观赏、鞣料、用材及药用植物。

1. 蒴果，室背开裂；叶多为互生，少数对生。
   2. 叶线形，宽仅约1mm，对生；雄蕊5~10 ·················· **1. 岗松属** *Baeckea*
   2. 叶宽大，互生；雄蕊多数。
      3. 叶具羽状脉，有边脉；花萼与花冠合生帽状体脱落；花枝有限生长，花有梗 ··················

·············································································· 2. 桉属 *Eucalyptus*
  3. 叶具基出脉数条；花萼与花瓣在开花时分离；花枝顶端能继续伸长生长，花无梗。
    4. 雄蕊连成5束与花瓣对生，绿白色 ·············································· 3. 白千层属 *Melaleuca*
    4. 雄蕊离生，多列；红色或黄色 ················································ 4. 红千层属 *Callistemon*
1. 浆果，不开裂；叶对生。
  5. 叶为离基三出脉 ······································································· 5. 桃金娘属 *Rhodomyrtus*
  5. 叶为羽状脉。
    6. 胚具丰富胚乳，有明显肉质子叶。
      7. 萼片不连成帽状体，萼齿分离 ················································ 6. 蒲桃属 *Syzygium*
      7. 萼片连成帽状体，花开放时呈盖状脱落 ······································ 7. 水翁属 *Cleistocalyx*
    6. 胚缺乏胚乳或有少量胚乳，仅具细小子叶。
      8. 子房各室有假隔膜，种子3~10 ··············································· 8. 子楝树属 *Decaspermum*
      8. 子房各室无假隔膜，种子极多数 ················································ 9. 番石榴属 *Psidium*

## 1. 岗松属 *Baeckea* L.

小灌木或乔木。叶小，对生，线形或披针形，全缘，有油腺点。花小，单朵腋生或数朵排成聚伞花序；萼管钟状或半球形，常与子房合生，萼齿5，膜质；花瓣5，近圆形；雄蕊5~10或稍多(20)，比花瓣短，花药背着；子房下位或半下位，2~3室，每室有胚珠数颗。蒴果小，顶部2~3裂，每室有种子1~3；种子肾形，有角。

75种，主要分布澳大利亚。我国1种，产华南各地。

**岗松 *Baeckea frutescens* L.** 图597

灌木，有时为小乔木。嫩枝纤细，多分枝。叶线形，5~10cm×1mm，先端尖，上面有沟，下面突起，有透明油腺点，揉之有香气，中脉1条，无侧脉。花白色，单生叶腋内；雄蕊10或稍少，子房下位，3室。蒴果长约2mm。花期在夏秋季。

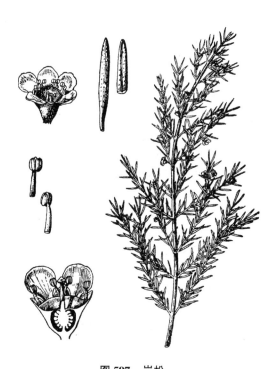

图597 岗松

产华南各地；东南亚地区亦产；生于低丘及荒山草坡与灌丛中。喜光，极耐干瘠，耐强酸性土，为酸性土指示植物；可长成小乔木，因频繁被火烧樵伐，多呈小灌木状。

## 2. 桉属 *Eucalyptus* L'Herit.

乔木或灌木，常含鞣质树脂。幼态叶多对生，常有腺毛；常态叶常为革质，互生，全缘，有透明腺点，具环状边脉。花排成伞形花序或圆锥花序或单生；萼管钟形、倒圆锥形或半球形；花瓣与萼片合生成帽盖或彼此不合生而成 2 层帽盖，花开时横裂，整个帽盖脱落；雄蕊多数，多列；子房与萼筒合生，3~6 室，胚珠极多。蒴果全部或下半部藏于萼筒内；种子微小、极多，大部分发育不全，发育种子卵形。

600 多种，原产澳大利亚及邻近岛屿，世界热带和亚热带地区均有引种。我国自 1890 年起开始引种，迄今已引入近 100 种，多栽培于华南至西南。喜光，速生，为世界三大速生树种（松、杨、桉）之一，民谚称桉树"一年成林、三年成材，五年砍伐（指最速生种类）"；耐干瘠，绿化效果快而优。木材纹理交错，易开裂，干燥处理后耐腐，经处理可代硬木用，现为木纤维及造纸的主要资源；叶可提取芳香油，桉油市场销量极大。桉树种植一般采用容器育苗造林，繁殖技术已相当成熟；萌芽性强，也可采用萌芽更新。由于桉树具有巨大的经济效益，近期桉树造林空前大发展，如广西桉树林面积达 $380 \times 10^4$ $hm^2$（2011 年），占全自治区木材产量的 70%。长期以来对桉树人工林的生态效益持有负面的评责，认为它消耗林地水分（抽水机）；消耗林地养分（地力衰退）；降低生物多样性（寸草不生）。经专家们深入研究认为：桉树林产生的生态问题可能是经营单纯人工林普遍存在的缺陷，并非桉树专有，应从种植混交固氮树种、下木或地被物；林地施肥；保护林地原有灌木杂草；改变整地方式等措施来解决。

1. 树皮薄，光滑，常为条状或片块状脱落，有时在树干基部有宿存树皮。
  2. 花单生或数朵集生，花无梗，花蕾与果实均瘤状突起 ·················································· 1. 蓝桉 E. globulus
  2. 圆锥花序或伞形花序，花有梗，花蕾及果实无瘤状突起。
    3. 圆锥花序；幼叶盾状着生 ····················································································· 2. 柠檬桉 E. citriodora
    3. 伞形花序；幼叶非盾状着生。
      4. 树皮在基部粗糙宿存；花蕾卵形；梨果近球形 ······························································ 3. 赤桉 E. camaldulendis
      4. 树皮脱落到基部；花蕾梨形；梨果梨形 ········································································ 4. 巨桉 E. grandis
1. 树皮厚，宿存，粗糙，常深裂。
  5. 树皮粗糙而有纵沟，不剥落；帽状体长约为花萼的 3~4 倍；梨果近球形 ············ 5. 隆缘桉 E. exserta
  5. 树皮上部剥落，基部宿存；帽状体短于萼筒；梨果梨形 ·············································· 6. 尾叶桉 E. urophylla

### 1. 蓝桉 Eucalyptus globulus Labill.　　图 598

常绿乔木，高 30m。树皮灰蓝色，片状剥落。嫩枝略有棱。幼态叶对生，卵形，叶基心形，无柄，被白粉；常态叶镰状披针形，12~30cm × 1~2cm，边脉近叶缘，两面有腺点；叶柄长 2~4cm。花无梗，单（或 2~3）生叶腋。果倒圆锥形，似僧帽状，径 2~2.5cm，有 4 棱，具小瘤突，果缘平宽，果瓣不突出。花期 4~5 月和 10~11 月，夏季至冬季果熟。

原产澳大利亚，我国华南至西南有栽培。喜温暖气候，不耐钙质土，不耐湿热，能耐 -5℃ 短期低温及轻霜，在肥沃湿润的酸性土上生长良好。

### 2. 柠檬桉 Eucalyptus citriodora Hook. f.　　图 599

常绿乔木，高 40m。树干挺直，树皮光滑，灰白色，大片状脱落。幼态叶披针形，有腺毛，叶柄盾状着生；成长叶狭披针形，10~15cm × 1~1.5cm，两面有黑腺点，揉之有柠

图 598　蓝桉　　　　　　　　　图 599　柠檬桉

檬气味。圆锥花序腋生，梗有2棱。果坛形，长1.2cm，果瓣深藏于萼筒内。花期3~4月和10~11月，果期6~7月和9~11月。

原产澳大利亚东部及东北部。我国华南至西南均有栽培，尤以广东最常见。喜湿热气候和肥沃壤土；能耐轻霜，广东北部及福建生长良好。速生，广东信宜6年生树高13~16m，胸径23~26cm。木材坚重而色淡，韧性大，易加工，木材经水浸渍后耐腐；叶可蒸取桉油，供香料用；树干高耸而洁白如玉，有"森林女神"之美誉，枝叶芳香，为优美观赏植物。

**3. 赤桉 *Eucalyptus camaldulensis* Dehnh.**　　图600

常绿乔木，高25m。树皮光滑，灰色，片状脱落，树干基有宿存的树皮。嫩枝略有棱。幼态叶对生，阔披针形；成长叶狭披针形至披针形，6~10cm×1~3cm，稍弯曲，两面有黑腺点；叶柄长1~3cm。伞形花序有花5~8，总梗纤细；花蕾卵形，帽盖先端收缩为喙，尖锐。蒴果近球形，径约6mm，果缘突起2~3mm，果瓣4。花期10月至翌年5月，果期9~11月。

原产澳大利亚。我国华南至西南种植较多，以四川金沙江干旱河谷为最适生长地，华中和华东亦有栽培（最北至N 33°的陕西汉中）。其耐寒性居同类之首，可忍耐短期-9℃的寒冻；耐旱，亦耐涝，对土壤无苛求。

**4. 巨桉 *Eucalyptus grandis* W. Hill ex Maiden**

常绿乔木，高55m，胸径1.8m。树皮光滑，剥落，白色，基部树皮粗糙褐色。成年

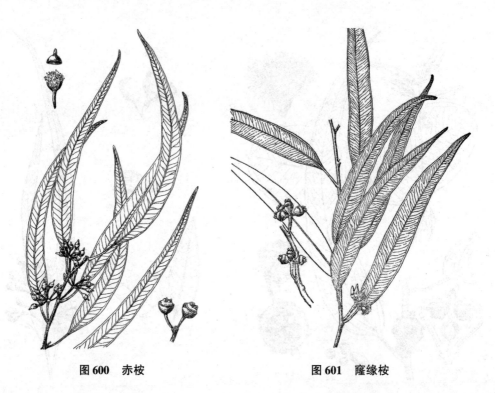

图 600　赤桉　　　　　　图 601　窿缘桉

叶互生，狭披针形，13~20cm×2~3.5cm，两面有细腺点；叶柄长2cm。伞形花序腋生，有花3~10，花序梗扁平，长1~1.2cm；花蕾梨形，有梗，中部稍收缩，被白粉，10mm×5mm；帽盖锥形，具短嘴，短于萼筒。蒴果梨形，被白粉，7~8mm×6~8mm，蒴口稍缢缩，果瓣内弯。

原产澳大利亚。广东、广西、海南有栽培。木材淡红色，纹理细致，加工容易，表面光滑，握钉力强，耐腐，是桉属主要用材树种之一。

**5. 窿缘桉**（隆缘桉）*Eucalyptus exserta* F. Muell.　　图601

常绿乔木，高18m。树皮灰褐色，粗糙而有纵沟。嫩枝有钝棱，纤细，常下垂。叶狭披针形，8~15cm×1~2cm，稍弯曲，两面多微小黑腺点。伞形花序具花3~8，腋生；花蕾长卵形，帽状体圆锥形，长约为花萼的3~4倍。果近球形，径6~7mm，果缘突出萼管2~2.5mm，果瓣4裂。花期5~7月，果期10~11月。

原产澳大利亚东部。广东、广西、海南、云南等地有栽培。喜光，不耐寒，耐干瘠，萌芽力强。木材淡红色，纹理细致，坚硬耐腐；优良的行道树。

**6. 尾叶桉** *Eucalyptus urophylla* S. T. Blake

常绿乔木，高30m，胸径1m。树皮棕褐色或红棕色，上部剥落，基部宿存。幼态叶对生，披针形；成年叶互生，卵形或卵状披针形，7~20cm×3~5cm。伞形花序腋生，有花3~7，花序梗扁平，长1~2cm；花蕾梨形，有梗，中部稍收缩，被白粉，10mm×5mm；帽盖锥形，具有短嘴，短于萼筒。蒴果梨形，长6~8mm，径4~5mm，蒴口平。花期12月至翌年5月。

广东、广西、福建、海南、云南等地引种栽培。适应性强，速生。

### 3. 白千层属 *Melaleuca* L.

常绿乔木或灌木。叶互生，稀对生，披针形或线形，具油腺点，有基出脉数条，近平行。花无梗，排成穗状或头状花序，有时单生叶腋内，花开后，花序轴继续生长；雄蕊多数，基部连合成 5 束，与花瓣对生；子房与萼筒合生，3 室，蒴果半球形或球形，顶端开裂；种子多数，近三角形。

220 种，主要分布大洋洲。我国引入栽培 2 种。

**白千层** *Melaleuca quinquenervia* ( Cav. ) S. T. Blake 图 602

乔木，高 18m。树皮灰白色，厚而松软，呈薄层状剥落。嫩枝灰白色。叶互生，披针形或狭长圆形，长 5~10cm，两端尖，基出脉 3~7。花白色，密集于枝顶或成穗状花序，形如瓶刷，长 15cm。果近球形，径 5~7mm。花期全年。

原产澳大利亚。我国华南各地、台湾有栽培。喜生于水边土层肥厚潮湿之地，亦能生于干燥的沙地上。树皮白色，树形美观，可供观赏；枝叶含芳香油，供药用、化妆品及食品香料。

图 602 白千层

### 4. 红千层属 *Callistemon* R. Br.

乔木或灌木。叶互生，线形或披针形，有油腺点，全缘，有柄或无柄。花单生于苞片腋内，常排成穗状或头状花序，生于枝顶，花开后花序轴能继续生长；无花梗；花瓣 5，圆形；雄蕊多数，红色或黄色，分离或基部稍合生，常比花瓣长数倍；子房下位，与萼管合生，3~4 室。蒴果全部藏于萼管内，球形或半球形，果瓣不伸出萼管，顶部开裂；种子长条状。

约 20 种，产澳大利亚。我国引入栽培 6 种。

**红千层** *Callistemon rigidus* R. Br. 图 603

小乔木。树皮坚硬，灰褐色。嫩枝有棱，初时有长丝毛，不久变无毛。叶坚革质，条形，5~9cm×3~6mm，先端尖锐，初时有丝毛，不久脱落，油腺点明显，干后突起，中脉在两面均突起，侧脉明显，边脉位于边上，突起；叶柄极短。穗状花序性状同属，长 2.5cm，鲜红色；花柱比雄蕊稍长，先端绿色，其余

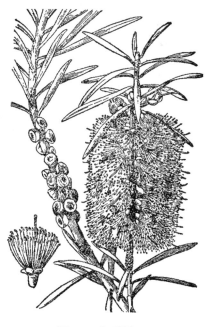

图 603 红千层

红色。蒴果半球形，5mm×7mm。花期6~8月。

原产澳大利亚。广东、广西、海南、福建等地有栽培。花序形如红色试管刷，形态奇特，多作观赏。

## 5. 桃金娘属 *Rhodomyrtus* ( DC. ) Reich.

灌木或乔木。叶对生，离基三出脉。花较大，1~3朵腋生；萼筒钟状或球形，萼裂片4~5，宿存；花瓣与萼裂片同数，雄蕊多数，分离，排成多列；子房下位，与萼管合生，1~3室，每室有胚珠2列或出现假隔膜而成2~6室，有时假隔膜横裂，将子房分割为上下重叠的多数假室。浆果卵状或近球形；种子扁平。

18种，分布亚洲热带及大洋洲。我国1种，产华南至西南。

**桃金娘**（岗苍）*Rhodomyrtus tomentosa* ( Ait. ) Hassk.　图604

灌木，高2m。叶对生，革质，椭圆形或倒卵形，长3~8cm，先端圆钝，常微凹入，上面初时有毛，后变无毛，下面有灰色绒毛，离基三出脉直达先端且相结合。花有长梗，常单生，紫红色，径2~4cm。浆果卵状壶形，长1.5~2cm，熟时紫黑色。

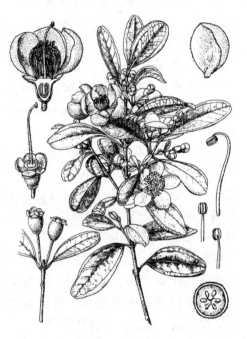

图604　桃金娘

产华南和西南，北至江西南部；东南亚及日本亦产；海拔500m以下。热带树种，北至南岭。喜光，耐干燥瘠薄，在丘陵酸性红壤、砖红壤的灌丛及次生林中习见。果熟时可食，或酿酒及制果酱。

## 6. 蒲桃属 *Syzygium* Gaerth.

常绿乔木或灌木。叶对生，稀轮生，羽状脉通常较密，具边脉，有透明腺点。复聚伞花序；萼管倒圆锥形；雄蕊多数，花丝细长分离，花药丁字着生；子房2~3室，胚珠多数。浆果或核果状，顶冠以残存的环状萼檐；种子通常1~2，种皮与果皮内壁常黏合。

约1000种，主要分布亚洲热带，少数分布大洋洲和非洲。我国72种，产长江以南各地。华南季风常绿阔叶林中习见。

1. 叶大，长于6cm；果大，径大于1cm。
    2. 侧脉多而密，脉间相隔1~2mm；果熟时紫黑色 ················· **1. 乌墨 *S cumini***
    2. 侧脉疏离，脉间相隔5mm以上；果熟时黄色或洋红色。
        3. 叶基楔形；果球形，熟时黄色，中空 ················· **2. 蒲桃 *S. jambos***
        3. 叶基圆形或微心形；果梨形或风铃状，熟时洋红色，不中空 ········ **3. 洋蒲桃 *S. samarangense***
1. 叶小，短于3cm；果小，径小于1cm ················· **4. 赤楠 *S. buxifolium***

**1. 乌墨**(海南蒲桃)*Syzygium cumini*( **L.** ) **Skeels**　图 605

乔木，高 18m。叶对生，阔卵圆形至椭圆形，长 6~18cm，先端圆或渐尖，基部楔形，侧脉多而密，脉间相隔 1~2mm，两面多细小腺点。圆锥花序腋生，长可达 11cm；花白色；萼管倒圆锥形，萼齿不明显。果卵圆形或壶形，长 1~2cm，熟时紫黑色；种子 1。花期 2~3 月，果期 7~8 月。

产华南至西南各地、台湾；东南亚及澳大利亚亦产；海拔 1200m 以下；生于季雨林至稀树干旱林中，北至边缘热带。喜光，耐干旱瘠薄。树皮厚，抗风耐火，萌芽性强。生长较快。木材淡褐色，致密坚重，密度 0.76g·cm$^{-3}$；树皮可提取褐色染料和红色树脂；果可食；枝繁叶茂，常作行道树。

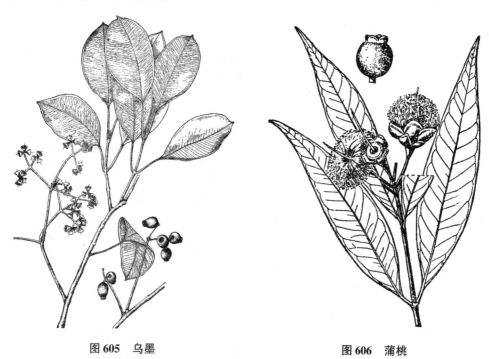

图 605　乌墨　　　　　　　图 606　蒲桃

**2. 蒲桃** *Syzygium jambos*( **L.** ) **Alston**　图 606

乔木，高 15m，广分枝。叶对生，披针形或长圆形，长 12~25cm，先端长渐尖，基部楔形，侧脉的脉距较宽，常 7~10mm；叶柄长 7~10mm。花序顶生；花绿白色；萼管倒圆锥形，萼齿 4。果球形，果皮肉质，有油腺点，中空，熟时黄色；种子 1，稀 2。花期 3~4 月，果期 5~7 月。

产华南、西南、台湾；东南亚等地亦产。稍耐阴，喜水湿及酸性土，多生于河边、沟渠旁及湿地。果味香甜，供食用；枝叶浓密，根系发达，可作为观赏、固堤、防风及固沙树种。

**3. 洋蒲桃** *Syzygium samarangense*( **Bl.** ) **Merr. et Perry**　图 607

乔木，高 12m。嫩枝压扁。叶对生，薄革质，椭圆形至长圆形，10~22cm×5~8cm，先端钝或稍尖，基部圆形或微心形，下面多细小腺点，侧脉 14~19 对，侧脉间相隔 6~10mm；叶柄短，短于 4mm，有时近于无柄。聚伞花序顶生或腋生，长 5~6cm；花白色；

萼管倒圆锥形，萼齿4，半圆形。果实梨形、圆锥形或风铃状，肉质，洋红色，发亮，长4~5cm，顶部凹陷，有宿存的肉质萼片；种子1颗。花期3~4月，果期6~8月成熟。

原产马来西亚及印度。我国广东、广西、海南、福建、台湾等地栽培。台湾等地称"莲雾"，莲雾味甘，性平，为新异果品，营养成分含蛋白质、膳食纤维、糖类、矿物质镁钙、维生素B与C等，带有特殊的香味，是天然的解热剂。枝叶茂密，果色艳丽，果形奇特，也供观赏。

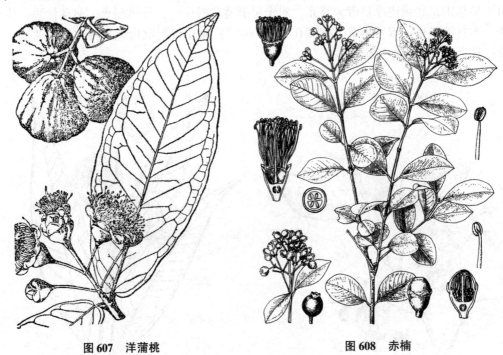

图607 洋蒲桃　　　　　　　　　图608 赤楠

### 4. 赤楠 *Syzygium buxifolium* Hook. et Arn.　图608

灌木或小乔木。嫩枝有棱，干后黑褐色。叶对生，革质，椭圆形或阔倒卵形，1~3cm×0.5~2cm，先端圆或钝，基部宽楔形或钝，侧脉多而密。聚伞花序顶生，有花数朵；花梗长1~2mm；萼管倒圆锥形，萼齿浅波状。果球形，径5~7mm。花期6~8月。

产华南至华东等地；越南及日本亦产；海拔1000m以下；生于低山马尾松林、疏林或灌丛中。中亚热带至南亚热带树种。叶小质硬，枝干苍劲，叶细小、玲珑可作树桩盆景或绿篱，亦为观叶植物。

### 7. 水翁属 *Cleistocalyx* Blume

乔木。叶对生，羽状脉较疏，腺点明显。圆锥花序由多数聚伞花序组成，簇生成歧伞花序；苞片小，早落；萼管倒圆锥形，萼片连合成帽状体，花开放时整块脱落；花瓣4~5，分离，覆瓦状排列；雄蕊多数，分离，排成多列；花柱比雄蕊短，子房下位，通常2室，胚珠少数。浆果，顶端有残存环状的萼檐；种子1，子叶厚，种皮薄。

20余种，分布亚洲热带地区及大洋洲。我国2种，产广东、广西、云南和海南等地。

### 水翁 *Cleistocalyx operculatus* (Roxb.) Merr. et Perry

图 609

乔木，高 18m。树皮灰褐色，颇厚，树干多分枝。嫩枝压扁，有沟。叶薄革质，长圆形至椭圆形，11~17cm×4.5~7cm，先端急尖或渐尖，基部阔楔形或略圆，两面多透明腺点，侧脉 9~13 对，脉间相隔 8~9mm；叶柄长 1~2cm。圆锥花序生于无叶的老枝上；花无梗，2~3 朵簇生；花蕾卵形，萼管半球形，帽状体先端有短喙。浆果阔卵圆形，长 10~12mm，直径 10~14mm，成熟时紫黑色。花期 5~6 月。

产广东、广西、海南、香港、澳门、云南和台湾；中南半岛、印度、马来西亚、印度尼西亚及大洋洲等亦产；生于低平地水边。果可食用；根系发达，能维护河岸，净化水源。

图 609 水翁

## 8. 子楝树属 *Decaspermum* J. R. et G. Forst.

灌木或小乔木。叶对生，全缘，羽状脉，有油腺点。花小，常两性花与雄花异株，聚伞花序或圆锥花序；萼片 3~5，宿存；花瓣与萼片同数，通常白色；雄蕊多数，排成多列，分离；子房下位，4~5 室，每室有胚珠 2 至多个，有时出现假隔膜将 1 个心皮分为假 2 室，花柱线形，柱头盾状。浆果球形，细小，顶端有宿存萼片；种子 4~10，肾形或近球形，种皮硬骨质。

40 余种，分布亚洲热带、大洋洲等。我国 7 种，主产广东、广西、云南、贵州等地。

### 子楝树 *Decaspermum gracilentum* (Hance) Merr. et Perry 图 610

灌木至小乔木。嫩枝纤细，有钝棱，被灰褐色或灰色柔毛。叶纸质或薄革质，椭圆形，有时为长圆形或披针形，4~9cm×2~3.5cm，初时两面有柔毛，以后变无毛，上面干后变黑色，有光泽，下面黄绿色，有细小腺点，侧脉 10~13 对，不明显，有时隐约可见；叶柄长 4~6mm。聚伞花序腋生或有时为短小的圆锥状花序；花梗长 3~8mm；花白色，3 数，萼管被灰毛；花瓣倒卵形，外有微毛；雄蕊比花瓣略短。浆果径约 4mm，有柔毛，有种子 3~5。花期 3~5 月。

产广东、广西、海南、香港、台湾、云南南部；越南亦产；海拔 500m 以下或 800~1000m（云南南部）；常见于山地雨林中下木层中。木材结构细致、材质坚重。

图 610 子楝树

### 9. 番石榴属 *Psidium* L.

乔木或灌木。树皮光滑。嫩枝有毛。叶对生，羽状脉。花较大，通常1~3，腋生；萼筒钟形或壶形，在花蕾时萼片连结而闭合，开花时萼片不规则4~5裂；花瓣4~5；雄蕊多数，着生于花盘上，子房下位，4~5室。浆果球形或梨形，顶有宿存萼片，胎座肉质，种子多数。

约100种，分布美洲热带。我国引种2种，其中1种逸为野生。

**番石榴** *Psidium guajava* L. 图611

乔木，高13m。树皮光滑，灰色，片状剥落。嫩枝四棱形，有毛。叶革质，长圆形至椭圆形，长6~12cm，上面稍粗糙，下面被毛，中脉及侧脉均下陷。花白色，径约2.5cm。果球形、卵形或梨形，长3~8cm，果肉白色、黄色或淡红色，宿萼显著。花期4~6月，果期8~9月。

原产南美洲。华南各地栽培，常逸为野生。生于荒地或低山丘陵上。果闻之有腐臭气，食之则味美，为南方常见水果之一，也常用于生产保健饮料；木材浅褐色，结构细，坚实致密，密度$0.71g \cdot cm^{-3}$，切面光滑；叶煮沸去除鞣质，晒干可当茶叶用，味甘，有清热作用。

图611 番石榴

## 71. 野牡丹科 MELASTOMATACEAE

草本、灌木或小乔木。单叶，对生或轮生，基出脉3~9。花两性，4~5数，排成各式花序；萼筒与子房合生，常具4棱，裂片4~5；花瓣与萼裂片同数；雄蕊与花瓣同数或为其2倍，花丝分离，花药2室，顶孔开裂，药隔加厚而延长，常有附属体或下部有距；子房常下位，2至多室。花柱1，胚珠多数，中轴胎座或特立中央胎座。蒴果或浆果，包藏于萼管内；种子极小，无胚乳。

约166属4500种。分布各大洲热带及亚热带地区，主要分布美洲。我国21属114种，产西藏、台湾、长江流域以南。多种花大可供观赏；有的果可食。

1. 叶具掌状脉，网脉多数，横行，与基出脉近垂直。
  2. 叶通常密被糙毛或刚毛；种子弯曲 ·························································· **1. 野牡丹属** *Melastoma*
  2. 叶通常无毛或被疏毛；种子劲直。
    3. 直立灌木；蒴果 ································································································ **2. 柏拉木属** *Blastus*

3. 多为攀缘状灌木；浆果 ················································· **3. 酸脚杆属** *Medinilla*
1. 叶具羽状脉，侧脉通常不超过 10 对，有时不明显 ················ **4. 谷木属** *Memecylon*

## 1. 野牡丹属 *Melastoma* L.

灌木，各部常被毛或鳞片状粗糙毛。叶对生，全缘，5~9 基出掌状脉，网状侧脉近横出。花单生或顶生圆锥花序，5 数；花萼坛状球形；雄蕊 10，5 长 5 短；子房半下位，卵形，5 室，花柱与花冠等长，中轴胎座，胚珠多数。蒴果卵形，顶孔开裂或萼宿存中部横裂，密被糙伏毛；种子小，近马蹄形。

约 70 种，分布亚洲南部及东南部、太平洋群岛至大洋洲北部。我国 6 种，产长江流域以南各地。多供药用；有的果可食。

1. 茎、枝、叶柄及花萼被平展的鳞片状糙伏毛；花瓣长 2~2.5cm ············ **1. 野牡丹** *M. malabathricum*
1. 茎、枝、叶柄及花萼被平展的长粗毛；花瓣长 3~5cm ························ **2. 毛菍** *M. sanguineum*

**1. 野牡丹** *Melastoma malabathricum* L. [*M. candidum* D. Don]　图 612

灌木，高 0.5~1.5m，各部密被鳞片状糙伏毛。茎枝四棱或近圆柱形。叶卵形，长 4~10cm×2~6cm，基部钝或浅心形，基出脉 5~7，下面侧脉被长柔毛；叶柄长 5~15mm。伞房花序顶生；萼筒长约 2.2cm；花瓣粉红色，倒卵形。果坛状球形，直径 8~12mm。

产华南、华东及西南；中南半岛亦产；生于海拔 120m 以下的山坡。耐干瘠，丘岗荒坡酸性红壤地生长旺盛。美丽观花植物，可孤植、片植或丛植布置于园林。

**2. 毛菍** *Melastoma sanguineum* Sims　图 613

灌木，高 1.5~3m。茎、小枝、叶柄、花梗及花萼均被平展的长粗毛。叶片厚纸质，

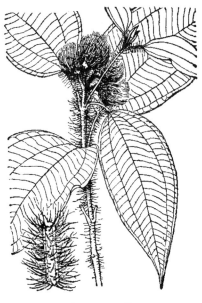

图 612　野牡丹　　　　　　　　　　图 613　毛菍

卵状披针形至披针形，8~15cm×2.5~5cm，基出脉5，两面被糙伏毛；叶柄长1.5~2.5cm。聚伞花序，顶生，常仅有花1朵，有时3(5)；花瓣粉红色或紫红色，宽倒卵形，长3~5cm。蒴果杯状球形，为宿萼所包；密被红色长硬毛，径1.5~2cm。

产广东、海南、广西及福建；中南半岛各国、印度、马来西亚至印度尼西亚亦产；海拔400m以下；常见于坡脚、沟边湿润的草丛或矮灌丛中。

## 2. 柏拉木属 Blastus Lour.

灌木；茎通常圆柱形；全体疏被毛或无毛。叶薄，纸质，全缘或具极小的细浅齿，基出脉3~5，侧脉平行，与基出脉垂直或呈锐角。由聚伞花序组成的圆锥花序顶生，或呈伞形花序状聚伞花序腋生；花4数，花萼狭漏斗形至钟状漏斗形，或圆筒形；花瓣通常为白色，稀粉红色或浅红紫色，卵形或长圆形；雄蕊4(5)，等长。蒴果椭圆形或倒卵形，具不明显的四棱，宿萼与果等长或较长。

约12种，分布亚洲东南部及南部。我国9种，从西南至东南部都有。

**柏拉木 Blastus cochinchinensis Lour.**
图 614

灌木，高0.6~3m；茎幼时密被黄褐色小鳞片，后脱落。叶片纸质或近厚纸质，披针形、狭椭圆形至椭圆状披针形，6~12cm×2~4cm，全缘或具极不明显的小浅波状齿，基出脉3(5)，叶面被疏小鳞片。伞状聚伞花序腋生；花萼钟状漏斗形，裂片4(5)；花瓣白色至粉红色，卵形；雄蕊4(5)，等长。蒴果椭圆形，与宿萼等长。

产华南、华东及西南；中南半岛各国至印度亦产；海拔200~1300m；生于阔叶林下。

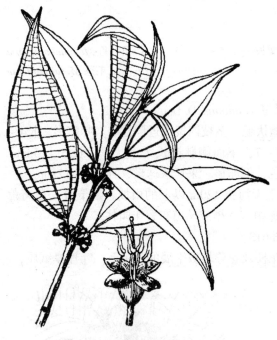

图 614 柏拉木

## 3. 酸脚杆属 Medinilla Gaud.

多为攀缘状灌木，茎常具四纵棱，棱上具狭翅。叶片披针形、狭椭圆形至卵形，边缘常具细锯齿；叶柄微具狭翅。聚伞花序顶生或腋生；花常4数，稀5或6数，花萼钟状管形；花瓣粉红色、紫红色或浅蓝色；雄蕊同型，花药基部叉开。浆果。

约400种，分布非洲、亚洲热带地区及太平洋岛屿。我国11种，产华南及西南南部。有的种类果可食。

**北酸脚杆 Medinilla septentrionalis (W. W. Smith) H. L. Li**　图 615

灌木或小乔木，高5(7)m；有时为攀缘状灌木。叶纸质或厚纸质，披针形、卵状披针形至广卵形，7~8.5cm×2~3.5cm，尾状渐尖，基出脉5，下面多少具秕糠。聚伞花序腋生，通常有花3，稀1或5；花萼钟状，长4~4.5mm，密布小突起，具钝棱；花瓣浅紫色

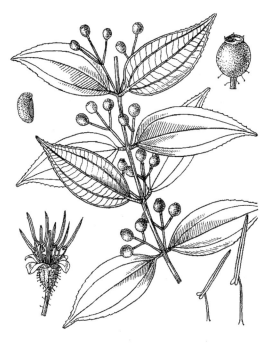

图 615 北酸脚杆

或紫红色或粉红色，三角状卵形；雄蕊 8，4 长 4 短。浆果坛形，长约 7mm；种子楔形，密具小突起。

产广东、广西及云南；越南、缅甸至泰国亦产；海拔 200~1800m；生于山谷、山坡密林中或林缘阴湿生境。果可食；根入药有镇静功效。

### 4. 谷木属 *Memecylon* L.

灌木或小乔木，通常无毛。叶革质，侧脉羽状，具短柄。聚伞或伞形花序；花 4 数；花萼钟形或半球形；雄蕊 8，等长，同型，药隔膨大，伸长呈圆锥形，脊上有一环状体；子房下位，半球形，1 室，顶端截平，特立中央胎座，胚珠 6~12。浆果核果状，球形，顶部具环状宿存的萼檐，外果皮常肉质；种子 1，光滑，种皮骨质。

约 300 种，分布亚洲、非洲及大洋洲热带地区。我国 11 种，产华南、华东及西南等地。

**谷木 *Memecylon ligustrifolium* Champ.**　图 616

灌木或小乔木，高可达 7m。叶革质，椭圆形至卵形，5~7cm×1.5~3cm，全缘，两面稍粗糙，中脉下凹，侧脉不明显，基部渐窄为叶柄，长 3~5mm。聚伞花序腋生；总花梗长 4~6mm；小花梗长 1~2mm；花萼顶端具浅波状 4 齿裂；花瓣长约 3mm；雄蕊蓝色，长约 4.5mm，药室及膨大的药隔长 1~2mm。浆果状核果，坛形，径约 1cm，密生小瘤体，顶端具环状宿存萼檐。

产华南、云南；海拔 200~1500m；常见生于林下，在海南生于山地和沟谷雨林中。心材黑褐色，边材棕色，材质密致，坚重、密度 0.95g·cm$^{-3}$，耐腐。

图 616 谷木

## 72. 红树科 RHIZOPHORACEAE

常绿灌木或乔木；有呼吸根、支柱根。单叶，对生而具托叶或互生而无托叶，革质，羽状脉。花两性，少单性，整齐，单生或丛生于叶腋，或为聚伞花序；萼片 4~5(3 或 16)，基部结合成筒状；花瓣与萼片同数；雄蕊与花瓣同数或 2 倍或无定数；子房下位或半下位，2~6(1)室，每室2胚珠。果革质或肉质，生于海滩的红树林树种，果实成熟后，种子在母树上即发芽，为典型的"胎生植物"。生于山区的种类，种子有胚乳，不能在母树上发芽。

约17属120种，分布东南亚、非洲及美洲热带地区(分布图11)，有若干属植物，生长于热带潮水所及的海滨泥滩上，常与海桑科、马鞭草科等植物组成红树林。红树林为热带海滩有特殊生态性质的群落，对保护海滩生态有重要意义。我国有6属13种1变种，产西南至东南部，以华南沿海为多。

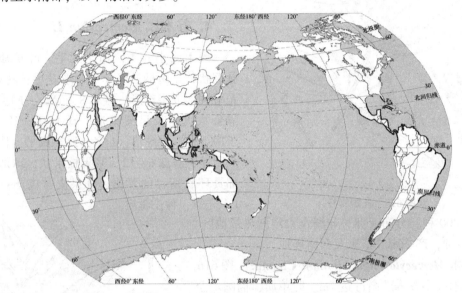

**分布图11　世界红树林分布**(黑线点为红树林分布地)

1. 乔木或灌木；生于沿海盐碱滩；种子未离母树前即萌发。
　　2. 叶顶端凸尖；花萼裂片4；花瓣全缘 ………………………………………… **1. 红树属 Rhizophora**
　　2. 叶顶端渐尖，钝或微凹；花萼裂片5~16；花瓣2裂或分裂为数条条状裂片。
　　　　3. 叶先端渐尖；花萼裂片8~16 ………………………………………… **2. 木榄属 Bruguiera**
　　　　3. 叶先端钝，花萼裂片5深裂 …………………………………………… **3. 秋茄树属 Kandelia**
1. 乔木，稀灌木；生于内陆山地；种子离开母树后萌发 ……………………… **4. 竹节树属 Carallia**

## 1. 红树属 *Rhizophora* L.

乔木或灌木，生于海滩上，有支柱根。叶革质，交互对生，全缘，无毛，具叶柄，下面有黑色腺点，叶脉直伸出顶端成一短尖头；具叶柄。花2至多朵组成1~3回分支的聚伞花序；花萼4深裂，革质，基部具合生的小苞片；花瓣4，全缘；雄蕊8~12，无花丝，多室，瓣裂；子房半下位，2室。果下垂，顶端有宿存、外反、增大的萼片；种子无胚乳，成熟时胚轴突出果外成长棒状。

1. 总花梗粗壮，比叶柄短，具花2，花瓣无毛 ………………………………… **1. 红树 *R. apiculata***
1. 总花梗纤细，与叶柄等长或略长，具花2至多朵，花瓣被毛 ……………… **2. 红海兰 *R. stylosa***

### 1. 红树 *Rhizophora apiculata* Bl. 图 617

乔木或灌木，高 4m，有支柱根。树皮黑褐色。叶椭圆形或长圆状椭圆形，7~16cm×3~6cm，先端凸尖，中脉下面红色，侧脉不明显；叶柄淡红色，1.5~2.5cm。总花梗生于已落叶的腋部，具花 2，花长 1~1.5cm；无梗；雄蕊 12，4 枚生于花瓣上，其余生于萼片上；花柱短；柱头浅 2 裂；胚轴长 20~40cm。

产海南及广西南部；印度南部至巴布亚新几内亚北部亦产；生于海浪平静、淤泥松软的海湾内或浅海咸滩上。木材质坚重，纹理通直，耐腐性强。

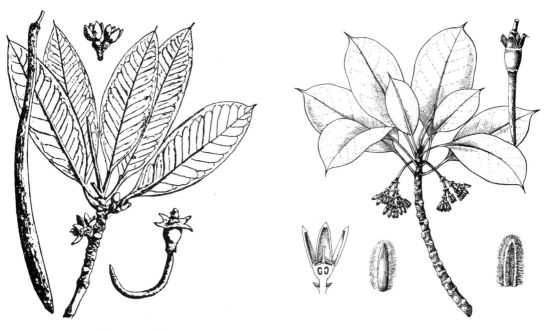

图 617 红树　　　　　图 618 红海兰

### 2. 红海兰 *Rhizophora stylosa* Griff. 图 618

乔木或灌木，高 1.5~2.5m，基部有发达的支柱根。叶椭圆形或矩圆状椭圆形，6.5~11cm×3~6cm，顶端凸尖或钝短尖，中脉和叶柄均绿色。总花梗从当年生的叶腋长出，与叶柄等长或稍长，有花 2 至多朵；花萼裂片淡黄色；花瓣比萼短，边缘被白色长毛；雄蕊 8，4 枚瓣上着生，4 枚生于萼片上；柱头具不明显的 2 裂。成熟的果实倒梨形，平滑，顶端收窄；胚轴圆柱形，长 30~40cm。

产广东、海南、广西和台湾；马来西亚、菲律宾、印度尼西亚（爪哇）、新西兰及澳大利亚北部亦产；生于沿海盐滩红树林的内缘。对环境条件要求不高，除沙滩和珊瑚岛地形外，沿海盐滩均能生长，对抵御海浪冲击比同属其他种要强。

## 2. 木榄属 *Bruguiera* Lam.

乔木或灌木，生于海岸泥滩上，常有曲膝状呼吸根突出淤泥上。叶交互对生，全缘，渐尖，革质，具柄。花腋生，单个或 2~5 排成具总花梗的聚伞花序；花梗下弯，具关节；萼管倒圆锥形，7~14 深裂，裂片革质；花瓣 2 裂，裂缝间常具 1 刺毛；雄蕊花药 4 室，纵裂；子房下位，2~4室，每室胚珠2。果包藏在萼管内且与其合生，1室，种子1，未离母树前萌发；种子无胚乳。

6种，广布于东半球热带海岸泥滩。我国有3种1变种，分布东部至南部海滩。

1. 花萼筒平滑，花瓣中部以下被毛 ·········································· 1. 木榄 *B. gymnorrhiza*
1. 花萼筒具纵棱，花瓣边缘被长毛 ·········································· 2. 海莲 *B. sexangula*

### 1. 木榄 *Bruguiera gymnorrhiza*(L.) Savigny  图619

乔木或灌木，树干基部有板状支柱根。树皮灰色，有粗糙裂纹。叶对生，椭圆状长圆形，7~15cm×3~5.5cm，先端短尖；叶柄长2.5~4.5cm。花单生，花梗长1.2~2.5cm；萼管暗黄红色，平滑，裂片11~13；花瓣长1.1~1.3cm，2裂，每一裂片顶端有2~3条刺毛；雄蕊略短于花瓣。果未离开母树时，种子已萌发，生出粗壮、状似蜡烛的胚轴，长15~25cm。

产广东、海南、广西、福建东部至台湾及沿海岛屿；非洲东南部、印度、马来西亚至澳大利亚北部亦产。木材质坚硬，色红。

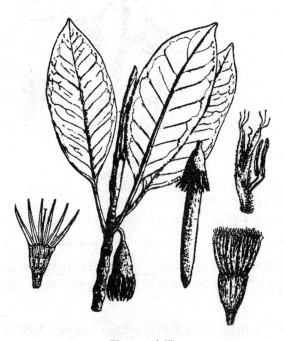

图619　木榄

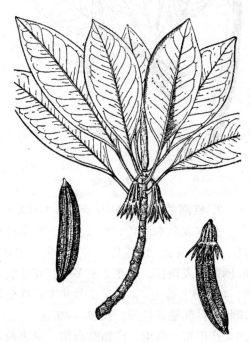

图620　海莲

### 2. 海莲 *Bruguiera sexangula*(Lour.) Poir.　图620

乔木或灌木，高1~4m。树皮平滑，灰色。叶长圆形或倒披针形，7~11cm×3~4.5cm，两端渐尖，稀基部阔楔形，中脉橄榄黄色，侧脉上面明显，下面不明显。花单生于长4~7mm的花梗上；花萼鲜红色，萼筒有明显的纵棱，裂片常为10；花瓣金黄色，边缘具长毛，2裂，裂片顶端钝，向外反卷。胚轴长20~30cm。

产海南；印度、斯里兰卡、马来西亚、泰国及越南等亦产；生于滨海盐滩或潮水淹及的沼泽地。材质坚硬,密度 $0.93g \cdot cm^{-3}$。

## 3. 秋茄树属 *Kandelia* Wight et Arn.

与上 2 属的区别:叶先端钝圆,花萼裂片 5 深裂。仅 1 种,分布亚洲热带东南部至东部。

**秋茄树**(南亚秋茄树)*Kandelia candel*( **L.** ) **Druce** 图 621

灌木或小乔木,高 3(8)m;树皮平滑,红褐色;在海浪较大的地方,支柱根特别发达。单叶,交互对生,长圆形至倒卵状长圆形,5~10cm×2.5~4cm,先端钝或圆,全缘,叶脉不明显,叶柄略粗,长 1~1.5cm。聚伞花序有花 4~9;总花梗 1~3 生于上部叶腋,长 2~4cm;花萼裂片条状披针形,长 1.2~1.6cm,果时外翻;花瓣白色,膜质,短于萼片;胚轴瘦长,状如蜡烛,长 12~20cm。花果期春、秋两季。

产我国广东、海南、广西、福建、台湾等地;印度、缅甸、泰国、越南、马来西亚及琉球群岛南部亦产;生于海湾或河流出口的冲积滩。材质坚实、耐腐,可作小用材。

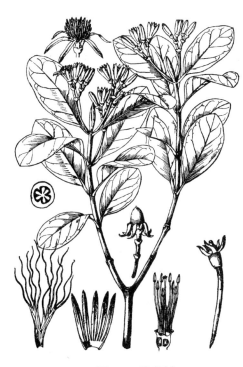

图 621 秋茄树

## 4. 竹节树属 *Carallia* Roxb.

灌木或乔木,树干基部常有板状根。叶交互对生,有托叶;叶片纸质或薄革质。花小,5~8 数,为腋生的聚伞花序;花瓣膜质,与花萼裂片同数;雄蕊为花瓣数 2 倍,着生于波状花盘的边缘,花药 4 室,纵裂;子房下位,3~5(8)室;果球形,肉质,不开裂,有种子 1 至多颗;种子有胚乳,离开母树后萌发。

约 10 种,分布东半球热带地区。我国有 4 种,产西南部和南部。

**竹节树** *Carallia brachiata*( **Lour.** ) **Merr.** 图 622

乔木,高 10m,基部有时具板状支柱根。树皮光滑,灰褐色。叶矩圆形、椭圆形至倒披针形或近圆形,顶端短渐尖或钝尖,基部楔形,全缘,稀具锯齿;下面具散生、

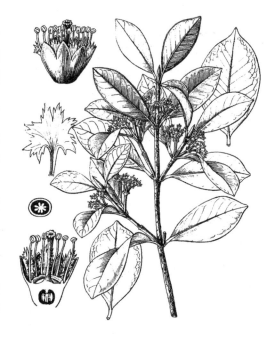

**图 622 竹节树**

明显的紫红色小点。花序腋生，有长 8~12mm 的总花梗，每一分枝有花 2~5，有时退化为 1 朵；花基部有浅碟状的小苞片；花萼 6~7 裂，钟形；花瓣白色，近圆形，边缘撕裂状。果实近球形，径 4~6mm，顶端具宿存的花萼裂片。花期冬季至翌年春季，果期春夏季。

产广东、海南、广西、云南及福建；马达加斯加、东南亚至澳大利亚北部亦产；生于低地至中山丘陵灌丛或山谷杂木林，或村边风景林中。心材大，暗红棕色而带黄，边材色淡而带红，密度 $0.78g \cdot cm^{-3}$，干燥后容易开裂，不甚耐腐。

# 73. 海桑科 SONNERATIACEAE

乔木或灌木。单叶，对生，全缘；无托叶。花两性，1~3 生于小枝的顶部或排成顶生伞房状；花萼革质，4~8 裂，裂片宿存；花瓣 4~8 或无；雄蕊通常多数，生于萼管喉部，排成 1 至多轮，花蕾时内折，花丝分离，花药 2 室，纵裂；子房近上位，4 至多室，中轴胎座，胚珠多数；花柱长而粗，柱头头状。浆果或蒴果，种子多数，无胚乳。

2 属约 10 种，分布热带非洲和热带亚洲。我国 2 属 5 种，产海南、云南。

1. 海滩植物；花单生或 2~3 朵聚生枝顶；浆果 ························· **1. 海桑属** *Sonneratia*
1. 内陆植物；顶生伞房花序；蒴果 ································· **2. 八宝树属** *Duabanga*

## 1. 海桑属 *Sonneratia* L. f.

树干基部周围有多数突出水面的呼吸根。枝具明显的节。叶革质，对生。花单生或数朵聚生于近下垂的小枝顶部；萼管倒圆锥形，裂片 4~6，卵状三角形；花瓣 4~8，线形或缺；雄蕊多数，花药肾形；花盘碟状；子房多室，花柱芽时弯曲。浆果扁球形，顶部有宿存的花柱基；种子藏于果肉内。

约 6 种，分布非洲东部热带海岸和邻近岛屿以及马来西亚、密克罗尼西亚、澳大利亚和琉球群岛南部。我国 2 种，产广东、海南和福建。

**海桑** *Sonneratia caseolaris* ( L. ) Engl.
图 623

乔木，高 5~6m。小枝常下垂，有隆起的节，幼嫩时钝四棱柱形或具狭翅。叶形变化大，椭圆形、长圆形至倒卵形，

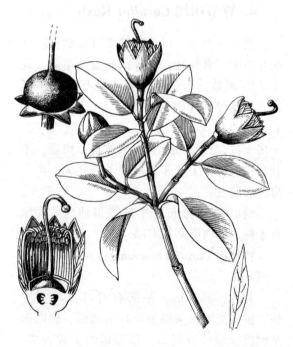

**图 623** 海桑

4~7cm×2~4cm，顶端钝或圆形，基部渐狭而下延成一短而宽的柄；中脉两面明显，侧脉不明显。花具短梗，萼管近无棱，在果时呈碟状，常6裂，裂片平展，比萼管长；花瓣线状披针形，暗红色，长1.8~2cm；花柱长约3cm。果径4~5cm。花期冬季，果期春末夏初。

产海南；东南亚到澳大利亚北部亦产；生于海边泥滩。热带树种，喜光，喜温暖气候，耐盐碱，组成红树林，生长较快，近年华南沿海引入滩涂绿化造林。木材质硬；树皮含单宁，可作栲胶；嫩果有酸味，可食。

[附]无瓣海桑 *Sonneratia apetala* Buch. -Ham. 与海桑的主要区别：乔木，高15~20m。小枝纤细下垂，有隆起的节。无花瓣。原产孟加拉国西南部。我国广东、海南、福建等沿海滩涂引种，长势良好，3年后开花结果，并能自然繁殖，颇有"外来入侵植物"之嫌。在生物多样性比较丰富的沿海滩涂不提倡引种。

## 2. 八宝树属 *Duabanga* Buch. -Ham.

大乔木，干基具板根。枝常下垂。叶对生，全缘。伞房花序顶生；萼4~8裂；花瓣4~8，具短柄，边缘皱折；雄蕊12至多数；1至数轮列，花药丁字着生；子房4~8室，胚珠多数。蒴果室背开裂；种子小，两端延伸呈尖尾状。

3种，分布东南亚、新西兰。我国产2种，产云南和广西。

**八宝树** *Duabanga grandiflora* ( Roxb. ex DC. ) Walp. 图624

高40m；干端直，幼树树皮灰白光滑。枝下垂，幼枝呈四棱形。叶长圆形或卵状长圆形，长12~20cm，基部心形，中脉下陷，侧脉20~24对；叶柄粗壮，长4~8mm。花径3~4cm；萼筒宽杯状，裂片卵状三角形，长2cm；花瓣近卵形，长2.5~3cm；雄蕊多数，2轮排列；子房半下位，5~6室。蒴果近球形，径3~4cm，萼宿存。

产广西南部和云南南部；东南亚亦产；边缘热带至中热带树种，稍耐短期轻霜冻，喜光，在林缘及疏林天然更新良好；根具根瘤菌，能固氮。速生，广西10年生林木，树高20m，胸径30cm。材轻软，心材耐腐。

图624 八宝树

## 74. 石榴科 PUNICACEAE

灌木或小乔木。小枝先端常刺状。单叶常对生，全缘，无托叶。花两性，顶生或近顶生，单生或簇生，或组成聚伞花序；萼筒与子房贴生，近钟形，5~9裂，裂片镊合状排列，宿存；花瓣5~9，多皱褶；雄蕊多数，离生，生于萼筒上部；子房下位或半下位，心皮多数，1轮或2~3轮。下部为中轴胎座，上部为侧膜胎座，胚珠多数。浆果球形，顶端有宿存萼裂片，果皮厚；种子多数，种皮外层肉质，内层骨质，胚直，无胚乳。

1属2种，分布地中海至亚洲西部地区。我国引入栽培1种。

### 石榴属 *Punica* L.

形态特征与科同。

**石榴 *Punica granatum* L.**　　图625

落叶灌木至小乔木，高5m。枝顶常呈尖锐长刺，幼枝具棱角。叶纸质，长圆状披针形，长2~9cm，先端短尖、钝尖或微凹，基部稍钝，上面光亮，侧脉稍细密；叶柄短。花大，1~5花生枝顶；萼筒发育，常红色或淡黄色，裂片略外展，外面近顶端有1腺体，边缘有小疣点；花瓣红色、黄色或白色。浆果近球形，径5~12cm，黄褐色、红褐色或淡黄绿色；种子多数，具棱角，红色至乳白色，外种皮肉质。

原产巴尔干半岛至伊朗及其邻近地区。我国东北以南各地均有栽培。适于暖气候，对土壤要求不严。外种皮含糖分、有机酸、维生素C及矿物质，营养丰富，为优良水果；花和果大而艳丽，亦供观赏；园艺品种分果树系列和观花系列，观花品种多为重瓣，一般不结实；果树系列中，以四川会理县产石榴为上等佳品，其果硕大而汁甜。

图625　石榴

# 75. 使君子科 COMBRETACEAE

乔木或灌木，稀木质藤本。单叶，对生或互生，全缘，叶基或叶柄常有腺体或具细瘤点及透明点。花两性，有时两性花和雄花同株；萼筒发育；花瓣4~5或无；雄蕊着生于萼筒上，常与萼裂片同数或为其2倍；花盘存在；子房下位，1室，胚珠2~6，悬垂于子房的顶端，花柱1，柱头头状或不明显。坚果、核果或翅果，常有2~5棱（或翅）；种子1，无胚乳。

20属500余种，主产热带、亚热带，尤以非洲为多。我国6属20种，产南岭以南，以云南、海南最盛。

1. 乔木或灌木。
　　2. 大乔木；叶片近基部或叶柄顶端常有腺体；无花瓣 ·················· 1. 榄仁属 *Terminalia*
　　2. 灌木，稀为小乔木；叶基部和叶柄无腺体；有花瓣 ·················· 2. 榄李属 *Lumnitzera*
1. 木质藤本 ·················· 3. 使君子属 *Quisqualis*

### 1. 榄仁属 *Terminalia* L.

大乔木，有板状根，稀灌木。叶互生，常聚生枝顶，稀近对生，全缘或稍有疏锯齿，通常有瘤点、透明腺点或管状黏液腔；叶柄顶端或叶基部边缘常有腺体。总状花序、穗状花序，或再组成圆锥花序；花两性或杂性；萼筒长管状；无花瓣；雄蕊2轮，每轮4~5。核果纺锤形或卵形，具25纵棱或革质宽翅，内果皮具厚壁组织(与使君子属不同)；种子1，无胚乳，子叶旋卷。

约200种，两半球热带广泛分布。我国8种，产台湾、广东、广西(南部)、四川(西南部)、云南和西藏(东南部)。川滇藏边界是本属植物分布的北缘。多数种材质优良，有的种类果可食或提供单宁、染料和药用。

1. 叶假轮生，密集聚生于枝顶。
　　2. 叶长 12~25cm×8~15cm ·················· **1. 榄仁树** T. catappa
　　2. 叶长 3~5cm×1~1.5cm ·················· **1a. 小叶榄仁** T. neotaliala
1. 叶互生，不聚生于枝顶。
　　3. 叶柄顶端有1(2)对腺体；果具5棱 ·················· **2. 诃子** T. chebula
　　3. 叶片基部边缘有1对腺体；果具3枚薄革质的宽翅 ·················· **3. 海南榄仁** T. nigrovenulosa

**1. 榄仁树** *Terminalia catappa* L.　　图626

乔木，高可达20m。叶互生，常密集于枝顶，叶片倒卵形，12~25cm×8~15cm，钝圆或短尖，中部以下渐狭，基部截形或狭心形，两面无毛或幼时下疏被软毛，主脉粗壮，上面下陷而成一浅槽，侧脉10~12对。穗状花序腋生，雄花生于上部，两性花生于下部；花瓣缺；萼筒杯状，内面被白色柔毛，萼齿5，三角形，与萼筒几等长。果椭圆形，常稍压扁，具2棱，棱上具狭翅，3~5cm×3.5cm。

产广东、海南、广西、云南及台湾；中南半岛、大洋洲至南美热带海岸亦产；常生于热带海边沙滩上。喜光，耐旱，抗风，耐潮耐盐土。树形端直，枝轮列如盘，夏季叶大浓荫，秋冬紫红艳丽，为优美观叶树，又多栽培作行道树；树皮含单宁，能生产黑色染料；种子含油，可食，也供药用。

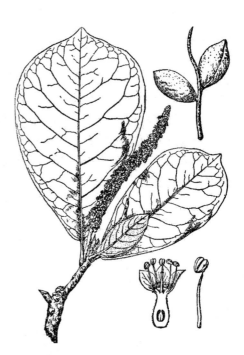

图626　榄仁树

[附] **1a. 小叶榄仁树**(小叶榄仁) *Terminalia neotaliala* Capuron [*T. mantaly* H. Perriei]　　高30m。与榄仁树的区别：树冠呈尖塔层状，叶倒阔披针形或长倒卵形，形小，3~5cm×1~1.5cm，先端钝圆或微凹，侧脉4~6对，网脉稠密。核果狭椭圆形，橄榄状，长2~2.5cm。原产热带非洲。现原种及其栽培变种在华南地区广泛种植，多栽培作行道树或庭景树。

**2. 诃子** *Terminalia chebula* Retz.　　图627

乔木，高30m。树皮厚，黑色。小枝皮孔细长。叶互生或近对生，卵形至长椭圆形，长7~14cm，先端短尖，基部钝或楔形，偏斜，两面密被细瘤点，侧脉6~10对；叶柄长1.8~2.3cm，近顶端有2(4)腺体。穗状或圆锥花序；花萼杯状，长约3.5mm，内面有毛；雄蕊10，高出萼之上；子房圆柱形，被毛，花柱长而粗。果卵形或椭圆形，坚硬，熟时青色，长2.4~4.5cm，具棱5条。

云南、广东、广西、福建及台湾等地有栽培；东南亚各国亦产；海拔800~1000m。果实含鞣质23.60%~37.36%，具杀菌消炎作用，为治疗慢性痢疾良药；幼果可治慢性咽喉炎。

### 3. 海南榄仁 *Terminalia nigrovenulosa* Pierre ex Lanessen [*T. hainanensis* Exell]

乔木或灌木，高15m。叶互生或枝端近对生，卵形、倒卵形、椭圆形至长椭圆形，渐尖或短尖，基部钝形或楔尖或圆形，4~11cm×2.5~5.5cm，全缘，近叶基边缘有腺体，侧脉6~10对，网脉稠密而显著。多数穗状花序组成圆锥花序，密被深黄而带红色的柔毛；花细小，4~5数，白色，芳香；萼筒杯状，裂齿三角形，内面密被纤维状白色长毛。果椭圆形或倒卵形，具3翅，连翅长1.5~3.5cm，成熟时变黑而带紫或青紫色。花期8月，果期翌年1月。

产海南；中南半岛各国亦产；海拔500~1000m；习见于山地季雨林中。木材材质好、硬度大、弹性强，纹理也较细致。

**图627** 诃子

## 2. 榄李属 *Lumnitzera* Willd.

灌木或小乔木，平滑无毛。叶密集于小枝顶端，肉质，有光泽，具鳞片，全缘；具极短的柄，叶基部及叶柄无腺体。总状花序腋生或顶生；萼筒延伸于子房之上，近基部具2小苞片，裂齿5；花瓣5，红色或白色；雄蕊10或稍少。果木质，长椭圆形，近于平滑或具纵皱纹；种子1。

2种，分布东非、亚洲热带、太平洋地区至大洋洲北部。我国2种均产，多生于潮水能及的热带海岸盐滩上，为热带海岸红树林组成之一。

**榄李** *Lumnitzera racemosa* Willd. 图628
常绿小乔木或灌木。叶聚生枝顶，肉质肥

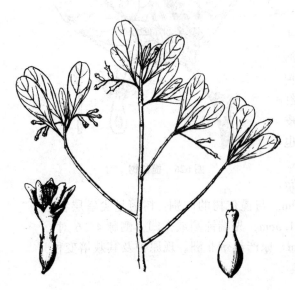

**图628** 榄李

厚，匙形或狭倒卵形，长5.7~6.8cm，先端钝或微凹，基部渐狭，叶脉不明显，侧脉3~4对，上举；柄极短。总状花序腋生；小苞片2，宿存；萼筒延伸子房之上，渐上则阔而成钟状或长圆筒状，长约5mm；花瓣白色，细小；雄蕊10或5，约与花瓣等长；子房纺锤形，花柱圆筒状。果卵形至纺锤形，长1.4~2cm，木质，稍压扁，具2或3棱，顶部有宿存萼片。

产华南及台湾海岸；东非热带至亚洲热带和大洋洲北部亦产。为红树林组成树种。树皮含鞣质20.8%，可提取栲胶。

### 3. 使君子属 *Quisqualis* L.

木质藤本或藤状灌木。叶对生或近对生，全缘；叶柄在落叶后宿存。花两性，白色或红色，组成顶生或腋生的穗状花序（稀分枝）；花萼管具广展、外弯、小型的萼片5枚；花瓣5；雄蕊10枚，2轮。果革质，具5棱或5纵翅；种子1，具纵槽。

约17种，分布亚洲南部及非洲热带。我国2种。

**使君子** *Quisqualis indica* L.　图629

藤状灌木，高2~8m。小枝被棕黄色短柔毛。叶薄纸质，对生或近对生，叶片卵形或椭圆形，5~11cm×2.5~5.5cm，先端短渐尖，基部钝圆，侧脉7~8对。顶生穗状花序，组成伞房花序式；萼筒被黄色柔毛，先端具萼齿5；花瓣5，先端钝圆，初为白色，后转淡红色；雄蕊10枚。果纺锤形，长2.5~4cm，具明显的锐棱角5条，熟时栗褐色；种子1。

产华南、西南、华中及华东南部；印度、缅甸、印度尼西亚至菲律宾等东南亚国家亦产；海拔500~1500m(西南)以下；生于阔叶林林缘、河边、山边或疏林中。种子为驱蛔良药之一，也治小儿痢疾等；花艳丽，可栽培供观赏。

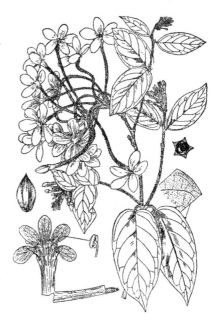

图629　使君子

# 76. 冬青科 AQUIFOLIACEAE

乔木或灌木，常绿，少为落叶。单叶互生，稀对生；托叶小或缺。花小，整齐，单性或杂性，异株；腋生聚伞花序、伞形花序或簇生，稀单生；花萼4~8，常宿存；花瓣4~8，通常圆形，或先端具1内折的小尖头，分离或基部合生；雄蕊与花瓣同数且互生；子房上位，2至多室，每室1~2胚珠。核果，常具宿存柱头，2~18分核，每分核具1种子，胚乳肉质。

4属约400~500种，分布温带至热带，主产热带美洲和热带至暖温带亚洲。我国产1属。

## 冬青属 *Ilex* L.

乔木或灌木，多为常绿，落叶种类常具长短枝。单叶互生，具锯齿、刺状齿或全缘，鲜叶火烫后常有明显黑圈。花白色、淡红或紫红色，花萼、花瓣及雄蕊多4数，稀5~8；子房4(8)室，花柱短，柱头头状。浆果状核果，熟时常红色，少黑色，稀黄褐色；分核通常4~6。

400余种，分布热带、亚热带至暖温带地区。我国约207种，产秦岭、长江以南地区，以西南和华南最盛。本属不少种类可供园林绿化、材用、药用等，也是组成常绿阔叶林的重要类群。国外用本属叶具刺种类作圣诞树。

1. 乔木（如叶缘有刺为灌木状者属此项）。
  2. 常绿。
    3. 叶缘具刺状齿，先端具3枚硬刺 ················································ **1. 枸骨** *I. cornuta*
    3. 叶全缘或具锯齿，先端无硬刺。
      4. 雌花序（果序）单生叶腋。
        5. 叶全缘；伞形花序；果近球形 ········································ **2. 铁冬青** *I. rotunda*
        5. 叶缘具锯齿；聚伞花序；果椭圆形 ································ **3. 冬青** *I. chinensis*
      4. 雌花序（果序）簇生叶腋。
        6. 叶厚革质，8~28cm×4.5~8cm；叶柄长1.5~2.5cm；果径7mm ······ **4. 大叶冬青** *I. latifolia*
        6. 叶薄革质，4.5~12cm×2~3.5cm；叶柄长5~9mm；果径4~5mm ·······················································································  **5. 台湾冬青** *I. formosana*
  2. 落叶。
    7. 具长短枝；雌花单生；果径10~14mm，熟时黑色 ··············· **6. 大果冬青** *I. macrocarpa*
    7. 短枝不明显；雌花组成2~3回聚伞花序；果径3mm，熟时红色 ······ **7. 小果冬青** *I. micrococca*
1. 灌木（如叶缘有刺为灌木状者属另项）。
  8. 小枝、叶及叶柄密被长硬毛；叶纸质；果实6分核 ··················· **8. 毛冬青** *I. pubescens*
  8. 幼枝被短柔毛；叶革质，下面密被褐色腺点；果实4分核 ··············· **9. 齿叶冬青** *I. crenata*

### 1. 枸骨 *Ilex cornuta* Lindl. et Paxt.　　图630

常绿灌木或小乔木，高1~8m。树皮灰白色，光滑。叶硬革质，四方状长圆形或卵形，4~9cm×2~4cm，先端具3枚刺状硬齿，中央刺齿常向下反曲，两侧有1~2对三角状尖硬刺状齿，有时全缘而先端有刺，上面亮绿色，下面淡绿色，侧脉5~6对；叶柄长4~8mm。花序簇生于2年生枝叶腋；花黄绿色，4数。果球形，鲜红色，径7~10mm；分核4。花期4~5月，果期9~12月。

产长江中下游地区；朝鲜亦产；海拔1200m以下。中亚热带树种。喜光，喜酸性土壤，根系发达，萌蘖力强；丘陵荒坡、灌草丛习见，耐干旱瘠薄，在荒裸地生长良好。木材坚硬；经揉搓后干燥的嫩叶名"枸骨茶"，干燥的叶名"枸骨叶"，有养阴清热、补益肝肾之功效；干燥成熟的果实名"枸骨子"或"功劳子"，可补肝肾、止泻。枝叶茂密，叶形奇特，叶色亮绿，果实红艳，经冬不落，为观叶、观果树种。

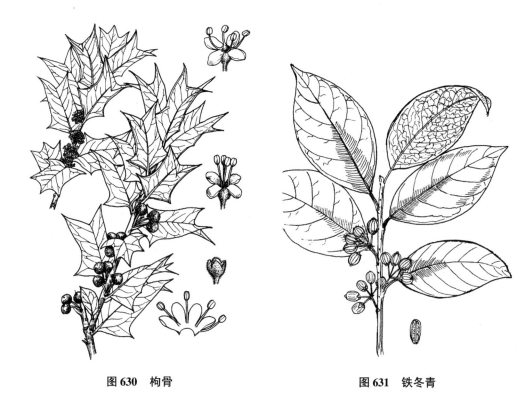

图 630　枸骨　　　　　　　　　图 631　铁冬青

**2. 铁冬青 *Ilex rotunda* Thunb.**　　图 631

常绿乔木，高 20m。树皮淡灰色，光滑不裂。叶薄革质，干后常变黑，卵圆形或椭圆形，4~9cm×4cm，先端短尖，通常全缘，两面光绿无毛，中脉在上面凹入，下面隆起，侧脉 6~9 对，连细脉清晰可见；叶柄长 1~2cm。伞形花序单生叶腋；雄花序多于 10 花；雌花序具花 3~7。果近球形，红色，径 4~6mm；分核 5~7，背面具 3 线纹及 2 浅沟。花期 3~6 月，果期 10 至翌年 4 月。

产长江流域以南，至华南、西南及台湾；朝鲜、日本和越南亦产；海拔 1000m 以下；生于低山常绿阔叶林中，与钩栲、青冈栎、木荷、红楠等混生。树体高大，叶色浓绿，果实红艳，经冬不落，为优良的庭院观赏树种。

**3. 冬青 *Ilex chinensis* Sims**　　图 632

常绿乔木，高 15m。树皮暗灰色，光滑。叶薄革质，椭圆形至长椭圆形，5~11cm×2~5cm，先端渐尖，边缘具疏钝齿，两面光绿无毛，侧脉 6~9 对；叶柄长 5~18mm。复聚伞花序生于当年生枝叶腋；雌雄异株；花紫红色；4~5 基数。果椭圆形，红色，长 10~12mm；分核 4~5，具 1 背深沟。花期 4~6 月，果期 7~12 月。

产长江流域以南至华南、西南及陕西；日本亦产；海拔 1000m 以下。中亚热带（南亚热带）树种，低山丘陵村庄风景林习见，稍耐阴，宜肥沃湿润土壤，生长中速。天然更新及萌芽能力均强。材质致密；根皮、叶入药，有清热解毒、凉血止血之功效。秋果红艳，四季常青，可供园林观赏，也是营建防火林带的优良树种。

图 632 冬青

图 633 大叶冬青

### 4. 大叶冬青 *Ilex latifolia* Thunb.  图 633

常绿乔木，高 20m；全体无毛。枝粗壮，具棱。叶片厚革质，长圆形或卵状长圆形，8~28cm×4.5~8cm，先端短渐尖，基部宽楔形或近圆形，边缘具疏锯齿，齿尖常黑色，中脉在上面凹入，下面隆起，侧脉在下面不明显；叶柄粗壮，长 1.5~2.5cm。聚伞花序组成假圆锥花序，生于去年生枝叶腋；花淡黄绿色，4 数。果球形，红色，径约 7mm；分核 4。花期 4 月，果期 10~12 月。

产大别山、长江以南，南至广西、福建、西达云南、贵州；日本亦产；海拔 200~1500m；生于山地阔叶林中。树形端整，枝叶浓密，叶大质厚，果实红艳，优美的园林树种；叶可制苦丁茶，含有多种氨基酸、维生素和多种对人体有益的微量元素，具清热解毒、杀菌消炎、健胃消积、止咳化痰、生津止渴、提神醒脑、明目益智、降血压及调节血脂等功效。

### 5. 台湾冬青 *Ilex formosana* Maxim.  图 634

常绿乔木，高 20m。小枝具棱，近无毛。叶近革质，长圆形至长圆状披针形，6~12cm×2~3.5cm，先端长渐尖，基部楔形，边缘疏生不规则锯齿，上面中脉凹入，侧脉 6~10 对，连细脉在下面明

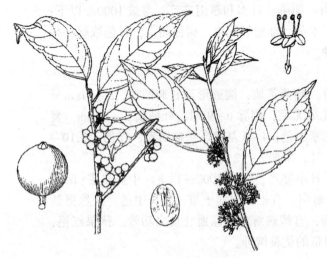

图 634 台湾冬青

显；叶柄长5~9mm。聚伞花序簇生叶腋，雌花序轴伸长为假总状，每分枝具1花；花4数，白色。果近球形，红色，径4~5mm；分核4，基部具掌状线纹和沟槽。花期5~6月，果期9~11月。

产长江以南，至华南、西南及台湾；菲律宾（吕宋）亦产；海拔100~2000m；生于山谷、沟边常绿阔叶林中。中亚热带至南亚热带树种。树形优美，花繁果艳，可引种为行道树或荫木。

**6. 大果冬青 *Ilex macrocarpa* Oliv.**　图635

落叶乔木，高17m。具长枝和短枝，皮孔明显。叶纸质，在长枝上互生，在短枝上1~4簇生，卵形或卵状椭圆形，4~15cm×3~7cm，先端短尖，基部圆形或宽楔形，缘具锯齿，中脉在上面凹入，侧脉在叶缘处网结；叶柄长5~15mm。雄花成花序或单生，5~6数；雌花单生于叶腋，7~9数。果球形，黑色，径15~20mm；分核7~9，背面具3棱2沟。花期4~6月，果期9~11月。

产秦岭以南，至华南北部、西南；日本、朝鲜半岛亦产；海拔50~2400m。北亚热带至南亚热带树种，喜光，宜肥沃湿润石灰土或微酸性土壤，多见于石灰岩山地。可作石灰岩造林树种或植为园林树种。

图635　大果冬青

图636　小果冬青

**7. 小果冬青 *Ilex micrococca* Maxim.**　图636

落叶乔木，高25m。短枝不明显。叶纸质，卵形或卵状长圆形，7~15cm×3~6cm，先端渐尖，基部圆，常不对称，近全缘或具芒状锯齿，两面无毛，侧脉5~8对，细脉明显；叶柄长1.5~3.5cm。2~3歧聚伞花序单生于当年生枝叶腋，总梗长9~12mm；雄花5~6数，雌花6~8数。果小，球形，红色，径约3mm；分核6~8，背部具纵向单沟。花期5~6月，果期9~10月。

产长江以南，至华南、西南；日本、越南亦产；海拔500～1300m；生于山地常绿阔叶林中。中亚热带至南亚热带树种。喜光，较耐旱，速生。材质中等；树姿雄伟，红果满树，经久不落，秋叶艳丽，可供园林观赏。

**8. 毛冬青 *Ilex pubescens* Hook. et Arn.** 图637

常绿灌木，高1～4m。小枝具4棱，密被长硬毛。叶膜质或纸质，椭圆形或长卵形，2～6cm×1～3cm，先端短渐尖或急尖，边缘有疏尖锯齿，两面被长硬毛，下面沿主脉更密；叶柄长2.5～5mm，密被长硬毛。花序簇生叶腋，被硬毛；雌花序单个分枝具1花；花淡紫色。果球形，红色，径4mm；分核常6。花期4～5月，果期10～12月。

产华东、华中南部、华南及贵州；海拔1000m以下；常见于低山杉木林下和灌丛中。根有效成分清热解毒，活血通脉。治风热感冒、喉炎、扁桃体炎、冠心病、脑血管意外所致的偏瘫、血栓闭塞性脉管炎、丹毒、中心性视网膜炎、冠状动脉硬化性心脏病、急性心肌梗塞；外用治烧伤、烫伤、冻疮。毛冬青片现已列为准国药剂。

图637 毛冬青

图638 齿叶冬青

**9. 齿叶冬青 *Ilex crenata* Thunb.** 图638

多枝常绿灌木，高5m。幼枝，密被短柔毛。叶革质，倒卵形或长圆状椭圆形，1～3.5cm×5～15mm，先端钝圆或近急尖，边缘具圆锯齿，上面亮绿，下面淡绿，密生褐色腺点，侧脉3～5对，与细脉均不明显；叶柄长3mm。雄花1～7成聚伞花序，总花梗长4～9mm；花白色；花瓣4，阔椭圆形，长约2mm；雄蕊短于花瓣。雌花单花，2或3花组成聚伞花序生于当年生枝的叶腋内；花梗长3.5～6mm；花冠径约6mm，花瓣长约3mm。果球形，径6～8mm，成熟黑色；果梗长4～6mm；分核4，长约5mm。花期5～6月，果期8～10月。

产长江以南，南至华南(海南)；日本和朝鲜亦产；海拔700～2100m；生于中山阔叶林下或山顶灌丛中。常作庭园基础种植或为绿篱，欧美各地亦有栽培。本种有1栽培变种——龟甲冬青 Ilex crenata 'Gui Jia'，叶小而密集，覆盖地面或作球篱种植效果比原种更佳。此变种在中国南方城市种植面积极大，现已发展至北方城市。

# 77. 卫矛科 CELASTRACEAE

乔木、灌木或木质藤本。单叶，对生或互生。聚伞花序，少单生；花小，常淡绿色，两性或单性；花萼4~5裂，常宿存；花瓣4~5；雄蕊4~5，与花瓣互生；花盘肥厚；子房上位，1~5室，与花盘分离或埋藏其内，每室2(1)胚珠，花柱单1。多为蒴果，稀核果、翅果或浆果；种子常具假种皮。

约97属1194种，主产热带、亚热带。我国11属200种，南北均产。

1. 蒴果。
   2. 叶对生；蒴果4~5裂 ·················································· 1. 卫矛属 Euonymus
   2. 叶互生；蒴果2~3裂。
      3. 灌木或小乔木；小枝常具刺；蒴果2~3裂 ················· 2. 美登木属 Maytenus
      3. 木质藤本；小枝无刺；蒴果常3瓣裂 ······················ 3. 南蛇藤属 Celastrus
1. 翅果，具3片膜质翅；种子无假种皮 ·································· 4. 雷公藤属 Tripterygium

## 1. 卫矛属 Euonymus L.

灌木或小乔木，稀藤状。小枝常具4棱。叶对生，稀互生。二歧聚伞花序腋生；花两性；花萼、花瓣、雄蕊均4~5，花丝极短，着生于花盘近边缘处；子房部分与花盘合生，4~5室。蒴果，4~5浅凹或4~5深裂或延展成翅，果皮平滑或被软刺或瘤状；每室1~2种子，具红色或橘黄色假种皮。

约220种，主要分布亚洲热带和亚热带。我国约110种，主产东南部至西南部。落叶树为观红叶资源。

1. 蒴果近球形。
   2. 灌木；叶革质，长3~6cm；果径约8mm ······················ 1. 冬青卫矛 E. japonicus
   2. 藤本；叶薄革质，长3.5~8cm；果径6~12mm ·················· 2. 扶芳藤 E. fortunei
1. 蒴果浅裂至深裂状。
   3. 常绿；果具4角，长1~1.5cm；叶具波状粗齿 ················ 3. 大果卫矛 E. myrianthus
   3. 落叶。
      4. 小枝具明显的木栓质翅；果深裂至近基部 ······················· 4. 卫矛 E. alatus
      4. 小枝无木栓质翅；果浅裂。
         5. 叶椭圆状卵形或卵圆形，先端渐尖，两面无毛 ············· 5. 白杜 E. maackii
         5. 叶椭圆形至长圆形，先端短尖，下面沿脉柔毛 ······ 6. 西南卫矛 E. hamiltonianus

### 1. 冬青卫矛 Euonymus japonicus Thunb. 图639

常绿灌木，高3m。小枝近四棱形。叶对生，革质，倒卵形或椭圆形，3~6cm×2~

3cm，先端钝尖，边缘具浅细锯齿；叶柄长约1cm。聚伞花序2~3次分枝，具5~12花；花序梗长2~5cm；花淡绿色，径5~7mm。蒴果近球形，径8~10mm，具3~4浅沟。种子具橙红色假种皮。花期6~7月，果期9~10月。

原产日本。现各地广为栽培，供观赏或作绿篱。对气候、土壤等适应性强，耐修剪，易整形，易繁殖，绿化效果佳，园林及公路大量栽培。久经栽培，有多数园艺栽培变型，如金边黄杨'Aurea-marginatus'，银边黄杨'Albo-marginatus'，金心黄杨'Aureus'等，均具较高的观赏价值。

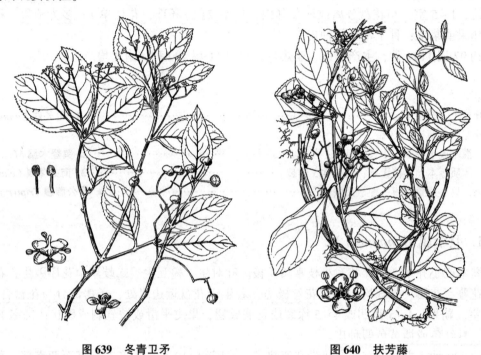

图639 冬青卫矛　　　　　　　　图640 扶芳藤

**2. 扶芳藤** *Euonymus fortunei* (Turcz.) Hand.-Mazz.　　图640

常绿藤本；茎枝具气生根。叶对生，薄革质，椭圆形或长圆状椭圆形，2~8cm×1.5~4cm，先端钝或急尖，边缘具浅钝锯齿；叶柄长3~6mm。聚伞花序3~6次分枝，花序梗长1.5~3cm；花绿白色，4数。果近球形，粉红色，具4浅沟，径6~12mm；假种皮鲜红色。花期6月，果期10月。

产华北以南，至华南、西南；常匍生于阴湿林下、石上或树上。为护坡水土保持树种和园林造景材料，垂直攀附能力一般，宜选择阴湿石山配置。

**3. 大果卫矛** *Euonymus myrianthus* Hemsl.　　图641

常绿灌木，高6m。叶对生，革质，倒卵状披针形至长椭圆形，5~13cm×3~4.5cm，先端渐尖，基部楔形，两面光绿，边缘波状或具钝圆锯齿；叶柄长5~10mm。聚伞花序2~4次分枝；花序梗长2~4cm；花黄色，4数。蒴果大，金黄色，具4棱，倒卵形，4浅裂，长1.5cm，径约1cm；假种皮橘黄色。

广布长江以南各地；海拔500~2000m。中亚热带至南亚热带树种，稍耐阴，生于阴湿山坡、沟谷及林缘，或组成阔叶林的中下层。叶色浓绿，四季常青，果大形奇，可植为

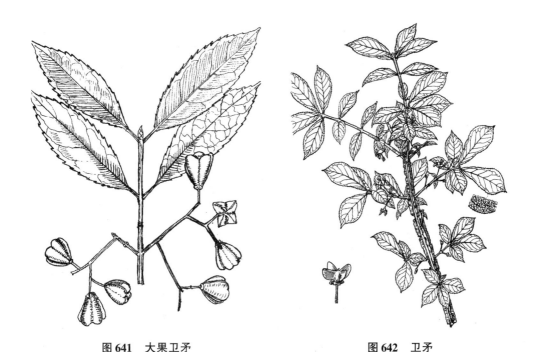

图 641　大果卫矛　　　　　　　图 642　卫矛

园林观赏。

**4. 卫矛** *Euonymus alatus* ( Thunb. ) Sieb.　　图 642

落叶灌木，高 1~3m。小枝具 2~4 列宽阔木栓质翅。叶对生，薄革质，卵状椭圆形至倒卵形，3~6cm×1.5~3cm，两面鲜绿色，先端短渐尖，边缘具细锯齿；叶柄极短，长 1~3mm。聚伞花序具 1~3 花；花序梗长 1cm；花淡绿色，4 数。蒴果 4 深裂，长 7~8mm；假种皮橙红色，全包种子。花期 5~6 月，果期 7~10 月。

产华北以南至长江流域各地，亦有栽培；日本、朝鲜亦产；海拔 200~1500m；生于山坡、溪边、灌丛及林缘。暖温带至北亚热带山地树种。喜光，耐干旱瘠薄生境。枝、叶为治漆毒疮良药；枝翅奇特，幼叶、秋叶及成熟果实紫红色，植株娇小雅致，为优良观叶观果树种。

**5. 白杜**（丝棉木）*Euonymus maackii* Rupr.　　图 643

落叶小乔木，高 8m。小枝细长。叶对生，纸质，卵圆形或椭圆状卵形，4~8cm×3~5cm，先端长渐尖，基部近圆形，具细锯齿；叶柄长 2~3.5cm。聚伞花序具 3 至多花；花序梗长 1~2cm；花黄绿色，4 数。蒴果倒矩圆形，粉红色，4 浅裂，径约 1cm；假种皮橙红色，全包种子。花期 6 月，果期 9~11 月。

除华南及西南外，分布几遍全国，亦有栽培；朝鲜、俄罗斯远东地区亦产；海拔 500m 以下；生于低平地林缘及空旷地。温带树种。喜光，耐干旱瘠薄生境。小径材，木材洁白细致；嫩叶可代茶；树皮含硬橡胶；枝、叶治漆毒疮；枝叶秀丽，红果挂枝甚久，为优良园林绿化及观赏树种。

**6. 西南卫矛** *Euonymus hamiltonianus* Wall. ex Roxb.　　图 644

落叶小乔木，高 10m，小枝有时具木栓棱。叶对生，纸质，椭圆形至长椭圆形，

图643 白杜

图644 西南卫矛

7~12cm×3~7cm，先端急尖或短渐尖，下面沿脉常被短毛；叶柄长1.5~3(5)cm。聚伞花序1~3分枝，具5~15花，总花梗长1~3cm；花白绿色，4数；花丝细长，花药紫色。蒴果黄红色，倒三角形，上部4浅裂；假种皮橙红色。花期5~6月，果期9~10月。

产秦岭（甘肃、陕西）以南地区，南至华南、西南；印度亦产；海拔1800m以下；生于山地疏林中。树姿优美，秋叶红果，可引入园林栽培观赏。

## 2. 美登木属 *Maytenus* Molina

灌木或小乔木，稀攀缘状；枝常具刺，稀无刺。叶互生，2列；无托叶。聚伞花序单生或簇生叶腋；花小，两性，常5数；雄蕊生于花盘上，心皮2~3。蒴果2~3裂，每室1~2种子；种子具杯状假种皮，常包基部。

约300种，分布热带、亚热带。我国约20种，主产云南。

**美登木 *Maytenus hookeri* Loes.**　图645

常绿灌木，高1~4m。小枝具针刺。叶纸质，椭圆形或长圆状卵形，8~20cm×3.5~8cm，先端渐尖或急尖，边缘具浅锯齿，侧脉5~8对，两面突起；叶柄长0.6~1.2cm。圆锥聚伞花序1~6簇生短枝上；花序无梗；花梗丝状；花白绿色。蒴果扁倒卵形，长6~12mm，2裂；杯状假种皮白色，干后呈黄色。花期12月至翌年6月，果期6~11月。

图645 美登木

分布云南南部及西南部;印度、缅甸亦产;生于山坡或山谷疏林中。植物体含抗癌有效成分,对多种癌症有一定疗效。

### 3. 南蛇藤属 Celastrus L.

木质藤本。小枝具明显皮孔。单叶,互生,常具锯齿。聚伞花序或圆锥花序,顶生或腋生;花小,单性异株;花萼5裂;花瓣5;雄蕊5;子房上位,3室。蒴果常近球形,3瓣裂,每裂瓣具1~2种子;种子具橙红色假种皮。

50种,分布热带和亚热带地区。我国30种,南北均产。茎皮和根皮常含毒素,可做杀虫剂。

**南蛇藤** *Celastrus orbiculatus* Thunb.　　图646

落叶藤本。小枝深褐色,皮孔明显。叶纸质,倒卵形或近圆形,6~11cm×5~7cm,先端突尖,基部宽楔形至近圆形;叶柄长1~3cm。腋生聚伞花序,稀顶生,长1~3cm;花单性,淡黄绿色。蒴果近球形,黄色,径9~10mm,3瓣裂;种子被红色假种皮。

产全国各地;分布朝鲜、日本;生于低山、丘陵灌丛或疏林地。

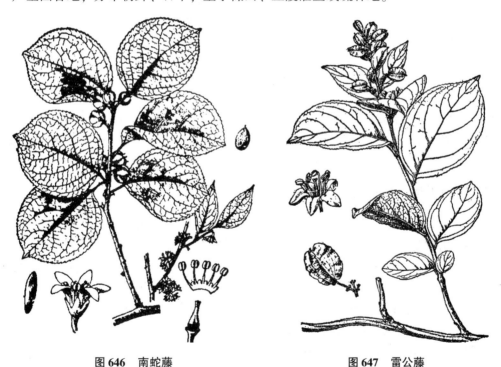

图646　南蛇藤　　　　　　　　图647　雷公藤

### 4. 雷公藤属 Tripterygium Hook. f.

落叶藤状灌木。单叶,互生。聚伞圆锥花序,顶生或腋生;花小,杂性,5数;雄蕊生花盘边缘;子房三棱形,3室,每室2胚珠;翅果,具3片膜质翅。

4种,分布东亚。我国3种,产西南、中南、华东至东北。

**雷公藤** *Tripterygium wilfordii* J. D. Hook.　图647

落叶藤状灌木。小枝棕红色，具4~6棱，密被锈色短毛。叶纸质，椭圆形至宽卵形，4~7cm×3~4cm，先端短尖，基部稍圆，具细锯齿；叶柄长达1cm。聚伞圆锥花序长5~7cm，被锈色毛；花杂性，淡绿色，5数。蒴果具3翅，长圆形，翅上具斜生侧脉。花期5~6月，果期8~9月。

广布长江以南各地，南至华南、西南；海拔1000m以下；生于疏林、灌丛及空旷地。中亚热带至南亚热带树种。根、茎、叶有剧毒，对人、犬、猪及昆虫的毒性很大，但是对羊、兔、猫、鼠、鱼却无毒性。

# 78. 胡颓子科 ELAEAGNACEAE

灌木或乔木；全体被银白色或黄褐色盾状鳞片或星状毛；常具枝刺。单叶、互生，稀对生或轮生；全缘；无托叶。花两性、单性或杂性，单生、簇生或排成短总状花序，腋生；单被花，雌花或两性花萼筒在子房顶端缢缩，萼2或4裂；雄蕊与花萼裂片同数互生或为2倍；子房上位，1心皮，1室1胚珠。坚果或瘦果，为增厚肉质的萼筒所包围，呈核果状或浆果状。

3属80余种，分布东亚、北美及欧洲。我国2属60种。产全国各地，有些种类的果实可食，是野生动物和鸟类重要的食源树种。

1. 花两性，萼4裂；果核具8肋；叶互生 ································· 1. 胡颓子属 *Elaeagnus*
1. 花单性，雌雄异株，萼2裂；果核有纵槽；叶互生、对生及轮生 ················· 2. 沙棘属 *Hippophae*

## 1. 胡颓子属 *Elaeagnus* L.

落叶或常绿，灌木、藤本或小乔木，常具刺。叶互生，全缘。花两性，簇生或单生于腋生短枝。萼筒黄白色，4裂，在子房上部缢缩并宿存于果上；雄蕊4，着生于萼筒口部，与裂片互生；花柱线形不显露于萼筒外。坚果球形或椭圆形，果核有8条棱脊，具大而直的胚。

约90种，分布亚洲、欧洲南部及北美。中国67种，其中55种为特有，分布全国。果可食；有些为固沙及绿化观赏树种。

**胡颓子** *Elaeagnus pungens* Thunb.　图648

常绿直立灌木，具刺。小枝密被锈色或银鳞片。叶厚革质，椭圆形，4~10cm×2~5cm，两端钝圆，边缘波状皱曲，幼时上面被银白色和少数褐色鳞片，下面密被白色鳞片和少数褐色鳞片，侧脉7~9对；叶柄长5~8mm。花灰白色，被鳞片，1~3腋生，花梗长3~5mm；萼筒长5~7mm。花柱无毛。果椭圆形，长1.2~1.4cm，红色，被锈色鳞片。花期9~12月，果期翌年4~6月。

产长江流域以南，南至华南、贵州；日本亦产；常见于低山、丘陵及平地，生长于林缘、灌丛、向阳的溪谷两旁及村边隙地，光裸荒坡及石灰岩刺藤灌丛地也能生长。喜光、

图 648 胡颓子　　　　　　　图 649 牛奶子

耐干旱瘠薄。果味酸甜可生食或酿酒制作饮料；植株银褐色，为观叶植物；又为优良水土保持树种。

**[附] 牛奶子** *Elaeagnus umbellata* Thunb.　图 649　落叶灌木。叶椭圆形或倒卵状披针形，3~8cm×1.5~4cm，侧脉 5~7 对。坚果近球形，或卵圆形，长 5~7mm，被银白色鳞片，红色。花期 4~5 月，果期 7~8 月。产辽宁、华北、西北（除新疆）、华中及华东；东亚、日本、朝鲜、中南半岛、南欧亦产。果甜可食；果实似红宝石，可作园林绿化树种。

## 2. 沙棘属 *Hippophae* L.

落叶灌木或小乔木。叶互生、对生或轮生，全缘，叶柄短或近无。花单性，雄花聚为小柔荑花序，先叶开放，萼 2 裂，雄蕊 4；雌花聚为小总状花序，与叶同发，萼筒 2 裂。瘦果为肉质的萼筒包围，果核果状，球形或卵圆形，熟时橘黄色或橘红色，果核有时具纵棱；种子包于皮质内果皮中。

7 种分布欧洲西北至东亚，中国全产，其中 4 种为特有。青藏高原为本属多样性中心。果实鲜艳，经冬不落，是产区冬季野生动物，尤其是鸟类的重要食源。沙棘灌丛密集而且带刺，是野生动物的重要栖息所。

**中国沙棘** *Hippophae rhamnoides* L. subsp. *sinensis* Rousi　图 650

高 1~15m。枝常具刺。叶互生、近对生或 3 叶轮生，条形或条状披针形，2~6cm×0.4~1.2cm，两面密被银白色鳞片，边缘内卷；叶柄极短。花小，淡黄色，雄花序先叶开放，长 5~8mm，雄花外被星状鳞片；雌花有梗，2~5 生小枝腋部，与叶同时开放。果实扁球形或卵圆形，5~10mm×5~10mm，橘红色、橙黄色。种子 1，硬骨质，卵形或卵状矩圆形，表面具 1 条状纵沟。花期 3~4 月，果期 9~10 月。

**图 650　中国沙棘**

产河北、山西、甘肃、陕西、青海、内蒙古及四川西部；海拔 1000～4000m；多生于河漫滩地及丘陵河谷地，也见于疏林。喜光、抗寒、耐风沙及干旱；既耐水湿和盐碱，也耐干旱瘠薄。生长较快，根系发达，根蘖性强，有根瘤菌，枯枝落叶量大，可改良土壤，防风固沙；果可食，富含多种维生素、氨基酸和糖类，可酿酒、制饮料和果酱；木材坚硬，可作各种工艺品；种子可入药和榨油；花为蜜源。

# 79. 鼠李科 RHAMNACEAE

乔木、灌木或藤本，常有枝刺或托叶刺。单叶互生或近对生，羽状脉或基出 3～5 脉；托叶早落或宿存，或变态为刺状。花小，整齐，两性或单性，稀杂性和雌雄异株，5(4)基数；萼钟状或管状，花瓣常不显著或无花瓣；雄蕊与花瓣对生；花盘显著；子房上位、半下位至下位，常 3 或 2 室，每室具 1 基生的倒生胚珠。核果（或呈浆果状、蒴果状）或蒴果，具 2～4 开裂或不开裂的分核，每分核具 1 种子。

约 58 属 900 余种，广布全球。中国有 14 属 130 多种，全国各地均产，以西南和华南的种类最多。本科经济价值不突出，但次生林和灌丛中多见，偏旱生习性，多产石灰岩山地。

1. 花序轴在结果时膨大成肉质，扭曲；叶具基出 3 脉 ························································· **1. 枳椇属** *Hovenia*
1. 花序轴在结果时不膨大成肉质，也不扭曲；叶具羽状脉或基出 3～5 脉。
　　2. 叶为羽状脉。
　　　　3. 叶全缘 ····················································································································· **2. 勾儿茶属** *Berchemia*
　　　　3. 叶缘有锯齿。
　　　　　　4. 藤状灌木；花无梗，排成穗状或穗状圆锥花序；花盘肉质增厚，填满萼筒 ································
　　　　　　　　　　　　　　　　　　　　　　　　　　　　　　　　　　　　　　　　　**3. 雀梅藤属** *Sageretia*
　　　　　　4. 直立灌木；花有梗，聚伞花序或簇生叶腋；花盘薄，贴生萼筒内 ·········· **4. 鼠李属** *Rhamnus*
　　2. 叶具 3～5 基出脉；具托叶刺而无枝刺。
　　　　5. 核果肉质，无翅 ················································································································· **5. 枣属** *Ziziphus*
　　　　5. 核果木质，周围具平展、木栓质或革质的翅 ·························································· **6. 马甲子属** *Paliurus*

## 1. 枳椇属 *Hovenia* Thunb.

落叶乔木，稀灌木。叶互生，边缘有锯齿，基出 3 脉，具长柄。二歧式聚伞花序密集顶生或兼腋生，花序轴结果时膨大，肉质，扭曲，萼筒 5 裂；花瓣生于花盘下，两侧内卷，基部具爪；雄蕊为花瓣所抱；花盘厚，肉质，盘状；子房上位，1/2～1/3 藏于花盘内，基部与花盘合生，3室，花柱3裂。浆果状核果近球形，基部有宿存萼筒，外果皮革质；种子3，有光泽。

3种2变种，分布东亚、喜马拉雅地区、中南半岛。我国除东北、内蒙古、新疆、宁夏、青海和台湾外，其他各地区均产。

**枳椇**（拐枣）*Hovenia acerba* Lindl. 图651

落叶乔木，高15m。叶椭圆状卵形或广卵形，长8~16cm，先端渐尖，基部圆形或心形，常不对称，边缘有细锯齿，下面沿叶脉或脉间有柔毛；叶柄长4~5cm。花小，黄绿色，径约4.5mm；花瓣扁圆形；花柱常裂至中部或深裂。果序梗肉质，肥厚扭曲，熟时紫褐色；核果球形，含3粒种子。花期6月，果期8~9月。

产秦岭、大别山以南，南至华南、西南，主产长江流域各地；喜马拉雅地区、中南半岛亦产；海拔2000m以下。北亚热带至南亚热带树种。喜光，稍耐旱，不耐渍，对土壤要求不严。生长较快，木材硬度适中；树姿优美，树冠宽展，为良好的庭园绿化和行道树；果序轴膨大肉质，含丰富糖分，可生食、酿酒、熬糖，民间常用以浸制拐枣酒，能治风湿、健胃、补血；种子为利尿、消渴、解酒、止吐药。

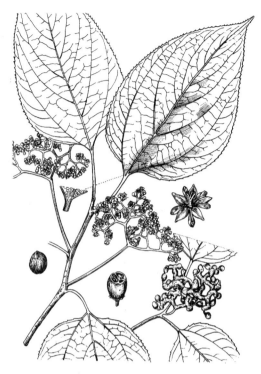

图651 枳椇

[附] **毛果枳椇** *Hovenia trichocarpa* Chun ex Tsiang 与枳椇的区别：萼片和果实被锈色密绒毛，果径8~8.2cm；叶下面被黄褐色或黄灰色不脱落的密绒毛。产江西、湖南、湖北、贵州和广东北部；印度、尼泊尔、不丹和缅甸北部亦产。用途与枳椇同。

## 2. 勾儿茶属 *Berchemia* Neck.

攀缘或直立灌木；无托叶刺。叶互生，纸质或近革质，全缘，明显平行羽状脉，第三级脉平行。花两性，5数；有花梗；聚伞总状或聚伞圆锥花序，顶生或兼腋生；萼筒短，裂片三角形；花瓣匙形；花盘厚，齿轮状，具10不等裂，边缘离生；子房上位，中部以下藏于花盘内，2室。核果具单核，近圆柱形，紫红色或紫黑色，基部有宿存萼筒，中果皮肉质，内果皮骨质；种子1。

约32种，主产温带和东亚和东南亚温带至热带。中国12种。

**多花勾儿茶** *Berchemia floribunda* (Wall.) Brongn. 图652

常为攀缘灌木。幼枝黄绿色，光滑无毛。叶纸质，上部叶较小，狭卵形至卵状椭圆形，4~9(11)cm×2~5(6.5)cm，顶端锐尖，两面光绿无毛，侧脉9~12对，两面稍凸起；叶柄长1~2cm，稀达5cm。花多数，常数个簇生排成顶生宽聚伞圆锥花序，或下部兼腋生聚伞花序，花序长可达15cm，侧枝长在5cm以下；花梗长1~2mm。核果圆柱状椭圆形，长7~10mm，基部有宿存盘状花盘。花期7~10月，果期翌年4~7月。

图 652 多花勾儿茶

产黄河以南，南至华南、西南（西藏）；印度、尼泊尔、不丹、越南、日本亦产；海拔 2600m 以下；生于山坡、沟谷、林缘、林下或灌丛中。嫩叶可代茶。

### 3. 雀梅藤属 Sageretia Brongn.

藤状或直立灌木，多有刺。小枝互生或近对生。叶互生或近对生，羽状脉，有锯齿。花小，两性，近无梗，常排成穗状或穗状圆锥花序；萼片三角形，中肋凸起而成小喙；花瓣匙形，顶端 2 裂；雄蕊与花瓣等长或长于花瓣；花盘厚，肉质，秃头状，全缘或 5 裂；子房上位，仅上部露出花盘之外，其余均为花盘包围，2～3 室，每室 1 胚珠。浆果状核果；种子扁平。

约 35 种，分布中亚、东亚和北美。我国约 16 种 3 变种，产西南、西北至台湾。

**雀梅藤** *Sageretia thea* ( Osbeck ) Johnst.　图 653

多为藤状灌木。小枝具刺。叶纸质，近对生或互生，长圆形或卵状椭圆形，2～4.5cm×0.7～2.5cm，上面光绿，下面疏被短柔毛，侧脉 3～5 对，下面明显凸起；叶柄长 5～7mm，被短柔毛。花黄色，无梗，常 2 至数朵簇生排成顶生或腋生的穗状或穗状圆锥花序；花序轴密被短柔毛；花瓣匙形，顶端 2 浅裂，短于萼片；花盘杯状；花柱极短，柱头 3 浅裂。核果近球形，径约 5mm，熟时紫黑色，具 1～3 分核。花期 8～10 月，果期翌年 4～5 月。

产长江以南，至华南、西南；印度、越南、朝鲜、日本亦产；海拔 2100m 以下；常生于丘陵、山地林下或灌丛中。嫩叶可代茶，亦可药用。

### 4. 鼠李属 Rhamnus L.

落叶或常绿灌木或小乔木。无刺或小枝顶端变成针刺。叶互生或近对生，羽状脉，常有锯齿。花小，两性或单性，雌雄异株，稀杂性，数朵簇生，或为腋生聚伞、聚伞总状或聚伞圆锥花序；萼 4～5 裂；花瓣 4～5，短于萼片；雄蕊 4～5；花盘薄，杯状；子房上位，球形，着生于花盘上，不为花盘所包围，2～4 室，花柱 2～4 裂。浆果状核果，近球形，萼宿存于基部，具 2～4 分核，各有 1 种子。

图 653　雀梅藤

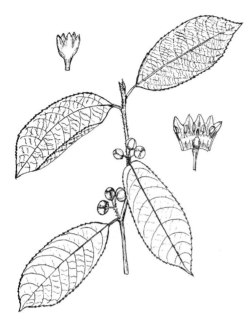

图654 长叶冻绿

约200种，分布温带至热带，主产亚洲东部和北美洲的东南部，少数分布至欧洲和非洲。我国有57种14变种。

**长叶冻绿 *Rhamnus crenata* Sieb. et Zucc.** 图654

落叶灌木或小乔木，无刺。小枝密被柔毛。叶纸质，互生，倒卵状椭圆形、椭圆形，或披针形，4～14cm×2～5cm，下面被柔毛，侧脉7～12对；叶柄长4～12mm，密被柔毛。腋生聚伞花序，花序梗长4～15mm，被毛；花瓣近圆形；雄蕊与花瓣等长而短于萼片；子房3室，每室具1胚珠。核果球形，成熟时紫黑色，径6～7mm，具3分核；种子无沟。花期8～9月，果期8～10月。

产秦岭、淮河以南，东至台湾，南达华南、西南；朝鲜、日本、越南、老挝、柬埔寨亦产；海拔2000m以下；常生于山地林下或灌丛中。根和果含黄色素，可作染料。

## 5. 枣属 Ziziphus Mill.

落叶或常绿乔木，或藤状灌木。托叶常变成针刺。枝常具刺。叶互生，具柄，边缘具齿，稀全缘，基出3脉，稀5脉。花小，两性，黄绿色，5基数，聚伞花序；萼片三角形，内面有凸起的中肋；花瓣具爪，与雄蕊等长，有时无瓣；花盘厚，肉质，5或10裂；子房球形，下半部或大部藏于花盘内，且部分合生，2室，每室1胚珠，花柱2，浅裂或半裂。核果长圆形或圆球形，基部有宿存萼筒，中果皮肉质或软木栓质，内果皮骨质或木质。

约100种，主要分布亚洲和美洲的热带和亚热带地区。我国约有12种。

**枣 *Ziziphus jujuba* Mill.** 图655

落叶小乔木，高10m。具长枝及短枝，长枝呈之字形曲折，具2托叶刺，一长一短，长刺可达3cm，短刺下弯，长4～6mm。叶2列，卵形或卵状椭圆形，2.5～7cm×1.5～4cm，具圆锯齿；托叶刺后期常脱落。花单生或2～8个密集成腋生聚伞花序；花梗长2～3mm，花盘10裂，子房2室；花柱2中裂。核果长圆形或长卵圆形，长3～6cm，熟时由红色变红紫色；核两端锐尖，2室，具1或2种子；种子扁椭圆形，长约1cm。花期5～7月；果期8～9月。

原产我国，北起辽宁，南至华南，东达台湾，西

图655 枣

达西北（新疆）；海拔2000m以下；主产华北平原、丘陵及低山区。温带树种。喜光、耐寒冷干旱气候，亦耐高温，耐轻碱土，连绵阴雨日对生长不利。寿命长，树龄可达200～300年，实生苗10龄进入结果期，嫁接苗当年可结果，分蘖苗4～5龄开始结果，15～20龄进入盛果期，40～50龄盛产不衰；耐热、耐寒、耐旱、耐轻碱土；华北平原品质最佳。果味甜，富含糖、蛋白质、维生素C、P及微量元素；生食或制成蜜枣、红枣、乌枣、醉枣或加工成枣泥、枣酱、枣酒、枣茶等；果药用，有养胃、健脾、益血、强身之效；木材坚韧致密；为我国北方保土固沙树种。栽培历史有5000年，共有6个变种（品种群）680个品种，常见变种有无刺枣 var. *inermis* 和酸枣 var. *spinosa*。

### 6. 马甲子属 *Paliurus* Mill.

落叶乔木或灌木。叶互生，有锯齿或近全缘，具基出3脉；具托叶刺。花两性；聚伞花序或聚伞圆锥花序腋生或顶生；花梗短，结果时增长；花瓣短于萼片；花盘厚，肉质，与萼筒贴生，5或10齿裂或浅裂，子房上位，下面大部分藏于花盘内；3室，每室1胚珠，花柱常3深裂。核果盘状或草帽状，周围具木栓质或革质的翅，基部有宿存萼筒。

约6种，分布欧洲南部和亚洲东部和南部。我国5种，产西南、中南、华东。

**马甲子** *Paliurus ramosissimus* (Lour.) Poir.　　图656

灌木，高6m，单干具平展的分枝，满布锐刺。小枝密被灰褐色短柔毛。叶宽卵形、卵状椭圆形，3～5.5cm×2.2～5cm，先端钝圆，基部稍偏斜，有钝细锯齿，下面幼时密生棕褐色细柔毛，后仅沿脉被柔毛或无毛，基出3脉；叶柄长5～9mm，被毛，基部有2个紫红色斜向直立的托叶刺。花序顶生，被黄色绒毛。核果马蹄状盘形，长7～8mm，被黄褐色或棕褐色绒毛，周围具木栓质3浅裂的窄翅，径1～1.7cm；果枝被棕褐色绒毛；种子紫红色或红褐色，扁圆形。花期5～8月，果期9～10月。

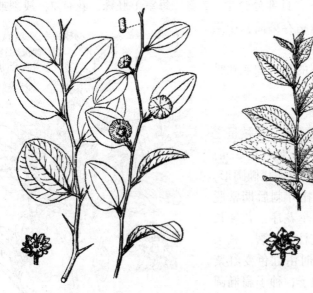

图656　马甲子

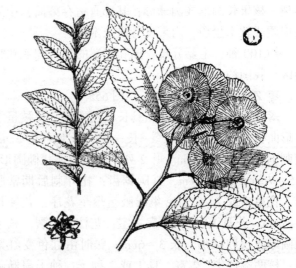

图657　铜钱树

产长江以南，南至华南、西南；朝鲜、日本和越南亦产；海拔2000m以下；生于低山和平原，常见于石灰岩地山丘。中亚热带至南亚热带树种。喜钙植物。木材坚硬；分枝密且具针刺，可作园林中绿篱植物。

[附]**铜钱树** *Paliurus hemsleyanus* Rehd.　　图657　与马甲子的区别：小枝和花序无毛；花序顶生或兼有腋生；核果铜钱形或草帽状，周围具革质宽翅，径2~3.8cm。分布略同马甲子。树皮富含鞣质，可提栲胶；住宅区常植为绿篱，亦可作枣树砧木。

# 80. 葡萄科 VITACEAE

木质或草质藤本，具与叶对生的卷须。单叶或复叶，互生；托叶有或无。花小，两性、单性或杂性，辐射对称；聚伞、圆锥或伞房花序，常与叶对生；花各部5(4)数；花萼裂或不裂；花瓣分离或连合；雄蕊与花瓣同数对生；花盘发育；子房上位，2，稀至6室。浆果；种子具胚乳。

16属700余种，主要分布热带和亚热带，少数至温带。我国9属150余种，主产长江以南。

1. 树皮有皮孔，髓白色；聚伞花序；花瓣离生。
　2. 卷须2~3叉状分枝，顶端不扩大成吸盘；花盘明显，花序与叶对生 ········· **1. 蛇葡萄属** *Ampelopsis*
　2. 卷须4~7总状分枝，顶端扩大成吸盘；花盘不明显，花序顶生或假顶生 ···············
　　　　　　　　　　　　　　　　　　　　　　　　　　　　　　　　**2. 爬山虎属** *Parthenocissus*
1. 树皮无皮孔，髓褐色；圆锥花序，花瓣顶端黏合，花后呈帽状脱落 ············ **3. 葡萄属** *Vitis*

## 1. 蛇葡萄属 *Ampelopsis* Miehx.

落叶木质藤本。有皮孔；髓白色；卷须2~3分枝，末端无吸盘。单叶或复叶；具长柄。二歧或多歧聚伞花序，与叶对生或顶生；花瓣5，分离；花盘杯状；子房2室，每室2胚珠。浆果有种子1~4。

30余种，分布亚洲、北美洲和中美洲。我国17种，南北均产。

**广东蛇葡萄** *Ampelopsis cantoniensis* (Hook. et Arn.) Planch.　　图658

小枝有纵纹，嫩枝有短柔毛；卷须2叉分枝，相隔2节间断与叶对生。一至二回羽状复叶，小叶近革质，卵形至长椭圆形，2~9cm×1.5~5.5cm，具不明显钝齿，干时下面苍白色，侧脉4~7对；叶柄长2~8cm。伞房状多歧聚伞花序，花序梗长2~6cm，花梗长1~3mm；花小，淡绿色；花萼碟形；花瓣卵圆形；花盘浅裂；子房下部与花盘合生。果近球形，径0.5~0.8cm，熟时紫黑色。花期4~7月，果期8~11月。

长江以南，南至华南、西南；海拔100~850m；生于马尾松林下、灌丛。适生于山地湿润生境。

[附]**显齿蛇葡萄**(藤茶) *Ampelopsis grossedentata* (Hand.-Mazz.) W. T. Wang　　图659
与广东蛇葡萄的主要区别：全株无毛。小叶草质或薄纸质，幼叶常带紫红色，有2~5个粗锯齿，侧脉3~5对；叶柄长1~3cm。主产长江以南，南至华南；海拔200~1500m。

图 658 广东蛇葡萄

图 659 显齿蛇葡萄

富含黄酮类化合物和微量元素硒，嫩茎叶代茶饮用，口感良好，能降脂降压、清热解毒、抗菌消炎兼美容抗衰老。

## 2. 爬山虎属 *Parthenocissus* Planch.

落叶、稀常绿木质藤本。有皮孔；髓白色；卷须总状多分枝，顶端遇附着物扩大为吸盘。单叶或掌状3~5出复叶；具长柄。花两性；圆锥状或伞房状多歧聚伞花序；花瓣5，分离；花盘不明显；子房2室，每室2胚珠。浆果有种子1~4。

13种，分布亚洲和北美洲。我国9种，主产长江以南，另引入1种。

**爬山虎**（地锦）*Parthenocissus tricuspidata* (Sieb. et Zucc.) Planch. 图660

落叶大藤本。短枝上生单叶，宽卵形，长4.5~20cm，基部心形，常3浅裂，具粗锯齿，基出脉5，叶柄长4~10cm；幼苗或下部枝上叶常呈掌状全裂或3出复叶。多歧聚伞花序，生于两叶间的短枝顶端，长2.5~12.5cm，主轴不明显，花序梗长1~3.5cm，花梗长2~3mm。果球形，径6~15mm，熟时蓝黑色。花期5~8月，

图 660 爬山虎

果期9~10月。

产吉林以南的南北各地；海拔150~1200m；常攀附于岩壁、树干上。耐寒，稍耐阴，对土壤、气候适应性强。生长快；播种、扦插、压条繁殖，易成活。枝叶繁茂，秋叶变红，颇为美观，抗氯气和二氧化硫，为攀附墙壁、垂直绿化优良藤本，对夏季墙面降温效果显著。

[附] **五叶爬山虎**（五叶地锦）*Parthenocissus quinquefolia* (L.) Planch. 与爬山虎的区别：卷须总状5~9分枝，叶为掌状5小叶，小叶倒卵圆形、倒卵椭圆形或外侧小叶椭圆形，5.5~15cm×3~9cm，最宽处在上部或近中部，短尾尖，两面绿色，边缘有粗锯齿，侧脉明显；叶柄长5~14.5cm。果实球形，径1~1.2cm，有种子1~4。原产北美。现中国南北普遍种植，用于垂直绿化。

### 3. 葡萄属 *Vitis* L.

木质藤本。无皮孔；髓褐色；卷须单一或分叉。单叶，掌状分裂，稀掌状复叶；托叶早落。花杂性异株，稀两性；聚伞圆锥花序；花瓣5，凋谢时呈帽状黏合脱落；花盘5裂；子房2室，每室2胚珠。浆果有种子2~4。

60余种，分布温带或亚热带。我国约38种，东北至西南均产，主产长江以南。

1. 小枝和叶脉有皮刺；网脉明显 ································································· **1. 刺葡萄** *V. davidii*
1. 小枝和叶脉无皮刺；网脉不明显。
    2. 叶不分裂；果球形，径0.8~1cm ··················································· **2. 葛藟** *V. flexuosa*
    2. 叶3~5裂；果椭圆形或球形，长1.3~4cm ····································· **3. 葡萄** *V. vinifera*

**1. 刺葡萄** *Vitis davidii* (Roman. Du Caill.) Foex. 图661

幼枝带紫褐色，被皮刺，无毛；卷须2叉分枝。叶心形或卵圆形，5~24cm×4~23cm，基部心形，不裂或微3浅裂，具锐锯齿，下面沿脉和脉腋有褐色丝毛，5出脉，细脉明显，常疏生小皮刺；叶柄长6~13cm。花杂性异株；圆锥花序长5~24cm，花序梗长1~2.5cm，花梗长1~2mm。果球形，熟时紫红至蓝黑色，径1~2.5cm。花期4~6月，果期7~10月。

产秦岭至大别山以南；海拔600~1800m；生于山坡、沟谷林中或灌丛。适生于山地阴湿生境。果生食或酿酒，已有较大规模人工栽培。

**2. 葛藟** *Vitis flexuosa* Thunb. 图662

小枝有纵棱纹；卷须2叉分枝。叶卵形至卵状椭圆形，2.5~12cm×2.5~10cm，基部浅心形或近截形，具微不整齐锯齿，下面初被丝状毛，后脱落，5出脉，网脉不明显；叶柄长1.5~7cm。圆锥花序长4~12cm，花序梗长2~5cm，花梗长1.1~2.5mm。果球形，径0.8~1cm。花期3~5月，果期7~11月。

产华北以南，南至华南、西南；海拔100~2300m；生于山坡、沟谷、草地、灌丛、林中和田边。生长健壮，病虫害少，用作葡萄砧木具有寿命长、丰产等优点。果味酸。

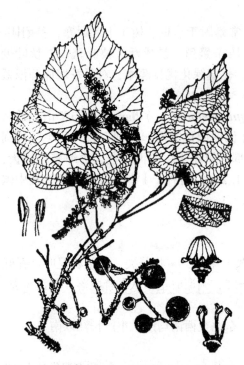

图661 刺葡萄

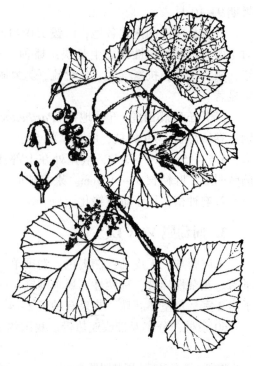

图662 葛藟

**3. 葡萄** *Vitis vinifera* L. 图663

落叶大藤本，茎长20m。小枝有纵棱；卷须2叉分枝。叶纸质，卵圆形至近圆形，长宽6~20cm，基部心形，3~5裂，具不规则粗齿或缺刻，幼叶有毛，后渐脱落，5出脉；叶柄长2.5~9cm。花杂性异株；圆锥花序长10~20cm，花序梗长2~4cm，花梗长1.5~2.5mm；两性花花萼盘状，具波状5齿；花瓣淡黄绿色，长2mm。果椭圆形或球形，长1.3~4cm，熟时紫黑色，有白粉。花期4~5月，果期8~9月。

原产亚洲西部，全球广泛栽培。我国已有2000多年栽培历史，相传由西汉张骞引入，现全国广为栽培，以西北至华北为主产区。栽培品种全球约8000个，我国有700多个。适生于夏热冬寒、日温差大、降雨适中的气候；喜光；对土壤要求不严，但不耐涝渍。深根性；种子、扦插或嫁接繁殖，极易成活；寿命长达数百年。为世界著名果树，

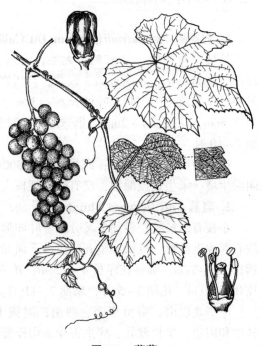

图663 葡萄

果甜，富含糖和多种维生素，可生食、制葡萄干或酿酒；酿酒后的粕，可提取酒石酸、酒精、单宁酸、色素等；果药用，能补肝肾、益气血、生津液、利小便，还具抗衰老和防癌抗癌作用；为重要的棚架果树和庭院绿化树种。

# 81. 紫金牛科 MYRSINACEAE

灌木或乔木，稀攀缘灌木。单叶互生，稀对生或近轮生，常具腺点或腺条纹，全缘或具各式齿，齿间有时具边缘腺点；无托叶。总状、伞房、伞形、聚伞花序或圆锥花序，稀簇生，常生于特殊花枝或短枝上；具苞片；花两性或杂性，稀单性；花4~5数，整齐；萼片基部连合或近分离，常具腺点，宿存；花冠常基部连合，稀近分离，裂片常具腺点或腺条纹；雄蕊与花冠裂片同数，对生，生于花冠上，分离或基部合生；子房上位，稀半下位或下位，1室，中轴胎座或特立中央胎座；胚珠多数，稀少数。核果或浆果；种子1或多数；种子具肉质或角质胚乳。

34属1000余种，主要分布热带和亚热带地区。我国有5属129种，主产长江流域以南各地区。多数种类耐阴，常生于阔叶林下；多数种供药用；有些种类果可食用，嫩叶作蔬菜或代茶；有些种类株型优美，果实艳丽，可栽培供观赏。

1. 子房半下位至下位；花萼基部或花梗上具1对小苞片；种子多数 ·················· 1. 杜茎山属 Maesa
1. 子房上位；花萼基部或花梗上无小苞片；种子1。
  2. 多为伞形花序，具长总花梗或生侧生特殊花枝顶端；花两性 ·················· 2. 紫金牛属 Ardisia
  2. 伞形花序或簇生，生叶腋或老枝叶痕腋，无特化花枝；花杂性。
    3. 花丝较长；柱头流苏状或扁平；叶常具锯齿 ·················· 3. 铁仔属 Myrsine
    3. 花丝短或近无；柱头圆柱形或扁平成舌状；叶常全缘 ·················· 4. 密花树属 Rapanea

## 1. 杜茎山属 Maesa Forsk.

灌木，稀小乔木。叶常具腺条纹或腺点。总状或圆锥花序，具苞片及小苞片；花两性或杂性，形小；花萼5裂，萼管包子房下半部或更多；花冠5裂，白色或浅黄色，常具腺条纹；雄蕊5，与裂片对生，内藏；子房半下位或下位；胚珠多数，特立中央胎座。肉质浆果或干果，宿存萼包果一半以上，常具脉腺条纹或纵肋；种子细小，多数。

200种，主要分布热带及亚热带地区。我国29种。本属植物果味甜，可食；有的叶可用于毒鱼、作染料或代茶。

**杜茎山** *Maesa japonica* (Thunb.) Moritzi ex Zoll. 图664

高1~5m。小枝无毛，髓心中空。叶薄革质，

图664 杜茎山

椭圆形，形状和大小变化很大，一般长 8~11cm，亦有长达 15cm，近全缘或上部具疏锯齿，两面无毛，侧脉 5~8 对，不甚明显；叶柄长 5~13mm，无毛。总状或圆锥花序，长 1~3(4) cm，无毛；花梗长 2~3mm；花萼长约 2mm；花冠白色，长钟形，管长 3.5~4mm，具明显腺条纹，浅裂，裂片卵形或肾形。果球形，径 4~6mm，肉质，具腺条纹，全包于宿萼中。花期 1~3 月，果期 5~10 月。

产长江流域以南；日本及越南北部亦产；海拔 100~2000m；生于山坡或石灰岩山区林下或路旁灌木丛中，喜土层深厚、肥沃立地。

## 2. 紫金牛属 *Ardisia* Swartz

灌木、亚灌木，稀小乔木。叶互生，稀对生或近轮生，羽状脉，常在叶缘连结为边脉，两面及叶缘常具腺点。聚伞花序常为伞形状或圆锥状；两性花，常 5 数，稀 4 数；萼基部连合或分离，宿存，常具腺点；花瓣基部稍连合，右旋螺旋状排列，常具腺点；雄蕊生于花瓣基部。浆果核果状，球形或扁球形，常红色，被腺点；种子 1。

约 300 种，分布热带、亚热带，少数分布大洋洲。我国 68 种，主产长江流域以南。性耐阴，多生于林下腐殖质土上或阴湿地；多数种类供药用，治跌打损伤、风湿及各种炎症；有的株型雅致，果实红艳，可栽培供观赏。

1. 叶椭圆形或倒卵状披针形，具皱波状或波状齿；萼片、花瓣具腺点 …………… 1. 朱砂根 *A. crenata*
1. 叶椭圆状披针形或倒披针形，边缘具粗圆齿或近全缘；萼片、花瓣无腺点 ……… 2. 郎伞木 *A. elegans*

### 1. 朱砂根 *Ardisia crenata* Sims  图 665

灌木，高 1m。小枝无毛，除侧生特殊花枝外，无分枝；花枝近顶端常具 2~3 叶或更多，或无叶。叶革质或坚纸质，椭圆形或倒圆状披针形，长 7~15cm，先端尖或渐尖，基部楔形，边缘具皱波状或波状齿，齿端具腺点，两面无毛，有时下面被鳞片；叶柄长约 1cm。伞形或聚伞花序；花梗长 7~10mm，近无毛；花瓣白色，稀略粉红色，具腺点。果球形，径 6~8mm，鲜红色，具腺点。花期 5~6 月，果期 10~12 月。

产长江流域以南；东南亚、日本亦产；生于海拔 90~2400m 林下阴湿处。株型雅致，果色鲜红，临冬不凋，可作盆景或点缀山石。

### 2. 郎伞木 *Ardisia elegans* Andr.  图 666

灌木，高 1~3m。小枝无毛。叶椭圆状披针形或倒披针形，稀窄卵形，长 9~12cm，边缘具粗圆齿，齿间具边缘腺点，或近全缘或波状，两面无毛，侧脉 12~15 对，连成不明显边脉；叶柄长 0.8~1.5cm，具沟和狭翅。复伞形花序或由伞

图 665 朱砂根

房花序组成圆锥花序,生于侧生特殊花枝顶端;花枝长 30~50cm,顶端常下弯,小花序梗长 2~4cm;花梗长 1~2cm;萼片无腺点;花瓣粉红色,稀红或白色,无腺点,无毛。浆果球形,径 0.8~1.2cm,深红色,具明显腺点。花期 6~7 月,果期 12 月至翌年 3~4 月。

产福建南部、江西南部、湖南南部、广东、海南、广西及贵州东南部;越南亦产;海拔 1300m 以下;生于山谷、山坡林中或阴湿溪边。全株或根入药,治腰骨疼痛、跌打损伤等症;叶可拔疮毒。

### 3. 铁仔属 *Myrsine* L.

灌木或小乔木。叶常具锯齿,稀全缘,无毛;叶柄常下延至枝上形成棱条。伞形花序或花簇生,生叶腋或叶痕腋部;每花基部具 1 苞片;花 4~5 数,两性或杂性;萼深裂至萼中部,宿存;花瓣近分离或连合至花冠中部,具缘毛及腺点;雄蕊生花瓣下部,与花瓣对生;子房上位,花柱圆柱形,柱头流苏状或扁平;胚珠少数。浆果核果状,内果皮坚脆;种子 1,胚乳坚硬,嚼烂状。

7 种,分布非洲及亚洲热带和亚热带地区。我国 4 种,产长江流域以南。

**光叶铁仔** *Myrsine stolonifera* (Koidz.) E. Walker  图 667

常绿灌木,高 2m。小枝无毛。叶近革质,椭圆状披针形,长 6~8(10)cm,先端渐尖或长渐尖,基部楔形,全缘或中部以上具 1~2 对疏齿,两面无毛,边缘具腺点;叶柄长 5~8mm,不下延为棱条。伞形花序或花簇生,具 3~4 花;花 5 数;萼片狭椭圆形或长圆形,被腺点;花冠基部连合。果球形,径约 5mm,红色至蓝黑色,无毛。花期 4~6 月,果期 12 月至翌年 2 月。

产华中、华东南部、华南、西南;日本亦产;海拔 250~2100m;生于山地林下潮湿地。根或全株入药,具清热利湿、收敛止血之效。

图 666　郎伞木

图 667　光叶铁仔

### 4. 密花树属 *Rapanea* Aubl.

乔木或灌木。叶全缘，稀具齿，稍具腺点，无毛。伞形花序或花簇生，生于具覆瓦状排列苞片的短枝或瘤状物顶端；花两性或雌雄异株，4~5(6)数；花萼基部连合，萼片常具腺点，宿存；花冠基部连合或成短管；雄蕊与花瓣对生，生于花冠管喉部或花瓣基部；花丝极短或几无；子房上位，柱头圆柱形或扁平成舌状。浆果核果状，内果皮坚脆或革质；种子1，胚乳坚硬。

约200种，分布热带、亚热带，少数至温带地区。我国7种。

**密花树** *Rapanea neriifolia* (Sieb. et Zucc.) Mez　图668

常绿灌木或小乔木，高2~12m。小枝无毛。叶革质，长圆状倒披针形至倒披针形，长7~17cm，先端尖或钝，基部楔形下延，全缘，无毛，上面中脉下凹，侧脉不明显；叶柄长约1~1.5cm。伞形花序或花簇生，具3~10花；花梗长2~3mm；萼片卵形，具缘毛；花瓣白色或淡绿色，花时反卷具腺点；花丝极短。果球形或近卵形，径4~5mm，具纵条纹。花期4~5月，果期10~12月。

产华中、华东南部至华南、西南；缅甸、越南、日本亦产；海拔650~2400m；生于山沟至山脊阔叶林下、林缘或灌丛中。

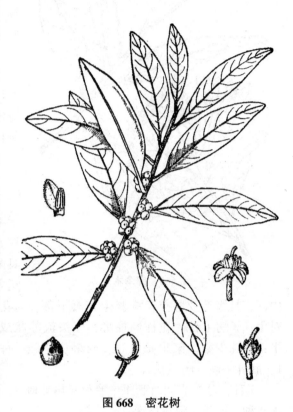

图668　密花树

## 82. 蜡烛果科 AEGICERATACEAE

灌木或小乔木，分枝多。叶互生或近对生，全缘，腺点不明显。伞形花序，顶生；花两性，5数，花萼基部花梗无小苞片；萼片革质，基部连合，斜菱形，不对称，呈左向螺旋状排列，宿存；花冠钟形，基部连合成管，裂片卵形或卵状披针形，覆瓦状排列，花时外反或反折；雄蕊花丝基部连合成管；花药卵形或长圆状卵形，2室，纵裂，每室具横隔；子房上位，1室，胚珠多数。蒴果革质，圆柱形，呈新月状弯曲，外果皮背部或前部2瓣裂，内果皮略肉质；种子1，无胚乳。

1属2种，分布东半球热带海岸或河流出海口泥滩地带。红树林重要组成树种之一。我国1种。

## 蜡烛果属 Aegiceras Gaertn.

形态特征与科同。

**蜡烛果** Aegiceras corniculatum ( L. ) Blanco
图 669

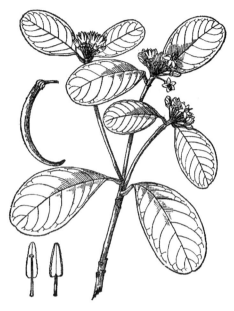

图 669 蜡烛果

常绿灌木或小乔木，高 1.5~4m。小枝无毛，褐黑色。叶互生或在枝顶近对生，革质，倒卵形、椭圆形或宽倒卵形，长 3~10cm，先端圆或微凹，基部楔形，全缘，边缘反卷，两面密被小窝点，下面密被微柔毛，侧脉 7~11 对；叶柄长 5~10mm。伞形花序，顶生，无柄，具 10 余花；花梗长约 1cm，稍具腺点；花萼无毛，萼片斜菱形，紧包花冠；花冠白色，钟形，长约 9mm，内侧被长柔毛，裂片花时反折，花后全部脱落。蒴果圆柱形，弯曲如新月形，长 6~8cm，径约 5mm，宿存萼紧包基部。花期 3~4 月，果期 7~9 月。

产广西、广东、福建及海南；印度、中南半岛至菲律宾以南、澳大利亚亦产；生于海边潮水涨落的污泥滩上。为红树林组成树种之一，有时亦成纯林。种子在脱离母树前发芽，故有"胎生树"之称。木材为优良薪炭材；与红树科树种组成海岸红树林，有防风、防浪、护堤的作用。

## 83. 柿树科 EBENACEAE

乔木或灌木。单叶互生，全缘，羽状脉；无托叶。花单性，雌雄异株或杂性同株，辐射对称；单生、簇生或成聚伞花序，腋生；花萼 3~7 裂，宿存，常在果时增大；花冠合生 3~7 裂；雄蕊常为花冠裂片数的 2~4 倍，生于花冠基部；雌花具退化雄蕊或无；子房上位，2~16 室，每室 1~2 胚珠。浆果；种子 1 至多数，胚乳丰富，子叶大，叶状。

3 属 500 余种，主要分布热带地区。我国产 1 属。

### 柿树属 Diospyros L.

落叶或常绿，乔木或灌木；无顶芽，芽鳞 2~3。叶互生。雄花呈聚伞花序，雌花及两性花多单生叶腋；花多为 4 数；花萼常 4 深裂；花冠常坛形，多 4 裂，白、黄白或带红色；雄花有雄蕊 3 至多数及退化雌蕊；雌花有 0~16 退化雄蕊，子房上位，2~16 室，花柱或柱头 2~8。浆果肉质，基部具增大的宿萼；种子较大，常扁平。

约 500 种，主产热带地区。我国约 60 种，主产长江以南。多为优质用材树种，如红木中的乌木类、条纹乌木类均为该属树种；或为重要果树；或提取柿漆；或作农药；不少种类是优良的园林绿化材料。

1. 常绿。
    2. 叶薄革质，长椭圆形或卵形，叶柄长约 1cm；果球形，径 1.8cm，熟时黄色 ·················· 1. 罗浮柿 D. morrisiana
    2. 叶纸质，长圆状披针形，叶柄长 5~6mm；果长圆形，径约 1cm，熟时黑紫色 ·················· 2. 乌材 D. eriantha
1. 落叶。
    3. 叶片下面常灰白色；果径 1.5~2.5cm。
        4. 叶近先端处常具腺点，基部截形、圆形或浅心形；果橙黄色 ·················· 3. 浙江柿 D. glaucifolia
        4. 叶近先端处无腺点，基部楔形或宽楔形；果蓝黑色 ·················· 3a. 君迁子 D. lotus
    3. 叶下面灰绿色；果径 3~10cm。
        5. 树皮薄片状剥落；枝、叶密被毛；叶柄长 0.5~1cm；果暗黄色，具软毛及外渗黏胶物 ·················· 4. 油柿 D. oleifera
        5. 树皮方块状开裂；枝、叶疏被毛或密被毛；叶柄长 1~2.5cm；果橙黄色至朱红色，无毛及黏胶物。
            6. 小枝、叶柄及叶下面疏被毛；果较大，径 4~8cm ·················· 5. 柿 D. kaki
            6. 小枝及叶柄密被黄褐色柔毛，叶下面毛更密；果较小，径 2~5cm ·················· 5a. 野柿 D. kaki var. sylvetris

### 1. 罗浮柿 *Diospyros morrisiana* Hance  图 670

常绿乔木或小乔木，高 20m。树皮片状剥落。叶薄革质，长椭圆形或卵形，5~10cm×2.5~4cm，两面光绿无毛，网脉明显；叶柄长约 1cm。雌雄异株；雄花呈聚伞状，簇生叶腋；雌花单生叶腋。果球形，黄色，有光泽，径 1.8cm。花期 5~6 月；果期 11 月。

产华东南部、华南、西南及湖南南部；越南北部亦产；海拔 300~1500m；生于常绿阔叶林中。中亚热带至边缘热带树种。木材耐磨损；未熟果实可提取柿漆；茎皮、叶、果入药，具解毒消炎功效；鲜叶煎服可解食物中毒。

**图 670 罗浮柿**

**图 671 乌材**

### 2. 乌材 *Diospyros eriantha* Champ. ex Benth.  图 671

常绿乔木，高 16m。树皮灰色至灰绿色。幼枝、嫩叶及花序被紧贴的锈色硬毛。叶纸质，长圆状披针形，5~15cm×1.8~4cm，中脉具毛，侧脉 4~8 对；叶柄长 5~6mm。雄花 2~3 朵簇生于叶腋，花萼 4 深裂，花冠高脚碟状，雄蕊 14~16；雌花单生于叶腋，退化雄蕊 8，子房密被粗伏毛。果长圆形，径约 1cm，黑紫色。花期 7~8 月；果期 10 月至翌年 1~2 月。

产广东、海南、广西、福建和台湾；越南、老挝、马来西亚和印度尼西亚亦产；生于疏林或密林中。木材暗红色，质坚重，气干密度 $0.86g \cdot cm^{-3}$，耐腐，不变形。

### 3. 浙江柿（粉叶柿）*Diospyros glaucifolia* Metc.  图 672

落叶乔木，高 25m。树皮灰褐色，呈小方块开裂。叶厚纸质，宽椭圆形、卵状椭圆形或卵状披针形，6~17cm×3~8cm，叶先端具腺点，基部截形、圆形或浅心形，下面灰白色，侧脉 6~7 对；叶柄长 1~2.5cm。雄花常 3 朵成聚伞花序，花冠裂片带红色，雄蕊 16；雌花单生或 2~3 聚成聚伞状，子房 8 室。浆果球形，橙黄色，径 1.5~2.5cm，被白霜。花期 4~6 月；果期 9~11 月。

产华东及湖南东部；海拔 700m 以下；生于次生阔叶林或灌丛。供用材、提取柿漆，也可作柿树砧木。树干通直，生长较快，材质致密坚重，为优良用材树种，也可供园林绿化。

**[附]3a. 君迁子** *Diospyros lotus* L.  图 673  落叶乔木，高 30m。与浙江柿的区别：树皮黑褐色，深裂或不规则块状剥落。叶椭圆形至长椭圆形，5~13cm×2.5~6cm，叶近先端无腺点，基部楔形或宽楔形，下面灰白色或粉绿色，具长柔毛；叶柄长 0.6~1.5cm，被毛。浆果长圆形或近球形，蓝黑色，径 1~2cm，具白霜。全国南北均产，以北方为多；亚洲西部、小亚细亚、欧洲南部亦产。习性和用途略同浙江柿，可作柿树繁殖的砧木。

**图 672** 浙江柿

**图 673** 君迁子

**4. 油柿** *Diospyros oleifera* **Cheng**　图 674

落叶乔木，高 15m。树皮灰白色，薄片状剥落。幼枝被灰黄色或灰褐色柔毛。叶纸质，长圆形、长圆状倒卵形或倒卵形，7~20cm×3~12cm，先端短尖，基部近圆形，两面密被灰色或灰黄色绒毛，侧脉 5~9 对；叶柄长 0.5~1cm。花黄白色，雄花序具 3~5 花，雌花单生，子房球形，密被黄褐色绒毛。浆果卵圆形或扁圆形，熟时暗黄色，具 4 棱，径约 4~7cm，具易脱落的软毛，并有黏胶物渗出。花期 4~5 月，果期 8~11 月。

产浙江中南部、安徽南部、江西、福建、湖南、广东北部和广西；生于山地阔叶林中，常栽培在村宅旁、果园、河畔等湿润肥沃处，宜丘陵山区栽培。果供食用，未成熟时可提取柿漆，也可作柿树砧木。

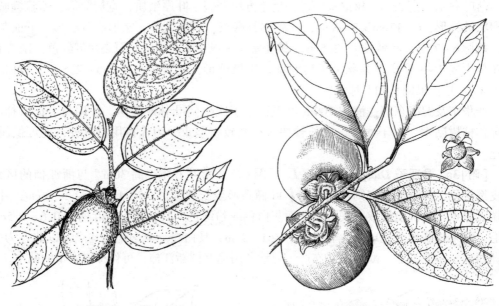

图 674　油柿　　　　　图 675　柿

**5. 柿** *Diospyros kaki* **L. f.**　图 675

落叶乔木，高 20m。树皮深灰色，方块状开裂。幼枝密被褐色或棕色柔毛，后渐脱落。叶厚纸质，卵状椭圆形、倒卵形或长圆形，5~18cm×3~9cm，上面亮绿色，下面被褐色柔毛；叶柄长 1~2.5cm。雌雄异株或杂性同株，花黄白色；雄花成聚伞花序，雌花及两性花单生叶腋。果球形、扁球形至卵形，橙黄至朱红色，径 3~10cm，无毛，宿萼木质肥厚，裂片先端钝；果梗粗壮，长 6~12mm。花期 5~6 月，果期 9~10 月。

原产长江流域，现河北以南广大区域有栽培，约有 1800 年以上栽培历史。日本、印度亦产。性强健，喜光，宜温带气候，能耐 -20℃ 的低温，对土壤要求不严，以中性黏壤土、砂壤土及黄土为宜。结实早，寿命长，产量高，单株盛果树可产果 500kg 左右。主要品种有：磨盘柿、鸡心柿、古荡柿、大红柿、水柿、牛心柿等。果可鲜食或制柿饼；柿漆可供油伞用；木材质硬。

[附]**5a. 野柿** *Diospyros kaki* **L. f. var.** *sylvestris* **Makino**　与柿的区别：小枝和叶柄常密被黄褐色短柔毛，叶下面的毛更多。叶小而薄，长仅 6~10cm，少光泽。果径仅 1.5~

5cm，具多数种子。花果期同柿。产长江流域以南。果可食用，也可提取柿漆，并作柿树砧木。

# 84. 山榄科 SAPOTACEAE

乔木或灌木，常具乳汁，幼体常被褐色毛。单叶，互生或对生，全缘，羽状脉。花两性，稀单性或杂性，单生或簇生叶腋或老枝上，或形成花序；花萼萼片 4~8(12)，1~2轮，常宿存于果下；花冠合瓣，4~8 裂或 2 倍之，有时有附属物；雄蕊常与花冠裂片同数，生花冠上，1~3 轮，有的具退化雄蕊，花药 2 室，纵裂；子房上位，心皮 4 或 5(1~14)，合生，花柱单 1，中轴胎座，每室 1 胚珠，着生于胎座基部，花柱 1，顶端常 2 裂。浆果，有时核果状；种子 1 至数个。

75 属 800 种，广布热带地区，部分种分布可达亚热带。我国包括栽培共 14 属 29 种，产西南、华南及台湾。多为优良用材树种；乳汁可提取优良的绝缘材料；有些种类种子含油率很高，是很好的木本油料植物；有些种类的果可食，如人心果、蛋黄果、神秘果。

1. 花无退化雄蕊 ·················································································· **1. 紫荆木属 *Madhuca***
1. 花具退化雄蕊。
  2. 花冠裂片具附属物。
    3. 花萼 5 裂，1 轮排列 ······································································ **2. 梭子果属 *Eberhardtia***
    3. 花萼 6 裂，2 轮排列 ······································································ **3. 铁线子属 *Manilkara***
  2. 花冠裂片不具附属物。
    4. 种子疤痕基生 ············································································· **4. 铁榄属 *Sinosideroxylon***
    4. 种子疤痕侧生。
      5. 果近球形，径达 8cm 左右 ···························································· **5. 蛋黄果属 *Lucuma***
      5. 果小，径小于 5cm ······································································· **6. 桃榄属 *Pouteria***

## 1. 紫荆木属 *Madhuca* J. F. Gmel.

乔木，有乳液。叶互生，常簇生枝顶，全缘；托叶常早落。花单生或簇生叶腋，有时顶生，常具长梗；花萼裂片 4~5，2 轮排列；花冠裂片 8(5~18)，花冠管喉部常有粗毛环；雄蕊 1~3 轮，着生于花冠喉部，无退化雄蕊；子房通常被毛，6~8(12) 室，花柱突出，宿存。浆果具扩大的宿存萼片；种子 1~5。

约 100 种，分布东南亚和澳大利亚。我国 2 种，产西南及华南。

1. 叶下面幼时被锈色绢毛；花白色 ································································ **1. 海南紫荆木 *M. hainanensis***
1. 叶两面无毛；花黄绿色 ············································································· **2. 紫荆木 *M. pasquieri***

**1. 海南紫荆木 *Madhuca hainanensis* Chun er How**  图 676

常绿乔木，高 30m。嫩枝、嫩叶下面、叶柄及花序均被锈色绒毛。叶常聚生枝顶，革

图 676　海南紫荆木

质，长圆状倒卵形至倒披针形，长 6～13cm，先端钝圆或微凹，边常反卷，侧脉细密，20～30 对；叶柄 1.5～3cm。花 1～3 腋生，花梗长而下弯；花冠白色；雄蕊27～30，排成 3 轮。果近球形，径 2.8～3cm，黄绿色。花期 8～9 月，果期翌年 2～4 月。

产海南；海拔 100～1100m；生于沟谷雨林至山地常绿林中。木材红褐色，坚韧、硬重、密度 1.12g·cm$^{-3}$，耐腐，为海南名材；树液可提取硬橡胶；种子含油 50%～60%。

**2. 紫荆木**（滇木花生）***Madhuca pasquieri***(Dubard)Lam　图 677：1～2

大乔木，高 30m。嫩枝被锈色毛。叶革质，倒卵形或长圆状倒卵形，6～16cm×2～6cm，先端钝或急尖，两面无毛，侧脉 13～26 对；叶柄长 1.5～3.5cm。花数朵簇生叶腋，花梗纤细，长 1.5～3.5cm，被灰色绒毛；萼裂片 4～5，被毛；花冠黄绿色，裂片 6～11；雄蕊 16～22，药隔先端 1～3 齿；子房 6～8 室。果椭圆形或球形，长 2～3cm；种子 1～5，无胚乳。花期 7～9 月，果期 8 月至翌年 1 月。

产广东、广西、云南；越南北部亦产；海拔 1100m 以下。边缘热带树种。喜光，耐干旱瘠薄，在石灰岩山地和酸性基岩土壤上都能生长，生长较慢，天然更新能力较弱。为产区珍贵用材和油料树种。木材坚重，密度 0.89g·cm$^{-3}$，耐水湿，花纹美丽；种子含油率 45%，供食用；树皮可提取栲胶。

## 2. 梭子果属 *Eberhardtia* Lec.

常绿乔木。叶互生；托叶极早落，留有极明显的痕迹。花簇生叶腋，被锈色绒毛，具短梗；萼片 4～5(2～6)，1 轮；花冠裂片 5，线形，背部具 2 呈膜质状的附属物；能育雄蕊 5；退化雄蕊 5，其末端有 1 未发育的呈箭头状的花药；子房上位，5 室，每室 1 胚珠，柱头不明显。果核果状，球形，先端呈小尖突；种子 5，疤痕长圆形，具油质胚乳。

3 种，分布越南、老挝及我国西南、华南。我国 2 种。

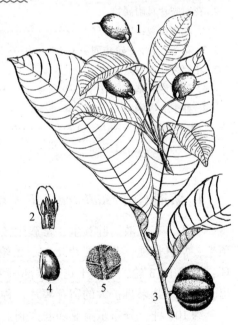

图 677　1～2. 紫荆木　3～5. 血胶树

**血胶树**（锈毛梭子果）*Eberhardtia aurata* (Pierre ex Dubard) Lec.　图 677：3~5

乔木，高 20m，具白色乳汁。植物体各部，尤其是幼嫩部分被锈色绒毛。叶长圆形至倒卵状长圆形，近革质，12~24cm×4.5~9.5cm，渐尖或短尖，基部楔形或近圆形，下面密被锈色绒毛。花簇生叶腋，具香气；花萼裂片 2~3(4)；花冠乳白色，裂片两侧有花瓣状附属物；子房被毛。果近球形，长 2.5~3.5cm，顶端具小突尖；基部宿存花萼具肋；果梗长 1cm；种子 3~5，胚乳薄。花期 3 月，果期 9~12 月。

产华南、云南；越南北部亦有；海拔 750~1350m；生于常绿阔叶林或沟谷林中。边缘热带树种。木材浅褐色，纹理直，结构细；种仁含油 56%，食用或供工业用。

## 3. 铁线子属 *Manilkara* Adans.

乔木或灌木。叶革质或近革质，侧脉甚密；托叶早落。花数朵簇生叶腋；萼片 6，2 轮排列；花冠裂片 6，每裂片的背部有 2 枚等大的花瓣状附属物；雄蕊 6，生花冠裂片基部或冠管喉部；退化雄蕊 6，与花冠裂片互生。子房 6~14 室，每室 1 胚珠。浆果，种子 1~6，侧向压扁。

约 70 种，分布热带地区。我国产 1 种，引种栽培 1 种。

**人心果** *Manilkara zapota* (L.) P. Royen　图 678

常绿乔木，高 20m（栽培植株矮化，呈灌木状）。小枝灰褐色，具明显叶痕。叶互生，集生枝顶，革质，长圆形或卵状椭圆形，6~19cm×2.5~4cm，全缘或稀微波状，中脉上面下凹，侧脉多且羽状平行；叶柄长 1.5~3cm。1~2 花生枝顶叶腋；萼片 6，2 轮排列；花冠管状，白色；能育雄蕊生冠管喉部；退化雄蕊花瓣状；子房圆锥形，密被黄褐色绒毛。浆果纺锤形、卵球形或心形，长 3~8cm，灰色或锈褐色，果肉黄褐色；种子扁圆形。花果期 4~9 月。

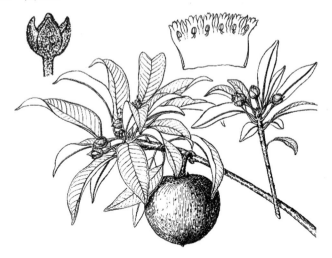

**图 678　人心果**

原产美洲热带地区，东南亚各国已作上市水果栽培。我国海南、广东、福建、台湾、广西和云南等地有栽培。热带水果，成年树不耐 -4.5℃ 低温。果甜香，果含有丰富的葡萄糖和多种维生素，对心脏病、肺病和血管硬化有辅助疗效，一般采摘后需放置 5~7d 后（熟透），方可食用；树干乳汁为制口香糖原料；四季常绿，树形优美，常用作行道树和绿化、观赏树种。

## 4. 铁榄属 *Sinosideroxylon* (Engl.) Aubr.

乔木，稀灌木。叶互生，革质，羽状脉疏离。花小，簇生叶腋，有时排列成总状花序；花萼 5(6) 裂，1 轮；花冠宽或管状钟形，裂片 5(6)，无附属物；能育雄蕊 5(6)，着生于花冠管的喉部，与花冠裂片对生；退化雄蕊5(6)。子房5室，每室1胚珠。浆果卵圆形或球形；种子1~5，疤痕圆形，生基底。

4种1变种。我国3种1变种，产广东、广西南部、贵州南部及云南东南部。

**革叶铁榄** *Sinosideroxylon wightianum* ( Hook. et. Arn. ) Aubr.　图679

常绿乔木，稀灌木，高2~15m。幼枝被锈色绒毛。叶薄革质，椭圆形或披针形，7~10(17)cm×2.5~4cm，先端钝或锐尖，基部狭楔形，侧脉多而密，12~17对；叶柄长0.7~1.5cm。花单生或2~5簇生叶腋，绿白色；花梗和萼片外被绒毛；子房卵形，下部被锈色硬毛。果椭圆形，长1~1.5cm，花柱宿存，果皮薄；种子1，疤痕近圆形。

产华南(包括香港)、贵州及湖南南部、云南东南部；越南北部亦产；生海拔100~1500m石灰岩山丘混交林或灌丛中。

图679　革叶铁榄　　　　图680　铁榄

[附]**铁榄**(山胶木)*Sinosideroxylon pedunculatum* ( Hemsl. ) H. Chuang　图680　与革叶铁榄的区别：总状花序，花序梗长1~3cm；果卵球形，长约2.5cm。产湖南、广东、广西、云南；越南亦产。生境及用途同革叶铁榄。

### 5. 蛋黄果属 *Lucuma* Molina

乔木或灌木，具乳汁。叶互生，常革质，全缘，羽状脉。花常生于叶腋；花萼裂片4~5，稀7~8；花冠近钟形，裂片4或5，较冠管长；能育雄蕊4或5，生冠管顶部，且与花冠裂片对生；退化雄蕊常5，生冠管顶部，且与花冠裂片互生；子房2~5室。浆果近球形或卵形；种子少数或仅1枚，球形或卵形，两侧压扁；种子疤痕侧生，无胚乳。

100种，产马来西亚、澳大利亚、太平洋岛屿和美洲热带。我国引种栽培1种。

**蛋黄果** *Lucuma nervosa* A. DC.

图 681

常绿小乔木，高 7m。嫩枝被褐色短柔毛。叶互生，螺旋状排列，厚纸质，长椭圆形或倒披针形，10～35cm×2.5～6cm，渐尖，基部楔形，侧脉 13～16 对；叶柄长 1～2cm。1～2 花生于叶腋；花白色；花萼常 5 裂；花冠裂片 6；能育雄蕊常 5；子房圆锥形，被黄褐色绒毛。果倒卵形，径约 8cm，绿色转蛋黄色，无毛；外果皮薄，中果皮肉质，肥厚，柔软，蛋黄色；种子 2～3，椭圆形，疤痕侧生。花期春季，果期秋季。

原产古巴和南美洲热带。海南、广东、广西、云南、福建有零星栽培。

图 681　蛋黄果

果味甜，似煮熟的鸡蛋黄，可食，故名蛋黄果。据专业分析，蛋黄果含多种矿物元素，以钾、钠、镁、钙尤为丰富，且含有人体必需微量元素中的铁、锌、锰、镍等。

## 6. 桃榄属 *Pouteria* Aubl.

乔木或灌木，具乳汁。叶互生或近对生，具短柄。花簇生叶腋；萼片 5，稀 4 或 6，外面被绒毛；花冠管状或钟状，裂片 4～8，无附属物；雄蕊 4～8，与花冠裂片对生；退化雄蕊 5；子房 5～6 室，常密被柔毛。浆果圆球形；种子 1～5 种，疤痕长圆形或阔卵形。

约 50 种，分布热带地区。我国 2 种，产西南部至台湾。

**龙果** *Pouteria grandifolia* (Wall.) Baehni

图 682

乔木，高 40m。树皮灰白色。叶互生，薄革质，长圆状倒卵形，(10) 17～30cm×6～10cm，钝渐尖，基部楔形，两面无毛；叶柄长 1.4～4cm，无毛。3～10 花簇生叶腋，花梗长 2～3mm，被淡黄色柔毛；内侧萼裂片边缘流苏状；花冠白色；雄蕊着生花冠喉部；花柱圆柱形，柱头不明显。果球形，径 4～5cm，熟时变黄，干时褐色，无毛；种子 2～5，疤痕长圆形。花果期全年。

产云南南部；印度、缅甸、泰国亦产；海拔

图 682　龙果

500~1200m；生于山地雨林或灌丛。木材坚硬；果甜可食。

## 85. 肉实树科 SARCOSPERMATACEAE

常绿乔木或灌木；具乳汁。单叶对生，全缘，羽状脉；托叶小，常有托叶痕。花两性，小，辐射对称；单生或总状、圆锥花序；花5数，萼5裂；花冠阔钟形，5裂，冠管短；雄蕊5，生于冠管与裂片对生，花丝极短，退化雄蕊5，与裂片互生；子房上位，1~2室，每室1胚珠。果核果状，具白粉，果皮极薄；种子1~2，基部有疤痕，无胚乳。

1属，分布南亚及东南亚。

**肉实树属 Sarcosperma Hook.**

特征与科同。8~9种，我国4种，产华南、西南。

**大肉实树 Sarcosperma arboreum Hook. f.**
图683

乔木，高28m。树皮灰褐色。嫩枝疏被锈色毛。叶长圆形，稀椭圆形，10~18(35)cm×4~8(13)cm，上下两端尖楔，无毛，侧脉与中脉在下面凸起，脉腋具腺槽，第三级脉平行；叶柄长1~3cm。圆锥花序，长18.5cm，花梗长1mm，均被毛；花芳香；萼片外被毛；花冠绿转白色，长4~5mm，裂片长2.5~3mm，无毛。核果长圆形，长1.5~2.5cm，熟时紫色；种子1。花期9月至翌年4月，果期3~6月。

图683 大肉实树

产云南、贵州、广西；印度东北部、缅甸、泰国亦产；海拔500~2500m；生于疏、密半常绿季雨林中。较耐阴，喜湿热环境。木材较轻软。

## 86. 芸香科 RUTACEAE

乔木、灌木或木质藤本，稀草本。植株常具芳香的挥发油，有时具枝刺。单叶、羽状复叶或单身复叶，常具透明油腺点。花两性，稀单性，辐射对称；聚伞花序，少数成总状、穗状花序或单花；萼片4~5；花瓣4~5，离生；具内生花盘，雄蕊4~5或8~10或多数；心皮2~5或更多，分离或合生，子房上位。蓇葖果、蒴果、翅果、核果或柑果；种子通常有胚乳。

约150属900种，主产热带、亚热带地区。我国有29属（包括引进栽培的属）150余种，全国分布，但以长江以南最多。多具经济价值，柑橘属和金橘属的多数种类的果是优良水果；植物普遍含挥发油和生物碱，又常含与糖结合的黄酮苷类化合物和多种香豆素，多数种类供药用；花椒为调味香料；有的还可作观赏植物。

1. 叶对生。
  2. 裸芽；聚合蓇葖果；小叶全缘 ·············································· **1. 吴茱萸属 Evodia**
  2. 柄下芽；核果；小叶具锯齿 ·············································· **2. 黄檗属 Phellodendron**
1. 叶互生。
  3. 聚合蓇葖果，枝茎具皮刺 ·············································· **3. 花椒属 Zanthoxylum**
  3. 柑果或浆果。
    4. 浆果；雄蕊为花瓣数的2倍 ·············································· **4. 黄皮属 Clausena**
    4. 柑果；雄蕊为花瓣数的2倍或更多。
      5. 三小叶复叶；果密生短毛 ·············································· **5. 枳属 Poncirus**
      5. 单生复叶；果光滑无毛。
        6. 子房3~6室；果径小于3cm ·············································· **6. 金橘属 Fortunella**
        6. 子房6~18室；果径在4cm以上 ·············································· **7. 柑橘属 Citrus**

## 1. 吴茱萸属 Evodia J. R. et G. Forst.

灌木或乔木。裸芽。叶对生，3小叶或羽状复叶，稀单叶；小叶全缘。花单性，雌雄异株，稀两性，伞房花序或圆锥花序腋生或顶生；花4数或5数，萼片和花瓣4(5)；雄蕊4~5，着生于花盘的基部；子房4室，每室有胚珠2。聚合蓇葖果由4个革质、开裂的成熟心皮组成，外果皮有腺点，种子黑而发亮。

约150种，分布东半球热带、亚热带地区，个别种类分布至温带。我国25种，以西南部及南部最多。

1. 叶为3小叶；伞房状圆锥花序腋生 ·············································· **1. 三桠苦 E. lepta**
1. 叶为羽状复叶，小叶5~11；聚伞圆锥花序顶生。
  2. 常绿灌木或小乔木；叶具粗大腺点 ·············································· **2. 吴茱萸 E. rutaecarpa**
  2. 落叶乔木；叶无腺点 ·············································· **3. 楝叶吴茱萸 E. glabrifolium**

**1. 三桠苦**(三叉苦) *Evodia lepta* (Spreng.) Merr.　　图684

高8m，全株味苦。树皮灰白色。三出复叶，叶柄长2~10cm，基部略胀大；小叶片长圆状披针形，4.5~12cm×2~5cm，先端钝尖，全缘或不规则浅波状。伞房状圆锥花序腋生，花轴及花梗初时被短柔毛；花小，单性，黄白色，4数，略芳香；花瓣具腺点。聚合蓇葖果常2~3，分离至基部，外果皮暗黄褐色至红褐色，半透明腺点橘黄色或黄色，每室具1种子；种子黑色有光泽，卵状球形。花期4~5月，果期6~8月。

产华南各地；广布亚洲热带地区；常见于丘陵、平原、溪边的林缘或山地灌丛和荒坡中。根叶入药，有清热解毒，杀虫消炎之效，可防治感冒、流脑炎、胃痛（系《三九胃泰》配方）、咽喉肿痛、风湿骨痛、疟疾、黄疸、湿疹、皮炎、跌打损伤及虫蛇咬伤等症。

图684 三桠苦

图685 吴茱萸

## 2. 吴茱萸 *Evodia rutaecarpa* ( Juss. ) Benth. 图685

常绿，高5m。幼枝、芽、叶轴、小叶柄均密被黄褐色长柔毛。奇数羽状复叶，小叶5~9，厚纸质或纸质，椭圆形至卵形，3~15cm×1.5~7cm，全缘或有不明显的圆锯齿，下面被长柔毛，有粗大腺点。聚伞花序，成伞房状，顶生；花小，黄白色，5数。蓇葖果3~5，紫红色，扁球形，表面有粗大腺点；每分果有种子1，卵圆形，黑色，有光泽。花期6~8月，果期9~10月。

产长江以南至华南；海拔1500m以下；常见于疏林下、林缘旷地或空旷地，也常栽培。果、叶、根、茎及皮均入药，治胃腹痛，有散寒、解毒、杀虫之效；种子可榨油；叶可提芳香油或做黄色染料。

## 3. 楝叶吴茱萸 *Evodia glabrifolium* ( Champ. ex Benth. ) Huang 图686

落叶乔木，高20m。羽状复叶，小叶7~11，具柄，纸质，无腺点，斜卵状披针形，

图686 楝叶吴茱萸

5~12cm×2~5cm，先端长渐尖，基部偏斜，边缘波状或具细钝锯齿，稀全缘，下面灰白或粉绿色，油点不显或甚稀少且细小。花极小，聚伞状伞房花序顶生，雄花序较雌花序大；花丝下部有毛；雌花花瓣较大，白色，子房上位。蓇葖果紫红色，油点疏少但较明显；每分果有种子1，卵球形，黑色。花期7~8月。果期11月。

产华南（海南）、台湾及云南南部等地，约北纬24°以南地区；海拔500~800m；生于低平地常绿阔叶林或次生林中。南亚热带至边缘热带树种。树干通直，速生，抗旱，抗风，在土质较肥沃的生境，10余年内可以成材。木材黄棕色，露于空气后变深，鲜艳美观，纹理直，无虫蛀，较耐腐，略有光泽。广州历来的商品材"檫木"即是本种，列入良材之列。树叶是蓖麻蚕的良好饲料；叶凋落前变红，是优良的观叶植物。

## 2. 黄檗属 Phellodendron Rupr.

落叶乔木。树皮厚，纵裂，有时具发达的木栓层，内皮黄色。无顶芽，腋芽为叶柄下芽。奇数羽状复叶，对生，小叶对生。花单性，雌雄异株；聚伞状或伞房状圆锥花序顶生。萼片5~6；花瓣5~8，淡黄色；雄蕊5~6；子房具短柄，5室，每室1胚珠，花柱短，柱头头状。浆果状核果，内有4~5核，每核1种子。

8~13种，特产东亚。我国2种，产东北至西南。

黄檗（黄皮树、川黄檗）*Phellodendron chinense* Schneid.［*P. chinense* Schneid. var. *glabriusculum* Schneid.］ 图687

落叶乔木，高达20m，胸径1m。树皮淡灰褐色，纵裂，内层黄色。小枝紫褐色，粗大，光滑无毛。复叶具小叶7~15，卵状披针形至长圆状披针形，9~15cm×3~5cm，顶端长渐尖，基部宽楔形或圆形，不对称，下面无毛或沿中脉有毛。果序轴及分枝均密被短柔毛；浆果状核果球形，径1~1.5cm，密集着生，黑色，有核5~6。花期5~6月，果熟期10月。

图687 黄檗

产秦岭以南，南至华南北部、西南；海拔600~1700m；生于光叶水青冈、香桦、巴东栎混交林中。现多为栽培，一般选择中山凉润山谷溪边较平缓生境种植。树皮为商品药材，含小檗碱，具清热解毒、止泻、止血、明目之效，用于治疗痛风、秃疮、癣、疥、皮肤瘙痒、毒热、吐血、血痢、骨蒸劳热、盗汗等症。

## 3. 花椒属 Zanthoxylum L.

乔木、灌木或木质藤本，通常有皮刺。叶互生，奇数羽状复叶，稀为3小叶；小叶对生，有透明的腺点。花小，单性异株或杂性，聚伞花序、聚伞圆锥花序或伞房状圆锥花序；萼片4~8；花瓣4~8；雄蕊4~8；心皮2~5，分离或基部连合，通常有明显的柄，每室2并生胚珠。聚合蓇葖果，红色或紫红色，表面有粗大腺点或针刺，内果皮纸质，黄色；种子1，种皮硬骨质，黑色，有光泽。

1. 木质藤本；小叶中脉两面有钩状皮刺 ································ **1. 两面针** Z. *nitidum*
1. 灌木或乔木；小叶中脉两面无钩状皮刺。
　　2. 复叶轴有明显狭翅 ······································ **2. 竹叶花椒** Z. *armatum*
　　2. 复叶轴无明显狭翅。
　　　　3. 灌木或小乔木；当年生枝髓部实心；小叶5~11 ········ **3. 花椒** Z. *bungeanum*
　　　　3. 乔木；当年生枝髓部空心；小叶11~27或更多 ···· **4. 椿叶花椒** Z. *ailanthoides*

### 1. 两面针 *Zanthoxylum nitidum* ( Roxb. ) DC.　　图688

木质藤本。茎、枝、叶轴下面和小叶中脉两面均着生钩状皮刺。复叶长7~15cm，小叶3~11，对生，革质，卵形至卵状长圆形，4~14cm×2.5~6cm，近全缘或略有波状锯齿，两面光绿无毛。伞房状圆锥花序，腋生；花4数；萼片宽卵形，长不及1mm，花瓣长2~3mm，雄花雄蕊药隔顶端有短的突尖体，退化心皮顶端常4叉裂。蓇葖果成熟时紫红色，有粗大腺点，顶端具短喙。

产华南及云南、台湾；海拔700m以下；生于石灰岩山地灌丛中。根、茎、叶入药，有散瘀活络、祛风解毒之效，用于治疗跌打损伤、风湿痹痛、胃痛、牙痛、毒蛇咬伤等；叶和果皮可提芳香油；种子油供制肥皂用。

图688　两面针

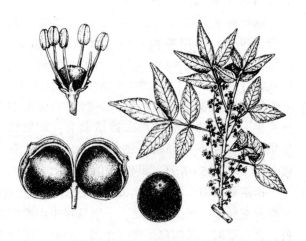

图689　竹叶花椒

### 2. 竹叶花椒(竹叶椒) *Zanthoxylum armatum* DC.　　图689

常绿灌木。枝光滑；皮刺对生，基部扁宽。小叶3~5或7，纸质，披针形或椭圆状披针形，两端尖，顶端小叶较大，边缘有细小圆锯齿，叶轴及总柄有宽翅和皮刺。聚伞状圆锥花序，腋生；花黄绿色；雄花的花被片6~8，一轮，雄蕊6~8；雌花心皮2~4，花柱略侧生，成熟心皮1~2。果红色，表面有粗大凸起的油点；种子卵形，黑色，有光泽。花期5~6月，果熟期8~9月。

产山东、秦岭以南，南至华南、西南至西藏；海拔500m以下；常见于石灰岩山地灌丛或林下。稍耐阴，不耐水淹，低洼地不适宜栽种。果皮可作调味品；果、根及叶入药有散寒、止痛、消肿、杀虫之效，亦为防腐剂；西汉古墓和另外一些古墓出土的大量竹叶花椒说明至少在2000余年前古人已利用它防腐祛邪；种子含脂肪油。

**3. 花椒 Zanthoxylum bungeanum Maxim.** 图690

落叶灌木，高4m。枝具扁平直出的皮刺。叶为奇数羽状复叶，叶轴两侧具狭翼，小叶着生小皮刺；小叶5~11，对生，近无柄，越近叶轴上部的小叶越大，纸质，卵形至卵状长圆形，具锯齿，齿间着生粗大腺点。聚伞圆锥花序位于枝顶及侧枝顶部，花序轴被短柔毛；花被片4~8；雄花的雄蕊通常5~7，花盘环状而增大；雌花成熟心皮常2~3，熟时红色至紫红色，密生腺点；种子径约3.5mm，黑色，有光泽。花期4~5月，果期6~7月。

除东北、沙漠、高寒和热带地区外，全国各地均有野生或栽培，主产甘肃、河南及陕西南部；海拔900~2500m；生于疏林或灌丛。暖温带树种。喜温凉气候及肥沃湿润的钙质土，不耐严寒，在北方多栽于避风向阳生境，酸性土亦能生长。果皮可作烹饪调料、香料及驱虫剂，有去腥、杀菌、增进食欲功能，为大宗商品，市场需求量极大；种子可榨油，供食用及肥皂、油漆等工业用。

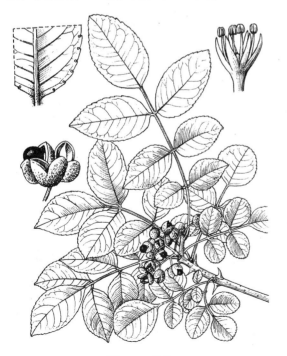

图690 花椒

图691 椿叶花椒

**4. 椿叶花椒**(樗叶花椒)*Zanthoxylum ailanthoides* Sieb. et Zucc.　图 691

落叶乔木，高达 18m，胸径 30cm。茎干有鼓钉状的大型锐刺，当年生枝的髓部甚大，常空心；花序轴及小枝顶部常散生短直刺。小叶 11~27，对生，狭长披针形或位于叶轴基部的近卵形，7~20cm×2~6cm，渐长尖，叶缘有浅钝锯齿，齿缝处有透明的油点，下面灰绿色或有灰白色粉霜，侧脉 11~16 对。伞房状圆锥花序顶生，花小而多；花瓣淡黄白色，长约 2.5mm。果梗长 1~3mm；分果瓣淡红褐色，干后淡灰或棕灰色，径约 4.5mm，油点多，干后凹陷；种子径约 4mm。花期 8~9 月，果期 10~12 月。

产华中、华东南部以南，至华南、西南，南岭山地为生态适宜中心；日本亦产；海拔 300~800m。中亚热带南部至南亚热带山地树种。喜光，宜温暖湿润生境，生于次生林，极速生。

## 4. 黄皮属 *Clausena* Burm. f.

常绿乔木或灌木。枝干无刺，幼枝常具有小瘤状突起油点及丛生细短柔毛。奇数羽状复叶互生；小叶互生，稀对生，有透明油点。聚伞状圆锥花序顶生或腋生；花两性；萼深裂，萼片与花瓣 4~5；雄蕊 6~10，2 轮排列，着生于隆起的花盘基部四周；子房 4~5 室，有时因不育隔膜消失而成 1~3 室，每室 1 胚珠。浆果近球形；种子 1~4，褐色。

约 30 种，分布东半球热带、亚热带地区；我国 10 种，产西南部至台湾。

**黄皮** *Clausena lansium* (Lour.) Skeels　图 692

小乔木，高 6~10m。花轴、幼枝、叶柄、总叶轴及嫩叶的小叶下面脉上均被短柔毛和疣点。复叶具小叶 5~11，互生，有小叶柄，阔卵形至卵状长椭圆形，6~14.5cm×3~5.5cm，边缘波形或有细齿，叶内具细密油泡，揉碎后有特殊香味。顶生聚伞圆锥花序，花小，芳香，花瓣黄白色，两面均被黄色短柔毛，雌蕊淡绿色，子房有绒毛。浆果，圆球形或椭圆形，径 1.3~2cm，黄褐色，果皮有绒毛，具特殊芳香；种子 1~3，肾形或长卵形。花期 2~3 月，果期 8 月。

产华南、西南；缅甸、马来西亚、印度等地有种植。喜温暖，宜种植在年平均气温 20℃以上地区。对土质的要求不严，适宜栽种于湿润排水良好的砂质土壤。黄皮果为上市果树，鲜果除供食外，还可以加工制成果酱、蜜饯、饮料和糖果；果皮及果核皆可入药，果皮味苦，有利尿和消肿的功效；果核有行气、止痛、健胃消肿的功效，主治胃痛、经痛和风湿骨痛。

**图 692　黄皮**

## 5. 枳属 Poncirus Raf.

落叶小乔木。枝有长枝和短枝；长枝上具枝刺。掌状三出复叶；小叶无柄，有透明的腺点；叶柄有翅。花白色，单生或成对腋生于老枝上，春季先叶开放；萼片及花瓣5；雄蕊8~20，花丝分离；子房7(6~8)室，被毛，每室有胚珠4~8排成两列。柑果球形，肉瓣有油点和毛状附属体；种子多饱满，大，种皮滑动；子叶及胚白色；单胚及多胚。

2种，原产我国中部，现全国各地均有栽培。国外亦有栽培。

**枳 Poncirus trifoliata (L.) Raf.**　图693

高5m，全株无毛。枝绿色，多分支，有纵棱，密生粗刺，刺长1~7cm。小叶卵形或椭圆形，1.5~5cm×1~3cm，叶缘有细钝齿或全缘，先端钝而微凹；叶柄具翅。果球形或梨形，大小差异较大，3~4.5cm×3.5~6cm，芳香。花期5~6月，果期9~11月。

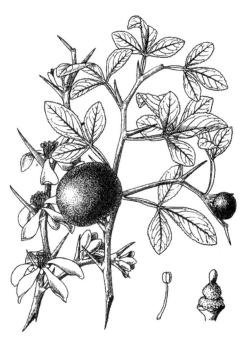

图693　枳

原产我国中部，现全国各地均有栽培。喜光，对土壤要求不严，喜微酸性土壤，较耐寒，可耐-25℃，常见栽培作绿篱。果、根、刺均入药，治消化不良；果可提有机酸；种子可榨油；叶、花、果皮可提取芳香油；可作柑橘繁殖的砧木。

## 6. 金橘属 Fortunella Swingle

常绿灌木或小乔木。嫩枝扁状具棱，有刺或无刺。单身复叶，互生，叶柄具窄翅。花两性，单朵或数朵簇生叶腋；萼5或4裂；花瓣5，覆瓦状排列；子房3~6(8)室，近球形，突起于花盘上，每室胚珠1~2。柑果卵球形、椭圆形或梨形，无毛，径约3cm或更小；种子卵形。

约6种，分布亚洲东南部。我国5种，见于长江以南各地，北方为温室栽培。

**金橘 Fortunella margarita (Lour.) Swingle**　图694

常绿灌木，高3m以内；常无刺。叶质厚，卵状披针形或长椭圆形，5~9cm×2~4cm，表面深绿色，内有散生油点，全缘或

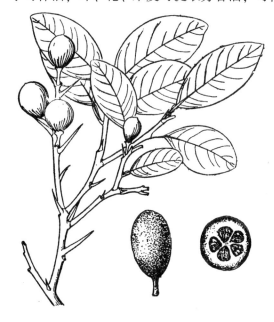

图694　金橘

具细钝锯齿；叶柄有窄翅，宽1.5~3mm。花单生或2~3簇生叶腋；白色，芳香，长8~11mm；雄蕊20~25，合生成束，较花瓣短；雌蕊生于略升起的花盘上；子房5~6室。果卵圆形，长2~3.5cm，果皮厚，橙黄至橙红色，果皮稍甜，厚约2mm；瓢囊4~5，种子2~5；子叶及胚均绿色；单胚。花期3~5月，果期10~12月。

产长江以南各地，华南为主要栽培区。果供食用或制作蜜饯；入药能理气止咳；果含丰富的糖类和维生素C，为保健果品，可强化鼻咽黏膜，预防感冒；果繁茂且果期长，常盆栽供观赏，每当春节时，我国南方部分地区户户皆备以供陈列，显示吉祥富贵。

### 7. 柑橘属 Citrus L.

常绿小乔木或灌木，常有枝刺。单身复叶，互生，具芳香气味的透明油点，有叶翼或稀无翼。花两性，稀退化为单性，芳香，单生或数朵簇生叶腋或排成总状花序；花萼杯状，裂片5，宿存，挂果时常增大；花瓣5，白色或背面紫红色，覆瓦状排列；雄蕊为花瓣的4~6倍，花丝常合生成束；子房6~18室，每室有胚珠4~8或更多。柑果大，球形或扁球形，无毛。

约20种，原产亚洲东南部及南部地区，现世界各地广泛栽培。我国约15种，产长江以南。

1. 小枝被毛；叶柄翅宽1~4cm；果大，梨形、球形、扁球形，中果皮厚海绵状 ………… **1. 柚 C. grandis**
1. 小枝无毛；叶柄翅宽小于5mm或近无翅。
  2. 果皮与果肉分离；叶柄无翅，仅具薄边 ………………………………………… **2. 橘 C. reticulata**
  2. 果皮与果肉不分离；叶柄具窄翅，宽2~6mm ………………………………… **3. 甜橙 C. sinensis**

#### 1. 柚 *Citrus grandis* ( L. ) Osb.　　图695

高4~10m。小枝扁且有棱，常有枝刺。叶质颇厚，阔卵形或椭圆形，8~20cm×4.5~8cm，叶缘具不明显钝锯齿；叶柄具倒心形的宽翅，宽0.5~3cm。花芳香，总状花序，有时兼有腋生单花；花瓣长1.5~2cm；雄蕊25~35，花丝合生成数束。果硕大，球形、扁圆形或梨形，径10~25cm，淡黄或黄绿色，中果皮厚，海绵质，瓢囊12~18瓣，不易与果皮分离；种子肥厚，具纵肋或棱，子叶乳白色，单胚。花期3~5月，果期9~11月。

原产亚洲东南部，我国长江以南常见栽培；越南、斯里兰卡、缅甸、印度亦产。稍耐阴，喜温，畏寒，能耐-5℃低温，适温暖湿润的气候及深厚肥沃的中性或微酸性砂质土壤。柚果耐贮藏，果肉含维生素C及类胰岛素等成分，故有降血糖、

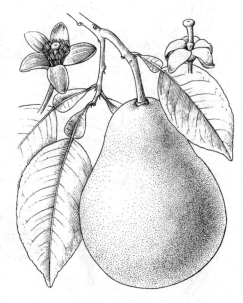

**图695　柚**

降血脂等功效；叶和果皮亦可入药。柚在我国栽培历史悠久，有220余品种，著名的优良品种有沙田柚、无核柚、火红柚等。

**2. 橘** *Citrus reticulata* **Blanco**　　图696

高3m。枝刺短小或无。叶椭圆形或长椭圆形，4~10cm×2~3cm，叶缘具细钝锯齿，先端钝头，微凹；叶柄无翅，仅具窄边。花黄白色，单生或2~3簇生于叶腋；花瓣5，椭圆形或长椭圆形，长约5mm；雄蕊18~24，合生成3~5束；花柱长约为子房长的2倍，子房9~15室。果扁球形，径2.5~7cm，果皮薄，宽松易剥离，成熟后橘红色，瓤囊7~14瓣，易剥离，子叶深绿、淡绿或间有近乳白色，多胚，少有单胚。花期4~6月，果期10~12月。

原产我国，秦岭以南各地都有栽培。喜温暖多湿的亚热带气候，畏严寒，不耐-7℃以下低温（大寒之年会致使橘园毁于一旦）；宜肥沃湿润、通气性良好中性砂质土壤；优质甜橘多产冬温较高的生境（如广东潮州、湖北三峡、四川平原），石灰质土壤有利于增进果实的含糖量。我国栽培历史悠久，品种极多，通常分为橘和柑两大类，其区别：柑类果较大，近球形，皮较厚且粗，较紧但尚易剥离，橘络较多，种子卵圆形，子叶绿色或深绿色；而橘类果为扁球形，皮较厚且极易剥离，橘络较少，种子卵圆形，有时先端为短喙状，子叶近乳白色或浅绿色。

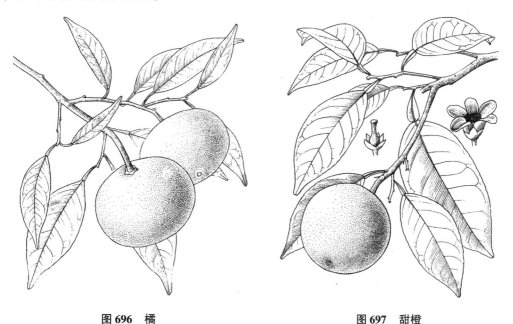

图696　橘　　　　　　　　　　图697　甜橙

**3. 甜橙**（广柑）*Citrus sinensis* (**L.**) **Osb.**　　图697

高2~4m。枝刺短小或无刺，嫩枝有棱。叶质较厚，叶卵形或卵状椭圆形，4~10cm×2.5~4.5cm，边缘具浅疏锯齿；叶柄翅窄，宽2~6mm。花白色，总状花序有花少数，或兼有腋生单花；花瓣5，长1.2~1.5cm，长圆形或匙形；雄蕊20~25，花丝连合成数束，子房近球形，花柱粗壮，柱头增大。果球形、扁球形或椭球形，橙黄色或紫红色，果皮与果肉紧贴不易分离，果心实或半充实，瓤囊9~12瓣；种皮略有肋纹，子叶乳白色，多胚。花期 3~5 月，果期 10 月至翌年 3 月。

原产中国南方及亚洲的中南半岛，我国长江以南各地均有栽植；越南、缅甸、印度亦产。宜温暖，不耐寒，较耐阴，喜肥沃、微酸性或中性砂壤土，产区年平均气温 15℃ 以上，不耐 -5℃ 以下的低温。果实富含维生素 C，含糖 20%；花、果皮可提取芳香的橙油，供制香皂、香水、香料等；果皮可入药，具有疏肝行气及解酒等功效。

# 87. 苦木科 SIMAROUBACEAE

乔木或灌木。树皮味苦。羽状复叶互生，稀单叶；无托叶。花单性或杂性，圆锥或总状花序；花小，花萼 3~5 裂；花瓣 5~6，稀无花瓣；雄蕊与花瓣同数或为其 2 倍；有花盘，具雌蕊或雌雄蕊柄；子房上位，通常 2~5 室，每室 1 胚珠，稀 2 或更多，心皮 2~5，基部常分离，仅花柱或柱头连合，柱头头状。核果、蒴果或翅果，每花产多个单心皮果。

20 属 95 种，分布热带和亚热带，少数产温带。我国 3 属 10 种，广布。本科的鸦胆子 *Brucea javanica* 为中药治痢良药。

1. 翅果，扁平；小叶基部两侧各有 1~2 个粗腺齿 ················································ 1. 臭椿属 *Ailanthus*
1. 核果，倒卵形或球形；小叶基部无腺齿 ························································· 2. 苦木属 *Picrasma*

## 1. 臭椿属 *Ailanthus* Desf.

落叶乔木。奇数羽状复叶，小叶基部常有 1~4 对腺齿。顶生圆锥花序，花杂性或单性异株；花萼、花瓣各 5；雄蕊 10；花盘 10 裂；子房 2~6 深裂，果时分离成 1~5 个长椭圆形翅果。

约 11 种，分布亚洲和大洋洲北部。我国 5 种，产温带至华南、西南。

**臭椿** *Ailanthus altissima* ( Mill. ) Swingle　　图 698；分布图 12

高达 30m，胸径 1m。树皮灰色，粗糙不裂。小枝粗壮，黄褐色或红褐色；无顶芽；叶痕大。小叶 13~25，卵状披针形，7~14cm × 3~4.5cm，先端长渐尖，基部具腺齿 1~2 对，中上部全缘，下面稍有白粉。花淡黄色或黄白色；心皮 5，5 花柱黏合，柱头 5 裂。翅果扁平，长 3~5cm。花期 5~6 月，果期 9~10 月。

产新疆、东北南部以南、黄河中下游地区至长江流域，南至华南北部及西南；朝鲜和日本亦产。喜光树种。具广域气候适应性，耐寒亦耐热，耐干旱瘠薄，但不耐水涝；对土壤要求不严，微酸性、中性和石灰性土壤都能适应，耐中度盐碱，在土壤含盐量 0.3%（根际 0.2%）时幼树可正常生长；对有毒气体抗性强，适用于工矿区绿化。根系发达，萌蘖力强，生长迅速。木材轻韧，有弹性，纹理直，软硬适中；木纤维质优良，是上等造纸原料；叶可饲养樗蚕、蓖麻蚕；我国主要造林树种之一。常见栽培品种：'红叶'椿 'Hongye'，叶春季紫红色，可保持到 6 月上旬；树冠及分枝角度均较小；结实量大。'千头'椿 'Qiantou'，无明显主干，基部分出数个大枝，树冠伞形；小叶基部的腺齿不明显；多为雄株。

图 698　臭椿

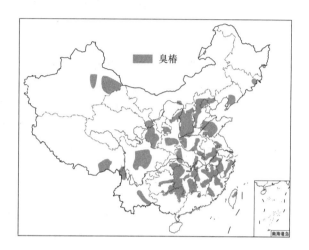

分布图 12　臭椿分布图

## 2. 苦木属 *Picrasma* Bl.

乔木。树皮味苦。奇数羽状复叶。花小，杂性，腋生聚伞圆锥花序；萼 4~5 裂，裂片卵形，花后增大；花瓣 4~5；雄蕊 4~5，着生花盘基部，花盘全缘或 4~5 浅裂；离生心皮 2~5，花柱上部分离，或仅中部合生，柱头略增大，胚珠单生。核果 1~5，倒卵形或球形，具增大的宿存萼片；种子无胚乳。

约 8 种，分布美洲和亚洲的热带和亚热带，主产热带美洲。我国 2 种，产南部、西南部、中部和北部。

**苦木** *Picrasma quassioides* Benn.　图 699

落叶乔木，高 15m。树皮暗褐色，光滑，味苦。芽和幼枝被红褐色毛；老枝红褐色，具黄白色皮孔。小叶 3~7 对，长圆状卵形或卵状披针形，5.5~13cm×2~4cm，基部不对称，有锯齿。小核果熟时蓝绿色至黑色，倒卵形，径 5mm 以下，果皮肉质，干时皱褶，着生于增厚的花盘上；宿存萼片果时增大。花期 4 月，7 月果熟。

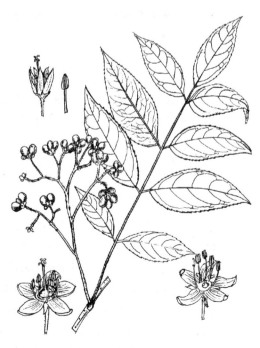

图 699　苦木

产黄河流域以南，南至华南（海南）、西南；东亚和南亚亦产；海拔300~1400m；生于山地疏林、次生林中。树皮及根皮含多种生物碱，味极苦，有轻毒，入药清热解毒、燥湿杀虫，主治上呼吸道感染、胃肠炎、痢疾、胆道感染（代青霉素）；外用治疮疖、疥癣、湿疹、毒蛇咬伤，亦作农药。

# 88. 橄榄科 BURSERACEAE

乔木或灌木，具树脂。奇数羽状复叶互生。花小，3~5数，花单性、两性或杂性，雌雄同株或异株；萼和花冠覆瓦状排列，萼3~5裂；花瓣3~6，与萼片互生，常分离；花盘发育，有时与子房合生成"子房盘"；雄蕊着生于花盘基部或边缘；花药2室；子房上位，3~5室，每室有胚珠2(稀1)，中轴胎座，花柱1，柱头3~6浅裂；核果，外果皮肉质，不开裂，稀木质化且开裂，内果皮骨质；种子1~3，无胚乳；子叶肉质，稀膜质。

16属约550种，产热带地区。我国有4属14种，分布我国东南部、南部至西南部。

**橄榄属** *Canarium* L.

常绿乔木，具树脂。小叶对生或近对生；托叶早落。花小，雌雄异株，圆锥花序；萼3(5)浅裂，结果时增大；花瓣3，雄蕊6，插生于环状花盘外侧；子房上位，3室，每室2胚珠；花柱顶生，微3裂。核果卵形至卵圆形，外果皮肉质，内果皮骨质。

约100种，分布亚洲和非洲热带地区、大洋洲北部。我国7种，产华南和西南，多见于季雨林、常绿阔叶林及其次生林。

**1. 橄榄** *Canarium album* (Lour.) Raeusch.    图700

高20m，胸径1.5m。复叶长15~30cm，小叶7~13对，近革质，披针形或椭圆形，6~18cm×3~8cm，渐尖，基部偏斜，全缘，网脉两面凸出，网眼小窝点状。雄花聚伞圆锥花序，长15~30cm，多花；雌花总状花序，长3~6cm，具花12以下。核果卵圆状长圆形，长2.5~3.5cm，横切面近圆形，熟时黄白色，外果皮厚，干时有皱纹；果核渐尖，横切面圆形至六角形；内有种子1~3。花期5~6，果期8~11月。

原产我国西南和华南，福建栽培最多；日本、马来西亚、越南亦产。南亚热带至边缘热带树种。稍耐阴，稍耐寒，喜生长在排水良好的生境。根浅，对土壤适应性强，喜微碱性砂壤土和富含腐殖质的黏土。是著名的亚热带特产果树，需栽培7年左右才挂果，产量有大小年之分。果实可生食或渍制；鲜果富含蛋白质及多种维生素，可制作加工成饮料和食用油；自古以来，华南民间就把青橄榄作为清热解毒、利咽治喉的良药，主治咳嗽、咽喉肿痛、肠绞痢疾、中暑呕吐及积食不化。

**2. 乌榄** *Canarium pimela* Leenh.    图701

高20m，胸径45cm。复叶长30~60cm，小叶革质，对生，9~13，椭圆形或卵形，4~13cm×2~7.5cm，先端急尖，基部斜歪，全缘，无毛，叶脉突起，网脉在下面无窝点（可与橄榄区别）。花序腋生，疏散聚伞圆锥花序；雄花序多花，雌花序少花；萼杯状，长约3mm，花瓣长约花萼3倍，雄蕊6，花盘杯状。果卵形，3~4cm×1.7~2.4cm，成熟时紫黑色，平滑，外果皮薄，干时有皱纹；果梗长约2cm。花期4~5月，果期5~11月。

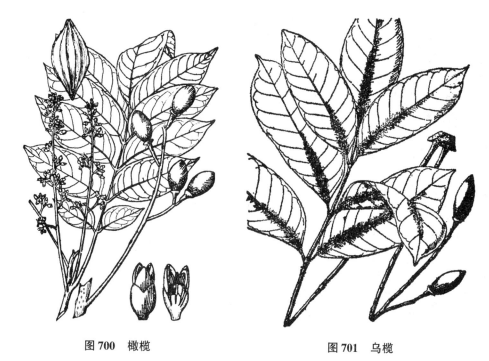

图 700 橄榄　　　　图 701 乌榄

产华南、西南；越南亦产。适应性较强，喜土层深厚、肥沃的微酸性土壤，稍耐旱，丘陵、山地、河边均可种植。栽培地区年平均气温 20℃ 左右，可耐 0℃ 低温。果可生食或加工成果脯果酱；种仁含油率达 45%，供食用、制造肥皂及其他工业用途；木材灰褐色，木质坚硬、结构细致。

## 89. 阳桃科 AVERRHOACEAE

小乔木，裸芽。奇数羽状复叶，互生；小叶全缘。花两性，整齐；聚伞花序，腋生；花 5 数，萼片 5；花瓣 5，旋转排列；雄蕊 10，2 轮，花丝基部合生，有时外轮雄蕊无花药；子房上位，5 室，具 5 纵棱，每室胚珠多数，中轴胎座。浆果，大型，下垂，长椭圆形或卵形，有 3~5 纵棱。

1 属 2 种，分布热带亚洲。我国引入栽培 1 种。

### 阳桃属 *Averrhoa* L.

属特征及分布与科同。

本属植物的性状和果实的形态特征等与酢浆草科酢浆草等属的区别甚大，Airy-Shaw 将本属从酢浆草科 Oxalidaceae 中分出来独立成科——阳桃科 Averrhoaceae，《中国高等植物》等也支持这一观点。本教材也赞同独立成科。

**阳桃** *Averrhoa carambola* L.　　图 702

常绿乔木，高 12m。幼枝、叶柄、叶轴及花序被柔毛。叶长 10~16cm，小叶 5~11，卵形或椭圆状卵形，长 3~8.5cm，基部歪斜，全缘，两面无毛或下面稍被毛，叶轴顶端

图 702 阳桃

的小叶通常较大，基部的较小。花序短，长约 3cm，花小，白色至淡黄色，倒卵圆形。果长圆五棱形，肉质，长 5~8cm，横切面呈五星形，绿色或绿黄色。花期 4~9 月，果期 7~12 月。

原产马来西亚。我国华南至西南有栽培。果供食用，富含维生素、糖分和蛋白质，亦可供酒宴陈列品尝；根、叶、果供药用，有生津止渴、拔毒生肌、健胃消食等作用；因"茎花茎果"及树姿婆娑，为华南园林习见栽培种。

## 90. 楝科 MELIACEAE

乔木或灌木，稀亚灌木。羽状复叶，稀 3 小叶或单叶，互生；小叶多对生。花小，两性或杂性异株，辐射对称，常为大型圆锥花序；萼 4~5 裂；花瓣与萼裂片同数；雄蕊 4~10，花丝常合生为雄蕊管，少数离生，花药通常生于花丝筒的内缘，具内生花盘；子房上位，2~5 室，每室有胚珠（1）2，稀更多。蒴果、浆果或核果；种子有翅或无。

51 属 565 种，分布热带与亚热带地区，少数分布到温带。我国 15 属 59 种，引入 3 属 3 种，主产南岭以南。木材坚韧，色泽美，有香气，耐腐朽，多为优良速生用材树种。

1. 核果；叶为一至三回羽状复叶
  2. 叶为二至三回羽状；子房 5~6 室，柱头 5 裂；核果具 5~6 种子 ·················· 1. 楝属 *Melia*
  2. 叶为一回羽状；子房 3 室，柱头 3 裂；核果具 1 种子 ·················· 2. 印楝属 *Azadirachta*
1. 蒴果或浆果。
  3. 蒴果；羽状复叶。
    4. 奇数羽状复叶。
      5. 雄蕊管球形；子房 3 室；果 3 瓣裂 ·················· 3. 山楝属 *Aphanamixis*
      5. 雄蕊管圆筒形；子房 4~5 室；果 2 瓣裂或 5~4 瓣裂·················· 4. 樫木属 *Dysoxylum*
    4. 偶数羽状复叶。
      6. 蒴果 5 裂。
        7. 小叶革质；花丝合生成筒，顶端齿裂，花药内藏；种子顶端具翅。
          8. 蒴果熟后由基部起胞间开裂；种子上端有长而阔的翅 ·················· 5. 桃花心木属 *Swietenia*
          8. 蒴果由顶端瓣裂；种子边缘有圆形膜质的翅 ·················· 6. 非洲楝属 *Khaya*
        7. 小叶纸质；花丝分离；种子上端或两端具翅 ·················· 7. 香椿属 *Toona*
      6. 蒴果裂为 3~4 果瓣；种子下部有翅；雄蕊管圆柱形 ·················· 8. 麻楝属 *Chukrasia*
  3. 浆果；羽状复叶或 3 小叶 ·················· 9. 米仔兰属 *Aglaia*

### 1. 楝属 *Melia* L.

落叶乔木或灌木。二至三回羽状复叶，互生，小叶具柄，通常具锯齿，稀近全缘。圆锥花序腋生，由多次二歧聚伞花序组成；花两性；花萼5~6裂；花瓣与萼同数，白色或紫色；雄蕊管圆筒形，顶端具10~12齿；花盘环状；子房3~6室，每室有胚珠2。核果，具5~6个种子。

3种，分布东半球热带与亚热带。我国2种，主产东南部至西南部。

**楝树**(苦楝)*Melia azedarach* L.　　图703；分布图13

乔木，高20m。树皮灰褐色，纵裂。枝条广展，小枝有叶痕。二至三回羽状复叶，长20~40cm，小叶卵形、椭圆形至披针形，3~7cm×2~3cm，基部多少偏斜，边缘钝锯齿。花序与叶等长；花芳香；萼5裂；花瓣5，淡紫色；雄蕊管紫色；子房近球形，5~6室。果椭圆形或近球形，长1~2cm，4~5室；种子椭圆形。花期4~5月，果期10~11月。

北起华北、秦岭，南至海南，东迄台湾，西达西南；广布亚洲、大洋洲的热带和亚热带地区，温带地区亦栽培；海拔700m(西南可至1900m)以下。喜光，宜肥沃湿润条件，但能耐干瘠，在低湿地、酸性土至轻盐碱土上均可生长，抗烟尘及$SO_2$。生长迅速，木材淡褐色，密度$0.61g \cdot cm^{-3}$，芳香，弹性好，耐腐；根、茎皮及果有毒，药用于驱除蛔虫、蛲虫。

图703　楝树　　　　　　　　　　图704　川楝

[附]**川楝** *Melia toosendan* Sieb. et Zucc.　　图704；分布图13　与楝树的区别：小叶全缘或具不明显钝齿；花序为叶长一半；果近球形，较苦楝大，长3cm。产甘肃、陕西、湖北、湖南至西南各地。习性和用途同楝树。

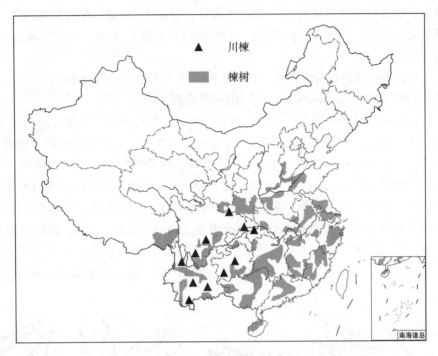

分布图 13　楝树、川楝分布图

## 2. 印楝属 *Azadirachta* A. Juss.

常绿乔木。一至二回羽状复叶，互生，边缘全缘稀具疏锯齿。花两性，辐射对称，圆锥花序生于枝端叶腋；花小，花萼合生，5 裂，花瓣 5，长为萼筒的 2～3 倍；雄蕊 10，雄蕊管白色，顶端具齿，花药内藏；子房卵形，3 室，每室 2 胚珠，柱头 3 裂。核果，外果皮膜质，中果皮肉质，内果皮木质；种子 1。

2 种，产东南亚。我国引入栽培 1 种。

**印楝** *Azadirachta indica* A. Juss.　图 705

常绿乔木，旱季落叶，高 30m，径 90cm，树形伞状。一回或稀二回羽状复叶，互生，总叶柄长 4～12cm；小叶 4～6 对，狭卵形，4～10cm×2～4cm，基偏斜，先端长渐尖，具疏锯齿或少有全缘。圆锥花序腋生，花白色，花梗长 1～2mm，花瓣长 5～6mm，雄蕊 10，雄蕊管白色，顶端具齿，有绒毛；花药卵形，嵌入雄蕊管内；子房卵形，上位，3 室，每室具 2 胚珠，花柱柱头 3 裂。核果长圆形或近球形，1.5cm×1cm，黄色或栗棕色，无毛，具光泽；种子 1，椭圆形。花期 4～8 月，果期 10～12 月。

图 705　印楝

原产印度、缅甸；我国云南、海南、四川等引入栽培。产区≥10℃积温8000℃，极端低温>2℃，年降水量400~1000mm，能忍耐长达7~8个月的连续干旱，耐瘠薄土壤，pH5.9~10。萌芽力强，速生；2~3年始花结实，一年2次花生2批种子，8年后盛果期，每株可产种子20~50kg，收获期可延续上百年。经引种实践证明，云南和四川干热河谷、琼西和雷州均为适生地区。用途极广，被誉为"绿色黄金"。木材芳香，重量中等，木质细密，外形似红木，强度与柚木相近。耐腐蚀，抗虫蛀；叶和嫩枝提取物能抗菌消炎；种子含油22%，用于制皂、机械润滑油、化妆品、牙膏掺合剂和避孕药品；树皮可渗出透明胶液，提取物可治皮炎、防牙病、防霉变等。由于它集多种之长，被联合国粮农组织作为推广树种，栽培作为经济林、用材林、薪炭林、饲料及肥料林或生态防护林经营，特别是对治理热带干旱荒芜瘠地生态环境有超强的生命力。

### 3. 山楝属 *Aphanamixis* Bl.

常绿乔木或灌木。奇数羽状复叶，小叶基部偏斜。花小，球形，单性，雌雄异株；雄花为圆锥花序，雌花为穗状花序或总状花序；萼片5；花瓣3，覆瓦状排列；雄蕊管近球形，花药3或6；花盘小；子房3室。蒴果3瓣裂，果皮厚革质；种子外被红色假种皮。

4种，分布亚洲热带、亚热带地区。我国4种，产华南及西南。

**山楝** *Aphanamixis polystachya* (Wall.) R. N. Parker  图706

高30m。叶长30~50cm，小叶5~11，对生，革质，长圆形，18~20cm×5cm，具细小透明斑点，基部偏斜，一边宽楔形，一边狭楔形。花序短于叶，长不及30cm；花小，球形，茎约2~3mm，子房被毛。果近卵形，径约3cm，熟时淡褐色；种子扁球形，径约1cm。花期5~9月，果期翌年5~6月。

产海南、广东、广西及云南南部；印度、马来西亚亦产；生于低海拔山地阔叶林中。较喜光，宜肥沃湿润酸性土壤，人工栽培生长快，10~15年可成林成材。木材红色，坚实，纹理致密；种子含油44%~56%，为半干性油，供制肥皂、润滑油等用。

图706  山楝

### 4. 樫木属 *Dysoxylum* Bl.

乔木。一回奇数或偶数羽状复叶，小叶基部常歪斜。花两性，圆锥花序腋生；花萼杯状，4~5裂或近截平；花瓣4~5，长椭圆形；雄蕊管圆筒形，有花药8~10；花盘管状；子房4~5室，每室胚珠1~2，花柱与雄蕊管等长。蒴果球形或梨形，5~4(3)瓣裂；种子具假种皮或无。

80种，分布亚洲热带地区及大洋洲。我国15种，产西南至台湾。

**红果樫木** *Dysoxylum binectariferum* (Roxb.) Hook. f. ex Bedd. 图707

高20m。幼枝被短柔毛，后无毛。复叶长20～30cm，叶轴、叶柄略呈四棱形，小叶5～11，互生，长圆形，9～20cm×5～9cm，基部宽楔形，略歪斜，两面无毛。花序短于复叶；花萼杯状，4浅裂；花瓣4，黄色；花盘约与子房等长。果倒卵状梨形或近球形，无毛，长4.5～5cm；种子4，熟时种皮红色。

产云南南部、海南；越南、印度亦产。木材红色至红灰色，稍坚硬，纹理致密，其木材在国内外称为"玫瑰桃花心木"，是高级家具用材之一，也可作为胶合板材。

## 5. 桃花心木属 *Swietenia* Jacq.

乔木。一回偶数羽状复叶，小叶革质，4～6对，无毛。圆锥花序顶生或腋生；花小；花萼5裂；花瓣5；雄蕊管呈壶状，顶端10齿裂，花药10，管口内藏；花盘环状；子房5室，每室有胚珠多数。蒴果木质，由基部向上开裂成5果瓣，中轴宿存；种子顶端有翅。

3种，分布美洲热带与亚热带地区和西非等地。我国引入2种，华南、云南有栽培。

图707 红果樫木

**大叶桃花心木** *Swietenia macrophylla* King 图708

常绿乔木，高30m；树冠小。树皮红褐色，片状剥落。复叶长40～50cm，小叶革质，4～6对，革质，卵形或卵状披针形，基部偏斜，11～19cm×4～8cm，全缘，侧脉11～15对。花序长13～15cm，花小，绿黄色，萼漏斗状，花瓣倒卵椭圆形，雄蕊10连合为瓮状筒，子房基部包于环状花盘中。蒴果大，牛心形，木质，13～18cm×8～10cm，成熟黑色，表面有褐色小瘤体，5瓣裂，每室种子11～14；种子扁，具膜质翅。

原产热带中美洲N20°～S18°，现世界热带地区广泛种植。我国中热带至南亚热带（广州）适宜栽培。喜光，速生，在广州冲积砂壤土上，18年生树高14.5m，胸径30cm。木材红色，坚韧细致；树干整齐，羽叶浓荫，常植为荫木和行道树。此种在广州引种的表现较桃花

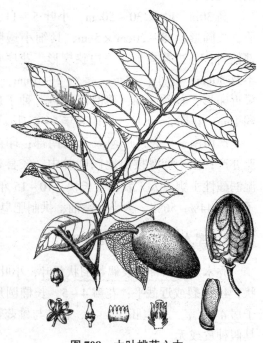

图708 大叶桃花心木

心木 S. mahagoni 更佳。

## 6. 非洲楝属 *Khaya* A. Juss.

常绿乔木。一回偶数羽状复叶，小叶全缘，无毛。花两性，圆锥花序顶生，花萼4~5裂，裂片几达基部，覆瓦状排列，花瓣4或多或少，分离；雄蕊常8，花丝合生，雄蕊管坛状或杯状；花药8~10，着生于雄蕊管内面近顶端；花盘杯状；子房矩圆形，子房4室，花柱略延长，柱头圆盘状。蒴果，木质；种子宽，横生，椭圆形至近圆形，边缘有圆形膜质的翅。

**非洲楝**（非洲桃花心木）***Khaya senegalensis*** (Desr.) A. Juss. 图709

乔木，高20m或更高。树皮呈鳞片状开裂。复叶长15~60cm或更长，小叶6~16，顶端2对小叶对生，长圆形或长圆状椭圆形，下部小叶卵形，7~17cm×3~6cm，先端钝尖，两面光绿，侧脉9~14对，全缘；小叶柄长5~10mm。圆锥花序短于叶，无毛；花萼4裂至近基部，阔卵形，长约1mm，无毛；花瓣4，分离，长3mm；雄蕊管坛状；子房卵形，常4室。蒴果球形，成熟时自顶端室轴开裂，果壳厚；种子宽，横生，椭圆形至近圆形，边缘具膜质翅。

原产非洲热带地区和马达加斯加；我国华南、台湾等地有栽培。生长快，边材浅红至浅灰黄色，心材红褐色，有黑色斑纹，强度高，密度$0.68g \cdot cm^{-3}$，耐久，抗白蚁；叶可作粗饲料。树冠浓密，用作庭园树和行道树。

图709 非洲楝

## 7. 香椿属 *Toona* (Endl.) Roem.

落叶乔木；芽具鳞片。一回偶数羽状复叶，互生，小叶全缘，偶具疏锯齿。花小，两性，圆锥花序顶生或腋生；萼短，5齿裂；花瓣5；雄蕊5，花丝分离，着生于肉质、5棱的花盘上；子房5室，每室有胚珠3~12。蒴果木质或革质，开裂成5果瓣；种子多数，扁平，上部具翅或上下两端具翅。

4~5种，分布热带亚洲和大洋洲。我国4种，产西南经中部至华北。树干端直，树冠尖削，速生，均为优良用材。

**1. 红椿 *Toona ciliata* Roem.** 图710

半常绿大乔木，高35m，胸径50cm。小枝幼时被毛，后渐脱落。叶长25~40cm，小叶14~16，近对生，纸质，长椭圆形或椭圆状披针形，8~17cm×2.5~7cm，全缘，先端尾尖，基部两侧不对称，下面仅脉腋有簇生毛。花序与叶等长或稍短；花盘被粗毛；子房密被长硬毛。果长椭圆形或倒卵状椭圆形，长 2~3.5cm；种子两端具翅，不等长，连翅长 1~1.5cm。花期 3~4 月，果期 10~11 月。

产华南、云南、四川、湖南、江西及安徽；生于山地沟谷及村宅边。喜光，宜温热气候及深厚、肥沃、湿润、排水良好的酸性土；主干直耸，生长快，人工林 15 年可成材利用。木材红褐色，有光泽，纹理美丽，较坚重，气干密度 $0.62g \cdot cm^{-3}$；农家四旁多种植，亦作行道树。国家重点保护野生植物。

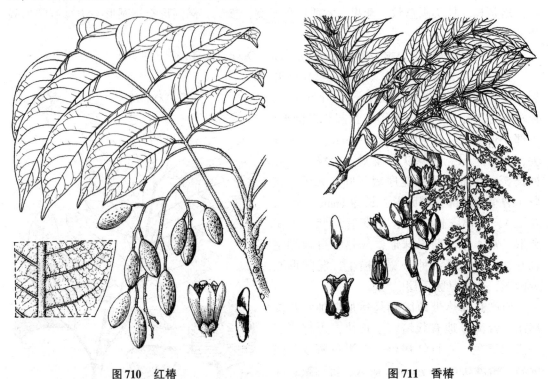

图 710　红椿　　　　　　　　　图 711　香椿

### 2. 香椿 *Toona sinensis* (A. Juss.) Roem.　　图 711

落叶乔木，高 25m。与红椿的区别：幼叶被白粉，微被毛或无毛；叶长 30~50cm 或更长；小叶 10~20，近对生，纸质，叶揉碎有香气，卵状披针形或卵状长椭圆形，9~15cm×2.5~4cm，全缘或具疏生钝齿，无毛。雄蕊 10（5 退化），花盘无毛；子房无毛。果椭圆形，长 2~4cm；种子上部有翅，连翅长 8~15mm，红褐色。花期 6 月，果期 10~11 月。

除东北、西北外，全国各地均产；朝鲜亦产；多栽植于房前屋后，为农村常见树种，南岭山地常见有野生。喜光、较耐寒，能在钙质土、酸性土及中性土上生长，但在土层深厚、肥沃、湿润的砂壤土上生长迅速。木材赤褐色带红，气干密度 $0.61g \cdot cm^{-3}$，纹理细致，有光泽、抗腐力强，属优良用材，有"中国桃花心木"之称；嫩芽可食用，味鲜美；干形端直，树冠尖削，羽叶开展如翅，可用于园林绿化。

### 8. 麻楝属 *Chukrasia* A. Juss.

乔木。芽有鳞片，被粗毛。一至二回偶数羽状复叶，小叶全缘，偏斜。圆锥花序顶生，短于叶；花两性，4~5数；萼短，4~5齿裂；花瓣4~5，分离；雄蕊管圆柱形，全缘或10齿裂；花药10；花盘杯状；子房3~5室，被毛，每室胚珠多数。蒴果卵形，木质，多少具疣突，通常3室，从顶端室间开裂为3~4果瓣，从具3~5翅的中轴上分离；种子多数，扁压，下端具翅。

1种，分布亚洲热带地区。我国产西藏、西南、华南。

**麻楝 Chukrasia tabularia A. Juss.** 图712

高30m，胸径60cm以上。枝赤褐色，无毛，具苍白色皮孔。复叶长30~50cm，小叶10~16，对生，纸质，卵形至长椭圆状披针形，7~10cm×3.5~4.5cm，最下对小叶较小，两面无毛。花黄色带紫。果灰黄色或褐色，先端具小凸尖，表面粗糙，有淡褐色的小瘤点；种子连翅长1.2~2cm。花期4~5月，果期8~9月。

产地同属；海拔700m以下；生于山地阔叶林中。热带至南亚热带树种。幼树耐阴，能耐短期0℃的低温；生长较快，木材黄褐色至暗红褐色，芳香、坚硬，有光泽，易加工，耐腐；树皮煎汁，可退热；种子含油50%。

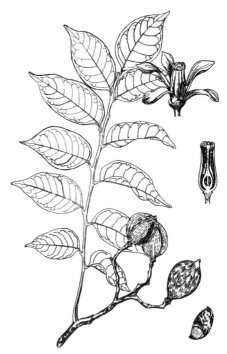

图712 麻楝

## 9. 米仔兰属 Aglaia Lour.

乔木或灌木，幼嫩各部常被盾状鳞片。羽状奇数复叶或3小叶复叶；小叶全缘。花杂性异株，形小，近球形；圆锥花序腋生；萼4~5齿裂；花瓣3~5；雄蕊管球形、壶形、钟状，顶端5齿或全缘；花药5~6(7~10)，1轮；子房1~3(5)室，每室胚珠2。浆果球形、卵形或倒卵形；种子多为胶状假种皮所包。

105种，分布亚洲热带和大洋洲。我国7种，产西南南部至台湾等地。

**米仔兰 Aglaia odorata Lour.** 图713

高3~6m。幼枝被星状锈色鳞片，后变无毛。复叶长5~12cm，具小叶3~5，叶轴及小叶柄有窄翅，小叶倒卵形至长椭圆形，长2~7cm，顶生小叶较大。花序无毛，花黄色，极香，径约2mm；无花盘；子房密生黄色粗毛。果卵形或近球形，长约1.5cm，无毛；种子具肉质假种皮。

原产东南亚。我国华南和西南普遍栽培，南

图713 米仔兰

岭以北一般在温室栽培。花芳香，为熏茶的原料，亦可提取芳香油，供食品或化妆品工业用；著名庭园香花树种。

# 91. 无患子科 SAPINDACEAE

乔木或灌木，有时为草本或木质藤本。偶数羽状复叶或掌状复叶，稀单叶，互生，常无托叶。聚伞圆锥花序，花单性，很少杂性或两性；雄蕊 5~10，花丝分离；子房上位，常3室，全缘或2~4裂，柱头单一或2~4裂。蒴果室背开裂，或浆果状或核果状，有时深裂为分果爿，成熟果侧常有未发育的2分果爿(心皮)；种皮膜质至革质；胚常弯拱，子叶肥厚。

本科约150属2000种，分布全世界的热带和亚热带，温带很少。我国有25属53种2亚种3变种，主要分布于西南部、南部和东南部，北部很少。经济价值较高，多为用材、果品、药用、油料等树种，也是热带雨林中乔木层和灌木层的重要组成成分。

1. 核果状或浆果状，果不开裂。
　2. 核果状具肉质果皮，种子无假种皮 ································· 1. 无患子属 *Sapindus*
　2. 浆果状，果皮革质或脆壳质，种子具假种皮。
　　3. 假种皮与种皮粘连，果皮外面具软刺 ························· 2. 韶子属 *Nephelium*
　　3. 假种皮与种皮分离。
　　　4. 有花瓣 ····························································· 3. 龙眼属 *Dimocarpus*
　　　4. 无花瓣 ····························································· 4. 荔枝属 *Litchi*
1. 蒴果，室背开裂。
　5. 单叶 ································································· 5. 车桑子属 *Dodonaea*
　5. 复叶。
　　6. 奇数羽状复叶 ·················································· 6. 栾树属 *Koelreuteria*
　　6. 偶数羽状复叶。
　　　7. 果皮木质，无毛 ············································· 7. 细子龙属 *Amesiodendron*
　　　7. 果皮革质，密被绒毛 ········································ 8. 伞花木属 *Eurycorymbus*

## 1. 无患子属 *Sapindus* L.

乔木或灌木。偶数羽状复叶，互生；小叶全缘。大型聚伞圆锥花序；花单性，雌雄同株或偶异株，辐射对称或两侧对称；萼片5；花瓣5，有爪；花盘肉质；雄蕊8；子房常3浅裂，3室；每室1胚珠。果为核果状、球形，深裂为3果爿，常1(2)发育，成熟后果爿彼此脱离，果皮肉质；种子与果爿近同形，黑色或淡褐色，种皮骨质，无假种皮。

约14种，分布美洲、亚洲和大洋洲较温暖的地区。我国4种和1变种，产长江流域及其以南各地。

**无患子 *Sapindus mukorossi* Gaertn.**　　图714；分布图14

乔木，高20m。树皮灰色不裂。羽状复叶长25~40cm或更长；小叶5(4~7)对，互生

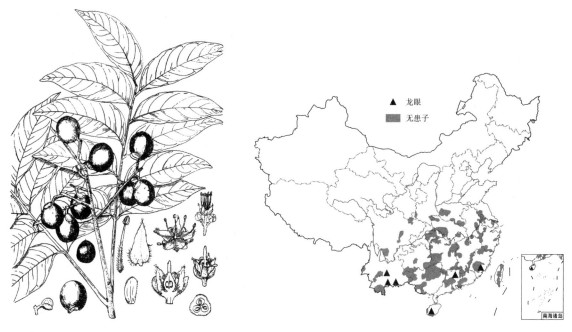

图 714 无患子　　　分布图 14 龙眼及无患子分布图

或近对生，小叶卵状披针形或长圆状披针形，8～15cm×3～5.5cm，基部偏楔形，两面光绿无毛，网脉清晰。圆锥花序顶生，花盘杯状，花瓣 5，具长爪，长 2.2mm；鳞片 2。肉质核果，径约 2.5cm，橙黄色，干时微亮；种子近球形，光滑。花期 5～6 月，果期 10～11 月。

产长江以南，南至华南、西南；东亚、中南半岛亦产。稍耐阴，喜温暖气候，在酸性土、钙质土上均能生长；多见于低山丘陵、石灰岩山地，农村村宅旁习见。果皮内含皂素，为民间洗涤品及化工原料；种子含油 42.4%，可作润滑油及制皂；木材边材黄白色，心材黄褐色；种子含无患子皂苷，药用清热、祛痰、消积、杀虫，治咽肿、咳嗽、食滞、疳积、疮癣（外用）；树冠开展，羽叶光绿，亦种植为行道和观赏树。

## 2. 韶子属 Nephelium L.

常绿乔木。叶互生，无托叶，偶数羽状复叶，小叶近对生，全缘。聚伞圆锥花序；花单性，雌雄同株或异株；萼 5～6 裂；花瓣缺或 5～6；花盘环状或膨胀；雄花雄蕊 6～10，着生于花盘内侧；子房 2(3) 裂，2(3) 室，每室 1 胚珠。果深裂为 2(3) 果爿，通常仅 1 个发育，椭圆形，果皮具软刺或疣状体；种子椭圆形，外被肉质假种皮，并与种皮黏合。

38 种，分布亚洲。我国 3 种，产华南、云南。

**韶子 Nephelium chryseum Bl.**　　图 715

常绿乔木，高 20m；干基有板状根。嫩枝密生锈色短柔毛。偶数羽状复叶长 20～40cm；小叶常 4 对，对生或近对生，长圆形，6～18cm×2.5～7.5cm，基部多少偏斜，全缘，下面粉绿色，被柔毛，侧脉 9～14 对或更多，下面隆起。圆锥花序密被金黄色微绒毛，雄花序长 10～16cm，雌花序长约 10cm；花小，淡黄色；花萼浅杯状，5～6 裂；无花

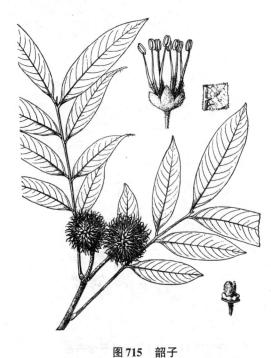

图715 韶子

瓣；雄花雄蕊8；雌花子房2裂，2室。果椭圆形，成熟时橙红色，连刺长4~5cm，刺长1cm或过之，两侧扁，先端呈弯钩状。

产云南南部、广西和广东南部；菲律宾、越南亦产；海拔500~1500m；生于密林中。边缘热带至中热带树种。果可食用；木材坚重，强度大。

[附]红毛丹 *Nephelium lappaceum* L. 与韶子的区别：常绿乔木。小叶2或3对，椭圆形或倒卵形，6~18cm×4~7.5cm，两面无毛，侧脉7~9对，网状小脉略呈蜂巢状，干时两面可见。果长圆形，5cm×4.5cm，刺长约1cm。原产马来群岛，现东南亚热带广为种植；我国海南、广东湛江和台湾有少量栽培。热带果树，果肉含葡萄糖、蔗糖、维生素C、氨基酸、碳水化合物和多种矿物质，中国市场有销售，味可口怡人。

### 3. 龙眼属 *Dimocarpus* Lour.

乔木或灌木。小枝具皮孔。偶数羽状复叶互生，小叶3~5对，侧脉在叶上面明显。聚伞圆锥花序；花单性，雌雄同株，辐射对称；花萼浅杯状，通常5齿裂；花瓣5；雄蕊8；子房2或3室，每室1胚珠，密被小疣体。果为浆果状，近球形，基部附生不发育分果爿，果皮幼时有瘤状突起，熟时近平滑；种子球形或椭圆形，具肉质白色半透明假种皮。

约20种，分布印度、中南半岛、印度尼西亚和菲律宾。我国4种，产西南及东南各地。

**龙眼** *Dimocarpus longan* Lour.　图716；分布图14

常绿乔木，高达40m（栽培果树经整形，高8m）。偶数羽状复叶长15~30cm；小叶3~6对，薄革质，长圆状披针形，侧脉明显，12~15对，脉腋常具腺体，全缘。花序顶生，长10~20cm，密被锈色星状短柔毛；萼长2.5~3.5mm，外面被星状绒毛；花瓣与萼片等长；雄蕊8；子房密被短绒毛，具小瘤体。果近球形，基部常有不育

图716 龙眼

分果爿，径1~2.5cm，外果皮革质（干时脆壳质），黄褐色；种子球形，黑褐色发亮，全被肉质假种皮所包。花期4~5月，果期7~8月。

原产我国南部及西南部，现广泛栽培，以福建最盛，广东次之；海南、四川、云南和贵州小规模栽培；云南及广东、广西南部亦见野生于疏林中；亚洲南部和东南部也常有栽培。著名热带水果，栽培历史悠久。喜干热生境，冬春要求18~25℃的气温和适当的干旱，夏秋间生长期需要26~29℃的高温和充沛的雨量；喜光，天然更新良好，属深根性，能在干旱、贫瘠土壤上扎根生长。萌芽力强，能迅速萌芽更新。木材坚重，密度0.9~1.0g·cm$^{-3}$，暗红褐色，耐水湿，属优良用材。

### 4. 荔枝属 *Litchi* Sonn.

乔木。偶数羽状复叶互生。聚伞圆锥花序顶生；花单性，雌雄同株；圆锥花序顶生；萼杯状，4或5浅裂；无花瓣；花盘碟状，全缘；雄蕊6~8；子房2(3)裂，2(3)室，花柱着生于子房裂片间；每室胚珠1。果为浆果状，深裂为2或3果爿，常1或2个发育，卵圆形或近球形，果皮革质，表面有龟甲状裂纹；种子与果爿近同形，种皮褐色，光亮，革质，假种皮肉质；胚直，子叶并生。

本属2种，我国和菲律宾各1种。

**荔枝** *Litchi chinensis* Sonn. 图717

常绿乔木，高15m（果树整枝使矮化）。树皮灰黑色。偶数复叶长10~25cm；小叶2或3对，薄革质，披针形或卵状披针形，6~15cm×2~4cm，全缘，两面光绿无毛；小叶柄长7~8mm。花序顶生，被金黄色短绒毛；花梗纤细，长2~4mm；萼被金黄色短绒毛；雄蕊6~7，花丝长约4mm；子房密覆小瘤体和硬毛。果卵圆形至近球形，成熟时通常暗红色至鲜红色；种子全部被肉质假种皮包裹。花期2~4月，果期5~7月。

**图717 荔枝**

产华南、西南（四川、云南）、台湾等地，尤以广东和福建南部栽培最盛；东南亚、非洲热带、美洲热带和大洋洲都有引种的记录。荔枝是我国南部有悠久栽培历史的著名果树，栽培品种很多。荔枝果实除食用外，核入药为收敛止痛剂，治心气痛和小肠气痛；木材坚实，密度0.95~1.0g·cm$^{-3}$，深红褐色，纹理雅致、耐腐，商品材称作酸枝，为红木类；花多，富含蜜腺，是重要的蜜源植物。

### 5. 车桑子属 *Dodonaea* Mill.

乔木或灌木；植株或仅幼嫩部分和花序有黏液。小枝常有棱。单叶或羽状复叶互生。花小，单性，雌雄异株；花序为圆锥状、伞房或总状；萼片4(3或7)；无花瓣；花盘不明显；雄蕊5~8；子房2或3(5~6)室，每室2胚珠。翅果状蒴果，2~6瓣裂，两侧扁，室背延伸为半月形或纵翅。

50余种，主要分布澳大利亚。我国1种。

**车桑子**(坡柳) *Dodonaea viscose* (L.) Jacq.    图718

高5m。小枝扁，有狭翅或棱角，覆有胶状黏液。单叶互生，膜质，条形、条状匙形、条状披针形或倒披针形，5~12cm×0.5~4cm，全缘，基部窄楔形下延至叶柄。花单性异株，绿黄色，圆锥花序或总状花序短而顶生，长2~4cm；花柄果时增大。蒴果大，膜质，近圆形，果倒心形或扁球形，具2或3翅，绿带红色，1.5cm×3.2cm；种子黑色。花期6~9月，果期9~12月。

产华南、西南、江西南部；分布世界热带和亚热带地区。喜光，耐旱，耐瘠薄土壤。萌芽力强，在西南干热河谷荒坡形成大面积灌丛，为海滨沙滩、干热河谷固沙保土、生态保护树种。

图718　车桑子

### 6. 栾树属 *Koelreuteria* Laxm.

落叶乔木或灌木。叶互生，一回或二回奇数羽状复叶，小叶边缘浅裂或具锯齿，稀近全缘。圆锥花序顶生；花杂性，花萼不等5裂；花瓣4(5)，多少不等长，具爪，爪的顶端有2裂的肉质小鳞片或无鳞片；花盘偏向一侧，3~4裂；雄蕊8或较少，花丝线形；子房3室，每室2胚珠。蒴果，果皮膜质肿胀，卵形而短尖或近球形，具脉纹，室裂为3果瓣；种子单生，近球形，种皮黑色，无假种皮。

本属4种，1种产斐济群岛。我国3种1变种，分布黄河流域及长江以南各地。

**1. 栾树** *Koelreuteria paniculata* Laxm.    图719

高15m。小枝被柔毛，具疣点。一回羽状复叶有不规则分裂的小叶，或为不完全的二回羽状复叶，长50cm，小叶(7)11~18，纸质，卵形至卵状披针形，有明显的锯齿或疏锯齿或分裂，下面近无毛或沿脉上有疏毛。圆锥花序大，被微柔毛；花淡黄色；萼片5，长2~2.5mm；花瓣4，初橙红色，线状长椭圆形，长8~9mm，有皱纹；雄蕊8，长8~9mm，花丝被疏长毛，花药有疏毛。蒴果三角状长卵形，先端渐尖，有网状脉纹，果瓣卵形。花期6~8月，果期9~10月。

产全国大部分地区(主要在长江以北)；生于石灰岩山地、山谷及平原。世界各地有栽培。喜光，耐干旱瘠薄，耐寒，深根性。萌芽力强，速生。在石灰岩山地与青檀、黄连木、朴树等混生成林。叶、花可提黄色染料；种子含油，可作润滑油；木材黄白色，易加工。秋叶鲜黄，果熟粉红艳丽，复叶浓荫，为常见行道树和庭园观赏树。

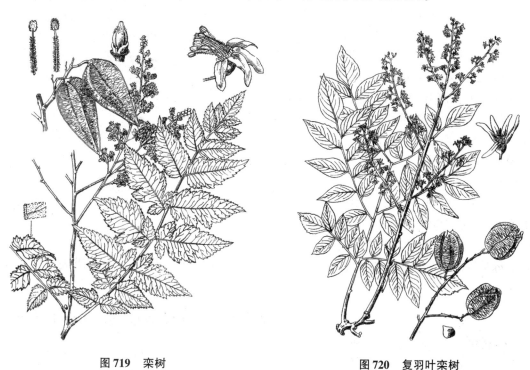

图719　栾树　　　　　　　　图720　复羽叶栾树

### 2. 复羽叶栾树 Koelreuteria bipinnata Franch.　　图720

高20m。二回羽状复叶，长60~70cm，羽片5~10对，小叶9~17，斜卵形，3.5~7cm×2~3.5cm，边缘有小齿缺，下面中脉及脉腋具毛。圆锥花序长40~65cm，与花柄同被短柔毛；花黄色；萼裂片长卵形，长约1.5mm；花瓣4，线状披针形，具爪，上部具2枚耳状小鳞片；雄蕊8，花丝被白色长柔毛；子房被白色长柔毛。蒴果椭圆状卵形，具3棱，形如灯笼泡，顶端浑圆而有小凸尖，成熟时紫红色；种子球形，黑褐色，径约5mm。花期7月，果期9~10月。

产西南及华中、华南；海拔400~2500m。喜光，速生，花盛开于夏秋季，果成熟于秋季，花、果艳丽，大型二回羽状复叶，较栾树的绿化和遮阴效果更佳，且栽植极易成活。

## 7. 细子龙属 Amesiodendron Hu

常绿乔木。叶互生，偶数羽状复叶，小叶3~6对。聚伞圆锥花序；花小，杂性；萼浅杯状，深5裂；花瓣5，基部有1大型鳞片；花盘浅杯状，中部以上膜质，边缘浅波状；雄蕊8；子房陀螺状，3裂，3室，每室1胚珠，仅1~2室发育。蒴果深裂为3果爿，不发育的分果爿附于发育的基部；种子近球形或略扁，无假种皮。

3种，分布于我国和越南北部。

**细子龙** *Amesiodendron chinense* (Merr.) Hu　图721

大乔木，高35m。小枝具皮孔，幼枝多少被毛。羽状复叶长15~30cm，小叶3~7对，长圆形或长圆状披针形、卵形，两侧稍不对称，6~12cm×1.5~3cm，下面有时被微柔毛，边缘有锯齿，侧脉10~12对。花瓣白色，卵形；鳞片全缘，顶端反折，背面和边缘密被皱曲长毛；雄蕊密被长柔毛。果实外具瘤状凸起和密生淡褐色皮孔；种子径约2cm。花期5月，果期8~9月。

产海南、广西、广东、云南南部；越南北部亦产；海拔300~1000m。边缘热带山地沟谷雨林上层树种。喜热湿，与青皮、小叶银叶树、绿楠等混生。木材红褐色，细致、坚重，耐腐蚀，不受虫蛀，为一级硬木，加工较难。

图721　细子龙

## 8. 伞花木属 *Eurycorymbus* Hand.-Mazz.

乔木。偶数羽状复叶互生。聚伞圆锥花序顶生或近顶生；花单性异株；萼片5，薄膜质；花瓣5，匙形，有短爪，无鳞片；花盘环状，边缘齿裂；雄蕊8；子房倒心形，3裂，3室，花柱着生于子房裂片间，线状直立；每室胚珠2。蒴果深裂为3果爿，仅1或2发育，室背开裂，果皮革质；种子近球形，种皮坚硬，无假种皮；胚旋卷。

单种属，我国特有。

**伞花木** *Eurycorymbus cavaleriei* (Levl.) Rehd. et Hand.-Mazz.　图722

落叶乔木，高20m。偶数复叶连柄长15~45cm，叶轴被皱曲柔毛；小叶4~10对，近对生，薄纸质，长圆状披针形或长圆状卵形，7~11cm×2.5~3.5cm，渐尖，腹面仅中脉上被毛，下面近无毛，侧脉纤细而密，约16对，末端网结。花序半球状，稠密多花，主轴和分枝均被短绒毛；花芳香，梗长2~5mm；花瓣长约2mm，外被长柔毛；

图722　伞花木

子房被绒毛。蒴果球形,发育果只被绒毛,3深裂,果皮革质;种子球形,黑色,有光泽。花期5~6月,果期10月。

产云南(贡山、蒙自)、贵州、湖南西部、江西南部、广东北部、福建北部、台湾;海拔300~1400m;生于村庄风景林及沟谷常绿阔叶林中。偏喜光树种,萌蘖力强。国家保护植物。

## 92. 漆树科 ANACARDIACEAE

常绿或落叶乔木,少有木质藤本。韧皮部常具树脂道,有乳汁。羽状复叶互生,亦产单叶或三出复叶,无托叶。圆锥花序;花小,单性或杂性异株,少有两性,整齐;花萼杯状,3~7深裂;花瓣3~7,不显著或无;雄蕊5~10,稀多数,与花瓣互生,具内生花盘;雌蕊1~5心皮,子房上位,1(2~5)室,每室1胚珠,倒生;花柱1~5。核果或坚果,种子1,无胚乳或稀有。

60属600余种,分布热带、亚热带,少数产温带。我国产16属54种,另引入2属2种。本科经济树种居多。

1. 单叶。
  2. 常绿树。
    3. 叶倒卵形;核果肾形,长2~2.5mm,基部为肉质果托 ·················· **1. 腰果属 *Anacardium***
    3. 叶长圆形到披针形;果实无果托 ···························································· **2. 杧果属 *Mangifera***
  2. 落叶树 ···································································································· **3. 黄栌属 *Cotinus***
1. 羽状复叶。
  4. 无花瓣;偶数羽状复叶 ··············································································· **4. 黄连木属 *Pistacia***
  4. 有花瓣;奇数羽状复叶。
    5. 植物体无乳汁;子房5室,花柱5;果核大,具5个小孔。
      6. 常绿;花两性;核果近球形,果核压扁,上面具5个卵形凹点,边缘具小孔 ·················································································································· **5. 人面子属 *Dracontomelon***
      6. 落叶;花单性或杂性;核果卵圆形、长圆形;果核不压扁,顶端具5个小孔 ·················································································································· **6. 南酸枣属 *Choerospondias***
    5. 植物体具乳汁或无;子房1室;果核小,无小孔。
      7. 无白色乳汁;圆锥花序顶生;果熟时红色,被腺毛和柔毛;叶轴常具翅 ······ **7. 盐肤木属 *Rhus***
      7. 具白色乳汁;圆锥花序腋生;果熟时黄白色,光滑无毛或微被毛;叶轴常无翅 ·················································································································· **8. 漆树属 *Toxicodendron***

### 1. 腰果属 *Anacardium* (L.) Rottboell

常绿灌木或乔木。单叶互生,革质,全缘,无柄或具柄,倒卵形。花小,杂性;圆锥花序顶生,多分支,呈伞房状排列;花瓣5,覆瓦状排列;花盘充满花萼的基部;雄蕊8~12;子房略不对称,花柱侧生。核果肾形,侧向压扁,生于花托膨大而成的棒状或梨形肉质果托上;种子肾形,直立。

约15种，分布热带美洲。我国引种栽培1种。

**腰果 Anacardium occidentale L.** 图723

常绿乔木，高10m，干端直，具乳汁。叶革质，倒卵形，8~14cm×6~8.5cm，先端圆形，平截或微凹，全缘，两面无毛，侧脉约12对，侧脉和网脉在两面突起；叶柄长1~1.5cm。圆锥花序宽大，密生锈色微柔毛，多分枝，排列成伞房状；花瓣黄色，线状披针形，长7~9mm；雄蕊7~10，通常仅1发育，长约8mm；子房倒卵圆形，长约2mm。核果肾形，两侧压扁，长2~2.5cm，果基部为花托与花环膨大而成肉质梨形或陀螺形的假果，长约3~7cm，成熟时为红色；种子肾形，长1.5~2cm。

原产热带美洲；我国云南、广东、广西、福建、海南、台湾有引种；全球热带地区广为栽培。喜光，适生环境为：年日照时数为

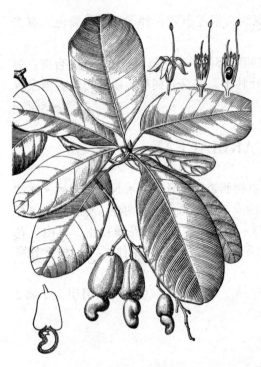

图723 腰果

1500~2000h；年平均气温24~28℃，月平均气温23~28℃；中性乃至微酸性土壤，较耐贫瘠；速生。果仁营养丰富，脂肪含量48%，蛋白质含量21%，淀粉10%~20%，糖类7%及少量矿物和维生素，多用于制腰果巧克力、点心和油炸腌制食品；腰果仁油为上等的食用油，所含脂肪酸主要是不饱和脂肪酸，其中油酸占不饱和脂肪酸的90%，亚油酸仅占10%；果壳含油40%左右，是一种干性油，可制高级油漆、彩色胶卷有色剂、合成橡胶等。果托柔软多汁，碳水化合物含量11.6%、蛋白质0.2%、脂肪0.1%、维生素C 0.25%以及少量的钙、磷、铁、维生素A等，可做水果，也可酿酒、制果品、蜜饯等；木材耐腐。

## 2. 杧果属 *Mangifera* L.

常绿乔木。单叶互生，全缘。圆锥花序顶生；花小，杂性，花梗具节；萼片及花瓣4~5，均覆瓦状排列；雄蕊4~5，着生在花盘里面，分离或基部与花盘合生，通常1枚发育；子房无柄，花柱顶生。核果大，基部无果托，中果皮肉质或纤维质，果核木质；种子大，压扁，卵状长圆形。

约53种，产热带亚洲，以马来西亚为最多。我国5种，主产华南至西南。

**1. 杧果 *Mangifera indica* L.** 图724；图725：7；分布图15

高10~20m。单叶常聚生枝顶，薄革质，叶的形状和大小变化较大，长圆形或长圆状披针形，12~30cm×3.5~6.5cm，边缘波状，两面无毛，侧脉20~25对，明显；叶柄长2~6cm，基部膨大。花序尖塔形，长20~35cm，总梗及分枝有毛；花小而密集，黄色或淡黄色；花盘膨大，5裂；能育雄蕊1，退化雄蕊3~4。核果大，肾形，长5~10cm，外

图 724 杧果

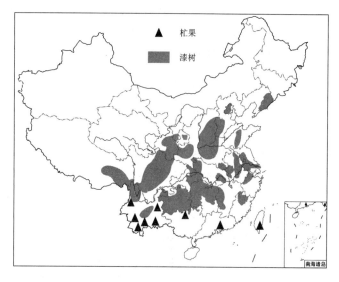

分布图 15 漆树、杧果分布图

果皮黄色，中果皮黄色、肉质肥厚，果核纤维质，坚硬。花期春季，果熟期 5~6 月。

产华南、西南和台湾；印度、中南半岛和马来西亚亦产。边缘热带至赤道热带树种。不耐霜，喜光，适宜月平均气温 20~30℃，年降水量为 1500~2500mm 的气候环境。对土壤要求不严，以土层深厚、地下水位低、有机质丰富、排水良好、质地疏松的壤土和砂质壤土为佳。杧果为热带著名水果，汁多味美，含可溶性固形物 14%~24.8%、糖含量 11%~19%、蛋白质 0.65%~1.31%，另含丰富的维生素、胡萝卜素以及人体所需的微量元素；果实也可加工为罐头和果酱或腌制供调味，亦可酿酒；果皮入药，利尿，"凡渡海者食之不呕浪"；果核祛风止咳；木材坚硬，耐海水。树冠球形，常绿，郁闭度大，为热带良好的庭园和城市行道树种。

**2. 扁桃** *Mangifera persiciformis* C. Y. Wu et T. L. Ming  图 725：1~6

高 30m。叶薄革质，常集生枝顶，窄披针形，12~20cm×2~3.5cm，渐尖、边缘皱波状，无毛，侧脉 20~22 对，两面突起，近边缘弧脉网结；叶柄长 2~3.5cm，基部膨大。圆锥花序长 10~20cm，多花密集，总梗及分枝无毛；花小，杂性，黄色或淡黄色；花梗长 1.5~3mm，中部具节；花瓣长 4mm，无毛，具脉纹；花盘垫状，5 裂；仅 1 雄蕊发育，不育雄蕊 3~4。核果

图 725  1~6. 扁桃  7. 杧果的叶

桃形(较杧果整正),略扁,5cm×4cm,成熟时黄色,中果皮肉质多纤维,鲜黄色,果核坚硬。与杧果的区别在于本种叶较狭,花序无毛,果为桃形。

产云南东南部、贵州南部、广东雷州、广西南部;海拔 200~600m。边缘热带树种。稍耐阴,适生年平均温度 20~22℃,年降水量 1000~1500mm,极端低温 -2.5℃ 的气候环境。木材中等坚重,易加工。广西、广东南部作为行道树大量栽培。

## 3. 黄栌属 *Cotinus* (Tourn.) Mill

落叶灌木或小乔木。木材黄色,树汁有臭味;芽鳞暗褐色。单叶互生。聚伞圆锥花序顶生;花杂性,仅少数发育,花梗细长,长为花径的 4~6 倍,多数不孕花花后花梗伸长,被长柔毛;花萼 5 裂宿存;花瓣 5,略开展;雄蕊 5,着生环状花盘下部;子房偏斜,压扁,花柱 3,侧生。核果小,肾形,极压扁,外果皮具脉纹,内果皮厚角质;种子肾形,种皮薄,无胚乳,子叶扁平,胚根长勾状。

约 5 种,分布南欧、亚洲东部和北美温带地区。我国 3 种。

**毛黄栌** *Cotinus coggygria* Scop. var. *pubescens* Engl.　　图 726

高 5m。叶凋落前变红,阔椭圆形,稀圆形,3~9.5cm×2.5~7.0cm,先端圆形或微凹,全缘,两面或下面密被灰色柔毛,侧脉 6~11 对,先端常叉开;叶柄短。圆锥花序无毛;花杂性,径约 3mm;花梗长 7~10mm,花萼无毛,裂片卵状三角形,长约 1.2mm;花瓣卵形或卵状披针形,长 2~2.5mm,无毛;雄蕊 5,花盘 5 裂,紫褐色;子房近球形,花柱 3,分离,不等长。果肾形,4.5mm×2.5mm,无毛。

产贵州、四川、甘肃、陕西、山西、山东、河南、湖北西部、湖南西北部、江苏、浙江;黄栌 *Cotinus coggvgria* Scop. 分布欧洲东南部;海拔 800~1500m;常生于向阳山坡松林下或灌丛中,南方多见于石灰岩山地灌丛中。暖温带至北亚热带山地树种。喜光,耐干旱瘠薄土壤。木材黄色,古代作黄色染料;树皮和叶可提栲胶;叶含芳香油,为调香原料;嫩芽可炸食。叶秋季变红,秋日登高远眺可见山林尽赤,红艳点点,即本种之贡献。

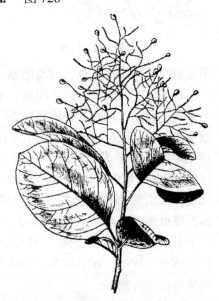

图 726　毛黄栌

## 4. 黄连木属 *Pistacia* L.

常绿或落叶乔木、灌木。偶数羽状复叶、三出复叶或单叶,互生;小叶全缘对生。圆锥或总状花序腋生;花小,雌雄异株;无花瓣。雄花:萼 1~5 裂,雄蕊 3~5;雌花:萼 2~5 裂,3 心皮子房,花柱 3 裂。核果小球形;种子压扁,无胚乳。

10 种,产地中海地区、亚洲和北美南部。我国产 2 种,除东北、内蒙古外,几产全国各地;另引入阿月浑子 1 种(在新疆作为果树种植)。

1. 落叶乔木；叶轴无翅；小叶 10~14，纸质，先端渐尖 ························ **1. 黄连木 P. chinensis**
1. 常绿乔木；叶轴具窄翅；小叶 6~16，革质，先端钝圆，微凹，具芒状硬尖头 ···················
···················································································· **2. 清香木 P. weinmannifolia**

### 1. 黄连木 *Pistacia chinensis* Bunge  图 727

落叶乔木，高 30m。树干扭曲，树皮褐色片状翘裂。偶数羽状复叶，长 10~16cm，叶轴无翅，小叶 5~7 对，纸质，对生或近对生，卵状披针形，5~10cm×1.5~2cm，渐尖，基部斜楔形，全缘，侧脉和细脉两面明显。花单性异株，先花后叶；雄花：萼片 2~4，披针形，长 1~1.5mm，无退化子房，雄蕊 3~5，花丝短；雌花：萼裂片 7~9，2 轮排列，长 0.7~1.5mm，无退化雄蕊，柱头 3 裂，红色。核果倒卵形至扁球形，径约 5mm，红色者为空粒，绿色者含成熟种子。

产华北、西北以南，南至南岭、福建；菲律宾亦产；海拔 1200m 以下。暖温带至中亚热带树种。常见于石灰岩、紫色土山地，与榆科树种、光皮树混生为落叶阔叶林。喜光，幼时稍耐阴，耐干旱瘠薄，不择土壤，但以肥沃、湿润钙质土生长最好；深根性，主根发达，抗风力强；萌芽力强。生长较慢，寿命可长达 300 年以上。对二氧化硫、氯化氢和煤烟的抗性较强；木材鲜黄色，坚重细致，密度 $0.76 g \cdot cm^{-3}$；种子油制皂或用作润滑剂；枝皮、叶也可入药为黄檗代用品；幼叶可代茶。

图 727　黄连木　　　　　　　　图 728　清香木

### 2. 清香木 *Pistacia weinmannifolia* J. Poiss.  图 728

常绿乔木，高 15m。树皮灰褐色。小枝具棕色小皮孔，幼枝、嫩叶及花序密生锈色绒毛。偶数羽状复叶，互生，叶轴具窄翅，上面具槽，小叶 6~16，革质，长圆形，长 1.5~3.5cm，先端钝圆，微凹，具芒尖，基部楔形，略不对称，全缘，侧脉在上面微凹下。花序腋生，与叶同出，为密穗状花序组成的圆锥花序，雌花序排列较疏；雄花花萼 5~8 裂，

2轮排列，雄蕊5，有退化子房；雌花萼裂片7~10，2轮排列，无退化雄蕊；子房圆球形，柱头3裂。核果球形，径5mm，成熟时红色，上面有网纹。

产四川、云南和贵州；常生于干热河谷阔叶林。极耐干旱瘠薄，石质荒坡疏林地亦见生长，为西部干瘠地生态恢复工程保留树种；树桩做盆景。

## 5. 人面子属 *Dracontomelon* Bl.

常绿乔木。叶互生，奇数羽状复叶，小叶对生或互生，具短柄，全缘，稀有锯齿。圆锥花序；花小，两性；萼片5，基部连合；花瓣5，覆瓦状排列；雄蕊10，与花瓣等长；花盘碟状，不明显圆裂；心皮5，花柱5，子房5室，每室1胚珠。核果球形，先端具5残存花柱，中果皮肉质，果核压扁，上部具5个卵形凹点，边缘具小孔，形如人面，常5室，室周围具薄壁组织腔；种子椭圆状三棱形，略压扁。

约8种，分布中南半岛、马来西亚及斐济群岛。我国2种，产西南及南部。

### 人面子 *Dracontomelon duperreanum* Pierre 图729

高25m。奇数羽状复叶，长30~45cm，有小叶5~7对，叶轴和叶柄疏生柔毛；革质小叶互生，长圆形，5~14cm×2.5~4.5cm，渐尖，基部偏斜，全缘，网脉两面凸起，两面沿中脉被毛，下面脉腋具簇毛，侧脉8~9对。圆锥花序长13~22cm；花两性，花瓣白色，长约6mm，具3~5纵脉。核果扁球形，长2cm，熟时黄色，果核骨质；种子3~4。

图729 人面子

产云南东南、广西、广东；越南亦产；生于低山丘陵季雨林中。果肉可生食或制成其他食品，腌制作菜；木材致密，具光泽，耐腐力强；种子油可制皂或作润滑油；树冠开展，羽叶浓密，为优良荫木，常孤植于庭园或为行道树。

## 6. 南酸枣属 *Choerospondias* Burtt. et Hill

落叶乔木。奇数羽状复叶互生；小叶多数，对生或近对生，全缘，幼树及萌芽枝上的叶有粗锯齿。花杂性，异株，聚伞圆锥花序；萼3~5裂；花瓣5，覆瓦状排列；雄蕊10；花盘10裂；子房上位，5室，每室胚珠1；花柱5。核果卵球形至椭球形，核骨质，顶端有5个萌发孔。

1种1变种，产印度、中南半岛、日本及我国南部。

### 南酸枣 *Choerospondias axillaris* ( Roxb. ) Burtt. et Hill 图730

高10~20m。树皮灰褐色。奇数羽状复叶，互生，小叶7~15，对生，长椭圆形，尾状长渐尖，基部偏斜，小叶柄长约5mm，侧脉8~10对，两面突起。花紫红色，聚伞状圆锥花序，花萼裂片长约1cm；花瓣具暗褐色平行脉纹，花时外卷；雄蕊与花瓣近等长；雌花单生于上部叶腋。核果椭圆形，长 2.5 ~ 3cm，熟时黄色，中果皮肉质浆状，内果皮骨质。花期 4 月，果期 8 ~ 10 月。

产长江以南，南至海南，西至四川、云南、西藏南部；印度、中南半岛及日本亦产；海拔 300 ~ 1000m（西部至 2000m）。喜光，速生，适应性强，宜中等肥沃湿润土壤，常混生于栲类常绿阔叶林中。果食用，营养丰富，果肉有醒酒功能；种壳可制活性炭；木材纹理直，易加工；韧皮纤维可作绳索。

### 7. 盐肤木属 *Rhus* L.

落叶灌木或乔木。奇数羽状复叶、3 小叶或单叶，互生，叶轴有翅、无翅或叶轴近顶部具狭翅；小叶无柄或近无柄，叶缘具锯齿或全缘。花小，杂性或单性异株；顶生圆锥花序；花萼 5 裂，宿存；花瓣 5；雄蕊 5，着生于花盘基部，在雄花中伸出。核果球形，微扁，果熟红色，密被红色腺毛或灰色毛，外果皮与中果皮合生，内果皮分离，果皮外无蜡层。

约 250 种，产亚热带及温带南部。我国产 6 种，除内蒙古、青海、新疆和东北北部外，各地均产。

**盐肤木 *Rhus chinensis* Mill.** 图 731

高 4 ~ 7m。小枝、叶柄及花序密生褐色柔毛。奇数羽状复叶，叶轴和顶生小叶柄具宽大叶状翅；小叶 7 ~ 11，宽椭圆形至长圆形，先端渐尖，基部宽楔形，常偏斜，近无柄，边缘锯齿粗而钝圆，下面密被褐色柔毛。大型圆锥花序顶生，长 15 ~ 25cm。核果近圆形，微扁，成熟时暗紫红色，外被灰色或褐色短柔毛。

我国除内蒙古、新疆和东北北部外，几产全国；印度、中南半岛、日本和朝鲜亦产；海拔 2500m 以下。喜光，耐干旱瘠薄，适应性极广，生态幅度大，凡荒山、灌丛、火烧迹地及疏林地几无处不生。枝、叶被一种蚜虫（五倍子蚜虫）寄生后形成虫瘿，称五倍子，

图 730 南酸枣

图 731 盐肤木

药用为收敛剂，治火伤，功能敛肺、止汗、涩肠、固精、止血、解毒、治泻痢，同时在化工上也是重要原料；果为"盐麸子"，有生津润肺、降火化痰、敛汗、止痢、杀癣菌的功用。

### 8. 漆树属 *Toxicodendron* Mill.

落叶乔木、灌木或藤本。具白色乳汁，干后变黑，有臭气。奇数羽状复叶或掌状 3 小叶，互生，叶轴通常无翅；小叶对生。圆锥花序腋生，果熟时下垂；花小，单性异株或杂性；花萼宿存；花瓣 5，常具褐色羽状脉纹；雄蕊 5，着生于花盘基部，在雌花中短小；雌花花瓣较小，子房基部埋入下凹花盘中。核果近球形，或侧向压扁，无毛或被微柔毛、刺状毛；外果皮薄，有光泽，熟时与中果皮分离；中果皮较厚，被蜡质，白色，与内果皮连合；果核硬，骨质。

约 40 种，产亚洲东部、南部及美洲北部。我国产 18 种，主要分布长江以南各地。

**漆树** *Toxicodendron vernicifluum* (Stokes) F. A. Barkl. 图 732；分布图 15

高 20m。树皮灰白，粗糙。小枝粗壮被毛，具皮孔和大叶痕；顶芽大，被棕黄色绒毛。奇数羽状复叶，长 25~35cm；小叶 9~15，卵形或卵状长圆形，7~15cm×2~5cm，全缘，两面脉上均被棕色短毛，侧脉 10~15 对。圆锥花序长 15~25cm，有黄色短柔毛；花黄绿色；雌花子房圆球形，花柱短，柱头 3 裂。果序下垂，核果扁圆形或肾形，径 6~8mm，棕黄色，光滑，外果皮薄，具光泽。花期 4 月，果期 9~10 月。

全国除新疆外均亦产，以陕西、湖北、四川、湖南、贵州为中心产区；印度、朝鲜和日本亦产；海拔 1000m 以下，西南可达 2800m。喜光，喜温暖气候与深厚肥沃、湿润土

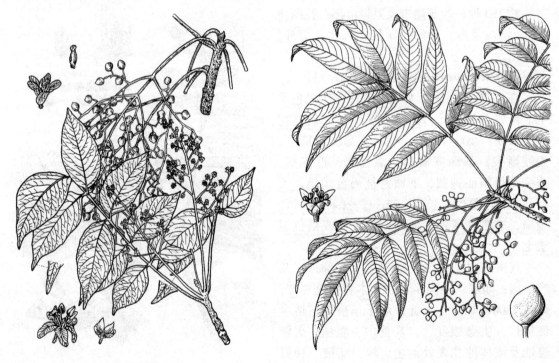

图 732　漆树　　　　　　　　　　图 733　野漆

壤，在微酸性及石灰质土壤上均宜生长；一般选择背风向阳山坡下方到沟谷地种植。漆树为我国重要的特用经济树种，生漆为优良天然性树脂涂料。

[附] 木蜡漆 Toxicodendron sylvestre ( Sieb. et Zucc. ) O. Kuntze　　小叶 7~13，上面被毛，下面密被黄色柔毛，侧脉 20~25 对，两面显著。产长江以南各地；习见于荒坡阳光充足的地方。

[附] 野漆 Toxicodendron succedaneum ( L. ) O. Kuntze　　图 733　　小枝、顶芽、叶轴、叶片、叶柄及花序无毛，叶下面有白粉。产黄河至长江以南；东南亚地区多亦产；次生林习见。

## 93. 槭树科 ACERACEAE

落叶或常绿，乔木或灌木。叶对生，无托叶，单叶，有时羽状或掌状复叶，不裂或掌状分裂。花序伞房状、总状、圆锥状或聚伞状；花小，绿色或黄绿色，稀紫色或红色，整齐，两性、杂性或单性；花萼 5 或 4；花瓣 5 或 4；花盘常环状，内生或外生，稀无花盘；雄蕊 4~12，通常 8；子房上位，2(3) 心皮，2 室，每室 2 胚珠；花柱 2 裂。双翅果；种子无胚乳，子叶扁平，折叠或卷折。

2 属 200 种，分布北温带和热带、亚热带高山，以东亚种类最多。我国 2 属 160 余种，多为用材、园林观赏树，秋时叶常呈红色。

1. 果周围具圆翅；羽状复叶，小叶 7~15；裸芽 ………………………………… 1. 金钱槭属 Dipteronia
1. 果仅一侧具长翅；常为单叶，如为羽状复叶仅有小叶 3~7 ……………………………………… 2. 槭属 Acer

### 1. 金钱槭属 Dipteronia Oliv.

落叶乔木。冬芽裸露。奇数羽状复叶，对生，小叶具锯齿。花杂性，雄花与两性花同株；圆锥花序，直立，顶生或腋生；萼片 5；花瓣 5；花盘盘状，微凹缺；雄蕊 8，生花盘内侧；两性花具扁形子房，2 室。果实为扁球形 2 小坚果，在基部连合，周围具圆形翅，形似古钱币。

2 种，为我国特有，主产我国西部至西南部。

**金钱槭** *Dipteronia sinensis* Oliv.　　图 734
高 15m。小枝紫色或褐色；裸芽被短柔毛。奇数羽状复叶，长 20~40cm；小叶 7~15，纸质，长圆形或长圆状披针形，7~10cm × 2~4cm，先端锐尖，基部圆形，下面仅沿叶脉及脉

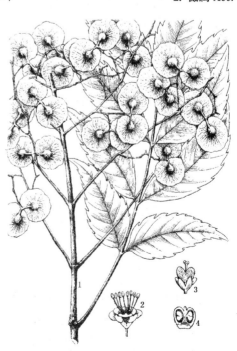

**图 734　金钱槭**

腋具白色丛毛，边缘具疏锯齿。花序直立，无毛，长 15~30cm。翅果，周围有圆形或卵圆形的翅，径 2~2.8cm，嫩时紫红色，被长硬毛，熟时淡黄色，无毛；果柄长 1~2cm；种子圆盘形。花期 3~4 月，果期 9~10 月。

产陕西、甘肃、河南南部、湖北、湖南西部、四川、贵州；海拔 1000~2000m；生于山地阔叶林中。宜北亚热带凉润气候。

## 2. 槭属 *Acer* L.

落叶或常绿，乔木或灌木。鳞芽，芽鳞 2 至数片。叶对生，单叶稀复叶，不裂或分裂。花小，雄花与两性花同株或异株，稀单性异株，萼片与花瓣 5 或 4，稀无花瓣；花盘环状或无花盘；雄蕊常 8。2 心皮雌蕊，子房 2 室，花柱 2 裂或不裂。小坚果 2 个相连，凸起或扁平，侧面具长翅，张开不同角度，称双翅果。

200 余种，分布亚洲、欧洲和美洲。我国 160 多种。木材细致，坚韧，花纹美丽，有弹性，为建筑、家具、胶合板、室内装修、细木工、包装箱等用材；秋叶多红艳或鲜黄，叶形多样，全缘、三角裂、五角裂、鸡爪裂、掌状或羽状复叶等，双翅果形似飞蛾，且色泽富于绿、橙、黄、红五彩缤纷，极具园林绿化与美化效果；种子繁殖或扦插繁殖均易，生长较快，为世界温带园林的骨干树种。

1. 单叶。
  2. 叶不裂，稀幼树叶 3 浅裂。
    3. 芽鳞 2；叶缘具不整齐钝锯齿；总状花序下垂；翅果张开呈钝角或近水平 ⋯ **1. 青榨槭** *A. davidii*
    3. 芽鳞多数；叶全缘；花序伞房状或圆锥状。
      4. 叶下面被白粉和淡褐色绒毛，三出脉；果序被绒毛，翅果呈锐角或近直角 ⋯⋯⋯⋯⋯⋯⋯⋯⋯⋯⋯⋯⋯⋯⋯⋯⋯⋯⋯⋯⋯⋯⋯⋯⋯⋯⋯⋯⋯ **2. 樟叶槭** *A. cinnamomifolium*
      4. 叶下面无毛或仅脉腋具丛毛，羽状脉；果序无毛，翅果呈钝角 ⋯⋯⋯ **3. 罗浮槭** *A. fabri*
  2. 叶 3~9 裂。
    5. 叶 5~9 裂，裂片深达叶长度之 1/2~1/3。
      6. 翅果张开成钝角或近水平；叶柄纤细。
        7. 叶 5~9 裂，常 7 裂，裂片长圆状披针形，边缘具锐锯齿；翅果展开呈钝角 ⋯⋯⋯⋯⋯⋯⋯⋯⋯⋯⋯⋯⋯⋯⋯⋯⋯⋯⋯⋯⋯⋯⋯⋯⋯⋯⋯⋯⋯⋯⋯⋯ **4. 鸡爪槭** *A. palmatum*
        7. 叶常 5 裂。
          8. 花序伞房状；翅果较大，长 3~3.5cm ⋯⋯⋯⋯ **5. 五裂槭** *A. oliverianum*
          8. 花序圆锥状；翅果较小，长 2~2.3cm ⋯⋯⋯⋯ **5a. 秀丽槭** *A. elegantulum*
      6. 翅果张开呈锐角或直角；叶 5 深裂，下面稍被白粉；叶柄粗壮 ⋯⋯⋯⋯ **6. 中华槭** *A. sinense*
    5. 叶具 3 裂，稀 5 裂。
      9. 花 5 数。
        10. 翅果张开近水平；叶下面无白粉 ⋯⋯⋯⋯⋯⋯⋯⋯⋯⋯ **7. 三峡槭** *A. wilsonii*
        10. 翅果张开呈锐角或近直角；叶下面被白粉 ⋯⋯⋯⋯⋯⋯ **8. 三角槭** *A. buergerianum*
      9. 花 4 数；叶裂片三角状卵圆形，具稀疏锯齿⋯⋯⋯⋯⋯⋯⋯⋯⋯⋯ **9. 岭南槭** *A. tutcheri*
1. 3 小叶复叶，小叶下面幼时沿脉密被毛；窄总状花序下垂；果梗长约 2mm ⋯⋯ **10. 建始槭** *A. henryi*

**1. 青榨槭 *Acer davidii* Franch.** 图735

落叶，高8~15m。嫩枝紫绿色或绿褐色；冬芽具柄，长卵圆形，绿褐色，芽鳞2。叶纸质，长圆状卵形或近于长圆形，6~14cm×4~9cm，先端尾尖，基部近心形或圆形，边缘具不整齐重锯齿，长成后无毛，侧脉11~12对；叶柄长2~5cm。总状花序下垂，花杂性异株，黄绿色。翅果幼时淡绿色，熟时黄褐色，翅宽1~1.5cm，连同小坚果长2.5~3cm，展成钝角或近水平。花期3~4月，果期8~10月。

产华北、华东、华中、华南、西南各地；海拔500~2000m；生于湿润的阴坡、山谷及杂木林中；山地极常见。

图735 青榨槭

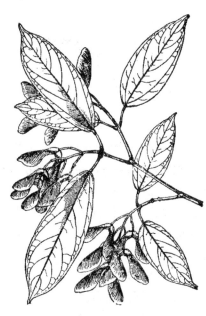

图736 樟叶槭

**2. 樟叶槭 *Acer cinnamomifolium* Hayata** 图736

常绿，高25m。当年生枝密被绒毛，后近无毛。叶革质，长圆形或长圆状披针形，8~13cm×4~5cm，先端钝形，具短尖头，基部圆形、钝形或宽楔形，全缘，下面被白粉和淡褐色绒毛，3出脉；叶柄长1.5~3.5cm，被褐色绒毛。伞房花序，被褐色绒毛。翅果张开成锐角或近直角，小坚果凸起，长7mm，翅与小坚果长2.8~3.2cm；果梗长2~2.5cm，被绒毛。花期3~4月，果期5~10月。

产华中、华东、贵州、华南北部；海拔1200m以下；生于山地阔叶林中。耐阴，要求湿润肥沃土壤。城市常用作行道树栽培。

**3. 罗浮槭(红翅槭) *Acer fabri* Hance** 图737

常绿，高10m。当年生枝条紫绿色。叶革质，披针形或长圆状披针形，7~11cm×2~3cm，全缘，两面无毛，或下面脉腋稀被丛毛，羽状脉，侧脉4~5对；叶柄长0.8~1.3cm。伞房花序顶生；花杂性。翅果幼时紫红色，老时褐黄色，翅张开成钝角，翅连同小坚果长3~3.5cm×8~10mm，小坚果凸起。花期3~4月，果期9~11月。

产长江以南，南至华南北部，西至西南；海拔500~1800m；生于沟谷、溪边湿润疏

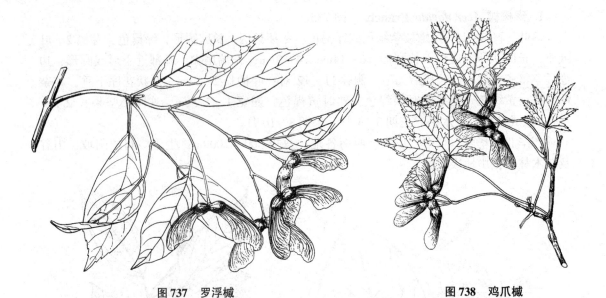

图737 罗浮槭　　　　　　　　　　　图738 鸡爪槭

林中。性喜暖湿。树冠浓绿，翅果紫红，为优良庭园观赏树和行道树。

**4. 鸡爪槭** *Acer palmatum* **Thunb.**　　图738

落叶，高5~6m。小枝灰紫色，无毛。叶纸质，近圆形，径6~10cm，掌状分裂7(5~9)，基部心形，裂片长圆状卵形或披针形，先端锐尖，边缘具尖锐锯齿，裂片深达叶片1/2或1/3，下面仅脉腋被白色丛毛；叶柄长4~6cm，无毛。花紫色，伞房花序。翅果张开呈钝角，翅宽1cm，上下等宽，连同小坚果长2~2.5cm，小坚果显著凸起，球形。花期5月，果期9月。

产山东、河南南部、江苏、浙江、安徽、湖北、湖南、贵州等地；朝鲜、日本亦产；海拔200~1200m；生于林缘或疏林中。秋叶红艳，品种多样，我国常见栽培品种有红枫 *Acer palmatum* 'Atropurpureum'，叶终年红色；羽毛枫 *Acer palmatum* 'Dissectum'，叶分裂如羽毛状，为世界著名庭园观赏树。

**5. 五裂槭** *Acer oliverianum* **Pax**　　图739

落叶，高12m。树皮平滑，淡绿至灰褐色，常被蜡粉。叶纸质，4~8cm×5~9cm，基部近截形或微心形，5深裂，裂片三角状卵形或长圆形，先端渐尖，边缘密生细锯齿，裂片间凹缺锐尖，下面脉腋具丛毛，基出脉5，两面显著；叶柄长3~5cm，无毛。伞房花序，雄花与两性花同株；花萼5，紫绿色；花瓣5，白色；雄蕊8；子房微被长柔毛。翅果张开近水平，长3~

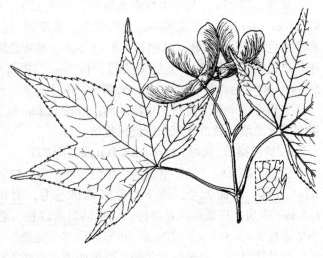

图739 五裂槭

3.5cm；小坚果凸起，脉纹显著。花期5~6月，果期8~9月。

产河南、陕西、甘肃、河北、广西、华东、华中、西南；海拔700~1600m；生于山地疏林或林缘。叶形美观，秋叶红艳，可引入园林栽培观赏。

[附]**5a. 秀丽槭** *Acer elegantulum* Fang et P. L. Chiu　花序圆锥状；翅果较小，长2~2.3cm。产浙江、安徽南部和江西；生于山地疏林中。

### 6. 中华槭 *Acer sinense* Pax
图740

落叶，高5~18m。1年生枝淡绿色，平滑。叶近革质，5裂，10~15cm×12~18cm，基部心形，裂片长圆状卵形至三角状卵形，先端锐尖，边缘具圆齿，裂片深达叶片长1/2，下面被白粉，仅脉腋具黄色丛毛；叶柄粗壮，长5cm，无毛。顶生圆锥花序，下垂。翅果张开成直角，极少锐角或钝角，翅宽1cm，连同小坚果长3~3.5cm，小坚果椭圆形，特别凸起。花期4~5月，果期9~10月。

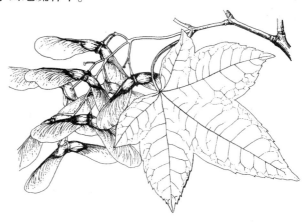

**图740　中华槭**

产长江以南各地，西至西南；海拔800~2000m；生于阴湿山谷混交林中。

### 7. 三峡槭 *Acer wilsonii* Rehd.　图741

落叶，高10~15m。树皮深灰色，平滑。幼枝绿色，老枝紫绿色。叶薄纸质，卵圆形，基部圆形，稀截形或近心形，8~11cm×9~13cm，常3裂，稀基部再2裂而成5裂，裂片三角状卵形，先端尾尖，先端疏生细锯齿，余全缘；叶柄长3~7cm，无毛。圆锥花序，雄花与两性花同株；总花梗长2~3cm；花萼5，黄绿色；花瓣5，白色；雄蕊8；两性花子房被长柔毛。果序下垂；翅果张开近水平，长3~3.5cm，翅基部狭窄；小坚果特别凸起，网脉明显。花期4~5月，果期9~10月。

产浙江南部、江西、湖北西部、广东北部、广西、贵州、四川东部及云南；海拔400~1500m；多生于山地疏林中。

### 8. 三角槭 *Acer buergerianum* Miq.　图742

落叶，高20m。树皮长条状薄片剥落。小枝细，灰褐色。叶近革质，三角形或倒卵形，长4~10cm，基部近圆形或楔形，先端

**图741　三峡槭**

3浅裂，裂片前伸，近等大，全缘，稀不裂或深裂（幼树之叶），下面被白粉或细毛，沿脉较密，3出脉；叶柄长2.5～7cm。伞房花序顶生，被柔毛。翅果之小坚果显著凸起，连同翅长2～2.5cm，张开成锐角。花期4月，果期8月。

产长江流域中下游；日本亦产；海拔1000m以下，多分布于丘陵；生于山谷疏林中。适宜肥沃湿润土壤。木材坚实；可密植为树墙绿篱，为常见的庭园绿化树种。

**9. 岭南槭 Acer tutcheri Duthie**
图743

落叶，高5～15m。叶纸质，阔卵形，基部圆形或近截形，6～7cm×8～10cm，常3裂，稀5裂，裂片三角状卵形，先端锐尖，稀尾状锐尖，边缘具稀疏尖锐锯齿，裂片间凹缺锐尖，两面无毛，稀下面脉腋被丛毛；叶柄长2.5～4cm，无毛。花杂性，雄花与两性花同株，圆锥花序，顶生，总花梗长3～4cm；花萼4，黄绿色；花瓣4，淡黄白色；雄蕊8；花盘被长柔毛；子房密被白色长柔毛。翅果张开成钝角，长2～2.5cm；小坚果凸起，近球形，脉纹明显，径约6mm。花期4月，果期9～10月。

产浙江、江西、华南；海拔500～1000m；生于低山山地常绿阔叶林中。

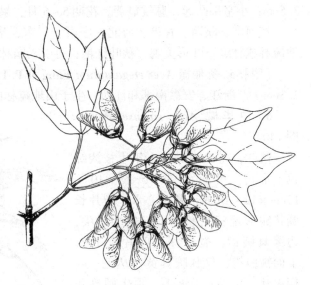

图742 三角槭

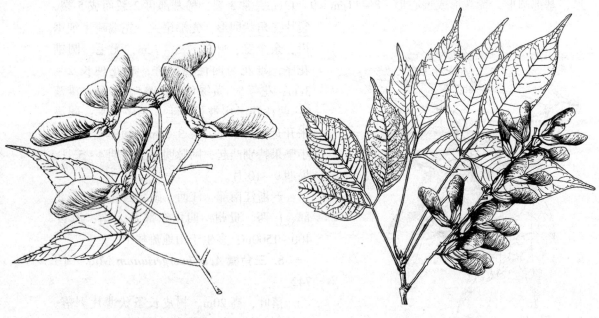

图743 岭南槭　　　　　　图744 建始槭

### 10. 建始槭 Acer henryi Pax   图 744

落叶，高 15m。1 年生枝绿色，初被毛，后无毛；芽鳞 2。复叶有 3 小叶，纸质，小叶椭圆形或长圆状椭圆形，6~12cm×3~5cm，先端渐尖，基部楔形或宽楔形，全缘或顶端具 3~5 个粗锯齿，小叶柄、叶下面沿脉均被柔毛，老时无毛。窄总状花序下垂，被毛。翅果黄褐色，小坚果凸起，连同翅长 2~2.5cm，张开成锐角或近直角。花期 4 月，果期 9 月。

产陕西、甘肃、山西南部以南，西至西南，南至华南北部；海拔 500~1500m；生于山地疏林中。

## 94. 七叶树科 HIPPOCASTANACEAE

本科现仅有七叶树属 Aesculus L. 和三叶树属 Bellia Peyritsch. 2 属 30 余种，分布北温带及亚热带。我国只有七叶树属，特征描述见属。

### 七叶树属 Aesculus L.

落叶乔木。枝粗壮。大冬芽具多对覆瓦状鳞片；冬芽肥大。掌状复叶，对生，小叶 3~9，边缘有锯齿；叶柄长。圆锥花序，顶生；花大型而不整齐；杂性，雄花和两性花同株；萼 4~5 裂，镊合状；花瓣大小不等，4~5，基部爪状；花盘全部发育；雄蕊 5~8，着生花盘内部；子房上位，子房 3 室，每室胚珠 2。蒴果扁球形革质，胞背开裂，常具 1~2 大型种子；种子扁球形，种皮光褐色；种脐大。

12 种，主产北温带美洲（欧洲东南 1 种），南延至越南、泰国及中国南部。我国产 2 种引入 2 种（以上论述根据 Flora of China）。

#### 七叶树 Aesculus chinensis Bunge   图 745

高 25m，胸径 2.5m。枝粗芽硕。叶柄长 7~15cm，小叶 5~7(9)，长圆状披针形或长圆状倒卵形，8~25(30)cm×3~8.5(10.5)cm，基部截形或宽截形，下面沿脉有灰色绒毛，侧脉 13~25 对，有锯齿。花序长 15~35cm，总花梗长 5~10cm；花芳香；花瓣 4，不等大，白色有黄斑点，长圆倒卵形，8~14cm×3~5mm，雄蕊 6~7，长 18~30mm。蒴果黄褐色，卵球形，长 3~4.5cm；种子褐色，近球形，径 2~3.5cm，种脐长占种子 1/3~1/2。花期 4~6 月，果期 9~10 月。本种有 2 变种，2 变种在分布交接地区有中间过渡类型。

产秦岭地区，华北有栽培。温带至中亚热带中山树种。喜光，稍耐阴；喜温暖气候，也能耐寒；喜深厚、肥沃、湿润而排水良好之土壤；深根性，萌芽力强；生长速度中等偏慢，寿命长。木材细密；种子可作药用，榨油可制皂。树形优美、花大秀丽、果形奇特，为世界著名观赏树种之一。

[附] 天师栗 Aesculus chinensis Bunge var. wilsonii (Rehd.) Turland & N. H. Xia 图 746 与七叶树的区别：叶基部宽截形或微心形，下面全密被被灰色绒毛。产甘肃南部、秦岭、大别山以南至广东北部、西达四川、贵州、云南东北部；海拔 600~2000(2300)m。北亚热带至中亚热带中山树种，稍耐阴，宜温凉湿润气候、肥沃湿润土壤，常

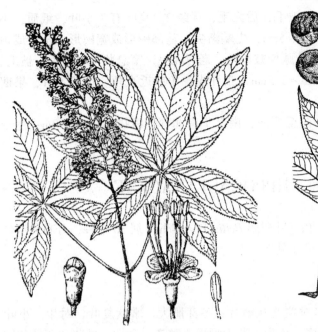

图745 七叶树　　　　　　　　　图746 天师栗

见于山地溪边落叶阔叶林中,与光叶水青冈、水青树、稠李、鹅耳枥等混生。木材黄褐色微红,有光泽,纹理直,结构细。树冠开展,叶大花繁,为著名观赏树。天然资源稀少,植物园有栽培,应保护母树,扩大人工繁殖。

## 95. 伯乐树科 BRETSCHNEIDERACEAE

落叶乔木。小枝粗壮,无毛,具大而椭圆形叶痕。奇数羽状复叶,小叶对生,全缘。花两性,总状花序;花萼钟形,不明显5裂;花瓣5;雄蕊8;子房3~5室,每室胚珠2。蒴果,椭圆球形,3~5瓣裂,果瓣木质。种子近球形。

本科仅1属1种,分布我国南方地区和越南。

### 伯乐树属 *Bretschneidera* Hemsl.

属特征同科特征。单种属,中国至越南北部特有。

**伯乐树(钟萼木) *Bretschneidera sinensis* Hemsl.**　图747

乔木,高25m,胸径60cm。小枝粗壮,具大而椭圆形叶痕,疏生圆形皮孔。奇数羽状复叶,小叶7~15,长圆状卵形,不对称,9~20cm×4.5~8cm,全缘,下面粉白色稍被短柔毛,侧脉8~15对。总状花序,被锈色柔毛;花粉红色;花萼钟状;花瓣5,淡红色,长约2cm,长椭圆状卵形;雄蕊5~9,花丝下部有微柔毛;子房3室,每室2胚珠。蒴果,椭圆球形,长3~5.5cm,3~5瓣裂,果瓣木质,外面被微柔毛;种子近球形。花期6~7月,果期10月。

产长江以南；越南北部亦产；海拔 500～1500m；常生于山地杂木林中。较喜光，喜湿润肥沃土壤；较速生。树干通直，木材纹理直，结构细，强度中等，色纹美观。树冠开展，羽叶浓荫，花大而艳，可供庭园栽培或作行道树。稀有单种科植物，国家保护植物。

# 96. 清风藤科 SABIACEAE

乔木、灌木或藤本。单叶或羽状复叶互生。花小，两性或杂性异株，聚伞花序或圆锥花序；萼4～5裂；花瓣4～5，内面2枚常较小；雄蕊5，与花瓣对生，全部发育或外面3枚不发育，花药2室，药隔厚至环状；花粉粒近长球形，具3孔沟；子房上位，2～3室，基部常有杯状5齿裂或环状花盘，中轴胎座，每室有胚珠1～2，花柱多为合生；核果不开裂；种子具极少量至无胚乳。

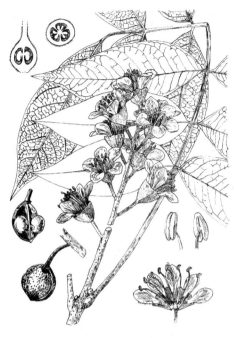

图747 伯乐树

3属100余种，分布亚洲和美洲的热带地区，有些种延伸到亚洲东部温带地区。我国2属45种5亚种，主产秦岭以南至西南、华南、台湾，少数种北至山东、甘肃。

### 泡花树属 *Meliosma* Bl.

乔木或灌木。芽裸露，被褐色绒毛。单叶或奇数羽状复叶，小叶对生。花两性，稀杂性，两侧对称；圆锥花序；花瓣5，外面3枚圆形、较大，近圆形或肾形，凹陷，覆瓦状排列；内面2枚小或为鳞片状。雄蕊5，其中2枚发育雄蕊与内面花瓣对生，花丝短，扁平，药隔成一杯状体，药室2，横裂；外面3枚退化雄蕊与外面花瓣对生，附着花瓣基部；花盘杯状或浅杯状，通常有5小齿。子房2～3室，柱头细小，基部为花盘所围绕，每室2胚珠。核果，小，近球形、梨形，1室。

约50种，分布温带亚洲和美洲；我国约30种，产西部至台湾，西南最盛。

1. 单叶；常绿 ·················································· **1. 樟叶泡花树** *M. squamulata*
1. 奇数羽状复叶；落叶。
　2. 小枝较细，叶痕小，呈马蹄形；奇数羽状复叶长15～30cm ············ **2. 红枝柴** *M. oldhamii*
　2. 小枝粗壮，叶痕粗大近圆形；奇数羽状复叶长60～90cm ············ **3. 暖木** *M. veitchiorum*

**1. 樟叶泡花树**(绿樟)*Meliosma squamulata* Hance　图748

常绿乔木，高12m。幼枝及芽被褐色柔毛。单叶，椭圆形或倒卵形，5～12cm×1.5～5cm，尾尖，基部楔形，全缘，下面粉绿色，密被黄褐色小鳞片，侧脉3～5对，网脉清晰；叶柄长，先端向上扭拐，长2.5～6.5(10)cm。圆锥花序单生或2～8聚生，长7～

20cm，总轴、分枝、花梗、苞片均密被褐色柔毛。花白色。花瓣5，外面3片近圆形，内面2片约与花丝等长，2裂至中部以下。核果球形，径4~6mm，核近球形，具8~10条射出棱。花期夏季，果期9~10月。

产南岭、浙江南部以南，至华南、西南、台湾；日本亦产；海拔700~1800m（西南）以下。中亚热带南部至南亚热带树种。耐阴，宜温暖湿润气候及多腐殖质森林土壤，生于常绿阔叶林中，在湖南南部天然林中，与红钩栲、金叶含笑、黄樟、马蹄荷等混生，组成亚乔木层。木材淡红色，纹理直，花纹美丽。

**2. 红枝柴 *Meliosma oldhamii* Maxim.** 图749

落叶乔木，高20m。芽被浅褐色柔毛，小枝无毛，叶痕呈马蹄形。奇数羽状复叶长15~30cm，总叶轴被褐色柔毛；小叶薄纸质，7~15，卵形或长圆状卵形，顶端1片最大，长5.5~8(11)cm，下部渐小，渐尖，叶缘疏生锐尖锯齿，侧脉7~8对，下面脉腋有髯毛。圆锥花序顶生，直立，被褐色短柔毛；3次分枝；花白色，花瓣5，外3片圆形，径2mm，内2片2~3裂；子房被黄色柔毛。核果球形，径约5mm。花期5月，果期9月。

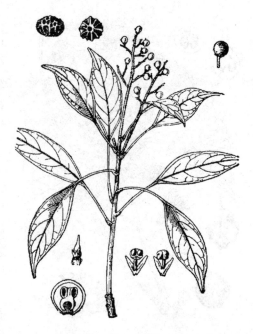

图748 樟叶泡花树

图749 红枝柴

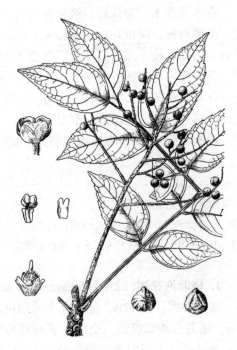

图750 暖木

产秦岭、大别山以南,南至华南北部,西至湖南、贵州;朝鲜、日本亦产;海拔 300~1650m;生于山坡次生林及疏林中。木材中等硬重。树冠开展,羽叶扶疏,可开发为庭园树。

**3. 暖木 Meliosma veitchiorum Hemsl.** 图 750

落叶乔木,高 20m。干形端直,树皮灰色,不规则的薄片状脱落。小枝粗壮,具粗大近圆形的叶痕。复叶连柄长 60~90cm,叶轴基部膨大,小叶 7~11,卵形或卵状椭圆形,7~15(20)cm×4~8(10)cm,脉腋无髯毛,全缘或有粗锯齿,侧脉 6~12 对。圆锥花序顶生,长 40~45cm,具 4(5)次分枝,主轴及分枝密生粗大皮孔,花白色;花瓣外面 3 片长 1.5~2.5mm,内面 2 片长约 1mm,2 裂约达 1/3。核果近球形,径 1cm;核近半球形,中肋显著隆起,常形成钝嘴。花期 5 月,果期 8~9 月。

产秦岭、大别山以南,至长江中下游地区,西至四川、贵州、云南;海拔 500~1000m(西南 3000m)。生于山地沟谷溪边,次生阔叶林中。喜光,宜凉润潮湿生境,生长中速。木材浅红褐色,心边材无明显区别,年轮清晰,纹理通直,结构细,强度中,刨面光滑,不开裂,花纹美丽,耐朽性略差。

# 97. 省沽油科 STAPHYLEACEAE

乔木或灌木。奇数羽状复叶或稀为单叶,互生或对生,有托叶;小叶具锯齿。花整齐,两性或杂性,稀雌雄异株,圆锥花序;萼片 5;花瓣 5,分离,覆瓦状排列;雄蕊 5,内生花盘;子房上位,3(2 或 4)室,合生或分离,每室有 1 至数个倒生胚珠,花柱分离至完全合生。果实为蒴果、聚合蓇葖果、核果或浆果;种子数粒,肉质或角质。

5 属 60 种,分布热带亚洲和美洲及北温带。我国 4 属 22 种,主产长江以南各地。

1. 叶互生;花萼连合成管状;花盘小或缺;子房 1 室 1 胚珠 ·················· **1. 银鹊树属 Tapiscia**
1. 叶对生;花萼多少分离,不连合为管状;花盘明显;子房 3 室,胚珠多数。
   2. 浆果肉质或革质;种子无假种皮;花萼脱落 ························ **2. 山香圆属 Turpinia**
   2. 蓇葖果革质;种子黑色,具薄假种皮;花萼宿存 ················ **3. 野鸦椿属 Euscaphis**

## 1. 银鹊树属 Tapiscia Oliv.

落叶乔木。奇数羽状复叶互生;小叶对生,有锯齿。花极小,黄色,两性或单性异株,排成腋生圆锥花序;雄花序由长而纤细的总状花序组成,花密集;花萼管状,5 裂;花瓣 5,突出;花盘小或缺;子房 1 室,1 胚珠;浆果或核果状浆果,种子 1。

3 种,我国特有,产我国江南各地。

**银鹊树 Tapiscia sinensis Oliv.** 图 751

乔木,高 15m。树皮清香,灰黑色或灰白色。奇数羽状复叶长达 30cm,小叶 5~9,对生,卵形或狭卵形,6~14cm×3.5~6cm,先端渐尖,基部心形或近心形,边缘具锯齿,两面近无毛,下面灰白色,密生乳头状白粉点。雄花与两性花异株,雄花序长达 25cm,

两性花的花序长达 10cm；花瓣 5；雄蕊 5 与花瓣互生。核果近球形或椭圆形，长 7mm。花期 5 月，果期 9~10 月。

产长江以南各地，西至西南，南至华南北部；海拔 500~2000m。中亚热带至南亚热带山地树种。喜光，生长较快，宜温凉气候，肥沃湿润土壤，常生于沟谷、湿润山坡，与槭树类、鹅耳枥、光皮桦等混生为次生林。木材白色，纹理直，轻软。秋叶黄色，花具芳香，冠开展，羽叶浓荫，可引入园林，作行道树和荫木，孤植亦佳。

图 751 银鹊树

### 2. 山香圆属 *Turpinia* Vent.

常绿或落叶，灌木或乔木。奇数羽状复叶或单叶对生，有托叶；小叶革质，有时有小托叶。花小，白色，整齐，两性，稀单性，圆锥花序；萼片 5，花瓣 5，覆瓦状排列；雄蕊 5，着生于花盘外，不连合为管状；子房 3 裂，3 室，每室有胚珠 2 至多颗。浆果近圆球形，不开裂；种子数粒，硬膜质或骨质。

约 30 种，分布热带亚洲和美洲。我国约 13 种，产西南部至台湾。

**1. 山香圆** *Turpinia arguta* (Lindl.) Seem. 图 752

落叶灌木，高 3m。单叶，对生，厚纸质，椭圆形或长椭圆形，先端具尖尾，具疏锯齿，齿尖具硬腺体。顶生圆锥花序较叶短，长 5~8cm，花长 8~12mm，白色；花瓣白色，花丝长约 6mm，疏被短柔毛，子房及花柱均被柔毛。果近球形，幼时绿色，转红色，干后黑色，径 7~12mm，表面粗糙，先端具小尖头，花盘宿存；种子 2~3。

产江西、湖南、广东、广西、福建、贵州、四川；海拔 480~800m。喜凉爽湿润生境，极耐阴，生于阴暗潮湿常绿阔叶林下。根和叶煎浓缩液对金黄色葡萄球菌有较强的抑菌作用，现已开发制成国家正式药品，主要用于治咽喉肿痛炎症；民间外用治风湿及外伤。

**2. 越南山香圆** *Turpinia cochinchinensis* (Lour.) Merr. 图 753

落叶乔木，高 9(12)m。茎枝上有明显的节。奇数羽状复叶(与山香圆主要的区别)，对生，长 15~21cm；小叶 3~5，革质，长卵形或长倒卵形，6~13cm×2.5~5cm，具圆锯齿，两面光亮。圆锥花序顶生或腋生，长 8~23cm；花小且密集；花瓣 5，长圆形，长约 2mm；雄蕊 5，与花瓣几等长，花盘分裂，花柱长约 1mm，柱头近盘状。浆果紫色，干后黑褐色，径约 7mm。

产广东、广西、四川、云南、贵州；印度，缅甸，越南亦产；海拔 300~1200m(西南 2100m)；生常绿阔叶林下、沟谷溪边。极耐阴，宜肥沃湿润森林腐殖质土。树干端直，羽叶浓荫，可引入园林植为绿墙或荫木。

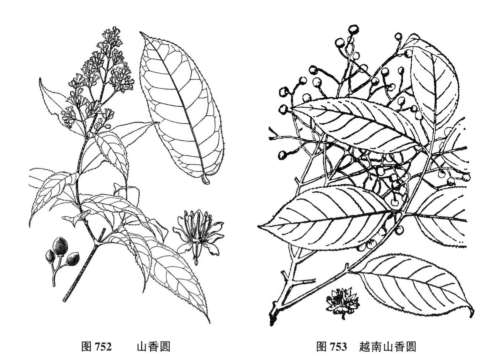

图752　山香圆　　　　　图753　越南山香圆

## 3. 野鸦椿属 *Euscaphis* Sieb. et Zucc.

落叶灌木。奇数羽状复叶对生，小叶革质，有细锯齿。花两性，辐射对称，顶生圆锥花序；萼片5，宿存；花瓣5；雄蕊5，不连合为管状，着生于花盘基部外缘；心皮2~3，仅在基部稍合生。果为蓇葖果；种子1~3，黑色，具假种皮。

3种，分布亚洲东部，我国产2种。

**野鸦椿** *Euscaphis japonica* (Thunb.) Dippel
图754

高3m。枝叶揉碎后发恶臭气味。奇数羽状复叶对生，长8~32cm；小叶5~9，厚纸质，卵形至卵状披针形，4~8cm×2~4cm，先端渐尖，边缘具细锯齿。圆锥花序顶生；花黄白色，径约5mm，花瓣5，长圆状卵形或近圆形；雄蕊5；花丝扁平，下部阔，花盘环状；雌蕊3，分离，子房卵形。蓇葖果，果皮软革质，鲜艳紫红色；种子近圆形，假种皮肉质，黑色。花期5~6月，果期9~10月。

主产江南各地，南至华南，西至云南；日本、朝鲜也有分布；海拔300~1000m(西南1600m)。喜山地温凉湿润生境，宜肥沃、疏松、排水良好土壤，亦耐一定程度的干旱瘠薄，天然散布力极强，在迹地荒坡生长旺盛。野鸦椿因具有观花、观叶和赏果

图754　野鸦椿

的效果，观赏价值高，可引于园林为观赏树种，植为绿篱、群植、丛植均佳。

## 98. 木犀科 OLEACEAE

乔木、灌木或木质藤本。单叶、三出复叶或羽状复叶，对生，稀互生或轮生，无托叶。花序各式；花两性，稀单性，整齐，常4数；萼4裂；花瓣合生，花冠钟形、漏斗形等各式，4裂；雄蕊2(3~5)，着生于冠筒或裂片基部；子房上位，2室，每室2下垂胚珠，花柱单1，柱头2裂或头状。核果、浆果、翅果或蒴果；常具1种子。

27属400余种，广布热带和温带，以亚洲最盛。我国12属160余种，南北各地均亦产。经济价值大，为油料、香料、药用及观赏植物众多的科。

1. 翅果；奇数羽状复叶 ················································ **1. 白蜡树属** *Fraxinus*
1. 核果或浆果；单叶或三出复叶。
   2. 直立灌木或乔木；核果；花冠筒较短。
      3. 核果；花序多腋生。
         4. 花多密集簇生，或为短小的圆锥花序 ··················· **2. 木犀属** *Osmanthus*
         4. 圆锥花序。
            5. 花具短或长的花冠管 ································· **3. 木犀榄属** *Olea*
            5. 花瓣分离至基部 ······································· **4. 李榄属** *Linociera*
      3. 浆果状核果；花序顶生兼有侧生 ························· **5. 女贞属** *Ligustrum*
   2. 多为攀缘灌木；浆果；花冠筒狭长，为漏斗形或高脚碟状 ········· **6. 素馨属** *Jasminum*

### 1. 白蜡树属(梣属) *Fraxinus* L.

落叶乔木。芽大，芽鳞2~4对，常呈黑色，枝节膨大。奇数羽状复叶，小叶3至多数，叶柄基部常膨大，侧生小叶对生。圆锥花序顶生或侧生枝顶；花小，单性或两性；花梗细；萼齿4；花冠4裂至基部，白色，裂片条形，有时无花冠；雄蕊2，常伸出花冠之外；花柱短，柱头多2裂。坚果扁平具翅(单翅果)，常为长匙形；种子1~2。

60种，主要分布北温带。我国27(含栽培)种，主产北部，南部山地亦产。木材优良，如水曲柳和花曲柳为商品木材之上品；"秦皮"为著名中药。较喜光，宜水湿和肥厚土壤，钙质土及石灰岩山地常见。

1. 花序侧生于2年生枝上，花序下无叶 ························· **1. 对节白蜡** *F. hupehensis*
1. 花序顶生枝端或生于当年生枝的叶腋。
   2. 花无花冠；小叶下面沿中脉两侧被白色长柔毛 ············· **2. 白蜡树** *F. chinensis*
   2. 花具花冠；小叶两面无毛。
      3. 小叶全缘；萼齿阔三角形 ································· **3. 光蜡树** *F. griffithii*
      3. 小叶具浅锯齿；萼齿截平 ································· **4. 苦枥木** *F. insularis*

**1. 对节白蜡** *Fraxinus hupehensis* Chu Shang et Su 图 755

落叶乔木，高19m。小枝挺直，近无毛，侧生小枝常呈棘刺状。奇数羽状复叶对生，长7~15cm；叶柄长3cm；叶轴具狭翅，小叶着生处具关节；小叶7~9(11)，披针形至卵状披针形，1.7~5cm×0.6~1.8cm，先端渐尖，具细锐锯齿，侧脉6~7对。花杂性，簇生于2年生枝上，呈短的聚伞圆锥花序，长约15cm；两性花花萼钟状，雄蕊2。翅果匙形，长4~5cm。花期2~3月，果期9月。

产湖北西部；海拔600m以下；生于低山丘陵地。湖北特有种。寿命长。树形优美，盘根错节，苍老挺秀，适应性强，为优良的园林绿化或树桩盆景树种；材质细腻坚实，色泽乳白光亮，为根雕的上品材料。

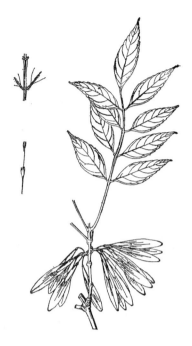

图755　对节白蜡

**2. 白蜡树** *Fraxinus chinensis* Roxb. 图756

落叶乔木，高10m。芽被褐色绒毛。复叶长15~25cm，叶柄长4~6cm，基部常呈黑色；小叶5~7，坚纸质，卵形、卵状椭圆形至长圆形，3~10cm×2~4cm，先端锐尖至渐尖，基部钝圆，具整齐锯齿，下面沿中脉两侧被白色长柔毛，侧脉8~10对。圆锥花序长8~10cm，花序梗长2~4cm；花雌雄异株，无花冠。翅果匙形，3~4cm×4~6mm，下部渐窄。花期4~5月，果期7~9月。

图756　白蜡树

图757　光蜡树

全国除极干旱与高寒地外，各地均产，多为栽培；越南、朝鲜亦产；海拔 800～1600m（西部）以下；生于山地阔叶林中，亦常见于水溪边。为栽培悠久的经济树木，可放养白蜡虫生产白蜡；木材坚韧，花纹美丽；枝条柔软供编织用；萌发力强，耐干旱瘠薄，生长迅速，可广为种植。

### 3. 光蜡树 Fraxinus griffithii C. B. Clarke　图 757

常绿乔木，高 15m。树皮块状脱落。芽裸露，被锈色毛。复叶长 10～25cm，叶轴具沟，叶柄长 4～8cm；小叶 5～7（11），革质或薄革质，干后呈褐色，卵形至长卵形，5～10cm×1～5cm，基部稍不对称，近全缘，两面无毛，侧脉 5～9 对。圆锥花序长 10～25cm，花序梗长 4～5cm，萼齿阔三角形；花冠白色。翅果倒披针状匙形，长 2.5～3cm。花期 6～7 月，果期 7～11 月。

产华中、华南至西南；日本、亚洲东南部亦产；海拔 100～2000m；生于山坡和河谷水边次生林、村旁风景林中。分布广，形态变异颇大。木材为优质用材。

### 4. 苦枥木 Fraxinus insularis Hemsl.　图 758

落叶乔木，高 30m。芽密被黑褐色绒毛。小枝节膨大并密被皮孔。复叶长 10～30cm，叶柄长 5～8cm；小叶（3）5～7，坚纸质或近革质，长圆形或椭圆状披针形，6～10cm×2～4cm，先端渐尖至尾尖，基部偏斜，具浅锯齿，两面无毛，侧脉 7～11 对，网脉明显；小叶柄长 1～1.5cm。花序长 20～30cm，分枝细长；花白色，花梗丝状，花萼截平。翅果长匙形，红色至褐色，长 2～4cm。花期 4～5 月，果期 7～9 月。

产长江以南、台湾至西南各地；日本亦产；生于河谷和山坡疏林、石灰岩山地阔叶林中。适应性强，分布广，形态变异大。用材树种，木材坚韧细致，花纹美丽。

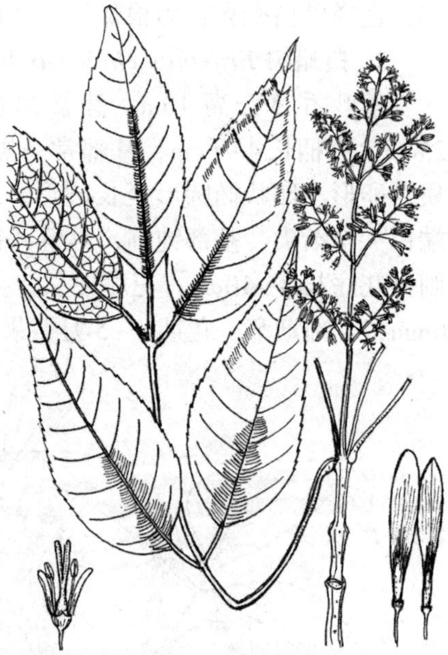

图 758　苦枥木

## 2. 木犀属 Osmanthus Lour.

常绿乔木或灌木。单叶，对生，两面常具腺点。花小，两性或退化为单性，聚伞花序簇生叶腋，或再组成短小圆锥花序；萼 4 裂；花冠白色或黄色，栽培种有时呈橘红色，钟形，裂片 4；雄蕊 2，生冠管上部；子房 2 室，每室胚珠 2。核果；种子 1。

约 30 种，分布亚洲东南部和美洲。我国 25 种，主产南部和西南部，常为栲楠类常绿阔叶林亚乔木层组成种。

1. 花簇生叶腋；叶多长圆形 ································ 1. 木犀 O. fragrans
1. 花排成圆锥花序单生叶腋。
　　2. 叶多为倒披针形，侧脉 10～15 对，微凹 ············· 2. 牛矢果 O. matsumuranus
　　2. 叶椭圆形、长圆形或窄长圆形，侧脉 6～8 对 ········· 3. 边缘木犀 O. marginatus

**1. 木犀**(桂花)*Osmanthus fragrans*(Thunb.)Lour. 图 759

高 3~5m,大树高可达 18m。叶革质,多为长椭圆形,7~15cm×2.5~4cm,常具锯齿,两面无毛,密布小泡状腺体,侧脉 7~10 对;叶柄长约 1cm。花极芳香,多数簇生叶腋;花梗纤细,长 3~12mm;花冠淡黄色(及各色变异),长 4~5mm,深裂,裂片条形,长 3~4mm。果椭圆形,长 1~1.5cm,熟时紫黑色。花期 8~10 月。

原产我国西南部。长江以南广为种植,村前屋后常见大树,庭园习见。种子或嫁接繁殖。花芳香浓郁,于国庆、中秋佳节前后开放,为名贵花木;亦为香精、食品工业原料;花色缤纷,花期不同,有金桂、银桂、丹桂、四季桂等栽培品种,在分类上仍作为同一个种。

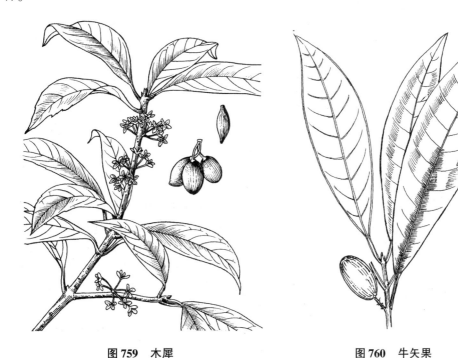

图 759 木犀　　　　　图 760 牛矢果

**2. 牛矢果** *Osmanthus matsumuranus* Hayata 图 760

高 8m。叶薄革质或厚纸质,通常倒披针形,8~15(20)cm×3~5cm,先端渐尖,基部狭楔形下延至叶柄,全缘或上半部具锯齿,两面无毛,密布线状腺点,侧脉 10~15 对,稍下陷;叶柄长 1.5~3cm。短圆锥花序,长 2~3cm;花冠绿白色或淡黄色。果椭圆形,长 1.5~3cm,熟时紫红色至黑色。花期 5~6 月,果期 11~12 月。

产浙江、江西及湖南南部、华南至西南;东南亚部分地区亦产;海拔 800~1500m;多生于湿润山地常绿阔叶林中。

**3. 边缘木犀** *Osmanthus marginatus*(Champ. ex Benth.)Hemsl. 图 761

高 15m。枝叶光滑无毛。叶厚革质,椭圆形、长圆形或窄长圆形,5~15cm×2~5cm,先端锐尖或渐尖,全缘,侧脉 6~8 对,上面略下凹;叶柄长 1.5~3cm,基部肥厚。密集圆锥花序腋生,长 1~2cm,具花 10~20;花单性;花冠白色或淡绿色。花冠裂片长 1.5mm,雄蕊着生冠筒上部。果椭圆形,长 2~2.5cm。花期 5~7,果期 11~12 月。

产浙江、江西和湖南南部、华南(海南)、西南、台湾;日本岛屿亦产;海拔300~600m。湖南武冈云山常绿阔叶林中,与银木荷、紫楠、阔瓣含笑等混生,居亚乔木层。树冠枝叶浓密,叶光洁鲜绿,叶、花、果均具观赏价值,可引种为荫木、行道树种植。

## 3. 木犀榄属 *Olea* L.

常绿乔木或灌木。单叶,对生。花两性或单性,排成腋生的圆锥花序或丛生花序;花萼4齿裂;花冠4裂至中部;雄蕊2;子房2室,每室2胚珠;核果椭圆形或球形。

40种,分布东半球热带至温带地区。中国15种,产华南、西南至西藏。木材细致、坚实,为优良用材;有些种子含油量高,为优良食用油。

**油橄榄 *Olea europaea* L.**  图762

小乔木,高5~10m。小枝、芽、叶、花序均被白色鳞片。叶革质,窄长椭圆形或披针形,长2~6cm,全缘,下面银灰色,中脉上面突起。圆锥花序腋生,长2~6cm;花两性,黄白色,芳香。果椭圆形至球形,长2~2.5cm,形如橄榄,熟时紫黑色。花期4~5月,果期9~11月。

图761 边缘木犀

图762 油橄榄

油橄榄原产欧洲南部地中海地区,栽培历史约4000年,种植区遍及30多个国家,地中海沿岸国家的种植面积约占98%,西班牙和意大利是主要产油国。油橄榄果含油35%~70%,是一种优质食用油,不饱和脂肪酸含量是所有油脂类中最高,能降低血清胆固醇和低密度脂蛋白胆固醇的含量,不改变或提高高密度脂蛋白胆固醇,从而防治心血管疾病。由于橄榄油既能满足人类对油脂食欲的需求,又能避免油脂带来的种种疾病,被誉为"液体黄金"。油橄榄引入我国已有50多年的历史,曾广泛种植于亚热带长江中下游江南各地,多数地区表现出低产及早衰。根据气候相似性原则(油橄榄为典型的地中海气候树种),甘南白龙江干旱河谷区和凉山州金沙江干旱河谷区为发展油橄榄的适生区;陕南汉中盆地、川北盆地、三峡河谷区和滇中高原区为次适生区。

## 4. 李榄属 Linociera Sw.

乔木或灌木。单叶，对生，全缘。开展且松散的圆锥花序，常腋生；花两性；花萼4；花冠白色，常4深裂，或有时基部成对合生；雄蕊2，生于花冠裂片基部；子房2室，每室具下垂胚珠2。核果；种子1。

约80种，分布热带和亚热带地区。我国6种，主产华南和西南。

**枝花李榄**（黑皮插柚紫）*Linociera ramiflora* (Roxb.) Wall. ex G. Don 图763

常绿乔木，高15m；全体无毛。叶厚革质，椭圆形至长圆形，12～20cm×3～6cm，上面深绿色，下面干时黄褐色，密生乳突状小点，无毛，侧脉8～

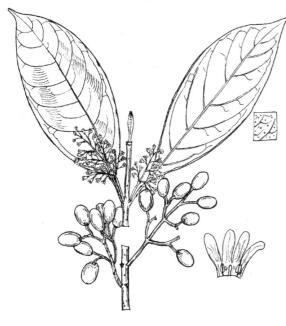

图763 枝花李榄

11对；叶柄长2.5～5cm。花序腋生，疏散，长5～12cm；花冠白色或淡黄色，长3mm，裂片长圆形。果椭圆形或长圆形，长1.5～3cm；果梗粗，具棱。花期2～6月，果期6～10月。

产湖南南部、华南、云南、台湾；东南亚、大洋洲亦产；海拔1500m以下；生于山坡、山谷疏林或密林中。

## 5. 女贞属 Ligustrum L.

灌木或乔木。单叶，对生，全缘。圆锥花序顶生；花两性；花萼钟形，4裂；花冠近辐状或近漏斗形，白色，裂片4，冠管长于或近等于裂片；雄蕊2，生花冠管筒部；子房2室，每室具下垂胚珠2。浆果状核果；种子1～4。

45种，分布亚洲温暖地区，东亚为分布中心。我国29种，以西南部最盛。

**1. 女贞** *Ligustrum lucidum* Ait. 图764

常绿乔木，高20m。叶革质，卵形、长卵形或卵状椭圆形，7～15cm×3～7cm，先端尖或渐尖，基部圆，两面无毛，侧脉4～9对；叶柄长1～3cm。圆锥花序较大，长10～18cm，

图764 女贞

无毛；花梗极短；花白色，花冠长 5~6mm，裂片反折。果肾形，7~10mm×4~6mm，熟时蓝紫色，被白粉。花期 5~7 月，果期 9~11 月。

产甘肃、陕西（秦岭）以南，至华南、西南，栽培或野生；朝鲜亦产；海拔 1000m（西南 2900m）以下；多生于村边风景林及山地疏林中。适应性强，生长快，耐修剪，可用作行道树或绿篱；木材供细木工用；果入药，治肝肾阴亏等；可放养白蜡虫生产白蜡。

**2. 小蜡树 *Ligustrum sinense* Lour.** 图 765

图 765 小蜡树

常绿灌木，高 2~4m。小枝常被淡黄色短柔毛。叶薄革质，叶形变化大，常为椭圆形或卵状椭圆形，3~6cm×1.5~3cm，先端锐尖、短渐尖至钝而微凹，基部近圆形，上面深绿色，下面淡绿色，常被毛，侧脉 4~8 对；叶柄长 3~6mm，被毛。圆锥花（果）序较开展，常被黄褐色短柔毛。果近球形，径 5~7mm。花期 3~6 月，果期 9~11 月。

广布长江以南，西至四川、云南；越南亦产；海拔 200~2600m；生于林下或疏林中。耐修剪成形，耐干瘠环境，种植技术简单，易成活、枝叶浓绿、初夏白花满园，各地普遍用作绿篱，绿化效果佳。

## 6. 素馨属 *Jasminum* L.

攀缘或直立灌木，少为小乔木。单叶、三出复叶或奇数羽状复叶，对生，稀互生。聚伞花花序再排成各式花序；花两性，芳香；花萼钟形，萼齿 4~5(12)；花冠高脚碟状，冠管细长，裂片 4~5(12)；雄蕊 2，内藏。浆果，双生或单生。

约 200 种。我国 47 种，分布秦岭以南各地。本属植物花姿优美且多芳香，具有很高的园林应用价值。

1. 单叶，对生；幼枝被短柔毛 ·················································· 1. 茉莉花 *J. sambac*
1. 三出复叶，对生；幼枝无毛。
　2. 小枝方形；花黄色，单生叶腋 ·············································· 2. 野迎春 *J. mesnyi*
　2. 小枝圆柱形；花白色，聚伞花序顶生或生叶腋 ···························· 3. 清香藤 *J. lanceolarium*

**1. 茉莉花 *Jasminum sambac*(L.) Ait.** 图 766

常绿小灌木，高 1m。小枝疏被柔毛。单叶，对生，纸质，宽卵形或椭圆形，有时近圆形，4~8cm×3~5.5cm，两端圆或钝，侧脉 4~6 对，稍凹入；叶柄长 3~5mm。聚伞花序顶生，常具 3 花；花萼裂片线形，长 5~7mm；花极芳香，花冠白色，辐状，冠管长 7~

10mm。盆栽一般不结实。7月开花最盛。

原产印度。我国长江流域广泛盆栽供观赏,一般要置于暖处过冬;南岭及以南地区可露天过冬。花清香宜人,为著名的花茶和香精原料,亦可用于食品及化妆品香精;花、叶药用治目赤肿痛、止咳化痰。

图766 茉莉花

图767 野迎春

**2. 野迎春**(云南黄馨)*Jasminum mesnyi* Hance 图767

常绿灌木。枝弯弓下垂,具4棱,无毛。叶对生,三出复叶或小枝基部具单叶;叶柄长0.5~1.5cm;小叶近革质,长卵形或长卵状披针形,顶生小叶长2.5~6.5cm,侧生小叶较小,两面无毛。花单生叶腋,花冠黄色,漏斗状,径2.5~4.5cm,冠管长1~1.5cm,裂片6~8,长1.1~1.8cm;栽培时常为重瓣。果椭圆形,径6~8mm。花期11月至翌年8月,果期3~5月。

产四川、贵州、云南;海拔500~2600m;生于山谷阔叶林下。藤干低垂如绿帘,为墙壁、屋顶、窗台、山石垂直绿化之佳品,我国南方广泛栽培。

**3. 清香藤** *Jasminum lanceolarium* Roxb. 图768

常绿藤状灌木,高5~8m。小枝圆柱形,无毛。叶对生,三出复叶,顶生小叶与侧生小叶近等大;小叶椭圆形至窄长圆形,5~15cm×2~8cm,上面亮绿色,下面具小斑状凹点。聚伞花序呈圆锥状排列;萼筒状,果时

图768 清香藤

增大宿存；花冠白色，高脚碟形，长 2~3.8cm，冠筒纤细，裂片 4~5。果球形或椭圆形，径 8~15mm。花期 4~10 月，果期 6 月至翌年 3 月。

产秦岭以南至华南、西南；东南亚亦产；生疏林、灌丛或林缘。生长势强，可成大藤，叶大而繁茂，光绿常青，连花果均具观赏性，可引种于园林供垂直绿化，或点缀山石。

## 99. 夹竹桃科 APOCYNACEAE

乔木、灌木或藤本，稀草本，植株常有乳液。叶多对生或轮生，全缘。花两性，辐射对称，单生或为聚伞花序；萼片 5(4)；花冠高脚碟状、钟状或坛状，裂片 5，花冠喉部常有副花冠；雄蕊 5 着生于花冠筒内壁上；花粉颗粒状；花盘常存在；子房上位，稀半下位，2 裂或合生，1~2 室；花柱 1，柱头常 2 裂。浆果或蓇葖果；种子一端或两端被毛，或仅有翅，或毛翅均缺，常有胚乳，胚直。

约 155 属 2000 种，分布全世界热带、亚热带地区，少数产温带。我国 44 属 145 种，主产长江以南各地。

1. 叶互生 ················································································ **1. 黄花夹竹桃属** *Thevetia*
1. 叶对生或轮生。
  2. 核果 ·············································································· **2. 萝芙木属** *Rauvolfia*
  2. 蒴果或蓇葖果。
    3. 蒴果，果具皮刺，种子边缘膜质或具翅 ································· **3. 黄蝉属** *Allamanda*
    3. 蓇葖果。
      4. 种子两端具毛 ·························································· **4. 鸡骨常山属** *Alstonia*
      4. 种子顶端具毛。
        5. 花药顶端伸出花冠筒喉部之外 ································ **5. 倒吊笔属** *Wrightia*
        5. 花药顶端不伸出花冠筒喉部之外。
          6. 小乔木或灌木；有副花冠；无花盘 ······················ **6. 夹竹桃属** *Nerium*
          6. 木质藤本；无副花冠；有花盘 ·················· **7. 络石属** *Trachelospermum*

### 1. 黄花夹竹桃属 *Thevetia* L.

常绿乔木或灌木，具白色乳汁。叶互生。聚伞花序顶生或腋生，花萼 5 深裂，内面基部具腺体；花冠漏斗状，裂片向左覆盖；雄蕊着生在花冠管喉部，花丝短，花药与柱头分离；无花盘；子房 2 室。核果扁球状；种子每室 2，无种毛。

8 种，分布美洲热带。我国栽培 2 种。

**黄花夹竹桃** *Thevetia peruviana* (Pers.) K. Schum. 图 769

小乔木，高 6m，全株无毛。树皮棕褐色，皮孔明显。叶近革质，线形或线状披针形，10~15cm×0.5~1.2cm，边缘背卷；中脉在上面下陷，下面凸起，侧脉两面不明显。顶生聚伞花序，花冠筒喉部具 5 个被毛的鳞片；花冠黄色，花冠裂片向左覆盖，比花冠筒长；

图 769 黄花夹竹桃

雄蕊着生于花冠筒的喉部;子房 2 裂,胚珠每室 2 颗。核果扁三角状球形,径 2.5~4cm。花期 5~12 月,果期 8 月至翌年春季。

原产美洲热带、西印度群岛及墨西哥。广东、广西、福建、台湾和云南有栽培,有时野生。适干热气候。花大美丽,植于园林或室内供观赏。

### 2. 萝芙木属 *Rauvolfia* L.

乔木或灌木,全株具乳汁。叶轮生或对生,叶腋或叶柄具腺体。聚伞花序;花 5 数;萼片内面基部无腺体;花冠高脚碟状或钟状,喉部无副花冠,裂片向左覆盖;雄蕊着生于花冠筒膨大的内壁上,花丝短,花药与柱头分离;花盘环状或杯状;花柱丝状,柱头鼓状。核果 2,分离或合生;种子无种毛,具有肉质胚乳。

约 60 种,分布美洲、非洲和亚洲。我国 7 种,产西南至台湾。

**萝芙木** *Rauvolfia verticillata* ( Lour. ) Baill.　图 770

直立灌木,高 3m,全株无毛。叶膜质至纸质,椭圆形、长圆形至披针形倒披针形,3.5~25cm × 5~13cm,侧脉 6~7 对。花序顶生或腋生;花序梗长 2~15cm;花冠白色,花冠筒 1~1.8cm,内面中部至喉部被长毛,裂片宽椭圆形;雄蕊着生于花冠筒中部;子房 2 裂。核果离生,椭圆形或卵球形,长 1cm。花期 2~10 月,果期 4~12 月。

产华南、西南以及台湾;广布亚洲南部及东南部;生于低山灌丛中。萌芽力和分枝力均较强。全株有小毒。属半阴性植物,喜温暖湿润气候,温度在 21~30℃生长良好。一般种植 2~3 年后可收获。根可药用,具清风热、降肝火、消肿解毒、治疗高血压病或毒蛇咬伤的作用。

### 3. 黄蝉属 *Allamanda* L.

直立或藤状灌木。叶轮生、对生,稀互生,叶腋内常有腺体。花大型,黄色或紫色,聚伞花序顶生;花萼 5 深裂;花冠漏斗状,花冠裂片 5,裂片向左覆盖;副花冠退化成流苏状被缘毛的鳞片或只有毛;雄蕊 5,着生在花冠筒的喉部;花

图 770　萝芙木

药与柱头分离；花盘肉质环状，全缘；子房1室，具2侧膜胎座，花柱丝状。蒴果卵圆形，有刺，开裂成2瓣；种子多数，扁平，边缘膜质或具翅。

全世界约14种，原产南美洲，现广植于世界热带及亚热带地区。我国引入栽培有2种，栽培于南方各地的庭院内或道路旁。

**黄蝉** *Allamanda schottii* Pohl　图771

直立灌木，高约2m。具乳汁；枝条灰白色。叶3~5轮生，椭圆形或倒卵状长圆形，5~14cm×2~4cm，除下面中脉和侧脉被短柔毛外，其余无毛，叶脉在下面凸起，侧脉7~12对；叶柄极短，基部及腋间具腺体。花序顶生；花橙黄色，长4~6cm；花冠漏斗状，花冠裂片5，裂片向左覆盖；雄蕊5；花盘肉质；子房全缘，1室。蒴果球形，具长刺，径约3cm；种子扁平，具薄膜质边缘。花期5~8月，果期10~12月。

原产巴西。我国广西、广东、福建、台湾的庭院间有栽培。喜温暖、湿润及阳光充足生境。植株乳汁有毒，人畜中毒会刺激心脏，循环系统及呼吸系统受障碍，妊娠动物误食会流产；花黄色，大型，植于庭院供观赏。

图771　黄蝉

## 4. 鸡骨常山属 *Alstonia* R. Br.

乔木或灌木。具丰富乳汁；枝轮生。叶轮生，侧脉密生而平行，具边脉。聚伞花组成圆锥状或伞形式；花5数；萼片内面基部无腺体；花冠高脚碟状，裂片向左或向右覆盖；雄蕊着生于花冠筒中部至喉部，花药内藏，花药长圆形，腹部不粘于柱头上；有花盘；子房2裂或合生，胚珠多数。蓇葖果2，分离或合生；种子两端具长髯毛。

约60种，分布亚洲东南部、北美和非洲。我国有8种，产西南、华南及台湾。

**1. 盆架树** *Alstonia rostrata* C. E. C. Fisch.　图772

常绿乔木，高30m，胸径达1.2m。全株无毛，具乳汁；枝轮生。3~4叶轮生，长椭圆或长圆形，先端突尖，7~20cm×2.5~4.5cm，亮绿色，先端短尾尖，侧脉20~50对，与中脉成80°~90°。聚伞花序长4cm，花序梗长1.5~3cm；花冠白色，花冠筒长5~6mm；裂片宽卵形，长3~4mm，无花盘；子房和蓇葖果均合生。果长筒形，长18~35cm；种子长椭圆形，长1cm，两端具长达2cm的缘毛。花期4~7月，果期8~12月。

产海南、云南；南亚地区亦产；海拔300~1100m；生于山地热带雨林或季雨林中。木材淡黄色、纹理通直、结构细致、质软而轻；树形整齐，枝叶轮生如盘，极具观赏性。

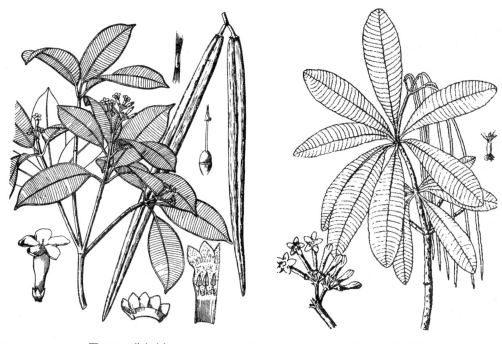

图772 盆架树　　　　　　图773 糖胶树

**2. 糖胶树** *Alstonia scholaris* ( L. ) R. Br.　　图773

乔木，高40m，胸径1.25m。与盆架树的区别：3~10叶轮生，倒卵状矩圆形、倒披针形或匙形，7~28cm×2~11cm，顶端圆钝或微凹，基部楔形，侧脉25~50对，密生而平行，近水平横出至叶缘联结。顶生聚伞花序。果长20~57cm。

我国云南、广西、广东、台湾等地野生或栽培；印度、越南、马来半岛、印度尼西亚和澳大利亚亦产；海拔650m以下；生于丘陵山地疏林中、水沟边。速生，适应性强。全株为治疟疾、发汗、健胃药；植物含吲哚类生物碱，根、树皮可治慢性支气管炎、肺癌、肺炎；乳汁可提制口香糖原料；树形整齐，枝叶轮生如盘，极具观赏性；华南地区广泛栽培为行道树或园林树。

## 5. 倒吊笔属 *Wrightia* R. Br.

灌木或乔木，常绿或落叶，全株具乳汁。叶对生；叶腋内具腺体。聚伞花序顶生或近顶生，二歧以上；花冠高脚碟状、漏斗状或辐状，圆筒形至钟形，顶端裂片向左覆盖；副花冠舌状、流苏状、齿状、杯状；雄蕊着生在花冠筒的中部至顶部，稀近基部；花药箭头状，腹部靠合或黏贴在柱头上，花药顶端伸出花冠筒喉部之外；无花盘；心皮2，离生或黏生。种子顶端具种毛。

约23种8亚种。分布东半球，从东非至所罗门群岛，从印度、中国南部至澳大利亚东北部。我国产6种，分布华南和西南部。

**倒吊笔** *Wrightia pubescens* R. Br.　　图774

乔木，高35m。含乳汁；小枝密生皮孔。叶坚纸质，长圆状披针形或卵状长圆形，5~10cm×3~6cm，下面密被柔毛，侧脉8~15对。花序长约5cm；萼片阔卵形或卵形，

图774 倒吊笔

内面基部有腺体；花冠漏斗状，白色、浅黄色或粉红色；副花冠分裂为10鳞片，呈流苏状，比花药长或等长；雄蕊伸出花喉之外，花药箭头状；子房2心皮黏生。蓇葖2个黏生，线状披针形；种子顶端具淡黄色绢质种毛。花期4~8月，果期8~12月。

产广东、广西、贵州和云南；东南亚至澳大利亚亦产；海拔300m以下；常散生于低海拔热带雨林中和干燥稀树林中。喜光，适生于土壤深厚、肥沃、湿润而无风的低谷地或平坦地。木材纹理通直，结构细致，材质稍软而轻，加工容易，干燥后不开裂、不变形；根和茎皮可药用，广西民间有用来治淋巴结发炎、风湿性关节炎。

### 6. 夹竹桃属 Nerium L.

常绿灌木或小乔木，具水液。叶轮生，侧脉密生而平行。聚伞花序伞房式，顶生；萼片5，内面基部具腺体；花冠漏斗状，喉部具5枚阔鳞片状副花冠裂片，花冠裂片5，或更多而呈重瓣，花蕾时向右覆盖；雄蕊5，着生于花冠筒中部以上，花药箭头状，附在柱头周围，不伸出花冠筒喉部之外，药隔延长成丝状；无花盘；子房2裂。蓇葖果2，细长，离生；种子顶端具种毛。

1种，分布地中海地区、亚洲热带地区和亚热带地区。

**夹竹桃 Nerium oleander L.** 图775

高6m；多干丛生。茎皮灰褐色，韧皮纤维发达，皮孔明显，嫩枝具有棱角。叶对生或轮生，革质，窄披针形，叶缘反卷，5~21cm×1~3.5cm，两面光绿，无毛，有多数洼点；中脉在上面陷入，在下面凸起，侧脉密生而平行。聚伞花序顶生，花冠漏斗状，常为重瓣。蓇葖果长12~23cm，常不结果。花期6~8月。

原产伊朗、印度及尼泊尔，现广植于热带及亚热带地区。我国各地有栽培。适应性强，对土壤要求不严，对氯气、二氧化硫和光化学烟雾等有毒气体抗性强，且可富集重金属。花艳丽，红、紫、橙、白，五色缤纷，且花期长，盛夏开放，绿化效果佳，常栽作小行道树或作观赏；根及树皮含有强心苷和酊类结晶物质，可作强心剂，其所含有的强心苷能有效防治仓库害虫；用插条、压条繁殖，极易成活，

图775 夹竹桃

极少病虫害，南方城镇广为栽培。但全株有毒，住宅旁不宜种植。

### 7. 络石属 *Trachelospermum* Lem.

攀缘藤本，具白色乳汁。叶对生，羽状脉。花序聚伞状，有时成聚伞圆锥状；花冠高脚碟状，白色或紫色，冠筒圆筒形，5棱，顶端5裂，裂片长圆状镰刀形或斜倒卵状长圆形，向右覆盖；雄蕊5，着生在花冠筒膨大之处，花丝短，不伸出花冠筒喉部之外，花药箭头状，腹部黏生在柱头的基部；花盘环状，5裂；子房具2离生心皮。蓇葖长筒形，双生；种子顶端具种毛。

约15种，分布亚洲热带和亚热带地区，稀温带地区。我国6种。

**络石** *Trachelospermum jasminoides* ( Lindl. ) Lem. 图 776

常绿木质藤本，长10m。叶革质或近革质，具短柄，椭圆形或卵状披针形，2~10cm×1~4.5cm，长成叶两面无毛，叶柄内和叶腋外具钻形腺体。花序腋生或顶生；花冠白色，高脚碟状，花冠筒中部膨大，裂片向右覆盖；雄蕊着生于花冠筒中部，花药顶端不伸出花冠喉部外；花盘环状5裂，与子房等长。蓇葖果叉生；种子顶端具种毛。花期3~8月，果期6~12月。

除新疆、青海、西藏及东北外，全国广布；越南、朝鲜、日本亦产；生山野、溪边、沟谷、溪涧及林下，常攀缘树上、墙壁、岩石上。花提取"络石浸膏"；藤蔓攀绕，四季常青，花皓如雪，芳香清幽，用于墙壁、岩面、假山、枯树的攀附绿化以及缠绕装饰等。

图 776 络石

## 100. 茜草科 RUBIACEAE

乔木、灌木或草本，有时攀缘状。单叶，对生或轮生，常全缘，侧脉羽状；托叶各式，位于叶柄间或叶柄内，分离或结合，宿存或脱落。花两性，稀单性，辐射对称；聚伞花序再组成各式复花序；萼4~5裂，萼筒与子房合生，全缘或齿裂，有时其中1枚萼齿扩大成苞片状；花冠合瓣，整齐，漏斗形、高脚碟状或辐状，4~5(10)裂；雄蕊4~5(10)，着生于花冠筒上；子房下位，1至多室，常2室，胚珠1至多数。蒴果、浆果或核果。

500余属 6000~10 000 种，主要分布热带和亚热带地区，少数分布温带。我国98属676种，大部分产西南部至东南部。

1. 花极多数，形成球形头状花序。
    2. 萼筒合生，果为球状肉质体。
        3. 子房2室，每室胚珠1；种子具假种皮 ················· **1. 风箱树属** *Cephalanthus*
        3. 子房上部4室，下部2室，胚珠多数；种子无假种皮 ········· **2. 团花属** *Neolamarckia*
    2. 萼筒彼此分离；蒴果 ················································· **3. 水团花属** *Adina*
1. 花不形成球形头状花序。
    4. 萼檐裂片不等大，有些花其中1枚裂片扩大成叶状，白色而宿存于蒴果上 ················································· **4. 香果树属** *Emmenopterys*
    4. 萼檐裂片正常，无1枚扩大而成叶状。
        5. 子房每室1胚珠。
            6. 核果；花瓣裂片镊合状排列 ································· **5. 鱼骨木属** *Canthium*
            6. 浆果；花瓣裂片旋转排列 ··································· **6. 咖啡属** *Coffea*
        5. 子房每室胚珠多数；花萼宿存；革质或肉质浆果，侧膜胎座 ········· **7. 栀子属** *Gardenia*

## 1. 风箱树属 *Cephalanthus* L.

灌木或小乔木。叶对生或轮生；托叶生叶柄间。头状花序，顶生或腋生；萼筒合生，长杯形，萼檐4~5浅裂；花冠漏斗状，4裂片，覆瓦状排列；雄蕊4，生于冠管喉部；花柱丝状，伸出花冠之外；子房2室，每室1胚珠。复合果球形，肉质，小果为坚果；种子具假种皮，有时具翅。

17种，分布美洲、亚洲及非洲。我国1种。

**风箱树** *Cephalanthus occidentalis* L. 图777

落叶灌木或小乔木，高1~5m。幼枝被柔毛，稍四棱形。叶薄革质，椭圆形或长圆形，10~15cm×2~6cm，先端短尖，基部圆至近心形，下面常被毛；叶柄长5~10mm，被毛或近无毛；托叶三角形，长3~5mm，顶端常有1黑色腺体。头状花序单生或总状花序式排列；总花梗长2.5~6cm；花冠白色，裂片间常有1黑色腺体。果序球形，肉质；种子褐色，具翅状假种皮。

产华东南部至华南、台湾；东南亚和北美洲亦产；生于海拔500m以下水沟旁或溪畔阴湿地。根系发达，耐水湿，为优良固堤树木。

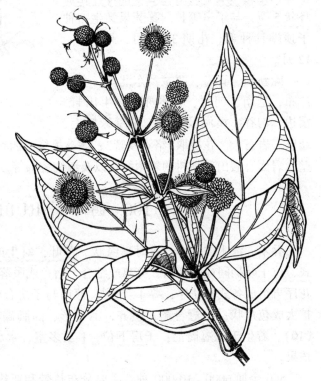

**图777 风箱树**

## 2. 团花属 *Neolamarckia* Bosser

乔木。叶对生；托叶大，生于叶柄间，早落。头状花序球形，单生枝顶，苞片托叶状；花小，无小苞片；花萼合生成筒状，裂片5；花冠筒高脚碟状，裂片5；雄蕊5，生于冠管喉部，花丝短；子房上部4室，下部2室，每室胚珠多数，花柱突出，柱头纺锤形。果聚生，球形，肉质；种子多数，有棱，压扁，种皮粗糙而薄，无假种皮。

3种，分布亚洲南部、太平洋地区及澳大利亚。我国1种。

**团花** *Neolamarckia cadamba* (**Roxb.**) **Bosser** [*Anthocephalus chinensis* (Lam.) Rich. ex Walp.] 图778

落叶乔木，高30m。树干通直；树皮灰黄色至黄褐色，浅纵裂。幼枝呈四棱形，无毛。叶纸质，椭圆形或椭圆状披针形，10~25cm×3.5~14.5cm，上面无毛而光泽，下面密生柔毛，后渐无毛；叶柄长1.5~3cm；托叶披针形，长1.5~2cm，两片合生包被顶芽，早落。头状花序单生枝顶，花序梗粗，长5~7.5cm；花冠漏斗状，黄白色。果肉质球形，径约3.5cm，由多数革质小坚果合而成；种子近三棱形，无翅。

产广东、广西南部和云南南部，华南各地有引种；东南亚地区亦产；海拔200~1000m；生于丘陵、低山、沟谷等潮湿处。喜光，喜湿热气候，适生肥沃、湿润的冲积土或砂质壤土，在干旱贫瘠、板结黏土上生长不佳。速生，寿命长，适于培育大径材。材质轻软，纤维粗而长，不耐腐，易遭白蚁危害。

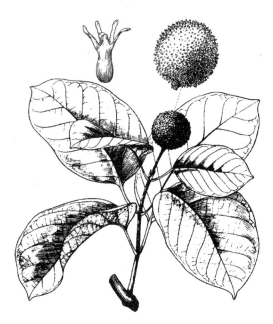

图778 团花

## 3. 水团花属 *Adina* Salisb.

灌木或小乔木。叶对生，全缘，羽状脉；托叶生于叶柄间，全缘或2裂，早落。花小，密集于花序托上成球状的头状花序，花序单生或总状式排列；萼筒彼此分离，5裂；花冠漏斗状，5裂，镊合状排列；雄蕊5，生于冠管喉部；子房2室，胚珠多数。蒴果，室间开裂为2果瓣，中轴宿存，顶部有宿存萼裂片；种子多数，两端有翅。

20种，分布亚洲热带、亚热带和非洲。我国8种，主产南部及西南部。

1. 头状花序单生枝顶。
  2. 叶长圆状披针形，长4~12cm；叶柄长2~6cm；头状花序腋生 ·················· **1. 水团花** *A. pilulifera*
  2. 叶卵状披针形，长2.5~4cm；叶近无柄；头状花序顶生，稀兼有腋生······ **2. 细叶水团花** *A. rubella*

1. 头状花序 3~9 排为总状伞房状 …………………………………………………… 3. 鸡仔木 A. racemosa

### 1. 水团花 Adina pilulifera (Lam.) Franch. ex Drake  图 779

常绿，高 5m。叶纸质，长圆状披针形，长 4~12cm，长渐尖，全缘，无毛，侧脉 6~12 对；叶柄长 2~6mm。头状花序单生叶腋，极稀顶生；花序梗长 3~4.5cm；花冠白色，窄漏斗状，裂片卵状长圆形。球形复合果，径 8~10mm；小蒴果楔形，长 2~5mm；种子长圆形，两端有翅。花期 6~7 月。

产长江流域以南各地；日本、越南亦产；海拔 500m 以下；生于阴湿河岸、溪边及林下。全株可治家畜斑痧热症；叶入药外敷，治跌打损伤、骨折；木材纹理致密，供雕刻用；根系发达，耐水湿，可作固堤树种。

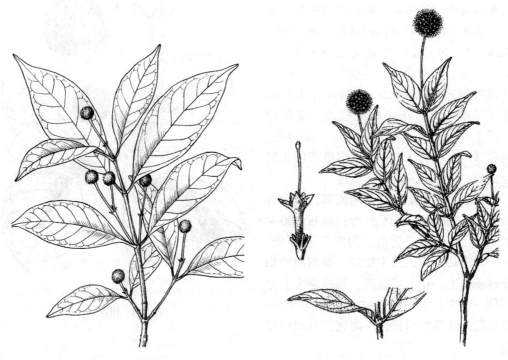

图 779 水团花　　　　图 780 细叶水团花

### 2. 细叶水团花 Adina rubella Hance  图 780

落叶小灌木，高 1~3m。小枝细长。叶薄革质，卵状披针形，全缘，长 2.5~4cm，先端渐尖或短尖，侧脉 5~7 对；叶柄极短近无；托叶小，早落。头状花序单生顶生，稀兼有腋生；花冠管长 2~3mm，5 裂，裂片三角状，紫红色。果序球形，径 8~12mm；小蒴果长卵状楔形，长 3mm。花、果期 5~12 月。

产河南、陕西、台湾、长江流域及以南地区；朝鲜亦产；生于溪边、河边、沙滩等湿润地区。喜光，好湿润，耐水淹，耐冲击，畏炎热干旱。枝条披散，花形如球，奇丽夺目，适用于池畔、塘边配植，亦宜作花径绿篱、盆景。

### 3. 鸡仔木 Adina racemosa (Sieb. et Zucc.) Miq. [Sinoadina racemosa (Sieb. et Zucc.) Ridsd]  图 781

半常绿或落叶乔木，高 4~12m。树皮灰色，粗糙。叶薄革质，宽卵形或卵状长圆形，长 9~15cm，先端短渐尖，基部圆或浅心形，侧脉 7~10 对，弧弯，下面脉腋具毛；叶柄长 2~4cm；头状花序 3~9 总状花序式排列，总花梗长 2~3cm；花冠淡黄色，冠管长 7~9mm，被柔毛。果序球形，径 1.2~1.5cm。花、果期 5~12 月。

产长江以南多数地区；日本、泰国、缅甸亦产；海拔 300~1000m；生于阳坡疏林中。木材褐色，供制家具、农具、火柴杆、乐器等；树皮纤维可制麻袋、绳索及人造棉等。

图 781　鸡仔木

### 4. 香果树属 *Emmenopterys* Oliv.

落叶乔木。叶对生，具长柄；托叶早落。聚伞花序排成圆锥花序状，顶生；萼管卵形或陀螺形，5 裂，萼片覆瓦状排列，有些花的萼裂片中 1 片扩大成叶状（花叶），具长柄，宿存于果上；花冠漏斗状，5 裂，裂片覆瓦状排列；雄蕊 5，生于冠管喉部稍下，内藏，花丝纤细；子房 2 室，每室胚珠多数，花柱细弱，柱头头状或不明显 2 裂；花盘盘状。蒴果木质，2 瓣裂；种子多数，有翅，翅具网纹。

1 种，我国特产。

**香果树** *Emmenopterys henryi* Oliv.　图 782
高 30m。树皮灰褐色，浅纵裂。叶纸质，宽卵状椭圆形，8~28cm×5~15cm，基部楔形下延，全缘，下面被疏毛，沿脉毛较密；叶柄长 3~8cm；托叶大，早落。花白色或淡黄色；萼 5 裂，裂片近圆形，具纤毛，花叶卵圆形或长圆形，初时白色，后变淡红，具柄，宿存于果上。蒴果长圆形，长 2.5~4cm，有棱；种子多数，具翅。花期 6~8 月，果期 8~10 月。

产秦岭以南，南至华南，东迄华东，西至西南；海拔 500~1500m；生于阴湿山谷林中或林缘。宜湿润肥沃土壤。木材黄白色，花纹美丽，结构细；树冠广展，叶大花繁兼有鲜艳的花叶，为奇特庭园观赏树种。国家重点保护植物。

图 782　香果树

## 5. 鱼骨木属 Canthium Lam.

灌木或小乔木，具刺或无刺。叶对生；具短柄；托叶生叶柄间，三角形，基部合生。花小，腋生，簇生或排成聚伞花序；萼管倒圆锥形或半球形，萼檐截平或4~5浅裂，常脱落；花冠管瓮形、漏斗形或近球形，里面常具1环倒生毛，顶部4~5裂，裂片卵状三角形，镊合状排列，花后外弯；雄蕊4~5，生于冠管喉部，花丝短或无；花盘环形；子房2室，每室1下垂胚珠，花柱粗厚，内藏或突出，柱头2裂或全缘。核果近球形，稀双生，小核1~2；种皮膜质，胚乳肉质。

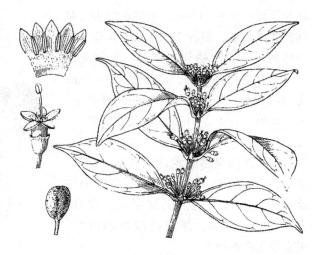

图 783 鱼骨木

50余种，广布于亚洲热带地区、非洲和大洋洲。我国产3种，主要产南部和西南部。

**鱼骨木** *Canthium dicoccum* (Gaertn.) Teysm. et Binnendijk　图783

乔木，高15m，或灌木状；无刺，无毛。叶革质，卵形、椭圆形至卵状披针形，长4~10cm，边缘微波状或全缘，侧脉3~5对；叶柄扁平，长8~15mm。聚伞花序具短梗；苞片极小或无；萼檐平截或微5浅裂；花冠绿白色或淡黄色，喉部具绒毛，顶部5裂，偶4裂，裂片近长圆形，顶端急尖，开放后外反；花柱伸出，无毛。核果倒卵形或倒卵状椭圆形，略扁，长8~10mm，径6~8mm；小核具皱纹。花期1~8月。

产广东、香港、海南、广西、云南和西藏东南部；东南亚及澳大利亚亦产；常生于低海拔至中海拔疏林内或灌丛中。幼年耐阴，成长后喜光。天然更新差。木材暗红色，纹理密致，坚韧。

## 6. 咖啡属 Coffea L.

灌木或乔木。叶对生，稀3片轮生；托叶宽阔，生叶柄间，宿存。花常芳香，单生、簇生或排成聚伞花序，腋生；萼管短，顶部截平或4~6齿裂，里面常有腺体，宿存；花冠漏斗形或高脚碟状，裂片4~8，开展，旋转状排列，喉部有时有毛；雄蕊4~8，生于冠管喉部或之下；花盘肿胀；子房2室，每室1胚珠，柱头2裂。浆果；种子2，角质；子叶心形。

40种，分布东半球热带地区，非洲最盛。我国引入5种，南部和西南部有栽培。

**咖啡** *Coffea arabica* L.　图784

灌木或小乔木，基部通常多分枝，节膨大。叶薄革质，卵状披针形或披针形，7~15cm×3.5~5cm，先端长渐尖，全缘且浅波状，两面无毛，中脉两面凸起，侧脉7~13对；叶柄长8~15mm；托叶宽三角形，顶端突尖。花白色，芳香，花冠顶部常5裂。浆果椭圆球形，1~1.5cm×1~1.2cm，熟时深红色；种子长0.8~1cm，有纵槽。花期3~4月。

原产非洲。我国福建、台湾、华南、西南有引种栽培。现广植于世界热带地区。适宜在年平均气温 18~22℃、年降水量 1000~2000mm 的地区种植,日温在 10℃以下时对生长不利;土壤以富含有机质而稍带酸性的砂质或砾质壤土为宜,种植园需 50% 的遮阴;寿命 30~50 年。我国引种的还有大果咖啡和中果咖啡等,但品质均不及本种。咖啡是重要的热带植物,为世界著名的饮料,具兴奋和助消化作用。

### 7. 栀子属 *Gardenia* Ellis

灌木,稀乔木;芽具树脂。叶对生或 3 轮生,全缘;托叶生于叶柄内,常合生成鞘状。花大,白色或淡黄色,单生或簇生;萼筒卵形或倒圆锥形,有棱,檐部管状或佛焰苞状,萼片宿存;花冠高脚碟状,5~11 裂,旋转状排列;雄蕊 5~11,生于花冠喉部;子房 1 室,胚珠多数,生于 2~6 侧膜胎座上。浆果,平滑或具纵棱,先端常具宿萼;种子多数,常与肉质胎座胶结成一球状体,种皮膜质至革质。

图 784 咖啡

250 种,分布热带和亚热带地区。我国 5 种,产西南部至东部。

**栀子** *Gardenia jasminoides* Ellis　图 785

常绿灌木,高 0.5~2m,常丛生。幼枝绿色,有毛。叶对生,稀 3 叶轮生,革质,倒卵状长圆形,长 6~19cm,光绿无毛。花白色,单生枝顶;花萼 5~7 裂,裂片披针形;花冠高脚碟形,管长 3~4cm,裂片 5~7。果黄色,革质或稍肉质,卵形或长椭圆形,有 5~9 翅状纵棱,顶端有宿萼。花期 3~7 月,果期 9~10 月。

产山东、长江以南至西南各地;日本亦产;生于低海拔林下。性喜阴湿,各地多栽培。果实可作黄色染料,入药具消炎、解热、止血之功效;花含芳香油,为日用化工香料;花大,芳香,可栽作盆景供观赏;常见栽培变种有大花栀子(白蟾)*Gardenia jasminoides* var. *fortuneana*(花大且重瓣)、小栀子(水栀子)*G. jasminoides* var. *radicans*(匍匐灌木)。

图 785 栀子

## 101. 紫葳科 BIGNONIACEAE

乔木、灌木或木质藤本,稀草本。奇数羽状复叶、掌状复叶或单叶,对生或轮生;无托叶。花两性，大而美丽，两侧对称；聚伞、总状或圆锥花序；花萼连合，全缘或2~5裂；花冠钟状或漏斗状，5裂，常二唇形；雄蕊5，常仅2或4枚发育；有花盘；子房上位，2稀1室。蒴果线形、长柱状或带状，2裂；种子扁平，常具翅。

120属650种，广布于热带、亚热带，少数延伸至温带。我国12属35种，产南北各地，以华南、西南最多，另引入栽培16属19种。为用材树、行道树或观赏植物。

**分属特征比较表**

| 比较特征 | 凌霄属 Campsis | 梓树属 Catalpa | 猫尾木属 Dolichandrone | 蓝花楹属 Jacaranda | 木蝴蝶属 Oroxylum | 菜豆树属 Radermachera |
|---|---|---|---|---|---|---|
| 生活型 | 木质藤本 | 乔木 | 乔木 | 乔、灌木 | 乔木 | 乔木 |
| 叶 | 一回羽状复叶，小叶有齿 | 单叶，全缘或浅裂 | 一回羽状复叶，小叶全缘 | 二回羽状复叶，小叶全缘 | 二至三回羽状复叶，小叶全缘 | 一至三回羽状复叶，小叶全缘 |
| 花序 | 聚伞、圆锥 | 圆锥、伞房或总状 | 总状聚伞 | 圆锥 | 总状聚伞 | 聚伞圆锥 |
| 花萼 | 钟状5裂 | 唇形2裂 | 佛焰苞状2裂 | 钟状平截或5裂 | 钟状平截 | 钟状平截或5裂 |
| 花冠 | 漏斗状5裂 | 钟状二唇形 | 钟状5裂 | 漏斗状5裂 | 钟状5裂 | 漏斗状5裂 |
| 发育雄蕊 | 4，二强 | 2 | 4，二强 | 4，二强 | 5 | 4，二强 |
| 蒴果 | 长柱状 | 线形 | 长柱状 | 扁卵球形 | 扁平带状 | 线形 |
| 种子 | 两端具翅 | 两端具毛 | 两端具翅 | 周围具翅 | 周围具翅 | 两端具翅 |

**图786 凌霄花**

## 1. 凌霄属 Campsis Lour.

落叶木质藤本；以气生根攀缘。一回奇数羽状复叶，对生，小叶有粗锯齿。花大，顶生成簇或为聚伞或圆锥花序；花萼钟状5裂；花冠红至橙色，钟状漏斗形，檐部微呈二唇形，裂片5，开展；二强雄蕊，内曲；花盘环状。蒴果长筒状；种子扁平，两侧具膜翅。

2种，1种产北美洲，另1种产我国和日本。

**凌霄花 Campsis grandiflora (Thunb.) Schum.**
图786

藤皮灰褐色，细条状纵裂。小叶7~9(11)，卵形至卵状披针形，3~6(9)cm×1.5~3(5)cm，尾尖，基部不对称，两面无毛。顶生短圆锥花序；花萼长2~3cm，5裂至中部；花冠钟形，内面红色，外面橙红色，5cm×5~7cm，裂片半圆形。果长10~20cm×1.5cm。花期5~8月，果期10月。

产华北至长江流域及以南各地。喜暖湿气候；喜光；适生于排水良好的土壤。花期长，花大色艳，夏季盛开，为棚架、假山和墙壁的良好蔽荫绿化植物；攀附力不是很强，需植于粗糙、倾斜的墙面，以利于攀附。花有活血通经、利尿和散瘀之效，但花粉有毒。

## 2. 梓树属 *Catalpa* Scop.

落叶乔木。单叶对生，稀3叶轮生，基生脉3~5，下面脉腋常具紫色腺点。顶生圆锥、伞房或总状花序；花萼二唇形或不规则开裂；花冠钟状，二唇形，上唇2裂，下唇3裂；能育雄蕊2，生于下唇，退化雄蕊生于上唇。蒴果细长圆筒形；种子圆形，压扁，两端具束毛。

13种，分布美洲和东亚。我国4种1变型，除华南外，各地均有，另引入1种。生长迅速，供用材和庭园观赏。

1. 叶三角状卵形或卵形，基脉3；伞房总状花序，有花2~15；花冠淡红色至淡紫色，长3~3.5cm。
　2. 小枝及幼叶无毛；叶三角状卵形；果长25~45cm ················· **1. 楸树** *C. bungei*
　2. 小枝及幼叶下面有淡黄柔毛；叶卵形；果长55~80cm ············ **2. 灰楸** *C. fargesii*
1. 叶阔卵形，基脉5~7；圆锥花序，有花100~130；花冠淡黄色，长2.5cm ············ **3. 梓树** *C. ovata*

### 1. 楸树 *Catalpa bungei* C. A. Mey. 图787

高30m，径60cm。干通直，树皮灰褐色，浅纵裂。叶三角状卵形，6~15cm×6~12cm，长渐尖，基部阔楔形至截形，幼叶无毛，幼树叶常浅裂，基生脉3；叶柄长2~8cm。伞房总状花序长10cm，有花2~12；花冠淡红色，长3~3.5cm，内有紫斑。果长25~45cm。花期5~6月，果期6~10月。

主产黄河流域至长江中下游（以北部为主），西南栽培；海拔1500m以下；生于山坡林中。喜温凉气候；喜光；适生于深厚湿润中性土，稍耐盐碱，不耐干旱和渍水。深根性，速生。木材强度中等，气干密度$0.5g·cm^{-3}$，纹理直，结构细，有光泽与花纹，不翘裂，耐腐朽；嫩叶与花可食。树体高大、枝叶浓密、花大美观，对二氧化硫、氯气等抗性较强，为良好用材及庭园绿化树种。

### 2. 灰楸 *Catalpa fargesii* Bur. 图788

高25m。树皮深灰色。叶卵形或三角状卵形，13~20cm×10~13cm，渐长尖，基部截形或微心形，全缘或3浅裂，下面初被毛，基生脉3；叶柄长3~10cm。伞房总状花序有花7~15；花冠钟形，淡红色至淡紫色，长3cm，内有紫斑。果长55~80cm，下垂，2裂；种子连毛长5~6cm。花期3~5月，果期6~11月。

**图787 楸树**

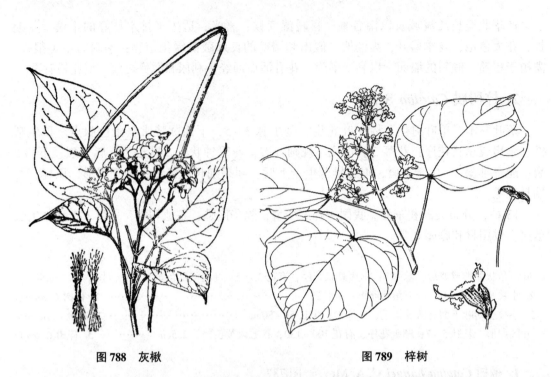

图788 灰楸　　　图789 梓树

产华北、西北南部以南，南至华南北部及西南（以南部为主）；海拔700~2500m（西南）；生于村边、林缘及次生林中。用途与楸树略同。

**3. 梓树（梓）*Catalpa ovata* G. Don**　图789

高15m。树皮灰色，树冠伞形。叶阔卵形，长宽近相等，10~25cm，基部心形，全缘至3浅裂，叶粗糙，上面沿脉被微毛，基出脉5~7；叶柄长6~18cm。顶生圆锥花序长12~28cm，具花100~130；花冠淡黄色，长2.5cm，内有黄条纹及紫斑。果长20~30cm，冬季挂树不落。花期5~6月，果期9~10月。

产辽宁以南至华南北部，西达西南；海拔500~2500m；多植于村旁路边，野生罕见。民间宅旁喜植桑与梓，迄今仍以"桑梓"喻指故乡，但古代所谓的"梓"可能实指楸树。从近代生长表现来看，梓树生长势远不及楸树，所谓栋梁之材应实指楸木，并非指梓。我国南方城市20世纪五六十年代曾普遍种植梓树作行道树，后因其生长表现不佳，逐渐被淘汰。

## 3. 猫尾木属 *Dolichandrone*(Fenzl) Seem.

落叶乔木。一回奇数羽状复叶，对生。顶生总状聚伞花序；花萼开花时一边裂至基部，佛焰苞状，密被毛；花冠钟状，5裂，近相等，黄色或黄白色，具皱纹；二强雄蕊。蒴果长柱形，密被毛，似猫尾；种子长椭圆形，两端具膜翅。

12种，分布非洲和亚洲热带。我国2种2变种，产华南和云南。

**猫尾木 *Dolichandrone cauda-felina*(Hance) Benth. et Hook. f.**　图790

乔木，高10m以上。奇数羽状复叶，长30~50cm，小叶纸质，13~17，无柄，长椭圆形或卵形，16~20cm×6~8cm，长渐尖，全缘，侧脉8~9对；托叶缺，但常有退化的

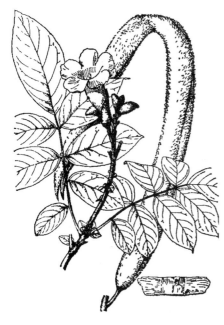

图790 猫尾木

单叶生于叶柄基部而极似托叶。顶生总状花序具数花；花大，径 10～14cm；花萼长 5cm，与花序轴均密被褐色绒毛；花冠漏斗形，黄色，长 10cm，下部紫色，外面具多数微凸起的纵肋。蒴果长筒形，30～60cm×4cm，厚约 1cm，悬垂，密被褐黄色绒毛；种子长椭圆形，极薄，具膜质翅，连翅长 5.5～6.5cm。花期 10～11 月，果期翌年 4～6 月。

产华南、云南南部；泰国、老挝、越南亦产；生于低海拔阳坡疏林中。木材色浅淡，纹理直，结构细，材质轻，易加工，略耐腐。树冠开展，羽叶浓荫，花大鲜艳，为幽雅庭园荫木，孤植亦佳。

[附] **西南猫尾木** *Dolichandrone stipulata* (Wall.) Benth. et Hook. f.　与猫尾木的区别：小叶 7～11，长椭圆形至椭圆状卵形，12～19cm×4～8cm，短渐尖或钝。花序有花 4～10；花冠黄白色，筒红褐色。果略披针形，36cm×2～4cm。产云南南部、海南、广西；越南、泰国、老挝、柬埔寨、缅甸亦产；海拔 350～1700m。习性用途略同猫尾木。

## 4. 蓝花楹属 *Jacaranda* Juss.

落叶乔木或灌木。二回稀一回羽状奇数复叶，对生，小叶多数，小。顶生或腋生圆锥花序；花萼小，截平或 5 齿裂；花冠蓝色或青紫色，漏斗状，檐部稍二唇形，5 裂，外被细毛；二强雄蕊，退化雄蕊棒状；花盘厚。蒴果扁卵球形，迟裂；种子扁平，周围具膜翅。

约 50 种，分布热带美洲。我国引入栽培 2 种。

**蓝花楹** *Jacaranda mimosifolia* D. Don　图 791

乔木，高 20m。二回奇数羽状复叶，羽片常 16 对以上，每羽片有小叶 16～24 对，小叶椭圆状披针形至椭圆状菱形，6～12mm×2～7mm，小叶先端急尖，有短尖头，顶生的 1 枚小叶明显较大，全缘。顶生花序长 30cm；花萼筒状，长宽 5mm，萼齿 5；花冠筒蓝色，细长，长 5cm，裂片圆形。蒴果木质，扁卵圆形，长宽约 5cm。花期 5～6 月，果期 11 月。

原产南美洲。我国南部亚热带至热带地区引种。喜光和暖湿气候，不耐霜雪，对土壤适应性广。木材浅色，质轻软，纹理直，易加工，盛花期蓝花如潮，极其美观，是高雅的行道树、遮阴树和庭园观赏树。

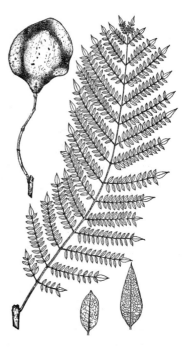

图791 蓝花楹

## 5. 木蝴蝶属 Oroxylum Vent.

落叶乔木。少分枝；枝叶无毛。二至三回奇数羽状复叶，大型，对生，小叶全缘。顶生总状聚伞花序，直立；花萼阔钟状，近平截；花冠钟状，檐部微二唇形，裂片5，近圆形，边缘波状；雄蕊5。蒴果扁平带状；种子扁圆形，周围具膜翅。

2种，分布中国南部、中南半岛至南亚。我国1种，产西南、华南至台湾。

**木蝴蝶 Oroxylum indicum ( L. ) Kurz** 图792

高15m，径20cm。树皮厚。羽状复叶长达50~150cm；小叶卵形，5~14cm×3~10cm，基部偏斜，两面无毛，干后发蓝色，下面网脉明显；叶柄具皮孔，基部膨大。花序长40~150cm；花萼紫色，肉质，长2.2~4.5cm；花冠紫红色，肉质，长3~9cm，檐部径5.5~8cm，傍晚开放，有恶臭；花盘大，肉质。蒴果木质，30~120cm×5~9cm；种子连翅长6~7cm，翅薄如纸，故名千张纸。花期6~10月，果期8~12月。

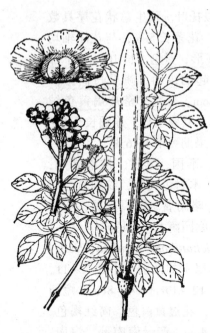

图 792 木蝴蝶

产西南、华南至台湾；海拔500~900m；生于低丘、河谷林中空地，常单株散生。喜暖湿气候；喜光。木材黄白色，质轻软，纹理直，结构略粗，不耐腐；种子、树皮入药，治肺热咳嗽、心气痛、肝气痛、腰膝痛、支气管炎及胃、十二指肠溃疡等。是夏、秋季理想的观花和观果植物。

## 6. 菜豆树属 Radermachera Zoll. et Mor.

乔木；嫩枝具黏液。一至三回羽状复叶，对生，小叶全缘，有柄。顶生或侧生聚伞圆锥花序，具苞片和小苞片；花萼钟状，5裂或平截；花冠漏斗状钟形，檐部微二唇形，5裂；二强雄蕊；花盘环状。蒴果细长筒形，有时扭曲；种子扁平，两端具膜翅。

16种，分布亚洲热带。我国7种，产华南、西南。

**菜豆树 Radermachera sinica ( Hance ) Hemsl.**
图793

落叶乔木，高15m；各部无毛。大型二至三回奇数羽状复叶，小叶卵形至卵状披针形，4~7cm×2~3.5cm，尾尖，全缘，侧脉5~6对。顶生圆锥花序长25~35cm；花萼5齿，长12mm；

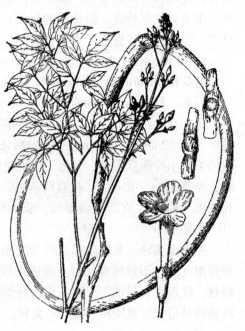

图 793 菜豆树

花冠白色至淡黄色，长 6~8cm，裂片圆。果细长，50~85cm，下垂，稍扭曲，似菜豆；种子椭圆形，连翅长 2cm。花期 5~9 月，果期 10~12 月。

产湖南、华南、西南，北至湖南南部；海拔 340~750m；多生于山谷或平地疏林中。喜高温多湿环境，畏寒冷；喜光；忌干燥，对土壤要求不严，石灰岩山地习见。干形好，生长快。木材黄褐色，略粗重。叶、花、果供观赏，是优美的庭荫树和行道树，亦为产地石灰岩山地造林树种。

## 102. 厚壳树科 EHRETIACEAE

乔木或灌木，有时具刺，稀为草本；植株常被粗毛。单叶互生；无托叶。花两性，整齐，通常 5 数；花萼宿存；花冠合生，5 裂，冠筒短；雄蕊与花冠裂片同数而互生，生于花冠筒上；具杯状花盘；子房上位，2~4 室，每室 2 胚珠，柱头顶生。核果，成熟时通常裂成 2 个 2 室或 4 个 1 室的分核，分核具 1 或 2 种子。

15 属，分布热带至亚热带。我国产 4 属约 20 种，主产长江以南各地。

### 厚壳树属 *Ehretia* L.

乔木，稀灌木。叶互生，全缘或具锯齿，羽状脉；具叶柄。聚伞花序成腋生或顶生伞房或圆锥花序，稀单花腋生；花小，白色或淡黄色；花萼 5 浅裂；花冠管状或钟状，5 裂；雄蕊 5，花丝细长；子房球状，2 室，每室 2 胚珠。核果球形，裂为 2 或 4 分核。

约 50 种，多数分布亚洲南部和非洲热带地区。我国产 14 种，广布于长江以南各地。

**粗糠树与厚壳树特征比较表**

| 比较特征 | 粗糠树 E. macrophylla | 厚壳树 E. acuminata |
| --- | --- | --- |
| 叶 | 边缘具开展的浅锯齿，齿端无尖，上面密被短糙伏毛，下面密被柔毛，后渐脱落 | 边缘具尖头内弯的细锯齿，上面无毛或疏被短糙伏毛，下面仅脉腋有簇毛 |
| 花序 | 伞房状 | 圆锥状 |
| 花 | 花冠长 8~10mm，花冠裂片短于花冠筒 | 花冠长约 4mm，花冠裂片长于花冠筒 |
| 果 | 幼时黄色，熟时黑色，径 10~15mm | 幼时红色，熟时黑褐色，径 3~4mm |

**1. 粗糠树 *Ehretia macrophylla* Wall.** 图 794

落叶乔木，高 10m。树皮灰褐色，纵裂。叶纸质，椭圆形、倒卵状椭圆形或倒卵形，5~18cm×2.5~10cm，上面密被短糙伏毛，边缘有小齿状浅锯齿；叶柄长 1~2.5cm。顶生圆锥花序伞房状；萼裂片长椭圆形；花冠白至淡黄色，长 0.8~1cm，5 裂，裂片长 3~3.5mm。核果圆形，径 10~15mm，熟时裂为 2 个具 2 粒种子的分核。花期 3~5 月，果期 6~8 月。

产青海南部、秦岭、大别山以南，至华南、西南、台湾；日本、越南、喜马拉雅地区亦产；常见于低山、丘陵阔叶林、村边风景林中。可用作行道树或庭院绿化树。

**2. 厚壳树 *Ehretia acuminata* R. Brown**[*E. thyrsiflora*(Sieb. et Zucc.)Nakai] 图 795

落叶乔木，高 15m。树皮灰黑色，不规则纵裂。腋芽扁平。叶纸质，椭圆形或长圆状倒卵形，7~20cm×3~10cm，先端短渐尖，基部楔形或圆形，边缘具细锯齿，上面疏生

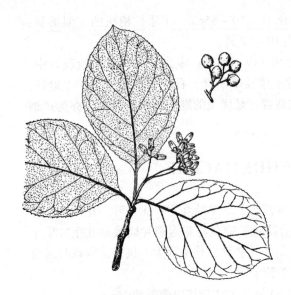

图794 粗糠树

图795 厚壳树

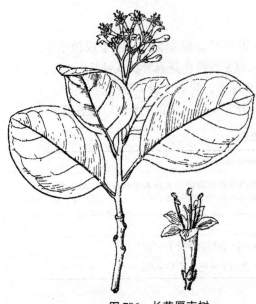

图796 长花厚壳树

短糙伏毛，下面仅脉腋有簇毛；叶柄长1~2cm。圆锥花序顶生或腋生；总花梗及花梗疏生短毛；花白色而芳香；花冠长约4mm。核果圆球形，径3~4mm，成熟时裂成2个具2粒种子的分核。花期5~6月，果期7~8月。

产山东、河南、长江以南，四川以东，南至华南；日本、菲律宾、马来西亚、越南及大洋洲北部亦产；海拔100~1700m；生于山地灌丛或林缘。树形整齐，叶大荫浓，花白芳香，可供园林绿化。

[附] **长花厚壳树** *Ehretia longiflora* **Champ. ex Benth.** 图796 与厚壳树的区别：树皮片状剥落；叶全缘；花冠长10~11mm；核果淡黄色或红色，径8~15mm，熟时裂成4个具1粒种子的分核。花期4月，果期6~7月。产湖南南部和西南部、江西南部、华南、台湾及香港；越南亦产；海拔300~900m；生于山坡疏林、山谷密林及村庄风景林中。嫩叶可代茶。

## 103. 马鞭草科 VERBENACEAE

灌木或乔木，稀藤本或草本；植物体折破常有强烈气味。单叶或掌状复叶，对生，稀轮生或互生；无托叶。花两性；常为聚伞花序或组成复花序；花萼具4~5齿或平截，宿存，有的在结果时增大；合瓣花冠4~5裂，二唇形或辐射对称；雄蕊4，二强或近等长，稀2或5~6，常伸出花冠外；子房上位，2，稀4~5心皮，常2~4室，每室2胚珠。核果,稀蒴果;种子常无胚乳。

80余属3000余种,主要分布热带和亚热带,少数延伸至温带。我国21属175种31变种10变型,主产长江流域以南。本科多贵重用材、药用植物、观赏植物及水土保护树种。

1. 单叶,茎直立。
　2. 花辐射对称;雄蕊4~6,近等长。
　　3. 多灌木;叶常有锯齿;花常4数,腋生聚伞花序;花萼在果时不增大 ········ **1. 紫珠属 Callicarpa**
　　3. 大乔木;叶全缘;花常5~6数,大型圆锥花序,花萼在果时增大而包果 ······ **2. 柚木属 Tectona**
　2. 花两侧对称或偏斜,雄蕊4,二强或近等长。
　　4. 花萼果时增大,花冠不呈二唇形,显著伸出花冠外 ·················· **3. 大青属 Clerodendrum**
　　4. 花萼果时不增大或稍增大,花冠二唇形,稍伸出花冠外 ················ **4. 石梓属 Gmelina**
1. 掌状复叶,稀单叶,如为单叶则茎匍匐(单叶蔓荆) ···················· **5. 牡荆属 Vitex**

## 1. 紫珠属 *Callicarpa* L.

灌木,稀乔木或藤本;各部常被毛和黄、红色腺点。单叶,对生,稀轮生,常有锯齿。多回二歧聚伞花序腋生;花萼平截或4裂,宿存;花冠紫色、红色或白色,4裂,整齐;雄蕊4,近等长。核果或浆果状,多为紫色,具4分核,每分核1种子。

190余种,主要分布亚洲热带、亚热带和大洋洲,少数分布亚洲和北美温带。我国46种,主产长江以南,少数延伸至华北边缘。有些种供药用;有些栽培供观赏。

**紫珠 *Callicarpa bodinieri* Levl.**　图797

灌木,高2m。小枝、叶柄和花序均被粗糠状星状毛。叶卵形至椭圆形,7~18cm×4~7cm,长渐尖,基部楔形,具细锯齿,下面密被星状毛,两面密生红色细粒状腺点,侧脉8~10对;叶柄长0.5~1cm。聚伞花序宽3~4.5cm,4~5次分歧;花冠紫色,长3mm;雄蕊长6mm。果球形,熟时紫色,有光泽,径2mm。花期6~7月,果期8~11月。

产淮河以南至西南;海拔200~2300m;生于疏林和灌丛中。果紫色密集,果期长,为优良观果灌木。

## 2. 柚木属 *Tectona* L. f.

落叶乔木。幼枝四棱,叶及花序均被星状柔毛。单叶,大型,对生或轮生,全缘。二歧聚伞花序组成顶生圆锥花序;花萼钟状,5~6齿裂,果时增大包果;花冠小,白色或蓝紫色,5~6裂;雄蕊5~6,近等长;子房4室,每室1胚珠。核

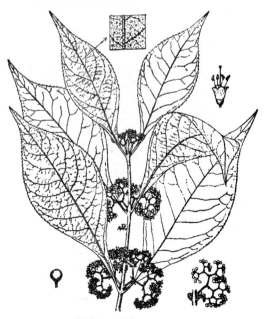

**图797 紫珠**

果，被宿萼所包。

3种，分布印度、缅甸、马来西亚及菲律宾。我国引入栽培1种。

**柚木 Tectona grandis L. f.** 图798

高40m，胸径2.5m。干端直，树皮灰色，浅纵裂。小枝四棱形，具4槽。叶卵状椭圆形至倒卵形，15~45(70)cm×8~23(37)cm，基部楔形下延，侧脉7~12对，第三级脉近平行，在下面隆起；叶柄粗壮，长2~4cm。花序长25~40cm；花多而芳香，仅少数发育；花冠白色，长4~5mm；子房被糙毛，柱头2裂。核果球形，径12~18mm，茶褐色，被毡状细毛，包于宿萼内。花期8月，果期10月。

原产印度至东南亚。我国热带地区引种，生于海拔900m以下的低山丘陵和平原。喜暖热气候和干湿分明的季雨地区；喜光，适生于深厚肥沃、排水良好的土壤，忌积水和板结；根系浅，易受风害；萌芽力强，伐后可萌芽更新，速生。为世界名材，被誉为"万木之王"，材质坚韧致密，密度0.71g·cm$^{-3}$，有弹性，光泽美，耐腐朽、耐水火，不受虫蛀，不翘裂，易加工，综合性能优；木屑浸水治皮肤病或煎水治咳嗽；可作行道树及"四旁"绿化树种。

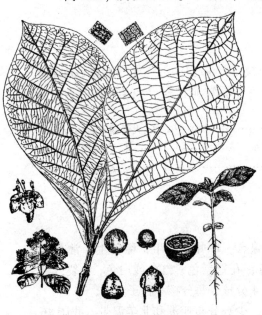

图798 柚木

### 3. 大青属 Clerodendrum L.

落叶或半常绿灌木或小乔木；植株常具毛、腺点或腺体。幼枝四棱形至圆柱形。单叶，对生，稀轮生，全缘至具齿，稀分裂。聚伞花序或组成伞房状、圆锥状或近头状花序；花萼钟状，稀管状，5齿至5深裂，宿存，全部或部分包被果实；花冠漏斗状5裂；雄蕊二强或等长，伸出花冠外；子房4室，每室1胚珠。浆果状核果，有4浅槽或裂为4分核。

约400种，分布热带和亚热带，少数到温带，主产东半球；我国34种6变种，全国均有，主产西南和华南。

**海通 Clerodendrum mandarinorum Diels** 图799

灌木或乔木，高20m。幼枝密被黄褐色绒毛，髓具黄色片状横隔。叶卵状椭圆形至心形，10~27cm×6~20cm，基部截形或近心形，下面密被灰

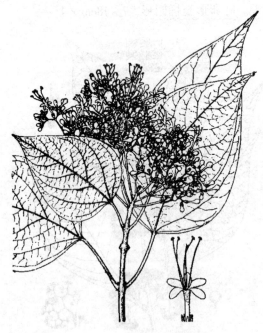

图799 海通

白色绒毛。伞房状聚伞花序顶生，花序梗和花柄密被黄褐色绒毛；花萼钟状，长 3~4mm；花冠白色或淡紫色，外被短柔毛，花冠管纤细，长 7~10mm；雄蕊及花柱伸出花冠外。果近球形，熟时蓝黑色，宿萼增大，红色，包果一半以上。花果期 7~12 月。

产华中、华南、西南和江西；海拔 250~2200m；生于溪边、路旁或丛林中。山地次生林先锋树种，寿命较短。繁花聚集成大型伞房花序，极艳丽，可植为行道树或园林观赏。

## 4. 石梓属 *Gmelina* L.

乔木或灌木。小枝被绒毛，有时具刺。单叶，对生，全缘稀浅裂，基部常有腺体，掌状脉 3~5。花大，由聚伞花序排成圆锥花序，稀单生叶腋；花萼钟状，宿存，平截或 4~5 裂；花冠大而美丽，略呈二唇形，下部管状，上部扩大成漏斗状；二强雄蕊，生花冠筒下部，稍伸出花冠。核果肉质，包于宿萼，具种子 1~4。

35 种，分布热带亚洲至大洋洲，少数产热带非洲。我国 7 种，产西南、华南至江西。

**海南石梓**（苦梓）*Gmelina hainanensis* Oliv. 图 800

半落叶乔木，高 15m，径 50cm。树皮灰褐色，片状脱落。枝圆，有叶痕和皮孔。叶卵形或阔卵形，5~16cm×4~8cm，全缘，基部宽楔形至截形，近基部有 2 至数个黑色腺体，下面粉绿色，被微绒毛，基出脉 3，侧脉 3~4 对，在下面隆起；叶柄长 2~4(6.5)cm，有毛。苞片、萼及花冠均有腺体及毛；苞片叶状；花萼长 15~18mm，萼片阔三角形；花冠黄色或淡紫红色，长 3.5~4.5cm；子房上部被毛。果长 2~2.2cm。花期 5~6 月，果期 6~9 月。

产华南至江西南部；海拔 250~500m；常散生于丘陵常绿阔叶林中。对水热条件适应性广，喜光。木材性能与柚木相似，纹理直，结构细，质坚韧，密度 0.69g·cm$^{-3}$，耐腐；冠荫浓密、花色艳丽，可作园景树及庭荫树。渐危种，应加强保护。

图 800 海南石梓

## 5. 牡荆属 *Vitex* L.

乔木或灌木。小枝常四棱形。掌状复叶，小叶 3~8，稀单叶，对生。聚伞花序或组成复花序；花萼钟状，平截或 5 齿裂，果时稍增大；花冠白色、淡黄色至浅紫色，二唇形，5 裂；雄蕊二强或等长，常伸出花冠外。核果球形或卵形，外被宿萼。

约 250 种，分布热带至亚热带，少数延伸至温带。我国 14 种 7 变种 3 变型，主产长江以南各地，少数延伸至东北和西北。

1. 落叶灌木或小乔木；小叶两面被柔毛，下面更密；花冠淡紫色。
   2. 茎直立，无不定根；掌状复叶，小叶 5(3) ·················· **1. 黄荆 V. negundo**
   2. 茎匍匐，节生不定根；单叶 ······························ **2. 单叶蔓荆 V. rotundifolia**
1. 常绿乔木；小叶两面除中脉被疏柔毛外，其余均无毛；花冠淡黄色 ··········· **3. 山牡荆 V. quinata**

### 1. 黄荆 *Vitex negundo* L.  图 801

落叶灌木或小乔木，高 5m。小枝、叶背和花序密被灰白色绒毛。掌状复叶有小叶 5 (3)，小叶长圆状披针形至披针形，全缘，偶有少数粗锯齿，中间小叶长 4~13cm × 1~4cm，两侧小叶依次递小，中间 3 小叶常有柄。顶生圆锥花序长 10~27cm；花冠淡紫色。果径 2mm，宿萼与果近等长。花期 4~6 月，果期 7~10 月。

主产长江以南各地，北达秦岭、淮河；生于海拔 100~2200m 的荒坡灌丛中。枝条可编筐篮，为良好的蜜源植物。

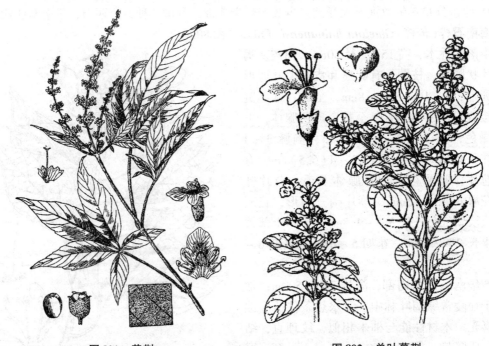

图 801 黄荆　　　　　图 802 单叶蔓荆

### 2. 单叶蔓荆 *Vitex rotundifolia* L. f. [*V. trifolia* L. var. *simplicifolia* Cham.]　图 802

落叶平卧灌木；茎匍匐，节处常生不定根。小枝、叶背和花序密被灰白色绒毛。单叶，倒卵形或近圆形，2.5~5cm × 1.5~3cm，顶端钝圆或有短尖头，基部楔形，全缘。顶生圆锥花序；花冠淡紫色，长 6~10mm。核果近球形，径 5mm，熟时黑色，宿萼约为果长的 1/2。花期 7~8 月，果期 8~10 月。

产沿海各地及湖南、江西、安徽；生于海边及湖畔沙滩。耐寒，喜光，耐干瘠，抗盐碱，适应性广。根系发达，抗风性强。群落覆盖能力强，在适宜条件下生长极快，能很快覆盖地面，抑制杂草生长，是优良地被植物，特别适用于沙地和碱性土壤地区绿化；在园林上亦可用于覆盖砂砾等劣质土壤地表。

**3. 山牡荆** *Vitex quinata* (Lour.) Will. 图 803

常绿乔木，高 18m，径 1.2m。掌状复叶有小叶 3~5，小叶倒卵形至倒卵状椭圆形，全缘，两面中脉被微毛，上面有灰白色小窝点，下面有黄色腺点，中间小叶长 5~9cm×2~4cm，两侧小叶较小。聚伞花序对生，再排成顶生圆锥花序，长 9~18cm，密被黄色微柔毛；花冠淡黄色，长 6~8mm。果球形或倒卵形，熟时黑色，宿萼圆盘状，顶端近截形。花期 5~7 月，果期 8~9 月。

产长江以南各地；海拔 180~1200m；生于村边、宅旁、山地林中。心材黄褐色，质坚重，有强烈气味，易干燥，少开裂变形，耐腐；可作绿化树种。

图 803 山牡荆

## 104. 小檗科 BERBERIDACEAE

灌木或多年生草本，稀小乔木。单叶或复叶，互生、簇生，稀对生。花单生或排成各式花序；花两性，3 基数，辐射对称，萼瓣同形（原始性状），覆瓦状排列，2~3 轮，花被片基部常有 2 蜜腺；雄蕊 6，与花瓣同数且对生，花药 2 室，瓣裂，稀纵裂，子房上位，1 室。浆果、蒴果或瘦果；种子富含胚乳。

16 属约 650 种，主产北温带和亚热带高山地区。我国 10 属约 320 种，南北均产。本科植物体内常含有小檗碱等多种生物碱，供药用，具有抗菌、消炎、降压及强壮等作用。

1. 二至三回羽状复叶，小叶全缘；花白色，花药纵裂；侧膜胎座 ·················· **1. 南天竹属** *Nandina*
1. 单叶或一回羽状复叶，叶片或小叶通常具刺齿；花黄色，花药瓣裂；基生胎座。
 2. 单叶；枝通常具刺，具长短枝 ········································· **2. 小檗属** *Berberis*
 2. 一回羽状复叶；枝通常无刺，无长短枝 ·································· **3. 十大功劳属** *Mahonia*

### 1. 南天竹属 *Nandina* Thunb.

常绿灌木。木质部黄色。二至三回奇数羽状复叶，互生，叶轴具关节；小叶全缘，叶脉羽状；无托叶。圆锥花序顶生或腋生；花小，两性；萼片螺旋状排列，自外而内渐变大；花瓣 6，较花萼大；雄蕊 6，离生，花药纵裂；子房上位，1 室，胚珠 2，花柱短。浆果球形；种子 1~3，灰色或棕褐色，无假种皮。

1 种，分布我国、日本及印度。本属在塔赫他间系统中单独成立南天竹科 Nandinaceae。

**南天竹** *Nandina domestica* Thunb. 图 804

高 1~3m。茎丛生而分枝少，光滑无毛，幼枝红色。复叶长 30~50cm，集生于茎上部；各回羽片对生；小叶薄革质，椭圆状披针形，长 2~10cm，先端渐尖，基部楔形，两

图804 南天竹

面无毛;叶柄基部呈鞘状抱茎。圆锥花序长20cm以上;花小,白色或蕾时带红色,具芳香。浆果径约5mm,具宿存花柱,熟时红色(稀白或黄色)。花期3~6月,果期6~11月。

产西南、华南、华中、华东地区;日本、印度亦产;海拔1000m以下;多生于湿润的沟谷旁、疏林下或灌丛。喜温暖多湿生境,能耐微碱性土壤。钙质土壤指示植物。含多种生物碱,根、叶具清热除湿、通经活络之效;著名观赏植物,枝干挺拔如竹,羽叶开展而秀美,秋冬时节转为红色,加之红果累累,异常绚丽夺目,叶、花、果均具观赏性,也可于室内盆栽或作观果切花。

## 2. 小檗属 Berberis L.

落叶或常绿灌木。枝常具针刺,断面黄色。单叶互生或在短枝上簇生。花黄色,单生、簇生或排成总状、伞形或圆锥花序;花3基数,小苞片3;萼片6,2轮,花瓣状;花瓣6,通常小于萼片,内侧近基部具2腺体;雄蕊6,花药瓣裂;胚珠1至多数,花柱短或缺,柱头头状。浆果红色或蓝黑色;种子1至多数。

500余种,分布亚洲、欧洲、美洲和非洲。我国200余种,主产西部至西南部。小檗作药用在我国历史悠久,主要用其根皮和茎皮,含小檗碱,具清热燥湿、泻火解毒、健胃等功效;有些种类的种子可榨油,供工业用;有些种类的果实可食;花果艳丽,常作观赏。

**豪猪刺**(三颗针) ***Berberis julianae*** Schneid. 图805

常绿灌木,高1~3m。枝有棱,具稀疏黑色疣点;茎刺三分叉,腹面具槽。叶革质,椭圆形、披针形或倒披针形,长3~10cm,先端渐尖,基部楔形,边缘具10~20刺齿;叶柄长1~4mm。花10~25朵簇生;花梗长8~15mm;花瓣长椭圆形,先端微凹,长约5mm。浆果长圆形,长约8mm,蓝黑色,被白粉,具宿存花柱。花期3月,果期5~11月。

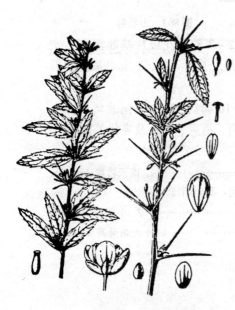

图805 豪猪刺

产华中、西南地区;海拔1100~2100m;生于山坡林中、林缘、沟边或灌丛中。根可作黄色染料;根和茎含多种生物碱,可供药用,作小檗碱原料,有清热解毒、抗菌消炎的功效;可作绿篱、观赏花木等。

## 3. 十大功劳属 Mahonia Nutt.

常绿灌木。木质部黄色。顶芽具宿存尖锐芽鳞。奇数羽状复叶;叶柄基部阔扁呈鞘状抱茎，叶轴具膨大关节，小叶对生，边缘具刺状齿，常无柄；托叶小，钻形。总状花序顶生，簇生状；花黄色，具苞片及花梗；萼片9，3轮；花瓣6，2轮，覆瓦状排列；雄蕊6，分离，花药瓣裂；雌蕊1，子房上位，花柱极短或缺，柱头盾形，胚珠数颗，直立。浆果，蓝色或黑色，被白粉；种子1至数粒。

60余种，分布亚洲、美洲；我国30余种，主产西南各地。

**十大功劳** *Mahonia fortunei* ( Lindl. ) Fedde　　图 806

高 1～2m。复叶长 10～28cm，叶轴上面具沟槽；小叶 5～9，革质，长椭圆状披针形至披针形，5～14cm×1～2.5cm，侧小叶近等长，顶小叶较大，上面深绿色，下面淡黄绿色，叶脉隆起，每边具 6～13 刺状锐齿；小叶近无柄。总状花序长 3～7cm，4～10 个簇生；花黄色，径约 8mm。浆果熟时蓝黑色。花期 7～9 月，果期 10～11 月。

产广西、贵州、四川、湖北、江西及浙江；海拔 300～2000m；多生长于林中或溪边灌丛中。耐阴，喜排水良好的酸性腐殖土，极不耐盐碱，较耐旱，怕水涝，畏干热。全株药用，具清热解毒、滋阴强壮之效；各地常孤植供观赏或为绿篱。

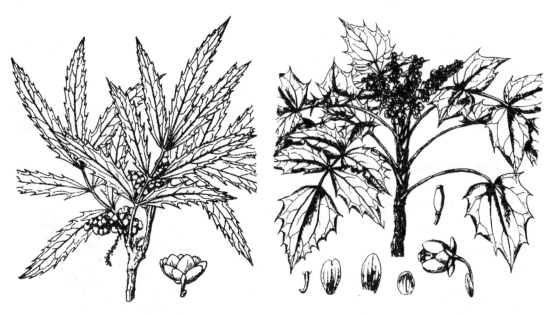

图 806　十大功劳　　　　　　　图 807　阔叶十大功劳

[附] **阔叶十大功劳** *Mahonia bealei* ( Fort. ) Carr.　　图 807　与十大功劳的区别：小叶 7～19，卵形至长圆形，近长方菱形，基部近圆形或宽楔形。花期 9 至翌年 3 月，果期 3～8 月。产秦岭以南；多生于海拔 500～2000m 的山坡林下阴凉湿润处。各地常见栽培，孤植或为绿篱。

# 105. 千屈菜科 LYTHRACEAE

草本、灌木或乔木。枝常具4棱。叶对生，稀轮生或互生，全缘；托叶细小或无。花两性，整齐，单生或簇生，或组成穗状、总状或圆锥花序；花萼发育常宿存，4～8(16)

裂；花瓣与萼片同数或无花瓣，花瓣如存在，常呈皱褶状；雄蕊4至多数，生于萼筒上；子房上位，2~6室，花柱单生。蒴果；种子多数，形状不一，有翅或无翅，无胚乳。

25属550种，广布全球，分布热带和亚热带，以热带美洲最多，少数延伸至温带。我国11属约49种，南北均产。本科植物多具观赏价值，有较大或颜色鲜艳的花，国内外各地庭园广为引种栽培；有些种类木材优良。

### 紫薇属 *Lagerstroemia* L.

灌木或乔木。树皮平滑光洁。枝具4棱。叶对生、近对生或聚生于小枝的上部，全缘，叶柄短。花两性，整齐，圆锥花序顶生；花萼半球形或陀螺形，5~9裂；花瓣常6，基部具长爪，边缘波状或有皱纹；雄蕊6至多数(200)，花丝细长；子房3~6室，花柱1。蒴果室背开裂，花萼宿存；种子多数，顶端有翅。

近80种，分布亚洲东部、东南部、南部的热带、亚热带地区，大洋洲也产。我国23种(引入栽培4种)，主产长江以南。常作园林绿化及观赏植物。

1. 叶长不及13cm；雄蕊通常6~40，其中有5~6较长；果径<1.5cm。
  2. 枝4棱；叶侧脉在近边缘处不连接；果径>1cm ·················· **1. 紫薇** *L. indica*
  2. 枝不为4棱；叶侧脉在近边缘处分叉而明显环接；果径<1cm。
    3. 雄蕊18~28；叶先端尾尖 ·················· **2. 尾叶紫薇** *L. caudata*
    3. 雄蕊6；叶先端短突尖 ·················· **3. 川黔紫薇** *L. excelsa*
1. 叶长14~25cm；雄蕊100以上，近等长；果大，径2cm ·················· **4. 大花紫薇** *L. speciosa*

### 1. 紫薇 *Lagerstroemia indica* L. 图808

落叶灌木或小乔木，高7m。树皮光滑，灰色或灰褐色。小枝纤细4棱。叶纸质，椭圆形或倒卵形，2.5~7cm×1.5~4cm，短尖或钝尖，有时微凹，两面无毛；无叶柄或具短柄。花序长7~20cm；花淡红色或紫色、白色，径3~4cm；花萼裂片6；花瓣6，长12~20mm，皱缩，具长爪；雄蕊35~40着生于花萼上，其中5~6较粗较长。蒴果椭圆状球形或阔椭圆形，长1~1.3cm，基部有宿存花萼，6瓣裂；种子有翅。花期6~9月，果期9~12月。

产河北以南，南至华南、西南，野生或栽培；海拔500~1000m(西南2000m)。亚热带喜光树种。耐寒，已栽培至吉林。喜生于石灰性土壤和肥沃的砂壤土，适生范围广，萌蘖力强，寿命长。木材坚硬、耐腐；抗性强，可吸收二氧化硫、氟化氢及氯气等多种有害气体且能吸滞粉尘；枝柔软，易整形，栽植易成活，花艳丽，于夏季高温时开放且花期长，系著名观

图808 紫薇

赏植物，亦作盆景；常见栽培品种有紫薇（花紫色）、红薇（花红色）、银薇（花白色）、翠薇（花蓝紫色）。

**2. 尾叶紫薇** *Lagerstroemia caudata* Chun et How How ex S. Lee et L. Lau  图809：1

乔木，高30m，胸径60cm。树皮光滑，褐色，或片状剥落。小枝圆柱形，光褐色。叶纸质至近革质，互生，阔椭圆形或长椭圆形，7~12cm×3~5.5cm，尾尖或短尾状渐尖，两面无毛，中脉在上面稍下陷，侧脉5~7对，在近边缘处分叉环结；叶柄长6~10cm。圆锥花序长3.5~8cm，花芽梨形，具10~12条脉纹；花瓣5~6，白色，连爪长9mm；雄蕊18~28，其中有3~6长9mm。蒴果长圆状小球形，径6~9mm，成熟红褐色，5~6裂；种子连翅长5~7mm。花期4~5月，果期7~10月。

产湖南西南部、广东北部、广西北部。南岭地区石灰岩山地树种。耐侧阴，宜湿润石灰质土，生于低山平原石山阔叶林中，与灰岩润楠、青冈栎、黄梨木等混生。木材坚硬，纹理细致，淡黄色；萌蘖力较强，为当地石山优良绿化树种；树干光洁如玉柱，树冠高耸直指蓝天，为一绝佳风景树。常遭采挖，作紫薇砧木。

**3. 川黔紫薇** *Lagerstroemia excelsa* (Dode) Chun ex S. Lee et L. Lau  图809：2~7

落叶乔木，高30m，胸径1m。树皮光褐色，薄片状剥落或光滑。叶对生，膜质，椭圆形或阔椭圆形，7~13cm×3.5~5cm，突短尖，边缘波状，两面无毛，侧脉7~9对在两面凸起，近边缘处环结；叶柄长4~8mm。圆锥花序长11~30cm，分枝密被灰褐色星状柔毛；花多而密，细小，簇生状；花6基数，花芽近球形；花瓣黄白色，阔三角状矩圆形，具长1~1.2mm爪；雄蕊6，长约6mm；子房5~6室。蒴果小球状卵形，长3.5~5mm，6裂，种子长3mm。花期4月，果期7月。

产湖北西部、湖南西部、贵州、四川；海拔700~1500m。稍耐阴，宜温凉湿润、肥沃森林土壤，生山谷密林中，与水青冈、

**图809**  1. 尾叶紫薇  2~7. 川黔紫薇

鹅耳枥、槭树类混生，本种树冠鹤立鸡群，直耸林冠之上。树干光洁如玉柱挺立，树冠高耸直指蓝天，为一绝佳风景树；木材细致，中等坚硬。常遭采挖，作紫薇砧木。

**4. 大花紫薇** *Lagerstroemia speciosa* (L.) Pers.  图810

乔木，高25m（园林树无此高度）。树皮灰色，平滑。小枝圆柱形，无毛。叶革质，长圆状椭圆形或卵状椭圆形，甚大，14~25cm×6~12cm，钝短尖，基部阔楔形至圆形，两面无毛，侧脉明显羽状；叶柄粗壮，长6~15mm。顶生大型圆锥花序长15~25（40）cm；花淡红色或紫色，径5cm；花萼有棱条12，6裂；花瓣6，长2.5~3.5cm，几不皱缩，有

短爪;雄蕊多达 100~200,近等长。蒴果球形至倒卵状矩圆形,径约 2cm,6 裂;种子多数。花期 5~7 月,果期 10~11 月。

原产亚洲热带。云南、福建、广东、广西、海南、澳门以及台湾引种栽培。南亚热带至热带树种。宜湿润肥沃土壤,生长较快,萌蘖力强。木材坚硬,红色而光亮,耐腐力强,经济价值堪比柚木;树皮及叶具药用价值,菲律宾人有用叶泡茶以对抗糖尿病和肥胖症;花盛开时幽柔华丽,为庭园绿荫树、行道树的高雅树种,亦作高速公路、铁路、大堤、河坡的绿化带、护坡及封沙植被防护树种。

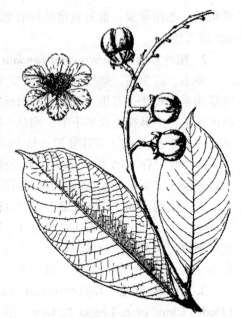

图 810　大花紫薇

## 106. 玄参科 SCROPHULARIACEAE

草本、灌木,稀乔木。单叶,互生、对生或轮生;无托叶。花两性,常两侧对称;聚伞或总状花序,或再组成圆锥花序;花萼 4~5 裂,宿存;花冠 4~5 裂,常为二唇形;雄蕊 4,二强,稀 2 或 5,生花冠筒上;子房上位,2,稀 1 室。蒴果,稀浆果;种子多数。

200 余属 3000 余种,广布全球。我国 56 属 600 余种,南北均产,西南较多。

### 泡桐属 *Paulownia* Sieb. et Zucc.

落叶乔木。假二叉分枝,无顶芽;除老枝外全体被毛。小枝有皮孔。叶大,对生,有时 3 叶轮生,全缘至 3~5 浅裂,幼苗叶常有锯齿;叶柄长。花大,由聚伞花序组成顶生大型圆锥花序;花萼 5 裂,宿存;花冠白色至紫色,筒部漏斗形至钟形,内面常有紫斑,裂片二唇形,上唇 2 裂,下唇 3 裂;二强雄蕊;子房 2 室。蒴果卵圆形至椭圆形;种子多数,具膜质翅。

7 种,均产我国,仅白花泡桐延伸至越南、老挝。其他树种,除东北北部、内蒙古、新疆北部、西藏等地外,其他地区均有。喜光,材质轻而韧,是重要的速生用材和绿化造林树种。

1. 聚伞花序(圆锥花序的分枝)有花序梗,与花梗近等长。
    2. 叶长卵形;花序长至 35cm;果长 6~10cm;果皮厚 3~6mm ·············· **1. 白花泡桐 *P. fortunei***
    2. 叶卵状心形;花序长至 1m;果长 3.5~5cm;果皮厚 1~2.5mm ·············· **2. 兰考泡桐 *P. elongata***
1. 聚伞花序(圆锥花序的分枝)无花序梗,或位于最下部的分枝有极短总花梗。
    3. 宿萼不反折;花冠长 5.5~7.5cm;叶片毛无黏性·············· **3. 四川泡桐 *P. fargesii***
    3. 宿萼反折;花冠长 2.5~5cm;叶片毛具黏性 ·············· **4. 华东泡桐 *P. kawakamii***

### 1. 白花泡桐 *Paulownia fortunei* (Seem.) Hemsl.　图811

高30m，径2m。叶长卵形，10~25cm×6~18cm，全缘；叶柄长6~14cm。圆锥花序长15~35cm，聚伞花序有花3~8，花序梗与花梗近等长；萼裂至1/4或1/3；花冠白色或浅紫色，长8~12cm，冠径7.5~8.5cm，内有紫斑。果长6~10cm，果皮厚3~6mm，宿萼开展。花期3~4月，果期7~8月。

产长江流域以南（海南除外）各地区，华北等地引种；生于低山、丘陵、平原，在云南可分布到海拔2200m。适应性强，适生于肥沃湿润的砂壤土，不耐渍水、瘠薄、板结及盐碱土。繁殖易（育苗及根蘖），极速生，年高生长3~4m，胸径生长3~5cm，10年可采伐利用。木材黄白色，纹理直，结构粗，质轻软，不翘裂，隔音共鸣性好，耐腐耐火性强，易加工；抗污染和粉尘，是良好的"四旁"绿化树种，各地城乡广为种植。

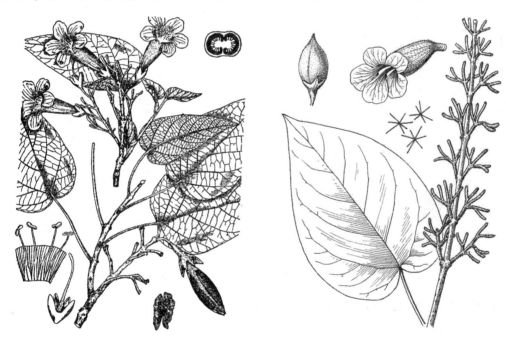

图811　白花泡桐　　　　　　　图812　兰考泡桐

### 2. 兰考泡桐 *Paulownia elongata* S. Y. Hu　图812

高20m，径1m。主干常上下不等粗；全体被深裂的星状绒毛。叶卵状心形，15~34cm×12~20cm，下面密被叉状毛，全缘或3~5浅裂；叶柄长10~18cm。圆锥花序特长，窄塔形，长40~60cm(1m)，聚伞花序有花3~5，花序梗与花梗近等长(0.8~2cm)；萼裂至1/3；花冠紫色至淡桃红色，漏斗状钟形，长7~9.5cm，外被具腺星状毛，内有紫斑，腹部有2条纵褶。果长3.5~5cm，具星状绒毛，果皮厚1~2.5mm，宿萼盘形具喙尖；种子长5mm。花期4~5月，果期9~10月。

产长江以北，主产华北平原，西至陕西；海拔1400m以下。大量种植于平原丘陵和低山地区。耐寒、耐旱、耐碱性较强，不耐渍水和板结土。树冠稀疏，发叶晚，根系深，生长快。木材性质用途与白花泡桐相似，外贸出口；常用于农桐混植和"四旁"栽植。

### 3. 四川泡桐 *Paulownia fargesii* Franch. 图813

高20m，径2m。叶卵圆形至卵状心形，15~21cm×12~14cm，全缘或浅波状；叶柄长8~11cm。花序长至1m，聚伞花序有花3~5，几无花序梗；萼裂至中部；花冠近钟形，白色或紫色，长5.5~7.5cm，被腺状短柔毛，内常无紫斑，子房具腺毛。果长3~4.5cm，果皮薄，厚1~2mm。花期4~5月，果期8~9月。

产西南至华中西部；生于海拔1200~3000m山坡林中。稍耐阴，适生于多雨湿润的山区环境，耐旱性较差。用途与白花泡桐相似；可作为西南山区用材树种栽培。

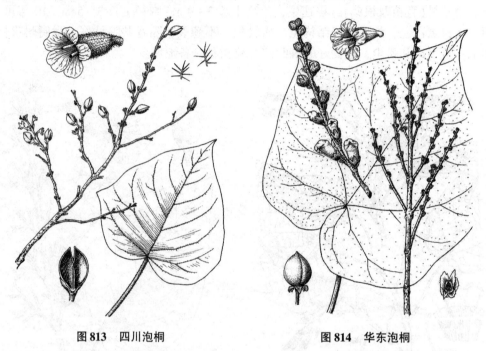

图813 四川泡桐　　　　图814 华东泡桐

### 4. 华东泡桐 *Paulownia kawakamii* Ito 图814

高12m，树干短。叶心形或阔卵形，11~48cm×10~30cm，全缘或3~5裂或有角，有黏腺毛；叶柄长10~12cm。花序宽圆锥形，长40~100cm，聚伞花序有花3，几无花序梗；萼裂达中部以下；花冠钟形，浅紫色至蓝紫色，2.5~5cm×3~4cm，外被腺毛。果长2.5~4cm，果皮厚不达1mm，宿萼反折。花期4~5月，果期8~9月。

主产长江以南的东南各地；海拔200~1500m；生于山坡、林中空地、灌丛中。生态特性与白花泡桐近似。主干低矮，不宜作用材树种造林。

## 单子叶植物 MONOCOTYLEDONES

茎内维管束散生，无形成层，茎一般不能增粗生长。叶具平行脉。花通常3基数。种子胚具1子叶。

69科约50 000种。我国47科4000种以上，木本植物200余种，其中，以禾本科（竹亚科)及棕榈科占有重要的位置,它们在经济上具有重要的价值,而且在生态上、景观上,以至文化艺术和美学上均有特殊意义。

## 107. 棕榈科 PALMAE(ARECACEAE)

乔木状或灌木状;少藤本。茎单干直立,常不分枝,少有丛生,干常宿存叶基或具环状叶痕。叶大,革质,集生干顶,掌状、羽状分裂或扇形;叶柄基部具纤维质叶鞘。花小,单性、两性或杂性;肉穗状圆锥花序,生叶丛中或叶下,具各式佛焰苞;花被片6;雄蕊6,2轮;雌蕊具3心皮,分离至合生,子房上位,1~3(7)室,每室1胚珠,柱头3。核果或浆果。

183属2450种,分布全球热带和亚热带。我国(含栽培)18属77余种,主产华南、西南及台湾。多为纤维、油料、淀粉及园林风景树种。

1. 叶掌状分裂或有掌状脉。
  2. 叶柄两侧有刺或至少近基部有刺。
    3. 叶裂片边缘常有卷曲的丝状纤维;叶柄基部常呈倒"V"字形裂开而包着茎干 ………………………………………………………………………………………… 1. 丝葵属 *Washingtonia*
    3. 叶裂片边缘无丝状纤维;叶柄基部不裂开 ………………… 2. 蒲葵属 *Livistona*
  2. 叶柄两侧无刺或仅有细锯齿。
    4. 丛生灌木状,茎粗<3cm;叶裂片少数,<20片,顶端常阔而有数个细尖齿 … 3. 棕竹属 *Rhopis*
    4. 乔木状,茎粗>15cm;叶裂片多数,>20片,顶端常尖而具2浅裂 …… 4. 棕榈属 *Trachycarpus*
1. 叶羽状分裂或有羽状脉。
  5. 叶二或三回羽状全裂,裂片菱形,边缘具不整齐的啮蚀状齿 ………… 5. 鱼尾葵属 *Caryota*
  5. 叶一回羽状全裂,裂片条形、条状披针形、长方形或椭圆形。
    6. 茎常攀缘;花穗轴有钩刺;叶鞘常有纤鞭 …………………………… 6. 省藤属 *Calamus*
    6. 茎直立;花穗轴无刺;叶鞘无纤鞭。
      7. 叶轴近基部的裂片退化成针状。
        8. 乔木;叶裂片芽时外向折叠 ………………………………… 7. 油棕属 *Elaeis*
        8. 灌木或小乔木;叶裂片芽时内向折叠 ………………………… 8. 刺葵属 *Phoenix*
      7. 叶柄和叶轴均无刺。
        9. 花序生于叶丛中 ……………………………………………… 9. 椰子属 *Cocos*
        9. 花序生于叶鞘之下。
          10. 裂片在中轴上排成不整齐的4列 ……………………… 10. 王棕属 *Roystonea*
          10. 裂片在中轴上排成整齐的2列。
            11. 裂片下面极光滑 ……………………………………… 11. 槟榔属 *Areca*
            11. 裂片下面被灰白色鳞片状或绒毛状的被覆物 ……… 12. 假槟榔属 *Archontophoenix*

### 1. 丝葵属 *Washingtonia* H. Wendl.

植株高大,粗壮,乔木状。茎通常部分或全部被覆宿存的枯叶,具密集的环状叶痕,有时基部膨大。叶为具肋掌状叶，内向折叠；叶片不整齐地分裂至 1/3～2/3 处而成线形具单折的裂片，裂片先端 2 裂，裂片边缘有丝状纤维，下面中脉突起；叶柄长，边缘具明显的弯齿；叶鞘被密集的早落绒毛，边缘变成纤维状。花序生于叶间，与叶等长或长于叶；花两性，单生；花萼 3 片，撕裂状；花冠基部管状，上部裂片狭卵形；雄蕊 6；心皮 3。果实宽椭圆形、卵球形至球形。

2 种，分布美国西部及墨西哥的西部。我国南部热带及亚热带地区有栽培。

**丝葵**（老人葵）*Washingtonia filifera*（Lind. ex André）H. Wendl. 图 815

茎单生，高 15～20m。树干基部通常不膨大，向上为圆柱状，顶端细，被覆较多下垂的枯叶，可见明显的纵向裂缝和不太明显的环状叶痕。叶掌状深裂，近圆形，直径 2～3m，在裂片之间及边缘具灰白色的丝状纤维；叶柄下半部边缘具小刺。花序弓状下垂，三级分枝。果实卵球形，径约 6mm，亮黑色，顶端具刚毛状的长 5～6mm 的宿存花柱。

原产美国加利福尼亚和亚利桑那；生于海边干旱地。我国南部多有栽培。有一定的耐寒性。树形美观，配置于建筑物前后，巍然挺立，颇有热带风光。

图 815 丝葵

## 2. 蒲葵属 *Livistona* R. Br.

乔木状，树干有环状叶痕。叶大，宽肾状扇形，掌状分裂至中上部，裂片先端 2 裂，下垂；叶柄长，两侧有刺。花两性；花序生于叶丛中；佛焰苞多数，圆筒形；花萼、花冠均 3 裂；雄蕊 6，花丝基部合生。核果球形或椭圆形；种子 1。

33 种，分布亚洲及大洋洲热带地区。我国 3 种，产西南部至东南部。

**蒲葵** *Livistona chinensis*（Jacq.）R. Br. ex Mart. 图 816

高达 20m，基部常膨大。叶大，径达 1m 以上，阔肾状扇形，掌状分裂至中上部，裂片先端 2 裂，裂片下垂；叶柄长 1.3～1.5m，两侧有刺。花序呈圆锥状，肉质，长达 1m，腋生；花小无柄，黄绿色。果长约 1.8～2.2cm×1～

图 816 蒲葵

1.2cm，熟时黑色或蓝黑色。花期 3~4 月，果期 8~9 月。

原产我国南部；越南亦产。华南庭园广为栽培，南岭以北长江以南背风处可栽培。嫩叶编制葵扇。

## 3. 棕竹属 Rhapis L. f. ex Ait.

灌木状。茎细如竹，多丛生。叶鞘网状，黑褐色。叶聚生茎顶，叶片内向折叠，掌状深裂几达基部，裂片少数(20 以下)，先端钝而有齿；叶柄细，边缘无刺。花单性异株或杂性；花序生于叶丛中；花萼和花冠 3 齿裂；雄蕊 6(雌花中为退化雄蕊)；心皮离生。浆果通常由 1 心皮发育而成，球形，成熟时白色；种子 1。

11 种，分布亚洲东部及东南部。我国 5 种，产西南至华南。

**棕竹** *Rhapis excelsa* ( Thunb. ) A. Henry ex Rehd. 图 817

高达 3m；茎圆柱形，有节，上部被淡黑色、粗硬的网状纤维。叶掌状深裂，裂片 4~10，先端具不规则锯齿。花序长约 30cm；佛焰苞数个，花序梗及分枝花序基部各有 1 佛焰苞包被，密被褐色绒毛。果球状倒卵形，径 8~10mm；种子球形。花期 6~7 月。

产广东、海南、福建、贵州及云南；泰国、越南亦产；海拔 1000m 以下；散生于季雨林中。耐阴，喜湿润的酸性土。长江以南各地多栽培。树形优美，常植于园林，亦有盆栽于室内或屋前阶梯侧供观赏。

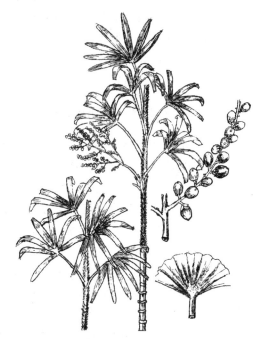

图 817 棕竹

## 4. 棕榈属 Trachycarpus H. Wendl.

乔木状，树干具环状叶痕；上部具黑褐色叶鞘。单叶，掌状分裂至中部以下，裂片 20 片以上，先端 2 裂，几直伸；叶柄边缘常具细齿。花单性，杂性，小；花序生于叶丛中；佛焰苞多数，具毛；花萼，花冠均 3 裂；雄蕊 6；心皮分离。核果球形，粗糙；种子腹面有凹槽。

8 种，分布东南亚。我国 3 种，产长江以南。

**棕榈** *Trachycarpus fortunei* ( Hook. ) H. Wendl. 图 818

高达 15m。树干常有残存的老叶柄及被密集的

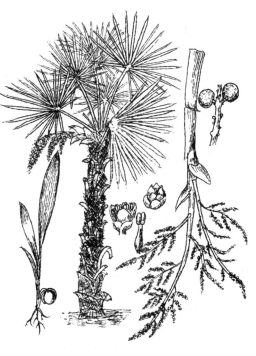

图 818 棕榈

网状纤维叶鞘。叶圆扇形，径30~60cm，裂片条形，多数，硬挺不下垂。肉穗花序簇生，下垂；果球形，径约8mm，熟时蓝黑色，略被白粉。花期4月，果期12月。

产秦岭、长江流域以南；中南半岛亦产。树姿优美，园林栽培观赏，现栽培区向北扩大至长江流域以至秦岭南部汉中，为棕榈科国产种中最耐寒者。喜湿润、富含腐殖质的黏壤土；浅根性，偶风倒，生长慢。一般种植于村宅边，植后3~4年开始割叶，20~40年后衰老。葵叶可制草帽、蓑衣、船篷和屋盖，叶鞘纤维为绳索、蓑衣、棕垫、地毯、棕刷和沙发的填充材料等。

## 5. 鱼尾葵属 Caryota L.

乔木状；茎单生或丛生，具环状叶痕。叶羽状全裂，聚生于顶，羽片半菱形，状如鱼尾，边缘具啮蚀状齿，具放射平行脉；叶柄基部膨大；叶鞘大，纤维质。花单性，雌雄同株，常3朵聚生，中间为雌花，两侧为雄花；雄蕊多数；花序生于叶丛中，下垂，佛焰苞3~5，管状；花萼、花瓣均为3。果近球形；种子1~3。

13种，分布亚洲南部、东南部至澳大利亚热带地区。我国4种，产华南及西南。

1. 茎丛生，高5~8m；花序长0.25~0.4m ·············································· 1. 短穗鱼尾葵 C. mitis
1. 茎单生，高10~30m；花序长1.5~3m。
  2. 茎绿色，表面被白色的毡状绒毛；雄花萼片与花瓣无脱落性的黑褐色毡状 ··· 2. 鱼尾葵 C. maxima
  2. 茎黑褐色，表面无白色的毡状绒毛；雄花萼片与花瓣被脱落性的黑褐色毡状绒毛 ··············
·································································································· 3. 董棕 C. obtusa

### 1. 短穗鱼尾葵 Caryota mitis Lour. 图819

茎丛生，小乔木状，高5~8m；茎绿色，表面被微白色的毡状绒毛。叶长3~4m，羽片淡绿色，呈楔形或斜楔形，外缘笔直，内缘1/2以上弧曲成不规则的齿缺，且延伸成尾尖或短尖；叶柄被褐黑色的毡状绒毛；叶鞘边缘具网状的棕黑色纤维。佛焰苞与花序被糠秕状鳞秕，花序短，长25~40cm，具密集穗状的分枝花序；雄花花瓣狭长圆形，淡绿色，雄蕊15~20(25)；雌花花瓣卵状三角形。果球形，径1.2~1.5cm，成熟时紫红色，具1种子。花期4~6月，果期8~11月。

产广东、海南、广西、云南、福建及台湾；东南亚国家亦产；生于山谷阴湿林中。茎的髓心含淀粉，可供食用，可栽培作庭园绿化。

### 2. 鱼尾葵 Caryota maxima Bl. ex Mart. [Caryota ochlandra Hance] 图820

茎干绿色，单生，高达20m。叶长3~4m，羽片长15~50cm×3~10cm，互生，稀对生，最上一片大。花序长3~3.5m；雄花雄蕊(30)50~110；雌花退化雄蕊6，钻状；柱头2裂。果序长常3m以上，果球形，熟时淡红色，径1.5~2cm；种子1(2)。花期5~7月，果期8~11月。

产广东、海南、广西、云南及福建；热带亚洲地区亦产；海拔450~700m；生于山坡或沟谷林中。茎内含大量淀粉，可代桄榔粉；树姿优美，叶形奇特，可供热带地区园林栽培。

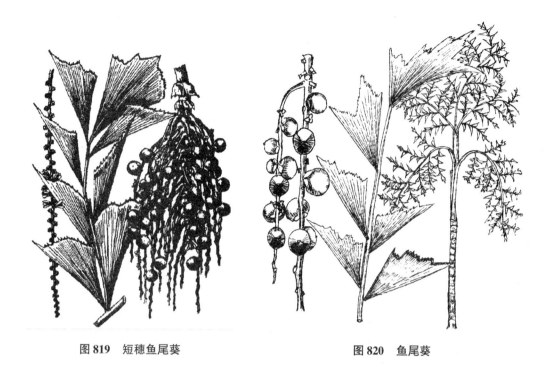

图 819　短穗鱼尾葵　　　　　　图 820　鱼尾葵

**3. 董棕** *Caryota obtusa* **Griff.** [*Caryota urens* Auct. non L.]　图 821

乔木状，高 30m；茎黑褐色，无白色的毡状绒毛。叶长 3.5~5m，羽片宽楔形或狭的斜楔形，基部以上的羽片渐成狭楔形，外缘笔直，内缘斜伸或弧曲成不规则的齿缺，且延伸成尾状渐尖；最顶端的羽片为宽楔形，先端 2~3 裂；叶柄长 1.3~2m，被脱落性的棕黑色的毡状绒毛；叶鞘边缘具网状的棕黑色纤维。佛焰苞长 30~45cm；花序长 1.5~2.5m，具多数、密集的穗状分枝花序；雄花花萼与花瓣被脱落性的黑褐色毡状绒毛；雌花与雄花相似，但花萼稍宽，花瓣较短，退化雄蕊 3。果实球形至扁球形，径 1.5~2.4cm，成熟时红色。种子 1~2。花期 6~10 月，果期 5~10 月。

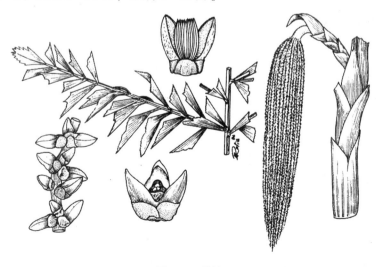

图 821　董棕

产云南、广西及西藏南部；南至中南半岛亦产；海拔 370~1500（2450）m；生于石灰岩山地或沟谷中。华南有种植。木质坚硬；髓心含淀粉可食用；叶鞘纤维坚韧可制棕绳；树形美丽，可作绿化观赏树种。

## 6. 省藤属 Calamus L.

攀缘藤本或直立灌木状，丛生或单生；茎细弱，有刺。叶羽状全裂，叶轴具刺，顶端有时延伸成一有刺的纤鞭；叶鞘常有纤鞭。花单性，雌雄异株；花穗轴有刺，佛焰苞管状，宿存；萼杯状，3齿裂；花瓣3，镊合状排列；雄蕊6；子房被鳞片。果球形，外果皮薄壳质，被以向下覆瓦状排列的鳞片；种子通常1。

约385种，广布于亚洲、大洋洲和非洲热带。我国28种，产西南部至东南部，以云南最盛。

**杖藤**（华南省藤）*Calamus rhabdocladus* Burret 图822

攀缘大藤本，丛生，茎长10m，带叶鞘基粗3~4cm，裸茎粗1.8~2.5cm。叶鞘具刺；羽片条形，排列整齐，20~50cm×1~2cm，先端渐尖，具明显的3条肋脉，两面及叶缘疏生黑色刚毛。花黄绿色；雌雄花序异型；雄花序长鞭状，长达80cm，三面分枝；雌花序二回分枝，长70~80cm。浆果椭圆形，10~13mm×7~8mm，顶端具喙状尖头，淡黄色。花果期4~6月。

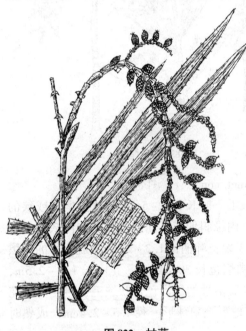

图822 杖藤

产湖南南部、华南及西南；常生于季雨林中。藤茎坚韧，富弹性，宜做藤器的支柱、手杖、绳索及各种藤制品。

## 7. 油棕属 Elaeis Jacq.

直立乔木状；干单生，叶基宿存。叶簇生茎顶，羽状全裂，裂片芽时外向折叠；长成时其基部外折；叶柄及叶轴两侧有刺。花单性，同株异序；花序短，生于叶丛中；花序梗短而圆；雄花小，排成稠密的柔荑花序，花序轴先端芒状，雄蕊6；雌花大，近头状花序。核果卵形或倒卵形，聚合成稠密的果束，果顶端有3个萌发孔；种子1~3。

2种，原产热带非洲。我国南部部分地区有栽培。

**油棕** *Elaeis guineensis* Jacq. 图823

乔木状，高10m。叶长3~6m，叶柄边缘有刺；羽叶裂片条状披针形，70~80cm×2~4cm；雌花序近头状，密集，长20~30cm。果实成熟时为黄褐色，长约4cm，聚生成密果束，每束重15~25kg，外果皮光滑，中果皮肉质具纤维，内果皮坚硬。花期6月，果期9月。

原产热带非洲。我国广东、广西、福建、云南及台湾有栽培。喜暖热气候及肥厚湿润、排水良好的酸性砂壤土或壤土，不耐霜雪。3年开始结果，10年后进入盛果期。果肉含油量50%~60%，种仁含油量50%~55%，单株产油量30~40kg，有"世界油王"之称；油质佳，味香，为优良的食用油及人造乳酪和奶油的原料；还供香皂、蜡烛、润滑油和内燃机燃料、化妆品等用；棕油可作冷轧钢的辅助剂和防腐剂；树中流出的液汁可作饮料。

## 8. 刺葵属 *Phoenix* L.

灌木或乔木状；茎单生或丛生，通常被有老叶柄的基部或脱落的叶痕。叶羽状全裂，羽片狭披针形或线形，芽时内向折叠，基部的退化成刺状。花序生于叶间，直立或结果时下垂；佛焰苞鞘状，革质；花单性，雌雄异株；花黄色；花瓣镊合状排列；雄蕊6或3(9)；雌花球形，花瓣覆瓦状排列，退化雄蕊6，心皮3，离生。果实长圆形或近球形，外果皮肉质，内果皮薄膜质。种子1，腹面具纵沟。

14种，分布亚洲与非洲的热带及亚热带地区。我国有2种，产广东、海南、广西、云南及台湾等，另引入常见栽培的3种，多作观赏栽培。

图823 油棕

1. 丛生披伞灌木状；茎常倾斜，高2~5m ················································ 1. 刺葵 *P. loureiroi*
1. 乔木状；茎常通直，高10~15m。
   2. 茎干密被老叶脱落后宿存的叶柄残基 ·········································· 2. 银海枣 *P. sylvestris*
   2. 茎干密被叶柄脱落后宿存的波状叶痕 ······································ 3. 加拿利海枣 *P. canariensis*

**1. 刺葵 *Phoenix loureiroi* Kunth** [*Phoenix hanceana* Naud.]　图824

茎丛生或单生，高2~5m。叶长达2m，羽状全裂，羽片线形，15~35cm×1~1.5cm，呈4列排列。佛焰苞长15~20cm，褐色；花序梗长60cm以上；雌花序分枝短而粗壮，长7~15cm；雄花近白色；花萼顶端具3齿；花瓣3；雄蕊6；雌花花萼顶端不具三角状齿；花瓣近圆形；心皮3。果实长圆形，长1.5~2cm，成熟时紫黑色，基部具宿存的杯状花萼。花期4~5月，果期6~10月。

产广东、海南、广西、云南、福建及台湾等；东南亚其他各国亦产；生于海边或低平地阔叶林或针阔混交林中。树形美丽，作庭园绿化植物栽培；果可食。

**2. 银海枣 *Phoenix sylvestris* Roxb.**

乔木状，高达15m。叶密集成半球形树冠；茎具宿存的叶柄基部。叶长3~5m，略灰绿色；叶鞘具纤维；羽片剑形，15~45cm×1.7~2.5cm，顶端尾状渐尖，互生或对生，呈2~4列排列，下部羽片较小，最后变为针刺。佛焰苞近革质，长30~40cm，表面被糠秕状褐色鳞秕；花序长60～100cm；雄花白色，具香味；花瓣3；雌花近球形，花萼杯状。果序具节，密集，橙黄色；果实长圆状椭圆形或卵球形，橙黄色，长2～2.5(3)cm，顶端具短尖头。果期9～10月。

原产印度北部。我国华南、西南及华中和华东的南部有栽培。常作庭园观赏或行道树；树液可制糖；树形端丽，常配置于建筑物前后，点缀风光。

图824　刺葵

图825　加拿利海枣

**3. 加拿利海枣 *Phoenix canariensis* Chab.**　　图825

乔木状，茎单生，高10～15m，通常被覆脱落的叶柄痕迹，呈明显的螺旋状；茎的最下部或基部膨大。叶长(3)6m，羽片线形，锐尖，15～50cm×2～3cm，对生或互生，两面亮绿色；叶柄短，其基部的刺坚硬。花序长达2m；雄花斜卵形，奶黄色；雌花近球形，橙色。果实卵状球形，橙色，长约2cm，直径约1cm。花期5～6月，果期9～10月。

原产非洲加那利群岛及其毗邻地区。我国长江以南有栽培。较耐寒，长沙、武汉、南昌均可露天种植，但需背风环境；树形美观，常栽培作庭园观赏或行道树。

## 9. 椰子属 *Cocos* L.

直立乔木状，树干具环状叶痕。叶羽状全裂，簇生茎顶，裂片多数，基部明显向外折叠；叶柄无刺。花单性同株，同序；花序生于叶丛中；雄花左右对称，雄蕊6。果实大，椭圆形，微具3棱，外果皮革质，中果皮厚纤维质，内果皮(即椰壳)骨质，坚硬，基部具3个萌发孔；种子1，种皮薄，胚乳(椰油)白色肉质，内有一大空腔贮藏水液。

1种，广布于全球热带海岸和岛屿。我国1种，产华南和西南热带地区，海南最盛。

**椰子 *Cocos nucifera* L.**　　图826

高大乔木状，高达30m，茎粗壮，基部增粗，常有簇生小根。叶裂片革质，条状披针形，长 65~100cm 或更长，宽 3~4cm。雄花小，生于分枝的上部；雌花大，生于分枝的下部；子房 3 室。果实大，径达 25cm，未熟时青绿色，成熟时暗棕褐色。全年开花，花后一年果熟。

产华南、云南、台湾南部。适生高温多雨气候和排水良好的海岸冲积土。为重要的木本油料及纤维树种，全株各部均有用途。椰油供食用及制高级肥皂、多种化妆品、机械润滑油、合成胶等；亦为热带水果，胚乳营养丰富，椰子汁是一种可口的清凉饮料；椰壳可加工成各种器皿和工艺品，也可制活性炭；椰纤维可制毛刷、地毯；为海岸重要的防护林树种，也是优美的热带风光树。

图 826 椰子

## 10. 王棕属 *Roystonea* O. F. Cook

乔木状。叶极大，羽状全裂，裂片线状披针形，排成不整齐的 4 列；叶鞘长筒状，极延长，抱茎；叶柄及叶轴无刺。花序生于叶鞘之下，大型，分枝，佛焰苞 2，花小，单性同株，单生、并生或 3 朵聚生，雄花萼片 3，雄蕊 6~12，雌花花冠壶状，3 裂至中部。果近球形或长圆形，长不到 1.2cm。种子 1。

10~12 种，产美洲热带。我国引入栽培 2 种。

**王棕**（大王椰子）*Roystonea regia* (Kunth) O. F. Cook　图 827

高 20m。树干具整齐的环状叶鞘痕，幼时基部明显膨大，老时中部膨大为瓶形。叶聚生于茎顶，羽状全裂，裂片条状披针形，先端渐尖或 2 裂，裂片大致排成 4 列，叶鞘光滑且呈绿色。肉穗花序三回分枝，排成圆锥花序式。佛焰苞 2，外面 1 枚短而早落，里面 1 枚舟状。果球形，成熟后红褐至紫黑色。花期 4~6 月，果期 7~8 月。

原产美国佛罗里达州与古巴。我国华南地区有栽培。喜高温多湿的热带气候，耐短暂低温，喜充足的阳光和疏松肥沃的土壤。树姿高大雄伟，树干光洁通直如玉柱，亭亭玉立，群植或列行种植更为壮观；为世界著名的热带风光树种，宜作行道树或风景树。

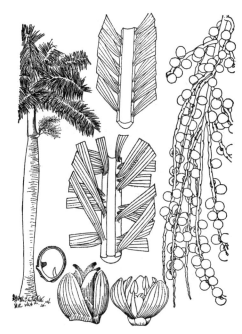

图 827 王棕

### 11. 槟榔属 Areca L.

乔木状或丛生灌木状，具环状叶痕。叶簇生茎顶，羽状全裂，裂片2列，条形；叶轴及叶柄无刺。花序生于叶鞘之下，分枝多；佛焰苞早落。花单性，雌雄同序；雄花多，生于花序上部，雄蕊3或6；雌花少而大，生于花序下部；子房1室，柱头3；胚珠1，基生，直立。核果小，径不及6cm，果肉纤维质，内果皮无萌发孔；种子1，胚乳嚼烂状。

约48种，分布亚洲热带和澳大利亚北部。我国引入1种，主要栽培华南地区。

**槟榔 Areca catechu L.** 图828

乔木状，高达20m。叶长1.3~2m，羽片多数，狭长披针形，30~60cm×2.5~4cm。肉质圆锥花序分枝曲折；雄花小，无梗；雄蕊6，花丝短，退化雄蕊3；雌花较大，退化雄蕊6，合生，子房长圆形。果卵状球形或长圆形，长3~5cm，橙黄色；种子卵形。花期4~6月，自开花至果熟约需13个月。

原产东南亚。我国广东南部、海南、云南南部及台湾有栽培。喜高温多雨的湿热地区，适生温度为24~26℃，低于16℃就会落叶，低于5℃即会受冻害；在富含腐殖质的土壤生长良好；在幼龄种植期适当遮阴，避免日灼。成熟的槟榔子，含油状的槟榔碱，可治食滞、腹胀痛、疟疾等症，也可驱虫；果含单宁，可作红色染料，亦可加工制成嗜好品与蒌叶 Piper betle L. 共同咀嚼，海南、湖南长沙一带及越南居民常有此爱好；树干坚韧；又可作热带风光的观赏树和标志树。

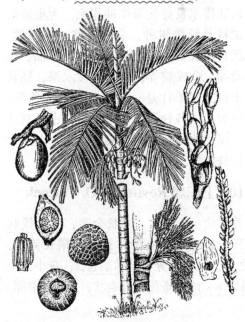

图828 槟榔

### 12. 假槟榔属 Archontophoenix Wendl. et Drude

乔木状；干单生，有环纹，基部略膨大。叶羽状全裂；裂片排成2列，下面被灰白色鳞片状或绒毛状的被覆物；叶柄及叶轴无刺。佛焰苞序生于叶鞘之下，有多数倒垂的分枝，佛焰苞2。花无柄，单性同株，雄花花冠左右对称，萼片3，花瓣3，雄蕊9~24；雌花雌蕊近球形，较小，退化雄蕊6或缺，柱头3。果小，球形或椭圆形。

图829 假槟榔

3种,产澳大利亚,我国引入2种。

**假槟榔** *Archontophoenix alexandrae* ( F. Muell. ) H. Wendl. et Drude 图829

乔木,高达30m。茎干具阶梯状环纹,干基稍膨大。叶长2~2.5m,羽状全裂,排成2列,裂片多数,长60cm,先端渐尖而略2浅裂,边缘全缘,下面灰绿,有白粉,中脉和侧脉明显,叶轴下面密被褐色鳞秕状绒毛;叶柄短;叶鞘膨大抱茎,革质。肉穗花序,具2枚鞘状扁舟形总苞。雄花为三角形长圆形,雄蕊9~10;雌花单生,卵形。果卵状球形,熟时红色。

原产澳大利亚。我国华南地区有栽培。喜高温、高湿气候和避风向阳的环境,较槟榔稍耐寒;要求土层深厚、肥沃、排水良好的砂质壤土。树身高大挺直,雄伟俊秀,叶片披垂碧绿,随风招展,是著名的热带风光树;在南亚热带地区栽培较广泛,宜作园林树和行道树。

## 108. 禾本科 POACEAE( GRAMINEAE)

草本,稀木本。茎有节,节间中空,稀实心。单叶互生,叶鞘包茎,一侧开口,闭合或开放;叶片狭长,中脉发达,侧脉与中脉平行;有叶舌或缺;叶耳位于叶基两侧或缺。穗状、总状、圆锥花序,由小穗组成;小穗基部具2至数枚颖片;花两性,稀单性,花之苞片特化为外稃—内稃,外稃常具芒;花被特化为2(3)浆片,亦称鳞被;雄蕊3(1、2、6);子房上位,1室,花柱2~3,柱头羽毛状(图830)。多为颖果,稀坚果或浆果。

约700属10 000余种,分布全球。我国有237属约1500种,各地均产。具有重要的经济价值,如作粮食、饲料、牧草、药材等;竹类也是人们生活、生产不可缺少的重要资源。

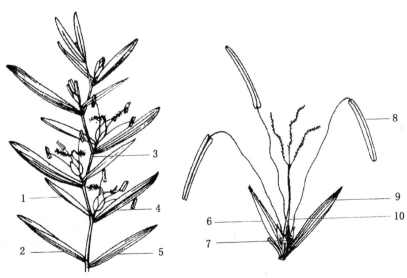

**图830** 禾本科小穗及花构造
1. 内稃 2. 第二颖 3. 小穗轴 4、9. 外稃 5. 第一颖
6. 内稃 7. 鳞被 8. 雄蕊 10. 雌蕊

## 109. 竹亚科 BAMBUSOIDEAE

乔木状、灌木状、藤本或草本。其中木本类群秆散生或丛生。地下茎又称竹鞭，常分为合轴型和单轴型，在单轴与合轴之间又有过渡类型(图831)。竹鞭的节上生芽，不出土的芽生成新的竹鞭，芽长大出土称竹笋，笋上的变态叶称竹箨(又称秆箨)；竹箨分箨鞘、箨叶、箨舌、箨耳等部分(图833)；笋发育成秆，秆具明显节和节间；节部有2环，下一环称箨环，上一环称秆环，两环间称为节内，其上生芽，芽萌发成枝。分枝1至更多(图832)。花多组成复花序，小穗两侧扁，稃具脉，无芒，雄蕊3~6；鳞被2~3，柱头1~3。

91属，其中木本50多属约850种，分布亚洲、美洲和非洲。草本竹类我国不产，已知木本竹类有23属约350种，也有学者认为是37属500种。长江流域、珠江流域、云南南部竹类资源非常丰富，北方竹类较少(分布图16)。竹类在我国林业生产和园林绿化中占有重要地位。

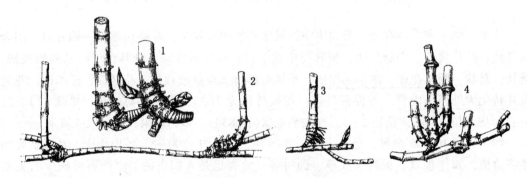

**图831　竹亚科地下茎类型**

1. 合轴丛生型　2. 合轴散生型　3. 单轴散生型　4. 复轴混生型

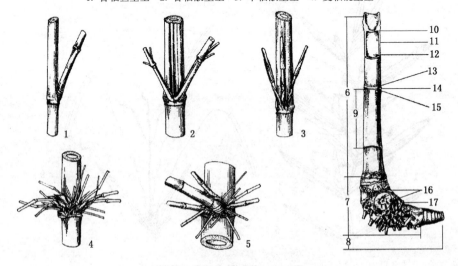

**图832　竹亚科秆及分枝形态**

1. 一枝型　2. 二枝型　3. 三枝型　4. 多枝型(主枝不明显)　5. 多枝型(主枝明显)　6. 秆茎　7. 秆基
8. 秆柄　9. 节间　10. 竹隔　11. 竹壁　12. 竹腔　13. 秆环　14. 节内　15. 箨环　16. 芽　17. 根

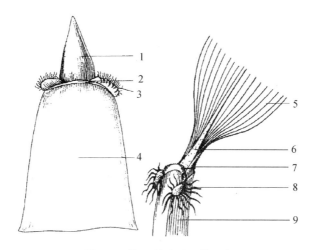

**图 833　竹亚科叶及秆箨形态**
1. 箨叶　2. 箨舌　3. 箨耳　4. 箨鞘　5. 叶片
6. 叶柄　7. 叶舌　8. 叶耳　9. 叶鞘

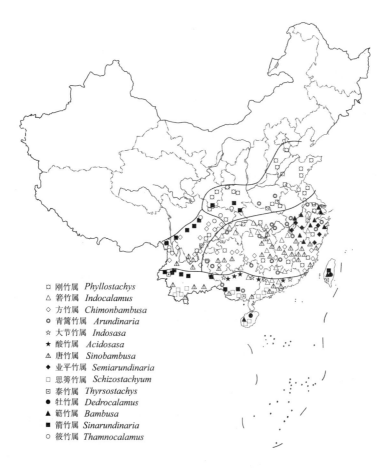

□ 刚竹属 *Phyllostachys*
△ 箬竹属 *Indocalamus*
◇ 方竹属 *Chimonbambusa*
◉ 青篱竹属 *Arundinaria*
☆ 大节竹属 *Indosasa*
★ 酸竹属 *Acidosasa*
▲ 唐竹属 *Sinobambusa*
◆ 业平竹属 *Semiarundinaria*
▢ 思笏竹属 *Schizostachyum*
⊟ 泰竹属 *Thyrsostachys*
● 牡竹属 *Dedrocalamus*
▲ 箣竹属 *Bambusa*
■ 箭竹属 *Sinarundinaria*
○ 筱竹属 *Thamnocalamus*

**分布图 16　中国竹类植物分布图**

1. 地下茎为合轴型。
   2. 低海拔平原或丘陵竹种；秆柄极短，不延伸；竹秆密集丛生；无限花序密集，小穗无柄，雄蕊6。
      3. 每小穗含1~2花；秆分枝粗细近相等；秆节间粗糙；小穗无颖片；无鳞被 ·················································· **1. 思箖竹属** Schizostachyum
      3. 每小穗含3至多花，内稃具两脊。
         4. 秆梢部弯曲下垂，叶大；小穗轴每小穗含3至多花，不具关节；鳞被缺 ·················································· **2. 牡竹属** Dendrocalamus
         4. 秆梢部劲直或微弯，叶片较小；小穗轴具关节；鳞被常3 ·················· **3. 箣竹属** Bambusa
   2. 高海拔山区竹种；秆柄延伸，具"假鞭"，或不延伸；竹秆多丛散生或丛生；有限花序，小穗具柄，雄蕊3。
      5. 圆锥花序，小穗无佛焰苞 ·················································· **4. 箭竹属** Sinarundinaria
      5. 总状花序短缩，小穗具佛焰苞 ·················································· **5. 筱竹属** Thamnocalamus
1. 地下茎单轴型或复轴型。
   6. 秆每节分枝1~2。
      7. 叶片大；灌木状，分枝1 ·················································· **6. 箬竹属** Indocalamus
      7. 叶片中型或小型；乔木状，分枝2 ·················································· **7. 刚竹属** Phyllostachys
   6. 秆每节分枝3或更多。
      8. 箨叶甚短，几不发育；节内具气生根刺、刺瘤或无刺 ·················· **8. 方竹属** Chimnobambusa
      8. 箨叶发达；节内无刺。
         9. 秆圆筒形或近节部微扁，雄蕊3 ·················································· **9. 青篱竹属** Arundinaria
         9. 秆分枝一侧具明显沟槽。
            10. 雄蕊6。
               11. 无限花序，假小穗无柄 ·················································· **10. 大节竹属** Indosasa
               11. 有限花序，小穗明显具柄 ·················································· **11. 酸竹属** Acidosasa
            10. 雄蕊3。
               12. 假小穗细长，长12~20cm；苞片常较小 ·················· **12. 唐竹属** Sinobambusa
               12. 假小穗紧密排列于缩短的花枝上；苞片大，叶状 ·········· **13. 业平竹属** Semiarundinaria

## 1. 思箖竹属 *Schizostachyum* Nees

地下茎合轴型，秆丛生，乔木或灌木，有时攀缘状；秆分枝粗细近相等，竹壁薄，节间圆筒形，多少具硅质，粗糙。箨鞘迟落，顶部截平，圆拱或两肩高耸；鞘口䍁毛发达；箨耳退化，有时发达；箨叶外翻。小穗具花1~2；颖1~2或缺失；小穗轴易于节处折断；鳞被缺失；雄蕊6；子房具柄，果实有喙。

50余种，产亚洲南部。我国8种。

**1. 思箖竹** *Schizostachyum pseudolima* McCl.   图834

秆高达10m，径4cm；梢常下垂或作攀缘状；节间基部光亮无毛，上部具硅质，粗糙，节间长，可达60cm，秆壁厚1~2mm；秆环平；箨环突起。箨鞘迟落，草黄色，质硬而脆，背面具纵肋和贴生的白色糙毛，顶端截平；箨耳常不明显，鞘口䍁毛多数，长10~18mm；箨舌边缘常具流苏状毛；箨叶外翻，线状披针形。小枝具6~8叶；叶片18~30cm×2~3.5cm，下面密被柔毛。笋期7~8月。

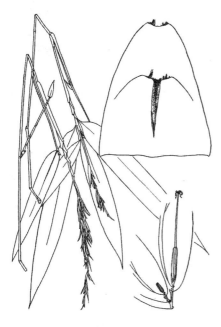
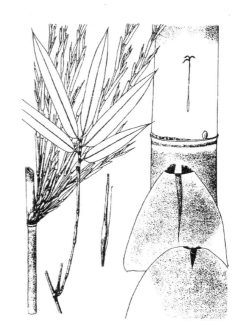

图 834　思筹竹　　　　　　　图 835　沙罗单竹

产海南、云南、广东和香港；越南亦产；生于山地疏林中或栽培于村旁。秆节间长，可作乐器；云南、香港也用于作竹墙，破篾编织各种竹器。

**2. 沙罗单竹** *Schizostachyum funghomii* McCl.　　图 835

秆直立，高 12m，径 4~10cm；枝梢部劲直，节间直，圆筒形，粗糙。具硅质，节间长达 60~70cm，秆环平，箨环稍隆起；秆每节多分枝。秆箨迟落，质硬而脆，背面被有贴生糙毛；无箨耳，鞘口繸毛显著，长 5mm；箨舌高 1~2mm，无毛；箨叶线状披针形，背面无毛。小枝具 6~9 叶，叶片 20~30cm×2.5~4cm，笋期 7~8 月。与思筹竹的区别：枝梢劲直，箨舌无毛。

产广东及广西西江流域。秆用于竹墙，破篾编织竹器，纤维性能极好，为造纸原料，亦可栽培作观赏。

## 2. 牡竹属 *Dendrocalamus* Nees

地下茎合轴型，乔木状；节间圆筒形；秆壁厚，近实心；秆箨脱落性，革质，箨耳小或缺如，箨舌明显，箨叶常外翻。叶片通常较大，披针形至卵状披针形，无叶耳和鞘口繸毛。花序常多分枝呈大型圆锥状，假小穗无柄；数枝簇生于花枝各节上，具 3 至多花；小穗轴极短缩不具关节；颖 1 至数枚，卵圆形，多脉；外稃似颖。有时先端具刺芒状尖头，下部花内稃具二脊；鳞被缺，雄蕊 6，花柱柱头单一，羽毛状。颖果小，呈坚果状，先端具长喙。果皮与种子分离。笋期多在夏季。

1. 秆壁薄；节部分枝粗细近相等，节间有小刺毛；箨鞘先端呈"山"字形 …………… **1. 慈竹 *D. affinis***
1. 秆壁厚；节部分枝主枝粗于侧枝。
　2. 箨舌短，长不及 3mm；秆径 (3) 6~20cm。

3. 秆大型，高15~20m；箨耳细小；叶鞘被刺毛 ·················· **2. 麻竹 D. latiflorus**
3. 秆中型，高6~10m；箨耳狭长或无箨耳；叶鞘毛被脱落 ·················· **3. 吊丝竹 D. minor**
2. 箨舌长6~15mm；秆径20~30cm ·················· **4. 龙竹 D. giganteus**

**1. 慈竹 *Dendrocalamus affinis* Rendle** [*Bambusa emeiensis* L. C. Chia et H. L. Fung]  图836

秆高5~10m，径3~6cm，梢端下垂；秆壁薄，节间长可达60cm，贴生小刺毛，在秆基数节节内各有一圈紧贴白色绒毛，箨鞘顶端稍呈山字形；箨耳不明显，狭小；箨舌高4~5mm，边缘具流苏状纤毛；箨叶直立或外翻，披针形。背面之中部亦疏生小刺毛。每节上丛生20余小枝，主枝粗大；每小枝具叶6~10以上；叶10~30cm×1~3cm，下面具微毛，次脉5~10对。笋期6~9月或12月至翌年3月。

主产四川成都平原、广西、湖南、湖北、云南，陕西亦产。喜肥沃湿润土壤，一般种植于村宅四旁。秆材可编织竹器及建筑用材，亦可为造纸原料。

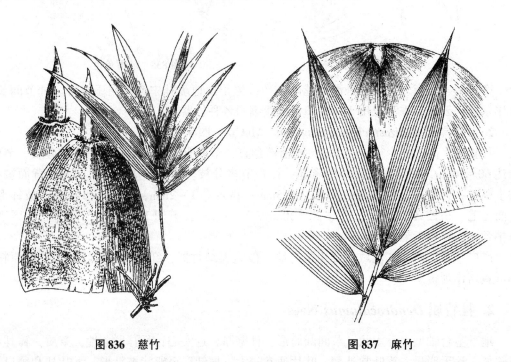

图836 慈竹　　　　　　　图837 麻竹

**2. 麻竹 *Dendrocalamus latiflorus* Munro** [*Sinocalamus latiflorus* (Munro) McCl.]  图837

秆高达16m或更高，径12~30cm，梢部弯曲而下垂；秆壁厚，节间有小刺毛，幼时被薄白粉，长达45~60cm，秆节基部的数节节间具黄褐色毛环。箨鞘革质，有刺毛，肩部宽圆，呈"山"字形，散生短刺毛；箨耳甚小，长约5mm；箨舌高约3mm，边具细齿；箨叶卵状披针形，外翻，腹面常被棕色刺毛。每小枝有叶7~10，叶15~35(50)cm×4~7(13)cm，两面无毛，次脉11~15对，小横脉明显可见。

产浙江南部、广东、广西、四川、贵州、云南、海南、台湾、福建、江西南部。笋味甜，为著名的笋用竹种。秆可供水管或建筑之用，破篾可织篮、箩；竹丛外观雅致，可为园林绿化竹种。

**3. 吊丝竹** *Dendrocalamus minor*( McCl. ) Chia et H. L. Fung [*Sinocalamus minor* McCl.] 图 838

中大型竹，秆高 5~8m，径 4~6cm，梢部弯曲而下垂；节间长 30~40cm；幼时被白粉，秆壁厚。箨鞘革质，顶端近截形，背面中下部贴生易脱落棕红色刺毛；箨耳狭长，边缘有短䍁毛或无箨耳；箨舌平截或微凹，高 2~6mm，边缘齿状或具短流苏状毛；箨叶三角状披针状，或卵形，外翻。分枝的主枝特别长，每小枝具叶 5~8 枚；叶片长 15~25cm，两面无毛，次脉 8~10 对，小横脉明显。

产广东、广西、湖南南部(道县、江永)及贵州。福建引种。常种植于村边或水溪旁。

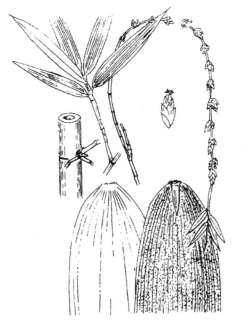

图 838　吊丝竹　　　　　　　图 839　龙竹

**4. 龙竹**(大麻竹) *Dendrocalamus giganteus* Munro　图 839

秆高 20~30m，径 20~30cm，梢头下垂或长下垂；节间长 38~45cm，幼时被白色蜡粉，秆分枝部位高。箨鞘大型，厚革质，背面贴生暗褐色刺毛；箨耳不明显，与下延之基部相连，箨舌长而显著，高 6~15mm，边缘有短齿状缺刻。末级小枝具 5~15 叶，叶大小变异较大，最长达 45cm×10cm，次脉 8~18 对。花枝无叶。小穗长 1.2~1.5cm，带紫色；花柱长，单 1；果长 7~8mm，上部具毛。

产云南东南至西南部，广东、广西、台湾有栽培；生于海拔 500~1500m 低山坝区。东南亚国家广泛栽培。为世界上最大的竹类之一。竹材供建筑和篾用；笋味苦，不宜鲜食，经蒸煮漂洗制作笋丝和笋干(商品称作玉兰片)，色泽淡黄，颇受欢迎。

[附] **歪脚龙竹**(巨龙竹) *Dendrocalamus sinicus* Chia et J. L. Sun　与龙竹同属巨型竹类，其区别：本种秆基部数节短缩，作畸形膨胀，箨叶近直立。产云南南部至西南部；生于海拔 600~1000m 的河谷。为我国境内最大的竹种之一。竹秆常用于建筑和引水管道。

## 3. 簕竹属 *Bambusa* Retz. corr. Schreber

地下茎合轴型；秆丛生，劲直，梢部不弯垂，乔木状或灌木状，少有攀缘；每节分枝多数，如不发育之枝硬化成刺时，则秆基部数节常仅有1分枝。秆箨较迟落，箨耳发达，或不明显，其上常生有流苏状繸毛，箨叶直立或外翻。叶小型至中型，小横脉常不明显。花序大型，为具叶或无叶的假圆锥花序，由多个小穗簇生或聚成头状；小穗有小花数朵，小穗轴具关节，果熟时折断，颖1~4片，外稃具多脉，鳞被2~3，顶端常钝，边缘被纤毛；雄蕊6，子房常具柄，柱头3，羽毛状。颖果长圆形。

100余种，分布亚洲中部和东部、非洲、马来半岛及澳大利亚。我国60余种，主产华南。

1. 具枝刺。
   2. 枝条上部小枝硬化成刺，刺簇生。
      3. 箨鞘基部及箨环上均有棕色刺毛；箨叶直立或外翻，在枝条上刺成"丁"字形开展 ………………………………………………………………… **1. 车筒竹 *B. sinospinosa***
      3. 箨鞘基部及箨环上均无棕色刺毛；箨叶直立；秆基部节间近实心 ………… **2. 簕竹 *B. blumeana***
   2. 枝条上部无刺，仅次生枝具棘刺；箨叶两侧向外延伸；箨耳极不等大；秆节间无毛 ………………………………………………………………… **3. 油簕竹 *B. lapidea***
1. 无枝刺。
   4. 秆壁薄，厚仅3~5mm；节间长可达(30)60~100cm。
      5. 节上分枝彼此等粗；节间初时有白粉；秆箨背面密被蜡粉和小刺毛；箨耳不明显 ………………………………………………………………… **4. 粉单竹 *B. chungii***
      5. 节上分枝不等粗，主枝明显粗长；节间无白粉；箨耳显著，不等大 …… **5. 大眼竹 *B. eutuldoides***
   4. 竹壁厚，可达1cm或更厚。
      6. 箨耳近等大或有时微小、不显著。
         7. 箨叶基部与箨鞘顶部等宽；箨耳小不显著或仅有少数纤毛 ………… **6. 孝顺竹 *B. multiplex***
         7. 箨叶基部与箨鞘顶部不等宽；箨耳明显。
            8. 箨叶完全直立，三角形或宽三角形；秆分枝习性低。
               9. 箨鞘顶端截平，背面无毛或基部疏生刺毛 ………………… **7. 绿竹 *B. oldhamii***
               9. 箨鞘顶端与箨叶连接处呈拱形，与箨耳连接处作弧形下凹成"山"字形，箨鞘背面密生棕色刺毛 ………………………………………………… **8. 龙头竹 *B. vulgaris***
            8. 箨叶向外开展后外翻；秆分枝习性高，梢端弯曲下垂为钩状 …… **9. 吊丝球竹 *B. beecheyana***
      6. 箨耳不等大。
         10. 秆分枝节位低；枝条常在秆基部第1或第2节发生，秆基部数节的节内有1圈白色毛环 …………………………………………………………………… **10. 撑篙竹 *B. pervariabilis***
         10. 秆分枝节位高；秆基部数节通常不分枝。
            11. 秆节间无毛；秆壁厚，中空小；箨耳半圆形，近同形 ………… **11. 硬头黄竹 *B. rigida***
            11. 秆节间有刺毛；秆壁稍薄；箨耳不同形，大者披针形，小者长圆形 … **12. 青皮竹 *B. textilis***

### 1. 车筒竹 *Bambusa sinospinosa* McCl.    图840

秆高10~24m，径5~15cm，梢端直；枝条上部小枝硬化成簇生刺；节间长约30cm，中空很小。箨环密生棕色刺毛，箨鞘厚革质，坚硬，背面基部具刺毛；箨叶在枝条上刺成"丁"字形开展，箨耳发达；箨舌高3~6mm，边缘具纤毛，箨叶三角形。秆每节常为3分枝，每枝之节上均生有2~3刺（系小枝变态），小枝在主秆基部者常硬化成刺；每小枝具叶6~8，叶片狭长披针形，6~20cm×6~20mm，次脉4~7对。

产广东、香港、广西、四川、贵州、云南、福建、重庆。秆高大而坚韧，可为建筑用材；笋味苦，煮熟水漂后可食，也可腌制酸笋食用；分枝低矮，枝条交错，作绿篱和防护林竹种。

图840 车筒竹　　　　　　　　图841 篪竹

**2. 篪竹 _Bambusa blumeana_ Schult. f.**　　图841

秆高15~20m，径8~15cm；壁厚，基部节间近实心；基部数节常生有气根。箨鞘基部及箨环上均无棕色刺毛，箨叶直立；箨鞘革质，坚韧，顶端呈圆形或截平形，背部幼时密生刺毛，边缘有黄色纵条纹2~5；秆上部箨鞘无毛，箨耳发达，边缘密生繸毛，箨舌截平形，高2.5mm，边缘有锯齿状纤毛，箨叶卵状三角形，腹面纵脉间被暗紫色细毛，背面基部密生短毛。每节有1主枝，水平开展，节上生有向下弯曲之锐刺1~5。每小枝具叶5~12，叶6~18cm×1.1~2cm，次脉4~6对。笋期6~9月。

原产印度尼西亚及马来西亚。我国广东南部、海南、台湾、福建、广东、广西、云南有栽培，并已野化。秆材坚韧，可做家具及农具；笋味苦不能食；为村宅防护林及防风固堤之优良竹种。

**3. 油簕竹 _Bambusa lapidea_ McCl.**　　图842

秆高7~17m，径4~7cm；尾梢略下弯，节间长20~35cm，无毛；枝条上部无刺，仅次生枝具棘刺；基部数节间显著较短，有短气根。箨鞘稍迟落，革质，背面完全无毛或仅被小刺毛，有光泽，先端近截形或不对称的拱形；箨叶两侧向外延伸，并与箨耳相近，箨耳极不等大；箨舌高 4~5mm。叶长 8~23cm×10~20mm，两面均无毛。假小穗以数枚簇生于花枝各节，长达 2cm 以上，小穗含两性花 5 或 6，顶端通常具 2 不孕小花；小穗长 2~4cm，颖缺，外稃长达 8.5mm，背面无毛，多脉；内稃具 2 脊；花柱极短而被粗硬毛，柱头 3 裂。笋期 10 月，花期 8~9 月。

产广东、广西、四川、云南，香港有栽培；多生于平地、低丘陵较湿润地方或河流等村落附近。秆厚实而坚韧，可作建筑工程的脚手架、船用撑竿、渔具、农具以及农村建屋等用。

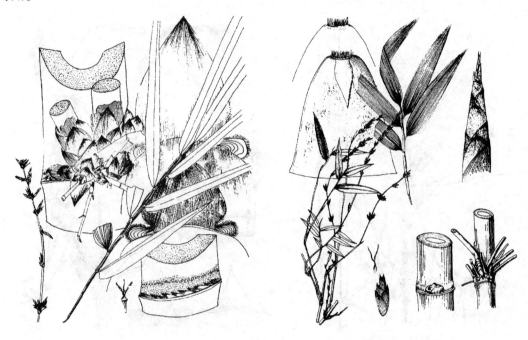

图 842　油簕竹　　　　　　　　　图 843　粉单竹

### 4. 粉单竹 Bambusa chungii McCl.　图 843

秆直立或顶端微弯曲，高 10~18m，径 5~8cm；壁薄，节间一般长 45cm，最长达 100cm，初期有白粉；节上分枝彼此等粗。箨鞘背面基部的毛较长而密，箨环上存留有较窄的木栓质环；箨耳狭长。边缘具繸毛，箨舌边缘具梳齿状缺刻或流苏状长毛，箨叶强烈外翻。末级小枝具 7 叶，叶耳箨耳不明显或成窄条状横卧，鞘口繸毛发达。叶质地较厚，10~16(20)cm×1~2(3.5)cm。

产湖南南部、福建、广东、香港、海南、云南东南部、广西。竹竿节间长，节平，竹材韧性强，为两广主要篾用竹种，供编竹器、竹工艺品，亦为造纸的上等材料；竹丛疏密适中，可供园林绿化之用。

### 5. 大眼竹 Bambusa eutuldoides McCl.　图 844

秆高 8~12m，径 4~5cm；节间长 30cm，无白粉。秆箨硬革质，顶部作极不对称拱弧形，背面被脱落性刺毛；箨耳显著，大小极不等，大者为小者 4~6 倍，长椭圆形，沿肩部极下延，边缘具细繸毛；箨舌拱弧形，高 2~3mm，边缘具细纤毛；箨叶卵状三角形，小枝无刺。每小枝有叶 8~10，叶片线状披针形，10~22cm×1.5~2.2cm，两面无毛，次

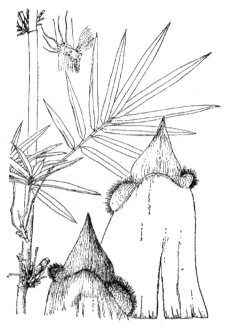
图 844 大眼竹

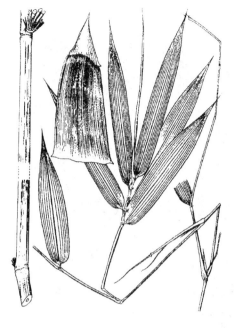
图 845 孝顺竹

脉 5~9 对。

产广东、广西。华南农村普遍栽培。福建引种栽培。

**6. 孝顺竹 Bambusa multiplex (Lour.) Raeusch. ex Schult.** [*B. glaucescens* (Willd.) Sieb. ex Munro] 图 845

秆高 3~7m，径 1~3cm；分枝节位低；竹壁厚，基部节间长 20~40cm，幼时节间上部有小刺毛，被白粉。箨鞘厚纸质，硬脆，无毛，向上渐狭。顶端近圆形，箨耳缺如，稀甚小，箨叶直立，三角形，基部沿箨鞘两肩下延，并与箨鞘顶端等宽，背面无毛，箨耳不明显。每小枝具叶 5~10，叶长 4~14cm×5~20mm，次脉 4~8 对，无小横脉。

产长江以南各地，为丛生竹类最耐寒种类之一。江苏北部、安徽淮北地区及河南南部有栽培。秆材坚韧可编织工艺品，代绳索捆缚脚手架，也是造纸好材料；树形美观，可作绿篱或庭园观赏。栽培变种有：观音竹 'Riviereorum' 秆绿色，实心，末级小枝是 12~23 叶；凤尾竹 'Fernleaf' 秆中空，末级小枝 9~13 叶；小琴丝竹 'Alphonse-Karr' 秆黄色具绿色条纹。

**7. 绿竹 Bambusa oldhamii Munro** 图 846

秆近直立，高 6~10m，径 5~9cm；竹壁厚，节间幼时被白色蜡粉，粉退呈绿色，长 18~27cm；出枝节位高，枝条常在秆第七节发出。秆箨坚脆，背面幼时贴生棕色短毛，后变无毛而具光泽，箨舌截平，近全缘；箨耳近等大，椭圆形，边缘有繸毛；箨叶直立，背面无毛，基部与箨鞘顶部平截，背面无毛，与箨叶基部不等宽。秆每节有 3 枚较粗及若干细的分枝，每小枝有叶 7~15，叶片 17~30cm×2.5~6.2cm，次脉 9~14 对。

产广东、海南、广西、台湾、浙江。笋可食，细嫩清脆，味甘美，为最著名笋用竹种；秆材可为造纸原料，其中层竹材可入药，有解热之效。

图846 绿竹　　　　　　　　　图847 龙头竹

**8. 龙头竹 Bambusa vulgaris Schrad. ex Wendland**　图847

秆直立, 高6~15m, 径粗4~6cm; 竹壁厚, 节间长20~25cm, 幼时有白粉。箨鞘革质, 早落, 其顶端与箨叶连接处呈拱形, 与箨耳连接处作弧形下凹成"山"字形, 箨鞘背面密生棕色刺毛; 箨耳明显, 近等大, 上举, 具繸毛; 箨舌高约1.5mm; 箨叶直立, 卵状三角形或三角形, 箨叶基部与箨鞘顶部不等宽, 背面具凸起细条纹。每小枝具叶6~7, 叶9~22cm×1.1~3cm, 基部近圆形或近截平, 两面无毛。

产广东、广西、浙江、福建。印度、马来半岛栽培。秆为建筑造纸用材; 以下变种、变型为著名观赏竹种: 大佛肚竹'Wamin'秆畸形, 节间鼓胀而呈扁球状或瓶状; 黄金间碧玉竹'Vittata'秆鲜黄间绿色纵条, 光洁清秀, 秆鞘初为绿色, 被宽窄不等的黄色纵纹。

**9. 吊丝球竹 Bambusa beecheyana Munro**　图848

秆直立, 稍弯曲成弧形, 梢端弯曲下垂, 高8~12m, 径5.5~9cm; 秆壁厚, 节间长27~31cm, 幼时薄被白粉, 节内常被黄褐色绒毛。箨鞘大, 近革质, 背部具条纹, 仅于基部被贴生刺毛, 箨叶向外开展后外翻, 其基部与箨鞘顶部不等宽; 箨耳甚小; 箨舌显著伸出, 稍截平, 长达5mm。每小枝具叶6~14, 大小显著不等, 叶片5~29cm×1.1~5.5cm, 次脉5~10对, 小横脉明显。笋期6~7月。

产广东、广西, 福建引种。笋大而多肉, 可供食用, 唯笋味稍差; 秆可作水管; 栽培变种: 大头典竹'Pubescens'幼秆被毛和中部以下秆节上常具毛环, 节间较短, 箨鞘背面常被疏散刺毛, 箨舌高达5mm。

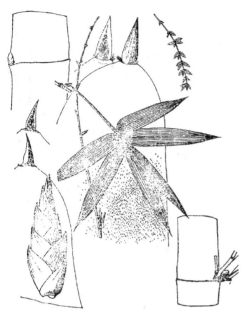
图 848　吊丝球竹

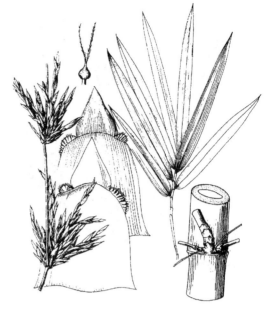
图 849　撑篙竹

### 10. 撑篙竹 *Bambusa pervariabilis* McCl.　　图 849

秆直立，高 10~15m，径粗 4~6cm；秆分枝低，枝条常在秆基部第一节或第二节发生；秆基部数节的节内有一圈白色毛环；节间长 20~45cm，壁厚，中空小，平滑无毛，幼时被白粉，具淡白色条纹。秆箨翠绿色，有淡色条纹，厚纸质，背面被绒毛，长为节间之半；箨耳发达，半圆形，两侧大小不等，边缘有繸毛；箨舌高 2~4mm，边缘锯齿状；箨叶直立，三角形至狭长三角形。分枝中主枝较粗长，每小枝具叶 5~12，叶片 8~24cm×9~25mm，两面无毛，次脉 4~9 对。

产广东、广西、福建。秆材坚实，可作棚架、撑篙及建筑用材，亦可为编织农具之用。

### 11. 硬头黄竹 *Bambusa rigida* Keng et Keng f.　　图 850

秆高 9~12m，径 2~6cm，直立或顶稍微弯曲；秆分枝节位高；秆壁厚，中空小；节间无毛，有白色蜡粉，长可达 45cm。箨鞘厚纸质，短于节间，背面幼时贴生棕色小刺毛；箨舌高 2~4mm，啮蚀状；箨叶直立，三角形或狭长三角形；箨耳不等大，半圆形，边缘生流苏状繸毛。每小枝有叶 5~12，叶 8~24cm×0.9~2.7cm，下面具微毛，次脉 4~9 对。

产广东、广西、四川。竹材坚厚强韧，可作撑篙等，也是造纸的好原料；笋苦不宜食。

### 12. 青皮竹 *Bambusa textilis* McCl.　　图 851

秆高 6~10m，径 3~5cm，先端稍下垂；分枝节位高，秆光洁；秆壁薄，厚仅 3~5cm；节间长 35~70cm，幼秆被白粉及倒生刺毛，后渐脱落。秆箨厚革质，坚硬光亮，幼时被紧贴柔毛，短于节间，顶端微突呈弧形，箨耳小或不明显，两侧不等大，大者披针形，小者长圆形；箨舌高 2mm，边缘具锯齿及小纤毛；箨叶直立，卵状三角形。每小枝有

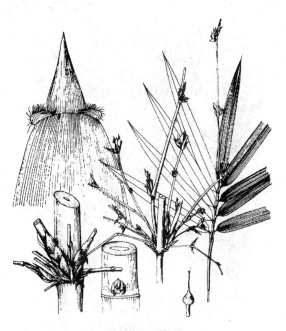
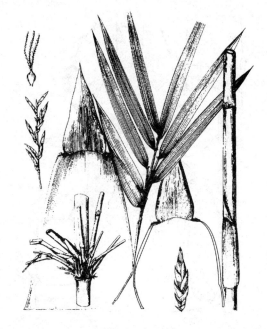

图850　硬头黄竹　　　　　　　图851　青皮竹

叶8~14，二列状排列，叶10~25cm×1.5~2.5cm。

产广东、广西、云南、福建、湖南。华中及浙江、江苏南部等省城市公园、风景区多有栽培。发笋多，生长快，产量高，秆材柔韧，为优良的篾用竹种之一，用作编织工艺品、竹席等。栽培变种：绿篱竹'Albo-striata'秆绿色，节间及箨鞘基部具白色条纹。秆光洁黄绿，分枝节高，竹叶清雅，迎风摇曳，为一高雅秀丽的观赏竹类。

### 4. 箭竹属 Sinarundinaria Nakai

地下茎合轴型，秆柄常延伸，形成假鞭，或不延伸，竹秆在地面散生或丛生，通常为灌木状或小乔木状，节间圆筒形，中空，稀近实心，分枝3~7，粗细不等。圆锥或总状花序，小穗无佛焰苞，有柄，具2至多数小花，颖片2；外稃有时具芒，雄蕊3。柱头2。颖果。

近90种，分布亚洲、非洲及中南美洲。我国记载有近70种，有些种系同物异名比较普遍。主产西部高山地区，垂直分布在海拔1000~3800m地带，组成高山针叶林下的主要灌木，或在山顶形成大面积的竹丛。

**箭竹 Sinarundinaria nitida (Mitf. ex Stapf) Nakai**　图852

秆高1~2m，径0.5~1cm，节间长15~30cm，新秆无毛，被白粉，秆环平或微隆起；分枝3~5，下部1~2。笋紫红色或紫褐色，密被棕色刺毛；秆箨宿存，无斑点，被灰色或棕色刺毛；无箨耳；箨舌平，高约1mm，带紫色，无毛；箨叶窄带状披针形。每小枝具3~5叶，叶8~13(20)cm×0.6~1.5(2)cm，下面中脉近基部被短柔毛。笋期5月。

产甘肃、四川、陕西、湖北、湖南、广西、贵州、西藏；生于海拔1000~2300m山地。为大熊猫主要食料；竹秆供编制扫帚等用。

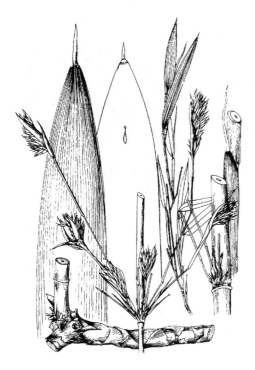

图 852 箭竹

[附] **南岭箭竹** *Sinarundinaria basihirsuta* (McCl.) C. D. Chu et C. S. Chao 与箭竹的区别：秆高 2.5~3m，径 0.5~2cm。箨耳镰形，繸毛放射状，长 5~10mm，箨舌高 1~1.5mm，密被淡棕色纤毛。每小枝 5~9 叶，叶长 7~18cm，下面密被长硬毛。产南岭山地海拔 1500~2000m 山顶，形成大面积竹丛，或生于林下。在生态保护上有重要价值。

### 5. 筱竹属 *Thamnocalamus* Munro

地下茎合轴型，秆柄粗短，竹秆松散丛生，灌木状或小乔木状。分枝 5~8，粗细不等。小穗垫以苞片，并集生成短缩的总状花序，为半封闭的佛焰苞所包被；小穗具 1 至多数小花，颖片 2，外稃有芒；雄蕊 3，柱头 3。颖果。

6 种；我国 5 种，分布西部和西南部。

**筱竹** *Thamnocalamus spathaceus* (Franch.) Sod. 图 853

秆高 5m，径 2cm；秆壁厚 2~3mm，秆绿黄色，无毛，节间最长达 27cm，分枝细长。箨鞘淡黄褐色，先端圆弧形，无毛，无斑点；无箨耳和繸毛；箨叶较小，三角形至披针形；箨舌短，无毛。叶披针形，3~6cm×0.5~1cm，通常无叶耳和繸毛。笋期 5 月下旬。

产甘肃、四川、河南、陕西、甘肃、云南、湖北西部；生海拔 1500~2400m 山地。为大熊猫主食竹种。

### 6. 箬竹属 *Indocalamus* Nakai

地下茎单轴型或复轴混生型。灌木状竹类。秆节间圆筒形，壁厚，秆环平，每节具 1 分枝，或秆上部分枝数达 3 枚，分枝通常与主秆近等粗，常贴秆，秆箨宿存，质脆。叶片大型，宽 2.5cm 以上，具平行侧脉及小横脉。圆锥花序，小穗有柄，每小穗具数朵至多朵小花；鳞被 3；雄蕊 3 枚；花柱 2，柱头 2，羽毛状。

20 余种，分布亚洲东部，我国约 17 种，分布秦岭、淮河流域以南各地。常生于山谷或

图 853 筱竹

湿地，组成小片纯林或为林下下木。

**箬叶竹**（长耳箬竹）*Indocalamus longiauritus* Hand.-Mazz. 图854

秆高1~3m，径0.5~1cm，中部最长节间长达40cm或更长；新秆节间密被蜡粉和灰白色柔毛，节下有一圈棕色的毛环；秆壁厚，中空小。笋绿色；秆箨短于节间，箨鞘革质，背面密被深棕色刺毛，箨耳、繸毛发达，长达1cm，箨叶宽大，卵状披针形，直立，抱茎。每小枝1~3叶，叶片宽大，15~35.5cm×4~7cm。笋期4~5月。

产福建、河南、陕西、安徽、湖北、湖南、广东、广西、云南、贵州、四川、浙江、江西等地；生于林下或低海拔山地，常形成小片纯林。秆可做毛笔杆、竹筷等；叶片大，可用作制斗笠的衬垫或包粽子等。

[附] **箬竹** *Indocalamus tessellatus* (Munro) Keng f. 与箬叶竹的区别：新秆被蜡粉和灰白色细毛；秆箨绿色或绿褐色，宿存，长于节间，箨叶狭小，无箨耳及繸毛。叶长10~45cm×10cm，下面沿中脉一侧被一行白色柔毛。广布于长江流域各地海拔300~1400m山坡、疏林中。用途同箬叶竹。

图854 箬叶竹

### 7. 刚竹属 *Phyllostachys* Sieb. et Zucc.

地下茎单轴型，秆散生，乔木状，节间分枝一侧有沟槽；每节通常2分枝，秆箨早落。叶片较小，有细锯齿或一边全缘，带状披针形或披针形，小横脉明显。复穗状花序或密集成头状，假小穗无柄，具佛焰苞，小花2~6，颖片1~3；鳞被3，雄蕊3，花柱细长，柱头羽状3裂。颖果针状。

约50种，主产我国黄河流域以南至南岭山地，少数种类延伸至印度及中南半岛。世界各国广为引种栽培。是我国竹类中最重要的类群，供笋用和材用，在林业生产上占有重要地位；许多种类为常见园林观赏竹种。

1. 秆箨有斑点。
   2. 有箨耳和繸毛。
      3. 分枝以下秆环平，仅箨环隆起；新秆密被毛和白粉；箨鞘密被毛 ················· 1. 毛竹 *P. edulis*
      3. 分枝以下秆环箨环均隆起。
         4. 新秆光滑无毛；秆箨被毛 ················································································· 2. 桂竹 *P. bambusoides*
         4. 新秆疏生白色倒毛；秆箨疏生细小斑点或近无斑点 ··························· 3. 黄苦竹 *P. mannii*
   2. 秆箨无箨耳和繸毛。
      5. 秆中下部节间常畸形，短缩，肿胀；秆箨疏生小斑点 ··························· 4. 人面竹 *P. aurea*
      5. 秆节间正常，不短缩。
         6. 箨叶平直。

7. 秆分枝以下秆环平，箨环隆起；秆金黄色，放大镜下可见晶状小点；秆箨有绿色脉纹 …………………………………………………………………………………… 5. 金竹 P. sulphurea
　　7. 秆分枝以下秆环、箨环均隆起；新秆被雾状白粉，呈蓝绿色 …………… 6. 淡竹 P. glauca
　6. 箨叶强烈皱褶；箨舌两侧下延成肩状。
　　8. 新秆解箨时带紫色，后深绿色，密被白粉，节带紫色，中部节间长 20~25cm；笋期 3 月中下旬至 4 月初 ………………………………………………………………………… 7. 早竹 P. violascens
　　8. 新秆绿色，微被白粉，节不为紫色，中部节间长 25~35cm；笋期 4 月中下旬 ………………………………………………………………………… 8. 乌哺鸡竹 P. vivax
1. 秆箨和笋箨无斑点。
　9. 秆箨具明显的箨耳。
　　10. 箨耳由箨叶基部延伸而成，长达 2cm，弯曲包住笋体；每小枝通常仅具 1 叶 ……………………………………………………………………………………… 9. 篌竹 P. nidularia
　　10. 箨耳不是箨叶基部延伸而成；秆箨淡红褐色，密被毛；新秆密被细毛……… 10. 紫竹 P. nigra
　9. 秆箨箨耳不明显，仅秆中上部秆箨具微弱发育的小箨耳和䌷毛；新秆疏生倒毛 …………………………………………………………………………………… 11. 水竹 P. heteroclada

### 1. 毛竹（楠竹）*Phyllostachys edulis*（Carr.）H. de Lehaie　　图 855

秆高 20m，径 16cm 或更粗；秆基部节间短，中部节间可达 40cm；分枝以下秆环平，仅箨环隆起，新秆密被细柔毛，有白粉。秆箨长于节间，背部密被棕褐色毛和深褐色斑，斑点常块状分布；箨耳小，䌷毛发达；箨叶较短，长三角形至披针形，每小枝保留 2~3 叶。叶 4~11cm×0.5~1.2cm。叶状佛焰苞长 1.6~3cm，每小穗具 2 小花，仅 1 朵发育。颖果长 2~3cm。笋期 3 月下旬至 4 月。

产秦岭，大别山、汉水流域至长江流域以南地区，南至华南北部，西至贵州、四川，东至台湾；生于海拔 1000m 以下山地。山东、河南、山西、陕西等地引种栽培，秦岭南坡汉中地区种植生长正常。产区年平均气温 15~20℃，1 月平均气温 1~8℃，年降水量 800~1000mm，对土壤要求高于一般树种，在肥沃湿润的酸性土壤上生长良好；不耐贫瘠、积水淹地。竹材韧性强，篾性好，供建筑、胶合竹板、变性竹材、竹地板、家具、工艺美术品和日常生活用品等用；竹材纤维含量高，为造纸工业的好原料；笋味鲜美，除鲜食外，可制成笋干、笋衣、玉兰片或罐头；又为优良绿化树种；为我国分布最广，蓄积量最多，用途最广的最重要经济竹种，占全国竹林面积约 50% 以上。近年来南方林区的毛竹林面积不断扩大，严重侵占阔叶林林地及杉木人工林地，严重阻碍植被的顺向演替，山林的生态价值、生物多样性保护价值受到严重影响，应当采

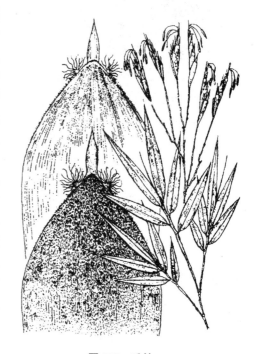

图 855　毛竹

取有效措施，限制竹林面积。

**2. 桂竹** *Phyllostachys bambusoides* Sieb. et Zucc. ［*P. reticulata*（Rupr.）K. Koch］图 856

秆高 10~20m，径可达 14~16cm，中部最长节间长达 40cm；新秆，老秆均为深绿色，无白粉，无毛，分枝以下秆环箨环均隆起。秆箨密被近黑色的斑点，疏生直立硬毛，两侧或一侧有箨耳；箨耳较小，有弯曲的长继毛，下部秆箨常无箨耳；箨舌先端有纤毛；箨叶带状，橘红色而有绿色边带，平直或微皱，下垂。每枝有 5~6 叶，有叶耳和长继毛，后渐脱落。叶 7~1cm×1.3~2.3cm。笋期 5 月中下旬。

产河南、山西、陕西以南，至华中、华东、西南及华南北部。日本、欧美各国引种栽培。为我国竹类植物中分布最广的一种，适生范围大，抗性较强，能耐 -18℃的低温，多生于山坡下部和平地土层深厚肥沃的地方，不宜黏重土壤。竹秆粗大通直，材质坚韧，篾性好，用途很广，仅次于毛竹，供建筑、家具、柄材等用。桂竹易遭病菌 *Asterinella hingensis* 危害，使竹秆具紫褐色或淡褐色斑点，俗称斑竹，并命名为 *P. bambusoides* f. *tanakae*，常栽培作为观赏竹种。斑竹实为病菌引起，1 年生新竹均无斑点，其后逐渐感染，病斑增多。

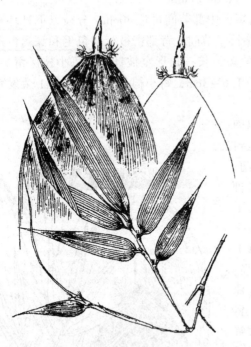

图 856 桂竹

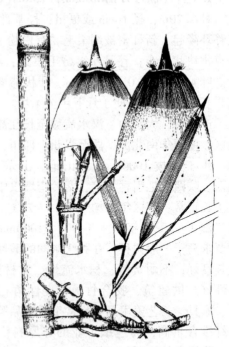

图 857 黄苦竹

**3. 黄苦竹**（白壳淡竹）*Phyllostachys mannii* Gamble 图 857

秆高 8~9m，径 4~6cm，中部节间长 27~42cm；分枝以下秆环箨环均隆起；新秆疏生白色倒毛。秆箨有多数紫色脉纹、稀疏紫褐色小斑点或近无斑点，上部边缘有整齐白色缘毛；箨耳窄镰形，紫色，长约 1cm；箨舌紫色，有白色短纤毛；箨叶三角形至宽带状直立，微开展或拱曲。每小枝 1~2 叶，叶片 5~12cm×1~2cm。笋期 4 月。

产江苏、浙江、安徽、河南、陕西、贵州、四川、云南、西藏；印度亦产；多生于山坡下部及河漫滩上。江苏南部、浙江西北部栽培较普遍。适应性强，对土壤要求不高，喜生于砂质土上。发笋力强，成林快。竹材坚韧，节间长，易劈篾，篾性优于淡竹，所编竹器结实耐用，也可整材使用；笋味苦。

**4. 人面竹 Phyllostachys aurea Carr. ex A. et C. Riv.** 图 858

秆高 5~8m，径 2~3cm，近基部或中部以下数节常呈畸形缩短，节间肿胀或缢缩，节有时斜歪，中部正常节间长 15~20cm，笋期 4 月。秆箨淡褐色，微带红色，边缘常枯焦，无毛，仅基底部有细毛，疏被褐色小斑点或小斑块；无箨耳和繸毛；箨叶带状披针形或披针形，6~12cm×1~1.8cm。

产陕西和河南以南、华中、华东，南至华南南部，西至四川、贵州；生于海拔 700m 以下山地，各地园林中广为栽培。国外多有引种栽培。抗寒性较强，能耐 -18℃ 低温，耐干旱瘠薄，适应性广。通常栽培供观赏；竹秆可作手杖、钓鱼竿和制作小型工艺品等用；笋味鲜美，供食用。

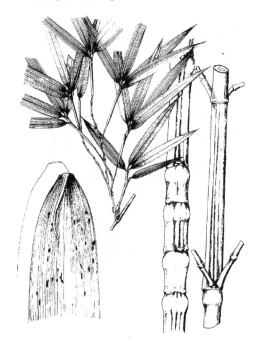

图 858 人面竹

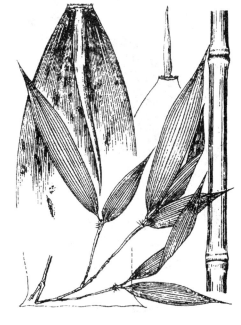

图 859 金竹

**5. 金竹 Phyllostachys sulphurea ( Carr. ) A. et C. Riv.** 图 859

秆高 7~8m，径 3~4cm，中部节间长 20~30cm；新秆金黄色，节间具绿色纵条纹；箨环隆起，分枝以下秆环不明显；秆节间正常，不短缩；秆壁在扩大镜下可见晶状小点。笋期 4 月下旬至 5 月上旬。秆箨底色为黄绿色或淡褐色，无毛，被褐色或紫色斑点，有绿色脉纹；无箨耳和繸毛；箨叶带状披针形，有橘红色边带，平直，下垂。每小枝 2~6 叶，有叶耳和长繸毛，宿存或部分脱落；叶 6~16cm×1~2.2cm。

产浙江、江苏、安徽、河南、江西、福建、湖南、湖北、广东、广西、贵州、云南等地。美国、日本、欧洲引种栽培。竹秆金黄色，颇为美观，常栽培供观赏。栽培品种有：

刚竹'Viridis'秆节间、沟槽均为绿色；槽里黄刚竹'Houzeauana'秆、节间绿色，沟槽绿黄色。

**6. 淡竹** *Phyllostachys glauca* McCl.　图860

秆高18m，径可达9cm，中部节间长30~45cm；秆分枝以下秆环、箨环均隆起，新秆密被白粉，呈蓝绿色。秆箨淡红褐色或绿褐色，有多数紫色脉纹，无毛，被紫褐色斑点，上部秆箨斑点稀疏或近无斑点；无箨耳和繸毛；箨舌紫色，具波状缺齿和短纤毛；箨叶平直，披针形，绿色，有多数紫色脉纹。每小枝2~3叶，叶8~16cm×1.2~2.4cm。笋期4月。

产黄河流域至长江流域，尤以江苏、浙江、河南、山东为多，组成大面积的竹林。适应性强，低山、丘陵、河漫滩均能生长；能耐一定的干旱瘠薄和浓度盐碱土，耐寒，-18℃左右的低温下能正常生长。竹材材质优良，韧性强，整材可作农具柄；节部不高，易于劈篾，供编织各种农具、帘席；笋味鲜美，供食用。

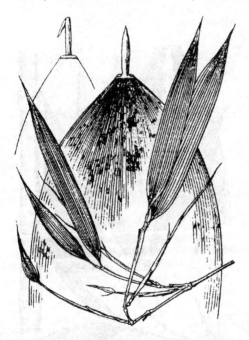

图860　淡竹

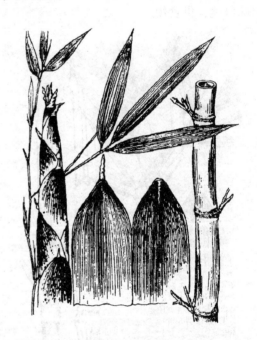

图861　早竹

**7. 早竹**(雷竹)*Phyllostachys violascens*(Carr.) A. et. C. Riv.　图861

秆高8~10m，径4~6cm，中部节间长15~25cm，常一侧肿胀，不匀称；新秆节部紫褐色，密被白粉，老秆有隐约黄色纵条纹。秆箨无毛，密被不规则的、大小不等的褐色斑点，无箨耳或繸毛；箨舌两侧下延呈肩状，褐绿色或紫褐色，先端具细纤毛，箨叶强烈皱褶。每小枝2~3叶，稀5~6叶，叶片6~18cm×1~2.2cm。笋期早，3月开始出笋。

产浙江、江苏、安徽等地。江西、湖南等地引种栽培。浙江有大面积栽培的早竹笋用林，多植于平地宅前屋后；喜湿润肥沃疏松土壤，在黏土上生长不良；耐寒性较强，北京引种栽培。早竹发笋早，持续时间长，产量高，每667$m^2$早竹林每年除留笋养竹外，可产鲜笋1000~1500kg；采用稻草、竹叶等覆盖技术措施，可提前到春节前后出笋。笋味鲜美，供鲜食或加工成罐头，每100g鲜笋含蛋白质2.75g、糖分3.12g，并含丰富的无机盐，为江浙一带最重要的经济竹种。

### 8. 乌哺鸡竹 *Phyllostachys vivax* McCl.　　图862

秆高4~8m，径10~15cm，中部节间长25~35cm；新秆绿色，微被白粉，无毛，节不为紫色；秆环微隆起。秆箨密被黑褐色斑点及斑块，中部斑点密集，无箨耳和繸毛；箨舌先端撕裂状；箨叶带状披针形，强烈皱折，反曲。每小枝2~4叶，叶9~18cm×1.1~1.5(2)cm。笋期4月下旬至5月上旬。

产浙江、江苏、安徽、山东、河南；多生于平原宅前屋后。笋味鲜美，供食用，每100g鲜笋含蛋白质3.22g，糖分2.83g，并含丰富的无机盐，为江浙一带重要的笋用竹种；竹材壁较薄，篾性也差。栽培品种有：黄纹竹'Huangwenzhu'竹秆绿色，沟槽黄色；黄秆乌哺鸡竹'Aureocaulis'竹秆黄色，基部节间具绿色纵条纹。

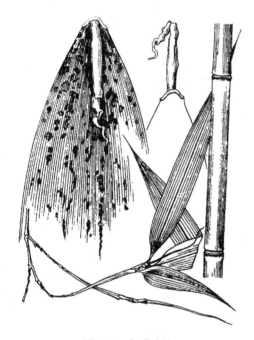

图862　乌哺鸡竹

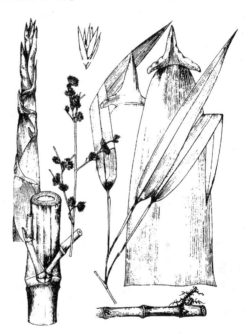

图863　筱竹

### 9. 筱竹 *Phyllostachys nidularia* Munro　　图863

秆高10m，径达4~8cm，中部节间长达40cm，槽宽平，节内约5mm。秆箨和笋箨无斑点，秆箨短于节间，厚革质，绿色，有时上部有白色条带或条纹，无斑点，无毛，箨舌宽短，先端平截；箨叶舟状隆起，直立，基部延伸成箨耳；箨耳极发达，长椭圆形至镰形，长2~3.5cm，紫褐色，弯曲包住笋体。每小枝1叶，稀2叶，叶7~13cm×1.3~2cm，叶片略下垂。小穗密集成头状，每小穗2~4小花。笋期4月中下旬。

产长江以南、华中、华东，至华南北部，西至四川峨眉山；生于海拔1200m以下。适应性强，耐干旱瘠薄，也耐水湿，常在石砾荒坡瘠地形成大面积竹丛。野生者通常生长矮小。亚热带地区的荒地(灌草丛地)、杉木林采伐迹地，筱竹已成暴发之势，林地退化，几无可用，植被演替严重受阻，形成大面积单优群落，村民无计可施。唯一可行的办法，是人工栽种常绿阔叶树种,郁闭成林后,对篌竹进行压制。

**10. 紫竹** *Phyllostachys nigra* (Lodd.) Munro
图 864

秆高 3~6m,径 2~4cm,中部节间长 25~30cm;新秆密被细柔毛,有白粉;1 年后秆渐变为紫黑色。秆箨短于节间,淡红褐色或绿褐色,密被淡褐色毛,无斑点;箨耳发达,非由箨叶基部延伸而成,长椭圆形,紫黑色,有弯曲长繸毛;箨舌紫色;箨叶三角形或三角状披针形,绿色,有多数紫色脉纹。每小枝 2~3 叶,叶 4~10cm×1~1.5cm。笋期 4 月下旬。

黄河流域以南各地广为栽培,西至四川、云南、贵州,南至广东、广西。日本、朝鲜、印度及欧美各国多有引种栽培。耐寒性较强,耐 -20℃ 低温,北京栽培能安全越冬。多栽培供观赏,竹材较坚韧,供小型竹制家具、手杖、伞柄、乐器及美术工艺品等用。栽培品种毛金竹(淡竹、金竹)'Henonis' 与紫竹区别:秆可高达 18m,径 5~10cm,新秆绿色,老秆灰绿色或灰白色,不为紫黑色。产秦岭以南、华中、华东。

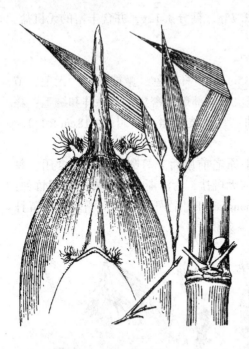

图 864 紫竹

**11. 水竹** *Phyllostachys heteroclada* Oliv.
图 865

秆高 8m,径 2~5cm,分枝角度大,中部节间长 30cm;新秆被白粉,疏生倒毛;秆环较平,节内长约 5mm。秆箨短于节间,无斑点;箨耳小而不明显,仅秆中上部秆箨具微弱发育的小箨耳和繸毛;箨舌宽短,有纤毛;箨叶三角形或三角状披针形,绿色,舟状隆起,直立。每小枝具 2 叶,稀 1 或 3 叶,叶 6.5~11cm×1.3~1.6(2)cm。笋期 4 月中下旬。

产淮河、大别山以南和华中、华东,南至华南,西至云南东北部;海拔 1300m 以下,云南可达海拔 1700m。喜湿润土壤,多生于山沟、溪边、河旁,不耐干旱瘠薄土壤。节间较长,纤维细韧,竹节平,易于劈篾,篾性甚佳,供编织凉席(称水竹席)和其他竹器,经久耐用,不易虫蛀,为优良篾用竹种;笋可食用,每 100g 鲜笋含蛋白质 4.04g 及丰富的无机盐。

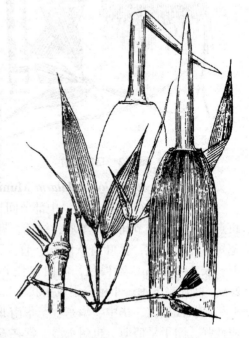

图 865 水竹

## 8. 方竹属 Chimonobambusa Makino

地下茎单轴型。秆直立，圆筒形或略呈四方形，秆中部每节分枝3，秆上部分枝可更多；分枝一侧微扁或有沟槽，基部数节通常各有一圈刺瘤状气根或无气生根刺。箨鞘厚纸质，边缘膜质；箨耳缺；箨叶细小，几不发育，直立，三角形或锥形，基部与箨鞘连接处无明显关节。叶横脉明显。花枝紧密簇生，重复分枝，小枝2~3小穗，颖1~3；鳞被3；雄蕊3；花柱2，短小，柱头羽毛状。颖果，有坚厚的果皮。

约20种，分布中国、日本、印度和马来半岛。中国约有10种。

1. 秋季出笋；节间四方形或近四方形，幼时被小刺毛 ·········· **1. 方竹** *C. quadrangularis*
1. 春季出笋；秆基部数节近实心，节间非四方形或近四方形 ·········· **2. 筇竹** *C. tumidissinoda*

### 1. 方竹 *Chimonobambusa quadrangularis* (Fenzi) Makino  图866

地下茎单轴型。秆高3~8m，径1~4cm，节间长8~22cm，四方形或近四方形，上部节间呈D形，幼时被黄褐色小刺毛，后脱落；秆中部分枝3，上部可增至5~7，枝光滑；秆环甚隆起，基部数节常成圈排列刺状气根，向下弯曲。秆箨厚纸质，无毛，背面有密或疏的紫色斑点；无箨耳及繸毛，箨舌不发达；箨叶小或退化。每小枝有2~5叶，叶片狭披针形，8~30cm×1~3cm。笋期8月至翌年1月。

产安徽、浙江、福建、江西、湖南、广西、云南、贵州、四川、台湾；海拔1000~2000m；多生于沟谷阴湿林下。笋味美，供食用。日本、欧美各国引种栽培。

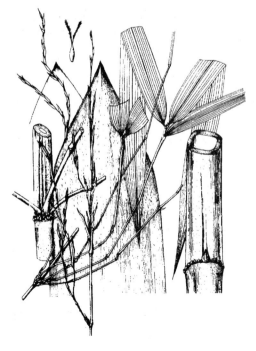

图866 方竹

图867 筇竹

## 2. 筇竹 Chimonobambusa tumidissinoda J. R. Xue et T. P. Yi ex Ohrnb. 图 867

秆高 2.5~6m，径 1~3cm，节间长 15~20cm，秆壁甚厚，基部数节几为实心，秆环极隆起呈一显著的圆脊，状如两圆盘上下相扣合。秆箨短于节间，箨鞘上部密生毛；无箨耳；箨叶长 5~17mm，早落。叶 5~14cm×6~12mm，两面无毛，小横脉清晰。笋期 4 月。

产四川宜宾及云南昭通。本种秆型奇特，为名贵观赏竹种，亦可制手杖、烟秆等高级工艺品，汉唐时已远销海外；笋肉厚、质脆、味美为著名笋用竹种。现已列为国家重点保护植物。

### 9. 青篱竹属 Arundinaria Michaux

地下茎单轴型或复轴型，秆散生，乔木状或灌木状；秆圆筒形，无纵槽，分枝 3~7，粗细不等。箨叶发达。小穗有柄，组成圆锥或总状复花序，每小穗具数朵至 10 数朵小花，颖片 2，雄蕊 3，柱头 2~3。颖果。

约 60 种，主要分布东亚，北美仅 1 种。我国约 30 种，广布亚热带、暖温带地区。

1. 秆分枝 3，近贴秆；冠幅窄 ································································· 1. 茶秆竹 A. amabilis
1. 秆分枝 3~5(7)，开展；冠幅宽 ······················································· 2. 苦竹 A. amara

### 1. 茶秆竹（沙白竹）Arundinaria amabilis McCl. 图 868

秆高 10~13m，径 5~6cm；秆分枝 3 枚，近贴秆，冠幅窄；节间长 30~40cm，最长 50cm，新秆被淡棕色刺毛，后脱落，淡绿色，有白粉。秆箨迟落，棕绿色，厚革质，密被棕褐色刺毛，鞘口繸毛长 1.5cm；箨舌弧形，高 3mm，被 2mm 长的纤毛；箨叶三角状披针形；秆箨宿存。每小枝 4~8 叶，叶 15~35cm×2.5~3.5cm，无毛。笋期 3~4 月。

产湖南、华南各地；广东怀集、广宁有成片集约经营的竹林。竹材通直，节平，坚韧，弹性强，抗虫蛀，供编织、家具、装饰品、雕刻、钓竿、滑雪杖、晾竿等用，在国际市场上享有盛誉，有近百年出口历史。

[附] 篲竹（篱竹）Arundinaria hindsii Munro 与茶秆竹的区别：秆箨质地薄，仅被细柔毛，无刺毛，有圆形箨耳；箨叶长卵状披针形，基部收缩；叶片宽仅 1.5~2.5cm。产华南各地。竹材材质优良似茶秆竹。

### 2. 苦竹 Arundinaria amara Keng 图 869

秆高 3~5m，径 1.5~3cm，节间长 20~30cm；新秆被白粉，秆环隆起。箨环有箨基残留物和一圈棕黄色刺毛；箨鞘被刺毛，有时具紫色小斑点，基部密被棕色刺毛；箨耳不明显、鞘口有少数短繸毛；箨舌平截，高 1~2mm，有细纤毛；箨叶披针形。每小枝 3~4 叶，叶片 14~20cm×1~3cm。笋期 5~6 月。

产长江流域中下游以南各地；生于低山丘陵和盆地，很少有成片竹林。竹材供编制竹椅等用；笋味苦，不堪食用。

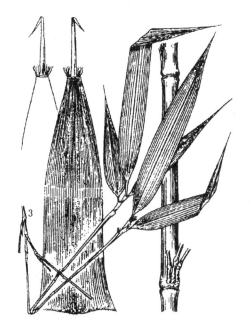
图868 茶秆竹

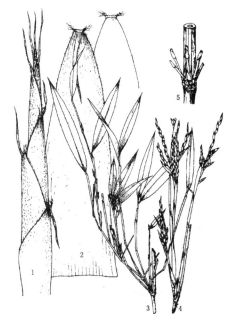
图869 苦竹

## 10. 大节竹属 Indosasa McCl.

地下茎单轴型。秆散生，乔木状；分枝一侧有沟槽，秆环隆起，分枝3，不贴秆。秆箨脱落性，革质或厚纸质；箨叶发达。无限花序，小穗无柄，雄蕊6，柱头3，羽毛状。颖果，花柱宿存成喙。

15种，我国13种，主产华南至西南；越南、老挝亦产。

**中华大节竹** *Indosasa sinica* C. D. Chu et C. S. Chao  图870

秆高10m，径6cm，节间长35~50cm；新秆密被白粉，疏生刺毛，秆环隆起。分枝3。箨鞘中下部密被刺毛；箨耳小，繸毛长1~1.5cm，箨舌微弧形，高2~3mm，有纤毛；箨叶绿色，三角状披针形，反曲，粗糙。小枝具3~9叶，叶片12~22cm×1.5~3cm。笋期4~5月。

产广西西南、贵州西南、云南东南低山丘陵，组成纯林。竹材供小型建筑或棚架等用；笋味苦。

图870 中华大节竹

## 11. 酸竹属 Acidosasa C. D. Chu et C. S. Chao

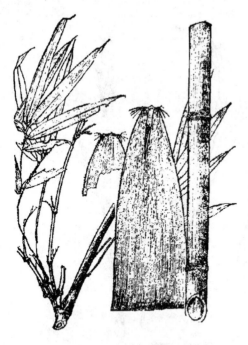

地下茎为单轴型。秆直立，乔木或灌木状；节间在分枝一侧稍上部分微有沟槽，髓心常具海绵状增厚或具片状横隔，秆中部每节具3分枝，上部节有时每节5分枝，分枝开展。秆箨有箨叶，脱落性。叶片大小变化较大，小横脉明显。有限总状花序或简单的圆锥花序，小穗通常较粗壮，具明显的小穗柄；颖片2~4，每小穗具多数小花；鳞被3，雄蕊6，花柱1，柱头3裂，羽毛状。春季至夏季出笋。

9种，产我国福建、湖南南部、广东、广西西北部、云南东南部及越南北部。适应中亚热带及南亚热带气候条件。

**黄甜竹** *Acidosasa edulis*（T. H. Wen）T. H. Wen
图871

秆直立，高8~12m，径4~6cm，中部节间长25~40cm；秆环隆起，节间中部以下有沟槽。秆箨短于节间；箨鞘背面密被刺毛，基部密生长粗毛；箨耳狭镰状，边缘有少数放射状繸毛；箨舌高3~4mm，中部隆起先端具纤毛；箨叶披针形，反曲。每小枝4~5叶，叶11~18cm×1.7~2.8cm。笋期5月。

产福建、浙江、江西等地。常见栽作笋用竹林。本种笋味极鲜美，发笋量大，产量高，易栽培，易成林，发笋季节正值春夏之交或初夏季节，作为笋用竹林经营，具有广阔的前景，可选择立地条件较好的河漫滩、山坡地发展，也可栽植于村前屋后，作为庭院经济的一部分；秆可整秆使用，也可栽培供观赏。

图871 黄甜竹

## 12. 唐竹属 Sinobambusa Makino ex Nakai

地下茎单轴型。秆散生，乔木状；秆圆筒形，分枝3，分枝一侧有纵槽；秆环隆起。箨环常具木栓质，分枝秆箨脱落性，箨鞘革质或厚革质。假小穗细长，长12~20cm，无柄，近基部抽出次级小穗，形成丛生于节上，苞片小，基部苞片不为佛焰苞状；雄蕊3；柱头2~3。颖果。

8种，产亚洲。我国6~7种，产长江流域以南各地。

**唐竹** *Sinobambusa tootsik*（Sieb.）Makino
图872

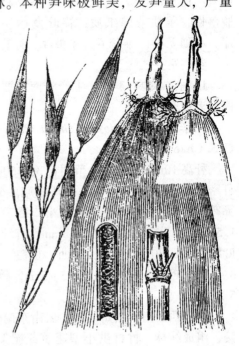

图872 唐竹

秆高 12m，径 6cm，节间长 30~40cm；秆绿色，无毛；新秆被白粉，秆内壁海绵状增厚。箨鞘淡红色，被白粉和棕色刺毛；箨耳卵形或椭圆形，繸毛长 2cm，箨高 4mm。小枝具 3~6 叶，叶披针形，6~22cm×1~3.5cm，下面有细柔毛。笋期 4~5 月。

产华南及南岭低山和丘陵，福建南部、广东、香港等；生于林下或形成小片竹林。杭州、南京栽培生长良好。日本、美国、西欧各国有引种。竹秆较脆；笋味苦；可供庭园观赏。

### 13. 业平竹属 *Semiarundinaria* Nakai

灌木状或小乔木状，地下茎单轴型。秆圆筒形，分枝一侧有纵槽，髓部通常片状分隔，秆分枝 3~7。箨叶披针形，箨耳发育或无。假小穗紧密排列于缩短的花枝上，无柄，佛焰苞大，并集生成簇；颖片 0~3，小花多数，雄蕊 3，柱头 3，细长，羽毛状。颖果。

5~6 种，产我国及日本。我国 1 种。

**短穗竹** *Semiarundinaria densiflora* (Rendle) Wen  图 873

秆高 3~6m，径 1~3cm，节间长 18~30cm；新秆绿色，被倒生白色细毛；秆环隆起。秆箨绿色，被白色条纹；箨鞘无斑点，被稀疏刺毛；箨耳发达，具弯曲的繸毛，毛长 3~5mm；箨舌微弧形；箨叶披针形，绿色，微带紫色。小枝具 2~5 叶，叶卵状披针形，5~18cm×1~2cm，下面微有毛。笋期 5~6 月。

产长江中下游各地，河南、江苏、安徽、浙江、江西、福建、湖北，南达广东北部；生于低山丘陵，较耐瘠薄。秆可制伞柄、钓竿；笋味略苦，煮熟水漂后可食，浙江、安徽南部一带多食之。

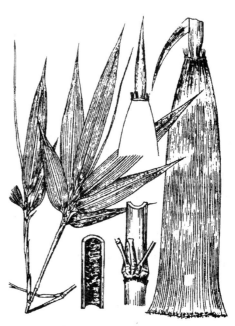

图 873　短穗竹

# 第3篇

# 中国森林树种分布概要

我国是世界上植物种类最丰富的国家之一。据科学统计，中国种子植物计27 268种（李锡文，1996）；另据近期统计中国高等植物为31 000余种（中国植物信息数据库），其中，木本植物8000~9000种，其中乔木树种2800余种，灌木树种6000余种，优良人工林用材树种、特用经济树种、园林绿化树种多达1000余种；银杏、银杉、水杉、杜仲、金钱松等我国特有树种闻名于世，有的已被引种到世界许多国家和地区，同时我国也从世界各地引入树种近千种，其中有推广应用价值的树种200余种，也有极少数成为十分有害的外来生态入侵种，如金合欢 *Acacia farnesiana*、银合欢 *Leucaena leucocephala* 等。我国丰富的树种资源不仅在全球生物多样性保护战略中占有十分重要的地位，而且也为我国现代林业的发展提供了雄厚的物质基础。

我国疆域辽阔、地形复杂、气候多样。南北跨49个纬度，东西跨63个经度，地势西北高、东南低，成明显的三大阶梯。第一阶梯东部地区大部分为平原、丘陵；第二阶梯中西部为云贵高原、黄土高原；第三阶梯为世界第三极青藏高原。气候自南而北可分为热带气候、亚热带气候、温带气候、寒温带气候等，但我国的广大地区属温带气候型。根据距离海洋的远近不同又可划分为海洋性季风湿润区、大陆性干旱半荒漠和荒漠区，加上高山狭谷、盆地草原等不同地貌，冷热干湿差异悬殊，从而为各种有不同生态要求的树种以及不同植物区系地理历史背景的外来树种提供繁衍生息的优越条件，也形成了我国丰富多彩的森林景观，如东北北部和新疆北部由环北极针叶林带延伸而来由云杉属、冷杉属、落叶松属树种组成的针叶林多为西伯利亚的区系成分；海南、云南南部、广西南部由龙脑香科、肉豆蔻科、番荔枝科、山榄科、使君子科组成的热带雨林和季雨林多为印度、马来西亚和大洋洲区系成分；内蒙古、新疆、甘肃、青海等西北干旱地区生长的胡杨 *Populus euphratica*、天山云杉 *Picea schrenkiana* var. *tienshanica*、梭梭属 *Haloxylon*、骆驼刺属 *Alhagi*、盐豆属 *Halimodendron* 树种则多为西亚—中亚区系成分；世界屋脊青藏高原上生长的西藏红杉 *Larix griffithiana*、乔松 *Pinus griffithii*、藏柏 *Cupressus torulosa*、长叶云杉 *Picea smithia-*

na、喜马拉雅红杉 *Larix himalaica*、滇藏方枝柏 *Sabina wallichiana*、喜马拉雅冷杉 *Abies spectabilis* 等均系喜马拉雅地区的特有区系成分;由于我国东南部与北美东南部具有相似而优越的自然和历史条件,并形成了许多木本植物属洲际间断分布的著名例子,被称之为东亚—北美区系成分,如木兰属、鹅掌楸属、枫香属、山核桃属、檫木属、金缕梅属 *Hamamelis*、紫树属、夏蜡梅属 *Calycanthus*、肥皂荚属、木犀属、石楠属、银钟花属等。在我国长江以南至南岭山地的中亚热带海拔 800m 以下地区分布着世界上罕见的常绿阔叶林,这类森林具有终年常绿的外貌,其上层林木主要由壳斗科、樟科、木兰科常绿乔木组成,森林下层主要由冬青科、山茶科、山矾科常绿小乔木、灌木组成,以上 6 科也称之为中国亚热带 6 大科。由于自然地理和地史的种种原因,我国特有植物的种类很丰富,尤其是西南、华中广大亚热带地区是我国特有现象的中心,保存着许多古老的树种,如银杏科、珙桐科、杜仲科、钟萼木科 4 科是我国特产的科,水杉、台湾杉、银杉、金钱松、金钱槭等是世界著名的"活化石"和第三纪孑遗树种。

总之,树种分布区的形成既与它的种系历史相联系,经历沧桑互变的过程,又与环境相适应。受气候、地形、土壤、生物等因素影响,因此树种分布区是一个包含了时间和空

分布图 17　中国主要森林树种分区示意图

Ⅰ 东北林区　Ⅵ 台湾林区
Ⅱ 华北林区　Ⅶ 西部中高山林区
Ⅲ 华东华中林区　Ⅷ 青藏林区
Ⅳ 中南林区　Ⅸ 西北林区
Ⅴ 华南林区

间两方面的地理现象，这种现象是错综复杂的。自 20 世纪初，许多中外植物学家对我国森林植物区系的性质及分区进行了探讨，胡先骕、刘慎谔、李惠林将中国森林划分为 14 个区；钱崇澍、吴征镒等将中国森林划分为 12 类；侯学煜将中国植被划分为 3 带 10 区 48 省；《中国植被》将我国森林分为 7 个区；郑万钧将中国主要树种区划为 10 个区，本书主要参考《中国树木志》第一卷中国主要树种区划将我国森林分为 9 个林区来介绍（分布图 17）。树种区划与行政区划不一定相同。

## 3.1 东北林区

本区北自黑龙江漠河，南至辽河流域燕山北坡，西至大兴安岭西坡与草原为界，东止于与朝鲜、俄罗斯国境线。气候区域属寒温带和中温带。主要森林景观是：大兴安岭寒温带针叶林景观和小兴安岭、长白山温带针阔混交林景观。大兴安岭位于我国最北端，冬季长达 8~9 个月，极端最低气温近 –60℃，年降水量 350~500mm，山地一般海拔为 1100m，气候寒冷干燥。本区是我国北方植物种类最丰富的地区，是该地区植物区系起源演化发展的中心，也是我国最重要的林区之一，但特有成分相对较少，列入国家重点保护的树种有红松、水曲柳、紫椴、黄檗（黄波罗）等。

大兴安岭林区是东西伯利亚寒温带针叶林（亦称泰加林）在我国的延伸，也是该森林类型分布的南界，一般海拔 700~1100m，最高峰大白山 1529m，主要树种为落叶松，为最耐寒的树种，组成大面积纯林，其他针叶树还有樟子松 Pinus sylvestris var. mongolica、红皮云杉 Picea koriensis。山顶有偃松 Pinus pumila 匍匐灌木状，阔叶树有白桦 Betula platyphylla、黑桦 B. dahurica、蒙古栎 Quercus mongolica、山杨、钻天柳 Chosenia arbutifolia。林下代表性地被植物有越橘 Vaccinium vitis-idiea、笃斯越橘 V. uliginosum、兴安杜鹃 Rhododendron dahuricum、林奈木 Linnaea borealis，阔叶林内的优势灌木为二色胡枝子 Leseedeza bicolor 和榛子 Corylus heterophylla。

小兴安岭、长白山林区较大兴安岭略温暖，冬季 5~7 个月，年降水量 500~800mm，山地平均海拔 400~600m。红松为本区代表性树种，其他针叶树种有沙冷杉 Abies holophylla、臭冷杉 A. nephrolepis、红皮云杉 Picea koraiensis、鱼鳞云杉 P. jezoensis、东北红豆杉 Taxus cuspidata、朝鲜崖柏 Thuja koraiensis。阔叶树有蒙古栎、白桦、黑桦、硕桦 Betula costata、紫椴 Tiilia amurensis、色木槭、大青杨 Populus ussuriensis、香杨 P. koreana、核桃楸 Juglans mandshurica、水曲柳 Fraxinus mandshurica、黄波罗 Phellodendron amurense、糠椴 Tilia mandshurica、春榆 Ulmus davidiana var. japonica。水曲柳、黄波罗与核桃楸被称为东北三大硬阔叶林树种。

由松嫩平原和辽河平原构成的东北平原区山环水绕，沃野千里，平原边缘的台地主要有白榆、稠李 Padus racemosa、紫椴、蒙古栎、色木槭、山杨、白桦等，平原农村的"四旁"植树主要是白榆、大果榆、山杏 Armeniaca sibirica、柳树 Salix spp.、青杨 Populus cathayana 等。

## 3.2 华北林区

本区北界在辽宁中部以南，沿燕山山脉南坡往西经阜新、河北围场、山西恒山北坡、兴县、过黄河入陕西安塞、志丹县沿子午岭向西止于甘肃天祝乌鞘岭，东临渤海、黄海海岸线，南界为秦岭北坡、淮河—苏北灌溉总渠以北。气候区域属中温带和暖温带。主要森林景观是：暖温带落叶阔叶林，海拔1000m以下由落叶栎类 *Quercus* spp. 和油松林组成，辽东半岛和胶东半岛则由落叶栎类和赤松 *Pinus densiflora* 林组成。

辽东半岛、山东半岛属温带海洋性气候，年降水量600~700mm，丘陵山地海拔在400m以下。区内主要树种以赤松和麻栎为代表，为森林的主要组成树种，还有一些亚热带的树种出现，如辽东半岛上的三桠乌药、天女木兰、华瓜木 *Alangium platanifolia*、漆树，胶东半岛上的野生红山茶 *Camellia japonica*、红楠、盐肤木、桂花等。两半岛也是我国著名的水果之乡，以苹果和白梨著称，还有山楂、柿、枣、板栗。本区引种树主要有北美乔松 *Pinus strobus*、日本黑松、北美短叶松 *Pinus banksiana*、日本厚朴 *Magnolia obovata*、日本板栗 *Castanea crenata*，烟台、青岛引种杉木、池杉、毛竹、矢竹 *Pseudosasa japonica*、桂竹、乌哺鸡竹；胶南等地引种茶树、枇杷、梅花等均生长正常。

华北山地林区，包括辽宁西部山地，河北燕山山脉、太行山脉、山西吕梁山脉、中条山脉，山东沂蒙山，河南伏牛山及陕西秦岭北坡，南北约跨9个纬度，东西跨15个经度，海拔高度差异很大，水热条件变化大。大致可分为以下3个小区。

**1. 冀北山地**

由一些不连续平行山脉组成，辽宁的医巫闾山，河北的燕山、雾灵山，北京的百花山，山西的恒山、五台山、管涔山、中条山等，海拔高度多在2000m以上，气候由半湿润向干旱草原过渡，年降水量500~700mm，年平均气温5~9℃。树种分布垂直带谱明显，以油松和辽东栎 *Quercus liaotungensis* 为代表种。海拔1000m以下，针叶树以油松、侧柏为主，少量白皮松，阔叶树有栓皮栎、槲树 *Quercus dentata*、槲栎、黑弹朴、大果榆 *Ulmus macrocarpa*、栾树、白蜡，山下部种植的果树有柿、核桃、板栗、山楂、海棠、苹果等。海拔1000~1600m，有油松、白桦、黑桦、山杨、核桃楸、蒙古椴 *Tilia mongolica*、糠椴、榛子等。海拔1600~2500m亚高山针叶林，有白杆 *Picea meyeri*、青杆、华北落叶松 *Larix principis-rupprechtii*、臭冷杉、巴山冷杉、太白冷杉 *Abies sutchuanensis*、硕桦、红桦 *Betula albo-sinensis* 以及多种柳树 *Salix* spp.。

**2. 山东泰山、沂蒙山，包括皖北、苏北徐州石灰岩丘陵山地**

泰山海拔高1524m，年平均气温13.2℃，年降水量915.3mm。树种以油松、侧柏、麻栎为代表，还有栓皮栎、槲栎、黑弹朴、酸枣 *Ziziphus zizyphus* var. *spinosa*，在皖北萧县皇藏峪有保存很好的青檀和南京椴的大树，区内出现多种亚热带区系成分，如枫杨、黄檀、山胡椒、江浙钓樟 *Lindera chienii*、红果钓樟 *Lindora erythrocarpa*、三桠乌药、白檀、黄连木，苏北的连云港云台山境内有成片野生金镶玉竹 *Phyllostachys aureosulkata* 'Specatablis' 竹林。引种栽培树种如日本落叶松在泰山生长良好；还有杉木、马尾松、毛竹（徐州云龙山）、乌桕、油桐、桂花、喜树、茶树等。

**3. 晋南、豫北秦岭北坡**

秦岭主峰太白山海拔高3767m，为我国东部第一高峰，年平均气温8~14℃，夏季雨水丰沛。本区以油松和半常绿的槲子栎 *Quercus baronii* 为代表树种。本区除具有华北区的主要树种外，还有成片分布的巴山木竹 *Arundinaria fargesii* 和许多亚热带的阔叶树，如连香树、领春木 *Euptelea pleiosperma*、水青树、杜仲、漆树、枫香等。

华北平原区包括辽河平原、华北平原和黄淮平原，本区主要是农业区，历史开发很早。原生植被全被破坏，常见"四旁"栽培树种有刺槐、槐树、臭椿、香椿、桑、枣、楸树、楝树、旱柳、垂柳、白榆、侧柏、圆柏、淡竹、桂竹、甜竹 Phyllostachys reflexa 等。栽培的果树有苹果、梨、李、樱桃、桃、葡萄、枣、银杏等。农田防护林和林粮间作树种主要是杨树 Populus spp. 和泡桐 Paulownia spp.。河南、山东、苏北栽培的泡桐主要有兰考泡桐 Paulownia. elongata、楸叶泡桐 P. catalpifolia、毛泡桐 P. tomentosa、白花泡桐、光叶泡桐 P. glabrata，杨树主要有毛白杨及其自然三倍体种群，该种为华北地区乡土树种，还有小叶杨等。华北平原栽培的欧美杨无性系主要是意大利214杨、中林46号杨、107号杨、108号杨；黄淮平原主要栽培美洲黑杨无性系63号杨、69号杨，欧美杨无性系72号杨、351号杨、35号杨、南林95杨、南林985杨。杨树的广泛栽培促进了平原林业的迅猛发展。以江苏为例：苏北地区现有杨树林面积逾 $93\times10^4 hm^2$，蓄积量 $8760\times10^4 m^3$；全省森林覆盖率由1979年的6.32%上升到2012年的21.6%，林业生产总产值名列全国第5，创造了黄淮海地区平原林业的奇迹。

## 3.3 华东、华中林区

本区北界沿秦岭分水岭，东到伏牛山主脉南侧，沿淮河主流过洪泽湖南端经苏北灌溉总渠至黄海海岸线；南界沿湖北大巴山分水岭至神农架南坡经京山、黄陂到长江南岸安徽铜陵、宣州、郎溪、广德丘陵到江苏宜兴、溧阳山区北缘经太湖边到无锡、昆山止于上海市崇明。本区主要属北亚热带。主要森林景观是：北亚热带含有常绿阔叶树的落叶阔叶林。森林树种组成上出现了喜温的马尾松林，替代了华北林区的油松林、赤松林；出现了杉木林、毛竹林等亚热带性质的森林。同时出现了青冈栎、石栎、苦槠栲、宜昌楠 Machilus ichangensis、紫楠、冬青、石楠等常绿树种，但这些常绿树种总体上不占优势，森林的外貌仍是以落叶栎类为主体的落叶阔叶林或与马尾松混生组成的松栎混交林。竹林在本区也很发达，秦巴山区有巴山木竹 Arundinaria fargesii 和箭竹；平原丘陵地区有短穗竹、桂竹、刚竹、乌哺鸡竹、淡竹、篌竹、阔叶箬竹等。本区可分为2个小区.

**1. 秦岭、大巴山**

秦岭主峰太白山位于陕西眉县，大巴山位于湖北西部，一般海拔高400~2000m，山体呈东西走向，可阻挡北方寒潮而成为温带与亚热带的分界线，年平均气温15℃左右，年降水量700~1000mm。低山以杉木、马尾松、铁坚油杉、柏木为主，阔叶树有枫香、青冈、黑弹朴、鹅掌楸、榉树等，海拔600~1600m，针叶树有华山松、巴山松 Pinus henryi，阔叶树有麻栎、栓皮栎、水青冈、米心水青冈、领春木、金钱槭等。

海拔1600~2600m以上，主要树种有太白红杉 Larix chinensis、巴山冷杉，还见有岩栎 Quercus acrodonta、刺栎 Q. spinosa、匙叶栎 Q. spathulata、巴东栎 Q. engleriana、乌冈栎 Q. phyillyaeoides 等常绿硬叶栎类树种。还有红桦、箭竹、巴山木竹等。秦岭和大巴山之间为汉中盆地，主要树种为马尾松、杉木、柏木、飞蛾槭、红豆树、石楠；经济林果主要有油茶、茶叶、枇杷、棕榈、漆树、油桐、厚朴、杜仲。

**2. 淮河以南、江南丘陵**

西部有桐柏山、大别山、天柱山，东部江汉平原、江淮平原、太湖平原、宁镇山区海拔均在600m以下,主要树种为马尾松、杉木人工林,以落叶栎类和榆科树种组成的落叶阔叶林,主要由麻栎、小叶栎、栓皮栎、槲栎、白栎、青檀、大叶朴 Celtis koraiensis(为该种分布的南界)、糙叶树、榔榆和常绿的青冈栎、石栎、冬青等组成。其中,琅玡榆 Ulmus chenmoui 和糙叶榆 U. gaussenii 多大树,并处于濒危状态。竹类有淡竹、甜竹、刚竹、篌竹、阔叶箬竹、短穗竹等,大别山、桐柏山海拔700m以上山地散生有黄山松为该种分布的北界,有少量大别山五针松 Pinus dabeshanensis 分布,还有金钱松。平原地区农田防护林网栽培树种主要有水杉、池杉、落羽杉 Taxodium distichum。美洲黑杨无性系69号杨、72号杨等。

## 3.4 中南林区

本区北界沿大巴山分水岭、神农架南坡,经湖北黄陂到长江南岸安徽铜陵、宣州、郎溪、广德丘陵至江苏宜兴、溧阳山区;南界东起福建三沙湾,经戴云山至永定,到广东龙川、怀集至广西柳州和贵州罗甸一线,西以四川邛崃山为界,包括天目山、武夷山、黄山、庐山、武功山、莽山、南岭山地、雪峰山、衡山、梵净山、武陵山脉等。气候区域属中亚热带。主要森林景观为:亚热带常绿阔叶林。区内气候属典型的季风亚热带中部气候,年平均气温16~18℃,年降水量900~1500(2000)mm。常绿阔叶林是我国亚热带地区最具代表性的森林植被类型,尤其是中亚热带常绿阔叶林在我国有着最广泛的分布,也是东亚地区最典型的地带性植被类型,是全球生物多样性最丰富的地区之一。森林外貌四季常绿,呈深绿色,上层树冠呈半球形,林冠整齐一致,组成树种上主要科属相同,以壳斗科、樟科、山茶科、冬青科、山矾科为基本组成成分,南岭山脉还有金缕梅科的常绿乔木类,因地区不同植物种类组成有所不同,木本植物的种类在800种以上。常绿阔叶林在东部地区垂直分布以海拔800m以下为主,在西部地区则上升到海拔1500~2800m左右。可分为以下几个林区:

**1. 江南丘陵及浙闽丘陵、南岭山地**

江南丘陵及浙闽丘陵范围较广,包括江苏及安徽南部、浙江、江西、湖南、湖北中部的低山丘陵;南岭山地包括湖南、江西南部、广西东北部和广东北部由一系列东北向西南走向的山脉组成,俗称"五岭"。区内年平均气温16~21℃,极端低温-5~10℃,年降水量1300~1800mm,局部山区可达2000mm以上。

常绿阔叶林十分发达,上层林木由栲属、石栎属(柯属)、青冈属、樟属、润楠属、楠木属、木荷属 Schima、木莲属、含笑属组成,南岭山地还有蕈树属 Altingia、马蹄荷属 Exbucklandia、壳菜果属 Mytilaria、红花荷属 Rhodoleia、厚壳桂属、杜英属 Elaeocarpus、猴欢喜属 Sloanea;亚乔木层有冬青属 Ilex、山矾属 Symplocos、木姜子属 Litsea、山胡椒属 Lindera、石笔木属 Tutcheria 等;下木为杜鹃花科、越橘科、山茶科、金缕梅科、蔷薇科、蝶形花科灌木及藤本组成。"林窗"及林缘空地、林缘有多种落叶阔叶树混生,如光皮桦、枫香、蓝果树、锥栗、拟赤杨、山乌桕、檫木、糙叶树、白辛树 Pterostyrax psilophylla、南酸枣、香果树等,这些落叶树种,多为亚热带山地的先锋落叶乔木。

常绿阔叶林垂直上线还有常绿、落叶阔叶混交林、落叶阔叶林、灌丛等层次,有时混生有黄山松,群落结构稳定,常绿阔叶林被破坏后会形成以喜光落叶阔叶树为主的次生林，如枫香、拟赤杨、山槐，如多次反复破坏则成为耐旱的灌丛、禾本科高草或芒萁群落。我国南方常绿阔叶林在20世纪50~70年代遭受较大破坏，被作为"杂木林"滥伐、"炼山"后栽植速生的杉木林，所幸80年代在常绿阔叶林保存相对完整的地区建立了一批自然保护区，有效地保护了这种在世界其他地区较为少见的森林植被类型。此外，在湖南、江西、广西阳朔和福建邵武、华安等地成片分布有乌冈栎、岩栎和尖叶栎 *Quercus oxyphylla* 等组成硬叶常绿阔叶林，硬叶常绿阔叶林本是反映夏干冬雨的地中海气候的典型植被，我国的这类硬叶常绿阔叶林多分布于陡峭山顶峭壁，土层干旱瘠薄的地段，其特征显然也不同于我国西部高山地区的硬叶常绿阔叶林，其形成的原因确有研究价值。

本区西南广西、贵州，以及湘西、鄂西等地有大面积石灰岩喀斯特地貌，由于千百年来的人为活动，天然植被已荡然无存，大面积岩石裸露的山地，或覆盖以禾草为主的草灌丛，生态环境十分恶劣，成为我国著名的"石漠化"地区，也是目前退耕还林、生态与植被恢复的难点地区，天然植被恢复极为困难，所需时间很长。但在贵州荔波茂兰保存着世界上独一无二的"喀斯特森林"，面积约20 000hm$^2$，系原生性常绿、落叶阔叶混交林，林相整齐，蔚为壮观。

本区内竹林资源极其丰富，其中毛竹林遍及全境，总面积$200 \times 10^4$hm$^2$以上，还有桂竹、篌竹、黄苦竹、毛金竹 *Phyllostachys nigra* 'Henonis'、水竹、假毛竹 *Phyllostachys kwangsiensis* 等刚竹属用材竹种，浙江盛产早竹 *Phyllostachys violascens*、红壳竹 *P. iridescens*、高节竹 *P. prominens* 等多种哺鸡竹类笋用竹种。丛生竹以孝顺竹 *Bambusa glaucescens* 分布最广，福建南部有麻竹和绿竹，广东和广西北部有撑篙竹 *Bambusa pervariabilis*、车筒竹 *B. sinospinosa*、青皮竹 *B. textilis*，海拔较高山地有南岭箭竹 *Sinarundinaria basihirsuta*。区内竹种总数150种左右，约占全国竹种数的30%或40%。

本区针叶林主要以马尾松林、黄山松林、杉木林为主，马尾松林广布全境海拔800m以下酸性土低山丘陵，西部可达海拔1000m，天然更新能力强，飞籽成林，耐干旱瘠薄，黄山松广布于800m以上山地，上限可达海拔2000m，呈不连续岛状分布，在垂直分布上与马尾松林成替代现象。杉木林遍布全境1200m以下酸性土山地，为我国南方最重要的人工速生丰产林树种。华南五针松（主产南岭）、银杉（主产南岭）、金钱松、黄杉、铁杉、长苞铁杉、油杉、江南油杉、铁坚油杉、福建柏 *Forkienia hodginsii*（主产南岭）、南方红豆杉均散生于各地，还有穗花杉 *Amentotaxus argotaenia*、白豆杉 *Pseudotaxus chienii*、百山祖冷杉 *Abies beshanzhuensis*、资源冷杉为稀有濒危树种，呈散生状态，天然更新不良。经济林果主要有油茶、茶叶、山核桃 *Carya cathayensis*、枇杷、柑橘、香榧、杨梅、油桐、漆树，南部有龙眼、荔枝等。

### 2. 四川盆地

四川盆地四周有高山屏障，境内河流纵横、地形起伏，盆地中海拔200~500m，盆地周围山地海拔高1000~2000m，气候冬暖夏热，温度高，多雾，适宜常绿阔叶林发育，但原始森林多已破坏，现多为天然次生林或人工林，海拔400~1000m常绿树种主要有桢楠、小叶桢楠 *Phoebe hui*、宜昌楠、润楠 *Machilus pingii*、黑壳楠、毛桂 *Cinnamomum applianum*、峨眉含笑 *Michelia wilsonii*、栲树。海拔1500~2000m有峨眉栲 *Castanopsis platyacantha*、甜槠、木荷、广西杜英 *Elaeocarpus duclouxii*、日本杜英、川桂 *Cinnamomum szechuanense*。此外,盆地内黄葛树很常见,多大树,林中空地、林缘多落叶阔叶树,如拟赤杨、灯台树、黄皮树、连香树、水青树等。

主要针叶林为柏木林、杉木林、马尾松林,柏木林广布全境,集中分布嘉陵江流域,组成纯林或与枫香、青冈栎、青檀、珊瑚朴等混生,南川金佛山与鄂西交界处有银杉、水杉、秃杉等孑遗树种。

四川盆地竹种资源富有特色,以栽培慈竹 Dendrocalamus affinis 最为普遍,盆地南部广布毛竹,尤以长宁、江安等地以万公顷计,径级粗 12~20cm,节间甚长,远较浙江一带毛竹生长好,当地称作"楠竹"。其他竹种有斑苦竹 Arundinaria maculata、料慈竹 Bambusa distegia、白荚竹 Phyllostachys bissetii、方竹属有数种 Chimnobambus spp.。经济林果主要有漆树、杜仲、油桐、柑橘、厚朴、甜橙、盐肤木 Rhus chinensis(五倍子树)等。泸州及合江一带有柚、龙眼、荔枝、橄榄 Canarium album、直干桉 Eucalyptus maideni 等。

### 3. 云南高原

本区包括云南大部、贵州西部、四川南部,为高原地貌,高原面海拔高 1500~2500m,西部最高可达海拔 4000m,为中亚热带高原气候,干湿季明显,四季如春,年平均气温 12~18℃,除西部高山外,区内少有霜雪,年降水量 1000~1500mm,受印度洋季风控制,每年 5~10 月为雨季,降水占全年 80%~95%,11 月到翌年 4 月为旱季,降水极少。地带性常绿阔叶林常分布在湿度较大的阴面缓坡上。树种分布在北部以较耐寒的滇青冈 Cyclobalanopsis glaucoides、高山栲 Castanopsis delavayi、元江栲 C. orthacantha、滇石栎等为主,南部和西南部以喜温暖的印度栲 Castanopsis indica、云南樟、滇润楠 Machilus yunnanensis、蒙自阿丁枫 Altingia yunnanensis、西南木荷、香叶树等组成。海拔 2600~4000m 硬叶常绿阔叶林也很发育,由川滇高山栎 Quercus aquifolioides、黄背高山栎 Q. pannosa、帽斗高山栎 Q. guyavaefolia、长穗高山栎 Q. longispica 等组成。在海拔 3000~4000m,高山杜鹃种类繁多,花大艳丽、蔚为状观,如亮叶杜鹃 Rhododendron vernicosum、红棕杜鹃 Rh. rubiginosum、毛喉杜鹃 Rh. cephalanthum 等。落叶阔叶林分布于北部海拔 2500~3100m 山地,位于常绿阔叶林上部,组成树种有丽江槭 Acer forrestii、蒙自桦 Betula nepalensis、青榨槭、桦叶槭 Acer betulifolium、华榛、红桦、川滇花楸 Sorbus prattii、滇海棠 Malus yunnanensis 等。针叶林主要由云南松大面积集中分布于云南永胜、华坪、永仁、维西、丽江、南盘江一带干燥的山坡或山顶;在海拔 900~2100m,形成亚高山针叶林以下的云南松林带,长势良好,高可达 30m。云南中部元江、威远江一带,则以思茅松 Pinus kesiya var. langbianensis 为主,云南松次之。高山松 Pinus densata 林分布于西北部海拔 2700~3500m 干燥山坡,组成纯林或下段与云南松混生。华山松林分布于中部以北,海拔 1800~3000m,与云南松、云南油杉、高山栎类混生或小片纯林。云南高原常见栽培树种有滇杨、蓝桉、银桦等。

### 4. 闽、粤东南沿海平原、丘陵

包括南岭以南闽粤两省沿海及广东、广西交界地区,地形比较复杂,丘陵及河谷平原相间,东部海拔 100~500m,河谷平原 200~400m,山地丘陵相对高度约 500~900m。本区位于纬度 23.5°左右,即北回归线上,太阳直射线一年四季从这里向南回归线之间往返移动,造成全球这一地带上热量大、雨量少。同一纬度除我国以外的其他地区,如印度北部、阿拉伯半岛南部、非洲北部、北美南半球几乎全都是沙漠或干旱草原，俗称"回归沙漠带"，即使有林木生长也是低矮的灌丛，而我国的这一地区气候条件得天独厚，地处欧亚大陆东端，面临南海，常受印度洋与南太平洋季风控制，又常有台风带来充沛雨量，从而形成植物种类繁多、四季常绿的南亚热带常绿阔叶林，广东的鼎湖山出现南亚热带季雨林景观，被誉为北回归线沙漠带上的一块"绿洲"。鼎湖山500m以下沟谷主要树种有黄果厚壳桂、琼楠 *Beilschmiedia intermedia*、华南栲、白颜树、人面子 *Dracontomelon duperreanum*、五桠果、榕树 *Ficus* spp.、野生荔枝。山坡常绿阔叶林上层林木以壳斗科树种占优势，如华栲、刺栲、南岭栲、罗浮栲、岭南青冈 *Cyclobalanopsis championii*、木莲、金叶含笑、广东润楠 *Machilus kwangtungensis* 等。广西西南部有保存较好的喀斯特森林，主要树种有蚬木、金丝李、醉香含笑、格木、拟赤杨、金花茶 *Camellia petelatii* 等。本区东南沿海浅海湾有红树林分布，主要由红树科的秋茄、木榄和马鞭草科的海榄雌 *Avicennia marina*、爵床科的老鼠簕 *Acanthus illicifolius*、蜡烛果科的蜡烛果 *Aegiceras corniculatum* 等5种组成，向北种类减少，厦门附近红树林无木榄；至闽江口仅剩下秋茄树一种，高不足2m。

平原地区丛生竹很常见，以青皮竹、粉单竹最多，山区有散生竹，如篙竹 *Arumdinaria hindsii*、中华大节竹 *Inosasa chinensis*、唐竹属 *Sinobambusa* spp. 等。本区主要经济树种为八角，以广西龙州、凭祥、德保一带栽培最多，历史悠久；肉桂多人工纯林。果树以荔枝、龙眼为主，造林树种有多种桉树、湿地松、木麻黄。观赏树种和棕榈类更多。我国桉树引种已有百年历史，共引入200余种。"四旁"植物有榕树、高山榕、银桦、南洋楹、榄仁树、白兰、阴香、羊蹄甲。

## 3.5 华南林区

本区位于我国最南部，包括广东南部、海南岛、雷州半岛至云南南部金平、西双版纳林区等地。主要属南亚热带和边缘热带，局部地区属中亚热带。主要森林景观为：热带雨林和季雨林。本区地处热带北缘，每年5~10月季风盛行，日温差小，湿度大，11月至翌年4月受印度大陆北部平流过来的干热气流影响，雨量减少，湿度降低而形成本区内干湿季明显的主要气候特征，区内年平均气温22℃左右，全年无霜，年降水量1800~2000mm，最高可达3000mm，大气相对湿度达80%~85%。森林植被属北热带雨林类型，植物种类繁多，如海南岛雨林150m²面积就有木本植物90种，热带雨林组成群落的优势种不突出，但均为高大乔木，层次多，老茎生花和大树板根现象显著，藤本和附生寄生植物丰富，甚至有些竹种也成为藤本。热带雨林的特征植物是龙脑香科树种，但我国雨林中龙脑香植物相对贫乏，仅有青皮 *Vatica astrotricha*、坡垒 *Hopea hainanensis*、东京龙脑香、望天树 *Parashorea chinensis*、云南娑罗双等10余种，说明雨林在我国分布已是东南亚雨林区的北部边缘。本区分为3个小区。

**1. 雷州半岛**

北部为低山丘陵，海拔200m左右，中南部为滨海台地，向西延伸至广东湛江，原始植被已荡然无存，土壤为红壤与砖红壤，相当贫瘠，立地较差的地方种植多种桉树，以窿缘桉 *Eucalyptus exserta* 为主，还有柠檬桉 *E. citriodora* 和多种杂种桉树，引种的加勒比松长势良好，立地较好的地区种植橡胶树、椰子、油棕、龙眼、荔枝、阳桃等经济林果；沿海防护林树种主要是木麻黄。

**2. 海南区**

海南岛是我国第二大岛，南部是山地，主峰五指山海拔 1879m；红黏土台地全年平均气温在 22℃以上，约有 6 个月月平均气温在 20℃以上，东部受东南季风与台风影响年降水量 2000mm 以上，西部受西南焚风控制，东方县年降水量仅 800~900mm，呈稀树草原景观。热带沟谷雨林面积不大，分布黎母岭、吊罗山海拔 200~800m，局部静风沟谷地带，上层主要乔木树种有蝴蝶树、坡垒、青梅、琼崖石栎 *Lithocarpus fenzelianus*、海南木莲、红花天料木、海南柿 *Diospyrus hainanensis*、苦梓含笑 *Michelia balansae*、鸡毛松、黄桐；中下层林木有红果樫木、长脐红豆树 *Ormosia balansae*、海南大风子、桄榔 *Arenga pinnata*、山槟榔 *Pinanga baviensis*、白节藤竹 *Dinochloa orenuda*、白省藤 *Calamus tetradactylus*、黄藤 *Daemonorops margaritae* 等。这类雨林遭破坏后常沦为次生林，或成为落叶阔叶树和常绿阔叶树混交的季雨林，如尖峰岭海拔 250m 以下低山丘陵地带，落叶阔叶树有鸡尖 *Terminalia hainanensis*（局部地段可成为纯林）、降香黄檀、枫香、海南石梓、槟榔青 *Spondias pinnata*、鹧鸪麻 *Kleinhovia hospita*；混生常绿阔叶树有台湾桴 *Castanopsis formosana*、菲朴 *Celtis philippinensis*、海南猴欢喜 *Sloanea hainanensis*、海南琼楠 *Beilschmiedia wangii*、银叶树 *Alphitonia philippinensis* 等。针叶树有南亚松 *Pinus latteri*、海南五针松 *P. fenzeliana* 等成次生纯林或与阔叶树混交。本岛除西海岸外，环岛浅湾均有红树林分布，由红树、柱果木榄 *Bruguiera cylindrica*、海莲 *Bruguiera sexangula*、木榄、酸海桑 *Sonneratia acida*、瓶花木 *Scyphiphora hydrophyllacea*、蜡烛果 *Aegiceras corniculatum*、老鼠簕、木果楝 *Xylocarpus granatum*、红茄苳 *Rhizophora mucronata*、秋茄树、海榄雌等 10 余种组成，长成小乔木。本区引种的树种有加勒比松 *Pinus caribaea*、柠檬桉、窿缘桉、木麻黄，经济林果有巴西橡胶、咖啡、可可、腰果、椰子等。

**3. 滇南小区**

位于云南的最南端，谷地、山岭、高原交错分布，海拔多在 1000m 以下，年平均气温 20~22℃，极端最低气温 5℃以上，除海拔 1000m 以上地方有轻霜外，全年无霜雪，年降水量 1200~1500mm，干湿季明显，5~10 月为雨季，11 月至翌年 4 月为旱季。热带季雨林分布于西双版纳和金平、河口，海拔 800m 以下的沟谷季雨林上层林木为望天树、龙脑香 *Dipterocarpus turbinatus*、番龙眼 *Pometia tomentosa*、多果榄仁、刺桐 *Erythrina lithocarpa*、窄叶翅子树 *Pterospermum lanceolatum*、箭毒木、云南木波罗 *Artocarpus lakoocha*；金平、河口一带为云南龙脑香 *Dipterocarpus yunnanensis*、东京龙脑香、毛坡垒 *Hopea mollissima*、高山阿丁枫 *Altingia excelsa*、人面子、细子龙、四数木、仪花 *Lysidice rhodostegia*、山楝等。季雨林垂直带上部，海拔 900~1500m 范围内分布有常绿阔叶林，由木兰科、樟科、壳斗科树种组成，如合果含笑 *Paramichelia baillonii*、长蕊木兰 *Alcimandra cathcardii*、金叶含笑、大叶木莲、大果木莲 *Manglietia grandis*、云南樟、普文楠 *Phoebe puwenensis*、湄公栲 *Castanopsis mekongensis*、团花、八宝树等。海拔 800m 干热河谷有白头树 *Garuga forrestii*、柄翅果 *Burretiodendron esquirolii*、香合欢 *Albizia ordoratissima*、猫尾木、火绳树 *Eriolaena spectabilis*、钝叶黄檀、余甘子等。

本区丛生竹资源丰富，以牡竹属、思劳竹属、空竹属为主，箣竹属不占优势，散生竹有大节竹属。引种栽培树种有巴西橡胶、咖啡、椰子、油棕、金鸡纳树、紫檀、铁力木 Mesua ferrea、轻木 Ochroma pyramidale 等。

## 3.6 台湾林区

台湾是我国最大的岛屿，自西至东有阿里山、雪山—玉山、台湾山(中央山脉)、台东山等山脉组成，玉山主峰海拔3997m，为我国东部最高峰，岛内山地占70%；海洋性气候，年平均气温20~24℃以上，年降水量1500~2000mm，局部地区可达3000mm。

台湾南端有热带雨林，中部、北部山区有常绿阔叶林、红桧林、台湾扁柏林，高山上部有冷杉林，海滨有红树林。红树林分布于北部基隆和南部高雄一带海湾泥滩，北部仅有秋茄树1种；南部有红茄苳、榄李 Lumnitzera racemosa、海榄雌、角果木 Ceriops tagal、木榄、银叶树 Heritiera littoralis 等。热带雨林分布于南部恒春半岛、兰屿和绿岛海拔500m以下河谷、山麓，雨林中没有龙脑香科树种，主要树种为肉豆蔻 Myristica cagayanensis、菲律宾肉豆蔻 Myristica simiarum、台湾翅子树 Pterospermum niveum、长叶桂木 Artocarpus lanceolata、新乌檀 Neonauclea reticulata、乌材柿 Diospyros eriautha、菲律宾罗汉松 Podocarpus philippinensis、恒春竹柏 Nageia formosensis、恒春楠木 Machilus obovata。常绿阔叶林分布于海拔500~1800m山地，由青钩栲 Castanopsis kawakamii、淋漓栲 C. uraiana、青冈栎、长果青冈 Cyclobalanopsis longinux、恒春拟单性木兰 Parakmeria kachirachirai、台湾含笑 Michelia formosana、樟树、沉水樟、黄果厚壳桂 Cryptocarya concinna、台湾大叶楠 Machilus kusanoi、木荷、杜英等组成，并混生有针叶树，如台湾油杉 Keteleeria formosana、台湾黄杉 Pseudotsuga wilsoniana，还有黄山松、台湾杉木 Cunninghumia konishii。海拔1800~3000m山地针阔混交林由台湾扁柏 Chamaecyparis obtuse var. formosana 和红桧 Chamaecyparis formosensis 组成纯林，红桧高可达58m，径3.5m，树龄3000年，称为"神木"；还有台湾杉 Taiwania cryptomerioides、台湾三尖杉 Cephalotaxus wilsoniana、刺柏 Juniperus formosana 等，阔叶树有窄叶青冈 Cyclobalanopsis stenophylloides、昆栏树 Trochodendron aralioides、台湾檫木 Sassafras randaiense、台湾槭 Acer formosanum 等。高山针叶林分布于玉山和碧山，海拔3000m以上，有台湾冷杉 Abies kawakamii 纯林，有时混少量台湾果松 Pinus armandii var. mastersiana、台湾铁杉 Tsuga formosana、台湾高山栎 Quercus rokoensis、玉山箭竹 Sinarundinaria niitakayamensis、玉山桧 Sabina morrisonicola。

## 3.7 西部中高山林区

本区包括甘肃南部、四川西部岷江、大渡河中上游、金沙江中游高山峡谷区，山势高峻，河谷深切，海拔一般在2000~3000m之间；气候属季风湿润气候区，受东南季风和西南季风综合影响，降水较多，年降水量700~1000mm或更多，海拔2000m地带年平均气温4~10℃，年温差大，夏季凉爽，冬无严寒。

本区植被基带应为中亚热带常绿阔叶林地带，但仅出现海拔较低的地段，由于海拔高差很大，森林垂直带明显，在川西、甘南、藏东海拔2500m以下，有少量常绿阔叶林分布，树种主要以壳斗科青冈栎属、栲属、石栎属、樟科润楠属、桢楠属，木兰科含笑属，以及山茶科、山矾科、杜英科、交让木科一些树种为主。海拔2500~3000m为针阔混交林带，针叶树种主要是铁杉、云南铁杉、丽江铁杉 *Tsuga forrestii*、冷杉、紫果冷杉 *Abies recurvata*、黄果冷杉 *A. ernestii*；阳坡多云南松、华山松、高山松 *Pinus densata*。落叶阔叶树种以栎属、槭属、桦木属树种为主，还有领春木 *Euptelea pleiosperma*、连香树 *Cercidiphyllum japonicum*、水青树 *Tetrcertron sinensis*、金钱槭 *Dipteronia sinensis*。海拔 3000~4000m 为亚高山和高山针叶林带，这一地带是我国高山针叶林分布面积最大、高山针叶树种最丰富、木材蓄积量最高的地区，也是我国西南林区的重要组成部分，以冷杉属、云杉属树种组成大面积纯林。冷杉属树种主要有岷江冷杉 *Abies. faxoniana*、长苞冷杉 *A. georgei*、鳞皮冷杉 *A. squamata*、川滇冷杉 *A. forrestii*、怒江冷杉 *A. nukiangensis*、苍山冷杉 *A. delavayi*；云杉属树种主要有紫果云杉 *Picea purpurea*、云杉、鳞皮云杉 *P. retroflexa*、麦吊云杉 *P. brachytyla*、油麦吊云杉 *P. complanata*、丽江云杉 *P. likiangensis*、川西云杉 *P. balfouriana*、青杆 *P. wilsonii*。针叶林带的上限为红杉 *Larix potaninii*、大果红杉 *L. potaninii* var. *macrocarpus*、怒江红杉 *L. speciosa* 等。这类针叶林破坏后常由白桦、红桦、山杨占优势的次生林所代替，在破坏严重的情况下，演变为高山栎林 *Quercus semicarpifolia* 或杜鹃灌丛甚至草丛。

## 3.8 青藏林区

青藏高原素有"世界屋脊"之称，海拔大多在 3500m 以上，南有喜马拉雅山脉，北有昆仑及祁连山脉，东与四川云南接壤，西连帕米尔高原，构成十分独特的地理景观。本区属高原亚寒带、高原温带及高原亚热带，气候性质主要受海拔高度和地貌的制约和分异。冬季漫长严寒，最低温度可达 -35℃；年降水量藏北高原不足 100mm，东部地区可达 500~700mm；雅鲁藏布江河谷地带，海拔降至 2000m 以下，受印度洋暖湿气流影响，年平均气温 8.5~11.4℃，年降水量 600~960mm，相对湿度达 70% 左右，日温差大，年温差小，太阳辐射强。

高原的北部和西部是著名的羌塘高原，气候干寒，无森林分布，仅在高原的东南部，即喜马拉雅山、横断山、念青唐古拉山高山峡谷地带有森林分布，该森林有独特的树种组成、丰富的植被类型、完整的垂直带谱。西藏特有的裸子植物有 15 种以上，如西藏红杉 *Larix griffithiana*、喜马拉雅红杉 *L. himalaica*、乔松 *Pinus griffithii*、藏柏 *Cupressus torulosa*、巨柏 *C. gigantea*、西藏冷杉 *Abies spectabilis*、长叶云杉 *Picea smithiana* 等。海拔 5500m 以上为终年积雪带；海拔 4300m 以上为高山草甸和高山垫状植物带；海拔 3100~4000m（4300m）为山地温带及寒温带针叶林，主要树种有急尖长苞冷杉 *Abies georgei* var. *smithii*、墨脱冷杉 *A. delavayi* var. *motuoensis*、西藏冷杉、滇藏方枝柏 *Sabina wallichiana*、大果圆柏 *S. tibetica* 等。次生林阔叶树主要是糙皮桦 *Betula utilis*、山杨等。海拔 2400~3100m 为山地温带针阔混交林，主要树种有云南铁杉、西藏红杉，阳坡有高山栎林、高山松林。海拔 1500~2400m 为常绿阔叶林，主要树种有通麦栎 *Quercus tungmaiensis*、毛曼青冈 *Cyclobalanopsis gambleana*、薄片青冈 *C. lamellosa*、毛叶黄杞 *Engelhardtia colebrookiana*，阳坡可见西藏长叶松 *Pinus roxburghii*、河漫滩有旱冬瓜 *Alnus nepalensis*、大叶杨 *Populus lasiocarpa* 等。

墨脱、察隅地区海拔 1500m 以下，为准热带季雨林，主要树种有千果榄仁 *Terminalia myriocaipa*、西藏天料木 *Homalium napaulense*、印度栲 *Castanopsis indica*、娑罗双树 *Shorea robusta*、四数木、小花五桠果 *Dillenia pentagyna*、八宝树等。经济林果可试种咖啡、橡胶树、番木瓜、杧果等。

## 3.9 西北林区

本区包括新疆天山、阿尔泰山，青海祁连山，宁夏贺兰山，内蒙古阴山。气候区域属中温带、暖温带及高原温带，因地处欧亚大陆的中心，远离海洋，降水量是制约植被和树种的关键因素。全区属典型的大陆性气候，年降水量250mm以下，干燥，日照充沛，戈壁沙漠，绵延数千里，属荒漠和半荒景观，仅天山、阿尔泰山有降水或降雪，年降水量300~800mm，有森林发育。天山横亘于新疆中部，地势高峻，海拔一般在3000~5000m之间，森林主要在天山北坡。主要树种有天山云杉 *Picea schreukiana* var. *tianshanica*、新疆落叶松 *Larix sibirica*、天山桦 *Betula tianshanica*、欧洲山杨，伊犁地区天山西段有新疆野苹果林、野核桃林。阿尔泰山脉，自西北向东南，山势较平缓，海拔1300~2700m，阴坡、半阴坡分布大面寒温带针叶林，主要树种有新疆落叶松 *Larix sibirica*、新疆云杉 *Picea oborata*、新疆五针松 *Pinus sibirica*、新疆冷杉 *Abies sibirica*，针叶林破坏后形成以欧洲山杨 *Populus tremula*、白桦、疣枝桦为主的次生林。胡杨 *P. euphratica* 为本区荒漠中最普遍的树种，塔里木盆地河谷伊犁河谷，东至内蒙古鄂尔多斯，均有成片林，分布海拔可达2900m。沙枣 *Elaeagus angustifolia* 林分布新疆，东至河西走廊；内蒙古、甘肃半固定沙地及河滩地有人工林。

祁连山由一系列的北西—东南走向的高山、谷地组成，连绵1000km，森林带以青海云杉 *Picea crassidilia*、祁连圆柏 *Sabina przewalskii* 为主，森林带下部有油松、山杨等混生。贺兰山、阴山海拔1700m以下有油松、侧柏、杜松、萌生的辽东栎矮林以及白桦、山杨林，阴坡有青海云杉等。

西北林区主要更新及造林树种为新疆落叶松、新疆云杉、天山云杉、疣枝桦、新疆大叶榆 *Ulmus laevis*、白柳 *Salix alba*、油松、大果圆柏等。平原防护林及"四旁"绿化树种，有新疆杨 *Populus bolleana*、银白杨、白榆、新疆大叶榆、小叶白蜡 *Fraxinus sogdiana* 等，引种树种有红梣 *Fraxinus pennsylvanica*、羽叶槭 *Acer negundo* 等。

# 参 考 文 献

北京大学，等. 植物地理学[M]. 北京：人民教育出版社，1980.
陈家瑞. 对我国古代植物及其思想的探讨[J]. 植物分类学报，1978，6(3)：101-112.
陈亚琼，邓敏，周浙昆. 壳斗演化的假说及分子系统学和化石证据[J]. 植物分类学报，2008，46(1)：41-52.
陈之瑞，张志耘. 桦木科叶表皮的研究[J]. 植物分类学报，1991，29(2)：156-163.
方精云，王志恒，唐志尧. 中国木本植物分布图集[M]. 北京：高等教育出版社，2009.
何天相. 广东壳斗科木材的宏观结构及其与分类分布的关系[J]. 植物分类学报，1981，19(3)：271-278.
洪德元. 植物细胞分类学[M]. 北京：科学出版社，1990.
胡志昂. 杨属同工过氧化酶[J]. 植物分类学报，1981，19(3)：291-297.
李博. 生态学[M]. 北京：高等教育出版社，2000.
路安民，张芝玉. 对于被子植物进化问题的评述[J]. 植物分类学报，1978，16(4)：1-5.
路安民. 现代有花植物分类系统初评[J]. 植物分类学报，1981，19(3)：279-290.
潘跃芝，龚洵，杨杨. 九子母属的系统位置：来自叶绿体 $rbc$L 序列及核核糖体 ITS 序列的证据[J]. 植物分类学报，2008，46(4)：586-594.
祁承经. 树木学(南方本)[M]. 北京：中国林业出版社，1994.
任宪威. 树木学(北方本)[M]. 北京：中国林业出版社，1997.
田欣，李德铢. DNA 序列在植物系统学中的应用[J]. 云南植物研究，2002，24(2)：170-184.
汪小全，舒艳群. 红豆杉科及三尖杉科分子系统发育——兼论竹柏属的系统位置[J]. 植物分类学报，2000，38(3)：201-210.
王文采. 被子植物系统选介(Ⅰ)[J]. 植物学通报，1984a，2(5)：11-17.
王文采. 被子植物系统选介(Ⅱ)[J]. 植物学通报，1984b，2(6)：15-20.
吴征镒，等. 被子植物的一个"多系—多期—多域"新分类系统总览(In English)[J]. 植物分类学报，2002，40(4)：289-322.
吴征镒，等. 试论木兰植物门的一级分类——一个被子植物八纲系统新方案[J]. 植物分类学报，1998，36(5)：385-402.
武吉华，张绅，等. 植物地理学[M]. 4版. 北京：高等教育出版社，2010.
夏泉，等. 木通科、大血藤科种子的研究(1)——种子扫描电镜观察[J]. 植物分类学报，1989，27(4)：273-276.
杨允菲，祝廷成. 植物生态学[M]. 北京：高等教育出版社，2011.
云南大学生物系. 植物生态学[M]. 北京：人民教育出版社，1980.
张金淡，等. 从孢粉形态特征论某些类群的分类与系统发育[J]. 植物分类学报，1975，17(2)：1-8.
郑万钧. 中国树木志[M]. 1卷. 北京：中国林业出版社，1983.
Benson L. Plant taxonomy methods and principles：1-17. The Ronald Press Company，1962.
Brickel C D，*et al*. International rules of nomenclature for cultivated plants (seventh edition). 向其柏，译. 国际栽培植物命名法规[M]. 7版. 北京：中国林业出版社，2006.
Hardin J W，Leopold D J and White F M. Harrow & Harrar's textbook of dendrology：1-9；45-54；495-496. Mgraw-Hill Higher Education. 2001.

Hutchison J. The famillies of flowering plants. 2d. Oxford：Clarendon Press，1959.

Primack R B. Essentials of conservation biology. 祁承经，主译. 保护生物学概要[M]. 长沙：湖南科技出版社，1996.

Samuuel B J & Luchsinger A E. Plant systematics：McGraw-Hill Book Company，1979.

Stace C A. Plant taxonomy and biosystematics[M]. 韦仲新，等译. 植物分类学与生物系统学：21-59；75-150；204；238；269. 北京：科学出版社，1986.

Stuesy T F. Plant taxonomy. Columbia University Press，1990.

Turrill W B(ed.). Vistas in Botany，IV：187-223. Pergamon Press，1964.

Wen J, *et al*. Phylogenetic inferences in *Prunus* (Rosaceae) using chloroplast *ndh*F and nuclear ribosomal ITS sequences. Journal of Systematics and Evolution，2008，46(3)：322-332.

# 中 名 索 引

（按拼音顺序排列）

## A

阿丁枫 257
安息香 220
安息香科 217
安息香属 217,218
桉属 427
鞍叶羊蹄甲 180,181
暗罗 106
暗罗属 101,105
凹叶厚朴 85,86
澳洲红豆杉 75

## B

八宝树 445
八宝树属 444,445
八角 98
八角枫 234,235
八角枫科 234
八角枫属 234
八角金盘 242
八角金盘属 239,241
八角科 97
八角属 97
八仙花 249
巴东栎 308,311
巴东栎组 308
巴豆 378
巴豆属 375,378
巴山榧树 79
巴山冷杉 35,36
白背叶 382
白蟾 553
白刺花 198,199
白豆杉 77
白豆杉属 75,77
白杜 455,457
白桂木 335
白花泡桐 570,571

白花树 218
白花洋紫荆 180,183
白桦 276,278
白鹃梅 139
白鹃梅属 136,138
白壳淡竹 600
白蜡树 534,535
白蜡树属 534
白兰 91
白梨 147
白栎 308,311
白毛椴 355,356
白皮松 49,51
白千层 431
白千层属 427,431
白檀 224,226
白辛树 223
白辛树属 218,223
白颜树 326
白颜树属 326
白榆 323
白玉兰 88
百日青 72
百山祖冷杉 38
柏科 62
柏拉木 438
柏拉木属 436,438
柏木 64,65
柏木属 62,64
斑苦竹 606
板栗 287
半边月 252
包石栎 296,298
杯状栲 289,290
北京榆栎 308,310
北美檫木 125
北美鹅掌楸 97
北美红杉 59
北美红杉属 56,59

北美黄杉 38
北美圆柏 67
北酸脚杆 438
被子植物 80
笔管榕 336,339
薜荔 337,340
篦子三尖杉 74
边缘木犀 536,537
扁柏属 62,66
扁担杆 358
扁担杆属 355,358
扁桃 515
槟榔 582
槟榔属 573,582
波缘山矾 225
菠萝蜜 335
伯乐树 528
伯乐树科 528
伯乐树属 528
薄叶润楠 117,119

## C

菜豆树 558
菜豆树属 554,558
苍山冷杉 36,37
糙叶树 328
糙叶树属 322,328
槽里黄刚竹 602
侧柏 62
侧柏属 62
箣竹 590,591
箣竹属 586,590
梣属 534
茶 391,394
茶秆竹 606
茶梨 400
茶梨属 390,400
茶条果 226
檫木 125

檫木属 108,125
豺皮樟 126,128
潺槁木姜子 126,128
长苞铁杉 39
长柄双花木 254
长耳箬竹 598
长花厚壳树 560
长叶冻绿 465
长叶榧 78,79
长叶石栎 301
常春藤 240
常春藤属 238,240
车轮梅 144
车桑子 510
车桑子属 506,510
车筒竹 590
沉水樟 108,110
沉香科 347
沉香属 348
撑篙竹 590,595
池杉 61
齿叶冬青 450,454
齿缘吊钟花 417
赤桉 428,429
赤楠 432,434
赤皮青冈 303,306
赤杨叶 221
赤杨叶属 217,221
翅荚木 173
翅荚木属 167,173
翅荚香槐 197
翅子树属 364,367
椆属 302
稠李属 137,161
臭椿 494
臭椿属 494
樗叶花椒 490
川滇高山栎 308,312
川桂 109,114

川黄檗　487
川楝　499
川黔千金榆　282
川黔紫薇　568,569
川西云杉　42,43
川杨　266,269
川榛　280,281
垂柳　270,271
垂丝海棠　149
椿叶花椒　488,490
慈竹　587,588
刺柏　69
刺柏属　62,68
刺槐　207
刺槐属　193,207
刺栲　292
刺葵　579
刺葵属　573,579
刺葡萄　469
刺楸　240
刺楸属　239,240
刺桐　202
刺桐属　193,202
刺叶桂樱　162,163
刺叶栎　308,313
楤木　245
楤木属　239,245
粗榧　74
粗糠柴　382,383
粗糠树　559
粗毛石笔木　395,396
粗枝木麻黄　322
簇叶新木姜子　132,133
翠柏　63
翠柏属　62,63
重瓣棣棠花　154
重瓣麻叶绣线菊　137
重阳木　389

## D

大参属　239,243
大岛樱　160
大风子科　342
大风子属　342

大果冬青　450,453
大果蜡瓣花　259
大果马蹄荷　255
大果楠　114,115
大果卫矛　455,456
大花枇杷　144
大花栀子　553
大花紫薇　568,569
大戟科　374
大节竹属　586,607
大麻竹　589
大青属　561,562
大肉实树　484
大树杜鹃　412
大头茶　398
大头茶属　390,398
大王椰子　581
大眼竹　590,592
大叶冬青　450,452
大叶桂樱　162
大叶胡枝子　201,202
大叶黄杨　263
大叶木莲　81,82
大叶青冈　302,304
大叶桃花心木　502
大叶相思　184
大叶杨　266,268
单叶蔓荆　564
单子叶植物　572
淡竹　599,602,604
蛋黄果　483
蛋黄果属　479,482
倒吊笔　545
倒吊笔属　542,545
灯笼花　416
灯台树　230
灯台树属　228,229
地锦　468
棣棠花　154
棣棠花属　136,153
滇池海棠　149,150
滇木花生　480
滇青冈　303,307
滇润楠　118,120

滇山茶　391,393
滇石栎　296,298
滇鼠刺　216
滇杨　266,269
滇榛　281
吊灯扶桑　372,374
吊皮栲　291
吊丝球竹　590,594
吊丝竹　588,589
吊钟花属　411,416
蝶形花科　193
顶果木　172
顶果木属　167,172
东京龙脑香　407
东京樱花　158,159
东南石栎　297,301
东南野桐　382
冬瓜木　221
冬青　450,451
冬青科　449
冬青卫矛　455
冬青属　450
冬桃　361
董棕　576,577
豆梨　147,148
杜茎山　471
杜茎山属　471
杜鹃　412,413
杜鹃红山茶　391,393
杜鹃花属　411
杜鹃科　411
杜英科　359
杜英属　359
杜仲　341
杜仲科　341
杜仲属　341
短柄青冈　304
短梗大参　243
短穗鱼尾葵　576
短穗竹　609
椴树　355,356
椴树科　355
椴树属　355
对萼山矾　224,226

对节白蜡　534,535
钝叶黄檀　203,204
多花勾儿茶　463
多花山竹子　423
多脉鹅耳枥　282,283
多脉青冈　303,306
多脉铁木　284
多脉榆　323,324

## E

峨眉青荚叶　228,229
鹅耳枥属　279,281
鹅掌柴　242
鹅掌柴属　239,242
鹅掌楸　96
鹅掌楸属　81,96
鄂椴　356
鳄梨　122
鳄梨属　108,122
儿茶　186
耳叶相思　184
二乔木兰　85,88
二球悬铃木　262

## F

法国梧桐　262
番荔枝　103
番荔枝科　101
番荔枝属　101,103
番木瓜　354
番木瓜科　354
番木瓜属　354
番石榴　436
番石榴属　427,436
翻白叶树　367
饭甑青冈　302,303
方竹　605
方竹属　586,605
仿栗　363
非洲楝　503
非洲楝属　498,503
非洲桃花心木　503
肥牛树　385
肥牛树属　375,385

肥皂荚 **173**
肥皂荚属 **167**,**172**
榧树 **78**
榧树属 **75**,**78**
芬芳安息香 **218**,**219**
粉单竹 **590**,**592**
粉椴 **355**,**356**
粉团蔷薇 **153**
粉叶柿 **477**
粉叶羊蹄甲 **180**,**181**
风箱树 **548**
风箱树属 **548**
枫香 **255**
枫香属 **253**,**254**
枫杨 **320**
枫杨属 **314**,**320**
凤凰木 **171**
凤凰木属 **167**,**171**
佛肚树 **387**
扶芳藤 **455**,**456**
福建柏 **64**
福建柏属 **62**,**63**
福建青冈 **303**,**306**
福建山樱花 **161**
复羽叶栾树 **511**

**G**

干香柏 **64**
柑橘属 **485**,**492**
橄榄 **496**
橄榄科 **496**
橄榄属 **496**
刚竹 **602**
刚竹属 **586**,**598**
岗苍 **432**
岗松 **427**
岗松属 **427**
港柯 **301**
高大三棱栎 **313**
高粱泡 **154**
高山柏 **67**
高山栲 **289**,**295**
高山栎组 **308**
高山榕 **336**,**338**

高山松 **49**,**52**
革叶铁榄 **482**
格木 **170**
格木属 **167**,**170**
格药柃 **402**
葛 **200**
葛藟 **469**
葛属 **193**,**200**
珙桐 **238**
珙桐属 **237**
勾儿茶属 **462**,**463**
钩栲 **289**,**293**
钩栗 **293**
枸骨 **450**
构树 **334**
构属 **332**,**334**
菰腺忍冬 **250**
谷木 **439**
谷木属 **437**,**439**
瓜馥木 **104**
瓜馥木属 **101**,**103**
瓜栗 **371**
瓜栗属 **370**,**371**
瓜木 **234**,**235**
拐枣 **463**
观光木 **90**
观光木属 **81**,**90**
光蜡树 **534**,**536**
光皮桦 **276**,**277**
光皮梾木 **230**,**231**
光皮树 **231**
光叶珙桐 **238**
光叶榉 **326**
光叶蔷薇 **153**
光叶山矾 **225**,**227**
光叶山黄麻 **328**
光叶水青冈 **286**
光叶铁仔 **473**
广东木瓜红 **223**
广东琼楠 **123**
广东蛇葡萄 **467**
广柑 **493**
广檀木 **175**
广西紫荆 **179**

广玉兰 **85**
贵州石栎 **299**
桂花 **537**
桂林栲 **289**,**293**
桂木属 **332**,**335**
桂南木莲 **81**,**82**
桂樱属 **137**,**162**
桂竹 **598**,**600**
国槐 **198**

**H**

海红豆 **192**
海红豆属 **183**,**192**
海金子 **351**,**352**
海莲 **442**
海南粗榧 **73**,**74**
海南大风子 **342**
海南红豆 **194**,**195**
海南榄仁 **447**,**448**
海南木莲 **81**.**84**
海南蒲桃 **433**
海南石梓 **563**
海南五针松 **49**,**50**
海南紫荆木 **479**
海桑 **444**
海桑科 **444**
海桑属 **444**
海通 **562**
海桐 **351**,**352**
海桐花科 **351**
海桐花属 **351**
含笑 **91**,**92**
含笑属 **91**
含羞草科 **183**
旱冬瓜 **276**
旱柳 **270**,**272**
杭州榆 **323**,**324**
豪猪刺 **566**
诃子 **447**
禾本科 **583**
合欢 **189**,**190**
合欢属 **183**,**189**
荷花蔷薇 **153**
荷花玉兰 **85**

核果茶属 **395**
核桃 **318**
核桃属 **314**,**318**
褐毛杜英 **360**,**361**
黑弹朴 **329**,**330**
黑黄檀 **203**
黑荆 **186**
黑壳楠 **128**,**129**
黑皮插柚紫 **539**
黑松 **49**,**54**
黑杨 **269**
红苞木 **257**
红翅槭 **523**
红椆 **306**
红椿 **503**
红淡 **401**
红淡属 **390**,**401**
红豆杉 **75**,**76**
红豆杉科 **74**
红豆杉属 **75**
红豆树 **194**,**196**
红豆树属 **193**,**194**
红枫 **524**
红勾栲 **295**
红果钓樟 **129**,**131**
红果椆木 **502**
红海兰 **440**,**441**
红厚壳 **422**
红厚壳属 **421**,**422**
红花刺槐 **207**
红花荷 **257**
红花荷属 **253**,**256**
红花檵木 **258**
红花木莲 **81**,**83**
红花天料木 **347**
红花羊蹄甲 **181**,**183**
红桦 **276**,**278**
红桧 **66**,**67**
红毛丹 **508**
红楠 **117**,**118**
红皮树 **219**
红普贤 **161**
红千层 **431**
红千层属 **427**,**431**

红杉 44,45
红树 440,441
红树科 439
红树属 440
红松 48,49
红腺忍冬 250
红叶石楠 142
红叶树 350
红枝柴 529,530
红锥 289,292
猴耳环 187
猴耳环属 183,187
猴欢喜 363
猴欢喜属 359,363
猴头杜鹃 412,414
猴樟 108,109
篌竹 599,603
厚斗石栎 296,299
厚果崖豆藤 209
厚壳桂 124
厚壳桂属 108,123
厚壳树 559
厚壳树科 559
厚壳树属 559
厚皮香 400
厚皮香属 390,399
厚朴 85,86
厚叶红淡 402
厚叶石斑木 144
胡桃 318
胡桃科 314
胡颓子 460
胡颓子科 460
胡颓子属 460
胡杨 265
胡枝子属 193,200
湖北枫杨 320,321
湖北海棠 148,149
湖北花楸 145,146
湖北山楂 141
湖北紫荆 179
槲栎 308,310
槲栎组 308
槲树 308,309

蝴蝶果 379
蝴蝶果属 375,378
蝴蝶树 369
虎皮楠 264
虎皮楠科 263
虎皮楠属 264
花椒 488,489
花椒属 485,487
花梨木 204
花榈木 194,195
花旗松 38
花楸属 136,145
华东黄杉 39
华东泡桐 570,572
华南栲 289,292
华南省藤 578
华南五针松 49,50
华人参木 243
华润楠 117,118
华桑 333,334
华山松 49,50
华山檀 224,226
华楹 191
华榛 280
化香 318
化香属 314,318
桦木科 274
桦木属 276
槐树 198
槐属 193,198
黄檗 487
黄檗属 485,487
黄蝉 544
黄蝉属 542,543
黄丹木姜子 126
黄秆乌哺鸡竹 603
黄葛树 337,339
黄果厚壳桂 124
黄花夹竹桃 542
黄花夹竹桃属 542
黄槐 177,178
黄金槐 199
黄槿 372,373
黄荆 564

黄苦竹 598,600
黄兰 91,92
黄连木 517
黄连木属 513,516
黄栌 516
黄栌属 513,516
黄牛木 426
黄牛木属 425
黄牛奶树 225,227
黄皮 490
黄皮树 487
黄皮属 485,490
黄杞 314
黄杞属 314
黄瑞木 401
黄山花楸 145,147
黄山木兰 85,87
黄山松 49,53
黄杉 39
黄杉属 31,38
黄檀 203,205
黄檀属 193,202
黄甜竹 608
黄桐 377
黄桐属 375,377
黄纹竹 603
黄心夜合 91,93
黄杨 263
黄杨科 262
黄杨属 263
黄樟 108,111
黄枝油杉 34
幌伞枫 245
幌伞枫属 239,245
灰柯 301
灰木莲 81,84
灰楸 555
灰叶稠李 161
箭竹 606
喙核桃 315
喙核桃属 314,315
火棘 140
火棘属 136,140
火炬松 49,55

火力楠 95
火绳树 366
火绳树属 364,366

**J**

鸡骨常山属 542,544
鸡毛松 70
鸡毛松属 69,70
鸡爪槭 522,524
鸡仔木 550
檵木 258
檵木属 253,258
加拿利海枣 579,580
加杨 266,269
夹竹桃 546
夹竹桃科 542
夹竹桃属 542,546
嘉赐木 346
荚蒾 248
荚蒾属 246,247
假槟榔 582
假槟榔属 573,582
假地枫皮 98,99
假苹婆 365
假山龙眼属 349,350
尖叶粉花绣线菊 137,138
尖嘴林檎 151
樫木属 498,501
见血封喉 332
见血封喉属 332
建始槭 522,527
箭毒木 332
箭竹 596
箭竹属 586,596
江户彼岸樱 160
江南桤木 275,276
江南油杉 32,33
江南越橘 419,420
浆果楝 356
降香黄檀 203,204
交让木 264
蕉木 105
蕉木属 101,105

| | | | |
|---|---|---|---|
| 脚骨脆属 342,346 | 栲树 289,294 | 郎伞木 472 | 领春木科 99 |
| 接骨木 246 | 栲属 285,289 | 榔榆 323,325 | 领春木属 99 |
| 接骨木属 246 | 柯属 296 | 老人葵 574 | 柳安属 407,409 |
| 金合欢属 183 | 崖藤 191 | 乐昌含笑 91,93 | 柳杉 58 |
| 金花茶 391,394 | 崖藤属 183,191 | 乐东拟单性木兰 90 | 柳杉属 56,58 |
| 金橘 491 | 孔雀豆 192 | 雷公鹅耳枥 282,283 | 柳叶蜡梅 165 |
| 金橘属 485,491 | 苦枥木 534,536 | 雷公藤 460 | 柳属 265,270 |
| 金莲木 406 | 苦楝 499 | 雷公藤属 455,459 | 龙果 483 |
| 金莲木科 406 | 苦木 495 | 雷竹 602 | 龙脑香科 406 |
| 金莲木属 406 | 苦木科 494 | 棱角山矾 224,225 | 龙脑香属 407 |
| 金缕梅 259 | 苦木属 494,495 | 冷杉 36,37 | 龙头竹 590,594 |
| 金缕梅科 253 | 苦槠 289,290 | 冷杉属 31,35 | 龙须藤 180,181 |
| 金缕梅属 253,259 | 苦竹 606 | 梨属 136,147 | 龙眼 508 |
| 金毛柯 298 | 苦梓 563 | 篱竹 606 | 龙眼属 506,508 |
| 金毛石栎 296,298 | 苦梓含笑 91,96 | 黧蒴栲 289,290 | 龙竹 588,589 |
| 金钱械 521 | 昆士兰南洋杉 31 | 李 158 | 龙爪槐 199 |
| 金钱械属 521 | 阔瓣含笑 91,96 | 李榄属 534,539 | 隆缘桉 430 |
| 金钱松 47 | 阔叶猕猴桃 404,405 | 李亚科 136,155 | 窿缘桉 428,430 |
| 金钱松属 32,47 | 阔叶十大功劳 567 | 李属 136,157 | 陆均松 70 |
| 金丝李 422,423 | | 荔枝 509 | 陆均松属 69 |
| 金丝梅 425 | **L** | 荔枝属 506,509 | 鹿角杜鹃 412,416 |
| 金丝桃 425 | 腊肠树 177 | 栎属 285,307 | 鹿角栲 290,295 |
| 金丝桃科 424 | 蜡瓣花 260 | 栗属 285,287 | 绿黄葛树 339 |
| 金叶含笑 91,94 | 蜡瓣花属 254,259 | 连香树 100 | 绿樟 529 |
| 金银花 250 | 蜡莲绣球 213,215 | 连香树科 100 | 绿竹 590,593 |
| 金银忍冬 250,251 | 蜡梅 166 | 连香树属 100 | 栾树 510 |
| 金枝槐 199 | 蜡梅科 164 | 楝科 498 | 栾树属 506,510 |
| 金竹 599,601,604 | 蜡梅属 164 | 楝树 499 | 轮叶三棱栎 313 |
| 锦带花属 246,252 | 蜡烛果 475 | 楝叶吴茱萸 485,486 | 罗浮栲 289,295 |
| 锦葵科 372 | 蜡烛果科 474 | 楝属 498 | 罗浮槭 522,523 |
| 橘 492,493 | 蜡烛果属 475 | 两广梭罗树 367 | 罗浮柿 476 |
| 矩叶鼠刺 216,217 | 梾木属 228,230 | 两面针 488 | 罗汉松 72 |
| 榉树 326 | 兰考泡桐 570,571 | 亮叶猴耳环 187,188 | 罗汉松科 69 |
| 榉属 322,325 | 蓝桉 428 | 亮叶水青冈 286 | 罗汉松属 69,71 |
| 巨桉 428,429 | 蓝果树 237 | 鳞皮冷杉 35,36 | 罗望子 176 |
| 巨龙竹 589 | 蓝果树科 236 | 檁木 162 | 萝芙木 543 |
| 绢毛山梅花 212 | 蓝果树属 236,237 | 檁木稠李 162 | 萝芙木属 542,543 |
| 决明属 167,176 | 蓝花楹 557 | 岭木械 522,526 | 椤木石楠 141,142 |
| 蕨铁科 29 | 蓝花楹属 554,557 | 岭南山竹子 423,424 | 裸子植物 28 |
| 君迁子 476,477 | 榄李 449 | 枰属 390,402 | 络石 547 |
| | 榄李属 446,448 | 凌霄花 554 | 络石属 542,547 |
| **K** | 榄仁树 447 | 凌霄属 54 | 落叶松 45,46 |
| 咖啡 552 | 榄仁属 446 | 菱叶海桐 351,353 | 落叶松属 32,44 |
| 咖啡属 548,552 | 榄叶石栎 296,299 | 领春木 100 | 落羽杉 60 |

落羽杉属 56,60

## M

麻疯树 387
麻疯树属 375,387
麻栎 308
麻栎组 308
麻楝 505
麻楝属 498,504
麻叶绣线菊 137
麻竹 588
马鞭草科 560
马蛋果 343
马蛋果属 342,343
马甲子 466
马甲子属 462,466
马拉巴栗 371
马桑 135
马桑科 134
马桑属 135
马蹄荷 256
马蹄荷属 253,255
马尾松 49,53
马银花 412,415
马占相思 185
马醉木 418
马醉木属 411,417
麦吊云杉 42,43
满山红 412,413
曼青冈 303,306
杧果 514
杧果属 513,514
莽草 99
莽吉柿 424
猫尾木 556
猫尾木属 554,556
毛八角枫 234
毛白杨 265,266
毛豹皮樟 126,127
毛冬青 450,454
毛果青冈 302,304
毛果枳椇 463
毛花猕猴桃 404,405
毛黄栌 516

毛金竹 604
毛栲 289,293
毛梾 230,231
毛蕊 437
毛山樱 160
毛杨梅 274
毛叶坡垒 409
毛叶藤春 107
毛叶油丹 120,121
毛竹 598,599
茅栗 287
梅 156,157
美登木 458
美登木属 455,458
美国山核桃 317
美国梧桐 262
美丽胡枝子 201
美丽吉贝 371
美丽马醉木 417
美丽异木棉 370,371
美脉花楸 145
美洲黑杨 269
蒙古栎 308,309
蒙桑 333,334
猕猴桃科 404
猕猴桃属 404
米老排 256
米碎花 403
米心水青冈 285,286
米槠 289,291
米仔兰 505
米仔兰属 498,505
密花树 474
密花树属 471,474
密脉石栎 296,298
绵石栎 297,301
棉叶麻疯树 387
缅茄 174
缅茄属 174
闽楠 114,116
茉莉花 540
牡荆属 561,563
牡竹属 586,587
木波罗 335

木瓜 151
木瓜红属 218,222
木瓜属 136,151
木荷 397
木荷属 390,396
木蝴蝶 558
木蝴蝶属 554,558
木荚红豆 194
木姜叶柯 300
木姜叶石栎 296,300
木姜子 126
木姜子属 108,125
木槿 372,373
木槿属 372
木蜡漆 521
木兰纲 80
木兰科 80
木兰属 81,85,89
木榄 442
木榄属 440,441
木莲 81,83
木莲属 81
木麻黄 322
木麻黄科 321
木麻黄属 322
木棉 370
木棉科 369
木棉属 370
木犀 536,537
木犀科 534
木犀榄属 534,538
木犀属 534,536
木绣球 249
木油桐 377

## N

南川柳 270,271
南方红豆杉 75,76
南方木莲 82
南方铁杉 40
南京椴 355,357
南岭黄檀 203,205
南岭箭竹 597
南岭栲 293

南岭青冈 306
南蛇藤 459
南蛇藤属 455,459
南酸枣 518
南酸枣属 513,518
南天竹 565
南天竹属 565
南亚秋茄树 443
南洋杉 30
南洋杉科 30
南洋杉属 30
南洋楹 188
南洋楹属 183,188
南烛 418
楠竹 599
楠属 107,114
囊瓣木 102
尼泊尔桤木 275,276
拟赤杨 221
拟单性木兰属 81,89
宁波溲疏 211
柠檬桉 428
牛肋巴 204
牛奶子 461
牛矢果 536,537
牛心果 103
牛油果 122
怒江红杉 44,45
女贞 539
女贞属 534,539
暖木 529,531

## O

欧美杨 269
欧洲酸樱桃 159
欧洲甜樱桃 159

## P

爬山虎 468
爬山虎属 467,468
刨花楠 117,119
泡花树属 529
泡桐属 570
盆架树 544

披针叶八角　98,99
枇杷　143
枇杷叶荚蒾　249
枇杷属　136,143
平枝栒子　139
苹果　149,150
苹果亚科　136,139
苹果属　136,148
苹婆　365
苹婆属　364
坡垒　408
坡垒属　407,408
坡柳　510
菩提树　336,337
葡萄　469,470
葡萄科　467
葡萄属　467,469
蒲葵　574
蒲葵属　573,574
蒲桃　432,433
蒲桃属　427,432
朴树　329
朴树属　323,329
普洱茶　395
普贤象　160

## Q

七叶树　527
七叶树科　527
七叶树属　527
七姊妹　153
桤木　275
桤木属　274
漆树　520
漆树科　513
漆树属　513,520
槭树科　521
槭属　522
千年桐　377
千屈菜科　567
铅笔柏　67
茜草科　547
蔷薇科　135
蔷薇亚科　136,152

蔷薇属　136,152
壳菜果　256
壳菜果属　253,256
壳斗科　284
青椆　304
青冈　303,305
青冈栎　305
青冈属　285,302
青钩栲　289,291
青荚叶　228
青荚叶属　228
青篱竹属　586,606
青梅　411
青梅属　407,410
青皮　411
青皮竹　590,595
青杆　42
青钱柳　321
青钱柳属　314,321
青檀　327
青檀属　322,327
青榨槭　523
清风藤科　529
清香木　517
清香藤　540,541
箐竹　605,606
琼花　248,249
琼楠属　108,122
秋枫　389
秋枫属　375,388
秋茄树　443
秋茄树属　440,443
楸树　555
雀梅藤　464
雀梅藤属　462,464

## R

人参木　243
人参木属　239,243
人面竹　598,601
人面子　518
人面子属　513,518
人心果　481
忍冬　250

忍冬科　246
忍冬属　246,250
任豆　173
日本扁柏　66
日本杜英　360
日本花柏　66,67
日本冷杉　37
日本柳杉　59
日本落叶松　45,46
日本珊瑚树　249
日本晚樱　158,160
日本樱花　159
绒毛崖豆　209
榕树　337,338
榕属　332,336
肉桂　109,112
肉实树科　484
肉实树属　484
软荚红豆　194,196
锐齿槲栎　308,310
瑞木　259
润楠属　107,117
箬叶竹　598
箬竹　598
箬竹属　586,597

## S

赛山梅　218,220
三叉苦　485
三尖杉　73
三尖杉科　73
三尖杉属　73
三角槭　522,525
三颗针　566
三棱栎　313
三棱栎属　285,313
三球悬铃木　262
三峡槭　522,525
三桠苦　485
三桠乌药　129,131
伞花木　512
伞花木属　506,512
桑科　331
桑树　333

桑属　332,333
沙白竹　606
沙棘属　460,461
沙梨　147
沙罗单竹　587
山苍子　126
山茶　391,392
山茶科　389
山茶属　390
山杜英　361
山矾　224,226
山矾科　224
山矾属　224
山拐枣　345
山拐枣属　342,345
山核桃　316
山核桃属　314,316
山胡椒　129,130
山胡椒属　108,128
山槐　189,190
山鸡椒　126
山櫃　128,129
山胶木　482
山蜡梅　165
山榄科　479
山楝　501
山楝属　498,501
山龙眼科　348
山龙眼属　349
山麻黄属　323,328
山毛榉科　284
山毛榉属　285
山梅花科　211
山梅花属　211,212
山牡荆　564,565
山桐子　344
山桐子属　342,344
山乌桕　381
山香圆　532
山香圆属　531,532
山羊角树　345
山羊角树属　342,345
山杨　265,267
山樱花　158,160

山油麻 329
山玉兰 85
山楂属 136,140
山茱萸 232
山茱萸科 228
山茱萸属 228,232
山竹子 422,423,424
山竹子科 421
山竹子属 421,422
杉科 56
杉木 57
杉木属 56
珊瑚花 387
珊瑚朴 329,330
珊瑚树 248,249
韶子 507
韶子属 506,507
少脉椴 355,357
少叶黄杞 315
蛇葡萄属 467
深山含笑 91,94
省沽油科 531
省藤属 573,578
湿地松 55
十大功劳 567
十大功劳属 565,566
石斑木 144
石斑木属 136,144
石笔木 395
石笔木属 390,395
石灰花楸 145,146
石灰树 146
石栎 296,299
石栎属 285,296
石栗 376
石栗属 375
石榴 446
石榴科 445
石榴属 446
石楠 141,142
石楠属 136,141
石梓属 561,563
使君子 449
使君子科 446

使君子属 446,449
柿 476,478
柿树科 475
柿树属 475
鼠刺 216
鼠刺科 216
鼠刺属 216
鼠李科 462
鼠李属 462,464
薯豆 360
树参 241
树参属 239,241
栓皮栎 308,309
栓叶安息香 218,219
双盾木 247
双盾木属 246,247
双花木属 253,254
双荚决明 177
双子叶植物 80
水黄皮 206
水黄皮属 193,206
水马桑 252
水青冈 285,286
水青冈属 285
水青树 252
水青树科 252
水青树属 252
水杉 61
水杉属 56,61
水石榕 360
水松 60
水松属 56,60
水团花 549,550
水团花属 548,549
水翁 435
水翁属 427,434
水榆花楸 145,146
水栀子 553
水竹 599,604
丝葵 574
丝葵属 573
丝棉木 457
思劳竹 586
思劳竹属 586

四川大头茶 399
四川泡桐 570,572
四川山矾 224,225
四川溲疏 211
四数木 353
四数木科 353
四数木属 353
四照花 233
四照花属 228,232
松科 31
松属 32,48
溲疏属 211
苏木 169
苏木科 167
苏铁 29
苏铁科 28
苏铁属 29
素馨属 534,540
酸豆 176
酸豆属 167,176
酸脚杆属 437,438
酸枣 466
酸竹属 586,608
算盘子 386
算盘子属 375,385
穗花杉 77
穗花杉属 75,77
穗序鹅掌柴 243
娑罗双属 407,409
梭罗树 368
梭罗树属 364,367
梭子果属 479,480

**T**

台湾冬青 450,452
台湾林檎 149,151
台湾杉 57
台湾杉属 56,57
台湾水青冈 286,287
台湾相思 184
唐竹 608
唐竹属 586,608
糖胶树 545
桃 156

桃花心木 502
桃花心木属 498,502
桃金娘 432
桃金娘科 426
桃金娘属 427,432
桃榄属 479,483
桃叶石楠 141,142
桃属 136,155
藤茶 467
藤春 107
藤春属 101,106
藤黄 422
天料木 347
天料木科 346
天料木属 347
天女木兰 85,87
天师栗 527
天竺桂 109,113
甜橙 492,493
甜槠 289,294
贴梗海棠 152
铁刀木 177,178
铁冬青 450,451
铁坚杉 34
铁坚油杉 32,34
铁榄 482
铁榄属 479,481
铁力木 421
铁力木属 421
铁木属 279,284
铁杉 39,40
铁杉属 31,39
铁线子属 479,481
铁仔属 471,473
铜钱树 467
头状四照花 233,234
秃瓣杜英 360,362
秃杉 57
土沉香 348
土蜜树 386
土蜜树属 375,386
团花 549
团花属 548,549
臀果木 164

## 中名索引

臀果木属　137,164
臀形果　164
陀螺果　222
陀螺果属　218,222

## W

歪脚龙竹　589
王棕　581
王棕属　573,581
网脉鸡血藤　208
网脉琼楠　123
网脉山龙眼　350
望天树　410
围涎树　187
围涎树属　187
卫矛　455,457
卫矛科　455
卫矛属　455
尾叶桉　428,430
尾叶紫薇　568,569
蚊母树　260
蚊母树属　254,260
乌哺鸡竹　599,603
乌材　476,477
乌饭树　419,420
乌冈栎　308,311
乌桕　381
乌桕属　375,380
乌榄　496
乌墨　432,433
乌药　129,131
无瓣海桑　445
无刺枣　466
无花果　337,340
无患子　506
无患子科　506
无患子属　506
吴茱萸　485,486
吴茱萸五加属　239,244
吴茱萸叶五加　244
吴茱萸属　485
梧桐　366
梧桐科　364
梧桐属　364,366

五加科　238
五加属　238,239
五列木　403
五列木科　403
五列木属　403
五裂槭　522,524
五桠果　134
五桠果科　133
五桠果属　134
五叶地锦　469
五叶爬山虎　469
五月茶　384
五月茶属　375,383
武当木兰　85,88

## X

西藏红豆杉　75
西藏红杉　44,45
西川朴　329,331
西南红山茶　391,393
西南桦　276,277
西南槐树　198,200
西南猫尾木　557
西南木荷　398
西南卫矛　455,457
喜树　236
喜树属　236
细柄蕈树　258
细基丸　106
细叶青冈　303,305
细叶水团花　549,550
细柱五加　239
细子龙　512
细子龙属　506,511
狭叶坡垒　409
夏蜡梅　166
夏蜡梅属　164,166
显齿蛇葡萄　467
蚬木　358
蚬木属　355,358
腺叶桂樱　162
香椿　504
香椿属　498,503
香港四照花　233

香桂　109,113
香果树　551
香果树属　548,551
香桦　277
香槐　197
香槐属　193,197
香木莲　81
香水月季　153
香叶树　128,129
香樟　109
响叶杨　265,267
象耳豆　189
象耳豆属　183,189
橡胶树　388
橡胶树属　375,388
小檗科　565
小檗属　565,566
小果冬青　450,453
小果山龙眼　350
小果石笔木　395,396
小红栲　291
小蜡树　540
小梾木　230
小叶白辛树　224
小叶红豆　194
小叶榄仁　447
小叶榄仁树　447
小叶栎　308,309
小叶青冈　303,304
小叶榕　340
小叶杨　266,268
小栀子　553
筱竹　597
筱竹属　586,597
孝顺竹　590,593
辛夷　89
新木姜子　132
新木姜子属　108,132
兴山榆　323,324
杏　156
杏属　136,156
秀丽械　522,525
绣球花　213
绣球属　213

绣线菊亚科　136,137
绣线菊属　136,137
锈毛梭子果　481
绣球花科　213
玄参科　570
悬钩子属　136,154
悬铃木科　261
悬铃木属　261
雪松　48
雪松属　32,47
血胶树　481
血桐　379
血桐属　375,379
枸子属　136,139
蕈树　257
蕈树属　253,257

## Y

鸦胆子　494
鸭头梨　222
鸭公树　132,133
鸭脚木　242
崖豆藤属　194,208
雅榕　337,340
烟斗石栎　296,297
岩栎　308,312
盐肤木　519
盐肤木属　513,519
眼镜豆　191
秧青　203,204
羊蹄甲　180,182
羊蹄甲属　167,180
羊踯躅　412,413
阳桃　497
阳桃科　497
阳桃属　497
杨柳科　265
杨梅　273
杨梅科　273
杨梅叶蚊母树　261
杨梅属　273
杨桐　401
杨桐属　390,401
杨属　265

洋槐 207
洋蒲桃 432,433
洋玉兰 85
洋紫荆 180,181,182
腰果 514
腰果属 513
椰子 580
椰子属 573,580
野独活属 101,102
野含笑 91,92
野核桃 318,319
野茉莉 218,220
野茉莉属 218
野牡丹 437
野牡丹科 436
野牡丹属 436,437
野漆 521
野蔷薇 152,153
野山楂 140
野柿 476,478
野桐 383
野桐属 375,382
野鸦椿 533
野鸦椿属 531,533
野迎春 540,541
业平竹属 586,609
叶下珠属 375,384
腋花杜鹃 412,415
一球悬铃木 262
仪花 175
仪花属 167,175
宜昌润楠 117,119
异叶翅子树 367
阴香 109,114
银柴 380
银柴属 375,380
银钩花 104
银钩花属 101,104
银海枣 579
银合欢 192
银合欢属 183,192
银桦 349
银桦属 349
银荆 185

银木 108,110
银木荷 397
银鹊树 531
银鹊树属 531
银杉 41
银杉属 32,41
银杏 29
银杏科 29
银杏属 29
银叶柳 270,272
银叶树 369
银叶树属 364,368
银钟花 221
银钟花属 217,221
印度橡胶榕 336,337
印楝 500
印楝属 498,500
英国梧桐 262
樱桃 159
樱桃李 157
樱属 136,158
迎春樱 158,159
楹树 189,191
硬斗石栎 297,300
硬头黄竹 590,595
油茶 390,391
油丹 120,121
油丹属 108,120
油桐 376
油橄榄 538
油箣竹 590,591
油楠 174
油楠属 167,174
油杉 32,33
油杉属 31,32
油柿 476,478
油松 49,52
油桐属 375,376
油樟 108,111
油棕 578
油棕属 573,578
柚 492
柚木 562
柚木属 561

余甘子 384
鱼骨木 552
鱼骨木属 548,552
鱼尾葵 576
鱼尾葵属 573,576
榆科 322
榆树 323
榆属 323
羽毛枫 524
玉兰 85,88
郁香野茉莉 219
元江栲 290,296
圆柏 67,68
圆柏属 62,67
圆锥石栎 296,299
圆锥绣球 213,214
月季 152
越橘科 419
越橘属 419
越南安息香 218
越南山香圆 532
云贵鹅耳枥 282,283
云和新木姜子 132
云锦杜鹃 412,414
云南含笑 91,92
云南黄馨 541
云南柳 270
云南山核桃 316
云南松 49,54
云南穗花杉 77
云南娑罗双 409
云南铁杉 40
云南油杉 32
云南皂荚 169,170
云南樟 108,111
云山青冈 303,304
云杉 42
云杉属 31,41
云实 168
云实属 167
芸香科 484

**Z**

杂交鹅掌楸 97

早竹 599,602
枣 465
枣属 462,465
皂荚 169
皂荚属 167,169
皂柳 270
泽米铁科 29
痄腮树 351
掌叶覆盆子 154,155
樟科 107
樟树 108,109
樟叶泡花树 529
樟叶槭 522,523
樟属 107,108
杖藤 578
浙江红山茶 391
浙江楠 114,115
浙江柿 476,477
珍珠花 418
珍珠花属 411,418
桢楠 114,116
榛 281
榛科 279
榛属 279
枝花李榄 539
栀子 553
栀子属 548,553
枳 491
枳椇 463
枳椇属 462
枳属 485,491
中国沙棘 461
中华大节竹 607
中华杜英 360,361
中华猕猴桃 404
中华槭 522,525
中华石楠 141,143
中华五加 243
中华绣线菊 137
钟萼木 528
钟花樱 158,161
皱皮木瓜 152
皱叶荚蒾 248,249
朱砂根 472

竹柏　71
竹柏属　69，71
竹节树　443
竹节树属　440，443
竹亚科　584
竹叶花椒　488
竹叶椒　488
锥栗　287，288
锥属　289
资源冷杉　36，38
子楝树　435
子楝树属　427，435
梓　556
梓树　555，556

梓树属　554，555
紫弹朴　329，330
紫金牛科　471
紫金牛属　471，472
紫茎　399
紫茎属　390，399
紫荆　179
紫荆木　479，480
紫荆木属　479
紫荆属　167，179
紫楠　114，115
紫穗槐　210
紫穗槐属　194，210
紫檀　205

紫檀属　193，205
紫藤　208
紫藤属　194，207
紫葳科　553
紫薇　568
紫薇属　568
紫叶李　158
紫玉兰　85，89
紫玉盘　102
紫玉盘石栎　296，297
紫玉盘属　101
紫珠　561
紫珠属　561
紫竹　599，604

棕榈　575
棕榈科　573
棕榈属　573，575
棕竹　575
棕竹属　573，575
钻地风　215
钻地风属　213，215
醉香含笑　91，95
柞栎　309
柞木　344
柞木属　342，343

# 学 名 索 引

(按字母顺序排列)

## A

Abarema clypearia 187
Abarema lucidum 188
Abies 31,**35**
Abies beshanzuensis 38
Abies beshanzuensis var. ziyuanensis 36,**38**
Abies delavayi 36,**37**
Abies fabri 36,**37**
Abies fargesii 35,**36**
Abies squamata 35,**36**
Acacia 183
Acacia auriculiformis 184
Acacia catechu 186
Acacia confusa 184
Acacia dealbata 185
Acacia mangium 185
Acacia mearnsii 186
Acanthopanax sinensis 244
Aceraceae **521**
Acer 522
Acer buergerianum 522,**525**
Acer cinnamomifolium 522,**523**
Acer davidii 523
Acer elegantulum 522,**525**
Acer fabri 522,**523**
Acer henryi 522,**527**
Acer oliverianum 522,**524**
Acer palmatum 522,**524**
Acer palmatum 'Atropurpureum' 524
Acer palmatum 'Dissectum' 524
Acer sinense 522,**525**
Acer tutcheri 522,**526**
Acer wilsonii 522,**525**
Acidosasa 586,**608**
Acidosasa edulis 608
Acrocarpus 167,**172**

Acrocarpus fraxinifolius 172
Actinidiaceae **404**
Actinidia 404
Actinidia chinensis 404
Actinidia eriantha 404,**405**
Actinidia latifolia 404,**405**
Adenanthera 183,**192**
Adenanthera microsperma 192
Adenanthera pavonina var. microsperma 192
Adinandra 390,**401**
Adinandra millettii 401
Adina 548,**549**
Adina pilulifera 549,**550**
Adina racemosa 550
Adina rubella 549,**550**
Aegiceras 475
Aegiceras corniculatum 475
Aegicerataceae **474**
Aesculus 527
Aesculus chinensis 527
Aesculus chinensis var. wilsonii **527**
Afzelia 174
Afzelia xylocarpa 174
Aglaia 498,**505**
Aglaia odorata 505
Aies firma 37
Ailanthus 494
Ailanthus altissima 494
Alangiaceae **234**
Alangium 234
Alangium chinense 234,**235**
Alangium kurzii 234
Alangium platanifolium 234,**235**
Albizia 183,**189**
Albizia chinensis 189,**191**
Albizia falcataria 188
Albizia julibrissin 189,**190**
Albizia kalkora 189,**190**

Aleurites 375
Aleurites moluccana 376
Allamanda 542,**543**
Allamanda schottii 544
Alniphyllum 217,**221**
Alniphyllum fortunei 221
Alnus 274
Alnus cremastogyne 275
Alnus nepalensis 275,**276**
Alnus trabeculosa 275,**276**
Alphonsea 101,**106**
Alphonsea mollis 107
Alphonsea monogyna 107
Alseodaphne 108,**120**
Alseodaphne andersonii 120,**121**
Alseodaphne hainanensis 120,**121**
Alstonia 542,**544**
Alstonia rostrata 544
Alstonia scholaris 545
Altingia 253,**257**
Altingia chinensis 257
Altingia gracilipes 258
Amentotaxus 75,**77**
Amentotaxus argotaenia 77
Amentotaxus yunnanensis 77
Amesiodendron 506,**511**
Amesiodendron chinense 512
Amorpha 194,**210**
Amorpha fruticosa 210
Ampelopsis 467
Ampelopsis cantoniensis 467
Ampelopsis grossedentata 467
Amygdalus 136,**155**
Amygdalus percica 156
Anacardiaceae **513**
Anacardium 513
Anacardium occidentale 514
Angiospermae **80**
Annamocarya 314,**315**

学名索引 ·637·

*Annamocarya sinensis* 315
*Anneslea* 390,**400**
*Anneslea fragrans* 400
Annonaceae **101**
*Annona* 101,**103**
*Annona glabra* 103
*Annona squamosa* 103
*Anthocephalus chinensis* 549
*Antiaris* **332**
*Antiaris toxicarea* 332
*Antidesma* 375,**383**
*Antidesma bunius* 384
*Aphanamixis* 498,**501**
*Aphanamixis polystachya* 501
*Aphananthe* 322,**328**
*Aphananthe aspera* 328
Apocynaceae **542**
*Aporusa* 375,**380**
*Aporusa dioica* 380
Aquifoliaceae **449**
Aquilariaceae **347**
*Aquilaria* 348
*Aquilaria sinensis* 348
Araliaceae **238**
*Aralia* 239,**245**
*Aralia chinensis* 245
Araucariaceae **30**
*Araucaria* 30
*Araucaria cunninghamii* 31
*Araucaria heterophylla* 30
*Archidendron* 183,**187**
*Archidendron clypearia* 187
*Archidendron lucidum* 187,**188**
*Archontophoenix* 573,**582**
*Archontophoenix alexandrae* 582
*Ardisia* 471,**472**
*Ardisia crenata* 472
*Ardisia elegans* 472
*Areca* 573,**582**
*Areca catechu* 582
Arecaceae 573
*Armeniaca* 136,**156**
*Armeniaca mume* 156,**157**
*Armeniaca vulgaris* 156

*Artocarpus* 332,**335**
*Artocarpus heterophyllus* 335
*Artopcarpus hypargyraea* 335
*Arundinaria* 586,**606**
*Arundinaria amabilis* 606
*Arundinaria amara* 606
*Arundinaria hindsii* 606
*Arundinaria oleosa* 606
*Austrotaxus* 75
*Averrhoa* **497**
*Averrhoa carambola* 497
Averrhoaceae **497**
*Azadirachta* 498,**500**
*Azadirachta indica* 500

**B**

*Baeckea* 427
*Baeckea frutescens* 427
*Bambusa* 586,**590**
*Bambusa beecheyana* 590,**594**
*Bambusa blumeana* 590,**591**
*Bambusa chungii* 590,**592**
*Bambusa emeiensis* 588
*Bambusa eutuldoides* 590,**592**
*Bambusa glaucescens* 593
*Bambusa lapidea* 590,**591**
*Bambusa multiplex* 590,**593**
*Bambusa oldhamii* 590,**593**
*Bambusa pervariabilis* 590,**595**
*Bambusa rigida* 590,**595**
*Bambusa sinospinosa* 590
*Bambusa textilis* 590,**595**
*Bambusa vulgaris* 590,**594**
Bambusoideae **584**
*Bauhinia* 167,**180**
*Bauhinia × blakean* 181
*Bauhinia × blakeana* 181,**183**
*Bauhinia brachycarpa* 180,**181**
*Bauhinia championii* 180,**181**
*Bauhinia glauca* 180,**181**
*Bauhinia purpurea* 180,**182**
*Bauhinia variegata* 180,**182**
*Bauhinia variegata* var. *candida* 180,**183**

*Beilschmiedia* 108,**122**
*Beilschmiedia fordii* 123
*Beilschmiedia tsangii* 123
Berberidaceae **565**
*Berberis* 565,**566**
*Berberis julianae* 566
*Berchemia* 462,**463**
*Berchemia floribunda* 463
Betulaceae **274**
*Betula* 276
*Betula albosinensis* 276,**278**
*Betula alnoides* 276,**277**
*Betula insignis* 277
*Betula luminifera* 276,**277**
*Betula platyphylla* 276,**278**
Bignoniaceae **553**
*Bischofia* 375,**388**
*Bischofia javanica* 389
*Bischofia polycarpa* 389
*Blastus* 436,**438**
*Blastus cochinchinensis* 438
Bombacaceae **369**
*Bombax* 370
*Bombax malabaricum* 370
*Bombax speciosa* 370,**371**
*Botrocaryum* 228,**229**
*Botrocaryum comtroversum* 230
Bretschneideraceae **528**
*Bretschneidera* 528
*Bretschneidera sinensis* 528
*Bridelia* 375,**386**
*Bridelia tomentosa* 386
*Broussonetia* 332,**334**
*Broussonetia papyrifera* 334
*Brucea javanica* 494
*Bruguiera* 440,**441**
*Bruguiera gymnorrhiza* 442
*Bruguiera sexangula* 442
Burseraceae **496**
Buxaceae **262**
*Buxus* 263
*Buxus megistophylla* 263
*Buxus microphylla* subsp. *sinica* **263**

## C

Caesalpiniaceae 167
*Caesalpinia* 167
*Caesalpinia decapetala* 168
*Caesalpinia sappan* 169
*Calamus* 573,**578**
*Calamus rhabdocladus* 578
*Callerya reticulata* 208
*Callicarpa* **561**
*Callicarpa bodinieri* 561
*Callistemon* 427,**431**
*Callistemon rigidus* 431
*Calocedrus* 62,**63**
*Calocedrus macrolepis* 63
*Calophyllum* 421,**422**
*Calophyllum inophyllum* **422**
Calycanthaceae **164**
*Calycanthus* 164,**166**
*Calycanthus chinensis* 166
*Camellia* 390
*Camellia azalea* 391,**393**
*Camellia chekiangoleosa* 391
*Camellia chrysantha* 394
*Camellia japonica* 391,**392**
*Camellia nitidissima* 394
*Camellia oleifera* 390,**391**
*Camellia petelotii* 391,**394**
*Camellia pitardii* 391,**393**
*Camellia reticulata* 391,**393**
*Camellia sinensis* 391,**394**
*Camellia sinensis* var. *assamica* **395**
*Campsis* 54
*Campsis grandiflora* 554
*Camptotheca* 236
*Camptotheca acuminata* 236
*Canarium* 496
*Canarium album* 496
*Canarium pimela* 496
*Canthium* 548,**552**
*Canthium dicoccum* 552
Caprifoliaceae **246**
*Carallia* 440,**443**
*Carallia brachiata* 443

Caricaceae **354**
*Carica* 354
*Carica papaya* 354
*Carpinus* 279,**281**
*Carpinus fangiana* 282
*Carpinus polyneura* 282,**283**
*Carpinus pubescens* 282,**283**
*Carpinus viminea* 282,**283**
*Carrierea* 342,**345**
*Carrierea calycina* 345
*Carya* 314,**316**
*Carya cathayensis* 316
*Carya illinoensis* 317
*Carya tonkinensis* 316
*Caryota* 573,**576**
*Caryota maxima* 576
*Caryota mitis* 576
*Caryota obtusa* 576,**577**
*Caryota ochlandra* 576
*Caryota urens* 577
*Casearia* 342,**346**
*Casearia glomerata* 346
*Cassia* 167,**176**
*Cassia bicapsularis* 177
*Cassia fistula* 177
*Cassia siamea* 178
*Cassia siamea* 177
*Cassia surattensis* **178**
*Cassia surattensis* 177
*Castanea* 285,**287**
*Castanea henryi* 287,**288**
*Castanea mollissima* 287
*Castanea sequinii* 287
*Castanopsis* 285,**289**
*Castanopsis calathiformis* 289,**290**
*Castanopsis carlesii* 289,**291**
*Castanopsis chinensis* 289,**293**
*Castanopsis concinna* 289,**292**
*Castanopsis delavayi* 289,**295**
*Castanopsis eyrei* 289,**294**
*Castanopsis fabri* 289,**295**
*Castanopsis fargesii* 289,**294**
*Castanopsis fissa* 289,**290**
*Castanopsis fordii* 289,**293**

*Castanopsis hystrix* 289,**292**
*Castanopsis kawakamii* 289,**291**
*Castanopsis lamontii* 290,**295**
*Castanopsis orthacantha* 290,**296**
*Castanopsis sclerophylla* 289,**290**
*Castanopsis tibetana* 289,**293**
Casuarinaceae **321**
*Casuarina* 322
*Casuarina equisetifolia* 322
*Casuarina glauca* 322
*Catalpa* 554,**555**
*Catalpa bungei* 555
*Catalpa fargesii* 555
*Catalpa ovata* 555,**556**
*Cathaya* 32,**41**
*Cathaya argyrophylla* 41
*Cedrus* 32,**47**
*Cedrus deodora* 48
*Ceiba speciosa* 371
Celastraceae **455**
*Celastrus* 455,**459**
*Celastrus orbiculatus* 459
*Celtis* 323,**329**
*Celtis biondii* 329,**330**
*Celtis bungeana* 329,**330**
*Celtis julianae* 329,**330**
*Celtis sinensis* 329
*Celtis vandervoetiana* 329,**331**
*Cephalanthus* 548
*Cephalanthus occidentalis* 548
*Cephalomappa* 375,**385**
*Cephalomappa sinensis* 385
Cephalotaxaceae **73**
*Cephalotaxus* 73
*Cephalotaxus fortunei* 73
*Cephalotaxus hainanensis* 73,**74**
*Cephalotaxus oliveri* 74
*Cephalotaxus sinensis* 74
*Cerasus* 136,**158**
*Cerasus avium* 159
*Cerasus campanulata* 158,**161**
*Cerasus discoidea* 158,**159**
*Cerasus pseudocerasus* 159
*Cerasus serrulata* 158,**160**

*Cerasus serrulata* var. *lanesiana* 158,**160**
*Cerasus serrulata* var. *lannesiana* 'Albo-rosea' 161
*Cerasus serrulata* var. *lannesiana* 'Fugenzo' 161
*Cerasus serrulata* var. *pubescens* 160
*Cerasus spachiana* f. *ascendens* 160
*Cerasus speciosa* 160
*Cerasus vulgaris* 159
*Cerasus yedoensis* 158,**159**
Cercidiphyllaceae **100**
*Cercidiphyllum* 100
*Cercidiphyllum japonicum* 100
*Cercis* 167,**179**
*Cercis chinensis* 179
*Cercis chuniana* 179
*Cercis glabra* 179
*Cercis yunnanensis* 179
*Chaenomeles* 136,**151**
*Chaenomeles sinensis* 151
*Chaenomeles speciosa* 152
*Chamaecyparis* 62,**66**
*Chamaecyparis formosensis* 66,**67**
*Chamaecyparis obtusa* 66
*Chamaecyparis pisifera* 66,**67**
*Chengiopanax* 239,**243**
*Chengiopanax fargesii* 243
*Chieniodendron* 101,**105**
*Chieniodendron hainanense* 105
*Chimonanthus* 164
*Chimonanthus nitens* 165
*Chimonanthus praecox* 166
*Chimonanthus salicifolius* 165
*Chimonobambusa* 586,**605**
*Chimonobambusa quadrangularis* 605
*Chimonobambusa tumidissinoda* 605,**606**
*Choerospondias* 513,**518**
*Choerospondias axillaris* 518
*Chukrasia* 498,**504**
*Chukrasia tabularia* 505
*Cinnamomum* 107,**108**

*Cinnamomum bodinieri* 108,**109**
*Cinnamomum burmanii* 109,**114**
*Cinnamomum camphora* 108,**109**
*Cinnamomum cassia* 109,**112**
*Cinnamomum chekiangense* 113
*Cinnamomum glanduliferum* 108,**111**
*Cinnamomum japonicum* 109,**113**
*Cinnamomum longepaniculatum* 108,**111**
*Cinnamomum micranthum* 108,**110**
*Cinnamomum parthenoxylon* 108,**111**
*Cinnamomum septentrionale* 108,**110**
*Cinnamomum subavenium* 109,**113**
*Cinnamomum wilsonii* 109,**114**
*Citrus* 485,**492**
*Citrus grandis* 492
*Citrus reticulata* 492,**493**
*Citrus sinensis* 492,**493**
*Cladrastis* 193,**197**
*Cladrastis platycarpa* 197
*Cladrastis wilsonii* 197
*Clausena* 485,**490**
*Clausena lansium* 490
*Cleidiocarpon* 375,**378**
*Cleidiocarpon cavaleriei* 379
*Cleistocalyx* 427,**434**
*Cleistocalyx operculatus* 435
*Clerodendrum* 561,**562**
*Clerodendrum mandarinorum* 562
*Cleyera* 390,**401**
*Cleyera japonica* 401
*Cleyera pachyphylla* 402
Clusiaceae **421**
*Cocos* 573,**580**
*Cocos nucifera* 580
*Coffea* 548,**552**
*Coffea arabica* 552
Combretaceae **446**
Coriariaceae **134**
*Coriaria* 135
*Coriaria nepalensis* 135

*Coriaria sinica* 135
Cornaceae **228**
*Cornus* 230
*Cornus controversa* 230
*Cornus quinguenervis* 230
*Cornus walteri* 231
*Cornus wilsoniana* 231
Corylaceae **279**
*Corylopsis* 254,**259**
*Corylopsis multiflora* 259
*Corylopsis sinensis* 260
*Corylus* 279
*Corylus chinensis* 280
*Corylus heterophylla* 281
*Corylus heterophylla* var. *sutchenensis* 280,**281**
*Corylus yunnanensis* 281
*Cotinus* 513,**516**
*Cotinus coggvgria* 516
*Cotinus coggygria* var. *pubescens* 516
*Cotoneaster* 136,**139**
*Cotoneaster horizontalis* 139
*Crataegus* 136,**140**
*Crataegus cuneata* 140
*Crataegus hupehensis* 141
*Cratoxylum* 425
*Cratoxylum cochinchinense* 426
*Croton* 375,**378**
*Croton tiglium* 378
*Cryptocarya* 108,**123**
*Cryptocarya chinensis* 124
*Cryptocarya concinna* 124
*Cryptomeria* 56,**58**
*Cryptomeria japonica* 59
*Cryptomeria japonica* var. *sinensis* 58
*Cunninghamia* 56
*Cunninghamia lanceolata* 57
Cupressaceae **62**
*Cupressus* 62,**64**
*Cupressus duclousiana* 64
*Cupressus funebris* 64,**65**
Cycadaceae **28**

*Cycas* 29
*Cycas revoluta* **29**
*Cyclobalanopsis* 285,**302**
*Cyclobalanopsis chungii* 303,**306**
*Cyclobalanopsis fleuryi* 302,**303**
*Cyclobalanopsis gilva* 303,**306**
*Cyclobalanopsis glauca* 303,**305**
*Cyclobalanopsis glaucoides* 303,**307**
*Cyclobalanopsis gracilis* 303,**305**
*Cyclobalanopsis jenseniana* 302,**304**
*Cyclobalanopsis multinervia* 303,**306**
*Cyclobalanopsis myrsinaefolia* 303,**304**
*Cyclobalanopsis oxydon* 303,**306**
*Cyclobalanopsis pachyloma* 302,**304**
*Cyclobalanopsis sessilifolia* 303,**304**
*Cyclocarya* 314,**321**
*Cyclocarya paliurus* 321

## D

*Dacrycarpus* 69,**70**
*Dacrycarpus imbricatus* 70
*Dacrydium* 69
*Dacrydium pectinatum* 70
*Dalbergia* 193,**202**
*Dalbergia assamica* 203,**204**
*Dalbergia balansae* 203,**205**
*Dalbergia fusca* 203
*Dalbergia hupeana* 203,**205**
*Dalbergia obtusifolia* 203,**204**
*Dalbergia odorifera* 203,**204**
Daphniphyllaceae **263**
*Daphniphyllum* 264
*Daphniphyllum macropodum* 264
*Daphniphyllum oldhamii* 264
*Davidia* 237
*Davidia involucrata* 238
*Davidia involucrata* var. *vilmoriniana* 238
*Decaspermum* 427,**435**
*Decaspermum gracilentum* 435
*Delonix* 167,**171**
*Delonix regia* 171

*Dendrobenthamia* 228,**232**
*Dendrobenthamia capilata* 233,**234**
*Dendrobenthamia hongkongensis* 233
*Dendrobenthamia japonica* var. *chinensis* 233
*Dendrocalamus* 586,**587**
*Dendrocalamus affinis* 587,**588**
*Dendrocalamus giganteus* 588,**589**
*Dendrocalamus latiflorus* 588
*Dendrocalamus minor* 588,**589**
*Dendrocalamus sinicus* 589
*Dendropanax* 239,**241**
*Dendropanax dentiger* 241
*Deutzia* 211
*Deutzia ningpoensis* 211
*Deutzia setchuenensis* 211
Dicotyledoneae **80**
*Dillenia* 134
*Dillenia indica* 134
Dilleniceae **133**
*Dimocarpus* 506,**508**
*Dimocarpus longan* 508
*Diospyros* 475
*Diospyros eriantha* 476,**477**
*Diospyros glaucifolia* 476,**477**
*Diospyros kaki* 476,**478**
*Diospyros kaki* var. *sylvestris* 476,**478**
*Diospyros lotus* 476,**477**
*Diospyros morrisiana* 476
*Diospyros oleifera* 476,**478**
*Dipelta* 246,**247**
*Dipelta floribunda* 247
Dipterocarpaceae **406**
*Dipterocarpus* 407
*Dipterocarpus retusus* 407
*Dipteronia* 521
*Dipteronia sinensis* 521
*Disanthus* 253,**254**
*Disanthus cercidifolius* subsp. *longipes* **254**
*Disanthus cercidifolius* var. *longipes* 254

*Distylium* 254,**260**
*Distylium myricoides* 261
*Distylium racemosum* 260
*Dodonaea* 506,**510**
*Dodonaea viscose* 510
*Dolichandrone* 554,**556**
*Dolichandrone cauda-felina* 556
*Dolichandrone stipulata* 557
*Dracontomelon* 513,**518**
*Dracontomelon duperreanum* 518
*Duabanga* 444,**445**
*Duabanga grandiflora* 445
*Dysoxylum* 498,**501**
*Dysoxylum binectariferum* 502

## E

Ebenaceae **475**
*Eberhardtia* 479,**480**
*Eberhardtia aurata* 481
Ehretiaceae **559**
*Ehretia* 559
*Ehretia acuminata* 559
*Ehretia longiflora* 560
*Ehretia macrophylla* 559
*Ehretia thyrsiflora* 559
Elaeagnaceae **460**
*Elaeagnus* 460
*Elaeagnus pungens* 460
*Elaeagnus umbellata* 461
*Elaeis* 573,**578**
*Elaeis guineensis* 578
Elaeocarpaceae **359**
*Elaeocarpus* 359
*Elaeocarpus chinensis* 360,**361**
*Elaeocarpus duclouxii* 360,**361**
*Elaeocarpus glabripetalus* 360,**362**
*Elaeocarpus hainanensis* 360
*Elaeocarpus japonicus* 360
*Elaeocarpus sylvestris* 361
*Eleutherococcus* 238,**239**
*Eleutherococcus gracilistylus* 239
*Eleutherococcus nodiflorus* 239
*Emmenopterys* 548,**551**
*Emmenopterys henryi* 551

*Endospermum* 375, **377**
*Endospermum chinense* **377**
*Engelhardtia* 314
*Engelhardtia fenzlii* 315
*Engelhardtia roxburghiana* 314
*Enkianthus* 411, **416**
*Enkianthus chinensis* 416
*Enkianthus serrulatus* 417
*Entada* 183, **191**
*Entada phaseoloides* 191
*Enterolobium* 183, **189**
*Enterolobium cyclocarpum* 189
Ericaceae **411**
*Eriobotrya* 136, **143**
*Eriobotrya cavaleriei* 144
*Eriobotrya japonica* 143
*Eriolaena* 364, **366**
*Eriolaena spectabilis* 366
*Erythrina* 193, **202**
*Erythrina orientalis* 202
*Erythrina variegata* **202**
*Erythrophleum* 167, **170**
*Erythrophleum fordii* 170
Escalloniaceae **216**
*Eucalyptus* 427
*Eucalyptus camaldulensis* 428, **429**
*Eucalyptus citriodora* 428
*Eucalyptus exserta* 428, **430**
*Eucalyptus globulus* 428
*Eucalyptus grandis* 428, **429**
*Eucalyptus urophylla* 428, **430**
Eucommiaceae **341**
*Eucommia* 341
*Eucommia ulmoides* 341
*Euonymus* 455
*Euonymus alatus* 455, **457**
*Euonymus fortunei* 455, **456**
*Euonymus hamiltonianus* 455, **457**
*Euonymus japonicus* 455
*Euonymus maackii* 455, **457**
*Euonymus myrianthus* 455, **456**
Euphorbiaceae **374**
Eupteleaceae **99**
*Euptelea* 99

*Euptelea pleiosperma* 100
*Eurya* 390, **402**
*Eurya chinensis* 403
*Eurya muricata* 402
*Eurycorymbus* 506, **512**
*Eurycorymbus cavaleriei* 512
*Euscaphis* 531, **533**
*Euscaphis japonica* 533
*Evodia* 485
*Evodia glabrifolium* 485, **486**
*Evodia lepta* 485
*Evodia rutaecarpa* 485, **486**
*Exbucklandia* 253, **255**
*Exbucklandia populnea* 256
*Exbucklandia tonkinensis* 255
*Excentrodendron* 355, **358**
*Excentrodendron hsienmu* 358
*Excentrodendron tonkinense* **358**
*Exochorda* 136, **138**
*Exochorda racemosa* 139

**F**

Fagaceae **284**
*Fagus* 285
*Fagus engleriana* 285, **286**
*Fagus hayatae* 286, **287**
*Fagus longipetiolata* 285, **286**
*Fagus lucida* 286
*Fagus pashanica* 287
*Falcataria* 183, **188**
*Falcataria moluccana* 188
*Fatsia* 239, **241**
*Fatsia japonica* 242
*Ficus* 332, **336**
*Ficus altissima* 336, **338**
*Ficus carica* 337, **340**
*Ficus concinna* 337, **340**
*Ficus elastica* 336, **337**
*Ficus microcarpa* 337, **338**
*Ficus pumila* 337, **340**
*Ficus religiosa* 336, **337**
*Ficus superba* var. *japonica* 336, **339**
*Ficus virens* 337, **339**
*Ficus virens* var. *sublanceolata* 339

*Firmiana* 364, **366**
*Firmiana simplex* 366
*Fissistigma* 101, **103**
*Fissistigma oldhamii* 104
Flacourtiaceae **342**
*Fokienia* 62, **63**
*Fokienia hodginsii* 64
*Fortunella* 485, **491**
*Fortunella margarita* 491
*Fraxinus* 534
*Fraxinus chinensis* 534, **535**
*Fraxinus griffithii* 534, **536**
*Fraxinus hupehensis* 534, **535**
*Fraxinus insularis* 534, **536**

**G**

*Gamblea* 239, **244**
*Gamblea ciliata* var. *evodiaefolia* 244
*Garcinia* 421, **422**
*Garcinia mangostana* 422, 423, **424**
*Garcinia morella* 422
*Garcinia multiflora* **423**
*Garcinia oblongifolia* 423, **424**
*Garcinia paucinervis* 422, **423**
*Gardenia* 548, **553**
*Gardenia jasminoides* 553
*Gardenia jasminoides* var. *fortuneana* 553
*Gardenia jasminoides* var. *radicans* 553
Ginkgoaceae **29**
*Ginkgo* 29
*Ginkgo biloba* 29
*Gironniera* 326
*Gironniera subaequalis* 326
*Gleditsia* 167, **169**
*Gleditsia delavayi* 170
*Gleditsia japonica* var. *delavayi* 169, **170**
*Gleditsia sinensis* 169
*Glochidion* 375, **385**
*Glochidion puberum* 386
*Glyptostrobus* 56, **60**

*Glyptostrobus pensilis* 60
*Gmelina* 561,**563**
*Gmelina hainanensis* 563
Gramineae 583
*Grevillea* **349**
*Grevillea robusta* 349
*Grewia* 355,**358**
*Grewia biloba* 358
Guttiferae 421
*Gymnocladus* 167,**172**
*Gymnocladus chinensis* 173
Gymnospermae **28**
*Gynocardia* 342,**343**
*Gynocardia odorata* 343

## H

*Halesia* 217,**221**
*Halesia macgregorii* 221
Hamamelidaceae **253**
*Hamamelis* 253,**259**
*Hamamelis mollis* 259
*Hedera* 238,**240**
*Hedera nepalensis* var. *sinensis* **240**
*Hedera sinensis* 240
*Helicia* **349**
*Helicia cochinchinensis* 350
*Helicia reticulata* 350
*Heliciopsis* 349,**350**
*Heliciopsis terminalis* 351
*Helwingia* 228
*Helwingia japonica* 228
*Helwingia omeiensis* 228,**229**
*Heritiera* 364,**368**
*Heritiera littoralis* 369
*Heritiera parvifolia* 369
*Heteropanax* 239,**245**
*Heteropanax fragrans* 245
*Hevea* 375,**388**
*Hevea brasiliensis* 388
*Hibiscus* 372
*Hibiscus schizopetalus* 372,**374**
*Hibiscus syriacus* 372,**373**
*Hibiscus tiliaceus* 372,**373**
Hippocastanaceae **527**

*Hippophae* 460,**461**
*Hippophae rhamnoides* subsp. *sinensis* **461**
*Homalium* 347
*Homalium cochinchinensis* 347
*Homalium hainanense* 347
*Hopea* 407,**408**
*Hopea chinensis* 409
*Hopea hainanensis* 408
*Hopea mollissima* 409
*Hovenia* 462
*Hovenia acerba* 463
*Hovenia trichocarpa* 463
*Hydnocarpus* 342
*Hydnocarpus hainanensis* 342
Hydrangeaceae **213**
*Hydrangea* 213
*Hydrangea macrophylla* 213
*Hydrangea paniculata* 213,**214**
*Hydrangea strigosa* 213,**215**
Hypericaceae **424**
*Hypericum monogynum* 425
*Hypericum patulum* 425

## I

*Idesia* 342,**344**
*Idesia polycarpa* 344
*Ilex* 450
*Ilex chinensis* 450,**451**
*Ilex cornuta* 450
*Ilex crenata* 450,**454**
*Ilex formosana* 450,**452**
*Ilex latifolia* 450,**452**
*Ilex macrocarpa* 450,**453**
*Ilex micrococca* 450,**453**
*Ilex pubescens* 450,**454**
*Ilex rotunda* 450,**451**
Illiciaceae **97**
*Illicium* 97
*Illicium jiadifengpi* 98,**99**
*Illicium lanceolatum* 98,**99**
*Illicium verum* 98
*Indocalamus* 586,**597**
*Indocalamus longiauritus* 598

*Indocalamus tessellatus* 598
*Indosasa* 586,**607**
*Indosasa sinica* 607
*Itea* 216
*Itea chinensis* 216
*Itea oblonga* 216,**217**
*Itea yunnanensis* 216

## J

*Jacaranda* 554,**557**
*Jacaranda mimosifolia* 557
*Jasminum* 534,**540**
*Jasminum lanceolarium* 540,**541**
*Jasminum mesnyi* 540,**541**
*Jasminum sambac* 540
*Jatropha* 375,**387**
*Jatropha curcas* 387
*Jatropha gossypifolia* 387
*Jatropha multifida* 387
*Jatropha podagrica* 387
Juglandaceae **314**
*Juglans* 314,**318**
*Juglans cathayensis* 318,**319**
*Juglans regia* 318
*Juniperus* 62,**68**
*Juniperus formosana* 69

## K

*Kalopanax* 239,**240**
*Kalopanax septemlobus.* **240**
*Kandelia* 440,**443**
*Kandelia candel* 443
*Kerria* 136,**153**
*Kerria japonica* 154
*Kerria japonica* f. *plentiflora* 154
*Keteleeria* 31,**32**
*Keteleeria davidiana* 32,**34**
*Keteleeria davidiana* var. *calcarea* **34**
*Keteleeria evelyniana* 32
*Keteleeria fortunei* 32,**33**
*Keteleeria fortunei* var. *cyclolepis* 32,**33**
*Khaya* 498,**503**

*Khaya senegalensis* 503
*Koelreuteria* 506,**510**
*Koelreuteria bipinnata* 511
*Koelreuteria paniculata* 510

# L

*Lagerstroemia* 568
*Lagerstroemia caudata* 568,**569**
*Lagerstroemia excelsa* 568,**569**
*Lagerstroemia indica* 568
*Lagerstroemia speciosa* 568,**569**
*Larix* 32,**44**
*Larix gmelini* 45,**46**
*Larix griffithiana* 44,**45**
*Larix kaempferi* 45,**46**
*Larix potaninii* 44,**45**
*Larix speciosa* 44,**45**
Lauraceae **107**
*Laurocerasus* 137,**162**
*Laurocerasus phaeosticta* 162
*Laurocerasus spinulosa* 162,**163**
*Laurocerasus zippeliana* 162
*Lespedeza* 193,**200**
*Lespedeza davidii* 201,**202**
*Lespedeza formosa* 201
*Lespedeza thunbergii* subsp. *formosa* 201
*Leucaena* 183,**192**
*Leucaena leucocephala* 192
*Ligustrum* 534,**539**
*Ligustrum lucidum* 539
*Ligustrum sinense* 540
*Lindera* 108,**128**
*Lindera aggregata* 129,**131**
*Lindera communis* 128,**129**
*Lindera erythrocarpa* 129,**131**
*Lindera glauca* 129,**130**
*Lindera megaphylla* 128,**129**
*Lindera obtusiloba* 129,**131**
*Lindera reflexa* 128,**129**
*Linociera* 534,**539**
*Linociera ramiflora* 539
*Liquidambar* 253,**254**
*Liquidambar formosana* 255

*Liriodendron* 81,**96**
*Liriodendron chinense* 96
*Liriodendron chinense* × *L. tulipifera* 97
*Liriodendron tulipifera* **97**
*Litchi* 506,**509**
*Litchi chinensis* 509
*Lithocarpus* 285,**296**
*Lithocarpus chrysocomus* 296,**298**
*Lithocarpus cleistocarpus* 296,**298**
*Lithocarpus corneus* 296,**297**
*Lithocarpus dealbatus* 296,**298**
*Lithocarpus elizabethae* 296,**299**
*Lithocarpus fordinan* 296,**298**
*Lithocarpus glaber* 296,**299**
*Lithocarpus hancei* 297,**300**
*Lithocarpus harlandii* 297,**301**
*Lithocarpus henryi* 297,**301**
*Lithocarpus litseifolius* 296,**300**
*Lithocarpus oleifolius* 296,**299**
*Lithocarpus paniculatus* 296,**299**
*Lithocarpus uvarifolius* 296,**297**
*Litsea* 108,**125**
*Litsea coreana* var. *lanuginosa* 126,**127**
*Litsea cubeba* 126
*Litsea elongata* 126
*Litsea glutinosa* 126,**128**
*Litsea pungens* 126
*Litsea rotundifolia* var. *oblongifolia* 126,**128**
*Livistona* 573,**574**
*Livistona chinensis* 574
*Lonicera* 246,**250**
*Lonicera hypoglauca* 250
*Lonicera japonica* 250
*Lonicera maackii* 250,**251**
*Loropetalum* 253,**258**
*Loropetalum chinense* 258
*Loropetalum chinense* var. *rubrum* **258**
*Lucuma* 479,**482**
*Lucuma nervosa* 483
*Lumnitzera* 446,**448**

*Lumnitzera racemosa* 449
*Lyonia* 411,**418**
*Lyonia ovalifolia* 418
*Lysidice* 167,**175**
*Lysidice rhodostegia* 175
Lythraceae **567**

# M

*Macaranga* 375,**379**
*Macaranga tanarius* 379
*Machilus* 107,**117**
*Machilus chinensis* 117,**118**
*Machilus ichangensis* 117,**119**
*Machilus leptophylla* 117,**119**
*Machilus pauhoi* 117,**119**
*Machilus thunbergii* 117,**118**
*Machilus yunnanensis* 118,**120**
*Macrocarpium* 228,**232**
*Macrocarpium officinalis* 232
*Macropanax* 239,**243**
*Macropanax rosthornii* 243
*Madhuca* 479
*Madhuca hainanensis* 479
*Madhuca pasquieri* 479,**480**
*Maesa* 471
*Maesa japonica* 471
Magnoliaceae **80**
*Magnolia* 81,**85**,89
*Magnolia balansae* 91,**96**
*Magnolia cylindrica* 85,**87**
*Magnolia delavayi* 85
*Magnolia denudata* 85,**88**
*Magnolia grandiflora* 85
*Magnolia liliflora* 85,**89**
*Magnolia officinalis* 85,**86**
*Magnolia officinalis* subsp. *biloba* 85,**86**
*Magnolia sieboldii* 85,**87**
*Magnolia soulangeana* 85,**88**
*Magnolia sprengeri* 85,**88**
Magnoliosida **80**
*Mahonia* 565,**566**
*Mahonia bealei* 567
*Mahonia fortunei* 567

*Mallotus* 375, **382**
*Mallotus apelta* **382**
*Mallotus lianus* 382
*Mallotus philippinensis* 382, **383**
*Mallotus tenuifolius* 383
Maloideae 136, **139**
*Malus* 136, **148**
*Malus doumeri* 149, **151**
*Malus halliana* 149
*Malus hupehensis* 148, **149**
*Malus pumila* 149, **150**
*Malus yunnanensis* 149, **150**
Malvaceae **372**
*Mangifera* 513, **514**
*Mangifera indica* 514
*Mangifera persiciformis* 515
*Manglietia* 81
*Manglietia aromatica* 81
*Manglietia blumei* 81, **84**
*Manglietia chingii* 81, **82**
*Manglietia dandyi* 81, **82**
*Manglietia fordiana* 81, **83**
*Manglietia glauca* 84
*Manglietia hainanensis* 81, **84**
*Manglietia insignis* 81, **83**
*Manglietia megaphylla* 82
*Manilkara* 479, **481**
*Manilkara zapota* 481
*Maytenus* 455, **458**
*Maytenus hookeri* 458
*Medinilla* 437, **438**
*Medinilla septentrionalis* 438
*Melaleuca* 427, **431**
*Melaleuca quinquenervia* 431
*Melastoma* 436, **437**
*Melastoma candidum* 437
*Melastoma malabathricum* 437
*Melastoma sanguineum* 437
Melastomataceae **436**
Meliaceae **498**
*Melia* 498
*Melia azedarach* 499
*Melia toosendan* 499
*Meliosma* 529

*Meliosma oldhamii* 529, **530**
*Meliosma squamulata* 529
*Meliosma veitchiorum* 529, **531**
*Melliodendron* 218, **222**
*Melliodendron xylocarpum* 222
*Memecylon* 437, **439**
*Memecylon ligustrifolium* 439
*Mesua* 421
*Mesua ferrea* 421
*Metasequoia* 56, **61**
*Metasequoia glyptostroboides* 61
*Michelia* 91
*Michelia alba* 91
*Michelia champaca* 91, **92**
*Michelia chapensis* 91, **93**
*Michelia figo* 91, **92**
*Michelia foveolata* 91, **94**
*Michelia macclurei* 91, **95**
*Michelia martinii* 91, **93**
*Michelia maudiae* 91, **94**
*Michelia platypetala* 91, **96**
*Michelia skinneriana* 91, **92**
*Michelia yunnanensis* 91, **92**
*Miliusa* 101, **102**
*Miliusa horsfieldii* 102
*Millettia* 194, **208**
*Millettia pachycarpa* 209
*Millettia reticulate* 208
*Millettia velutina* 209
Mimosaceae **183**
*Mitrephora* 101, **104**
*Mitrephora thorelii* 104
Monocotyledones 572
Moraceae **331**
*Morus* 332, **333**
*Morus alba* 333
*Morus cathayana* 333, **334**
*Morus mongolica* 333, **334**
Myricaceae **273**
*Myrica* 273
*Myrica esculenta* 274
*Myrica rubra* 273
Myrsinaceae **471**
*Myrsine* 471, **473**

*Myrsine stolonifera* 473
Myrtaceae **426**
*Mytilaria* 253, **256**
*Mytilaria laoensis* 256

# N

*Nageia* 69, **71**
*Nageia nagi* 71
*Nandina* 565
*Nandina domestica* 565
*Neolamarckia* 548, **549**
*Neolamarckia cadamba* 549
*Neolitsea* 108, **132**
*Neolitsea aurata* 132
*Neolitsea aurata* var. *paraciculata* **132**
*Neolitsea chuii* 132, **133**
*Neolitsea confertifolia* 132, **133**
*Nephelium* 506, **507**
*Nephelium chryseum* 507
*Nephelium lappaceum* 508
*Nerium* 542, **546**
*Nerium oleander* 546
Nyssaceae **236**
*Nyssa* 236, **237**
*Nyssa sinensis* 237

# O

Ochnaceae **406**
*Ochna* 406
*Ochna integerrima* 406
Oleaceae **534**
*Olea* 534, **538**
*Olea europaea* 538
*Ormosia* 193, **194**
*Ormosia henryi* 194, **195**
*Ormosia hosiei* 194, **196**
*Ormosia microphylla* 194
*Ormosia pinnata* 194, **195**
*Ormosia semicastrata* 194, **196**
*Ormosia xylocarpa* 194
*Oroxylum* 554, **558**
*Oroxylum indicum* 558
*Osmanthus* 534, **536**

*Osmanthus fragrans* 536,**537**
*Osmanthus marginatus* 536,**537**
*Osmanthus matsumuranus* 536,**537**
*Ostrya* 279,**284**
*Ostrya multinervis* 284

# P

*Pachira* 370,**371**
*Pachira aquatica* 371
*Padus* 137,**161**
*Padus buergeriana* 162
*Padus grayana* 161
*Paliurus* 462,**466**
*Paliurus hemsleyanus* 467
*Paliurus ramosissimus* 466
Palmae **573**
Papilionaceae **193**
*Parakmeria* 81,**89**
*Parakmeria lotungensis* 90
*Parashorea* 407,**409**
*Parashorea chinensis* 410
*Parthenocissus* 467,**468**
*Parthenocissus quinquefolia* 469
*Parthenocissus tricuspidata* 468
*Paulownia* 570
*Paulownia elongata* 570,**571**
*Paulownia fargesii* 570,**572**
*Paulownia fortunei* 570,**571**
*Paulownia kawakamii* 570,**572**
Pentaphylacaceae **403**
*Pentaphylax* 403
*Pentaphylax euryoides* 403
*Persea* 108,**122**
*Persea americana* 122
*Phellodendron* 485,**487**
*Phellodendron chinense* 487
*Phellodendron chinense* var. *glabriusculum* 487
*Philadelphus* 211,**212**
*Philadelphus sericanthus* 212
Philadelphyaceae **211**
*Phoebe* 107,**114**
*Phoebe bournei* 114,**116**
*Phoebe chekiangensis* 114,**115**

*Phoebe macrocarpa* 114,**115**
*Phoebe sheareri* 114,**115**
*Phoebe zhennan* 114,**116**
*Phoenix* 573,**579**
*Phoenix canariensis* 579,**580**
*Phoenix hanceana* 579
*Phoenix loureiroi* 579
*Phoenix sylvestris* 579
*Photinia* 136,**141**
*Photinia beauverdiana* 141,**143**
*Photinia davidisoniae* 141,**142**
*Photinia* × *fraseri* 142
*Photinia prunifolia* 141,**142**
*Photinia serratifolia* 141,**142**
*Photinia serrulata* 142
*Phyllanthus* 375,**384**
*Phyllanthus emblica* 384
*Phyllostachys* 586,**598**
*Phyllostachys aurea* 598,**601**
*Phyllostachys bambusoides* 598,**600**
*Phyllostachys edulis* 598,**599**
*Phyllostachys glauca* 599,**602**
*Phyllostachys heteroclada* 599,**604**
*Phyllostachys mannii* 598,**600**
*Phyllostachys nidularia* 599,**603**
*Phyllostachys nigra* 599,**604**
*Phyllostachys nigra* 'Henonis' 604
*Phyllostachys reticulata* 600
*Phyllostachys sulphurea* 599,**601**
*Phyllostachys sulphurea* 'Houzeauana' 602
*Phyllostachys sulphurea* 'Viridis' 602
*Phyllostachys violascens* 599,**602**
*Phyllostachys vivax* 599,**603**
*Phyllostachys vivax* 'Aureocaulis' 603
*Phyllostachys vivax* 'Huangwenzhu' 603
*Picea* 31,**41**
*Picea asperata* 42
*Picea balfouriana* 42,**43**
*Picea brachytyla* 42,**43**
*Picea wilsonii* 42

*Picrasma* 494,**495**
*Picrasma quassioides* 495
*Pieris* 411,**417**
*Pieris formosa* 417
*Pieris japonica* 418
Pinaceae **31**
*Pinus* 32,**48**
*Pinus armandii* 49,**50**
*Pinus bungeana* 49,**51**
*Pinus densata* 49,**52**
*Pinus elliottii* 55
*Pinus fenzeliana* 49,**50**
*Pinus koraiensis* 48,**49**
*Pinus kwangtungensis* 49,**50**
*Pinus massoniana* 49,**53**
*Pinus tabulaeformis* 49,**52**
*Pinus taeda* 49,**55**
*Pinus taiwanensis* 49,**53**
*Pinus thunbergii* 49,**54**
*Pinus yunnanensis* 49,**54**
*Pistacia* 513,**516**
*Pistacia chinensis* 517
*Pistacia weinmannifolia* 517
*Pithecellobium clypearia* 187
*Pithecellobium lucidum* 188
Pittosporaceae **351**
*Pittosporum* 351
*Pittosporum illicioides* 351,**352**
*Pittosporum tobira* 351,**352**
*Pittosporum truncatum* 351,**353**
Platanaceae **261**
*Platanus* 261
*Platanus acerifolia* 262
*Platanus hispanica* 262
*Platanus occidentalis* **262**
*Platanus orientalis* 262
*Platycarya* 314,**318**
*Platycarya strobilacea* 318
*Platycladus* 62
*Platycladus orientalis* 62
Poaceae **583**
Podocarpaceae **69**
*Podocarpus* 69,**71**
*Podocarpus imbricatus* 70

*Podocarpus macrophyllus* **72**
*Podocarpus nagi* 71
*Podocarpus neriifolius* **72**
*Poliothyrsis* 342,**345**
*Poliothyrsis sinensis* 345
*Polyalthia* 101,**105**
*Polyalthia cerasoides* 106
*Polyalthia suberosa* 106
*Polyspora* 390,**398**
*Polyspora acuminata* 399
*Polyspora axillaris* **398**
*Polyspora speciosa* 399
*Poncirus* 485,**491**
*Poncirus trifoliata* 491
*Pongamia* 193,**206**
*Pongamia pinnata* 206
*Populus* 265
*Populus adenopoda* 265,**267**
*Populus × canadensis* 266,**269**
*Populus davidiana* 265,**267**
*Populus deltoides* 269
*Populus euphratica* 265
*Populus lasiocarpa* 266,**268**
*Populus nigra* 269
*Populus simonii* 266,**268**
*Populus szechuanica* 266,**269**
*Populus tomentosa* 265,**266**
*Populus yunnanensis* 266,**269**
*Pouteria* 479,**483**
*Pouteria grandifolia* 483
Proteaceae **348**
Prunoideae 136,**155**
*Prunus* 136,**157**
*Prunus cerasifera* 158
*Prunus cerasifera* f. *atropurpurea* 158
*Prunus salicina* **158**
*Pseudolarix* 32,**47**
*Pseudolarix amabilis* 47
*Pseudotaxus* 75,**77**
*Pseudotaxus chienii* 77
*Pseudotsuga* 31,**38**
*Pseudotsuga gaussenii* 39
*Pseudotsuga menziesii* 38

*Pseudotsuga sinensis* **39**
*Psidium* 427,**436**
*Psidium guajava* 436
*Pterocarpa* 193,**205**
*Pterocarpa indicus* 205
*Pterocarya* 314,**320**
*Pterocarya hupehensis* 320,**321**
*Pterocarya stenoptera* 320
*Pteroceltis* 322,**327**
*Pteroceltis tatarinowii* 327
*Pterospermum* 364,**367**
*Pterospermum heterophyllum* 367
*Pterostyrax* 218,**223**
*Pterostyrax corymbosus* 224
*Pterostyrax psilophyllus* 223
*Pueraria* 193,**200**
*Pueraria lobata* 200
*Pueraria montana* **200**
Punicaceae **445**
*Punica* 446
*Punica granatum* 446
*Pygeum* 137,**164**
*Pygeum topengii* 164
*Pyracantha* 136,**140**
*Pyracantha fortuneana* 140
*Pyrenaria* 395
*Pyrenaria hirta* 396
*Pyrenaria microcarpa* 396
*Pyrenaria spectabilis* 395
*Pyrus* 136,**147**
*Pyrus bretschneideri* 147
*Pyrus calleryana* 147,**148**
*Pyrus pyrifolia* 147

## Q

*Quercus* 285,**307**
*Quercus acrodonta* 308,**312**
*Quercus acutissima* 308
*Quercus aliena* 308,**310**
*Quercus aliena* var. *acutiserrata* 308,**310**
*Quercus aliena* var. *pekingensis* 308,**310**
*Quercus aquifolioides* 308,**312**

*Quercus chenii* 308,**309**
*Quercus dentata* 308,**309**
*Quercus engleriana* 308,**311**
*Quercus fabri* 308,**311**
*Quercus mongolica* 308,**309**
*Quercus phillyraeoides* 308,**311**
*Quercus spinosa* 308,**313**
*Quercus variabilis* 308,**309**
*Quisqualis* 446,**449**
*Quisqualis indica* 449

## R

*Radermachera* 554,**558**
*Radermachera sinica* 558
*Rapanea* 471,**474**
*Rapanea neriifolia* 474
*Raphiolepis* 136,**144**
*Rauvolfia* 542,**543**
*Rauvolfia verticillata* 543
*Reevesia* 364,**367**
*Reevesia pubescens* 368
*Reevesia thyrsoides* 367
*Rehderodendron* 218,**222**
*Rehderodendron kwangtungense* 223
Rhamnaceae **462**
*Rhamnus* 462,**464**
*Rhamnus crenata* 465
*Rhaphiolepis indica* 144
*Rhaphiolepis umbellata* 144
*Rhapis* 573,**575**
*Rhapis excelsa* 575
Rhizophoraceae **439**
*Rhizophora* 440
*Rhizophora apiculata* 440,**441**
*Rhizophora stylosa* 440,**441**
*Rhododendron* 411
*Rhododendron fortunei* 412,**414**
*Rhododendron latoucheae* 412,**416**
*Rhododendron mariesii* 412,**413**
*Rhododendron molle* 412,**413**
*Rhododendron ovatum* 412,**415**
*Rhododendron protistum* var. *giganteum* 412
*Rhododendron racemosum* 412,**415**

*Rhododendron simiarum* 412, **414**
*Rhododendron simsii* 412, **413**
*Rhodoleia* 253, **256**
*Rhodoleia championii* 257
*Rhodomyrtus* 427, **432**
*Rhodomyrtus tomentosa* 432
*Rhus* 513, **519**
*Rhus chinensis* 519
*Robinia* 193, **207**
*Robinia pseudoacacia* 207
*Robinia pseudoacacia* 'Decaisneana' 207
Rosaceae **135**
*Rosa* 136, **152**
*Rosa chinensis* 152
*Rosa multiflora* 152, **153**
*Rosa multiflora* f. *carnea* 153
*Rosa multiflora* f. *platyphylla* 153
*Rosa multiflora* var. *cathayensis* 153
*Rosa odorata* 153
*Rosa wichuriana* 153
*Rosoideae* 136, **152**
*Roystonea* 573, **581**
*Roystonea regia* 581
Rubiaceae **547**
*Rubus* 136, **154**
*Rubus chingii* 154, **155**
*Rubus lambertianus* 154
Rutaceae **484**

# S

Sabiaceae 529
*Sabina* 62, **67**
*Sabina chinensis* 67, **68**
*Sabina squamata* 67
*Sabina virginiana* 67
*Saccopetalum prolificum* 102
*Sageretia* 462, **464**
*Sageretia thea* 464
Salicaceae **265**
*Salix* 265, **270**
*Salix babylonica* 270, **271**
*Salix cavaleriei* 270
*Salix chienii* 270, **272**

*Salix matsudana* 270, **272**
*Salix rosthornii* 270, **271**
*Salix wallichiana* 270
*Sambucus* 246
*Sambucus williamsii* 246
Samydaceae **346**
Sapindaceae **506**
*Sapindus* 506
*Sapindus mukorossi* 506
*Sapium* 375, **380**
*Sapium discolor* 381
*Sapium sebiferum.* **381**
Sapotaceae **479**
*Sarcosperma* 484
*Sarcosperma arboreum* 484
Sarcospermataceae **484**
*Sassafras* 108, **125**
*Sassafras albidum* 125
*Sassafras tzumu* **125**
*Schefflera* 239, **242**
*Schefflera delavayi* 243
*Schefflera heptaphylla* 242
*Schima* 390, **396**
*Schima argentea* 397
*Schima superba* 397
*Schima wallichii* 398
*Schizophragma* 213, **215**
*Schizophragma integrifolium* 215
*Schizostachyum* 586
*Schizostachyum funghomii* 587
*Schizostachyum pseudolima* 586
Scrophulariaceae **570**
Seet. Aegilops 308
Seet. Englerianae 308
Seet. Robur 308
Seet. Suber 308
*Semiarundinaria* 586, **609**
*Semiarundinaria densiflora* 609
*Senna bicapsularis* 177
*Senna siamea* 178
*Senna surattensis* 178
*Sequoia* 56, **59**
*Sequoia sempervirens* 59
*Shorea* 407, **409**

*Shorea assamica* 409
Simaroubaceae **494**
*Sinarundinaria* 586, **596**
*Sinarundinaria basihirsuta* 597
*Sinarundinaria nitida* 596
*Sindora* 167, **174**
*Sindora glabra* 174
*Sinoadina racemosa* 550
*Sinobambusa* 586, **608**
*Sinobambusa tootsik* 608
*Sinocalamus latiflorus* 588
*Sinocalamus minor* 589
*Sinocalycanthus chinensis* 166
*Sinosideroxylon* 479, **481**
*Sinosideroxylon pedunculatum* 482
*Sinosideroxylon wightianum* 482
*Sloanea* 359, **363**
*Sloanea hemsleyana* 363
*Sloanea sinensis* 363
*Sonneratia* 444
*Sonneratia apetala* 445
*Sonneratia caseolaris* 444
Sonneratiaceae **444**
*Sophora* 193, **198**
*Sophora davidii* 198, **199**
*Sophora japonica* 198
*Sophora japonica* 'Golden Stem' 199
*Sophora japonica* 'Pendula' 199
*Sophora prazeri* var. *mairei* 198, **200**
*Sorbus* 136, **145**
*Sorbus alnifolia* 145, **146**
*Sorbus amabilis* 145, **147**
*Sorbus caloneura* 145
*Sorbus folgneri* 145, **146**
*Sorbus hupehensis* 145, **146**
*Spiraea* 136, **137**
*Spiraea cantoniensis* 137
*Spiraea cantoniensis* var. *lanceata* 137
*Spiraea chinensis* **137**
*Spiraea japonica* var. *acuminata* 137, **138**
*Spiraeoideae* 136, **137**

Stangeriaceae 29
Staphyleaceae **531**
Sterculiaceae **364**
*Sterculia* 364
*Sterculia lanceolata* 365
*Sterculia monospermat* 365
*Sterculia nobilis* 365
*Stewartia* 390,**399**
*Stewartia sinensis* 399
Styracaceae **217**
*Styrax* 217,**218**
*Styrax confusus* 218,**220**
*Styrax japonica* 218,**220**
*Styrax odoratissimus* 218,**219**
*Styrax suberifolius* 218,**219**
*Styrax tonkinensis* 218
*Swida* 228,**230**
*Swida paucinervis* 230
*Swida walteri* 230,**231**
*Swida wilsoniana* 230,**231**
*Swietenia* 498,**502**
*Swietenia macrophylla* 502
*Swietenia mahagoni* 502
Symplocaceae **224**
*Symplocos* 224
*Symplocos caudata* 226
*Symplocos chinensis* 224,**226**
*Symplocos ernesti* 226
*Symplocos lancifolia* 225,**227**
*Symplocos laurina* 225,**227**
*Symplocos paniculata* 224,**226**
*Symplocos phyllocalyx* 224,**226**
*Symplocos setchuensis* 224,**225**
*Symplocos sinuata* 225
*Symplocos sumuntia* 224,**226**
*Symplocos tetragona* 224,**225**
*Syzygium* 427,**432**
*Syzygium buxifolium* 432,**434**
*Syzygium cumini* 432,**433**
*Syzygium jambos* 432,**433**
*Syzygium samarangense* 432,**433**

**T**

*Taiwania* 56,**57**

*Taiwania cryptomerioides* 57
*Taiwania flousiana* 57
*Tamarindus* 167,**176**
*Tamarindus indica* 176
*Tapiscia* 531
*Tapiscia sinensis* 531
Taxaceae **74**
Taxodiaceae **56**
*Taxodium* 56,**60**
*Taxodium ascendens* 61
*Taxodium distichum* **60**
*Taxodium distichum* var. *imbricatum* 61
*Taxus* 75
*Taxus chinensis* 76
*Taxus chinensis* var. *mairei* 76
*Taxus mairei* 76
*Taxus wallichiana* **75**
*Taxus wallichiana* var. *chinensis* 75, 76
*Taxus wallichiana* var. *mairei* 75,**76**
*Taxus yunnanensis* 75
*Tectona* **561**
*Tectona grandis* 562
*Terminalia* 446
*Terminalia catappa* 447
*Terminalia chebula* 447
*Terminalia hainanensis* 448
*Terminalia mantaly* 447
*Terminalia neotaliala* **447**
*Terminalia nigrovenulosa* 447,**448**
*Ternstroemia* 390,**399**
*Ternstroemia gymnanthera* 400
*Tetracendron* 252
*Tetracendron sinense* 252
Tetracentraceae **252**
Tetramelaceae **353**
*Tetrameles* 353
*Tetrameles nudiflora* 353
Thamnocalamus 586,**597**
*Thamnocalamus spathaceus* 597
Theaceae **389**
*Thevetia* 542
*Thevetia peruviana* 542

Tiliaceae **355**
*Tilia* 355
*Tilia endochrysea* 355,**356**
*Tilia miqueliana* 355,**357**
*Tilia oliveri* 355,**356**
*Tilia paucicostata* 355,**357**
*Tilia tuan* 355,**356**
*Toona* 498,**503**
*Toona ciliata* 503
*Toona sinensis* 504
*Torreya* 75,**78**
*Torreya fargesii* 79
*Torreya grandis* 78
*Torreya jackii* 78,**79**
*Toxicodendron* 513,**520**
*Toxicodendron succedaneum* 521
*Toxicodendron sylvestre* 521
*Toxicodendron vernicifluum* 520
*Trachelospermum* 542,**547**
*Trachelospermum jasminoides* 547
*Trachycarpus* 573,**575**
*Trachycarpus fortunei* 575
*Trema* 323,**328**
*Trema cannabina* 328
*Trema cannabina* var. *dielsiana* **329**
*Trigonobalanus* 285,**313**
*Trigonobalanus doichangensis* 313
*Trigonobalanus excelsa* 313
*Trigonobalanus verticillata* 313
*Tripterygium* 455,**459**
*Tripterygium wilfordii* 460
*Tsoongiodendron* 81,**90**
*Tsoongiodendron odorum* 90
*Tsuga* 31,**39**
*Tsuga chinensis* 39,**40**
*Tsuga chinensis* var. *tchekiangensis* **40**
*Tsuga dumosa* 40
*Tsuga longibracteata* 39
*Turpinia* 531,**532**
*Turpinia arguta* 532
*Turpinia cochinchinensis* 532
*Tutcheria* 390,**395**
*Tutcheria hirta* 395,**396**

*Tutcheria microcarpa* 395,**396**
*Tutcheria spectabilis* **395**

# U

Ulmaceae 322
*Ulmus* **323**
*Ulmus bergmanniana* 323,**324**
*Ulmus castaneifolia* 323,**324**
*Ulmus changii* 323,**324**
*Ulmus parvifolia* 323,**325**
*Ulmus pumila* 323
*Uvaria* 101
*Uvaria macrophylla* 102

# V

Vacciniaceae 419
*Vaccinium* 419
*Vaccinium bracteatum* 419,**420**
*Vaccinium mandarinorum* 419,**420**
*Vatica* 407,**410**
*Vatica mangachampoi* 411
Verbenaceae **560**
*Vernicia* 375,**376**
*Vernicia fordii* 376
*Vernicia montana* 377

*Viburnum* 246,**247**
*Viburnum dilatatum* 248
*Viburnum macrocephalum* 249
*Viburnum macrocephalum* f. *keteleeri* 248,**249**
*Viburnum odoratissimum* 248,**249**
*Viburnum odoratissimum* var. *awabuki* **249**
*Viburnum rhytidophyllum* 248,**249**
Vitaceae **467**
*Vitex* 561,**563**
*Vitex negundo* 564
*Vitex quinata* 564,**565**
*Vitex rotundifolia* 564
*Vitex trifolia* var. *simplicifolia* 564
*Vitis* 467,**469**
*Vitis davidii* 469
*Vitis flexuosa* 469
*Vitis vinifera* 469,**470**

# W

*Washingtonia* 573
*Washingtonia filifera* 574
*Weigela* 246,**252**
*Weigela japonica* var. *sinica* 252

*Wisteria* 194,**207**
*Wisteria sinensis* 208
*Wrightia* 542,**545**
*Wrightia pubescens* 545

# X

*Xylosma* 342,**343**
*Xylosma congestum* 344

# Z

Zamiaceae 29
*Zanthoxylum* 485,**487**
*Zanthoxylum ailanthoides* 488,**490**
*Zanthoxylum armatum* 488
*Zanthoxylum bungeanum* 488,**489**
*Zanthoxylum nitidum* 488
*Zelkova* 322,**325**
*Zelkova schneideriana* 326
*Zelkova serrata* 326
*Zenia* 167,**173**
*Zenia insignis* 173
*Ziziphus* 462,**465**
*Ziziphus jujuba* 465
*Ziziphus jujuba* var. *inermis* 466
*Ziziphus jujuba* var. *spinosa* 466